本書獲 河北禪學研究所學術著作出版基金
陝西師範大學學術著作出版基金 資助
慈輝佛教基金會學術著作出版基金

趙州錄校註集評 上卷

吳言生 撰

中國社會科學出版社

圖書在版編目（CIP）數據

趙州錄校注集評 /吳言生撰. —北京：中國社會科學出版社，2008.1
ISBN 978-7-5004-6608-6

Ⅰ．趙… Ⅱ．吳… Ⅲ．禪宗－語錄－中國－唐代 Ⅳ．B946.5

中國版本圖書館CIP數據核字（2007）第194915號

責任編輯	雁 聲			
責任校對	王應來			
封面設計	大鵬工作室			
技術編輯	木 子			

出版發行	中國社會科學出版社			
社　　址	北京鼓樓西大街甲158號	郵　編	100720
電　　話	010—84029450（郵購）		
網　　址	http：//www.csspw.cn		
經　　銷	新華書店		
印　　刷	北京新魏印刷廠	裝　訂	豐華裝訂廠
版　　次	2008年1月第1版	印　次	2008年1月第1次印刷
開　　本	710×980　1/16		
印　　張	53.25	插　頁	4
字　　數	848千字		
定　　價	89.90元		

凡購買中國社會科學出版社圖書，如有質量問題請與本社發行部聯繫調換
版權所有　侵權必究

趙州從諗禪師是禪宗史上最爲著名的禪師之一，有"趙州古佛"之稱。《趙州錄》保留了他一生中豐富的言辭、事跡、公案，盛傳於禪林詩苑，成爲禪宗史、詩歌史上流傳不衰的經典。本書致力於以下兩個方面的工作：

　　一、校註。選擇善本，對《趙州錄》進行校勘，並從各種典籍中輯錄出九十則佚文，是目前最爲完備的本子；由於《趙州錄》涉及禪宗思想的大部分核心問題，本書採取以禪證禪的方法，儘量從禪宗語境本身來對《趙州錄》中的相關術語進行疏證、闡釋。

　　二、集評。從四百五十餘種文史典籍中，搜集有關《趙州錄》的評論資料，按時代先後排列，以使讀者瞭解趙州公案被接受、詮釋、再發揮的歷史性過程，亦可使讀者瞭解趙州禪思想對中國文化史、詩學史的影響。

　　本書是採用集評形式整理禪學名著的嘗試。全書力求做到校註精，徵引博，規模鉅，於禪宗史、文學史之外，兼具思想史、文化史的意義。

序 一

净 慧

（中國佛教協會副會長）

  禪宗是中國佛教諸宗中最有活力的宗派之一，在歷史上和當今社會中發揮著巨大的影響力。在倡導傳統文化、建構和諧社會的今天，對禪宗典籍進行整理，爲廣大讀者提供優秀的讀本，有著積極的意義。

  禪宗傳統上將北魏時期來華的印度高僧菩提達摩奉爲初祖，"祖師西來"成爲禪宗初祖達摩大師來華傳授禪法的代名詞。近年來學術界從實際情況考察出發，認爲禪宗的實際創立者應是被後世禪宗奉爲四祖的道信（580—651）大師。道信大師在四祖禪寺弘揚禪法，將衣鉢傳給弘忍。弘忍去世之後，門下形成以神秀（？—706）爲代表的北宗，以慧能（638—713）及其弟子神會（684—758）、行思（？—740）、懷讓（677—744）爲代表的南宗。"安史之亂"後，北宗逐漸衰微，南宗日益昌盛，一花開五葉，在唐末五代形成臨濟宗、潙仰宗、曹洞宗、雲門宗、法眼宗，這就是歷史上著名的禪門五宗，其中臨濟宗在宋代又分成楊岐、黃龍兩派。禪宗在兩宋時迎來了最爲鼎盛的時期，成爲中國佛教宗派中的主要流派，在社會、政治、文化等許多方面特別是哲學思想方面產生了深刻的影響。

  禪宗教外別傳，不立文字，直指人心，見性成佛。禪機電光石火，禪關壁立萬仞。語言文字，皆爲長物。然而，長期以來，禪門宗師在提持向上宗乘之際，慈悲心切，入泥入水，在禪的印證、付授、傳承過程中，留下了浩瀚的典籍和文字。臺灣佛教學者藍吉富先生編纂《禪宗全書》一百冊（1990），就收輯了六世紀至二十世紀的禪宗典籍五百八十部。其中以語錄部最多，史傳部居次，是迄今爲止中外各國之禪宗叢書收書數量最大的一部叢書。"不立文字"的禪宗，留下的文字竟然比任何一個佛教宗派所留下的文字都要多，並且，這些文字的形式也多種多樣，其中以禪法語錄爲最多，凡是著名的禪師幾乎都有語錄行世。語錄有別集，有合集。在語錄中既有禪師在開堂、上堂、小參、普說等各種場合的說法記錄，也有師徒間的答問，有對前人公案的評說——拈古，有評述這些公案的偈頌——頌古，還有法語、序跋、碑銘、題讚、詩偈等等。在語錄之外，禪宗典籍裏還有卷帙浩繁的史傳，包括以語錄爲主的燈史，以記事爲主的傳記等。此外，還有雜著、清規等。這些數量龐大的禪宗文獻，是我國寶貴的文化遺產，長期以來即爲文人學士、聞思修行者所珍愛。

但是，對於現代讀者而言，要想接觸、消化禪宗典籍殊非易事。首先，是因爲絕大多數的禪宗典籍保留在《大正新脩大藏經》、《卍續藏》、《嘉興藏》、《禪宗全書》這些大型叢書中，單獨印行本很少，一般讀者很少有機會接觸到這些大型佛學書籍。其次，是因爲禪宗語言有其獨特的話語體系和表達形式，禪學著作往往是繞路說禪，表面上看雖然是用語言文字來表述，但其意義實則如鐵壁銀山般難以穿透。我們要想體會其意旨，往往會發現他宛如羚羊掛角，使人難覓其跡。由於在研讀禪宗典籍時要克服一些特殊的困難，不少人將之視爲畏途。因此，對禪宗典籍加以整理、箋釋，就顯得尤爲重要。

我國從20世紀80年代改革開放以來，隨著社會科學界對宗教研究的日漸深入，在對佛教文獻的研究、整理、出版方面取得了很大的成績。自80年代以來，一些禪宗典籍相繼出版，如《壇經校釋》（郭朋，中華書局，1983）、《王梵志詩校輯》（張錫厚，中華書局，1983）、《五燈會元》（蘇淵雷，中華書局，1984）、《古尊宿語錄》（蕭萐父，中華書局，1994）、《神會和尚禪話錄》（楊曾文，中華書局，1996）、《寒山詩註》（項楚，中華書局，2000）、《六祖壇經》（楊曾文，上海古籍出版社，1993）、《祖堂集》（吳福祥，岳麓書社，1996），這些典籍出版後，受到了讀者的普遍歡迎。特別是《五燈會元》、《古尊宿語錄》等禪宗著作，自初版以來的二十餘年間，一再印行，充分說明了廣大讀者對禪宗著作的歡迎與喜愛。與此同時，臺灣的宗教界也整理、出版了一些禪宗典籍，但由於某種原因，這些成果並沒有被大陸和日本的學術界所普遍採用。儘管如此，迄今爲止的禪宗典籍的整理工作，還遠遠不能滿足日益繁榮的佛教學術研究的需要，遠遠不能滿足讀者日見增長的閱讀期求。因此，我們計劃選取一批禪宗典籍來加以整理，奉獻給大家。

吳言生教授編著的這本《趙州錄校註集評》，就是順應了當前的學術需求而進行的一項整理性成果。作者將歷史上有關《趙州錄》的評論搜羅囊括殆盡，爲研讀該著作提供一個資料較爲豐富全面的讀本。它是以集評的形式來整理禪宗典籍的嘗試。可以預見，它的出版，將在學界和教界引起較大的反響。希望本書的出版，能給從事佛教禪宗研究和中國文化研究的學者及廣大讀者提供方便，爲學術界、佛教界、讀書界提供一個閱讀禪宗典籍的較好的讀本。

2007 年 11 月 15 日於四祖禪寺

序 二

方立天

（中國人民大學佛教與宗教學理論研究所所長）

九月中旬，時值金秋時節，郵差送來了吳言生教授長達八十萬字的《趙州錄校註集評》的樣稿，當時一陣驚喜：在豐收的日子裏，言生又將有一部大作問世了，真是後生可畏！令人高興，令人讚歎！

言生君性敏好學，勤奮精進。他在中國人民大學博士後流動站期間，和我有一段殊勝的因緣，我親眼見他《禪學三書》的完稿、出版，對我來說這也是一段非常愉快的經歷。今天，言生又爲新作《趙州錄校註集評》約序於我，我自然是非常樂意的。

《趙州錄》係趙州從諗禪師語錄。從諗（778—897），唐代著名禪僧，出家後曾追隨南泉普願，前後侍奉二十年。據僧傳載，從諗受僧衆之請，於八十歲時住趙州（今河北趙縣）觀音院，四十年間，不遺餘力，大揚南嶽一係禪風。世稱"趙州從諗"或"趙州"。從諗禪法的基本思想是主張性淨自悟，強調心性本來清淨，反對各種分別和執著。他說："金佛不度爐，木佛不度火，泥佛不度水，真佛内裏坐。菩提涅槃，真如佛性，盡是貼體衣服，亦名煩惱。實際理地甚麼處著。一心不生，萬法無咎。"（《五燈會元》卷四）闡揚上述思想的趙州的問答、示衆等公案，更是膾炙人口。如"趙州三轉語"、"趙州無字"、"趙州大蘿蔔頭"、"趙州四門"、"趙州問死"、"趙州至道無難"、"趙州洗鉢"、"趙州救火"、"趙州柏樹子"、"趙州勘婆"，等等，其中包含了心性論、方法論、體悟論、境界論等豐富内容，影響深遠。言生積多年之功，編撰的《趙州錄校註集評》，其學術價值是顯而易見的。

我認爲全書在以下幾方面取得了新進展、新成就：

一、在版本、校勘、輯佚方面，本書以日本春秋社1964年版《趙州禪師語錄》爲底本，該底本係鈴木大拙校閱，秋月龍眠國譯。參校本有1993

年淨慧法師重編的《趙州禪師語錄》、明徑山藏本《古尊宿語錄》以及《祖堂集》、《景德傳燈錄》、《天聖廣燈錄》、《建中靖國續燈錄》、《聯燈會要》、《嘉泰普燈錄》等。本書還從各種典籍中輯錄出九十則佚文，附於書後。這就保證了底本的權威性和校勘的準確性，並使本書成為迄今為止最可靠和最完備的《趙州錄》校註集評本。

二、在註釋方面，本書採用以禪說禪、以禪釋禪、以禪證禪的方法，即在疏證、闡釋禪語時，選取禪宗語錄中有關的最典型的例句來說明，以使讀者置身於禪宗語境之中，領略禪意，體會禪味，並避免由於過多解說而帶來的繁雜枝蔓。

三、在評論方面，本書從四百多種文史典籍中，搜集有關《趙州錄》的評論資料，按時代先後順序排列，分別加以論述，以有助於讀者瞭解後人對趙州不同公案的傳頌、詮釋、闡揚的歷史過程，瞭解趙州禪學影響的深廣久遠。

禪修歸根結底是為了提陞人的心理素質、精神境界和生命智慧，因此，近現代禪師和佛教學者對《趙州錄》的領悟、解讀具有特殊的現實意義，有助於當代讀者對《趙州錄》的理解。

我相信，《趙州錄校註集評》的出版，必將嘉惠學林，裨益佛門，也必將推動趙州禪學的研討進一步向深度與廣度拓展，從而為弘揚佛教的優秀文化作出新貢獻。

2003 年 9 月 30 日
於中國人民大學佛教與宗教學理論研究所

序 三

楊曾文

（中國佛教文化研究所所長）

吳言生教授編著《趙州錄校註集評》完成，從西安打電話約請我爲其寫序。不久書稿清樣寄到，展讀之下，感到頗有新意，茲將心中所感表述如下。

在中國禪宗史上，趙州和尚是繼馬祖之後一位頗有影響的禪師之一。趙州和尚，法名從諗（778—897），俗姓郝，曹州（治所在今山東曹縣西北）郝鄉人，或云青州臨淄（在今山東淄博東北）人。因久在趙州傳法，所以被稱爲趙州和尚。出家後，聽說馬祖的弟子普願禪師在池陽（今安徽貴池）南泉山傳法，便前往投師參禪，因善於體悟心法禪機受到普願的賞識。曾問："如何是道？"普願答："平常心是道。"問："還可趣向不？"普願答："擬向即乖。"趙州當下曉悟，曾到嵩山受具足戒，然後又回南泉普願門下受法。趙州和尚離開南泉後參訪各地，曾說：

　　七歲童兒勝我者，我即問伊；百歲老翁不及我者，我即教他。（《古尊宿語錄》卷十三）

趙州八十歲時（唐宣宗大中十二年，公元858年）輾轉到趙州城東離著名的趙州石橋十里的觀音院居住傳法。

趙州在唐代歸成德鎮管轄。成德鎮又名恒冀、鎮冀、成德軍，唐末稱武順道，治所設在恒州（後改鎮州，在今河北正定）。趙州和尚到觀音院居住時，正值王紹懿（857—866年在位）繼任成德軍節度使不久，此後經王景崇（866—883年在位）、王鎔（883—921年在位）。王景崇、王鎔先後都稱王。在史傳記載中與趙州和尚往來密切的所謂"鎮府大王"、"鎮州大王"、"大王"、"趙王"當是他們二人，然而在更多的場合應是指王鎔。

趙州和尚在世傳法四十年，於唐乾寧四年（897）去世，年歲高達一百二十歲，恐怕是唐五代禪師中壽命最長的一位。後謚"真際大師"之號。趙

州的禪法在他生前就爲世人所重,《景德傳燈錄·趙州和尚傳》說:

> 師之玄言佈於天下,時謂趙州門風,皆悚然信伏矣。

趙州的傳記語錄,現存《趙州真際禪師語錄併行狀》二卷,收載於《古尊宿語要》和《古尊宿語錄》卷十三、十四。另,《祖堂集》卷十八、《景德傳燈錄》卷十的《趙州和尚章》中也載有他的傳錄。

趙州和尚的禪法基本沿續六祖慧能—馬祖—普願以來的禪法思想,經常引導弟子通過"窮理"、"識心見性"來領悟自己本性,強調自信自修自悟。他的"柏樹子"、"喫茶去"、"狗子無佛性"以及被稱爲"三轉語"的"金佛不度爐,木佛不度火,泥佛不度水"等饒有風趣和蘊含玄機的禪話,十分生動地反映了趙州和尚的"家風"。趙州的事跡、語錄、偈頌,在唐宋以後的叢林很受歡迎,經常被引用。

在宋代臨濟宗楊岐派禪師圓悟克勤(1063—1135)據雲門宗雪竇重顯的《頌古百則》所著的《碧嚴錄》中,引述最多的是雲門文偃,其次是趙州和尚的公案。克勤發揮雪竇贊頌趙州禪風的頌古,稱趙州和尚"尋常爲人處,不立玄妙,不立孤危……孤危不立道方高,壁立萬仞";"趙州有逸群之辯";趙州"參活句,不參死句,日日新,時時新,千聖移易一絲毫不得,須是運出自己家珍,方見他全機大用"。評價很高,可以說是推崇備至。

近年教內外研究禪宗歷史、禪法和文獻的學者有逐年增加的趨勢。對趙州和尚的研究和介紹也很多,除在禪宗史專著中有介紹趙州和尚生平和禪法外,在許多學術刊物中也常看到介紹趙州和尚的文章。即使對趙州和尚的語錄,也至少有兩個校本出版:1993年淨慧法師編校《趙州禪師語錄》、2001年張子開點校《趙州錄》。然而,如同擺在諸位面前的吳言生教授所編著《趙州錄校註集評》這樣的文獻編錄著作却從未有過。

本書正文以日本春秋社1964年出版的《校訂國譯趙州禪師語錄》爲底本,校之以明版多種本子及淨慧重編校本等。編者將語錄按內容分爲五百二十五則,並且又從很多禪史及語錄等資料輯出佚文九十則,附於"補遺"(526—615)之中。皆引用語錄中的原話作小標題,以便於讀者檢索。這部分體現出一個"全"字。

然後,對字句有差異之處加以"校記";對字句有解釋者,加以"箋註"。比較而言,這兩部分篇幅很小。

全書最有特色且篇幅最大者是"集評",幾乎將《祖堂集》及"五燈"、歷代其他禪宗燈史、語錄中一切引用趙州語錄的文字搜羅殆盡,凡所載錄皆加出處，有的出處不祇一個，甚至很多。由此可見，所謂"集評"者，不是編者的評論，而是歷代叢林中很多禪師通過上堂說法和所謂舉古、拈古、頌古等形式引用的趙州和尚的事跡和語錄。這對於對禪宗公案、語錄感興趣者，或對從事禪宗研究者來說，能夠方便地通過比較深入瞭解趙州語錄中一些著名字句、語彙所含的意境。例如，對趙州語錄中的"平常心是道"、"柏樹子"、"萬法歸一，一歸何處"、"狗子還有佛性也無"、"喫茶去"，等等，都有大量引證。通過對這些從不同角度引證、發揮的語句的比較，可以加深對趙州語錄中所蘊含禪機、禪境的理解。搜羅資料十分廣博，爲閱讀、利用者提供很多綫索和方便。這部分體現出一個"博"字或"廣"字。

　　書的後面附錄一是"趙州語錄總評"，載錄趙州和尚的行狀、傳記及語錄序、歷代碑記、詩讚等，可以作爲對趙州"知人論世"時的參考。附錄二是"趙州錄集評引用書目"。

　　全書洋洋八十萬字，乍聽起來有點令人吃驚。然而此書帶有工具書的性質，既可以全讀趙州語錄，也可以據小標題按圖索驥，取其所需，也可以僅參考集評中某些字句。

　　吳言生1999年畢業於陝西師範大學，獲文學博士學位，對禪宗可以說是情有獨鍾，近年來潛心研究禪宗，曾在中國人民大學作哲學博士後研究，著有《禪宗思想淵源》、《禪宗哲學象徵》、《禪宗詩歌境界》（中華書局，2001）等。近年擔任河北禪學研究所主辦的《中國禪學》的主編，聯絡佛教內外的學者撰寫禪學文章，已由中華書局出版多卷。他善於運用電腦信息技術，創辦佛學研究網（www.wuys.com），及時發表國內外佛教研究的信息和動態，受到教內外學人的廣泛歡迎。他這次編著《趙州錄校註集評》，可以想見是花了很大工夫的，從體例與篇幅來說無論對他個人或是對於學術界同行，都可以說是一種新的嘗試。這將爲佛教界、學術界閱讀、利用和研究中國禪宗提供很大方便。

　　最後，祝這位年輕的學者今後不斷取得新成果。

2003年9月30日於北京華威西里自宅

目錄

(上卷)

凡例···(1)

(一) 平常心是道，擬向即乖···(1)
(二) 明頭合，暗頭合···(13)
(三) 知有底人向什麼處去；昨夜三更月到窗·····················(14)
(四) 救火救火，南泉抛鑰匙從窗内入堂中························(18)
(五) 相救相救，一二三四五···(19)
(六) 南泉斬猫，趙州將鞋戴在頭上出去····························(20)
(七) 異即不問，如何是類；悔不更與兩踏·························(30)
(八) 請水牯牛去浴，趙州驀鼻便拽································(32)
(九) 離四句絶百非外請道··(33)
(十) 道得即開門，蒼天蒼天···(35)
(十一) 心不是佛，智不是道，還有過也無·······················(35)
(十二) 如何是祖師西來意，庭前柏樹子····························(39)
(十三) 一代不如一代··(79)
(十四) 如何是清淨伽藍，丫角女子·································(80)
(十五) 承聞和尚親見南泉，鎮州出大蘿卜頭·····················(81)
(十六) 和尚生緣什麼處？西邊更向西·······························(91)
(十七) 外空、内空、内外空···(92)
(十八) 如何是佛真法身，更嫌什麼·································(92)
(十九) 如何是心地法門，古今榜樣·································(93)
(二十) 賓中主，山僧不問婦；主中賓，老僧無丈人············(93)
(二十一) 如何是一切法常住？老僧不諱祖························(93)

1

（二十二）除二時齋粥，是雜用心力處 ……………………………（94）
（二十三）萬物中何物最堅 ………………………………………（99）
（二十四）曉夜不停時如何，僧中無兩稅百姓 …………………（99）
（二十五）如何是一句？若守著一句，老却你 …………………（99）
（二十六）你若不信，截取老僧頭去 ……………………………（100）
（二十七）問禪問道，恰似欠伊禪道相似 ………………………（101）
（二十八）你被十二時使，老僧使得十二時 ……………………（101）
（二十九）如何是趙州主人公？這箍桶漢 ………………………（106）
（三十）學人本分事：樹搖鳥散，魚驚水渾 ……………………（106）
（三十一）如何是少神底人？老僧不如你 ………………………（107）
（三十二）至道無難，惟嫌揀擇；五年分疏不得 ………………（107）
（三十三）官人宅中，變生作熟，是什麼人 ……………………（111）
（三十四）毘目仙人見微塵佛時如何？你見個什麼 ……………（112）
（三十五）如何是沙門行？莫生兒 ………………………………（112）
（三十六）如何是趙州主人公？田庫奴 …………………………（113）
（三十七）如何是王索仙陀婆？你道老僧要個什麼 ……………（113）
（三十八）如何是玄中玄？説什麼玄中玄 ………………………（114）
（三十九）如何是仙陀婆？靜處薩婆訶 …………………………（115）
（四十）如何是法非法？東西南北 ………………………………（115）
（四十一）如何是玄中玄？那個師僧若在 ………………………（116）
（四十二）王索仙陀婆時如何 ……………………………………（116）
（四十三）如何是道？不敢，不敢 ………………………………（117）
（四十四）如何是法？敕敕，攝攝 ………………………………（117）
（四十五）趙州去鎮府多少？鎮府來趙州多少 …………………（118）
（四十六）如何是玄中玄？洎合玄殺 ……………………………（118）
（四十七）如何是學人自己？還見庭前柏樹子麼 ………………（119）
（四十八）問著佛法，恰似炒砂作飯相似 ………………………（120）
（四十九）和尚如何示人，什麼處見老僧 ………………………（121）
（五十）真化無跡，無師、弟子時如何 …………………………（122）
（五十一）此事如何辨 ……………………………………………（122）
（五十二）如何是無知解底人 ……………………………………（123）

(五十三) 如何是西來意？師下禪床 …………………………………… (124)
(五十四) 佛法久遠，如何用心 ………………………………………… (124)
(五十五) 時人以珍寶爲貴，沙門以何爲貴 ……………………………… (125)
(五十六) 如何是趙州一句？老僧半句也無 ……………………………… (125)
(五十七) 如何得不被諸境惑 ……………………………………………… (125)
(五十八) 佛滅度後，一切衆生歸依什麼處 ……………………………… (126)
(五十九) 還有不報四恩、三有者也無 ……………………………………… (127)
(六十) 如何是和尚意？無施設處 ………………………………………… (128)
(六十一) 但改往修來。若不改，大有著你處在 …………………………… (129)
(六十二) 一宿一食急走過，且趁軟暖處去 ……………………………… (130)
(六十三) 若從南方來者，即與下載 ……………………………………… (130)
(六十四) 諸方難見易識，我者裏易見難識 ……………………………… (134)
(六十五) 善惡惑不得的人，還獨脫也無 ………………………………… (135)
(六十六) 煨破鐵瓶 …………………………………………………………… (137)
(六十七) 世界變爲黑穴，未審此個落在何路 …………………………… (138)
(六十八) 高而不危，滿而不溢 …………………………………………… (138)
(六十九) 淨地上屙一堆屎 ………………………………………………… (139)
(七十) 法身無爲，不墮諸數，還許道也無 ……………………………… (140)
(七十一) 如何是佛，如何是衆生 ………………………………………… (141)
(七十二) 大道無根，如何接唱 …………………………………………… (141)
(七十三) 正修行底人，莫被鬼神測得也無 ……………………………… (142)
(七十四) 孤月當空，光從何生 …………………………………………… (143)
(七十五) 道不屬修，但莫染污，如何是不染污 ………………………… (143)
(七十六) 此事如明珠在掌，胡來胡現，漢來漢現 ……………………… (143)
(七十七) 一枝草作丈六金身；佛即是煩惱 ……………………………… (144)
(七十八) 以本分事接人 …………………………………………………… (150)
(七十九) 即心是佛；即心且置 …………………………………………… (151)
(八十) 古鏡不磨，還照也無 ……………………………………………… (152)
(八十一) 三刀未落時如何 ………………………………………………… (153)
(八十二) 如何是出三界底人？籠罩不得 ………………………………… (154)
(八十三) 百鳥不銜花；應世不應世 ……………………………………… (154)

(八十四)白雲自在時如何？爭似春風處處閑 ………………………… (155)
(八十五)如何露地白牛？月下不用色 ………………………………… (156)
(八十六)擬心即差 …………………………………………………… (157)
(八十七)不落意根，師如何對？莫向者裏是非 …………………… (158)
(八十八)龍女親獻佛，未審將什麼獻佛 …………………………… (159)
(八十九)別處難見易識，老僧者裏即易見難識 …………………… (160)
(九十)如何是正修行路？解修行即得 …………………………… (160)
(九十一)趙州說什麼法？寒即言寒，熱即言熱 …………………… (161)
(九十二)不顧前後時如何？你問阿誰 ……………………………… (163)
(九十三)二祖得髓；老僧者裏，髓也不立 ………………………… (164)
(九十四)與麼堂堂，豈不是和尚正位 ……………………………… (165)
(九十五)上上人一撥便轉，下下人來時如何 ……………………… (165)
(九十六)不紹傍來者如何 …………………………………………… (166)
(九十七)如何是衲衣下事？莫自瞞 ………………………………… (166)
(九十八)真如、凡聖，皆是夢言，如何是真言 …………………… (168)
(九十九)如何是趙州？東門、西門、南門、北門 ………………… (169)
(一〇〇)如何是定？不定 …………………………………………… (175)
(一〇一)不隨諸有時如何？隨也，隨也 …………………………… (175)
(一〇二)古人只射得半個聖人，請師全射 ………………………… (176)
(一〇三)至道無難，惟嫌揀擇；老僧不在明白裏 ………………… (176)
(一〇四)法本不生，今則無滅；什麼是不生不滅 ………………… (185)
(一〇五)至道無難，惟嫌揀擇；何不盡引古人語 ………………… (185)
(一〇六)看經也在生死裏，不看經也在生死裏 …………………… (187)
(一〇七)利劍鋒頭快時如何 ………………………………………… (188)
(一〇八)大難到來，如何迴避？恰好 ……………………………… (188)
(一〇九)更待一人來，即說話；大難得人 ………………………… (189)
(一一〇)不生不滅時如何？我許你者一問 ………………………… (189)
(一一一)明又未明，道昏欲曉，你在阿那頭 ……………………… (190)
(一一二)如何是通方？離却金剛禪 ………………………………… (191)
(一一三)衲僧家，直須坐斷、化佛頭始得 ………………………… (192)
(一一四)大道只在目前，要且難睹；任你江南江北 ……………… (192)

(一一五) 不是寒灰死木,花錦成現百種有 …………………………… (193)
(一一六) 若是實際理地,什麼處得來 ………………………………… (193)
(一一七) 萬境俱起,還有惑不得者也無 ……………………………… (194)
(一一八) 未審古人與今人,還相近也無 ……………………………… (195)
(一一九) 學人道不相見時,還回互也無 ……………………………… (195)
(一二〇) 教化亦是冤。是你還教化也無 ……………………………… (196)
(一二一) 龍女心親獻,盡是自然事 …………………………………… (196)
(一二二) 八百個作佛漢,覓一個道人難得 …………………………… (197)
(一二三) 無佛無人處,還有修行也無 ………………………………… (197)
(一二四) 白雲不落時如何?老僧不會上象 …………………………… (198)
(一二五) 大巧若拙時如何?喪却棟梁材 ……………………………… (198)
(一二六) 佛之一字,吾不喜聞;不識玄旨,徒勞念靜 ………………… (199)
(一二七) 各自有禪,各自有道,作麼生是禪是道 …………………… (203)
(一二八) 不得閑過,念佛、念法 ………………………………………… (204)
(一二九) 第一句,第二句,第三句 ……………………………………… (204)
(一三〇) 是他不是不將來,老僧不是不祇對 ………………………… (205)
(一三一) 老僧今夜答話去也,解問者出來 …………………………… (206)
(一三二) 狗子還有佛性也無? ………………………………………… (211)
(一三三) 如何是法身?應身 …………………………………………… (268)
(一三四) 朗月當空時如何?闍梨名什麼 ……………………………… (269)
(一三五) 正當二八時如何?東東,西西 ……………………………… (270)
(一三六) 學人全不會時如何?大好不會 ……………………………… (270)
(一三七) 如何是道人?我向道是佛人 ………………………………… (270)
(一三八) 老僧齋了,未喫茶 …………………………………………… (271)
(一三九) 老僧若修行,即禍事 ………………………………………… (271)
(一四〇) 老僧不將禪床、拂子對 ……………………………………… (271)
(一四一) 思憶不及處如何 ……………………………………………… (272)
(一四二) 如何是和尚家風?老僧耳背,高聲問 ……………………… (272)
(一四三) 萬境俱起時如何? …………………………………………… (273)
(一四四) 如何是目前佛?殿裏底 ……………………………………… (273)
(一四五) 家風如何?不說似人 ………………………………………… (277)

(一四六) 祖佛近不得底是什麼人 ……………………………… (277)
(一四七) 如何是平常心？狐狼野干是 …………………………… (277)
(一四八) 作何方便，即得聞於未聞 ……………………………… (278)
(一四九) 隨色摩尼珠。如何是本色？且隨色走 ………………… (278)
(一五〇) 平常心底人，還受教化也無？大好平常心 …………… (279)
(一五一) 如何是學人保任底物？盡未來際揀不出 ……………… (280)
(一五二) 如何是大修行的人？寺裏綱維是 ……………………… (280)
(一五三) 門户頭事如何？上座名什麼 …………………………… (281)
(一五四) 如何得不謗去？靜處去，者米囤子 …………………… (281)
(一五五) 如何是和尚大意？無大無小 …………………………… (282)
(一五六) 萬法本閒，而人自鬧；出來便死 ……………………… (282)
(一五七) 這個是斷語，如何是不斷語 …………………………… (283)
(一五八) 老僧自小出家，不曾眼花 ……………………………… (284)
(一五九) 佛祖滅後，什麼人傳？古今總是老僧分上 …………… (285)
(一六〇) 願你作大德，老僧是障佛祖漢 ………………………… (286)
(一六一) 遠聞趙州，到來爲什麼不見？老僧罪過 ……………… (287)
(一六二) 朗月當空，未審室中事如何 …………………………… (287)
(一六三) 在心心不測時如何 ……………………………………… (288)
(一六四) 不見邊表時如何？大好不見邊表 ……………………… (288)
(一六五) 如何是歸根？擬即差 …………………………………… (289)
(一六六) 不離言句，如何得獨脫 ………………………………… (290)
(一六七) 非心不即智，請和尚一句。老僧落你後 ……………… (290)
(一六八) 如何是畢竟？畢竟在什麼處 …………………………… (290)
(一六九) 不掛寸絲時如何？大好不掛寸絲 ……………………… (291)
(一七〇) 如救頭然底人如何 ……………………………………… (292)
(一七一) 空劫中阿誰爲主？老僧在裏許坐 ……………………… (293)
(一七二) 虛明自照，如何是自照？不稱他照 …………………… (293)
(一七三) 如何是的？一念未起時 ………………………………… (294)
(一七四) 如何是法王？州裏大王是 ……………………………… (295)
(一七五) 如何是佛心？你是心，我是佛 ………………………… (295)
(一七六) 三身中那個是本來身？闕一不可 ……………………… (295)

（一七七）	未審此土誰為祖師	（296）
（一七八）	不棄本不逐末，如何是正道？大好出家兒	（297）
（一七九）	明眼人見一切，還見色也無	（298）
（一八〇）	祖佛大意，合為什麼人？只為今時	（298）
（一八一）	了事底人如何？正大修行	（298）
（一八二）	大善知識，還入地獄也無？老僧未上入	（299）
（一八三）	毫釐有差時如何？天地懸隔	（301）
（一八四）	如何是不睡的眼？凡眼、肉眼	（302）
（一八五）	大庾嶺頭趁得及，為什麼提不起	（302）
（一八六）	不合不散如何辨	（303）
（一八七）	識心見性是不錯路	（303）
（一八八）	明珠在掌，還照也無；喚什麼作珠	（304）
（一八九）	靈苗無根時如何？大好無根	（305）
（一九〇）	學人擬作佛時如何？大煞費力生	（305）
（一九一）	學人昏鈍在一浮沈，如何得出	（306）
（一九二）	如何免得兩頭路？去却兩頭來答你	（306）
（一九三）	如何是大闡提底人？覓個闡提人難得	（307）
（一九四）	大無慚愧的人，什麼處著得	（307）
（一九五）	用處不現時如何？用即不無，現是誰	（308）
（一九六）	空劫中還有人修行也無？喚什麼作空劫	（308）
（一九七）	如何是出家？不履高名，不求苟得	（309）
（一九八）	不指一法，如何是和尚法	（309）
（一九九）	如何是目前獨脫一路？無二亦無三	（310）
（二〇〇）	如何是毘盧向上事？老僧在你脚底	（310）
（二〇一）	如何是合頭？是你不合頭	（311）
（二〇二）	如何是和尚的的意	（312）
（二〇三）	澄澄絕點時如何？墮坑落塹	（312）
（二〇四）	未出家，被菩提使；既出家，使得菩提	（313）
（二〇五）	某甲不是君子，老僧亦不是佛	（314）
（二〇六）	忽遇猛虎作麼生？無一法可當情	（315）
（二〇七）	他日作一頭驢來報答和尚；教老僧爭得鞍	（316）

7

（二〇八）南泉一隻箭來；中也 …………………………………………（316）
（二〇九）金佛不渡爐，木佛不渡火，泥佛不渡水 ………………（317）
（二一〇）百骸俱潰散，一物鎮長靈；今朝又風起 ………………（326）
（二一一）如何是祖師西來意？水牯牛生兒 ………………………（327）
（二一二）萬國來朝時如何？逢人不得喚 …………………………（327）
（二一三）十二時中，如何淘汰？東河水濁，西水流急 …………（327）
（二一四）如何是道場？脫體是道場 ………………………………（328）
（二一五）萌芽未發時如何？嗅著即腦裂 …………………………（329）
（二一六）數量不拘底事如何？一二三四五 ………………………（329）
（二一七）什麼世界即無晝夜？即今是晝是夜 ……………………（330）
（二一八）迦葉上行衣，什麼人得披 ………………………………（330）
（二一九）如何是混而不雜？老僧菜食長齋 ………………………（331）
（二二〇）如何是古人之言？諦聽諦聽 ……………………………（331）
（二二一）如何是學人本分事？與麼嫌什麼 ………………………（332）
（二二二）萬法歸一，一歸何所？青州布衫重七斤 ………………（332）
（二二三）如何是出家兒？不朝天子，父母返拜 …………………（347）
（二二四）覿面事如何？你是覿面漢 ………………………………（347）
（二二五）如何是佛向上人？只者牽耕牛底是 ……………………（348）
（二二六）走馬到長安，靴頭猶未濕 ………………………………（348）
（二二七）四山相逼時如何？無路是趙州 …………………………（349）
（二二八）古殿無王時如何？賊身已露 ……………………………（350）
（二二九）和尚年多少？一串數珠數不盡 …………………………（350）
（二三〇）和尚承嗣什麼人？從諗 …………………………………（351）
（二三一）趙州說什麼法？鹽貴米賤 ………………………………（351）
（二三二）如何是佛？你是佛麼 ……………………………………（352）
（二三三）如何是出家？爭得見老僧 ………………………………（352）
（二三四）佛祖不斷處如何？無遺漏 ………………………………（353）
（二三五）本源請師指示。本源無病 ………………………………（353）
（二三六）純一無雜時如何？大煞好一問 …………………………（353）
（二三七）無為寂靜底人，莫落在沈空也無 ………………………（354）
（二三八）如何是祖師西來意？床腳是 ……………………………（354）

8

(二三九) 澄澄絕點時如何 …………………………………………… (354)

(二四〇) 鳳飛不到時如何？起自何來 ………………………………… (355)

(二四一) 實際理地，不受一塵。一切總在裏許 ……………………… (355)

(二四二) 如何是一句 …………………………………………………… (356)

(二四三) 初生孩子，還具六識也無？急流水上打毬子 ……………… (357)

(二四四) 頭頭到來時如何？猶較老僧百步 …………………………… (362)

(二四五) 老僧自小出家，抖擻破活計 ………………………………… (362)

(二四六) 請和尚離四句道？老僧常在裏許 …………………………… (363)

(二四七) 扁鵲醫王，不離床枕 ………………………………………… (363)

(二四八) 如何是露地白牛？者畜生 …………………………………… (363)

(二四九) 如何是大人相？師側目視之 ………………………………… (363)

(二五〇) 直無心念，落在眷屬時如何 ………………………………… (364)

(二五一) 請師不施為答。將水來，添鼎子沸 ………………………… (364)

(二五二) 如何是般若波羅蜜？摩訶般若波羅蜜 ……………………… (364)

(二五三) 如何是咬人師子？歸依佛法僧 ……………………………… (365)

(二五四) 離却言句，請師道。師咳嗽 ………………………………… (366)

(二五五) 如何得不謗古人，不負恩去？闍梨作麼生 ………………… (366)

(二五六) 如何是一句？道什麼 ………………………………………… (366)

(二五七) 如何是一句？兩句 …………………………………………… (367)

(二五八) 唯佛一人是善知識如何？魔語 ……………………………… (367)

(二五九) 如何是菩提？者個是闡提 …………………………………… (368)

(二六〇) 如何是大人相？好個兒孫 …………………………………… (368)

(二六一) 寂寂無依時如何？老僧在你背後 …………………………… (369)

(二六二) 如何是伽藍？別更有什麼 …………………………………… (369)

(二六三) 二龍爭珠，誰是得者？老僧只管看 ………………………… (369)

(二六四) 如何是離因果底人？老僧實不知 …………………………… (371)

(二六五) 衆盲摸象，各說異端，如何是真象 ………………………… (371)

(二六六) 如何是第一句？師咳嗽 ……………………………………… (372)

(二六七) 大海還納衆流也無？大海道不知 …………………………… (373)

(二六八) 如何是毘盧師？毘盧、毘盧 ………………………………… (373)

(二六九) 諸佛還有師也無？阿彌陀佛，阿彌陀佛 …………………… (374)

（二七〇）如何是學人師？雲有出山勢，水無投澗聲……………………（375）
（二七一）諸方盡向口裏道，和尚如何示人……………………………（375）
（二七二）不行大道時如何？者販私鹽漢………………………………（375）
（二七三）如何是本來身？…………………………………………………（376）
（二七四）如何是祖師西來意？東壁上掛葫蘆…………………………（376）
（二七五）方圓不就時如何？不方不圓……………………………………（380）
（二七六）道人相見時如何？呈漆器………………………………………（380）
（二七七）諦爲什麼觀不得？諦即不無，觀即不得……………………（382）
（二七八）行又不到，問又不到時如何……………………………………（382）
（二七九）如你不喚作祖師意，猶未在……………………………………（382）
（二八〇）不具形儀還會也無？即今還會麼…………………………（382）
（二八一）如何是大無慚愧的人？皆具不可思議………………………（383）
（二八二）有佛處，急走過，無佛處，不得住……………………………（383）
（二八三）如何是急切處？一問一答………………………………………（390）
（二八四）不藉三寸，還假今時也無………………………………………（390）
（二八五）如何是和尚家風？茫茫宇宙人無數…………………………（391）
（二八六）二龍爭珠，失者無虧，得者無用………………………………（392）
（二八七）如何是大人相？是什麼…………………………………………（392）
（二八八）披與麼衣服，莫辜負古人也無…………………………………（392）
（二八九）如何是沙門行？展手不展脚……………………………………（393）
（二九〇）牛頭未見四祖時如何？飽柴飽水………………………………（393）
（二九一）喫粥了也未？洗鉢盂去…………………………………………（394）
（二九二）如何是毘盧師？白駝來也未……………………………………（410）
（二九三）如何是無師智？老僧不曾教闍梨………………………………（410）
（二九四）如何是親切一句？話墮也………………………………………（411）
（二九五）不藉口，還許商量也無？正是時………………………………（411）
（二九六）二祖斷臂當爲何事？粉骨碎身…………………………………（412）
（二九七）無邊身菩薩爲什麼不見如來頂相……………………………（412）
（二九八）晝是日光，夜是火光，如何是神光……………………………（413）
（二九九）如何是恰問處？錯………………………………………………（413）
（三〇〇）如何是大人相？師以手摸面，叉手斂容………………………（413）

(三〇一) 如何是無爲？者個是有爲 …………………………………………（414）
(三〇二) 如何是祖師西來意？欄中失却牛 …………………………………（414）
(三〇三) 纔入門，便好驀面唾…………………………………………………（414）
(三〇四) 如何是直截一路？淮南船子到也未 ………………………………（415）
(三〇五) 柏樹子幾時成佛？待虛空落地 ……………………………………（415）
(三〇六) 如何是西來意？因什麼向院裏罵老僧 ……………………………（416）
(三〇七) 如何是西來意？板齒生毛 …………………………………………（417）
(三〇八) 貧子來，將什麼過與？不貧；只是守貧 …………………………（418）
(三〇九) 無邊身菩薩，爲什麼不見如來頂相 ………………………………（419）
(三一〇) 諸天甘露什麼人得喫？謝你將來 …………………………………（420）
(三一一) 超過乾坤的人如何？待有與麼人，即報來 ………………………（420）
(三一二) 如何是伽藍？三門、佛殿 ………………………………………（420）
(三一三) 如何是不生不滅？本自不生，今亦無滅 ………………………（421）
(三一四) 如何是趙州主？大王是 …………………………………………（421）
(三一五) 急切處，請師道 ……………………………………………………（422）
(三一六) 如何是丈六金身？腋下打領 ……………………………………（422）
(三一七) 大宜東北角，小宜僧堂後 ………………………………………（423）
(三一八) 如何是佛向上人？師下禪床，上下觀瞻相……………………（423）

11

凡　例

一、原文及校記：本書所依底本爲日本春秋社昭和三十九年（1964）版《校訂國譯　趙州禪師語錄》，該版本爲鈴木大拙校閱，秋月龍眠國譯，河北虛雲印經功德藏2001年出版的簡體字本《趙州禪師語錄》係依據此本。

本書參考校本爲河北佛協佛曆二五三六年（1993）七月版淨慧法師重編之《趙州禪師語錄》、明版《嘉興藏》第一百三十七種之《趙州和尚語錄》、明永樂南藏本《古尊宿語錄》、明徑山藏本《古尊宿語錄》，以及《祖堂集》、《景德傳燈錄》、《天聖廣燈錄》、《建中靖國續燈錄》、《聯燈會要》、《嘉泰普燈錄》等五代、宋人的著述。

對字句有差異之處寫出簡明校記。如發現各版本記載該則語錄文字差異較大，則徑錄其他版本的記載以資參照。

二、箋註：本書箋注，採取的是以禪證禪的方法，詮釋禪語時，選取禪宗語錄中該則辭語最典型的例句，儘量使讀者置身於禪宗語境之中，而避免過多解説造成的零碎支離。

三、集評：

1. 集評材料的先後按朝代先後排序，依禪宗語錄、《四庫全書》中經史子集、日本禪學著作等類別收錄。

2. 爲節省篇幅，在記錄文獻的多個出處時進行了簡約處理：

在記錄文獻的多個出處時，完整的信息應爲：

◎示衆云："心不是佛，智不是道，且道是甚麽？刻舟求劍，膠柱調絃。"（《聯燈會要》卷十三《法華全舉禪師傳》，亦見《嘉泰普燈錄》卷二《法華全舉禪師傳》，《古尊宿語錄》卷二十六《法華全舉禪師傳》）

本書爲求簡練，一概將"禪師傳"之類省略，將上述引文部分寫作：

（《聯燈會要》卷十三《法華全舉》，《嘉泰普燈錄》卷二，《古尊宿語錄》卷二十六）

　　其中第一條爲所徵引文字的出處，其後爲參見出處。（有相同或類似之記載的出處）

　　3. 關於趙州語錄各則出處或收錄的標示：書中每則語錄的末句，均有年代較早的文獻出處，或年代較後的文獻徵引等信息。這些文獻一般情況下都是典籍中關於趙州大師的傳記，故於標示出處時不再一一註明，如語錄（一），出處標示爲"《祖堂集》卷十八，《景德傳燈錄》卷十，《聯燈會要》卷六"等，即表明該條語錄載於各書的趙州禪師傳記中；但如果該則語錄尚見於其他禪師傳記中，則分別予以註明。如語錄（五），因該則較早的出處見於其他禪師（南泉）的傳記中，故出處標示爲："《祖堂集》卷十六《南泉普願》，《聯燈會要》卷六《趙州從諗》，《古尊宿語錄》卷十三《趙州從諗》，《指月錄》卷十一。"

　　4. 某則公案或禪語末後所標引的第一條出處，一般情況下是按年代順序來著錄較早的出處。但如果年代較後文獻的文字能提供更多的信息，則著錄較後出現的文獻，而將較早的出處作爲參見出處。

　　5. 對某一種文獻出處，一般情況下以其中的一種文獻爲主，餘者只註明參見出處。但有些文獻雖記錄了同一事件，卻各有側重，此種情況下對這些文獻就一概予以著錄。如《居士分燈錄》卷下《蘇軾》、《禪林僧寶傳》卷二十九《佛印了元》、《叢林盛事》三書，均記載有關效做趙州不下禪床的公案，本書即同時著錄。

　　6. 本書以"◎"符號作爲集評中徵引的獨立的部分。（1）《禪宗頌古聯珠通集》、《禪門類聚》、《宗門拈古彙集》、《宗鑑法林》四部書，是禪宗史上較爲典型的關於公案的拈古評唱集。其中《禪宗頌古聯珠通集》收錄的頌古最爲完全，爲保持其原貌，將成立於該書之前或之後的文獻出處以〔　〕內附註的形式，用小五號做宋體加以標引。《宗門拈古彙集》、《宗鑑法林》等書，則多取自《禪宗頌古聯珠通集》、《禪門類聚》的頌古或拈評，因此凡前二書有著錄者，在前二書的相應文獻位置予以標引，而於後二書不復著錄，以避重複。（2）個別評唱，或見於《碧巖錄》、《虛堂錄》、《從容錄》等正文中，或見於《禪宗頌古聯珠通集》等書中，爲保存其各自的原貌，予以兩存。（3）某一資料，如果僅僅是復叙公案，之後加以頌古、拈評，則附於以上拈古評唱集的相應位置作爲參考出處；對公案有獨特理解、發揮者，則單獨予以著錄。

7. 本書將某一段引文的原始出處，置於該段引文的最後的圓括號（ ）中，對於有參考價值的其他出處，仍同體列6，以〔 〕內附註的形式，用小五號仿宋體來表示。

8. 著錄的禪語，有的在原書中有標題，如鍼對某人的開示等等；有的在原書中沒有標題，如一般的禪機對答之類，集評亦靈活處理之。對於摘錄自文集類的資料，一般情況下保留其標題。但著錄之內容，則視具體情況，或全錄，或節略。

9. 各則集評，在徵引古德叙述公案時，短者全引，長者錄其關鍵句；復述公案的文字有參考價值者，全引。省略部分，以（中略）來表示。

10. 《大正藏》中日本禪宗語錄部分，對公案的提倡，原文用○表示，如：

　　南泉一日東西兩堂爭猫兒，○風流可愛。公案未圓。國清才子貴，家富小兒驕

爲統一體例，本書將其對公案的提倡部分用小五楷表示：

　　南泉一日東西兩堂爭猫兒，風流可愛。公案未圓。國清才子貴，家富小兒驕

四、繁體字一般情況悉依原字。但對於有些字，予以統一。如"裏外"的"裏"，《大正藏》用作"裡"，《卍續藏》則用作"裏"，本書採用《卍續藏》的字形。

《卍續藏》中字形有異者，則選取其通行者。如"彷彿"，《卍續藏》中有"彷彿"、"髣髴"兩體，本書採取通用的"彷彿"。

又如"閑"，古籍中常使用"閒"字。本書遵從《卍續藏》的用字習慣，依然採用"閑"字。

對有些字，依據《卍續藏》的用字習慣，保留其原貌。如《禪宗頌古聯珠通集》所收的頌古作者中，有標示爲"松源岳"禪師者，而《卍續藏》同

時收有《松源崇嶽禪師語録》；《卍續藏》收有《癡絶道沖禪師語録》，在《行狀》中却明言"師名道沖，自號癡絶"，此種情況下，保留"岳"、"嶽"、"痴"、"癡"的原貌。

五、本書從各種資料中輯出九十則趙州大師語録的逸文。附於（五二五）則之後，是爲（五二六）至（六一五）則。每則均説明出處。有評論資料的，亦附以評論資料。

六、有關趙州大師的總評，置於全書之後。爲避免重複，本書正文中引用集評資料時，略去作者、時代、版本等信息，而於書後附有《趙州録集評引用書目》。對每一部文獻均標明它在《大正藏》、《卍續藏》、《四庫全書》的册數；按時代分成唐、宋、元、明、清等幾個部分。在每個部分內以書名的第一個字的字母爲序進行排列，以便檢索。

（一）

師問南泉："如何是道？"泉云："平常心是。"師云："還可趣向否？"泉云："擬向即乖。"師云："不擬爭知是道？"泉云："道不屬知不知。知是妄覺，不知是無記。若真達不疑之道，猶如太虛，廓然虛豁，豈可強是非也！"師於言下，頓悟玄旨，心如朗月。〔《祖堂集》卷十八，《景德傳燈錄》卷十，《聯燈會要》卷六，《五燈會元》卷四，《五家正宗贊》卷一，《古尊宿語錄》卷十三，《指月錄》卷十一〕

【校記】
"平常心是"：徑山藏本《古尊宿語錄》作"平常心是道"。

【箋註】
○趣向：接近、追求。　○乖：乖離，違背。　○無記：非善非惡，無可記別。此指懵懂無知的心理狀態。　○太虛：廣袤的天空。　○玄旨：玄妙深奧的禪旨。　○朗月：喻開悟時晶瑩朗潔的禪心。

【集評】
◎梵日問曰："如何即成佛？"大師答曰："道不用修，但莫污染。莫作佛見、菩薩見，平常心是道。"梵日言下大悟，殷勤六年。（《祖堂集》卷十七《通曉》）

◎問："如何是平常心？"師云："要眠則眠，要坐則坐。"僧云："學人不會。"師云："熱則取涼，寒則向火。"（《祖堂集》卷十七《岑和尚》，《聯燈會要》卷六，《五燈會元》卷四）

◎問："如何是平常心合道？"師曰："喫茶喫飯隨時過，看水看山實暢情。"（《景德傳燈錄》卷二十二《報慈文欽》，《五燈會元》卷八）

◎豈不見趙州初參南泉，悟平常心是道後，來有問西來意，便對曰"庭前柏樹子"，以至"鎮州出大蘿蔔頭"、"我在青州作一領布衫重七斤"。（中略）以要言之，古來宗師無不皆用此個時節。（《圓悟錄》卷八）

1

◎不驚羣動衆，謂之平常心，本源天真自性也。雖居千萬人中，如平常心本源天真自性也。雖居千萬人中，如無一人相似，此豈粗浮識想、利智聰慧所能測哉！（《圓悟錄》卷十四）

◎（趙州）次日却來問："如何是道？"南泉也不行棒，也不下喝，也不談玄也不說妙，也不牽經，也不引論，也不舉古人公案，亦不說事，亦不說理，只實頭向他道："平常心是道。"（中略）趙州於言下百了千當。（中略）所以圓悟先師說："趙州禪只在口脣皮上，難奈他何。"（《大慧錄》卷十六，《列祖提綱錄》卷十五）

◎所以趙州問南泉和尚："如何是道？"泉云："平常心是道。"州從此頓息馳求，識得祖病佛病，無不透得。後來遍到諸方，無有出其右者，蓋緣他識病。（《古尊宿語錄》卷三十一《佛眼清遠》）

◎或又執個一切"平常心是道"，以爲極則。天是天地是地，山是山水是水，僧是僧俗是俗，大盡三十日，小盡二十九。此依草附木，不知不覺一向迷將去。（《古尊宿語錄》卷四十四《真淨克文》，《嘉泰普燈錄》卷二十五，《大慧錄》卷十七，《宗門武庫》，《列祖提綱錄》卷十一）

◎問："如何是平常心？"曰："蜂蠆狼貪。"云："與麼則全衆生心也？"曰："你道那個是平常心？"云："不會。"曰："汝他後會去在。"（《正法眼藏》卷四，《御選語錄》卷十八《開先智》）

◎僧問南泉："如何是道？"泉云："平常心是道。"如達平常道也，見山即是山，見水即是水。信手拈來草，無可無不可。設使風來樹動，浪起船高，春生夏長，秋收冬藏，有何差異。但得風調雨順，國泰民安，邊方寧靜，君臣道合，豈在麒麟出現，鳳凰來儀，方顯祥瑞哉。（《人天眼目》卷二，《爲霖道霈禪師旅泊菴稿附·霖禪師集禪海十珍》）

◎更無回互本圓成，觌面無私一體平。水上東山行不住，火中木馬夜嘶鳴。人間但見浮雲白，天外常看列岫橫。若爲平常心是道，擬心已在鐵圍城。大慧（《人天眼目》卷二）

◎中夏上堂，舉趙州問南泉："如何是道？"泉云："平常心是道。"（中略）師拈云："一夏九十日，已過四十五日，此是四十五日以前語，四十五日以後語？"（《虛堂錄》卷九）

◎江西大寂道一禪師示衆云："道不用修，但莫污染。"何爲污染？但有生死心造作趣向，皆是污染。若欲直會其道，平常心是道。謂平常心無造作，无是非，无取捨，无断常，无凡无圣。(《景德传灯录》卷二十八《江西道一》，《天圣广灯录》卷八，《四家语录》卷一《马祖道一禅师语录》，《御选语录》卷十四)

◎时有僧问："从上祖师至江西大师皆云：'即心是佛'，'平常心是道'。今和尚云：'心不是佛，智不是道。'学人悉生疑惑，请和尚慈悲指示。"师乃抗声答曰："你若是佛，休更涉疑，却问老僧，何处有恁么傍家疑佛来！"(《景德传灯录》卷二十八《南泉普愿》，《古尊宿语录》卷十二)

◎未几复至京师，趋智海依正觉逸禅师，请问因缘，海曰："古人道'平常心是道'。你十二时中放光动地，不自觉知。向外驰求，转疏转远。"(《五灯会元》卷十六《刘经臣》，《续传灯录》卷十，《居士分灯录》卷上)

◎所以古人道："平常心是道。""还可趣向也无？""拟向即乖。"看他不许你趣向，又作么生保任？不易不易。(《古尊宿语录》卷三十一《佛眼清远》)

◎问："奔流渡刃、疾焰过风时如何？"师云："平常心是道。"(《古尊宿语录》卷三十八《洞山守初》)

◎岂不见赵州问南泉："如何是道？"泉云："平常心是道。"(中略)只此灵锋，阿谁敢近？若是个汉，足未跨门，早已委得。若更低头觑地，脑后一椎，莫言不道。(《续古尊宿语录》卷五《懒庵需》)

◎既识得驴了，骑却不肯下，此一病最难医。龙门向道不要骑，你便是驴，尽大地是个驴，且作么生骑？你若骑，管取病不去；若不骑，十方世界廓落地。此二病一时去，心下无事，名为道人。所以赵州问南泉："如何是道？"泉云："平常心是道。"州从此顿息驰求，识得祖病、佛病，无不透得。后来遍到诸方，莫有出其右者，盖缘他识病。(《僧宝正续传》卷三《龙门远》，《古尊宿语录》卷三十一)

◎示伦上人

一切有心，天地悬隔，酌然。如今透关不得，只为心多执重。若脱然摒当到无心之地，一切妄染情习俱尽，知见解碍都销，更有甚事？是故南泉云"平常心是道"。然纔起念，待要"平常"，早乖差了也。此最为微细难凑处。(《圆悟心要》卷上)

◎示张子固

要用便用，要道便道。遇饭喫饭，遇茶喫茶。契平常心，不起佛见法见。佛见法见尚乃不起，何况起造业心，发不善意？(《圆悟心要》卷下)

◎示華嚴居士

平常心是道，纔趣向即乖。到個裏，正要腳踢實地，坦蕩蕩，圓陀陀，孤迥危峭，不立毫髮知見，倒底放下。澄澄絕照，壁立萬仞。（《圓悟心要》卷下）

◎道在平常日用中，一段光明蓋天地，情塵瞥起，便見千差萬別。是故趙州問南泉："如何是道？"只對他道："平常心是道。"已自當頭掇出，却更問："還假趣向也無？"不免隨搜鎪撒。向道"擬向即乖"，又更擔板。道個"不擬爭知是道"，轉見四棱踏地。事不獲已，不顧傍觀，盡情剖露，道個"道不屬知，不屬不知，知是妄覺，不知是無記。若達不疑之道，如太虛空，豈可強是非耶？"者個便是十八上解作活計底，一款子招狀了也。是故寒山子見徹平常心，便道："吾心似秋月，碧潭清皎潔。無物堪比倫，教我如何說？"龐居士見徹平常心，便道："心如境亦如，無實亦無虛。有亦不管，無亦不拘。不是聖賢，了事凡夫。"是謂一錯百錯，無乃錯之甚矣。（《破菴和尚語錄》）

◎上堂，舉僧問南泉："如何是道？"泉云："平常心是道。"又僧問趙州："如何是道？"云："墻外底。"又僧問白雲："如何是道？"云："始平郡。""如何是道中人？"云："赤心為主。"師云："且道這三句是同是別？若道同，語又參差；若道別，佛法不到今日。還緇素得出麼？"（《應菴曇華禪師語錄》卷三）

◎上堂，舉趙州問南泉："如何是道？"泉云："平常心是道。"（中略）師云："你有一種是，堂前開飯店，屋裏販揚州。南泉翻鹽落醬缸，趙州老鼠入牛角。"（《瞎堂慧遠禪師廣錄》卷一）

◎又真心乃平常心也，妄心乃不平常心也。或曰："何名平常心也？"曰："人人具有一點靈明，湛若虛空，遍一切處。對俗事假名理性，對妄識權號真心。無分毫分別，遇緣不昧。無一念取捨，觸物皆周。不逐萬境遷移。設使隨流得妙，不離當處湛然，覓即知君不見，乃真心也。"或曰："何名不平常心耶？"曰："境有聖與凡，境有染與淨，境有斷與常，境有理與事，境有生與滅，境有動與靜，境有去與來，境有好與醜，境有善與惡，境有因與果。細論則萬別千差，今乃且舉十對，皆名不平常境也。心隨此不平常境而生，不平常境而滅。不平常境心對前平常真心，所以名不平常妄心也。真心本具，不隨不平常境生起種種差別，所以名平常真心也。"（《真心直

说·真心無知》）

◎平常心是道

張打油，李打油，不打渾身只打頭。今朝有酒今朝醉，明日愁來明日愁。（《月林師觀禪師語錄》）

◎平常是道

無門曰：南泉被趙州發問，直得瓦解冰消，分疏不下。趙州縱饒悟去，更參三十年始得。頌曰：

春有百花秋有月，夏有涼風冬有雪。若無閒事掛心頭，便是人間好時節。（《無門關》第十九則）

◎豈不見趙州問南泉云："如何是道？"南泉云："平常心是道。"這些子，如砒霜狼毒，峭壁懸崖，無你下口處，無你入作處。獨有趙州較些子，便云："還可趣向也無？"泉云："擬向即乖。"州云："不擬爭知是道？"泉云："道不屬知，不屬不知。知是妄覺，不知是無記。若真達不疑之道，豁然如太虛空，豈可强是非耶。"只如南泉恁麼道，莫便是提向上鉗錘，攻其偏墜，擊其乖異麼？且喜沒交涉。（《癡絶道冲禪師語錄》卷下）

◎不滯平常心，不畏險崖句。飽飯恣甜眠，嫌佛不肯做。業風吹到十二峰前，背却法堂，著草鞋去。且喚回來，與一杯茶，徐徐向伊道："善爲道路。"（《希叟和尚廣錄》卷三）

◎舉趙州問南泉："如何是道？" 太平休整閒戈甲 泉云："平常心是道。" 黃金包裹爛泥團 州云："還可趣向也無？" 金剛腦後抽生鐵 泉云："擬向即乖。" 截斷脚跟 州云："不擬爭知是道？" 鋼錙著生鐵 泉云："道不屬知，不屬不知。知是妄覺，不知是無記。若真達不疑之道，譬如太虛，廓然寥豁，豈可强是非耶？" 舌頭拖地 州禮拜李陵雖好手，未免隱番身。（《希叟和尚廣錄》卷五）

◎上堂，舉趙州初參南泉，問："如何是道？"泉云："平常心是道。"（中略）師云："南泉被趙州一問，直得分疏不下。趙州被南泉一坐，至今抬身不起。兩個漢總有過處。諸人檢點得出，許你真達不疑之道。"（《元叟行端禪師語錄》卷三）

◎張居士相訪

清河居士別多年，一笑相逢信有緣。莫訝老僧無別話，平常心是祖師禪。（《吳山淨端禪師語錄》卷下，《石倉歷代詩選》卷二百二十七）

◎問平常心是道，無心是道。此平常心、無心之語，成却多少人，誤却多少人！往往不知泥中有刺，笑裏有刀者，何啻於掉棒打月，接竹點天。古人答一言半句，如揮吹毛利刃，直欲便要斷人命根。若是個皮下有血底，直下承當，更無擬議。（《高峰原妙禪師語錄》卷上）

◎泐潭乾和尚真贊

平常心是道，南泉只眨得眼。菴内人不見菴外事，趙州猶是擔板。（《山谷集》卷十四）

◎故竊謂二書聖人以之立教於中國，佛以之立教於西方，其揆一也。然易之教漸，窮理盡性以至於命；華嚴之教頓，直以白牛之車接上根者。故易之教，潔靜精微，由域中以趣方外；華嚴之教，廣博妙嚴，由方外以該域中。此其不同者，而其歸一也。兩被來教，皆有不復措意儒術之語，初固疑之，今乃知以世間、出世間法，判而爲兩之故也。夫晝之所想，即夜之所夢；生之所履，即死之所爲；春之所種，即秋之所獲。所以處世間者，即所以出世間者，儒釋之術一也，夫何疑哉。神通妙用，在運水般柴中；坐脫立亡，在著衣喫飯中；無上妙道，在平常心中。願試思之。（《梁溪集》卷一百一十三）

◎舜之"惟精惟一"，然後能"允執厥中"；湯之"懋昭大德"，然後能"建中於民"，故曰極高明而道中庸者，如此而已。佛氏之言道，亦曰"平常心是道"。若了此事，著衣喫飯而已。若其不了，而止能著衣喫飯，是亦癡人耳，何足貴哉。唯不可名以癡人，而起居飲食，曾與人無異者，夫豈逆理失正，而麗於過不及耶？此則中庸之所以爲中庸也，非極高明者能之乎？（《默堂集》卷十五）

◎雪峰毯堂禪師真贊

推平常心，說真實法。運悲智願，應化度緣。毯堂於今，清風歷然。（《拙齋文集》卷十七）

◎題庸齋

人生一世間，當爲一世傑。瑣瑣混常流，有愧古明哲。努力求至道，毫髮無差別。偉哉平常心，光明配日月。（《絜齋集》卷二十三）

◎送聰上人歸四明

辦得四方遊，孜孜討入頭。歸雲起齋鉢，高浪送行舟。笠戴天童雨，鞋穿雪寶秋。平常心是道，莫更問人休。（《野谷詩稿》卷五，《江湖後集》卷四，《宋百家詩存》卷二十五）

◎太平老豁菴

父母胞胎未結前，趙州識後笑南泉。豁然道與虛空似，不道虛空似豁然。(《緣督集》卷八)

◎纔於平常心上，起個過當之念，便是有求益之心，此便不可過度者，過其常度即過當也。(《莊子口義》卷二)

◎以此不疑之理而解天下之疑，而又復歸於不疑之地，則庶幾乎至於大不疑矣。趙州問南泉不疑之道，便是此數語之意，尚庶幾也。(《莊子口義》卷八)

◎平常心是道，舉步入荒草。翻嗟王老師，到底不能曉。不能曉，玉兔金烏任飛走。雲峰悦［《古尊宿語錄》卷四十一《雲峰文悦》，《禪林類聚》卷五］

欲識平常道，天然任自然。行船宜舉棹，走馬即加鞭。若遇飢來飯，還應困即眠。盡從緣所得，所得亦非緣。佛鑑懃二［《禪林類聚》卷五。"天然"，《禪林類聚》卷五作"天真"］

所得亦非緣，當人自了然。雨中看皓月，火裏汲清泉。直立頭垂地，橫眠腳指天。應須與麼會，方契祖師禪。［《禪林類聚》卷五］

若謂平常心是道，枝蔓向上更生枝。貼肉汗衫如脫了，喚來眼上與安眉。鼓山珪［《古尊宿語錄》卷四十七，《禪林類聚》卷五，《宗鑑法林》卷十六］

勸君不用苦勞神，喚作平常轉不親。冷淡全然没滋味，一回舉著一回新。徑山果［《古尊宿語錄》卷四十七，《禪林類聚》卷五，《宗鑑法林》卷十六］

趙州昔日見南泉，言下投機自廓然。要會平常心是道，平常不住道方玄。本覺一

白日遲遲兮花菲菲，白雲流水兮兩相依。長安路上人跡稀，南泉也落第二機。慈受深［《宗鑑法林》卷十六］

礙得銅盤，不打老鼠。所以抽身人，還從屋裏來。圾教臺凳穩，聊且勸三杯。兄呼弟應殷勤處，留得兒孫辨劫灰。月堂昌

遇飯喫飯，遇茶喫茶。千重百匝，四海一家。解却粘去却縛，言無言作無作。廓然本體等虛空，風從虎兮雲從龍。圓悟勤［《圓悟錄》卷十九］

萬里長空雨霽時，一輪明月瑩清輝。浮雲掩斷千人目，見得嫦娥面者稀。龍門遠

向道平常心是道，斬釘截鐵妙中妙。若將玄路擬思量，連累兒孫入荒草。業識茫茫知不知，終日紅塵無價寶。大溈智

7

玄途不涉透離微，道合平常發上機。無影樹頭春色曉，金鷄啼在不萌枝。足菴鑒［《宗鑑法林》卷十六］

悟得平常達本鄉，時人多怕落平常。青春只有九十日，爛醉都無一百場。雪菴瑾［《雲菴從瑾禪師頌古》，《宗鑑法林》卷十六］

春有百花秋有月，夏有涼風冬有雪。若無閒事掛心頭，便是人間好時節。無門開［（《禪宗頌古聯珠通集》卷十八］

◎上堂，舉趙州問南泉云："如何是道？"泉云："平常心是道。"大衆，苦樂逆順，膏火相煎。刹那之間，有萬生滅，作麼生得"平常"去？到者裏，也須明白去始得。（《平石如砥禪師語錄》）

◎平常心是道，舉步入荒草。要知端的意，一老一不老。（《無見先睹禪師語錄》卷下）

◎送承天遠藏主遊浙東

日出日入王國土，溪東溪西王水草。深固幽遠無人到，須信平常心是道。如來藏裏摩尼珠，光明赫赫照昏衢。平生受用只者是，不妨推出司南車。（《月江正印禪師語錄》卷下）

◎豈不見趙州問南泉："如何是道？"泉云："平常心是道。"（中略）者般說話，正如鬧市裏颺碌磚相似，直是著者方知。趙州既是打著，當下如暗得燈，如貧得寶。粉身碎骨未足酬，一句了然超百億。（《了菴和尚語錄》卷一）

◎豈不見趙州問南泉云："如何是道？"泉云："平常心是道。"（中略）好大衆，古人千門萬户，一時打開了也。靈利底便合乘時搆取，待你眨得眼來，何翅白雲千里萬里。（《了菴和尚語錄》卷二）

◎日出卯，只個平常心是道。眼中童子面前人，斑白何須讀黃老。（《了菴和尚語錄》卷七）

◎僧問："昔日南泉和尚，因趙州問云：'如何是道？'泉云：'平常心是道。'如何是平常心？"師云："敲冰取火，掘地覓天。"進云："大好平常心。"師云："我不如你，你自會得好。"乃云："問既不弱，答得又奇。你道契二大老，不契二大老？還有人道得麼？試出來道看。如無人道得，自道去也：一分奉釋迦牟尼佛，一分奉多寶佛塔。"（《楚石梵琦禪師語錄》卷二，《列祖提綱錄》卷二十九）

◎佛成道上堂，舉趙州問南泉："如何是道？"泉云："平常心是道。"（中略）師云："王老師過犯彌天，將釋迦世尊六年雪山千苦萬辛，所得無上

大道，等閑花擘殆盡，合與二十拄杖。"（《愚菴和尚語錄》卷一，《列祖提綱錄》卷五）

◎南泉平常心是道

平常心是道，親切爲君宣。瞥爾情生地，何由脱蓋纏。（《愚菴和尚語錄》卷七）

◎平常心是道

平常心是道，到老無煩惱。夏熱便乘涼，冬寒便著襖。（《恕中無愠和尚語錄》卷三）

◎上堂："吾宗此事，只貴痛快底，向未舉已前，一肩擔荷。若是思量測度，了無交涉。豈不見趙州問南泉云：'如何是道？'南泉云：'平常心是道。'（中略）古人將心肝五臟，一時吐露了也。"（《南石和尚語錄》卷一）

◎上堂。"如何是道？平常心是道，是聖同凡都一掃。纔生擬議隔天涯，大似尋空向壁討。"（《無異元來禪師廣錄》卷五）

◎次日問南泉："如何是道？"泉云："平常心是道。"汝看南泉也不消什麼機用，直如家裏人，説家裏事。（《長慶宗寶禪師語錄》卷三）

◎夫佛法本平常，而世以奇特求之，故往往不得佛心也，故曰"平常心是道"。此平常心，凡有血氣之屬，皆本有之，豈待佛菩薩傳而後有哉。若必待佛菩薩傳而後有，則世人日用，境緣逆順，好惡多端，以非爲是，以是爲非，熾然而分別不歇者，此又何心哉？此即平常心也！但衆生不善用之，而現三毒奇險之心也。如善用之，則衆生三毒奇險之心，即是諸佛平常之心也。雖然衆生奇險習熟，脱聞平常心是道之説，自然承當不下，蓋其平常習生故也。是故必須待佛菩薩寳几珍御之風，吹而化其下劣之心，荷擔之心生矣。此一心生，又追惟往時下劣之心，鄙而惡之，於平常心，則生大驚異，以爲聞所未聞，得所未得。故没量大人，知其如此，復以狸奴白牯之風，鼓吹而化其驚異之心，至此則聖凡情盡，平常心開。（《紫柏老人集》卷六）

◎豈不見昔日趙州問南泉："如何是道？"泉云："平常心是道。"（中略）大衆，平常心是道，大好言語，會得者能有幾人？所以云："百姓日用而不知，故君子之道鮮矣。"今時學道者，只在知不知上做活計，知者一向搬弄神識，博學多聞，向外打之遶。不知者一味遏捺妄想，攝念歸空，向死水裏坐，總出他妄覺無記窠臼不得，何曾夢見平常心來。諸人要識平常心是道麼？聽取一偈："渴飲飢餐無别事，禪床角坐思悠哉。一板打著真痛處，不

覺連聲叫出來。"諸人若向這裏薦得，方喫得山僧手中棒。如或不然，對面不相識，休云親近來。(《鼓山為霖和尚餐香錄》卷上)

◎常清静經

子思作《中庸》，解之曰："庸，平常也。"南泉禪師亦云："平常心是道。"然則平常語固道也。(《弇州四部稿續稿》卷一百五十八)

◎中和者，體用也。中庸者，即已成之德而表之，曰無過不及而已，曰平常而已，註變和言庸者，誤庸之一字。禪者亦知之，曰"平常心是道"。(《讀書後》卷四)

◎又舉趙州初見南泉，問："如何是道？"南泉云："平常心是道。"(中略)師拈曰："奇怪，諸禪德，須是沙彌初入道，一撥便轉，豈不是靈利人。南泉如善射者發箭，箭箭中紅心。若不是趙州，也大難承當，便向平常心是道處，動著關捩子。去却胸中物，喪却目前機。頭頭上明，物物上頭便能信脚行，信口道，等閑拈出，著著有出身之路。以何為驗？豈不見僧問'如何是祖師西來意'，答云'庭前柏樹子'；問'萬法歸一，一歸何處'，答云'我在青州作一領布衫，重七斤'；問'如何是趙州'，答云'東門、西門、南門、北門'。與人解粘去縛，抽釘拔楔，坐斷天下人舌頭，穿過天下人鼻孔，豈不是平常心是道底關捩子？"(《蜀中廣記》卷八十四《昭覺昭淵》，《續傳燈錄》卷三十四)

◎"了取平常心是道，飢來喫飯困來眠。"復頌云："即心即佛開心印，非佛非心蹈大方。當處分身千百億，普光明殿放毫光。"(《列祖提綱錄》卷十九)

◎南泉因趙州問："如何是道？"泉曰："平常心是道。"(中略)

徑山琇云："古人將心肝五臟，一時吐露了也。摩霄俊鶻，便合乘時。止濼困魚，徒勞激浪。"[《南石和尚語錄》卷一，《宗鑑法林》卷十六]

寶壽方云："王老師箋釋不易，南石老擊節猶勤。唱教門中，甚為難得。若是祖師門下，千里萬里！"

白巖符云："南泉技藝，慣壓行家。拂袖玩月時，雖馬祖亦嘗稱其為獨超物外。乃今接趙州，却似修理善說座主。為當本色恁麼，為當別有意旨？試定當看。"

青龍操云："南泉雖嚼飯餒嬰孩，切忌作道理會。"(《宗門拈古彙集》卷九)

◎要知如何是平常心？平常心人最難理會，只要理會得此心到平處，自

10

然能常。若不平，斷不能常。惟無知之時，而又不是無記，當深自體認，細細安放到不著於知，不著於無記，則平常心見矣。若能作保任工夫到納些些地位，而總不見得，則無往而不是平常心之作用矣。細心細心，要緊要緊。(《心燈錄》卷三)

　　◎趙州一日問南泉："如何是道？"泉曰："平常心是道。"

　　潙山果云："恁麼也不得，不恁麼也不得，恁麼不恁麼時如何？"豎拂子云："鯨吞海水盡，露出珊瑚枝。"

　　靈隱嶽云："青天白日，悟個什麼？咄咄！驪珠擊碎蒼龍窟。"[《禪林類聚》卷五]

　　獨立邁云："者般說話，正是鬧市裏颺碌磚相似，直是著者方知。趙州既是打著，當下如暗得燈，如貧得寶，粉骨碎身未足酬，一句了然超百億。"(《宗鑑法林》卷十六)

　　◎思從覺路覓真傳，枉踏芒鞋路萬千。識得平常心是道，飢來喫飯困來眠。(《御選語錄》卷十九《張廷玉》)

　　◎對迷說悟。本既無迷，悟亦不立。眾生無量劫，常在法性三昧中，著衣喫飯言談，六根運用，盡是法性。不解返源，逐相造種種業。若能一念返照，全體聖心。所以道不用修，但莫污染。有生死心，造作趣向，皆污染。若欲直會平常心是道，無造作、取捨、是非、斷常、凡聖。(《宗範》卷上)

　　◎本來是佛。只謂眾生起念，奔流至今。所以佛令滅意根，絕諸分別。一念相應，便超正覺。豈教多知解，擾亂身心。汝今但絕見聞覺知，境上莫生分別，隨時著衣喫飯。平常心是道，此法甚難。(《宗範》卷上)

　　◎張彥陵曰："初學須在平常心中，認識出本心來做主腦，此最是初入門一段要緊路徑。本心雖汩沒，其實有不容泯滅處，常因時發見，學者但要識取耳。平旦好惡，孩提愛敬，乍見惻隱，生死欲惡，皆孟子教人識本心處。若不當面錯過，時時應有入路。"(《四書講義困勉錄》卷三十四)

　　◎天啟初，入盤山五盆溝隱靜。(中略)孝廉俶裝直往，寂無人聲。扣門見師曰："師絕糧耶？"曰："何以知之？"孝廉以夢告，因乞為弟子。載拜，乞師一言。師曰："平常心是道。"(《欽定盤山志》卷九《至明》)

　　◎道在我，從他而不可問。佛即心，向外而不可求。從他而問道彌遠，向外而求佛轉疏。馬大師曰："即心是佛。"老趙州云："平常心是道。"但只為見聞不所轉，為聲色不所惑，道本現前，佛自顯露。所以放下諸緣，休息

11

萬事，把鐵石之志立脊梁之骨，晝三夜三，勉旃力行，切冀光陰莫虛度矣。（《佛照禪師語錄》卷下）

◎初發心菩薩最能勇猛，但能堅此最初一念，佛祖大道久而明白，更不用問人如何若何。只今正好，莫退初志。以袈裟下一事為念，朝暮勿忘，提個話頭，動靜自看"如何是道？""平常心是道"一句，反復察量，待自己之道朗明，方名為工夫靈驗。（《大覺禪師語錄》卷下）

◎"如何是道？""平常心是道。"這個語話雖則尋常，未見道之人直須體取。忽然體得明時，方不謬為成道。（《大覺禪師語錄》卷下）

◎南泉因僧問："如何是道？"泉云："平常心是道。"

十五年前鬢未斑，拋砂撒土不曾閑。而今老大渾無事，行看山來坐看山。（《大覺禪師語錄》卷下）

◎結夏上堂。僧問："趙州問南泉：'如何是道？'泉云：'平常心是道。'意旨如何？"師云："月似彎弓，少雨多風。"進云："州云：'還假趣向也無？'泉云：'擬向即乖。'又作麼生？"師云："蹈地塵飛。"進云："州云：'不擬爭知是道？'泉云：'道不屬知，不屬不知。'"師云："八角磨盤空裏走。"（《佛光國師語錄》卷三）

◎問："趙州問南泉：'如何是道？'泉云：'平常心是道。'意旨如何？"師云："平常心無意旨。"進云："州云：'還假趣向也無？'泉云：'擬向即乖。'"師云："背亦不失。"進云："州云：'不擬爭知是道？'泉云：'道不屬知，不屬不知。若達不擬之道，廓然如太虛空，豈可強是非耶？'"師云："一塵飛而翳天。"進云："趙州悟去還諦當也無？"師云："葫蘆棚上掛猪頭。"（《佛光國師語錄》卷四）

◎豈不見趙州問南泉："如何是道？"泉云："無心是道。"（中略）州大悟道。妙道人既於老僧言外，打失知見，吾今引趙州打失知見處，為汝作透龍門之霹靂。汝更能透此一關，真為馬祖會中之老龐也。他日興雲吐霧，必不坐在冷水中也。汝勉之。（《佛光國師語錄》卷七）

◎僧問南泉："如何是道？"泉曰："平常心是道。"恁麼答話大似容易，汝纔舉心動念早是不是。所以道"毫厘繫念，三塗業因。瞥爾情生，萬劫羈鎖"。又曰："佛說一切法，為生一切心。若無一切心，何說一切法。"此是古人不得已，為人指示平常心底樣子也。若識得平常心是道，則識得淨名直心是道場；若識得直心是道場，則識得人人個個著衣喫飯、語言問答、舉足

下足,皆是道場。到者裏方可說"行亦禪,坐亦禪,語默動靜體安然"。(《智覺普明國師語錄》卷三)

◎南泉曰:"平常心是道。"龍牙曰:"萬般施設不如常,又不驚人又久長。如常恰似秋風至,無意涼人人自涼。"是真常道得之,在不二三其德而一其心。(《東林前錄》卷下)

(二)

南泉上堂,師問:"明頭合,暗頭合?"泉便歸方丈。師便下堂,云:"這老和尚被我一問,直得無言可對。"首座云:"莫道和尚無語,自是上座不會。"師便打。又云:"這棒合是堂頭老漢喫!"〔《聯燈會要》卷六,《五燈會元》卷四,《古尊宿語錄》卷十三,《指月錄》卷十一〕

【集評】

◎南泉一日上堂,趙州便問:"明頭合,暗頭合?"(中略)父子一機一境,如兩鏡相照相似。而今人將妄想意識去卜度,爭得知他落處。如雪竇拈道:"趙州如龍無角,似蛇有足,當時不管盡法無民,直須喫棒了趁出。當時即且置,只如今作麼生?"良久云放過一著。(《佛果擊節錄》卷上)

◎舉趙州問南泉云:"明頭合?暗頭合?"南泉便歸方丈。(中略)師云:"你諸人作麼生會?諸人會處,便道上座落佗趙州圈繢,與麼會又爭得?"大愚道:"趙州大似傍若無人。"(《建中靖國續燈錄》卷二十七《拈古·雲居曉舜》,《禪林類聚》卷七,《宗門拈古彙集》卷十五,《宗鑑法林》卷十八)

◎問:"只如道:'明頭合,暗頭合。'古德便歸方丈,作麼生?"師拈起拄杖子。(《僧寶正續傳》卷四《圓悟勤》)

◎南泉因趙州問:"明頭合,暗頭合?"師便歸方丈。(中略)頌曰:大事當陽已皎然,十分須是更周圓。堂中上座黑如漆,冷地爲誰喫暗拳。保寧勇〔《保寧仁勇禪師語錄》,《禪林類聚》卷七〕(《禪宗頌古聯珠通集》卷十一)

（三）

师问南泉："知有底人，向什麽處去？"泉云："山前檀越家，作一頭水牯牛去！"師云："謝和尚指示！"泉云："昨夜三更月到窗。"〔《祖堂集》卷十六《南泉普願》，《景德傳燈錄》卷十《趙州從諗》，《聯燈會要》卷四《南泉普願》，《五燈會元》卷四《趙州從諗》，《古尊宿語錄》卷十二《南泉普願》，《古尊宿語錄》卷十三《趙州從諗》，《指月錄》卷十一〕

【箋註】

〇知有底人：《曹山錄》："知有底人，不捨一切聲色是非，於一切物物上不滯，呼爲一切處不易，亦喚作披毛戴角，亦喚作入泥入水，亦喚作行李底漢。"《圓悟錄》卷十一："若是知有底，聊聞舉著，徹骨入髓，剔起便行，坐斷報化佛頭。不落語默聲色，却較些子。"《圓悟心要》卷下："爾若是知有底，豈有多端。纔涉紛紜，即千里萬里也。"《建中靖國續燈錄》卷十七《廣慧寶琳》："若也知有底衲僧，穩坐太平。其或未然，不免撈天摸地。"《長靈守卓禪師語錄》："知有底人，觸途見性。"《嘉泰普燈錄》卷十四《訥堂梵思》："知有底也喫粥喫飯，不知有底也喫粥喫飯。如何直下驗得他有之與無、是之與非、邪之與正？"《續古尊宿語要》卷一《死心新》："知有底人，見山是山，見水是水，見僧是僧，見俗是俗。不知有底人，見山是山，見水是水，見僧是僧，見俗是俗。二人見處一般，作麽生辨知有不知有？"《長慶宗寶獨禪師語錄》卷二："目前山河大地，明暗色空，外既有境，則內必有心。心境相對，動輒傷鋒。須是知有底人，方纔在者裏，平帖帖地，不犯絲毫頭手脚。"《永覺和尚廣錄》卷二十九："蓋知有底人，語語歸根，悉順正法，殆非世俗所能測也。"《心燈錄》卷三："既已成佛，還要知有和？有者，此我也。蓋爲汝等學人，若不知有，乃無根本，何由得入於道。既已知有，則如喪考妣，當如善財求速證菩提。（中略）諸佛之始也，必因知有此我。俟歲月之深，則熟而忘，忘而化，化而成就圓滿菩提，然總是此一我也。此時還有知否？知者入門之始也，所以古德切切教人知有。若不知有，任你博通教典，總是門外漢，總不識一字。當下知有，便是主人翁。佛乃知而無知，未到此者，焉能知之？"　〇山前檀越家，作一頭水牯牛去：禪宗大師，多自謂百年後作水牯牛，迴向衆生。《潙山錄》："老僧百年後，向山下作一頭水牯牛，左肋下書五字云：'潙山僧某甲。'"按禪者常說釋迦和達摩現在仍在修行中。上山之路，即下山之路。參學者都追求了悟，但了悟並非終點，而是一個新的起點。從了悟之境轉過身來，入廛垂手，纔是禪者生活的價值所在。水牯牛默默無悔地爲人類工作，正是禪者度世的榜樣。　〇昨夜三更月到窗：稱讚像月亮一樣的自性光輝，已經照射到趙州的心窗之上。

【集評】

◎舉趙州諗禪師問南泉："知有底人向什麼處休歇？"（下略）

拈云："趙州放，南泉收。若也未明端的，不消別處尋牛。猶如血脉洪灌，穿過髑髏。不會者，銅墻鐵壁。達能者，皎月澄秋。"

知有之人不出頭，涅槃光裏度春秋。一條水牯金穿鼻，萬劫逍遙得自由。（《普菴印肅禪師語錄》卷下）

◎上堂，舉南泉因趙州問："知有底人，向甚麼處去？"泉云："山前檀越家，作一頭水牯牛去。"（中略）師云："王老師救手刀子雖利，被趙州用減竈法，幾乎打破蔡州。"（《虛堂錄》卷一）

◎上堂，舉趙州問南泉云："知有底人向甚處去？"（中略）雲峰云："南泉若無後語，洎被打破蔡州。"大慧師祖云："雲峰老人，失却一隻眼珠。殊不知只因後語，當下打破蔡州。"師云："行到水窮處，坐看雲起時。"（《西山亮禪師語錄》）

◎憶南泉

一歸方丈後，何處覓南泉。昨夜三更月，寒光照座前。（《古尊宿語錄》卷三十《佛眼清遠》）

◎舉趙州一日問南泉："知有底人向什麼處去？"（中略）

佛鑑拈云："若教頻下淚，東海也須枯。"［《禪林類聚》卷二十］

正覺云："會麼？夜夢不祥，書門大吉。"

佛海云："趙州恭而無禮。若不是王老師，洎被打破蔡州。"（《拈八方珠玉集》卷中）

◎趙州一日問南泉曰："知有底人向甚麼處去？"（中略）頌曰：

拽脫鼻頭何處是，亂拋泥水恣縱橫。日斜倒坐騎驢去，又見東山片月生。保寧勇［《禪林類聚》卷二十、《保寧仁勇禪師語錄》、《宗鑑法林》卷十一］

出窟金毛奪父機，同聲哮吼眾狐疑。三更窗月如清晝，誰敢重來弄險巇。寶峰祥［《禪林類聚》卷二十］

眼中見慣是尋常，又不驚人又久長。留得寒窗夜來月，三更依舊照茅堂。鼓山珪［《古尊宿語錄》卷四十七，《禪林類聚》卷二十，《宗鑑法林》卷十一］

度體裁衣，量水打碓。毫髮不差，且居門外。徑山杲［《古尊宿語錄》卷四十七，《禪林類聚》卷二十，《宗鑑法林》卷十一］

南泉搖頭，趙州擺尾。子細看來，二俱失利。慈受深［《慈受深和尚廣錄》卷一］

檀越家中作水牛，收來放去任優遊。不曾犯著人苗稼，何必南泉對趙州。照堂一［《宗鑑法林》卷十一］

戴角擎頭笑一場，父子家和醜外揚。知有底人何處去，春來依舊百花香。冶父川

掣開金殿鎖，撞碎玉樓鐘。貪程未歸客，徒自覓行蹤。木菴永［《宗鑑法林》卷十一］（《禪宗頌古聯珠通集》卷十八）

◎趙州問南泉："知有底人向什麼處去？"（中略）

水牯水牯，皮好鞔鼓，角好吹嗚哩嗚。昨夜三更月到窗，天下日輪正卓午。（《愚菴和尚語錄》卷七）

◎趙州問南泉知有底人何處去

知有底人何處去，檀越家中作水牛。橫眠倒臥欄圈穩，萬里青天月一鉤。（《恕中無慍和尚語錄》卷三）

◎木菴號

霜蟾午夜棲禪枝，密葉掩映青琉璃。八表澄澄萬籟寂，清光一片無盈虧。趙州老漢不知有，只麼東馳復西走。觸著渠儂陷虎機，豎起拳頭齊北斗。（《恕中無慍和尚語錄》卷四）

◎禪機中有絕類詩句者，類集左方凡緇流題詠，概不錄入。（中略）昨夜三更月到窗。趙州（《少室山房筆叢正集》卷三十二）

◎（法順禪師）上堂："雞鳴曉月，狗吠孤邨。只可默會，難入思量。看不見處，動地放光。說不到處，天地玄黃。撫城尺六狀紙，原來出在清

江。大眾,分明話出人難見,昨夜三更月到窗。"(《蜀中廣記》卷八十四,《五燈會元》卷二十)

◎禪偈

象田梵卿禪師,嘉興人,上堂偈云:"春已暮,落花紛紛下紅雨。南北行人歸不歸,千林萬林鳴杜宇。我無家兮何處歸,十方剎土冥相依。老夫有個真消息,昨夜三更月在池。"泐山靈澄禪師偈云:"東菴每見西菴雪,下澗長流上澗泉。半夜白雲消散後,一輪明月到床前。"雖曰禪機,實有詩致。(《徐氏筆精》卷五。按前偈"昨夜三更月在池"云云亦見於《檇李詩系》卷三十)

◎南泉因趙州問:"知有底人向什麼處去?"(中略)

雪峰悅云:"若不是南泉,洎被打破蔡州。"[《禪林類聚》卷二十,《古尊宿語錄》卷四十一《雲峰文悅》,《正法眼藏》卷六,《指月錄》卷十一,《宗鑑法林》卷十一]

徑山杲云:"雪峰老人失卻一隻眼。殊不知只因後語,當下打破蔡州。"[《大慧錄》卷一,《禪林類聚》卷二十,《宗鑑法林》卷十一]

開先金云:"如斯問答,還他南泉父子遞相贊仰,也須妙喜、雲峰、開先又作麼生?昨夜三更月到窗,雲峰妙喜兩窺光。如今欲識山前事,且去襄陽問老龐。"

洞山瑩云:"雲峰看樓打樓,徑山因孔著楔。若約衲僧眼目,敢保俱未夢見。且道洞山有甚長處?良久云 師子不食雕殘,俊鷹不打死兔。"[《宗鑑法林》卷十一](《宗門拈古彙集》卷十)

◎南泉因趙州問:"知有底人向什麼處去?"(中略)

窈窕佩香濃,思君趁曉風。菱花羞對面,轉步踢芳叢。曉山曙
有身慵臥象牙牀,轉步牽裾到畫堂。覆面若無三尺布,幾乎羞殺負心郎。白巖符[《宗鑑法林》卷十一]

◎小參,舉趙州問南泉:"知有底人向甚處去?"泉云:"山前檀越家,作一頭水牯牛去。"師云:"長裙新婦拖泥走。"州云:"謝師答話。"師云:"帆隨湘換,望衡九面。"泉云:"昨夜三更月到窗。"師云:"向上一路,千聖不傳。"(《御選語錄》卷十一《玉琳琇》)

◎舉趙州問南泉:"知有底人向甚處去?"(中略)

雪中春色梅梢見,黃鳥聲聞意氣新。意氣新,誰知黃鳥笑聲頻。說與風流明敏者:眼從今日碧,華自去年馨。(《御選語錄》卷十一《玉琳琇》)

◎進云："記得趙州問南泉云：'知有底人向甚麼處去？'（中略）此意如何？"師云："是他尋常行履處。"進云："知有底人因甚麼作水牯牛？"師云："千聖仰望不及。"進云："州云：'謝師指示。'此意如何？"師云："是何心行？"進云："泉云：'昨夜三更月到窗。'又作麼生？"師云："重疊關山路。"（《佛光國師語錄》卷六）

◎九月望，舉趙州問南泉："知有底人，向甚麼處去？"（中略）如南泉後語，爲一理齊平得麼？抑亦兩重公案耶？《少林無孔笛》卷二》

（四）

師在南泉作爐頭，大衆普請擇菜。師在堂內叫："救火！救火！"大衆一時到僧堂前，師乃關却僧堂門，大衆無對。南泉乃拋鑰匙，從窗內入堂中，師便開門。〔《景德傳燈錄》卷十、《聯燈會要》卷六、《五燈會元》卷四、《古尊宿語錄》卷十三〕

【箋註】

○爐頭：禪林中負責僧堂火爐者之職稱。　　○普請：禪林中集衆作務。

【集評】

◎舉趙州從諗禪師，在南泉作火頭，一日閉却門，叫云："救火，救火。"（中略）

拈云："明知趙州這老漢，正在水裏火發。叫起一隊，半聾半瞽，扶籬摸壁，有什麼益處。猶賴南泉，脚跟不點地，將水救水，深慶無事。"

趙州火急要人成，大衆渾無半眼親。騎個金毛遊物外，南泉滴滴意深深。（《普菴印肅禪師語錄》卷下）

◎南泉普請擇菜次，時趙州作爐頭，乃在堂內叫曰："救火，救火。"（中略）

義山訥云："我不學南泉益油添薪，當時見他閉却門，便拈土塊就門上，書兩個封字，要他趙州至今出身無計。"（《宗門拈古彙集》卷十、《宗鑑法

林》卷十八）

（五）

师在南泉井楼上打水次，见南泉过，便抱柱悬却脚，云："相救，相救。"南泉上扶梯，云："一二三四五。"师少时间，却去礼谢，云："适來谢和尚相救。"〔《祖堂集》卷十六《南泉普願》，《聯燈會要》卷六《趙州從諗》，《古尊宿語錄》卷十三《趙州從諗》，《指月錄》卷十一〕

【集評】

◎舉趙州在南泉時，井樓上見泉行過，乃垂一足云："相救，相救。"（中略）代云："老僧不著便。"（《虛堂錄》卷六）

◎舉趙州一日，在樓上打水，南泉從樓下過，州以手攀欄，懸脚云："相救，相救。"（中略）

正覺云："大小南泉，却被趙州釘殺脚跟。"

佛海云："國清才子貴，家富小兒嬌。"（《拈八方珠玉集》卷中）

◎上堂，舉趙州一日在井樓上，見南泉過，以手抱樓柱叫云："相救。"（中略）師云："殺人刀，活人劍。"（《了堂和尚語錄》卷一）

◎舉趙州在南泉，井樓上，見泉過，乃抱定柱，懸一脚云："相救，相救。"（中略）

父子至親，心眼無二。築著磕著，透頂透底。傍觀只把當兒戲，蒼龍攪動澄潭水。（《石田法薰禪師語錄》卷二）

◎趙州在南泉井樓上打水次，見南泉過，便抱柱懸却脚曰："相救，相救。"（中略）頌曰：

南泉趙州用最密，後人不了轉尋覓。往返之言子細看，二人把手併頭立。汾陽昭

趙州自作自受，南泉外頭相救。直饒數目分明，也是私路上走。月堂昌

描不成，塑不就，樓上懸身叫相救。南泉敲處有來由，一段風流如錦繡。阿呵呵，一二三四五，大蟲咬猛虎。堂堂思

等閒施設豈徒然，平地波瀾欲浸天。更向胡梯敲數下，免教失脚墮黄泉。佛性泰［《宗鑑法林》卷十八］（《禪宗頌古聯珠通集》卷二十）

◎趙州在井樓上打水次，見南泉過，乃抱柱懸脚曰："相救，相救。"（中略）

昭覺勤云："一人將錯就錯，一人看樓打樓。雖然如是，父爲子隱，直在其中。"［《拈八方珠玉集》中，《禪林類聚》卷三，《宗鑑法林》卷十八］

徑山策云："趙州懸羊賣狗，南泉有年無德，作這去就。當時只好拽翻梯子，教這漢一生蹭蹬。還知麽？養子方知父慈。"［《宗鑑法林》卷十八］

西山音云："王老師若不將錯就錯，趙州這漢幾乎懸殺。"（《宗門拈古彙集》卷十六）

（六）

南泉因東西兩堂爭猫兒，泉來堂内，提起猫兒，云："道得即不斬，道不得即斬却。"大衆下語，皆不契泉意，當時即斬却猫兒了。至晚間，師從外歸來，問訊次，泉乃舉前話了，云："你作麽生救得猫兒？"師遂將一隻鞋戴在頭上出去。泉云："子若在，救得猫兒。"〔《景德傳燈錄》卷八《南泉普願》，《聯燈會要》卷四《南泉普願》，《五燈會元》卷三《南泉普願》，《五家正宗贊》卷一《南泉普願》，《古尊宿語錄》卷十三《趙州從諗》，《御選語錄》卷十六《南泉普願》〕

【箋註】

○道得：説出一句符合佛法的話來。　○契：合。

【集評】

◎舉，南泉復舉前話，問趙州，也須是同心同意始得，同道者方知 州便脫草鞋，於頭上戴出。不免拖泥帶水 南泉云："子若在，恰救得猫兒。"唱拍相隨，知音者少，將錯就錯

趙州乃南泉的子，道頭會尾，舉著便知落處。南泉晚間復舉前話問趙州，州是老作家，便脫草鞋，於頭上戴出。泉云："子若在却救得猫兒。"且

道真個恁麼不恁麼？南泉云："道得即不斬。"如擊石火似閃電光，趙州便脫草鞋，於頭上戴出。他參活句，不參死句。日日新時時新，千聖移易一絲毫不得，須是運出自己家珍，方見他全機大用。他道："我爲法王，於法自在。"

人多錯會道，趙州權將草鞋作貓兒。有者道，待他云"道得即不斬"，便戴草鞋出去，自是爾斬貓兒，不干我事，且得没交涉，只是弄精魂。殊不知，古人意，如天普蓋，似地普擎。他父子相投，機鋒相合。那個舉頭，他便會尾。如今學者，不識古人轉處，空去意路上卜度。若要見，但去他南泉、趙州轉處便見好。頌云：

公案圓來問趙州，言猶在耳，不消更斬。喪車背後懸藥袋。長安城裏任閑遊。得恁麼快活，得恁麼自在。信手拈來草。不可不教爾恁麼去也。草鞋頭戴無人會，也有一個半個。別是一家風。明頭也合，暗頭也合。歸到家山即便休。腳跟下好與三十棒。且道過在什麼處？只爲爾無風起浪。彼此放下。只恐不恁麼，恁麼也大奇。

"公案圓來問趙州"，慶藏主道，如人結案相似，八棒是八棒，十三是十三，已斷了也，却拈來問趙州。州是他屋裏人，會南泉意旨，他是透徹底人，埿著磕著便轉，具本分作家眼腦，才聞舉著，剔起便行。雪竇道"長安城裏任閑遊"，漏逗不少。古人道："長安雖樂，不是久居。"又云："長安甚鬧，我國晏然。"也須是識機宜別休咎始得。

"草鞋頭戴無人會"，戴草鞋處，這些子，是無許多事。所以道，唯我能知，唯我能證，方見得南泉、趙州、雪竇同得同用處。且道而今作麼生會？"歸到家山即便休"，什麼處是家山？他若不會，必不恁麼道，他既會，且道家山在什麼處？便打。（《碧巖錄》第六十四則）

◎舉南泉普願禪師，因東西兩堂爭貓兒。（中略）

拈云："南泉作這一解，險入地獄如箭射。莫道貓兒喫劍，東西兩堂，一時失却性命，猶尚不知。賴遇趙州，向頭上安頭，救活南泉好。"

臨事全提少作家，雲堂猶自卧煙霞。趙州一塞無餘欠，萬古彌堅應落花。（《普菴印肅禪師語錄》卷下）

◎趙州借手拈香，要與兩堂雪屈。殊不知，狸奴已死南泉手，直至如今鼠子多。（《虛堂錄》卷二）

◎問："南泉斬貓兒，意旨如何？"師便打。僧曰："猶是學人疑處。"師云："十萬八千。"僧曰："忽遇趙州時如何？"師云："賣金須是買金人。"

(《建中靖國續燈錄》卷十六《定慧圓義》)

◎有僧脫鞋戴頭上出來，師云："趙州猶在。"僧拈下鞋呈起。師云："果然。"僧提鞋歸眾。師云："猶較些子。"(《建中靖國續燈錄》卷二十五《彰法嵩》)

◎無門曰："且道趙州頂草鞋意作麼生？若向者裏下得一轉語，便見南泉令不虛行。其或未然，險。"頌曰：

趙州若在，倒行此令。奪却刀子，南泉乞命！(《無門關》第十四則)

◎復舉南泉因兩堂首座爭貓兒。(中略)

送春剩欲舉金樽，客不開襟怎與論？自飲一杯歸去後，喜逢家樂鬧黃昏。(《斷橋妙倫禪師語錄》卷上)

◎上堂云："南泉斬貓兒，與歸宗斬蛇，叢林中商量，還有優劣也無？優劣且止，只如趙州戴靸鞋出去，又作麼生？若也於此明得，德山呵佛罵祖，有什麼過。於此不明，丹霞燒木佛，院主眉鬚落。所以禍福無門，唯人自召。"喝一喝，下座。(《古尊宿語錄》卷四十三《真淨克文》)

◎南泉因東西兩堂各爭貓兒。(中略)趙州自外歸，師舉前語示之，州乃脫草履安頭上而出。師曰："汝適來若在，即救得貓兒也。"頌曰：

兩堂上座未開盲，貓兒各有我須爭。一刀兩段南泉手，草鞋留著後人行。汾陽昭［《汾陽錄》卷中，《禪林類聚》卷二十］

兩堂俱是杜禪和，撥動煙塵不奈何。賴得南泉能舉令，一刀兩段任偏頗。雪竇顯 二

公案圓來問趙州，長安城裏任閑遊。草鞋頭戴無人會，歸到家山便即休。［《禪林類聚》卷二十］

手把狸奴定死生，禪人空使口相爭。趙州救得成何事，恰似天明打五更。佛印元

提起兩堂應盡見，拈刀要取活狸奴。可憐皮下皆無血，直得橫屍滿道途。白雲端［亦見《宗鑑法林》卷十］

狸奴夜靜自舒張，引手過頭露爪長。王老室中巡邏了，狼忙走出恐天光。白雲端

雪刃含光射斗牛，不唯天地鬼神愁。命根落在南泉手，直下看看兩段休。保寧勇［《宗鑑法林》卷十］

狸奴頭上角重生，王老門前獨夜行。天曉不知何處去，楚山無限護峥

嶸。保寧勇［《保寧仁勇禪師語錄》，《宗鑑法林》卷十］

一刀兩段南泉令，當頭高著趙州關。劈面若無宗正眼，又隨流水落人間。照覺總

狼煙起處看兵機，不是將軍孰辨伊？兩段一刀垓下令，威風千古霸雄基。圓通仙［《禪林類聚》卷二十］

當機不薦眼如痴，豈辨鋒芒未露時？日暮草鞋頭戴去，暗中拊掌笑嘻嘻。成枯木

作者縱橫斬萬機，趙州頭戴草鞋時。當臺寶鑑無私燭，離匣金刀豈亂揮。羅漢南［《禪林類聚》卷二十］

伯牙之絃，鸞膠可續。調古風淳，霜月可掬。南泉南泉，龍象繼躅。佛心才［《禪林類聚》卷二十，《宗鑑法林》卷十］

草鞋頭戴與誰論，四海無風浪自平。解道曲終人不見，江頭贏得數峰青。佛心才［《宗鑑法林》卷十］

五色狸奴盡力爭，及乎按劍總生盲。分身兩處重相爲，直得悲風動地生。龍門遠［《古尊宿語錄》卷三十四《佛眼清遠》，《宗鑑法林》卷十］

安國安家不在兵，魯連一箭亦多情。三千劍客今何在，獨許將軍建太平。龍門遠［《古尊宿語錄》卷三十四《佛眼清遠》，《禪林類聚》卷二十，《宗鑑法林》卷十。"獨許將軍"，《古尊宿語錄》卷三十四作"獨許莊周"］

要得狸奴覿面酬，渾如鉗口鎖咽喉。一刀兩段從公斷，直得悲風動地愁。佛燈珣 二

堂前飯店重新販，屋裏揚州勝外求。頭戴草鞋高跨步，晚春江景也風流。

斬了貓兒問諗師，草鞋頭戴自知時。兩堂不是無言對，只要全提向上機。疏山如

南泉提起爲諸人，自是諸人眼不親。付與趙州呈好手，拈來覿面便翻身。楚安方

捕鼠有功人競愛，霜刀揮處罷相爭。太平本是將軍致，不許將軍見太平。石筆明

縮水酒越濃，負心人越窮。鐵剛刀自利，不用苦磨礱。草鞋頭戴今何在，我見牽來劈面舂。閩提照

石裏藏金誰辨別，遊人但見蘚痕斑。却被石人窺得破，鐵船載入洞庭

23

山。雪竇宗

放去若雷奔，收來如掣電。不識李將軍，徒學穿楊箭。南堂興二

趙州牙如劍樹，南泉口似血盆。兩個無孔鐵槌，打就一合乾坤。釋迦老子不會，問取彌勒世尊。

手握乾坤殺活機，縱橫施設在臨時。滿堂兔馬非龍象，大用堂堂總不知。胡文定公安國［《宗鑑法林》卷十］

南泉提起下刀誅，六臂修羅救得無。設使兩堂俱道得，也應流血滿街衢。廣德光孝敏［《宗鑑法林》卷十］

提起分明斬處親，落花飛絮撲行人。頭戴草鞋出門去，四月圓荷葉葉新。檇李瓷

青蛇提起血腥臊，幾個男兒有膽毛？直下血流猶未覺，舉頭還見鐵山高。簡堂機

南泉一刀斬了，趙州戴履摩挲。雖然子承父業，滿地老鼠奈何。典牛遊

當日臨崖看滸眼，至今觀水憶南泉。趙州頭戴草鞋去，漁翁腰帶好牽船。龍牙言［《嘉泰普燈錄》卷二十七《頌古上·龍牙言》］

克己堂前開飯店，股肱屋裏販揚州。頭戴草鞋呈醜拙，湊成一段好風流。或菴體［《宗鑑法林》卷十］

手按吹毛豈易為，兩堂要活死貓兒。趙州上樹安身法，多少傍人眼搭噬。別峰印

南泉揮劍斬貓兒，殺活唯憑作者知。權柄一朝如在手，分明看取令行時。尼無著總

草鞋頭戴有譊訛，諸老機鋒會得麼？道泰不傳天子令，時清休唱太平歌。

一刀兩段絕譊訛，天下禪和不奈何。頭戴草鞋重漏泄，知恩者少負恩多。木菴永

趙州若在，倒行此令。奪却刀子，南泉乞命。無門開

盡力提持只一刀，狸奴從此脫皮毛。血流滿地成狼藉，暗為春風染小桃。無準範［《宗鑑法林》卷十］

一刀成兩段，釋得二僧爭。草鞋頭戴出，貓兒無再生。橫川珙［《橫川行珙禪師語錄》卷下，《宗鑑法林》卷十］（《禪宗頌古聯珠通集》卷十一）

◎南泉願禪師，因兩堂首座爭貓兒，（中略）師云："子若在，即救得

猫兒。"

保福展云："雖然如是，也即是破草鞋。"［《宗門拈古彙集》卷九，《宗鑑法林》卷十］

翠巖芝云："大小趙州，只可自救。"［《古尊宿語錄》卷二十五《大愚守芝》，《宗門拈古彙集》卷九，《宗鑑法林》卷十］

保寧勇代："但引頸向南泉面前。"（《禪林類聚》卷二十）

◎南泉斬猫

舉南泉有兩堂上座爭猫不止。家返宅亂 泉陞座，提起猫兒云："道得即不斬。"和尚幸是大人。且莫造次 眾無對。能做不能當 泉乃揮猫兒。大用現前，佛魔屏氣 趙州至晚方到，甚處去來 泉乃舉前話，將謂忘却 州脫一隻草鞋戴頭上出去。老老大大作這個去就 泉云："子若早來，却救得猫兒。"若不得此語，前話也難圓

師云：南泉普願禪師，鄭州新鄭人，姓王氏。幼慕空宗，唐至德二年，依大隗山大慧禪師受業，詣嵩嶽受具足戒。初習相部舊章，究毘尼篇。聚次遊諸講肆，歷聽《楞伽》、《華嚴》、《入中百門觀》，精煉玄義。後扣大寂之室，頓然忘筌，得遊戲三昧。一日爲眾僧行粥次，馬祖問："桶裏是甚麼？"師曰："這老漢合取口，作恁麼語話。"祖便休。自餘同參之流，無敢詰問。貞元十一年憩錫於池陽，自建禪齋，不下南泉三十餘載，道風遐布，大振玄綱，因是諸方目爲郢匠。一日因東西兩堂爭猫，是非只爲多開口，煩惱皆因強出頭。果遇 師白眾曰："道得即救取猫兒，道不得即斬却也。"此乃路見不平，當機不讓，便以本分事相爲刬除妄想，屏當狂情，要教於空劫已前，威音之始，頓除人我等執，空一切法，頓絕諸緣 眾既無對，師遂斬之。此豈非見到用到，心口相應。人多以斬猫、芟蛇爲雲門正令，爲粗行作業，謗之，是不達文殊仗劍之微旨也。世尊於靈山會上，五百比丘得四禪定，具五神通，未得法忍，以宿命智通，各各自見過去殺父害母及諸重罪，於自心內各各懷疑，於甚深法不能證入。於是文殊承佛神力，遂手握利劍，馳逼如來。世尊乃謂文殊曰："住住不應作逆，勿得害吾，吾必被害，爲善被害。文殊師利，爾從本已來，無有我人，但以內心見有我人，內心起時，我被害即名爲害。"於是五百比丘自悟本心，如夢如幻。於夢幻中，無有我人，乃至能生所生父母皆如夢幻，於是五百比丘既得無生法忍，同讚嘆曰："文殊大智士，深達法源底。自手握利劍，馳逼如來身。如劍佛亦爾，一相無有二。無相無所生，是中云

何殺？"出《寶積經》。是知南泉大用不減文殊，不可以狹劣之見，僻執之心，誣謗古人。更看投子別是非，明得喪，分明指出。頌曰：

臨險推人事要知，用知作麼 求財先自露鍼錐。照碩剌破眼睛 釣魚盡説諳風勢，易開終始口 及至風來波路迷。難保歲寒心 潦倒趙州雖好手，縱也彼既臨時 鐘鳴齋後赴來遲。奪也我何特地 要知大像嘉州路直須親到一回始得 鐵牛鎮斷陝關西。沒你近傍處

師云：不因一事，不長一智。不喫一交，不學一便。所以道撒手懸崖下，分身萬象中。南泉老漢能於楂手刺腳處，便與解脱。以竭世樞機，過人膽量，向開口合口處選擇人材，露鋭利辭鋒，尖新錐刺，探拔深細，體察虚實。復駕慈航，來生死海中，無明浪裏，以長虹爲竿，擲月鉤雲餌，乘風駕險，求任子長鯨。不意須臾急流勇退，住岸還迷。正值趙州回舟撥棹，頂笠披簑，紅蓼灘頭，白蘋影裏，雖避却瀟湘夜雨，還蹉過煙寺疏鐘。大似做模搭樣，名播嘉州。恰如帶水拖泥，奔歸陝府。林泉恁麼曲爲中下，裁長補短，剜嵌將來，豈非關空鎖夢，捕影勞形，取笑傍觀者歟？只如斬貓兒、戴草鞋，端的一句合作麼生道？如王秉劍由王意，妙用縱橫更莫疑！（《空谷集》第二十三則）

◎舉南泉斬貓話，乃呵呵大笑云："南泉、趙州，人窮智短。相識滿天下，知心能幾人。"僧問："南泉斬貓意作麼生？"答："活底自活。"問："趙州救得貓兒又作麼生？"答："死底自死。"問："斬底是邪？救底是邪？"答："斬底救底，與貓兒都沒交涉。"（《天如和尚語錄》卷一）

◎南泉舉問趙州，疏通前旨 州脱鞋戴出。親呈大用 泉云："子在，救得貓兒。"出身賞德 ○主意垂釣，旨明大用。總結：父子唱和

公案圓來問趙州，長安城裏任閑遊。美德無拘 草鞋頭戴無人會，歸到家山即便休。合心便罷（《雪竇頌古直註》卷下）

◎南泉一日兩堂爭貓，泉提起貓云："道得即不斬。"全機垂釣 衆無對。不妨截斷 泉斬貓爲兩段。凡聖不存 南泉舉問趙州，疏通前旨 州脱鞋戴出。親呈大用 泉云："子在，救得貓兒。"出身賞德 ○主意垂釣，旨明大用。總結：父子唱和

兩堂雲水盡分挐，胡爭亂講 王老師能驗正邪。王老提貓，辨其凡聖 利刀斬斷俱忘像，千古令人愛作家。全提正令，今古咸尊 此道未喪，知音可嘉。既遇知音，便顯作家 鏧山透海兮唯遵大禹，前之泉僧閉塞此道，今之王老重複開通，如其大禹，獨顯神用 煉石補天兮獨賢女媧。見其先失，今之大補，如乎女媧，方得圓

滿 趙州老，有生涯，草鞋頭戴較些些。這些妙處，須是不多，獨顯趙州具有手眼異中來也還明鑑，只個真金不混沙。金之異沙，州之異象（《天童頌古直註》卷上）

◎香山老惠兩猫

殺活禪機本自由，順行逆用總先籌。伽黎親抱狸奴送，管是南泉是趙州。（《安晚堂集》卷六，《兩宋名賢小集》卷二百三十）

◎舉南泉因兩堂首座爭猫兒。（中略）

當陽提起個猫兒，道得分明救得伊。直下一刀成兩段，草鞋戴出亦徒爲。（《呆菴莊禪師語錄》卷五）

◎南泉因東西兩堂，各爭猫兒。（中略）頌曰：

設使南泉不舉刀，草鞋何地賣風騷。相逢若問兩堂客，鼻直眉橫總姓猫。[《宗鑑法林》卷十]

猫兒未必直千金，惹得堂頭亦動心。信手一刀成兩段，草鞋戴去血淋淋。（《紫柏老人集》卷十八）

◎南泉因東西兩堂，各爭猫兒。（中略）師曰："汝適來若在，即救得猫兒也。"頌曰：

太阿出匣絕無情，觸著須教斷死生。偶逢白牯誇好手，却將驢糞換雙睛。（《憨山老人夢遊集》卷三十六）

◎池州南泉普願禪師，因東西兩堂爭猫兒。（中略）

雪峰存問德山："南泉斬猫意旨如何？"山以拄杖便打，趁出，復召云："會麼？"峰云："不會。"山云："我與麼老婆，猶自不會！"[《宗鑑法林》卷十]

大溈智云："南泉據令而行，趙州見機而作。雖然是，未免掛人脣吻。大溈要與南泉把臂共行。"遂拈拂子云："若道得，即奪取去。"眾無語。乃云："啼得血流無用處，不如緘口過殘春。"[《宗鑑法林》卷十]

中峰本云："南泉劍爲不平離寶匣，趙州藥因救病出珍瓶。然雖慶快一時，爭奈古佛家風掃土矣。"[《宗鑑法林》卷十]

報恩秀云："正當恁麼時，盡十方世界，情與無情，一齊向王老師手中乞命。當時有個漢出來，展開兩手，不然攔胸抱住，云：'却勞和尚神用。'縱南泉別行正令，敢保救得猫兒。"[《宗鑑法林》卷十]

博山來云："生擒活捉，王老全提。起死回生，趙州手段。救得不得，總不干他事。且道節文在什麼處？"[《無異元來禪師廣錄》卷九、《宗鑑法林》卷十]

鼓山賢云："南泉據令，廓爾無前，兩堂只得拱手而聽。趙州雖能超出，怎奈也只在刀下全身。老僧當時若在，却不恁麼。待道'道得即不斬'，但云：'兩堂未爭時，和尚又作麼生？'管取王老師束手入方丈有分！"［《永覺和尚廣錄》卷七］

愚菴盂云："還識南泉麼？他是生鐵鑄就，渾鋼打成。要向驪龍頷下摘珠，阿修羅手中奪印。趙州老漢雖善來機，也是得張白狐裘脫秦虎口。這兩堂是蘇秦、張儀，只麼投秦入趙，豈知天然王道，寧可以口舌勝耶？"［《宗鑑法林》卷十］

百丈雪云："'趙州戴草鞋而出。'雖曰據款結案，也是賊過後張弓。'子若在，却救得貓兒。'雖謂重賞之下必有勇夫，爭奈憐兒不覺醜。山僧看來，二俱有過，好各與三十棒。山僧與麼批判，也要諸方檢點。"

龍華體云："其父攘羊而子證之，南泉、趙州其謂歟？'汝適來若在，即救得貓兒。'咬牙封雍齒，滴淚斬丁公。"

吳聖玉云："南泉據虎頭，趙州收虎尾。死貓兒却被二老弄活。爭奈他兩堂雲水，一死不再活。如今要得活麼？"擘開眼云："貓。"［《宗鑑法林》卷十］（《宗門拈古彙集》卷九）

◎南泉因東西兩堂爭貓兒。（中略）

法林音云："大小趙州，自救不了。"

乾魚怕死不吞鈎，却有螺螄跳上舟。還把螺螄來作餌，釣空跛鱉始方休。久默音

誓掃匈奴不顧身，三千貂錦喪邊塵。可憐無定河邊骨，猶是春閨夢裏人。綠雨蕉（《宗鑑法林》卷十）

◎圓悟云："斬貓話有道提起處便是，有道在斬處且得，都沒交涉。他不提起亦匝匝地。古人有定乾坤底劍。且道畢竟是誰斬貓兒？只如南泉提起云：'道得即不斬。'當時忽有人道得，且道南泉斬不斬？所以道正令當行十方坐斷，不在斬不斬處。若向情塵意見上討，則孤負南泉。但向當鋒劍刃上看，是有也得，無也得，不有不無也得。"（《宗範》卷下）

◎解夏小參。僧問南泉："兩堂首座爭貓兒，南泉提起云：'道得即不斬。'衆無語，泉斬却貓兒。意作麼生？"師云："好與奪却貓兒。"進云："泉舉似趙州，州戴草鞋出去，又作麼生？"師云："却將鶴唳，誤作鶯啼。"僧禮拜。（《佛光國師語錄》卷三）

◎冬至小參。僧問："記得南泉兩堂首座爭猫兒，南泉提起猫兒示衆云：'道得即不斬。'此意如何？"師云："千聖少者一刀不得。"進云："衆無語，泉斬却猫兒，意作麼生？"師云："死猫成隊走，不斬亦何妨。"進云："趙州從外回，泉舉前語，趙州戴草鞋出去，又且如何？"師云："鼠子翻油甕。"進云："泉云：'子若在，救得猫兒。'此意又作麼生？"師云："翻身倒上樹。"進云："學人今夜到師室中，方見活底猫兒也。"師云："老僧罪過。"僧禮拜而退。（《佛光國師語錄》卷四）

◎上堂。僧問："南泉斬猫兒意旨如何？"師云："擘開華嶽連天色。"進云："趙州戴草鞋去。泉云：'你若在救得猫兒。'又作麼生？"師云："放出黃河到海聲。"僧禮拜，師乃云："三千劍客今何在，獨許莊周致太平。只如直之無前，舉之無上，案之無下，運之無旁。上決浮雲，下絕地紀，還諦當麼？我王庫內無如是刀。"（《佛國禪師語錄》卷上）

◎的當訣

南斗七北斗八，春有百花秋有月。趙州頂戴破草鞋，救得南泉猫兒活。阿剌阿，剌阿剌。勉之。（《大通禪師語錄》卷四）

◎南泉一日東西兩堂爭猫兒。（中略）泉云："子若在，恰救得猫兒。"

兩堂爭處南泉斷，王老放時趙老收。頭上草鞋多少重？白雲流水共悠悠。（《大燈國師語錄》卷中）

◎舉南泉一日東西兩堂爭猫兒，風流可愛。公案未圓。國清才子貴，家富小兒驕 南泉見，遂提起云："道得即不斬。"臨崖推人，非是好心。鐵輪天子寰中敕。撒手長空外，時人總不知 衆無對。無孔鐵鎚當面擲。手把琵琶半遮面，不使人見轉風流 南泉斬却猫兒爲兩段。動容揚古路，不墮悄然機 南泉復舉前話問趙州，詩向會人吟，酒逢知已飲 州便脫草鞋，於頭上戴出。柳色黃金嫩，梨花白雪香。家肥生孝子，國霸有謀臣 泉云："子若在，恰救得猫兒。"岸下風生虎弄兒。黃連未是苦，甘草未是甘

評曰：南泉普願禪師，嗣法於馬祖道一禪師。一日東西兩堂爭猫兒，一家有事百家忙。南泉見，遂提起曰："道得即不斬。"久晴逢戊雨，久雨望庚晴。衆無對，一隊不唧𠺕漢。南泉斬却猫兒爲兩段。是莫粗行沙門麼，將又別有子細麼？南泉復舉前話問趙州。若作酒醴，爾惟麴糵。若作和羹，爾惟鹽梅。州便脫草鞋於頭上戴出。是什麼心行？往往道兩堂共是杜禪和，參禪不密，智眼不明。於南泉格外用處，都不能覷破，只茫茫而已，有什麼力救

得猫兒。趙州即不然，於殺活不二淨穢一指寶處，略露一斑，甚痛快也。是故南泉云："你若在，救得猫兒。"趙州寔有超師作。錯錯。瞎妄想，死見解，殊不知祖庭杳隔天涯去！

　　兩堂爭處南泉斷，西川斬畫像，陝府人頭落。格外辨龍蛇，機前擒虎兕 王老放時趙老收。父子相唱和。養子不及父，家門一世衰 頭上草鞋多少重 目中有瑕，不害於視，不可灼也。喉中有病，無害於息，不可鑿也 白雲流水共悠悠。不是一番寒徹骨，爭得梅花撲鼻香。垂絲千尺，不釣凡鱗

　　評曰："王老放時趙老收"，試道王老放出個什麼，趙州收得個什麼？"頭上草鞋多少重"，趙州戴草鞋出去，是莫狂麼，是莫顛麼？誰辨斤兩！莫言淨穢不二、平等一味受用，所以言"白雲流水共悠悠"。（《槐安國語》卷五）

◎南泉一日東西兩堂爭猫兒，（中略）泉云："子若在，恰救得猫兒。"

　　南泉有道再三行，趙老風流設陷坑。也識死猫尊貴者，長扶話柄斷疑情。

　　池陽提起猫兒道，道得猫生否不生。且道南泉聽也未？兩堂雲衲一雷聲。（《永平元和尚頌古》）

◎南泉提猫圖

　　衲子爭時猫子危，劍光動處電光遲。從頭縱有趙州在，不許小慈妨大慈。（《東林前錄》卷下）

（七）

師問南泉："異即不問，如何是類？"泉以兩手托地，師便踏倒，却歸涅槃堂內，叫："悔！悔！"泉聞，乃令人去問："悔個什麼？"師云："悔不更與兩踏。"〔《聯燈會要》卷六、《五燈會元》卷四、《古尊宿語錄》卷十三〕

【箋註】

○異類：指屬於佛果位以外之因位，如菩薩、衆生之類。禪佛教主張異類中行，指發願利生之菩薩，於悟道後，爲救度衆生，不住涅槃菩提之本城，而出入生死之迷界，自願處於六道衆生之中，以濟度一切有情。　○以兩手

托地：作出四足獸（異類的一種）的姿式。

【集評】

◎舉南泉垂語云："喚作如如，早是變也，今時人須向異類中行。"（中略）州云："悔不更與兩踏。"

師拈云："父不慈，子不孝，作之在前，悔之在後，明眼衲僧，難緘其口。"〔《禪林類聚》卷十〕(《建中靖國續燈錄》卷二十七《拈古·佛日智才》)

◎舉南泉示衆云："（中略）今時師僧，須向異類中行始得。"（中略）州云："悔不更與兩踏。"

拈："異類中行，不無南泉，爭奈鼻繩在趙州手裏。趙州雖得便宜，未免出南泉圈禮不得。"

頌："飛騎將軍入虜庭，兵機煉得十分精。誰知敗績緣欺敵，致使凌煙易姓名。"(《希叟和尚廣錄》卷五)

◎南泉云："喚作如如，早是變了也。"（中略）州云："悔不更與兩踏。"

保寧勇頌云："張公移住向深村，被賊潛身入後門。鍋子一時偷去後，更來敲枕玩兒孫。"(《禪林類聚》卷十，《保寧仁勇禪師語錄》)

◎趙州一日於僧堂前問南泉："異則不問，如何是類？"（中略）州云："悔不更與兩踏。"所以天童道，馬祖當時，不合放過，爲他猶有一毫頭命根不斷在。還會天童道擬議更與一踏底意麽？不見道，馬駒踏殺天下人。(《請益錄》卷下)

◎趙州因南泉曰："今時人須向異類中行始得。"（中略）州曰："悔不更與兩踏。"

白巖符云："路當窮處不解轉身，鋒到銳時欠於趨避，總是墮身死漢。南泉父子，可謂善轉身矣，善趨避矣，然細撿將來，尤欠一著。且道那裏是他欠一著處？"

天井新云："南泉欠趙州一著，趙州輸南泉一機。作麽生會？千年故紙好合藥。"〔《宗鑑法林》卷十七〕(《宗門拈古彙集》卷十六)

◎趙州問南泉："如何是異類中行？"（中略）師曰："悔不更與兩蹋。"

功蓋三分國，名成八陣圖。江流石不轉，遺恨失吞吳。且拙訥

漢高辛苦事干戈，帝業興隆俊傑多。猶恨四方無壯士，還鄉悲唱大風歌。覺圓胤(《宗鑑法林》卷十七)

◎結夏小參。僧問："聖制紀綱盡付來日，祖宗家訓要在今宵。不吝指南，請師指示。"師云："德嶠、趙老，垛生招箭。"進云："南泉斬猫兒意旨如何？"師云："劈開華嶽連天色。"進云："趙州戴草鞋出去，是甚心行？"師云："放出黃河入海聲。"僧禮拜。師乃云："揮王庫刀，血濺梵天，攙塗毒鼓，聲震大千。直得十聖三賢，四生九類，盡天下衲僧，喪身失命。所以護生須是殺，先自斷其首。殺盡始安居，死水不藏龍。會得個中意，當甚破草鞋。鐵船水上浮，拍膝云 可憐謝三郎，月下自搖櫓。"（《佛國禪師語錄》卷上）

（八）

南泉從浴室裏過，見浴頭燒火，問云："作什麼？"云："燒浴。"泉云："記取來，喚水牯牛浴。"浴頭應諾。至晚間，浴頭入方丈。泉問："作什麼？"云："請水牯牛去浴！"泉云："將得繩索來否？"浴頭無對。師來問訊泉，泉舉似師。師云："某甲有語。"泉便云："還將得繩索來麼？"師便近前，驀鼻便拽。泉云："是即是，太粗生。"〔《聯燈會要》卷六，《古尊宿語錄》卷十三，《御選語錄》卷十六〕

【箋註】

○浴頭：叢林中，隸屬知浴（浴主）之下，而供其差遣喚使，處理浴室事務之職役名稱。　○水牯牛：喻心性。禪宗常以牧牛喻調心。《祖堂集》卷十七《大安》："所以安在溈山，三十年來，喫溈山飯，屙溈山屎，不學溈山禪，只是長看一頭水牯牛，落路入草便牽出，侵犯人苗稼則鞭打。調來伏去，可憐生受人言語。如今一時變作個露地白牛，常在面前，終日露迥迥地，趁亦不肯去。"《圓悟錄》卷十六："南泉示衆云：'王老師自小養得一頭水牯牛，擬向溪東牧，不免食他國王水草；擬向溪西牧，亦不免食他國王水草。不如隨分納些些，總不見得。'師云：'和光順物，與世同塵，不犯鋒芒，收放自在，是南泉本分草料。山僧自小亦養得一頭水牯牛。有時孤峰獨立，有時鬧市縱橫。不論溪東溪西，一向破塵破的。"

《大慧錄》卷十九："昔溈山問懶安：'汝十二時中，當何所務？'安云：'牧牛。'山云：'汝作麼生牧？'安云：'一回入草去，驀鼻拽將回。'山云：'子真牧牛也。'學道人制惡念，當如懶安之牧牛，則久久自純孰矣。"又卷二十八："日用四威儀中，但常放教蕩蕩地。靜處鬧處，常以乾屎橛提撕，日往月來，水牯牛自純熟矣。"又卷二十九："左右頻寄聲妙喜，想只是要調伏水牯牛捏殺這猢猻子耳。此事不在久歷叢林，飽參知識，只貴於一言一句下，直截承當，不打之遠爾。（中略）如此做工夫，日久月深，不著起心求悟，水牯牛自調伏，猢猻子自死矣。"《希叟和尚廣錄》卷一："諸莊旱潦不爲憂，只恐難調水牯牛。拽脫鼻繩憨睡穩，數聲羌笛野田秋。"《古尊宿語錄》卷四十四《真淨克文》："大衆，人各有一頭水牯牛，駕個車子，即是毛色有異，心相不同。有赤者、白者、青者、黄者、黑者。"《穆菴文康禪師語錄》："牧童。放出溈山水牯牛，溪南溪北暖雲收。春風細草連天綠，穴鼻無繩飽便休。"按"牧牛"要保持心態的調和，一旦落入見取的"草"中，就要立即將心拽過來。"一回入草去，驀鼻拽將來"的牧牛機法，亦見《聯燈會要》卷五《石鞏慧藏》。禪林有"萬法俱忘百念灰，等閑驀鼻拽將回"之詠（見《雪巖祖欽禪師語錄》卷三、《禪宗頌古聯珠通集》卷九）。趙州作略，猶如懶安之牧牛，採取的是當機不讓師的大機大用。

【集評】

◎次韻閑中

區中何日了塵緣，落草牛須驀鼻穿。乾没一生空歲月，見成三徑老風煙。（《秋崖集》卷七）

（九）

師問南泉："離四句絕百非外，請道。"泉便歸方丈。師云："這老和尚，每常口吧吧地，及其問著，一言不措。"侍者云："莫道和尚無語好。"師便打一掌。〔《聯燈會要》卷六，《古尊宿語錄》卷十三，《御選語錄》卷十六〕

【校記】

《聯燈會要》卷六："師問南泉：'離四句，絕百非，請師道。'泉下座，歸方丈。師云：'這老漢尋常口吧吧地，今日被我一問，直得無言可對，無理可伸。'侍者云：'莫道和尚無語好。'師打侍者一摑，云：'這一摑，合是王老師喫。'"五祖戒云："正賊走了，邏蹤人喫棒。"又云："南泉當斷不斷，返招其亂。"

【箋註】

○離四句，絕百非：禪宗認爲，言語是生滅法，是相對意識的產物。而真如本體和禪悟之境，是絕對如如的，因此，要契入真如，就必須離四句，絕百非。佛教用"四句"指有、無、亦有亦無、非有非無，表示作爲一般論議的形式，再加上"百非"（百種之否定），成爲四句百非。禪宗指出，四句百非是基於一切判斷與論議之立場而設立的假名概念，而參禪者必須超越這種假名概念，言忘慮絕，方可契入真如本體之境。禪林盛傳"離四句，絕百非"的名言，成爲參禪悟道的指南。　○口吧吧地：張大嘴巴，言語不絕。○不措：回答不出來。

【集評】

◎上堂：舉南泉因趙州問："離四句絕百非，請師道。"師便歸方丈。（中略）師拈云："趙州老兒，念一道迷魂咒，捻一朵翻手訣，要且只禁得個屋裏鬼，爭奈天師按劍何。"（《斷橋妙倫禪師語錄》卷上）

◎舉趙州問南泉："離四句絕百非，請師道。"（中略）云："這一摑，合是王老師喫。"

佛果拈云："明頭合，暗頭合，本分綱宗。據虎頭，收虎尾，作家手段。雖然如是，要且落在第二頭。"［《禪林類聚》卷七］

正覺云："南泉似個鐵山，鍼鑽不入。趙州幾乎一場懡㦬，却借侍者鼻孔出氣。當時侍者，熱不採伊，看他作甚折合？"

佛海云："那裏落節，這裏拔本。"（《拈八方珠玉集》卷中）

◎趙州問南泉："離四句，絕百非，請和尚道。"（中略）

電光石火箭鋒機，父倒行兮子逆施。力敵勢均難辨別，一雙無孔鐵門槌。（《環溪惟一禪師語錄》卷下）

◎南泉因趙州問"離四句，絕百非，請師道。"（中略）州便打一掌云："這一掌合是王老師喫。"頌曰：

離四句絕百非，作者相諳識得伊。跳下禪床便歸去，從他鷂子搏天飛。智門祚（《禪宗頌古聯珠通集》卷十一，《古尊宿語錄》卷三十九《智門光祚》，《禪林類聚》卷七，《宗鑑法林》卷十）

◎南泉因趙州問："離四句，絕百非，請師道。"（中略）曰："這一摑須是王老師喫。"

白巖符云："老趙州大似個新出紅爐底彈子，犯著則造破面門。雖然，總不出王老師圈圚。且道那裏是王老師圈圚？"智門祚（《宗鑑法林》卷十）

（十）

南泉一日掩却方丈門，便把灰圍却門外，問僧云："道得即開門。"多有人下語，並不契泉意。師云："蒼天！蒼天！"泉便開門。〔《景德傳燈錄》卷八《南泉普願》，《聯燈會要》卷四《南泉普願》，《聯燈會要》卷六《趙州從諗》，《五燈會元》卷三《南泉普願》，《古尊宿語錄》卷十三《趙州從諗》，《御選語錄》卷十六《南泉普願》，《御選語錄》卷十六《趙州從諗》〕

（十一）

師問南泉云："心不是佛，智不是道，還有過也無？"泉云："有。"師云："過在什麼處？請師道。"泉遂舉，師便出去。〔《古尊宿語錄》卷十三〕

【校記】

《祖堂集》卷十五《東寺》："每曰自大寂禪師去世，常病好事者錄其語本，不能遺筌領意，認即心即佛，外無別說，曾不師於先匠。只徇影跡，且佛於何住，而曰即心，心如畫師，貶佛甚矣，遂唱於言：'心不是佛，智不是道。劍去遠矣，爾方刻舟。'時號東寺爲'禪窟'。"（《景德傳燈錄》卷七《東寺如會》，《聯燈會要》卷五《東寺如會》，《五燈會元》卷三《西堂智藏》，《錦繡萬花谷·前集》卷二十八）

《古尊宿語錄》卷十二《南泉普願》："且法身無爲，不墮諸數，法無動搖，不依六塵。故經云：'佛性是常，心是無常。'所以智不是道，心不是佛。"

【箋註】

○心不是佛，智不是道：係南泉於"即心即佛"外提示學人的向上一路。趙州之問，則體現了不住一物、層層遣除的般若智觀。

【集評】

◎蜀僧喻

雲溪子昔遊西霞峰，厥氣方壯。嘗遇玄朗上人者，乃南泉禪宗普願大師之嗣孫也。南泉之德業，諸佛之支體。維三經云："即心是佛，非心是道。非心非道，非道非心。離佛離道，即是一真。"大師句云："心不是佛，智不是道。"言其心有善惡，智有利鈍。心智兩非，名爲究竟。南泉既逝，崔行儉員外爲之銘曰："百骸俱散，一物常靈。"釋徒俱服其簡妙也。（《雲溪友議》卷下）

◎阿你尋常巧脣薄舌，及乎問著，總皆不道，何不出來，莫論佛出世時事。兄弟，今時人擔佛著肩上行，聞老僧言"心不是佛，智不是道"，便聚頭擬推。老僧無你推處，你若束得虛空作棒，打得老僧著，一任推。（《景德傳燈錄》卷二十八《南泉普願》，《古尊宿語錄》卷十二，《佛祖歷代通載》卷十六）

◎示衆："心不是佛，智不是道，南泉老人和身放倒。至今數百年來，其間無數善知識出世，未曾有一人爲他扶起。看雲門今日擬將燈心拄須彌山，試爲扶起看。"遂拈拄杖云："南泉放倒，雲門扶起。放倒扶起，有賓有主。明眼衲僧商量，切忌別作道理。既許商量，爲什麼不許作道理？"良久云："相罵饒汝接嘴，相睡饒汝潑水。"卓一下。（《大慧錄》卷七）

◎示衆云："心不是佛，智不是道，且道是甚麼？刻舟求劍，膠柱調絃。"（《聯燈會要》卷十三《法華全舉》，《嘉泰普燈錄》卷二，《古尊宿語錄》卷二十六）

◎南泉云："心不是佛，智不是道。"

無門曰："南泉可謂老不識羞，纔開臭口，家醜外揚。然雖如是，知恩者少。"頌曰：

天晴日頭出，雨下地上濕。盡情都説了，只恐信不及。（《無門關》第三十四則）

◎開善謙頌"心不是佛，智不是道"云："太平時節歲豐登，旅不賫糧户不扃。官路無人夜無月，唱歌歸去恰三更。"妙喜最喜之。金山奇道者，別峰印之嗣，亦嘗以"遲日江山麗，春風花草香。泥融飛燕子，沙暖睡鴛鴦"頌之，亦不易得，時以爲超師之作也。（《叢林盛事》卷上《開善謙頌古》。"太平時節歲豐登"一首，亦見《嘉泰普燈錄》卷二十八《頌古下·開善謙》，《禪宗頌古聯珠通集》卷十二，《禪林類聚》卷六）

◎祖師西來，不立文字，直指人心，見性成佛。又道"心不是佛，智不是道"，又"不是心，不是佛，不是物"，如擊石火，似閃電光。不可以有心知，不可以無心得，不可以語言造，不可以寂默通。（《松源崇嶽禪師語錄》卷下）

◎上堂云："智不是道，心不是佛。輥雪峰毬，舞道吾笏。且道明什麼邊事？"搖手云："不説，不説！"（《無明慧性禪師語錄》）

◎心不是佛，智不是道

月淡江空泛小舟，唱歌和月看江流。更深欹枕夢何處？兩峰清霜曉未收。（《運菴普巖禪師語錄》）

◎上堂："心不是佛，智不是道。唯此一事，如何尋討？赤水得之非珍，昆崗拾來非寶。寒山子，曾了了，解道'微風吹幽松，近聽聲愈好'。"（《絶岸可湘禪師語錄》）

◎心不是佛，智不是道。幽澗水流，落花風掃。猪捉老鼠，蛇吞蚵蚾。誰弱誰強，自起自倒。此時若或自分疏，可惜光陰空到老。老不老，青州梨，鄭州棗，萬物無過出處好。（《續古尊宿語錄》卷六《退菴奇》）

◎上堂："心不是佛，智不是道。抛却深邨，又入荒草。只如以一重去一重，不知轉交涉轉料掉。畢竟如何？心不是佛，智不是道。"（《環溪惟一禪師語錄》卷上）

◎上堂："心不是佛，兔馬有角。智不是道，牛羊無角。"驀拈拄杖，畫一畫云："一夜落花雨，滿城流水香。"（《元叟行端禪師語錄》卷一）

◎池州改建南泉承恩禪寺記

且彼導師，平常行道，五十年餘，常作是言："心不是佛，智不是道。"道不屬知，因知衆生種種妄執，執物爲見執，見爲知現顛倒。故知者爲病，不知亦病。說知不知，病悉如是。（《九華集》卷十九）

◎湖南東寺如會禪師，嘗患門徒以"即心即佛"之談誦憶不已，且謂："佛於何住，而曰即心？心如畫師，而曰即佛？"遂示衆曰："心不是佛，智不是道。劍去久矣，汝方刻舟。"頌曰：

心不是佛，智不是道。舉得十分，未敢相保。攜條拄杖閑行，切忌回頭轉腦。照堂一

心不是佛，智不是道。青山白雲，落花芳草。若是伶俐阿師，終不回頭轉腦。鼓山珪［《古尊宿語錄》卷四十七，《禪林類聚》卷六］

雨散雲收後，崔嵬數十峰。倚欄頻顧望，回首與誰同？徑山杲［《古尊宿語錄》卷四十七，《禪林類聚》卷六］

青山不青，白雲不白。鍼鋒太寬，宇宙太窄。寥寥獨坐有誰知，流水涓涓花片飛。浩浩風光人不會，滿園春色鷓鴣啼。妙峰善

昨日因過竹院西，鄰家稚子隔溪啼。山寒水肅半黃落，無數歸鴉卜樹棲。虛堂愚［《虛堂錄》卷五］

天晴日頭出，雨下地上濕。盡情都說了，只恐信不及。無門開

心不是佛，智不是道。飛鳥出林，驚蛇入草。無縫罅，難尋討，笑倒嵩山破竈墮。南叟茂（《禪宗頌古聯珠通集》卷十二）

◎佛涅槃上堂："心不是佛，心與佛俱非；智不是道，智與道俱遺。今日即有，明日即無。蒼天蒼天，波旬失途。"（《古林清茂禪師語錄》卷二）

◎南泉："心不是佛，智不是道。"

心不是佛，智不是道。夜雨滴空階，春風吹百草。本無迷悟人，只要今日了。（《愚菴和尚語錄》卷七）

◎時有僧問："心不是佛，智不是道，還端的也無？"師云："喫飯止飢，飲水定渴。"（《了菴和尚語錄》卷三）

◎心不是佛，智不是道。開口即錯，動念即乖。諸聖競出頭來，未免指鹿爲馬。到者裏說個什麼即得？指東指西得麼？點胸點肋得麼？好晴好雨得麼？行棒行喝得麼？總是弄粥飯氣，佛法未夢見在。（《楚石梵琦禪師語錄》卷一）

◎心不是佛，智不是道。天上人間，何處尋討。西齋今年六十八，分明

一老一不老。(《楚石梵琦禪師語錄》卷十六)

◎心不是佛，智不是道

枕石臥煙蘿，山中樂事多。夜聞祭鬼鼓，朝聽上灘歌。君不見功德天黑暗女，有智主人俱不取。(《恕中無慍和尚語錄》卷三)

◎南泉："心不是佛，智不是道。"

白鷺下田千點雪，黃鸝上樹一枝花。寥寥獨立乾坤外，更有何人得似它？(《南石和尚語錄》卷二)

◎上堂："心不是佛，智不是道。知盡無知，無知知要。博山晝起暗眠，算來恰恰却好。對談無論是和非，三寸舌，胡亂掃。"(《無異元來禪師廣錄》卷六)

◎舉南泉和尚云："心不是佛，智不是道。"

昨日種冬瓜，今朝栽茄子。生涯勝舊年，何樂到如此。(《了堂和尚語錄》卷二)

◎心不是佛，智不是道。丹霞騎聖僧，馬祖踏水潦。五千教典盡掀翻，百億須彌俱靠倒。後非遲也先非早，啐啄之機難恰好。木鷄啼處月黃昏，刍犬吠時天大曉。絕承當，離膠擾。明知不覆藏，却許自探討。吳楚叢林知識多，臨機無吝攄懷抱。(《了堂和尚語錄》卷四《後錄》)

◎(一關逵禪師)示衆曰："心不是佛，智不是道。一念涉思惟，全身入荒草。所以道目前無法，意在目前。不是目前法，非耳目之所到。古今天地，古今日月，古今山河，古今人倫，頭頭顯露，物物全彰。不從千聖借，不向萬機求。內外絕承當，古今無處所。恁麼解會，猶是錯認驢鞍橋作阿爺下頷。"(《武林梵志》卷十)

◎上堂："即心即佛，赤脚上刀山；非心非佛，耕地種蒺藜；不是心，不是佛，不是物，黃檗樹頭生木蜜。"(《佛光國師語錄》卷一)

(十二)

師上堂謂衆曰："此事的的，沒量大人，出這裏不得。老僧到潙山，僧問：'如何是祖師西來意？'潙山云：'與我將牀子來。'若是宗師，須以本分事接人始得。"時有僧問："如何是祖師西來意？"師云："庭前柏樹子！"學云："和尚莫將境示人。"師云："我不將境示人。"云："如何是祖師西來意？"師云："庭前柏樹子。"〔《祖堂集》卷十八《趙州》，《正法眼藏》卷二，《聯燈會要》卷六《趙州從諗》，《五燈會元》卷四《趙州從諗》，《五家正宗贊》卷一，《古尊宿語錄》卷十三《趙州從諗》，《指月錄》卷十一〕

【校記】

《祖堂集》卷十八："師問潙山：'如何是祖師意？'潙山喚者將床子來，'自住已來，未曾遇著一個本色禪師。'時有人問：'忽遇時如何？'師云：'千鈞之弩，不爲奚鼠而發機。'"按此則對話之後半部分，與（六十二）相近。

【箋註】

○的的：準確、真切。　○没量：超越數量分別的禪悟之心。　○本分事接人：本分事指禪人本身份內的大事，即獲得禪悟、超生脫死的大事。禪家宗師著眼本分大事而採取的接引學人之手段，謂之本分事接人。　○祖師西來意：禪宗初祖達摩從西方（印度）來東土（中國）傳授的佛法旨意，也就是禪宗的根本旨意，簡稱"西來意"。如何是祖師西來意，是禪林出現頻率最高的話頭。

【集評】

◎春日懷古四首 其三
門外春將半，羣芳鬥盛時。鄰家有庭柏，諸祖共相知。（《祖英集》卷上）
◎若問庭前柏，受屈向諸方。可憐男子漢，開眼尿他床。（《天聖廣燈錄》卷二十二《靈澄上座》）
◎問："古人道：'庭前柏樹子。'意旨如何？"師云："碧眼胡僧笑點頭。"（《天聖廣燈錄》卷二十八《圓進山主》，《五燈會元》卷十，《續傳燈錄》卷四）
◎問："承侍郎簽疏有言：'黃花翠竹，當軒直示於真如。'學人上來，請師直示。"師云："侍郎曲爲上座。"進云："恁麼則趙州柏樹人人委，靈隱黃花處處開。"（《天聖廣燈錄》卷三十《惠明延珊》）
◎鳥銜華落碧巖前，對境皆言到處傳。人問西來指庭柏，豈關蒼翠嶺頭

穿。(《投子青和尚語錄》卷上,《續古尊宿語要》卷二《投子青》)

◎上堂云:"趙州和尚道:'夫爲宗師,須是以本分事接人。'法華可謂浪得其名。何故?有禪客到此,不免且與他打葛藤,又只是粗粥淡飯而已,並無一點是本分事。他時後日,見閻老子,作麽生分雪得去?"(《白雲守端禪師廣錄》卷一)

◎進云:"趙州庭前柏,崇寧庭前楠,是同是別?"師云:"莫眼花。"(《圓悟錄》卷一)

◎僧問趙州:"如何是祖師西來意?"州云:"庭前柏樹子。"天下參問以爲模範,作異解者極多,唯直透不依倚不作知見便能痛領。纔有毫髮見刺,則黑漫漫地。豈不見法眼舉問覺鐵嘴:"趙州有個庭前柏樹子話,是不?"覺云:"和尚莫謗先師,先師無此語。"但恁麽體究,便是古人直截處也。(《圓悟心要》卷上)

◎又問趙州:"如何是祖師西來意?"云:"庭前柏樹子。"(中略)皆前世本分宗師,腳蹋實地,本分垂慈之語。若隨他語,即成辜負。若不隨他語,又且如何領略?除非具金剛正眼,即知落處耳。(《圓悟心要》卷上)

◎動與靜一如,心與境俱合,則一明一切明,一了一切了。舉個須彌山,道個庭前柏樹子,一切機境,豈從他發。(《圓悟心要》卷下)

◎示琛上人

僧問趙州:"如何是祖師西來意?"州云:"庭前柏樹子。"不妨省力。如今參問之士,性識昏昧,只管去語言上咬,至了不奈何,下梢無合殺,遂滿肚懷疑,多作異見異解,蹉却本分事。殊不知不在言語上,又不在事物邊。如擊石火閃電光,略露風規。纔擬承當,早落二三也。若要直截,應須退步就己,歇却狂心,使知見解礙都盧淨盡,時節緣熟,瞥然明證,亦不爲難。似恁麽話,早葛藤了也。且作死馬醫會,當有趣入處。(《圓悟心要》卷下)

◎五祖老師道:"釋迦牟尼佛,下賤客作兒。庭前柏樹子,一二三四五。"若向雲門言句下,諦當見得,相次到這境界。(《碧巖錄》第四十七則)

◎雪竇初在大陽玄禪師會中典客,與僧夜語,雌黃古今。至趙州柏樹子因緣,爭辯不已。有一行者立其旁,失笑而去。客退,雪竇呼行者至,數之曰:"對賓客敢爾耶?"對曰:"知客有定古今之辯,無定古今之眼,故敢笑。"曰:"且趙州意汝作麽生會?"因以偈對曰:"一兔橫身當古路,蒼鷹纔見便生擒。後來獵犬無靈性,空向枯樁舊處尋。"雪竇大驚,乃與結友。

(《林間錄》卷上，《禪林僧寶傳》卷十一，《佛祖歷代通載》卷十八，《指月錄》卷十一)

◎昔有僧問趙州："如何是祖師西來意？"答曰："庭前柏樹子。"又隨而誡之曰："汝若肯我與麼道，我則辜負汝；汝若不肯我與麼道，我則不辜負汝。"而昧者剿之，使古人之意不完，爲害甚矣。(《禪林僧寶傳》卷六《雲居道齊·贊》，《叢林公論》)

◎次日興化到北禪，師乃問訊，化指階前松樹云："者個是什麼人栽？"師云："龍牙。"化云："何似趙州柏樹？"師云："尊宿眼在什麼處？"化云："鬧市裏虎。"(《法昌倚遇禪師語錄》)

◎示衆，舉法眼問覺鐵嘴，(中略) 覺云："先師實無此語，和尚莫謗先師好。"師云："若道有此語，蹉過覺鐵嘴。若道無此語，又蹉過法眼。若道兩邊都不涉，又蹉過趙州。直饒總不恁麼，別有透脫一路，入地獄如箭射。畢竟如何？"舉起拂子云："還見古人麼？"喝一喝。(《大慧錄》卷八，《楚石梵琦禪師語錄》卷十轉引，《指月錄》卷十一)

◎師纔見僧入，便云："諸佛菩薩，畜生驢馬，庭前柏樹子，麻三斤，乾屎橛，爾是一枚無狀賊漢。"僧云："久知和尚有此機要。"師云："我已無端入荒草，是爾屎臭氣也不知。"僧拂袖便出。師云："苦哉佛陀耶。"(《大慧錄》卷九，《續傳燈錄》卷二十七)

◎五祖和尚舉："僧問趙州：'如何是祖師西來意？'州云：'庭前柏樹子。'恁麼會，便不是了也。'如何是祖師西來意？''庭前柏樹子。'恁麼會，方始是。"頌云：

崎崎嶇嶇平坦坦，平坦坦處甚崎嶇。驀地跛驢能蹴踢，抹過追風天馬駒。(《大慧錄》卷十)

◎如僧問趙州："如何是祖師西來意？"州云："庭前柏樹子。"這個忒殺直。(中略) 爾擬將心湊泊他，轉曲也。法本無曲，只爲學者將曲心學。縱學得玄中又玄，妙中又妙，終不能敵他生死，只成學語之流。(《大慧錄》卷十三)

◎五祖師翁有言："'如何是祖師西來意？''庭前柏樹子。'恁麼會，便不是了也。'如何是祖師西來意？''庭前柏樹子。'恁麼會，方始是。"爾諸人還會麼？這般説話，莫道爾諸人理會不得，妙喜也自理會不得。(《大慧錄》卷十六)

◎李參政頃在泉南，初相見時，見山僧力排默照邪禪瞎人眼，渠初不

42

平，疑怒相半。驀聞山僧頌庭前柏樹子話，忽然打破漆桶，於一笑中千了百當，方信山僧開口見膽，無秋毫相欺。（《大慧錄》卷二十六）

◎聞佛鑑禪師夜參，舉趙州庭前柏樹話，至覺公言"先師無此語"處而大疑，提撕既久，一夕豁然，以頌發揮之曰："趙州有個柏樹話，禪客相傳遍天下。多是摘葉與尋枝，不能直自根源會。覺公說道無此語，正是惡言當面罵。禪人若具通方眼，好向斯中辨真假。"（《雲臥紀談》卷下《文殊道》，《嘉泰普燈錄》卷十六《文殊心道》，《續傳燈錄》卷二十九，《蜀中廣記》卷八十六，《僧寶正續傳》卷三《文殊道》，《御選語錄》卷十五《太平慧勤》，《祖庭鉗錘錄》卷上）

◎晚到蘇州萬壽寺元禪師法席，因看庭前柏樹話，發明心地。有偈曰："趙州柏樹子，去處勿人知。拋卻甜桃樹，尋山摘醋梨。"元禪師印可，命住此寺。（《建中靖國續燈錄》卷一《永安傳燈》，《續傳燈錄》卷二十一）

◎上堂云："欲識解脫道，雞鳴已天曉。趙州庭前柏，打落青州棗。咄！"（《建中靖國續燈錄》卷三《水南智昱》，《五燈會元》卷十五，《續傳燈錄》卷二）

◎幼爲沙彌，見僧入室請問趙州庭柏因緣，嵩詰其僧，師傍有省。（《建中靖國續燈錄》卷四《浮山圓鑑》，《嘉泰普燈錄》卷二，《五燈會元》卷十二）

◎真州定山方禪師，參琅琊廣照禪師，唯看柏樹子話，每入室陳其所見，不容措詞，常被喝出。忽一日大悟，直入方丈云："我會也。"廣照曰："汝作麼生會？"師曰："夜來床薦暖，一覺到天明。"廣照可之，由是道望傳播諸方。（《建中靖國續燈錄》卷七《定山方》，《五燈會元》卷十二，《指月錄》卷十一）

◎問："趙州庭柏，意旨如何？"師云："夜來風色緊，孤客已先寒。"僧曰："先師無此語，又作麼生？"師云："行人始知苦。"（《建中靖國續燈錄》卷十四《真如慕哲》，《聯燈會要》卷十五，《正法眼藏》卷一，《五燈會元》卷十二）

◎到遮裏若會得，便見終始一如，古今齊致，至於趙州庭柏，清風長在；若不會得，便見雲門凳子，天地懸殊。（《建中靖國續燈錄》卷十九《佛海有瑞》）

◎上堂云："新羅打鼓，大宋上堂，庭前柏子問話，燈籠露柱著忙。"（《建中靖國續燈錄》卷十九《旌德諲》，《五燈會元》卷十七，《續傳燈錄》卷二十，《列祖提綱錄》卷八）

◎上堂云："鴈叫長空氣象清，園林草木盡凋零。庭前唯有趙州柏，枝葉婆娑特地榮。大衆，遮柏樹子，在天則同天，處人則同人，在城郭與花柳渾居，在山林與煙雲作伴。只如在資福門中，又作麼生？"良久，云："一朝權在手，看取令行時。"下座。(《建中靖國續燈錄》卷十九《資福懷寶》)

◎問："庭前柏樹人知有，先師無語意如何？"師云："真鍮不換金。"(《建中靖國續燈錄》卷二十《雲蓋智本》)

◎後聽習教論，遍參諸方，晚到蘇州萬壽元禪師法席，因看庭前柏話，發明心地。有偈曰："趙州柏樹子，去處勿人知。拋却甜桃樹，尋山摘醋梨。"(《建中靖國續燈錄》卷二十一《永安傳燈》)

◎上堂云："至道無難，惟嫌揀擇。但莫憎愛，洞然明白。雪嶺輥毬，趙州庭柏。不落見聞，亦非聲色。擬問如何，攔腮一摑。"(《建中靖國續燈錄》卷二十四《景德惠昌》)

◎至甌山，摳衣入室，聞舉庭前柏樹因緣，言下契悟。(《建中靖國續燈錄》卷二十五《佛鑑惟仲》)

◎舉僧問趙州："如何是祖師西來意？"州云："庭前柏樹子。"

趙州庭前柏，天下走禪客。養子莫教大，大了作家賊。(《建中靖國續燈錄》卷二十八頌古《石霜楚圓》)

◎祖師妙訣，頭頭漏泄。衆生日用不知，只管強生分別。豈不見靈雲陌上桃花，趙州指出庭前柏。別別，正似紅爐一點雪。(《慈受深和尚廣錄》卷一)

◎"趙州庭柏，靈雲桃花，亦是與諸人爲燈爲燭。敢問諸人，百千萬億燈，既從此一燈出，且道此一燈，自何而得？"舉拂子云："還會麼？明明一點無遮障，大地山河莫覆藏。"(《慈受深和尚廣錄》卷三)

◎僧問趙州："如何是祖師西來意？"州云："庭前柏樹子。"

趙州庭前柏，何似門外柳。大盡三十日，小盡二十九。更問事如何，合却娘生口。(《慈受深和尚廣錄》卷四)

◎上堂。云："無邊刹境，自他不隔於毫端。古人只道庭前柏樹子，自有人省得此事。"(《長靈守卓禪師語錄》)

◎上堂僧問："記得僧問趙州：'如何是祖師西來意？'州云：'庭前柏樹子。'未審此意如何？"師云："驀口便道，不要商量。"僧云："若謂當時曾有語，可憐辜負趙州心。"師云："爾莫是待與覺鐵嘴出氣麼？"僧云："只如今又欠少個什麼？"師云："料掉勿交涉。"僧云："和尚且道，趙州即今在什麼處？"師云："爾問阿誰？"(《宏智廣錄》卷四)

◎家家門前柏樹子，豈獨趙州能對揚？(《宏智廣錄》卷九)

◎你諸人本無許多事，只爲始行脚時，撞著一個没見識長老，教你許較勞攘，打頭便參得個庭前柏樹子話，又參得斬猫兒話、洗鉢盂話、野狐話、勘婆話，參得一肚皮禪道，便棹腰擺胯，稱我是方外。高人面前説得恰似真個，背地裏千般亂做次第，一文也不直。(《僧寶正續傳》卷一《泐潭照》)

◎乃至柏樹子、麻三斤、一口吸盡西江水、鎮州出大蘿卜頭，是甚麼語話。莫是明向上事麼？莫是向上人行履處麼？莫是大機大用麼？莫是盡力提持麼？莫是涉流轉物麼？莫是作家用處麼？你若大法未明，且莫亂統，亦須識機宜別休咎始得。《瞎堂慧遠禪師廣錄》卷三)

◎又雪寶在大陽玄禪師會下，爲客司，因與僧夜話，至趙州柏樹子因緣，爭辯不已，有行者立傍失笑。(中略)雪寶大驚，遂與之爲友。後出世住承天，宗和尚是也。看他雖無巧妙，而句意超然。今時禪和子，纔聞人舉，一個個肚皮裏有個柏樹子，如何得了當去。(《瞎堂慧遠禪師廣錄》卷三)

◎示衆，舉僧問趙州："如何是祖師西來意？"州云："庭前柏樹子。"(中略)

師云："奇哉，古聖垂一言半句，可謂截斷聖凡門户，直示彌勒眼睛，今昔無墜。衆中異解多途，商量非一，埋没宗旨，錯判名言。或謂青青翠竹盡是真如，鬱鬱黃花無非般若；或謂山河草木，物物皆是真心顯現，何獨庭前柏樹子乎？塵毛瓦礫，都是一法界中，重重無盡，理事圓融。或謂庭前柏樹子，纔舉便直下薦取，覿體全真，擬議之間，早落塵境。須是當人作用，臨機相見。或棒或喝，或擎起拳頭，衣袖一拂，遮個眼目，如石火電光相似。或謂庭前柏樹子，更有甚麼事？趙州直下爲人，實頭説話，飢來喫飯，困即打眠，動轉施爲，盡是自家受用。如斯見解，似粟如麻，皆是天魔種族、外道邪宗。但取情識分别，用心取捨，強作知見，口耳相傳，誑惑於人，貴圖名利，是何業種，玷瀆祖風？"(《聯燈會要》卷十四《雲居元祐》，《正法眼藏》卷五)

◎侍郎張九成，字子韶，鹽官人也。初謁靈隱明禪師，扣其旨要。(中略)請至於再，明嘉其誠，示以柏樹子話，久無所契。(中略)一日，如厠，因思惻隱之心乃仁之端，忽聞蛙鳴，豁然有省，不覺自舉云："如何是祖師西來意？庭前柏樹子。"不覺大笑，汗下被體，遂作頌云："春天月夜一聲蛙，撞破乾坤共一家。正恁麼時誰會得？嶺頭脚痛有玄沙。"(《聯燈會要》卷十八《張九成》，亦見《嘉泰普燈錄》卷二十三《張九成》，《人天寶鑑》，《五燈會元》

卷二十《張九成》,《居士分燈錄》卷下,《續傳燈錄》卷三十二,《武林梵志》卷八《張九成》,《指月錄》卷十一)

◎正旦令晨,物物咸新。衲僧應時納佑,不是和光同塵。柏樹子,麻三斤,死柴頭上放陽春。(《介石智朋禪師語錄》)

◎趙州因僧問:"如何是祖師西來意?"州云:"庭前柏樹子。"(中略)師云:"趙州割己利人,明月夜光,多逢按劍。忽有問顯孝如何是祖師西來意?只向他道:山深無過客,終日聽猿啼。"(《虛堂錄》卷一)

◎復舉堂頭物初和尚舉五祖道:"如何是祖師西來意?庭前柏樹子。恁麼會,便不是了也。如何是祖師西來意?庭前柏樹子。恁麼會,方始是。"師云:"五祖當時一時落草,自謂土曠人稀。殊不知今日被慈峰老子,掐定咽喉,直得無取氣處。育王到此,客聽主裁,只得放過。何故?人情做得,冤家結得。"(《虛堂錄》卷三)

◎趙州庭前柏樹子

有問自知無答處,却將柏樹當門庭。搖風擺雨經年久,不似松根有茯苓。(《虛堂錄》卷五)

◎僧云:"有僧問趙州:'如何是祖師西來意?'州云:'庭前柏樹子。'此意如何?"師云:"為人方便勝修行。"(《虛堂錄》卷九)

◎出没雲閑滿太虛,元來真相一塵無。重重請問西來意,唯指庭前柏一株。(《嘉泰普燈錄》卷二《福嚴審承》,《五燈會元》卷十四,《續傳燈錄》卷六,《宗鑑法林》卷六十八)

◎問:"臨濟入門便喝,德山入門便棒,未審和尚如何為人?"云:"靈雲見桃華。"云:"莫是和尚為人處也無?"曰:"趙州對柏樹。"(《嘉泰普燈錄》卷二《達觀曇頴》)

◎上堂,舉柏樹子話,師曰:"趙州庭柏,說與禪客。黑漆屏風,松檽亮隔。"(《嘉泰普燈錄》卷三《佛日智才》,《正法眼藏》卷一,《五燈會元》卷十六《臨安智才》,《續傳燈錄》卷八,《指月錄》卷十一)

◎上堂,舉五祖師翁舉僧問趙州"如何是祖師西來意?(中略)恁麼會,便不是了也。(中略)恁麼會,方始是。"師云:"要識五祖師翁麼?腦後見腮,莫與往來。"(《大慧錄》卷五,《嘉泰普燈錄》卷十五,《指月錄》卷十一)

◎成都府昭覺純白禪師,上堂曰:"寒便向火,熱即搖扇,飢時喫飯,睏來打眠。所以趙州庭前柏,香嚴嶺後松,栽來無別用,只要引清風。且道

畢竟事作麼生？甲子乙丑海中金，丙寅丁卯爐中火。"（《嘉泰普燈錄》卷六《昭覺純白》，《五燈會元》卷十八）

◎師凡見僧來，必叱曰："栗柳未擔時，爲汝説了也。且道説個甚麼？招手洗鉢，拈扇張弓，趙州柏樹子，靈雲見桃花，且擲放一邊，山僧無恁麼閑脣吻與汝打葛藤，何不休歇去？"拈拄杖逐之。（《嘉泰普燈錄》卷十《天童普交》，《五燈會元》卷十八）

◎遊方，謁長靈於天寧，因看柏樹子頌有省。（《嘉泰普燈錄》卷十三《靈光文觀》）

◎值悟爲衆夜參，舉古帆未掛因緣，師聞未領，遂求決。悟曰："你問我。"師舉前話，悟曰："庭前柏樹子。"師即洞明。（《嘉泰普燈錄》卷十四《華藏安民》，《雪堂行拾遺錄》，《五燈會元》卷十九，《蜀中廣記》卷八十六，《南宋元明僧寶傳》卷五，《御選語錄》卷十五）

◎參政李邴居士，字漢老，醉心祖道有年，聞大慧排默照爲邪，公疑怒相半，及見慧示衆，舉趙州庭柏，垂語曰："庭前柏樹子，今日重新舉，打破趙州關，特地尋言語。敢問大衆：既是打破趙州關，爲甚麼却特地尋言語？"良久，曰："當初只道茆長短，燒了方知地不平。"公領悟，謂慧曰："無老師後語，幾蹉過。"（《嘉泰普燈錄》卷二十三《李邴》，《大慧錄》卷八，《五燈會元》卷二十《李邴》，《佛祖歷代通載》卷二十，《續傳燈錄》卷三十二，《居士分燈錄》卷下《李邴》，《武林梵志》卷八。《楚石梵琦禪師語錄》卷十引述之，謂："庭前柏樹子，天下杜禪和。只管尋枝葉，還曾夢見麼？四海幸然清似鏡，莫來平地起風波！"）

◎寶學劉子羽居士，字彥脩。出知永嘉，問道於大慧禪師。慧曰："僧問趙州：'狗子還有佛性也無？'趙州道：'無。'但恁麼看。"公後乃於柏樹子上發明，有頌曰："趙州柏樹太無端，境上追尋也大難。處處綠楊堪繫馬，家家門底透長安。"（《嘉泰普燈錄》卷二十三《劉子羽》，《五燈會元》卷二十《劉彥脩》，《續傳燈錄》卷三十二，《居士分燈錄》卷下）

◎庭前柏樹子，我道不如松。枯枝折落地，打著去年椶。（《嘉泰普燈錄》卷二十七《頌古上·真淨文》，《古尊宿語錄》卷四十五）

◎大地一渾身，虛空絶四鄰。不識柏樹子，喚作麻三斤。（《嘉泰普燈錄》卷二十九《偈頌·佛海遠》）

◎示衆云："庭前柏樹，竿上風旛。如一華説無邊春，如一滴説大海水。間生古佛，迥出常流。不落言思，若爲話會？"

舉僧問趙州："如何是祖師西來意？"多羅閑管 州云："庭前柏樹子。"焦

磚打著連底凍

師舉趙州一日上堂云："此事的的沒量大人，出這裏不得。（中略）"楊州城東光孝寺慧覺禪師（中略）曰："先師實無此語，和尚莫謗先師好。"諸方名爲覺鐵嘴。勝默和尚，必須教人先過此話淘汰知見，嘗曰："三玄五位，盡在其中。"真如方禪師悟此話，直入方丈，見琅琊廣照覺禪師。照問："汝作麼生會？"如曰："夜來床薦暖，一覺到天明。"廣照可之。真如悟得此話最好，天童頌得此話亦不惡。頌云：

岸眉橫雪，喫鹽多如喫米 河目含秋。一點難謾 海口鼓浪，有句非宗旨 航舌駕流。無言絕聖凡 撥亂之手，也是柏樹 太平之籌。也是柏樹 老趙州，老趙州，爲甚不應 攪攪叢林卒未休。天童第二 徒費工夫也造車合轍，將來使用恰好 本無伎倆也塞壑填溝。買盡風流不著錢

師云：七百甲子，經事多矣，所以岸眉橫雪。古人以眉目爲嚴電，天童用河眸海口故事，成四句偈，如見活趙州指柏樹子相似。眉如蘆花岸，眼如秋水碧。古句："野水淨於僧眼碧，遠山濃似佛頭青。"海口鼓浪，航舌駕流。浪即能覆航，航即能駕浪。一言可以興邦，一言可以喪邦。故次之以撥亂之手，太平之籌。州嘗云："有時將一莖草，作丈六金身用。有時將丈六金身，作一莖草用。"此話本與人決疑，而今多少人疑著，趙州豈欲攪叢林哉。人見趙州答話，應聲便對，如不假功用。唯天童知八十行脚，三歲孩童勝如我，我從他學。此乃閑時造下，忙時用著，不是苦辛人不知。"卧輪有伎倆，能斷百思想。對境心不起，菩提日日長。"六祖道："慧能無伎倆，不斷百思想。對境心數起，菩提作麼長。"恁麼看來，塞壑填溝底事，又作麼生？如今抛擲西湖裏，下載清風付與誰。（《從容錄》第四十七則）

◎無門曰："若向趙州答處見得親切，前無釋迦後無彌勒。"頌曰：

言無展事，語不投機。承言者喪，滯句者迷。（《無門關》第三十七則）

◎晚年，徙居雪竇座下，明眼衲子皓首相依。如淨以柏子話請益鑑，鑑本色策之，淨乃領悟，曰："西來祖意庭前柏，鼻孔寥寥對眼睛，落地枯枝才字跳，松蘿亮格笑掀騰。"（《天童如淨禪師語錄》卷上，《南宋元明僧寶傳》卷七《天童如淨》，《宗鑑法林》卷六十九）

◎上堂，舉僧問趙州："如何是祖師西來意？"州云："庭前柏樹子。"（中略）頌云：

老姑強作少年時，爛把宮嬪紅粉施。不管旁邊人冷笑，滿頭猶更插花

枝。(《斷橋妙倫禪師語錄》卷上)

◎上堂："庭前柏樹子，揭示西來旨。山僧三十年已前，識破根株，見徹骨髓。應用只在開口合口間，伸手縮手裏。"(《斷橋妙倫禪師語錄》卷下)

◎師由是輟經，單提庭前柏樹子話，廢寢忘食，如坐刺棘中。(中略)一日往見山堂，閱《楞伽經》，至"或戲笑，或怒罵，蚊虻螻蟻，無有言說，而能辦事"處，豁然有省，頓見趙州直截爲人處，平昔凝滯冰釋，自是機鋒敏捷。(《斷橋妙倫禪師語錄》卷下，《武林梵志》卷九)

◎又有僧問西來意，州曰："庭前柏樹子。"(中略)此亦活句也，汝等須信吾言，但恁麼用心，密密看去，時時返觀，刻刻覺察。倘話頭見前，便乃和身拶入。如不見前，頻頻舉起，看是甚麼道理。(《方山文寶禪師語錄》)

◎示衆："庭前柏樹子，半黃半白。青州七斤衫，缺東缺西。開山老祖怕受人瞞，坐盤陀石上，一呼一喏，到底難免。何以見得？子規啼落三更月，蝴蝶紛紛在上頭。"(《方山文寶禪師語錄》)

◎汝等做工夫，果能如此，穿過銀山鐵壁，轉個身來，回眸一看，不獨父母未生已前消息，即庭前柏樹子，青州布衫，三斤麻，乾屎橛，及五宗旨趣，都是自家屋裏底。(《方山文寶禪師語錄》)

◎豈不見老東山答部使者柏樹子之問："頻呼小玉元無事，只要檀郎認得聲。"是時圓悟爲侍者，觸著便轉。遂有投機頌云："金鴨香銷錦翠幃，笙歌叢裏醉扶歸。少年一段風流事，只在停鍼不語時。"可謂是俊快之流也。(《絶岸可湘禪師語錄》)

◎上堂。僧問："有問趙州：'如何是西來意？'云：'庭前柏樹子。'有問慶雲，云：'庭前無柏樹。'一等是問西來意，爲甚答不同？"師云："不是闍梨問，老僧也不知。"(《橫川行珙禪師語錄》卷上)

◎上堂，舉五祖和尚云："'如何是祖師西來意？''庭前柏樹子。'恁麼會，便不是了。'如何是祖師西來意？''庭前柏樹子。'恁麼會去，方始是。"師拈云："要見五祖和尚麼？暗裏抽橫骨，明中坐舌頭。"(《石田法薰禪師語錄》卷二)

◎上堂，舉僧問趙州："如何是祖師西來意？"州云："庭前柏樹子。"(中略)師拈云："直如絃，曲如鉤。易見難識，老倒趙州。世事但將公道斷，人心難似水長流。"(《石田法薰禪師語錄》卷二)

◎上堂，舉趙州示衆云："夫爲宗師，須以本分事接人。"師拈云："行棒行喝,不是本分事;大機大用,不是本分事;一機一境,不是本分事。畢竟如何是本分事?無智人前莫説,打你頭破額裂。"(《石田法薫禪師語錄》卷二)

◎庭前柏樹子

一片油絲水面浮,隨波搖動遂波流。等閑拋在江湖裏,縮著金鱗未肯休。(《率菴梵琮禪師語錄》)

◎問佛便答麻三斤,何似庭前柏樹子。會麽?蒼鷹搦臥兔,猫兒捉老鼠。(《佛鑑禪師語錄》卷一)

◎師到崇壽,法眼問:"近離甚處?"師曰:"趙州。"眼曰:"承聞趙州有庭前柏樹子話,是否?"師曰:"無!"眼曰:"往來皆謂僧問:'如何是祖師西來意?'州曰:'庭前柏樹子。'上座何得言無?"師曰:"先師實無此語,和尚莫謗先師好。"(《五燈會元》卷四《光孝慧覺》,《五家語錄·法眼語錄》,《正法眼藏》卷二,《嘉泰普燈錄》卷十六《文殊心道》,《僧寶正續傳》卷三《文殊道》,《聯燈會要》卷七《光孝慧覺》,《禪宗頌古聯珠通集》卷十九,《禪林類聚》卷四,《指月錄》卷十一,《佛祖歷代通載》卷十八,《宗門拈古彙集》卷二十二,《宗鑑法林》卷二十四)

◎上座問:"如何是祖師西來意?"師曰:"不可向汝道庭前柏樹子。"(《五燈會元》卷十《清泰道圓》,《景德傳燈錄》卷二十六)

◎僧請益柏樹子話,師曰:"我不辭與汝説,還信麽?"曰:"和尚重言,爭敢不信。"師曰:"汝還聞檐頭水滴聲麽?"其僧豁然,不覺失聲云:"哪。"師曰:"你見個甚麽道理?"僧便以頌對曰:"檐頭水滴,分明歷歷。打破乾坤,當下心息。"師乃忻然。(《五燈會元》卷十一《葉縣歸省》,《正法眼藏》卷五,《古尊宿語錄》卷二十三,《指月錄》卷十一,《宗鑑法林》卷二十九)

◎祖曰:"如何是祖師西來意?庭前柏樹子聻!"師忽有省,遽出,見鷄飛上欄干,鼓翅而鳴。復自謂曰:"此豈不是聲?"(《五燈會元》卷十九《昭覺克勤》,《聯燈會要》卷十六,《蜀中廣記》卷八十四,《祖庭鉗鎚錄》卷上,《閒妄救略説》卷八,《宗鑑法林》卷三十四)

◎謳歌鼓腹,共樂昇平。畢竟以何爲據?青青趙老庭前柏,彷彿南山石上松。(《物初大觀禪師語錄》)

◎頌柏樹子話

趙州庭柏,説向禪客。物是實價,錢須足陌。(《率菴梵琮禪師語錄》)

◎抱拙少林已九年,趙州忽長庭前柏。可憐無限守株人,寥寥坐對千峰

色。(《古尊宿語録》卷四十一《雲峰文悦》)

◎南閻浮提衆生,以音聲爲佛事,所謂"此方真教體,清淨在音聞"。是以三乘十二分教,五千四十八卷,一一從音聲演出。乃至諸代祖師,天下老和尚,種種禪道,莫不皆從音聲演出。庭前柏樹,北斗藏身,德山呵佛駡祖,臨濟喝,豈不從音聲演出。(《古尊宿語録》卷四十三《真淨克文》)

◎上堂:"今日供養羅漢。夜來四方高人,諷誦《妙法蓮華經安樂行品》一遍。大衆,作麽生是安樂行?擬心早不安樂了也。"乃喝一喝,云:"豈不是安樂行?'如何是透法身?''北斗裏藏身。'豈不是安樂行?'如何是祖師西來意?''庭前柏樹子。'豈不是安樂行?"(《古尊宿語録》卷四十四《真淨克文》)

◎僧舉趙州庭前柏樹子話,或云有此語,或云無此語。師以頌決之:

庭前柏樹子,趙州有此語。爲報同道流,覿面如何舉?(《古尊宿語録》卷四十五《真淨克文》)

◎送張判遊開先

道與神仙别,人非世俗同。欲知西祖意,庭柏老春風。(《古尊宿語録》卷四十五《真淨克文》)

◎趙州道個柏樹子,廬陵隨後雪白米。中間有個白蓮峰,一口吸盡西江水。(《古尊宿語録》卷二十二《法演》,《續古尊宿語要》卷三)

◎洞山麻三斤,趙州庭前柏。滯貨賣不行,未免著潤色。五綵畫牛頭,便道是極則。七寶絡象身,此個更奇特。(《續古尊宿語要》卷四《慈航樸》)

◎禪,禪,吞却栗棘蓬,透出金剛圈。休論趙州老漢庭前柏樹子,莫問首山新婦騎驢阿家牽。但請一時放下著,當人本體自周圓。(《續古尊宿語要》卷五《大慧杲》)

◎"須參活句,莫參死句。活句下薦得,永劫不忘。死句下薦得,自救不了。且一大藏教,諸子百家,庭前柏樹子,麻三斤,乾屎橛,盡是死句。作麽生是活句?"良久云:"若是鳳凰兒,不向那邊討。"(《續古尊宿語要》卷五《佛照光》)

◎麻三斤,柏樹子。德山歌,道吾舞。此道今人棄如土。(《續古尊宿語要》卷五《遁菴演》)

◎舉趙州示衆云:"夫爲宗師者,須以本分事接人。"師云:"若論本分事,老僧倒退三千里。"(《續古尊宿語要》卷五《此菴淨》)

◎五祖和尚舉："僧問趙州：'如何是祖師西來意？'州云：'庭前柏樹子。'恁麼會，便不是了也。'如何是祖師西來意？''庭前柏樹子。'恁麼會，方始是。"

家人卦變作明夷，爻象分明不待推。無動無謀終吉慶，有求有用即迍危。(《續古尊宿語錄》卷六《別峰雲》)

◎上堂："趁晴蓋却屋，捉穿種了麥。安身立命既無憂，只須體究庭前柏。堅守歲寒，青無變色。喚作西來直指宗，瞎！"(《希叟和尚廣錄》卷二)

◎智門蓮花，趙州庭柏。不用低頭，思量難得。(《偃溪廣聞禪師語錄》卷上)

◎直得十字縱橫，圓通自在，千差合轍，萬派朝宗，回看從上以來，一機一境，趙州庭柏，秘魔擎杈，無業莫妄想，洞山麻三斤，是甚麼熱碗鳴聲！(《偃溪廣聞禪師語錄》卷下)

◎"且西來意不必問，而話亦不必答，向上老和尚好玩弄人，故以不答答之。所謂柏樹子者，乃繫驢橛也。後人不知，只守了樹，尋祖師西來意，可一笑也。"讀至此處，曰："若是當時得聽此語，這裏正好與一錐。"(《枯崖漫錄》卷下)

◎示衆："千嶺萬山雪，五湖四海冰。清光成一片，物物盡皆明。且道趙州柏樹子，雲門乾矢橛，洞山麻三斤，畢竟是個甚麼？"喝一喝云："明星當午現，猶待曉雞鳴。"(《高峰原妙禪師語錄》卷上)

◎元上人來此一年餘，每每入室，只與舉庭前柏樹子話，未嘗輒易之，使其只就一處頂省。被伊一向坐斷山僧舌頭，更莫如之何也。(《石溪心月禪師語錄》卷中)

◎題汶藏主行卷

玲瓏巖畔看雲處，恰幘峰頭步月時。一句庭前柏樹子，何曾吟作五言詩。(《雲外雲岫和尚語錄》)

◎上堂，舉僧問趙州和尚："如何是祖師西來意？"州云："庭前柏樹子。"師頌云："撮土成金古趙州，據人來問直相酬。聲前有意今誰委，門外一江春水流。"(《雪巖祖欽禪師語錄》卷一)

◎春風蕩蕩，春日熙熙。花開笑面，柳展歡眉。處處呢喃紫燕，聲聲睍睆黃鸝。麻三斤，乾屎橛，庭前柏樹子，遮裏見得，全理全事，無是無非。坐斷集雲峰頂上，大家齊賀太平時。(《雪巖祖欽禪師語錄》卷一)

◎然後舉"是風動是旛動？""不是風動，不是旛動。"却喚這個作初機公案，教你向這裏淘澄見地，剔抉根源；然後又舉柏樹子、麻三斤、乾屎橛之類，喚作單頭淺近公案，教你開口處，識取話頭；然後又舉玄沙未徹、趙州勘婆之類，喚作試金石子，又喚作換眼睛烏豆。（《雪巖祖欽禪師語錄》卷二，《列祖提綱錄》卷三十二）

◎即色明心，附物顯理。麻三斤、乾屎橛、庭前柏樹子、狗子無佛性，是皆一時方便，如將蜜果，換苦葫蘆。又如將一百二十斤重擔，一放放在你肩上，只要知道盡是自家珍寶，自家受用，無窮而已。（《雪巖祖欽禪師語錄》卷二）

◎性之爲性，蕩蕩乎周行，巍巍乎不動。亘十世，窮十虛，而不見其大。返一念，逆一塵，而不見其小。以釋而言，曰正法眼，曰大圓覺，曰毘盧印。通而變之，即趙州柏樹子，雲門乾屎橛，德山棒，臨濟喝。捲而爲玄關，爲金鎖。舒而爲萬別，爲千差。以儒而言，曰皇極，曰中庸，曰大學。會而歸之，即孔氏之忠恕，孟氏之浩然，回也愚，曾子唯。著而爲詩書，爲禮樂。列而爲三綱，爲五常。由是而觀，儒之與釋，道之所在固一。（《雪巖祖欽禪師語錄》卷四）

◎趙州突出庭前老柏，雲門揚下一橛乾屎。洞山折秤稱麻，暴露釋迦老漢，合與拔舌犁耕。然雖如是，且道與入門棒劈面喝，相去多少？荷盡已無擎雨蓋，菊殘猶有傲霜枝。（《雪巖祖欽禪師語錄》卷四）

◎重遊草堂次韻

僧殘尚食少，佛古但泥多。寒守三衣法，飢傳一鉢歌。寬閑每迸竹，危朽漫牽蘿。惆悵庭前柏，西來意若何。（《臨川文集》卷十四）

◎次程給事題法雲寺方丈

府公清眼照孤心，結構仍誇壺奧深。師悟趙州庭柏境，我知青嶺震雷音。粟粘便是三千界，草用曾爲文六金。一滴曹源誰可測？海門騰起浪千尋。（《清獻集》卷四）

◎玉板長老偈

叢林真百丈，法嗣有橫枝。不怕石頭路，來尋玉板師。聊憑柏樹子，與問擘龍兒。瓦礫猶能說，此君那不知？《詩註》云："叢林乃禪門之稱。百丈山乃洪州懷海禪師所居。又《傳燈錄》云：'黃梅謂道信師曰：和尚他後橫出一枝佛法。'又鄧隱峰參石頭和尚，馬祖止之曰：'石頭路滑。'既往，果爲石頭所困，無一語而還。又《傳燈錄》云：'有僧問趙州如何是祖師西來意，趙州云但看庭前柏子樹。又

53

問如何是道，文殊答曰牆壁瓦礫而猶能説之。東坡此詩盡用禪家語形容，可謂善於遊戲者也。山谷有云：'此老於般若，横説竪説，百無剩語。非其筆端有舌，安能吐此不傳之妙乎？'"（《詩林廣記後集》卷三，《東坡全集》卷二十五，《東坡詩集註》卷二十一，《施註蘇詩》卷三十九，《蘇詩補註》卷四十五，《冷齋夜話》卷七，《詩話總龜》卷二十，《苕溪漁隱叢話》前集卷三十九，《詩林廣記》後集卷三，《紀纂淵海》卷九十六，《全芳備祖集後集》卷二十三，《御定佩文齋廣羣芳譜》卷八十六，《江西通志》卷一百五十九）

◎戲贈南禪師

佛子禪心若葦林，此門無古亦無今。庭前柏樹祖師意，竿上風幡仁者心。草木同霑甘露味，人天傾聽海潮聞。胡床默坐不須説，撥盡爐灰劫數深。（《山谷集・外集》卷十三）

◎劉公詩並序

余自京師南出，過鄢陵興國寺，入金剛院，見原甫判蔡州時，題詩四句在壁曰："寂寞空堂欲暮時，鐘聲斷續雨千絲。此中會有西來意，正復庭前柏樹知。"（《清江三孔集》卷四）

◎遊觀音院 唐趙州諗禪師舊遊

秋林晴簌簌，野竹靜娟娟。臺殿橫高絶，山河滿大千。莫論金屑貴，且契布毛緣。試問庭前柏，干戈動幾年？（《濼水集》卷十三）

◎道倫竹閣

月華弄影無纖塵，合有丹霄鳳來宿。趙州庭柏如已知，掃却閑言且觀獨。九年當作無生遊，慎勿窺紅墮私欲。（《演山集》卷三）

◎和鄭户部寶集丈室

貴有空王章，貧無置錐地。衝風窗自語，涴壁蟲成字。向隅有知音，閻門接強對。只道庭前柏，西來本無意。（《後山集》卷一，《後山詩註》卷八）

◎老柏三首 其三

物理有興壞，人情成去留。稍看棲鳥集，聊待晚風秋。解道庭前柏，何曾識趙州？（《後山集》卷四，《後山詩註》卷六，《全芳備祖後集》卷十五）

◎菴中睡起五頌寄海印長老 其二

四風標韻出風塵，高下雖殊一色均。爲我終朝談實相，參差庭柏敞精神。（《南陽集》卷十四，《宋詩抄》卷十七）

◎陳君玉墓誌銘

君喜佛學，而不爲求福田利益事。將屬纊，所親有爲浮屠氏者，泣涕問所欲。對曰："庭前柏樹子。"復問，乃曰："已在言前。"則君於死生之際，可謂安矣。(《龜山集》卷三十一)

◎寧國長老語錄序

趙州柏子，果是分明。靈雲桃花，更無疑惑。(《宗忠簡集》卷六)

◎次韻丹霞錄示羅疇老唱和詩

欲觀皎日輪，當去漫天霧。鐵輪頂上旋，不復有驚怖。劫火洞然時，自有安身處。了茲一大事，餘外復何顧。庭前柏樹子，古廟香爐去。孤雲與獨鶴，何往不可寓。返觀生死海，便是涅槃路。(《梁溪集》卷十，《兩宋名賢小集》卷一百三十八)

◎三藏梨

問禪誰是柏樹子，聽訟漫逐棠陰移。(《方舟集》卷二)

◎太平寺

石虎城西槑水邊，支提突兀祖燈傳。有人認得雙巖桂，何必庭前柏子禪。(《郴江百詠》)

◎早至天寧寺即趙州受業院也

東堂老禪師，枯木尚龍吟。一轉庭前柏，諸方疑至今。(《東萊詩集》卷七)

◎送宗紀上人歸福州

人生未入道，所至皆旅寓。急參庭前柏，會取末後句。相逢與相別，惟此是先務。(《東萊詩集》卷二十)

◎隱靜覓杉株

舊聞隱靜庭前柏，虎嘯龍吟三十秋。我亦經營一丘壑，無根樹子却須求。(《于湖集》卷十)

◎請珠老住公安二聖疏

珠公禪師，傳臨濟真宗，授卍菴密印。庭前柏子，何曾仗境分疏；石上蓮花，到處爲人説似。(《于湖集》卷二十六)

◎隱靜山

庭柏有祖意，石泉韻天樂。(《石湖詩集》卷七，《石倉歷代詩選》卷一百七十四)

◎奉寄曾舜卿

一幅吳箋秋滿天，幾回書字欠人傳。知君性懶存吾道，顧我官閑只舊

55

年。詩句煉成猶未穩，酒杯空泛未曾傳。庭前柏子西來意，近日能明若個禪。(《張氏拙軒集》卷三)

◎送浮屠宗立東遊序

立上人禪林杞梓，法窟棟梁。數千里往見天衣，十五年坐參庭柏。爾來半口吸乾溟渤，一拳打破虛空。(《相山集》卷十五)

◎覺城禪院記 王曙

風幡搖颺，直指仁者之心；庭柏青蔥，自識西來之意。(《成都文類》卷三十七，《全蜀藝文志》卷三十八)

◎因語禪家云："當初入中國，只有《四十二章經》。後來既久，無可得說。晋宋而下，始相與演義。其後義又窮，至達摩以來，始一切掃除。然其初答問，亦只分明說。到其後又窮，故一向說無頭話，如乾屎橛、柏樹子之類，只是胡鶻突人。既曰不得無語，又曰不得有語。道也不是，不道也不是。如此則使之東亦不可，西亦不可，置此心於危急之地，悟者爲禪，不悟者爲顛。"(《朱子語類》卷一百二十六)

◎和張功父見寄

庭前柏樹西來意，握手何時得共論？(《劍南詩稿》卷二十四)

◎東能仁禮老

幻身到處等空虛，習氣依然未掃除。柏樹子邊尋祖意，旃檀林下伴僧居。三千世界初無礙，十二時辰得自如。牛糞火堆煨芋熟，時時拾得懶殘餘。(《龍洲集》卷五，《江湖小集》卷三十七，《宋百家詩存》卷二十二)

◎代回僧賀生日

菴外松枝，覺歲華之難數；庭前柏樹，或祖意之少分。(《四六標準》卷十四)

◎再用出郊韻似延慶老

工夫全在放時收，鷗過新羅路太悠。世網愛河千渤泡，人寰苦海一浮洲。要知坐卧並行住，只在春冬與夏秋。昨日亭前柏樹子，分明說法聽聞不？(《寶慶四明志·四明續志》卷九)

◎挽王教授子節父

悟超庭柏心無礙，香茁階蘭慶有餘。(《漢濱集》卷二)

◎禪家之法，只是要人靜定，癡守一句，更不思別路，久而自能通達，此吾儒至誠如神之緒餘。吾儒公溥他，只是自私他要不落窠臼。誠是不落窠臼，然亦有可搏摸者。問："如何是佛祖西來意？"曰："庭前柏樹子。"此語

最好,是吾儒一個仁字也。(《脚氣集》)

◎反小山賦

空花誤大夫之夢,庭柏證祖師之禪。無一物之非我,君其問諸屏山之散僊。(《滏水集》卷二,《御定歷代賦彙》卷二十二)

◎真際柏

趙州東院庭前柏,二百年來屈鐵柯。莫怪兩株纏欲死,後來禪客葛藤多。(《滏水集》卷八,《御訂全金詩增補·中州集》卷十四)

◎寄九峰覺老時自因勝退居

京江別我正堅冰,拂袖歸來道更增。又見嶺梅來驛使,懶將庭柏對談僧。(《雪溪集》卷四,《兩宋名賢小集》卷一百八十五)

◎寄懶菴

羡師物外無寵辱,庭前柏樹常蒼蒼。(《葦航漫遊稿》卷一,《江湖小集》卷十四,《兩宋名賢小集》卷二百三十八,《兩宋名賢小集》卷二百九十八,《宋百家詩存》卷三十一)

◎寄藏叟僧善珍

訪友南山路,橋橫古木陰。砌苔無俗跡,庭柏是禪心。(《江湖後集》卷十四)

◎遊齊山寺 楊絢

金刹岑巇掛斷霓,島雲沮洳暗窗扉。江風曉定釣人出,山月夜明禪客歸。徑畔芭蕉曾有喻,庭前柏樹本無機。我來重見當時叟,紙帳松房綻衲衣。齊山詩集(《宋詩紀事》卷八十三)

◎先生嘗問僕:"參禪乎?"僕對以"亦嘗有此事,但未能深得爾"。先生曰:"所謂禪一字,於六經中亦有此理,但不謂之禪爾。至於佛乃窺見此理,而易其名。及達摩西來,此話大行。不知吾友於世所謂話頭者,亦略聞之乎?"僕對曰:"見相識中愛理會柏樹子義。"問吾友如何解,僕無以對。先生曰:"據此事,不容言。然以某所見,則夫子不答是也。且西來意不必問,而話亦不必答。然向上老和尚,好玩弄人,故以不答答之。所謂柏樹子者,乃繫驢橛也。後人不知,只守了樹後尋祖師西來意,可一笑也。"(《元城語錄解》卷上)

◎請會長老開堂疏

種種皆真,元無差別。塵塵是道,不假修爲。由來千聖不傳,本無一法

可说。未超上悟，须露元机。指庭柏以明心，举手花而示道。欲开羣惑，宜假导师。(《五百家播芳大全文粹》卷七十八)

◎赵州因僧问："如何是祖师西来意？"师曰："庭前柏树子。"（中略）颂曰：

庭前柏树地中生，不假牛犁岭上耕。正示西来千种路，郁密稠林是眼睛。汾阳昭［《汾阳录》卷中］

庭前柏树赵州道，庐陵米价吉阳敷。三岁儿童皆念得，八十翁翁会也无？浮山远［《禅林类聚》卷四］

赵州庭前柏，天下走禅客。养子莫教大，大了作家贼。慈明圆［《建中靖国续灯录》卷二十八，《慈明四家录·石霜楚圆语录》，《续古尊宿语要》卷一《慈明圆》，《禅林类聚》卷四］

七百甲子老禅和，安贴家邦苦是他。人问西来指庭柏，却令天下动干戈。雪窦显［《明觉语录》卷五，《祖英集》卷上，《禅林类聚》卷四］

千里灵机不易亲，龙王龙子莫因循。赵州夺得连城璧，秦主相如总丧身。雪窦显［《明觉语录》卷五，《祖英集》卷上，《宗鉴法林》卷十七］

入门何必辨来机，老倒禅和不自知。柏树庭前刚指示，反令平地下铁锥。云峰悦［《古尊宿语录》卷四十一《云峰文悦》，《禅林类聚》卷四。"老倒"、"示"、"反"，《古尊宿语录》作"潦倒"、"註"、"翻"］

赵州有语庭前柏，禅者相传古到今。摘叶寻枝虽有解，须知独树不成林。黄龙南 三［《黄龙慧南禅师语录》，《禅林类聚》卷四］

庭柏苍苍示祖心，赵州此话播丛林。盘根抱节在金地，禅者休于格外寻。［《黄龙慧南禅师语录》］

万木随时有凋丧，赵州庭柏镇长荣。不独凌霜抱贞节，几奏清音对月明。［《黄龙慧南禅师语录》，《宗鉴法林》卷十七］

赵州全不犯工夫，觌面宁存细与粗。重叠示君君不见，庭前柏树本来无。兜率悦［《禅林类聚》卷四］

深院盘根翠色幽，老师曾指示禅流。年年不改凌霜节，下载清风何日休。正觉逸［《宗鉴法林》卷十七］

赵州庭前柏，三冬飔地寒。处处绿杨堪系马，家家门下透长安。天衣怀［《禅林类聚》卷四。"下"，《禅林类聚》作"首"］

人问庭前柏，予是岭南客。反忆腊月天，雪里梅花坼。海印信

僧問西來意，趙州柏樹酬。皮下若有血，官差不自由。翠巖真［《禪林類聚》卷四］

青青庭柏何年植，祖意分明示趙州。海變桑田有窮劫，靈苗無影不凋秋。照覺總

造化無私不思力，一一青青歲寒色。長短大小在目前，可笑時人會不得。真淨文［《古尊宿語錄》卷四十五《真淨克文》］

趙州庭柏，衲僧苦厄。井口轆轤，橫吞不得。野軒遵［亦見《宗鑑法林》卷十七］

庭前柏樹示禪流，幾個親曾見趙州？明年更有新條在，惱亂春風卒未休。保寧勇

趙州庭下柏森森，摘葉尋枝古到今。明眼衲僧如覷著，西來祖意合平沈。楊無爲

趙州庭下森然直，露滴風清添翠色。摘葉尋枝不可求，盤根萬古終無極。大潙秀［《宗鑑法林》卷十七］

真個怪時方識怪，是精靈眼識精靈。時人不會西來旨，只看青青柏在庭。佛國白

羚羊掛角絕狐疑，翠柏庭前演妙機。此道不將人境會，杲天紅日夜長輝。羅漢南

舌頭無骨趙州老，柏樹庭前說向渠。好是晚來無限意，咁咁啼鳥噪禪居。三祖宗

萬里長空雨霽時，一輪明月映清輝。浮雲掩斷千人目，得見姮娥面者稀。佛鑑懃

庭前柏樹子，少悟出常情。雨過山添翠，雲收日月明。湛堂準［《禪林類聚》卷四］

青青庭柏指西來，趙老門風八字開。歲寒枝有深深意，誰把靈根著處栽。佛燈珣

西來祖意問如何，柏樹庭前指似他。射虎不真從没羽，至今天下有諕訛。疏山如

天下禪和咬少林，趙州有語庭前柏。庭前柏，老倒禪和眼赫赤。不善東西失本源，屈我觀音作胡客。五祖戒［《天聖廣燈錄》卷二十一《五祖戒》。本偈中兩處"禪和"，《天聖廣燈錄》均作"禪翁"］

趙州庭前柏，衲僧皆罔測。一堂雲水僧，盡是十方客。琅琊覺［《正法眼藏》卷四］

趙州庭前柏，眼裏電光掣。雲外往來多，村翁行步劣。道吾真［《古尊宿語錄》卷十九《道吾悟真》］

一兔橫身當古路，蒼鷹纔見便生擒。後來獵犬無靈性，空向枯樁舊處尋。承天宗［《宗鑑法林》卷十七］

蘇武不拜，韓信臨朝。恁麼會得，十萬迢迢。瞞菴成［《嘉泰普燈錄》卷二十六《拈古·淨因成》］

庭前柏樹宿根深，葉葉真珠寸寸金。佛祖長長出不得，千古萬古只如今。南堂興

打人罵人易，勸人除却難。不識饒人處，急水下高灘。崇覺空

趙州庭柏，說向禪客。黑漆屏風，松蘿亮隔。佛日才［《正法眼藏》卷一，《嘉泰普燈錄》卷三《佛日智才》，《五燈會元》卷十六《臨安智才》，《御選語錄》卷十八《佛日智才》，《宗鑑法林》卷十七］

百寶光攢無見頂，是大神咒最靈奇。揭諦波羅僧揭諦，石人半夜失烏雞。正堂辯［《宗鑑法林》卷十七］

庭前柏樹子，不是祖師心。莫執一時見，便忘千古音。龍牙言［《嘉泰普燈錄》卷二十七《頌古上》］

庭前柏樹子，分明向君舉。大雪滿長安，燈籠吞佛祖。塗毒策

靜鞭聲裏駕頭來，緊握雙拳打不開。打得開，雲壓香塵何處是，靜鞭聲裏駕頭來。瞎堂遠

西來祖意庭前柏，鼻孔寥寥對眼睛。落地枯枝纔字跳，松蘿亮隔笑掀騰。天童淨

庭前柏樹子，一二三四五。寶八布衫穿，禾山解打鼓。石菴玿

快人一言，快馬一鞭。趙州庭柏，洗脚上船。退菴奇（《禪宗頌古聯珠通集》卷十九）

◎清涼法眼禪師，舉柏樹子話，問覺鐵觜。（中略）頌曰：

庭前柏樹子，趙州無此語。承言須會宗，勿自立規矩。佛印元［《禪林類聚》卷四］

僧問西來柏樹酬，何必斯言謗趙州。令人長憶清涼老，一句當年喚轉頭。大溈秀［《禪林類聚》卷四］

新羅鷂子刺天飛，鈍鳥籬邊懵不去。趙州庭柏一何高，誰道先師無此語？白雲端［《白雲守端禪師語錄》卷下，《白雲守端禪師廣錄》卷四、《禪林類聚》卷四］

日炙風吹瘦影孤，趙州嘗指倚庭株。昇元大小清涼老，未會先師此語無。正覺逸［《禪林類聚》卷四，《宗鑑法林》卷二十四］

趙州無語幾人知，江北江南見者稀。山寺桃花復何在，相逢空愛白公詩。大洪遂［《禪林類聚》卷四，《宗鑑法林》卷二十四］

庭前柏樹子，趙州無此語。若是本色人，直下未相許。真淨文［《古尊宿語錄》卷四十五《真淨克文》，《禪林類聚》卷四］

誰道先師無此語？焦尾大蟲元是虎。胡蜂不戀舊時窠，猛將豈在家中死。急著眼，却回顧。若會截流那下去，匝地清風隨步舉。慧通旦［《宗鑑法林》卷二十四］

趙州庭前柏樹子，昆侖眼睛如點漆。笑他法眼謗先師，覺公心苦口如蜜。雪堂行

行主無人能賽，姐姐更是好手。騰身百尺竿頭，打個背反筋斗。正堂辯

趙州有個柏樹話，禪客相傳遍天下。多是摘葉與尋枝，不能直向根源會。覺公說道無此語，正是惡言當面罵。禪人若具通方眼，好向此中辨真假。文殊道

一人背手抽金鏃，一人反身控角弓。南北東西競頭看，果然一鶚落寒空。巴菴深（《禪宗頌古聯珠通集》卷十九）

◎葉縣省和尚，因僧問柏樹子話，省曰："我不辭與汝說，還信麼？"曰："和尚重言，爭敢不信。"省曰："汝還聞檐頭雨滴聲麼？"其僧豁然，不覺失聲云："耶。"省曰："汝見個甚麼道理？"僧以頌對云："檐頭雨滴，分明歷歷。打破乾坤，當下心息。"頌曰：

庭前柏樹子，檐頭雨滴聲。風來荷折柄，千古意分明。□□□［《宗鑑法林》卷二十九］

檐頭滴滴，分明歷歷。碧眼黃頭，二俱不識。識不識，普天匝地成狼藉。東山源（《禪宗頌古聯珠通集》卷十九）

◎趙州道："大宗師須以本分事接人。"且道如何是本分事？舜老夫嘗道："本自無事，從我何求？"此謂之本分事。（《請益錄》卷下）

◎僧問："記得僧問趙州：'如何是祖師西來意？'州云：'庭前柏樹子。'

意旨如何？"師云："旱天多雨意。"進云："僧云：'和尚莫將境示人。'州云：'我不將境示人。'僧云：'如何是祖師西來意？'州云：'庭前柏樹子。'又作麼生？"師云："斫額望扶桑。"進云："後來法眼問覺鐵觜：'曾聞趙州有柏樹子話，是否？'覺云：'先師無此語，莫謗先師好。'又且如何？"師云："枯桑知天風，海水知天寒。"（《古林清茂禪師語錄》卷一）

◎乃舉五祖和尚示衆云："趙州道個柏樹子，廬陵隨後雪白米。中間有個白蓮峰，一口吸盡西江水。喜美□羅□羅哩，我自我，你自你。深村有個白額蟲，托腮鬖頷九條尾。"良久云："咦，好怕人。"師云："五祖老人，將頭作尾，將尾作頭。不落宮商，自成曲調。較之村歌社舞，一時非不美觀。若是黃鐘大呂，白雪陽春，大欠音律在。"（《古林清茂禪師語錄》卷二）

◎示柏西庭禪人

僧問趙州："如何是祖師西來意？"州云："庭前柏樹子。"往往不識趙州本意，乃註解云："即色明心，附物顯理。信手拈，信口道，皆可答之。當時且說'澗下水流長'也得，'陌上桃花紅'亦得。"祖師西來意，若如此註解得去，其頗負聰明者，皆可將文字語言，一狀領過。祖師意只成言語流通，欲了死生無常，不翅抱薪救火耳。祖師意須是悟始得。（《中峰普應國師法語》）

◎庭前柏樹子

謾將庭柏示來僧，見得分明未十成。偏愛暮雲歸未合，遠山無限碧層層。（《無見先睹禪師語錄》卷上）

◎問曰："宜以何等語形容此法門？"答曰："僧問趙州祖師西來意旨，云：'庭前柏樹子。'此一句，龍宮海藏所未有底。"寂音尊者錄（《禪門寶藏錄》卷上）

◎上堂：演祖和尚舉，"（中略）恁麼會便不是了也。（中略）恁麼會方始是。"頌云：

驟雨漲溪高數尺，失却搗衣平正石。明朝水落石依然，老夫一夜空相憶。（《月澗文明禪師尚語錄》卷上）

◎獨坐大雄峰，放你三頓棒。麻三斤，乾屎橛，庭前柏樹子，鎮州蘿蔔頭，莫非此道此心之所發現。如阿伽陀藥，能療一切難醫之病。如師子筋琴，一鼓則羣音頓絕。一一騰今煥古，頭頭玉轉珠回。（《月江正印禪師語錄》卷上）

◎上堂："洞山麻三斤，趙州柏樹子。蚊子上鐵牛，無你下嘴處。"(《月江正印禪師語錄》卷上)

◎借雪竇韻送淳維那

燈籠露柱盡知識，庭前柏樹西來意。春風意，春風急，千里萬里誰能及，湖水蹩天波欲立。(《月澗文明禪師語錄》卷下)

◎諸佛說弓，祖師說絃。佛說無礙之法，方皈一味。拂此一味之跡，方現祖師所示一心。故云庭前柏樹子話，龍藏所未有底。(《禪家龜鑑》)

◎僧問趙州："如何是祖師西來意？"州答云："庭前柏樹子。"此所謂格外禪旨也。(《禪家龜鑑》)

◎祖師公案有一千七百則，如狗子無佛性、庭前柏樹子、麻三斤、乾屎橛之流也。(《禪家龜鑑》)

◎松風清，江月明，不是色，亦非聲，從來共住不知名。庭前柏樹子，乾屎橛，麻三斤。啞！水上青青綠，元來是浮萍。(《海印昭如禪師語錄》)

◎僧問趙州："如何是祖師西來意？"州云："庭前柏樹子。"

深山藏獨虎，淺草露羣蛇。一年一度天中節，細切菖蒲泛釅茶。(《了菴和尚語錄》卷二，《列祖提綱錄》卷四十)

◎復舉：五祖演和尚云："(中略)恁麼會，便不是了也。(中略)恁麼會，方始是。"師云："一等是恁麼說話，就中因甚有是不是？山僧借婆帔拜婆年去也。"

幽幽寒角發孤城，十里山頭漸杳冥。一種是聲無限意，有堪聽有不堪聽。(《了菴和尚語錄》卷三)

◎庭前柏樹子

九九百百，半青半白。祖意西來，庭前老柏。(《了菴和尚語錄》卷五)

◎法眼問覺鐵觜趙州柏樹子話

暗去明來自有因，莫將容易辯疏親。鴛鴦繡出從君看，不把金鍼度與人。(《了菴和尚語錄》卷五)

◎庭前柏樹子，趙州無此語。蹉著老清涼，蹉過覺鐵觜。傍觀一笑真可驚，太華劈裂黃河崩。彈指八萬四千歲，日下不用張孤燈。畢竟同途不同轍，客到喫茶珍重歌。合浦明珠射斗牛，南山毒蛇鼻如鱉。(《了菴和尚語錄》卷六)

◎趙州說禪真逸格，人問西來指庭柏。坐令門戶生清風，豈唯體用超明

白。(《了菴和尚語錄》卷六)

◎復舉僧問趙州："如何是祖師西來意？"州云："庭前柏樹子。"（中略）趙州渾鋼打就，生鐵鑄成。檢點將來，境志未忘，通身泥水。忽有人問明嚴祖師西來意，只向他道："重巖迥出青霄外，壓倒須彌千萬峰。"《穆菴文康禪師語錄》)

◎因僧請益五祖演和尚語示之

滿城開盡牡丹花，未免逢人撒土沙。拈起庭前柏樹子，趙州門戶隔天涯。(《楚石梵琦禪師語錄》卷十九)

◎上堂："至道無難，惟嫌揀擇。如何是佛？麻三斤。如何是佛？乾屎橛。庭前柏樹子，一夜風吹落。"(《愚菴和尚語錄》卷五)

◎上堂，舉僧問趙州："如何是祖師西來意？"州云："庭前柏樹子。"（中略）師頌云："庭前柏樹勢參天，話落叢林已有年。江北江南杜禪客，問來問去口皮穿。"(《曇芳和尚語錄》卷上)

◎秋還靈隱，省師玉山。山一日入室次，舉僧問趙州："如何是祖師西來意？"州云："庭前柏樹子。"師一歷耳根，豁然大悟，山為印可。(《曇芳和尚語錄》卷下)

◎雪峰輥毬，禾山打鼓，趙州道無，雲門道普，貼秤麻三斤，庭前柏樹子。古人垂示雖不同，各各控你個入處。(《天如和尚語錄》卷一)

◎趙州柏樹頌

古佛猶存舊道場，庭前依舊柏蒼蒼。莫謗趙州無此語，禪林奔走錯商量。(《湛然居士集》卷十四)

◎玉井峰會一堂五首 其一

數間茅屋萬山巔，天賜閑人地自偏。門外遠峰銜落日，檐前古木卧蒼煙。葛衣草食從吾志，紙帳蒲團了夙緣。偶向空城栽翠柏，莫將境會趙州禪。(《玉井樵唱》卷中)

◎次韻屬柏子庭首坐

誰傳西祖意，庭柏著徽稱。吳下無尊宿，鄞東有此僧。(《草堂雅集》卷十四)

◎綠陰堂山偈十首奉寄開元斷江長老 其八

綠陰堂前夏木清，千紅掃盡雪層層。有僧忽問柏樹子，斫却柏枝僧始膺。(《清容居士集》卷十四)

◎賁渾法輪寺阻雨四首 其三

野衲窮年靜愛山，白雲一塢竹千竿。庭前柏樹何須指，架上《楞嚴》已不看。（《伊濱集》卷十二）

◎懷野舟閑長老兼簡真本元

大地北風寒且嚴，香凝丈室晝垂簾。庭前柏樹心相契，窗下梅花手可拈。（《龜巢稿》卷四）

◎贈陳谷禪老 其四

庭前柏樹解通禪，洞裏桃花小更妍。愧我梁園詞賦客，鬢絲風裊煮茶煙。（《龜巢稿》卷五）

◎源竺以道西傳等和予詩亦蒙見贈

閣下梅花桃杏色，庭前柏樹海潮音。寫容代有丹青筆，電目誰能一照臨。（《龜巢稿》卷十七）

◎次回峰韻

暖日浮煙翠欲消，四山空寂境蕭條。飽參禪老庭前柏，不問劉郎觀裏桃。（《雲松巢集》卷一）

◎代茶榜

叢林鬱青青，秀出庭前柏。滿甌趙州雪，灑向歲寒質。（《小亨集》卷一）

◎寫柏子庭卷

虛舟元不繫，湖海至今稱。悟得庭前柏，方爲物外僧。空空無我相，落落有誰應？肯向東山住，東山氣倍增。（《元詩選‧初集》卷六十四）

◎蝦子禪

癡禪化去蝦亦存，至今法門無盡燈。風雨幾度驚山靈，庭前柏樹猶青青。（《御選宋金元明四朝詩‧御選元詩》卷三十二）

◎僧問趙州："如何是祖師西來意？"州云："庭前柏樹子。"當央直指○主意直指，旨明絕待。總結：直下明宗

岸眉橫雪，眉白，老也 河目含秋。眼碧，明也 海口鼓浪，能成能壞 航舌駕流。任往任來 撥亂之手，令人生情 太平之籌。便人知歸 老趙州，老趙州，攪攪叢林卒未休。能迷能悟，至今不了 徒費工夫也，造車合轍，諸方穿鑿故曰徒勞本無伎倆也，塞壑填溝。如此行持，到他分上，只中填溝（《天童頌古直註》卷上）

◎世尊初生下時，一手指天，一手指地，周行七步，目顧四方，乃云："天上天下，惟吾獨尊。"豈不是者個消息？西天四七，東土二三，或行棒，

或行喝，或堂前輥毬，或室中安水，豈不是者個消息？自餘麻三斤、乾屎橛、庭前柏樹子、後園驢喫草、趙州勘婆話、百丈野鴨話，雖則三頭兩面，萬別千差，豈不總是者個消息？如斯理論，俯徇機宜。明眼人前，是甚寐語。(《恕中無愠和尚語錄》卷二)

◎庭前柏樹子

八十高年始行腳，頭髮莖莖到根白。倦聾作啞討便宜，人問西來答庭柏。(《恕中無愠和尚語錄》卷三)

◎師入室，聞舉庭前柏樹因緣，言下契悟，出世磁州惠果。(《續傳燈錄》卷十九《佛鑑惟仲》)

◎張九成看個柏樹子，呂純甫提個趙州無，古今得此旨者，筆言難盡。一個個都是實行上做，一時打破漆桶，自然頭頭上合，物物上明。(《無明慧經禪師語錄》卷二)

◎柏樹子

舌頭無骨遍稱尊，好歹收來作話文。囫圇一聲天地黑，波斯吞却鐵昆侖。(《見如元謐禪師語錄》)

◎丁卯，黃公憩匡山開先寺，參柏樹子話，忽然有省，作頌並書寄予曰："今日始知先和尚用處也。"予讀頌並書，嘆曰："名利場中，尚能若此。出家兒不明此事，誠可悲哉。"(《見如元謐禪師語錄》)

◎古今諸聖賢，同途而異轍。中峰水底琴，馬師天上月。投子手中油，趙州庭前柏。博山無可示，梅花枝上泄。吐翠與含芳，凝寒傲霜雪。(《無異元來禪師廣錄》卷一)

◎舉僧問趙州："如何是祖師西來意？"州云："庭前柏樹子。"

拈云："龐婆百草頭，趙州柏樹子。二人向無煙火處鬥弄天工，冷眼看來，猶是剪綵耳。直饒西來大意，露布庭柯，更須吞却門前下馬臺始得。"(《無異元來禪師廣錄》卷九)

◎僧問趙州："如何是祖師西來意？"州云："庭前柏樹子。"

庭前柏子惠西來，眼上眉毛腳底鞋。嘗記江南三月裡，鷓鴣啼處百花開。(《無異元來禪師廣錄》卷十一)

◎趙州庭前柏樹子

庭前柏子西來意，流布叢林是與非。盡把乾柴當猛火，阿誰於此絕思惟？(《無異元來禪師廣錄》卷十一)

◎獨坐蒲團，想個甚麼？瓶瀉雲興，說亦不破。有時喚作柏樹子，有時喚作訝郎當，有時喚作破甕墮。從緣返復百千名，地轉天旋只者個。（《無異元來禪師廣錄》卷十二）

◎示劉今度居士

頓悟心源開寶藏，庭前柏子話偏長。道人不諳西來旨，一陣清風一陣涼。（《無異元來禪師廣錄》卷十九）

◎示同水禪人

更問西來意，庭前柏樹子。纔生分別想，灼然沒交涉。（《無異元來禪師廣錄》卷二十六）

◎和熊無用居士韻

公案而今幾萬千，不知誰會祖師禪？庭前柏子清風遍，嶺上松枝皓月懸。萬古碧潭澄影瘦，一溪活水浪聲玄。時人更問西來旨，謦欬毋勞肋下拳。（《無異元來禪師廣錄》卷三十四）

◎次了菴和尚雜言韻

子到問吾西祖意，老來有口只宜閑。趙州曾指庭前柏，千古叢林作話端。（《了堂和尚語錄》卷三）

◎舉僧問趙州："如何是祖師西來意？"州云："庭前柏樹子。"

潦倒趙州全勝敵，藏鋒露刃總由他。當陽指出庭前柏，爭似逢僧喚喫茶。（《呆菴莊禪師語錄》卷五）

◎一日，堂室中舉庭前柏樹子話。師擬開口，堂劈口掌之。豁然有省，遂容入室。朝夕決擇，爰臻閫奧。（《呆菴莊禪師語錄》卷八）

◎大凡聰明人，看些古人語句，便似容易得很，便道日用間隨處拈來皆是。把洞山麻三斤，雲門乾矢橛，趙州庭前柏樹子，和會將來，便道無有不是，也須分個真偽始得。（《長慶宗寶禪師語錄》卷二）

◎或者參究趙州庭前柏樹子話頭有年矣，亦嘗自謂有所悟，一日叩之："子參庭前柏樹子話，既無義路，則汝謂之無義路，又何從而得也耶？"（《紫柏老人集》卷十）

◎過趙州柏林寺

花木蕭蕭春色微，庭前柏子舊來機。只今誰復重拈出，無限人天領旨歸。（《紫柏老人集》卷二十七）

◎趙州因僧問："如何是祖師西來意？"師曰："庭前柏樹子。"（中略）

67

頌曰：

大千經卷剖微塵，臘盡陽回大地春。拈出庭前柏樹子，西來祖意又重新。（《憨山老人夢遊集》卷三十六）

◎此釋氏所謂圓照三昧，而觀音之八萬四千手眼，不足以喻其廣也。若欲入此三昧，但將一個庭前柏樹子，著力看渠是個什麼道理。莫生卜度，莫生知解，一味拍盲做將去。有朝虛空中湧出日輪，頂門上突開正眼，是之謂圓照也。（《永覺和尚廣錄》卷九）

◎故六祖已前，亦皆論明佛性。後來諸家，各立戶庭，密設玄機，掃除意見，削彼是非。用力之久，一旦豁然，則乾屎橛下彼旃檀香，柏樹子渾是金剛劍。（《宗門或問》）

◎僧問趙州："如何是祖師西來意？"州云："庭前柏樹子。"臨濟三問黃檗佛法的的大意，三度賜棒。如上皆是古人劈腹剜心，覿面提持，兩手分付。無奈後人不啁啾，聞說柏樹子，便向柏樹子作活計；聞說乾屎橛，即向乾屎橛上討；聞說即心是佛，便向心中作妄想。此所謂刻舟求劍，錯過古人，孤負不少。（《鼓山為霖禪師還山錄》卷二）

◎小偈奉簡臥雲室中老師

道人燕坐萬緣空，棲鳳亭深一徑通。只有庭前柏樹子，無言長日倚東風。（《雲林集》卷下，《吳都文粹續集》卷三十）

◎指柏軒

清陰護燕几，中有忘言客。人來問不應，笑指庭前柏。（《大全集》卷十六，《吳都文粹》卷三十，《御定佩文齋詠物詩選》卷二百七十八）

◎愚自受學以來，知有聖賢之訓而已，初不知所謂禪者何也。及官京師，偶逢一老僧，漫問何由成佛，渠亦漫舉禪語為答云："佛在庭前柏樹子。"愚意其必有所謂，為之精思達旦，攬衣將起，則恍然而悟，不覺流汗通體。既而得禪家《證道歌》一編讀之，如合符節，自以為至奇至妙，天下之理，莫或加焉。後官南雍，則聖賢之書，未嘗一日去手。潛玩久之，漸覺就實，始知前所見者，乃此心虛靈之妙，而非性之理也。（《困知記》卷下）

◎杲答呂舍人書，有云"心無所之，老鼠入牛角，便見倒斷也"。倒斷即是悟處。心無所之，是做工夫處。其做工夫，只看話頭，便是如狗子無佛性，鋸解秤錘，柏樹子，竹篦子，麻三斤，乾屎橛之類，皆所謂話頭也。余

於柏樹子話，偶嘗驗過，是以知之然。向者一悟之後，佛家書但過目，便迎刃而解。(《困知記·續錄》卷上)

◎趙州柏樹子、無佛性，直從無見解處撞殺，精誠之極，遂大豁然。(《弇州四部稿·續稿》卷一百九十一)

◎入秋無事，案頭偶有紙筆，隨意輒書，如風掃華，不倫不理，故曰雜題 其二十五

趙州柏樹子，強半嫌人死。脫得葛藤纏，走入薑甕裏。(《弇州四部稿·續稿》卷二十)

◎午日青原山同東廓師泉原山諸君再疊戊申韻

野寺春殘花不逢，舊遊麋鹿故相從。佛身自對庭前柏，僧病猶鳴夜半鐘。(《念菴文集》卷二十二)

◎東山小集次答李學諭二首 其一

杖履此歸閑可理，溪山時眺興偏宜。相將更作禪林集，笑拈庭前柏樹枝。(《洞麓堂集》卷十)

◎李邠字漢老，(中略)浮遊塵外，心醉祖道有年。聞大慧示衆語曰："庭前柏樹子，今日重新舉。打破趙州關，特地尋言語。敢問既是打破趙州關，爲甚麼却特地尋言語？"後以書咨決，曰："近扣籌室，伏蒙激發，忽有省入。顧惟根識暗鈍，平生學解，盡落情見。一取一捨，如衣壞絮行草棘中，適自纏擾。今一笑頓釋所疑，欣幸何量。"(《武林梵志》卷八)

◎贈楞伽院老僧

庭前柏樹手摩挲，世壽寧如釋臘多。何物與師相伴住，楞伽山色石湖波。(《石倉歷代詩選》卷四百九十二)

◎送張簽判遊開先

道與神仙別，人非世俗同。欲知西祖意，庭柏老春風。(《石倉歷代詩選》卷二百二十八，《宋元詩會》卷五十九)

◎和乙巳歲三月爲建威參軍使都經錢溪

之子天機深，平吟謝形役。一持金石韻，如與清賞易。幽悰方惆勤，況復暫離析。寄言山中人，參取庭前柏。山中有僧談臨濟禪，智含將從參學(《陶菴全集》卷十，《明詩綜》卷七十六)

◎蒼蒼庭前柏，明明西來意。禪翁指示人，又在第二義。右立雪堂右指松軒(《珊瑚網》卷三十六)

◎贈性公俞允文

性公老禪僧中傑，目似青蓮心似鐵。天花結罌垂龐眉，香氣隨風生頂穴。心持貝葉日千遍，手拄獼猴藤百節。庭前柏子菩提青，階下澄溪無惱熱。經行處處藏煙霧，生世無心路長絶。（《御選宋金元明四朝詩·御選明詩》卷四十六）

◎夢菴信禪師大殿上梁。（中略）抛梁北："趙州庭柏人難識，青蒼多愛歲寒心，認著依前還不得。"（《列祖提綱録》卷二十九）

◎揚州光孝慧覺禪師（中略）曰："先師實無此語，和尚莫謗先師好。"

徑山杲云："若道有此語，錯過覺鐵嘴。若道無此語，又錯過法眼。若兩邊俱不涉，又錯過趙州。直饒總不恁麽，別有透脱一路，入地獄如箭射。"

鼓山珪云："覺鐵嘴名不虛得，只是不曾夢見趙州。"［《五家語録·法眼語録》］

天寧琦云："祖師西來意，庭前柏樹子。此話已遍天下了也，因甚覺鐵嘴却道先師無此語？衆中往往商量道：'趙州只是一期方便，不可作實解，所以道無。'與麽亂統，謗他古佛不少。"

妙喜云："若道有此語，蹉過覺鐵嘴。若道無此語，蹉過法眼。若道兩邊俱不涉，又蹉過趙州。今日煙波無可釣，不須新月更爲鈎。"

笑巖寶云："法眼當時失却一隻眼。覺公與麽道，亦扶趙州不起。"

愚菴盂云："衲子競頭紛紜，柏樹子話則所尚者，豈非話柄。縱你識得趙州意，還須知有覺鐵嘴者一門檻在。"乃卓拄杖一下云："今日要與光孝相見者，試道看。"一僧纔出，菴便打。僧掀翻香案，菴直打趁出院。（《宗門拈古彙集》卷二十二）

◎庭前柏樹子

僧參趙州問西來意，州云："庭前柏樹子。"與喫粥、喫茶、洗鉢盂，同是一平常心，平常語句。趙州於南泉言下悟得這平常心，所以答問者都是平常話，乃直指斯道如此，並無奇處。初祖西來，特傳此平常心，掃却東土異模怪樣，顯出本來平常，正是的的西來之意。無奈好事之人，將庭前柏樹子，說出多少佛法，掀天播地，真是異怪模樣。又說此中別有一條妙義，總之都是胡說。今有此庭，庭必有前，前有柏樹。趙州於此問時，不曾擬議，不存知解，不説佛法，不説境相，抬頭見庭前柏樹子，即答云庭前柏樹子，有甚別義可以令人生知生解？即此不生知不生解，只曰庭前柏樹子，便是初祖來意、趙州答意。若在此五字内有絲毫怎樣怎樣，則去道遠矣。只要念過此五字就罷了，與此我始有相應分。著眼著眼，要緊要緊。（中略）要知心息處，自然悟得柏樹子公案，悟一切公案，都在心息時。所以斯道那裏有你用心處？因夜來床薦暖，直睡到天明纔覺，便是透柏樹子公案，妙極妙極。總是不要此心去參去疑，自然當下便悟得柏樹子公案。

參公案要悟，悟後要受用快活，纔是真悟。若不能受用，乃影響之見，非真悟也。如柏樹子公案，乃十方如來並諸祖放身心處，安樂受用，無量無邊，所以琅琊許之。

透過柏樹子公案，則心自然寂滅，諸佛皆以寂滅爲樂。（中略）蓋此我本來現成是佛，不用修證。震旦之人，不識此現成之理，都去在心意識上尋求，違背本性。所以初祖西來，直指此心是佛，不必用佛求佛。千七百公案，都是明此現成，有何奇特？所以趙州答西來意曰："庭前柏樹子。"明明隨口說出，極其平常，有甚奇妙而煩諸公疴瀧瀧的，青頭紅面，說得恁地張皇，真不堪一唾，豈不令趙州大笑？

客問曰："如何透過柏樹子便得寂滅之樂？"曰："既明現成之理，則不必煩心意識用力。既不煩心意識，則寂滅現前。吾人不得寂滅現前者，乃心意識爲祟也。今聞柏樹子言句，則茫然自失，心意識一點也用他不著。惟此現成之我，迥然獨露，與萬物一體，而如如不動，都在此寂滅之中，何樂如之？蓋柏樹子言句，從未曾得聞，今忽聞之，安得不茫然自失？其茫然者，無所據無所入也。自失者，失去心意識也。失去心意識而無所據，則現成之我當前矣，豈不樂哉？若有人罵我於此公案發出寂滅現成等語者，即是魔王邪道，當遠拒之，則斯道幸甚，萬世幸甚。"（《心燈錄》卷三）

◎五祖示衆："如何是祖師西來意？庭前柏樹子。恁麼會，則不是了也。如何是祖師西來意？庭前柏樹子。恁麼會，方始是。"

白巖符云："恁麼會則不是，滴淚斬丁公。恁麼會方始是，咬牙封雍齒。"顧左右云："大小五祖，爲諸人一捏粉碎了也。還會麼？"（《宗門拈古彙集》卷四十三，《宗鑑法林》卷三十三）

◎杭州天目寶芳進禪師，幼習儒。因與同學會文，睹芍藥花有省，從坦然披剃。坦誨以柏樹子話，遍扣禪宗。（《徑石滴乳集》卷三）

◎第一玄中玄：如趙州答庭柏話，此語於體上又不住於體，於句中又不著於句，妙玄無盡，事不投機，如鴈過長空，影沈寒水，故亦名用中玄。（《五家宗旨纂要》卷上）

◎庭前柏子鬱青青，無數春禽樹上鳴。幾度援弓拋彈緊，猶嫌辜負老婆心。（《五家宗旨纂要》卷中）

◎五祖戒代云："和尚何以將別人物作自己用？"

蘇武不拜，韓信臨朝。恁麼會得，十萬迢迢。<small>瞞菴成</small>

庭前柏樹子，好個大棺材。買却有人買，抬却没有抬。<small>漢閩喻</small>（《宗鑑法林》卷十七）

◎揚州光孝慧覺禪師，至法眼處，（中略）曰："先師實無此語，和尚莫謗先師好。"眼曰："真師子兒。"

徑山杲云："若道有此語，錯過覺鐵嘴。若道無此語，又錯過法眼。若兩邊俱不涉，又錯過趙州。直饒總不恁麼，別有透脱一路，入地獄如箭射。"

鼓山珪云："覺鐵嘴名不虛得，只是不曾夢見趙州。"

笑巖寶云："法眼當時失却一隻眼。覺公與麼道，也扶趙州不起。"

法林音云："逃坑墮塹。"

天使何所貴，貴在善對論。不獨君無辱，猶得社稷存。<small>印如成</small>

一向瀟湘一向秦，臨歧一句好愁人。自從山水分疆後，作客誰能不問津。<small>采商榮</small>（《宗鑑法林》卷二十四）

◎東山示衆："如何是祖師西來意？庭前柏樹子。恁麼會，則不是。如何是祖師西來意？庭前柏樹子。恁麼會，方始是。"

中洲岳云："龍逢比干，吾取其心，不取其術；蘇秦張儀，吾取其術，不取其心。"

法林音云："諸人還見東山老人立地處麼？"良久云："朝三與暮四，喜怒任狙公。"

良工何必更輔，大冶未曾易林。同是多年滯貨，看他點鐵成金。<small>蓮峰素</small>

奇謀六出陷英雄，曾被英雄陷圈中。不是一身兼兩藝，那來下載有清風。<small>思懶融</small>

阿娘年少鬢如霜，剔起雙眉丈二長。歸到畫堂沈醉後，搥胸換手哭穹蒼。<small>獨超方</small>（《宗鑑法林》卷三十三）

◎十五夜小參，舉僧問趙州："如何是祖師西來意？"州云："庭前柏樹子。"師云："報恩則不然。有人問：'如何是祖師西來意？'但向道：'今夜一輪滿，清光何處無？'"（《御選語錄》卷十一《玉琳琇》）

◎未了之人聽一言，只這如今誰動口？後人由此以舉手動足、開口作聲，便爲真佛。是則是是，而實不是，所謂認賊爲子者也。遂將柏樹子、麻三斤、翠竹黃花、鳥銜猿抱等，一槪認去，豈不誤哉？（《御選語錄》卷十三《雲棲蓮池》）

◎今之宗門，每以藏頭白、海頭黑、院主眉鬚墮落、掇退果棹之類，謂之末後句。蓋因先從解路推求，推到解路斷絕處，則強爲末後句，翻成虛套實法也。更有以父母未生前本來面目、萬法歸一一歸何處、念佛底是誰等爲死句，以東山水上行、庭前柏樹子、唵啞吽、蘇嚕蘇嚕嗖喇嗖喇等爲活句。蓋謂有字義可尋則爲死句，無字義可尋則曰活句也。如此會取，別末後句尚未是初句，而活句已盡成死句矣。（《御選語錄》卷十六《御製序》）

◎認著依然不是真，休從語句枉勞神。可憐一樹庭前柏，賺盡古今多少人。（《御選語錄》卷十九《澄懷居士》）

◎西江月·靈巖聽法

昔日君王舞榭，而今般若經臺。千年霸業總成灰，只有白雲無礙。看取庭前柏樹，那些石上青苔。殘山廢塔講堂開，明月松間長在。（《梅村集》卷十九，《十五家詞》卷一）

◎靈隱訪三目 其二

庭前柏樹原無事，門對江潮繼苦吟。禪子莫誇今日盛，西風颯颯日陰陰。（《南雷集·吾悔集》卷二）

◎羅整菴欽順。愚按先生之學，始由禪入，從庭前柏樹子話頭得悟。一夕披衣，通身汗下，自怪其所得之易，反而求之儒，不合也。始知佛氏以覺爲性，以心爲本，非吾儒窮理盡性至命之旨，乃本程朱格致之說，而求之積二十年久，始有見於所謂性與天道之端，一口打併，則曰性命之妙，理一分殊而已矣。（《明儒學案·發凡》，《江西通志》卷七十八）

◎羅欽順字允昇，號整菴。（中略）先生自敘爲學云："昔官京師，逢一老僧，漫問何由成佛。渠亦漫舉禪語爲答：'佛在庭前柏樹子。'意其必有所謂，爲之精思達旦。攬衣將起，則恍然而悟，不覺流汗通體。既而得《證道歌》，讀之若合符節，自以爲至奇至妙，天下之理，莫或加焉。"（《明儒學案》卷四十七，《欽定續文獻通考》卷一百七十四）

◎又云："要在看得活潑無所拘泥。然必有理義，始能活潑。"庭前柏樹子，青州做布衫，豈可闌入於卦畫之中哉？（《周易象辭·周易尋門餘論》卷上）

◎金華杜見山悔言錄序

幼時講學龍山，見劉忠端證人社譜，疑黑白兩的，出之《禪源詮集》。而蔡子伯曰："豈惟是哉。周茂叔窗草不除，何異乎'庭前柏樹子'也；程子謂顏子所樂何事，則衲子下句'什麼是受用處'也；朱文公論太極，以一陰一陽為形下之器，則'即心即物'；及註《論語》則又云'灑掃應對，便有個入神事'，則'即物即心'也。世但以禪學歸陽明，而不知有宋學者，實有以啓之。"（《西河集》卷五十七）

◎庭前柏樹子　"如何是祖師西來意？"云："庭前柏樹子。"（《御定子史精華》卷一百零八）

◎柏實

《傳燈錄》："僧問趙州和尚祖師西來意，趙云：'庭前柏樹子。'"（《欽定佩文齋廣羣芳譜》卷七十一）

◎冬夜遣興

辰序不相藉，過隙驚羲娥。未悟趙州柏，安覓魯陽戈？（《御製詩集·初集》卷二十八）

◎顯通寺

靜悟庭前柏，閑聽雲外鐘。徒聞十二院，誰復辨遺蹤？（《御製詩集·二集》卷十五）

◎藥王廟二首　其一

瀍河梵宇足清涼，閱歲庭前柏子蒼。興廢由來世間相，何關常住大醫王。（《御製詩集·二集》卷六十五）

◎指柏軒

誰家柏樹不庭前，孰是能因孰所緣？寄語擎拳豎拂者，指頭莫認趙州禪。（《御製詩集·五集》卷十五）

◎御筆庭前柏樹子一軸

倣製金粟箋，本墨畫歟。識云："庭前柏樹子，古德公案句也。試問此圖作麼生？參庭前柏樹子。長春書屋漫識。"下有"乾隆宸翰"、"幾暇臨池"二璽。右下方有"清心抒妙理"一璽。軸高三尺一寸六分，廣九寸五分。（《石渠寶笈》卷二）

◎羅欽順《困知記》二卷，《續記》二卷，《附錄》一卷

本傳略曰："時王守仁以心學立教，欽順致書力辨其非，嘗謂心之說混

於禪學而不知有千里毫厘之謬，爲著《困知記》，自號整菴。

林希元曰："先生自叙爲學云：'昔官京師，逢一老僧，漫問何由成佛，渠亦漫答禪語云庭前柏樹子。精思達旦，恍然有得。取《證道歌》讀之，若合符節。自以爲至奇至妙，天之之理莫或加焉。後官南雍，聖賢之書未嘗一日去手，潛玩久之，始知前所見者，乃此心虚靈之妙，而非性之理也。"（《欽定續文獻通考》卷一百七十四）

◎敕重修正殿，恭懸皇上御書額曰："大泥洹光。"聯曰："請問庭前柏樹子，莫瞞扇上犀牛兒。"（《欽定日下舊聞考》，《欽定盤山志》卷五）

◎與諸門人當機指示，謂趙州庭前柏樹子，信手拈來。此事人人本有，何不迴光返照而汩汩於故紙乎？（《欽定盤山志》卷五）

◎或有人問如何是佛，對云麻三斤，或對乾屎橛，或云庭前柏樹子。此皆是方便，要人向自己上推理，自心上揣摩。（《大覺禪師語錄》卷下）

◎進云："記得僧問趙州：'如何是祖師西來意？'州云：'庭前柏樹子。'此意如何？"師云："松直棘曲。"進云："僧云：'和尚莫將境示人。'州云：'老僧不將境示人。'僧云：'如何是祖師西來意？'州云：'庭前柏樹子。'又如何？"師云："不是苦心人不知。"進云："西來意且置，如何是柏樹子？"師云："青青不入時人意。"僧禮拜。（《圓通大應國師語錄》卷上）

◎謝衆客上堂。趙州和尚云："宗師者須是以本分事接人始得。"師云："諸人上來問訊，山僧低頭合掌，且道還契得本分事也無？"良久云："客是主人相師。"（《圓通大應國師語錄》卷上）

◎柏樹下雪達磨

通身一片似銀山，風采逼人毛骨寒。欲問西來端的意，庭前柏樹露心肝。（《圓通大應國師語錄》卷下）

◎出山

入山何爲，出山何遲？六年冷坐，頭髮齊眉。虚空落地，虚空不知。庭前柏樹子，成佛已多時。（《佛光國師語錄》卷八）

◎上堂："一變禍害，二變絶命。蘇嚕蘇嚕，悉唎悉唎。堪悲堪笑老趙州，喚作庭前柏樹子。"（《藏山和尚語錄》）

◎復舉僧問趙州："如何是祖師西來意？"州云："庭前柏樹子。"拈云："趙州挐空塞空，直得天下人無出氣處，莫有爲衆竭力者麽？來夜問取五頭首。珍重。"（《竺仙和尚語錄》卷上）

◎進云："僧問趙州：'如何是祖師西來意？''庭前柏樹子。'意旨如何？"答云："莫謗趙州好。"進云："後來覺鐵嘴云：'先師無此語，莫謗先師好。'又作麼生？"答云："却是山僧道。"進云："即今請問和尚：'如何是祖師西來意？'"師便喝。（《竺仙和尚語錄》卷中）

◎僧問趙州："如何是祖師西來意？"州云："庭前柏樹子。"信手入荒田。僧曰："莫將境示人。"州曰："不將境示人。"僧曰："如何是祖師西來意？"州曰："庭前柏樹子。"雙劍倚空飛。覺鐵觜對法眼曰："先師無此語，莫謗先師好。"不翅子證父羊。明覺典客於大陽時，與客論之，被韓大伯一笑，直得乾坤失色，日月無光，是其於後法道大行。（中略）只如趙州柏樹子話作麼生會？塞爾聰，掩爾明，蕩爾意志，絕爾思惟。試端的道一句看，吾當爲汝證明。（《竺仙和尚語錄》卷中）

◎復舉趙州和尚因僧問："如何是祖師西來意？"州云："庭前柏樹子。"僧曰："和尚莫將境示人。"州云："我不將境示人。"僧云："如何是祖師西來意？"州云："庭前柏樹子。"趙州始仗龍泉，後飛太阿，但欲斷人命根。雖然，且道斷後又作麼生？來夜問取四頭首。"（《竺仙和尚語錄》卷下）

◎師再垂語云："壽侍者適間違條犯令了也。不恁麼底，更有問話者麼？"壽再出云："達磨西來，言語不通，已曾傳法。學人上來，和尚如何？"師云："汝還得法也未？"是時壽却轉其舌音，作日本鄉談云："如何是祖師西來意？"師答亦操日本音云："庭前柏樹子。"進云："此是古人底，如何是和尚底？"師云："既是古人底，因甚却在山僧口裏出？"壽乃禮拜。（《竺仙和尚語錄》卷下）

◎上堂，舉五祖演和尚云："（中略）恁麼會，便不是。（中略）恁麼會，便是。"拈云："五祖老師夜半捉烏鷄，驚起鄰家睡，未免賺誤後人，向顢頇處承當，龍山則不然。'如何是祖師西來意？''庭前柏樹子。'恁麼會始得。"（《夢窗國師語錄》卷上）

◎大意
西來一句古猶今，趙老舌頭古佛心。我也不知端的處，庭前柏樹綠森森。（《鐵舟和尚閻浮集》）

◎飲惺味
陽關調入肺肝清，醉倒瞿曇呼不醒。只有趙州柏樹子，枝枝葉葉古今青。（《鐵舟和尚閻浮集》）

◎參禪須透祖師之關，會趙州還無柏樹子話麼？會則辜負祖意，不會則失却眼睛。(《鹽山拔隊和尚語錄》卷三)

◎庭前柏樹子

西來祖意庭前柏，一犬吠虛羣犬傳。覺鐵打成三尺觜，大唐依舊化三千。(《智覺普明國師語錄》卷五)

◎靜山知藏來日本已有年矣，如吾鄉國之語無不通也。一日記鄉尊西雲老師訓誨，綴成八句以自警策。(中略)

伽陀唱出西乾語，貝葉翻成東魯文。聞盡聞聞聞自洞，見空見見見何昏。趙州柏樹元無意，黃檗烏藤大有恩。不信請君重問取，西雲堂上老鄉尊。(《智覺普明國師語錄》卷七)

◎栽柏樹

庭前柏樹力栽培，便是萬年回首材。只爲趙州無此語，枝枝葉葉說西來。(《智覺普明國師語錄》卷七)

◎柏庭祖首座諱日拈香："此香仙李盤根，非凡草木。猗蘭奕葉，同其芬芳。趙州指爲庭前柏樹，臨濟栽作天下蔭涼。西來祖意不遮掩，一朶曇華遍界香。"(《絕海和尚語錄》卷上)

◎師曰："趙州爲人處，只要不受境惑，亦要不受人惑。何故不令第二問頭，覺不是好心也。"(《徹翁和尚語錄》卷上)

◎上堂，舉五祖演和尚云："釋迦牟尼佛，下賤客作兒。庭前柏樹子，一二三四五。"師云："且道是甚麼道理？待柏樹子成佛，便向諸人道。"(《景川和尚語錄》卷上)

◎趙州柏樹子話，古今所參詳也。寶山頂移兩株。山僧有一偈，雪上加霜去也。

庭前雙柏樹，黛色共蒼蒼。三門朝佛殿，廚庫對僧堂。(《少林無孔笛》卷一)

◎示衆，舉古德有偈曰："釋迦牟尼佛，下賤客作兒。庭前柏樹子，一二三四五。"師曰："如此一篇，會則破竹迎刃解，不會則蚊子咬鐵牛。諸禪德作麼生？"自代曰："不信但看五六月，黃河曲曲是寒冰。"(《少林無孔笛》卷一)

◎柏翁

庭前立雪歲寒姿，古佛趙州酬得奇。天地同根同甲子，蒼髯叟亦萬年枝。(《見桃錄》卷二)

77

◎月庭

清光今夜十分圓，秋在階前莎砌邊。何事明明人不會，一株柏樹趙州禪。(《西源特芳和尚語錄》卷三)

◎趙州因僧問："如何是祖師西來意？"趙州云："庭前柏樹子。"(中略)無根柏樹大虛懸，祖意西來徹後先。古佛守株枝葉落，只留貞實飽風煙。

有僧問道趙州老，只道庭前柏樹枝。端的之言雖是妙，但恨祖師來意遲。(《永平元和尚頌古》)

◎第四十柏樹子　寒林帶春

西來祖意向誰問，柏樹庭前只一株。超境越人聲宇宙，趙州枝上葉枝抽。(《義雲和尚語錄》卷下)

◎舉僧問趙州："如何是祖師西來意？"州云："庭前柏樹子。"(中略)此僧恁麼問，下坡不走。趙州恁麼答，快便難逢。若有人問山僧如何是祖師西來意，對他云："雞寒上樹，鴨寒下水。"卓拄杖一下。(《通幻靈禪師漫錄》卷上)

◎僧問趙州："如何是祖師西來意？"州云："庭前柏樹子。"諸人若何薦取？須彌鐵圍，鶴長鳧短。現成說法，希有不思議。今日有人問山僧如何是祖師西來意，對他道："乞兒打破飯碗。"卓拄杖一下，下座。(《通幻靈禪師漫錄》卷上)

◎趙州柏樹

趙老語言誰許會？至今喚作祖師心。邯鄲可笑學唐步，庭柏任他鎖綠陰。(《寶峰和尚語錄》卷上)

◎庭前柏樹子，洞山麻三斤，新婦騎驢阿姑牽，杖林山下竹筋鞭，乃至入門便棒，入門便喝，汝等切忌別生穿鑿。直下疑去，畢竟是何旨趣？忽然打破漆桶，不妨光前耀後，不被天下老和尚舌頭所謾。在此界中便有立地處，亦有語話分，不然盡是半前半後漢。(《普照國師法語》卷上)

◎先生曰："如參柏樹子話，朝斯夕斯，行時臥時，口計心思，緣不外逸，一心只在此話頭上，如蜂就蜜，如蟻就膻，如馬就道，然後從此口計心思、緣不外逸上輕輕提起，略略管帶，不用思量，不用卜度，不用有心，不用無心，不必待悟，不必不悟，惺惺行履，如實而行，如實而住，如實而坐，如實而臥，自有瓜熟蒂落的時節。"(《維摩精舍叢書·靈巖語屑》)

◎如趙州庭前柏樹子、洞山麻三斤、雲門乾屎橛之類，略無路與人穿鑿，即之如銀山鐵壁之不可透。惟明眼者，能逆奪於語言文字之表。一唱一和，如空中鳥跡，水底月痕，雖千途萬轍，放肆縱橫，皆不可得而擬議焉。
（正果：《禪宗大意》）

（十三）

師又云："老僧九十年前，見馬祖大師下八十餘員善知識，個個俱是作家，不似如今知識，枝蔓上生枝蔓，大都是去聖遙遠，一代不如一代。只如南泉尋常道：'須向異類中行。'且作麼生會？如今黃口小兒，向十字街頭說葛藤、博飯噇、覓禮拜，聚三五百衆，云：'我是善知識，你是學人。'"
〔《古尊宿語錄》卷十三《趙州從諗》〕

【箋註】
○馬祖大師下八十餘員善知識：根據禪宗典籍，馬祖弟子有百丈懷海等一百三十九人。其中被認爲出色者，有八十四位，其説源於黃檗。《景德傳燈錄》卷九《黃檗》："馬大師下有八十四人坐道場，得馬大師正眼者，止三兩人。"《天聖廣燈錄》卷八《黃檗》："馬大師出八十四人善知識，問著個個轆轆地，只有歸宗較些子。"黃檗之説，亦廣見於其他語錄著錄。《人天眼目》卷五《覺夢堂重校五家語錄序》："馬大師出八十四員善知識，內有百丈海，出黃檗運、大溈佑二人。運下出臨濟玄，故號臨濟宗。佑下出大仰寂，故號溈仰宗。"《虛堂語錄》卷八："馬大師接八十四員善知識。"《五燈會元》卷三《百丈懷海》："溈云：'馬祖出八十四人善知識，幾人得大機，幾人得大用？'仰云：'百丈得大機，黃檗得大用，餘者盡是唱導之師。'"《古尊宿語錄》卷十九《道吾悟真》之《潭州雲蓋山會和尚語錄序》："李唐朝有禪之傑者，馬大師據江西泐潭，出門弟子八十有四人，其角立者，唯百丈海，得其大機。海出黃檗運，得其大用。自餘唱導而已。"
○作家：機用傑出的行家高手。　○善知識：能教衆生遠離惡法修行善法的人。　○異類中行：見（七）註。　○説葛藤：嚕蘇，言語糾纏。形容道眼不明者多言多語，誤導學人。　○博飯噇：混飯喫。

【集評】

◎趙州嘗道："老僧見馬祖會下善知識，個個出格。九十歲後見者些，都是向大路開飯店，覓人禮拜。到今日越發可傷了。"那一起求化底不說爲辦道之資？且問他辦得個什麼道？咦！（《長慶宗寶禪師語錄》卷一）

◎阿難三十年爲侍者，只爲多聞智慧，被佛呵云："汝千日學慧，不如一日學道。"若不學道，滴水難消。況魔藏以邪外知見，唐突佛祖。向上邊事，尚安得有呵斥分。只瞞得有眼無珠之徒，明眼人前，魔形自露。趙州云："如今知識，枝蔓上生枝蔓，大都是去聖遥遠，一代不如一代。"只如南泉尋常道"須向異類中行"，且作麼生會？如今黄口小兒，向十字街頭説葛藤，博飯噇，覓禮拜。聚三五百衆，云"我是善知識，爾是學人"，可知法藏父子之魔形，從數百年前，趙州早爲判定，更不必到眼始知也。（《御選語錄》卷十二《上諭附錄》）

◎況文字邊事，欲其工妙，亦非聚數十年心力不能到家。至作得文字好，則此數十年不究本分可知。教外別傳，只是本分二字，安可離却？而爲此門庭以外事，拈代偈頌四者，頌最爲後。學人於頌古切用工夫，遂漸至宗風日墜。此端一開，盡向文字邊作活計。趙州所呵"枝蔓上生枝蔓"，正爲此輩。（《御選語錄》卷十八《御製後序》）

◎泉大道

七十餘員知識門，慈明獨許白拈孫。杖頭豁却趙州眼，掛起葫蘆作酒樽。（《智覺普明國師語錄》卷五）

（十四）

僧問："如何是清淨伽藍？"師云："丫角女子。"云："如何是伽藍中人？"師云："丫角女子有孕。"〔《古尊宿語錄》卷十三〕

【箋註】

○伽藍：僧伽藍摩的簡稱，華譯爲衆園，即僧衆所居住的園庭，寺院的通稱。

【集評】

◎趙州因僧問："如何是清淨伽藍？"（中略）頌曰：

橫胸抱腹藏龍種，剖膽披肝觸鳳胎。勿謂此兒容易得，須知出自痛腸來。汾陽昭［《宗鑑法林》卷十六、《禪林類聚》卷三］

咄這老竭，得恁饒舌。清淨伽藍，一時漏泄。金剛門外笑呵呵，菩薩堂中聲哽咽。海印信［《禪林類聚》卷三］

丫角女子出天真，清淨伽藍蓋得人。世俗不知林下意，無錢難得買紅裙。佛鑑懃［《宗鑑法林》卷十六］（《禪宗頌古聯珠通集》卷十八）

◎趙州因僧問："如何是清淨伽藍？"（中略）

高空秋色有誰知，畫閣佳人展笑眉。自惜容顏人不見，臨風頻把玉簫吹。笠山寧

丹青下筆絕躊躇，應手便成山水圖。懸向堂前人盡看，知他何處是工夫？履巖斯（《宗鑑法林》卷十六）

◎趙州諗禪師，僧問："如何是清淨伽藍？"（中略）

古德云："伽藍雖是常清淨，丫角懷胎不識羞。無意氣時添意氣，不風流處也風流。"（《禪林類聚》卷三）

（十五）

問："承聞和尚親見南泉，是否？"師云："鎮州出大蘿卜頭。"〔《聯燈會要》卷六，《五燈會元》卷四，《古尊宿語錄》卷十三，《指月錄》卷十一，《御選語錄》卷十六〕

【箋註】

○鎮州出大蘿卜頭　《佛光大辭典》："此公案中，趙州顧左右而言他，對原本簡單易答之話題佯作不解，其真義即直指應當看取眼前真切之生活，否則即便是南泉教誡之金言，亦不如鎮州出產的大蘿卜頭來的真切有用。"

【集評】

◎問："如何是古佛心？"師云："鎮州蘿蔔重三斤。"（《天聖廣燈錄》卷十六《寶應省念》，《五燈會元》卷十一，《古尊宿語錄》卷八）

◎示衆云："有利無利，不離行市。鎮州蘿蔔頭即且置，廬陵米價作麼生？若善其價，可謂終日喫飯，未曾咬破一粒米。苟若不知，他時後日，有人索上座飯錢在，莫言不道。"（《黄龍四家錄·黄龍慧南語錄續補》）

◎予在湘山雲蓋，夜坐地爐，以被蒙首。夜久，聞僧相語曰："今四方皆謗臨濟兒孫說平實禪，不可隨例虛空拋觔斗也，須令求悟。悟個什麼？古人悟即握土成金，今人說悟，正是見鬼。彼皆狂解未歇，何日到家去？"僧曰："只如問趙州：'承聞和尚親見南泉，是否？'答曰：'鎮州出大蘿蔔頭。'此意如何？"其僧笑曰："多少分明！豈獨臨濟下用此接人，趙州亦老婆如是。"予戲語之曰："遮僧問端未穩，何不曰：'如何是天下第一等生菜？'答曰：'鎮州出大蘿蔔頭。'平實更分明。彼問見南泉，而以此對，却成虛空中打觔斗。"聞者傳以爲笑。（《林間錄》卷上）

◎舉僧問趙州："見說和尚親見南泉，是否？"州云："鎮州出大蘿蔔。"鎮州出大蘿蔔，猛虎不食伏肉。直饒眼似流星，爭免持南作北。老趙州，迥殊絕，片言本自定乾坤，返使叢林鬧聒聒。（《圓悟錄》卷十九）

◎舉僧問趙州："承聞和尚親見南泉，是否？"千聞不如一見，掂眉分八字 州云："鎮州出大蘿蔔頭。"撐天拄地，斬釘截鐵。箭過新羅。腦後見腮，莫與往來

這僧也是個久參底，問中不妨有眼，爭奈趙州是作家，便答他道"鎮州出大蘿蔔頭"，可謂無味之談，塞斷人口。這老漢大似個白拈賊相似，爾纔開口，便換却爾眼睛。若是特達英靈底漢，直下向擊石火裏閃電光中，纔聞舉著，剔起便行。苟或佇思停機，不免喪身失命。

江西澄散聖判，謂之東問西答，喚作不答話，不上他圈繢，若恁麼會爭得？遠錄公云，此是傍瞥語，收在九帶中。若恁麼會，夢也未夢見在，更帶累趙州去。有者道鎮州從來出大蘿蔔頭，天下人皆知，趙州從來參見南泉，天下人皆知，這僧却更問道，承聞和尚親見南泉是否，所以州向他道"鎮州出大蘿蔔頭"，且得沒交涉。

都不恁麼會，畢竟作麼生會？他家自有通霄路。不見僧問九峰："承聞和尚親見延壽來，是否？"峰云："山前麥熟也未？"正對得趙州答此僧話，

渾似兩個無孔鐵錘。趙州老漢，是個無事底人，爾輕輕問著，便換却爾眼睛。若是知有底人，細嚼來咽；若是不知有的人，一似渾崙吞個棗。

鎮州出大蘿蔔，天下人知。切忌道著。一回舉著一回新 天下衲僧取則。爭奈不恁麼。誰用這閑言長語 只知自古自今，半開半合。如麻似粟。自古也不恁麼，如今也不恁麼 爭辨鵠白烏黑？全機穎脫。長者自長，短者自短。識得者貴。也不消得辨賊賊，咄。更不是別。自是擔枷過狀 衲僧鼻孔曾拈得。穿過了也。裂轉

"鎮州出大蘿蔔"，爾若取他爲極則，早是錯了也。古人把手上高山，未免傍觀者哂。人皆知道這個是極則語，却畢竟不知極則處，所以雪竇道："天下衲僧取則。"

"只知自古自今，爭辨鵠白烏黑？"雖知今人也恁麼答，古人也恁麼答，何曾分得緇素來。雪竇道，也須是去他石火電光中，辨其鵠白烏黑始得。

公案到此頌了也，雪竇自出意，向活潑潑處，更向爾道："賊賊，衲僧鼻孔曾拈得。"三世諸佛也是賊，歷代祖師也是賊，善能作賊換人眼睛，不犯手脚，獨許趙州。且道什麼處是趙州善做賊處？鎮州出大蘿蔔頭！（《碧巖錄》第三十則）

◎又僧問趙州："承聞和尚親見南泉來，是否？"答曰："鎮州出大蘿蔔頭。"（中略）若於此等言句中，悟入一句，一切總通。所以體中玄見解，一時淨盡。從此已後，總無佛法知見，便能與人去釘楔，脫籠頭。（《禪林僧寶傳》卷十二《薦福承古》）

◎近來行脚人，（中略）又説徐州麥飯，鎮州大蘿蔔頭，以爲灑灑地衲僧，千足萬足，莫錯承當。此是非時之食，誘引童蒙止啼之義。在衲僧分上，謂之雜毒食。若也未得其趣，更莫霑唇。若已得其趣，快須盡底吐却。倘有纖毫在心，便是虛生浪死。珍重。（《薦福承古禪師語錄》）

◎靈源清禪師，住太平。經由五祖，舉鎮州大蘿蔔因緣請判之，清末後云："你等諸人親從鎮州來。"便下座。（《雪堂行拾遺錄》）

◎問："拈槌舉拂即不問，瞬目揚眉事若何？"師云："趙州曾見南泉來。"僧曰："學人未曉。"師云："今冬多雨雪，貧家爭奈何？"（《建中靖國續燈錄》卷四《開化廣照》，《古尊宿語錄》卷四六《琅琊慧覺》）

◎師云："山前麥熟，廬陵米價，鎮州蘿蔔，更有一般。"良久，云："時挑野菜和根煮，旋斫生柴帶葉燒。"（《建中靖國續燈錄》卷七《興化悟真》，《五燈會元》卷十二，《續傳燈錄》卷七，《列祖提綱錄》卷八）

◎處州靈泉山宗一禪師，問："鎮州蘿卜即不問，廬陵米作麼價？"(《建中靖國續燈錄》卷十五《琅山法印》)

◎問："鬧市相逢事若何？"師云："東行買賤，西行賣貴。"僧曰："忽若不作貴，不作賤，又作麼生？"師云："鎮州蘿卜。"(《建中靖國續燈錄》卷二十《上方日益》，《五燈會元》卷十九，《續傳燈錄》卷二十一)

◎舉一不得舉二，放過一著，落在第二。只如鎮州蘿卜頭，未審靈照籃中，還著得也無？若向這裏下得一轉語，昨日有人從天臺來，却往南嶽去。(《大慧錄》卷四)

◎上堂，舉僧問趙州："承聞和尚親見南泉，是否？"州云："鎮州出大蘿卜頭。"又僧問："萬法歸一，一歸何處？"州云："我在青州作一領布衫重七斤。"雲居舜老夫道："鎮州蘿卜大，青州布衫重。要會個中意，雞向五更啼。"師云："雲居恁麼道，大似熟處難忘。若是徑山即不然。鎮州蘿卜從來大，青州布衫斤兩明。衲子聚頭求的旨，却似蚊虻咬鐵釘。"(《大慧錄》卷四)

◎隔十餘日忽然寄書來，並頌古十首，皆山僧室中問渠底因緣。書中云："在延平路上，驀然有省，某終不敢自謾，方信此事。不從人得。"其中一首曰："不是心，不是物，通身一串金鎖骨。趙州參見老南泉，解道鎮州出蘿卜。"山僧甚是疑著。(《大慧錄》卷十四，《嘉泰普燈錄》卷二十三《吳傳明》，《羅湖野錄》卷三，《五燈會元》卷二十，《禪宗頌古聯珠通集》卷十，《說郛》卷二十一下，《居士分燈錄》卷下，《祖庭鉗錘錄》卷下，《宗鑑法林》卷十，《禪宗雜毒海》卷三)

◎不可毀不可贊，邁古迄今光燦爛。鎮州蘿卜大三斤，桶裏水兮鉢裏飯。(《普菴印肅禪師語錄》卷中)

◎日照晝月照夜，天清而高地厚而下。不我處者大功，不可逃者至化。舉起鎮州蘿卜，酬却廬陵米價。阿嚕勒繼薩婆訶，佳作人可知禮也。(《宏智廣錄》卷一)

◎禪人寫真求贊
廬陵米價百念升，趙州蘿卜半千秤。只麼郎當住持，泊合殃殺性命。省不省？腦後更將楔釘。(《宏智廣錄》卷七)

◎修證不無，污染不得。震之東，兌之西。離之南，坎之北。青州布衫，鎮州蘿蔔。當家行眼裏有筋，本色漢舌頭無骨。(《宏智廣錄》卷九)

◎示衆云："有利無利，不離行市，鎮州蘿卜頭即且置，廬陵米價作麼生？若善其價，可謂終日喫飯未曾咬破一粒米；苟若不知，他時後日有人索上座飯錢在，莫言不道。"（《聯燈會要》卷十三《黃龍慧南》）

◎師問僧："發足何處？"云："趙州。"師云："趙州法嗣何人？"云："南泉。"師云："你何曾離趙州？"云："未審和尚尊意如何？"師云："趙州實嗣南泉。"僧至晚，請益云："今日蒙和尚慈悲，某甲未會，乞和尚指示。"師云："若到諸方，莫道後語是金峰底。"云："爲甚如此？"師云："恐辱他趙州。"（《聯燈會要》卷二十五《金峰從志》）

◎上堂："不用思而知，不用慮而解，廬陵米價高，鎮州蘿蔔大。"（《嘉泰普燈錄》卷四《真如慕哲》）

◎上堂："趙州不見南泉，山僧不識五祖。甜瓜徹蒂甜，苦瓠連根苦。"（《嘉泰普燈錄》卷十一《佛眼清遠》，《五燈會元》卷十九，《古尊宿語錄》卷二十八，《續傳燈錄》卷二十五，《列祖提綱錄》卷六）

◎其頌"不是心，不是佛"曰："不是心，不是佛，不是物，通身一具金鎖骨。趙州親見老南泉，解道鎮州出蘿蔔。"（《嘉泰普燈錄》卷二十三《吳偉明》）

◎上堂："深山巖崖中，迥絕無人處。個事分明，十成顯露。擬著便乖張，不擬成差互。趙州親見南泉，百丈曾參馬祖。"（《石田法薰禪師語錄》卷一）

◎謝月首座、瓊首座持雲巢語至，上堂："一止一切止，一動一切動。入荒田不揀，信手拈來用。昨日有人從西川來，却得江東信，說道趙州親見老南泉，鎮州蘿卜三斤重。"（《佛鑑禪師語錄》卷一）

◎破菴和尚忌日，拈香，"燒香草舍蚊煙，禮拜小兒匍匐，楊岐頂上握拳，何似鎮州蘿卜？噫！有年無德。"（《佛鑑禪師語錄》卷二）

◎問："如何是祖師西來意？"師曰："鎮州蘿蔔。"（《五燈會元》卷十四《天平契愚》）

◎永州太平安禪師，上堂："有利無利，莫離行市。鎮州蘿蔔極貴，廬陵米價甚賤。爭似太平這裏，時豐道泰，商賈駢闐。白米四文一升，蘿蔔一文一束。不用北頭買賤，西頭賣貴，自然物及四生，自然利資王化。"（《五燈會元》卷十七《太平安》，《續傳燈錄》卷二十二）

◎不可以智知，金剛手把八棱槌；不可以識識，鎮州出個大蘿蔔。（《希叟和尚語錄》）

◎有一物，無人識。或在東南，或居西北。破草鞋跟踏著，價重千金；折拄杖頭挑來，分文不直。識不識？吳地冬瓜，鎮州蘿蔔。(《希叟和尚廣錄》卷一)

◎雲門臘月二十五

臘月二十五，一曲超今古。鎮州大蘿蔔，生長在深土。(《古尊宿語錄》卷四十五《真淨克文》，《禪宗頌古聯珠通集》卷三十三《佛慧泉》)

◎解夏云："今日解夏了也。且去南行北行，到處東卜西卜。出門聊贈一言，鎮州出大蘿蔔。月白風清，水遙山遠，樓臺聳翠，殿閣生涼，大地山河，森羅萬象，盡與諸人說了也，切莫自生退屈。更去問佛問祖，說道說禪，却恐埋沒諸人去。"(《續古尊宿語要》卷二《芙蓉楷》)

◎祖意不西來。法身無展縮。水上掛燈毬，鎮州出蘿蔔。(《續古尊宿語錄》卷二《古巖璧》)

◎隨意說，任天真，鎮州蘿蔔重三斤。堪笑老胡不知有，九年面壁太勞神。(《續古尊宿語要》卷三《月菴果》)

◎舉金峰問僧："發足何處？"僧云："趙州。"峰云："趙州法嗣何人？"僧云："南泉。"峰云："你何曾離趙州。"僧云："未審和尚尊意如何？"峰云："趙州定嗣南泉。"其僧至晚又請益云："今日蒙和尚慈悲，某甲未會，請和尚再指。"峰云："若到別處，莫道後語是金峰底。"僧云："爲什麼如此？"峰云："恐辱他趙州。"

佛果拈云："這僧雖從趙州來，當面蹉却趙州機，空使金峰費許多鉗錘。要且只與趙州相見，不干這僧事。大衆還知落處麼？分明箭後路。"

正覺云："癡漢喫憨拳。"

佛海云："波斯入鬧市。"(《拈八方珠玉集》卷下)

◎又云："行亦禪，坐亦禪，終日舉頭不見天；出乎爾，反乎爾，認著依前還不是。拈起則充塞太虛，放下則纖塵不立。不拈起，不放下，鎮州蘿蔔頭，趙州索盡遼天價。"(《枯崖漫錄》卷中)

◎冬至上堂："羣陰剝盡，一陽來復。鐵樹花開，清香馥鬱。眼皮開未開，枝南復枝北。凹凹凸凸破沙盆，何似鎮州大蘿蔔？"(《虛舟普度禪師語錄》)

◎豎起拂子云："總不離這個，阿呵呵，鎮州蘿蔔從來大。"(《虛舟普度禪師語錄》)

◎佛海禪師忌日上堂：“庭柯一葉飄，大地皆秋色。堪嘆參玄人，幾個知時節？”拍膝云：“趙州當日見南泉，解道鎮州出蘿蔔。”（《雲谷和尚語錄》卷上）

◎上堂。卓拄杖：“有權有實，有照有用。匆匆夏影將殘，颯颯涼飆又動。四時代謝，日月如流。萬法乘除，有無似夢。獨有老趙州，太惺惺，復懵懂，却道蘿卜三斤重。”（《雪巖祖欽禪師語錄》卷一）

◎除夜小參：“歲舊年新，夜暗晝明，未嘗移易。日遷月化，山青水綠，依舊尋常。小盡二十九，大盡三十日，也是鎮州蘿卜，漢地生薑。休咬嚼，沒商量，梅花紙帳一爐香，衲被蒙頭春晝長。”（《雪巖祖欽禪師語錄》卷一，《列祖提綱錄》卷十三）

◎禪法——徐州麥飯，鎮州蘿卜

古禪師曰：“近來行脚人，皆說徐州麥飯，鎮州大蘿卜頭，以爲千足萬足，殊不知止是止啼之義。此衲僧分上，謂之雜毒藥。若得真趣，快須吐却。”古禪師語錄（《錦繡萬花谷·前集》卷二十八）

◎趙州因僧問：“承聞和尚親見南泉，是否？”師曰：“鎮州出大蘿卜頭。”頌曰：

因問當初得法緣，不言東土及西天。鎮州有菜名蘿卜，濟却飢瘡幾萬年。汾陽昭［《汾陽錄》卷中，《禪林類聚》卷十八］

鎮州出大蘿卜，天下衲僧取則。只知自古自今，爭辨鵠白烏黑。賊賊，衲僧鼻孔曾拈得。雪竇顯［《禪林類聚》卷十八］

鎮州蘿卜播華夷，萬物還他本土宜。孰謂當時人獨愛，至今更是好充飢。正覺逸

陶潛彭澤唯栽柳，潘岳河陽只種花。何似晚來江上望，數峰蒼翠屬漁家。海印信［《禪林類聚》卷十八，《宗鑑法林》卷十六］

衲僧巴鼻徒穿鑿，平實商量紹祖宗。多謝張公勤苦力，滿園留得過深冬。佛慧泉

鎮州出大蘿卜頭，報君來處須分曉。衲僧多是渾淪吞，子細得他滋味少。白雲端［《白雲守端禪師語錄》卷下，《白雲守端禪師廣錄》卷四］

鎮州蘿卜天然別，滿口明明說向人。薄福闡提人不信，一枚秤得重三斤。保寧勇［《禪林類聚》卷十八］

鎮州出菜名蘿卜，過後思量却難得。王老兒孫不覆藏，逢人直露真消

息。長靈卓

趙州古佛尚多言，蘿卜出生鎮府田。天下衲僧多咬嚼，齒間蹉過老南泉。文殊道［《宗鑑法林》卷十六］

參見南泉王老師，鎮州蘿卜更無私。拈來塞斷是非口，雪曲陽春非楚詞。徑山杲［《古尊宿語錄》卷四十七，《禪林類聚》卷十八，《宗鑑法林》卷十六］

趙老機關沒淺深，鎮州蘿卜接叢林。過後思量也難得，入泥入水老婆心。大潙智

鎮州出大蘿卜頭，師資道合有來由。觀音寺裏有彌勒，東院西邊有趙州。鼓山珪［《古尊宿語錄》卷四十七，《宗鑑法林》卷十六。"觀音"兩句，《古尊宿語錄》作："觀音院裏安彌勒，東院西邊是趙州。"］

青出於藍，冰生於水。寸步不通，白雲萬里。或菴體［《宗鑑法林》卷十六］

些兒活計口皮邊，點著風馳與電旋。謾說鎮州蘿卜大，何曾親見老南泉？石菴珆［《宗鑑法林》卷十六］

親見南泉個眼目，老人說話無拘束。只因菜氣不曾除，帶累兒孫咬蘿卜。野雲南［《禪宗頌古聯珠通集》卷十八］

◎進云："趙州道：'我在青州作一領布衫重七斤。'又作麼生？"師云："鎮州蘿卜。"（《古林清茂禪師語錄》卷二）

◎舉僧問趙州："承聞和尚親見南泉，是否？"州云："鎮州出大蘿卜頭。"頌曰：

鎮州蘿卜，無根無蒂。塞斷咽喉，何處出氣。趙州親見老南泉，釋迦不受然燈記。（《月江正印禪師語錄》卷中）

◎出城歸上堂："惟此一事實，餘二則非真。空山白雲，鬧市紅塵。天高無極地無垠，鎮州蘿卜重三斤。"（《海印昭如禪師語錄》）

◎上堂："達磨不來東土，二祖不往西天。臨濟不參黃檗，趙州不見南泉。是處池中有月，誰家竈裏無煙？有問分明向伊道，新羅國在海東邊。"（《楚石梵琦禪師語錄》卷五）

◎舉僧問趙州："見說和尚親見南泉，是否？"州云："鎮州出大蘿卜。"

趙州親見南泉，鼻孔元無半邊。鎮州出大蘿卜，天下衲僧取則。打破漆桶，坐斷舌頭。蘆花明月夜，隨意泊漁舟。（《楚石梵琦禪師語錄》卷十二）

◎示禪人九首 其三

而今謾說普通年，此話無人舉得全。臨濟何曾見黃檗，趙州亦不到南

泉。追風木馬來如電，入海泥牛去似煙。船在須彌山上泊，一篙撐破水中天。(《楚石梵琦禪師語錄》卷十八)

◎鎮州蘿卜

鎮州出大蘿卜，趙州親見南泉。五祖栽松道者，洞賓元是神仙。(《愚菴和尚語錄》卷七)

◎鎮州出大蘿蔔頭，宣州出好花木瓜。相國寺裏芭蕉樹，風吹雨打，彷彿破袈裟。(《天如和尚語錄》卷一)

◎擔板漢，沒思算，既不諳古佛家風，又未了先師公案。棄却鎮州蘿卜頭，收取秦時䩺轢鑽。(《天如和尚語錄》卷五)

◎僧問趙州："承聞和尚親見南泉，是否？"驗主 州云："鎮州出大蘿卜頭。"直下明宗 ○主意直指，旨明絕待。總結：平常無生

鎮州出大蘿卜，天下衲僧取則。天下衲僧取此為極 只知自古自今，爭辨鵠白烏黑？須然今古無差，爭奈難分黑白 賊賊，衲僧鼻孔曾拈得。言這老賊善換人眼(《雪竇頌古直註》卷上)

◎鎮州蘿卜

鎮州蘿卜光生，政好將來煮羹。喫得肚裏飽了，不妨東行西行。(《恕中無慍和尚語錄》卷三)

◎雲門乾屎橛

有屈無伸事果拙，使人憎愛難分雪。直下分明者幾人，鎮州蘿卜重加楔。(《無明慧經禪師語錄》卷二)

◎舉僧問趙州："承聞和尚親見南泉，是否？"州云："鎮州出大蘿蔔頭。"

南泉何曾親見，好手還他趙州。拈出鎮州蘿蔔，塞斷衲僧咽喉。(《了堂和尚語錄》卷二)

◎次韻澄散聖山居真跡

樂道自然忘世緣，崖根結屋屢更年。霜花燦爛蒙雙鬢，雲葉參差擁半肩。百丈再能參馬祖，趙州早已見南泉。誰來同撥地爐火，話到威音大劫前。(《了堂和尚語錄》卷四《後錄》)

◎直須參到脫體無依，纖毫不立處，著得隻眼，便見青州布衫，鎮州蘿蔔，皆是自家所用之物，更不須別求神通聖解也。(《禪關策進》)

◎趙州因僧問："承聞和尚親見南泉，是否？"州曰："鎮州出大蘿

蔔頭。"

愚菴盂云:"要見南泉則易,見趙州則難。要見趙州則易,見蘿蔔頭則難。還有要見蘿蔔頭者麼?請來與老僧相見,老僧賣身供養他。不見道拾薪設食,乃至以身而爲床座。"

勝法法云:"趙州古佛,得南泉平常之道,等閑拈出,不妨塞斷天下人口。檢點將來,猶是鼓粥飯氣。今日有問新勝法親見磐山是否,山僧但蓦頭與伊一棒。何故聻?曹溪波浪如相似,無限平人被陸沈。"

東塔熹云:"鐵壁銀山,截斷衆流,不無他趙州。者漢然要且只明陷虎機,無出身路。設有問山僧:'聞和尚親見龍池是否?'但對道:'問話即得,禮拜了退。'"

青龍操云:"趙州塞者僧口則得,塞天下人口則難。"[《宗鑑法林》卷十六]（《宗門拈古彙集》卷十五）

◎問趙州云:"承聞和尚親見南泉,是否?"此問不比尋常,奇甚妙甚。天下誰不知趙州親近南泉,而竟有此問,豈不癡耶?可恨此問此人姓名不傳。蓋此問乃直追趙州曾親近不使鬼神覷見的真南泉,豈他人所能測?故趙州即指出真南泉與他親近,即答曰:'鎮州出大蘿卜頭。'"湛愚曰:"要知此七字,毫無理路,毫無意謂,總不相干。更要知此七字乃理路之最精最妙,最奇最玄,直指他刻下即親近南泉。此時問者已親近南泉,何況趙州?真點鐵成金之手,全虧此七字還丹。金鍼在我,故如此開示。諸子當細參此,自能悟入也。"（《心燈錄》卷三）

◎言無展事:如答鎮州出大蘿蔔頭是也。其言不曾開展,以明其事,須理會在有言之外乃可。（《五家宗旨纂要》卷中）

◎趙州因僧問:"曾聞和尚親見南泉,是否?"師曰:"鎮州出大蘿卜頭。"

福州荔枝青州棗,萬物無過出處好。爐裏揀底不是精金,綈箱蓄者非是至寶。趙州本爲定干戈,惹得烽煙空裊裊。三宜盂（《宗鑑法林》卷十六）

◎舉趙州蘿卜公案,頌云:"蘿卜三斤重,誰云出鎮州?有時乘好月,不覺過滄洲。"（《佛光國師語錄》卷一）

◎白雲菴居咄咄歌

蘿卜拈來憶趙州,不知將底可深酬?偶將杖子敲楹樹,浩浩清風起樹頭。（《佛光國師語錄》卷二）

◎解夏，舉僧問趙州："承聞和尚親見南泉，是否？"州云："鎮州出大蘿卜頭。"師云："蘿卜親曾出鎮州，門前千古路悠悠。朝朝暮暮人來去，幾個親曾到地頭？"（《一山國師語錄》卷上）

◎十一月旦上堂。僧問："古者云：'不用思而知，不用慮而解。盧陵米價高，鎮州蘿卜大。'意在那裏？"答云："依稀越國，彷彿揚州。"問云："即今問和尚：不思不慮，如何履踐？"答云："急行騎馬，緩行騎牛。"問云："與麼則舉足下足，皆是道場也。"答云："切忌坐在無事甲裏。"僧禮拜。（《義堂和尚語錄》卷一）

◎趙州諗禪師，僧問："承聞和尚親見南泉，是不？"師曰："鎮州出大蘿卜頭。"首山念禪師僧問："如何是佛法大意？"師云："楚王城畔汝水東流。"其僧於此悟入。是皆從上出陰界底明眼大宗師，無秘密無學習，無密傳無顯傳，無玄妙無奇特，顯露明白至簡至易、公然之禪也。今世禪林不務真參實悟，惟學習問答機鋒。直饒學得問答，雲起瓶瀉，學得機用，雷轟電拂，皆是粥飯氣生死之法，野狐禪也，非出世間脫生死之法、禪宗之禪。（《獨菴獨語》）

◎趙州蘿卜

深錐一問難迴避，蘿卜發來強弩機。擊碎黑山閑鬼窟，那吒頂上火星飛。（《智覺普明國師語錄》卷五）

◎舉起鎮州蘿卜逼塞口，（中略）是悟上之三昧，機前之作略。（《寶峰和尚語錄》）

（十六）

問："和尚生緣什麼處？"師以手指云："西邊、更向西。"〔《古尊宿語錄》卷十三《趙州從諗》〕

【箋註】

○生緣：本貫，籍貫。西邊更向西，蓋暗示在於佛國境界。

（十七）

問："法無別法，如何是法？"師云："外空內空內外空。"〔《古尊宿語錄》卷十三《趙州從諗》〕

【箋註】
○內空：內即內身，謂三十六種不淨充滿，九孔常流，淨相不可得故，是名內空。　○外空：外即外色，謂愚夫爲欲染故，觀所著色，妄以爲淨，求其淨相，亦如我身淨相不可得故，是名外空。簡言之，即身外的一切事物都是空假不實。　○內外空：謂六根、六塵、六識，都無自性，故名內外空。《松源崇嶽禪師語錄》卷下："內空外空內外空，一聲纔舉迅雷風。流通佛法無多子，千古靈山氣象雄。"《佛鑑禪師語錄》卷一："上堂，卓拄杖云：'內空外空內外空，四大五蘊不可得，山河大地不可得，不可得亦不可得。'復卓一下，云：'舜若多神面皮黑。'"《續古尊宿語要》卷六《別峰雲》："言跡既無，心智路絕，直得內空外空內外空，俱不可得。只這不可得，亦未是諸人安身立命處。"《雪巖祖欽禪師語錄》卷一："時光荏苒，己事朦朧。安得桶箍忽爆，連底俱空，內空外空內外空。從上佛祖言教，固定是半字不留。山河大地，何處覓鍼鋒。"

【集評】
◎雨中至虎跑寺二首　其二
一徑濃青入霄漢，萬峰濕翠接溟濛。趙州法語明重舉，外空內空內外空。（《御製詩集·三集》卷二十二）

（十八）

問："如何是佛真法身？"師云："更嫌什麼！"〔《古尊宿語錄》卷十三，《御

選語錄》卷十六〕

（十九）

問："如何是心地法門？"師云："古今榜樣！"〔《古尊宿語錄》卷十三〕

（二十）

問："如何是賓中主？"師云："山僧不問婦！"問："如何是主中賓？"師云："老僧無丈人！"〔《五燈會元》卷四，《古尊宿語錄》卷十三，《御選語錄》卷十六〕

（二十一）

問："如何是一切法常住？"師云："老僧不諱祖！"其僧再問，師云："今日不答話。"〔《古尊宿語錄》卷十三，《御選語錄》卷十六〕

【箋註】

○一切法常住：《大寶積經》卷一百一十九："如來色無盡，智慧亦復然。一切法常住，是故我歸依。"（亦見於《勝鬘師子吼一乘大方便方廣經》，《大乘修行菩薩行門諸經要集》卷下）此四句在懺法儀軌尤爲通行，見《慈悲道場懺法》卷一，《熾盛光道場念誦儀拾遺序》，《往生淨土決疑行願二門》，《集諸經禮懺儀》卷上，《持齋念佛懺悔禮文》。《勝鬘經疏》："一切法常住者，萬法盈滿故言一切，不爲生滅所傾稱曰常住。"

(二十二)

師上堂云："兄弟！莫久立，有事商量，無事向衣鉢下坐，窮理好。老僧行腳時，除二時齋粥，是雜用心力處，餘外更無別用心處也。若不如此，出家大遠在！"〔《聯燈會要》卷六，《五燈會元》卷四，《古尊宿語錄》卷十三〕

【箋註】

○二時：此指晨粥午齋二時。　○齋粥：齋，午食；粥，朝餐。齋粥，泛指僧堂飲食之事。一般爲早餐食粥，午餐食飯。（參《釋門正統》卷三）

【集評】

◎趙州道："我見千百億個，盡是覓作佛漢子，於中覓個無心底難得。"又云："我在南方三十年，除粥飯二時是雜用心處。"香林四十年方成一片，湧泉四十年尚自走作，南泉十八上解作活計，信知從上古人，無不皆如此密密履踐，安可計得失長短取捨是非知解也？（《圓悟錄》卷十四，《圓悟心要》卷下，《續古尊宿語錄》卷三《圓悟勤》）

◎示諫長老

趙州云："我在南方三十年，除粥飯二時是雜用心處。"將知古德爲此個事，不將作等閑，直是鄭重。所以操修覷捕到徹底分明，於一機一境、一句一言，悉不落虛，是致世法佛法、打成一片。（《圓悟錄》卷十四，《圓悟心要》卷上）

◎王老師謂之作活計，趙州除粥飯二時是雜用心，悠久踐履使純熟，乃合從上來無心體道，密密作用。自見工夫到下梢結角頭，自然如懸崖撒手，豈不快哉！（《圓悟錄》卷十六）

◎示湧道者 尼

古人爲此大法，捐軀捨命，歷無邊無量辛勤。及至洞明奧旨，鄭重如至寶，保護如眼睛。造次動轉，不令輕觸。才起一毫勝解知見，即若雲翳青天，塵昏鏡面。故趙州道："我在南方三十年，除粥飯二時是雜用心處。"曹山指人保任此事，如經蠱毒之鄉，水也不得霑他一滴。始得以忘心絕照，踐履到如如實際。無事於心，於心無事。平澹無爲，超然獨運。（《圓悟心要》卷上）

◎偉律身甚嚴，燕坐忘夜旦，占一室謝絕交遊。有過偉者，虛己座以延之，躬起炷香，叉手而立。南公聞之，以爲大絕物，非和光同塵之義，面誡之。對曰：「道業未辦，歲月如流。大根器如雲門趙州，猶曰『我惟粥飯二時是雜用心』，又曰『我豈有工夫閑處用』，矧行偉根性，日劫相倍者，寧暇圍世情，事清談，諛悅人，增我相乎？」南公賢之。（《禪林僧寶傳》卷二十四《仰山行偉》）

◎趙州和尚云：「老僧十二時中，除二時粥飯是雜用心，餘無雜用心處。」此是這老和尚真實行履處，不用作佛法禪道會。（《大慧錄》卷十九）

◎近世士大夫多欲學此道，而心不純一者，病在雜毒入心。雜毒既入其心，則觸途成滯。觸途成滯，則我見增長。我見增長，則滿眼滿耳只見他人過失，殊不能退步略自檢察，看逐日下得床來，有甚利他利己之事。能如是檢察者，謂之有智慧人。趙州云：「老僧逐日除二時粥飯是雜用心，餘外更無雜用心處。」且道這老漢在甚處著到？若於這裏識得他面目，始可說「行亦禪，坐亦禪，語默動靜體安然」。未能如是，當時時退步，向自己腳跟下子細推窮：「我能知他人好惡長短底，是凡是聖？是有是無？」推窮來推窮去。到無可推窮處，如老鼠入牛角，驀地偷心絕，則便是當人四楞塌地，歸家穩坐處。（《大慧錄》卷二十一）

◎上堂，舉趙州示衆云：「老僧除却二時齋粥，是雜用心處。」師曰：「今朝六月旦，行者擊鼓，長老陞堂，你諸人總來這裏雜用心。」（《嘉泰普燈錄》卷十六《雪堂道行》，《五燈會元》卷二十，《續傳燈錄》卷二十九，《禪關策進》，《列祖提綱錄》卷九）

◎舉趙州和尚示衆云：「老僧除却二時粥飯，是雜用心處。」

師云：「大衆，不知這老漢粥飯之外，正當在那裏著到？若也檢點得出，許你與趙州把手共行。脫或未然，縱便十二時中純一參究，亦是雜用心處。必竟獨脫一句如何稱提？好同霜夜月，任運落前溪。」（《絕岸可湘禪師語錄》）

◎諸人十二時中，如何用心？若也不知，未免向情識裏，頭出頭没。所以德山示衆云：「汝若於心無事，無事於心，自然虛而靈，空而妙。」趙州道：「老僧除二時粥飯外，是雜用心。」又道：「諸人被十二時使，老僧使得

十二時。"二大老恁麼告報，意在於何？若是眼生三角漢，一覷覷透，便與二老把手共行。(《石田法薰禪師語錄》卷三)

◎上堂，舉："趙州道：'老僧除二時粥飯是雜用心。'且道趙州二時粥飯外，在什麼處著到？雖然如是，鄧峰却不然，遇粥喫粥，遇飯喫飯，喚什麼作雜用心？還會麼？若也會得，二時上堂許你隨隊喫粥喫飯；若也不會，閻羅王在你鉢盂匙筯上。"(《佛鑑禪師語錄》卷二)

◎上堂："雲巖二十年在藥山，只明此事。澄潭不許蒼龍蟠；趙州除二時粥飯外，不雜用心，兔子何曾離得窟？鑄成鐵硯欲磨穿，還他萬裡功名骨。"(《北澗居簡禪師語錄》，《武林梵志》卷九)

◎上堂：趙州和尚道："老僧二時粥飯是雜用身心。"師頌云："玉關度了久班師，猶向人前動鼓鼙。只道馬行荒草地，不知身已陷重圍。"(《無文道燦禪師語錄》，《宗鑑法林》卷十八)

◎山僧昔年在衆，除二時粥飯不曾上蒲團，只是從朝至暮，東行西行，步步不離，心心無間。如是經及三載，曾無一念懈怠心。一日蟇然踏著自家底，元來寸步不曾移。(《高峰原妙禪師語錄》卷上，《高峰和尚禪要》)

◎趙州三十年不雜用心，何須討許多生受喫。更有一等漢子，成十年二十年用工，不曾有個入處者，只爲他宿無靈骨，志不堅固，半信半疑，或起或倒。弄來弄去，世情轉轉純熟，道念漸漸生疏。十二時中，難有一個時辰把捉得定，打成一片。遮般底，直饒弄到彌勒下生也，有甚麼交涉。(《高峰和尚禪要》)

◎復舉趙州道："老僧除二時粥飯，是錯用心。"拈云："三十年不下繩床，將謂有多少奇特，元來只在黑山下鬼窟裏作活計，至今未有轉身之路。若是朝三千暮八百底，雙林這裏不著。"(《兀菴普寧禪師語錄》卷中)

◎趙州因僧問："十二時中如何用心？"(中略) 頌曰：

百年三萬六千日，一日朝昏十二時。使殺老僧渾不管，不知閫裏有誰知？鼓山珪 [《古尊宿語錄》卷四十七，《禪林類聚》卷十四]

使得十二時辰，呼來却教且去。倚官挾勢欺人，茫茫無本可據。徑山果 [《古尊宿語錄》卷四十七]

鐘送黃昏雞報曉，趙州何用閑煩惱。裂破虛空作兩邊，古廟香爐出芝草。雪菴瑾 [《雪菴從瑾禪師頌古》，《宗鑑法林》卷十八]

安貼邦鄉老趙州，時辰使得最風流。今朝有酒今朝醉，明日愁來明日

愁。野菴璿（《禪宗頌古聯珠通集》卷二十）

◎上堂："從向上著，明格外機。太平時代，拈弄干戈。衲僧家誰管月之大小，歲之餘閏，只知一日鉢盂兩度濕。雖然，如何是趙州雜用心處？"（《月澗文明禪師語錄》卷上）

◎上堂，舉趙州和尚道："老僧除二時上堂粥飯，是雜用心處。"師云："趙州有年無德，錯下名言。燒香禮拜，是雜用心；看經講教，是雜用心；參禪學道，是雜用心；了生達死，是雜用心；成佛作祖，是雜用心。唯二時上堂粥飯，是善用心。何也？不曾咬破一粒米。"（《愚菴和尚語錄》卷二）

◎評古德垂示警語

趙州云："三十年不雜用心，除著衣喫飯是雜用心。"

評："非不用心，不雜用心耳。所謂置之一處，無事不辦。"（《博山和尚參禪警語》卷上）

◎今之少年，蒲團未穩，就稱悟道，便逞口嘴，弄精魂，當作機鋒迅捷，想著幾句沒下落胡言亂語，稱作頌古，是你自己妄想中來底，幾曾夢見古人在？若是如今人悟道這等容易，則古人操履，如長慶坐破七個蒲團，趙州三十年不雜用心，似這般比來，那古人是最鈍根人，與你今人提草鞋也沒用處。增上慢人，未得謂得，可不懼哉！"（《憨山老人夢遊集》卷六）

◎你看古人在者裏，坐破七個蒲團，是何等用心。今人發脚參方，便想秉拂開堂。趙州道："汝但究理坐看三二十年，若不會，截取老僧頭去。"佛法無多子，久長難得人。山僧三十年前在博山，見苦心參究底人尚多，如今絕不見用心。者一種用心，只是將心待悟。此病入了膏肓，畢生不治。（《長慶宗寶禪師語錄》卷二）

◎事雖淺近，理實幽微。如趙州云："老僧十二時，惟粥飯二時是雜用心。"溈山問懶安云："汝十二時當作何務？"安云："牧牛。"溈云："作麼生牧？"安曰："一回入草去，驀鼻拽將來。"此皆繫心一緣也。（《居士分燈錄》卷下《吳偉明附吳潛》）

◎顏子尚僅三月不違，則三月外容有念生；趙州尚假四十年方成一片，則未成一片時，容有念生。如景仁者，得無粗念？（《居士分燈錄·蓮池大師法語》）

◎昔張天祺自約，自上床後不得思量雜事。趙州參禪，自云此心於二六時中，惟粥飯兩時爲雜用。汝今只簡點此心，一日不雜者有幾？不患念起，只患覺遲。此至言也。正學語（《陶菴全集》卷十九）

◎師（古拙俊禪師）住南極日，單舉無字勘驗來學，諸方時號南無字。（中略）普説示衆："（中略）要將從上諸祖，做個樣子。趙州老人，四十餘年不雜用心，爲甚麼事？長慶棱公，坐破蒲團七個，爲甚麼事？香嚴老師，四十年方成一片，爲甚麼事？乃至歷代真實履踐，克苦勵志，爲甚麼事？"（《徑石滴乳集》卷一）

◎小參："流水日日流，曾見河裏減去一點麼？行雲朝朝起，還見山頭增了一片麼？既無增，又無減，豈不是去來自爾，起滅如然？如趙州三十年不雜用心，且道是起是滅？是增是減？咄，莫謗古佛好。"（《御選語錄》卷十九《超鼎玉鉉》）

◎報恩寺碑文

古德有云："行解相應，謂之爲祖。"又云："明道者多，行道者少。"可知心性邊事，固貴眼明，必須踐履。行不應解，定非真解。明而不行，豈是真明。昔人十二時中並無雜用心處，又謂數十年始得打成一片，皆謂此也。朕於玉琳琇國師，蓋不勝仰止之嘆焉。（《清代世宗皇帝御製文集》卷十七，《浙江通志》卷首三）

◎趙州和尚云："我在南方三十年，除粥飯二時是雜用心處。"趙州寧謂粥飯二時不是正用心處耶？只是言其除粥飯外，更不雜餘事耳。此老生而知之人也，然其履踐工夫猶以如此，矧是自己未明者乎？（《夢窗國師語錄》卷下）

◎解夏上堂，舉趙州云："我在南方二十年，除粥飯二時是雜用心處。"師云："一夏以來諸人如何用心？若未委悉，聽取一偈：白夏安居荆棘叢，落梧疏柳又秋風。談玄終未瞞兄弟，一片青山五十翁。"（《景川和尚語錄》卷上）

◎船中次韻示不説禪人

若非處世空塵念，爭得忘山見道心？追慕趙州無雜用，一生正好在叢林。（《東林後錄》卷下）

(二十三)

問:"萬物中何物最堅?"師云:"相罵饒汝接嘴,相唾饒汝潑水。"〔《古尊宿語錄》卷十三,《御選語錄》卷十六〕

【集評】
◎此是大手宗師,不與爾論玄論妙,論機論境,一向以本分事接人。所以道:"相罵饒爾接嘴,相唾饒爾潑水。"殊不知,這老漢,平生不以棒喝接人,只以平常言語,只是天下人不奈何,蓋爲他平生無許多計較,所以橫拈倒用,逆行順行,得大自在。如今人不理會得,只管道,趙州不答話,不爲人說,殊不知當面蹉過。(《碧巖錄》第二則)

◎飯籮邊,漆桶裏,相唾饒你潑水,相罵饒你接嘴。(《嘉泰普燈錄》卷十九《應菴曇花》,《南宋元明僧寶傳》卷三《應菴華》)

◎水歸大海波濤靜,雲到蒼梧氣象閑。所以道相罵饒爾接嘴,相唾饒爾潑水。(《從容錄》第九十二則)

(二十四)

問:"曉夜不停時如何?"師云:"僧中無與麼兩稅百姓!"〔《古尊宿語錄》卷十三,《御選語錄》卷十六〕

(二十五)

問:"如何是一句?"師云:"若守著一句,老却你。"〔《古尊宿語錄》卷十三〕

【箋註】

○一句：表示終極真理的句子。本則公案中，趙州禪師謂即便是佛法真諦，如果拘泥，也會成病。用以遣除學人對真理的執著。

（二十六）

師上堂，謂衆云："若一生不離叢林，不語十年五載，無人喚你作啞漢，已後佛也不奈你何！你若不信，截取老僧頭去。"〔《聯燈會要》卷六，《五燈會元》卷四，《古尊宿語錄》卷十三，《指月錄》卷十一，《御選語錄》卷十六〕

【箋註】

○已後：以後。

【集評】

◎你來龍門，討方便，討法門，討安樂。龍門也無方便與人，也無一法與人，也無安樂法與人。何故？若有方便，却成埋没上座，籠罩上座。趙州道："你但究理而坐，三二十年若不會，截取老僧頭去。"亦則要成一片去。（《古尊宿語錄》卷三十三《佛眼清遠》）

◎野狐精　六祖云："汝但善惡都莫思量，自然得入。"趙州云："你若不語，十年後佛也不奈你何。"若記一個元字脚在心，永劫作野狐精。古禪師語錄（《錦繡萬花谷·前集》卷二十八）

◎趙州云："你若一生不離叢林，不語五年十年，無人喚你作啞漢，已後佛也不奈你何。"

評："不語即是不雜用心。若不向衣線下究理，則大遠在。"（《博山和尚參禪警語》卷上）

◎夫僧堂者，乃陶煉身心磨勵志氣之所也。蓋爲僧者弗居此堂，放下諸緣，静慧觀察，則何以知死生之苦，發出世之心，窮本有之真源，堅度生之弘誓，續佛慧命，仰報四恩乎？故有智之士，一入此堂，興決烈志，開特達懷，亡軀爲法，克苦履踐，久之自然惡習漸消，真光透露，而平生之志願償矣。古德云："但能一生不離叢林，敢保大事成辦。"豈虛語哉。(《爲霖道霈禪師旅泊菴稿》卷三)

◎參須真參，悟須實悟。何謂假參？爲博得個明眼宗師、作家居士之虛名也。何謂真參？爲了死生也。若實爲生死，致心一處窮究。趙州道："七日不悟，摘取老僧頭去。"永嘉道："若將妄語誑衆生，自招拔舌塵沙劫。"試看前聖婆心之緊懇，自可信此事之的真。(《御選語錄》卷十二《圓明居士》)

◎趙州示衆云："汝若一生不離叢林，(中略)無人喚你作啞漢。"百草競頭窮赤骨，一生再活作功夫。幾來遮裏幾經歲，玉石轉疏淵有珠。(《永平元和尚頌古》)

(二十七)

師上堂云："兄弟！你正在第三冤裏。所以道：'但改舊時行履處，莫改舊時人。'共你各自家出家，比來無事，更問禪問道，三十二十人聚頭來問，恰似欠伊禪道相似。你喚作善知識，我是同受拷。老僧不是戲好，恐帶累他古人，所以東道西說。"〔《古尊宿語錄》卷十三，《御選語錄》卷十六〕

【集評】

◎"昔年行處，寸步不移。"古云："但改舊時行履處，莫改舊時人。"(《潙山警策註》)

(二十八)

問："十二時中，如何用心？"師云："你被十二時使，老僧使得十二時。你問那個時？"〔《聯燈會要》卷六，《五燈會元》卷四，《古尊宿語錄》卷十三，《指月錄》卷十一〕

【箋註】

○十二時：舊時以十二支爲劃分一日時間的單位。十二時指一整天，引申指每時、每天。

【集評】

◎透脱要旨，唯在歇心。此心知見生，即轉遠。直下歇到無心之地，虛閑寂靜，雖萬變千轉，非外非中，了不相干，自然騰騰任運，照應無方，便可以使得十二時。（《圓悟心要》卷下）

◎鏡清云："汝等十二時中，須管帶始得。"趙州云："我使得十二時。"佛言："若能轉物，即同如來。"既已久存誠，唯務向前，得不退轉。等閑要當心中不留一物，直下似個無心底人，如癡兀，不生勝解。養來養去，觀生死甚譬如閑，便與趙州、南泉、德山、臨濟同一見也。（《圓悟心要》卷下）

◎這老漢有時云："未出家被菩提使，出家後使得菩提。""汝諸人被十二時使，老僧使得十二時。"（中略）爾既不到這個田地，是事理會不得也。（《大慧錄》卷十六）

◎趙州云："諸人被十二時使，老僧使得十二時。"此老此説，非是強爲，亦法如是故也。大率爲學爲道一也。（中略）仁義禮智信在性，而不在人也。賢愚順背在人，而不在性也。楊子所謂修性，性亦不可修，亦順背賢愚而已，圭峰所謂惺悟狂亂是也，趙州所謂使得十二時、被十二時使是也。（《大慧錄》卷二十八）

◎趙州云："時人被十二時使，老僧使得十二時。"斯言最切，人莫曉焉。（《慈受深和尚廣錄》卷二）

◎只貴脚蹋實地，正眼流通。不見趙州道："諸人被十二時使，老僧使得十二時。"豈不是坐斷古今舌頭。（《瞎堂慧遠禪師廣錄》卷三）

◎若是個大丈夫漢，冷地回頭一覷，驀地如懸崖石裂一番，説什麼三世諸佛，六代祖師。便見三世諸佛説夢，六代祖師説夢，天下老和尚説夢，方見趙州和尚道："老僧使得十二時，汝等諸人被十二時使。"看他得底人，吐一言半句，終是迥別。（《密菴語錄》）

◎使得十二時辰底，元酒大羹，聊旌薄禮。被十二時辰使底，漏卮瓦缶，尚且不甘。（《虛堂錄》卷三）

◎趙州使得十二時，永明日爲百八事。國清才子貴，家富小兒嬌。(《物初大觀禪師語錄》)

◎上曰："朕於日用應緣，甚覺得力。"師云："只這得力，便是受用處。陛下地位中人，乘願力而來，示現帝王身，但正心術，於富貴聲色中，使得富貴聲色，乃見力量。正如趙州道'時人被十二時辰使，老僧使得十二時辰'底道理。"(《古尊宿語錄》卷四十八《佛照德光》)

◎諸人被十二時使，老僧使得十二時。牧童嶺上一聲笛，驚起羣鴉遶樹飛。(《續古尊宿語要》卷四《別峰珍》)

◎舉趙州道："諸人被十二時使，老僧使得十二時。"師云："趙州使得十二時，也是潙山客作兒。既是不爲十二時所使，因甚却是潙山客作兒？不見道澤廣藏山，理能伏豹。"(《續古尊宿語要》卷五《此菴淨》)

◎上堂："四十年打成一片，癩馬繫枯樁；老僧使得十二時，病牛耕爛封。"(《希叟和尚廣錄》卷三)

◎上堂："諸人被十二時辰使，彩奔齪家。老僧使得十二時辰，飯飽弄箸。趙州雖是傾腸倒腹，天堂未就，地獄先成。"(《偃溪廣聞禪師語錄》卷上)

◎豈不見趙州云："諸人被十二時使，惟老僧使得十二時。"且道他在甚處著倒？是汝諸人，若真個孜孜切切，只將己躬一件生死大事，晝三夜三，與之斯厓，片時不肯放捨，灼然使得十二時。(《兀菴普寧禪師語錄》卷中)

◎舉趙州示衆云："老僧使得十二時，諸人被十二時使。"師云："多口阿師，得個自受用三昧，便乃傍若無人，自不知漏綻處。"拈拄杖云："靈隱拄杖子，長年只麼黑鱗皴地，說什麼使十二時，十二時使？"顧左右云："諸人皮下，還有血麼？"(《石溪心月禪師語錄》卷中)

◎趙州諗禪師。僧問："十二時中如何用心？"師云："諸人被十二時使，老僧使得十二時。"

松源岳云："也是徐六擔板。"(《禪林類聚》卷十四)

◎趙州和尚道："諸人被十二時辰使，老僧使得十二時辰。"脫籠頭卸角馱，一丸消衆病，不假藥方多。(《古林清茂禪師語錄》卷二)

◎衲僧家道："我是祖師門下客，百不知百不會，是他向上人行履處。"只如趙州和尚道："諸人被十二時辰使，老僧使得十二時辰。"與你百不知百不會底，是同是別？北禪烹露地白牛，與諸人分歲，豈不是知時識節，義出豐年。(《古林清茂禪師語錄》卷四)

◎夜半子，不惜爲君重舉似。趙州使得十二時，却被十二時辰使。(《無見先睹禪師語錄》卷下)

◎三世諸佛，修證不到。一大藏教，詮註不及。歷代祖師，天下老和尚，摸索不著。不逐陰陽消長，不隨寒暑推遷。日日日東上，日日日西沒。循環三百六十，幾個解知窠窟。惟有七百甲子老禪翁，向老鼠孔裏，鑽出來却道："我使得十二時辰。"(《月江正印禪師語錄》卷上)

◎趙州道："諸人被十二時辰使，老僧使得十二時辰。你且思量看，行住坐卧，語默動靜，更有什麼物爲緣爲對？盡乾坤大地，何曾有一法繫綴於人？"(《楚石梵琦禪師語錄》卷二)

◎示善禪人

不思善不思惡，十二時中空自縛。善亦思，惡亦思，老僧使得十二時。(《楚石梵琦禪師語錄》卷十五)

◎使得十二時辰

晝夜從來十二時，使來使去何時了。引得無知瞎屢生，隨例茫茫入荒草。(《恕中無慍和尚語錄》卷三)

◎趙州使得十二時

使得人間十二時，口開已自落人機。眼光爍破四天下，不免渾身墮水泥。(《南石和尚語錄》卷二)

◎元旦上堂："新年頭，不可與諸人葛藤。德山棒臨濟喝，拈放一邊。你道趙州和尚使得十二時辰，還有勘驗處也無？"擊拂子："家家門前赫日月，太平不用將軍威。"(《呆菴莊禪師語錄》卷二，《列祖提綱錄》卷三十九)

◎趙州云："老僧十八歲便解破家蕩產。"又云："我當時被十二時辰使，如今使得十二時。"

評："在家產上作活計，被十二時辰使。破得家產者，便使得十二時。忽有僧問如何是家產？博山答云：'卸却皮囊，即向汝道。'"(《博山和尚參禪警語》卷上)

◎舉趙州和尚云："一切人，被十二時使。老僧使得十二時。"

趙州老古錐，使得十二時。床上破蘆蓆，手中粗辣梨。(《呆菴莊禪師語錄》卷五)

◎趙州使得十二時，看來猶被時辰使。我師一證無時法，萬劫刹那無彼此。(《鼓山為霖和尚餐香錄》卷下)

◎又侄仕祈書

伊川又言"常惺惺"，釋氏言"定慧"，又言"不被十二時使，却使得十二時"。動如何是使得十二時？請問善知識。三月廿七日書。（《易齋集》卷下）

◎畫禪室隨筆

趙州云："諸人被十二時使，老僧使得十二時辰。"惜又不在言也。宋人有"十二時中莫欺自己"之論，此亦吾教中不爲時使者。（《畫禪室隨筆》卷四）

◎趙州因僧問："十二時中如何用心？"師曰："汝被十二時辰使，老僧使得十二時。"

使得十二時辰，呼來却教且去。倚官挾勢欺人，茫茫無本可據。徑山果
天來龍來，神來鬼來，風來雨來，驢來馬來，幾乎死了，一去不來。漢關喻（《宗鑑法林》卷十八）

◎上堂："年年冬寒夏熱，朝朝夜暗晝明。使得十二時辰，看看能有幾人？"喝一喝曰："太平本是將軍致，不許將軍見太平。"（《宗鑑法林》卷三十七）

◎復云："物逐人興，道在日用。且如日用中是甚道？人興者是何物？動靜俯仰之間，色聲語默之際，非道不親，惟人自昧。道若不昧，物隨人而自興。豈不聞趙州和尚云：'諸人被十二時使，老僧使得十二時。'灼然體察得明，達絕疑慮之境。"（《大覺禪師語錄》卷上）

◎歲夜："年去年來沒了期，青絲漸改白絲垂。翻思昔日趙州老，解道能驅十二時。個是諸人現成底事，緣何日用昧而不知？"（《大覺禪師語錄》卷中）

◎使得十二時辰，不爲陰陽所轉。七十二候，二十四氣，咸歸掌握之中，靡不自家戲具。何妨以萬象森羅爲伴侶，以四相遷變作佛事。（《夢窗國師語錄》卷上）

◎復舉僧問趙州："十二時中如何用心？"州云："諸人被十二時使，老僧使得十二時。"拈云："大小趙州，擬欲完然，翻成兩片。"（《義堂和尚語錄》卷一）

◎趙州曰："諸人被十二時辰使，老僧使得十二時辰。"是乃手不執卷，常讀斯經樣子也。破一微塵出大經卷，坐微塵裏轉大法輪，蓋各各當人日用三昧耳。（《智覺普明國師語錄》卷二）

◎除夕小參，垂語云："只管被十二時使底，臘月正當三十日。若能使

得十二時，明朝即是大年頭。不涉去來新舊，誰是出格上流？"（《絕海和尚語錄》卷上）

◎示衆云："趙州示衆云：'人皆被十二時辰使，山僧使得十二時辰。'被十二時辰使且置，使得十二時辰底消息，諸禪德一一呈似來。"代云："高高山頂立，魔外不能窺。深深海底行，鬼神無得測。"（《雪江和尚語錄》）

◎上堂舉趙州云："諸人被十二時辰使，老僧使得十二時辰。"師云："諸人即今如何使得十二時辰？若把西湖比西子，淡妝濃抹兩相宜。"（《景川和尚語錄》卷上）

◎舉趙州云："諸人被十二時使，老僧使得十二時。"且問諸人被十二時使，使得十二時？自代云："涼天佳月即中秋，菊花開處是重陽。"（《西源特芳和尚語錄》卷一）

◎顧此身如夢幻，明天地如空華，則非但不被十二時使，又能使得十二時。以了佛性義，到大安樂地。（《東林前錄》卷下）

◎和洞外和尚餞別韻

空三千界泛虛舟，使十二時慣趙州。明日天涯分手去，大圓不隔鏡中遊。（《東林後錄》卷上）

（二十九）

問："如何是趙州主人公？"師咄云："這箍桶漢！"學人應諾。師云："如法箍桶著！"〔《古尊宿語錄》卷十三，《御選語錄》卷十六〕

（三十）

問："如何是學人本分事？"師云："樹搖鳥散，魚驚水渾。"〔《古尊宿語錄》卷十三，《御選語錄》卷十六〕

（三十一）

問："如何是少神底人？"師云："老僧不如你！"學云："不占勝。"師云："你因什麼少神？"〔《古尊宿語錄》卷十三〕

（三十二）

問："至道無難，惟嫌揀擇，是時人窠窟？"師云："曾有問我，直得五年分疏不得。"〔《五燈會元》卷四，《古尊宿語錄》卷十三，《指月錄》卷十一，《御選語錄》卷十六〕

【箋註】

○至道無難，惟嫌揀擇：僧璨《信心銘》："至道無難，惟嫌揀擇。但莫憎愛，洞然明白。毫厘有差，天地懸隔。欲得現前，莫存順逆。違順相爭，是爲心病。不識玄旨，徒勞念靜。"按此段法語，常爲趙州所徵引。按："至道無難"盛傳禪林，其義如上所述，然亦有別出新解者。《建中靖國續燈錄》卷十七《德山仁繪》："至道無難，惟嫌揀擇。但莫憎愛，洞然明白。山僧即不然：至道最難，須是揀擇。若無憎愛，爭見明白？"（《五燈會元》卷十一同）《永覺和尚廣錄》卷二："昔三祖《信心銘》云：'至道無難，惟嫌揀擇。但莫憎愛，洞然明白。'豈不是剖心剖膽，説與後人。但既曰'唯嫌'，便是'揀擇'。既曰'但莫'，便是'憎愛'。況有'明白'可指，豈爲究竟之談。須知至道無難亦無易，無揀擇亦無無揀擇，無憎愛亦無無憎愛，無明白亦無無明白。只如老僧恁麼道，還免得過也無？老僧雖不落揀擇憎愛，亦是借揀擇憎愛爲弄引，豈能免過？"又："祖師云：'至道無難，惟嫌揀擇。但莫憎愛，洞然明白。'諸人若能於此直下領略，更有何事。如或未能，山僧打葛藤去。衆生所以汩没生死，長劫冥冥，無有出期者，只爲你有個揀擇分別之心。有分別便有好醜，有好醜便有愛憎，有愛憎便有去取，有去取便有善惡。繇是善者上升，惡者下墜，報在天人。即欲去善惡，而取無善無惡，報在二乘。所以終不能超生出死，只爲有分別之識，愛憎之情也。所以諸佛諸祖，教人直出輪迴者，無有他術，唯要你泯此妄識妄情而已。"《宗鑑法林》卷六："報恩秀云：'祖師道個嫌字，先自憎愛了也。却云但莫憎愛，洞然明白，又何啻揚聲而欲止響？'"

【集評】

◎或云："至道無難，惟嫌揀擇。德山不在，付與黃檗。"代云："洗脚上船。"復問："僧云：'我恁麼道，正是時人窠窟。'趙州直得五年分疏不下，你何不救取？"僧無語。師云："雪峰道底。"（《明覺語錄》卷四）

◎舉，僧問趙州："至道無難，惟嫌揀擇，是時人窠窟否？"兩重公案。也是疑人處。踏著秤錘硬似鐵。猶有這個在。莫以己妨人 州云："曾有人問我，直得五年分疏不下。"面赤不如語直。胡猻喫毛蟲，蚊子咬鐵牛

趙州平生不行棒喝，用得過於棒喝。這僧問得來，也甚奇怪。若不是趙州，也難答伊。蓋趙州是作家，只向伊道："曾有人問我，直得五年分疏不下。"問處壁立千仞，答處亦不輕他。只恁麼會直是當頭，若不會，且莫作道理計較。

不見投子宗道者，在雪竇會下作書記，雪竇令參"至道無難，惟嫌揀擇"，於此有省，一日雪竇問他："至道無難惟嫌揀擇，意作麼生？"宗云："畜生畜生。"後隱居投子，凡去住持，將袈裟裹草鞋與經文。僧問："如何是道者家風？"宗云："袈裟裹草鞋。"僧云："未審意旨如何？"宗云："赤脚下桐城。"所以道，獻佛不在香多，若透得脫去，縱奪在我。既是一問一答，歷歷現成，爲什麼趙州却道"分疏不下"？且道是時人窠窟否？趙州在窠窟裏答他，在窠窟外答他？須知此事不在言句上。或有個漢徹骨徹髓，信得及去，如龍得水，似虎靠山。頌云：

象王嚬呻，富貴中之富。誰人不悚然。好個消息 師子哮吼。作家中作家。百獸腦裂。好個入路 無味之談，相罵饒爾接嘴。鐵橛子相似，有什麼咬嚼處？分疏不下五年強，一葉舟中載大唐。渺渺兀然波浪起，誰知別有好思量 塞斷人口，相唾饒爾潑水。咦，闍梨道甚麼？南北東西，有麼有麼？天上天下。蒼天蒼天 烏飛兔走。自古至今，一時活埋

趙州道"曾有人問我，直得五年分疏不下"，似"象王嚬呻，師子哮吼。無味之談，塞斷人口。南北東西，烏飛兔走。"雪竇若無末後句，何處更有雪竇來？既是烏飛兔走，且道趙州、雪竇、山僧畢竟落在什麼處？（《碧巖錄》第五十八則）

◎至道無難，惟嫌揀擇，是時人窠窟。趙州古佛，直得五年分疏不下。灼然，鵝王擇乳，素非鴨類。（《大慧錄》卷八）

◎況祖師正令，不落言詮。才落言詮，便成染污。所以□趙州五年分疏不下，黑達磨九載欲語無□。更無義路可商量，豈有語言掛唇齒？（《慈受深和尚廣錄》卷三）

◎有時孤迥迥峭巍巍，有時當處層落落。趙州五年分疏不下，達磨九載不敢承當。也知遍界不能藏，始信從來無縫罅。（《慈受深和尚廣錄》卷三）

◎至道無難，惟嫌揀擇

拈云："住，住！纔有語言，是揀擇，是明白。三祖大師平生心肝五臟，一提提起，呈似諸人了也，還構得麼？只這'至道無難'，言端語端，非但趙州五年分疏不下，直得天下老和尚，倒戈卸甲，向這裏納敗闕。如今欲得透頂透底、徹骨徹髓地參透這一轉公案麼？但剝去從前依草附木千種萬般伎倆計較、知見解會、露布葛藤，一時吐却，向自己命脈上試點檢看。"（《真歇清了禪師語錄》卷下《拈古》）

◎上堂，舉僧問趙州："至道無難，惟嫌揀擇，是時人窠窟否？"（中略）師云："且道趙州是答他話，不答他話？明眼底人，覷得他骨頭出。天童不免下註脚去也：五年分疏不下，一句元無縫罅。只知推過商量，誰信分明酬價。玲瓏底相知，莽鹵底相訝。寧可與曉事人相罵，不可共不曉事人說話。"（《宏智廣錄》卷四，《禪宗頌古聯珠通集》卷十九，《指月錄》卷十一，《宗鑑法林》卷十六）

◎上堂，舉趙州因僧問："至道無難，惟嫌揀擇，是時人窠窟否？"（中略）師云："觀大海者難為水，遊聖人之門者難為言。不因者僧，難見趙州老子。"（《虛堂錄》卷一）

◎俱胝指頭禪，一生受用不盡。趙州無揀擇，五年分疏不下。（《石田法薰禪師語錄》卷一）

◎上堂："久晴還雨，禾山解打鼓。久雨還晴，普化愛搖鈴。錢是足陌，物是定價，趙州直得五年分疏不下。"（《物初大觀禪師語錄》）

◎趙州因僧問："至道無難，惟嫌揀擇，是時人窠窟否？"師曰："曾有人問我，老僧直得五年分疏不下。"頌曰：

象王嚬呻，師子哮吼。無味之談，塞斷人口。南北東西，烏飛兔走。雪竇顯

分疏不下五年強，一葉舟中載大唐。渺渺兀然波浪裏，誰知別有好思量。白雲端［《白雲守端禪師語錄》卷下，《白雲守端禪師廣錄》卷四，《禪林類聚》卷五。"思"，《禪林類聚》作"商"］

五年分疏不下，往往反成話柄。須知至道無難，於此誰知縫罅？佛鑑懃

天雷如鼓，雲騰致雨。雨霽雲收，新月一鉤。至道無難，惟嫌揀擇，五年分疏太隔脉。東海鯉魚多赤梢，南山大蟲有白額。月堂昌

風雨濛濛，烏雲靉靉。晶鼠上山，狐狸入海。隨後追尋，龍王不在。咄！獸堂定［《宗鑑法林》卷十六］

天高地厚尋常事，海闊山重更要論。霹靂震摧山鬼窟，獨携霜劍定乾坤。無菴全［《宗鑑法林》卷十六］（《禪宗頌古聯珠通集》卷十九）

◎趙州。僧問："至道無難，惟嫌揀擇，是時人窠窟否？"（中略）

雪竇云："識語不能轉，死却了，也好與二十棒。這棒須有分付處。你若辨不出，且放此語大行。"［《明覺語錄》卷二，《宗門拈古彙集》卷十六］

◎烏回範云："大衆，趙州具頂門眼，向擊石火裏分緇素，閃電光中明縱奪。為什麼却五年分疏不下？還委悉麼？易分雪裏粉，難辨墨中煤。"［《嘉泰普燈錄》卷十三《唯菴範》，《五燈會元》卷十八，《續傳燈錄》卷三十］

◎僧又問："至道無難，惟嫌揀擇，是時人窠窟否？"州云："曾有人問我，直得五年分疏不下。"好與掀倒禪床。雪竇頌云："象王嚬呻，師子哮吼。無義之談，塞斷人口。東北東西，烏飛兔走。"是什麼說話，也好與一拶！（《古林清茂禪師語錄》卷四）

◎上堂："有蹤跡沒縫罅，善財七日尋覓不得，趙州五年分疏不下。汝等諸人，那邊經冬，者邊過夏，因甚問著，如聾似啞？"（《月澗文明禪師語錄》卷上）

◎僧問趙州："至道無難，惟嫌揀擇，是時人窠窟否？"心牢驗主 州云："曾有人問我，直得五年分疏不下。"隔身點罰 ○主意拈情，旨明爪牙。總結：言思無路

象王嚬呻，獅子哮吼。自在無畏 無味之談，塞斷人口。註十絕待 南北東西，烏飛兔走。雪竇呈機（《雪竇頌古直註》卷下）

◎（偃溪廣聞）上堂："一句絕離微，渾淪無縫罅。善財七日尋覓不得，趙州五年分疏不下。靈山今日，快便難逢，爲通一線：六月賣松風，人間恐無價。"（《武林梵志》卷九）

◎趙州因僧問："至道無難，惟嫌揀擇，是時人窠窟否？"（中略）

古南門云："趙州答話，深辨來風。雪竇道'識語不能轉，死却了，也好與二十棒。'古南道'無端，無端。'又道'這棒須有分付處。若辨不出，且放此話大行。'古南道個'瞎'。若人辨得，管取丹霄獨步。"

愚菴盂云："趙州古佛，尚且經及五年道不得，何況其餘。你們只管亂開大口。時旁僧矖之，余乃打三下曰：'舉似明眼人看。'"（《宗門拈古彙集》卷十六）

◎趙州因僧問："至道無難，惟嫌揀擇，是時人窠窟否？"（中略）

瑞鳳五綵，祥麟一角。可憐無眼人，何處分斑駁。斑駁分，陝府鐵牛沒星秤。大嶺丕（《宗鑑法林》卷十六）

（三十三）

有官人問："丹霞燒木佛，院主爲什麼眉鬚墮落？"師云："官人宅中，變生作熟，是什麼人？"云："所使。"師云："却是他好手。"〔《古尊宿語錄》卷十三，《指月錄》卷十一，《御選語錄》卷十六〕

【箋註】

○丹霞燒木佛：《五燈會元》卷五："後於慧林寺，遇天大寒，取木佛燒火向。院主訶曰：'何得燒我木佛？'師以杖子撥灰曰：'吾燒取舍利。'主曰：'木佛何有舍利？'師曰：'既無舍利，更取兩尊燒。'主自後眉鬚墮落。"丹霞天然燒木佛之公案，旨在闡明真正信佛者方爲續佛慧命，若視偶像爲佛，反損佛之慧命。　○眉鬚墮落：後世禪林將慧林寺院主眉鬚墮落看作是對其言行過失的懲罰。禪宗裏常見的眉鬚墮落一語即用此義。　○變生作熟：以做飯（變生米作熟飯）喻參禪。《古尊宿語錄》卷二十《法演》："謝典座上堂：變生作熟雖然易，衆口調和轉見難。鹹淡若知真個味，自然饑飽不相干。"《空谷集》第四十七則："運水般柴，總是神通妙用。"《宗鑑

111

法林》卷三十一："黃龍因化主歸，上堂：'世間有五種不易，一化者不易，二施者不易，三變生作熟者不易。'"　　○所使：供使喚的人。

（三十四）

問："毘目仙人執善財手，見微塵佛時如何？"師遂執僧手，云："你見個什麼？"〔《古尊宿語錄》卷十三〕

【箋註】

○毘目仙人執善財手，見微塵佛：《華嚴經》卷六十四："善財白言：'聖者，無勝幢解脫境界云何？'時毘目仙人，即申右手，摩善財頂，執善財手。即時善財，自見其身，往十方十佛剎微塵世界中，到十佛剎微塵數諸佛所，見彼佛剎及其衆會，諸佛相好，種種莊嚴。（中略）時彼仙人，放善財手。善財童子，即自見身，還在本處。"《註心賦》卷一："如《華嚴經》明毘目仙人執善財手，時經多劫，處歷無邊，故不可以長短思也。"《叢林公論》："又曰：'《華嚴經》毘目仙人執善財手，即時善財自見其身，住十佛剎微塵數世界中云云。彼仙人放善財手，善財童子即自見身，還在本處。方其執手，即入觀門。及其放手，即是出定。'"《續古尊宿語要》卷六《或菴體》："毘目執善財手。坦然古路勿迂疏，霽月涼風動十虛。毘目善財當日事，好如潘閬倒騎驢。"《華嚴經・入法界品》是圓融之境的形象化表述。善財來到羅那素國，參見毘目瞿沙仙人，無量仙人同聲讚嘆，仙人下床執善財手，善財即見佛剎現前，證得了真淨智。

（三十五）

有尼問："如何是沙門行？"師云："莫生兒！"尼云："和尚勿交涉。"師云："我若共你打交涉，堪作什麼？"〔《古尊宿語錄》卷十三〕

【箋註】

○打交涉：發生關係。《大慧錄》卷三十：“懶融所謂：'設有一法過於涅槃，吾說亦如夢幻。'況世間虛幻不實之法，更有甚麼心情，與之打交涉也。”《薦福承古禪師語錄》：“若是見佗肯底人，終不要人說，纔知有此事，直下便休，更不與你打交涉。”

【集評】

◎不答話

明眼衲僧不答話，又云"不入他繾綣裏"，又云"不共伊打交涉"。古禪師語錄（《錦繡萬花谷·前集》卷二十八）

（三十六）

問："如何是趙州主人公？"師云："田庫奴。"〔《正法眼藏》卷四，《古尊宿語錄》卷十三〕

【箋註】

○田庫奴：斥見識短淺者。《碧巖錄》第五十七則："田庫奴，乃福唐人鄉語罵人，似無意智相似。"《祖庭事苑》卷二《雪竇頌古》："田厙，武夜切，姓也，非義。當作舍。禪錄多作庫，而復誤後學，有呼爲田庫奴者，適所以發禪席之大噱也。"

（三十七）

問："如何是王索仙陀婆？"師云："你道老僧要個什麼？"〔《古尊宿語錄》卷十三〕

【箋註】

〇仙陀婆：又作先陀婆、先陀。意譯爲石鹽，即產於印度河畔之鹽。南本《涅槃經》卷九載，如來密語深而難解，譬如諸臣之服侍大王，大王洗時索先陀婆，智臣便奉水；食時索先陀婆，智臣便奉鹽；飲時索先陀婆，智臣便奉器；遊時索先陀婆，智臣便奉馬。如此之智臣，堪稱善解大王四種密語之意。故知仙（先）陀婆一名，實具鹽、器、水、馬四義，而以"一名四實"譬喻如來密語之甚深難解。此外，據《法華經科註》卷八載，善解先陀婆密語之人，稱爲先陀客。《妙法蓮華經文句》卷十下："或云咒者，是諸佛密語。如王索先陀婆，一切羣下無有能識，唯有智臣乃能識之。咒亦如是。"（亦見《註大乘入楞伽經》卷九）

（三十八）

問："如何是玄中玄？"師云："說什麼玄中玄，七中七，八中八！"〔《祖堂集》卷十八，《古尊宿語錄》卷十三，《御選語錄》卷十六〕

【箋註】

〇玄中玄：三玄之一。臨濟義玄接引學人之方法爲三玄三要。《臨濟錄》："上堂，師又云：'一句語須具三玄門，一玄門須具三要，有權有用。'"臨濟並未明言三玄三要之內容。蓋"三玄三要"之目的在於教人須會得言句中權實照用之功能。後之習禪者於此三玄三要各作解釋，而謂三玄即：（一）體中玄，指語句全無修飾，乃依據事物之真相與道理而表現之語句。（二）句中玄，指不涉及分別情識之實語，即不拘泥於言語而能悟其玄奧。（三）玄中玄，又作用中玄。指離於一切相待之論理與語句等桎梏的玄妙句。本則公案中，趙州係運用"玄中玄、七中七、八中八"的揶諭口吻將對學人對於玄中玄的執著予以遣除。

（三十九）

問：“如何是仙陀婆？”師云：“静處薩婆訶。”〔《古尊宿語錄》卷十三〕

【箋註】

○仙陀婆：見（三十七）註。　○薩婆訶：薩婆曷剌他悉陀之略。薩婆曷剌他悉陀，又作薩婆悉達多，薩婆頞他悉陀，薩縛頞他悉地。悉達太子之具名。譯曰一切義成就，一切事成。《西域記》卷七：“薩婆曷剌他悉陀，唐言一切義成，舊曰悉達多，訛略也。”静處薩婆訶：禪林習語。《景德傳燈錄》卷二十一《仙宗契符》：“闍梨若問宗乘意，不如静處薩婆訶。”《天聖廣燈錄》卷二十五《芭蕉閑》：“問：'如何是無縫塔？'師云：'我到者裏，却道不得。'進云：'爲什麽道不得？'師云：'静處薩婆訶。'”《建中靖國續燈錄》卷二《壽寧善義》：“時有僧問：'鼓聲才罷人皆聽，未審如何密領之？'師云：'只恐闍黎不問。'僧曰：'此問還當否？'師云：'静處薩婆訶。'”《法昌倚遇禪師語錄》：“覿面相呈猶未曉，不如静處薩婆訶。”《大慧錄》卷一：“正當恁麼時，轉身一句作麼生道？千重百匝無回互，大家静處薩婆訶。”《五燈會元》卷二十《黄龍法忠》：“曰：'如何是禪？'師曰：'莫向外邊傳。'曰：'畢竟如何？'師曰：'静處薩婆訶。'”《古尊宿語錄》卷十五《雲門廣錄上》：“是你有幾個到此境界，相當即相當，不相當静處薩婆訶。”又卷二十九《佛眼清遠》：“君命重宣降薛蘿，不容静處薩婆訶。”《禪林寶訓拈頌》：“參至愛憎惟滅度，用心排遣精英露。何處静處薩婆訶，扎定脚跟生鐵鑄。”

（四十）

問：“如何是法非法？”師云：“東西南北。”學云：“如何會去？”師云：“上下四維。”〔《古尊宿語錄》卷十三〕

（四十一）

問："如何是玄中玄？"師云："那個師僧若在，今年七十四五。"〔《祖堂集》卷十八，《古尊宿語錄》卷十三〕

【校記】

《祖堂集》卷十八："問：'如何是玄中又玄？'師云：'那個師僧若在，今年七十四也。'"

【箋註】

○玄中玄：詳（三十八）註。本則公案中，趙州係以具體生活細節，破除學人對玄中玄的執著。

（四十二）

問："王索仙陀婆時如何？"師蘧起，打躬叉手。〔《古尊宿語錄》卷十三〕

【集評】

◎（僧）又問趙州："如何是王索仙陀婆？"州下禪床，曲躬叉手。當時若有個仙陀婆，向世尊未陞座已前透去，猶較些子。（《碧巖錄》第九十三則）

◎上堂，舉僧問趙州："王索仙陀婆時知何？"州曲躬叉手。雪竇拈云："索鹽奉馬。"師云："雪竇一百年前作家，趙州百二十歲古佛。趙州若是，雪竇不是；雪竇若是，趙州不是。且道畢竟如何？天童不免下個註腳：差之毫厘，失之千里。會也打草驚蛇，不會也燒錢引鬼。荒田不揀老俱胝，只今信手拈來底。"（《宏智廣錄》卷四。按雪竇語見《明覺語錄》卷三）

◎舉僧問香嚴："如何是王索仙陀婆？"嚴云："過者邊來。"雪竇云：

"鈍致煞人。"僧問趙州:"王索仙陀婆時如何?"州曲躬叉手。雪竇云:"索鹽奉馬。"

師云:"雪竇也是方木逗圓孔。忽有人問山僧王索仙陀婆時如何,答云:'者漆桶!'且道與香嚴、趙州,是同是別?具眼者辨取。"(《古林清茂禪師語錄》卷三)

◎舉僧問香嚴:"如何是王索仙陀婆?"嚴云:"過者邊來。"雪竇云:"鈍置殺人。"僧問趙州:"王索仙陀婆時如何?"州曲躬叉手。雪竇云:"索鹽奉馬。"

師云:"雪竇只知有王索仙陀婆,不知蹉過二員古佛。有問山僧如何是王索仙陀婆,只向他道:'退後退後。'"(《了菴和尚語錄》卷四)

(四十三)

問:"如何是道?"師云:"不敢,不敢!"〔《古尊宿語錄》卷十三〕

(四十四)

問:"如何是法?"師云:"敕敕,攝攝!"〔《古尊宿語錄》卷十三〕

【箋註】

○法:僧人所問是佛法,趙州故意將之置換爲道教的法術,用以破除學人對法的執著。　○敕敕,攝攝:道家施行法術時的語助詞。《續古尊宿語錄》卷五《懶菴需》:"不修諸善,不作諸惡,不上天堂,不墮地獄。敕敕,攝攝,急急如律令!"《希叟和尚廣錄》卷五:"山僧雖無肘後靈符,也要與渠剿絕。拈拄杖云 敕敕吉吉攝攝。"

（四十五）

問："趙州去鎮府多少？"師云："三百。"學云："鎮府來趙州多少？"師云："不隔。"〔《古尊宿語錄》卷十三〕

（四十六）

僧問："如何是玄中玄？"師云："玄來多少時也？"學云："玄來久矣！"師云："賴遇老僧，洎合玄殺這屢生。"〔《景德傳燈錄》卷十，《聯燈會要》卷六，《五燈會元》卷四，《古尊宿語錄》卷十三，《指月錄》卷十一，《御選語錄》卷十六〕

【箋註】

○玄中玄：詳（三十八）註。　○玄來多少時也：追求玄妙、陷在玄中有多長時間了？　○洎合：幾乎。《祖堂集》卷十四《馬祖》："（座主）云：'某甲講四十二本經論，將謂無人過得，今日若不遇和尚，洎合空過一生。'"《大慧錄》卷三："'且道業識茫茫底，與釋迦老子相去多少？'喝一喝云：'洎合錯下註脚。'"《宏智廣錄》卷七："只麼郎當住持，洎合殃殺性命。"《嘉泰普燈錄》卷二十八《頌古下·廓菴遠》："不是明招重註脚，叢林洎合錯商量。"　○玄殺：被"玄"所害。禪道非玄，不離日用生活，如離此而求玄中玄，則與禪道相遠。　○這屢生：禪林中以"瞎屢生"、"禿屢生"、"鈍屢生"呵斥不具道眼者。"這屢生"意亦同之。

【集評】

◎若論三玄三要、四種料揀、五位君臣，（中略）如斯之類，不可備舉。有底才聞說著，總一味作建立會，却便道："諸佛未出世，祖師未西來時，還有恁麼說話也無？"便舉僧問趙州："如何是玄中玄？"州云："闍梨玄來多少時?"僧云:"玄來久矣。"州云:"你若不得老僧,幾乎玄殺。"便將這個話印定了也。有云:"古人玄妙之設,豈徒然哉?"若恁麼會,則三玄五位皆爲施設,要須就裏一一明辨出來,方見臨濟、洞山用處。(《嘉泰普燈錄》卷二十五《仁王欽》)

◎僧問趙州:"如何是玄中玄?"(中略)州云:"若不是老僧,幾乎玄殺。"洞山《玄中銘》:"向道莫去,歸來背父。""即周法界,打成一塊。豈勞塵外別有玄微,豈有前後向背。"(《從容錄》第六十七則)

◎僧問:"如何是玄中玄?"(中略)州云:"若不遇老僧,幾乎玄殺。"趙州與睦州出語,毒如德山、臨濟痛棒。雪峰後聞此語,遥禮云:"趙州古佛。"峰從此不答話。此語疑殺天下人。(《請益錄》卷上)

◎僧問趙州:"玄之又玄如何?"(中略)州云:"若不遇老僧,幾乎玄殺。"頌曰:

孟三娘子十分嬌,脚小繩行頭便搖。嫁與前村王大伯,不教刺繡著燒窑。(《紫柏老人集》卷十八)

◎何況以生滅心,粗浮想象,入究竟際,遠之遠矣。所謂舉心即錯,動念即乖。若將不舉心不動念,當作玄妙,又落玄妙窠臼。有僧問趙州:"如何是玄中玄?"州云:"汝玄來多少時?"僧云:"玄之久矣。"州云:"若不是老僧,幾乎玄殺。"你看古人一語,如金剛王寶劍,斷盡凡聖知見。如是觀之,此事豈脣吻能道,紙墨文字可能形容?只在學人日用舉心動念處,諦實觀察。但有絲毫情見,乃至玄妙見解粘滯處,便是妄想影子,都落生死邊際,非實際也。(《憨山老人夢遊集》卷三)

(四十七)

問:"如何是學人自己?"師云:"還見庭前柏樹子麼!"〔《古尊宿語錄》卷十三〕

【箋註】

○如何是學人自己:什麼是參禪者的本心、本性。《祖堂集》卷九《九峰》："問：'如何是學人自己？'師云：'更是阿誰？'"（《景德傳燈錄》卷十六作"更問阿誰"）又《靈巖》："僧問：'如何是學人自己本分事？'師云：'拋却真金，拾得瓦礫作什麼？'"又卷十一《潮山》："問：'如何是學人自己？'師云：'爭受人謾？'"《景德傳燈錄》卷二十五《報慈文遂》："曰：'如何是學人自己？'師曰：'總是。'"《建中靖國續燈錄》卷二十《上方日益》："直得進前退後，有問法問心之徒，倚門傍墻；有覓佛覓祖底漢，庭前指柏。便喚作祖意西來，日裏看山，更錯認學人自己。"《聯燈會要》卷二十四《白兆志圓》："玄則問：'如何是學人自己？'師云：'丙丁童子來求火。'"《五燈會元》卷十《報恩玄則》："師（玄則）問：'如何是學人自己？'眼曰：'丙丁童子來求火。'師於言下頓悟。"《楚石梵琦禪師語錄》卷二："僧問：'如何是學人自己？'師云：'你問我覓？'"《憨山老人夢游集》卷三："今日親承善知識開導，便是促發之音。至其促發上路，途中種種境界，種種辛勤，種種遲回，留連不留連，退情不退情，皆在學人自己底本分上忖量，皆非善知識所可與也。"《禪門鍛煉說》："間有宗師不知關捩，止教人參如何是西來意，如何是本來面目，如何是學人自己者。"

（四十八）

師上堂云："若是久參底人，莫非真實，莫非亘古亘今。若是新入衆底人，也須究理始得。莫趁者邊三百、五百、一千，傍邊二衆叢林，稱道：'好個住持。'洎乎問著佛法，恰似炒砂作飯相似，無可施爲，無可下口。却言他非我是，面赫赤地，良由世間出非法語。真實欲明者意，莫辜負老僧。"
〔《古尊宿語錄》卷十三〕

【校記】
"炒"：永樂南藏本《古尊宿語錄》作"炊"。

【箋註】
○久參底人：長時參禪之人。《古尊宿語錄》卷二十四《神鼎洪諲》：

"久參底人，直須破家散宅。"　○亘古亘今：從古至今，超越古今。《景德傳燈錄》卷二十五《報恩慧濟》："夫佛法亘古亘今，未嘗不見前。"又卷二十六《歸宗慧誠》："爲上座各有本分事，圓滿十方，亘古亘今。"《圓悟錄》卷四："不滅不生，亘古亘今。圓融無際，應用無差。佛祖由兹圓成，人天因其發現。"又卷四："楊岐又道：'羣靈一源，假名爲佛。體竭形消而不變，金流樸散而常存。如此則亘古亘今，不生不滅，羅籠不住，呼喚不回。'"又卷五："透聲透色，亘古亘今。"又卷六："蓋天蓋地，觸處逢渠。亘古亘今，全彰正體。"又卷十二："將知悟心見性，非思量分別。所以證入金剛正體，自然亘古亘今，廓周沙界。水不能溺，火不能燒。世界壞時，此個常住。"又卷十四："況此大寶藏，亘古亘今，歷歷虛明。"《建中靖國續燈錄》卷十《法雲圓通》："故知此事，理越常情。亘古亘今，欲人自信。"又卷十《開元智孜》："人人分上，各各如斯。十方國土，不隔毫端。亘古亘今，都在一念。"又卷十四《真如慕哲》："當人分上，各自圓成。亘古亘今，無增無減。"又卷二十五《佛鑑惟仲》："如是之法，亘古亘今。一切現前，不勞心力。"　○洎乎：及至，等到。　○炒砂作飯：《普照禪師修心訣》："欲求佛而不觀己心，若言心外有佛，性外有法，堅執此情欲求佛道者，縱經塵劫，燒身煉臂，敲骨出髓，刺血寫經，長坐不卧，二食卯齋，乃至轉讀一大藏教，修種種苦行，如蒸砂作飯，只益自勞爾。"《禪家龜鑑》："帶婬修禪，如蒸砂作飯；帶殺修禪，如塞耳叫聲。"《無異元來禪師廣錄》卷二十三："若以六識爲主宰，譬如蒸砂作飯，砂非飯。"又卷二十五："亦最初妄心不破，正所謂蒸砂作飯，砂非飯本也。"《鼓山爲霖和尚餐香錄》卷上："如斯見解，擬求大道，譬如蒸砂作飯，掘地覓天。徒自疲勞，於己何益。豈不見九峰虔和尚云：'擬將心意學禪宗，大似西行却向東。'不惟不能到家，最初出門時，早已錯却路頭了也。"

（四十九）

問："在塵爲諸聖說法，總屬披搭。未審和尚如何示人？"師云："什麼處見老僧？"學云："請和尚說。"師云："一堂師僧，總不會這僧語話。"別

有一僧問："請和尚說。"師云："你說，我聽。"〔《古尊宿語錄》卷十三〕

【箋註】

○披搭：《天聖廣燈錄》卷十四《守廓上座》："一日在僧堂後架坐，鹿門下來，見楚禪和便問：'終日披披搭搭作什麼？'楚云：'和尚見某甲披披搭搭耶？'"（《聯燈會要》卷十一同）《斷橋和尚語錄》卷上："五湖衲子，披披搭搭，哆哆和和，那裏秤量，者邊匹配。"《天目明本禪師雜錄·遠溪雄上人求加持布衣爲說偈》："吾宗大雄，曾搭此衣。寸絲不掛，一肩橫披。優鉢曇花綻一枝。"《禪林備用》卷四："入院古法：（中略）濯足，回僧堂前，取衣披搭入堂。"《永覺和尚廣錄》卷八："昔日大庾嶺頭，不堪提掇。今朝莒溪岸畔，正好承當。若夫一線相通，便已全身披搭。未能脫體風流，權且依例信受。"《宗門拈古彙集》卷二十五："古南門云：'（中略）只如將來既不受諸人早晚橫披竪搭，是衣不是衣？'"

（五十）

問："真化無跡，無師、弟子時如何？"師云："誰教你來問？"學云："更不是別人。"師便打之。〔《古尊宿語錄》卷十三〕

【箋註】

○真化無跡：真正的教化超越形跡，沒有老師與弟子的區分。　　○誰教你來問：本則公案中，趙州禪師使用的是以子之矛攻子之盾的機用，通過揭示學人意識與行爲之間的不符，來破除學人對"真化無跡"的執著。

（五十一）

問："此事如何辨？"師云："我怪你。"學云："如何辨得？"師云："我

怪你不辨。"學云:"還保任否?"師云:"保任、不保任自看。"〔《古尊宿語錄》卷十三〕

【箋註】

○保任:《妙法蓮華經》卷二:"汝速出三界,當得三乘聲聞辟支佛佛乘。我今爲汝保任此事,終不虛也。"禪宗用此語指禪悟之後,須加保持、維護。《曹山錄》:"僧問:'學人十二時中如何保任?'師曰:'如經蠱毒之鄉,水不得霑著一滴。'"《祖堂集》卷十《鼓山》:"師云:'作何道理?'峰乃呵曰:'大有人未到此境界,切須保任護持。'"又卷十五《大梅》:"因一日問:'如何是佛?'馬師云:'即汝心是。'師進云:'如何保任?'師云:'汝善護持。'"卷十七《大安》:"師云:'未審始終如何保任,則得相應去?'百丈云:'譬如牧牛之人,執鞭視之,不令犯人苗稼。'師從慈領旨,頓息萬緣。"又卷十七《芙蓉》:"宗云:'信即是佛,即汝便是。'師云:'如何保任?'宗云:'一翳在目,空花亂墮。'"《五燈會元》卷五《李翱》:"太守欲得保任此事,直須向高高山頂立,深深海底行。閨閣中物捨不得,便爲滲漏。"又卷七《龍潭崇信》:"復問:'如何保任?'皇曰:'任性逍遙,隨緣放曠。但盡凡心,別無聖解。'"又卷十三《青林師虔》:"汝等諸人,直須離心意識參,出凡聖路學,方可保任。若不如是,非吾子息。"

(五十二)

問:"如何是無知解的人?"師云:"說什麼事!"〔《古尊宿語錄》卷十三〕

【箋註】

○無知解:泯滅知解。知解,指執著於虛幻事物,強作區分對立的知識見解。禪家認爲"知解"是悟道的障礙,主張"靈源不昧,萬古徽猷。入此門來,莫存知解。"(《景德傳燈錄》卷九《平田普岸》)《神會語錄》:"未得修行,但得知解。"《祖堂集》卷十四《百丈》:"於生死中,廣學知解,求福求智,於理無益,却被知解境風漂却,歸生死海裏。"《景德傳燈錄》卷十七

《北院通》："若不無心，舉得千般萬般，只成知解，與衲僧門下有什麼交涉?"《林間錄》卷下："予謂禪宗貴大機大用，不貴知解。"《圓悟錄》卷二："若存情識論知解，耳裏塵沙眼內華。"又卷十五："截斷人我，脫去知解，直下以見性成佛、直指妙心爲階梯。"《建中靖國續燈錄》卷二十五《天聖齊月》："祖師心印，迥脫根塵。妙體非形，徒然測度。若乃心存知解，識滯見聞，祖師徽猷，如何得到?"《聯燈會要》卷二《六祖惠能》："此子向後設有把茅蓋頭，也只成得個知解宗徒。"《心燈錄》卷六："古德云：'不須求真，只要息見。'客曰：'息見則真能全麼?'曰：'人一生只要多見多聞，便以爲有學問有進益，殊不知大錯了也。知解門開，則悟門閉塞。總是要有見地，要有見識，將本心埋沒，不能出頭，必致墮落。'"　○説什麼事：既然想體會什麼是無知解的人，又何必向語言中求！

（五十三）

僧問："如何是西來意?"師下禪床。學云："莫便是否?"師云："老僧未有語在。"〔《景德傳燈錄》卷十，《五燈會元》卷四，《古尊宿語錄》卷十三〕

【箋註】
○西來意：詳（十二）註。

（五十四）

問："佛法久遠，如何用心?"師云："你見前漢、後漢把攬天下，臨終時半錢也無分。"〔《古尊宿語錄》卷十三〕

(五十五)

問："時人以珍寶爲貴，沙門以何爲貴？"師云："急合取口。"學云："合口還得也無？"師云："口若不合，爭能辨得？"〔《古尊宿語錄》卷十三〕

【箋註】
○本則公案中，學人既提出"時人以珍寶爲貴"，則心中已知"沙門以何爲貴"，却偏偏以此問題來詢問師家。因此，趙州禪師用特殊機法將學人的心念予以破除。

(五十六)

問："如何是趙州一句？"師云："老僧半句也無。"學云："豈無和尚在？"師云："老僧不是一句！"〔《景德傳燈錄》卷十，《聯燈會要》卷六，《五燈會元》卷四，《古尊宿語錄》卷十三〕

【箋註】
○趙州一句：指趙州禪師能令人超生脱死、大徹大悟的一句。

(五十七)

問："如何得不被諸境惑？"師垂一足，僧便出鞋。師收起足，僧無語。〔《古尊宿語錄》卷十三〕

【箋註】

○本則公案中，趙州禪師以特殊的機法，暗示學人被諸境惑的錯誤，以勉勵其進入真正不被諸境惑的向上一路。境風吹識浪，輾轉惑無窮。故禪門宗師以各種語言機法指示學人不爲諸境所惑。《祖堂集》卷七《藥山》："問：'如何不被諸境惑？'師曰：'聽他，何礙你？'"（四庫全書子部雜家類雜說之屬所收之〔宋〕沈作喆《寓簡》卷七："或問：'如何不被諸境惑？'藥山云：'何境惑汝？聽它何礙。'"）又卷十四《百丈》："問：'如何是大乘入道頓悟法？'師答曰：'汝先歇諸緣，休息萬事。（中略）對五欲八風，不被見聞覺知所縛，不被諸境惑，自然具足神通妙用。是解脫人，對一切境，心無靜亂，不攝不散，透一切聲色，無有滯礙，名爲道人。'"《景德傳燈錄》卷八《汾州無業》："一切境界本自空寂，無一法可得。迷者不了，即爲境惑。一爲境惑，流轉不窮。"《天聖廣燈錄》卷九《百丈懷海》："貪染一切有無境法，被一切有無境惑亂。"《聯燈會要》卷十二《葉縣歸省》："夫行脚禪流，直須著忖，參學須具參學眼，見地須得見地句，方始有相親分，始得不被諸境惑，亦不落於惡道。"又卷二十一《巖頭全豁》："但知於聲色前，不被萬境惑亂，自然露倮倮地，自然無事。"《古尊宿語錄》卷三《宛陵錄》："終日不離一切事，不被諸境惑，方名自在人。"又卷十二《子湖神力》："僧問：'如何得不被諸境惑去？'師云：'你試點惑你境出看。'進云：'某甲不見。'師云：'你既不見，惑境何來？'"

（五十八）

有俗官問："佛在日，一切衆生歸依佛；佛滅度後，一切衆生歸依什麼處？"師云："未有衆生。"學云："現問次。"師云："更覓什麼佛！"〔《古尊宿語錄》卷十三〕

(五十九)

問："還有不報四恩、三有者也無？"師云："有。"學云："如何是？"師云："這殺父漢，算你只少此一問。"〔《古尊宿語錄》卷十三〕

【箋註】

○四恩：《釋氏要覽》以國王恩、父母恩、師友恩、檀越恩爲四恩。《本生心地觀經》則以父母恩、衆生恩、國王恩、三寶恩爲四恩。　○三有：三界的生死有因有果，所以叫做三有。一、欲有，即欲界的生死；二、色有，即色界的生死；三、無色有，即無色界的生死。《洞山錄》之《辭北堂書》："欲報罔極深恩，莫若出家功德。截生死之愛河，越煩惱之苦海。報千生之父母，答萬劫之慈親。三有四恩，無不報矣。"又："上堂曰：'還有不報四恩三有者麼？'衆無對。又曰：'若不體此意，何超始終之患。直須心心不觸物，步步無處所，常無間斷，始得相應。直須努力，莫閑過日。'"《汾陽錄》卷下《行脚歌》："報四恩，撥三有，問答隨機易開口。五湖四海乍相逢，一擊雷音師子吼。"《天聖廣燈錄》卷十七《承天智嵩》："問：'如何報得四恩三有去？'師云：'幸是無事人，剛爲客作漢。'"《萬善同歸集》卷下："無忝本志，免負四恩。（中略）駕大慈航之般若，越三有之苦津。"《緇門警訓》卷九："仍將三業修行善，回施虛空法界中。四恩三有衆冤親，同脫苦輪生淨土。"《潙山警策句釋記》卷下："夫出家者，發足超方，心形異俗。紹隆聖種，震懾魔軍。用報四恩，撥濟三有。"註："用報四恩者，立身行道，以報親恩。德盈道大，自然福被四恩。一國王恩，二父母恩，三師友恩，四檀越恩。撥濟三有者，一切衆生耽荒五欲，沈溺愛河，說法教化，令出苦津，超登彼岸。"

（六十）

問："如何是和尚意？"師云："無施設處。"〔《古尊宿語錄》卷十三〕

【箋註】

○施設：禪師爲接引後學而採取的措施機法。《圓悟錄》卷八："從上宗師天下老宿，千方百計施設方便，無不盡力提持這一片田地。"《大慧錄》卷二十九："從上諸祖各立門户施設，備衆生機，隨機攝化。"《禪家龜鑑》："然法有多義，人有多機，不妨施設。"《憨山老人夢遊集》卷三十二："是以聖人不得已而施設，因五性而立三乘，循利鈍而開頓漸。"無施設，係立足於徹悟的立場所持持的向上一路。《臨濟錄》："一心不生，萬法無咎。世與出世，無佛無法。亦不現前，亦不曾失。設有者，皆是名言章句，接引小兒。施設藥病，表顯名句。"《祖堂集》卷八《龍牙》："萬般施設不如常，又不驚人又久長。如常恰似秋風至，無意涼人人自涼。"《宏智廣錄》卷九："根根塵塵兮元自現成，佛佛祖祖兮何勞施設？"《人天眼目》卷三丹霞淳《五位序》："是故威音那畔，休話如何。曲爲今時，由人施設。"《景德傳燈錄》卷十《香嚴義端》："假饒重重剝得，淨盡無停留，權時施設，亦是方便接人。若是那邊事，無有是處。"又卷二十五《天臺德韶》："如何是禪？三界綿綿。如何是道？十方浩浩。（中略）無用心處，亦無施設處。"《天聖廣燈錄》卷十九《雲門法毬》："若論佛法，直下難言。唱道之機，強名施設。"又卷二十二《崇勝光祚》之《綱宗頌》："盡令提綱爲阿誰，門庭施設在臨時。直饒祖師門下客，舉頭早落二三機。"《建中靖國續燈錄》卷十六《廣法法光》："主客問答，未當宗乘。建化門中，一期施設。使言言相副，句句投機，於衲僧分上，遠之遠矣。"卷二十三《上封慧和》："況菩提煩惱，本自寂然。生死涅槃，猶如春夢。門庭施設，誑嚇小兒。方便門開，羅紋結角。於衲僧面前，皆爲幻惑。"《雲卧紀談》卷上《東山吉》："八十四年老比丘，萬般施設不如休。今朝廓爾忘緣去，任聽橋流水不流。"《石田薰和尚語錄》卷二："入室陞堂，門庭施設。無途轍中，翻成途轍。"《五燈會元》卷十八

《禾山慧方》:"然五家宗派,門庭施設則不無,直饒辨得偶儻分明去,猶是光影邊事。若要抵敵生死,則霄壤有隔。"《古尊宿語錄》卷九《石門慈照》:"冬月是冬寒,夏熱是夏熱。甚處不周旋,何勞苦施設。"《呆菴普莊禪師語錄》卷三:"佛祖方便,數如恆沙。拾點將來,皆爲剩語。饒汝門庭施設,機辯縱橫,未出意根,徒自欺誑。"《南宋元明僧寶傳》卷六《自得暉》:"巢知風,穴知雨,甜者甜兮苦者苦。不須計較作思量,五五從來二十五。萬般施設到平常,此是叢林飽參句。"

(六十一)

師上堂云:"兄弟!但改往修來。若不改,大有著你處在!"〔《古尊宿語錄》卷十三,《御選語錄》卷十六〕

【箋註】

○改往修來:《禪宗永嘉集》:"是以智者,切檢三衍,改往修來,背惡從善。"《因師集賢語錄》卷七:"從茲改往修來,更勿迷頭認影。堅持戒定慧,斷息貪嗔癡。捨凡身而證法身,超人道而歸佛道。"《長慶宗寶禪師語錄》卷六:"煩惱可以理遣。心地一明,情念自息也。業可以懺悔,燒香散花,竭誠禮佛,改往修來,則業自消也。"《紫柏老人集》卷四:"爾等自今而後,各宜懺悔前愆,改往修來。"《憨山老人夢遊集》卷二:"若不痛念無常,深思大事,思地獄苦,發菩提心,改往修來,盡夜精勤,早求出離,因循度日,縱放身心,大限到頭,悔之何及。"《鼓山爲霖禪師還山錄》卷二:"乙丑除夕示眾:'大地眾生,未登聖果,總在凡夫界中。一年三百六十日,日日十二時,舉足動步,開口動舌,起心動念,與理不相應處,無非是罪。此罪若有體性,盡虛空界不能容受。以性空故,所以我佛世尊,開懺悔門,令其改往修來,復還元淨。'"

(六十二)

師又云："老僧在此間三十餘年,未曾有一個禪師到此間。設有來,一宿一食急走過,且趁軟暖處去也。"問:"忽遇禪師到來,向伊道什麼?"師云:"千鈞之弩,不爲鼷鼠而發機。"〔《古尊宿語錄》卷十三,參(十二)則引《祖堂集》卷十八之相關記載〕

【箋註】

○軟暖處:既指地理環境(地氣柔軟、氣候溫暖的南方),亦喻指禪法風格。　○千鈞之弩,不爲鼷鼠而發機:此謂發問者非禪者,所以不必與之白費口舌。

【集評】

◎而今衆中有一般禪和家,須待長老入室小參,方可做些子工夫。不然終日業識茫茫,遊州獵縣,趁溫暖處去却,也趁口快說禪,殊不知當面蹉過多少好事了也。(《佛果擊節錄》卷上)

(六十三)

師又云:"兄弟!若從南方來者,即與下載。若從北方來,即與裝載。所以道:'近上人問道,即失道;近下人問道者,即得道。'"〔《正法眼藏》卷二,《聯燈會要》卷六,《五燈會元》卷四,《古尊宿語錄》卷十三,《指月錄》卷十一〕

【箋註】

○下載、裝載:裝載亦作"上載"。趙州對上載(指悟入佛法的人)說心說性說玄說妙,說種種方便。對下載(指修證透脫的人)便没有許多道理玄妙。如果有人滿腹存著禪的知見，挑著一擔禪，來到趙州這裏，就會發現一點也用不著，因爲趙州會把你的見解剔除得一乾二淨，使之將各種行囊放下，灑灑落落，沒有一星事，證得悟了同未悟的禪心。

【集評】

◎"下載清風付與誰"，此是趙州示衆："爾若向北來，與爾上載；爾若向南來，與爾下載；爾若從雪峰、雲居來，也是個擔板漢。"雪竇道，如此清風堪付阿誰？上載者，與爾說心說性，說玄說妙，種種方便。若是下載，更無許多義理玄妙。（《碧巖錄》第四十五則）

◎只如趙州這個七斤布衫話子，看他古人恁麼道，如金如玉。山僧恁麼說，諸人恁麼聽，總是上載。且道作麼生是下載？三條椽下看取。（《碧巖錄》第四十五則）

◎白雲一日到磨院云："有數僧自廬山來，教伊說禪亦說得，下語亦下得，批判古今亦得。"祖云："和尚如何？"端云："我向伊道：'直是未在。'"祖得此語，數日飲食無味，後七日方諭厥旨。祖常以此語謂學者曰："吾因茲出得一身白汗，自是明得下載清風。"雪堂有頌曰："腦後一槌喪却全機，露裸裸兮絕承當。赤灑灑兮離鍼錐，下載清風付與誰？"（《雪堂行拾遺錄》，《祖庭鉗錘錄》卷上，《闢妄救略說》卷七，《徑石滴乳集》卷一，《宗鑑法林》卷三十一，《御選語錄》卷十八）

◎下載　趙州有語："向北人來與他上載，向南人來與他下載。"（《祖庭事苑》卷二《雪竇頌古》）

◎上堂云："山僧一無所解，只是叢林冤害。選甚南來北來，誰能上載下載？一味拔楔抽釘，與你平生慶快。"（《建中靖國續燈錄》卷十六《法真守一》）

◎有佛道場，以四事供養而成佛事，使知足者斷異念，故可與下載。（《建中靖國續燈錄》卷十九《佛海有瑞》，《五燈會元》卷十七）

◎若是從南來者，與伊下載；若是從北來者，與伊上載。上載下載，猶是中流語，且道到岸一句作麼生道？（《建中靖國續燈錄》卷二十《上方日益》）

◎上堂云："南來者，與他下載。北來者，與他上載。趙州和尚恁麼道，大似世情看冷暖，人義遂高低。山僧因一事長一智。南來者，與他一面笑。北來者，與他一面笑。笑裏亦無刀，笑裏亦無妙。且道圖個什麼？此事不愁怕爛了，賣者雖多買者少。慧林長老眼搭痴，誰敢按牛頭喫草？"（《慈受深和

尚廣錄》卷一）

◎初秋夏末，千萬爲拄杖草鞋保任。若也東去西去，上載下載無分，不得錯怪承天好。（《介石智朋禪師語錄》）

◎六祖道："慧能無伎倆，不斷百思想。對境心數起，菩提作麼長。"恁麼看來，塞壑填溝底事，又作麼生？如今抛擲西湖裏，下載清風付與誰。（《從容錄》第四十八則）

◎八月旦上堂："南來北來，上載下載。趙州老兒，法久成弊。三峰建個門庭，"提起拄杖云："除此別無體制。任是宿覺經過，也只一樣看待。分什麼南瞻部洲，北鬱單越，西瞿耶尼，東弗於逮。"（《絶岸可湘禪師語錄》）

◎上堂："秋聲滿林壑，秋雨滴梧桐。門外未歸客，飄泊在途中。歸也歸也，通身白汗，下載清風。"（《石田法薰禪師語錄》卷二）

◎上堂舉趙州和尚示衆云："南來者與他下載，北來者與他上載。"大似世情看冷暖，人義逐高低。又慈受和尚云："南來者與他一面笑，北來者與他一面笑。"大似歡喜廝算，笑裏有刀。若是焦山，又且不然。南來者以平常待之，北來者以平常待之，也不嗔，也不笑，也無下，也無高。何故？清平世界，不用干戈。（《無門慧開禪師語錄》卷上，《武林梵志》卷十）

◎方丈

南來底下載，北來底上載。月白風清，太湖無蓋。（《北磵居簡禪師語錄》）

◎次日上堂："大無外，小無内。南來北來，上載下載。忽有一人半人，不入者保社，靈隱却許佗。因甚如此？老胡有望。"（《偃溪廣聞禪師語錄》卷上）

◎"今朝臘月初一，次第年窮歲畢，從教萬物凋零。"豎起拂子云："這個元無變易。諸禪老，知不知？孤迥迥，峭巍巍，拈來抛擲太湖裏，下載清風付與誰？"（《續古尊宿語要》卷五《遁菴演》）

◎復舉云："看看，旋嵐偃嶽而常靜，江河競注而不流，野馬飄鼓而不動，日月歷天而不周。"遂擲下云："盡情抛擲太湖裏，下載清風孰與儔。"（《續古尊宿語要》卷五《遁菴演》）

◎"但見上載下載，來往憧憧，賓主交參，風雲會合。正恁麼時，如何通信？"良久云："洞庭七十二峰青。"（《兀菴普寧禪師語錄》卷上）

◎南叟

住在何方號阿誰，默然不答笑熙怡。知君不是北來者，下載清風合自知。（《石溪心月禪師語錄》卷下）

◎解夏小參。"（中略）上載下載，北往南來。把定疊疊銀山，放行歌謠滿路。"（《雲谷和尚語錄》卷下）

◎我菴法師真

處人情於毀譽得失之間，達法性於談笑死生之際。堂堂我菴，面目儼爾。慈光德色遍叢林，下載清風殊未已。（《平石如砥禪師語錄》）

◎上堂："南來北來，上載下載。廬陵米作麼價，草鞋錢教誰還。不探驪頷，安得驪珠；不入虎穴，爭得虎子？"拍禪床便起。（《月江正印禪師語錄》卷上）

◎問："岸如欲止先停棹，車若不行須打牛。如今打牛也，車行也未？"答："下載清風付與誰？"（《青州百問》）

◎爲復古人非，爲復今人是？到此休論是與非，畢竟古今無二致。須彌頂上擊金鐘，下載清風殊未已。（《了菴和尚語錄》卷二）

◎琦上人救警策

氈毛拍板無孔笛，白雪陽春明歷歷。百草頭邊聽得真，下載清風有何極。（《了菴和尚語錄》卷六）

◎蘆圌室歌

感應道交何木強，掀翻海嶽驗行蹤。蹈碎乾坤無影象，下載清風木作杯。（《了菴和尚語錄》卷六）

◎送森藏主

森禪日東來，意氣何慷慨。開口吞佛祖，不嫌牙齒礙。諸方奇特語，無一念心愛。只是舊時人，方能明下載。山僧却喜渠，早晚付鉢袋。（《楚石梵琦禪師語錄》卷十五）

◎寄一舟和尚 時退天寧歸普照

老禪出處曷優遊，只爲從來有一舟。上載便須教下載，入流終不肯隨流。（《南石和尚語錄》卷三）

◎如今拋擲西湖裏，下載清風付與誰？偏僻之問，平實之答，徹底掀翻，名曰下載（《雪竇頌古直註》卷上）

◎問："天上無彌勒，地下無彌勒，畢竟在甚麼處？"師曰："咦，火爐震動，通身汗流。"

頌曰："彌勒當來下生，人人活陷深坑。現在兜率內院，白白將自羅籠。金剛般若兮無人無我，華嚴法界兮勿西勿東。火爐震動堪作麼？須知下載有

清風。"（《無明慧經禪師語錄》卷三）

◎示志西禪人三首 其三

倒跨泥牛自在時，橫吹鐵笛詠新詩。雖然拶出通身汗，下載清風付與誰？（《無異元來禪師廣錄》卷十九）

◎淨土偈

淨心即是西方土，下載清風付與誰？白汗流通濃滴滴，壘堆贏得一身肥。（《無異元來禪師廣錄》卷二十）

◎僧問 僧問處，名偏辟問。州答處，名信手拈來無意路話。又謂放風前箭，轉格外機。須向言前領旨，句外明宗。不可尋言逐句，妄生揣度。趙州已至不立玄危平坦之地，了無佛法身心。凡酬酢，信口開合，皆無情識，不可較量也。故雪竇頌曰："偏辟曾挨老古錐，七斤衫重少人知。而今擲向西湖裏，下載清風付與誰？"（《禪林寶訓音義》）

◎師參駕湖，才跨門，駕云："是甚麼？"師擬對，駕震威一喝，師豁然契悟，乃掩耳而出。

龍門性頌曰："才承恩命處東宮，不與尋常體段同。石火光中明下載，江南江北動悲風。"（《徑石滴乳集》卷五）

◎天衣示衆："百骸俱潰散，一物鎮長靈。"百骸潰散皆歸土，一物長靈甚處安？

露出形藏不自知，何堪屋破影離離。眠雲嘯月真奇特，下載春風更有誰？克愚贊（《宗鑑法林》卷五二）

（六十四）

師又云："兄弟！正人説邪法，邪法亦隨正；邪人説正法，正法亦隨邪。諸方難見易識，我者裏易見難識。"〔《正法眼藏》卷二，《聯燈會要》卷六，《五燈會元》卷四，《古尊宿語錄》卷十三〕

【集評】

◎上堂："邪人説正法，正法悉皆邪。正人説邪法，邪法悉皆正。"提起

杖云："是邪是正？咄，這裏是什所在，説邪説正。"擲下云："一任舉似諸方。"(《保寧仁勇禪師語錄》)

◎舉："正人説邪法，邪法即爲正。邪人説正法，正法即爲邪。"得之於心，伊蘭作旃檀之樹。逢强即弱，失之於旨，甘露乃蒺藜之園。(《佛果擊節錄》卷上)

◎趙州云："諸方難見易識，我這裏易見難識。"雲門尋常問學者："喚作竹篦則觸，不喚作竹篦則背。不得下語，不得無語。"十個有五雙眼瞽盲地。縱有作聰明呈見解者，盡力道得個領字，或來手中奪却竹篦，或拂袖便行，自餘邪解不可勝數，更無一個皮下有血。(《大慧錄》卷十四)

◎上堂："邪人説正法，正法悉皆邪。正人説邪法，邪法悉皆正。"驀拈拄杖，卓一下，云："這裏是什麼所在，説邪説正！雖然，笑我者多，哂我者少。"遂靠拄杖，下座。(《松源崇嶽禪師語錄》卷上)

◎上堂："正人説邪法，邪法悉皆正。邪人説正法，正法悉皆邪。"驀召大衆云："與其譽堯而非桀，孰若兩忘而化於道。然雖如是，時人應笑我，解笑者還稀。"(《痴絶道沖禪師語錄》卷上)

◎上堂："邪人説正法，正法悉皆邪。正人説邪法，邪法悉皆正。"卓拄杖一下："邪耶？正耶？"又卓拄杖一下："説耶？不説耶？向這裏擇辨得出，黃金爲屋未爲貴，玉食錦衣何足榮。"(《虛舟普度禪師語錄》，《南宋元明僧寶傳》卷十)

◎趙州老人尋常道："諸方難見易識，我者裏易見難識。"點檢將來，也是和麪齩麵。(《石溪心月禪師語錄》卷上)

◎趙州古佛出現於世，雖無蓮臺光錟，却有妙用神通。具四辯才，得八解脱。端的海口鼓浪，舳舌駕流，浩浩辭源，滚滚流出，優遊平易，殊無艱難險阻之態。方信真文不揞，真武不粗。一日上堂云："正人説邪法，邪法悉皆正。邪人説正法，正法悉皆邪。諸方難見易識，我這裏易見難識。"(《空谷集》第四十四則)

(六十五)

問："善惡惑不得的人，還獨脱也無？"師云："不獨脱。"學云："爲什

麼不獨脱？"師云："正在善惡裏！"〔《古尊宿語錄》卷十三〕

【箋註】

○善惡惑不得：超出了善惡的相對觀念之外。《善慧大士錄》卷三："行路易，路易真不虛。善惡無分別，此則是真如。"《壇經·行由品》："不思善，不思惡，正與麼時，那個是明上座本來面目？"又《懺悔品》："念念圓明，自見本性。善惡雖殊，本性無二。無二之性，名爲實性。於實性中，不染善惡，此名圓滿報身佛。"又《付囑品》："汝若欲知心要，但一切善惡都莫思量，自然得入清淨心體，湛然常寂，妙用恒沙。"《神會禪話錄·南陽和尚了性壇語》："一切善惡，總莫思量。"《楞伽師資記·求那跋陀羅》："擬作佛者，先學安心。心未安時，善尚非善，何況其惡？心得安靜時，善惡俱無依。"《祖堂集》卷十《百丈》："但不被一切善惡垢淨，有爲世間福智拘繫，即名爲佛慧。"《景德傳燈錄》卷七《大梅法常》："心但不附一切善惡而生，萬法本自如如。"又卷九《平田普岸》："大道虛曠，常一真心。善惡勿思，神清物表。"又卷三十《荷澤顯宗記》："空即無相，寂即無生，不被善惡所拘，不被靜亂所攝。"又卷三十《華嚴示衆》："聖人道，萬法從心生，萬法從心滅，皆由你心，善惡也只由你心。"《大慧錄》卷二十七："但放教蕩蕩地，善惡都莫思量，亦莫著意，亦莫忘懷，著意則流蕩，忘懷則昏沈，不著意不忘懷，善不是善，惡不是惡，若如此了達，生死魔何處摸索。"《聯燈會要》卷四《馬祖道一》："自性本來具足，但於善惡事中不滯，喚作修道人。取善捨惡，觀空入定，即屬造作。"《密菴語錄》："直下自家竪起脊梁，如銀山鐵壁相似。於一切善惡逆順境界中，搖撼不動，二六時中，默默地迴光返照，冷眼覷捕，驀然覷透父母未生已前本來面目。"《五燈會元》卷二《牛頭慧忠》："師有安心偈曰：'人法雙淨，善惡兩忘。直心真實，菩提道場。'"又卷二《司空本淨》："善既從心生，惡豈離心有？善惡是外緣，於心實不有。捨惡送何處，取善令誰守？傷嗟二見人，攀緣兩頭走。若悟本無心，始悔從前咎。"又卷二《南陽慧忠》："善惡不思，自見佛性。"又卷七《玄沙師備》："莫只長戀生死愛網，被善惡業拘將去，無自由分。"《高峰原妙禪語錄》卷下："若要真正決志明心，先將平日胸中所受一切善惡之物，盡底屏去，毫末不存，終朝兀兀如癡，與昔嬰孩無異。"《永覺和尚廣錄》卷二十三

《示逸倫禪人》:"妙性本圓融,善惡俱無著。染惡固不堪,滯善亦成錯。"《緇門警訓》卷一:"一切善惡都莫思量,念起即覺,覺之即失,久久忘緣,自成一片,此坐禪之要術也。" ○獨脱:獨立,超脱,無所依賴,是禪悟者的機用。《寒山詩》:"不見無事人,獨脱無能比。"《圓悟錄》卷十四:"知有自己脚跟下一段因緣,處聖不增,居凡不減,獨脱根塵,迥超物表。"《聯燈會要》卷二十八《大覺懷璉》:"若是本分衲僧,纔聞舉著,一擺擺斷,不受纖塵,獨脱自在,最爲親的。"《痴絶道沖禪師語錄》卷下:"但能於此,從空放下,盡底掀翻,獨脱無依,絲毫不犯,未是衲僧家泊頭處在。"《古尊宿語錄》卷四《臨濟義玄》:"迥然獨脱,不與物拘。"《石溪心月禪師語錄》卷上:"者裏見得,頓超知覺,獨脱見聞,處處全彰,頭頭顯露。"《中峰普應國師法語·示無立地禪人》:"迴光返照四字,是獨脱凡情,超入大悟之域底境界。"《恕中無愠和尚語錄》卷五:"若一朝親悟親證,獨脱無依,不上他古人閑機境,不守自己家常受用事。"《了堂和尚語錄》卷三:"聖解競推憐末學,靈機獨脱慕先賢。" ○正在善惡裏:學人的問話中,善惡不拘之人乃是獨脱的悟者。趙州禪師則暗示,如果有了"善惡不拘"、"獨脱"的意念,尚非真正的"善惡不拘"、"獨脱",仍然是"正在善惡裏"。

(六十六)

尼問:"離却上來説處,請和尚指示。"師咄云:"煻破鐵瓶。"尼將鐵瓶添水來,云:"請和尚答話。"師笑之。〔《古尊宿語錄》卷十三,《御選語錄》卷十六〕

【箋註】
○離却上來説處,請和尚指示:不用原先所使用的各種言句,請和尚指示學人怎樣才能明心見性? ○煻破鐵瓶:鐵瓶不可能被"煻破",喻不可能"離却上來説處"而"指示"。尼師不明其意,以鐵瓶添水,故趙州禪師笑之。

(六十七)

問:"世界變爲黑穴,未審此個落在何路?"師云:"不佔。"學云:"不佔是什麼人?"師云:"田庫奴。"〔《古尊宿語錄》卷十三〕

【箋註】

○黑穴:《佛祖統紀》卷三十:"初禪火災之後,世界空虛猶如黑穴,經二十增減之久,大雲降雨,水長至天。"　○此個:指本心、本性。　○不佔:《汾陽錄》卷中:"一真之法,盡可有矣。爲什麼各人不得受用?代云:'不佔田地。'"《古尊宿語錄》卷十七《雲門廣錄下》:"一日云:'不佔田地,道將一句來。'代云:'總屬和尚。'"又卷十八《雲門廣錄》下:"師問僧:'不佔田地句,作麼生道?'"《重雕補註禪苑清規》卷八《一百二十問》:"不佔相吉凶否?"

【集評】

◎趙州因僧問:"世界變爲黑穴,未審此個落在何路?"(中略)蒲菴健云:"者僧置個問頭,大似石上栽花,不妨奇峭。趙州善於入林不動草,入水不動波,向空劫已前控他個入處,最爲敏手。只是田庫奴未肯點頭在。"(《宗鑑法林》卷十九)

(六十八)

問:"無言無意,始稱得句。既是無言,喚什麼作句?"師云:"高而不危,滿而不溢。"學云:"即今和尚是滿是溢?"師云:"爭奈你問我。"〔《古尊宿語錄》卷十三〕

【箋註】

○無言無意，始稱得句：禪宗主張參活句莫參死句。活句是意路不通的句子，死句是可以通過知解來理會的句子。《僧寶正續傳》卷七《代古塔主與洪覺範書》："巴陵真得雲門之旨，凡語中有語，名死句，語中無語，爲活句也。"禪宗主張言意兩忘。《古尊宿語錄》卷二十八《佛眼清遠》："真實到家之者，得意忘言。伶俜在外之人，隨情起解。情解既起，外相是興。言意兩忘，十方咸暢。"又卷四十八《佛照德光》："大底古人發揚先德因緣所有言句，乃借路經過爾。其實縱橫妙用，於言意之外，初不在文飾。"《證道歌頌·南明泉頌永嘉證道歌序》："心之所示，言所不能該。法之所傳，言所不能盡。即言即意，皆諸妄想。離言意者，亦復如是。（中略）言意兩忘，而心法得矣。"　○高而不危：《宗鏡錄》卷九："識此自心如意靈珠，圓信堅固，一切時處，不爲無明塵勞非人之所侵害，則處繁不亂，履險恒安，高而不危，滿而不溢。"《聯燈會要》卷十四《大寧寬》："高而不危，滿而不溢。在凡凡不捨，居聖聖難逃。十方都一照，大地絕纖毫。且道是什麼？"

（六十九）

問："如何是靈者？"師云："淨地上屙一堆屎！"學云："請和尚的旨。"師云："莫惱亂老僧！"〔《古尊宿語錄》卷十三〕

【箋註】

○靈者：指靈明皎潔的本心本性。《紫柏老人集》卷一："死生迴環，愛憎爲根，故我無心，則夢中天地人物，不煩遣而自空。空待天地人物而名。我無心時，雖空亦無地也。人爲萬物靈，不知此而他知，則靈者昧焉。所以寒暑迭遷，古今代謝，榮榮辱辱，死死生生，皆能劫我也。如靈不昧則僞心空，僞心空，則彼劫我者，豈待我建旗鼓，然後逃哉。"又："情有私而性無我，故率性則何往而非靈。古德曰：'無我而靈者性也。'

既曰無我而靈,所謂色聲香味觸法,眼耳鼻舌身意,此十二者,果有障乎,果無障乎?有障則有我,有我則不靈。"又卷四:"長沙曰:'學道之人不識真,只爲從前認識神。'濟上則以六根門頭昭昭靈靈者,即是佛性,無煩別求。長沙又以六根門頭昭昭靈靈者,指爲識神。佛性則無我而靈,識神則有我而昧。"又卷九:"又無我而靈者性也,有我而昧者情也。(中略)有我而昧者捨得盡,則無我而靈者方得全。"《紫柏尊者別集》卷四:"情乃有我而昧者也,性乃無我而靈者也。有我則不虛,不虛則不靈明,無我則虛而靈明矣。"《憨山老人夢遊集》卷二十《菩提菴妙明堂序》:"余坐菩提菴,新構丈室,主人請堂名,余題之曰妙明。大衆請開示,老人意取《楞嚴經》中性覺妙明、本覺明妙二語也。(中略)天然妙性本自靈者,故云性覺妙明。下句乃從迷中不失而修成者,故云本覺明妙。"　○淨地上屙一堆屎:暗示對靈者的執著,即是對靈者的污染。《普菴印肅禪師語錄》卷中:"普菴蓋爲從上古人公案未了,如此敗闕一場,思之,正是破二作三,却來淨地上放屙。"《聯燈會要》卷十六《大潙法泰》:"止止不須說,我法妙難思。釋迦老子無端向淨地上放屙。"《嘉泰普燈錄》卷十四《象耳袁覺》:"圓悟再得旨住雲居,師至彼,以所得白悟,悟呵云:'本是淨地,屙屎作麼?'師所疑頓釋。"《大川普濟師語錄》:"談玄口不開,淨地上撒屎。"禪林關於"淨地上屙"的含蓄說法是"淨地上不許狼藉"。○的旨:確切、根本的禪法要旨。

(七十)

問:"法身無爲,不墮諸數,還許道也無?"師云:"作麼生道?"學云:"與麼即不道也。"師笑之。〔《古尊宿語錄》卷十三〕

【箋註】

○法身無爲,不墮諸數:《維摩經·弟子品》"佛身無爲,不墮諸數。"本體是無爲法,不受有爲的生滅法的影響。

（七十一）

問："如何是佛，如何是衆生？"師云："衆生即是佛，佛即是衆生。"學云："未審兩個那個是衆生？"師云："問、問。"〔《正法眼藏》卷三，《古尊宿語錄》卷十三〕

【箋註】

○如何是佛，如何是衆生：《華嚴經》卷十："心、佛及衆生，是三無差別。"佛就是衆生，衆生就是佛，迷失了自性就是衆生，體悟到自性就是佛。佛與衆生二者，雖在因在果迷悟不同，然其理性所具本來平等，初無有異。《壇經·般若品》："善知識，不悟即佛是衆生，一念悟時衆生是佛。"又《付囑品》："自性若悟，衆生是佛。自性若迷，佛是衆生。自性平等，衆生是佛，自性邪險，佛是衆生。"《楞伽師資記》："故知衆生與佛性，本來共同。"《楞伽經》的如來藏思想，《涅槃經》"一切衆生皆有佛性"的思想，是禪宗思想的重要源頭。由此出發，禪宗認爲，衆生即佛，佛即衆生。迷時佛衆生，悟時衆生佛。《祖堂集》卷十五《汾州》："迷即是衆生，悟即是佛道。不離衆生別更有佛也。"《景德傳燈錄》卷二十九《誌公十四科頌》之《佛與衆生不二》："衆生與佛無殊，大智不異於愚。何須向外求寶，身田自有明珠。正道邪道不二，了知凡聖同途。迷悟本無差別，涅槃生死一如。"《大慧錄》卷十九："佛是衆生界了事漢，衆生是佛界中不了事漢。"又卷二十三："迷自心故作衆生，悟自心故成佛。然衆生本佛，佛本衆生，由迷悟故有彼此也。"

（七十二）

問："大道無根，如何接唱？"師云："你便接唱。"云："無根又作麼

生？"師云："既是無根，什麼處繫縛你！"〔《古尊宿語錄》卷十三〕

（七十三）

問："正修行底人，莫被鬼神測得也無？"師云："測得。"云："過在什麼處？"師云："過在覓處。"云："與麼即不修行也？"師云："修行。"〔《正法眼藏》卷二，《古尊宿語錄》卷十三〕

【箋註】

○正修行的人，莫被鬼神測得也無：禪宗認為，修行到了脫落聖凡的境界後，鬼神莫測。《景德傳燈錄》卷八《南泉普願》："師（南泉）擬取明日遊莊舍，其夜土地神先報莊主，莊主乃預為備。師到問莊主：'爭知老僧來，排辦如此？'莊主云：'昨夜土地報道和尚今日來。'師云：'王老師修行無力，被鬼神覷見。'有僧便問：'和尚既是善知識，為什麼被鬼神覷見？'師云：'土地前更下一分飯。'"《黃龍四家錄·死心悟新語錄》："到這裏，可謂佛眼不能窺，鬼神莫能測。"《虛堂錄》卷一："孜孜矻矻底，鬼神莫測其由。□□□□底，佛祖辨他不出。"又卷三："佛法在正，不在乎盛。在正則鬼神莫測其由，在盛則鬼神能妒其福。"《請益錄》第九十八則："叢林傳悟本住洞山二十年，土地神不識。神白主事：'如何得識和尚一面？'主事云：'和尚齋堂上受食時，汝與覆却飯檻，和尚失聲，忽能見之。'次日，神覆飯檻，師失聲曰：'可惜常住物。'神方識師一面。昔鹽官會下，有一主事僧，忽見一鬼使來追，僧曰：'某甲身充主事，未暇修行，乞容七日得不？'使曰：'待為白王。若許，七日後來。不然，須臾便至。'言訖不見。至七日後復來，竟覓其僧，了不可得。"按：《莊子口義》卷十："言我未能無跡，故人得而見之，所以心服而敬我也。趙州曰：'老僧修行無力，為鬼神覷破，即此意也。'"《南華真經義海纂微》卷九十九："鬳齋云：'誠積於中而未化形容動成光儀，所以人敬之。趙州云"老僧修行無力，被鬼神覷破"，即此意。'"均係誤記南泉語為趙州語。《心燈錄》卷三："不為鬼神覷見，乃此我本位。"　○測得：僧人所問是修行過程中的禪者心性，因此趙州禪師回答測得，是因為"過在覓處",還未有到脫落聖境的程度,還必須繼續"修行"。

(七十四)

問:"孤月當空,光從何生?"師云:"月從何生?"〔《古尊宿語錄》卷十三〕

(七十五)

問:"承和尚有言:'道不屬修,但莫染污。'如何是不染污?"師云:"檢校內外。"云:"還自檢校也無?"師云:"檢校。"云:"自己有什麼過,自檢校?"師云:"你有什麼事?"〔《古尊宿語錄》卷十三〕

【箋註】

○檢校:《慧日永明寺智覺禪師自行錄》:"何謂檢校?我此身從旦至中,從中至暮,從暮至夜,從夜至曉,乃至一時一刻,一念一頃,有幾心幾行?幾善幾惡?幾心欲摧伏煩惱?幾心欲降伏魔怨?幾心念三寶四諦?幾心悟苦空無常?幾心念報父母恩慈?幾心願代眾生受苦?幾心發念菩薩道業?幾心欲布施持戒?幾心欲忍辱精進?幾心欲禪寂顯慧?幾心欲慈濟五道?幾心欲勸勵行所難行?幾心欲超求辨所難辨?幾心欲忍苦建立佛法?幾心欲作佛化度群生?上已檢心,次復檢口。(中略)次復檢身。(中略)如上校察,自救無功,何有時閑,議人善惡?"

(七十六)

師上堂云:"此事如明珠在掌,胡來胡現,漢來漢現。"〔《景德傳燈錄》卷

十,《正法眼藏》卷二,《聯燈會要》卷六,《五燈會元》卷四,《古尊宿語錄》卷十三,《指月錄》卷十一〕

【箋註】
○明珠：喻真如、佛性。《圓悟錄》卷十一："直如明鏡當臺,明珠在掌,舉無遺照,萬象歷然。雖四序遷移,其中有不移易一絲毫之體；雖萬機齊赴,其中有湛然不動之源。"《碧巖錄》第二十四則："這個却不是世諦情見,如明鏡當臺,明珠在掌,胡來胡現,漢來漢現。是他知有向上事,所以如此。"又第三十四則："古人到這裏,如明鏡當臺明珠在掌,胡來胡現漢來漢現,一個蠅子也過他鑑不得。"《大慧錄》卷十六："直饒離四句,絕百非,直下如明鏡當臺,明珠在掌,胡來現胡,漢來現漢,當人各各腳跟下,淨裸裸明歷歷,生死如夢幻空花,去來如浮雲水月,猶未是徹頭處。"《天童如淨禪師續語錄》："倚天長劍,明珠在掌。太虛有月,老兔含霜。大海無風,華鯨吐浪。"

(七十七)

師又云："老僧把一枝草作丈六金身用,把丈六金身作一枝草用。佛即是煩惱,煩惱即是佛。"問："佛與誰人爲煩惱？"師云："與一切人爲煩惱！"云："如何免得？"師云："用免作麼？"〔《景德傳燈錄》卷十,《正法眼藏》卷二,《聯燈會要》卷六,《五燈會元》卷四,《古尊宿語錄》卷十三,《佛祖歷代通載》卷十七,《指月錄》卷十一〕

【集評】
◎若有大根大器人,向合殺處挨得一線,便可以拈一莖草作丈六金身用,有時將丈六金身作一莖草用,有時拈燈籠作露柱用,有時拈露柱作燈籠用。(《圓悟錄》卷七)
◎入荒田不揀,信手拈來草。其奈亦能殺人,亦能活人。苟或著得眼正,下得手親,則一莖草可使作丈六金身,況其他變化乎？(《圓悟心要》卷上)
◎諸佛開示,祖師直指,唯此妙心,徑捷承當,不起一念,透頂透底,无不现成。於现成際，不勞心力，任運逍遥，了無取捨，乃真密印也。佩此密印，如暗藏燈，遊戲世間，不懷欣怖，盡是我大解脱場，永劫窮年，曾無間斷。所以道丈六金身作一莖草用，一莖草作丈六金身用，豈有他哉。（《圓悟心要》卷上）

◎有時將一莖草作丈六金身用，有時將丈六金身作一莖草用。且道憑個什麼道理，還委悉麼？試舉看。（《碧巖錄》第四則）

◎苟於日用二六時中，如是證入，則若心若佛，若我若物，七顛八倒，悉得受用。便能拈一莖草作丈六金身，將丈六金身却作一莖草。（《大慧錄》卷四）

◎有時拈一莖草作丈六金身，有時將丈六金身却作一莖草。種種變化，成就一切法，毁壞一切法。七顛八倒，皆不出此無所了心。（《大慧錄》卷四）

◎或擒或縱，或捲或舒。有時將一莖草作丈六金身，有時將丈六金身作一莖草。可以助吾皇化，可以扶立宗乘。（《正法眼藏》卷二）

◎棒頭取證，喝下承當。拈一莖草作丈六金身，於受用中，現千手眼。（《宏智廣錄》卷一）

◎有時拈一莖草作丈六金身，有時將丈六金身作一莖草。亦能殺人，亦能活人。正恁麼時，歸宗如何折合？（《應菴曇華禪師語錄》卷三）

◎有時拈一莖草作丈六金身，有時將丈六金身作一莖草。擒縱自在，殺活自由。者個話頭，乃從靈山會上，黃面老子處來。（《應菴曇華禪師語錄》卷六，《列祖提綱錄》卷二）

◎上堂，舉："趙州和尚示衆云：'老僧有時拈起一枝草作丈六金身。'後來翠巖道：'趙州老漢，誑赫閭閻。若是翠巖，拈起一枝草，只喚作一枝草。'"師呵呵大笑云："殺人須見血，爲人須爲徹。這兩個老漢，一人失之太奢，一人失之太儉。汝等諸人，千聞不如一見。"乃拈起拄杖云："且道是丈六金身？是一枝草？快與快與！"擲拄杖，下座。（《雪峰慧空禪師語錄》）

◎據德山棒，擔睦州板。驢耕夫牛，奪飢人食。拈一莖草作丈六金身，將丈六金身作一莖草。捲舒自在，縱奪臨時。堪報不報之恩，共助無爲之化。（《密菴語錄》，《列祖提綱錄》卷二）

◎舉趙州示衆云："老僧有時將一枝草作丈六金身，有時將丈六金身作一枝草。"五峰云："我有時將拄杖子作三世諸佛，有時將三世諸佛作拄杖子。"

師曰："此二尊宿一時熱發，亂語狂言，指神話鬼。智海即不然，有時將丈六金身喚作丈六金身，胸題卍字，或佩圓光，合掌讚嘆曰：'容顏甚奇妙，光明照十方。我適曾供養，今復還親近。'有時將拄杖子喚作拄杖子，不長不短，不直不曲，亦讚嘆曰：'榔栗出匡頂，萬中無一枝。得來爲至寶，行坐鎮相隨。'只如山僧恁麼道，還塞得諸方口麼？"自曰："塞不得。"又曰："爲甚麼塞不得？青山只解磨今古，流水何曾洗是非。"（《嘉泰普燈錄》卷二十六《正覺逸》）

◎當晚小參："衲僧家如龍似虎，飄風驟雲，阿誰奈何得你。有時拈一莖草作丈六金身，有時吹一布毛傳正法眼。"（《運菴普巖禪師語錄》）

◎世尊指地

舉世尊與衆行次，以手指地云："此處宜建梵刹。"帝釋將一莖草，插於地上云："建梵刹已竟。"世尊微笑。

師云：世尊因布髮掩泥，獻花於然燈佛。佛指布髮處云："此一方地，宜建一刹。"時有賢首長者，插標於指處云："建刹已竟。"諸天散花，讚嘆庶子有大智矣。天童舉話，大同小異。萬松道，世尊祖業，轉典與然燈，便有長者承頭收後。如今交付與天童，須要出個合同文契。頌云：

百草頭上無邊春，夾山猶在 信手拈來用得親。入荒田不揀 丈六金身功德聚，不審 等閑携手入紅塵。逢場作戲 塵中能作主，一朝權在手 化外自來賓。看取令行時 觸處生涯隨分足，不從人得 未嫌伎倆不如人。面無慚色

師云：天童先以四句頌公案了，然後鋪舒梗概，展演化風。趙州拈一莖草，作丈六金身用。世尊當風指出，帝釋信手拈來，天童人境交加頌出。非但古聖，爾即今塵中作得主，化外亦來賓。且道風流劉駙馬，起此報恩院。與帝釋插草同別？師竪起拂子云："千年常住一朝僧。"（《從容錄》第四則。按本則頌古亦見《禪宗頌古聯珠通集》卷二，《禪林類聚》卷三）

◎淨裸裸絕承當，赤灑灑沒窠曰，便能運出自己家珍，隨意售用，何處不是本地風光，何處不是祖師巴鼻？拈一莖草，丈六金身儼然，有甚外物而能掩蔽？（《石田法薰禪師語錄》卷三）

◎從上廣大門風，威德自在。有時拈一莖草作丈六金身，有時將丈六金身作一莖草用。主賓互換，縱奪臨時。直得東湖闊處，輥底塵飛。慈雲山頭，翻空浪起。（《物初大觀禪師語錄》）

◎見人道有時恁麼，有時不恁麼，便道拈一枝草爲丈六金身也得，拈丈

六金身爲一枝草也得，元來只是依草附木，傍人門户。若奪却手中杖子，一步也行不得。何故如此？爲他脚跟下線子未斷，頂門上竅子未開，於自己分上，全無些子自由。（《續古尊宿語要》卷二）

◎只爲你情生智隔，想變體殊，飄流汩没，不能自知。若也直下是去，拈一莖草作丈六金身，將丈六金身作一莖草，七縱八横，無是不是。（《元叟行端禪師語録》卷二）

◎譬如虚空，體非諸相，不拒諸相發揮。拈一莖草作丈六金身，將丈六金身作一莖草。七縱八横，千變萬化，左之右之，無施不可，豈不光明俊偉者乎！（《元叟行端禪師語録》卷五）

◎十二時中，承誰恩力？俯仰折旋，不須外覓。著衣喫飯，一了便了。開眼天明，是誰不曉？大地沙門隻眼睛，丈六金身一莖草。（《雪巖祖欽禪師語録》卷四）

◎書全無用語録

全公無用，無用之用。生前已自無用，死後葛藤何用。雖然如是，善用者必自有用，不善用者不如勿用。試問大衆，如何則爲善用？有時拈起一枝草作丈六金身，有時把丈六金身却作一枝草用。（《攻媿集》卷八十一）

◎聖凡情盡，能所俱忘。拈一莖草作丈六金身，將丈六金身作一莖草。與麽也得，不與麽也得。（《月江正印禪師語録》卷二）

◎有時拈一莖草作丈六金身，有時將丈六金身作一莖草。或則於無中唱有，或則於有中唱無，或則於聖中顯凡，或則於凡中顯聖，或則於賓中辨主，或則於主中辨賓。（《了菴和尚語録》卷三）

◎次松月法兄韻送杲上人

黑漆漆地明杲杲，丈六金身一莖草。神頭鬼面謾施呈，聖解凡情須淨掃。（《了菴和尚語録》卷六）

◎學道之士，死却偷心。（中略）等閑拈一莖草作丈六金身，將丈六金身作一莖草。收放自在，殺活縱横。設使德山、臨濟、雲門、趙州，再出頭來，也須斫額有分。（《了菴和尚語録》卷八）

◎有時拈一莖草作丈六金身用，有時將丈六金身作一莖草用。三千大千世界，只在一毫端。一毫端處，收攝三千大千世界。（《楚石梵琦禪師語録》卷七）

◎佛殿。顧左右云："插一莖草建瓊樓玉殿，拈一莖草作丈六金身。山上有鯉魚，井底有蓬塵。（《愚菴和尚語録》卷四，《列祖提綱録》卷二）

◎有時拈一莖草作丈六金身，有時將丈六金身作一莖草。於一毫端現寶王刹，坐微塵裏轉大法輪。(《愚菴和尚語錄》卷六，《列祖提綱錄》卷二)

◎丈六金身一莖草，一莖草上現瓊樓。(《天如和尚語錄》卷四)

◎月朔架佛殿上堂："幻普光明殿於一彈指中，大功不宰。現丈六金身於一莖草上，法令全彰。象骨雲開，寒泉春漲。"卓拄杖："蓋天蓋地看新樣。"(《樵隱和尚語錄》卷上)

◎上堂："心無自性，全物而彰。物無自體，全心而現。有時拈一莖草作丈六金身，有時將丈六金身作一莖草。七出八没，築著磕著。明月堂前垂玉露，水精殿裏撒真珠。"(《恕中無愠和尚語錄》卷一)

◎草菴贈錢居士

威音劫外一莖草，縛成爲菴居更好。中間不窄亦不寬，規模非大元非小。(《南石和尚語錄》卷三)

◎拈香白槌竟，師曰："第一義且止，姑與大衆商量個佛事。佛身無爲，不墮諸數。九九八十一，六六三十六，前三三，後三三，誰道佛身不具足？有罪免罪，無福享福。須知各有一因緣，爭怪天堂並地獄。所以趙州云：'老僧將丈六金身作一莖草用，將一莖草爲丈六金身用。佛是煩惱，煩惱是佛。'僧曰：'佛是誰家煩惱？'州曰：'與一切人煩惱。'僧曰：'如何免得？'州曰：'用免作麼？'從此透得趙州平實禪，則一生參學事畢。無事珍重。"(《無明慧經禪師語錄》卷二)

◎示衆："丈六金身一莖草，衲僧坐斷剛剛好。驀地掀翻正令行，何如傾出一栲栳。"(《見如元謐禪師語錄》)

◎上堂："虛而靈，寂而妙。纔思惟，行不到。堪笑缺齒老趙州，將丈六金身拈來當莖草。一莖草是個維摩丈室，天女從甚麼處得來？一莖草是個天女身形，維摩丈室安在甚麼處？只饒天花不著，也被渠當面熱瞞。"(《無異元來禪師廣錄》卷五)

◎示太初法師

華嚴山中太初老，雙眸倒視乾坤小。條眉舒放不尋常，丈六金身一莖草。一莖草上有瓊樓，體露金風得自由。解脫還期真實相，鉢囊不掛一絲頭。(《無異元來禪師廣錄》卷十六)

◎上堂："拈一莖草作丈六金身，將丈六金身作一莖草。好大衆，不是苦心人不知。"便下座。(《了堂和尚語錄》卷一)

◎"法不孤起,仗境方生。有時拈一莖草作丈六金身,有時將丈六金身作一莖草。不是神通妙用,亦非法爾如然。直得萬家叢裏,古佛場中,人人常光現前,個個壁立萬仞。堯風與慈風併扇,舜日與慧日長明,堪報不報之恩,以助無爲之化。然雖如是,衲僧分上,猶是半提。更須知有全提時節。"豎拂子:"祝融峰頂上,露滴萬年松。"(《了堂和尚語錄》卷二)

◎答曰:"學道之人,切莫競執名言,貴在真實體認,用處幽玄。體認得真,是亦可也,非亦可也;體認不真,是亦不可,非亦不可。何則?古德云:'老僧把丈六金身作一莖草用也得,把一莖草作丈六金身用也得。'雲棲大師云:'良知非真知。'即把丈六金身作一莖草用也,可謂用處幽玄矣;陽明夫子云:'良知即真知。'此即把一莖草作丈六金身用也。固不敢保其真實親證,亦可謂隨順信解矣。"(《宗門設難》)

◎護國寺自來佛贊

此言覺者,覺則無物非心,不覺則何心非物。何物非心,一莖草可以爲丈六金身;何心非物,丈六金身可以爲一莖草。(《紫柏老人集》卷十七)

◎昨有人説長安路上,有個沒料理漢,竊官家一抔土,捏作丈六金身,令無量人生顛倒想。復將丈六金身,撇向十字路上,令往來驢馬踐踏。若紫柏老癡過此,又作麽生耶?嘗憶老趙州,將一莖草作丈六金身;老雷陽,則將丈六金身作一莖草。此個公案,是同是別?知在萬仞峰頭,必發一笑。(《憨山老人夢遊集》卷十三)

◎豈不聞《法界觀》頌云:"若人欲識真空理,心内真如還遍外。情與無情共一體,處處皆同真法界。"但將此偈蘊在胸中,一切日用六根門頭,見色聞聲處,一印印定。久久純熟,自然内外一如。有情無情,打成一片。一旦豁然了悟,是時方知山河大地,共轉根本法輪。鱗甲羽毛,普現色身三昧。心外無法,滿目青山。到此方信趙州有時拈一莖草作丈六金身用,有時將丈六金身作一莖草用。(《憨山老人夢遊集》卷三十九)

◎拈一莖草作丈六金身,以丈六金身當一莖草,自然具大神通,隨心轉變,任意施爲,無可不可。(《憨山老人夢遊集》卷五十二)

◎等閑拈一莖草,作丈六金身。等閑説一句,可以當金剛寶劍。人人皆稟此用,各各悉稟此心。若能返照迴光,便是毘盧正體。(《列祖提綱錄》卷二)

◎塵塵刹刹,八面玲瓏。物物頭頭,十方通暢。拈一莖草作丈六金身,將丈六金身作一莖草。腹中現百億閻浮提,室内湧三萬二千師子座。(《列祖

提綱錄》卷十六)

◎拈一莖草作丈六金身，拈丈六金身作一莖草。坐斷情塵意想，不落見聞覺知。敲唱俱行，十虛通暢。(《列祖提綱錄》卷二十一)

◎(頌慈明室中插劍一口，以一雙草鞋水一盆置劍邊公案)盡堪歌又不堪歌，莖草金身沒奈何。博地凡夫誠薄福，徒勞四面與張羅。聖可玉(《宗鑑法林》卷十六)

◎如其已得正悟，則丈六金身是一莖草，三千世界是一微塵。延一剎那頃，五萬億年。擴一毫毛端，爲四大部。寶池金地，充塞現前。翠竹黃花，無非正受。(《御選語錄》卷十三《雲棲蓮池》)

◎佛涅槃：「記得趙州示衆曰：『有時以一莖草作丈六金身用，有時以丈六金身作一莖草用。』諸禪德作麼生用？」代曰：「有甚麼用處？」復曰：「正是雙林示滅時，紅紅白白斷腸枝。要看金剛無相體，試拈將草一莖來。」(《少林無孔笛》卷二)

(七十八)

師示衆云：「老僧此間，即以本分事接人。若教老僧隨伊根機接人，自有三乘十二分教接他了也。若是不會，是誰過歟！已後遇著作家漢，也道老僧不辜他。但有人問，以本分事接人。」〔《大慧錄》卷三十，《正法眼藏》卷二，《古尊宿語錄》卷十三，《指月錄》卷十一〕

【箋註】

○本分事接人：詳(十二)註。　○三乘十二分教：三乘指小乘、中乘、大乘。小乘即聲聞乘，中乘即緣覺乘，大乘即菩薩乘。十二分教：佛典依文體與內容類別爲十二種，稱爲十二分教，或譯爲十二部經、十二分聖教。此指全部佛教經典。

【集評】

◎舉趙州和尚道：「夫爲宗師，須以本分事接人。」師云：「山僧這裏，

若有一毫頭本分事到你，豈不彼此受屈。雖然如是，山花不費栽培力，自有春風管帶伊。"（《續古尊宿語要》卷六《別峰雲》）

◎謝監收上堂，舉："趙州和尚道：'夫爲善知識者，須以本分事接人。'鄧峰這裏，但願諸莊豐熟，粥足飯足，供養我禪和子，令教個個飽齁齁地。若是本分事，斷然不敢舉著。何故？老不以筋力爲能。"（《佛鑑禪師語錄》卷一）

◎趙州云："（中略）老僧者裏，只以本分接人。"大衆，若信得者話，只管疑著，不必解會他，日久自然瞥地，始知山僧不是相瞞。珍重。（《長慶宗寶禪師語錄》卷一）

◎不見趙州道："若教老僧隨伊根機接人，自有三乘十二分教接他了也。老僧遮裏只以本分事接人。若接不得，自是學者根性遲鈍，不干老僧事。"古來宗師接人，其起順逆方便，發那吒忿怒，現閭閻罵辱，只要與人拔釘抽楔，解粘去縛，豈欲露神機妙用，作造妖捏怪，使人不測際涯，不知紀極耶？（《佛頂國師語錄》卷一）

（七十九）

問："從上至今，即心是佛。不即心，還許學人商量也無？"師云："即心且置，商量個什麼？"〔《古尊宿語錄》卷十三，《御選語錄》卷十六〕

【箋註】

○即心即佛：又作"是心即佛"、"心即是佛"。無論凡夫心、佛心，其心之體與佛無異，此心即是佛。此係由《華嚴經》"心佛及衆生，是三無差別"之思想而來。傅大士《心王銘》："了本識心，識心見佛，是心是佛，是佛是心。（中略）自觀自心，知佛在內，不向外尋，即心即佛，即佛即心。"《壇經·機緣品》："僧法海，韶州曲江人也。初參祖師，問曰：'即心即佛，願垂指諭。'師曰：'前念不生即心，後念不滅即佛。成一切相即心，離一切相即佛。'"《祖堂集》卷二《惠能》："南方有能和尚，（中略）今居韶州曹溪山，示悟衆生即心是佛。"又卷三《司空本淨》："若求作佛，即心是佛。若欲問道，無心是道。"《神會禪話錄·南陽和尚了性壇語》："唯指佛心，即心是佛。"《景德傳燈錄》卷七《大梅法常》："問：'如何是佛？'大寂云：'即心是佛。'師即大悟。"禪宗大師馬祖道一專用此語接引學人，後世禪宗公案亦常用此語。

（八十）

問："古鏡不磨，還照也無？"師云："前生是因，今生是果。"〔《古尊宿語錄》卷十三〕

【箋註】

○古鏡：鏡能映現一切萬物，無有差別，故禪宗以之比喻佛性。《玄沙師備禪師廣錄》卷上："我者裏如一面古鏡相似，胡來胡現，漢來漢現。"《碧嚴錄》第二十八則："你等諸人，各有一面古鏡，森羅萬象，長短方圓，一一於中顯現。"《萬善同歸集》卷上："故知摩尼沈泥，不能雨寶。古鏡積垢，焉能鑑人。雖心性圓明，本來具足，若不衆善顯發，萬行磨治，方便引出，成其妙用，則永翳客塵，長淪識海，成妄生死，障淨菩提。"古鏡未磨時如何與磨後時如何，是禪林時常提舉的話頭。禪僧的參悟，約有以下數端：（一）未磨前昏暗，既磨後光明。《天聖廣燈錄》卷二十《法觀上座》："問：'古鏡未磨時如何？'師云：'暗。'進云：'磨後如何？'師云：'照破髑髏寒。'"《建中靖國續燈錄》卷五《雲居曉舜》："一日入室，聰問云：'古鏡未磨時如何？'曰：'黑似漆。'聰云：'磨後如何？'曰：'照天照地。'"又卷十三《大溈穎詮》："問：'古鏡未磨時如何？'師云：'黑漫漫地。'僧曰：'磨後如何？'師云：'爍破頂門。'"（二）未磨前光明，既磨後昏暗。《景德傳燈錄》卷二十三《含珠真》："問：'古鏡未磨時如何？'師曰：'昧不得。'曰：'磨後如何？'師曰：'黑似漆。'"又卷二十四《龍濟紹修》："問：'古鏡未磨時如何？'師曰：'照破天地。'曰：'磨後如何？'師曰：'黑似漆。'"《天聖廣燈錄》卷十七《興教守芝》："問：'古鏡未磨時如何？'師云：'照破天下人髑髏。'進云：'磨後如何？'師云：'黑如漆。'"又卷二十四《廣濟守方》："問：'古鏡未磨時如何？'師云：'光明烜赫。'進云：'磨後如何？'師云：'黑似漆。'"《建中靖國續燈錄》卷十六《報本常利》："問：'古鏡未磨時如何？'師云：'照。'僧曰：'磨後如何？'師云：'黑。'"（三）磨前磨後，皆光明皎潔，不改故常。《景德傳燈錄》卷二十一《國泰瑫》："問：'古鏡未磨時如何？'師曰：'古鏡。'僧曰：'磨後如何？'師曰：'古鏡。'"《建中靖國續燈錄》卷五《寶慶子環》："問：'古鏡未磨時如何？'師云：'清風來不盡。'僧曰：'磨後如何？'師云：'明月照重城。'"《大慧錄》："僧問：'古鏡未磨時如何？'師云：'火不待日而熱。'進云：'磨後如何？'師云：'風不待月而涼。'"《月江和尚語錄》卷下："照天照地光明在，古鏡堂堂不用磨。"《永覺和尚廣錄》卷二："大抵懺悔之法，似揩磨古鏡，雖不無揩磨之功，要自知本有光明，不屬揩磨。"（四）磨前磨後，皆不許執著。《斷橋和尚語錄》卷下："古鏡未磨黑似漆，及乎磨後也模糊。"《古尊宿語錄》卷二十三《廣教歸省》："問：'古鏡未磨時如何？'師云：'磨他作什麼？'進云：'磨後如何？'師云：'堪作什麼？'"又卷三十九《智門光祚》："問：'古鏡未磨如何？'師云：'也只是個銅片。'進云：'磨後如何？'師云：'且收取。'"

（八十一）

問："三刀未落時如何？"師云："森森地。"云："落後如何？"師云："迥迥地。"〔《古尊宿語錄》卷十三〕

【箋註】

○三刀：佛教關於三刀之說有三。（一）《舍利弗阿毘曇論》卷十九："何謂三刀？欲刀、恚刀、癡刀，是名三刀。何謂復有三刀？身刀、口刀、意刀，是名復有三刀。"（二）《佛祖統紀》卷三十八："河清二年，詔慧藏法師於太極殿講《華嚴經》，孫敬德先造觀音像，後有罪當死，夢沙門教誦經可免，既覺誦滿千遍，臨刑刀三折，主者以聞，詔赦之。還家見像項上，有三刀痕，此經遂行，目爲《高王觀世音經》。"（《釋氏稽古略》卷二，《續高僧傳》卷二十九，《集神州三寶感通錄》卷中、卷下，《辨正論》第六，《法苑珠林》卷十四，《大唐內典錄》卷十，《開元釋教錄》卷十八）（三）《神會禪話錄・菩提達磨南宗定是非論》："開元二年中三月內，使荊州刺客張和昌

153

詐作僧，取能和上頭。大師靈質，被害三刀。"

（八十二）

問："如何是出三界底人？"師云："籠罩不得！"〔《古尊宿語錄》卷十三〕

【箋註】

○三界：欲界、色界、無色界。此三界都是凡夫生死往來的境界，所以佛教修行即是以跳出三界爲目的。《臨濟錄》："癡人，爾要出三界，什麼處去？（中略）爾欲識三界麼？不離爾今聽法底心地。爾一念心貪是欲界，爾一念心瞋是色界，爾一念心癡是無色界。"《古尊宿語錄》卷三《宛陵錄》："問：'如何是出三界？'師云：'善惡都莫思量，當處便出三界。'"《緇門警訓》卷二："蓋出家爲僧，豈細事乎？非求安逸也，非求溫飽也，非求蝸然虛名也。爲生死也，爲衆生也，爲斷煩惱出三界海續佛慧命也。"

（八十三）

問："牛頭未見四祖，百鳥銜花供養；見後，爲什麼百鳥不銜花供養？"師云："應世，不應世。"〔《古尊宿語錄》卷十三〕

【箋註】

○牛頭見四祖：《祖堂集》卷九《九峰》："牛頭未見四祖，豈不是聖？"師云："是也聖境未亡。"牛頭未見四祖前，有百鳥銜花之異，這是因爲他住於聖境；牛頭既見四祖之後，百鳥不復銜花，這是因爲他已經脫落了聖境：《祖堂集》卷十五《盤山》："問：'牛頭未見四祖時如何？'師云：'有量之事，龍鬼可尋。'進曰：'見四祖後如何？'師云：'脫量之機，龍鬼難尋。'"《景德傳燈錄》卷二十二《臨溪竟脫》："問：'牛頭未見四祖時如何？'師曰：

'富有多寳客。'曰：'見後如何？'師曰：'貧窮絶往還。'"《嘉泰普燈錄》卷五《丹霞子淳》："僧問：'牛頭未見四祖時如何？'曰：'金菊乍開蜂競採。'云：'見後如何？'曰：'苗枯花謝了無依。'"又卷十九《無菴法全》："僧問：'牛頭未見四祖時如何？'曰：'天下無貧人。'云：'見後如何？'曰：'四海無富漢。'"《五燈會元》卷六《永安善靜》："問：'牛頭未見四祖時如何？'師曰：'異境靈松，睹者皆羨。'曰：'見後如何？'師曰：'葉落已摧枝，風來不得韻。'"《續古尊宿語要》卷三《五祖演》："問：'牛頭未見四祖時如何？'師云：'富與貴，是人之所欲。''見後爲什麼不含花？'師云：'貧與賤，是人之所惡。'"以上各則拈評中，分別以"有量之事"、"富有多寳客"、"金菊乍開"、"天下無貧人"、"異境靈松"、"富與貴"來表示牛頭未忘聖境，鬼神可測，百鳥銜花有路；以"脱量之機"、"貧窮絶往還"、"苗枯花謝"、"四海無富漢"、"葉落已摧枝"、"貧與賤"來表示牛頭脱落聖境，鬼神莫測，百鳥銜花無由。　○應世：順應世俗之請，弘法宣化。《僧寳正續傳》卷六《徑山杲》："師平居絶無應世意，圓悟在蜀聞之，囑丞相張公德遠曰：'杲首座不出，無可支臨濟法道者。'"《禪林寳訓》卷三："死心謂陳瑩中曰：'（中略）然自非聖賢應世，安得無愛惡喜怒。'"

（八十四）

問："白雲自在時如何？"師云："爭似春風處處閑！"〔《古尊宿語錄》卷十三〕

【箋註】
○白雲自在：喻飄然灑脱的禪心。《虛堂錄》卷八："其進也，如青山白雲，開遮自在。"《五燈會元》卷十三《同安丕》："孤峰迥秀，不掛煙蘿。片月行空，白雲自在。"《古尊宿語錄》卷四十一《雲峰文悦》之《題悦禪師語錄》："悦禪師語者，青山白雲，開遮自在。"《永覺和尚廣錄》卷二："問：'承和尚示偈云：住山切莫染浮塵。敢問浮塵堆裏學山居時如何？'師云：

'片月行空,白雲自在。'進云:'寂滅身心道有餘時如何?'師云:'片月行空,白雲自在。''但得胸中憎愛盡時如何?'師云:'片月行空,白雲自在。'進云:'不參禪亦是工夫時如何?'師云:'片月行空,白雲自在。'僧禮拜。師云:'此四轉語,可仔細參詳去。'"《南宋元明僧寶傳》卷五《道林淵》:"贊曰:余讀東山演祖語録,則青山白雲,開遮自在。"

【集評】

◎趙州因僧問:"白雲自在時如何?"師曰:"爭似春風處處閑!"頌曰:爭似春風處處閑,花開花落豈相關?白雲自在猶難擬,飄鼓無心滿世間。佛印元(《禪宗頌古聯珠通集》卷十九,《宗鑑法林》卷十七)

◎趙州諗禪師。僧問:"白雲自在時如何?"師云:"爭似春風處處閑!"古德頌云:"舒捲悠悠雲遶山,鼓舞飄飄風吹谷。雲逐風來得自由,風隨雲去無拘束。"(《禪林類聚》卷十四)

(八十五)

問:"如何是露地白牛?"師云:"月下不用色。"云:"食噉何物?"師云:"古今嚼不著。"云:"請師答話。"師云:"老僧合與麼。"〔《古尊宿語録》卷十三〕

【箋註】

○露地白牛:露地,爲門外之空地,喻平安無事之場所。白牛,意指清淨之牛。《法華經·譬喻品》中,以白牛譬喻一乘教法,以無絲毫煩惱污染之清淨境地爲露地白牛。《祖堂集》卷七《夾山》:"師曰:'《法華經》以何爲極則?'對云:'露地白牛爲極則。'"禪宗以露地白牛爲修證之目標,同時站在不住一物般若空觀的立場上,指出對"露地白牛"也不可執著。《洞山録·玄中銘序》:"靈苗瑞草,野父愁芸。露地白牛,牧人懶放。"《曹山録》:"只如露地白牛,是法身極則,亦須轉却,免他坐一色無辨處。"《天聖廣燈録》卷十六《廣教歸省》:"問:'如何是露地白牛?'師云:'破盆子。'學云:'意旨如何?'師云:'堪作什麼?'"《嘉泰普燈録》卷二十九《偈頌·分禪菴主》："露地白牛須打殺，紅爐皷浪立教乾。"《從容錄》第十二則："我衲僧家慵看露地白牛，不顧無根瑞草。"　○食噉何物：謂禪者用什麼來保任悟心。《建中靖國續燈錄》卷二《藍田真》："問：'如何是露地白牛？'師云：'莫教喫人苗稼。'"又卷七《涼峰洞淵》："問：'如何是露地白牛？'師云：'水草不曾齩。'"　○古今嚼不著：喻禪者之心，超越了以古今為代表的一切相對觀念。《古尊宿語錄》卷二十三《廣教歸省》："露地白牛，非凡非聖。"《新刻禪宗十牛圖·牧牛圖序》："若夫一超直入之士，無勞鞭挽；而天然露地白牛，不落階級。"　○月下不用色：《建中靖國續燈錄》卷二十《上方日益》："問：'如何是露地白牛？'師云：'雪堆上看取。'"《宏智廣錄》卷六："一切處穩，一切處閑。露地白牛，純純一色。"《續古尊宿語要》卷二《芙蓉楷》："上堂。此日雪落，填溝塞壑。玉樹瓊林，寒光閃爍。六牙香象木人騎，露地白牛無處著。直得混同一色，浩蕩難分，點檢將來，猶是今時之說。"又《因雪有頌》："寒雲擁出玉花飛，溝壑平盈客路迷。露地白牛何處覓，牧童空把鐵鞭歸。"　○合與麼：就應該這樣。

（八十六）

師示衆云："擬心即差。"僧便問："不擬心時如何？"師打三下，云："莫是老僧辜負闍梨麼？"〔《古尊宿語錄》卷十三〕

【箋註】

○擬心即差：生起分別計較之心，即與禪悟乖違。《傳心法要》："故學道人直下無心，默契而已，擬心即差。"《臨濟錄》："擬心即差，動念即乖。"《禪源諸詮集都序》卷上之二："《論》云：'心不見心。'荷澤大師云：'擬心即差。'故北宗看心是失真旨。"《景德傳燈錄》卷十九《雲門文偃》："求覓解會，轉沒交涉。擬心即差，況復有言？"《天聖廣燈錄》卷十二《善權山徹》："擬心即差，動念即乖。不動不念，猶落二途。"《建中靖國續燈錄》卷七《崇恩慧南》："擬心即差，動念即乖。不擬不動，土木無殊。行腳人須得轉身一路。"

《破菴和尚語錄》："離相絕言之道，擬心即差，動念即隔。不擬心，不動念，直下見得徹去，便乃如龍得水，似虎靠山。高步毘盧頂，不禀釋迦文，一切處作殊勝因，一切處現奇特事。"《聯燈會要》卷十二《慈照聰》："擬心即差，動念即乖。不擬不動，正在死水裏作活計，作麼生是衲僧轉身處？"《虛堂集》第四十一則："擬心即差，下筆即錯。世間無限丹青手，到了終須畫不成。"《天如和尚語錄》卷一："擬心即差，動念即乖。不擬不動，立地死漢。"

（八十七）

問："凡有問答，落在意根。不落意根，師如何對？"師云："問。"學云："便請師道。"師云："莫向者裏是非。"〔《古尊宿語錄》卷十三，《御選語錄》卷十六〕

【箋註】

〇意根：《大乘無生方便門》："意根不起，心如。五根不起，色如。心色如如，不隨境起，即是如來平等法身。"《寒山詩·我見利智人》："心不逐諸緣，意根不妄起。"《祖堂集》卷九《九峰》："莫但向意根下圖度，作想作解，盡未來際亦未有休歇分。"《宗門十規論》："人人向意根下卜度，個個於陰界裏推求。既憒於觸目菩提，只成得相似般若。"《圓悟錄》卷十二："坐却爾意根，教爾分別不得，正當恁麼時，却是好個消息。"《大慧錄》卷二十一："這個道理向事上覰則疾，若向意根下思量卜度，則轉疏轉遠矣。"《宏智廣錄》卷四："諸禪德，分別底是意，迦葉尊者，久滅意根，圓明了知，不由心念。"《聯燈會要》卷二十六《羅漢桂琛》："塞却你眼，教你覰不見。塞却你耳，教你聽不聞。坐却你意根，教你分別不得。"又卷二十八《承天傳宗》："且道從上宗乘作麼生議論？若也鋒芒未兆之前，大樸未分之際焉得，猶落化門。若向意根下尋思，卒摸索不著。"《古尊宿語錄》卷十二《子湖神力》："後進初機，把他古聖言談，向意根下測度，直至頭白齒黃，並無纖毫得力處。"又卷四十《雲峰文悅》："此事若向言語上作解會，意根下卜度，天地懸殊。"《長慶宗寶禪師語錄》："今人從朝至暮，見聞覺知，一一天真，一一明妙。纔落意根，便千差萬別。居士若要會，只在日用處，勿動意根，冷冷地窺看，極是省力。"《憨山老人夢遊集》卷四十四："今要心正，須先將意根下一切思慮妄想，一齊斬斷，如斬亂絲，一念不生，則心體純一無妄。"《永覺和尚廣錄》卷九《示印朗上人》："凡要參禪，須是先要打疊得意根下十分乾淨，方有趣向分。若意根下有許多不淨的意思，縱饒用工真切，而病根必乘間而發，必然有境界現前，十個五雙落在魔道。"　○莫向者裏是非：不要在這裏生起是非。

(八十八)

問："龍女親獻佛，未審將什麼獻？"師以兩手作獻勢。〔《古尊宿語錄》卷十三〕

【箋註】

○龍女親獻佛：據《法華經・提婆達多品》載，龍女年方八歲，智慧猛利，諸佛所說甚深秘藏悉能受持，乃於剎那之頃，發菩提心，得不退轉。龍女有一寶珠，價值三千大千世界，持以供佛，佛即納受。以此功德願力，忽轉女成男，具足菩薩行。龍女對智積菩薩與尊者舍利弗說："我獻寶珠，世尊納受，是事疾不？"答曰："甚疾。"龍女言："以汝神力觀我成佛，復速於此。"古印度女性地位甚低，小乘佛教認爲女身垢穢，不能成佛，此與大乘佛教所言衆生皆可成佛之思想衝突，"龍女成佛"之說顯示大乘佛教在修行理論方面之發展。《祖堂集》卷四《丹霞弄珠吟》："龍女靈山親獻佛，貧兒衣裏枉蹉跎。"《圓悟錄》卷十三："正如靈山會上龍女獻珠，便得成佛。"　○師以兩手作獻勢：趙州禪師的作略，體現了大師風範。在禪林中，頗多學人因執著於寶珠，而忽略自心有無價寶珠者。《天聖廣燈錄》卷二十七《雍熙永》："問：'昔日靈山龍女獻珠得成佛，學人無珠可獻時如何？'師云：'莫謾大衆。'"又卷二十九《甘露真》："問：'龍女獻珠成佛，學人無珠可獻，還得成佛也無？'師云：'無珠爭得成佛？'學云：'恁麼即學人無分也。'師云：'不恁麼會。'學云：'未審師意如何？'師云：'待汝悟了向汝道。'"《高峰和尚禪要》："法華會上，八歲龍女，直往南方無垢世界，獻珠成佛，亦不出一個信字。"

（八十九）

師示衆云："此間佛法，道難即易，道易即難。別處難見易識，老僧者裏，即易見難識。若能會得，天下橫行。忽有人問：'什麼處來？'若向伊道趙州來，又謗趙州；若道不從趙州來，又埋没自己。諸人且作麼生對他？"僧問："觸目是謗和尚，如何得不謗去？"師云："若道不謗，早是謗了也！"
〔《古尊宿語錄》卷十三〕

【集評】

○趙州示衆曰："此間佛法道難即易，道易即難。別處難見易識，老僧這裏，即易見難識。若能會得，天下橫行。"頌曰：

識不識，見非見。説易説難，如油入麵。汾源岳（《禪宗頌古聯珠通集》卷二十，《宗鑑法林》卷十九）

（九十）

問："如何是正修行路？"師云："解修行即得。若不解修行，即參差落他因果裏。"〔《古尊宿語錄》卷十三〕

【箋註】

○正修行路：《圓覺經》："一切衆生皆證圓覺，逢善知識，依彼所作因地法行。爾時修習便有頓漸。若遇如來無上菩提正修行路，根無大小，皆成佛果。"《祖堂集》卷十四《茗溪》："問：'如何是正修行路？'師云：'涅槃後有。'"《古尊宿語錄》卷八《首山省念》："問：'如何是正修行路？'師云：'貧兒不雜食。'"《憨山老人夢遊集》卷七："不從生死上著脚，亦不知生死爲何物，將謂與己無干，懵然夜行，故不得正修行路。"又卷十："佛祖修行之要，唯有禪淨二門，兼以萬行莊嚴，是爲正修行路。"《御製揀魔辨異錄》卷七："自心皆成繫縛，何曾踏著正修行路。"《御選語錄》卷十三《雲棲蓮池》："開我以正修行路，示我以最上乘法，爲我燈，爲我眼，爲我導師，爲我醫王者，真善知識友也，不可一日而遠離者也。"

（九十一）

師示衆云："我教你道，若有問時，但向伊道趙州來。忽問：'趙州説什麼法？'但向伊道：'寒即言寒，熱即言熱。'若更問道：'不問者個事。'但云：'問什麼事？'若再問：'趙州説什麼法？'便向伊道：'和尚來時，不教傳語上座，若要知趙州事，但自去問取。'"〔《祖堂集》卷十八，《景德傳燈錄》卷十，《聯燈會要》卷六，《五燈會元》卷四，《古尊宿語錄》卷十三，《雪峰真覺禪師語錄》卷上〕

【校記】

《祖堂集》卷十八："問：'學人去南方，忽然雪峰問趙州意，作摩生祇對？'師云：'遇冬則寒，遇夏則熱。'進曰：'究竟趙州意旨如何？'師云：'親從趙州來，不是傳語人。'其僧到雪峰，果如所問，其僧一一如上舉對。雪峰曰：'君子千里同風。'"

《景德傳燈錄》卷十："有僧辭。師問：'什麼處去？'僧云：'雪峰去。'師云：'雪峰忽若問汝云和尚有何言句，汝作摩生祇對？'僧：'某甲道不得，請和尚道。'師云：'冬即言寒，夏即道熱。'又云：'雪峰更問汝，畢竟事作摩生？'其僧又云：'道不得。'師云：'但道親從趙州來，不是傳語人。'其僧到雪峰，一依前語舉似雪峰。雪峰云：'也須是趙州始得。'玄沙聞云：'大小趙州，敗闕也不知。'"雲居錫云："什麼處是趙州敗闕？若檢得出，是上座眼。"

《雪峰真覺禪師語錄》卷上："僧辭趙州。州問：'什麼處去？'僧云：'雪峰去。'州云：'雪峰忽問汝和尚有什麼言句，汝作麼生道？'僧云：'却請和尚道。'州云：'冬即寒，夏即熱。'州又問：'忽然問汝畢竟事，又作麼生?'僧無語。州自代云:'某甲親從趙州來,不是傳語漢。'其僧後到雪峰,師便問:'什麼處來?'僧云:'趙州來。'師云:'趙州有什麼言句?'其僧舉前話。師云:'須是我趙州始得。'"

【箋註】

○寒即言寒,熱即言熱:《天聖廣燈錄》卷十二《幽州本空》:"問:'祖意教意是同是別?'師云:'冬寒夏熱。'進云:'冬寒夏熱,此理如何?'師云:'炎天宜散袒,冬後更深藏。'"《建中靖國續燈錄》卷四《法昭演教》:"上堂。良久,云:'無事不要生事,冬寒夏熱。參。'"《大慧錄》卷二十一:"不見昔日子胡和尚有言,祖師西來,也只個冬寒夏熱,夜暗日明。"《虛堂錄》卷二:"浦云:'何不寒便道寒,熱便道熱。'"兩句也作"冬寒夏熱"或"冬即言寒,夏即言熱"。《石田法薰禪師語錄》卷一:"高峰見僧來和南問訊,寒則言寒,熱則言熱,終不敢錯誤他一絲毫。何故?彼此出家兒。"《古尊宿語錄》卷九《石門慈照》之《冬日示衆》:"一句為君說,諸法及時節。冬月是冬寒,夏熱是夏熱。"又卷二十一《法演》:"達磨未來時,冬寒夏熱。達磨來後,夜暗晝明。"又卷三十四《佛眼清遠》:"問:'衲僧家如何商量?'代云:'寒時言寒,熱時言熱。'"《續古尊宿語錄》卷五《退菴先》:"夏熱冬寒,山青水綠,天高地厚,月白風清,一時為諸人八字打開了也。"《環溪惟一禪師語錄》卷上:"從上諸佛諸祖,千種施為,萬般方便,只要諸人知得,冬寒夏熱,夜暗晝明,三旬一月,一月三旬。"《雪巖祖欽禪師語錄》:"事有萬殊,法無異說。寒但言寒,熱但言熱。"《楚石梵琦禪師語錄》卷三:"進云:'如何是此性?'師云:'寒時言寒,熱時言熱。'"又卷十六:"冬寒向火,夏熱乘涼。達本心者,頭頭是道。"《曇芳和尚語錄》卷上:"孟冬薄寒,仲夏漸熱。少室老臊胡,何曾有妙訣。"《恕中無慍和尚語錄》卷三《平常心是道》:"平常心是道,到老無煩惱。夏熱便乘涼,冬寒便著襖。"《永覺和尚廣錄》卷九:"有朝摸著鼻孔,依舊山青水綠,冬寒夏熱。"

【集評】

◎上堂:"寒則普天寒,熱則普天熱。透出寒暑關,何曾離窠窟。因思熱則取涼,寒燒榾柮,無端被人喚作趙州古佛。(《介石智朋禪師語錄》)

◎上堂，舉僧辭趙州，州云甚處去，僧云雪峰去。趙州云："若問和尚有何言句，你作麼生祇對？"僧云："却請和尚道。"師云："這僧雖善倒轉槍頭，未免鋒刃不利。"州云："冬言寒，夏言熱。"（中略）師云："總道趙州向這僧面前呈款，殊不知就中有吞併天下英雄之謀。"僧後到雪峰。（中略）師云："口甜心苦得人憎。"復召大衆云："當時這僧若具未舉先知底眼目，二大老須向佗手中乞命。然雖如是，趙州關險人難透，雪嶠峰高路不通。"（《痴絕道冲禪師語錄》卷上）

◎趙州因僧辭，乃問："甚處去？"曰"雪峰去。"（中略）

玄沙備聞，乃云："大小趙州，敗闕也不知。"

雲居錫云："甚處是趙州敗闕處？若檢點得出，是上座眼。"（《宗鑑法林》卷十八）

（九十二）

問："不顧前後時如何？"師云："不顧前後且置，你問阿誰？"〔《古尊宿語錄》卷十三〕

【箋註】

○前後：代指一切相對的觀念。《神會禪話錄·石井本神會錄》："諸學道者，心無青黃赤白黑，亦無出入去來、遠近前後。"《祖堂集》卷十五《盤山》："大道無中，復誰前後？長空絕際，何用量之？"《景德傳燈錄》卷二十八《大珠慧海》："僧問：'未審一切名相及法相語之與默，如何通會即得無前後？'師曰：'一念起時，本來無相無名，何得說有前後。不了名相本淨，妄計有前後。'"又卷三十《一鉢歌》："垢即淨，淨即垢，兩邊畢竟無前後。"《建中靖國續燈錄》卷二十五《壽山本明》："若也一念迴光遍照，十世古今不離於當念，豈有前後去來之際？"《宏智廣錄》卷四："不墮前後，獨超古今。"又卷六："直到無中邊絕前後，始得成一片。"《嘉泰普燈錄》卷十九《慧通清旦》："個中隱顯現全身，頭頭透脫無前後。"

163

（九十三）

師示衆云："迦葉傳與阿難，且道達磨傳與什麼人？"問："且如二祖得髓，又作麼生？"師云："莫謗二祖！"師又云："達磨也有語：'在外者得皮，在裏者得骨。'且道更在裏者得什麼？"問："如何是得髓底道理？"師云："但識取皮。老僧者裏，髓也不立！"云："如何是髓？"師云："與麼皮也摸未著！"〔《古尊宿語錄》卷十三〕

【箋註】

○迦葉傳與阿難：按照禪宗的傳法譜系，迦葉爲西天付法藏第一祖，達磨爲東土禪宗第一祖。達磨傳與二祖慧可，是禪宗史上通行的說法。本則公案中，趙州禪師以"且道達磨傳與什麼人"激發起學人疑情。　○得髓、得皮、得骨：《景德傳燈錄》卷三《菩提達磨》："迄九年已，欲西返天竺。乃命門人曰：'時將至矣，汝等盍各言所得乎。'時門人道副對曰：'如我所見，不執文字不離文字而爲道用。'師曰：'汝得吾皮。'尼總持曰：'我今所解，如慶喜見阿閦佛國，一見更不再見。'師曰：'汝得吾肉。'道育曰：'四大本空，五陰非有，而我見處，無一法可得。'師曰：'汝得吾骨。'最後慧可禮拜後依位而立。師曰：'汝得吾髓。'"《石田法薰禪師語錄》卷四《達磨》："我東土人，一性純真。被他明破，不直半文。皮肉骨髓，狼藉分爭。"《續古尊宿語錄》卷五《蒙菴岳》："達磨九年面壁來，得皮得髓分優劣。"《晦臺元鏡禪師語錄》："初祖西來，分皮析骨。得一神光，爲此方法髓。"《禪宗雜毒海》卷一《二祖》："平地無端起骨端，將身活向雪中埋。假饒盡得皮兼髓，還我娘生一臂來。"《御選語錄》卷十九《澄懷居士》："祖紹宗承，皮髓肉骨。"《南宗元明僧寶傳》卷四《道場辨》："洛陽峰畔乖張，皮髓傳成話把。"禪宗以得皮、得骨、得髓表示學人繼承師家衣鉢程度的深淺。《古尊宿語錄》卷二十二《法演》："某十五年行脚，初參遷和尚得其毛，次於四海參見尊宿得其皮，又到浮山圓鑑老處得其骨，後在白雲端和尚處得其髓。"

（九十四）

問："與麼堂堂，豈不是和尚正位？"師云："還知有不肯者麼？"學云："與麼即別有位。"師云："誰是別者？"學云："誰是不別者？"師云："一任叫。"〔《古尊宿語錄》卷十三〕

【箋註】

○正位：法性。禪門中稱普遍存在之真如爲正位，乃諸法之本體。相對於現象差別之"傍位"一語而言。《景德傳燈錄》卷二十二《龍册子興》："僧問：'正位中還有人成佛否？'師曰：'誰是眾生？'僧曰：'若恁麼即總成佛去也。'師曰：'還我正位來。'僧曰：'如何是正位？'師曰：'汝是眾生。'"

（九十五）

問："上上人一撥便轉，下下人來時如何？"師云："汝是上上，下下？"云："請和尚答話！"師云："話未有主在。"云："某甲七千里來，莫作心行。"師云："據你者一問，心行莫不得麼？"此僧一宿便去。〔《古尊宿語錄》卷十三，《御選語錄》卷十六〕

【箋註】

○上上人：上等根機之人。《楞伽師資記·道信》："知學者有四種人：有行有解有證，上上人。（中略）有行無解無證，下下人也。"《壇經·行由品》："下下人有上上智，上上人有沒意智。"《景德傳燈錄》卷十六《雪峰義存》："僧問：'上上人來如何？'師舉拂子。僧曰：'這個爲中下。'師打之。"《石溪心月禪師語錄》卷上："臨濟道：'我有時奪人不奪境，有時奪境不奪人，此爲中下之機。若遇上上人來，人境俱奪，人境俱不奪。"《月江正印禪師語録》卷上："山僧一條拄杖，不曾輕輕拈出。若非上上人來，如何起動得伊。須知佛法，不是小事。"　〇一撥便轉：師家稍一點撥，學人即悟其意。　〇莫作心行：心行指心機意識。禪宗主張心行處滅，言語道斷，認爲究竟的真理，非言語所能言說，亦非心思所能思念。

（九十六）

問："不紹傍來者如何？"師云："誰？"學云："惠延。"師云："問什麽？"學云："不紹傍來者。"師以手撫之。〔《古尊宿語録》卷十三〕

【箋註】
〇不紹傍來者：不倚賴、依靠外物。本則公案中，學人認爲其修行已經達到了不依倚外物的程度，趙州禪師通過呼名使應的機法，暗示他還沒有臻於一絲不掛徹底空明的悟境。

（九十七）

問："如何是衲衣下事？"師云："莫自瞞。"〔《古尊宿語録》卷十三〕

【箋註】
〇衲衣下事：出家人所參究的大事。《雪峰真覺禪師語録》卷上："問：'如何是衲衣下事？'師云：'衲衣下覓取。'"《景德傳燈録》卷八《米嶺和尚》："僧問：'如何是衲衣下事？'師云：'醜陋任君嫌，不掛雲霞色。'"又卷十六《大光居誨》："一代時教只是收拾一代時人，直饒剝徹底，也只是成得個邊事，汝不可便將當却衲衣下事。"又卷十六《黄山月輪》："問：'如何是衲衣下事？'師曰：'石牛水上卧，東西得自由。'"又卷二十二《香林澄遠》:"問:'如何是衲衣下事?'師曰:'臘月火燒山。'"又卷二十四《梁山緣觀》:"問:'如何是衲衣下事?'師曰:'密。'"《天聖廣燈錄》卷二十二《鄧林善誌》:"問:'如何是衲衣下事?'師云:'舉意即乖。'"《圓悟錄》卷十三:"見須實見,悟須實悟。古人云:'百尺竿頭作伎倆未險,向衲衣下不明大事,失却人身,始是險。'"《聯燈會要》卷二十二《雲居道膺》:"古人云:'地獄未是苦,衲衣下不明大事始是苦。'"《石田法薰禪師語錄》卷三:"儒釋二家之學,各貴一門。吾人既已毀形削髮著衲衣,自有衲衣下事。若學道有餘力,傍搜儒典,精知其梗概可也。往往泥而不知返,未免逐指喪月。"《癡絕道沖禪師語錄》卷下:"豈不見曹山和尚云:'師僧家在這個衲衣下,須會向上事,莫作等閑。'"《五燈會元》卷十八《長靈守卓》:"問:'如何是衲衣下事?'師曰:'天旱爲民愁。'"《古尊宿語錄》卷十《汾陽善昭》:"問:'如何是衲衣下事?'師云:'赫赤窮漢。'"又卷三十六《投子大同》:"問:'如何是衲衣下事?'師云:'天不能蓋,地不能載。'"《永覺和尚廣錄》卷三十:"且衲衣下,善不許著,惡豈可縱。佛祖尚不可爲,勢利豈可遍逐。"《百丈叢林清規證義記》卷八:"彈指流光去不停,衲衣下事何時決?細尋思,堪痛切,各各者回須猛烈。"　○自瞞:《普菴印肅禪師語錄》卷下:"舉得分明和得親,通方豈欲自瞞人。"《聯燈會要》卷十《大隋法真》:"夫上代諸德,莫非求實,不自瞞昧,豈比飛蛾赴火,自傷自壞。"又卷二十一《巖頭全豁》:"山云:'甚麽處學得這虛頭來?'師云:'某甲終不敢自瞞。'"又卷二十一《雪峰義存》:"師點胸云:'某甲這裏未穩在,不敢自瞞。'"《叢林盛事》卷上:"不可取人閑言長語以當參學,便自瞞去。"《續古尊宿語錄》卷五《遁菴演》:"今朝休夏自恣,山僧不敢自瞞。"《雲谷和尚語錄》卷下:"又如巖頭之善琢磨,雪峰之不自瞞,深錐痛札,令到不疑大安樂之地。"《緇門警訓》卷七:"古者道學般若菩薩,且莫自瞞,切須子細,纖毫不盡,未免輪迴。"《長慶宗寶禪師語錄》卷三:"如人飲水,冷暖自知,不可自瞞。即瞞得,亦不干別人事。"《憨山老人夢遊集》卷六:"直饒做到心境兩忘,一法不立,猶知見邊事,況以思惟心,作究竟想,豈不爲自瞞者乎?"《永覺和尚廣錄》卷七:"幾重關隘路行難,說與行人莫自瞞。"《禪宗雜毒海》卷二《贈別》:"青箬笠前天地闊,碧蓑衣底水雲寬。不言不語知何事,只把心來不自瞞。"禪林亦有對"自瞞"作另類闡釋者而予以肯定者,如《佛鑑禪師語錄》卷三:"除夜小參:'從上佛祖,的的相承,列派分枝,遍天遍地，子細看來，無非一人瞞一人，互相熱瞞而已。然雖如是，又須是真個瞞得過始得。若只解瞞人，不能自瞞，此人有手無眼；若只自瞞得過，不能瞞人，此人有眼無手；若也自瞞得過，亦能瞞人，敢保是人手眼俱備，如處晴晝，見種種物，隨手取與，無所擬滯，自然不爲寒暑所遷，及時令所轉。又不妨見人賀冬也賀冬，見人賀歲也賀歲，要且覓他一絲毫起處了不可得，到得恁麼田地，方許你説大脱空，行無間行。無間行則且止，如何是大脱空？'良久，云：'一年三百六十日，臘月盡是歲除夜。'"

（九十八）

問："真如、凡聖，皆是夢言；如何是真言？"師云："更不道者兩個。"學云："兩個且置，如何是真言？"師云："唵嘟啉㗭。"〔《正法眼藏》卷二，《古尊宿語録》卷十三，《御選語録》卷十六〕

【箋註】

○真如、凡聖，皆是夢言：係盤山禪師提舉的話頭，爲禪林所習用。《祖堂集》卷十五《盤山》："所以古人道：'靈源獨耀，道本無生。大智非明，真空絶跡。真如凡聖，皆是夢言。佛及涅槃，並爲增語。'禪德，切須自看，無人替代。"（亦見於《景德傳燈録》卷七，《聯燈會要》卷四，《正法眼藏》卷二，《五燈會元》卷三，《列祖提綱録》卷七，《祖庭事苑》卷一，《佛祖歷代通載》卷十四，《御選語録》卷十四，《欽定盤山志》卷八）《建中靖國續燈録》卷十一《仁王有從》："宗乘一舉，海辯難詮；祖令當行，要津無路。真如凡聖，皆是夢言；佛及涅槃，並爲增語。據此誠實之言，還可舉揚也無？"《正法眼藏》卷二："五祖演和尚示衆云：'真如凡聖，皆是夢言，佛及衆生，並爲增語。'或有人出來道：'盤山老聻？'但向伊道：'不因紫陌花開早，爭得黄鶯下柳條。'若更問道：'五祖老聻？'自云：'喏，惺惺著！'"　○真言：梵語 mantra。音譯曼怛羅、曼荼羅，又作陀羅尼、咒、明、神咒、密言、密語、密號。即真實而無虛假之語言。在密教相當於三密中之語密，稱爲"真言秘密"。漢譯佛經中，對真言不作翻譯，直接用與之發音相類的漢字表示。《慧日永明智覺禪師自行錄》："第十八：晨朝爲一切法界衆生，旋遶念一字王心陀羅尼，普願圓證心王，居總持位。真言曰：'唵口部淋口發。'"《林間錄》卷下載大愚芝頌洞山麻三斤偈："橫眸讀梵字，彈舌念真言。"《古尊宿語要》卷二十九《佛眼清遠》："山僧適來説者，是真言。世人只知有言，不知有真。若不知真，所言皆妄。何者名爲真言？能出萬宗，故曰真言。"《月澗文明禪師語錄》卷下："無言之言爲真言，無見之見爲真見，無聞之聞爲真聞。"

【集評】

◎趙州因僧問："真如凡聖，皆是夢言。如何是真言？"（中略）

蔣山大云："趙州答話，如探囊取物，未免索鹽奉馬。有問蔣山如何是真言，只向他道：'草枯風勁，各寮謹慎火燭。'"（《宗鑑法林》卷十九）

（九十九）

問："如何是趙州？"師云："東門、西門、南門、北門。"〔《聯燈會要》卷六，《五燈會元》卷四，《古尊宿語錄》卷十三，《指月錄》卷十一〕

【集評】

◎常與白雲閑有僧入室請益宗風事，師有頌示之："從上綱宗事最奇，捲舒生殺切須知。（中略）現成公案睦州斷，四門有路趙州機。"（《天聖廣燈錄》卷二十《法觀上座》）

◎元正日上堂，云："山僧住持六年，承諸人以道相照。既以道相照，虛空可盡，此道不可盡；虛空可量，此道不可量；虛空可知，此道不可知；虛空可測，此道不可測。既不可測，作麼生理論？不見僧問趙州：'如何是趙州？'趙州云：'東門、南門、西門、北門。'"師云："趙州老，有一訣，四門開，路通徹。入門來，明皎潔。出門去，莫漏泄。通一線，爲君説。元正日，大年節。"（《黃龍四家錄·死心悟新語錄》）

◎舉僧問趙州："如何是趙州？"河北河南，總説不著。爛泥裏有刺。不在河

南,正在河北 州云:"東門、西門、南門、北門。"開也。相罵饒爾接嘴,相唾饒爾潑水。見成公案。還見麼。便打

大凡參禪問道,明究自己,切忌揀擇言句,何故?不見趙州舉道:"至道無難,惟嫌揀擇。"又不見雲門道:"如今禪和子,三個五個聚頭口喃喃地,便道,這個是上才語句,那個是就身處打出語。不知古人方便門中,爲初機後學,未明心地,未見本性,不得已而立個方便語句,如祖師西來,單傳心印,直指人心,見性成佛,那裏如此葛藤,須是斬斷語言,格外見諦,透脱得去,可謂如龍得水,似虎靠山。"久參先德,有見而未透,透而未明,謂之請益。若是見得透請益,却要語句上周旋,無有凝滯,久參請益,與賊過梯,其實此事不在言句上,所以雲門道:"此事若在言句上,三乘十二分教,豈是無言句,何須達摩西來?"汾陽十八問中,此問謂之驗主問,亦謂之探拔問,這僧致個問頭,也不妨奇特。若不是趙州,也難抵對他。

這僧問:"如何是趙州?"趙州是本分作家,便向道:"東門、西門、南門、北門。"僧云:"某甲不問這個趙州。"州云:"爾問那個趙州?"後人喚作無事禪,賺人不少,何故他問趙州,州答云:"東門、西門、南門、北門。"所以只答他趙州,爾若恁麼會,三家村裏漢,更是會佛法去,只這便是破滅佛法,如將魚目比況明珠,似則似是則不是。山僧道"不在河南,正在河北",且道是有事是無事,也須是仔細始得。遠錄公云:"末後一句,始到牢關。指南之旨,不在言詮。"十日一風,五日一雨,安邦樂業,鼓腹謳歌,謂之太平時節,謂之無事。不是拍盲便道無事,須是透過關捩子,出得荆棘林,淨裸裸赤灑灑,依前似平常人。由爾有事也得,無事也得,七縱八横,終不執無定有。

有般底人道:"本來無一星事,但只遇茶喫茶,遇飯喫飯。"此是大妄語,謂之未得謂得,未證謂證,原來不曾參得透。見人說心說性說玄說妙,便道只是狂言。本來無事,可謂一盲引衆盲。殊不知,祖師未來時,那裏喚天作地,喚山作水來。爲什麼祖師更西來,諸方陞堂入室,説個什麼,盡是情識計較。若是情識計較,情盡方見得透,若見得透,依舊天是天,地是地,山是山,水是水。

古人道:"心是根,法是塵,兩種猶如鏡上痕。"到這個田地,自然淨裸裸赤灑灑,若極則理論,也未是安穩處在。到這裏,人多錯會,打在無事界裏,佛也不禮,香也不燒,似則也似,爭奈脱體不是,纔問著,却是極則相

似，纔拶著，七花八裂，坐在空腹高心處，及到臘月三十日，換手搥胸，已是遲了也。

這僧恁麼問，趙州恁麼答，且道作麼生摸索？恁麼也不得，不恁麼也不得，畢竟如何？這些子是難處，所以雪竇拈出來，當面示人。趙州一日坐次，侍者報云："大王來也。"趙州矍然云："大王萬福。"侍者云："未到，和尚。"州云："又道來也。"參到這裏，見到這裏，不妨奇特。南禪師拈云："侍者只知報客，不知身在帝鄉。趙州入草求人，不覺渾身泥水。"這些子實處，諸人還知麼，看取雪竇頌：

句裏呈機劈面來，響。魚行水濁。莫謗趙州好 爍迦羅眼絕纖埃。撒沙撒土。莫帶累趙州。撈天摸地。作什麼 東西南北門相對，開也。那裏有許多門。背却趙州城，向什麼處去？無限輪錘擊不開。自是爾輪錘不到。開也。

趙州臨機，一似金剛王寶劍，擬議即截却爾頭，往往更當面換却爾眼睛。這僧也敢捋虎鬚，致個問頭，大似無事生事。爭奈句中有機，他既呈機來，趙州也不辜負他問頭，所以亦呈機答。不是他特地如此，蓋為透底人自然合轍，一似安排來相似。

不見有一外道，手握雀兒，來問世尊云："且道某甲手中雀兒，是死耶是活耶？"世尊遂騎門閫云："爾道我出耶入耶？"一本云：世尊竪起拳頭云："開也，合也？"外道無語，遂禮拜。此話便似這公案。古人自是血脉不斷，所以道，問在答處，答在問處。雪竇如此見得透，便道"句裏呈機劈面來"。句裏有機，如帶兩意，又似問人，又似問境相似。趙州不移易一絲毫，便向他道東門、西門、南門、北門。

"爍迦羅眼絕纖埃"，此頌趙州人境俱奪，向句裏呈機與他答，此謂之有機有境，纔轉便照破他心膽，若不如此難塞他問頭。爍迦羅眼者，是梵語，此云堅固眼，亦云金剛眼，照見無礙，不唯千里明察秋毫，亦乃定邪決正，辨得失，別機宜，識休咎。雪竇云："東西南北門相對，無限輪錘擊不開。"既是無限輪錘，何故擊不開？自是雪竇見處如此，爾諸人又作麼生得此門開去，請參詳看。（《碧巖錄》第九則）

◎僧問："句裏呈機問趙州，四門相對謾輕酬。學人未曉個中意，乞師方便指來由。"師云："大無外，小無内。"進云："如是則問處不知玄妙旨，答時方見祖師心。"師云："門裏出身易，身裏出門難。"進云："爭奈不向語中求異見，爍迦羅眼絕纖埃。"師云："猶未見趙州在。"（《慈受深和尚廣錄》）

171

◎舉僧問趙州："如何是趙州？"州云："東門、南門、西門、北門。"師云："好兄弟，趙州四門長開，不礙諸方往來。十字街頭人大叫，平鋪買賣沒相猜。恁麼見得，方知趙州老子與衲僧，出眼中金屑，斷鼻上泥痕了也。還端的麼？月到中秋滿，風從八月冷。"（《宏智廣錄》卷一）

◎上堂："趙州有四門，門門通大道。玉泉有四路，路路透長安。門門通大道，畢竟誰親到？路路透長安，分明進步看。"拍膝一下，曰："歲晚未歸客，西風門外寒。"（《嘉泰普燈錄》卷八《普融道平》）

◎上堂，舉僧問趙州："如何是趙州？"州云："東門、南門、西門、北門。"師拈云："諸人還會麼？物是定價，錢是足陌。"（《石田法薰禪師語錄》卷一）

◎僧問："趙州東門、西門、南門、北門。意旨如何？"師云："有問有答。"僧云："不問不答時如何？"師云："却被你道著。"以頌示之云："四般俱已息，六種豈能分。倚南閑度日，傍北別無門。巧語從教設，玄辭謾共論。迥出威音外，不到是非奔。"（《古尊宿語錄》卷二十六《法華全舉》）

◎上曰："長老見大慧，幾年後打徹？"師云："臣癸亥年有個發明了，却被禪道佛法礙。又做十五年工夫，後到育王，一見大慧便打徹。慧一日掛牌，臣入室，慧舉：'僧問趙州：如何是趙州？州云：東門、西門、南門、北門。你作麼生會？'答云：'大小趙州，坐在屎窖裏。'慧云：'你甚處見趙州？'答云：'莫瞌睡。'慧打一竹篦云：'只恁麼做工夫？'答云：'莫掩彩。'慧乃喚侍者問：'這僧名什麼？'答云：'不得名。'慧云：'你看這漆桶亂做。'答云：'未爲分外。'便出。"（《古尊宿語錄》卷四十八《佛照德光》）

◎"五五二十五，人人超佛祖。撩著未知機，黃金成糞土。（中略）豈不見七百甲子老禪翁，對人只道東門、西門、南門、北門。"（《續古尊宿語要》卷一《長靈卓》，《長靈守卓禪師語錄》）

◎馬粹老謁黃龍祖心，云得趣向處，除煩惱矣，因以偈謁之。

門門趙州門，路路曹溪路。此間無向背，云何說向趣？佛遊五濁世，不說無煩惱。此心即是佛，云何說除掃？（《鄱陽集》卷三）

◎水陸結戒榜

彌勒世尊，初無上下虛空。趙州城門，自有東西南北。（《在軒集》）

◎趙州因僧問："如何是趙州。"師曰："東門、西門、南門、北門。"頌曰：

句裏呈機劈面來,爍迦羅眼絕纖埃。東西南北門相對,無限輪槌擊不開。雪竇顯［《禪林類聚》卷三,《宗鑑法林》卷十八］

四廓關閎鎮趙州,幾於城下起戈矛。將軍戰馬今何在,野草閑花滿地愁。照覺總［《禪林類聚》卷三,《宗鑑法林》卷十八］

袖裏金槌一擊開,東西南北絕纖埃。石橋南畔臺山路,報你遊人歸去來。普融平［《禪林類聚》卷三,《宗鑑法林》卷十八］

豁達門開入趙州,東西南北任遨遊。龍樓鳳閣依然在,失却來時好路頭。羅漢南［《禪林類聚》卷三］

四門開豁往來遊,脚下分明到地頭。四五百條花柳巷,二三千處管絃樓。圓通仙［《禪林類聚》卷三］

趙州老,有一訣,四門開,路頭徹。入門來,明皎潔,出門去,莫漏泄。通一線,爲君説,元正日,太平節。黃龍新

者僧問趙州,趙州答趙州。得人一馬,還人一牛,人平不語,水平不流。受恩深處先宜退,得意濃時正好休。徑山杲［《大慧錄》卷八,《宗門拈古彙集》卷十七,《宗鑑法林》卷十八］

南北東西老趙州,見人騎馬也騎牛。清風月下尋歸路,夫子門前問孔丘。晦堂遠［《宗鑑法林》卷十八］(《禪宗頌古聯珠通集》卷二十)

◎舉僧問趙州:"如何是趙州?"州云:"東門、南門、西門、北門。"頌曰:

東門南門,西門北門。東風得意馬蹄疾,一日看盡長安春。(《月江正印禪師語錄》卷中)

◎僧問趙州:"如何是趙州?"借事藏鋒 州云:"東門、南門、西門、北門。"以機遣機 ◯主意藏鋒,旨明絕待。總結:劈答奪窩

句裏呈機劈面來,問中雙關,當頭不讓 爍迦羅眼絕纖埃。答處就機,人境雙奪 東南西北門相對,無限輪錘擊不開。理事混然,神劍難分(《雪竇頌古直註》卷上)

◎舉僧問趙州:"如何是趙州?"州云:"東門、南門、西門、北門。"僧云:"不問這個。"州云:"你問趙州聻。"妙喜云:"這僧問趙州,趙州答趙州。得人一馬還人一牛,人平不語水平不流。會麼?受恩深處宜先退,得意濃時便好休。"師云:"盡這僧神通,跳趙州關不過。大丈夫漢,當衆決擇。未到弓折箭盡,即便拱手歸降。何不著一轉語,教他納款去?且道著得個什

麼語?"(《楚石梵琦禪師語錄》卷十,《宗門拈古彙集》卷十七,《宗鑑法林》卷十八)

◎舉僧問趙州:"如何是趙州?"州云:"東門、西門、南門、北門。"

烏飛並兔走,清曉復黃昏。趙州如未識,東西南北門。(《了堂和尚語錄》卷二。按:"未",原文作"來",據文意改)

◎趙州因僧問:"如何是趙州?"州曰:"東門、西門、南門、北門。"

磬山脩云:"這僧設個問頭,也甚奇怪。道他未會,爭敢入虎窟捋虎鬚;道他會,爭肯恁麼休去?"(《宗門拈古彙集》卷十七,《宗鑑法林》卷十八)

◎趙州東門、西門、南門、北門。

八十翁翁得自由,蘆花影裏泛扁舟。龍門無限好頭角,總被渠儂一網收。(《大覺禪師語錄》卷下)

◎上堂:"東門、南門、西門、北門,趙州設此四大門,諸人擬向那一門入作?"以拂擊禪床云:"下坡不走,快便難逢。"(《智覺普明國師語錄》卷一)

◎僧云:"記得僧問趙州:'如何是趙州?'州云:'東門、南門、西門、北門。'此意如何?"師云:"黑漆桶裏洗墨汁。"進云:"僧云:'不問這個。'州云:'你問趙州。'意在那裏?"師云:"烏龜鑽壁。"(《大燈國師語錄》卷上,《槐安國語》卷一)

◎復舉僧問趙州:"如何是趙州?"州云:"東門、南門、西門、北門。"(中略)拈云:"以機奪機,以毒攻毒,趙州老漢不無之。其奈何八十行腳事,猶未全用在。若得全用去,兒孫滿堂,至今繁興。"(《大燈國師語錄》卷中)

◎乃舉趙州因僧問:"如何是趙州?"州云:"東門、南門、西門、北門。"僧云:"不問這個。"州云:"你問趙州。"師云:"山僧不然。若有問如何是趙州,只向他道:'石橋度來也未?'道:'不問這個。'便道:'待下山去,腋裏汗出。'且道與古人道底,那個親那個疏?請各辨別看。"(《大燈國師語錄》卷中)

◎復舉僧問趙州:"如何是趙州?"州云:"東門、南門、西門、北門。"疑殺天下人。相罵饒你接嘴,相唾饒你潑水 僧云:"不問這個。"州云:"你問趙州。"鸚鵡叫煎茶,與茶元不識 拈云:"以機奪機,以毒攻毒,趙州老漢不無之。一掃四海今其誰在麼。上下四維無等匹 其奈何八十行腳事,猶未全用在。若得全用去,兒孫滿堂,至今繁興。錯。果然點(《槐安國語》卷四)

◎乃舉趙州因僧問:"如何是趙州?"千聞不如一見。畫西施之面美而不可說,規孟賁之目大而不可畏。君形者亡焉 州云："東門、南門、西門、北門。"是什麼。山雲蒸，柱礎潤。莀苓掘，兔絲死 僧云："不問這個。"毋貽於盲者鏡，毋予於躄者履。毋賞於越人章甫。夜明簾外珠，癡人按劍立 州云："你問趙州。"不勞再勘。樹荷於山上，畜火於井中。操鉤上山，揭斧入淵 師云："山僧不然。只願君王相顧意，臨臺幾度畫蛾眉 若有問如何是趙州，只向他道：'石橋底來也未？'失錢遭罪。楚王亡其猿而林木爲之殘，宋君亡其玉池中魚爲之殫 道：'不問這個。'便道：'待下山去，腋裏汗出。'牛蹄之涔無尺鯉，塊阜之山無丈材 且道與古人道底，那個親那個疏？請各辨別看。"一老一不老。奚仲不能爲逢蒙，造父不能爲伯樂（《槐安國語》卷四）

(一〇〇)

問："如何是定？"師云："不定。"學云："爲什麼不定？"師云："活物、活物。"〔《古尊宿語錄》卷十三〕

(一〇一)

問："不隨諸有時如何？"師云："合與麼。"學云："莫便是學人本分事？"師云："隨也，隨也。"〔《古尊宿語錄》卷十三〕

【箋註】

○諸有：指迷界之萬象差別。衆生之所作業，由因生果，因緣果報實有不虛；可分三有、四有、七有、九有、二十五有等類，總稱諸有。此外，諸有爲凡夫衆生浮沈之生死海，故稱諸有海。《正法眼藏》卷六："兼帶者，即冥應衆緣，不隨諸有，非染非淨，無正無偏。"

(一○二)

問："古人三十年，一張弓兩下箭，只射得半個聖人，今日請師全射！"師便起去。〔《古尊宿語錄》卷十三〕

【箋註】

○射得半個聖人：《祖堂集》卷十四《石鞏》："三平和尚參師，師架起弓箭，叫云：'看箭！'三平擗開胸受。師便抛下弓箭云：'三十年在者裏，今日射得半個聖人。'三平住持後云：'登時將謂得便宜，如今看却輸便宜。'"《聯燈會要》卷五《石鞏慧藏》："師自後凡有僧來，以弓架箭示之。一日，三平來，師喚云：'看箭！'平撥開胸云：'此是殺人箭，活人箭又作麼生？'師扣弓絃三下，平便作禮。師云：'三十年架一張弓兩隻箭，只射得半個聖人。'遂拗折弓箭。"

(一○三)

師示衆云："至道無難，惟嫌揀擇。纔有言語，是揀擇。老僧却不在明白裏。是你向什麼處見祖師？"問："和尚既不在明白裏，護惜什麼？"師云："我亦不知。"學云："和尚既自不知，爲什麼道不在明白裏？"師云："問事即得；禮拜，退。"〔《聯燈會要》卷六，《五燈會元》卷四，《古尊宿語錄》卷十三，《指月錄》卷十一〕

【箋註】

○至道無難，惟嫌揀擇：詳（三十二）註。

【集評】

◎舉趙州示衆云：這老漢作什麼。莫打這葛藤"至道無難，非難非易 惟嫌揀擇。眼前是什麼？三祖猶在 才有語言，是揀擇，是明白。兩頭三面。少賣弄。魚行水濁，鳥飛落毛 老僧不在明白裏，賊身已露。這老漢向什麼處去 是汝還護惜也無？"敗也。也有一個半個 時有僧問："既不在明白裏，還護惜個什麼？"也好與一拶。舌拄上腭 州云："我亦不知。"拶殺這老漢，倒退三千 僧云："和尚既不知，爲什麼却道不在明白裏？"看走向什麼處去，逐教上樹去 州云："問事即得，禮拜了退。"賴有這一著。這老賊

趙州和尚，尋常舉此話頭，只是惟嫌揀擇。此是三祖《信心銘》云："至道無難，惟嫌揀擇，但莫憎愛，洞然明白。"纔有是非，是揀擇，是明白，纔恁麼會，磋過了也，鉸釘膠粘，堪作何用？州云："是揀擇，是明白。如今參禪問道，不在揀擇中，便坐在明白裏，老僧不在明白裏，汝等還護惜也無？"汝諸人既不在明白裏，且道，趙州在什麼處？爲什麼却教人護惜？五祖先師當說道："垂手來似過爾。"爾作什麼生會？且道，作麼生是垂手處？識取鉤頭意，莫認定盤星。

這僧出來，也不妨奇特。捉趙州空處，便去拶他："既不在明白裏，護惜個什麼？"趙州更不行棒行喝，只道："我亦不知。"若不是這老漢，被他拶著，往往忘前失後。賴是這老漢，有轉身自在處，所以如此答他。如今禪和子，問著也道，我亦不知不會，爭奈同途不同轍，這僧有奇特處，方始會問："和尚既不知，爲什麼却道不在明白裏？"更好一拶，若是別人，往往分疏不下。趙州是作家，只向他道"問事即得，禮拜了退。"這僧依舊無奈這老漢何，只得飲氣吞聲。

此是大手宗師，不與爾論玄論妙，論機論境，一向以本分事接人。所以道：相罵饒爾接嘴，相唾饒爾潑水。殊不知，這老漢，平生不以棒喝接人，只以平常言語，只是天下人不奈何，蓋爲他平生無許多計較，所以橫拈倒用，逆行順行，得大自在。如今人不理會得，只管道，趙州不答話，不爲人說，殊不知，當面磋過。

至道無難，三重公案，滿口含霜，道什麼 言端語端。魚行水濁。七花八裂。搭胡也 一有多種，分開好。只一般。有什麼了期 二無兩般。何堪。四五六七。打葛藤作什麼 天際日上月下，覿面相呈，頭上漫漫，脚下漫漫 檻前山深水寒。一死更不

再活。還覺寒毛卓豎麼 髑髏識盡喜何立，棺木裏瞠眼。盧行者是他同參。枯木龍吟銷未乾。咄。枯木再生花。達摩遊東土 難難，邪法難扶。倒一說。這裏是什麼所在，說難說易 揀擇明白君自看。瞎。將謂由別人。賴值自看。不干山僧事

　　雪寶知他落處，所以如此頌"至道無難"，便隨後道"言端語端"。舉一隅不以三隅反。雪寶道："一有多種，二無兩般。"似三隅反一。爾且道，什麼處是言端語端處？爲什麼一却有多種，二却無兩般？若不具眼，向什麼處摸索。若透得這兩句，所以古人道：打成一片，依舊見山是山，水是水，長是長，短是短，天是天，地是地。有時喚天作地，有時喚地作天。有時喚山不是山，喚水不是水，畢竟怎生得平穩去？風來樹動，浪起船高，春生夏長，秋收冬藏。一種平懷，泯然自盡，則此四句頌頓絕了也。雪寶有餘才，所以分開結果算來也，只是頭上安頭道："至道無難，言端語端，一有多種，二無兩般。"雖無許多事，天際日上時月便下，檻前山深時水便寒。到這裏，言也端，語也端，頭頭是道，物物全真，豈不是心境俱忘，打成一片處。

　　雪寶頭上太孤峻生，末後也漏逗不少，若參得透見得徹，自然如醍醐上味相似。若是情解未忘，便見七花八裂，決定不能會如此說話。"髑髏識盡喜何立，枯木龍吟銷未乾。"只這便是交加處。這僧怎麼問，趙州怎麼答。州云："至道無難，惟嫌揀擇。才有語言，是揀擇是明白，老僧不在明白裏，是汝還護惜也無？"時有僧便問："既不在明白裏，又護惜個什麼？"州云："我亦不知。"僧云："和尚既不知，爲什麼却道不在明白裏？"州云："問事即得，禮拜了退。"此是古人問道底公案，雪寶拽來一串穿却，用頌"至道無難，惟嫌揀擇"。

　　如今人不會古人意，只管咬言嚼句，有甚了期？若是通方作者，始能辨得這般說話。不見僧問香嚴："如何是道？"嚴云："枯木裏龍吟。"僧云："如何是道中人？"嚴云："髑髏裏眼睛。"僧後問石霜："如何是枯木裏龍吟？"霜云："猶帶喜在。""如何是髑髏裏眼睛？"霜云："猶帶識在。"僧又問曹山："如何是枯木裏龍吟？"山云："血脈不斷。""如何是髑髏裏眼睛？"山云："乾不盡。""什麼人得聞？"山云："盡大地未有一個不聞。"僧云："未審龍吟是何章句？"山云："不知是何章句，聞者皆喪。"復有頌云："枯木龍吟真見道，髑髏無識眼初明。喜識盡時消息盡，當人那辨濁中清。"

　　雪寶可謂大有手脚，一時與爾交加頌出，然雖如是，都無兩般，雪寶末後有爲人處，更道"難難"，只這難難，也須透過始得。何故？百丈道："一

切語言，山河大地，一一轉歸自己。"雪竇凡是一拈一掇，到末後須歸自己。且道：什麼處是雪竇爲人處？"揀擇明白君自看。"既是打葛藤頌了，因何却道"君自看？"好彩教爾自看，且道，意落在什麼處？莫道諸人理會不得，設使山僧到這裏，也只是理會不得。（《碧巖錄》第二則）

◎小參。僧問："趙州云：'至道無難，惟嫌揀擇。纔有語言，是揀擇，是明白。老僧不在明白裏，是汝還護惜也無？'趙州既'不在明白裏'，向甚麼處去也？"師云："尋常無孔竅，個處絕光芒。"僧云："恁麼則處處踏著趙州鼻孔。"師云："又是特地來，隔越三千里。"僧云："趙州意作麼生？"師云："無棱縫漢方知。"僧云："時有僧出云：'和尚既不在明白裏，護惜個甚麼？'州云：'我亦不知。'此僧雖解恁麼問，大似韓獹趁塊。"師云："今日又添一個。"僧云："學人當時若作者僧，但只拈起坐具云：'某甲尋常不敢觸誤和尚。'"師云："又是上門上户。"僧云："者僧又道：'和尚既不知，爲甚麼却道"不在明白裏？"'州云：'問事即得，禮拜了退。'趙州釘嘴鐵舌，爲什麼却懾懼而休？"師云："我也分疏不下。"僧云："到這裏還有分疏處也無？"師云："莫道天童無分疏，泊乎趙州也被靠倒。"僧云："將謂鬍鬚赤，更有赤鬚胡。"師云："只這一句，却較些子。"僧云："只如和尚與趙州相去幾何？"師云："天童却是隰州人。"僧云："葵花向日，柳絮隨風。"師云："平常無事好，特地作譸訛。"

師乃云："衲僧做得到，放得穩，自然步步踏著，無虛棄底工夫。句句道著，無虛棄底音韻。所以趙州道：'至道無難，惟嫌揀擇。纔有語言，是揀擇是明白。老僧不在明白裏，是汝還護惜也無？'若是'至道無難，惟嫌揀擇'，直是没一絲毫特地底時節，莫落明白，一切放得落，有甚麼如許多事。所以衲僧家，才有佛法禪道，便好喫痛棒。者僧道：'和尚既不在明白裏，護惜個甚麼？'州云：'我亦不知。'爾看他答話元來著個知底道理不得？者僧又道：'和尚既不知，爲甚麼道不在明白裏？'州云：'問事即得，禮拜了退。'趙州到極則處便能推過。這老漢尋常直然無棱縫絕芒角，到此幾被者僧拶得上壁，似乎有棱縫有芒角。

"後來雪竇頌道：'至道無難，言端語端。一有多種，二無兩般。天際日上月下，檻前山深水寒。髑髏識盡喜何立，枯木龍吟消未乾。難難，揀擇明白君自看。'他道'難難，揀擇明白君自看。'這裏脱揀擇脱明白，要與趙州合去。兄弟，既透過揀擇，便道'天際日上月下，檻前山深水寒'。既透過明白，便道'髑髏識盡喜何立，枯木龍吟消未乾'。這兩句，却是洞下透明白時節。趙州做處，直是模棱。所以僧問香嚴：'如何是道？''枯木裏龍吟。''如何是道中人？''髑髏裏眼睛。'後來僧問石霜：'枯木裏龍吟意旨如何？'霜云：'猶帶喜在。''髑髏裏眼睛意旨如何？'霜云：'猶帶識在。'兄弟爾去體看。放教歇去及得盡去，消息絕去，透得徹去。所以道轉一色功後看，自然便能向一切時中，分分曉曉，絕滲漏，透聲色，無處所，沒蹤跡。便知道兼中至也徹底怎麼至，兼中到也徹底怎麼到，只在其間，出沒俱盡。若是其間人，知天童今夜大殺漏逗，咬牙嚙齒，殺佛殺祖去也。性燥漢，真實識得者，決定無本據。者邊也無本據，那邊也無本據；不分曉漢，於一切言說，又添一重去也。諸人分上合作麼生？若是通方底人，其間自有做處。珍重。"（《宏智廣錄》卷五）

◎不見趙州道："老僧不在明白裏。"良以清光照眼猶自迷家，明白轉身未免墮位。只解推倒，不解扶起，而堪作什麼？（《從容錄》第二十六則）

◎至道無難，惟嫌揀擇，但莫憎愛，洞然明白。若端的一到明白之地，無有絲毫揀擇之心，亦不見有絲毫憎愛之相，廓然蕩豁如太虛空，無所障礙，然更須知有老僧不在明白裏。有般漢不識好惡，便乃踏步向前，却問既不在明白裏，又在什麼處？似此參究，驢年也未夢見在。若是俊底，鑑在機先，領於意外，八面玲瓏，迥然獨脫，又更有什麼在與不在，明與不明底事耶？（《佛鑑禪師語錄》卷三）

◎豈不見適來方丈舉璨祖云："至道無難，惟嫌揀擇。但莫憎愛，洞然明白。"言端語端。趙州云："纔有語言，是揀擇，是明白。老僧不在明白裏，是汝諸人還護惜也無？"徹底老婆心。時有僧便問："既不在明白裏，護惜個甚麼？"忍俊不禁。州云："我亦不知。"象王回旋。僧云："和尚既不知，爲什麼道不在明白裏？"險。州云："問話即得，禮拜了退。"風行草偃。參學人到此却須子細著眼。粗餐易飽，細嚼難飢。趙州道："纔有語言，是抉擇，是明白，老僧不在明白裏。"及乎者僧一問，因甚道不知？他十八上謁南泉。（中略）此時不惟轉轆轆地，又能破家散宅。到這裏被這僧一問，却道不知，莫是言中有響麼？參學人，若未到明白處，須是到洞然明白處；既到洞然明白處，須窮趙州"纔有語言，是揀擇，是明白。老僧不在明白裏"及"護惜"之語。此公案極有好處，雪竇以頌發明之，後來圓悟爲之擊節，凡在叢林兄弟，那個不知。（《石溪心月禪師語錄》卷中）

◎趙州上堂："至道無難，惟嫌揀擇。纔有語言，是揀擇，是明白。這僧不在明白裏，是汝還護惜也無？"（中略）

至道無難，言端語端。一有多種，二無兩般。天際日上月下，檻前山深水寒。髑髏識盡喜何立，枯木龍吟消未乾。難難，揀擇明白君自看。雪竇顯[《建中靖國續燈錄》卷二十八《頌古·雪竇重顯》，《禪林類聚》卷五，《宗鑑法林》卷十七]

至簡至易，同天同地。揀擇明白，云何護惜。口似椎，眼如眉，涉語默，呟憐㦪。堪笑卞和三獻玉，縱榮刖却一雙足。圓悟勤[《宗鑑法林》卷十七]

世間無物可羅籠，獨有嵯峨萬仞峰。忽若有人猛推落，騰身雲外不留蹤。隨菴緣[《嘉泰普燈錄》卷二十《隨菴守緣》，《禪林類聚》卷五，《宗鑑法林》卷十七]

至道無難，萬水千山。惟嫌揀擇，鵠黑烏白。纔有是非還護惜，不會不知全得力。明白裏頭如放行，腰金猶頌青青麥。月堂昌

亂撒明珠顆顆晶，走盤應不貴金聲。誰家女子能鍼線，一串穿來不剩星。無菴全[《宗鑑法林》卷十七]（《禪宗頌古聯珠通集》卷十九）

◎趙州示衆云："至道無難，惟嫌揀擇。纔有語言，是揀擇，是明白。老僧不在明白裏，是汝諸人還護惜也無？"（中略）

雪竇顯云："趙州倒退三千。"[《明覺語錄》卷一，《宗門拈古彙集》卷十七，《宗鑑法林》卷十七]

天童覺云："這僧也如切如磋，不能見機而變。趙州也如琢如磨，幾乎事不解交。衆中只管道退身有分，殊不知盡力提持，還體悉麼？焦磚打著連底凍。"[《宏智廣錄》卷三，《宗門拈古彙集》卷十七，《宗鑑法林》卷十七]（《禪林類聚》卷五）

◎舉趙州云："至道無難，惟嫌揀擇。看你分詹擘市 纔有語言，是揀擇，是明白。却又伶俐 老僧不在明白裏，賊兒膽底虛 是汝還護惜也無？"映山曲錄脊 時有僧問："和尚既不在明白裏，護惜個什麼？"就身打劫，快便難逢 州云："我亦不知。"推聾作啞 僧云："既不知，爲什麼道不在明白裏？"挈粗搭細，放雕戲尾 州云："問事即得，禮拜了退。"來日大悲院裏有齋 天童拈云："這僧也如切如磋，不能見機而變。一生把定死蛇頭 趙州也如琢如磨，幾乎事不解交。三十六計走爲上計 衆中只管道退身有分，只見錐頭利 殊不知盡力提持，不見鑿頭方 還體悉得麼？我亦不知 焦磚打著連底凍。"直至而今消不開

師云：三祖《信心銘》破題兩句，定當殺天下衲子。投子宗道者，在雪竇會下作書記，雪竇令參"至道無難，惟嫌揀擇"，於此有省。一日雪竇問他："至道無難，惟嫌揀擇意作麼生？"宗云："畜生，畜生。"後隱居投子，凡去住持，袈裟裏草鞋與經文。僧問："如何是道者家風？"宗云："袈裟裏草鞋。"僧云："未審意旨如何？"宗云："赤脚下桐城。"萬松嘗教人看"至道無難，惟嫌揀擇，誰教你揀擇"。僧云："三祖道：'但不憎愛，洞然明白。'却道'惟嫌揀擇'，三祖當時下個'嫌'字。自憎愛了也。"萬松道："許上座眼明，如何免得憎愛？"僧參久不見，就萬松請益。萬松道："上座，汝才擬免時，早揀擇憎愛了也！"僧云："恁麼則放下免心，洞然明白也。"萬松道："汝嫌免心，愛明白，展轉揀擇憎愛了也！"僧禮不已，云："乞師指示。"萬松道："諸方到此，正是棒喝明節，萬松即不然。"僧云："未審尊意如何？"萬松道："揀擇妨甚事，你免他作麼？"僧禮謝云："原來却在這裏。"磁州初祖云："如人作鍼線，幸然鍼鍼相似。忽見人來，不覺失却鍼，只見線。這邊尋也不見，那邊尋也不見。却自云：'近處尚不見，遠處那裏得來？'多時尋不得，心煩不好，昏悶打睡。拽衣枕頭，方就枕時，驀頭一劄，曰：'原來只在這裏！'"萬松道："汝但河裏失錢河裏漉，不可離了揀擇憎愛，別有洞然明白也。有底道：'至道最難，須要揀擇。若不憎愛，爭得明白？'這個却是揀擇不揀擇，憎愛不憎愛，於諸法中不生二解底人。所以趙州道：'纔有語言，是揀擇，是明白。'趙州亦不避語言，亦不避揀擇。'老僧不在明白裏，是汝還護惜也無？'到這裏獨醒底，直須哺其醩，而啜其醨；獨清底，也須揚其波，而鼓其浪。擘開面皮，憎愛揀擇一回，却與三祖相見。這僧道：'和尚既不在明白裏，護惜個什麼？'却到如來喫粥處。州云：'我亦不知。'這老漢剩忙百鬧，半路抽身。這僧忙趕云：'既不知，爲什麼道不在明白裏？'萬松道且道在那裏？大小大趙州，尚自不知。捋到轉身不得處，便拈向一邊道：'問事即得，禮拜了退。'末後打個乾出身，這裏還有揀擇憎愛麼？他道'老僧不在明白裏'，且道趙州在什麼處旦過？這僧與趙州切磋琢磨，變態譎詭，趕賊不得趕上，罵人不得罵著，皆云良賈深藏，正是分明拈出。還識趙州與這僧麼？文殊大設無遮會，摩詰牢關不二門。"（《請益錄》第九十六則）

◎大智非名，真空絕跡。功多業熟，職到威成。如月印千江，波隨眾水。纔有是非，紛然失心。趙州和尚云："至道無難，惟嫌揀擇。纔有語言，是揀擇，是明白。老僧不在明白裏，是汝諸人還護惜也無?"（中略）有底便道，趙州赤心片片，爲物垂慈，殊不知正是渾鋼打就，生鐵鑄成。他明明道"老僧不在明白裏，諸人還護惜也無"，既不可揀擇，又不在明白裏，自然頭頭上明，物物上了，當體解脫，非離眞而立處即眞。十二時中，要你護惜，不可放捨。者僧也不易推究，便問："和尚既不在明白裏，護惜個什麼?"州云："我亦不知。"不妨頭正尾正。僧云："和尚既不知，因什麼道不在明白裏?"州云："問事即得，禮拜了退。"要識眞金，須經敏手。後來雪竇和尚云："趙州倒退三千。"雪竇可謂一代宗師。要且只知趙州放行，不知趙州把定。大凡參學，須是頂門具眼，自然不肯造次承當，隨他顛倒。嚴頭云："纔與麼便不與麼，是句亦剗，非句亦剗，者個喚作無功用大解脫門。"

後有僧問趙州："至道無難，惟嫌揀擇，如何是不揀擇?"州云："天上天下，唯吾獨尊。"一句合頭語，萬劫繫驢橛。僧云："此猶是揀擇。"州云："田舍奴，甚麼處是揀擇?"甜瓜徹蒂甜，苦瓠連根苦。雪竇和尚頌云："似海之深，如山之固。蚊虻弄空裏猛風，螻蟻撼於鐵柱。揀兮擇兮，當軒布鼓。"一時裂破。雖然，也是個斬釘截鐵漢始得。

僧又問："至道無難，惟嫌揀擇，是時人窠窟否?"州云："曾有人問我，直得五年分疏不下。"好與掀倒禪床。雪竇頌云："象王回旋，師子哮吼。無義之談，塞斷人口。南北東西，烏飛兔走。"是什麼說話，也好與一拶。

後又僧問："至道無難，惟嫌揀擇。纔有語言，是擇揀。和尚如何爲人?"州云："何不引盡者話。"僧云："某甲只念到者裏。"州云："只者便是至道無難，惟嫌揀擇。"孟八郎漢，又與麼去。雪竇和尚頌云："風吹不入，水灑不濕。虎步龍行，神號鬼泣。頭長三尺知是誰，相對無言獨足立。"一對無孔鐵錘。者般說話，諸人十二時中，還曾窮究也未?若未曾窮究，切忌向者裏東卜西卜。（《古林清茂禪師語錄》卷四，《列祖提綱錄》卷十四）

◎舉趙州示衆云："至道無難，惟嫌揀擇。纔有語言，是揀擇，是明白。老僧不在明白裏，是汝還護惜也無?"（中略）頌曰：

至道無難，鐵壁銀山。未明三祖意，難透趙州關。揀擇明白中，誰知黑似漆。却道我不知，重言不當喫。（《月江正印禪師語錄》卷中）

◎舉趙州示衆云："至道無難，惟嫌揀擇。但莫憎愛，洞然明白。纔有言語，是揀擇，是明白。老僧不在明白裏，汝等還護惜也無?"（中略）

本無虧，曾不隔，誰揀擇，是明白。心憒憒，口喃喃，幾度浮雲生碧

波，依然明月照寒潭。(《楚石梵琦禪師語錄》卷十二)

◎趙州示眾云：垂釣爲人"至道無難，惟嫌揀擇。人人本分，何有取捨 纔有語言，是揀擇，是明白。令人著眼辨別是何 老僧不在明白裏，是你諸人還護惜也無？"明白是大功，護惜是揀擇。我尚不住大功，且道你還揀擇麼 僧云："既不在明白裏，護惜個什麼？"不住大功，何有揀擇 州云："我亦不知。"言思無路，故呈不知 僧云："和尚既不知，爲什麼道不在明白裏？"只知惺細，不知失見 州云："問事即得，禮拜了退。"向上非言，不可犯忤 ○主意：垂釣爲人，旨明大功不宰。總結：不落階級

至道無難，拈案 言端語端。註無委曲 一有多種，放則全體發用，一即一切 二無兩般。收則全用歸體，一切即一 天際日上月下，檻前山深水寒。恐滯兩邊，妄生分別，所以直指，全無揀擇 髑髏識盡喜何立，喜識若盡，方無揀擇 枯木龍吟消未乾。若存喜識，盡墮大功。舉例比註 難難，不落凡聖，極難分訴 揀擇明白君自看。莫靠他人，應自著眼(《雪竇直註頌古》卷上)

◎趙州上堂："至道無難，惟嫌揀擇。纔有語言，是揀擇，是明白。老僧不在明白裏，是汝還護惜也無？"(中略)

天童悟云："大小趙州，大似推惡離己。何不與他本分草料？"[《宗鑑法林》卷十七]

古南門云："趙州貴圖本分，不知翻成分外。雖然，不得五丁力，蠶叢路不通。汝等諸人問甚護惜不護惜，並須喫古南棒。我今爲汝保任此事，終不虛也。"[《宗鑑法林》卷十七](《宗門拈古彙集》卷十七)

◎雪

看看變成銀世界，文殊蹤跡卒難尋。趙州不在明白裏，誰解此時一片心？(《圓通大應國師語錄》卷下)

◎舉趙州一日示眾云："至道無難，惟嫌揀擇。纔有語言，是揀擇，是明白。老僧不在明白裏，是爾諸人還護惜麼？"(中略)師云："趙州倚勢欺人，不料棄用曳兵。"(《佛光國師語錄》卷一)

◎僧問："趙州不居明白裏，向什麼處居？"師曰："東西南北歸去來。"(中略)僧問："趙州不居明白裏意旨如何？"師曰："金牛昨夜遭塗炭，直至如今不見蹤。"(《鹽山拔隊和尚語錄》卷六)

◎僧參次，師問："趙州曰：'老僧不在明白裏。'既是不在明白裏。即今在甚處？"僧曰："不會。"師曰："你親見趙州來也。"(《月舟和尚遺錄》

卷上）

（一〇四）

師示衆云："法本不生，今則無滅。更不要道：纔語是生，不語是滅。諸人且作麼生是不生不滅的道理？"問："早是不生不滅麼？"師云："者漢只認得個死語。"〔《正法眼藏》卷三，《古尊宿語錄》卷十三〕

【箋註】
○法本不生，今則無滅：《四家語錄》卷四《傳心法要》："學道人一念計生死，即落魔道。一念起諸見，即落外道。見有生，趣其滅，即落聲聞道。不見有生，唯見有滅，即落緣覺道。法本不生，今亦無滅，不起二見，不厭不忻，一切諸法唯是一心，然後乃爲佛乘也。"

（一〇五）

問："至道無難，惟嫌揀擇。纔有言語，是揀擇，和尚如何示人？"師云："何不盡引古人語？"學云："某甲只道得到這裏！"師云："只這至道無難，惟嫌揀擇。"〔《聯燈會要》卷六，《五燈會元》卷四，《古尊宿語錄》卷十三，《指月錄》卷十一〕

【箋註】
○至道無難，惟嫌揀擇：詳（三十二）註。

【集評】
◎舉僧問趙州："至道無難，惟嫌揀擇。"再運前來。道什麼。三重公案纔有語言，是揀擇。滿口含霜。和尚如何爲人。撈著這老漢。囚州云："何不引盡這語?"賊是小人，智過君子。白拈賊。騎賊馬趁賊 僧云："某甲只念到這裏。"兩個弄泥團漢。逢著個賊。垜根難敵手 州云："只這至道無難，惟嫌揀擇。"畢竟由這老漢，被他換却眼睛，捉敗了也

　　趙州道"只這至道無難，惟嫌揀擇"，如擊石火似閃電光，擒縱殺活，得恁麼自在。諸方皆謂趙州有逸群之辯。趙州尋常示衆，有此一篇云："至道無難，惟嫌揀擇，纔有語言，是揀擇，是明白。老僧不在明白裏，是汝等還護惜也無?"時有僧問云："既不在明白裏，護惜個什麼?"州云："我亦不知。"僧云："和尚既不知，爲什麼道不在明白裏?"州云："問事即得，禮拜了退。"後來這僧只拈他罅罅處去問他，問得也不妨奇特，爭奈只是心行。若是別人奈何他不得，爭奈趙州是作家，便道"何不引盡這語"，這僧也會轉身吐氣，便道"某甲只念到這裏"，一似安排相似。趙州隨聲拈起便答，不須計較。古人謂之相續也大難。他辨龍蛇別休咎，還他本分作家。趙州換却這僧眼睛，不犯鋒芒，不著計較，自然恰好。爾喚作有句也不得，喚作無句也不得，喚作不有不無句也不得，離四句絕百非。何故？若論此事，如擊石火，似閃電光，急著眼看方見。若或擬議躊躇，不免喪身失命。雪竇頌云：

　　水灑不著，說什麼。太深遠生。有什麼共語處 風吹不入，如虛空相似。硬剝剝地。望空啓告 虎步龍行，他家得自在。不妨奇特 鬼號神泣。大衆掩耳。草偃風行。闍梨真是與他同參 頭長三尺知是誰，怪的物。何方聖者。見麼見麼 相對無言獨足立。咄。縮頭去。放過著。山魅。放過即不可。便打

　　"水灑不著，風吹不入，虎步龍行，鬼號神泣。"無爾唼啄處，此四句頌趙州答話大似龍馳虎驟，這僧只得一場懡㦬。非但這僧，直得鬼也號神也泣，風行草偃相似。末後兩句可謂一子親得。"頭長三尺知是誰，相對無言獨足立。"不見僧問古德："如何是佛?"古德云："頭長三尺頸長二寸。"雪竇引用，未審諸人還識麼？山僧也不識。雪竇一時脫體畫却趙州，真個在裏了也，諸人須仔細著眼看。（《碧巖錄》第五十九則）

　　◎趙州因僧問："至道無難，惟嫌揀擇。纔有語言，是揀擇。和尚如何爲人?"（中略）頌曰：

　　水灑不著，風吹不入。虎步龍行，鬼號神泣。頭長三尺知是誰，相對無言獨足立。雪竇顯［《禪林類聚》卷五，《宗鑑法林》卷十七］

　　驅山塞海也尋常，所至文明始是王。但見皇風成一片，不知何處有封

疆。白雲端［《白雲守端禪師語錄》卷下，《白雲守端禪師廣錄》卷四，《禪林類聚》卷五，《指月錄》卷十一，《宗鑑法林》卷十七］

　　鍼線工夫妙入神，沿情接意一何親。太平胡越無疆界，誰是南人與北人。佛鑑懃

　　紫綾紅錦青絲線，巧手織來成一片。其中縫罅不能無，爭奈時人見不見。龍門遠［《宗鑑法林》卷十七，"見不見"，《宗鑑法林》作"竟不見"］

　　日暖風和鶯囀新，柳垂金線繫東君。東君不惜無私力，一點花紅一點春。無菴全［《宗鑑法林》卷十七］（《禪宗頌古聯珠通集》卷十九）

　　◎僧問趙州："至道無難，惟嫌揀擇。纔有語言，是揀擇。和尚如何爲人？"心幸驗主 州云："何不引盡此語？"就身套他 僧云："某只念到這裏。"輸己陷人 州云："只這至道無難，惟嫌揀擇。"以見遣見 ◎主意：紅綿套索，旨明法窟爪牙。總結：權衡在手

　　水灑不著，風吹不入，一切不到 虎步龍行，州之全威 鬼號神泣。僧之悲愁 頭長三尺知是誰？相對無言獨足立。舉古例今，傍通大用（《雪竇頌古直註》卷下）

（一〇六）

　　上堂，示衆云："看經也在生死裏，不看經也在生死裏，諸人且作麼生出得去？"僧便問："只如俱不留時如何？"師云："實即得，若不實，爭能出得生死！"〔《古尊宿語錄》卷十三〕

【箋註】

　　○看經也在生死裏，不看經也在生死裏：《祖堂集》卷十五《龐居士》："看經須解義，解義始修行。若依了義教，即入涅槃城。如其不解義，多見不如盲。緣文廣占地，心牛不肯耕。田田皆是草，稻從何處生？"《景德傳燈錄》卷十四《藥山惟儼》："師看經，有僧問：'和尚尋常不許人看經，爲什麼却自看？'師曰：'我只圖遮眼。'"

　　又卷二十九《法眼頌》："因僧看經。今人看古教，不免心中鬧。欲免心中鬧，但知看古教。"《天聖廣燈錄》卷二十八《靈隱玄本》："師因見僧看

經，問僧：'看什麼經？'僧無語。師乃有頌：'看經不識經，徒勞損眼睛。欲得不損眼，分明識取經。'"因此，禪林既有看經得悟、見教明心者，也有譏看經爲造業、拈黑豆、蠅子鑽窗紙者。既有因"水母元無眼，求食須賴蝦"而需要看經，亦有因"道泰不傳天子令，時清休唱太平歌"而毋需看經者。(《五燈會元》卷十三《華嚴休靜》)看經不看經並不重要，關鍵是於能否見性。《五燈會元》卷十三《曹山智炬》："至三祖，因看經次，僧問：'禪僧心不掛元字脚，何得多學？'師曰：'文字性異，法法體空。迷則句句瘡疣，悟則文文般若。苟無取捨，何害圓伊？'"《古尊宿語錄》卷十八《雲門廣錄下》："看經須具看經眼。"《禪家龜鑑》："看經若不向自己上做工夫，雖看盡萬藏，猶無益也。"

【集評】

◎趙州示衆曰："看經也在生死裏，不看經也在生死裏，諸人且作麼生出得去？"（中略）頌曰：

看經也在生死裏，飯蘿裏坐無喫底。不看經也在生死裏，錦衣堆裏無著底。忽然烏鵲叫一聲，反身踴躍渾家喜。休擬議，如今拋向衆人前，千手大悲提不起。□□□（《禪宗頌古聯珠通集》卷十九，《宗鑑法林》卷十八）

(一〇七)

問："利劍鋒頭快時如何？"師云："老僧是利劍，快在什麼處？"〔《古尊宿語錄》卷十三〕

(一〇八)

問："大難到來，如何迴避？"師云："恰好。"〔《古尊宿語錄》卷十三〕

(一〇九)

上堂，良久云："大衆總來也未？"對云："總來也。"師云："更待一人來，即說話。"僧云："候無人來，即說似和尚。"師云："大難得人。"〔《古尊宿語錄》卷十三〕

【箋註】

○一人：指佛。佛於人中得道，爲世間最尊最勝者，故稱一人。《法華經·譬喻品》："其中衆生，悉是吾子。（中略）唯我一人，能爲救護。"禪宗借以喻指自性。

(一一〇)

師示衆云："心生即種種法生，心滅即種種法滅。你諸人作麼生？"僧乃問："只如不生不滅時如何？"師云："我許你者一問。"〔《古尊宿語錄》卷十三〕

【箋註】

○心生即種種法生，心滅即種種法滅：《楞嚴經》卷一："由心生故種種法生，由法生則種種心生。"《入楞伽經》卷九："心生種種生，心滅種種滅。"《大乘起信論》："是故一切法，如鏡中像，無體可得，唯心虛妄。以心生則種種法生，心滅則種種法滅故。"此二句爲禪林所習用。《壇經·付囑品》："汝等自心是佛，更莫狐疑。外無一物而能建立，皆是本心生萬種法。故經云：'心生種種法生，心滅種種法滅。'"《頓悟入道要門論》卷上："《楞伽經》云：'心生即種種法生，心滅即種種法滅。'（中略）《佛名經》云：'罪從心生，還從心滅。'"《臨濟錄》："古人云：'佛常在世間，而不染世間法。'道流，爾欲得作佛，莫隨萬物。心生種種法生，心滅種種法滅。一心不生，萬法無咎。"《景德傳燈錄》卷七《大梅法常》："此心元是一切世間出世間法根本，故心生種種法生，心滅種種法滅。心但不附一切善惡，萬法本自如如。"《密菴語錄》："心生種種法生，心滅種種法滅。心法兩忘，如摑塗毒鼓，聞者皆喪。又如大火聚，近之則燎却面門。"《嘉泰普燈錄》卷三《大洪報恩》："嘗試論之。夫三界唯心，萬緣一致，心生故法生，心滅故法滅。"又卷十六《西禪文璉》："心生種種法生，森羅萬象縱橫。信手拈來便用，日輪午後三更。心滅種種法滅，四句百非路絕。直饒達磨出頭，也是眼中著屑。心生心滅是誰？木人携手同歸。歸到故鄉田地，猶遭頂上一錘。"《古尊宿語錄》卷三《宛陵錄》："汝若不生心動念，自然無妄。所以云：'心生則種種法生，心滅則種種法滅。'"《御選語錄》卷十二《圓明居士》："情生智隔，念起神昏。是非迷正性，好惡障真心。心生種種法生，心滅種種法滅。"

（一一一）

師因參次，云："明又未明，道昏欲曉，你在阿那頭？"僧云："不在兩頭。"師云："與麽即在中間也。"云："若在中間，即在兩頭。"師云："這僧多少時，在老僧者裏，作與麽語話，不出得三句裏。然直饒出得，也在三句裏。你作麽生？"僧云："某甲使得三句。"師云："何不早與麽道。"〔《古尊宿語錄》卷十三，《御選語錄》卷十六〕

【箋註】

○不在兩頭及中間：《仰山錄》："潙山一日指田問師：'這丘田，那頭高，這頭低。'師云：'却是這頭高，那頭低。'潙山云：'爾若不信，向中間立，看兩頭。'師云：'不必中間立，亦莫住兩頭。'"《建中靖國續燈錄》卷十八《廣照素月》："問：'如何是古佛心？'師云：'不著中間，去却兩頭。'"《叢林盛事》卷下《佛心才示衆》："若也兩頭坐斷，中間不留，只是打淨潔毬子，未知向上一竅。"《從容錄》第五十九則："夜深不向蘆灣宿，迴出中間與兩頭。"《緇門警訓》卷七《芙蓉楷禪師小參》："直須兩頭撒開，中間放下，遇聲遇色，如石上栽花。見名見利，如眼中著屑。"《無明慧經禪師語錄》卷二："第一義真訣，唯心善分別。中間即不居，兩頭亦無涉。"《紫柏老人集》卷二十《釋中論偈》："離兩有中間，斷無有是處。離中有兩頭，亦無有是處。"

（一一二）

問："如何是通方？"師云："離却金剛禪。"〔《古尊宿語録》卷十三〕

【箋註】

○通方：通達，契合禪法。《圓悟録》卷二："不容淺見衲僧會，唯許通方作者知。"《碧巖録》第二則："如今人不會古人意，只管咬言嚼字，有甚了期？若是通方作者，始能辨得這般説話。"《聯燈會要》卷十六《普賢元素》："設使萬機休罷，千聖不携，還同待兔守株，未是通方達士。"《介石智朋禪師語録》："播揚大教，還他大力量人。明格外機，須具通方眼目。"《虛堂録》卷二："僧云：'忽然衆中有個通方作者，冷笑一聲，老師未免面熱汗下。'"《從容録》第六十四則："法眼當時深憫此輩不通方者，作《十規論》誡之。"《無門關》第四十八則："若是通方上士，纔聞舉著，便知落處。"《五燈會元》卷十二《琅琊慧覺》："承言須會宗，勿自立規距。若人下得通方句，我當刎頸而謝之。"《續古尊宿語要》卷四《佛心才》："若也具通方底眼，有格外之機，便能向毒蛇頭上揩癢，猛虎口裏爭餐。"《兀菴和尚語録》卷中："若是丈夫志氣，必然別有通方作略。"《楚石梵琦禪師語録》卷十五《送印禪人》："通方作者知機變。"《南石和尚語録》卷二："若是通方作者，俊快衲僧，別有出格神機，焉肯循途守轍。"　○金剛禪：《禪源諸詮集都序》卷上之二："《金剛三昧經》云：'禪即是動，不動不禪是無生禪。'"《開福道寧禪師語録》卷下："唯有金剛眼睛，四海禪人咬嚼。"《佛鑑禪師語録》卷三："昔周金剛弘大經論，名震西蜀，而不信禪家有直指之要，（中略）遂負《疏抄》憤志南來。"《禪宗頌古聯珠通集》卷十五佛印元頌："禪流若具金剛眼，互換機鋒子細看。"《憨山老人夢遊集》卷十一："初祖黃梅，以《楞伽》、《金剛》印心，乃禪道初來，恐學人用心差錯，故以經印正其心，不致誤謬，非是以經為己解也。"又："至若以不生滅心，為本修因，正是以金剛心為禪定本。"《爲霖道霈禪師旅泊菴稿》:"前歲有禪者自寶山來,示以金剛般若尊註,展讀之下,但見辯鋒凜烈,慧海汪深,不落常途,別出手眼。"

(一一三)

師示衆云:"衲僧家,直須坐斷報、化佛頭始得。"問:"坐斷報、化佛頭是什麼人?"師云:"非你境界。"〔《古尊宿語錄》卷十三〕

【箋註】
○坐斷報、化佛頭:禪林常用此語表示禪僧超越凡聖、灑脱不拘的悟心。《臨濟錄》:"道流取山僧見處,坐斷報化佛頭。"《圓悟錄》卷五:"坐斷報化佛,不涉見聞知。"《建中靖國續燈錄》卷十七《霍丘歸才》:"若於遮裏悟去,迥脱根塵,不拘文字,便乃坐斷報化佛頭,高步毘盧頂上。"又卷二十二《慶善普能》:"若也是非齊泯,善惡都忘,坐斷報化佛頭,截却凡聖途路,到遮裏,方有少許相應。"《大慧錄》卷二十三:"直下信得及,更無第二念,便坐斷報化佛頭,徑超生死。"《聯燈會要》卷十八《東林道顏》:"根性猛利,靈覺獨存底,坐斷報化佛頭;以蝦爲目,借人鼻孔出氣底,未免生死海裏頭出頭没。"《密菴語錄》:"諸人若信得及去,覓其光影來處,了不可得,便乃坐斷報化佛頭。"《從容錄》第二十九則:"掃除凡聖情量,坐斷報化佛頭。"《笑隱大訢禪師語錄》卷一:"坐斷報化佛頭,不落玄妙階級。"《了菴和尚語錄》卷一:"坐斷報化佛頭,超出聖凡閫域。"《楚石梵琦禪師語錄》卷十一:"還他出格道流,坐斷報化佛頭。"

(一一四)

師示衆云:"大道只在目前,要且難睹。"僧乃問:"目前有何形段,令學人睹?"師云:"任你江南江北。"學云:"和尚豈無方便爲人?"師云:"適

來問什麼。"〔《古尊宿語錄》卷十三〕

【箋註】

○大道只在目前，要且難睹：《景德傳燈錄》卷二十九《寶誌大乘贊》："大道常在目前，雖在目前難睹。若欲悟道真體，莫除聲色言語。"誌公此語爲禪林所習用。《大慧錄》卷二："大道只在目前，要且目前難睹。欲識大道真體，不離聲色言語。若即聲色言語求道真體，正是撥火覓浮漚。若離聲色言語求道真體，大似含元殿裏更覓長安。"《了菴和尚語錄》卷八："大道只在目前，要且目前難睹。欲識大道真體，不離聲色言語。言語動用，了無交涉，畢竟大道真體，在什麼處？"　○江南江北：指禪人尋師訪道，行遍大江南北。

（一一五）

問："入法界來，還知有也無？"師云："誰入法界？"學云："與麼即入法界不知去也？"師云："不是寒灰死木，花錦成現百種有。"學云："莫是入法界處用也無？"師云："有什麼交涉。"〔《古尊宿語錄》卷十三〕

【箋註】

○入法界：證入法界之理。華嚴謂之法界，法華謂之實相，兩者同體異名，爲諸法本真之理，爲諸佛所證之境。　○花錦成現百種有：意謂入法界之人，所悟者，山花似錦，澗水如藍，頭頭物物，皆是禪機，非寒灰枯木，墮於死水。

（一一六）

問："若是實際理地，什麼處得來？"師云："更請闍梨宣一遍。"〔《古尊宿語錄》卷十三〕

【箋註】

○實際理地：真實無二、清淨無染的禪悟境界，猶本來面目、本地風光。《建中靖國續燈錄》卷十三《靈巖正覺》："實際理地，纖芥不存。真微妙門，言詮何立？"《如淨續語錄·序》："夫佛祖道，實際理地，本離言語相，然佛事門中爲物垂慈，則雖非有爲，又非無語。"《居士分燈錄》卷下《周敦頤》："又扣東林總禪師，總曰：'吾佛謂實際理地，即真實無妄。'"

（一一七）

問："萬境俱起，還有惑不得者也無？"師云："有。"學云："如何是惑不得者？"師云："你還信有佛法否？"學云："信有佛法，古人道了。如何是惑不得者？"師云："爲什麼不問老僧？"學云："問了也。"師云："惑也。"
〔《古尊宿語錄》卷十三，《御選語錄》卷十六〕

【箋註】

○萬境俱起，還有惑不得者也無：禪者修證，即是要獲得不被外境所惑的悟心。《壇經·坐禪品》："善知識，真如自性起念，六根雖有見聞覺知，不染萬境，而真性常自在。故經云：'能善分別諸法相，於第一義而不動。'"《寒山詩》："水清澄澄瑩，徹底自然見。心中無一事，萬境不能轉。"《臨濟錄》："爾若自信不及，即便忙忙地，徇一切境轉，被他萬境回換，不得自由。"又："古人云：'心隨萬境轉，轉處實能幽。隨流認得性，無喜亦無憂。'"《祖堂集》卷二十《瑞雲寺》："對前萬境，不無瞥起之心。已達心源，不滯幻化之境。"《圓悟錄》卷二十："要見衲僧全意氣，如麻萬境莫能干。"《聯燈會要》卷二十一《嚴頭全豁》："但知於聲色前，不被萬境惑亂，自然露保保地，自然無事。"《千松筆記》："但於聲色前，不被萬境惑亂。"《元叟行端禪師語錄》卷五："只爲一念妄心，分別取捨，突然起得如許多頭角，被他萬境回換，十二時中，不能得個自由自在。"《楚石梵琦禪師語錄》卷十八："大有世間癡漢，隨他聲色流轉。不知萬境樅然，總是心靈所變。"《愚菴和尚語錄》卷六："復舉僧問古德：'萬境來侵時如何？'德云：'莫管他。'師云：'萬境來侵莫管他，情塵瞥起便周遮。大圓寶鑑明如日，漢現胡來等不差。'"《紫柏老人集》卷二十六《山居》："萬境本空心作障，一真無待道方成。"　○惑也：學人昧真心，無自信，故趙州禪師批評其已爲萬境所惑。

（一一八）

問："未審古人與今人，還相近也無？"師云："相近即近，不同一體。"學云："爲什麼不同？"師云："法身不說法。"學云："法身不說法，和尚爲人也無？"師云："我向個裏答話！"學云："爭道法身不說法？"師云："我向個裏救你阿爺，他終不出頭。"〔《古尊宿語錄》卷十三〕

【箋註】

○法身不說法：《楞伽師資記·道信》："經云：'如來現世說法者，衆生妄想故。今行者若修心盡淨，則知如來常不說法。'"《玄沙廣錄》卷上："全坦問：'只如法身還解說法也無？'師云：'寐語漢！'"《仰山錄》："師臥次，僧問云：'法身還解說法也無？'師云：'我說不得，別有一人說得。'云：'說得底人，在甚麼處？'師推出枕子。"《天聖廣燈錄》卷十一《臨濟義玄》："山僧見處，法身即不解說法。"

（一一九）

問："學人道不相見時，還回互也無？"師云："測得回互。"學云："測他不得？回互個什麼？"師云："不與麼是你自己。"學云："和尚還受測也無？"師云："人即轉近，道即轉遠也。"學云："和尚爲什麼自隱去？"師云："我今現共你語話。"學云："爭道不轉？"師云："合與麼著。"〔《古尊宿語錄》卷十三〕

【箋註】

○回互：石頭希遷禪法的主要主張。希遷在禪理之基礎上糅合華嚴宗十玄緣起之說。回互，指理事、事事間相互涉入，相依相存，無所區別，相當於華嚴宗之理事無礙、事事無礙；不回互，指理事、事事各有分位，各住自性，獨立自存，相當於華嚴宗之理事各立、事事住位。

（一二〇）

師示眾云："教化得底人是今生事，教化不得底人是第三生冤。若不教化，恐墮却一切眾生。教化亦是冤。是你還教化也無？"僧云："教化。"師云："一切眾生，還見你也無？"學云："不見。"師云："爲什麼不見？"學云："無相。"師云："即今還見老僧否？"學云："和尚不是眾生。"師云："自知罪過即得。"〔《古尊宿語録》卷十三〕

【箋註】

○第三生冤：《大慧録》卷三十："教中說，作癡福是第三生冤。何謂第三生冤？第一生，作癡福不見性。第二生，受癡福無慚愧，不做好事，一向作業。第三生，受癡福盡不做好事，脱却殼漏子時，入地獄如箭射。人身難得，佛法難逢。此身不向今生度，更向何生度此身？"

（一二一）

師示眾云："龍女心親獻，盡是自然事。"問："既是自然，獻時爲什麼？"師云："若不獻，爭知自然。"〔《古尊宿語録》卷十三，《御選語録》卷十六〕

（一二二）

師示衆云："八百個作佛漢，覓一個道人難得。"〔《景德傳燈錄》卷二十八，《正法眼藏》卷四，《聯燈會要》卷六，《五燈會元》卷四，《古尊宿語錄》卷十三，《御選語錄》卷十六〕

【集評】

◎趙州道："我見百千個漢子，只是覓作佛底。中間覓個無心道人難得。"但熟味其言，休心履踐，他時異日，逢境遇緣，乃得力也。要當慎護，勿令滲漏，乃秘訣也。"（《圓悟心要》卷下）

◎茫茫盡是覓佛漢，舉世難尋閑道人。棒喝交馳成藥忌，了亡藥忌未天真。（《嘉泰普燈錄》卷十二《淨因繼成》，《五燈會元》卷十二）

◎佛見法見，尚不令起，則塵勞業識，自冰消瓦解。養得成實，如癡兀峭，措佛祖位中，收攝不得，那肯入驢胎馬腹也。趙州云："千億個盡覓作佛漢，於中覓作無心底難得。"香林四十年方一片，湧泉四十年尚自走作，南泉十八年能作活計，古人無不如此密密踐履。（《宗範》卷上）

（一二三）

問："只如無佛無人處，還有修行也無？"師云："除却者兩個，有百千萬億。"學云："道人來時，在什麼處？"師云："你與麼即不修行也。"其僧禮拜。師云："大有處著你在。"〔《古尊宿語錄》卷十三〕

(一二四)

問:"白雲不落時如何?"師云:"老僧不會上象。"學云:"豈無賓主?"師云:"老僧是主,闍梨是賓,白雲在什麼處?"〔《古尊宿語錄》卷十三,《御選語錄》卷十六〕

(一二五)

問:"大巧若拙時如何?"師云:"喪却棟梁材。"〔《古尊宿語錄》卷十三〕

【箋註】

○大巧若拙:《圓悟錄》卷十八:"斬釘截鐵,大巧若拙。一句單提,不會佛法。"《宏智廣錄》卷一:"明明靈靈兮唯己自知,大辯若訥兮大巧若拙。"《聯燈會要》卷十六《羅漢系南》:"大智如愚,大巧若拙。"《古尊宿語錄》卷四十三《真淨克文》:"上堂:'《道德經》曰:大巧若拙,大辯若訥。'師云:'達人到此,身心一如,身外無餘。十方世界,只在目前。'"《天目明本雜錄·愚叟》:"終日不違緣底事,無能多是死偷心。從來大巧只如拙,到老誰知是淺深?"《天如和尚語錄》卷三《示能大拙長老蜀中歸山》:"拙到無可拙處,謂之大拙。纖毫拙不盡者,到不得大拙田地。此之大拙,却非大巧。若拙之拙,亦非巧盡拙出之拙。且非百不能百不會之拙,仍非奴郎不辨,菽麥不分之拙,又非掘地覓天,敲冰取火之拙者也。今時大方宗匠,爲師爲徒者,一個個具大智慧,具大機變,拙之一字,素不願聞。若望其一到大拙田地,盡恒沙劫不可得矣。且莫説今時,只如從上諸佛也到不得,歷代諸祖也到不得,天下老和尚也到不得,凡諸學佛之流,要悟禪悟道底,盡其智能,竭其伎倆,都到不得。則上座作此等批判,具此等見解,莫説到不得,夢也夢不見在。如今大拙能長老,若必欲名實相應,親到者個田地,須是先將諸佛諸祖並諸多到不得底老凍儂，束作一束，送向千山萬山，青松白雲，半間草屋之下，深深掘個地爐，就冷灰底一窖埋却，莫留絲毫影跡，莫露絲毫氣息，却不妨向冷灰之上，燒糞火，煨芋頭，飢則噇教飽，飽則信步行，健則盤膝坐，困則伸脚眠，攙取一生殘性命，只恁麼絶學無爲拙將去。拙去拙來，拙到無可拙處，忽然蹉脚踏翻冷灰，觸著佛祖鼻孔，同時打個噴嚏，起來道'如今埋没我不得也'！那時曰巧曰拙，未免掩口一笑，亦未免遥向三千里外，痛駡老拙一頓在。"《憨山老人夢遊集》卷四十五："人以大巧，我用至拙。人巧以失，我拙以得。故善事道者，棄巧取拙，無不獲。"《御選語録》卷十三《雲棲蓮池》之《大巧若拙》："騏驥負千里之能，而跡濫駑駘。栴檀值大千之價，而形同枯木。若夫振螳臂於齊輪，呈驢技於黔虎，售其巧者，小巧而已矣。故馬師具大機大用，而初守鈍於磨磚。香嚴能答十答百，而終甘心乎學圃。大巧若拙，非此之謂乎。頌曰：'不巧之巧，名曰極巧。一事無能，萬法俱了。露才揚己，古人所少。學道之士，樸以自保。'"　○喪却棟梁材：學人之問，有執著於"大巧若拙"的意念，故趙州禪師予以遣除。

（一二六）

師示衆云："佛之一字，吾不喜聞。"問："和尚還爲人也無？"師云："爲人。"學云："如何爲人？"師云："不識玄旨，徒勞念静。"學云："既是玄，作麽生是旨？"師云："我不把本。"學云："者個是玄，如何是旨？"師云："答你是旨。"〔《祖堂集》卷十八，《景德傳燈録》卷十，《聯燈會要》卷六，《古尊宿語録》卷十三，《古尊宿語録》卷十四，《御選語録》卷十六〕

【校記】

《祖堂集》卷十八："師有時云：'佛之一字，吾不喜聞。'僧問：'師還爲人不？'師云：'佛也，佛也。'"

《聯燈會要》卷六："又云：'不識玄旨，徒勞念静。'僧問：'如何是玄旨？'師云：'壁上掛錢財。'"

【箋註】

○不識玄旨，徒勞念靜：語出僧璨《信心銘》，詳（三十二）註。

【集評】

◎吾往日見石頭和尚，亦只教切須自保護，此事不是你譚話得。阿你渾家各有一坐具地，更疑什麼禪，可是你解底物？豈有佛可成？佛之一字，永不喜聞。（《景德傳燈錄》卷十四《丹霞天然》，《五燈會元》卷五，《列祖提綱錄》卷七）

◎示元禪客

趙州道："佛之一字，吾不喜聞。"且道他爲甚如此？莫是佛爲一切智人，渠不喜聞耶？軒知不是這個道理。既不如此，何以不喜聞之？若是明眼人，聊聞便知落處。請問落在什麼處？試吐露看。（《圓悟心要》卷上）

◎是故昔人云："菩提離言説，從來無得人。"德山道："我宗無語句，亦無一法與人。"趙州道："佛之一字，吾不喜聞。"看他早是搬土塗糊人了也。若更於棒頭求玄，喝下覓妙，瞠眉努眼，舉手動足，展轉落野狐窠窟去也。（《圓悟心要》卷上）

◎（趙州）又云："佛之一字，吾不喜聞。""佛之一字尚不喜聞，達磨灼然是甚老臊胡，十地菩薩是擔糞漢，等妙二覺是破凡夫，菩提涅槃是繫驢橛，十二分教是鬼神簿、拭瘡膿紙，四果三賢初心十地是守古冢鬼。爾既不到這個田地，是事理會不得也。"（中略）復説偈云："佛之一字尚不喜，有何生死可相關？當機覿面難回互，説甚楞嚴義八還。"（《大慧錄》卷十六，《續傳燈錄》卷二十七）

◎趙州云："佛之一字，吾不喜聞。"佛字尚不喜聞，想無閑工夫管閑事，逐日波波地檢點他人也。（《大慧錄》卷十九）

◎上堂："佛之一字，吾不喜聞，俗人沽酒三升。寧可洋銅灌口，不受信心人食。此地無金二兩，會得兩不成雙。不然，花須連夜發，莫待曉風吹。"（《虛堂錄》卷八）

◎佛涅槃上堂，舉世尊臨涅槃時以手摩胸告衆公案，師云："衲僧家佛之一字尚不喜聞，有甚工夫覷他紫磨金身。其如滅度、不滅度又干我什麼事？雖然如是，少間大殿内因甚燒香禮拜？殷人以柏，周人以栗。"（《佛鑑禪

師語錄》卷二）

◎菩提離言說，從來無得人。德山道："我宗無語句，亦無一法與人。"趙州道："佛之一字，吾不喜聞。"看他恁麼吹砂走石，早是瞎人眼了也。更向棒頭上討活路，一喝下覓出身句，無異捕鼠求象牙也。（《續古尊宿語要》卷四《應菴華》，《應菴曇華禪師語錄》卷九）

◎凡聖體真，猶存見隔。見存即凡，情亡即佛。然則佛之一字，吾不喜聞。是故衲僧家，逢佛殺佛，逢祖殺祖，遇阿羅漢殺阿羅漢。敢問諸人，削髮染衣，當依佛住。既殺却佛，復何所依？還相委悉麼？漢地不收秦不管，又騎驢子下揚州。（《續古尊宿語要》卷五《遁菴演》）

◎佛生日上堂："'佛之一字，吾不喜聞。'出商君令；'道著佛字，漱口三日。'用司農印。古人與麼，是則是，殺人一萬，自損三千。雪竇普請浴他，意在於何？"良久云："皇天無親，惟德是輔。"（《偃溪廣聞禪師語錄》卷上）

◎趙州示眾曰："佛之一字，吾不喜聞。"幻菴覺拈云："諸人切忌恁麼會。既不恁麼會，又作麼生會？"乃頌曰："佛之一字不喜聞，去年依舊今年春。今年春間降大雪，陸墓烏盆變白盆。"（《禪宗頌古聯珠通集》卷十八，《指月錄》卷十一，《宗鑑法林》卷十六）

◎問："佛之一字，吾不喜聞。某甲不求佛，日用事作麼生？"師云："下咽勤把箸，燒火擇乾柴。"（《無異元來禪師廣錄》卷八）

◎祖師亦云："佛之一字，吾不喜聞。"又云："念佛一聲，三日漱口。"祖師意總不在此。若以此見祖師，是謂之癡人面前不得說夢，是謂之邋臢人喫棒也。（《無異元來禪師廣錄》卷二一）

◎復次，從文字中解，未得徹悟者，有二種慢。一者我慢，二者增上慢。我慢者，謂我今已悟，眾生在迷，如我見處，人所不知，由此起慢。增上慢者，謂我已入聖位，上無佛可求，下無眾生可度，佛之一字，吾不喜聞，由此起慢。（《無異元來禪師廣錄》卷二十三）

◎趙州云："佛之一字，吾不喜聞。"佛之一字，尚不喜聞，還更有什麼可雜用心處。（《長慶宗寶禪師語錄》卷二）

◎我佛出世，生大憐愍。於上根者，直示本心，俾得醒悟；中下根者，方便提獎，教伊止惡行善。乃有戒法，應作不應作，是持是犯，種種名相。若大力量人，豈有者等閒家具。佛之一字，尚不喜聞，更喚什麼作戒。然雖如是，大須實落始得。不然，畫虎成狸，莽莽蕩蕩招殃禍，其害不淺。所以此戒，非初心可忽。涅槃喻如浮囊，遺教再三丁寧。(《長慶宗寶禪師語錄》卷三)

◎問："佛之一字，我不喜聞。早晚佛聲不絕，還聒耳否？"師云："終無別樣。"(《永覺和尚廣錄》卷八)

◎如趙州、大溈等，皆云："念佛一聲，漱口三日。"又云："佛之一字，吾不喜聞。"此是高提向上機關，向空劫以前與諸衆生把手共行，遊於千佛頂顙，密示本源，非故意貶佛，如雲門呵佛之類是也。後人既不悟心，效他嚬蹙，爲過非細，可不戒諸！(《宗門或問》)

◎題徐道寅手書諸經後

真如不變，千佛即一。不變隨緣，一佛而千。古佛所以有云"佛之一字，吾不喜聞"也。(《畫禪室隨筆》卷一)

◎佛之一字，我不喜聞

趙州示衆云："佛之一字，吾不喜聞。"趙州真可謂一無事道人，佛之一字不喜，則佛說一切經教不喜聞，可知也。列祖所說一切言句公案，以及一切世間之法不喜聞，又可知也。審如是，則趙州從朝至暮，從生至死，竟一無所聞。既一無所聞，則必有一喜聞者。我若在當時，必捉住問他，既有不喜者，必有喜者，直逼他上壁去。客曰："趙州已往，請老人答一轉語。"曰："你試聽隔壁老嫗念彌陀。"(《心燈錄》卷三)

◎佛誕上堂："有一人，佛之一字，素不樂聞。念佛一聲，漱口三日；有一人見佛歡喜，禮拜讚嘆，種種供養。一人恁麼，一人不恁麼。同到報恩來，且道留那一個即是？"(《列祖提綱錄》卷四)

◎趙州示衆："佛之一字，吾不喜聞。"

碧天雲淡晚風寒，醉把瑤琴月下彈。將謂調高人不識，誰知自被指頭瞞。侶嚴荷(《宗鑑法林》卷十六)

◎若道別有宗旨，別有佛法，別有好知解，更欲假借趙州念佛漱口之說，以圖避懶，妄擬議人，則先謗他趙州。(《御選語錄》卷十一《玉琳琇》)

◎禪佛相爭

二僧遇諸途，一參禪，一念佛。參禪者，謂本來無佛，無可念者。佛之一字，吾不喜聞。念佛者，謂西方有佛，號阿彌陀，憶佛念佛，必定見佛。執有執無，爭論不已。有少年過而聽焉，曰："兩君所言，皆徐六擔板耳。"二僧叱曰："爾俗士也，安知佛法？"少年曰："吾誠俗士，然以俗士爲喻，而知佛法也。吾梨園弟子也，五戲場中或爲君，或爲臣，或爲男，或爲女，或爲善人，或爲惡人，而求其所謂君臣男女善惡者，以爲有則實無，以爲無則實有，蓋有是即無而有，無是即有而無，有無俱非真，而我則湛然常住也。知我常住，何以爭爲？"二僧無對。（《御選語錄》卷十三《雲棲蓮池》）

◎新開昭常陞座，乃云："乾坤未剖大塊無象，諸佛不出世，祖師不西來。人人頂門具眼，個個皮下有血。純樂無爲之化，追回太古之風。所以德山云：'吾宗無語句，無一法與人。'趙州云：'佛之一字，我不喜聞。'點檢將來，者二老漢只解無佛處稱尊。建長即不然，一莖草上現法王刹，一微塵裏轉大法輪，一切處建立，一切處成就。頭頭合轍，處處逢源。正恁麼時，且道承誰恩力？"卓拄杖云："皇天無親，惟德是輔。"（《圓通大應國師語錄》卷下）

◎僧問："佛之一字，我不喜聞。此是趙州道底，和尚這裏如何指示人？"師云："佛之一字，逼逼嚗嚗。"進云："還許學人商量也否？"師云："不妨也納些子。"（中略）師乃云："佛之一字，我不喜聞。趙州老漢，老老大大，尚說這般伎倆。山僧則不然：'佛之一字，逼逼嚗嚗。'諸仁者，且道趙州底是，山僧底是？雖然與麼，切忌向兩頭走却。既不走却兩頭，又作麼承當？"（《佛頂國師語錄》卷一）

（一二七）

師示衆云："各自有禪，各自有道。忽有人問你作麼生是禪是道，作麼生衹對他？"僧乃問："既各有禪道，從上至今語話爲什麼？"師云："爲你遊魂。"學云："未審如何爲人？"師乃退身不語。〔《古尊宿語錄》卷十三〕

(一二八)

師示衆云："不得閑過，念佛、念法。"僧乃問："如何是學人自己念？"師云："念者是誰？"學云："無伴。"師叱："者驢。"〔《古尊宿語錄》卷十三〕

【箋註】
○念者是誰：當今禪院往往書"念者是誰"榜於門首，此四字實開後世無數法門。

【集評】
◎趙州曰："不得閑過，念佛，念法，念僧。"（中略）
大慧杲云："者僧雖然無伴，成羣作隊，聒擾殺人。趙州雖好一頭驢，只是不會喫草。"〔《大慧錄》卷三〕
子山仁云："惜哉趙州古佛，被徑山老人貶入驢隊裏，至今無出頭分。還有救得者麼？作驢鳴便轉。"（《宗鑑法林》卷十九）

(一二九)

上堂，示衆云："若是第一句，與祖佛爲師；第二句，與人天爲師；第三句，自救不了。"有僧問："如何是第一句？"師云："與祖佛爲師。"師又云："大好從頭起。"學人再問，師云："又却人天去也。"〔《古尊宿語錄》卷十三〕

【箋註】
○第一句、第二句、第三句：爲臨濟義玄接引學人之三種方法。第一句指言語以前真實之意味。第二句則教示第一句真佛具現之絕對解了會得。此解了會得係屬絕對，不容有任何方便。第三句係專對求道者中，不通第一句、第二句之鈍根而設之各種方便法門，有如傀儡師所現之各種神頭鬼面。《臨濟錄》："山僧今日見處，與祖佛不別。若第一句中得，與祖佛爲師。若第二句中得，與人天爲師。若第三句中得，自救不了。"

(一三〇)

師示衆云："是他不是不將來，老僧不是不祇對。"僧云："和尚將什麼祇對？"師長吁一聲。云："和尚將這個祇對，莫辜負學人也無！"師云："你適來肯我，我即辜負你。若不肯我，我即不辜負你。"〔《古尊宿語錄》卷十三〕

【箋註】

〇肯我，我即辜負你：《臨濟錄》："潙山云：'如是如是。見與師齊，減師半德。見過於師，方堪傳授。'"《祖堂集》卷七《巖頭》："豈不聞道：'智慧過師，方傳師教。'智慧若與師齊，他後恐減師德。"《景德傳燈錄》卷六《百丈懷海》："見與師齊，減師半德。見過於師，方堪傳授。子堪有超師之作。"

【集評】

◎《僧寶傳》齊禪師贊曰："昔有僧問趙州：'如何是祖師西來意？'答曰：'庭前柏樹子。'又隨而誡之曰：'汝若肯我與麼道，我則辜負汝。汝若不肯我與麼道，我則不辜負汝。'而昧者剗之，使古人之意不全，爲害甚矣，故併錄之。"《公論》曰："覺範何從得此語？故併錄之。"又曰："昧者剗之，使古人之意不全，爲害甚矣，爲復害於性乎，命耶，害於道乎，德耶？害於人事乎，風化耶？冀明以告我，使後世不惑於斯矣。"如僧問趙州："如何是祖師西來意？"答曰："庭前柏樹子。"古人之意如何不全，爲害甚耶？只如法眼問楊州光孝覺禪師云："近離甚處？"曰："趙州。"眼云："承聞趙州有柏樹子話，是否？"覺云："無。"眼云："叢林盛傳，何得言無？"覺云："先師實無此語，和尚莫謗先師好。"光孝與麼對答，莫也使古人之意大不全乎？

寂音皮下無血則已，有則聞此得不愧惡乎？使趙州當時實有"辜負"、"不辜負"之語，昧者剿之，則又如何其意不全耶？使無之而臆加之，是爲蛇畫足也。噫，駟不及舌。(《叢林公論》)

（一三一）

師示衆云："老僧今夜答話去也，解問者出來。"有僧纔出禮拜，師云："比來拋磚引玉，只得個墼子。"〔《景德傳燈錄》卷十，《聯燈會要》卷六，《五燈會元》卷四，《古尊宿語錄》卷十三，《指月錄》卷十一〕

【校記】

《景德傳燈錄》卷十《趙州從諗》："大衆晚參，師云：'今夜答話去也，有解問者出來。'時有一僧便出禮拜，師云：'比來拋磚引玉，只得個墼子。'"保壽云："射虎不真，徒勞没羽。"長慶問覺上座云："那僧才出禮拜，爲甚麽便收伊爲墼子？"覺云："適來那邊亦有人恁麽問。"慶云："向伊道甚麽？"云："也向伊恁麽道。"玄覺云："什麼處却成墼子去，叢林中道纔出來，便成墼子，只如每日出入，行住坐卧，不可總成墼子。且道這僧出來，具眼不具眼？"《五燈會元》卷四同。

《聯燈會要》卷六："後法眼和尚問覺鐵嘴：'先師意作麽生？'覺云：'如國家拜將。'乃問：'甚人去得？'或云：'某甲去得。'復云：'汝去不得。'眼云：'我會也。'雪竇云：'靈利漢聞舉便知落處。然雖如是，放過覺鐵嘴。夫宗師語不虛發，出來必是作家。因甚麽拋磚引墼？諸禪德要見趙州麽？從前汗馬無人識，只要重論蓋代功。'"雪竇語見《明覺語錄》卷三，《宗門拈古彙集》卷十六、《宗鑑法林》卷十六著錄。法眼與覺鐵嘴對答語，《指月錄》卷十一徵引。

【集評】

◎示衆云："德山小參不答話，打鎖敲枷；趙州小參要答話，將杖探水。"(《圓悟錄》卷九)

◎冬夜小參，僧問："德山昔日小參不答話，趙州小參却答話。未審答

底是不答底是？"師云："總不是。"進云："好音在耳人皆聾去也。"師云："杓卜聽虛聲。"（《圓悟錄》卷十一）

◎不見趙州小參示衆云："今夜答話去也，有解問者試出來看。"（中略）古人下鉤釣鯤鯨，豈與你撈蝦摝蜆來。你若是個漢，纔上來却與你辨明。（《佛果擊節錄》卷下）

◎舉趙州示衆云："今夜答話去也，有解問者出來。"慣開飯店子，不怕大肚漢 時有僧出，作禮。也是作家 州云："比來拋磚引玉，引得個墼子。"若不得這老漢，爭辨得他真偽 法眼舉問覺鐵嘴："先師意作麼生？"這老漢出世也為人眼在什麼處 覺云："如國家拜將。"乃問："甚人去得？"打葛藤去也 時有人出云："某甲去得。"與這僧同參 云："汝去不得。"趙州再生 法眼云："我會也。"你道真個會？只是詐明頭 知雪竇云："靈利漢，聞舉便落處。兩個俱詐明頭 雖然如此，放過覺鐵嘴。若不放過，向他道什麼 大宗師語不虛發，出來必是作家。因什麼拋磚引墼？若是雪竇拋磚，引得個什麼 諸禪德，要識趙州麼？看雪竇分疏不下 從前汗馬無人見，只要重論蓋代功。"爭奈杓柄在他手裏

師云：德山小參不答話，與趙州小參答話，是同是別？又法眼問覺鐵嘴，云云。又法眼是會來故問，要驗覺鐵嘴。舉庭前柏樹子話，有者錯會。無庭前柏樹子話，舉喻是什麼人去得？云："某甲去得。"云："汝去不得。"更隔不得，若稍遲鈍即不是。法眼云："我會也。"飲氣吞聲，因什麼引得個墼子？雪竇弄險，末後忒煞老婆心切："從前汗馬無人見，只要重論蓋代功。"（《佛果擊節錄》第八十六則）

◎結夏小參。僧問："德山小參不答話，有問話者三十棒。此意如何？"師云："畫虎成狸。"僧云："趙州小參要答話，有問話者置將一問來。又作麼生？"師云："撓鉤搭索。"僧云："趙州、德山用處，莫止一般麼？"師云："鬼爭漆桶。"（《虛堂錄》卷一）

◎復舉趙州晚參云："今夜答話去也，有解問者出來。"時有僧出作禮，州云："比來拋磚引玉，只引得個墼子。"拈云："金將石試，玉將火試，人以語試。者僧未曾開口，便道是個墼子。何耶？若不酬價，爭辨真偽！"（《絕岸可湘禪師語錄》）

◎結夏："德山小參不答話，風從虎，雲從龍。趙州小參答話去，松不直，棘不曲。機先著眼，未是俊流。句外明宗，不堪共住。"（《大川普濟禪師語錄》）

◎僧問："德山小參不答話，此理如何？"師云："三更神世界。"僧云："趙州小參却答話，又作麼生？"師云："半夜鬼乾坤。"僧云："未審二老，相去多少？"師云："一對無孔鐵槌。"僧禮拜云："作家宗師，天然有在。"師云："放你三十棒。"（《續古尊宿語要》卷六《別峰雲》）

◎當晚小參："德山小參不答話，迅雷不及掩耳。趙州小參要答話，倚天長劍逼人。一等是個時節，其奈土曠人稀。今夜一塵不動，要與從上爭鋒去也。"（《偃溪廣聞禪師語錄》卷上）

◎晚小參。問答罷，乃云："德山小參不答話，奮巨靈分太華之威。趙州小參要答話，展金翅擘滄溟之勢。若是舉一明三，目機銖兩，如磁石見鐵相似，輕輕一引便動，説甚好與三十，説甚拋磚引玉。"（《雲谷和尚語錄》卷上）

◎趙州因大衆晚參，師曰："今夜答話去也，有解問者出來。"（中略）法眼問覺鐵嘴："先師意作麼生？"覺云："如國家拜將相似。"乃問："甚人去得？"時有人出云："某甲去得。"云："爾去不得。"法眼云："我會也。"頌曰：

探竿影草幾人知，正似將軍一面旗。斬將安營都在我，倒騎鐵馬上須彌。慈受深［《宗鑑法林》卷十六］

千年田八百主，誰當機辨來處。趙州要答話，拋磚引墼子。覺老話端倪，如拜將相似。去得去不得，言下分緇素。箇裏高於萬仞峰，不動纖毫擒佛祖。圓悟勤［《宗鑑法林》卷十六］（《禪宗頌古聯珠通集》卷十八）

◎舉趙州示衆云："今夜答話去，有解問者出來。"（中略）師云："老趙州寰中獨據，不動一塵，忽然重整戈矛，便見風行草偃。直得盡大地人冰消瓦解。"（《古林清茂禪師語錄》卷三）

◎趙州示衆："老僧今夜答話去也，有解問者致將一問來。"（中略）

保壽沼云："射虎不真，徒勞没羽。"［《宗鑑法林》卷十六］

報慈遂云："甚麼處却成墼子去？叢林中道纔出來，便成墼子。只如每日出入，行住坐臥，不可總成墼子。且道這僧出來具眼不具眼？"［《宗鑑法林》卷十六］

光孝覺因長慶問："那僧纔出禮拜，爲什麼便將爲墼子？"孝云："適來那邊亦有人恁麼問。"慶云："向伊道什麼？"孝云："亦向伊道，比來拋磚引玉，却引得個墼子。"［《宗鑑法林》卷十六］

昭覺勤云："諸方盡道趙州得逸羣之機，一期施設，不妨自在。這僧要擊節扣關，閃電光中，卒著手脚不辦。覺鐵嘴能近取譬，不墜宗風。法眼有通方鑑才，便知落處。敢問諸人，既是宗師，爲甚麼拋磚只引得個墼子？"
[《宗鑑法林》卷十六]

白巖符云："覺公錯下名言，法眼隨語生解，且置一邊。趙州以勢欺人，放過不可。當時這僧出來，便與掀倒禪床，看他作何合煞。"（《宗門拈古彙集》十六）

◎除夜小參："德山小參不答話，人貧智短。趙州小參要答話，馬瘦毛長。靈巖今夜小參，有問即答，無問即休。終不將珍珠作豌豆糶却。"（《了菴和尚語錄》卷三，《列祖提綱錄》卷十三）

◎解夏小參，僧問："德山小參不答話，藥山小參不點燈，趙州小參要答話。是法平等，因甚三段不同？"師云："舌頭不出口。"（《愚菴和尚語錄》卷六）

◎除夜小參："靈山會上，少室巖前。的的相傳，將錯就錯。德山小參不答話，鈎頭有餌。趙州小參要答話，秤尾無星。"（《恕中無慍和尚語錄》卷一）

◎小參，垂語云："德山小參不答話，識法者懼。趙州小參要答話，賣弄風流。瑞巖不作者般去就。有問即答，無問即休。莫有問話者麼？"（《恕中無慍和尚語錄》卷二）

◎當晚小參，僧出問云："德山小參，因甚不答話？"師云："寰中天子敕，塞外將軍令。"僧云："趙州小參，因甚却答話？"師云："狗銜赦書，諸侯避道。"僧禮拜。（《穆菴文康禪師語錄》）

◎當晚小參："德山小參不答話，寰中天子敕。趙州小參要答話，塞外將軍令。二老漢等閑一拶一挨，自然風行草偃，太平得路。然雖如是，不可重行此令。今夜只據自家有一條活路子，共汝諸人同行一步。"卓拄杖一下。（《圓通大應國師語錄》卷上）

◎除夜小參，僧問："德山小參不答話，意在甚麼處？"師云："倚天長劍逼人寒。"僧云："趙州小參要答話，又作麼生？"師云："無孔鐵錘當面擲。"（《圓通大應國師語錄》卷上）

◎當晚小參，（中略）僧云："記得德山小參不答話，意旨如何？"師云："舌頭拖地。"僧云："趙州小參却答話，又作麼生？"師云："參天荊棘。"僧云："如二大老，一人答話，一人不答話，意在於何？"師云："鍼劄不入。"

僧云："且道答者是，不答者是？"師云："黃河連底凍。"僧云："和尚今夜小參，是答話，不答話？"師云："已是龜毛長三尺。"僧云："不因樵子徑，爭到葛洪家。"僧禮拜。師云："未敢相許。"（《佛光國師語錄》卷三）

◎進云："趙州小參要答話，又且如何？"師云："貧作富裝裹。"（《佛光國師語錄》卷三）

◎德山小參不答話，印文已彰；趙州小參要答話，錦縫離披。（《南院國師語錄》卷中）

◎歲夜小參："德山小參不答話，狐裘反衣，不當風流。趙州小參要答話，玉印倒懸，豈爲豪傑。答話不答話，總拈向一邊。"（《南院國師語錄》卷下）

◎除夜小參，（中略）進云："德山小參不答話，趙州小參要答話，畢竟如何？"答云："一人頭白，一人頭黑。"（《竺仙和尚語錄》卷上）

◎乃云："趙州云：'今夜答話去也，有會問者出來。'垂鉤四海，只釣獰龍。古人則且置，山僧道：'今夜答話了也。'檐頭滴滴，耳根歷歷，且道落在甚處？"（《竺仙和尚語錄》卷上）

◎問云："德山小參不答話，趙州小參要答話。爲復各展門風，爲復同途異轍？"答曰："擬之則差。"進云："不擬時如何？"答曰："半夜放烏鷄。"（《竺仙和尚語錄》卷下）

◎結夏小參："德山小參不答話，南人不夢駝。趙州小參要答話，北人不夢船。若能覷透二大老手脚，何妨大蟲舌上打鞦韆。"（《夢窗國師語錄》卷上）

◎復舉："趙州小參要答話，親者不問。德山小參不答話，問者不親。子細點檢將來，一人來不入户，一人去不出門。且道那個賓那個主？有水皆含月，無山不帶雲。"（《智覺普明國師語錄》卷一）

◎當晚小參。垂語云："德山小參不要答話，盡法無民。趙州小參要答話，倚勢欺人。若是真師子兒，不妨出衆嚬呻。"（《絕海和尚語錄》卷上）

◎結夏小參，僧問："德山小參不答話，有問話者三十棒。他家親切處如何識得？"師云："來者不來，去者不去。"進云："趙州小參要答話，有問話者置將一問來，又作麼生？"師云："買價破大例。"（《大燈國師語錄》卷上）

◎進云："趙州小參要答話，有問話者致將一問來，又作麼生？"師云："不是冤家不聚頭。"進云："和尚小參，要答話不要答話？"師云："不是與人難共聚。"（《大燈國師語錄》卷上）

◎僧云："德山小參不答話，有問話者三十棒，意旨如何。"師云："去得來不得。"僧云："趙州小參要答話，有問話者置將一問來，又作麼生？"師云："來得去不得。"僧云："今夜小參要答話，不要答話耶？"師云："出頭天外看，誰是我般人？"（《大燈國師語錄》卷中）

◎復舉德山小參不要答話，趙州小參要答話古則，師拈曰："諸人要識二大老用處麼？泥牛吼月，木馬嘶風。"（《徹翁和尚語錄》卷上）

◎冬至小參，舉德山、趙州要答話不要答話公案，師曰："德山、趙州暗裏按劍，誰敢當鋒？"喝一喝曰："住住，吾王庫內無如是刀。"便下座。（《徹翁和尚語錄》卷上）

◎復舉德山、趙州答話不答話公案，師曰："七尺拄杖不打問話者，三寸舌頭不要答話在。二老漢敗缺不少，只看南枝開早梅。"（《徹翁和尚語錄》卷上）

◎僧云："德山小參不答話意旨如何？"師云："嚴而無威。"僧云："趙州小參要答話又如何？"師云："恭而無禮。"（《徹翁和尚語錄》卷上）

◎復舉德山小參不答話，趙州小參要答話公案，師拈曰："諸人盡謂一人雲橫谷口，一人月落寒潭。殊不知漆隱處黑，朱隱處赤。"（《徹翁和尚語錄》卷上）

◎上堂："德山小參不答話，趙州小參要答話。敢問諸人，這二大老還有優劣也無？梅瘦占春少，庭寬得月多。"（《景川和尚語錄》卷上）

◎上堂："德山小參不答話，趙州小參要答話。且道二大老因甚麼同途不同轍？一等共行山下路，眼頭各自見風煙。"（《景川和尚語錄》卷下）

◎進云："德山小參不答話，有問話者三十棒。此意如何？"師云："你若來得，棒頭有眼。"進云："趙州小參要答話，有問話者，致將一問來，又作麼生？"師云："不是冤家不聚頭。"（《槐安國語》卷二）

（一三二）

問："狗子還有佛性也無？"師云："無。"學云："上至諸佛，下至蟻子，皆有佛性；狗子為什麼無？"師云："為伊有業識性在。"〔《正法眼藏》卷六，《聯燈會要》卷六，《五燈會元》卷四，《五家正宗贊》卷一，《古尊宿語錄》卷十三，《御選語錄》卷十六〕

【集評】

◎問:"狗子還有佛性否?"師云:"有。"僧云:"和尚還有否?"師云:"我無。"僧云:"一切衆生皆有佛性,和尚因何獨無?"師云:"我非一切衆生。"僧云:"既非衆生,是佛否?"師云:"不是佛。"僧云:"究竟是何物?"師云:"亦不是物。"僧云:"可見可思否?"師云:"思之不及,議之不得,故云不可思議。"(《景德傳燈錄》卷七《興善惟寬》,《聯燈會要》卷五,《五燈會元》卷三,《御選語錄》卷十四)

◎上堂。僧問:"教中道是真精進,是名真法供養如來。狗子既無佛性,喚什麼作真法?"師云:"只這無佛性,便是真法。"進云:"據學人見處,又且不然。"師云:"爾試杜撰看。"僧禮拜。師云:"只這禮拜,便是杜撰。"乃云:"是真精進,是名真法供養如來。狗子既無佛性,喚什麼作真法?山僧道,只這無佛性,便是真法。諸人還信得及麼?若信得及,靈山一會,儼然未散。"(《大慧錄》卷四)

◎問僧:"五祖道:'趙州狗子無佛性,也勝猫兒十萬倍。'如何?"僧云:"風行草偃。"師云:"爾也不亂說,却作麼生會?"僧無語。師云:"學語之流。"便打出。(《大慧錄》卷九)

◎臨濟和尚曰:"有一般瞎禿兵,向教乘中取意度商量,成於句義,如將屎塊子口中含了却吐與別人,直是叵耐。"元昭初見如此說,心中雖疑,口頭甚硬,尚對山僧冷笑。當晚來室中,只問渠個狗子無佛性話,便去不得,方始知道參禪要悟。在長樂住十日,二十遍到室中,呈盡伎倆。奈何不得,方始著忙。山僧實向渠道:"不須呈伎倆,直須啐地折嚗地斷,方敵得生死,呈伎倆有甚了期。"仍向渠道:"不須著忙,今生參不得後世參。"(《大慧錄》卷十四,《五燈會元》卷二十《吳偉明》,《居士分燈錄》卷下)

◎秦國太夫人請普說

見說每日與謙相聚,只一味激揚此事,一日問謙:"徑山和尚尋常如何爲人?"謙云:"和尚只教人看狗子無佛性話、竹篦子話,只是不得下語,不得思量,不得向舉起處會,不得去開口處承當。'狗子還有佛性也無?''無。'只恁麼教人看。"渠遂諦信,日夜體究。每常愛看經禮佛。謙云:"和尚尋常道:'要辦此事,須是輟去看經禮佛誦咒之類。且息心參究,莫使工夫間斷。若一向執著,看經禮佛希求功德,便是障道。候一念相應了,依舊看經禮佛，乃至一香一華，一瞻一禮，種種作用皆無虛棄，盡是佛之妙用，亦是把本修行。但相聽信，決不相誤。'"渠聞謙言，便一時放下，專專只是坐禪。看狗子無佛性話，聞去冬忽一夜睡中驚覺，乘興起來坐禪舉話，驀然有個歡喜處。近日兼歸秦國，有親書並作數頌來呈山僧。其間一頌云："逐日看經文，如逢舊識人。勿言頻有礙，一舉一回新。"山僧常常爲兄弟說："參得禪了，凡讀經看文字，如去自家屋裏行一遭相似，又如與舊時相識底人相見一般。今秦國此頌，乃暗合孫吳。爾看他是個女流，宛有丈夫之作，能了大丈夫之事。謙禪昨日上來告山僧，子細說些禪病，且與秦國結大衆般若緣。山僧向他道："禪有甚麽病可說？禪又不曾患頭疼，又不曾患脚痛，又不曾患耳聾，又不曾患眼暗。只是參禪底人，參得差別，證得差別，用心差別，依師差別。因此差別故，說明爲病，非謂禪有病也。'如何是佛？''即心是佛。'有甚麽病。'狗子還有佛性也無？''無。'有甚麽病。'喚作竹篦則觸，不喚作竹篦則背。'有甚麽病。'如何是佛？''麻三斤。'有甚麽病。'如何是佛？''乾屎橛。'有甚麽病。爾不透了，才作道理，要透便千里萬里沒交涉也。擬心湊泊他，擬心思量他，向舉起處領略，擊石火閃電光處會，這個方始是病，世醫拱手，然究竟不干禪事。趙州云：'要與空王爲弟子，莫教心病最難醫。'"（《大慧錄》卷十四，《列祖提綱錄》卷十四）

◎須知人人有此一段大事因緣，亘古亘今，不變不動。也不著忘懷，也不著著意。但自時時提撕。妄念起時，亦不得將心止遏。止動歸止，止更彌動。只就動止處，看個話頭，便是釋迦老子、達磨大師出來，也只是這個。僧問趙州："狗子還有佛性也無？"州云："無。"爾措大家，多愛穿鑿說道："這個不是有無之無，乃是眞無之無，不屬世間虛豁之無。"恁麽說時，還敵得他生死也無？既敵他生死不得，則未是在。既然未是，須是行也提撕，坐也提撕，喜怒哀樂時，應用酬酢時，總是提撕時節。提撕來提撕去，沒滋味，心頭恰如頓一團熱鐵相似，那時便是好處，不得放捨。忽然心花發明，照十方刹，便能於一毛端現寶王刹，坐微塵裏轉大法輪。（《大慧錄》卷十七，《列祖提綱錄》卷十六）

◎趙州狗子無佛性話，喜怒靜鬧處，亦須提撕，第一不得用意等悟。若用意等悟，則自謂我即今迷。執迷待悟，縱經塵劫，亦不能得悟。但舉話頭時，略抖擻精神，看是個甚麽道理。（《大慧錄》卷十九）

◎世間情念起時，不必用力排遣，前日已曾上聞。但只舉僧問趙州：

"狗子還有佛性也無？"州云："無。"纔舉起這一字，世間情念自帖帖地矣。多言復多語，由來返相誤。千說萬說，只是這些子道理。驀然於無字上絕却性命，這些道理亦是眼中花。（《大慧錄》卷二十一）

◎行住坐卧造次顛沛，不可忘了妙淨明心之義。妄念起時不必用力排遣，只舉僧問趙州："狗子還有佛性也無？"州云："無。"舉來舉去，和這舉話底亦不見有。只這知不見有底亦不見有，然後此語亦無所受。驀地於無所受處，不覺失聲大笑，一巡時便是歸家穩坐處也。多言多語，返相鈍置，且截斷葛藤。（《大慧錄》卷二十一）

◎僧問趙州："狗子還有佛性也無？"州云："無。"看時不用搏量，不用註解，不用要得分曉，不用向開口處承當，不用向舉起處作道理，不用墮在空寂處，不用將心等悟，不用向宗師說處領略，不用掉在無事甲裏。但行住坐卧時時提撕："狗子還有佛性也無？""無。"提撕得熟，口議心思不及，方寸裏七上八下，如咬生鐵橛沒滋味時，切莫退志。得如此時，却是個好底消息。（《大慧錄》卷二十一，《宗範》卷上）

◎疑生不知來處，死不知去處底心未忘，則是生死交加。但向交加處，看個話頭。僧問趙州和尚："狗子還有佛性也無？"州云："無。"但將這疑生不知來處，死不知去處底心，移來無字上，則交加之心不行矣。交加之心既不行，則疑生死來去底心將絕矣。但向欲絕未絕處，與之廝崖。時節因緣到來，驀然噴地一下，便了教中所謂絕心生死，止心不善，伐心稠林，浣心垢濁者也。（《大慧錄》卷二十三）

◎佛弟子陳惇，知身是妄，知法是幻，於幻妄中能看個趙州狗子無佛性話，忽然洗面摸著鼻孔。（《大慧錄》卷二十三）

◎但將妄想顛倒底心，思量分別底心，好生惡死底心，知見解會底心，欣靜厭鬧底心，一時按下，只就按下處看個話頭。僧問趙州："狗子還有佛性也無？"州云："無。"此一字子，乃是摧許多惡知惡覺底器仗也。不得作有無會，不得作道理會，不得向意根下思量卜度，不得向揚眉瞬目處垜根，不得向語路上作活計，不得颺在無事甲裏，不得向舉起處承當，不得向文字中引證。但向十二時中四威儀內，時時提撕，時時舉覺："狗子還有佛性也無？"云："無。"不離日用。試如此做工夫看，月十日便自見得也。（《大慧錄》卷二十六）

◎左右若信得山僧及，試向鬧處看狗子無佛性話。未說悟不悟，正當方寸擾擾時，驀提撕舉覺看，還覺靜也無，還覺得力也無。若覺得力，便不須放捨。要靜坐時，但燒一炷香靜坐。坐時不得令昏沈，亦不得掉舉。昏沈掉舉，先聖所訶。靜坐時才覺此兩種病現前，但只舉狗子無佛性話，兩種病不著用力排遣，當下怗怗地矣。日久月深，纔覺省力，便是得力處也。亦不著做靜中工夫，只這便是工夫也。（《大慧錄》卷二十六）

◎願公只向疑情不破處參，行住坐臥，不得放捨。僧問趙州："狗子還有佛性也無？"州云："無。"這一字子，便是個破生死疑心底刀子也。這刀子杷柄，只在當人手中，教別人下手不得，須是自家下手始得。若捨得性命，方肯自下手。若捨性命不得，且只管在疑不破處崖將去。驀然自肯，捨命一下便了，那時方信靜時便是鬧時底，鬧時便是靜時底，語時便是默時底，默時便是語時底。不著問人，亦自然不受邪師胡說亂道也。（《大慧錄》卷二十六）

◎請公只恁麼用心。日用二六時中，不得執生死佛道是有，不得撥生死佛道歸無，但只看："狗子還有佛性也無？"趙州云："無。"切不可向意根下卜度，不可向言語上作活計，又不得向開口處承當，又不得向擊石火閃電光處會。"狗子還有佛性也無？""無。"但只如此參，亦不得將心待悟待休歇。若將心待悟待休歇，則轉沒交涉矣。（《大慧錄》卷二十六）

◎即日烝溽，不審燕處悠然，放曠自如，無諸魔撓否，日用四威儀內，與狗子無佛性話一如否，於動靜二邊能不分別否，夢與覺合否，理與事會否，心與境皆如否。（《大慧錄》卷二十七）

◎一了一切了，一悟一切悟，一證一切證。如斬一結絲，一斬一時斷。證無邊法門亦然，更無次第。左右既悟狗子無佛性話，還得如此也未？若未得如此，直須到恁麼田地始得。（《大慧錄》卷二十七）

◎要得苦樂均平，但莫起心管帶。將心忘懷，十二時中放教蕩蕩地。忽爾舊習瞥起，亦不著用心按捺，只就瞥起處，看個話頭。"狗子還有佛性也無？""無。"正恁麼時，如紅爐上一點雪相似。（《大慧錄》卷二十七）

◎已過去底事，或善或惡，或逆或順，都莫思量。現在事得省便省。一刀兩段不要遲疑，未來事自然不相續矣。釋迦老子云："心不妄取過去法，亦不貪著未來事。不於現在有所住，了達三世悉空寂。"但看僧問趙州："狗子還有佛性也無？"州云："無。"請只把閑思量底心，回在無字上，試思量看。忽然向思量不及處，得這一念破，便是了達三世處也。（《大慧錄》卷二十七）

◎而今要得省力，靜鬧一如，但只透取趙州無字。忽然透得，方知靜鬧兩不相妨。（《大慧錄》卷二十七）

◎千疑萬疑，只是一疑。話頭上疑破，則千疑萬疑一時破。話頭不破，則且就上面與之廝崖。若棄了話頭，却去別文字上起疑，經教上起疑，古人公案上起疑，日用塵勞中起疑，皆是邪魔眷屬。第一不得向舉起處承當，又不得思量卜度。但著意就不可思量處思量，心無所之，老鼠入牛角，便見倒斷也。又方寸若鬧，但只舉狗子無佛性話。佛語祖語諸方老宿語，千差萬別，若透得個無字，一時透過，不著問人。若一向問人，佛語又如何，祖語又如何，諸方老宿語又如何，永劫無有悟時也。（《大慧錄》卷二十八）

◎趙州狗子無佛性話，左右如人捕賊，已知窩盤處，但未捉著耳。請快著精彩，不得有少間斷。時時向行住坐臥處看。讀書史處，修仁義禮智信處，侍奉尊長處，提誨學者處，喫粥喫飯處，與之廝崖。忽然打失布袋，夫復何言。（《大慧錄》卷二十八）

◎示諭應緣日涉差別境界，未嘗不在佛法中。又於日用動容之間，以狗子無佛性話，破除情塵。若作如是工夫，恐卒未得悟入，請於腳跟下照顧。差別境界從甚麼處起？動容周旋之間，如何以狗子無佛性話，破除情塵。能知破除情塵者，又是阿誰？佛不云乎："衆生顛倒，迷己逐物。"物本無自性，迷己者自逐之耳。境界本無差別，迷己者自差別耳。既曰涉差別境界，又在佛法中。既在佛法中，則非差別境界。既在差別境界中，則非佛法矣。拈一放一，有甚了期。廣額屠兒在涅槃會上，放下屠刀立地便成佛，豈有許多忉忉怛怛來。日用應緣處，纔覺涉差別境界時，但只就差別處，舉狗子無佛性話。不用作破除想，不用作情塵想，不用作差別想，不用作佛法想。但只看狗子無佛性話，但只舉個無字，亦不用存心等悟。若存心等悟，則境界也差別，佛法也差別，情塵也差別，狗子無佛性話也差別，間斷處也差別，無間斷處也差別，遭情塵惑亂身心不安樂處也差別，能知許多差別底亦差別。若要除此病，但只看個無字。（《大慧錄》卷二十八）

◎但辦取長遠心，與狗子無佛性話廝崖，崖來崖去，心無所之。忽然如睡夢覺，如蓮花開，如披雲見日，到恁麼時自然成一片矣。但日用七顛八倒處，只看個無字，莫管悟不悟徹不徹。三世諸佛只是個無事人，諸代祖師亦只是個無事人。古德云："但於事上通無事，見色聞聲不用聾。"又古德云：

"愚人除境不忘心，智者忘心不除境。"於一切處無心，則種種差別境界自無矣。而今士大夫，多是急性，便要會禪，於經教上及祖師言句中，搏量要說得分曉。殊不知分曉處，却是不分曉底事。若透得個無字，分曉不分曉，不著問人矣。(《大慧錄》卷二十八)

◎頃蒙惠教，其中種種趣向，皆某平昔所訶底病。知是般事，颺在腦後，且向沒巴鼻處、沒撈摸處、沒滋味處，試做工夫看。如僧問趙州："狗子還有佛性也無？"州云："無。"尋常聰明人，纔聞舉起，便以心意識領會搏量引證，要說得有分付處。殊不知不容引證，不容搏量，不容以心意識領會。縱引證得、搏量得、領會得，盡是髑髏前情識邊事，生死岸頭定不得力。而今普天之下，喚作禪師長老者，會得分曉底，不出左右書中寫來底消息耳。其餘種種邪解，不在言也。(《大慧錄》卷二十九)

◎時時以趙州無字提撕，久久純熟。驀然無心撞破漆桶，便是徹頭處也。(《大慧錄》卷二十九)

◎見月休觀指，歸家罷問程。情識未破，則心火熠熠地。正當恁麼時，但只以所疑底話頭提撕。如僧問趙州："狗子還有佛性也無？"州云："無。"只管提撕舉覺，左來也不是，右來也不是。又不得將心等悟，又不得向舉起處承當，又不得作玄妙領略，又不得作有無商量，又不得作真無之無卜度，又不得坐在無事甲裏，又不得向擊石火閃電光處會，直得無所用心。心無所之時，莫怕落空，這裏却是好處。驀然老鼠入牛角，便見倒斷也。(《大慧錄》卷三十)

◎答鼓山逮長老

五祖師翁住白雲時，嘗答靈源和尚書云："今夏諸莊，顆粒不收，不以爲憂。其可憂者，一堂數百衲子，一夏無一人透得個狗子無佛性話，恐佛法將滅耳。"(《大慧錄》卷三十，《祖庭鉗錘錄》卷下)

◎僧問趙州："狗子還有佛性也無？"州云："無。"只這一字，盡爾有甚麼伎倆，請安排看，請計較看。思量計較安排，無處可以頓放。只覺得肚裏悶心頭煩惱時，正是好底時節，第八識相次不行矣。覺得如此時，莫要放却，只就這無字上提撕。提撕來提撕去，生處自熟，熟處自生矣。(《大慧錄》卷三十)

◎只以趙州一個無字，日用應緣處提撕，不要間斷。古德有言，研窮至理，以悟爲則。若說得天華亂墜，不悟總是癡狂外邊走耳。(《大慧錄》卷三

◎問："狗子還有佛性也無？"師云："松直棘曲。"（《建中靖國續燈錄》卷七《涼峰洞淵》，《五燈會元》卷十二）

◎饒州教授嚴公朝康，問道於薦福雪堂，報恩應菴嘗有頌曰："趙州狗子無佛性，我道狗子佛性有。蓦然言下自知歸，從兹不信趙州口。著精神，自抖擻，隨人背後無好手。騎牛覓牛笑殺人，如今始覺從前謬。"時大慧老師在梅陽，嚴以其頌寄呈，而大慧答以書，略曰："隨人背後無好手，此八萬四千皆公活路。"（《雲卧紀談》卷下）

◎（簡上座）嘗頌狗子無佛性話曰："趙州老漢，渾無面目，言下乖宗，神號鬼哭。"（《雲卧紀談》卷下）

◎時福州禮兄亦與編次，宏遂以老師洋嶼衆寮榜其門，有"兄弟參禪不得，多是雜毒入心"之語，取稟而立爲《雜毒海》。宏之親錄，爲德侍者收，禮之親錄，在愚處。禮之錄，其中尚有説雲蓋古和尚，叢林謂古慕固者，頌狗子無佛性話曰："趙州狗子無佛性，終日庭前睡不驚。狂風打落古松子，起來連吠兩三聲。"老師曰："此吟狗子詩也。"（《雲卧紀談·雲卧菴主書》）

◎無相無空無不空，拈槌豎拂警盲聾。解道狗子無佛性，焉知全體與空同？（《普菴印肅禪師語錄》卷中）

◎狗子無佛性，打殺了也，且作麽生分別。趙州這一個無字，也常向諸人提撕，早晚不可放過。（《普菴印肅禪師語錄》卷中）

◎（破菴）首謁潙山行和尚，常請益狗子無佛性話，行云："非有無之無，如何？"師云："即今亦不少。"行云："又道不會。"（《破菴和尚語錄·行狀》）

◎有即是無，無即是有

拈云："一款便招，更莫思前慮後。一般底便説言語性空，有無不可得。又道有無只是名字，皆是分別，我口裏舉處便是，豈更有二來。又道有之與無，從什麽處起，只管認口頭聲色。你怎麽會，入地獄如箭。只如僧問趙州：'狗子還有佛性也無？'州云：'有。'僧云：'既有，爲什麽撞入這皮袋？'州云：'爲伊知而故犯。'又僧問：'狗子還有佛性也無？'州云：'無。'僧云：'一切衆生皆有佛性，狗子爲什麽無？'州云：'爲伊有業識在。'而今兄弟皆道，後面是蓋覆語，緊要只在有無處。苦哉，滅胡種族，有什麽交涉。要見三祖趙州麽？收。"（《真歇清了禪師語錄》卷下《拈古》）

◎復舉僧問趙州："狗子還有佛性也無？"州云："有。"僧云："爲甚撞入者個皮袋？"州云："爲他知而故犯。"又僧問："狗子還有佛性也無？"州云："無。"僧云："一切衆生皆有佛性，爲甚狗子却無？"州云："爲他有業識在。"師云："趙州道有，趙州道無。狗子佛性，天下分疏。面赤不如語直，心真莫怪言粗。七百甲子老禪伯，驢糞逢人換眼珠。"（《宏智廣録》卷一）

◎遍參宗師，嘗居崇果山，爲衆辨浴，日誦《金剛般若》爲常課。一日，將濯足，誦至"應生信心，以此爲實"，納足湯器中，豁有省。即趣海會，見演道者，吐所悟，演頷之，容入其室。他日聞舉狗子無佛性話，於是大徹，演喜，以爲類已。（《僧寶正續傳》卷二《開福寧》）

◎（薦福本禪師）由兹益鋭志，以狗子無佛性話，舉無字而提撕。一夕，將三鼓，倚殿柱，昏寐間，不覺無字出口吻間，忽爾頓悟。後三日，妙喜歸自郡城，本趣丈室，足纔越閫，未及吐詞，妙喜曰："本鬍子，這回方是徹頭！"（《羅湖野録》卷二，《五燈會元》卷二十《薦福悟本》，《續傳燈録》卷三十二，《説郛》卷二十一下，《江西通志》卷一百零四）

◎建州開善謙禪師，平居不倦誨人，而形於尺素，尤爲曲折。有曰："時光易過，且緊緊做工夫。别無工夫，但放下便是，只將心識上所有底一時放下，此是真正徑截工夫。若别有工夫，盡是癡狂外邊走。山僧尋常道：行住坐卧，決定不是；見聞覺知，決定不是；思量分别，決定不是；語言問答，決定不是。試絶却此四個路頭看。若不絶，決定不悟。此四個路頭若絶，僧問趙州：'狗子還有佛性也無？'趙州云：'無。''如何是佛？'雲門道：'乾屎橛。'管取呵呵大笑。"謙之言如雲廓天布，以授學者，與夫浮詞濫説，何啻天冠地履。（《羅湖野録》卷三，《無見先睹禪師語録》卷上引述，《説郛》卷二十一下，《佛頂國師語録》卷一引述之，謂："兄弟，若欲得徑捷悟去，只依開善指示，自辦肯心，别無他術。若一毫許拌捨此四個路頭不得，非但決定不悟，抑亦決定發癡狂。汝等他時莫道不言，記取記取。"）

◎上堂。僧問："大慧禪師道：'無之一字，是斷生死刀子。'還端的也無？"師云："恁麼説話，未夢見趙州在。"進云："忽有人問和尚狗子還有佛性也無，未審如何？"師云："無。"僧禮拜。（《應菴曇華禪師語録》卷一）

◎百丈耳聾，臨濟三頓，興化脱下衲衣，雲門拗脚折，雪峰輥毬，趙州勘破，狗子無佛性，明眼人落井，以諸大老敲磚打瓦，轉見狼藉。苟非明悟此旨，切忌莽鹵承當。（《應菴曇華禪師語録》卷九）

219

◎且如狗子無佛性話，遮僧等閑立個問端，如向餓虎口裏橫身。趙州只答個無字，如虛空釘個鐵橛子相似。至今天下衲僧，無摸索處。要會麼？只消道個無，會便會，不會便休，切莫作道理，有不是有，無不是無，只如未聞未答以前，道個甚麼？咄。又恁麼去也。（《瞎堂慧遠禪師廣錄》卷三）

◎狗子無佛性

趙州狗子無佛性，石牛不怕師子吼。午夜雲騰浪接天，海門一陣狂風掃。茫茫大地參玄人，眼裏無筋一世貧。掣電機關何處討，頭角崢嶸出荒草。（《瞎堂慧遠禪師廣錄》卷四）

◎秦國太夫人日常看經，因問師云："徑山和尚尋常如何教人參禪？"師云："和尚令人屏去雜事，唯看僧問趙州：'狗子還有佛性也無？'州云：'無。'又僧問雲門：'如何是佛？'門云：'乾屎橛。'但一切時，一切處，頻頻提撕看，以悟為則。國太欲辦此事，宜輟看經，專一體究始得。"（《聯燈會要》卷十七《善道謙》）

◎靈源謂佛鑑曰："凡接東山師兄書，未嘗言世諦事，唯丁寧忘軀弘道，誘掖後來而已。近得書云：'諸莊旱損我總不憂，只憂禪家無眼。今夏百餘人，室中舉個狗子無佛性話，無一人會得，此可為憂。'至哉斯言，與憂院門不辦，怕官人嫌責，慮聲位不揚，恐徒屬不盛者，實霄壤矣。每念此稱實之言，豈復得聞。"（《禪林寶訓》卷二）

◎上堂，舉五祖道："諸莊不收，不以為憂，百數衲子，無一個透得狗子佛性話，誠以為憂。"師云："五祖大似破關中圖書。"（《虛堂錄》卷二）

◎久之，大慧陞堂，稱蔣山華公為人徑捷，師（佑水頭）聞之，不待旦而行。既至，入室未契，退，愈自奮勵，終夜舉狗子無佛性話，豁然有得。（《松源崇嶽禪師語錄》卷下，《佛祖歷代通載》卷二十，《渭南文集》卷四十《松源禪師□銘》）

◎狗子無佛性

鐵壁銀山幾萬重，有無之字若為通。斬關豈在搴旗手，枉有虛名落漢中。（《運菴普巖禪師語錄》）

◎上堂："狗子還有佛性也無？也勝猫兒十萬倍。"（《嘉泰普燈錄》卷八《五祖法演》，《五燈會元》卷十九，《古尊宿語錄》卷二十一《法演》）

◎晚至白蓮，聞五祖小參，舉忠國師古佛淨瓶、趙州狗子無佛性話，頓徹法源。（《嘉泰普燈錄》卷十一《開福道寧》，《開福道寧禪師語錄》卷下，《五燈會

元》卷十九,《續傳燈録》卷二十五)

◎及到,見師來,(五祖)便問即心即佛,非心非佛,睦州擔板漢,南泉斬猫兒,趙州狗子無佛性、有佛性之語徧辟之,其所對了無凝滯。(《嘉泰普燈録》卷十一《南堂元静》,《續傳燈録》卷二十五,《蜀中廣記》卷八十九,《御選語録》卷十八)

◎問:"狗子還有佛性也無?趙州道無,意旨如何?"曰:"一度著蛇蛟,怕見斷井索。"(《嘉泰普燈録》卷十六《竹菴士珪》,《五燈會元》卷二十,《續傳燈録》卷二十九,《蜀中廣記》卷八十四)

◎上堂,舉:"僧問趙州:'狗子還有佛性也無?'州云:'無。'"師曰:"若於這一句下見得,千句萬句一時百雜碎。"遂喝曰:"切忌立地作夢,且道畢竟如何?狗子佛性有,毘盧愛飲彌勒酒;狗子佛性無,文殊醉倒普賢扶。扶到家中全酩酊,胡言漢語駡妻孥。"(《嘉泰普燈録》卷十六《正堂明辯》)

◎真一日問謙:"徑山和尚尋常如何爲人?"謙曰:"和尚只教人看狗子無佛性及竹篦子話,只是不得下語,不得思量,不得向舉起處會,不得向開口處承當。'狗子還有佛性也無?''無。'只恁麽教人看。"真遂諦信,於中夜起坐,以前話究之,洞然無滯。(《嘉泰普燈録》卷十八《計氏法真》,《人天寶鑑》,《五燈會元》卷二十,《列祖提綱録》卷十四)

◎師每入室,智以狗子無佛性話問之,罔對。一日,與僧語次,僧舉五祖頌云:"趙州露刃劍。"師至此忽大悟。(《嘉泰普燈録》卷十九《無菴法全》,《五燈會元》卷二十,《續傳燈録》卷三十一,《南宋元明僧寶傳》卷三)

◎提刑吳偉明居士,字元昭。久參真歇了禪師,得自受用三昧爲極致。後訪大慧於洋嶼菴,隨衆入室,慧舉狗子無佛性話問之,公擬答,慧以竹篦便打。公無對,遂留咨參。(《嘉泰普燈録》卷二十三《吳偉明》,《續傳燈録》卷三十二)

◎舉趙州狗子無佛性。師曰:"大衆!你諸人作麽生會?老僧尋常只舉無字便休,你若透得這一個字,天下人不奈何你。諸人作麽生透?還有透得徹底麽?有則便出來道看,我也不要你道有,也不要你道無,也不要你道不有不無,你作麽生道?"(《嘉泰普燈録》卷二十六《拈古·五祖演》,《古尊宿語録》卷二十二,《禪林類聚》卷二十)

◎狗子無佛性

趙州門前,毒蛇當路。踏著咬你,退步退步。(《嘉泰普燈録》卷二十八《頌古下·退菴休》)

221

◎狗子無佛性

鐵壁銀山，一箭穿過。潦倒趙州，口能招禍。（《嘉泰普燈錄》卷二十八《頌古下·楊無為》）

◎師云："此後只看個無字。不要思量卜度，不得作有無解會。且莫看經教語錄之類，只單單提個無字，於十二時中四威儀內，須要惺惺如猫捕鼠，如雞抱卵無令斷續。未得透徹時，當如老鼠咬棺材相似，不可改移時，復鞭起疑云：'一切含靈皆有佛性，趙州因甚道無，意作麼生？'既有疑時，默默提個無字，迴光自看。只這個無字，要識得自己，要識得趙州，要捉敗佛祖得人憎處。但信我如此説話，驀直做將去，決定有發明時節，斷不誤你。"（《真心直説附·晥山正凝禪師示蒙山法語》）

◎上堂，舉僧問趙州："狗子還有佛性也無？"州云："無。"師云："斷人性命，不勞餘刃。四海一家，風恬浪靜。"（《月林師觀禪師語錄》）

◎上堂："趙州無佛性，豐干太饒舌。南泉一枝草，雲門乾屎橛。萬壽又作麼生？滿口是舌，都不能説。"（《月林師觀禪師語錄》）

◎上堂："今朝七月一，解夏半月日。摩挲拄杖子，笠頭勤拂拭。狗子無佛性，一文也不值。何故？黃金自有黃金價，豈可和沙賣與人。"（《月林師觀禪師語錄》）

◎師名師觀，道號月林，福州候官黃氏子。八歲牧牛，鞭叱間忽若有省，遂屏葷血不茹。十四歲，入雪峰山投忠道者出家。尋至荊南二聖寺，朝夕研究趙州狗子話。因洗盞次，口自成頌，從此慧解橫發。（《月林師觀禪師語錄·塔銘》）

◎舉僧問趙州："狗子還有佛性也無？"攔街趁塊 州云："有。"也不曾添 僧云："既有，爲什麼却撞入這個皮袋？"一款便招，自領出頭 州云："爲他知而故犯。"且莫招承不是道爾 又有僧問："狗子還有佛性也無？"一母所生 州曰："無。"也不曾減 僧云："一切衆生皆有佛性，狗子爲什麼却無？"憨狗趁鶻子 州云："爲伊有業識在。"右具如前。據款結案

師云：若道狗子佛性端的是有，後來却道無；端的是無，前來却道有。若道道有道無，且是一期應機，拶著説出，各有道理。所以道明眼漢，没窠臼。這僧問處要廣見聞，不依本分。趙州道有，以毒去毒，以病醫病。這僧又道"既有，爲甚撞入這皮袋"，不知自己生入狗腹中了也。州云："爲他知而故犯。"一槌兩當，快便難逢。這僧將謂依因判果，若恁麼會，作座主奴

也未得。後來有僧再問，便却道無。是他得底人，道有也有出身處，道無也有出身處。這僧依文按本道："一切衆生皆有佛性，狗子爲什麽却無？"似這一拶，敢道撥天關底手，轉身無路。是他款款道個"爲伊有業識在"，爾且道這僧皮下還有血麽？天童不免向赤肉瘢上更著艾燋。頌云：

狗子佛性有，狗子佛性無，打做一團，煉做一塊 直釣元求負命魚。這僧今日合死 逐氣尋香雲水客，穿却鼻孔也不知 嘈嘈雜雜作分疏。競嚙枯骨。睚眯嗥吠平展演，沒曉欺休厮諜 大鋪舒，材高語壯 莫怪儂家不慎初。一言出口，駟馬難追指點瑕疵還奪璧，白拈巧偷 秦王不識藺相如。當面蹉過

師云：狗子佛性有，狗子佛性無，兩段不同，一併拈出。正如雪竇道："一有多種，二無兩般。"天童要與趙州相見，故如是頌。應天真道："直鉤釣獰龍，曲鉤釣蝦蟆。"後來逐氣尋香，如獵犬相似，嘈雜分疏，枯骨上有甚汁？趙州雖大開鋪席，要且只是平展商量。天童與趙州解腕："莫怪儂家不慎初。"歸宗問秀才："業何經史？"才云："會二十四家書體。"宗向空中一點云："會麽？"才云："不會。"宗云："又道會二十四家書體，永字八法也不識！"刺史李渤問："三乘十二分教即不問，如何是祖師西來意？"宗亦豎拳云："會麽？"李云："不會。"宗云："這個措大，拳頭也不識！"萬松道翻身師子大家看，不唯狗子佛性道有道無，只這知而故犯，業識性在，也大曬顧前盼後，慎初護末。《史記》趙惠王，得楚和氏璧，秦王喜，傳示美人及左右，左右皆呼萬歲。相如視王無割城之意，乃前曰："璧有瑕，請示之。"王授璧，相如因持起立，倚柱，髮上衝冠曰："趙王齋戒五日，使臣奉璧送書於庭，嚴大國之威，以修敬也。今見王禮節甚倨，得璧傳示美人，似戲弄臣，無割城意，故臣復取璧。必欲急臣，臣頭與璧俱碎於柱矣。"王辭謝，按圖割城，亦齋五日。相如使從者衣褐懷璧徑道歸趙。趙州先縱後奪，有相如手段。天童別曾有頌云："趙州道有，趙州道無。狗子佛性，天下分疏。面赤不如語直，心直必定言粗。七百甲子老禪伯，驢糞逢人換眼珠。"趙州心真語直，便是直釣元求負命魚。周文王出獵，見姜子牙磻溪之谷，去水三尺，直鉤釣魚，王異之曰："直鉤如何得魚？"子牙曰："但求負命之魚。"驢糞逢人換眼珠，此如相如奪璧也。佛鑑拈出穗子數珠云："諸人還見麽？"良久云："此是老僧來京師換得底，諸人各自歸堂摸索看。"佛鑑用穗子，趙州用驢糞，萬松既無用處，不曾移換，諸人若信得及，依舊眼在眉毛下。（《從容錄》第十八則）

◎趙州狗子

趙州和尚因僧問："狗子還有佛性也無？"州云："無。"

無門曰：參禪須透祖師關，妙悟要窮心路絕。祖關不透，心路不絕，盡是依草附木精靈。且道如何是祖師關？只者一個無字，乃宗門一關也，遂目之曰《禪宗無門關》。透得過者，非但親見趙州，便可與歷代祖師把手共行，眉毛廝結，同一眼見，同一耳聞，豈不慶快。莫有要透關底麼？將三百六十骨節，八萬四千毫竅，通身起個疑團，參個"無"字，晝夜提撕，莫作虛無會，莫作有無會，如吞了個熱鐵丸相似，吐又吐不出，蕩盡從前惡知惡覺，久久純熟，自然內外打成一片，如啞子得夢，只許自知。驀然打發，驚天動地。如奪得關將軍大刀入手，逢佛殺佛，逢祖殺祖，於生死岸頭得大自在，向六道四生中遊戲三昧。且作麼生提撕？盡平生氣力，舉個無字，若不間斷，好似法燭，一點便著。頌曰：

狗子佛性，全提正令。纔涉有無，喪身失命！（《無門關》第一則）

◎若是平常相見，四海皆兄弟。若來入室，便把你輩作刺客冤家防備。我若不先下手脚，便被汝害却我性命。只如僧問趙州："狗子還有佛性也無？"州云："無。"諸方拈者甚多，提撕者不少。這一個無字，單提獨弄。參這一個無字，成佛底如雨點。信不及者，虛度時光。參禪別無華巧，只是通身要起個疑團，晝三夜三，切莫間斷。久久純熟，自然內外打成一片，便與虛空打成一片，便與山河大地打成一片，便與四維上下打成一片。（《無門慧開禪師語錄》卷下）

◎參禪須透祖師關，妙悟要窮心路絕。祖關不透，心路不絕，盡是依草附木精靈。所以山僧尋常教兄弟，將三百六十骨節，八萬四千毫竅，通身起個疑團，參個公案。蓋要諸人透祖師關，窮心路絕。只如僧問趙州："狗子還有佛性也無？"州云："無。"且道古人意作麼生？便好向者裏起個疑團，參個無字。不得向舉起處承當，不得向意根下卜度，不得作有無之無，不得作無無之無。但恁麼舉，舉來舉去，如咬生鐵橛相似，但覺心頭熱悶，不得放捨，求生不得，求死不得，眠不得，坐不得，咬來咬去，驀然齒折鐵碎，開口不在舌頭上，便見祖關不透而自透，心路不絕而自絕，便乃與古佛同一方便，共一舌頭。（《無門慧開禪師語錄》卷下）

◎復舉歷代宗師頌狗子佛性話，師云："老拙亦有一偈，舉似諸人，不敢說道理。若也信得及，舉得熟，於生死岸頭，得大自在：無無無無無，無

無無無無，無無無無無，無無無無無。"（《無門慧開禪師語錄》卷下）

◎上堂："心念分飛，如何措手？趙州狗子佛性無，只箇無字鐵掃帚。掃處紛飛多，紛飛多處掃。轉掃轉多，掃不得處拚命掃。晝夜竪起脊梁，勇猛切莫放倒。忽然掃破太虛空，萬別千差盡豁通。"（《天童如淨禪師語錄》卷下，《枯崖漫錄》上）

◎上堂，舉僧問趙州："狗子還有佛性也無？"州云："無。"僧云："蠢動含靈，皆有佛性，爲甚狗子無？"州云："爲他有業識在。"師頌云：

丁出丁，楔出楔。老趙州，端的別。別別，金剛腦後三斤鐵。（《斷橋妙倫禪師語錄》卷上）

◎冬至上堂。僧問："記得僧問趙州：'狗子還有佛性也無？'州云：'無。'此意如何？"答云："殺人刀活人劍。"進云："蠢動含靈，皆有佛性，因什麼狗子無？"答云："賣寶撞著瞎波斯。"進云："趙州道：'爲伊有業識在甕？'"答云："海枯終見底，人死不知心。"進云："僧又問：'狗子還有佛性也無？'州云：'有。'"答云："活人劍，殺人刀。"進云："既有，因什麼入者皮袋？"答云："韓獹逐塊，師子咬人。"進云："趙州云'知而故犯'甕？"答云："盡信直中直，誰防仁不仁？"（《斷橋妙倫禪師語錄》卷上）

◎一日佛鑑因舉狗子無佛性話，至末後"爲伊有業識在"一句徵詰，下語幾三十轉，皆不契。師再進曰："豈無方便耶？"佛鑑乃舉真淨頌曰："海枯終見底，人死不知心。"良久聞板聲，赴堂，下階三級，驀然瞥地，乃徹見佛鑑鉗錘妙密，倒心事之。（《斷橋妙倫禪師語錄·行狀》，《武林梵志》卷九《斷橋妙倫》）

◎冶父川禪師，蘇之弓級也。以宿種，故喜聽禪法。常參景德謙禪師，謙示以趙州狗。（《人天寶鑑》）

◎德山密禪師會下，有一禪者，用工甚鋭。看狗子無佛性話，久無所入。一日忽見狗頭如日輪之大，張口欲食之。禪者畏，避席而走。鄰人問其故，禪者具陳，遂白德山，山曰："不必怖矣。但痛加精彩。待渠開口，撞入裏許便了。"禪者依教，坐至中夜，狗復見前，禪者以頭極力一撞，則在函櫃中，於是爌然契悟。後出世文殊，道法大振，即真禪師。（《人天寶鑑》）

◎謙遂謂國太曰："夫人但放下，日逐看經禮拜。於静室默坐，當心念紛飛之際，舉僧問趙州：'狗子還有佛性也無？'州云：'無。'但念念不捨，心心無間。日久歲深，自然瞥地。"國太遂如謙之所教，一日中夜起坐，纔始舉念，提此無字，驀然契悟，遂有頌云："終日復看經，如逢舊識人。勿言頻有礙，一舉一回新。"此乃士大夫仕官中，以道達其親底樣子。(《癡絕道沖禪師語錄》卷上)

◎上堂，僧問："有問趙州：'狗子還有佛性也無？'州云：'無。'此意如何？"師大笑一聲。問："和尚一笑，某甲莫曉。"師云："笑你漆桶不快。"問："又問：'一切衆生皆有佛性，爲甚狗子無佛性？'州云：'爲伊有業識在。'還端的不？"師云："有甚不端的？"問："又問：'狗子還有佛性也無？'州云：'有。'趙州年七百甲子，爲甚爲兩個舌頭？"師云："老人家偏是如此。"問："又問：'因甚入這皮袋？'州云：'知而故犯。'請和尚明示。"師云："我閻了多少？"(《橫川行珙禪師語錄》卷上)

◎螻蟻皆有佛性，爲甚狗子却無？趙州觀音院裏，壁上掛個胡蘆。(《橫川行珙禪師語錄》卷下)

◎上堂，舉五祖示衆："今夏諸莊旱損，不以爲憂。一百二十僧度夏，舉狗子無佛性話，無人曉得，深可憂也。"報恩今夏，諸莊淹沒，深可爲憂。若是狗子無佛性話，何暇舉著。還知報恩落處麼？平生肝膽向人傾，相識渾如不相識。(《淮海原肇禪師語錄》)

◎五祖舉僧問趙州："狗子還有佛性也無？"自云："無，也勝猫兒十萬倍。"師云："鄧師伯他是蒲許村裏人，愛說蒲許村裏話，外人聞得，直是莫辨語音，鄰舍看來，也是尋常談吐。然雖如是，可惜放過，當時若見他與麼道，只以手近前擘開眼，向他道：'猫。'教這老漢嗔也不得，笑也不得。"(《佛鑑禪師語錄》卷四)

◎師久依佛智，每入室，智以狗子無佛性話問之，師罔對。一日，聞僧舉五祖頌云"趙州露刃劍"，忽大悟，有偈曰："鼓吹轟轟祖半肩，龍樓香噴益州船。有時赤脚弄明月，踏破五湖波底天。"(《五燈會元》卷二十《道場法全》，《續傳燈錄》卷三十一，《南宋元明僧寶傳》卷三)

◎婺州智者元菴真慈禪師，潼川人，姓李氏。初依成都正法出家。具戒後遊講肆，聽講《圓覺》，至"四大各離，今者妄身當在何處？畢竟無體，實同幻化"，因而有省，作頌曰："一顆明珠，在我這裏。撥著動著，放光動地。"以呈諸講師，無能曉之者。歸以呈其師，遂舉狗子無佛性話詰之。師曰："雖百千萬億公案，不出此頌也。"其師以爲不遜，乃叱出。(《五燈會元》卷二十《元菴真慈》，《續傳燈錄》卷三十四，《蜀中廣記》卷八十九)

◎狗子無佛性

謾將淡墨畫垂楊，嫋嫋腰枝百尺長。寄語行人不須看，一回看著斷人腸。(《率菴梵琮禪師語錄》)

◎所以潙山泰與大慧祖説："東山道'趙州露刃劍'，一句便了。"大慧云："一擊忘所知，下文皆註脚。"某人請益，舉此教看。第一不得來問我，我真個是不會底長老。(《北澗居簡禪師語錄》)

◎性空

萬有俱該等太虛，更須拈却趙州無。如今若欲知端的，舜若新添頜下鬚。(《物初大觀禪師語錄》)

◎僧問趙州："狗子還有佛性也無？"州云："無。"僧云："一切衆生皆有佛性，爲什麼狗子無佛性？"州云："他有業識性在。"師云："説有説無，也好兩彩一賽，如今作麼生道？"(《古尊宿語錄》卷二十五《大愚守芝》，《禪林類聚》卷二十，《宗門拈古彙集》卷十六)

◎大慧云："五祖演和尚頌狗子無佛性話云：'趙州露刃劍。'一句便了。下面都是註脚。"悟了底人與悟了底人説話，如兩鏡相照，直是明白。如陛下道"欲言心佛難分別"，一句便了，下面三句亦是註脚。(《古尊宿語錄》卷四十八《佛照德光》)

◎舉僧問寬和尚："狗子還有佛性也無？"寬云："有。"僧云："和尚還有麼？"寬云："無。"僧云："一切衆生皆有佛性，和尚因甚却無？"寬云："我非衆生。"僧云："既不是衆生，莫是佛否？"寬云："不是佛。"僧云："畢竟是什麼物？"寬云："亦不是物。"僧云："可思可見否？"寬云："思之不可及，見之不可議，是名不可思議。"師云："上來講贊，無限良因。蝦蟆字跳上梵天，蚯蚓驀過東海。"(《續古尊宿語要》卷五《懶菴需》)

◎要得透脱生死，除非大徹大悟，心地開通。僧問趙州："狗子還有佛性也無？"州云："無。"此個公案，正是開大徹大悟心地底鑰匙子也。(《續古尊宿語要》卷五《竹原元》)

◎舉僧問趙州："狗子還有佛性也無？"州云："無。"師云："狗子佛性無，韶石不相辜。爲君重決破，秋至鴈銜蘆。"(《續古尊宿語要》卷六《雪堂行》)

◎端午云："今朝五月五，擊動禾山鼓。鬱壘與神荼，歡呼齎起舞。報道山門内外，乃至諸莊田庫兒，一一平安。惟有禪和子，肚裏七上八下，被個狗子無佛性苦。諸人者，欲不苦，透得趙州一字關，手握黃金如糞土。"
(《續古尊宿語錄》卷六《別峰雲》)

◎僧問趙州："狗子還有佛性也無？"州云："無。"

狗子佛性無，鐵舡水上浮。順風帆未掛，已過洞庭湖。(《劍關子益禪師語錄》)

◎上堂，舉趙州因僧問："狗子還有佛性也無？"州云："無。"師頌云："忽地晴天霹靂聲，禹門三級浪滂澎。幾多頭角成龍去，蝦蟹徒勞努眼睛。"
(《偃溪廣聞禪師語錄》卷上)

◎（笑翁妙堪禪師）一日，室中舉狗子無佛性話，擬開口，無用舉起竹篦，翁應聲曰："大茶毒鼓，轟天震地。轉腦回頭，橫屍萬里！"無用然之。(《枯崖漫錄》卷上，《續傳燈錄》卷三十四，《武林梵志》卷九，《南宋元明僧寶傳》卷五《育王堪》)

◎江西雲臥瑩菴主曰："徑山謙首座，歸建陽，結茅於仙洲山，聞其風者，悅而歸之，如曾侍郎天遊、呂舍人居仁、劉寶學彥脩。未提刑元晦以書牘問道，時至山中，有答元晦，其略曰：'十二時中，有事時隨事應變，無事時便回頭，向這一念子上提撕。狗子還有佛性也無？趙州云：無。將這話頭只管提撕，不要思量，不要穿鑿，不要生知見，不要強承當，如合眼跳黃河，莫問跳得過跳不過，盡十二分氣力打一跳。若真個跳得，這一跳便百了千當也；若跳未過，但管跳，莫論得失，莫顧危亡，勇猛向前，更休擬議。若遲疑動念，便沒交涉也。'"(《枯崖漫錄》卷中，《雲臥紀談》卷下)

◎鐵鞭韶禪師，剛正孤硬，以大法為重任。住吳門承天，廣架僧堂，以延衲子。室中舉狗子佛性話驗之，少有契者。元雙杉時在會中，投偈云："狗子無佛性，一正一切正。寰中天子敕，塞外將軍令。"鐵鞭領之。(《枯崖漫錄》卷中)

◎漢陽軍鳳棲古月祖照禪師，生緣東川廣安趙氏。禮祥甫山主為落髮師，敏而疾見，遍遊講肆，所至奪席。忽棄所習，歷閩而浙，依肯堂，明得狗子無佛性話。(《枯崖漫錄》卷下)

◎上堂，舉僧問趙州："狗子還有佛性也無？"州云："無。"又僧問趙州："狗子還有佛性也無？"州云"有。"師云："若以無為究竟，後來因甚道有？若以有為諦當，前面因甚道無？者裏捉敗趙州，許你天上天下。"(《元叟行端禪師語錄》卷三)

◎僧問趙州："狗子還有佛性也無？"州云："無。"快如倚天長劍，鈍似無孔鐵槌。僧又問趙州："狗子還有佛性也無？"州云："有。"鈍似無孔鐵槌，快如倚天長劍。伶俐漢，橫拈得去，倒用得行，一任天上天下。其或未然，且向七百甲子老瞎禿手中乞命。（《元叟行端禪師語錄》卷五）

◎中夏上堂："六月中夏，諸方放假。大仰不然，繩頭緊把。常住百無一有，不能掛懷，只憂兄弟不會狗子無佛性話。雖然，常啼菩薩賣心肝，風前狼藉誰人買？"（《環溪惟一禪師語錄》卷上）

◎上堂："諸莊荒旱，吾總不憂，只憂兄弟不會狗子無佛性話。東山演祖恁麼道，若以事上看，老婆心切即不無。若以理上看，屈抑諸人也不少。何故？舜何人也，予何人也。有爲者亦若是。"（《環溪惟一禪師語錄》卷上）

◎譬如人架屋，先須實基址。基實屋無傾，志堅道成易。提個趙州無，截斷有無意。豎起鐵脊梁，急著眼睛覷。密密與綿綿，絲毫無間摟。（《高峰原妙禪師語錄》卷上）

◎不覺至第六日，隨衆在三塔諷經次，抬頭忽睹五祖演和尚真贊，驀然觸發日前仰山老和尚拖死屍句子，直得虛空粉碎，大地平沈。物我俱忘，如鏡照鏡。百丈野狐，狗子佛性，青州布衫，女子出定話，從頭密舉，驗之無不了了。般若妙用，信不誣矣。前所看無字，將及三載，除二時粥飯，不曾上蒲團，困時亦不倚靠。雖則晝夜東行西行，常與昏散二魔輥作一團。做盡伎倆，打屏不去。於遮無字上，竟不曾有一餉間省力成片。自決之後，鞠其病源，別無他故，只爲不在疑情上做工夫。（《高峰原妙禪師語錄》卷上，《高峰和尚禪要》）

◎頌趙州無字示陳太尉

澄潭千載毒龍蟠，倒嶽傾湫誰解看。直下一刀成兩段，虛空粉碎髑髏乾。（《高峰原妙禪師語錄》卷下）

◎師名原妙，吳江徐氏子，母夢癯僧而娩。幼嗜趺坐，稍長，從嘉禾密印寺老宿法住出家。習天臺教，不契，入淨慈立死限學禪。肋不席，食不味。見斷橋倫，令參生從何來，死從何去。見雪巖欽，令參狗子無佛性，且問誰拖汝死屍來，應聲即棒。（《高峰原妙禪師語錄》卷下《塔銘》）

◎若要參透向上一著，須是離心意識參，出聖凡路學，方有趣向分。豈不見趙州和尚有僧問云："狗子還有佛性也無？"州答云："無。"自古及今，惱亂天下衲僧，無有休日。法孫但十二時中，行住坐臥，只向無之一字，切

229

切留心，念念不捨，食息不忘。日久歲深，忽然參透，歷歷分明，絲毫無疑。自己本來面目，本地風光，頓現在前，便與從上諸佛諸祖，所得所證無別。此生他生，得大自在，得大解脫。（《兀菴普寧禪師語錄》卷下）

◎上堂，舉東山演祖道："今夏諸莊旱損，吾總不憂。堂中一百禪人，不會狗子無佛性話，深以爲憂。"師云："荷擔大法，不得不然。報恩諸莊旱損，亦何足憂。堂中五七兄弟，盡會狗子無佛性話，深以爲憂。何故？鑊湯無冷處。"（《石溪心月禪師語錄》卷上）

◎舉東山云："狗子雖然無佛性，也勝猫兒十萬倍。"夜來堂頭云："老東山雖狡獪，點檢將來元不會。謂言狗子無佛性，何翅勝猫十萬倍。"師云："恁麼說話，大似肥處添瘦處減，殊不知東山老人，慣得其便。"（《石溪心月禪師語錄》卷中）

◎單提一字趙州無，三尺吹毛也不如。萬別千差齊斬斷，白雲不敢犯清虛。（《石溪心月禪師語錄》卷下）

◎上堂："坐教直，猛著力。提個狗子佛性無，萬緣俱屏息。似銀山，如鐵壁。驀然一拶粉碎，天地空，人境忘，寤寐如，死生一，萬別千差盡空寂。"（《雪巖祖欽禪師語錄》卷一）

◎洞下尊宿，要教人看狗子無佛性話。只於雜識雜念起時，向鼻尖上，輕輕舉一個無字。纔見念息，又却一時放下著。只麼默默而坐，待他純熟，久久自契。洞下門戶，工夫綿密困人，動是十年二十年，不得到手，所以難於嗣續。我當時忽於念頭起處，打一個返觀。於返觀處，這一念子，當下冰冷，直是澄澄湛湛。（《雪巖祖欽禪師語錄》卷二）

◎如趙州一個無字，真個是一口吹毛利劍。可以破疑團，斷生死，空萬法，融古今。只貴利根上智，撥著便轉，撩著便行，然後不妨與趙州老漢，同一眼目，同一受用。（中略）若是性根遲鈍，操舍不行，却須豎起生鐵脊梁，向長連床上，厚著蒲團，挺身而坐。盡三百六十骨節，與八萬四千毛竅，并作一個無字。握兩拳頭，撐兩眼睛，一提提起，便欲斬爲兩段。能如是著鞭，如是用力，何患乎不成片段，何患乎不到頭。（中略）又不得聽人道只這無字是個繫驢橛子，只消提來頓在面前，牢牢把定，繫住這一念字。念頭純熟，自然到家。殊不知這一念子，如燈燄燄，如水涓涓，眨得眼來，千里萬里。自非撒一回，那裏被你把得定，繫得住。（《雪巖祖欽禪師語錄》卷二，《列祖提綱錄》卷三十二）

◎而況老僧，無禪無道，無見無聞，生平不事方冊，又無記持，說個什麼即得？只有個狗子無佛性話，颺下糞掃堆頭，四十餘年了也，只得拈出，布施諸人。從教西咬東咬，橫嚼豎嚼。忽然失口咬碎，直得山河大地，森羅萬象，盡底平沈。一大藏教，五千四十八卷，一千七百則葛藤，冰消瓦解。生死與去來，不妨自由自在。（《雪巖祖欽禪師語錄》卷二）

◎如今不獲已，向第二義中，略借古人蹊徑，更與你作個方便。僧問趙州："狗子還有佛性也無？"趙州道："無。"只遮一個無字，便是你父母未生前本來面目，便是爲你截斷生死夢幻根株底刀子，便是爲你照破古今千差萬別底鏡子。（《雪巖祖欽禪師語錄》卷二）

◎討掛搭時，無一人不道生死事大，無常迅速。纔跨僧堂門，便不見有無常，不知有生死，但知趁大隊喫飯，屙屎送尿，隨人上下而已，誰管你狗子佛性無，麻三斤，庭前柏樹子。（《雪巖祖欽禪師語錄》卷二）

◎規上人

僧問："狗子還有佛性也無？"趙州道無，九十六種妙相，已是觌面相呈了也。要須向未舉以前見得，方始眼眼相照。若曰死在句下，劍去久矣。

只這一個無字，便是斷命根的刀子，開差別的鑰匙。若謂果有與麼事，又是節外生枝，翻成露布。要得親切，只消道個："狗子還有佛性也無？""無。"

趙州古佛，眼光爍破天下。觀其道個無字，瞎却了也。今時師僧，須是會得開口不在舌頭上，方許伊識得這般病痛。自其兩脚梢空，未免扶籬摸壁。

"趙州露刃劍，寒光生鑠鑠。"被白雲老漢，覷破心肝五臟，冷眼看來，大似隔壁猜謎。只如道個"更擬問如何，分身作兩段"，未免傷鋒犯手。

妙喜道："不是有無之無，亦非真無之無。"到這裏，畢竟是個甚裏？英靈漢，自合一撥便轉。若是三搭不回，一任你自去冷地東無西無。

淨和尚道："只個無字鐵掃帚，掃不得處撺命掃。忽然掃破太虛空，萬別千差盡豁通。"是則固是，只是未免誤賺後昆，瞎將來眼，殊不知，我王庫內無如是刀。

山僧每每愛向兄弟道，盡三百六十骨節，八萬四千毛竅，屏作一個無字，一提提取。蓋爲你被昏散二風所吹，未免且作死馬醫。須是撺得性命，一往直前，方見趙州本來面目。且道與自己，相去多少？

只遮無字，古人謂繫驢橛子。要爾十二時中，置之一處，無事不辦。忽若見盡情忘，和座盤一時翻却，趙州老漢，在爾脚底。

　　一大藏教，與一千七百段陳爛葛藤，向一個無字下透得，如刀劈竹，迎刃而解。若曰逐旋扭揑，逐旋合會，便有個是，便有個非，有處透得，有處透不得。要使明如皓月，廓若太虛，三生六十劫。

　　縱使你得個無字分曉，趙州又對遮僧道有，畢竟作麼生？自古自今，十個有五雙，未免平地喫交。（《雪巖祖欽禪師語錄》卷四）

◎演上人

　　道本一貫，用該萬殊，去留無跡，如走盤之珠。達夫是者，方知從上一千七百野狐涎涕，只是一個"狗子還有佛性也無？""無。"却須一咬百雜碎始得。（《雪巖祖欽禪師語錄》卷四）

◎示貴上人

　　"狗子還有佛性也無？"只遮無字，是三玄三要之戈甲，四賓四主之喉衿。只貴當人，拈著便行，構得便去。絲毫擬議，平地鐵圍。自非攃得性命，不顧生死，一往直前，安有打破牢關時節。太原聞畫角，靈雲見桃花，便學無字不遠。若曰只麼玩水觀山，遊州獵縣，要見老趙州木地風光，三生六十劫。貴兄道友，九夏相從，一辭不妄，開得一片畬，下得一籮粟，於三寸蒲團之上，收其功矣。敢問趙州一個無字，畢竟教放在什麼處？試道看。（《雪巖祖欽禪師語錄》卷四）

◎繼逮上人

　　佛祖之道，廓若太虛，浩若大海，豈造次凡流之可語哉，又豈尺寸之可度，麻葦之可測哉。除非大根大器大力量，發大勇猛，於一念未生，一漚未發，一踏到底，然後向佛祖頭上坐，頭上臥，則方有少分相應。僧問趙州："狗子還有佛性也無？"州云："無。"只遮個無字，量納太虛，深過大海，乃從上百千佛祖命脉，大地衆生眼目，豈可以驢鳴犬吠，有情無情見，及有思惟心之可測度哉。繼逮上人，篤志此道，究明狗子佛性無話，甚切。如到方丈請益，遭痛棒打出者，屢矣。一日復來呈偈，求語爲警策，故直書此以示。若認著一個无字脚，便是雜毒入心，孤負趙州不少。（《雪巖祖欽禪師語錄》卷四）

◎宗冑上人

　　趙州道一個無字，如擊塗毒鼓，聞者皆喪。苟不具頂門正眼，切忌動著，動著即瞎。透得一個無字，千句萬句，只是一字。只遮一字，從來不曾著畫，也是病見空花。"趙州露刃劍，寒光霜鐱鐱。"向遮提持得去，百千佛祖命根，一時兩斷。苟或柄把之真，已是自傷己命。(《雪巖祖欽禪師語錄》卷四)

◎九河辨藏主

大辯若訥，大巧若拙。此法離言語，不立文字之至要也。僧問趙州："狗子還有佛性也無？"趙州道："無。"正是巧盡拙出。後來五祖演和尚頌云："趙州露刃劍，寒霜光鐱鐱。更擬問如何，分身作兩段。"樸散淳離，轉而訛之，化爲糟粕矣。吁，惜哉！

老趙州，著腳於天地未形，佛祖未興以前，淨如明鏡，轉若圓珠。僧問："狗子還有佛性也無？"向他道："無。"又僧問："狗子還有佛性也無？"向他道："有。"正如急水打毬子，落處不停誰解看。剿虛妄之賊，絕散亂之媒。苟不力提利刃，吾未見其然。也只遮無字，便是直入百萬軍中，斬顏良的把柄。是須先攥得自家性命，然後有必取必勝之功。苟或漸疑漸慮，半後半前，非獨手中器械，被人奪却，要見六戶風清，一塵不擾，未得在。

頂門正眼，肘後靈符，鑑地輝天，摧邪顯正。至靈至驗，至妙至圓，無出一個無字。向未舉以前，一提提得，萬別千差，同歸一揆。如一月印千江，月無分照之心，水無受月之意。千江同一月，一月共千江。其如情見未忘，一任水中撈月。

如來秘密寶藏，佛祖向上牢關，透得一個無字，百匝千重，一時了畢。

僧問趙州："狗子還有佛性也無？"州云："無。"三百六十骨節，八萬四千毛竅，無明業識煩惱，般若真如解脫，盡底一傾傾出。將謂是一顆照夜明珠，誰知却是換眼睛烏豆。除非一拶粉碎，未易隔壁搏量。

一處通，千處萬處一時通。一處透，千處萬處一時透。五千四十八張故紙，一千七百段葛藤，會得一個無字，如金翅王，一拍四大海水，連底俱空。才涉思量擬議，便被情識意路絆在荊棘林中。要得脫體無依，乾坤獨露，三生六十劫。

佛病祖病，色身法身，寒病熱病，大黃巴豆，醫不得底病，單單提一個無字，向未開口以前，一咽咽下，便是一粒換骨靈丹，瀉下通身雜毒，百千毛竅俱開。五蘊六塵，廓若太虛，淨如明鏡。却與七百甲子老禪和，把手同行，同坐於大休大歇，大安樂田地，豈不慶快也歟。(《雪巖祖欽禪師語錄》卷四)

◎了智上人

如今要急相應，但只竪起生鐵脊梁，撐開兩眼，盡三百六十骨節，八萬四千毛竅，屏作一個無字，一提提起，如一團熱鐵，如一堆烈燄相似。則自然空勞勞地，虛豁豁地，何緣有一毫昏沈散亂之相可得。（《雪巖祖欽禪師語錄》卷四）

◎宗正上人

僧問趙州："狗子還有佛性也無？"趙州道："無。"如摑塗毒，聞者俱喪。又如提金剛寶劍，霜燄凜然。獨脫漢，拈得便用，拿得便擲。七百甲子老禪和，未免翻成窠臼。妙喜道："不是有無之無，亦非真無之無。"與麼說話，窠臼上更添窠臼。除是等閑一捏，和趙州三百六十骨節，一時粉碎，撒在百草頭上，散為萬別千差，逗到結角羅紋處，覓一微塵，了不可得。庭前柏樹子，麻三斤，乾屎橛，一時掃蕩無餘。（《雪巖祖欽禪師語錄》卷四）

◎示選副寺

須是十二時中，四威儀內，無絲毫虛揉底工夫，單單提著一個無字，竪起生鐵脊梁，如頂一座須彌山在額角頭相似。莫教眨眼照顧不前，便見渾身粉碎，且喜一生參學事畢。

決欲安此一件大事，當須發大勇猛，奮不顧身。盡此三百六十骨節，八萬四千毛竅，屏作一個無字。一提提起，頓在七尺單前，三寸蒲團之上，如一座須彌山相似。兼以晝夜，積發歲月，無有不透底道理。若只半熱半寒，似進不進，欲圖速效，以資話柄，將恐後來打入骨董隊裏去也。

本分工夫，須是十二時中打成一片，無絲毫間斷始得。若曰進一寸，退一尺，一日暴之，十日寒之，安得有成辦底時節。是須竪起生鐵脊梁，教節節相拄，盡八萬四千毛竅，三百六十骨節，與平生氣力，屏作一個無字，一提提起，如一人與萬人敵始得。稍涉遲回，則被昏散二風縛作一團，定矣。（《雪巖祖欽禪師語錄》卷四）

◎上吳丞相

如某者二十年前，亦不自信。鑽天掘地，遍求佛法。通宵徹旦，惟被起滅昏沈，交相擾擾，如夙世生冤，無由解脫。雖時時念念，提一個無字，與之廝捱，終是力不能加。又復多尋方冊，博探古今，亦卒無藥可療。忽一日涕流淚下，痛自鞭策曰："從古至今，悟道無數，豈我獨無夙種乎？"於是奮不顧身，一往直前，將三百六十骨節，與八萬四千毛竅，并作一個無字，一提提起。正如一人與萬人敵，徑欲直趨中軍帳裏，取將軍頭相似。曠劫煩惱。一時現前，只得盡命一揮，忽然起滅昏沈，頓忘所在。身與心，人與境，渾然一片，如銀山鐵壁。行也如是，坐也如是，飲食起居，悉皆如是。(《雪巖祖欽禪師語錄》卷四)

◎荊溪吳都運書

如某者，自幼削髮，因篤信此道而遊方。始造淨慈天目之室，提狗子無佛性話，心心相承，念念相續者，三載。晝以繼夜，夜以達旦。是必欲剖此念，破此心，以見父母未生前本來面目。忽一日，於著力不到處，此念此心未萌處，泮若冰消，豁然迥露。如太虛之朗月，獨耀於中霄。當是時也，上不見有諸佛，下不見有衆生，內不見有自己，外不見有山河，巍巍堂堂，燁燁煌煌，惟一清淨，無依無欲，大解脫境界。(《雪巖祖欽禪師語錄》卷四)

◎德溥上人

九夏不出門，亦不踏橫草。忽然拶透趙州狗子佛性無，珊瑚枝紅日杲杲。(《雪巖祖欽禪師語錄》卷四)

◎普義上人

雲門普，趙州無。二字一義，茄子落蘇。提起便會，直入聖賢閫域。聲前擬議，未免者也之乎。且聽端的。下個註腳："俱。"(《雪巖祖欽禪師語錄》卷四)

◎正勤上人

所守者正，所學者勤。惟勤與正，乃入道之捷徑。正勤上人，能力守之，力學之，吾當與汝保任。搜出趙州心髓，將一個無字，颺在萬仞無涯深坑之下，却與從上佛祖，把手同行，不爲差事。(《雪巖祖欽禪師語錄》卷四)

◎精舍名犬

吾不願汝秉識含靈，墮虛無阱，而爲趙州之有佛性。亦不願汝，舐鼎食丹，入幻妄關，而爲淮安之吠雲間。(《雪坡集》卷四十二)

◎趙州因僧問："狗子還有佛性也無？"師曰："無。"曰："上至諸佛，下至螻蟻，皆有佛性，狗子爲甚麼却無？"師曰："爲伊有業識性在。"又問："狗子還有佛性也無？"師曰："有。"曰："既有，爲什麼入這皮袋裏來？"師曰："知而故犯。"

大用全機得自由，有無雙放却雙收。幾多業識逢人犬，從此時時憶趙

州。佛印元

少年學解昧宗途，老倒依還滯有無。古佛純金誰辨色，惑爲機智競躊躇。圓通秀［《禪林類聚》卷二十］

有無雙放復雙收，趙老機關世莫儔。試上海門高處望，千江萬派盡東流。普融平［《禪林類聚》卷二十，《宗鑑法林》卷十六］

趙州口裏有雌黃，句下誰人見短長。堪笑幾多逐塊狗，夜深無故吠虛堂。慈受深［《禪林類聚》卷二十］

道有道無無剩語，千呼萬喚不回頭。尋香逐氣隨他去，空使流光暗度秋。成枯木

有佛性，無佛性，正却倒，倒却正。踏破澄潭水，拗折無星秤。火熱水面紅，橛從空裏釘。肯類盲龜嚼死蛇，一對牙關緊咬定。正覺逸

趙州古佛，言言中的，話有話無，燕金趙璧。更有布衫重七斤，天上人間無價直。地藏恩

佛性分明脫有無，醋酸何用掛葫蘆。薄霧輕煙留不住，扁舟已過洞庭湖。瞎堂遠［《宗鑑法林》卷十六］

狗子佛性無，狗子無性有，從來只向兩頭走。未能一鏃破雙關，業識依前還作狗。本覺一

狗子佛性有，毘盧愛飲彌勒酒。狗子佛性無，文殊醉倒普賢扶。扶到家中全銘酊，胡言漢語罵妻孥。正堂辯

無直路，却縈紆，趙州東壁上，依舊掛葫蘆。有張公，喫村酒，李公醉不醒，面南看北斗。石菴珌［《宗鑑法林》卷十六］

狗子佛性無，斫額路上逢子湖。業識性在遭一口，大地全無碧眼胡。狗子佛性有，春風吹動千株柳。知而故犯可憐生，一一面南看北斗。無菴全［《宗鑑法林》卷十六］

狗子佛性，全提正令。才涉有無，喪身失命。無門開（《禪宗頌古聯珠通集》卷十九）

◎趙州因僧問："狗子還有佛性也無？"師曰："無。"頌曰：

言有業識在，誰云意不深。海枯終見底，人死不知心。真淨文［《聯燈會要》卷六《趙州從諗》，《古尊宿語錄》卷四十五《真淨克文》，《禪林類聚》卷二十，《宗鑑法林》卷十六］

趙州露刃劍，寒霜光燄燄。更擬問如何，分身作數段。五祖演［《聯燈會

要》卷六《趙州從諗》,《古尊宿語録》卷二十二《法演》,《續古尊宿語要》卷三《五祖演》,《宗鑑法林》卷十六。"數段",《古尊宿語録》作"兩段"]

力壯年高膽更雄,清風隨虎雲從龍。睚眦無限尋聲跡,掛角羚羊不見蹤。寶峰祥[《宗鑑法林》卷十六]

宣德門前過,回頭便招禍。若要無事時,且歸堂裏坐。鼓山珪[《古尊宿語録》卷四十七]

有問狗佛性,趙州答曰無。言下滅胡族,猶爲不丈夫。徑山杲[《聯燈會要》卷六《趙州從諗》,《古尊宿語録》卷四十七,《禪林類聚》卷二十]

狗子無佛性,慈悲似海深。尋言逐句者,埋没丈夫心。疏山如[《禪林類聚》卷二十]

狗子佛性無,寶劍出規模。落在將軍手,橫按立當途。楚安方

問頭既實,答亦堪誇,洛陽雖好,爭似我家。趙州苦口太饒舌,儂家信手摘楊花。大潙智

趙州狗子無佛性,七佛如來合掌聽。須彌岌嶪舞三臺,海水騰波行正令。南堂興[《嘉泰普燈録》卷二十七《頌古上·南堂静》]

趙州狗子無佛性,萬疊青山藏古鏡。赤脚波斯入大唐,八臂那吒行正令。稠巖贇[《嘉泰普燈録》卷二十《稠巖了贇》,《五燈會元》卷二十,《續傳燈録》卷三十一,《宗鑑法林》卷十六]

乙己大人丘,叢林爲寇讎。利牙如劍戟,生殺有來由。南巖勝[《嘉泰普燈録》卷二十八《頌古下·南巖勝》,《宗鑑法林》卷十六]

至道無難,言端語端。趙州開口,露出心肝。典牛遊

連馬連人劈一刀,虛空迸血湧波濤。千千萬萬人爭看,誰解分開蓋膽毛。中菴空[《宗鑑法林》卷十六]

鐵壁銀山,一箭穿過。潦倒趙州,口能招禍。尼無著總

狗子無佛性,全提摩竭令。才擬犯鋒鋩,喪却窮性命。潛菴光[《武林梵志》卷九《潛菴慧光》]

貧無所依,兩親相擊。旱地雷聲,青天霹靂。或菴體

狗子佛性無,老蚌吐明珠。西川鳴杜宇,江南啼鷓鴣。文珠道[《嘉泰普燈録》卷二十七《頌古上·文珠道》,《宗鑑法林》卷十六]

趙州狗子無佛性,當空掘出秦時鏡。光明渾不見星兒,上下四維俱徹映。誰菴演[《續古尊宿語要》卷五《誰菴演》,《宗鑑法林》卷十六]

狗子無佛性,殺人便償命。苦痛萬千般,因邪却打正。密菴傑[《密菴語

録》，《續古尊宿語要》卷四《密菴傑》]

大食波斯飲百杯，停停把柁萬人魁。逆風使過黃牛峽，不問瞿塘灩澦堆。東山空［《宗鑑法林》卷十六］

狗子無佛性，打破大圓鏡。七九六十三，一切智清淨。夷菴鑑

狗子無佛性，羅睺星入命。不打殺別人，被人打殺定。南書記［《嘉泰普燈錄》卷二十一《南書記》，《五燈會元》卷二十，《續傳燈錄》卷三十四，《宗鑑法林》卷十六］

狗子佛性無，門上釘桃符。千邪俱不入，百怪盡消除。松源岳

狗子無佛性，泥捏活大聖。不是泗州人，説著也不信。別峰雲

狗子無佛性，勸君不用舉。欲透萬重關，須是千鈞弩。巴菴深

二十四州鐵，鑄成一個錯。颺在大街路，無人踏得著。即菴然［《宗鑑法林》卷十六］

狗子佛性無，還他大丈夫。是非雖入耳，東壁掛葫蘆。樸翁銛

無之一字，殺人無數。多少英雄，橫屍當路。鐵山仁［《宗鑑法林》卷十六］

二八佳人刺繡遲，紫荊花下囀黃鸝。可憐無限傷春意，盡在停鍼不語時。拗堂仁［《嘉泰普燈錄》卷十五《靈峰中仁》，《五燈會元》卷十九，《續傳燈錄》卷二十八，《武林梵志》卷十，《宗鑑法林》卷十六］

利刀截斷命根，跳出狐羣狗隊。拈起萬煅蒺藜，鐵額銅頭粉碎。石菴玿

趙州曰無，崖崩石裂。未舉先知，只得一橛。少室睦

狗子佛性趙州無，吕公一個藥葫蘆。接來醫却人間病，大死一回方見渠。葛廬章

狗子無佛性，干將入楚庭。一揮三首落，千古得虛名。千峰琬（《禪宗頌古聯珠通集》卷十九）

◎京兆寬，因問"狗子還有佛性也無"，師曰："有。"曰："和尚還有也無？"師曰："無。"曰："一切衆生皆有佛性，和尚爲甚麼却無？"師曰："我非衆生。"曰："既非衆生，莫是佛否？"師曰："不是佛。"曰："畢竟是何物？"師曰："亦不是物。"曰："可見可思否？"師曰："思之不可及，見之不可議，是名不可思議。"頌曰：

拈却這僧問，去却京兆答。浩歌歸去來，清風遍六合。五祖演

裂破須彌鼻孔，踏反大海乾坤。面前百千諸佛，盡是我家兒孫。楚安方［《宗鑑法林》卷十三］（《禪宗頌古聯珠通集》卷十九）

◎示性上人

"趙州狗子無佛性，也勝貓兒十萬倍。"此五祖老人，向生佛未具已前，孤迥迥峭巍巍處，單提者一著子，務要絕羅籠脫知解，以自證自悟爲期，豈淺近浮習馳騖言語立機立境者，彷彿於其間哉。近時以來，多不本所自，惟只向情意識卜度。所謂彼自無瘡，勿傷之也。如今若要易見，但於腳跟下，洞照自己本分一段靈光，父母未生已前常烜赫地，至於今日，何曾昧却絲毫。(《古林清茂禪師語錄》卷三)

◎古人有十度發言九度休去之說，在今豈不然乎。若是真正本色道流，未嘗虧欠。僧問趙州："狗子還有佛性也無？"州云："無。"到者裏，提撕也提撕不得，拈出也拈出不得，擬要發言，向甚處下口？縱使休去，還休得麼？(《古林清茂禪師語錄》卷四，《列祖提綱錄》卷十四)

◎狗子無佛性，有問即便應。一句恰相當，拈却佛祖病。此是禪流頂門眼，照地照天光燦爛。(《古林清茂禪師語錄》卷五)

◎趙州古佛牙齒疏，解道狗子佛性無。東山老漢心膽粗，釋迦彌勒渠之奴。神機出沒如此，快若駿馬奔長途。又如千丈崖頭攃下一塊石，驚起草裏戴角之於菟。(《古林清茂禪師語錄》卷五)

◎星學王松齋携東洲和尚偈求和

三世如來同一性，蠢動含靈無多剩。若言狗子佛性無，喪却趙州窮性命。(《古林和尚拾遺偈頌》卷上)

◎趙州狗子佛性無，截斷根源消一句。山河大地當時空，自己靈明無著處。(《古林和尚拾遺偈頌》卷上)

◎示禪人

參趙州因甚道個無字，大要緊。只向話頭上，堅立志願參，起大疑情參。(《中峰普應國師法語》)

◎示無地立禪人

但將個趙州因甚道個無字，猛利一提提起。日而參，夜而究，行而疑，坐而掙。政當如是看時，切不得作迴光返照想，但參究不得處，政是放身捨命時。久久純熟，忽爾開悟，曾不自知，而迴光返照畢矣。若更作迴光返照會，依舊不曾悟在。(《中峰普應國師法語》)

◎趙州因甚道無字，自己與宗都莫論。盡力直教參到底，便於無佛處稱尊。(《中峰普應國師法語》)

◎爭似將個趙州因甚道個無字話，立定腳頭，一氣拍盲，參向前去，若不親到大徹大悟之地，決定不休。能如是立志參究，久之頓悟，則知即心是佛，與個無字，總成剩語。(《中峰普應國師法語》)

◎示因禪人

參無字只要向無字上起疑情，參道"趙州因甚道個無字"。十二時中只與麼參，正當參時，不問有思量分別，無思量分別。有思量無思量屬妄想，如今只要你單單向所參話上起疑情，乃至總不要一切境緣上作分別想。但離却參話外別起一念，不問是佛念法念，俱是非正念，皆生死種子。(《中峰普應國師法語》)

◎示玄禪人

趙州因甚道無字？但於十二時中，密密舉起大疑情參去，都不疑它與庭前柏樹子并須彌山話，是同是別。你若將意識向話頭上較量，展轉引入業識網羅中，永劫無你悟處。(中略)但辦久遠真實心參去，決不相賺。趙州道"為伊有業識在"這一語，是趙州金剛眼睛。不說學人有業識，你若向業識上會，和趙州金剛眼睛同時瞎却。你如今不要問有業識無業識，只是單單提起前話，不轉頭，不起念，參所久之，自然悟去，別不要生一點知見也。不要問大疑小疑，起與不起。纔存此見，已是早轉頭起念了也。(《中峰普應國師法語》)

◎示牧上人 病中

如今要醫治此病，初無難事，但只將個趙州因甚道個無字，頓在枕頭邊席上子。此是萬金神藥，更要此藥靈驗，別無方便，但放教胸中冷冰冰地，空寂寂地，百不思，百不慮。佛來祖來，總與置之那畔，不要把正眼覷著。直得胸中前無思，後無算，表裏如枯木寒灰，便是無常殺鬼現前，總與一齊坐斷。(《中峰普應國師法語》)

◎示廓禪人

要與此道相應，也須是悟明始得。你真正要求悟明，但將趙州因甚道個無字，攛取一生真實身心，鐵石志氣，向三根椽下，放捨平生見聞知解，冷冰冰地，硬立脚頭做去，討個分曉。

又

趙州道個無字，不是有無之無。趙州道個有字，不是有無之有。宗師家一期方便，教人看個無字，自此一人傳虛，萬人傳實，只要向話上討個分曉。初不作有無會。你今朝但辨一片真實信心，教及單單靠取個無字，驀直如此參去。縱使無字上三十年參不透，忽老趙州再出世來，說與你道："你如今若參有字，便教你悟道。"你若是個真正痛爲生死發決定信心底人，聞如此說，應時便與喝退，寧可向無字上不悟，決不肯隨人語轉了求悟。(《中峰普應國師法語》)

◎示丘淵二禪人

你兩人遠來，我這裏無可言者，只有一個所參底話頭。你但信教及參去，趙州因甚道個無字，便於日用中，不問久遠參取。或於此話上提不起，疑不行時，只將個生死無常思量一遍了，再提前話參去好。(《中峰普應國師法語》)

◎示養直蒙首座

但將個趙州因甚道個無字，頓在方寸中，莫問它一念生與不生道理，直而不直，立定丁字脚頭，攃取一生真實身心，立決定志，但恁麼參取。或疑不去時，參不上時，把不定時，靠不穩時，都不要別起第二念。於做不得處做取，行不得處行取。(《中峰普應國師法語》)

◎示足菴麟上人 住京師萬壽

麟上人從前參釋迦彌勒是它奴，且道它是阿誰。今時人參此話，多要墮落知解，妄認識顛倒分別，引起邪見，失佛知見。此去但只去參個趙州因甚道個無字。十二時中猛提起，一切處只如參久之，自然正悟，斷不相賺。記取記取。(《中峰普應國師法語》)

◎趙州狗子佛性

狗子佛性，秉劍行令。擬議停機，喪身失命！(《無見先睹禪師語錄》卷上)

◎示禪人

參得趙州無字透，玄關金鎖盡開通。三更月下泥牛吼，八面玲瓏海日紅。(《石屋清珙禪師語錄》卷下)

◎端午上堂，舉僧問趙州："狗子還有佛性也無？"州云："無。"師召衆云："會麼？趙州大似五月五日，以艾虎懸門。"(《月澗文明禪師語錄》卷上)

◎上堂，舉僧問趙州："狗子還有佛性也無？"州云："無。"師頌云：

鐵面將軍騎鐵馬，噫嗚殺氣暗乾坤。縱饒勇銳如韓白，千里應須破膽魂。(《月澗文明禪師語錄》卷上)

◎衲僧家，要行便行得，要道便道得，□得道爲稊稗亦得，指佛是佗奴亦得，因甚狗子無佛性話會不得，父母未生前面目明不得，蠟人冰守不得，寂滅行修不得，人我山倒不得，生死海渡不得？雖然，自是不歸歸便得，五湖煙景有誰爭。（《月澗文明禪師語錄》卷上）

◎只如長夏已過大半，狗子無佛性話，還透得也未？若也未明，且莫虛過時光，急著精彩始得。五祖和尚道，老僧尋常只舉個無字便休。若透得者無字，天下人不奈你何。五祖又有頌云："趙州露刃劍，寒霜光燄燄。更擬問如何，分身作兩段。"密菴老祖頌云："狗子無佛性，殺人便償命。苦痛百千般，因邪却打正。"又古德頌云："狗子佛性無，虎在三叉口。跳上驀腰騎，不用東西走。"若向五祖言下悟去，堪與佛祖爲師；若向密菴言下悟去，堪與人天爲師；若向古德言下悟去，堪與學者爲師。諸人若透得者一個無字，趙州老漢，倒退三千。（《月江正印禪師語錄》卷中）

◎僧問趙州："狗子還有佛性也無？"州云："無。"此一字子，宗門之一關，亦是摧許多惡知惡覺底器仗，亦是諸佛面目，亦是諸祖骨髓也。須透得此關，然後佛祖可期也。古人頌云："趙州露刃劍，寒霜光燄燄。擬議問如何，分身作兩段。"（《禪家龜鑑》）

◎進云："此事且止。只如昔日僧問雲門：'如何是正法眼？'雲門答：'普。'意旨如何？"師云："天不言而四時行。"僧云："又僧問趙州：'狗子還有佛性也無？'州云：'無。'又作麼生？"師云："地不言而萬物生。"僧云："與麼則一句合頭語，萬劫繫驢橛。"師云："雲門普字趙州無。"僧禮拜。（《海印昭如禪師語錄》）

◎入寺上堂，僧問："鄱湖行盡到東湖，藹藹佳聲滿道途。莫莫堂前看號令，雲門普字趙州無。祝聖開堂，願聞法要。"師云："總被禪客道了也。"（《海印昭如禪師語錄》）

◎示師程居士

德無常師，主善爲師，師程則知所師矣。窮理盡性以至於命，不涉階梯，當念超越，却須究竟。僧問趙州："狗子還有佛法也無？""無。"不是有無之無，亦非真無之無，便是絕理性玄妙底利刀，轉性命禍福底妙法。直前提起，當下豁然。如銀山鐵壁，鐵壁銀山。利衰毀譽，入作無門。稱譏苦樂，籠罩不得。不墮凡情，不落聖解。虛而靈，寂而妙。一切處不留，一切處成就。到與麼時，須知有末後一句，此方是大丈夫。（《海印昭如禪師語錄》）

◎兄弟，切莫要求速效，亦莫問佛問祖，問我問他。但只盲頭單提一個

無字，忽然觸著磕著，方知老僧是金石之言，亦是塵沙之語。我今爲汝保任此事，終不虛也。(《海印昭如禪師語錄》)

◎每見近時宗師，教人提個話頭，萬法歸一，一歸何處？又教人看僧問趙州："狗子還有佛性也無？"州云："無。"使其朝參暮參，疑來疑去，謂之大疑，必有大悟。雖是一期善巧方便，其奈愈添障礙。(《笑隱大訢禪師語錄》卷二)

◎狗子佛性

狗子佛性無，狗子佛性有。擊碎兩重關，何處尋窠臼。山頭木馬嘶，海底泥牛吼。堪笑堪悲老趙州，黑黑明明三八九。(《了菴和尚語錄》卷五)

◎僧問趙州云："狗子還有佛性也無？"州云："無。"此個公案，流落叢林，在學道之士，未有不提撕參究之者。於此悟入者固多，而錯會者亦不少。五祖和尚云："趙州露刃劍，寒霜光燄燄。更擬問如何，分身作兩段。"這個便是見得他舌頭落處底樣子。後來佛性泰和尚云："只一露刃劍，已一時頌了。後面三句，皆是展演之言。"妙喜深以爲然。以知得底人，拈將出來，不妨唱拍相投，言氣相合。(《了菴和尚語錄》卷八)

◎不著佛求，不著法求，不著僧求。但能於趙州狗子佛性話上，啐地折剝地斷，自然百了千當矣。其或未然，莫道坐破七個蒲團，走遍四天下，於此事料掉沒交涉。(《了菴和尚語錄》卷八)

◎上堂，舉僧問趙州："狗子還有佛性也無？"州云："無。"師云："狗子無佛性，頭正尾亦正。跳出向上關，急急如律令。參。"(《穆菴文康禪師語錄》)

◎一切衆生有佛性，如何狗子獨言無。趙州善用吹毛劍，衲子全抛待兔株。門外雪深人跡少，渡頭風緊浪花粗。當陽若更求玄解，笑倒西天碧眼胡。(《楚石梵琦禪師語錄》卷十八)

◎趙州狗子無佛性

趙州狗子無佛性，三世如來不見蹤。昨夜含暉亭上望，青山倒景月明中。(《愚菴和尚語錄》卷七)

◎勝禪人歸宣州

名字既同黃檗勝，參禪須會趙州無。昨夜宣城木瓜樹，開花結個苦胡蘆。(《愚菴和尚語錄》卷九)

◎諸人當知自己分上一著子，亘天赫地。三世諸佛，歷代祖師，天下老和尚，不敢正眼覷著，只貴當人直下承當便了。前輩尊宿爲你不肯直下承當，萬不得已，曲垂方便，教你參個無義味話。只如僧問趙州："狗子還有佛性也無？"州云："無。"早是和盤托出。你既不能領略，萬不得已，作死馬醫。又教你單單提一個無字。先將四大五蘊，六根六塵六識，乃至目前所見山河大地，明暗色空，萬象森羅，情無情等，都盧并作一個無字，一提提起。行也恁麼提，坐也恁麼提，睡夢也恁麼提，起居飲食皆恁麼提，綿綿密密提，無間無斷提。提教凝然一片，鍼劄不入，與銀山鐵壁相似。忽爾不知不覺，一拶拶透自己一著子，不待承當，而自然分曉矣。者一著子既分曉，父母未生前面目也分曉。（《天如和尚語錄》卷一）

◎狗子佛性有，狗子佛性無。功德天與黑暗女，一條拄杖兩人扶。夜來齊發一笑，笑道丹霞燒木佛，院主墮眉鬚。咄！（《天如和尚語錄》卷一）

◎有僧請益云："蠢動含靈皆有佛性，爲甚麼狗子獨無？"師云："莫説狗子，直饒你問他釋迦、彌勒還有佛性也無，他也道無。"僧云："趙州禪在口脣邊，因甚只會道個無字？"師云："趙州見處，只到者裏。"僧云："和尚不肯趙州那？"師云："是。"僧云："趙州是古佛，和尚因甚不肯他？"師云："趙州在那裏？"隨後便喝。（《天如和尚語錄》卷一）

◎趙州道個無字，開口見心肝，因甚諸人自生障礙？（《天如和尚語錄》卷一）

◎失正究竟門

此舉參無字者，學人見前尊宿説，把這無字貼在眼睛上，無字便是眼睛。只恁麼看去，學人領下無字，向長連床上端身正坐，捏定拳頭咬緊牙關，瞠起兩眼看這無字，細則細如微塵，大則大如無地。或顯或隱，認此爲諦，當得力底工夫也。

又聞學人謂師開發。僧問趙州："狗子還有佛性也無？"州云："無。"師即令他提這無字。學人信得及。便即從此行也無，坐也無，著衣喫飯也無，一切時中皆無。或緩或急，又自云："緩則一切時中不念自念，念得這無字活轆轆地。"又云："若急念時，念教一口氣盡方住。"周而復始，亦如是念，以此爲純熟工夫也。余嘗聞學人作如是説，誠恐有誤後人故，設二小喻，識者詳之。詳這緩念者，恰如冰凌上擲豆子相似，任其所往無可羈絆。詳之急念者，渾似更鼓樓上發擂一般，一通聲絶又一通，何所益耶。如前看無字者，與念無字者，這兩種工夫，四衆用心者甚多，如此説來，好似一場戲

話，深可惜哉。（《禪宗決疑集》）

◎禪林靜慮門

做工夫處，先舉上床一種威儀，事在精誠，須要跏趺端坐，眼端鼻，鼻端臍，牙關緊咬，拳頭緊捏，待喘息已定，舉個話頭："僧問趙州：'狗子還有佛性也無？'州云：'無。'"不用動口動舌，默默參究，以悟爲期。此是叢林中坐禪儀式樣子，衆所共知。（《禪宗決疑集》）

◎徹底窮淵門

僧問趙州："狗子還有佛性也無？"州云："無。"其僧復問："蠢動含靈皆有佛性，因甚狗子無佛性？"州又云："無。"此僧當下若會得這老漢開口處，唾面痛罵一場，趙州只得杜口無言，免使此語流布於世。這僧當時不能領受此語，通身墮在疑情，便將三百六十骨節，八萬四千毛竅一禁禁定，氣息不通，一手攬住趙州云："佛言蠢動含靈皆有佛性，和尚因甚道狗子無佛性？"實意云何道無？其僧到此，疑情重也。行也疑因甚道無，坐也疑因甚道無，著衣喫飯也疑因甚道無，動靜寒溫也疑因甚道無，苦樂逆順也疑因甚道無。晝夜十二時無頃刻暫息，單只不忿趙州道狗子無佛性，直要向這無字上捉敗趙州，得人憎處方始休歇。　○此下正說學人用疑處，須要仔細著意。若用疑時先須發憤怒心，疑趙州因甚道無。此憤怒心或出聲不出聲，學人自取方便。此一個疑字單只趙州因甚道無？不是看趙州無，不是念趙州無，今時學人多是看這無字，念這無字，真可憐也。學人到此惺惺著。須看其僧當時有疑，再問處云："蠢動含靈皆有佛性，狗子因甚無佛性？"此一問疑徹骨髓。這僧求死不欲活，逼得老趙州和心膽呈出個無字，欲收收不得。其僧求死死不得，從始至今，疑而不決。所以前人疑底，即是今人疑底。今人疑底，即是疑著趙州說底。驀然疑團子上爆地一聲，徹見那邊消息去也。（《禪宗決疑集》）

◎執礙決疑門

此上兩則語（按：指趙州"無"字、"萬法歸一，一歸何處"），皆出趙州和尚，叢林多舉。每見同道者於"無"字上各出異見，或者執空執有，執斷執常。執空者謂："趙州道無，萬法本無，本性無故，何疑之有？"執有者謂："趙州道無，指有言無，無中即有，又何疑哉？"執斷者謂："趙州道無，萬有皆空，無一可取何必疑耶？"執常者謂："趙州道無，真性常存，寂然不動，何用著疑？"噫！所見偏枯，故有此失。（《禪宗決疑集》）

◎僧問趙州："狗子還有佛性也無？"借事請益 州云："有。"當央直指 僧云："既有，爲甚撞入這皮袋？"逐句反問 州云："爲他知而故犯。"就見一點 又僧問："狗子還有佛性也無？"逐事生疑 州云："無"當央直指 僧云："一切衆生皆有佛性，狗子因甚却無？"逐語迷情 州云："爲伊有業識在。"就見一點
○主意：直下明宗旨，明言思無路。總結：權衡在手

狗子佛性有，狗子佛性無，拈上公案 直鉤元釣負命魚。直無委曲，情絕方領 逐氣尋香雲水客，嘈嘈雜雜作分疏。迷真逐妄，如狗咽骨 平展演，大鋪舒，莫怪儂家不慎初。廣大平實，當央捧出，故曰不慎 指點瑕疵還奪璧，秦王不識藺相如。兩次捧出，兩次點罰。又如相如獻璧於秦，末後還奪（《天童頌古直註》卷上）

◎山僧昔年在彼山中，咨參者個老和尚，爲看狗子無佛性話不破，特去請益。才開口，被他一喝，直得通身汗下。因進呈一頌云："狗子佛性無，春色滿皇都。趙州東院裏，壁上掛葫蘆。"乃發笑曰："恁麼會又爭得。"可謂前箭猶輕後箭深。（《恕中無慍和尚語錄》卷二、卷六，《釋氏稽古略續集》，《列祖提綱錄》卷二十三）

◎狗子還有佛性也無

蠱毒家中水，軒知要殺人。寧教飢渴死，切忌莫霑脣。（《恕中無慍和尚語錄》卷三）

◎參禪行贈荷藏主

參禪乎，參禪乎，參禪須是大丈夫。當信參禪最省事，單單提個趙州無。行亦提，坐亦提，行住坐卧常提撕。驀然打破黑漆桶，便與諸聖肩相齊。（《恕中無慍和尚語錄》卷五）

◎（思上菴者）案上有《語錄》一冊，予信手揭觀，結夏上堂，有云："以大圓覺、牛角、馬角，爲我伽藍、瓜籃、菜籃。"又上堂，舉趙州狗子無佛性話，頌云："狗子佛性無，狗子佛性有。猴愁摟搜頭，狗走抖擻口。"（《山菴雜錄》卷下）

◎趙州狗子無佛性，出語已知俱是勝。道有道無都掃除，滿盤更把青泥釘。於今此話休重提，飢來喫飯寒來衣。衘花百鳥絕消息，杜鵑啼在檜松枝。（《南石和尚語錄》卷三）

◎所以云我宗無語句，亦無一法與人。後代法逐時遷，根漸昧劣，遂教令提個話頭，亦不得已而然耳。練川沈正行居士，深信此道，參究趙州和尚無字話，請語爲警。因謂曰，這個無字，是一柄吹毛劍，要將心識所有起滅

不停底，如一綟絲相似，一斬斬斷，更不相續，常令歷歷然迥迥然，則本有佛性，不離一念，自然廓爾現前矣。(《南石和尚語錄》卷四)

◎黃檗禪師示衆

若是個丈夫漢，看個公案。僧問趙州："狗子還有佛性也無？"州云："無。"但去二六時中看個無字，晝參夜參，行住坐臥，著衣喫飯處，屙屎放尿處，心心相顧，猛著精彩，守個無字。日久月深，打成一片。忽然心花頓發，悟佛祖之機，便不被天下老和尚舌頭瞞。(《緇門警訓》卷七)

◎趙州無 二首

信口張開吸五湖，從教行者亂分疏。要知根本䑛來處，五祖何嘗付老盧。

狗子無佛性，虛空重安柄。撞著赤鬚胡，難逃窮性命。(《無明慧經禪師語錄》卷二)

◎示衆，舉狗子佛性有無話，師云："老老大大，口生口熟。有時火燄彌天，有時冰霜滿地。直饒掀翻海嶽，倒轉須彌，總是乾弄一場。"(《見如元謐禪師語錄》)

◎示警寰禪人參狗子佛性有無

趙州挺直如梧，狗子佛性道無。趙州灣曲如柳，柏樹佛性道有。壽昌恁麼批判，爭怪南辰北斗。(《見如元謐禪師語錄》)

◎趙州無字

泰山傾倒壓螳螂，氣絕心灰識浪平。不是泥牛開隻眼，焉知猛虎坐中廳。(《見如元謐禪師語錄》)

◎狗子佛性有無

趙州古佛最崎嶇，摸著頭兮失却腰。始見南泉稱萬福，爪牙獨露不相饒。(《見如元謐禪師語錄》)

◎示如是禪人參無字

趙州無，古今有，伶俐衲僧顛倒走。若於二處見根源，大似面南看北斗。破無字，兩重關，重步高登萬仞山。縱饒絕頂橫身過，吸霧披雲未可閑。筆直路，行將去，誰管途中住不住。只教倒跨紫金毛，反側始能張露布。海底塵，山頭浪。奧語玄機都不向。月皎風清夜靜時，露著纖毫成漭蕩。反覆看，不較多，泥牛解吼木人歌。油瓶丟向籃筐裏，笑殺當年凌行婆。(《無異元來禪師廣錄》卷十三之十五)

◎示甫中禪人

甫中知見盡芟除，烈漢從來不蓄書。只字片言都吐出，翻身却笑趙州無。（《無異元來禪師廣錄》卷十九）

◎淨心即是西方土，何必瞿曇萬卷書。霹靂一聲聾兩耳，全身拶入趙州無。（《無異元來禪師廣錄》卷二十）

◎示峰頂智建禪者參無字公案

狗子佛性無，當下絕親疏。如入千尋浪，惟求赤尾魚。有角非關鯉，無鬚不是渠。有無俱剿絕，直探驪龍珠。又如四面火，前方一線餘。退步即燒殺，橫趨亦喪軀。烈燄非停止，求生莫待徐。如入九重淵，如憑萬仞虛。用意切如此，管取發靈樞。更有前程路，水到自成渠。（《博山和尚參禪警語》卷下）

◎復舉趙州因僧問："狗子還有佛性也無？"州云："無。"師云："趙州狗子無佛性，古今多少錯商量。自從六國平來後，蕩蕩無為化日長。"（《了堂和尚語錄》卷一）

◎圓頓之旨與淨土一門，實併行而不背者也。何則？山河國土共轉根本法輪，鱗甲羽毛普現色身三昧。雜居尚然，彌陀淨土會心以為別乎？此則曰："直指人心，見性成佛。"彼則曰："唯心淨土，本性彌陀。"此則以"狗子佛性"、"萬法歸一"使上根者機前領荷，中下者朝夕能疑；彼則以"寂光真境"、"萬德洪名"使上根者直下承當，中下者孜孜在念。（《宗門設難》）

◎狗子佛性

道有道無老趙州，禪和奚不看來由？可憐泣路亡羊者，盡從無有裏淹留。（《長慶宗寶禪師語錄》卷四）

◎趙州無

人人一雙無事手，隨分拈花和折柳。若人問手在何處，但示花柳不言手。

問性惟將無字酬，勿隨言覓急回頭。忽然踏著來時路，始知人解倒騎牛。

趙州道無，言中有響。急著眼看，只者伎倆。（《長慶宗寶禪師語錄》卷四）

◎便請將些眼見耳聞，書本上理會得底道理，盡情拋却。食息依舊食息，起居依舊起居，讀書做事依舊讀書做事。但二六時中，不要將此念放下，常常提起，看什麼處有疑。父母未生前，在什麼處安身立命？一口氣不來，向什麼處去？不能無疑，就在者裏疑。如僧問趙州："狗子還有佛性也無？"州云："無。"者裏還有道理，還有理會處麼？若無下手處，就在者裏下手。晝參夜參，畢竟是個什麼道理。務要看破趙州老人立地處，方才了當。初心做工夫，最忌不肯疑言句。古人有不疑言句，是爲大病之警。無字話頭，佛祖骨髓。此疑一破，則參學事畢矣。（《長慶宗寶禪師語錄》卷五）

◎若論我宗門，一切坐斷，如銀山鐵壁，自然絕諸滲漏。佛見法見，他尚不起，何況更起塵勞煩惱耶。（中略）要到恁麼田地，但看僧問趙州："狗子還有佛性也無？"州云："無。"看得者無字破，敢保大事了畢。前授風幡因緣，恐涉義路，還看狗子無佛性話爲妙。（《長慶宗寶禪師語錄》卷五）

◎或者以趙州無字爲話頭，歷年既久，自以爲生死順逆，念即話頭，話頭即念，無往而非一片。或者又聞而舍然大笑曰："彼若果能話頭一念，打成一片，面目自然殊乎常人，眉宇間光霽若清風朗月，使牛馬鷄犬觸而悅之，況人乃萬物之靈者乎。"此等語，當與愚者道，不可與智者言。大抵參禪之訣，心地果然順逆成片，則悟在旦夕之間矣。（《紫柏老人集》卷五）

◎趙州狗，無佛性，相逢舉著誰不病。一朝徹底忽掀翻，救却瞿曇窮性命。（《紫柏老人集》卷二十九）

◎示參禪切要

禪門一宗，爲傳佛心印，本非細事。始自達磨西來，立單傳之旨，以《楞伽》四卷印心，是則禪雖教外別傳，其實以教應證，方見佛祖無二之道也。其參究工夫，亦從教出。（中略）及達磨示二祖云："汝但外息諸緣，內心無喘，心如墻壁，可以入道。"此達磨最初示人參究之要法也。傳至黃梅求法嗣時，六祖剛道得"本來無一物"，便得衣鉢，此相傳心印之的旨也。及六祖南還，示道明云："不思善，不思惡，正恁麼時，阿那個是明上座本來面目？"此是六祖第一示人參究之的訣也。是知從上佛祖，只是教人了悟自心，識得自己而已，向未有公案話頭之説。及南嶽青原而下，諸祖隨宜開示，多就疑處敲擊，令人回頭轉腦便休。即有不會者，雖下鉗錘，也只任他時節因緣。至黃檗始教人看話頭，直到大慧禪師，方才極力主張，教學人參一則古人公案以爲巴鼻，謂之話頭，要人切切提撕。此何以故？只爲學人八識田中，無量劫來惡習種子，念念內熏，相續流注。妄想不斷，無可奈何。故將一則無義味話，與你咬定。先將一切內外心境妄想，一齊放下。因放不下，故教提此話頭。如斬亂絲，一斷齊斷，更不相續。把斷意識，再不放行。此正是達磨"外息諸緣，內心無喘，心如牆壁"的規則也。不如此下手，決不見自己本來面目。不是教你在公案語句上尋思，當作疑情，望他討分曉也。即如大慧專教看話頭，下毒手，只是要你死偷心耳。如示衆云："參禪惟要虛却心，把生死二字貼在額頭上，如欠人萬貫錢債相似。晝三夜三，茶裏飯裏，行時住時，坐時臥時，與朋友相酬酢時，靜時鬧時，舉個話頭：'狗子還有佛性也無？'州云：'無。'只管向個裏看來看去，沒滋味時，如撞牆壁相似。到結交頭，如老鼠入牛角，便見倒斷也。要汝辦一片長遠身心，與之撕挨。驀然心華發明，照十方刹，一悟便徹底去也。"此一上是大慧老人尋常慣用的鉗錘，其意只是要你將話頭堵截意根下妄想，流注不行，就在不行處，看取本來面目。不是教你向公案上尋思，當疑情，討分曉也。如云"心華發明"，豈從他得耶。(《憨山老人夢遊集》卷六)

◎如今初心，只管將心內外一切道理知見，及妄想思慮，一齊放下。放了又放，放到無可放處，方纔提起一則公案話頭，如趙州無字，橫在胸中。因甚道無，重下疑情。若疑情得力，則妄想不起。若纔見起時，切不可與之作對，將心要斷他，亦不得將心止他，亦不可相續他。但只覷見，便撇過，一撇便消。急急提起話頭，深深看覷，則彼妄想自然掃蹤絕跡矣。此是初心下手做工夫的訣。(《憨山老人夢遊集》卷七)

◎禪人從此更發精進，居一切時，但將趙州狗子佛性話頭，蘊在胸中，隨就作處，心心參究："畢竟因甚道無？"一旦搕著抹著，一念疑團迸裂，從前生死，頓然了却，是可謂福慧二嚴，一生取辦。(《憨山老人夢遊集》卷八)

◎蓋吾人從來只認妄想爲心，不知本有佛性，一向只在世情逆順境界上起好惡憎愛，種種分別知見。殊不知此等憎愛喜怒之情，全是生死根株。舉世之人，未有在此中一生交滾者。古德教人參禪了生死，不是離此別有玄妙，只是在此等境界上憎愛之心看破，便是了生死。以此憎愛妄想，從來習染純熟深厚，若無方便法門，豈能敵得。所以參禪看話頭之說，正是破煩惱之利具耳。所以被他牽纏者，直爲無此話頭作主宰耳。只如僧問趙州："狗子還有佛性也無？"州曰："無。"即將此一無字，懷在胸中作話頭，下疑情。念念不忘，心心不昧。一切閑忙動靜應酬匆遽中，只提此一語，重下疑情審問。疑來疑去，只有一個話頭現前。縱是看書，纔放下書本，回頭一看，便下疑情。此疑堅固，切不可作道理思量解會。只要一個疑念真切，久久純熟，但見心中妄念起時，如此一問，當下冰消。心中所起喜怒，只是一妄想耳。先有此話頭作主宰，及境界至時，一到即看破，當下冰消，全不用力。如此做工夫，不但敵破境界，抑有了悟之時。但切不可作玄妙道理思量，恐反誤也。(《憨山老人夢遊集》卷九)

◎禪人有志，真參實究，直須看破，切不可墮在知見網中。正當做工夫時，只將趙州無字，與六祖"本來無一物"同參。於未提起時，先將身心內外，一齊放下。放下又放下，放到無可放處，透底看者無字，畢竟有什麼氣息。纔有一念起處，當下一覷，覷定看他，畢竟是個什麼。如此安身立命，在話頭上靠定，深錐痛劄，一念不移，如老鼠咬棺材，自有透脫時也。切不得將古人公案言句，蘊在胸中，將來比擬，以擬心即錯，絕不是古人見處。(《憨山老人夢遊集》卷九)

◎示體具禪人

趙州無字死生關，鐵壁銀山冷眼看。但向未生前覷破，自然不被舌頭謾。(《憨山老人夢遊集》卷三十八)

◎昌一日與諸同參，論《金剛經》義甚快，師聞之呵曰："宗眼不明，非為究竟。"昌大驚，便問："如何是宗眼？"師振衣而起，昌益疑之。復請益玄沙虎、趙州狗子話，師曰："我不如你，你自會得。"(《晦臺元鏡禪師語錄附·建昌廩山忠公傳》)

◎諸人若識得趙州轉身處，便識得那半藏。識得那半藏，便識得秦國夫人悟處。識得夫人悟處，便識得趙州無。(《永覺和尚廣錄》卷一)

◎眾生本有之性，無不輝天鑑地。怎奈無明橫起於無起之中，由是妄識突生。既有妄識，則有妄境。既有妄境，則有好醜。既有好醜，則有愛憎。既有愛憎，則有去取。既有去取，則有善惡。既有善惡，則有升降。善惡相傾起，輪迴性如汲井輪，無有斷絕。雖曰苦樂天殊，實皆虛妄。諸佛愍之，為說出苦之要，只在破最初無明而已。然此無明非道理可遣，非言語可除，非禪定可克，非苦行可銷，非諸佛之力可去，非積善之功可滅。要在當人自發肯心，切己推窮。如擒賊必須擒王，殺草必須殺根。推來推去，窮來窮去，自有到家之日。如古人大有樣子。昔大慧常教人看僧問趙州："狗子還有佛性也無？"州云："無。"眾生皆有佛性，因甚道無。這個無字，直是聰明過於顏閔也，無你領略處。今但向這無字上推窮，不可將道理解說，不可將心思卜度。但恁麼疑去，有朝捉敗趙州，識得渠面目，自然七通八達，所

251

謂輝天鑑地者，不可昧也。(《永覺和尚廣錄》卷十)

◎示禪人參趙州無

趙州因甚道個無，有口無心未可圖。若從語下生穿鑿，癡癡逐塊似韓盧。破皮折骨須窮髓，休從門路強分疏。步步秉誠一條鐵，却如抒海要尋珠。不管彌漫千萬里，直下期教大海枯。狗子一朝遍大地，世界身心都是渠。更好切上重加切，忽然撲破更無餘。趙州面目無藏處，只是當年破鉢盂。(《永覺和尚廣錄》卷二十二)

◎狗子佛性

佛性有，佛性無，不許重重唱鷓鴣。脚底若教紅線斷，達摩元是老臊胡。(《湛然圓澄禪師語錄》卷五)

◎復問石雨："趙州道無字意作麼生？"雨云："和尚喜著棋，某甲粗知。"師曰："道有又作麼生？"雨即頌："家家有幅遮羞布，放下便能當雨露。獨怪當年老趙州，擲却頭巾頂却褲。"師復問三宜，宜呈偈："佛性無，佛性無，秤錘落水不曾浮。知得趙州端的意，拍手終朝唱鷓鴣。"(《湛然圓澄禪師語錄》卷六，石雨頌亦見《宗鑑法林》卷十六)

◎僧云："趙州道狗子無佛性，當真是有是無？"師云："趙州止得一個牙齒。"僧云："當時這僧已到什麼田地，十二類衆生都不問，緣何只問個狗子？"師云："汝作奇特會麼？"僧云："此事在和尚分上如何？"師云："我比趙州多兩個牙齒。"僧云："和尚今日著賊也。"師云："算家事漢，有什麼長處。"(《湛然圓澄禪師語錄》卷六)

◎僧舉："趙州'狗子還有佛性也無？'州云：'無。'某甲看經數年，並無入處，未審和尚有何方便？"師云："汝疑向有無處著脚那？"曰："某甲不向有無處著脚。"師曰："你豈不曰蠢動含靈皆有佛性，狗子何謂無佛性耶？作此疑否？"曰："然。"師曰"不然。要會這些，須向此老未開口已前會得，始獲安樂。若向他舌頭下會取，直饒千萬劫，並無會時。何以故，此事不在語言上故也。"(《湛然圓澄禪師語錄》卷七)

◎又

我詩無巧句，模寫實功夫。钁得一段地，種成兩樣蔬。不栽葱與韭，多半是葫蘆。擬學趙州老，譚禪只說無。(《湛然圓澄禪師語錄》卷八)

◎時中峰本禪師，先已在座，遙見師，即呼曰："汝日用如何？"師曰："念佛。"峰曰："佛今何在？"師擬議；峰厲聲叱之。師胡跪求法要，峰授師

以趙州無字話令參，於是縛茅於靈隱山中。(《闢妄救略説》卷八)

◎闍黎名太純，字無一，建陽水東張氏子，家世業儒。年七八歲好放生，十二慕出家，父母不許。十七，博山無異和尚代座董嚴。公往參禮，領狗子無佛性話。(《鼓山爲霖和尚餐香錄》卷下)

◎從上古德，參方求道，雖無個作工夫的名字，然大事未明，一心在道，念念不肯放過，所以悟明有日，直至宋朝始有看話頭作工夫之説。當時只教人提起個話頭，看是什麼道理。如大慧禪師，每教人看個狗子無佛性話，謂盡大地是個無字，正當無明煩惱現前時，一提提起云："無。"如百沸湯中，摻一勺冷水相似，當下清涼去。提話頭大約如是。(《鼓山爲霖禪師還山錄》卷二)

◎刻大慧禪師書問序

乃以一竹篦子、一狗子無佛性話，普接羣機，天下翕然歸重。(《鼓山爲霖禪師還山錄》卷四)

◎斷際禪師云："是丈夫漢，看個公案。僧問趙州：'狗子還有佛性也無？'州云：'無。'但去二六時中，看個無字。晝參夜參，行住坐臥，著衣喫飯處，心心相顧，猛著精神，守個無字。日久月深，打成一片。忽然心花頓發，悟佛祖之機，便不被天下老和尚舌頭瞞也。"按此則可爲參學規繩，見《宛陵錄》中所載。徑山亦屢舉此示人。第黃檗與趙州同出南泉門，檗後嗣百丈開法，視趙州較先達，何得提彼言句示人？恐學人誤錄徑山語也。徑山禪師云："僧問：'狗子還有佛性否？'趙州云：'無。'此一字，乃是摧許多惡知惡覺底器仗。也不得作有無會，不得作道理會，不得向意根下思量，不得向揚眉瞬目處垜根，不得向語路上作活計，不得颺在無事甲裏，不得向舉起處承當，不得向文字中引證。但向十二時中，四威儀内，時提撕，時舉覺。誠如此做工夫看，一月十日，便自見得也。"此節可與上條參看。《大慧語錄》中開示諸學者，如陳季任、劉彥脩、張暘叔、汪聖錫、宋直閣諸書，動引此則因緣，故知前件非黃檗語無疑也。(《少室山房筆叢正集》卷三十二)

◎(趙抃)又從大名大鉢寺重元禪師問心要。師曰："公立朝論政，崇化明倫，奚暇刻意於此？"公曰："聞別傳之旨，人人本有之事，豈他能而不能耶？願究明之。"師乃令看狗子無佛性語。及知青州，隱几公堂，聞雷聲，豁然大省。有偈曰："默坐公堂虛隱几，心源不動湛如水。一聲霹靂頂門開，喚起從前自家底。"(《武林梵志》卷八)

◎（松源崇嶽禪師）繼見大慧於徑山，聞大慧稱蔣山華公爲人徑捷，即往參。一夜舉狗子無佛性話有省，即以叩應菴。菴舉"世尊有密語，迦葉不覆藏"，師云："鈍置和尚。"應菴厲聲一喝，師便禮拜。應菴大喜，以爲法器。（《武林梵志》卷九）

◎古人有十度發言九度休去之説，在今豈不然乎。若是真正本色道流，未嘗虧欠。僧問趙州："狗子還有佛性也無？"州云："無。"到者裏提撕也提撕不得，抬出也抬出不得，擬要發言，向甚處下口。縱使休去，還休得麽？五祖和尚云："趙州露刃劍，寒霜光燄燄。更擬問如何，分身作兩段。"大慧和尚云："參學人向露刃劍上著得隻眼，便是百了千當。還丹一粒，點鐵成金。至理一言，轉凡成聖。更欲多言，恐無利益。珍重。"（《列祖提綱録》卷十四）

◎無用寬禪師元旦上堂："太湖梁山，徹底掀翻。一柄無用拂子，擊開黃龍三關。大衆，各各起居多福。"卓拄杖一下云："只看趙州無字，不必東卜西卜。"下座。（《列祖提綱録》卷三十九）

◎高峰妙云："大小趙州，拈出一粒巴豆子，攪亂衲僧肚腸。設有吞吐得者，亦不免喪身失命，何故？急急。"［《高峰原妙禪師語録》卷下。"急急"，《高峰原妙禪師語録》卷下作"急急如律令"］

博山來云："道有道無，靈鋒橫握，盡大地人向趙州手裏乞命有分。惟不跨石橋者，不在其限，爲什麽？鋼刀雖快，不斬無罪之人。"［《無異元來禪師廣録》卷九］

愚菴盂云："這僧好似個遼東賣猪漢，得一白頸猪，以爲奇貨，到淮南來，不覺慚惶無地。趙州老漢好似美髯公，慣使拖刀計，不出常策。若是山僧則不然，有問：'狗子還有佛性也無？'我則向他道：'癩斯吞蝦蟆。'"

白巖符云："趙州這漢，等閑出一言，是返魂香，起死回生，只在片時；是鴆毒酒，失身喪命，只在片地。且道爲甚得如此利害聻？"良久云："還他肘後有靈符。"（《宗門拈古彙集》卷十六）

◎狗子佛性

問："狗子還有佛性也無？"州曰："無。"曰："上至諸佛，下至螻蟻，皆有佛性，狗子爲什麽却無？"州曰："爲伊有業識在。"已將無字説得明明白白，何必用參？又有僧問："狗子還有佛性也無？"州曰："有。"曰："既有，爲什麽入這皮袋裏來？"州曰："知而故犯。"此答不是要可憐他因不知而誤犯。若知而故犯，則與南泉爲牛爲馬相同，怎敢以狗視之？後大慧杲教人參無字，說出許多不用這樣參，不用那樣參，絮絮叨叨，參者已爲惑亂。我四十年來見參無字者，不知退却多少人。大慧杲是過來人，我不敢說他，後來這伙盲師瞽漢，又不曾悟，也學大慧教人參無字，不知無個什麼？無字已經趙州說明，要參作麼？爲什麼不直指即心即佛，而勞人延捱歲月，而顯自家聰明？先輩已如此，何況流弊？而今只要開示親切，學者自然悟入，刹那際即可令其開悟，哪裏要費時日？不具此手眼，而欲爲人師，豈不自愧？我聞諸方教人看無字，教人自家參去，不知到幾時得悟，深可憐憫。

趙州"喫茶去"三字，真直截，真痛快，真乾淨，了然，不勞疑，不勞信，不勞參，不勞擬議商量，不勞釋迦出世，不勞達摩西來，不勞絮絮叨叨四十九年之大藏，不勞叨叨絮絮千七百公案之表彰，不勞安佛與衆生之名，不勞列十法界之序，合三千大千世界衆生，一齊合掌念喫茶去，遂一齊休去，成一極樂世界。想趙州聞此言，必曰："惟湛愚會此，其餘皆未夢見在。"（《心燈錄》卷三）

◎普州道林月幻無際明悟禪師，別號蠶骨，蜀之安岳通賢鎮莫氏子。年二十出家，請益老宿坐禪之要。後往樓山，訪清菩薩。清誨以趙州無字話。師乃縛竹爲菴，研勵無懈。（《徑石滴乳集》卷一）

◎師（斷橋妙倫）往雪寶參佛鑑，鑑以狗子因何有業識，令師下語。凡三十轉，不契。師曰："可無方便乎？"鑑舉真淨頌曰："言有業識在，誰云意不深。海枯終見底，人死不知心。"師悚然良久，忽聞□聲，通身汗下，於是脫然契證。徑山進頌曰："漏屋恰逢連夜雨，更多愁霧鎖柴門。忽然雲盡孤輪湧，疊疊青山插遠層。"一初元頌曰："頂門一擊汗如油，捉敗當年老趙州。自是黃河連底竭，一番驟雨一番愁。"（《徑石滴乳集》卷一）

◎安慶府石經山海珠祖意禪師。楚山問："趙州道無字意作麼生？"師曰："只爲婆心切，肝膽向人傾。"山曰："不涉有無，如何體會？"師曰："到者裏無用心處。"山曰："早是用心了也。"師曰："不知。"山曰："誰道不知？"師曰："道者亦非。"山曰："如是。"師禮拜。（《徑石滴乳集》卷二）

◎金山東巖亮禪師，一日定中，聞鷄鳴有省，述偈呈空曰："狗子佛性無有，赤脚蓬頭亂走。社散扶歸鄭三，原是李二醉酒。"空笑而肯可。（《徑石滴乳集》卷三）

◎後住鵝湖，十年不立座元。博山參，以趙州無字話相契，請居厥職。

贈以偈曰："鵝湖十載虛元位，一旦元何立少年。兩個眉毛八個繈，須知佛祖不容前。"(《徑石滴乳集》卷四)

◎秘閣張鎡，矢向宗風，改宅爲慧雲寺，請師據室。師憐其正信，示以趙州無字，鎡得旨。(《南宋元明僧寶傳》卷五《密菴傑》)

◎公性英敏，初棄家，問戒於靈芝律主，時中峰本和尚寓杭雲居蘭若，會赴丞相府齋，公得拜見於齋筵。本曰："上人是何法諱？"對曰："元長。"曰："日逐何所用心？"公乃再拜請益，本以狗子無佛性示之。公即廬北高峰頂，琢磨已躬，屢走見本，本惟叱之，無他語。靈隱雪庭傅禪師虛記室以款公。公來往雲居、靈隱，荏苒法緣，十載不發，乃私嘆曰："飢虎望几上之肉，寧自甘耶？"遂禁足峰頂，聞雀聲有省，急走質本。公呈所以，又被叱，憤歸，據關枯坐，簡點所省處，竟不可得。徘徊中夜，或行或立，忽鼠翻貓器，墮地有聲，乃徹見本公相爲處，即棄廬歸本。本云："趙州何故言無？"對曰："鼠食貓飯。"曰："未也。"對曰："飯器破矣。"曰："破後如何？"對曰："築碎方甓。"曰："善哉！此事非細，承當者須是其人。"(《南宋元明僧寶傳》卷十一《千巖長》，《釋氏稽古略續集》，《宋景濂未刻集》卷下《佛慧圓明廣照無邊普利大禪師塔銘》)

◎（海公）乃撾鼓集衆曰："山僧三十年舉狗子無佛性話，鮮有善別機宜者。今晚不用如何若何，速道將來。若也相應，有條斷貫索子，親手分付。"璋出對曰："狗子佛性無，覷著眼睛枯。瞥地翻身去，絡室利蘇盧。"於是璋得承記莂，機鋒莫御，即素知名者，皆左袒之。(《南宋元明僧寶傳》卷十三《斗峰璋》)

◎悟公笑曰："縱汝橫吞藏教，現百千神通，其如老趙州無字公案，怎生消繳？"琦又擬對，悟公連叱退之。琦大慚，數日不敢仰視。忽聞淨板鳴，豁然蕩盡廉纖，急披衣禮謝。悟肯之。(《南宋元明僧寶傳》卷十三《楚山琦》)

◎其於院務，凡百闊略，知友常以書勉濟，濟笑曰："牙籌算計，俗尚爲譏，況道人乎？古制不立煙爨，草衣樹宿，聞道益廣，行道益多。今人動以規法相繩，禮樂鏗鏘，舉一狗子無佛性話，求其不惑者，鮮矣！"(《南宋元明僧寶傳》卷十四《法舟濟》)

◎擇龍池幻有傳和尚而依止焉。傳示趙州無字話頭，師參之半載不發，改看本來面目，提撕猛切。(《南宋元明僧寶傳》卷十五《天隱脩》)

◎故問："一切衆生皆有佛性，爲什狗子却無？"設爲一故而問也。(《五

家宗旨纂要》卷上）

◎趙州狗子無佛性，萬象森羅齊乞命。無底籃兒盛死蛇，多添少減無餘剩。一源寧（《禪宗雜毒海》卷三）

◎京兆興善惟寬禪師，因僧問："狗子還有佛性也無？"師曰："有。"曰："和尚還有也無？"師曰："無。"曰："一切衆生皆有佛性，和尚爲甚麼却無？"師曰："我非衆生。"曰："既非衆生，莫是佛否？"師曰："不是佛。"曰："畢竟是何物？"師曰："亦不是物。"曰："可見可思否？"師曰："思之不可及，見之不可議，是名不可思議。"

法林音於"不是佛"處別云："是佛則有也。"

拈却者僧問，去却京兆答。浩歌歸去來，清風遍六合。五祖演（《宗鑑法林》卷十三）

◎趙州因僧問："狗子還有佛性也無？"師曰："無。"曰："上至諸佛，下至螻蟻，皆有佛性，狗子爲甚麼却無？"師曰："爲伊有業識在。"又僧問："狗子還有佛性也無？"師曰："有。"曰："既有，爲甚麼入者皮袋裏來？"師曰："知而故犯。"

資福觀因僧問狗子爲什麼無佛性，福云："逢人便咬殺。"云："因甚麼又道有佛性？"福云："見主便搖尾。"

狗子佛性有，狗子佛性無，直鉤原求負命魚。逐氣尋香雲水客，嘈嘈雜雜作分疏。平展演，大鋪舒，莫怪儂家不慎初。指點瑕疵還趙璧，秦王不識藺相如。天童覺

狗子有，賣扇老婆日遮手。狗子無，種瓜先得喫葫蘆。天禀元來各不同，盧仝不飲劉伶酒。三宜盂（《宗鑑法林》卷十六）

◎趙州因僧問："狗子還有佛性也無？"師曰："無。"

趙州狗子佛性無，十分春色播江湖。幾多摘葉尋枝者，空使雒陽花滿途。高峰妙［《高峰原妙禪師語錄》卷下］

長江一望渺寒煙，極目中流四惘然。可惜夜深明月下，更無人問渡頭船。憨山清［《憨山老人夢遊集》卷三十六］

何處秋風起，蕭蕭送鴈羣。朝來入庭樹，孤客最先聞。且拙訥

石梁橋背滑如苔，一派銀河直下催。今古遊鞵蹋未倦，幾人摘取瀑花回？鏡堂清（《宗鑑法林》卷十六）

◎東山示衆："狗子無佛性，也勝猫兒十萬倍。"

257

愚菴盂云："搜破南泉窠窟，掀翻趙老家私。再看東山，爲什麼平白地上分個勝負？爲復抑揚之語耶？爲復故意扭捏耶？爲復一期方便耶？若作恁般見解，不惟不識東山，要見南泉、趙州，遠之遠矣。何故？不見道'當時摩竭令，幾喪目前機'。"

梅逢忍云："演和尚前凶後不吉。"

撥動靈機禍滅門，千鈞爭肯射蜻蜓。閻浮自惜知恩少，墙塹深埋没路行。雪遠照

繫珠絲斷夢魂消，風捲銀蟾入海嶠。堪笑夜明簾外客，轉身無地避招搖。冰溪融（《宗鑑法林》卷三十三）

◎大慧問僧："五祖演道：'趙州狗子無佛性，也勝猫兒十萬倍。'意旨如何？"曰："風行草偃。"師曰："你也不亂道，却作麼生會？"僧無語。師曰："學語之流。"便打出。

狗子勝猫十萬倍，金毛師子草裏搖。草偃風行不亂說，妙喜大似白拈賊。學語之流正好打，蘇嚕悉唎吽泮吒。三宜盂（《宗鑑法林》卷三十四）

◎婺州伏龍無明千巖元長禪師，中峰本嗣 參中峰，峰授以狗子無佛性話。三年因往望亭，聞雀聲有省，峰復斥之。師憤然，夜半忽鼠翻猫食器，墮地有聲，恍然開悟。復往質峰，峰問："趙州何故曰無？"師曰："鼠食猫飯。"峰曰："未在。"師曰："飯器破矣。"峰曰："破後如何？"師曰："築碎方甓。"峰乃微笑。

覺王立云："福無雙至，禍不單行。千巖到者裏，眼睛突出，撒手歸家，一場漏逗，頓絕安排。諸仁者，既成漏逗，又絕安排，且道明得什麼邊事？"良久云："鴛鴦繡出自金鍼。"

禍事臨頭骨也蘇，鼠偷猫飯太無辜。供招一一難翻款，養子之緣一笑符。牧雲門

半途煙雨濕眉端，未獲風吹那得閑。歸到畫堂山色暮，一聲玉笛喚開顏。靈機觀

從門入者非家珍，別有壺公天地春。錯聽兩番聲色事，耳中添却幾多塵。與菴歸

夜半星輝天未曉，靈禽語語啼南斗。乾坤一色玉通津，不染些塵無一有。無一有，大地山河發籟竅。溪高峰

鼠翻猫碗作聲來，千里烏雛忽喚回。不道千巖親撞著，却如醒夢眼初

開。素菴仁

幾番入海採珊瑚，每被逆風打落湖。昨夜船頭鼠噢板，天明上岸見王都。秋山賁（《宗鑑法林》卷三十五）

◎理安因送雪嶠大師至山門，見狗子吠雪，曰："者無佛性東西！"師曰："却搔著大師癢處。"雪大笑，師亦大笑而別。

三昧真云："既無佛性，因甚搔著癢處？須知二大老之笑，各有一種白拈在。"（《宗鑑法林》卷三十八）

◎國初尊宿，言公案有二等，如狗子佛性、萬法歸一之類，是一等。（《御選語錄》卷十三《雲棲蓮池》）

◎大然號笑峰，江寧人，倪姓名。嘉慶天啓壬戌進士，爲户部郎。以黨事下刑部七年，單拈趙州無字參題。事白不起，遂剃染。（《江西通志》卷一四〇）

◎趙州因僧問："狗子還有佛性也無。"州云："無。"

雪刃倚天勢，難容正眼看。棄身挨得去，遍界髑髏寒。（《大覺禪師語錄》卷下）

◎上堂："月冷霜天道者孤，五臺山上有文殊。諸人若也悟去，一生參學事畢。其或未然，三條椽下嘴盧都，且看趙州狗子佛性無。忽然伸手不見掌，烈燄光中釣鯉魚。"（《佛光國師語錄》卷三）

◎趙州一無，老僧一拳。甜如石蜜，苦似黄連。只恐上人錯承當，只恐上人錯領略。若不得一番透頂透底八面玲瓏，終是傍人家舍，不濟得事。須當晝三夜三拚死拚生更做三年五年，自有崖崩石裂之時。那時不著問人，自能通變，自能掀天撲地，擎戴出來。待老漢升堂入室之際，掀倒禪床，喝散大衆，老僧也不虛到日本一遭。（《佛光國師語錄》卷七）

◎信州四郎左衛門云："某七八年看狗子無佛性話，至今未有分曉。"師曰："趙州這一個無字，信口道出，只是一番與麼靈驗。你千提萬提，得與麼不靈驗，病在於何？"門茫然。（中略）師又復云："你但放下公案，但隨時著衣喫飯，三五個月日却來，與你商量。"（《佛光國師語錄》卷七）

◎告香普説。首座請益，師問云："僧問趙州：'狗子還有佛性也無？'州云：'無。'作麼生？"座云："遍界是刀槍。"師云："錯。"座云："鐵蛇鑽不入。"師云："作家，作家。"座禮拜。（《佛光國師語錄》卷九）

◎慧蘭年少，投吾爲師兩年。堂中要參禪，未知路從何入，路從何出。

259

汝既不自信己躬光明蓋天蓋地，吾今示汝趙州狗子佛性公案。去蒲團上提撕三五年。提時如何提？"狗子還有佛性也無？""無。"只如此提撕，久久自有般若成就時節。待汝有所解，老僧痛棒不爲汝惜也。（《佛光國師語錄》卷九）

◎示政家道人

狗子無佛性，千聖頂門句。汝能細參詳，一毛露全象。萬法無所寄，塵刹無方所。咬斷一絲頭，十方成解脫。（《佛光國師語錄》卷九）

◎上堂："狗子有佛性，當堂掛起秦時鏡。狗子無佛性，利劍拂開天地靜。有佛性。"摘下拂子云："急急如律令！"（《一山國師語錄》卷上）

◎至於趙州亦道個無字，且道與六祖底是同是別？者個不可作道理會，不可知解通，亦非秘密不傳，正自明逾日月。了了然絕無隱蔽之相，人自不悟，蓋掩於情識耳。未悟之人，唯以情識而分析之，所謂陰界黑山下鬼窟中事，是爲生死根本，欲脫生死，其可得乎？（《竺仙和尚語錄》卷上）

◎若遇子胡狗、趙州狗，不特尾巴，骨髓出矣。僧問趙州："狗子還有佛性也無？"州云："無。"只這一字，即是斷生死根株底利刀，何不參之。然此一字，妄想不得，搏量不得，分別不得，註解不得，承當不得，不承當不得，作道理會不得，不可作非道理會。非有無之無，非虛無之無，非實無之無，非真無之無，非假無之無，非無無之無。若能向者裏透脫得去，不妨歸家穩坐。（《竺仙和尚語錄》卷中）

◎示提藏主

緬彼最勝子，未嘗談一字。怪與趙州無，因緣略相似。（《竺仙和尚語錄》卷中）

◎上堂，舉趙州因僧問："狗子還有佛性也無？"趙州云："無。"趙州似個殺人不眨眼底大將軍，不施弓矢，但持白刃，直往而前，天下誰能當者。既無當者，則盡十方世界，若佛若祖，若凡若聖，悉皆乞命。雖然，即今却在山僧手裏，且聽分付一句。何故？若也盡法，則無民矣。山僧恁麼道，趙州必則又云："重賞之下，必有勇夫。"然則汝等諸人，阿那個是攛身命底。（《竺仙和尚語錄》卷下）

◎上堂："趙州狗子無佛性，開口直下取人命。妖狐夜戴髑髏行，借問相逢作麼生？"（《竺仙和尚語錄》卷下）

◎只如趙州道個無字，此是極易者也，而人不悟，自作障難，睹之如銀山鐵壁相似，豈趙州意耶？首座欲知易事，但看趙州底千差萬別，俱在是

也，不易易乎。（《竺仙和尚語錄》卷下）

◎二月赴齋覺海請，歸路因便訪建長靈山和尚。山纔見來，便問："趙州無字意旨如何？"師曰："萬里一條鐵。"山曰："不是不是。"師曰："賴遇和尚不是。"山休去，師便歸。（《夢窗國師語錄》卷下）

◎大慧平生所示公案者，須彌山、乾屎橛、趙州無字等是也。請看經文，如是公案在於何處。倘能於此會得，匪啻圓覺，至於千經萬論及世間粗言細語，莫非祖師公案，如來所說，豈謂之虛語也哉。（《夢窗國師語錄》卷下）

◎池邊種柏

千載靈根霜雪干，趙州狗子又重生。月明夜半捲簾坐，翠影橫波水一泓。（《鐵舟和尚閒浮集》）

◎答大江瀧掃大海道廣

如來書問意，僧問趙州："狗子還有佛性也無？"州云："無。"大惠禪師云："但只如此看。"又云："向意根下無思量卜度也。"又佛眼禪師示個無字語云："正提撕時不得起疑，不得作有無之無也。"二大老恁麼指示之。（中略）切冀垂慈，子細説破之，至扣。

僧問："狗子還有佛性也無？"趙州云："無。"宛似取金剛王寶劍拶著人之命根相似。若逢於個劍刃上啐地破㘞地碎底者，大惠何下註腳乎。只看人之不會趙州之本意，而錯作情解云："但只如此看。"又云："向意根下無思量卜度也。"

佛眼禪師示個無字云："正提撕時，不得起疑。"又是要人言下直悟去。又云："不得作有無之無。"趙州既道無，眼禪師因甚恁麼道乎？以是可知，此事不在文字語句上。故中峰和尚云："知趙州因甚道個無字？"全不是道起疑，只是要教人參得趙州之本意。此故曰："趙州因甚道個無字？"只恁麼提撕好。且道趙州答曰無，是甚麼道理？若直得意忘言者方知。趙州、大惠、佛眼、中峰，以至諸大老指示處，曾無兩口。（中略）

大惠禪師曰："'狗子還有佛性也無？'州云：'無。'此一字子，乃是摧許多惡知惡覺底器杖。不得作有無會，不得作道理會，不得向意根下思量卜度，不得向揚眉瞬目處垛根，不得向語路上作活計，不得颺在無事甲裏，不得向舉起處承當，不得向文字中引證。但向十二時中，四威儀內，時時提撕，時時舉覺。'狗子還有佛性也無？'云：'無。'不離日用。試如此做工夫看，月十日便自見得也。"大惠之個註腳，老婆心切。雖然甚微細，瘥病不假驢馱藥。爭如中峰和尚曰："趙州因甚道個無字?"大惠又云："個無字在人人手裏。"既是在手裏,誰錯向文字中求引證乎?佛祖之指示處,雖隨機縱橫,窮其至要,無出直指人心見性成佛之八字。百丈云："一切語言,宛轉皆歸自己矣。"怎麼見得,宜看教。若未然,依文解義,爲三世諸佛冤。古今之諸大老,必雖人人不提撕個無字,一人無不會之,只是見性通達故也。"狗子還有佛性也無?"州云："無。"狗子佛性且置,那個是諸人佛性?先於此省悟去,非唯個狗子無佛性話,百千法門無量妙義,於自己方寸識得根源,何處有不會底話頭而已。(《鹽山拔隊和尚語錄》卷五)

◎僧問："作麼生是趙州無?"師曰："道著喪身失命。"僧曰："拈起須彌槌,打破虛空鼓,不審什麼人打得?"師曰："好個入路。"進云："意旨如何?"師曰："更參三十年。"(《鹽山拔隊和尚語錄》卷六)

◎師來此會裏,經十餘日後大衆廣參次,國師還問師曰："趙州因什麼道個無字?"師厲聲曰："山河大地草木樹林盡參得。"國師咄曰:"你將情識道那?"師於言下,忽爾失却命根,似桶底脫,遍身汗流。(《鹽山拔隊和尚語錄》卷六)

◎復舉趙州因僧問:"狗子還有佛性也無?"州云:"無。"師云:"者個一字,不作玄妙會,却作無味談,殊不知趙州還云'有'。畢竟舌頭端的落在何處?請來夜四頭首對衆批判看。"(《智覺普明國師語錄》卷一)

◎趙州狗子無佛性

塗毒當軒掛起時,十方諸佛眼如眉。望風遠近膽先喪,劈面一槌知屬誰?(《智覺普明國師語錄》卷五)

◎無畏

狗兒打就萬黃金,照見趙州古佛心。師子不曾求伴侶,大悲菩薩是觀音。(《智覺普明國師語錄》卷六)

◎無參

因甚趙州言個字,看來眼裏著埃塵。諸方浩浩說禪也,美食何曾中飽人?(《智覺普明國師語錄》卷六)

◎性空

看得趙州無字破,誰能火裏起清波。縱誇善現泯諸相,爭奈天花亂墜何。(《智覺普明國師語錄》卷六)

◎師室中每示徒,以趙州狗子無佛性話,一切善惡都莫思量,念起即覺。且如狗子無佛性話，護國佛眼曾在月林會下，提撕此話透徹。住後上堂，舉此話，兼舉諸方頌古、拈古了，乃云："老僧亦有一頌。"遂舉二十個無字。今日有一頌，呈管見去："一道真言二十無，舉來舉去走盤珠。是非忘處前途斷，那個男兒不丈夫。"（《常光國師語錄》卷上）

◎老能題壁存何物，古佛趙州唯道無。爲報祖師門下客，萬般不若嘴盧都。（《大通禪師語錄》卷一）

◎中峰和尚

提起趙州無，嚇殺赤鬚胡。吞却高峰月，滿懷夜明珠。（《大通禪師語錄》卷三）

◎定翁

面皮掀轉嘴盧都，林下相逢大丈夫。撞破百千重鐵壁，單單提起趙州無。（《大通禪師語錄》卷四）

◎演祖頌趙州無字曰："趙州露刃劍，寒霜光燄燄。更擬問如何，分身成兩段。"性禪者求安別稱，因號劍關。汝由今而後，放捨諸緣，把做一件，孜孜兀兀，參個無字。一旦知解忘，能所泯，伎倆盡，撞翻關捩子，非惟割斷生死魔網，亦須剿絕佛祖命根，謂之不動干戈，坐致太平云。（《永源寂室和尚語》卷下）

◎參禪實非猥猥摧摧淺根劣器所宜企及。須要向上人直下坐斷，橫按吹毛，佛來也斬祖來也斬，更說甚麼生死無明菩提涅槃。如此行履，如此受用，方與自己腳跟下事少分相應者也。其倘或未到這般田地，只將僧問趙州"狗子還有佛性也無"，州云"無"之話，二六時中行住坐臥，切莫須臾放捨。如一人與萬人戰，亦如救頭然，綿綿密密著力參究，是什麼道理。日久歲深，工夫熟，伎倆盡，能所忘，知解泯，忽爾打破漆桶，撚透牢關，乃謂之猛烈大丈夫事業者哉。（《永源寂室和尚語》卷下）

◎昔僧問趙州："狗子還有佛性也無？"州云："無。"只這一字，便截斷生死命根底利器，照破本來面目之鏡光。汝只二六時中，四威儀內，放捨諸緣，打成一片，如咬鐵橛子，似吞栗棘蓬。參去參來，斯須少間，莫有退志。忽爾打破漆桶，心華發明，照十方空，那時縱雖尼總持、劉鐵磨，也須斂衽伏膺者耶。（《永源寂室和尚語》卷下）

◎參學之要，專在洞明己事。若欲直捷相應去，只將僧問趙州"狗子還有佛性也無"，州云"無"之話，起大疑團，孜孜打摧。忽爾撞翻上頭關捩

263

子,非惟拔却生死根株,和他佛病祖病,同時打失。那時如龍得水虎靠山相似,慶快平生,豈不韙歟!(《永源寂室和尚語》卷下)

◎僧問趙州:"狗子還有佛性也無?"州云:"無。"只將這話頭,行參坐參,切忌忘念。大凡學道之人,正須以生死二字貼在鼻尖頭上。百千違順境界現前,即時放下,孜孜兀兀,如大死人相似。究之明之。光陰倏忽,時不待人。努力今生須了却,莫教永劫受餘殃。(《永源寂室和尚語》卷下)

◎趙州無字,乃是諸聖骨髓,列祖眼睛。百千法門無量妙義,唯從個無字上流出得來。也正當參究此話,全非義味思量可及,如咬鐵橛子吞栗棘蓬相似,直無汝下嘴處。至於情盡識銷,知解泯,能所忘之時,忽爾囵地一下,則非唯拔却生死根株,亦須掀翻涅槃牢獄。(《永源寂室和尚語》卷下)

◎如地擎山,不知山之孤峻。如石含玉,不知玉之無瑕。汝十二時中,屙屎送尿,著衣喫飯,承誰恩力?若是於此尚未得力,只將個僧問趙州"狗子還有佛性也無",州云"無"公案,綿綿密密,孜孜兀兀,參之究之。工夫熟,時節至,打破漆桶去,豈不慶快平生者耶。(《永源寂室和尚語》卷下)

◎真個要欲截斷生死根株,撈到佛祖田地,當須退步就己,頻下鈍工,參取趙州無字,是則把本修行也。(《永源寂室和尚語》卷下)

◎佛性泰禪師云:"五祖師翁頌趙州無字曰:'趙州露刃劍,寒霜光燄燄。更擬問如何,分身成兩段。'只消'露刃劍'足矣也。"剩了下面三句,據余見處,爭如我個檐外數株梅花,忽被昨夜狂風暴雨一時空盡,片也不見,者個却是頌得恰好。雖然,若又恁麼領略,未免眼中生花去也。唯向者僧未設問,趙州亦未開口以前,參取是個甚麼道理,則歲久月深,必有悟明之時哉。聞翁侍者。因參趙州無字,出紙求其旨訣,寫之塞厥請云。(《永源寂室和尚語》卷下)

◎嘗聞提撕公案做工夫底,如手握鏌鋣,如擊塗毒鼓相似。嬰之觸之者,屍橫萬里耳。說甚生死魔軍煩惱結賊,以至真如實相菩提涅槃,敢無由近傍。假使黃頭老碧眼胡,亦須倒退三千里者耶。僧問趙州:"狗子還有佛性也無?"州云:"無。"唯於個無字,起大疑情,痛著精彩,看是個什麼道理。忽爾一旦噴地一下,則千七百則陳爛葛藤,和這無字,一時瓦解冰銷,豈不快哉,豈不快哉!(《永源寂室和尚語》卷下)

◎僧問趙州:"狗子還有佛性也無?"州云:"無。"十二時中,一切處著精彩,看個是甚麼道理。莫做有無會,莫做無無會,莫做真無會。世間得失是非、人我憎愛、顛倒妄想等，瞥在他方世界。竪起脊梁骨，不離蒲團上，辦取久遠不退轉身心，一生兩生乃至盡未來際，不悟不休。如是做工夫去，不患無徹證之日。(《永源寂室和尚語》卷下)

◎一日其（泰翁居士）色欣欣然告予曰："從來錯用許多智慮，今日親見得趙州肺肝。"予曰："趙州肺肝且置，'狗子還有佛性也無？'曰：'無。'只這一字答處，公作麼見得？"對曰："恰似虛谷傳聲。"山僧笑曰："比之從前所解，只是改頰爲顏而已。"公色憤然曰："縱然三世諸佛，歷代祖師，同時出來共道未在，我更不相聽。"山僧當時意謂，若一向奪破，定作移換會，便問曰："若其所見諦當，則始終應無滯礙。且如僧再問：'上從諸佛，下至蠢動含靈，皆有佛性，狗子爲什麼却無？'州曰：'爲渠有業識性在。'又一僧問曰：'狗子還有佛性也無？'州曰：'有。'僧云：'已有佛性，爲甚麼入這皮袋去？'州曰：'知而故犯。'如這兩段因緣。公若何見得趙州肺肝，請速道速道！"公欲辯語澀，漸失所措。山僧乃得便宜，重重責之。(《佛頂國師語錄》卷一)

◎僧問趙州："狗子還有佛性也無？"州云："無。"千疑萬疑只是一疑。若在這一字上疑不破，切勿去佛語祖語葛藤露布間別起疑也。只這一字子，此如將個熱鐵丸安在口裏相似。吐也不得，吞也不得。竹椅蒲團上，不待言之。乃至眼見耳聞執捉運步之間，切須參究。參來究來，到没巴鼻没撈摸處，猛著精彩。這般話頭，諸方多逗到這没巴鼻、没撈摸處便休，殊不知這裏有透關一路，没巴鼻處得巴鼻，没撈摸處得撈摸。(《佛頂國師語錄》卷二)

◎千句萬句只是一句，一句下透得，千句萬句一時透。僧問趙州："狗子還有佛性也無？"州云："無。"只此一字子，諸佛慧命，列祖巴鼻，先須恁麼信取。佛日禪師云："舉來舉去，看來看去，覺得没理路、没滋味、心頭熱悶時，便是當人放身命處也。記取記取。見如此境界便莫退身，如此境界正是成佛作祖底消息也。"看他恁麼剝了荔枝送在口頭，咽與不咽只在當人耳。第一不得作真無會，又不得作無事會，又不得作無道理會，今時學者病痛，大概不出此矣。(《佛頂國師語錄》卷二)

◎示僧參趙州無

苦咬無字下工夫，那個丈夫絕後蘇。撥轉趙州關捩子，倒騎佛殿入紅爐。(《佛頂國師語錄》卷五)

◎進云："記得僧問趙州：'狗子還有佛性也無？'州云：'無。'此意如何?"師云:"穿過髑髏裏。"進云:"'一切蠢動含靈皆有佛性,爲甚狗子還無佛性?'州云:'爲他有業識性故。'作麼生辨端的?"師云:"藏身露影。"進云:"上來分明蒙指示,今日有問狗子還有佛性也無,和尚如何祇對?"師云:"去,非你境界。"進云:"恁麼則昔日趙州,今日和尚。"便禮拜。師云:"能知始得。"(《大燈國師語錄》卷上,《槐安國語》卷一)

◎鐵狗

銅頭鐵額黑昆侖,活喫紫金光聚尊。不入趙州皮袋裏,一聲吠月落花村。(《見桃錄》卷一)

◎雲門大師曰:"平地上死人無數,出得荆棘林者是好手。"何謂荆棘林?古人難透話頭也。今時一向墮地,是謂平地上死人,是故難得真正宗師。《出曜經》曰:"智者以慧煉心,猶如礦鐵。數入百煉,則成精金。猶如大海,晝夜沸動,則成大寶。是故正受老人曰:'近世衲子,把狗子無佛性話實參純工者,一個半個,無不得透過。纔少透過,則爲自得,爲自悟,高談大口。是只生死大兆,而栽培已見,增長我見,奈何祖庭猶隔天涯。'"(《宗門無盡燈論》卷上)

◎今時或有真正衲子,依古人樣大疑言句多年。時到功熟,一旦忽然契悟,以我所得,出於古人最後因緣,早謂識得些子,殊不知此是途路消息。如彼趙州狗子話,元來分明提向上事,不是小事。(《宗門無盡燈論》卷上)

◎趙州僧問:"狗子還有佛性也無?"趙州云:"無。"於無字上擬量得麼,擁滯得麼?全無巴鼻,請試撒手。且撒手看身心如何,行李如何,生死如何,佛法如何,世法如何,山河大地人畜家屋,畢竟如何。看來看去,自然動靜二相,了然不生。(《學道用心集》)

◎趙州因僧問:"狗子還有佛性也無?"州曰:"有。"僧曰:"既有,爲什麼却撞入這個皮袋?"州曰:"爲他知而故犯。"有僧問:"狗子還有佛性也無?"州曰:"無。"僧曰:"一切衆生皆有佛性,狗子爲什麼却無?"州云:"爲伊有業識在。"

全身狗子全身佛,個裏難論有也無。一等賣來還自買,莫憂折本又偏枯。

有無二佛性,不造衆生命。雖似酪或酥,猶如滅盡定。(《永平元和尚頌古》)

◎敕問十曰:"朕以趙州無公案,提撕年尚矣,以未透徹爲恨,如何工夫用心耶？"師曰："上來敕問之中，此是最第一之義也。故爲蛇畫足，強下註脚。大慧禪師曰：'僧問趙州：狗子還有佛性也無？州曰：無。此一字子，乃是摧許多惡知惡覺底器仗也。不得作有無會，不得作道理會，不得向意根下思量卜度，不得向揚眉瞬目處躱跟，不得向語路上作活計，不得颺在無事甲裏，不得向舉起處承當，不得向文字中引證。但向十二時中四威儀內，時時提撕，時時舉覺。狗子還有佛性也無？曰：無。不離日用。如是做工夫看，月十日便自見得也。'云云。又曰：'狗子還有佛性也無？州曰：無。這一字子，便是個破生死疑心底刀子也。這刀子把柄，只在當人手中，教別人下手不得。須是自家下手始得。'又曰：'不得向擊石火閃電光處會，直得無所用心。心無所之時，莫怕落空，這裏却是好處。驀然老鼠入牛角，便見倒斷也。'云云。伏願皇帝陛下，萬機餘暇，十二時中，舉著提撕。話頭上疑破，則千疑萬疑一時破，那時徹證本地風光本來面目必矣。至祝至禱。"
（《十種敕問奉對集》）

◎結夏上堂，師乃云："南泉斬猫兒，祖令不出殺活之機。趙州養狗子，佛性落在有無之見。"（《月坡禪師語錄》卷一）

◎《緇門警訓》載個黃檗禪師示衆，者一篇中謂："若是丈夫漢，看個公案。僧問趙州：'狗子還有佛性也無？'州曰：'無。'但二六時中看個無字，晝參夜參，行住坐臥，著衣喫飯處，屙屎放尿處，心心相顧，猛著精彩，守個無字。日久歲深，打成一片。忽然心華頓發，悟佛祖之機。"云云。此一篇但題曰黃檗禪師示衆，不謂希運，憶是趙宋住黃檗漢之作也。然後來雲棲袾宏加運字於黃檗下，題載此法語於《禪關策進》，自副語曰："此後代提公案看話頭之始也。"自後永覺亦謂："至於話頭上一步死工夫，則實非吾之臆說也。昔者黃檗肇端，諸師遵承，而大慧呆主張之。"嗚呼，雲棲、永覺者，晚明秀英，而僻其所好，則何夫如是莽鹵耶？仰山曰："百丈得大機，黃檗得大用。"夫運黃檗之嶢然於祖宗也，少有倫匹。開拓丈夫漢，應有當機覿面手段。豈用引他話頭繫縛之，謂守個無字日久歲深哉。況黃檗入寂大中四年庚午八月，此歲趙州年七十三，是正當行脚時。按《趙州行狀》曰："年至八十，方住趙州城東觀音院。"若然則開法之後，當有狗子柏樹等商量。撿《趙州錄》，尚不與洞山、臨濟併化，多與雪峰、雲居唱酬。依茲考之，黃檗豈有舉用趙州話哉？可謂無根之甚。然世有一卷黃檗《傳心法要》者，此書本信疑相半，雖其裴休序，亦比之《圓覺序》，則文勢實奴郎之論也。此書日本弘安年中相之壽福寺念大休作後序刊行，不載舉狗子話法語。近世新渡明藏所收《傳心法要》末加添此法語，以故禪雛不辨東西者，據之爲證，實謂看狗子話始乎黃檗運，誠可胡盧。一是明人所爲，以不載大休刊本可證。明鮑宗肇言謂："大慧於《正法眼藏》之末，悉拈時病，然後唯將一句無義味話頭參究。是提無字話頭之始，實起於宋也。今人誣在唐黃檗運公，豈不謬紊。不知何人將宋時住黃檗山者一段示衆語贅於《心要》後，曰那有天生彌勒，自然釋迦，教參趙州無字話頭。從此一人傳虛，萬人傳實，遂訛爲先黃檗運公說云云。"鮑氏說亦如是，則黃檗無此語必矣。昔德山密禪師會下有一禪者，用工也甚鋭，看狗子無佛性話，久無所入。一日忽見狗頭如日輪之大，張口欲食之。禪者畏，避席而走。鄰人問其故，禪者具陳。遂白德山，山曰："不必怖矣，但痛加精彩。待渠開口，撞入裏許便了。"禪者依教，坐至中夜，狗復見前，禪者以頭極力一撞，則在函櫃中，於是爐然契悟。由此觀之，看話之說既在大慧以前，鮑氏未委考也。古人提狗子話，直得狗頭現，自身撞入其口中契悟，亦心意識之變態念想，觀之出沒耳，不足崇焉。(《建康普說》)

◎接來札，謂尊宿示以趙州因甚道無字話，碌碌塵勞不能專一，所供是實。老僧據款云："此實未曾爲出生脫死之真切，故爲碌碌塵勞所轉矣。若真爲生死事大，須究生從何來死從何去，如行路至中途，兩傍深坑萬丈，後有猛虎趁及，直奔向前只求脫身之計。更無餘思餘念，自然有出身之路。少涉遲疑，未免喪身失命。果有出身，不須問人。自己日常著著有受用之處，所謂日用事無別，信不虛矣。而後唱誦禮念閑坐打眠，呵佛罵祖逆順縱橫，無可不可，是爲入維摩不二之門。到老僧門下，正好一頓大棒，且道是賞汝罰汝。"(《普照國師法語》卷下)

(一三三)

問："如何是法身？"師云："應身。"云："學人不問應身。"師云："你但管應身。"〔《古尊宿語錄》卷十三〕

【箋註】

○法身：佛三身之一，又名自性身，或法性身，即諸佛所證的真如法性之身。　○應身：佛三身之一，即應他之機緣而化現的佛身。本則公案中，趙州禪師啓示學人，法身絕言離相，不可執著。一旦執著，則所得者只是應身。此爲第一層意蘊。要想證得法身，不可離開應身而別求，此爲第二層意蘊。《景德傳燈錄》卷二十四《清涼文益》："問：'如何是法身？'師曰：'這個是應身。'"又卷二十八《南泉普願》："曰：'報化既非真佛，法身是真佛否？'師曰：'早是應身也。'"《古尊宿語錄》卷十二《南泉普願》："僧云：'據和尚説，即法身説法？'師云：'若如是會，早應身了也。'"

（一三四）

問："朗月當空時如何？"師云："闍梨名什麼？"學云："某甲。"師云："朗月當空，在什麼處？"〔《古尊宿語錄》卷十三〕

【箋註】

○朗月當空：喻禪悟之心，不受塵染，如一輪朗月，輝映天心。《祖堂集》卷十一《佛日》："朗月當空掛，冰霜不自寒。"《汾陽錄》卷上："朗月海雲遮不住，舒光直透水精宮。"《景德傳燈錄》卷十三《風穴延昭》："問：'朗月當空時如何？'師曰：'不從天上輥，任向地中埋。'"《天聖廣燈錄》卷十五《風穴延昭》："問：'朗月當空時如何？'師云：'眠雲卧水。'"《五燈會元》卷十四《石門慧徹》："一切衆生，本源佛性，譬如朗月當空，只爲浮雲翳障，不得顯現。"《古尊宿語錄》卷八《首山首念》："孤峰朗月連天照，性似寒泉徹底清。"《古尊宿語錄》卷三十八《洞山守初》："朗月當空，是什麼人境界？"師云："闍梨境界。"《雪巖祖欽禪師語錄》卷四："忽一日，於著力不到處，此念此心未萌處，泮若冰消，豁然迥露，如太虛之朗月，獨耀於中宵。"　○朗月當空，在什麼處：本則公案中，學人猶執著於"某甲"的名相，而不能體會"無形無相"的本心自性，早已雲生霧起，心月隱沒。

（一三五）

問："正當二八時如何？"師云："東東，西西。"學云："如何是東東，西西？"師云："覓不著。"〔《古尊宿語錄》卷十三〕

（一三六）

問："學人全不會時如何？"師云："我更不會。"云："和尚還知有也無？"師云："我不是木頭，作麼不知！"云："大好不會。"師拍掌笑之。〔《古尊宿語錄》卷十三〕

【集評】

◎迦葉門前，個個蹈著。問之則便道不知；老胡帶來，人人知有，叩之則便道不會。衲僧家如刺猬子，無爾近傍處。（《虛堂錄》卷一）

（一三七）

問："如何是道人？"師云："我向道是佛人。"〔《古尊宿語錄》卷十三，《御選語錄》卷十六〕

【箋註】

○佛人：追求成佛的人。本則公案中，趙州禪師用隨機而造的"佛人"一詞，破除學人對於"道人"的執著。

(一三八)

問："凡有言句,舉手動足,盡落在學人網中。離此外,請師道。"師云："老僧齋了,未喫茶。"〔《古尊宿語錄》卷十三,《御選語錄》卷十六〕

(一三九)

馬大夫問："和尚還修行也無?"師云："老僧若修行,即禍事。"云："和尚既不修行,教什麼人修行?"師云："大夫是修行的人!"云："某甲何名修行!"師云："若不修行,爭得撲在人王位中,餒得來赤凍紅地,無有解出期。"大夫乃下淚拜謝。〔《古尊宿語錄》卷十三,《指月錄》卷十一〕

【箋註】

○若修行,即禍事:《景德傳燈錄》卷二八《南泉普願》："良久顧視大衆,合掌曰:'珍重無事,各自修行。'大衆不去。(中略)師曰:'(中略)他經論家說法身爲極則,喚作理盡三昧,義盡三昧,似老僧向前被人教返本還源去,幾恁麼會,禍事。'"《續古尊宿語要》卷二《古巖璧》："執法修行,如驢拽磨。"

(一四〇)

師示衆云："闍梨不是不將來,老僧不是不祇對。"又云："闍梨莫擎拳合掌,老僧不將禪床、拂子對。"〔《古尊宿語錄》卷十三〕

(一四一)

問："思憶不及處如何？"師云："過者邊來。"云："過者邊來，即是及處。如何是思不及處？"師豎起手云："你喚作什麼？"云："喚作手，和尚喚作什麼？"師云："百種名字，我亦道。"云："不及和尚百種名字，且喚什麼？"師云："與麼即你思憶不及處。"僧禮拜。師云："教你思憶得及者。"云："如何是？"師云："釋迦教、祖師教，是你師。"云："祖與佛古人道了也，如何是思憶不及處？"師再舉指云："喚作什麼？"僧良久。師云："何不當頭道著，更疑什麼！"〔《古尊宿語錄》卷十三〕

(一四二)

問："如何是和尚家風？"師云："老僧耳背，高聲問！"僧再問，師云："你問我家風，我却識你家風。"〔《古尊宿語錄》卷十三〕

【箋註】

〇家風：接引學人、弘闡佛法的禪法風格。

【集評】

◎一日，聞祖舉僧問趙州："如何是和尚家風？"曰："老僧耳聾，高聲問將來。"僧高聲再問，州曰："你問我家風，我却識你家風了也。"即大豁所疑。〔《嘉泰普燈錄》卷十一《佛鑑慧勤》，《五燈會元》卷十九，《五家正宗贊》卷二，《續傳燈錄》卷二十五，《御選語錄》卷十八〕

◎僧問趙州："如何是和尚家風？"州云："高聲問，老僧耳背。"僧高聲問。州云："你問我家風，我識你家風。"

問我家風，識你家風。將謂耳背，元來耳聾。指南為北，問西答東。阿

呵呵，趙州恰恰似天童。(《環溪惟一禪師語錄》卷下)

◎僧問演祖："如何是和尚家風？"祖曰："老僧耳聾，高聲問將來。"其僧便高聲問，祖曰："你問我家風，我却識你家風了也。"

老僧耳聾，鐵壁難通。誰知直下，佛祖家風。(《無明慧經禪師語錄》卷二)

(一四三)

問："萬境俱起時如何？"師云："萬境俱起。"云："一問一答是起，如何是不起？"師云："禪床是不起底。"僧纔禮拜次，師云："記得問答？"云："記得。"師云："試舉看。"僧擬舉師問。〔《古尊宿語錄》卷十三〕

(一四四)

問："如何是目前佛？"師云："殿裏底！"云："者個是相貌佛，如何是佛？"師云："即心是！"云："即心猶是限量，如何是佛？"師云："無心是。"學云："有心、無心，還許學人揀也無？"師云："有心、無心，總被你揀了也，更教老僧道什麼即得。"〔《景德傳燈錄》卷十，《聯燈會要》卷六，《五燈會元》卷四，《古尊宿語錄》卷十三，《指月錄》卷十一〕

【校記】

《景德傳燈錄》卷十："僧問：'如何是佛？'師云：'殿裏底。'僧云：'殿裏者豈不是泥龕塑像？'師云：'是。'僧云：'如何是佛？'師云：'殿裏底。'"(《聯燈會要》同於《景德傳燈錄》)

【集評】

◎汾陽十八問

請益　僧問馬祖："如何是佛？"祖云："即心是佛。"趙州云："殿裏

273

底。"（《人天眼目》卷二）

◎烏巨雪堂行禪師與淨無染書曰："比見禪人傳錄公拈古，於中有'僧問趙州如何是佛殿裏底'，拈云：'須知一個骷髏裏，而有撐天拄地人。'愚竊疑傳錄之誤，此決不是公語也。何故？蓋楊岐子孫終不肯認個鑑覺，若認鑑覺，陰界尚出不得，何有宗門奇特事耶？因此亦嘗頌之，特特愛照提以浼聞，頌曰：'不立孤危機未峻，趙州老子玉無瑕。當頭指出殿裏底，鏟盡茫茫眼界花。'"行之真慈，為不請友，以書規拈古之失，以頌明趙州之意，於宗門有補矣。若吾徒不顧其謬，妄自提掇，豈獨為明眼噱端，亦招謗法之愆，可不戒哉？（《羅湖野錄》卷二）

◎《羅湖野錄》載，烏巨雪堂與淨公書曰。（中略）余謂羅湖肯烏巨檢點淨公認個鑑覺，善矣！至於許烏巨此頌，於宗門有補，恐未盡善。且如"趙州老子玉無瑕"，又云"鏟盡茫茫眼界花"，非鑑覺而何？余忍俊不禁，就其頌易四字而頌之，亦要後人檢點："不立孤危機始峻，趙州老子玉生瑕。當頭指出殿裏底，添得茫茫眼界花！"（《山菴雜錄》卷下）

◎楊岐栗棘蓬，趙州殿裏底。一句當機裂萬差，盡大地人扶不起。（《希叟和尚廣錄》卷三）

◎"如何是佛？""麻三斤。""如何是佛？""乾屎橛。""如何是佛？""殿裏底。"三文大光錢，買一個油糍。喫在肚皮裏，當下便不飢。（《天如和尚語錄》卷一）

◎示真殿主

僧問趙州："如何是佛？"州云："殿裏底。"此一轉語，輕若遊空絲，不費纖毫氣力。快若吹毛劍，掃空萬別千差。從上佛祖，到者裏，石火電光，把捉不住。正法眼藏，到者裏，瓦解冰消，提掇不起。十方空索索，一法不當情。無粘不解，而無縛不除矣。近代學語之流，不識古人舌頭落處，見他道個殿裏底，便乃橫生擬議。或謂佛是觸目現成，有情無情同一覺體；或謂佛是惟心所造，木雕泥塑能顯法身；或謂此是傍邊指點，聲前意外，別露真機；或謂此是格外提持，即相離相，而非離非。即點檢將來，都是錯會。既是錯會，未免粘上增粘，縛上加縛，帶累古德靈妙之言，翻成戲論，豈不是屈事。直饒離却如上錯會，別資一路意解得行，爭奈遇緣觸境，依舊透不過。此無他，只是自己分上不曾透頂透底，脫略一回，大似隔靴抓癢，於事何濟。如今要脫略一回，也無難事，只消就本參覷切處，猛著精神，橫看豎看。忽爾看破，方知"殿裏底"話，乃至如上四種橫議，一切處瞞你不得了也。吳興真禪人，頑石和尚之子，掛錫大乘，充殿主之職。其爲衆爲己之心，打成一片，誠慕道衲子也。傳頑石之命，過余求語，於是示以前說，而奉饒一偈云："如何是佛殿裏底，三世如來眼花起。燈籠露柱笑顏開，笑破虛空半邊嘴。咄！"（《天如和尚語錄》卷三）

◎復舉記得僧問古德："如何是佛。"答云："殿裏底。"大衆還知麼？大海汪洋，須彌突兀，現在說法不思議，稽首光明最奇特。（《天童如淨禪師語錄》卷上）

◎鐵關樞禪師謝殿主上堂："如何是佛殿裏底，悉哩蘇盧，蘇盧悉哩。江國春風吹不起，鷓鴣啼在深花裏。"擊拂子。（《列祖提綱錄》卷三十三）

◎佛殿："如何是佛殿裏底，咄無端開口便臭氣。掩鼻不及，只得五體投地。"（《兀菴普寧禪師語錄》卷中）

◎佛殿："三十二相，八十種好，麻三斤，乾屎橛，殿裏底，九九八十一。"便禮拜。（《月江正印禪師語錄》卷上）

◎上堂："雷動雲興，冬行春令。三草二木，一雨普滋。麻三斤殿裏底，是甚麼試不淨故紙？"喝一喝。（《古林清茂禪師語錄》卷二）

◎上堂："衲僧門下，貴圖直截。'如何是佛？''殿裏底。''如何是道？''墻外底。'此是趙州和尚直截爲人處。然則徑山直截處，也要諸人共知。"喝一喝，下座。（《呆菴莊禪師語錄》卷二）

◎道

八門一字幾成灾，駕與九牛挽不回。爲報趙州墻外底，年年因雨長蒼苔。（《佛頂國師語錄》卷五）

◎佛在什麼處，莫是殿裏底麼，莫是作圓相麼，莫是在靈山麼，莫是對面不相識麼，莫是認著依前還不是麼。若如此，只是個三家村裏，佛不□者。且道那個是？調御涅槃今已久，龍光猶未□迦維。（《法昌倚遇禪師語錄》）

◎上堂："'如何是佛？''殿裏底。''如何是道？''墻外底。'有千人萬人見，無一人兩人識。何謂如此？翻令所得遲，只爲分明極。"（《月澗文明禪師語錄》卷下）

◎舉僧問趙州："如何是佛？"州云："殿裏底。"師云："古佛恁麼道，可謂眼空四海。"（《御選語錄》卷十一《玉琳琇》）

275

◎佛殿："麻三斤，殿裏底。狹路相逢，卒難迴避。還見麼？若也遲疑，古佛過去久矣。"(《圓通大應國師語錄》卷上)

◎佛殿："面如滿月，目紺青蓮。瞻之仰之，福滿沙界。今日方來視點檢，元來只是殿裏底。"(《藏山和尚語錄》)

◎復舉僧問趙州："如何是佛？"州云："殿裏底。"師云："巍巍堂堂，煒煒煌煌。慣得其便，卒難近傍。"(《徹翁和尚語錄》卷上)

◎趙州因僧問："如何是佛？"師曰："殿裏底。"(中略)頌曰：

酸甜滋味本天然，帶葉連枝顆顆圓。南贍部洲人未識，菴摩羅果信虛傳。保寧勇［《禪林類聚》卷二，《宗鑑法林》卷十六］

不立孤危機本峻，趙州老子玉無瑕。當頭指出殿裏底，鏟盡茫茫眼裏花。雪堂行［《宗鑑法林》卷十六］

如何是佛殿裏底，世出世間難可比。萬國同歌河海清，稽首拜手元是你。月林觀

一尊殿裏佛，兩度放毫光。準擬酬高價，無疑亂度量。蒙菴聰［《宗鑑法林》卷十六］(《禪宗頌古聯珠通集》卷十九)

◎趙州因僧問："如何是佛？"師曰："殿裏底。"(中略)

九九昨朝八十一，夜夢不祥書門吉。東村王老祭清明，錯費鐵錢三五百。漢閙喻(《宗鑑法林》卷十六)

◎上堂："洞山麻三斤，將去無星秤子上定過，每一斤恰有一十六兩二百錢重，更不少一厘，正與趙州殿裏底一般，只不合被大愚鋸解秤錘，却教人理會不得。如今若要理會得，但問取雲門乾屎橛。"(《嘉泰普燈錄》卷十八《開善道謙》，《五燈會元》卷二十，《列祖提綱錄》卷九)

◎道山贈周道成

只在平常日用中，豈居南北與西東。趙州指出墻外底，何翅高於萬仞峰。(《南石和尚語錄》卷四)

◎舉僧問趙州："如何是道？"州云："墻外底。"僧云："不問這個道。"州云："問那個道？"僧云："大道。"州云："大道透長安。"師拈云："大道沒遮障，坦然透長安。紛紛問路者，可憐自作難。大衆，還知大道麼？看脚下。"(《圓通大應國師語錄》卷上)

（一四五）

問："遠遠投師，未審家風如何？"師云："不說似人。"學云："爲什麼不說似人？"師云："是我家風。"學云："和尚既不說似人，爭奈四海來投？"師云："你是海，我不是海。"學云："未審海內事如何？"師云："老僧釣得一個。"〔《祖堂集》卷十八，《古尊宿語錄》卷十三〕

（一四六）

問："祖佛近不得底是什麼人？"師云："不是祖佛。"學云："爭奈近不得何？"師云："向你道，不是祖佛，不是衆生，不是物，得麼？"學云："是什麼？"師云："若有名字，即是祖佛、衆生也。"學云："不可只與麼去也！"師云："卒未與你去在。"〔《古尊宿語錄》卷十三〕

（一四七）

問："如何是平常心？"師云："狐狼野干是。"〔《祖堂集》卷十八，《古尊宿語錄》卷十三〕

【箋註】

○狐狼野干是：《正法眼藏》卷四："問：'如何是平常心？'（開先智）曰：'蜂薑狼貪。'云：'與麼則全衆生心也？'曰：'你道那個是平常心？'云：'不會。'曰：'汝他後會去在。'"

（一四八）

問："作何方便，即得聞於未聞？"師云："未聞且置，你曾聞個什麼來？"〔《古尊宿語錄》卷十三，《指月錄》卷十一〕

（一四九）

問："承教有言：隨色摩尼珠。如何是本色？"師召僧名，僧應諾，師云："過者邊來！"僧便過，又問："如何是本色？"師云："且隨色走。"〔《古尊宿語錄》卷十三〕

【箋註】

○隨色摩尼珠：《景德傳燈錄》卷二十九《白居易八漸偈》："摩尼不隨色，色裏勿摩尼。摩尼與衆色，不合不分離。"《祖庭事苑》卷六《法眼錄》："隨色摩尼　《圓覺》：'譬如摩尼寶珠，映於五色，隨方各現。'"《建中靖國續燈錄》卷十七《慈濟聰》："問：'如何是隨色摩尼珠？'師云：'青青翠竹，鬱鬱黃花。'"《聯燈會要》卷一《釋迦牟尼》："世尊一日以隨色摩尼珠問五方天王云：'此珠作何色？'天王互説異色。世尊藏其珠，却舉手問：'此珠作何色？'天王云：'佛手中無珠，色從何有？'世尊嘆云：'汝何迷倒之甚！吾將世珠示之，便强説有青黃赤白；吾將真珠示之，便總不知。'時五方天王聞語悉悟道。"《五燈會元》卷七《化度師鬱》："問：'如何是隨色摩尼珠？'師曰：'青黃赤白。'曰：'如何是不隨色摩尼珠？'師曰：'青黃赤白。'"《楚石梵琦禪師語錄》卷七："真心處垢不垢，處淨不淨，處生不生，處滅不滅。譬如隨色摩尼寶珠，若人得之，無不成佛。"按摩尼珠是無上珍寶，雖然不爲世人所認識，但却存在於每個人生命的深處，收藏在妙明真心裏。日常動用、六根門頭，都有它作用的顯發。它光明圓滿，非色非空，不生不滅。如果昧於此理，就是拋却本珠，尋聲逐色。

(一五〇)

問："平常心底人，還受教化也無？"師云："我不歷他門戶。"學云："與麼則莫沈却那邊人麼？"師云："大好平常心。"〔《祖堂集》卷十八，《古尊宿語錄》卷十三〕

【箋註】

〇門戶：指門庭施設，接機方法等。《天聖廣燈錄》卷二十二《崇勝光祚》："佛祖言，休更舉，直饒格外猶未許。見成公案早多端，那堪更涉他門戶。"《建中靖國續燈錄》卷三《北禪智賢》："免見倚他門戶傍他墻，致使時人喚作郎。"《大慧錄》卷二十二："從上諸佛諸祖爲人，皆有如是體裁。自是後來兒孫失其宗旨，遂各立門戶，造妖捏怪耳。"又卷二十九："蓋衆生根器不同故，從上諸祖各立門戶施設，備衆生機，隨機攝化。"禪宗主張"不歷他門戶"：《普菴印肅禪師語錄》卷中："臨時分付與兒孫，不勞更倚佗門戶。"又："皆因自性天真，永入不他門戶。"《嘉泰普燈錄》卷二十五《太平慧勤》："我爲法王，於法自在，誰肯倚他門戶，傍他墻壁。"《癡絕道沖禪師語錄》卷下："終不肯倚佗墻壁，跨佗門戶，坐佗床榻，喫佗殘羹餿飯，以自屈抑，於衲僧門下，方較些子。"與此同時，禪宗對"傍他門戶"予以譏諷、批評：《天聖廣燈錄》卷十九《化城鑑》："諸禪德，但自無事，自然安樂，任運天真，隨緣自在。莫用巡他門戶，求覓解會，記憶在心，被他繫縛，不得自在。"《宏智廣錄》卷一："到者裏，如經蠱毒之鄉，水也不得露他一滴。若也傍他門戶，受他教詔，入他行市，坐他床榻，堪作什麼？"又卷四："若也倚他門戶，取他處分，受他茶糊，豈不是瞎驢趁大隊。"《聯燈會要》卷二十《德山宣鑒》："只爲諸子不守分，馳騁四方，傍他門戶，恰似女姑鬼傳言送語，依事作解，心跡不忘。"《續古尊宿語要》卷五《懶菴需》："知麼，佛法大事，不可粗心。依人門戶，咬人屎橛，種種解會，執占己長，無有是處。"又卷五《退菴先》："元來只是依草附木，傍人門户。"又卷六《別峰雲》："盡是倚他門户，傍他墻壁，隨他作解，受他處分，也好慚惶殺人。"《石屋清珙禪師語錄》卷上："學道要到三世諸佛開口不得處，參禪要到天下祖師插脚不入處。若不如此，倚他門户，傍他墻壁，聽人指揮，喫人涕唾，總不丈夫。"《楚石梵琦禪師語錄》卷七："祖師言句，無你啀噉處。如今兄弟行脚，傍人門户，喫他殘羮餿飯，只管橫咬竪咬，不肯放，烘堆頭蠅子一般，才拂他，反生嗔怪。"《南宋元明僧寶傳》卷十四《法舟濟》："妙真如藏，應用全彰。是汝諸人不丈夫，故乃傍人門户，求知求見，韜晦家珍，甘爲寒乞。" ○那邊人：與現象界相待而言，指獲得了覺悟、超越了輪迴的禪者。

（一五一）

問："如何是學人保任底物？"師云："盡未來際揀不出。"〔《古尊宿語錄》卷十三〕

（一五二）

問："如何是大修行的人？"師云："寺裏綱維是。"〔《古尊宿語錄》卷十三〕

【箋註】

○綱維：負責領導、維持寺院諸事的職僧，指寺主、上座、維那，餘者但名知事。

(一五三)

問:"學人纔到,總不知門戶頭事如何?"師云:"上座名什麼?"學云:"惠南。"師云:"大好不知。"〔《古尊宿語錄》卷十三,《御選語錄》卷十六〕

【箋註】

○門戶頭事:本則中的"門戶",指六根等感官之"門戶",與(一五〇)所云"門戶"不同。門戶頭事,指使六根清淨以進入大道的禪悟大事。《洞山錄》:"嗟見今時學道流,千千萬萬認門頭。恰似入京朝聖主,只到潼關即便休。"《慈受深和尚廣錄》卷一:"任是黑風吹海立,渠儂門戶不相干。"《宏智廣錄》卷九:"見聞知覺,門戶疏通。"《率菴梵琮禪師語錄》:"結制上堂:'聖制已臨,七峰扎寨。以六根爲門戶,以一念爲主將,內不放出,外不放入。'" ○大好不知:趙州禪師以學人應答,耳根歷歷孤明,提示學人從六根門頭悟入大道。

(一五四)

問:"學人欲學,又謗於和尚;如何得不謗去?"師云:"你名什麼?"學云:"道皎。"師云:"靜處去,者米囤子!"〔《古尊宿語錄》卷十三,《御選語錄》卷十六〕

【箋註】

○者米囤子:這個只會喫飯的家伙,較"酒囊飯袋"之類爲溫婉。

（一五五）

問：“如何是和尚大意？”師云：“無大無小。”學云：“莫便是和尚大意麼？”師云：“若有纖毫，萬劫不如。”〔《古尊宿語錄》卷十三〕

（一五六）

問：“萬法本閑，而人自鬧。是什麼人語？”師云：“出來便死。”〔《古尊宿語錄》卷十三〕

【箋註】

◎萬法本閑，而人自鬧：係慧忠國師語，盛傳於禪林。《祖庭事苑》卷一《雪竇後錄》：“青蘿夤緣　語出忠國師碑，乃草堂沙門飛錫撰。其間數語，叢林率多舉唱，如：‘青蘿夤緣，直上寒松之頂。白雲淡濘，出沒太虛之中。萬法本閑，而人自鬧。’”《宗鏡錄》卷九十一：“如《信心銘》云：‘眼若不睡，諸夢自除。心若不異，萬法一如。’以諸法無體，從自心生。心若不生，外境常寂，故云萬法本閑而人自鬧。”《圓悟錄》卷三：“正當恁麼時，機關脫落底，萬法本閑；尚留見聞底，長安正鬧。”《圓悟心要》卷上：“不見古德道：‘白雲淡濘，水注滄溟。萬法本閑，而人自鬧。’果是真實諦當，聊聞舉著，便知落處，可以透脫生死，不在陰界中窒礙，如鳥出籠，自由自在。自餘一切機用言句，只一截便休，更不落第二見也。”《禪林僧寶傳》卷九《永明延壽》：“且如現見青白等物時，物本自虛，不言我青我白。皆是眼識分，與同時意識，計度分別，爲青爲白。以意辨爲色，以言説爲青。皆是意言，自妄安置。且如六塵鈍故。體不自立，名不自呼。一色既然，萬法咸爾。皆無自性，悉是意言。故曰：萬法本閑，而人自鬧。是以若有心起時，萬境皆有。若空心起處，萬境皆空。

則空不自空，因心故空。有自不有，因心故有。既非空非有，則唯識唯心。若無於心，萬法安寄？"《建中靖國續燈錄》卷二《鳳凰智廣》："問：'萬法本閑，時人自鬧。如何是萬法？'師云：'刹刹塵塵。'"《大慧錄》卷二："古德道：'青蘿貪緣，直上寒松之頂。白雲淡濘，出沒太虛之中。萬法本閑，唯人自鬧。'又教中道：'凡夫見諸法，但隨於相轉。不了法無相，以是不見佛。'遂舉起拂子云：'這個是相，那個是無相？現今目前森羅萬象眼見耳聞，悉皆是法，又何曾鬧來。既不曾鬧，教甚麼物隨相轉？'"《聯燈會要》卷三《光宅惠忠》："示衆云：'青蘿貪緣，直上寒松之頂；白雲淡濘，出沒太虛之中。萬法本閑，而人自鬧。'"《嘉泰普燈錄》卷二《慈明楚圓》："萬法本閑，唯人自鬧。所以山僧居福嚴，只見福嚴境界，晏起早眠，有時雲生碧嶂，月落寒潭，音聲鳥飛鳴般若臺前，桫欏華香散祝融峰畔。把瘦筇，坐磐石，與五湖衲子時話玄微。"《無異元來禪師廣錄》卷七："忠國師云：'青蘿貪緣，直上寒松之頂。白雲淡濘，出沒太虛之中。萬法本閑，而人自鬧。'諸昆仲，即今山河大地，萬象森羅。水鳥樹林，人叢馬踏，喚作萬法，作麼生說個本閑底道理？捨萬法而求本閑，未之有也。即萬法而求本閑，須要衣線下迸開始得。"

（一五七）

問："不是佛，不是物，不是衆生。這個是斷語，如何是不斷語？"師云："天上天下，唯我獨尊。"〔《古尊宿語錄》卷十三〕

【箋註】

○不是佛，不是物：趙州之師南泉示衆語，係禪林經常參究的話頭。《虛堂錄》卷六："江西馬祖說即心即佛，王老師不恁麼：'不是心，不是佛，不是物。'"《禪關策進》："松源岳禪師（中略）見密菴傑（中略），會密入室問僧'不是心，不是佛，不是物'，師從傍大悟。"

○天上天下，唯我獨尊：本則公案中，趙州禪師係用"斷語"來表示"不斷語"，從而粉碎學人的妄想。

(一五八)

問："如何是毘盧圓相？"師云："老僧自小出家，不曾眼花。"學云："和尚還爲人也無？"師云："願你長見毘盧圓相。"〔《景德傳燈錄》卷十，《聯燈會要》卷六，《五燈會元》卷四，《古尊宿語錄》卷十三，《指月錄》卷十一〕

【箋註】

○毘盧：法身佛。意譯遍一切處、遍照、光明遍照、大日遍照等。《一切經音義》卷二十一："毘盧遮那，案梵本毘字，（中略）此云種種也。毘盧遮那，云光明遍照也；言佛於身智，以種種光明，照衆生也。或曰毘，遍也；盧遮那，光照也；謂佛以身智無礙光明，遍照理事無礙法界也。"原爲太陽之意，象徵佛智之廣大無邊，乃歷經無量劫海之修習功德而得到之正覺。《宏智廣錄》卷一："盡法界以成身，毘盧頂後看神光。"又："本明破冥，看毘盧頂後之光。"《笑隱大訢禪師語錄》卷二："借功明位，現毘盧頂後神光。"　○不曾眼花：意爲因爲眼花而看到毘盧圓相。以揶諭口吻破除學人對法身佛的執著。禪宗主張"向毘盧頂上行"。《祖堂集》卷三《慧忠》："帝問：'如何是無諍三昧？'師曰：'檀越踏毘盧頂上行。'帝曰：'如何是踏毘盧頂上行？'師曰：'莫認自己清淨法身。'"《景德傳燈錄》卷五《光宅慧忠》："問：'若爲證得法身？'師曰：'越毘盧之境界。'"又卷十三《韶州靈端》："問：'如何是本來心？'師曰：'坐却毘盧頂，出没太虛中。'"《保寧仁勇禪師語錄》："大丈夫，眉目粗，東西南北何所拘。氣衝宇宙，坐斷毘盧，又説什西來碧眼胡。"《圓悟錄》卷三："要明佛祖淵源，須踏毘盧頂上。"又："迥出威音王，高超毘盧頂。"又卷五："僧問：'萬機休罷時如何？'師曰：'坐斷毘盧頂。'"又卷二十："棒頭喝下承當得，高步毘盧頂上行。"《大慧錄》："毘盧頂顙，人人有志上頭行。"《羅湖野錄》卷四："（顯首座《神劍頌》）當鋒坐斷毘盧頂，更有何妖作是非。"《密菴語錄》："自從踏斷千差路，便向毘盧頂上行。"《松源崇嶽禪師語錄》卷上："坐斷毘盧頂，超然亙古今。萬緣俱剔脱，一片祖師心。"《嘉泰普燈錄》卷二十五《佛鑑懃》："忽若道眼頓開，坐斷毘盧頂顙。"《從容錄》第七十七則："透出毘盧頂顙行，却來化佛舌頭坐。"《石田法薰禪師語錄》卷一："通途自寥邈，何處不稱尊。更無一法可當情，直踏毘盧頂上行。"《續古尊宿語要》卷四《別峰珍》："超然坐斷毘盧頂，千聖齊教立下風。"又卷四《虎丘隆》："坐斷毘盧頂，不稟釋迦文。婢視聲聞，奴呼菩薩。"《高峰原妙禪師語錄》卷上："毘盧頂上行，生死海中戲。"《楚石梵琦禪師語錄》卷十七："非凡非聖強安名，高踏毘盧頂上行。"《永覺和尚廣錄》卷十："跳出虛空之外，跨上毘盧之頂，方稱真正能學人。"《湛然圓澄禪師語錄》卷七："踏碎毘盧頂顙，露出本來面目。"

【集評】

◎上堂，舉僧問趙州："如何是毘盧圓相？"州云："自小出家，不曾眼花。"師云："趙州見處偏枯。若有人問天童，如何是毘盧圓相，只對佗道：'大底大，小底小。'且道與趙州還有優劣也無？具擇法眼，試檢點看。"（《應菴曇華禪師語錄》卷六）

◎上堂，舉僧問趙州："如何是毘盧頂相？"州云："老僧自小出家，不曾眼花。"應菴和尚拈云："大小趙州，語上偏枯。若有問天童如何是毘盧頂相，只對他道：大底大，小底小。"師云："若向趙州語下見得，坐殺天下衲僧。若向天童語下見得，走殺天下衲僧。忽有問華藏如何是毘盧頂相，只對他道：碌磚。"（《密菴語錄》，《宗門拈古彙集》卷十七，《宗鑑法林》卷十六）

◎上堂，舉僧問趙州："如何是毘盧頂相？"州云："自小出家，不曾眼花。"忽有人問青山如何是毘盧頂相，只對他道："纔成白雪桑重綠，割盡黃雲稻正青。"且道與趙州是同是別？（《曇芳和尚語錄》卷上）

（一五九）

問："佛祖在日，佛祖相傳。佛祖滅後，什麼人傳？"師云："古今總是老僧分上。"學云："未審傳個什麼？"師云："個個總屬生死。"云："不可埋沒却祖師也。"師云："傳個什麼？"〔《古尊宿語錄》卷十三〕

【箋註】

○個個總屬生死：所能"傳"得者，皆屬於生死法。趙州禪師係提醒學人向自性上用功。

（一六〇）

問："凡聖俱盡時如何？"云："願你作大德，老僧是障佛祖漢。"〔《古尊宿語錄》卷十三〕

【箋註】

○凡聖俱盡：超越了以凡聖爲代表的一切對立的觀念，是禪悟的境界。《壇經·機緣品》："平等如夢幻，不起凡聖見。"《神會禪話錄·荷澤大師顯宗記》："一念相應，頓超凡聖。"《楞伽師資記·菩提達摩》："若也捨妄歸真，凝注壁觀，自他、凡聖等一，堅住不移，更不隨於言教，此即與真理冥狀，無有分別。"《溈山錄》："若也單刀直入，則凡聖情盡，體露真常。理事不二，即如如佛。"禪宗主張"把斷要津，不通凡聖"，"坐斷凡聖路頭"。《僧寶正續傳》卷六《黃龍震》："若人會得，凡聖、染淨、迷悟、生死，無二無別。"《聯燈會要》卷二《雲居智》："見有淨穢、凡聖，亦是大病。作無凡聖解，又屬撥無因果。"又卷十五《保寧仁勇》："無業禪師云：'一毫頭凡聖情念未盡，未免入驢胎馬腹裏去。'直饒一毫頭凡聖情念頓盡，亦未免入驢胎馬腹裏去。'"《真心直說·真心妙體》："真心本體，超出因果，通貫古今。不立凡聖，無諸對待。"《希叟和尚廣錄》卷三："凡聖情空，死生夢破。塵勞境寂，智慧花開。"《古尊宿語錄》卷十二《南泉普願》："如今直須截斷兩頭句，透那邊，不被凡聖拘，心如枯木，始有少許相應。"《續古尊宿語要》卷二《宏智覺》："凡聖路絕，方有至家時節。"《宗門玄鑑》："如何是衲僧巴鼻？凡聖不立蹤。"《永覺和尚廣錄》卷二十四："有無渾不計，凡聖亦都捐。莫謂全無物，孤明一鏡懸。"　○願你作大德：趙州禪師用揶揄的語氣嘉許學人，實則暗示學人尚執著於"凡聖俱盡"的觀念，還沒有達到真正的"凡聖俱盡"。

(一六一)

問:"遠聞趙州,到來爲什麽不見?"師云:"老僧罪過。"〔《古尊宿語錄》卷十三〕

(一六二)

問:"朗月當空,未審室中事如何?"師云:"老僧自出家,不曾作活計。"學云:"與麽即和尚不爲今時也。"師云:"自疾不能救,爲能救得諸人疾。"學云:"爭奈學人無依何!"師云:"依即踏著地,不依即一任東西。"〔《祖堂集》卷十八,《古尊宿語錄》卷十三〕

【校記】
◎《祖堂集》卷十八:"問:'朗月處空,時人盡委,未審室內事如何?'師云:'自少出家,不作活計。'學曰:'與摩則不爲今時去也。'師云:'老僧自疾不能救,爭能救得諸人疾?'學曰:'與摩則來者無依。'師云:'依則榻著地,不依則一任東西。'""朗月處空,時人盡委",參《景德傳燈錄》卷四《破竈墮》:"國師嘆曰:'此子會盡物我一如,可謂如朗月處空,無不見者。'"

【箋註】
○朗月處空,未審室中事如何:孤明皎潔、晶瑩剔透的禪悟之心到底是怎樣的? ○今時:此處指當今、當下的情境、機緣。《虎丘隆和尚語錄》:"放一線道,曲爲今時。性地未明,須憑指註。"《虛堂錄》卷二:"放過一著,曲爲今時。"又卷四:"古德道:'達磨大師,空手來空手去,已是揚塵簸土，曲爲今時。'"《人天眼目》卷二："夫聲色不到，語路難詮。今古歷然，從來無間。以言顯道，曲爲今時。"又卷三："是故威音那畔，休話如何。曲爲今時，由人施設。"《五燈會元》卷八《報慈文欽》："師登寶座，曲爲今時。"　○不曾作活計：指參禪時灑灑落落，萬緣皆放下，不曾生起追尋"朗月處空"的意念。　○自疾不能救，爭能救得諸人疾：佛教主張"自利利他"，必須首先救"自疾"、自利，然後才能求"他疾"、利他。否則，道眼不明，則是"一盲引衆盲，相將入火坑"。《死心悟新禪師語錄》："上堂，舉仰山凡遇參，須入堂不審聖僧。一日有僧把住云：'和尚見了不審，不見了不審？'山云：'我到這裏也疑著。'師云：'仰山自疾不能救，焉能救他疾。'"

(一六三)

問："在心心不測時如何？"師云："測阿誰？"學云："測自己。"師云："無兩個。"〔《古尊宿語錄》卷十三〕

【箋註】
○無兩個：能測之心和被測之心無異，能所不二。

(一六四)

問："不見邊表時如何？"師指淨瓶，云："是什麼？"學云："淨瓶。"師云："大好不見邊表。"〔《古尊宿語錄》卷十三，《指月錄》卷十一〕

【箋註】
○不見邊表：僧璨《信心銘》："極小同大，忘絕境界。極大同小，不見邊表。"《宗鏡錄》卷二十五："所以諸佛於不二法中，現妙神通。菩薩向無性理内，成大佛事。故《信心銘》云：'極大同小，不見邊表。極小同大，忘絶境界。'"《真歇清了禪師語録》卷下："極大同小，不見邊表。拈云：'大地載不起，虛空包不盡底一段大事，只是在諸人眼中曰見，耳中曰聞，豈不是極大同小？眼根也遍法界，耳根也遍法界，有什麼邊表？據實而論，盡十方世界，只是個火爐，只是個拄杖子，只在諸人眉毛眼睫上，豈不是極大同小？它古人向你道'盡大地撮來如粟米粒大，抛向面前，漆桶不會。'依前竪窮橫遍，恁麼去也。還會麼？過橋村酒美，隔岸野花香。"《從容録》第六十七則："萬松常舉《信心銘》'極小同大，忘絶境界。極大同小，不見邊表。'或有人問世間何物最大，當曰真空。何以故？極大同小，不見邊表故。或有人問世間何物最小，當曰真空。何以故？極小同大，忘絶境界故。嗚呼，三祖何人哉，出一則語，天下衲僧跳不出。"《楚石梵琦禪師語録》卷十八："法身不見邊表，日用何曾欠少。語默動靜施爲，無心自然合道。"《闢妄救略説》卷一："吾人本來面目，遍現俱該沙界，收攝在一微塵。又極小同大，忘絶境界。極大同小，不見邊表，豈有廣大可説耶？"

（一六五）

問："如何是歸根？"師云："擬即差。"〔《古尊宿語録》卷十三〕

【箋註】

○歸根：僧璨《信心銘》："歸根得旨，隨照失宗。"《建中靖國續燈録》卷二十九《偈頌・兜率從悦》："歸根。笑把寒山手，相將過野橋。水邊同坐石，林下各攀條。日到天心盛，雲歸谷口消。寥寥人界外，何處不逍遥？"《宏智廣録》卷四："歸根得旨，葉落知秋。拈得鼻孔，失却舌頭。"《嘉泰普燈録》卷一《開先善遹》："但請孤運其照，各究其源，謂之落葉歸根。"又卷七《真如戒香》："孟冬改旦時天寒，葉落歸根露遠山。不是見聞生滅法，當頭莫作見聞看。"又卷二十九《偈頌・真歇了》："落眼情塵脱，歸根景象幽。萬緣俱不到，佛祖莫能酬。"《續古尊宿語要》卷一《兜率悦》："若能退步，返照歸根。一虛寸心，萬緣俱泯。"又卷四《別峰珍》："要知葉落歸根處，識取金風體露時。"《緇門警訓》卷九《龍門佛眼禪師十可行十頌·宴坐》："清虛之理竟無身，一念歸根萬法平。"《南宋元明僧寶傳》卷六《自得暉》："朔風凛凛掃寒林，葉落歸根露赤心。萬派朝宗舡到海，六窗虛映芥投鍼。"　○擬即差：起心動念，即與歸根之旨相違。

（一六六）

問："不離言句，如何得獨脫？"師云："離言句是獨脫。"學云："適來無人教某甲來。"師云："因什麼到此？"學云："和尚何不揀出？"師云："我早個揀了也。"〔《古尊宿語錄》卷十三，《指月錄》卷十一〕

（一六七）

問："非心不即智，請和尚一句。"師云："老僧落你後。"〔《古尊宿語錄》卷十三〕

（一六八）

問："如何是畢竟？"師云："畢竟。"學云："那個畢竟是？"師云："老僧是畢竟。你不解問者話。"學云："不是不問。"師云："畢竟在什麼處！"〔《古尊宿語錄》卷十三〕

（一六九）

問："不掛寸絲時如何？"師云："不掛什麼？"學云："不掛寸絲。"師云："大好不掛寸絲。"〔《祖堂集》卷十八，《古尊宿語錄》卷十三，《御選語錄》卷十六〕

【校記】

"不掛寸絲時如何"，《祖堂集》作："寸絲不掛時如何？"

【箋註】

○不掛寸絲：《祖堂集》卷十六《南泉》："師問陸亘大夫：'十二時中作摩生？'對云：'寸絲不掛。'師云：'堪作什摩？'夫云：'什摩處有過？'師云：'還聞道：有道之君，不納有智之臣。'"《禪林僧寶傳》卷六《雲居道膺》："僧問：'有人衣錦繡入來，見和尚後，爲甚寸絲不掛？'曰：'直得琉璃殿上行撲倒，也須粉碎。'"《建中靖國續燈錄》卷四《浮山圓鑑》："僧曰：'如何是清淨法身？'師云：'寸絲不掛。'"《聯燈會要》卷二十一《雪峰義存》："師問僧：'名甚麼？'云：'玄機。'師云：'日織多少？'云：'寸絲不掛。'師云：'參堂去。'僧纔行三五步，師云：'袈裟落地也。'僧回首，師便打云：'大好寸絲不掛。'"《嘉泰普燈錄》卷七《雙溪印》："又以觸衣碎甚，作偈曰：'不掛寸絲方免寒，何須特地裊長竿。而今落落零零也，七佛之名甚處安？'"《從容錄》第二十八則："不掛寸絲底人，正是裸形外道。不嚼粒米底漢，斷歸焦面鬼王。"《癡絕道沖禪師語錄》卷下："將知萬里無雲，青天猶在。寸絲不掛，赤體猶存。"《大川普濟禪師語錄》："寸絲不掛底，赤肉尚存。萬里無雲時，青天猶在。"《環溪惟一禪師語錄》卷上："只要個上無攀仰，下絕已躬，寸絲不掛底，荷負得去，便見千五百人善知識，面目見在。其或未然，任從滄海變，終不爲君通。"《因師集賢語錄》卷十四《化百衲衣疏》："清淨法身，雖道寸絲不掛。莊嚴妙相，何妨五綵合成。"《天目明本禪師雜錄·紙襖歌》："在青州做底重七斤，爭似我寸絲不掛，萬縷橫陳。"

《無明慧經禪師語錄》卷四："從上諸先德，通身不掛寸絲，良繇見處圓明。"《呆菴莊禪師語錄》卷二："徑山這裏，一味據款結案。有人渾身錦繡入來，直教他寸絲不掛而去。有人不掛寸絲入來，直教他渾身錦繡而去。"《憨山老人夢遊集》卷二："如今做工夫，先要鏟去知解，的的只在一念上做，諦信自心。本來乾乾淨淨，寸絲不掛，圓圓明明，充滿法界。"《御選語錄》卷十九《澄懷居士》之《真如説》："萬色齊彰，非青黃黑白之可色。衆聲交作，非清濁短長之可聲。用周沙界而纖影不留，體遍大千而寸絲不掛。古之今之，八萬劫不離當念。人之我之，三千佛總在現前。"

在禪林中，還有以非常奇特的方式來體現寸絲不掛禪機的。《五家正宗贊》卷二《卍菴顔》："著曰：'首座，作佛法相見，世法相見？'座云：'佛法相見。'著云：'却去左右。'請師入。師至帳前，見著寸絲不掛，仰卧於床。師指曰：'者裏是什麼去處？'著曰：'三世諸佛、六代祖師、天下老和尚，皆從此中出。'師曰：'還許老僧入否？'著曰：'者裏不度驢度馬。'師無語。"

（一七〇）

問："如救頭然底人如何？"師云："便學。"學云："什麼處？"師云："莫佔他位次。"〔《古尊宿語錄》卷十三〕

【箋註】

○如救頭然：然，燃。《楞伽師資記·道信》："唯須猛利，如救頭然，不得懈息，努力努力。"《禪宗永嘉集·發願文第十》："生生勤精進，常如救頭然。"《圓悟錄》卷十四："探究此事，要透死生，豈是小緣，應當猛利，誠志信重，如救頭然，始有少分相應。"《大慧錄》卷二十七："百年光景，能得幾時。念念如救頭然，做好事尚恐做不辦，況念念在塵勞中而不覺也。"《普菴印肅禪師語錄》卷上："古人修道，如救頭然。大事未成，如喪考妣。"《五燈會元》卷三《百丈懷海》："心心如木石，念念如救頭。"《高峰原妙禪師語錄》卷上："一年已滅五日，光影如駒過隙。直須如救頭然，切莫隨情放逸。"《緇門警訓》卷四:"如今叢林中三八念誦,鳴鐘集衆,維那白云:'衆等當勤精進,如救頭然,但念無常,慎勿放逸。'"《潙山警策句釋記》卷下:"記曰:'大禹惜寸陰,陶侃惜分陰。況爲生死出家者,如救頭然,而可虛度哉。'"《入衆須知》:"是日已過,命亦隨減。如少水魚,思有何樂?汝等當勤精進,如救頭然。但念無常,慎勿放逸。"

(一七一)

問:"空劫中阿誰爲主?"師云:"老僧在裏許坐。"學云:"説什麼法?"師云:"説你問底!"〔《古尊宿語錄》卷十三〕

【箋註】

○空劫:四劫之第四。世界自成立至破壞之間,分爲成劫、住劫、壞劫、空劫四階段,稱爲四劫。空劫,即謂此時期之世界已壞滅,於欲界與色界之有情有色身者之中,唯存色界第四禪天,其他則全然虛空。又世界形成以前而萬物未生之時期,亦稱爲空劫。天地未開以前,了無善惡、迷悟、凡聖、有無等差別對待,亦即未生起森羅萬象以前之絕對的存在境界。

(一七二)

問:"承古有言:'虛明自照。'如何是自照?"師云:"不稱他照。"學云:"照不著處如何?"師云:"你話墮也。"〔《古尊宿語錄》卷十三〕

【箋註】

○虛明自照:《信心銘》:"狐疑盡淨,正信調直。一切不留,無可記憶。虛明自照,不勞心力。非思量處,識情難測。"《法昌倚遇禪師語錄》:

"虛明自照,不勞心力。若到這裏會得,便請掊珠擲玉,罷戰休征。不唯道泰時康,亦乃邦國安静。"《大慧錄》卷二十三:"若真實得噴地一下,只此稠林,即是栴檀香林。只此垢濁,即是清淨解脱無作妙體。此體本來無染,非使然也。分別不生,虛明自照,便是這些道理。此是宗師令學者捨邪歸正底。"《大慧錄》卷二十六:"祖師云:'分別不生,虛明自照。'又龐居士云:'日用事無別,唯吾自偶諧。頭頭非取捨,處處勿張乖。朱紫誰爲號,丘山絶點埃。神通並妙用,運水及般柴。'又先聖云:'但有心分別計較,自心見量者,悉皆是夢。'"《大慧錄》卷二十六:"山野因以湛然名公道號,如水之湛然不動,則虛明自照,不勞心力。世間出世間法,不離湛然,無纖毫透漏。"《宏智廣錄》卷一:"上元示衆云:'半夜誰傳無盡燈,黃梅席上許盧能。虛明自照非心力,分付叢林了事僧。'"《宏智廣錄》卷四:"師云:'只如室内底人,如何親近?'進云:'虛明自照,不勞心力。'師云:'猶隔雲水在。'"《宏智廣錄》卷九:"妙盡亡能境,機回却借功。虛明自照靡心識,海月靈犀夜魄通。"《人天眼目》卷五:"虛明自照,本自無它。境風搖搖,倏然走作。通人達士,猶未免焉,況其下者乎?"《古尊宿語錄》卷四十二《真淨克文》:"熱惱既盡,清涼現前。分別不生,虛明自照。"《石溪心月禪師語錄》卷中:"放令蕩蕩地,閑閑地,虛明自照,不勞心力。於此無間斷,久久自然純熟。"《無明慧經禪師語錄》卷一:"究竟窮極,不存軌則。虛明自照,不勞心力。"

(一七三)

問:"如何是的?"師云:"一念未起時。"〔《古尊宿語錄》卷十三〕

【箋註】

○的:此處指終極的禪悟境界,猶本來面目、本地風光。

（一七四）

問："如何是法王？"師云："州裏大王是。"云："和尚不是？"師云："你擬造反去，都來一個王不認！"〔《古尊宿語錄》卷十三〕

【箋註】

○法王：佛於法自在，稱曰法王。《法華經·譬喻品》："我爲法王，於法自在。"《維摩經·佛國品》："已於諸法得自在，是故稽首此法王。" ○州裏大王是：趙州禪師以州裏大王破除學人對"法王"的執著，並提示法王、世王不二之理。

（一七五）

問："如何是佛心？"師云："你是心，我是佛，奉、不奉自看！"學云："師即不無，還奉得也無？"師云："你教化我看。"〔《古尊宿語錄》卷十三〕

（一七六）

問："三身中，那個是本來身？"師云："闕一不可。"〔《古尊宿語錄》卷十三〕

【箋註】

○三身：法身、報身、應身。法身又名自性身，或法性身，即常住不滅，人人本具的真性。衆生迷而不顯，佛則覺而證得。報身是由佛的智慧功德所成的，有自受用報身和他受用報身的分別，自受用報身是佛自己受用內證法樂之身，他受用報身是佛爲十地菩薩説法而變現之身。應身又名應化身，或變化身，即應衆生之機緣而變現出來的佛身。六祖慧能以自性解釋三身：（1）清淨法身佛，謂吾人之身即是如來法身，故吾人之自性本即清淨，並能生出一切諸法。（2）圓滿報身佛，謂自性所生之般若之光若能滌除一切情感欲望，則如一輪明日高懸於萬里晴空之中，光芒萬丈，圓滿無缺。（3）自性化身佛，謂吾人若能堅信自性之力勝於一切化身佛，則此心向惡，便入地獄；若起毒害之心，便變爲龍蛇；若此心向善，便生智慧；若起慈悲之心，便變爲菩薩。　○本來身：指超出肉質生命之外的精神本源。它離形絶相，無可比擬，因此不能向四大五蘊的肉體中去尋求，而要返觀内照才能見到，但它同樣不能離開現實生活。（《景德傳燈錄》卷十《景岑》："問：'離却五蘊，如何是本來身？'師云：'地水火風，受想行識。'"）在煩惱中體證"本來身"，就可將熱惱的紅塵世界化作清涼的菩提道場："隨流認得本來身，遍界莫非無價珍。"（《圓悟錄》卷十九）

【集評】

◎趙州因僧問："三身中那個是本來身？"州曰："缺一不可。"

義山訥云："大小趙州，被人一拶，直得分疏不下。而今若有問義山，三身中那個是本來身，便起身叉手而立。待他眼目定動，劈脊便打。"（《宗門拈古彙集》卷十七，《宗鑑法林》卷十六）

（一七七）

問："未審此土誰爲祖師？"師云："達磨來，這邊總是。"學云："和尚是第幾祖？"師云："我不落位次！"學云："在什麽處？"師云："在你耳裏。"

〔《古尊宿語錄》卷十三〕

(一七八)

問："不棄本，不逐末，如何是正道？"師云："大好出家兒。"學云："學人從來不曾出家。"師云："歸依佛，歸依法。"學云："未審有家可出也無？"師云："直須出家。"學云："向什麼處安排他？"師云："且向家裏坐。"
〔《古尊宿語錄》卷十三〕

【箋註】

○不棄本，不逐末：禪宗以棄本逐末爲迷失。《楞伽師資記·菩提達摩》："修道行人，若受苦時，當自念言：'我從往昔，無數劫中，棄本逐末，流浪諸有。'"《天聖廣燈錄》卷九《百丈懷海》："求佛求菩提及一切有無等法，是棄本逐末。"《建中靖國續燈錄》卷十三《慧林佛陀》："衆生棄本逐末，背覺合塵，一失其源，迷而不返。"又卷十三《寶峰真淨》："古今天下善知識、一切禪道、一切語言，亦是善知識自佛性中流出建立，而流出者是末，佛性是本。近代佛法可傷，多棄本逐本，棄正投邪，但認古人言句爲禪爲道，有甚干涉？"《大慧錄》卷二十："心術是本，文章學問是末。近代學者，多棄本逐末，尋章摘句，學華言巧語以相勝，而以聖人經術爲無用之言，可不悲夫。"《嘉泰普燈錄》卷二十六《拈古·枯木成》："後代兒孫忘正覺，棄本逐末尚邪言。"《古尊宿語錄》卷四十二《真淨克文》："諸佛子，無禪可參，無法可學。棄本逐末，區區客作。不如歸去來，識取自家城郭。"《御選語錄》卷十一《玉琳秀》："有般漢，迷頭認影，棄本逐末，以守個昭昭靈靈，爲悟主人公。把舉足動步搖脣鼓舌底，爲常住心體。認六塵緣影，爲自心相。"

（一七九）

問："明眼人見一切，還見色也無？"師云："打却著。"學云："如何打得？"師云："莫用力。"學云："不用力如何打得？"師云："若用力即乖。"
〔《古尊宿語錄》卷十三〕

（一八〇）

問："祖佛大意，合爲什麼人？"師云："只爲今時。"學云："爭奈不得何？"師云："誰之過？"學云："如何承當？"師云："如今無人承當得。"學云："與麼即無依倚也。"師云："又不可無却老僧。"〔《古尊宿語錄》卷十三〕

【校記】

〇只爲今時：詳（一六二）註。

（一八一）

問："了事底人如何？"師云："正大修行。"學云："未審和尚還修行也無？"師云："著衣喫飯。"學云："著衣喫飯尋常事，未審修行也無？"師云："你且道我每日作什麼？"〔《古尊宿語錄》卷十三〕

【箋註】

〇了事底人：明白事理之人，指了却生死大事，已經獲得開悟之人。《圓悟心要》卷下："心如太虛，森羅萬象無不包含印定，頭頭處處，得大解脱，乃名了事底人，亦尚未當得向上行履。"《宏智廣錄》卷四："德山廓侍者，皆是十成了事底人，爲什麼被天童檢點？"《聯燈會要》卷二十九《淨慈慧暉》："任汝頭頭上了，物物上明，只喚作了事底人，須知有尊貴邊事。"《了堂和尚語錄》卷一："浴佛上堂：佛是了事底人，因甚年年將惡水潑佗？"
〇正大修行：趙州禪師提示學人，既悟之後，仍須悟後起修，勤於保任。
〇著衣喫飯：《臨濟錄》："佛流，佛法無用功處，只是平常無事，屙屎送尿，著衣喫飯，困來即卧，愚人笑我，智乃知焉。"《祖堂集》卷十四《馬祖》："但可隨時著衣喫飯，長養聖胎。任運過時，更有何事？"《聯燈會要》卷十五《黄龍悟新》："問：'如何是佛？'師云：'著衣喫飯。'"《五燈會元》卷十六《棲隱有評》："問：'十二時中如何趣向？'師曰：'著衣喫飯。'曰：'別還有事也無？'師曰：'有。'曰：'如何即是？'師曰：'齋餘更請一甌茶。'"《希叟和尚廣錄》卷一："我有一機，極盡玄微。飢來喫飯，寒來著衣。"《楚石梵琦禪師語錄》卷十五："寒即著衣飢喫飯，梵行已立所作辦。"《湛然圓澄禪師語錄》卷六："僧問：'如何是本分事？'師曰：'穿衣喫飯。'"按關於如何著衣喫飯，禪林有兩種角度之提倡，一是從超越性來説。《聯燈會要》卷二十四《雲門文偃》："終日著衣，未嘗掛著一縷絲。終日喫飯，未曾咬破一粒米。"一是從當下性來説。《景德傳燈錄》卷六《大珠慧海》："有源律師來問：'和尚修道還用功否？'師曰：'用功。'曰：'如何用功？'師曰：'飢來喫飯困來眠。'曰：'一切人總如是，同師用功否？'師曰：'不同。'曰：'何故不同？'師曰：'他喫飯時不肯喫飯，百種須索。睡時不肯睡，千般計較，所以不同也。'"

（一八二）

崔郎中問："大善知識，還入地獄也無？"師云："老僧末上入！"崔云："既是大善知識，爲什麼入地獄？"師云："老僧若不入，阿誰教化汝！"〔《景德傳燈錄》卷十，《聯燈會要》卷六，《五燈會元》卷四，《古尊宿語錄》卷十三，《指月錄》卷十一〕

【校記】

"阿誰教化汝",《古尊宿語錄》作"爭得見郎中"。

【箋註】

○末上:首先。《大慧錄》卷十三:"此蓋末上一錯,不遇好人,遞相沿襲,以致如此。"又卷二十一:"有一種士大夫,末上被這般雜毒入在心識中,縱遇真正善知識,與説本分話,反以爲非。"《密菴語錄》:"每見士大夫,著意學此道極多,只恐末上撞著道眼不明宗師,胡説亂道,將古今言句,妄意穿鑿,以爲極則,貴圖稱他會禪,此是第一等大病。"《嘉泰普燈錄》卷二十六《拈古·雪堂行》:"白雲端和尚道:'未舉步時,末上一步踏著。未開口時,最初一句道著。'"按本則公案中,趙州禪師以先入地獄度化迷人,體現了地獄不空誓不成佛的大悲情懷,體現了爲度化衆生而不去成佛的大悲闡提的品格。

【集評】

◎上堂。舉昔日崔郎中,問趙州和尚云:"大善知識,還入地獄也無?"州云:"老僧末上便入。"(中略)師云:"善知識者是大因緣,臨垂手時,著著有出身之路。何故如此?不入虎穴,爭得虎子。"(《應菴曇華禪師語錄》卷六)

◎趙州因官人問:"和尚還入地獄否?"州曰:"老僧末上入。"官曰:"大善知識爲什麼入地獄?"州曰:"我若不入,阿誰教化你?"

福嚴容云:"趙州老漢,手脚不同。不唯入水拖人,且能面奪旗幟。雖然,未免露柱勘破。"(《宗門拈古彙集》卷十七,《宗鑑法林》卷十六)

◎趙州因官人問:"和尚還入地獄否?"師曰:"老僧末上入地獄。"曰:"大善知識,爲什麼却入地獄?"師曰:"我若不入,阿誰教化你?"

突出無孔一鐵錘,仙陀碧眼也攢眉。他家自有通霄路,逐氣尋聲那得知? 天谷照(《宗鑑法林》卷十六)

(一八三)

問:"毫厘有差時如何?"師云:"天地懸隔。"云:"毫厘無差時如何?"師云:"天地懸隔。"〔《正法眼藏》卷六,《古尊宿語錄》卷十三〕

【箋註】

○毫厘有差,天地懸隔:語出僧璨《信心銘》,見(三十二)註。按本則公案實予法眼文益接引學僧有所啓發。《景德傳燈錄》卷二十四《清涼文益》:"師問脩山主:'毫厘有差,天地懸隔。兄作麼生會?'修曰:'毫厘有差,天地懸隔。'師曰:'恁麼會又爭得。'修曰:'和尚如何?'師曰:'毫厘有差,天地懸隔。'修便禮拜。"

【集評】

◎上堂,舉僧問趙州:"毫厘有差時如何?"州云:"天地懸隔。"僧云:"毫厘無差時如何?"州云:"天地懸隔。"師云:"諸人要識趙州麼?慣從五鳳樓前過,手握金鞭賀太平。"(《大慧錄》卷二)

◎三祖云:"毫厘有差,天地懸隔。若不具正眼,焉能辨此。似子期聽伯牙之琴,如提婆曉龍樹之相。喻雞抱卵,啐啄同時。遲鈍淺流,卒難頓曉。如盲視色,而轉錯也。"(《人天眼目》卷四)

◎舉僧問趙州:"毫厘有差時如何?"州云:"天地懸隔。"僧云:"毫厘無差時如何?"州云:"天地懸隔。"師云:"毫厘有差,天地懸隔。毫厘無差,天地懸隔。要識趙州麼?天地懸隔。"(《續古尊宿語要》卷六《退菴奇》)

◎復舉趙州因僧問:"毫厘有差時如何?"州云:"天地懸隔。"又僧問:"毫厘無差時如何?"州云:"天地懸隔。"師云:"肥不露肉,瘦不露骨。"(《偃溪廣聞禪師語錄》卷上)

◎趙州因僧問:"毫厘有差時如何?"師曰:"天地懸隔。"僧云:"毫厘無差時如何?"師曰:"天地懸隔。"頌曰:

毫厘有差天地隔,毫厘無差天地隔。隔不隔,俱端的。但能信手摘楊

花，須會風生庭前柏。趙州關，好標格，曹溪路上沒蹤跡。長靈卓

一道如絃直，長安信已傳。萬邦皆入貢，四海息狼煙。掩室開（《禪宗頌古聯珠通集》卷二十，《宗鑑法林》卷十九）

◎趙州因僧問："毫厘有差時如何？"師曰："天地懸隔。"曰："毫厘無差時如何？"師曰："天地懸隔。"

法林音云："問者有殊，答惟一致。且道趙州還赴來機也無？"（《宗鑑法林》卷十九）

◎示衆："人但知凡聖情盡，體露眞常。不知凡聖情起，眞常體露。何謂凡？諸佛是。何謂聖？衆生是。何謂眞？幻化是。何謂常？生滅是。雖然，須開透關眼始得。若透關眼未開，古人道山河及大地，全露法王身，是一個，是兩個？毫厘有差，天地懸隔。毫厘無差，天地懸隔。參。"（《御選語錄》卷十九《文覺雪鴻》）

（一八四）

問："如何是不睡底眼？"師云："凡眼、肉眼。"又云："雖未得天眼，肉眼力如是。"學云："如何是睡底眼？"師云："佛眼、法眼是睡底眼。"
〔《古尊宿語錄》卷十三〕

（一八五）

問："大庾嶺頭趁得及，爲什麼提不起？"師拈起衲衣，云："你甚處得者個來？"云："不問者個。"師云："與麼即提不起。"〔《古尊宿語錄》卷十三〕

【箋註】

○大庾嶺頭趁得及、提不起：《祖堂集》卷二《弘忍》："當時七百餘人，一齊趁盧行者。衆中有一僧，號爲慧明，趁得大庾嶺上，見衣鉢不見行者。

其上座便近前，以手提之，衣鉢不動，便委得自力薄，則入山覓行者，高處望見行者在石上坐。（中略）明上座云：'不爲衣鉢，特爲佛法來。不知行者辭五祖時有何密語密意，願爲我說。'"《聯燈會要》卷三《蒙山道明》："因與數十人趁盧行者至大庾嶺，能見師來，擲衣鉢於盤石上，云：'此衣表信，可力爭耶？任汝將去。'師舉之，如山不動，踟躕悚慄。"

【集評】

◎問："大庾嶺趁得及，爲什麼提不起？"師云："不可向你道祖師遺下一隻履。"（《古尊宿語錄》卷三十六《投子大同》）

（一八六）

問："不合不散如何辨？"師云："你有一個，我有一個。"云："者個是合，如何是散？"師云："你便合。"〔《古尊宿語錄》卷十三〕

（一八七）

問："如何是不錯路？"師云："識心見性是不錯路。"〔《古尊宿語錄》卷十三〕

【集評】

◎上堂舉僧問趙州："如何是不錯路？"州云："識心見性是不錯路。"師云："棒打石人頭，嚗嚗論實事。不用作禪會，不用作道會。若要不錯路，須是識心見性始得。且那個是識底心，那個是見底性？有般底聞恁麼道，便道有水皆含月，無山不帶雲。恁麼見解，正是鄭州出曹門。"（《大慧錄》卷三，《禪林類聚》卷三）

◎復舉僧問趙州："如何是不錯底路？"州云："明心見性是不錯底路。"

師云:"趙州眼觀東南,意在西北,大似狐狸戀窟,有甚快活處。忽有問徑山如何是不錯底路,只向他道,家家門裏透長安。"(《密菴語錄》,《列祖提綱錄》卷三十三)

◎小參。大智非名,真空絕跡。欲得現前,莫存順逆。盡十方世界,是個華藏海。盡十方世界,是個舍那身。一椎便就,塞壑填溝。不假一椎,輝天鑑地。可以弘揚祖道,可以建立化門。可以全主全賓,可以同生同死。其或情存限量,識昧圓常,枯木巖前,寧免蹉路。僧問趙州:"如何是不錯路?"州云:"識心見性是不錯路。"妙喜云:"棒打石人頭,剝剝論實事。不用作禪會,不用作道會。你要得不錯路,直須是識心見性始得。且作麼生是識底心,見底性?有般漢便道有水皆含月,無山不帶雲。恁麼見解,正是鄭州出曹門。"(《了菴和尚語錄》卷三)

◎僧問趙州:"如何是不錯路?"州曰:"明心見性是不錯路。"

有口無心老作家,一時正又一時邪。千般伎倆能知的,今古還他子沒爺。(《無明慧經禪師語錄》卷二)

◎僧問趙州:"如何得不蹉路?"州云:"識自本心,見自本性,即不蹉路。""心同虛空界,示等虛空法。證得虛空時,無是無非法。"且道虛空作麼生證?"心隨萬境換,換轉實能幽。隨流認得性,無喜亦無憂。"見聞覺知是性,且道性作麼生認?"一念不生全體現,六根才動被雲遮。"且道全體現時如何?略彴不是趙州橋,明月清風安可比?(《御選語錄》卷十一《玉琳琇》)

(一八八)

問:"明珠在掌,還照也無?"師云:"照即不無,喚什麼作珠?"〔《古尊宿語錄》卷十三〕

【箋註】

○明珠在掌:詳(七十六)註。

(一八九)

問:"靈苗無根時如何?"師云:"你從什麼處來?"云:"太原來。"師云:"大好無根。"〔《古尊宿語錄》卷十三〕

【箋註】

○靈苗無根:靈苗,猶本心本性,禪悟之心。無根,喻不受二分法的束縛。《明覺語錄》卷四:"師一日同三五僧看種田,師云:'靈苗無根,作麼生種?'僧云:'明年更有新條在。'師云:'你問我,我與你道。'僧便問,師云:'分付田舍奴。'"《圓悟錄》卷五:"威音已前靈苗秀,到今光彩轉新鮮。"《山菴雜錄》卷上:"靈苗不屬陰陽種,根本元從劫外來。"《黃龍四家錄·超宗慧方禪師語錄》:"心田耕遍無餘地,須信靈苗不犯春。"《禪宗頌古聯古通集》卷十九照覺總頌:"海變桑田有窮劫,靈苗無影不凋秋。"又卷二十七丹霞淳頌:"妙峰孤頂偏肥膩,天產靈苗不觸地。"《十和圖和頌》:"客路茫茫雲霧黑,無明草長蔽靈苗。"《紫柏老人集》卷一:"靈苗,心之譬也。"《憨山老人夢遊集》卷十六:"將智種靈苗,日為五欲烈燄之所焦枯,不能圓成勝果耳。"又卷五十二:"但汝等煩惱根深,難生智種靈苗。"《百丈叢林清規證義記》卷八:"長般若之靈苗,成菩提之妙果。"《禪林重刻寶訓筆說》卷中:"蓋人皆含具有靈知之性,此性乃種子也。其助發靈苗,要藉外緣。"　○大好無根:學人還沒有超越"來處",因此趙州禪師暗示學人還沒有達到真正的"靈苗無根"的境界。

(一九〇)

問:"學人擬作佛時如何?"師云:"大煞費力生。"云:"不費力時如何?"師云:"與麼即作佛去也。"〔《祖堂集》卷十八,《古尊宿語錄》卷十三〕

【集評】

◎師謂門弟子云："趙州云：'莫費力也。'大好言語，何不仍舊去。世間法有門，佛法豈無門。自是不仍舊，故諸佛諸祖，只於仍舊中得。"（《五家語錄·法眼語錄》）

◎法眼悟得一切佛法本來現成後，只教人仍舊去。吾人因不肯仍舊，時時攀援，求有增益，遂致墮落。那知道只要將一切世法佛法都歇却，仍舊只是這我，飢來喫飯，困來打眠，即是現在佛，誰來奈何你？萬不可被他老和尚舌頭瞞盡。《五燈會元》中語句，不過教人仍舊去。果能今日仍舊去，凡佛祖所言者，皆爲剩語，不必問也。（《心燈錄》卷五）

（一九一）

問："學人昏鈍在一浮沈，如何得出？"師只據坐。云："某甲實問和尚。"師云："你甚處作一浮一沈？"〔《古尊宿語錄》卷十三〕

（一九二）

問："不在凡，不在聖，如何免得兩頭路？"師云："去却兩頭來答你。"僧不審，師云："不審從什麼處起？在者裏，從老僧起；在市裏時，從什麼處起？"云："和尚爲什麼不定？"師云："我教你，何不道'今日好風'。"〔《古尊宿語錄》卷十三〕

【箋註】

○不在凡，不在聖，如何免得兩頭路：詳（一六〇）"凡聖俱盡"註。
○不審：比丘相見問候之辭，猶珍重之意。

（一九三）

問："如何是大闡提底人？"師云："老僧答你還信否？"云："和尚重言，那敢不信？"師云："覓個闡提人難得！"〔《古尊宿語錄》卷十三〕

【箋註】

○大闡提底人：闡提是極難成佛的意思，有二種：一、不信因果，造五逆十惡，斷諸善根，墜入阿鼻地獄的人，名斷善闡提。二、大悲菩薩，發一切衆生成佛，然後成佛之願，因衆生至多，時間至久，故此種菩薩，亦極難成佛，名大悲闡提。《洞山錄》："師問雲居：'大闡提人殺父害母，出佛身血，破和合僧，如是種種，孝養何在？'"居云："'始得孝養。'自爾洞山許爲室中領袖。"《曹山錄》："僧問：'如何是大闡提人？'師曰：'不懼業。'"《景德傳燈錄》卷四《破竈墮》："僧問：'如何是大闡提人？'師曰：'尊重禮拜。'"《圓悟錄》卷十："更有個具大闡提不起信根，逢佛叱佛遇祖罵祖，乃至滅却佛滅却祖，令人不見佛、不聞法，淨裸裸赤灑灑，全體只是個真實人。若向個裏薦得，亦是一員無事道人。"《癡絕道沖禪師語錄》卷上："大闡提人無佛性，立地成佛。大信根人有種性，死陷阿鼻。"

（一九四）

問："大無慚愧的人，什麽處著得？"師云："此間著不得。"云："忽然出頭爭向？"師云："將取去。"〔《古尊宿語錄》卷十三〕

【箋註】

○無慚愧：禪林運用此詞有二義。（一）應當慚愧却不知慚愧。《觀心論》："身心放逸，諸惡皆爲。貪欲恣情，了無慚愧。"《虛堂錄》卷二："西天此土，佛法平沈。末代比丘，全無慚愧。"《古尊宿語錄》卷三十五《大隨神照》："終日恣縱無明，以無慚愧之心，兀兀何曾覺悟。"《鼓山爲霖和尚餐香香》卷上："山僧開十句法門。一要具慚愧。無慚愧者，人神共惡故。"《憨山老人夢遊集》卷四十六："話頭亦未夢見，便開大口說禪，其自欺之心何如哉，可謂大無慚愧人也，可不懼哉。"（二）修行開悟，心無慚愧。《雪峰真覺禪師語錄》卷上："問：'如何是諸佛？'師云：'莫觸諱。'進云：'如何是不觸諱？'師云：'解無慚愧。'"《佛鑑禪師語錄》卷二："又須是大無慚愧之人，方能厭飽法味；自餘下劣種草，未免遇而不遇。"《禪宗頌古聯珠通集》卷三十四石溪月頌："奇特老尊宿，大無慚愧人。"

（一九五）

問："用處不現時如何？"師云："用即不無，現是誰？"〔《古尊宿語錄》卷十三〕

（一九六）

問："空劫中還有人修行也無？"師云："喚什麼作空劫？"云："無一物是。"師云："者個始稱修行，喚什麼作空劫？"〔《景德傳燈錄》卷十，《五燈會元》卷四，《古尊宿語錄》卷十三，《御選語錄》卷十六〕

【箋註】

○空劫：詳（一七一）註。

（一九七）

問："如何是出家？"師云："不履高名，不求苟得。"〔《景德傳燈錄》卷十，《五燈會元》卷四，《古尊宿語錄》卷十三〕

【箋註】

○苟得：《景德傳燈錄》卷二十七《善慧大士》："臨財無苟得，臨難無苟免。"

【集評】

◎趙州因僧問："如何是出家？"師曰："不履高名，不求苟得。"

尤藏顯云："者僧問極平常，趙州答無奇特。雖然如是，爛泥裏有刺，切忌蹈著。"

三途迥絕出家兒，身不寒兮腹不飢。竹杖敲殘山頂月，倒吹鐵笛詠新詩。無異來（《宗鑑法林》卷十六，《無異元來禪師廣錄》卷十一）

（一九八）

問："不指一法，如何是和尚法？"師云："老僧不說茆山法。"云："既不說茆山法，如何是和尚法？"師云："向你道不說茆山法。"云："莫者個便是也無？"師云："老僧未曾將者個示人。"〔《古尊宿語錄》卷十三〕

（一九九）

問：「如何是目前獨脫一路？」師云：「無二亦無三。」云：「目前有路，還許學人進前也無？」師云：「與麼即千里萬里。」〔《古尊宿語錄》卷十三〕

（二〇〇）

問：「如何是毘盧向上事？」師云：「老僧在你腳底。」云：「和尚爲什麼在學人腳底？」師云：「你元來不知有向上事。」〔《祖堂集》卷十八，《古尊宿語錄》卷十三〕

【校記】

《祖堂集》卷十八：「問：『如何是佛向上事？』師指學人云：『我在你腳底。』僧云：『師爲什摩在學人腳底？』師云：『爲你不知有佛向上事。』」

【箋註】

○毘盧向上事：見（一五八）註。　○老僧在你腳底：用揶揄口吻暗示學人不敢勇於承當，實不知有毘盧向上事。

【集評】

◎有僧問趙州：「如何是毘盧向上事？」趙州答：「老僧在你腳底。」僧問：「和尚爲什麼在學人腳底？」趙州答：「你元來不知向上事！」這正顯示了「實際理地什麼處著」，這僧執有「向上」一著，只好「委曲」趙州在他的腳底了。畢竟如何是向上事，只有把高攀毘盧向上的心放下。（乃光、船菴：《漫談趙州禪》，《現代佛教學術叢刊》第二冊）

(二○一)

問:"如何是合頭?"師云:"是你不合頭。"云:"如何是不合頭?"師云:"前句辨取。"〔《古尊宿語錄》卷十三〕

【箋註】

○合頭:瞭解、體會真如大道。《景德傳燈錄》卷二十九《龍牙頌》:"夫人學道莫貪求,萬事無心道合頭。"《古尊宿語錄》卷二十九《佛眼清遠》:"無心道合頭。"《南宋元明僧寶傳》卷七《中峰本》:"苟於心外存諸見,敢保驢年會合頭。"《御選語錄》卷十二《圓明居士》之《合頭語》:"明頭明明合,暗頭暗暗合。色頭色色合,空頭空空合。"合頭雖貴,執著成非,故禪林以"合頭語"表示情識意路可通的句子,而主張將之揚棄,所謂"一句合頭語,萬劫繫驢橛"、"一句合頭語,萬劫墮迷津"。《祖堂集》卷五《華亭》:"參學須參真心匠,合頭虛詐不勞聆。"《景德傳燈錄》卷十四《船子德誠》:"師曰:'何處學得來?'曰:'非耳目之所到。'師笑曰:'一句合頭語,萬劫繫驢橛。'"《圓悟錄》卷十二:"山僧二十七年,開個鋪席,與一切人,解粘去縛抽釘拔楔,令一個個無窠臼無計較,不作合頭語,不作相似語。"又:"是他永嘉不向死句下坐殺,也不下合頭語。"又卷十五:"多見學者,只言卜度下語要求合頭,此豈是要透生死?"《大慧宗杲禪師語錄》卷十三:"禪床上瞎漢,將合頭語祇對。"《密菴語錄》:"如斯理論,正所謂一句合頭語,萬劫繫驢橛。"《憨山老人夢遊集》卷七:"今有一等好高慕,聞參禪頓悟,就以上根自負,不要修行,恐落漸次,在古德機緣上,記幾則合頭語,稱口亂談,只圖快便為異機鋒,此等最可憐憫者。"　○是你不合頭:《宏智廣錄》卷一:"恰恰無棱縫,明明不覆藏。鷲嶺豈傳迦葉,少林那付神光。現成處處合頭句,具足人人知見香。"學人不明此理,背己外求,故有不合頭之病。

(二〇二)

問："如何是和尚的的意？"師云："止止不須説，我法妙難思。"〔《古尊宿語錄》卷十三〕

【箋註】

○的的意：準確、真實的意旨。禪林常用的問頭有"如何是和尚的的意"、"如何是祖師的的意"、"如何是祖師西來的的意"、"如何是宗門的的意"、"如何是曹溪的的意"、"如何是巖中的的意"等。　○止止不須説，我法妙難思：《法華經·方便品》："止止不須説，我法妙難思。諸增上慢者，聞必不敬信。"禪林常借用"止止不須説"二句，來表示言語斷道斷、禪不可説。

(二〇三)

問："澄澄絕點時如何？"師云："墮坑落塹。"云："有什麼過？"師云："你屈著與麼人。"〔《古尊宿語錄》卷十三〕

【箋註】

○澄澄絕點時：喻指修行到了澄明皎潔、了無瑕疵的境界。《寒山詩》："欲知真出家，心淨無繩索。澄澄絕玄妙，如如無倚托。"《圓悟錄》卷一："明明無覆藏，明明絕點翳。寬若太虛，清如古鏡。"《羅湖野錄》卷三："（明教大師）臨風無限深深意，聲色堆中絕點埃。"《嘉泰普燈錄》卷十二《照堂了一》："六門未息，一處不通；絕點純清，含生難到。"《續古尊宿語要》卷五《退菴先》："所以六情纔動，萬法撓然。一念亡機，太虛絕點。"《御選語錄》卷十七《廣平玄旨》："問：'如何是法身體？'師曰：'廓落虛空絶點瑕。'"又卷十九《明慧楚雲》:"太虛純清絶點,寒潭皓月一輪。百花叢裏不露身,許汝明心見性。"　○墮坑落塹:《祖堂集》卷十九《靈雲》:"進曰:'直得純清絶點時如何?'師云:'由是真常流注。'"《宏智廣錄》卷一:"設使萬里無寸草,淨地却迷人;長空絶點埃,青天須喫棒。"《青州百問》:"情忘識盡歸真諦,爲什麼絶點純清階下人?"《博山和尚參禪警語》卷下:"於澄湛絶點處,便作聖解,自謂得大悟門,縱則成狂,著則成魔。"《憨山老人夢遊集》卷五:"不能開頂門正眼,便坐在淨裸裸赤灑灑純清絶點處,此名拘守竿頭,静沈死水。"

(二〇四)

問:"未審出家誓求無上菩提時如何?"師云:"未出家,被菩提使;既出家,使得菩提"〔《古尊宿語錄》卷十三〕

【箋註】

○未審:不知道。出家誓求無上菩提:《紫柏老人集》卷五:"吾曹變形毀服,割情絶欲,爲求無上菩提。一生不克則再生,再生不克,必至於無盡生克則始已。"　○未出家,被菩提使:暗示真正的出家人、悟者,不會因向外追求"菩提"而喪失了本有的"菩提"。《寶藏論》:"夫修道者,莫不斷煩惱求菩提,棄小乘窺大用,然妙理之中,都無此事。"《壇經·機緣品》:"莫學馳求者,終日説菩提。"《祖堂集》卷三《牛頭》:"無三界可出,無菩提可求。人與非人,性相平等。"《天聖廣燈錄》卷九《百丈懷海》:"者個人有自由分,心若不亂,不用求佛,求菩提涅槃。若著佛求屬貪,貪變成病,故云佛病,最難治。"又:"爲求無上菩提涅槃,故名出家,猶是邪願。"又:"只如今求佛求菩提,求一切有無等法,是名運糞入。"站在菩提本具、迷悟不二的立場上,就不會被菩提所使。《禪宗指掌》:"故文殊菩薩云:'我不求菩提。何以故?菩提即我,我即菩提。'"

313

【集評】

◎殊不知，此事得者，如生師子返擲，在當人日用二六時中，如水銀落地，大底大圓，小底小圓。不用安排，不假造作，自然活潑潑地，常露現前。正當恁麼時，方始契得一宿覺所謂不見一法即如來，方得名爲觀自在。苟未能如是，是暫將這作聰明說道理底，置在一邊，却向沒撈摸處，沒滋味處，試撈摸咬嚼看。撈摸來撈摸去，咬嚼來咬嚼去，忽然向沒滋味處咬著舌頭，沒撈摸處打失鼻孔，方知趙州老人道"未出家時被菩提使，出家後使得菩提"，"有時拈一莖草作丈六金身，有時將丈六金身却作一莖草用"。建立亦在我，掃蕩亦在我，說道理亦在我，不說道理亦在我。我爲法王，於法自在。（《大慧錄》卷十九）

（二〇五）

有秀才見師手中拄杖，乃云："佛不奪衆生願，是否？"師云："是。"秀才云："某甲就和尚乞取手中拄杖，得否？"師云："君子不奪人所好。"秀才云："某甲不是君子。"師云："老僧亦不是佛。"〔《古尊宿語錄》卷十三，《指月錄》卷十一，《御選語錄》卷十六〕

【集評】

◎問："方便門中，請師垂示。"師云："佛不奪衆生願。"僧曰："恁麼則謝師方便。"師云："却須喫棒。"（《建中靖國續燈錄》卷三《九峰勤》，《五燈會元》卷十五，《續傳燈錄》卷二）

◎所以圓悟先師說："趙州禪只在口脣皮上，難奈他何。如善用兵者，不賫糧行，就爾水草糧食，又殺了你。"有一秀才問："佛不違衆生願，是否？"州云："是。"才云："弟子欲就和尚手中乞取拄杖，得否？"州云："君子不奪人所好。"才云："某甲不是君子。"州云："老僧亦不是佛。"（《大慧錄》卷十六，《列祖提綱錄》卷十五）

◎昔有一秀才問趙州："佛不違一切衆生之願，是否？"（中略）師云："嘗聞古者道：'可以取，可以無取，取傷廉。可以與，可以無與，與傷惠。'未以爲然。今觀二人，一捲一舒，一放一收，前言信之矣。"（《環溪惟一禪師語錄》卷下）

◎贊淨土

釣罷歸來蓮苑看，滿堂盡是眞羅漢。便薰名香三五片。焚香獻，元來佛不奪衆生願。（《吳山淨端禪師語錄》卷下）

◎趙州因秀才問曰："佛不違衆生願，是否？"（中略）頌曰：

當機轉處不躊躇，琉璃盤裏走明珠。趙州老子村校書，一條拄杖兩人舁。石菴珎（《禪宗頌古聯珠通集》卷十八，《宗鑑法林》卷十六）

◎上堂，舉昔有秀才問趙州："佛不違一切衆生之願，是否？"（中略）師拈云："秀才向飢鷹爪下分餐，猛虎口中奪肉。趙州將欲與之，必固奪之。若是薦福，即與之道：'山僧拄杖子，今日分付諸人。'"（《月澗文明禪師語錄》卷上）

◎趙州因一秀才問："佛不違衆生願，是否？"（中略）

義山訥云："趙州古佛，與奪自由。自非過量人，未免向是非窠裏走却。"〔《宗鑑法林》卷十六〕

海門湧云："趙州古佛有齒無，當時何不成人之美。若是海門，便兩手授之。待擬接，劈脊便打。不惟直下使他得出一身白汗，慶快平生，亦使後來慕佛之士，知我衲僧作用。"〔《宗鑑法林》卷十六："海門湧云：'趙州當時何不兩手授之，待擬接，劈脊便打。不惟使他慶快平生，亦使後人知我衲僧家別有作用。'"〕（《宗門拈古彙集》卷十七）

◎趙州因秀才問："佛不違衆生願，是否？"（中略）

奪鼓搴旗許趙州，開疆展土尚虧謀。不因病久知鍼穴，難定灸焦瘂上頭。松山補〔《宗鑑法林》卷十六〕

（二〇六）

師因出外，見婆子插田，云："忽遇猛虎作麽生？"婆云："無一法可當情。"師云："㘞。"婆子云："㘞。"師云："猶有者個在。"〔《古尊宿語錄》卷十三，《御選語錄》卷十六〕

【箋註】

○無一法可當情：《仰山錄》："師問雙峰：'師弟近日見處如何？'云：'據某見處，實無一法可當情。'師云：'汝解猶在境。'云：'某只如此，師兄又如何？'師云：'汝豈不知，無一法可當情者。'"《圓悟錄》卷十五："非胸次虛靜，無一法當情，安能圓應無差，先機照物耶？"《聯燈會要》卷二十《德山宣鑒》："一法不生，即前後際斷，無思無念，無一法可當情。"《虛堂集》第七十六則："了無一法可當情，頓棄萬緣剿絕諸趣。"《石溪心月禪師語錄》卷中："徹底放下，了無一法可當情。"《長慶宗寶禪師語錄》卷一："所以道人行處，實無一法可當情，實無一物爲緣爲對。"

(二〇七)

有秀才辭去，云："某甲在此括撓和尚多時，無可報答和尚，待他日作一頭驢來報答和尚。"師云："教老僧爭得鞍？"〔《古尊宿語錄》卷十三〕

(二〇八)

師到道吾處，纔入僧堂，吾云："南泉一隻箭來。"師云："看箭。"吾云："過也。"師云："中也。"〔《五燈會元》卷四，《古尊宿語錄》卷十三，《指月錄》卷十一〕

【箋註】

○南泉一隻箭：贊賞趙州禪師得南泉親傳，禪鋒犀利，銳不可當。

【集評】

◎趙州到道吾，纔入堂，吾曰："南泉一隻箭來也。"州曰："看箭。"吾

曰："過。"州曰："中。"有本作茉荑，非也。今依《會元》

雪竇顯云："二俱作家，蓋是道吾、趙州。二俱不作家，箭鋒不相拄。直饒齊發齊中，也只是個射垛漢。"〔《指月錄》卷十一，《宗鑑法林》卷十九〕

報慈遂云："且道二大老相見，還有優劣也無？若檢點得出，許你於中字上有個入處。"〔《宗鑑法林》卷十九〕

古南門云："趙州、道吾露個爪牙，不柱同條。雖然，只如雪竇道'直饒齊發齊中，也只是個射垛漢'，是肯伊，是不肯伊？還會麼？好手手中呈好手，紅心心裏中紅心。"擊禪床一下。〔《宗鑑法林》卷十九〕

明招補云："好手手中呈好手則不無趙州，然在作家不啐啄，啐啄同時失，又作麼生？"（《宗門拈古彙集》卷十六）

◎趙州到道吾，纔入堂，吾曰："南泉一隻箭來也。"師曰："看箭。"吾曰："過。"師曰："中。"

季春苤苡生前徑，三月桃花茂小園。可惜芳春人不識，樹頭百舌更能言。海舟慈（《宗鑑法林》卷十九）

（二〇九）

師上堂，示衆云："金佛不渡爐，木佛不渡火，泥佛不渡水，真佛内裏坐。菩提、涅槃、真如、佛性，盡是貼體衣服，亦名煩惱。不問即無煩惱，實際理地，什麼處著？'一心不生，萬法無咎。'但究理而坐二三十年，若不會，截取老僧頭去。'夢幻空花，徒勞把捉。''心若不異，萬法一如。'既不從外得，更拘什麼？如羊相似，更亂拾物安口中作麼。老僧見藥山和尚道：'有人問著，但教合取狗口。'老僧亦道：'合取狗口。'取我是垢，不取我是淨。一似獵狗相似，專欲得物喫。佛法向什麼處著。一千人萬人盡是覓佛漢子，覓一個道人無。若與空王爲弟子，莫教心病最難醫。未有世界，早有此性。世界壞時，此性不壞。從一見老僧後，更不是別人，只是個主人公。者個更向外覓作麼？與麼時，莫轉頭換面即失却也。"〔《景德傳燈錄》卷二十八，《正法眼藏》卷四，《聯燈會要》卷六，《五燈會元》卷四，《古尊宿語錄》卷十四，《禪關策進》，《佛祖歷代通載》卷十七，《指月錄》卷十一〕

【箋註】

○實際理地：詳（一一六）註。　○一心不生，萬法無咎：語出《信心銘》。　○夢幻空花，徒勞把捉：《信心銘》："夢幻空花，何勞把捉。得失是非，一時放却。"《臨濟錄》："三界唯心，萬法唯識。所以夢幻空花，何勞把捉。"　○心若不異，萬法一如：語出《信心銘》。　○如羊相似，更亂拾物安口中：《臨濟錄》："今時學者總不識法，猶如觸鼻羊，逢著物安在口裏，奴郎不辨，賓主不分。"　○主人公：指人人本具之佛性。《無門關》第十二則："瑞巖彥和尚每日自喚主人公，復自應諾。"　○未有世界，早有此性。世界壞時，此性不壞：《善慧大士錄》卷三："有物先天地，無形本寂寥。能爲萬象主，不逐四時凋。"

【集評】

◎舉，趙州示衆三轉語。道什麼。三段不同

趙州示此三轉語了，末後却云："真佛屋裏坐。"這一句忒殺郎當。他古人出一隻眼，垂手接人，略借此語，通個消息，要爲人。爾若一向正令全提，法堂前草深一丈，雪竇嫌他末後一句漏逗，所以削去，只頌三句。泥佛若渡水，則爛却了也。金佛若渡爐中，則熔却了也。木佛若渡火，便燒却了也。有什麼難會？雪竇一百則頌古，計較葛藤，唯此三頌直下有衲僧氣息。只是這頌也不妨難會，爾若透得此三頌，便許爾罷參。

泥佛不渡水，浸爛鼻孔。無風起浪 神光照天地。干他什麼事。見兔放鷹 立雪如未休，一人傳虛萬人傳實。將錯就錯。阿誰曾見爾來 何人不雕僞？入寺看額。二六時中走上走下是什麼。闍黎便是

"泥佛不渡水，神光照天地"，這一句頌分明了。且道爲什麼却引神光？二祖初生時，神光燭室，亘於霄漢。又一夕神人現，謂二祖曰："何久於此，汝當得道時至，宜即南之。"二祖以神遇遂名神光。久居伊洛，博極羣書，每嘆曰："孔老之教祖述風規。"近聞達摩大師住少林，乃往彼晨夕參扣。達摩端坐面壁，莫聞誨勵，光自忖曰："昔人求道，敲骨出髓，刺血濟飢，布髮掩泥，投崖飼虎，古尚若此，我又何如？"

其年十二月九日夜大雪，二祖立於砌下，遲明積雪過膝，達摩憫之曰："汝立雪於此，當求何事？"二祖悲淚曰："惟願慈悲開甘露門，廣度羣品。"

達摩曰："諸佛妙道，曠劫精勤，難行能行，非忍而忍，豈以小德小智輕心慢心，欲冀真乘，無有是處。"二祖聞誨勵，向道益切，潛取利刀，自斷左臂，致於達摩前。

摩知是法器，遂問曰："汝立雪斷臂，當爲何事？"二祖曰："某甲心未安，乞師安心。"摩曰："將心來，與汝安。"祖曰："覓心了不可得。"達摩云："與汝安心竟。"後達摩爲易其名曰慧可。後接得三祖璨大師，既傳法，隱於舒州皖公山。屬後周武帝破滅佛法沙汰僧，師往來太湖縣司空山，居無常處，積十餘載，無人知者。宣律師《高僧傳》，載二祖事不詳。三祖傳云，二祖妙法不傳於世。賴値末後依前悟他當時立雪。所以雪竇道："立雪如未休，何人不雕僞。"立雪若未休，足恭諂詐之人皆效之，一時只成雕僞，則是諂詐之徒也。

雪竇頌泥佛不渡水，爲什麼却引這因緣來用？他參得意根下無一星事，淨裸裸地方頌得如此。五祖尋常教人看此三頌，豈不見洞山初和尚有頌示衆云："五臺山上雲蒸飯，古佛堂前狗尿天。刹竿頭上煎餬子，三個胡孫夜簸錢。"又杜順和尚道："懷州牛喫禾，益州馬腹脹。天下覓醫人，灸猪左膊上。"又傅大士頌云："空手把鋤頭，步行騎水牛。人從橋上過，橋流水不流。"又云："石人機似汝，也解唱巴歌。汝若似石人，雪曲應須和。"若會得此語，便會他雪竇頌：

金佛不渡爐，燎却眉毛。天上天下，唯我獨尊 人來訪紫胡。又恁麼去也。只恐喪身失命 牌中數個字，不識字的猫兒也無話會處。天下衲僧插嘴不得。只恐喪身失命 清風何處無。又恁麼去也。頭上漫漫脚下漫漫。又云來也

"金佛不渡爐，人來訪紫胡。"此一句亦頌了也。爲什麼却引人來訪紫胡？須是作家爐韛始得。紫胡和尚，山門立一牌，牌中有字云："紫胡有一狗，上取人頭，中取人腰，下取人脚，擬議則喪身失命。"凡見新到便喝云："看狗！"僧纔回首，紫胡便歸方丈，且道爲什麼却咬趙州不得？

紫胡又一夕夜深於後架叫云："捉賊，捉賊。"黑地逢著一僧，攔胸捉住云："捉得也，捉得也。"僧云："和尚，不是某甲。"胡云："是則是，只是不肯承當。"爾若會得這話，便許爾咬殺一切人，處處清風凜凜。若也未然，牌中數個字，決定不奈何。若要見他，但透得盡方見，頌云：

木佛不渡火，燒却了也。唯我能知 常思破竈墮。東行西行有何不可。癲兒牽伴 杖子忽擊著，在山僧手裏。山僧不用人。阿誰手裏無 方知辜負我。似儞相似。

摸索不著。有什麼用處。蒼天蒼天。三十年後始得。寧可永劫沈淪，不求諸聖解脫。若向個裏薦得，未免辜負。作麼生得不辜負去？拄杖子未免在別人手裏。

"木佛不渡火，常思破竈墮。"此一句亦頌了。雪竇因此木佛不渡火，常思破竈墮。嵩山破竈墮和尚，不稱姓字，言行叵測，隱居嵩山。一日領徒，入山塢間，有廟甚靈，殿中唯安一竈，遠近祭祀不輟，烹殺物命甚多。師入廟中，以拄杖敲竈三下云："咄！汝本磚土合成，靈從何來？聖從何起？恁麼烹殺物命。"又乃擊三下，竈乃自傾破墮落。須臾有一人，青衣峨冠，忽然立師前設拜曰："我乃竈神，久受業報，今日蒙師說無生法，已脫此處，生在天中，特來致謝。"師曰："汝本有之性，非吾強言。"神再拜而沒。侍者曰："某甲等久參侍和尚，未蒙指示，竈神得何徑旨，便乃生天？"師曰："我只向伊道，汝本磚土合成，靈從何來？聖從何起？"侍僧俱無對。師云："會麼？"僧云："不會。"師云："禮拜著。"僧禮拜。師云："破也，破也，墮也，墮也！"侍者忽然大悟。後有僧舉似安國師，師嘆云："此子會盡物我一如。"竈神悟此則故是，其僧乃蘊成身，亦云破也墮也，二俱開悟。且四大五蘊，與磚瓦泥土，是同是別？

既是如此，雪竇爲什麼道："杖子忽擊著，方知辜負我？"因甚却成個"辜負"去？只是未得拄杖子在。且道雪竇頌木佛不渡火，爲什麼却引破竈墮公案？老僧直截與爾說，他意只是絕得失情塵意想，淨裸裸地，自然見他親切處也。（《碧巖錄》第九十六則）

◎示衆云："泥佛不渡水，木佛不渡火，金佛不渡爐，真佛内裏坐。大衆，趙州老子十二劑骨頭，八萬四十毛孔，一時拋向諸人懷裏了也。圓通今日遇見不平，爲古人出氣。"以手拍禪床云："須知海嶽歸明主，未信乾坤陷吉人。"（《白雲守端禪師語錄》卷上，《白雲守端禪師廣錄》卷一，《五燈會元》卷十九《白雲守端》，《正法眼藏》卷三，《禪林類聚》卷二，《列祖提綱錄》卷九，《續傳燈錄》卷十三）

◎上堂，舉趙州道："泥佛不渡水，金佛不渡爐，木佛不渡火。大衆且道，古佛渡個什麼？古佛不渡衲僧秤子。爲什麼如此？左眼半斤，右眼八兩。"（《白雲守端禪師廣錄》卷一）

◎上堂云："金佛不渡爐，妙相圓明會也無？泥佛不渡水，落落圓音美復美。木佛不渡火，蕭蕭古殿無關鎖。是須撒手直歸家，莫向半途空懊懺。諸禪德，且作麼生是歸家底事？"良久云："還會麼？獨坐枯根石頭上，四溟

無浪月輪孤。"(《丹霞子淳禪師語錄》卷上)

◎上堂:"金佛不渡爐,木佛不渡火,泥佛不渡水,真佛屋裏坐。趙州和尚吐心吐膽,恁麼告報了也,還有知恩報恩者麼?"便下座。(《大慧錄》卷二,《宗門拈古彙集》卷十六,《宗鑑法林》卷十六)

◎"全鋒敵聖,罕遇知音。同死同生,萬中無一。且道同死同生底,是什麼面目?"蕎拈拄杖云:"趙州和尚來也!金佛不渡爐,木佛不渡火,泥佛不渡水。"卓一下云:"百雜碎,沒縫罅。明眼衲僧,盲聾暗瘂。"(《大慧錄》卷九,《列祖提綱錄》卷三十八)

◎爾不透了,纔作道理要透,便千里萬里沒交涉也。擬心湊泊他,擬心思量他,向舉起處領略,擊石火閃電光處會,這個方始是病,世醫拱手,然究竟不干禪事。趙州云:"要與空王爲弟子,莫敎心病最難醫。"(《大慧錄》卷十四,《列祖提綱錄》卷十四,《續傳燈錄》卷二十七)

◎人人分上具足,個時節無男女差別等相,純一清淨妙明,喚作真實相,一切皆盡,便見趙州道泥佛不渡水,木佛不渡火,金佛不渡爐。到這裏有因緣底,有形相底,有名字底,俱立不得。若是真佛屋裏坐,個時三世諸佛,仰望不及;歷代祖師,傳持不得;天下老和尚,橫說竪說說不著;唯是自己深證始得,如人飲水冷暖自知。(《宏智廣錄》卷五)

◎僧云:"趙州道泥佛爲甚麼不渡水?"師云:"消碎盡去也。"僧云:"金佛爲甚麼不渡爐?"師云:"烹煉盡去也。"僧云:"木佛爲甚麼不渡火?"師云:"燒爇盡去也。"僧禮拜。(《宏智廣錄》卷五)

◎上堂云:"金佛不渡爐,木佛不渡火,泥佛不渡水,真佛屋裏坐。萬牛挽不回,千個與萬個。好事積如山,只緣輕放過。不放過,今日鐘山甘話墮。"(《應菴曇華禪師語錄》卷五)

◎建聖節上堂:"金佛不渡爐,木佛不渡火,泥佛不渡水,真佛屋裏坐。趙州和尚恁麼說話,當頭道著,美則美矣,要且未有末後句。今日黃龍建聖節,且道末後一句又作麼生?大千沙界歸皇化,億萬斯年祝聖躬。"(《無門慧開禪師語錄》卷上)

◎上堂:"金佛不渡爐,道士念蘇嚧。木佛不渡火,嵩山打竈墮。泥佛不渡水,鐘馗嚇小鬼。真佛屋裏坐,嗄,趙州老漢,敗露了也。大衆,若還未知,更聽國清擘破面皮揭示看。"以手作擘面勢:"何似鐘山寶公?"(《斷橋妙倫禪師語錄》卷上)

321

◎上堂："金佛不渡爐，木佛不渡火，泥佛不渡水，且道真佛畢竟在什麼處？只知事逐眼前過，不覺老從頭上來。"（《石田法薰禪師語錄》卷一）

◎上堂："金佛不渡爐，木佛不渡火，泥佛不渡水，真佛內裏坐。金佛木佛泥佛，諸人總識。且如何是真佛？有般齷漢便道，長者長法身，短者短法身。殊不知我王庫內，無如是刀。"（《元叟行端禪師語錄》卷二）

◎趙州三佛

泥佛不渡水，毘嵐風忽起。大地黑漫漫，衲僧爭敢視。

金佛不渡爐，鐵裏夜明珠。一槌俱粉碎，清光何處無。

木佛不渡火，掣開金殿鎖。內外絕遮攔，時人猶懡㦬。（《高峰原妙禪師語錄》卷下，《宗鑑法林》卷十六）

◎趙州上堂："金佛不渡爐，木佛不渡火，泥佛不渡水，真佛內裏坐。"頌曰：

泥佛不渡水，神光照天地。立雪如未休，何人不雕偽。金佛不渡爐，人來訪子胡。牌中數個字，清風何處無。木佛不渡火，常思破竈墮。杖子忽擊著，方知孤負我。雪竇顯［《禪林類聚》卷二，《建中靖國續燈錄》卷二十八頌古《雪竇重顯》，《宗鑑法林》卷十六］

并却泥佛金木佛，趙州放出遼天鶻。東西南北謾抬頭，萬里重雲只一突。白雲端［《白雲守端禪師語錄》卷下，《白雲守端禪師廣錄》卷四，《禪林類聚》卷二］

泥佛不渡水，法華前陣曾止止。君之退步若參詳，不使縱然波浪起。金佛不渡爐，海上江山入畫圖。千手大悲徒著力，却慚舜若眼眉粗。木佛不渡火，多口阿師曾議過。隈刀避箭不堪論，無限英雄又蹉過。大潙秀

金佛木佛泥佛，渡爐渡水渡火。盡入趙州紅爐，烈燄光中鍛過。一聲白雪陽春，萬古無人能和。鼓山珪［《古尊宿語錄》卷四十七，《禪林類聚》卷二］

九十七種妙相，顧陸丹青難狀。趙州眼目精明，覷見心肝五臟。徑山果［《古尊宿語錄》卷四十七，《禪林類聚》卷二］

木佛不渡火，甘露臺前逢達磨。惆悵洛陽人未來，面壁九年空冷坐。金佛不渡爐，坐嘆勞生走道途。不向華山圖上看，豈知潘閬倒騎驢。泥佛不渡水，一道靈光照天地。堪羨玄沙老古錐，不要南山要鱉鼻。三聖昌［《嘉泰普燈錄》卷六《三聖繼昌》，《五燈會元》卷十七，《續傳燈錄》卷二十二，《蜀中廣記》卷八十四，《宗鑑法林》卷十六］

三佛形容總不真，眼中瞳子面前人。若能信得家中寶，啼鳥山花一樣春。冶父川［《宗鑑法林》卷十六］

金佛不渡爐，風光滿帝都。少年花酒客，大醉幾人扶。木佛不渡火，大士無人我。毫厘念不差，永劫遭覊鎖。泥佛不渡水，明月照千里。風高古木秋，凍盡長江底。□□□

金佛不渡爐，窮源有處無。木佛不渡火，渾崙咬不破。泥佛不渡水，何處不是你。真佛屋裏坐，趙州言是禍。水牯會耕田，黃牛能拽磨。常菴崇［《嘉泰普燈錄》卷二十七《頌古上常菴崇》］

金佛不渡爐，圓光爍太虛。直下便薦得，不用更躊躇。木佛不渡火，院主眉毛墮。烈燄亘天虹，舍利無一顆。泥佛不渡水，衲僧難下嘴。擬議隔千山，迢迢十萬里。真佛內裏坐，趙州休話墮。覿面便承當，抬眸即蹉過。金佛木佛泥佛，穿來擲過閻浮。更說真佛在內，無端已被塗糊。尼無著總

真佛屋裏坐，開口成話墮。幸自可憐生，教我說甚麼。月林觀

泥佛金佛木佛，渡水渡火渡爐。妙體本來無處所，莫將真佛強塗糊。天目禮（《禪宗頌古聯珠通集》卷十八）

◎開爐進退兩序上堂。僧問："如何是金佛不渡爐？"師云："蘇盧蘇盧。"進云："如何是木佛不渡火？"師云："悉利悉利。"進云："如何是泥佛不渡水？"師云："趙州東院西。"進云："如何是真佛內裏坐？"師云："嵩山破竈墮。"僧禮拜。師乃云："東邊是知事，西邊是頭首。師子兒哮吼，龍馬駒孛跳。火爐闊一丈，古鏡闊一丈。古佛塔廟前，面南看北斗。"（《月江正印禪師語錄》卷上）

◎上堂："金佛不渡爐，木佛不渡火，泥佛不渡水，真佛屋裏坐。"喝一喝云："文殊普賢，因甚在你腳跟下過。"（《笑隱大訢禪師語錄》卷一）

◎鑄佛上堂。僧問："如何是金佛不渡爐？"師云："填溝塞壑。"進云："如何是木佛不渡火？"師云："正是時。"進云："如何是泥佛不渡水？"師云："東西南北，十萬八千。"乃云："泥佛浸了也，木佛燒了也，金佛熔了也，真佛勘破了也，趙州老漢趁出院了也，一去更不再來。咄。"（《楚石梵琦禪師語錄》卷三，《列祖提綱錄》卷二十八）

◎這一段事，近在口皮邊，遠在河沙國。不可以有無卜度，不可以難易論量。滯於文字語言，則爲文字語言所縛。泥於蒲團禪板，則爲蒲團禪板所拘。凡坐禪者，多不脫透。若不著有，即便著無。著有則以無除之，著無恁

麼生除得？欲與空王爲弟子，莫教心病最難醫。據實而論，釋迦出世，達摩西來，歷代傳燈，無風起浪。忽然覷破，三界平沈。却來觀世間，猶如夢中事。到這個田地，方始好坐禪。(《楚石梵琦禪師語錄》卷九)

◎上堂："金佛不渡爐，木佛不渡火，泥佛不渡水，真佛屋裏坐。趙州眼光爍破四天下，未免錯認驢鞍橋，作阿爺下頷。畢竟如何？覓佛不見佛，討祖不見祖。甜瓜徹蒂甜，苦瓠連根苦。"(《愚菴和尚語錄》卷二)

◎趙州示衆三轉語　○主意：舉妄明真，旨明了性非相。總結：不落二邊

泥佛不渡水，神光照天地。上標下柱 立雪如未休，何人不雕僞？光未見祖，妄生穿鑿。見祖方悟，心非外得

金佛不渡爐，人來訪紫胡。同前 牌中數個字，清風何處無？前示其體，今示其用。若然會得，天下橫行

木佛不渡火，常思破竈墮。同前 杖子忽擊著，方知辜負我。一體一用，皆是今時。忽然脫落，本來尊貴(《雪竇頌古直註》卷下)

◎金佛不渡爐

金佛木佛，泥佛真佛。精精靈靈，涸涸㳠㳠。眼中瞳子面前人，作者相逢莫輕忽。(《恕中無慍和尚語錄》卷三)

◎示衆："古人道：'千人萬人，盡是覓佛漢，於中求一個道人無。欲與空王爲弟子，莫教心病最難醫。'諸上座且道覓佛漢與道人，相去多少？大須分個皂白，不可顢頇。何以故？只爲般若有相似底。所以道佛祖如生冤家，始有學道分。汝等離了鄉土，離了師長，千山萬水行脚到此，專爲學佛學法，爲甚却道如生冤家？不見洞山云：'擬將心意學玄宗，大似西行却向東。'汝若將心學佛，將心學道，窮劫盡形，終不能得。不如息念忘慮，佛自現前。今時不得已，教人從者邊打翻那邊消息，要且圖個話會，其餘有什麼交涉。諸上座，特地現成，擬心即差。究實而論，不落見聞槖白，乃可歸家穩坐。珍重。"(《長慶宗寶禪師語錄》卷二)

◎吳中泛海石佛贊 并序

夫像設之始，莫始於優填王金像，與旃檀像。像設之靈奇，則莫靈奇於阿育王銅像，與吳中石像。夫金佛不渡爐，木佛不渡火，則石佛不渡水明矣。而吳中石佛，乃出沒大海，浮沈驚濤。螺髮繩衣，跏趺於碧琉璃上。現大希奇，魚龍悲仰。濟海入吳，而獨應朱氏父子之請。由是觀之，石佛既以渡水，則金佛渡爐，木佛亦渡火矣。予是以知無物非心，無像非真。(中略)

贊曰：

　　金佛不渡爐，木佛不渡火。石佛能渡水，多生願力故。（《紫柏老人集》卷十七）

　　◎送靜菴知客之燕京造佛像歌 有引

　　靜菴上人將鑄銅爲像，一旦辭予出山，予問此行奚爲，曰：“造佛去。”予曰：“佛如可造，空可青黃。若知泥佛不渡水，金佛不渡爐乎？莫若鑄心爲佛。大水稽天弗能漂，劫火洞然弗能燒，顧不偉哉，焉用範銅爲乎？”上人曰：“我聞冰可以爲水，色可以爲空，土木銅鐵，皆可以目得之，色乎非乎？若然者，心無形段，空無邊際。即空即心，即心即空。空兮心兮，孰得而思議之。範銅爲佛，有何不可？”（《紫柏老人集》卷二十九）

　　◎佛殿：“金佛不渡爐，木佛不渡火，泥佛不渡水且置，只如趙州道真佛屋裏坐，不知面皮厚多少。大衆今日，且道禮甚麼佛？”（《永覺和尚廣錄》卷二）

　　◎金佛不渡爐，木佛不渡火，泥佛不渡水，真佛屋裏坐。老趙州慈悲太殺，曲設多方，也是按牛頭喫草。（《列祖提綱錄》卷十三）

　　◎趙州上堂：“金佛不渡爐，木佛不渡火，泥佛不渡水，真佛屋裏坐。”仰山欽云：“揭示如來正體，發明向上宗猷，趙州固是好手，只是不合強生節目。雪巖見處，又且不然。金佛渡爐，木佛渡火，泥佛渡水，真佛喌，切忌話墮。忽有個漢出來道：‘你恁麼説，正是強生節目。’拍膝一下云：‘將謂無人證明。’”[《雪巖祖欽禪師語錄》卷一，《宗鑑法林》卷十六]

　　天界盛云：“大小妙喜，不識好惡。盡大地人，被趙州刳了眼睛鼻孔，將個無位真人推下萬丈深坑，至今求出頭不得。徑山今日爲伊出隻手，救拔去也。金佛須渡爐，木佛須渡火，泥佛須渡水，真佛不許他在黑山下作鬼家活計。直教劍刃上行，火燄裏走，入生死流，闢聖凡路。顯全機大用，向如意頭上縱橫無礙去也。會麼？換骨洗腸重整頓，通身手眼更須參。”（《宗門拈古彙集》卷十六）

　　◎跋趙州三佛話

　　金佛不渡爐，木佛不渡火，泥佛不渡水，真佛內裏坐。南嶽磨磚，江西鹽醬，不是過也。又云：非四十年不雜用心者，不知斯言簡盡。（《御選語錄》卷十一《玉琳琇》）

(二一〇)

問:"百骸俱潰散,一物鎮長靈時如何?"師云:"今朝又風起。"〔《古尊宿語錄》卷十三〕

【箋註】

○百骸俱潰散,一物鎮長靈:《祖堂集》卷四《丹霞玩珠吟》:"識得衣中寶,無明醉自醒。百骸俱潰散,一物鎮長靈。"《註心賦》卷二:"設戴角披毛之者,本性非殊。任形消骨散之人,至靈常在。註 如《般若吟》云:'百骸雖潰散,一物鎮長靈。'又《首楞嚴經》云:'縱汝形銷命光遷謝,此性云何為汝銷滅?'"《宏智廣錄》卷四:"僧問:'百骸俱潰散,一物鎮長靈。作麼生是長靈底物?'師云:'湛存羣象外,卓立萬機先。'"《聯燈會要》卷二十七《清涼泰欽》:"僧問:'百骸俱潰散,一物鎮長靈。未審百骸、一物相去少?'師云:'百骸一物,一物百骸。'"《普照禪師修心訣》:"色身是假,有生有滅。真心如空,不斷不變,故云百骸潰散,歸火歸風。一物長靈,蓋天蓋地。"《緇門警訓》卷五《大智律師警自甘塗炭者》:"或云:'百骸潰散,一物長靈。'或云:'形散氣消,歸於寂滅。'如是種種臆度矯亂,皆不出凡夫外道斷常二見。"

【集評】

◎趙州百骸

百骸一物貞薰天,風起今朝病一般。酷恨雙雙醫不得,枕邊空聽鴈聲寒。(《運菴普巖禪師語錄》)

◎趙州因僧問:"百骸俱潰散,一物鎮常靈時如何?"州曰:"今朝又風起。"

徑山杲云:"今朝又風起,鬧處莫插嘴。觸著閻羅王,帶累陰司鬼。"〔《大慧錄》卷八,《宗鑑法林》卷十七。"鬧處",《宗鑑法林》作"鬧市"〕

天寧琦云:"天寧下個註脚,也要醉後添杯。今朝又風起,不必更疑猜。

就地撮將黃葉去，入山推出白雲來。"〔《楚石梵琦禪師語錄》卷十，《宗鑑法林》卷十七〕

靈巖儲云："今朝又風起，老君元姓李。寥寥宇宙間，極目誰知己？"喝一喝。（《宗門拈古彙集》卷十七，《宗鑑法林》卷十七）

（二一一）

問："三乘十二分教即不問，如何是祖師西來意？"師云："水牯牛生兒也，好看取！"云："未審此意如何？"師云："我亦不知。"〔《古尊宿語錄》卷十三〕

（二一二）

問："萬國來朝時如何？"師云："逢人不得喚。"〔《古尊宿語錄》卷十三〕

【箋註】

〇萬國來朝：《圓悟錄》卷四："德基永固金剛界，萬國來朝賀聖明。"《續古尊宿語要》卷五《木菴永》："未離兜率降王宮，天上人間無比類。萬國來朝仰聖明，南山又見添蒼翠。"

（二一三）

問："十二時中，如何淘汰？"師云："東河水濁，西水流急。"云："還得見文殊也無？"師云："者闍瞳漢，什麼處去來？"〔《古尊宿語錄》卷十三〕

【箋註】

○淘汰：淘汰妄情雜念，使心性歸於澄明皎潔。《圓悟錄》卷十四："是故古德坐脫、立亡、行化、倒蛻，能得勇健，皆是平昔淘汰得淨潔。"《從容錄》第四十七則："淘汰知見。"《石溪心月禪師雜錄》："往往禪宴之暇，一歌一詠，以淘汰業識，疏通性源。"《長慶宗寶禪師語錄》卷一："進云：'聖凡情盡，還容淘汰麼？'師又豎一拳。"《紫柏老人集》卷二十一："故宗門大老悟心之後，必皆遍遊諸方，參求知識，淘汰見地。"《溈山警策句釋記》卷下："然真如體性，本自虛淨，而爲無量煩惱垢之所染。若不假內因外緣交熏，種種淘汰，則無由得淨，復本真明。"

（二一四）

問："如何是道場？"師云："你從道場來，你從道場去。脫體是道場，何處更不是？"〔《古尊宿語錄》卷十三〕

【箋註】

○脫體是道場，何處更不是：脫體，全體。兩句語意出《維摩經》，禪林多有提倡。《楞伽師資記·道信》："夫身心方寸，舉足下足，常在道場。施爲舉動，皆是菩提。"《禪宗永嘉集·答朗禪師書》："若能了境非有，觸目無非道場。"《祖堂集》卷二《惠能》："一行三昧者，於一切處行住坐臥，皆一直心，即是道場，即是淨土，此之名爲一行三昧。"《明覺語錄》卷四："師因在莊，數僧侍立次，師問云：'維摩老云：步步是道場。這裏何似山裏？'衆下語，師皆不諾。"《景德傳燈錄》卷二十七《諸方拈代》："誌公云：'每日拈香擇火，不知身是道場。'玄沙云：'每日拈香擇火，不知真個道場。'"《圓悟錄》卷六："金剛正體露堂堂，舉足無非大道場。"《祖庭事苑》卷二《雪竇瀑泉》："步步道場 《維摩詰經》云：光嚴童子白佛言：憶念我昔出毘耶離大城，我即爲作禮而問言：'居士從何所來？'答我言：'吾從道場來。'我問：'道場者何所是？'答曰：'直心是道場，無虛假故。'乃至善男子菩薩，若應諸波羅蜜，教化衆生諸有所作，舉足下足，當知皆從道場來，住於佛法矣。"《建中靖國續燈錄》卷十九《真覺志添》："不離十二時中，行住坐臥皆是古佛道場。"《宏智廣錄》卷一："一切處是爾坐道場，一切處是爾作佛事。"《請益錄》第七十七則："光嚴童子問維摩居士：'從何處來？'士曰：'吾從道場來。'子云：'道場者，何所是？'維摩廣説三十餘句，乃至舉足下足，皆是道場。"

（二一五）

問："萌芽未發時如何？"師云："嗅著即腦裂。"云："不嗅時如何？"師云："無者閑工夫。"〔《古尊宿語錄》卷十三〕

【箋註】

○萌芽未發時：此指相對意識未生起時。《曹山錄》："正中偏，三更初夜月明前。"揀云："黑白未交時辨取。"又云："萌芽未生之時。"《觀心玄樞》："是以但徇其名者，只爲不見自性。發萌芽於境上，起覺觀於心中。水動珠昏，雲飛月隱。"《天聖廣燈錄》卷二十二《崇勝廣祚》："未語已前誰辨示，洎乎開口見萌芽。"《建中靖國續燈錄》卷十三《隆慶閑》："靈龜未兆之前，萌芽未發已前，若有人道得，可謂無師智、自然智。"《憨山老人夢遊集》卷六："今欲舊業消除，先要發起大智慧光，照破無明，不許妄想萌芽，潛滋暗長。"

（二一六）

問："如何數量？"師云："一二三四五。"云："數量不拘底事如何？"師云："一二三四五。"〔《古尊宿語錄》卷十三〕

【箋註】

○本則公案主指，係提示"一二三四五"，既是生死煩惱的現象世界，也是超越寧靜的禪悟境界。《五燈會元》卷九《定山神英》："問：'不落數量，請師道。'師提起數珠曰：'是落不落？'"

(二一七)

問："什麼世界即無晝夜？"師云："即今是晝是夜？"云："不問即今。"師云："爭奈老僧何。"〔《古尊宿語錄》卷十三〕

【箋註】

○什麼世界是即無晝夜：意爲什麼樣的世界纔是泯滅了晝夜等一切相對觀念的世界？　○即今是晝是夜：趙州禪師的答語暗示，一念迷，無晝夜世界是有晝夜世界。一念悟，有晝夜世界既是無晝夜世界。

(二一八)

問："迦葉上行衣，不踏曹溪路，什麼人得披？"師云："虛空不出世，道人都不知。"〔《祖堂集》卷十八，《古尊宿語錄》卷十三〕

【校記】

《祖堂集》卷十八："問：'迦葉上行衣，什摩人合得被？'師云：'七佛虛出世，道人都不知。'"

【箋註】

○迦葉上行衣：《景德傳燈錄》卷二十三《烏牙行朗》："問：'迦葉上行

衣，何人合得披？'師曰：'天然無相子，不掛出塵衣。'"《天聖廣燈錄》卷二十一《諲禪師》："問：'迦葉上行衣，何人合得披？'師云：'大庾嶺頭提不起，方知不是我同人。'"《五燈會元》卷七《香溪從範》："師披衲衣次，説偈曰：'迦葉上行衣，披來須捷機。'"《月江正印禪師語錄》卷上："迦葉上行衣，輪王髻中寶。得來本自無心，披處長短恰好。"

（二一九）

問："如何是混而不雜？"師云："老僧菜食長齋。"云："還得超然也無？"師云："破齋也。"〔《古尊宿語錄》卷十三〕

【箋註】
○混而不雜：《禪宗頌古聯珠通集》卷三十六："問：'如何是用而不雜？'師曰：'明月堂前垂玉露，水精殿裏璨真珠。'頌曰：'混而不雜體常虛，雪月交光類莫如。應處萬端無罣礙，片雲自在卷還舒。'"自得暉《宗門或問》："且如眼之放光也，森羅萬象，洞鑑分明。混而不雜，分而不離。重重涉入，彼此互容。"

（二二○）

問："如何是古人之言？"師云："諦聽，諦聽。"〔《古尊宿語錄》卷十三〕

【集評】
上堂，舉："僧問趙州：'如何是古人言？'州云：'諦聽！諦聽！'"師曰："諦聽即不無，切忌喚鐘作甕。"（《嘉泰普燈錄》卷十八《西禪鼎需》，《續古尊宿語要》卷五）

(二二一)

問:"如何是學人本分事?"師云:"與麼嫌什麼?"〔《古尊宿語錄》卷十三〕

【箋註】
〇本分事:詳(十二)註。

(二二二)

問:"萬法歸一,一歸何所?"師云:"我在青州作一領布衫,重七斤。"〔《景德傳燈錄》卷十,《聯燈會要》卷六,《五燈會元》卷四,《古尊宿語錄》卷十三,《古今合璧事類備要·前集》卷四十八,《續傳燈錄》卷三十四,《指月錄》卷十一〕

【集評】
◎酬仰山圓監院布衫
墨黲襴衫誰辨別,袖頭打領頗相宜。趙州曾示七斤重,洞上全提寶八機。(《黃龍四家錄·黃慧南禪師語錄》)

◎舉僧問趙州:"萬法歸一,一歸何處?"捞著這老漢。堆山積嶽。切忌向鬼窟裏作活計 州云:"我在青州,作一領布衫,重七斤。"果然七縱八橫。拽却漫天網。還見趙州麼。衲僧鼻孔曾拈得。還知趙州落處麼。若這裏見得,便乃天上天下唯我獨尊。水到渠成,風行草偃。苟或未然,老僧在爾脚跟下。

若向一擊便行處會去,天下老和尚鼻孔一時穿却,不奈爾何,自然水到渠成。苟或躊躇,老僧在爾脚跟下。佛法省要處,言不在多,語不在繁。只如這僧問趙州:"萬法歸一,一歸何處?"他却答道:"我在青州作一領布衫,重七斤。"若向語句上辨,錯認定盤星;不向語句上辨,爭奈却恁麼道。這個公案,雖難見却易會,雖易會却難見。難則銀山鐵壁,易則直下惺惺,無爾計較是非處。此話與普化道"來日大悲院裏有齋"話，更無兩般。一日僧問趙州："如何是祖師西來意？"州云："庭前柏樹子。"僧云："和尚莫將境示人。"州云："老僧不曾將境示人。"看他恁麼向極則轉不得處轉得，自然蓋天蓋地。若轉不得，觸途成滯。且道他有佛法商量也無？若道他有佛法，他又何曾說心說性，說玄說妙；若道他無佛法旨趣，他又不曾辜負爾問頭。豈不見，僧問木平和尚："如何是佛法大意？"平云："這個冬瓜如許大。"又僧問古德："深山懸崖迥絕無人處，還有佛法也無？"古德云："有。"僧云："如何是深山裏佛法？"古德云："石頭大底大小底小。"看這般公案，誵訛在什麼處？雪竇知他落處，故打開義路，與爾頌出。

編辟曾挨老古錐，何必拶著這老漢。挨拶向什麼處去 七斤衫重幾人知？再來不直半分錢。直得口似匾擔，又却被他贏得一籌 如今拋擲西湖裏，還雪竇手脚如得。山僧也不要 下載清風付與誰？自古自今。且道雪竇與他酬唱，與他下註脚？一子親得

十八問中，此謂之編辟問。雪竇道"編辟曾挨老古錐"，編辟萬法，教歸一致。這僧要挨拶他趙州，州也不妨作家，向轉不得處有出身之路，敢開大口，便道"我在青州作一領布衫，重七斤"。雪竇道，這個七斤布衫能有幾人知？如今拋擲西湖裏，萬法歸一，一亦不要，七斤布衫亦不要，一時拋在西湖裏。雪竇住洞庭翠峰，有西湖也。

"下載清風付與誰"，此是趙州示眾："爾若向北來，與爾上載；爾若向南來，與爾下載；爾若從雪峰、雲居來，也是個擔板漢。"雪竇道，如此清風堪付阿誰？上載者，與爾說心說性，說玄說妙，種種方便。若是下載，更無許多義理玄妙。有底擔一擔禪，到趙州處，一點也使不著，一時與他打疊，教灑灑落落無一星事，謂之悟了還同未悟時。

如今人盡作無事會，有底道：無迷無悟，不要更求，只如佛未出世時，達摩未來此土時，不可不恁麼也，用佛出世作什麼，祖師更西來作什麼？總如此，有什麼干涉。也須是大徹大悟了，依舊山是山水是水，乃至一切萬法，悉皆成現，方始作個無事底人。不見龍牙道："學道先須有悟由，還如曾鬥快龍舟。雖然舊閣閑田地，一度贏來方始休。"只如趙州這個七斤布衫話子，看他古人恁麼道如金如玉，山僧恁麼說，諸人恁麼聽，總是上載，且道作麼生是下載？三條椽下看取。（《碧巖錄》第四十五則）

◎上堂云："採得葛藤成路布，縱橫十字上高機，通身是眼無人識，唯

有山僧識得伊。"良久，云："今日呈似大衆，且道何似趙州底？還相委悉麼？袖頭打領。"（《建中靖國續燈錄》卷十五《瑞巖有居》）

◎上堂云："佛祖不立，雨落街頭自濕；凡聖何依？晴乾自是無泥。方知頭頭皆是道，法法本圓成，休說趙州七斤衫，曹源一滴水。須彌頂上浪滔天，大洋海底紅塵起。咦！是何道理？參。"（《建中靖國續燈錄》卷二十四《慧力洞源》，《續傳燈錄》卷二十六）

◎或者見古人公案，不可以理路商量處，便著一轉"没交涉"底語，一應應過，謂之玄妙，亦謂之不涉義路，亦謂之當機透脫。如僧問趙州"萬法歸一，一歸何所"，州云"我在青州作一領布衫，重七斤"之類，多少人錯商量，云："這僧致得設個問頭奇特，不是趙州有出身之路，便奈何不得"；云："萬法歸一，一更無所歸。若有所歸，即有實法。所以趙州識得破，當機妙用，一應應過"；云："'我在青州作一領布衫，重七斤。'趙州這一轉語，直是奇特，不落有無，答得甚妙。"（中略）如此之流，盡是癡狂外邊走。（《大慧錄》卷十四）

◎雲峰悦和尚因僧入室，舉僧問趙州："萬法歸一，一歸何所？"悦便喝，僧茫然。悦問："趙州道甚麼？"僧擬議，悦以拂子驀口打。（《正法眼藏》卷五，《古尊宿語錄》卷四十一《雲峰文悦》）

◎舉趙州諗禪師，僧問："萬法歸一，一歸何處？"師云："老僧在青州作一領布衫，重七斤。"

拈云："這僧開典庫三十年，尚不識一文錢。趙州八十年行腳，且不知有言語。要會機鋒親的處，直須穿領趙州衫。"

循水尋流不見源，逢人相問豈堪言。知君背覺勞生解，謾語皆真意普賢。（《普菴印肅禪師語錄》卷下）

◎上堂："歸根得旨，百草頭薦取老僧。隨照失宗，三根椽下照顧鼻孔。昔日僧問趙州和尚：'萬法歸一，一歸何處？'州云：'我在青州作一領布衫，重七斤。'有般底聞人恁麼舉，便道：'趙州問東答西，不存窠臼。'且是辜負手也。且道趙州旨趣，在什麼處？"良久云："水因有月方知淨，天爲無雲始見高。"（《慈受深和尚廣錄》卷三）

◎上堂舉僧問趙州："萬法歸一，一歸何處？"州云："我在青州作一領布衫，重七斤。"又僧問文殊："萬法歸一，一歸何處？"殊云："黃河九曲。"師云："黃河九曲，七斤布衫。胡馬嘶北，越鳥巢南。衲僧恰到真常處，語

不欺人面不慚。"（《宏智廣錄》卷四）

◎青州布衫，鎮州蘿蔔。當家行眼裏有筋，本色漢舌頭無骨。（《宏智廣錄》卷四）

◎哆哆和和也，問若剪答如裁。轟轟磕磕也，喝如雷棒如雨。洞山佛對三斤麻，趙州衫重七斤布。（《宏智廣錄》卷四）

◎青州布衫

馬面驢腮無處雪，海竭山摧天地裂。老古錐，太孤絕，龜毛拂去眼中塵，兔角杖敲空裏月。（《瞎堂慧遠禪師廣錄》卷四）

◎黃龍室內三關語，趙老青州一布衫。何事臨分無別說，則川龐老是同參。（《雪峰慧空禪師語錄》）

◎湛堂曰："道者古今正權，善弘道者要在變通。不知變者，拘文執教，滯相殢情，此皆不達權變故。僧問趙州：'萬法歸一，一歸何處？'州云：'我在青州作領布衫，重七斤。'謂古人不達權變，能若是之酬酢？"（《禪林寶訓》卷二）

◎室中問僧："萬法歸一，一歸何處？"云："新羅國裏。"曰："我在青州作一領布衫重七斤㘿。"云："今日親見趙州。"（《嘉泰普燈錄》卷十八《西禪鼎需》，《五燈會元》卷二十）

◎上堂曰："秋雨乍寒，汝等諸人青州布衫成就也未？"良久，喝曰："雲溪今日冷處著一把火！"便下座。（《嘉泰普燈錄》卷二十一《報恩成》，《五燈會元》卷二十）

◎問："趙州七斤布衫，多年還破碎也無？"

答："一回拈出一回新。"

頌："一回拈出一回新，信手拈來用最親。百二十年提掇畢，至今依舊不離身。"（《通玄百問》）

◎舉僧問趙州："萬法歸一，一歸何處？"州云："我在青州作一領布衫，重七斤。"頌云："萬法歸一，一何歸，海口難酬這一問。不得青州一領衫，幾乎喪却窮性命。"（《石田法薰禪師語錄》卷二）

◎僧問趙州萬法歸一

師云："這個老漢，有年無德，被人逼著，直得踰牆透壁。若是徑山則不然。或有問萬法歸一，一歸何處，只向佗道：有馬騎馬，無馬步行。"（《佛鑑禪師語錄》卷四）

◎上堂："人貧志短，馬瘦毛長。趙州云：'我青州作一領布衫重七斤。'"師云："有年無德，洞山見兔放鷹，知生不知其死。大衆，欲出生死，不涉有無，大用現前，勿隨言語。"（《古尊宿語錄》卷四十二《真淨克文》，《續古尊宿語要》卷二）

◎舉僧問趙州："萬法歸一，一歸何處？"州云："我在青州作一領布衫，重七斤。"又僧問文殊："萬法歸一，一歸何處？"殊云："黃河九曲。"師云："黃河九曲，七斤布衫。"（《續古尊宿語要》卷二《宏智覺》）

◎"承言須會宗，勿自立規矩。所以僧問趙州：'萬法歸一，一歸何處？'州云：'我在青州作一領布衫，重七斤。'"師云："趙州布衫，雖然斤兩分明，爭奈無人知落處。敢問大衆：既是斤兩分明，爲甚却不知落處？"拈起拄杖云："時人只看絲綸上，不見蘆花對蓼紅。"（《續古尊宿語要》卷四《別峰珍》）

◎舉僧請益翠巖曰："有僧問趙州：'萬法歸一，一歸何所？'"巖便喝，僧茫然。巖却問："趙州道什麼？"僧擬舉，巖打一拂子，喝出。

拈云："洪機在掌，排巨靈擘太華之威。明鏡當臺，絕演若逐東西之怖。當時若不是這僧，洎合錯祇對。"（《續古尊宿語要》卷六《別峰雲》）

◎僧問趙州："萬法歸一，一歸何處？"州云："我在青州作一領布衫，重七斤。"

師云："趙州一段綿密工夫，風吹不入，雨打不濕。惜乎不解相體裁衣，翻成鈍置。高峰則不然，忽有人問萬法歸一，一歸何處，只向他道：'我二十年前，曾向遮裏打失一隻眼睛，至今指鹿爲馬。'大衆，且道與古人相去多少？"（《高峰原妙禪師語錄》卷下）

◎上堂，舉趙州僧問："萬法歸一，一歸何處？"趙州答云："我在青州作得一領布衫，重七斤。"師頌曰："青州布衫重七斤，由來錯認定盤星。那知富士山孤峻，到頂須行三日程。"（《兀菴普寧禪師語錄》卷中）

◎我宗無語句，亦無一法與人。志氣相并之士，入此門來，如刀林劍刃上行，不容擬住。猛省著力，向一句下轉得去，胸次自然虛豁。如趙州青州布衫話便是樣子。等閑地遭人編辟將來，不勞餘力，被他轉去，所謂我若向刀山，刀山自摧折。（《石溪心月禪師語錄》卷中）

◎舉僧問趙州："萬法歸一，一歸何所？"州云："我在青州作一領布衫，重七斤。"師拈云："趙州老兒，只知淚出痛腸，不覺舌在口外。忽有人問壽

山萬法歸一，一歸何所，和聲便打。"（《雲谷和尚語錄》卷下）

◎禪法——趙州布衫

趙州東院亦曰觀音院，從諗禪師住，云言滿天下。時謂趙州門風，皆悚然信向。有僧問："萬法歸一，一歸何所？"師曰："老僧在青州作得一領布衫，重七斤半。"并古禪師語錄（《錦繡萬花谷·前集》卷二十八）

◎趙州因僧問："萬法歸一，一歸何所？"師曰："老僧在青州作得一領布衫，重七斤。"頌曰：

編辟曾挨老古錐，七斤衫重幾人知。而今拋向西湖裏，下載清風付與誰。雪竇顯［《禪林類聚》卷四，《指月錄》卷十一，《宗鑑法林》卷十八］

七斤衫重豈難提，日出東方定落西。一擊珊瑚枝粉碎，轟轟雷雨滿山溪。白雲端［《白雲守端禪師語錄》卷下，《白雲守端禪師廣錄》卷四，《禪林類聚》卷四］

獨坐獨行真竭斗，無規無矩老禪和。四方八面難拘檢，天下誰能奈你何。保寧勇［《禪林類聚》卷四］

問來親切布衫酬，指出青州是舊遊。皓月當空澄巨浸，鯨鯢無奈不吞鉤。照覺總［《宗鑑法林》卷十八］

趙州布衫重七斤，問處分明答處親。大地山河都蓋却，誰是當機裁剪人。文殊道

七斤衫重絕纖埃，妙手何人解剪裁。堪笑東村王大伯，滿身風雨入門來。普融平［《禪林類聚》卷四。"王大伯"，《禪林類聚》作"王大姐"］

青州七斤衫，盡力提不起。打破趙州關，總是自家底。徑山杲［《古尊宿語錄》卷四十七］

趙州老，對面人難曉。一歸何處？青州布襖。金銀琉璃，硨磲碼瑙。龍牙言［《嘉泰普燈錄》卷二十七《頌古上·龍牙言》］

夜半黑漆黑，捉得一個賊。點火照來看，元是王大伯。鼓山珪［《嘉泰普燈錄》卷二十七《頌古上·竹菴珪》，《古尊宿語錄》卷四十七，《宗鑑法林》卷十八。"黑漆黑"，《嘉泰普燈錄》作"墨漆黑"］

等閑提起七斤衫，多少禪流著意參。盡向青州作窠窟，不知春色在江南。運菴巖［《運菴普巖禪師語錄》，《續傳燈錄》卷三十六，《禪宗雜毒海》卷一，《宗鑑法林》卷十八］

鑊湯無冷地，黃河轍底流。金剛難插嘴，腦後掛燈毬。或菴體［《宗鑑法

林》卷十八]

捋到懸崖撒手時，七斤衫重有誰知。寒來暑往渾無用，掛在趙州東院西。石菴玿

當機覿面提，覿面當機疾。開眼放癡頑，鞭逼人上壁。北澗簡［《北澗居簡禪師語錄》］

趙老七斤衫，提來用恰好。若更問如何，且去青州討。斷橋倫（《禪宗頌古聯珠通集》卷二十）

◎趙州諗禪師，僧問："萬法歸一，一歸何處？"師云："我在青州作一領布衫，重七斤。"

圓悟勤云："摩醯三眼，一句洞明。似海朝宗，千途合轍。雖然如是，更有一著在。忽有人問蔣山：'萬法歸一，一歸何處？'只向他道：'飢來喫飯困來眠。'"（《圓悟錄》卷十七，《宗門拈古彙集》卷十七，《宗鑑法林》卷十八）

◎佛眼遠云："大衆，至音絕韻，妙曲非聲。通身不掛寸絲，赤體全無忌諱。諸人切莫拈鎚舐指，直須截斷舌頭，放下身心，自然快活。眼若不睡，諸夢自除。心若不異，復名何物？快活快活，歸堂喫茶。"（《禪林類聚》卷四，《古尊宿語錄》卷二十七《佛眼清遠》，《續古尊宿語要》卷三）

◎進云："記得僧問趙州：'萬法歸一，一歸何處？'意旨如何？"師云："十字街頭石敢當。"進云："趙州道：'我在青州作一領布衫，重七斤。'又作麼生？"師云："鎮州蘿卜。"進云："學人今日亦如是問，未審師還答否？"師云："問個甚麼？"進云："萬法歸一，一歸何處？"師云："山門頭，佛殿裏。"進云："只如適來道，十字街頭石敢當，與七斤衫相去多少？"師云："鐵作秤錘。"僧禮拜。（《古林清茂禪師語錄》卷二）

◎僧問趙州："萬法歸一，一歸何處？"州云："我在青州作一領布衫，重七斤。"覿體更無藏覆處，當機曾不滯言詮。者裏許你聰明不得，學解不得，湊泊不得，搏量不得。直須是自家三寸命根子，率地折，爆地斷，絕知解，忘能所，自然步步超越，拍拍是令。（《中峰普應國師法語》）

◎趙州青州布衫

無絃琴別曲，穴鼻鍼穿線。西風一陣來，落葉兩三片。（《無見先睹禪師語錄》卷上）

◎上堂，舉僧問趙州："萬法歸一，一歸何所？"州云："我在青州作一領布衫，重七斤。"師拈云："大衆會麼？趙州大似淳沱冰合，克濟三軍。"

(《月澗文明禪師語錄》卷上）

◎上堂，舉僧問趙州："萬法歸一，一歸何處？"州云："我在青州作一領布衫，重七斤。"師云："大衆會麼？橋斷疑無路，峰回別有村。"（《月澗文明禪師語錄》卷下）

◎舉僧問趙州："萬法歸一，一歸何處？"州云："我在青州作一領布衫，重七斤。"頌曰：

青州布衫重七斤，何似鎮州大蘿蔔。七百甲子老禪和，繼絃誰把鸞膠續。（《月江正印禪師語錄》卷中）

◎師一日云："青州布衫重七斤，古人道了也。畢竟萬法歸一，一歸何處？"時有僧出云："東廊頭西廊下。"師云："什麼處見趙州？"僧擬對，師云："棒上不成龍。"（《笑隱大訢禪師語錄》卷一，《金華黃先生文集》卷四十二，《南宋元明僧寶傳》卷九）

◎復舉僧問趙州："萬法歸一，一歸何處？"州云："我在青州作一領布衫，重七斤。"師頌云："趙州七斤衫，未舉先勘破。休論重與輕，且喜冬寒過。"（《笑隱大訢禪師語錄》卷二）

◎趙州七斤衫話

七斤衫子出青州，一葉舟橫古岸頭。日暮途長人不度，何妨載月過滄洲。（《即休契了禪師拾遺集》）

◎青州布衫

萬法歸一，一歸何處？寧可截舌，不犯國諱。青州布衫重七斤，千手大悲提不起。提得起，也大奇，等閑掛向肩頭上，大勝時人著錦衣。（《愚菴和尚語錄》卷七）

◎次西齋韻，贈定藏主

如來四十九年說，偏圓半滿無空闕。始終一字不曾談，無端重把牢關泄。道人秉志事參方，勇猛精進光明幢。信手揭翻華藏海，樹頭驚起魚雙雙。直得虛空失笑，萬象拱立，又誰管你無位真人，常在面門出入。君不見老趙州，眼無筋，大王來，不起身。有問萬法歸一，一歸何處，却道我在青州作一領布衫，重七斤。（《愚菴和尚語錄》卷八）

◎僧請益萬法歸一話，師云："青州布衫重七斤，趙州無一線遮身。譬如趕狗入窮巷，轉過頭來亂咬人。""青州布衫七斤重，賊是臨時相鼓籠。如今見賊不見贓，帶累平民搜地孔。師子林下幸自太平，不許瞎驢趁隊哄。"

(《天如和尚語錄》卷一)

◎指本還真門

此舉"僧問趙州：'萬法歸一，一歸何處？'州云：'我在青州作領布衫，重七斤。'"此僧却不似那僧疑也，空使趙州舌頭拖地，道個七斤衫，乾没一星事。其意云何？蓋謂秤尾不鮮，故無買者。今昔叢林中多舉"萬法歸一，一歸何處"，此一法，余杜田說破，然後曾歸一處，使學人易解易曉，故《法華經》云："惟此一事實，餘二則非真。"此一法乃衆生之本源，諸佛之妙道，亦是萬法之母，衆聖之尊。迷之者，則輪迴不息；悟之者，則了死超生。

再舉"萬法歸一，一歸何處"用疑時，只疑這一法。於此註明，學人易入。一即是心，此心是靈知之心，非肉團心、分別心 心即是一。一者衆聖之王，故號為心王也。余何故如此分析？切恐學人初入道時請益，師不曾開說得疑情上明白，學人又不會次第請問，又不遇良朋善友究竟。雖聞有善知識，又不能親近決擇身心，執己之見埋没平生，是可憐也，故余只要學人向這一字上起疑。初學"萬法歸一，一歸何處"，或舉三五次，隨意放收，然後萬法歸一，少舉只在一字上起疑。疑者，疑此一歸何處。"歸何處"三字是考究這"一"向何處安身立命。此三字無疑，疑在一上，恐一上疑情不起，再舉畢竟一歸何處。舉話頭時，或出聲不出聲皆可，但不得太急，又不得太緩，如擊鐘磬一般，匀調擊之，聲則和順。只貴話頭上疑情，得力不得力處取用，切不可信人說，不要開口舉話頭。若信此語，閉口禁聲，後必有患也。(《禪宗决疑集》)

◎失正究竟門

或有參"萬法歸一，一歸何處"者，詢其來源諦當起疑處，便即支離亂說。或謂"何處"上起疑者，或謂"一歸"上起疑者，或兩句都念者，或單念下句者，學人各自主張，一路而不改者，弗可曉也。(《禪宗决疑集》)

◎雪竇禪居琅琊山，身被布衫，五十年不易。向鄉林嘗爲青州雪竇布衫，倡云："趙州無義漢，雪竇老婆禪。一川風雨後，明月却當天。"(《齊乘》卷六)

◎送北禪釋天泉長老入燕

黃梅四月上盧龍，騎驢不下莫相逢。徐州麥飯足可飽，青州布衫誰與縫？(《牆東類稿》卷十六)

◎僧問趙州："萬法歸一，一歸何處？"編辟 州云："我在青州作領布衫，重七斤。"當央直指 ○主意：明宗旨，明絕待。總結：信手拈來

編辟曾挨老古錐，七斤衫重幾人知。問是編辟，答處絕情 如今拋擲西湖裏，下載清風付與誰？編辟之問，平實之答。徹底掀翻，名曰下載（《雪竇頌古直註》卷上）

◎青州布衫

單單提起七斤衫，要與師僧作指南。本是自家成現物，隨時脫著有何難？（《恕中無慍和尚語錄》卷三）

◎《禪林寶訓》載湛堂準公與李商老書曰："善弘道者，要在變通。不知變通，拘文執教，滯相殢情，此皆不達權變故。僧問趙州：'萬法歸一，一歸何處？'州云：'我在青州作一領布衫，重七斤。'謂古人不達權變，能若是之酬酢乎？"余謂者僧立個問端，也是奇怪，爭奈趙州無溙泊處，只如答他者一轉語，謂其能達權變，恐未然。夫權變者，乃觀機適宜，用心意識邊事。且僧與麼問，州與麼答，如兩鏡相照，光影俱泯，奚權變之有哉。湛堂作如是說，豈別有旨要耶？（《山菴雜錄》卷下）

◎復舉僧問趙州和尚云："萬法歸一，一歸何處？"趙州云："我在青州做一領布衫，重七斤。"這個公案，諸方據曲錄床者，往往皆曾拈掇，多向此僧言下卜度，貴易起疑。不能於趙州未開口前，一截截斷，大似楚人認山雞以為鳳。獨有妙喜老子較些子，嘗有頌曰："青州七斤衫，盡力提不起。打破趙州關，元是自家底。"新萬壽效顰，亦有一頌："青州七斤衫，年深黑如漆。颺向屋角邊，光明耀紅日。"（《南石和尚語錄》卷一，《列祖提綱錄》卷二十七）

◎青州布衫

誰無一領七斤衫，倒著橫穿盡自堪。叵耐古人無道理，故來官路販私鹽。（《南石和尚語錄》卷二）

◎萬法歸一一何歸，青州作領布衫衣。穿破不須重整理，盡他骨露與風吹。（《見如元謐禪師語錄》）

◎一歸何處

萬法歸一亦無端，七斤重也太顢頇。非顢頇，任君看，秤在星兮星在盤。不在盤，金烏跳上玉欄干。（《見如元謐禪師語錄》）

◎青州布衫重七斤

七斤衫子真歸處，何必尋渠較異同。更問其中端的旨，趙州牙齒不關風。（《無異元來禪師廣錄》卷十一）

◎舉僧問趙州："萬法歸一，一歸何處？"州云："我在青州作一領布衫，重七斤。"

萬法歸一一何歸，誰將圓木逗方孔。趙州曾在青州時，作領布衫七斤重。（《了堂和尚語錄》卷二）

◎示照監院看萬法歸一公案

萬法歸一，一歸何處。豎起眉毛，如大火聚。生與同生，死與同死。行與同行，住與同住。頓起疑情，莫生怕怖。如臨大敵，不暇他顧。逢逆順境，須善回互。歸處不知，肯隨他務。撞破鐵圍山，蹲踞寶藏庫。瞬目與揚眉，全機彰露布。青州布衫重七斤，門前依舊桃千樹。（《博山和尚參禪警語》卷下）

◎又其餘麻三斤、九九八十一、青州作一領布衫重七斤半話，一向是無依托，越於格量。（《宗門玄鑑》）

◎僧問趙州："萬法歸一，一歸何處？"州云："我在青州，作領布衫重七斤。"頌曰：

七斤衫子製青州，半月沈江魚憚鈎。怪底蒼龍終是別，踴歸何處解遨遊。（《紫柏老人集》卷十八）

◎趙州因僧問："萬法歸一，一歸何處？"師曰："老僧在青州，做領布衫重七斤。"頌曰：

路到懸崖沒處行，轉身一步腳頭輕。要尋掛角羚羊跡，有眼饒君亦似盲。（《憨山老人夢遊集》卷三十六）

◎要明己躬大事，透脫生死牢關，先須截斷一切聖凡虛妄見解。十二時中，迴光返照，但看個不是心、不是物、不是佛，是個甚麼？切莫向外邊尋討。設有一毫佛法神通聖解，如粟米粒大，皆為自欺，總是謗佛謗法。直須參到脫體無依，纖毫不立處，著得隻眼，便見青州布衫，鎮州蘿蔔，皆是自家所用之物，更不須別求神通聖解也。（《禪關策進》）

◎舉僧問趙州："萬法歸一，一歸何處？"州云："我在青州作一領布衫，重七斤。"

分明徹底窮光蛋，那得青州一布衫？識破渠儂無避處，海潯何處不生鹹。（《永覺和尚廣錄》卷七）

◎僧問:"'萬法歸一,一歸何處?'稍覺純熟,但不能廓爾無礙,未審如何進向?"師曰:"趙州道:'我在青州作領布衫,重七斤。'你作麼生會?"曰:"不會。"師曰:"不會會取好。"(《湛然圓澄禪師語錄》卷六)

◎記得僧問趙州:"萬法歸一,一歸何處?"州云:"我在青州做一領布衫,重七斤。"謾陳一偈,以遣時緣:"七斤衫重出青州,老趙州禪觸處周。聖制九旬今日滿,杖藜千里又驚秋。"(《西湖遊覽志餘》卷十四《中峰和尚》)

◎宋劉辰翁、趙良傑《落髮題度牒疏》:"五陵蕭索,覺空門氣味之長。十地逍遙,在一宅塵勞之外。然雖如是,未免有求。蓋摩頂放踵而悲絲,須榨蔗搏泥而成佛。聞說諸方善誘,尚參一語全題。鎮州蘿卜濮州鐘,何須刻削;仰山藤條德山棒,一任承當。"(《古儷府》卷八)

◎昔僧問古德:"一念不起還有過也無?"德云:"須彌山。"且道與趙州青州布衫相去幾何?如其未委,此去四十五日後,却來露個消息。(《列祖提綱錄》卷三十七,《西湖遊覽志餘》卷十四)

◎趙州因僧問:"萬法歸一,一歸何處?"州曰:"我在青州做領布衫,重七斤。"

仰山欽云:"大小趙州,腳跟下紅線不斷。等閑問著,便見牽東補西。若是道林則不然。萬法歸一,一歸何處?劈脊便與三十。雖則太煞傷慈,要且一時慶快。"拈拄杖云:"只今莫有與麼問底麼?"乃靠拄杖云:"放過一著。"[《雪巖祖欽禪師語錄》卷一,《宗鑑法林》卷十八]

靈隱林云:"趙州雖則善用太阿,截斷這僧舌頭,未免自揚家醜。靈隱則不然。或有問'萬法歸一,一歸何處',只向他道:'今日熱如昨日熱。'"[《武林梵志》卷九《竹泉法林》]

高峰妙云:"大小趙州,拖泥帶水。非特不能為這僧斬斷疑情,亦乃賺天下衲僧死在葛藤窠裏。西峰則不然,今日忽有人問'萬法歸一,一歸何處',只向他道:'狗舔熱油鐺。'"[《高峰原妙禪師語錄》卷上,《高峰和尚禪要》,《宗鑑法林》卷十八]

天界盛云:"要頭斫將去,要皮剝將去,要心剖將去,且喜沒個法子奈得白拈賊何。"[《宗鑑法林》卷十八]

東明際云:"趙州恁麼答話,大似熱處難忘。山僧則不然,設有問'萬法歸一,一歸何處',但向道:'大地山河一片雪。'"

金粟元云:"與麼答話,美則美矣,只是有些兒汗臭氣。"(《宗門拈古彙

集》卷十七）

◎青州布衫

客問曰："萬法歸一，一歸何處？"曰："一歸何處且置，我問你一是什麼？"客無言。曰："一且不知，如何就問他歸處？"客曰："請老人開示此一。"曰："不離問處。"客躍然曰："弟子悟矣，但不知他歸於何處？"曰："不離問處。"客躍然起立，進前三步："弟子今日打破'老僧在青州作得一領布衫重七斤'布袋。"

青州布衫，此等言句，可謂騰輝今古。指出此一歸處，此一即此我也。此我與太虛同體，試問太虛歸於何處？然說此我同於太虛，還未穩當，分明一我在此，豈無歸處？而今就說盡千言萬語，歸而無歸，無歸即歸，處處皆歸，到處即歸，總不穩當。不如聞布衫一句，去不得，罷不得，擬議不得，心意識絲毫不能向前，往昔所記所持者，總皆銷落，翻來覆去，惟有一疑。此際只將此疑輕輕放下，原來我從不曾出門，要歸作麼？此第一義。原來我同太虛一體，並不用歸，此第二義。原來歸而無歸，無歸即歸，處處皆歸，到處即歸，此第三義。明此三義，始盡青州布衫一句之義。

客聞而嘆曰："此三義更騰輝今古。"他日客來，乃曰："前日聞老人三義，直聞所未聞，遂告諸某方丈，大以為不然，如何以青州布衫句，生出如許知解？趙州豈是此意？弟子隨問趙州是何意，方丈休去。"湛愚曰："休去亦好，但籠統顢頇，有何用處？而今諸方總以不知不解，代代相傳為宗旨，乃彼藏身之地，遇學者便教自家參去，所以宗風掃地，不堪問矣。哪曉得古人一聞千悟，於一義中解百千萬義，於一喝中包括五教一發秘密普眼，於一字中演三千大千世界經卷，透一言句，千七百皆透。古德云：我是知而無知，不是無知而說無知。彼休去值得什麼乾屎橛？你看他古德於一句下悟得，便能徹百千萬義，便善能分諸法相，於經教言句，便清清楚楚還他明白。蓋他已明得於第一義而不動，所以善能分別諸法相。今諸方都明得第一義，都用不著分別諸法相，輪流替換作幾年法休去，便是出世作一番人，竟不一回想回想，真可憐憫。前所說三義，還是略說，若分析，百千萬義也不能盡。我且問他，他休去，你悟得麼？"客曰："這樣籠統禪，我久已知他野狐精藏尾於此，自老人說明，心才不疑。"曰："古德只要人悟，不論有說無說、少說多說。若不能令人悟，有說是贅疣，無說是啞鬼，要他何用？"客唯唯而退。（《心燈錄》卷三）

◎趙州因僧問："萬法歸一，一歸何處？"師曰："我在青州作領布衫，重七斤。"

元叟端云："趙州好語，要且不赴來機。中峰則不然。萬法歸一，一歸何處？至大四年，西山洪水泛漲，一夜冲倒三座石橋，山門頭石師子作大哮吼，山河大地悉皆震動。你輩貪眠漢子，知甚東西南北！"[《元叟行端禪師語錄》卷二]

弁山圓云："鷸蚌相持，俱落漁人之手。"

四面洪濤萬丈深，上天無路地無門。個中有理應難訴，不是愁人也斷魂。高峰妙

斧爛柯消局未殘，天香吹鶴下瑤壇。滿盤黑白輕翻轉，拂袖蒼梧玉佩寒。中峰本

周德者可以自守，周利者可以普濟。連盤托出有誰相契，鮮花膩草翠梧丹桂。天奇瑞

長江影浸一天秋，霜葉颼颼風骨愁。野老忽歌新水令，浪花驚起月邊鷗。即念現（《宗鑑法林》卷十八）

◎京口竹林林皋本豫禪師磐山脩嗣 示衆："石裏壓油，水中取火。不是動轉勞人，只貴當陽吐露。趙州老子太惺惺，切忌道青州布衫重七斤。"（《宗鑑法林》卷十八）

◎魔忍叙伊師三峰藏事跡曰："臨濟第三十一世蘇州鄧尉山於密法藏禪師，天童悟嗣，梁溪蘇氏子。（中略）師年四十，參究愈猛，必以得悟爲期。適峰中老宿朗泉者閉關，師乘便求入。方與老宿相拜下，忽眩暈，吐痰斗許，放身一睡，五日不知人事。會窗外有二僧夾籬，折大竹，聲若迅雷。師自枕中躍起，頓得心空，乃自念曰：'古人所爲前後際斷，不可坐著。'乃盡力推究，忽於青州布衫打失鼻孔。凡祖師言句，一時會盡。自此觸處皆悟，轉悟轉深。"（《御製揀魔辨異錄》卷七，《南雷集》卷六《蘇州三峰漢月藏禪師塔銘》）

◎僧問趙州："萬法歸一，一歸何處？"州云："我在青州作得一領布衫，重七斤。"有人聽得與麼道，言下著得，剔起便行。傍人看來，衫短脛露，一場敗闕。是故脫却此布衫，揚在背手底始得耳。切乞公返諸己，子細商量，看自家主人翁畢竟有病底人耶，無病底人耶？此個布衫著得之人耶，脫得之人耶？光陰莫虛度，一息出而不返，便屬他生。參。（《佛照禪師語錄》卷下）

345

◎上堂，僧問："記得僧問趙州：'萬法歸一，一歸何處？'灼然一歸何處？"答云："歸山僧拂子頭上。"進云："州云：'我在青州作一領布衫，重七斤。'又作麼生？"答云："一領布衫重七斤。"進云："今日和尚，昔日趙州，是同是別？"答云："拂子布衫。"（《竺仙和尚語錄》卷中）

◎復舉僧問趙州："萬法歸一，一歸何處？"州云："我在青州作一領布衫，重七斤。"拈云："者僧要將濕紙裹大蟲，趙州鍼鋒頭上翻筋斗。奇則太奇，只是歸處未分明，令人轉入迷魂寨。今夜有人問'萬法歸一，一歸何處'，只向他道：'半入露柱，半上燈籠。'"（《夢窗國師語錄》卷上）

◎半夏上堂："萬法歸一？一歸何處。"云："我在青州做個一領布衫，重七斤。"東山昨日有人送布衫來，欲作偈致謝，只得一句："趙州拈起七斤衫，"人事忽忽，不能成章。敢請四頭首及五員侍者，各續後句。其或不然，且聽維那一槌擊碎。（《義堂和尚語錄》卷一）

◎趙州布衫

問者不親親不問，青州布衫爲誰裁？鐵牛皮下全無血，蚊子從他插嘴來。（《智覺普明國師語錄》卷五）

◎趙州

趙州住世百餘歲，滅後至今猶有靈。遺下七斤衫一領，隨風何處不飄零。（《大通禪師語錄》卷三）

◎五月二十三日，望風百拜，忻然奉謝清寧方丈大和尚恃以寶墨布衫見惠，所以再次前韻益增不敏而已，伏希慈悲斤正。

掀天絕唱更高明，一領布衫寧世情？林下何妨誇獨步，趙州古佛許同盟。（《大通禪師語錄》卷五）

◎天得一清，地得一寧，衲僧得一又作麼生？僧問趙州："萬法歸一，一歸何處？"州云："我在青州做一領布衫，重七斤。"你既有志參禪，只將這話專一斯捱，捱去捱來，積以歲月。捱到無可捱之處，直得三世諸佛，橫說豎說，如雲如雨，和他千七百則陳爛葛藤，一一打歸自己去。影由形生，名以實顯，方知當初用一爲諱，甚不偶然。（《永源寂室和尚語》卷下）

◎復舉趙州七斤布衫話，師拈云："問難見，答易見。何故？得人一馬，還人一牛。"（《徹翁和尚語錄》卷上）

◎解夏上堂，師乃云："德山棒得，使盡大地一時行棒，未免手折臂痠。臨濟喝得，令遍法界一時下喝，奈何口破舌禿。洞山三斤麻，趙州七斤衫，

皆是開口重重納敗闕。"(《月坡禪師語錄》卷一)

(二二三)

問:"如何是出家兒?"師云:"不朝天子,父母返拜!"〔《古尊宿語錄》卷十三〕

【箋註】
○父母返拜:《竹窗隨筆》:"予作《正訛集》,謂:'反者還也。在家父母,不受出家子拜,而還其禮,返拜其子也。'一僧忿然曰:'《法華經》言,大通智勝如來既成佛已,其父輪王向之頂禮。是反拜其子,佛有明訓,因刻之經末。'予合掌云:'汝號甚麽如來?'僧謝不敢。又問:'汝既未是如來,垂成正覺否?'僧又謝不敢。予謂曰:'既不敢,且待汝重成正覺,正端坐十劫,實受大通如來位,納父母拜未晚。汝今是僧,未是佛也。佛爲僧立法,不爲佛立法也。且世人謗佛無父無君,吾爲此懼,正其訛謬,息世譏謙,冀正法久住。汝何爲不畏口業,甘心乎師子蟲也?悲夫!'"

(二二四)

問:"覿面事如何?"師云:"你是覿面漢。"〔《古尊宿語錄》卷十三〕

【箋註】
○覿面:當面。覿面事:指與真如大道直接相見的禪悟體驗。　○覿面漢:眼前的漢子。反語諷諭。

(二二五)

問:"如何是佛向上人?"師云:"只者牽耕牛底是。"〔《古尊宿語錄》卷十四,《御選語錄》卷十六〕

【箋註】

○佛向上人:指終極的真如自性。《洞山錄》:"示衆曰:'知有佛向上人,方有語話分。'時有僧問:'如何是佛向上人?'師曰:'非佛。'"又:"今時學者欲得學,直須體取佛向上人始得。"《景德傳燈錄》卷二十四《清涼文益》:"問:'如何是佛向上人?'師曰:'方便呼爲佛。'"《古尊宿語錄》卷三十五《大隨神照》:"老僧這裏有什麼佛法與你諸人説,自是你諸人上得山來,云我修行學道,是佛向上人。且問你,佛向下人作什麼模樣?不可老僧這裏有佛向上人有佛向下人來,向諸人説邪。"

(二二六)

問:"如何是急?"師云:"老僧與麼道,你作麼生?"云:"不會。"師云:"向你道,急急,著靴水上立,走馬到長安,靴頭猶未濕。"〔《古尊宿語錄》卷十四〕

【集評】

◎舉趙州道:"急急急,穿靴水上立。走馬到長安,靴頭猶未濕。"師云:"鈍鳥逆風飛。一葉落便知秋,顢頇佛性。一塵起大地收,儱侗真如。若是衲僧門下客,不用更躊躇。曾向華山圖上看,又添潘閬倒騎驢。"(《續古尊宿語要》卷五《此菴淨》)

(二二七)

問："四山相逼時如何？"師云："無路是趙州。"〔《聯燈會要》卷六，《古尊宿語錄》卷十四〕

【箋註】

○四山相逼：生死病死到來之際。《祖堂集》卷十一《曹山慧霞》："問：'四山相逼時如何？'師云：'曹山在裏許。'僧曰：'還求出離也無？'師云：'若在裏許，則求出離。'"《景德傳燈錄》卷十五《投子大同》："問：'四山相逼時如何？'師曰：'五蘊皆空。'"《建中靖國續燈錄》卷十九《景福惟潔》："有翠微長老問：'四山相逼，和尚從什麼處去？'師云：'渠儂得自由。'微云：'竹密不妨流水過，山高豈礙白雲飛。'"《法昌倚遇禪師語錄》："上堂，僧問：'四山相逼時如何？'師云：'寶車在門外。'進云：'和尚豈無方便？'師云：'貪生逐樂區區去，喚不回頭爭奈何。'"《長靈守卓禪師語錄·勉初志》："四山相逼勢如奔，三鼠侵藤那久存。莫倚少年輕白日，急須回首入空門。"《古尊宿語錄》卷三十六《投子大同》："問：'四山相逼時如何？'師云：'身在什麼處？'學云：'爭奈四山何？'師云：'逼殺你。'"《爲霖道霈禪師還山錄》卷二："師云：'前日舉出生死兩字，未曾剿絕。今日不免再爲衆葛藤一上。昔有僧問投子和尚曰：'四山相逼時如何？'投子云：'五蘊皆空。'大衆，且道投子怎麼答話，爲是禪，爲是教？若道是禪，五蘊皆空有甚麼難會；若道是教，五蘊皆空豈易會耶。須知五蘊即四山，四山即五蘊。果然悟得五蘊皆空，更有什麼四山可得。所以當時觀音老人修般若時，照見五蘊皆空，便千了百當，更有甚麼苦厄可度。若道度苦厄，却成增語。'"四山相逼，謂人身無常，常爲生、老、病、死四苦所逼迫，而無所逃逸。老山指人之漸漸老邁，容色枯悴，精神昏昧，故老山能壞一切壯年盛色。病山指人之四大不調，身心疲憊，故病山能壞一切強健。死山指人之身盡命終時，四大悉滅，故死山能壞一切壽命。

【集評】

◎示衆，舉僧問趙州："四山相逼時如何？"州云："無路是趙州。"師云："無路是趙州，老將足機籌。關南并塞北，當下一時收。"（《大慧錄》卷八）

◎僧問趙州："四山相逼時如何？"州云："老僧亦在其中。"僧云："還求出也無？"州云："在裏許即求出。"這裏不動纖塵。擒下趙州老賊，方堪起我門戶。（《石田法薰禪師語錄》卷三）

◎舉僧問趙州："四山相逼時如何？"州云："無路是趙州。"妙喜云："無路是趙州，老將足機籌。關南并塞北，當下一時收。"師云："四山相逼時，無路趙州老。黃葉落紛紛，一任秋風掃。"（《楚石梵琦禪師語錄》卷十）

◎趙州因僧問："四山相逼時如何？"師曰："無路是趙州。"

天岳書云："者垛跟漢，有甚用處？"復頌："無路是趙州，捉敗白拈賊。要打鬼骨臀，逢人謾搖舌。"（《宗鑑法林》卷十九）

（二二八）

問："古殿無王時如何？"師咳嗽一聲。云："與麼即臣啓陛下。"師云："賊身已露。"〔《古尊宿語錄》卷十四〕

（二二九）

問："和尚年多少？"師云："一串數珠數不盡。"〔《景德傳燈錄》卷十，《古尊宿語錄》卷十四，《南部新書》卷七〕

【箋註】

○和尚年多少：《永覺和尚廣錄》卷二："但今老僧年老氣衰，佛法又變了，若有人問和尚年多少，亦提起數珠云：'會麼？'彼云：'不會。'亦云：'晝夜一百八。'"

【集評】

◎趙州 把數珠

見燕趙，無憋尊大，不下禪床。契南泉，擬向即乖，礙膺有物。空過甲子七百餘，一串數珠數不出。無德有年，趙州古佛。（《樵隱和尚語錄》卷下）

（二三〇）

問："和尚承嗣什麼人？"師云："從諗。"〔《古尊宿語錄》卷十四〕

【箋註】

〇本則公案中，趙州禪師之答，一方面破除僧人心念中現成的趙州承嗣南泉的執見，一方面揭示出禪者自肯承當的第一義。

（二三一）

問："外方忽有人問：'趙州說什麼法？'如何祇對？"師云："鹽貴米賤。"〔《古尊宿語錄》卷十四〕

【箋註】

〇鹽貴米賤：趙州答語，係揭示日用即是大道，禪法不離生活的禪之三昧。《建中靖國續燈錄》卷九《衡山惟禮》："上堂云：'若論此事，直下難明，三賢罔測，十聖不知。（中略）放一線道與諸人商量。且道商量個什麼？'良久，云：'鹽貴米賤。'"《聯燈會要》卷五《濛溪和尚》："問僧：'甚處來？'云：'定州來。'師云：'定州近日有甚奇特事？'云：'某甲到彼，只聞鹽貴米賤，別無奇特事。'師云：'我這裏也只是粗茶淡飯，別無奇特事，你來這裏覓甚麼？'""鹽貴米賤"，也作"米貴麥賤"、"米賤油鹽貴"等。《天聖廣燈錄》卷十六《廣教歸省》："問：'如何是佛法大意？'師云：'米貴麥賤。'"《普菴印肅禪師語錄》卷中《祖意》："殷勤爲說西來意，得意忘言真不二。昨夜三更穿市過，只聞米賤油鹽貴。"

【集評】

◎趙州因僧問："外方忽有人問趙州說什麼法，如何祗對？"師曰："鹽貴米賤。"頌曰：

鹽貴米賤，諸事成現。擬欲商量，腦後拔箭。懶菴需（《禪宗頌古聯珠通集》卷十八，《禪林類聚》卷四，《宗鑑法林》卷十六）

（二三二）

問："如何是佛？"師云："你是佛麼？"〔《古尊宿語錄》卷十四〕

【箋註】

○你是佛麼：明心見性，圓明自照，則當下即是；向外尋求，不識本有，則轉求轉遠。《明覺語錄》卷四："僧問歸宗：'如何是佛？'宗云：'我向你道，還信麼？'云：'和尚重言，爭得不信。'宗云：'只汝便是。'"《景德傳燈錄》卷六《南源道明》："僧問：'如何是佛？'師云：'不可道你是也。'"《天聖廣燈錄》卷二十八《寶壽志超》："僧問：'如何是佛？'師云：'你是什麼人？'進云：'莫只者個便是也無？'師云：'是即勿交涉。'"

（二三三）

問："如何是出家？"師云："爭得見老僧。"〔《古尊宿語錄》卷十四〕

(二三四)

問:"佛祖不斷處如何?"師云:"無遺漏。"〔《古尊宿語錄》卷十四〕

(二三五)

問:"本源請師指示。"師云:"本源無病。"云:"了處如何?"師云:"了人知。"云:"與麼時如何?"師云:"與我安名字著。"〔《古尊宿語錄》卷十四〕

(二三六)

問:"純一無雜時如何?"師云:"大煞好一問。"〔《古尊宿語錄》卷十四〕

【箋註】

○純一無雜:指純明皎潔、了無妄念的禪悟狀態。《臨濟錄》:"如道一和尚用處,純一無雜,學人三百五百,盡皆不見他意。"《祖堂集》卷十五《西堂》:"他徑山和尚真素道人,純一無雜。"《圓悟錄》卷十五:"二六時中純一無雜,纔有纖塵起滅,則落二十五有,無出離之期。"《圓悟心要》卷上:"祖師只要人見性,諸佛只令人悟心。心性既真,純一無雜,則四大五蘊,六根六塵,一切萬有,無不皆是自己放身捨命處。"《痴絶道沖禪師語錄》卷上:"其純一無雜,視聽言動,無一絲毫不在規矩繩墨之中,雖久歷叢林,未必如是之專也。"《希叟和尚廣錄》卷四:"衆中莫有純一無雜,不受塗糊底麼?"《天目明本禪師雜錄》:"欲諸人屏除心念,蕩滌外緣,斷絕妄情，純一無雜，單單究此事。"《薦福承古禪師語錄》："此人純一無雜，堪爲法器。"

（二三七）

問："無爲寂靜底人，莫落在沈空也無？"師云："落在沈空。"云："究竟如何？"師云："作驢，作馬。"〔《古尊宿語錄》卷十四〕

（二三八）

問："如何是祖師西來意？"師云："床脚是。"云："莫便是也無？"師云："是即脱取去。"〔《景德傳燈錄》卷十，《聯燈會要》卷六，《五燈會元》卷四，《古尊宿語錄》卷十四，《指月錄》卷十一〕

【校記】
《景德傳燈錄》卷十："僧問：'如何是祖師西來意？'師乃敲床脚。僧云：'只這莫便是否？'師云：'是即脱取去。'"
《聯燈會要》卷六："'如何是西來意？'師敲床脚示之。"

（二三九）

問："澄澄絶點時如何？"師云："老僧者裏，不著客作漢。"〔《祖堂集》卷十八，《景德傳燈錄》卷十，《聯燈會要》卷六，《五燈會元》卷四，《古尊宿語錄》卷十四〕

【箋註】

○客作漢：客作賤人，客於他家作業之賤人也。《法華經·窮子喻》載，窮子已還父家，雖然受到種種優厚待遇，尚且自謂客作之賤人，全無高尚之志。以喻須菩提等聲聞，雖耳聞大乘之法，尚未發大乘心。《法華經·信解品》："爾時窮子，雖欣此遇，猶故自謂客作賤人。由是之故，於二十年中常令除糞。"《法華義疏》卷七："未識大乘爲客作，尚守小分爲賤人也。"

【集評】

◎上堂，舉僧問趙州："澄澄絕點時如何？"州云："猶是人家客作漢。"師云："遮僧置個問端，不妨險峻，爭奈趙州有起膏肓底手段。雖然如是，總落在天童手裏。畢竟如何？"喝一喝，下座。(《密菴語錄》，《宗鑑法林》卷十八)

(二四〇)

問："鳳飛不到時如何？"師云："起自何來？"〔《古尊宿語錄》卷十四〕

【箋註】

○鳳飛不到：《天聖廣燈錄》卷十四《寶應顒》："問：'鳳飛不到時如何？'師云：'忽聞庭樹撲殺鴟梟。'"

(二四一)

問："實際理地，不受一塵時如何？"師云："一切總在裏許。"〔《五燈會元》卷四，《古尊宿語錄》卷十四，《佛祖歷代通載》卷十七〕

【箋註】

○實際理地：詳（一一六）註。《溈山錄》："以要言之，則實際理地，不受一塵。萬行門中，不捨一法。"《景德傳燈錄》二十《鄧州中度》："問：'如何是實際理地不受一塵，佛事門中不捨一法？'師曰：'真常塵不染，海內百川流。'"《天聖廣燈錄》卷十九《廬山護國》："師上堂云：'實際理地，不受一塵。佛事門中，不捨一法。'又云：'一法若有，毘盧墮在凡夫。萬法若無，普賢失其境界。'"《請益錄》卷下："人多愛實際理地，不受一塵。殊不知佛事門中，不捨一法。故云喚作三昧性海俱備。華嚴宗道：'法爾本具'，宗門喚作'本來具足。'"《海印昭如禪師語錄》："實際理地，不受一塵，般若如大火聚，四面無可入。佛事門中，不捨一法，般若如清涼池，四面皆可到。"《憨山老人夢遊集》卷二十四："問曰：'如師所言，法門之弊，莫甚枯禪，已聞命矣。古人道：'實際理地，不受一塵。今時門頭，不捨一法。'豈一心而有兩地也？'答曰：'妙含萬法，而方圓任器者，一心也，何兩地之足異哉？況一心元有體用之名，其體則曰實際理地，不受一塵；其用則曰今時門頭，不捨一法。若夫浮慕虛尚，高談脫屣，而膠固貪癡，綢繆世態者，與夫身居世網，志出塵埃，冥心絕域，若蓮出於泥，皭然而不滓者，安可同條而共蒂耶！"正果《禪宗大意》："參禪貴實踐，要真參實悟，纔能得到受用。所謂真參，就是要在不落言詮、尋思、擬議處用功；所謂實悟，必須悟在無所得處。所以六祖大師說：'本來無一物，何處惹塵埃。'說似一物即不中，豈有死執一法能參禪！然而溈山靈佑禪師又說：'實際理地，不受一塵。佛事門中，不捨一法。'捨一法不成法身，住一法也不成法身。如此說來，參禪也可隨取一法作方便，追慮審問參究，作破參的敲門磚。"

（二四二）

問："如何是一句？"師應諾。僧再問。師云："我不患聾。"〔《古尊宿語錄》卷十四〕

（二四三）

問：“初生孩子，還具六識也無？”師云：“急流水上打毬子。”〔《聯燈會要》卷六，《五燈會元》卷四，《古尊宿語錄》卷十四，《御選語錄》卷十六〕

【集評】

◎舉僧問趙州：“初生孩子，還具六識也無？”閃電之機。説什麽初生孩兒 趙州云："急水上打毬子。"過也。俊鷂趁不及。也要驗過 僧復問投子："急水上打毬子，意旨如何？"也是作家同驗過。還會麽？過也 子云："念念不停流。"打葛藤漢

此六識，教家立爲正本。山河大地，日月星辰，因其所以生。來爲先鋒，去爲殿後。古人道："三界唯心，萬法唯識。"若證佛地，以八識，轉爲四智，教家謂之改名不改體。根塵識是三，前塵元不曾分別，勝義根能發生識，識能顯色分別，即是第六意識。第七識末那識，能去執持世間一切影事，令人煩惱，不得自由自在，皆是第七識。到第八識，亦謂之阿賴耶識，亦謂之含藏識，含藏一切善惡種子。

這僧知教意，故將來問趙州道："初生孩子，還具六識也無？"初生孩兒，雖具六識，眼能見耳能聞，然未曾分別六塵，好惡長短，是非得失，他恁麽時總不知。學道之人要復如嬰孩，榮辱功名，逆情順境，都動他不得，眼見色與盲等，耳聞聲與聾等，如癡似兀，其心不動，如須彌山，這個是衲僧家真實得力處。

古人道："衲被蒙頭萬事休，此時山僧都不會。"若能如此，方有少分相應，雖然如此，爭奈一點也瞞他不得。山依舊是山，水依舊是水，無造作，無緣慮，如日月運於太虛，未嘗暫止。亦不道我有許多名相，如天普蓋，似地普擎，爲無心故，所以長養萬物。亦不道我有許多功行，天地爲無心故，所以長久。若有心則有限齊。得道之人亦復如是。於無功用中施功用，一切違情順境，皆以慈心攝受。到這裏，古人尚自呵責道："了了了時無可了，玄玄玄處直須呵。"又道："事事通兮物物明，達者聞之暗裏驚。"又云："入

357

聖超凡不作聲，臥龍長怖碧潭清。人生若得長如此，大地那能留一名。"雖然恁麼，更須跳出窠窟始得。

豈不見教中道："第八不動地菩薩，以無功用智，於一微塵中，轉大法輪。於一切時中，行住坐臥，不拘得失，任運流入薩婆若海。"衲僧家到這裏，亦不可執著，但隨時自在，遇茶喫茶遇飯喫飯，這個向上事著個定字也不得，著個不定字也不得。

石室善道和尚示衆云："汝不見小兒出胎時，何曾道我會看教，當恁麼時，亦不知有佛性義，無佛性義，及至長大，便學種種知解出來，便到我能我解，不知是客塵煩惱。十六觀行中，嬰兒行爲最。哆哆啝啝時，喻學道之人離分別取捨心，故讚嘆嬰兒，可況喻取之。若謂嬰兒是道，今時人錯會。"袁中郎《叙陳正甫會心集》："當其爲童子也，不知有趣，然無往而非趣也。面無端容，目無定睛，口喃喃而欲語，足跳躍而不定。人生之至樂，真無愈於此時也。孟子所謂不失赤子，老子所謂嬰兒，蓋指此也。"

南泉云："我十八上解作活計。"趙州道："我十八上解破家散宅。"又道："我在南方二十年，除粥飯二時是雜用心處。"曹山問僧："菩薩定中，聞香象渡河歷歷地，出什麽經？"僧云："《涅槃經》。"山云："定前聞定後聞？"僧云："和尚流也。"山云："灘下接取。"

又《楞嚴經》云："湛入合湛，入識邊際。"又《楞伽經》云："相生執礙，想生妄想，流注生則逐妄流轉。若到無功用地，猶在流注相中，須是出得第三流注生相，方始快活自在。"所以潙山問仰山云："寂子如何？"仰山云："和尚問他見解，問他行解？若問他行解，某甲不知。若是見解，如一瓶水注一瓶水。"若得如此，皆可以爲一方之師。

趙州云"急水上打毬子"，早是轉轆轆地，更向急水上打時，眨眼便過。譬如《楞嚴經》云："如急流水，望爲恬靜。"古人云："譬如駛流水，水流無定止。各各不相知，諸法亦如是。"譬如在急水中駕船行駛，水流沒有停止，坐在船上的人却有一種錯覺，誤認爲水是靜止的。由意識所衍生的諸法也是如此。趙州答處，意渾類此。其僧又問投子："急水上打毬子，意旨如何？"子云："念念不停流。"自然與他問處恰好。古人行履綿密，答得只似一個，更不消計較，爾纔問他，早知爾落處了也。孩子六識，雖然無功用，爭奈念念不停，如密水流。投子恁麼答，可謂深辨來風。雪竇頌云：

六識無功伸一問，有眼如盲，有耳如聾。明鏡當臺，明珠在掌。一句道盡 作家曾共辨來端。何必。也要辨個緇素。唯證乃知 茫茫急水打毬子，始終一貫。過也。道什麼 落處不停誰解看。看即瞎。過也。難下接取

"六識無功伸一問"，古人學道，養到這裏，謂之無功之功，與嬰兒一般，雖有眼耳鼻舌身意，而不能分別六塵，蓋無功用也。既到這般田地，便乃降龍伏虎，坐脫立亡。如今人但將目前萬境，一時歇却，何必八地以上，方乃如是。雖然無功用處，依舊山是山水是水。雪寶前面頌云："活中有眼還同死，藥忌何須鑑作家。"蓋爲趙州投子是作家，故云"作家曾共辨來端"。

"茫茫急水打毬子"，投子道："念念不停流。"諸人還知落處麼？雪寶末後教人自著眼看，是故云："落處不停誰解看。"此是雪寶活句，且道落在什麼處？（《碧巖錄》第八十則）

◎記得昔日僧問趙州："初生孩子，還具六識也無？"州云："急水上打毬子。"僧不會，馳此語問投子："急水上打毬子，意旨如何？"子云："念念不停流。"諸人要會生死路頭麼？如門開相似，更無凝滯。須會趙州投子之語，只如保承奉向五欲波中，六年之內，打這一隻毬子，不妨手親眼辨。忽然照顧不著，打落水底，且道這毬子打落向什麼處去也？若覷得破，彭祖不爲壽，殤子不爲夭，太山不爲高，秋毫不爲小。其或未然，更爲諸人添個註脚："朝日忙忙打個毬，生來念念不停流。若知落處無蹤跡，始會雲門六不收。"（《慈受懷深和尚廣錄》卷三）

◎禪林方語

尼寺裏髮　青平賣油　臘月扇子　急水打毬　鞏縣茶瓶　澧州魚羹
（《人天眼目》卷六）

◎上堂，臨濟云："佛者，心清淨是。法者，心光明是。道者，處處無礙淨光是。"師云："急水上打毬子。"（《橫川行珙禪師語錄》卷上）

◎僧問："初生孩兒還具六識也無？"曰："水長船高。"（《嘉泰普燈錄》卷五《南禪寧》）

◎"問：'初生孩子還具六識也無？'趙州道：'急水上打毬子。'意旨如何？"曰："兩手扶犁水過膝。"云："只如僧問投子：'急水上打毬子，意旨如何？'云：'念念不停流。'又作麼生？"師曰："水晶甕裏浸波斯。"（《嘉泰普燈錄》卷二十一《窮谷宗璉》，《五燈會元》卷二十）

◎用韻奉贈巢雲兄

南有雪峰北趙州，橫擔挂杖遍曹遊。四方叢席鬧如市，幾個衲僧真到頭？萬裏山川困行李，三冬文史費膏油。何如了事巢雲老，解打湍流水上毬。（《倚松詩集》卷二）

◎趙州因僧問："初生孩子還具六識也無？"師曰："急水上打毬子。"僧却問投子："急水上打毬子意旨如何？"子曰："念念不停留。"頌曰：

六識無功伸一問，作家曾共辨來端。茫茫急水打毬子，落處不停誰解看？雪竇顯［《禪林類聚》卷十四，《宗鑑法林》卷十八］

初長嬰兒急水毬，衲子隨波卒未休。若問德山行正令，何似當時問趙州。天衣懷

何謂識兮還具六，八萬四千殊不足。初生孩子尚喃喃，急水打毬攔口堅。白雲端［《白雲守端禪師語錄》卷下，《白雲守端禪師廣錄》卷四，《禪林類聚》卷十四，《宗鑑法林》卷十八］

朝日忙忙打個毬，生來念念不停留。若知落地無蹤跡，始會雲門六不收。慈受深［《宗鑑法林》卷十八］

急水打毬子，念念不停留。未能全六識，先見轉雙眸。紹續門風只這是，不須向外更尋求。佛性泰

初生孩子始徒然，六識聰明心性巧。急流水上打毬子，出出沒沒人不曉。既為掌上珠，須作家中寶。好，老趙州恁麼道。佛鑑懃（《禪宗頌古聯珠通集》卷二十）

◎僧問趙州和尚："初生孩子還具六識也無？"請益 州云："急水上打毬子。"水急不存一物喻上 復問投子："急水上打毬子，意旨如何？"沈疑再決 子云："念念不停流。"雙註前法 ○主意：正案傍提，旨明句裏呈機。總結：入就藏鋒

六識無功伸一問，六根渾然，故曰無功 作家相共辨來端。趙州、投子，二俱作家 茫茫急水打毬子，落處不停誰解看？不存一物，誰人解看（《雪竇頌古直註》卷下）

◎上堂："朕兆未分以前，好個消息。朕兆既分以後，消息全無。一塵入正受，諸塵三昧起，急水上打毬子。"（《恕中無慍和尚語錄》卷二）

◎舉僧問趙州和尚："初生孩子，還具六識也無？"州云："急水上打毬子。"僧復問投子："急水上打毬子，意旨如何？"子云："念念不停流。"

急水灘頭解打毬，誰云念念不停流？茫茫六合人如海，脫體風流是趙州。（《呆菴莊禪師語錄》卷五）

◎金風似箭，撲頭撲面。好個圓通，時人不薦。且道薦後如何？直如急水打毛毬，著眼看時尋不見。(《湛然圓澄禪師語錄》卷三)

◎趙州因僧問："初生孩兒還具六識也無？"師曰："急水上打毬子。"後僧却問投子："急水上打毬子，意旨如何？"子曰："念念不停留。"

法林音云："匹上不足，匹下有餘。"(《宗鑑法林》卷十八)

◎僧問趙州："初生孩子，還具六識也無？"州云："急水上打毬子。"僧復問投子："急水上打毬子，意旨如何？"子云："念念不停流。"

六識問來難識破，趙州老大只麼酬。可鄰同道實頭漢，道道念念不停流。(《大燈國師語錄》卷中)

◎舉僧問趙州："初生孩子還具六識也無？"句裏呈機劈面來 州云："急水上打毬子。"三月嬰兒生而徙國，則不能知其故俗 僧復問投子："急水上打毬子，意旨如何？"棋逢敵手難藏行，詩至重吟始見功 子云："念念不停流。"吾有六兄弟，就中一子惡

評曰：大凡問有多種，呈解、探拔、察辨、驗主也。如初生孩子話，十八問中謂之驗主問。者僧提此一問來見趙州老如何，大有毒氣。大凡人各具八識，所謂前五識、六識、七識、八識是也。前五識者指眼耳鼻舌身等五根者也，各有領受色聲香等五塵之所能，無分辨他好醜美惡之所知。第六意識或云受生命終識，來爲先鋒去爲殿後，故攀緣三細具六粗，出入五根潛遁八識，隱顯出沒縱橫捲舒，佛手亦不能制者。第六意識也，所以言披毛從此得，作佛亦從他。第七摩那傳送識，陰陰六八之間無間斷者是也。八識賴耶含藏識，或道無分別識，暗鈍昏愚，茫茫蕩蕩，如死水湛寂。收入過去憂悲、愛惡、一切塵勞等事無漏，執持喜怒苦樂種種染淨等法無失。行者單單進修乍打破此暗窟，則大圓鏡光乍焕發，成就四智，圓證三身。是故或道如來藏識，在冥府化見稱淨玻璃鏡者也。又是者僧假以爲一問，甚有工夫。言既是初生孩子，婆婆呵呵，全無所知全無瞭解，似只有八識，六識未具者，欲言無，既言來爲先鋒去爲殿後，豈爲不具有。者僧扣此兩端，有亦不得，無亦不得，欲使趙州總開口不得。如何趙州老人自有轉身自在手脚，却言："急水上打毬子。"試言是說什麼道理。往往言，雖初生孩子似全無意知，無了別者，念念陞降無間斷，恰似急水上打毬子，所以投子曰："念念不停流。"錯錯，且喜沒交涉。此道瞎妄想死邪解，恁麼爲評唱得《碧巖錄》，野狐身五百生事且置，永劫沈妄想糞泥獄，無有出離，實可恐矣。趙州、投

子，真正作家戰將，機辯聳峻卓拔古今，豈效你鄙俗下賤凡解，爲下此合頭語也？不信看下文：

六識問來難識破，欲得親切。莫將問來問。問有答處。答在問處 趙州老大只麼酬。山東老將猶童顏，曾臂紅旗到賀蘭 可憐同道寳頭漢，美玉蘊於碱砆，凡人視之怢焉。良工砥之，然後知其和寳也 道道念念不停流。精煉藏於礦樸，庸人視之忽焉。巧冶鑄之，然後知其干也。

評曰：國師既見徹趙州，辨得投子，親打此一偈。甚諦當，甚親切。老僧如何下瞎註脚？若人見此話，得如見掌上。見此頌，如見掌上。若不然，翠巖夏末話、鹽官犀牛扇子話、疏山壽塔因緣、五祖牛窗櫺話，如上數段因緣分曉得見徹，此話此頌有何疑，更參三十年。（《槐安國語》卷六）

（二四四）

問：「頭頭到來時如何？」師云：「猶較老僧百步。」〔《祖堂集》卷十八，《古尊宿語錄》卷十四〕

【校記】

《祖堂集》卷十八：「問：'頭頭到這裏時如何？'師云：'猶較老僧一百步。'」

（二四五）

問：「如何是和尚家風？」師云：「老僧自小出家，抖擻破活計。」〔《古尊宿語錄》卷十四〕

(二四六)

問:"請和尚離四句道?"師云:"老僧常在裏許。"〔《古尊宿語錄》卷十四〕

(二四七)

問:"扁鵲醫王,爲什麼有病?"師云:"扁鵲醫王,不離床枕。"又云:"一滴甘露,普潤大千。"〔《古尊宿語錄》卷十四〕

(二四八)

問:"如何是露地白牛?"師云:"者畜生。"〔《正法眼藏》卷三,《古尊宿語錄》卷十四〕

【箋註】
○露地白牛:詳(八十五)註。《天聖廣燈錄》卷十《臨濟義玄》:"師到杏山問:'如何是露地白牛?'山云:'吽吽!'師云:'啞那?'山云:'長老作麼生?'濟曰:'者畜生!'"

(二四九)

問:"如何是大人相?"師側目視之。云:"猶是隔階趣附在。"師云:

"老僧無工夫趣得者閑漢。"〔《古尊宿語錄》卷十四〕

（二五〇）

問："纔有心念，落在人天，直無心念，落在眷屬時如何？"師云："非但老僧，作家亦答你不得。"〔《古尊宿語錄》卷十四〕

（二五一）

問："凡有施爲，盡落糟粕，請師不施爲答。"師叱尼云："將水來，添鼎子沸。"〔《古尊宿語錄》卷十四〕

（二五二）

問："如何是般若波羅蜜？"師云："摩訶般若波羅蜜。"〔《古尊宿語錄》卷十四〕

【箋註】

〇如何是般若波羅蜜、摩訶般若波羅蜜：此等禪機，答在問處，啓禪林無上法門。《禪林僧寶傳》卷七《天臺德韶》："又有問者曰：'如何是曹源一滴水？'法眼曰：'是曹源一滴水。'於是韶大悟於座下，平生凝滯，渙若冰釋，感涕霑衣。"《嘉泰普燈錄》卷三《慧林宗本》："值上堂次，出問：'清淨本然，云何忽生山河大地？'琊憑陵答曰：'清淨本然，云何忽生山河大地！'師領悟。"

(二五三)

問："如何是咬人師子？"師云："歸依佛，歸依法，歸依僧，莫咬老僧。"〔《古尊宿語錄》卷十四〕

【箋註】

○咬人師子：指勇猛精進的禪僧。《大慧錄》卷二十九："亦有咬人師子，以此法喜禪悅爲樂，殊不覺倦。"《了堂和尚語錄》卷三："若是咬人師子，等閑拶透機先。"《愚菴和尚語錄》卷九："咬人師子全牙爪，逐塊韓盧曳尾巴。"

【集評】

◎趙州因僧問："如何是咬人師子？"州曰："歸依佛，歸依法，歸依僧，莫咬老僧。"

天寧琦云："這僧也只是個喫屎狗，爲甚麼趙州一見便撒屎？彩奔齪家。"（《楚石梵琦禪師語錄》卷三，《列祖提綱錄》卷十一，《宗門拈古彙集》卷十六，《宗鑑法林》卷十九）

◎趙州因僧問："如何是咬人師子？"師曰："歸依佛，歸依法，歸依僧，莫咬老僧。"

門藏古老珠在盤，等閑撥動精光攢。獨憐不遇蛟奴過，千載令人恨不寬。仁趾麐

蛟宅不可觸，一觸禍隨跟。腥風扇毒雨，頃刻天爲昏。子清具（《宗鑑法林》卷十九）

（二五四）

問："離却言句，請師道。"師咳嗽。〔《古尊宿語録》卷十四〕

（二五五）

問："如何得不謗古人，不負恩去？"師云："闍梨作麼生？"〔《古尊宿語録》卷十四〕

（二五六）

問："如何是一句？"師云："道什麼？"〔《古尊宿語録》卷十四〕

【箋註】

○道什麼：《景德傳燈録》卷十七《羅山道閑》："問：'如何是奇特一句？'師曰：'道什麼？'"《景德傳燈録》卷十八《鵝湖智孚》："問：'如何是鵝湖第一句？'師曰：'道什麼？'曰：'如何即是？'師曰：'妨我打睡。'"《景德傳燈録》卷二十五《興善棲倫》："問：'得意誰家新曲妙，正勤一句請師宣。'師曰：'道什麼？'曰：'豈無方便也？'師曰：'汝不會我語。'"

(二五七)

問："如何是一句？"師云："兩句。"〔《古尊宿語錄》卷十四〕

【箋註】

○一句、兩句：一句指無分別的禪悟境界，兩句指生起分別的迷的世界。只要起心追逐"一句"、開口說出"一句"，"一句"就成了"兩句"了。《景德傳燈錄》卷二十一《羅漢桂琛》："僧問：'如何是羅漢一句？'師曰：'我若向你道，成兩句也。'"又卷二十四《清涼休復》："問：'諸餘即不問，如何是悟空一句？'師曰：'兩句也。'"《古尊宿語錄》卷三十二《佛眼清遠》："且道什麼生是平白地一句子？若有人問山僧，只向伊道：'兩句了也！'"又卷三十六《投子大同》："問：'如何是一句子？'師云：'兩句也。'"

(二五八)

問："唯佛一人是善知識如何？"師云："魔語。"〔《古尊宿語錄》卷十四，《御選語錄》卷十六〕

【箋註】

○唯佛一人是善知識：《天聖廣燈錄》卷九《百丈懷海》："且依得了義教，猶有相親分。若是不了義教，只合聾俗人前說。只如今但不依住一切有無諸法，亦不住無依，住亦不作不依住知解，是名大善知識，亦云唯佛一人是大善知識，爲無兩人，餘者盡名外道，亦名魔說。"

（二五九）

問："如何是菩提？"師云："者個是闡提。"〔《古尊宿語錄》卷十四〕

【集評】

◎有僧問趙州："如何是闡提？"師曰："何不問菩提？"僧又問："如何是菩提？"師答："只這便是闡提。"闡提即是菩提，也等於問驢以佛對，掃盡凡聖分別的觀念。（周中一《禪話》）

（二六〇）

問："如何是大人相？"師云："好個兒孫。"〔《古尊宿語錄》卷十四〕

【箋註】

〇大人相：佛是一切衆生中最尊最大的人，因此佛的相稱爲大人相。《大慧錄》卷六："浴佛上堂。九十七種大人相，莊嚴微妙淨法身。"《續古尊宿語要》卷六《別峰印》："於一切法，成一切智，具大人相，號正遍知，此是三世諸佛分上事。"《愚菴和尚語錄》卷三："湖光瀲灩山空濛，覿體全彰大人相。"《憨山老人夢遊集》卷十三："不肖亦謂此土衆生，亦皆有大人相也。"《南宋元明僧寶傳》卷九《中峰明本》："襁褓即具大人相，坐則跏趺，嬉戲則爲佛事。"〇好個兒孫：趙州禪師係運用不二法門將學人對大人相的執著予以破除。《建中靖國續燈錄》卷十六《報本常利》："問：'如何是大人相？'師云：'披毛戴角。'"《永覺和尚廣錄》卷八："問：'如何是大人相？'師云：'蟻子。'進云：'此人上來與和尚相見時作麼生？'師云：'一脚踩死。'"

(二六一)

問："寂寂無依時如何？"師云："老僧在你背後。"〔《古尊宿語錄》卷十四〕

【箋註】

○寂寂無依時如何：《祖堂集》卷七《雪峰》："問：'寂然無依時如何？'師云：'猶是病。'"《天聖廣燈錄》卷二十五《林鷄徹》："問：'寂寂無依時如何？'師云：'未是衲僧分上事。'進云：'如何是衲僧分上事？'師云：'要行即行，要坐即坐。'"

(二六二)

問："如何是伽藍？"師云："別更有什麼？"云："如何是伽藍中人？"師云："老僧與闍梨。"〔《古尊宿語錄》卷十四〕

(二六三)

問："二龍爭珠，誰是得者？"師云："老僧只管看。"〔《聯燈會要》卷六，《五燈會元》卷四，《古尊宿語錄》卷十四，《指月錄》卷十一，《御選語錄》卷十六〕

【箋註】

○二龍爭珠，誰是得者：《祖堂集》卷八《雲居》："佛日問：'二龍爭珠，誰是得者？'師云：'捨却業身來。'佛日云：'業身已捨。'雲居便云：'珠在什摩處？'"又卷八《上藍令超》："問：'二龍爭珠，誰是得者？'師云：

'明珠不向波中玩，龍與非龍爭得珠？'"《景德傳燈錄》卷十六《巖頭全豁》："問：'二龍爭珠，誰是得者？'師曰：'俱錯。'"又卷十七《北院通》："問：'二龍爭珠，誰是得者？'師曰：'得即失。'曰：'不失如何？'師曰：'還我珠來。'"又卷二十六《荊門上泉》："僧問：'二龍爭珠，誰是得者？'師曰：'我得。'"《古尊宿語錄》卷三十七《鼓山神晏》："問：'二龍爭珠，誰是得者？'師云：'珠在什麼處？'"

【集評】

◎上堂舉僧問趙州："二龍爭珠，誰是得者？"州云："老僧只管看。"師云："看即不無，爭即不得。且道扶者僧，扶趙州？"（《明覺語錄》卷二，《聯燈會要》卷六《趙州從諗》，《指月錄》卷十一，《宗鑑法林》卷十八，《大燈國師語錄》卷下）

◎示衆云："千說萬說，不如自見分明。當下超凡入聖，不被衆魔惑亂，喚作大事已辦。但有來者，到你面前，一個伎倆也用不得。所以趙州云：'老僧只管看。'這裏不是個擇法眼，釋尊喚作妙明真性，不假莊嚴會取，免得妄認緣塵，虛過時光。"（《聯燈會要》卷十一《汾陽善昭》，《續古尊宿語要》卷一，《汾陽錄》卷上）

◎舉僧問趙州和尚："二龍爭珠，誰是得者？"州云："老僧只管看。"師云："莫是看者得之？深山大澤，有天地之寶，無意於寶者得之。操丹於河，舟之逆順，與水之曲折，忘於水者見之。"（《橫川行珙禪師語錄》卷下）

◎復舉趙州因僧問："二龍爭珠，誰是得者？"州云："老僧只管看。"拈云："趙州老人只解逆風把舵，且不能順水張帆。"（《物初大觀禪師語錄》）

◎上堂，舉僧問趙州："二龍爭珠，誰是得者？"州云："老僧只管看。"師云："者僧發此一問，大似向致仕宰相面前，說少年登科事一般。只如道老僧只管看，又作麼生？雖無上馬力，猶有殺人心。"（《物初大觀禪師語錄》）

◎舉："古人問三尊宿：'二龍爭珠，誰是得者？'一云：'得即失。'一云：'老僧只管看。'一云：'誰是不得者？'"師曰："得即失，著忙作什麼；老僧只管看，看濟什麼事；末後一則語，誰是不得者，若人會得，祖師言句一大藏教，自然不疑去。還明得麼？誰是不得者，非取亦非捨。馬載驢駄時，便是歸來也。"下座。（《古尊宿語錄》卷二十七《佛眼清遠》）

◎舉趙州因僧問："二龍爭珠，誰是得者？"州云："老僧只管看。"雪竇云："看即不無，爭即不得。且道扶者僧？扶趙州？"師云："趙州看也看得，

雪竇扶也扶得，只是不知此珠來處。"（《偃溪廣聞禪師語錄》卷下）

◎趙州因僧問："二龍爭珠，誰是得者？"師曰："老僧只管看。"頌曰：風雲頭角黑鄰皴，苦死交爭額上珍。淨洗眼來閑地看，老僧未免費精神。圓悟勤〔《宗鑑法林》卷十八〕

珠在浪花深處白，拿雲攪霧志悠哉。老僧只管從邊看，得失從渠眼自開。喚菴鑒〔《宗鑑法林》卷十八，"拿雲抓霧"，《宗鑑法林》作"拏雲攪霧"〕（《禪宗頌古聯珠通集》卷二十）

◎舉僧問趙州："二龍爭珠，誰是得者？"州云："老僧只管看。"拈云："爭者不得，得者不爭。趙州只管看，要且不識珠。"（《呆菴莊禪師語錄》卷四）

◎趙州因僧問："二龍爭珠，誰是得者？"州曰："老僧只管看。"

雲居莊云："爭者不得，得者不爭。趙州只管看，要且不失珠。"〔《宗鑑法林》卷十八〕

古南門云："爭即不無，看即不得。且道珠在甚麼處？"〔《宗鑑法林》卷十八〕（《宗門拈古彙集》卷十六）

（二六四）

問："如何是離因果底人？"師云："不因闍梨問，老僧實不知。"〔《古尊宿語錄》卷十四〕

（二六五）

問："衆盲摸象，各說異端，如何是真象？"師云："無假，自是不知。"〔《古尊宿語錄》卷十四〕

【箋註】

○衆盲摸象，各說異端：衆盲唯摸象體之一部分，因而各執異說。

以此比喻外道、異學之徒不知一切法之實義，而相互是非；亦用以比喻修學佛道者拘泥於佛經或祖論等文字言句之一端，而不知佛法之全面。北本《大般涅槃經》卷三十二："善男子！如彼衆盲不說象體，亦非不說。若是衆相悉非象者，離是之外更無別象。善男子！王喻如來正遍知也，臣喻方等《大涅槃經》，象喻佛性，盲喻一切無明衆生。"此譬喻自來聞名於世。

（二六六）

問："如何是第一句？"師咳嗽。云："莫便是否？"師云："老僧咳嗽也不得？"〔《古尊宿語錄》卷十四〕

【箋註】

○第一句：此指參禪悟道最爲根本至極的一句，乃相對意識没有生起時的一句。禪宗謂本心超於言句之外，隨著言句的產生，"不思善不思惡"的渾融原整狀態被破壞，真我淹没於言句之中。"第一句"是指相對意識還没有產生時的清淨本源狀態。《景德傳燈録》卷十三《貞邃》："如何是最初一句？""未具世界時，闍梨亦在此。"《古尊宿語錄》卷十五《雲門文偃》："如何是最初一句？""九九八十一。"第一句不可思量擬議，稍一尋思，即落第二句。《景德傳燈録》卷十八《皎然》："僧問雪峰：'如何是第一句？'雪峰良久。僧退舉似於師，師曰：'此是第二句。'"甚至一提出這個問題，就落了第二句。《景德傳燈録》卷二十一《可隆》："問：'如何是普賢第一句？'師曰：'落第二句也。'"乃至於不論如何表述，都落了第二句。《五燈會元》卷二十《正賢》："'且第一句如何道？汝等若向世界未成時、父母未生時、佛未出世時、祖師未西來時道得，已是第二句。且第一句如何道？直饒你十成道得，未免左之右之。'《明覺語錄》卷四："威音王已前無師自悟是第二句，還我第一句來。"因此師家在接機時往往將這個問題堵截回去。《景德傳燈録》卷二十一《傳心》："如何是松門第一句？""切不得錯舉。"《古尊宿語錄》卷三十七《神晏》："問：'如何是第一句？'師便把杖作驀口刺勢。"或者表示寧願截頭也不爲說出。《祖堂集》卷十二《清平》："如何是第一句？""要頭則斫將去。"或者是大喝一聲來結束對答。

（二六七）

問："大海還納衆流也無？"師云："大海道不知。"云："因什麼不知？"師云："終不道我納衆流。"〔《古尊宿語錄》卷十四〕

【箋註】

○大海納衆流：《雪峰真覺禪師語錄》卷下："欲令百川同歸一源，衆流而臻大海。"《宏智廣錄》卷八："頓機做處天飛電，大器任時海納川。"《虛堂語錄》卷九："非鉅材難以任重責安廣衆，非海量難以納衆流。"《五燈會元》卷六《鄧州中度》："真常塵不染，海納百川流。"《緇門警訓》卷四《桐江瑛法師觀心銘》："鏡含萬象，海納百川。"《百丈叢林清規證義記》卷七之下："夫謙光接物，山容海納者，住持之高風。"《御選語錄》卷十九《長春居士》："修而無修，證而無證，譬之百川歸海，而海不自識其容納也。"

（二六八）

問："如何是毘盧師？"師云："毘盧、毘盧。"〔《古尊宿語錄》卷十四〕

【箋註】

○如何是毘盧師：《仰山錄》："問：'如何是毘盧師？'師乃叱之。"《洞山錄》："僧問：'如何是毘盧師、法身主？'師曰：'禾莖粟干。'"又："曹山行脚時，問烏石靈觀禪師：'如何是毘盧師、法身主？'石曰：'我若向你道，即別有也。'"《景德傳燈錄》卷十五《投子大同》："問：'如何是毘盧？'師曰：'已有名字。'曰：'如何是毘盧師？'師曰：'未有毘盧時會取。'"又卷十八《龍華靈照》:"師謂衆曰:'諸方以毘盧法身爲極則,鏡清這裏即不然。須知毘盧有師,法身有主。'問:'如何是毘盧師、法身主?'師曰:'二公爭敢論?'"又卷十九《金輪可觀》:"問:'古人道毘盧有師,法身有主,如何是毘盧師、法身主?'師曰:'不可床上安床。'"又卷二十《同安丕》:"問:'如何是毘盧師?'師曰:'闍梨在什麼處出家?'"又卷二十五《淨德智筠》:"設道毘盧有師,法身有主,斯乃抑揚對機施設。"《天聖廣燈錄》卷十九《雙泉鬱》:"時有僧問:'如何是毘盧師?'師云:'風吹滿面塵。'進云:'爲什麼如此?'師云:'特地令人愁。'"(按此即趙州禪師所云佛爲一切人煩惱之意)又卷二十二《大歷志聰》:"問:'如何是毘盧師?'師云:'醜拙形容。'"《建中靖國續燈錄》卷二《香林澄遠》:"問:'如何是毘盧師、法身主?'師云:'爲衆竭力。'"又卷八《石佛顯忠》:"僧曰:'如何是毘盧師、法身主?'師云:'繫馬椿。'僧曰:'有什麼交涉?'師云:'縛殺這漢。'"《瞎堂慧遠禪師廣錄》卷一:"大衆,毘盧無師,喚甚麼作毘盧師,莫是耳竅裏轉大法輪麼?法身無主,喚甚麼作法身主,莫是眼睛裏放光現瑞麼?"《介石智朋禪師語錄》:"毘盧師,法身主,無纖毫蓋覆得渠,亦不隔礙絲髮許。"《佛鑑禪師語錄》卷二:"今時參學,多是踏步向前,道我參毘盧師、法身主,向上巴鼻,格外玄機,如渴鹿趁陽燄,於自己腳跟下事,往往蹉過。殊不知舉步踏著釋迦老子天靈蓋,開口時觸著達磨大師祖諱,要且無你左遮右掩處。"

(二六九)

問:"諸佛還有師也無?"師云:"有。"云:"如何是諸佛師?"師云:"阿彌陀佛,阿彌陀佛。"〔《祖堂集》卷十八,《古尊宿語錄》卷十四〕

【校記】

《祖堂集》卷十八:"有人問:'諸佛還有師也無?'師云:'有。'僧進曰:'如何是諸佛師?'師云:'阿彌陀佛。'又師云:'佛是弟子。'有僧問長慶:'趙州與摩道阿彌陀佛,是導底語,是嗟底語?'長慶云:'若向兩頭會,盡不見趙州意。'僧進云:'趙州意作摩生?'長慶便彈指一聲。"

按語錄（四〇九）："問：'如何是毘盧師？'師云：'性是弟子。'"當係從此段語錄分解而成者。

（二七〇）

問："如何是學人師？"師云："雲有出山勢，水無投澗聲。"云："不問者個。"師云："是你師不認？"〔《祖堂集》卷十八，《古尊宿語錄》卷十四〕

【集評】

◎（僧）問："如何是學人師？"師云："雲有出山勢，水無投澗聲。"（僧）云："學人不問者個詩。"師云："是你師（詩）不認？"

這僧也許是個詩僧，這兩句煞是好詩，正是這學人吟出來的，也正是這學人用心處，趙州故把"師"作"詩"，點撥禪道在詩人方面就是不離日常用心處的詩心，心外無佛，更覓個什麼師！（乃光、船菴《漫談趙州禪》，《現代佛教學術叢刊》第二冊）

（二七一）

問："諸方盡向口裏道，和尚如何示人？"師腳跟打火爐示之。云："莫便是也無？"師云："恰認得老僧腳跟。"〔《古尊宿語錄》卷十四〕

（二七二）

問："不行大道時如何？"師云："者販私鹽漢。"云："却行大道時如何？"師云："還我公驗來。"〔《古尊宿語錄》卷十四〕

375

【箋註】
○公驗：正式的驗證文書。

（二七三）

問："如何是本來身？"師云："自從識得老僧後，只這漢更不別。"云："與麼即與和尚隔生去也？"師云："非但今生，千生萬生亦不識老僧。"〔《祖堂集》卷十八，《古尊宿語錄》卷十四〕

【校記】
《祖堂集》卷十八："問：'如何是本來人？'師云：'自從識得老僧後，只這個漢，更無別。'僧云：'與摩則共和尚隔生也。'師云：'非但千生與萬生，也不識老僧。'"

【箋註】
○本來身：詳（一七六）註。

（二七四）

問："如何是祖師西來意？"師云："東壁上掛葫蘆，多少時也？"〔《古尊宿語錄》卷十四〕

【集評】
◎上堂，良久，顧大衆云："日裏走金烏，誰云一物無？趙州東壁上，掛個大葫蘆。參。"（《建中靖國續燈錄》卷十八《靈泉自齡》，《五燈會元》卷十六）
◎作夢中佛事，降鏡裏魔軍。三業清淨六根明潔，身四威儀無諸過患。

懸契如來一百四十大願，紹三寶種永不斷絕。苟能如是修證，如是安居，是大丈夫漢，是真出家兒，不須謹守蠟人，如鵝護雪。其或未然，趙州東壁掛葫蘆，莫道不疑好。（《大慧錄》卷八，《列祖提綱錄》卷三十六）

◎次日上堂："頂上笠，腰下包，千里萬里路崟嶢。途中忽然撞著定上座輩，道：'趙州東壁掛葫蘆，意作麼生？'放下笠子，向他道：'我今夏在徑山住，曾見虛堂和尚說來，且待我思量看。'待他擬議，攔胸一拳，頂笠便行。"（《虛堂錄》卷九）

◎海西堂至上堂："推天文，窮地理。將陰陽易數，向著草影邊，點指頭子數過，無一星子漏落。且道趙州東壁掛葫蘆，在什麼數中？"（《虛堂錄》卷九）

◎一日，妙喜問師："內不放出，外不放入，正恁麼時如何？"師擬開口，妙喜拈竹篦，劈脊連打三下。師於此大悟，戾聲云："和尚已多了也。"妙喜又打一下，師作禮。妙喜笑云："今日方知道吾不汝欺也。"遂印以偈云："頂門竪亞摩醯眼，肘後斜懸奪命符。瞎却眼，卸却符，趙州東壁掛葫蘆。"於是名動叢林。（《聯燈會要》卷十七《西禪鼎需》，《大慧錄》卷十一，《嘉泰普燈錄》卷二十九《偈頌·大慧杲》，《五燈會元》卷二十，《續傳燈錄》卷三十二，《祖庭鉗錘錄》卷下）

◎上堂，舉麻谷持錫到草敬，又到南泉，師曰："是，是，放出南山真鱉鼻；不是，不是，勒回千里追風驥。終成敗壞可憐生，塞斷咽喉無出氣。無出氣，有巴鼻，趙州東壁掛葫蘆，堪笑維摩談不二。"（《嘉泰普燈錄》卷二十一《窮谷宗璉》，《禪宗頌古聯珠通集》卷十二，《宗鑑法林》卷十二）

◎上堂："參禪莫滯靜工夫，鬧處相逢在半途。靜鬧兩關俱不涉，趙州東壁掛葫蘆。"（《無門慧開禪師語錄》卷上）

◎塔銘

天生一穴，藏吾枯骨。骨朽成土，土能生物。結個葫蘆，掛趙州壁。永脫輪迴，超三世佛。（《橫川行珙禪師語錄下》）

◎"雖然不直分文，要且無病不治。所謂佛病、祖病、禪病、心病，一切毛病，凡日服者，悉得痊愈。乳峰不敢珍惜，今日擊鼓升堂普施大眾。若是有病者來，左手分付；無病者來，右手分付。且道因甚如此？有亦不有，無亦不無，"乃卓一下，云："趙州東壁掛葫蘆。"（《佛鑑禪師語錄》卷一）

◎叨鳥啼夜，蜀魄吟宵，圓通門大啓扃鑰；翡翠掃雲，琉璃分月，天衣

境巧畫成圖。出林師子，歷塊神駒，走過鐵圍尋不得，趙州東壁掛葫蘆。（《五家正宗贊》卷四《天衣懷》）

◎元日上堂："新年佛法有，一舉四十九。新年佛法無，東壁掛葫蘆。今日重關還巨關，幾多春色滿江湖。"（《偃溪廣聞禪師語錄》卷上）

◎端午上堂："文殊雖令善財採藥，佛病祖病，未曾醫著。靈隱病亦無，藥亦無，趙州東壁掛葫蘆。"（《虛舟普度禪師語錄》）

◎結制上堂："諸方安居結制，靈巖結制安居。雖是一般規矩，於中大有差殊。作麼生？趙州東壁掛葫蘆。"（《兀菴普寧禪師語錄》卷上）

◎（頌百丈野狐話）

動口生荊棘，移身隨野狐。趙州來鬥富，東壁掛葫蘆。或菴體（《禪宗頌古聯珠通集》卷十，《宗鑑法林》卷十）

◎"歲盡年窮，北禪烹露地白牛，山僧也隨例顛倒。直得神和道合，賓主混融，明朝慶賀新年，各各起居輕利。然雖如是，只如多處添少處減，趙州東壁掛葫蘆，金剛手中八棱棒，且道明甚麼邊事？"擊拂子云："不是李將軍，誰識南山虎？"（《古林清茂禪師語錄》卷四）

◎送達藏主遊京

掀翻藏海出番湖，正值西風葉隕初。穩泛鐵船游巨浸，橫肩藜杖上皇都。夜床啼得蛩聲切，銀漢飛來鴈影孤。徹底不留形與跡，趙州東壁掛葫蘆。（《古林和尚拾遺偈頌》卷下）

◎騎聲蓋色大毘盧，可惜男兒不丈夫。枉去藍田尋美玉，誰知布袋裏真珠。口頭豈假多言說，經裏元來一字無。拋却殘羹與餿飯，趙州東壁掛葫蘆。（《楚石梵琦禪師語錄》卷十八）

◎古禪歌，追次休居和尚韻

女媧斷鰲立四極，歲晚寒花疏寂歷。雲門拄杖化為龍，趙州葫蘆還掛壁。（《南石和尚語錄》卷三）

◎送彧藏主

以字不成，八字不是。一機忽投，千差自靡。眼頭宇宙既能分，逆順捲舒無的旨。可行則行，可止則止。移南辰換北斗，曷用勞神。裂窠臼，碎玄關，不消彈指。三千剎海一毫頭，百億須彌腳跟底。阿呵呵，囉囉哩，明月清風安可比。趙州東壁掛葫蘆，慈明室中橫草履。（《南石和尚語錄》卷三）

◎如何是火爐？深撥寒灰有點無。如何是法座？坐談誰管天花墮。如何

是髑髏？趙州東壁掛葫蘆。（《無異元來禪師廣錄》卷六）

◎上堂，舉盤山積禪師示衆云："心月孤圓，光吞萬象。光非照境，境亦非存。光境俱亡，復是何物？"師云："天臺則有，南嶽則無，趙州東壁掛葫蘆。"（《了堂和尚語錄》卷一）

◎舉僧問洞山："如何是沙門行？"山曰："頭長三尺，頸長二寸。"山令侍者，持此語問三聖。聖於侍者手上捻一捻，侍者回舉似山，山肯之。

十分古怪類難收，不是人兮不是牛。好似葫蘆掛東壁，識者難言是趙州。（《永覺和尚廣錄》卷七）

◎上堂："禪不可參，道不可學。學道參禪，無繩自縛。金毛師子奮全威，祥麟只有一隻角。畢竟如何？趙州觀音院裏壁上，掛個葫蘆。有時風吹，歷落歷落。"（《呆菴莊禪師語錄》卷一）

◎示量智上人

趙州因甚道個無，擬議生時轉見疏。窟穴從頭都踏破，始知東壁掛葫蘆。（《永覺和尚廣錄》卷二十二）

◎又

難入頭，好相識。易見面，認不得。微塵有剩，虛空逼塞。這個無知老漢，只好拈來掛東壁。（《湛然圓澄禪師語錄》卷八）

◎除夜小參："時節易過，大年夜瞥爾到來。心地未明，諸仁者急著精彩。萬法是心光，諸緣惟性曉。本無迷悟人，只要今日了。蘇武牧羊海畔，長曰欣然。李陵望漢臺邊，終朝笑發。東村王老夜燒錢，忙者自忙閑者閑。東方甲乙木，一則三，三則一，趙州東壁掛葫蘆，觀音院裏有彌勒。"（《列祖提綱錄》卷十三）

◎歲朝上堂："鏡清道：'新年頭佛法有。'明教道：'新年頭佛法無。'道是有也未必有，道是無也未必無。張公喫酒李公醉，趙州東壁掛葫蘆。"（《列祖提綱錄》卷三十九）

◎性空覺禪師，嘗作《顯宗歌》曰："（中略）用中玄，石女吹笙碧樹巔。趙州葫蘆掛東壁，村中王老夜燒錢。"（《徑石滴乳集》卷二）

◎高峰曰："人人有個影子，寸步不離，因甚踏不著？"

罪不重科，還甘也無？問取趙州，東壁葫蘆。梅谷悅（《宗鑑法林》卷三十五）

◎羅漢

金鍼透處脫規模，放去收來得自如。掣斷手頭紅線子，趙州東壁掛葫蘆。妙峰善（《禪宗雜毒海》卷一）

◎鋤地

钁頭邊事洞無痕，今古何人解報恩。東壁葫蘆才下種，鎮州蘿卜便生根。古雪喆（《禪宗雜毒海》卷五）

◎結夏小參。"（中略）九十日之內無空度光陰，十二時之中無虛棄工夫。山僧與麼告報，未免無端教人鈍置去。阿呵呵，畢竟如何？"卓拄杖，良久云："趙州東壁掛葫蘆。"（《佛照禪師語錄》卷上）

◎顯首座送冬瓜種

今朝喜見故人書，聞道冬瓜一點無。他日知音相見處，趙州東壁掛葫蘆。（《鐵舟和尚閻浮集》）

（二七五）

問："方圓不就時如何？"師云："不方不圓。"云："與麼時如何？"師云："是方是圓。"〔《祖堂集》卷十八，《古尊宿語錄》卷十四〕

【箋註】

○不方不圓：《建中靖國續燈錄》卷六《智海正覺》："僧曰：'如何是禪？'師云：'不方不圓。'僧曰：'便恁麼會時如何？'師云：'伶利人難得。'"《五燈會元》卷十七《靈巖重確》："不方不圓，不上不下。驢鳴狗吠，十方無價。"

（二七六）

問："道人相見時如何？"師云："呈漆器。"〔《聯燈會要》卷六，《五燈會元》卷四，《古尊宿語錄》卷十四〕

【集評】

◎舉僧問趙州："道人相見時如何？"州云："呈漆器。"師云："諸禪德，還有識趙州底麼？出來相共商量。若未能辨明，大好從頭舉，與你點破。四九三十六，收。"〔《明覺語錄》卷二，《禪林類聚》卷十七，《宗門拈古彙集》卷十六，《宗鑑法林》卷十七，《大燈國師語錄》卷下〕

◎師問僧："道人相見時如何？"云："更無餘事。"師云："趙州道呈漆器又作麼生？"僧便喝。師云："你道無餘事，又喝作麼？"（《聯燈會要》卷十七《東禪思岳》）

◎趙州因僧問："道人相見時如何？"師曰："呈漆器。"頌曰：

作家相見時，堂堂呈漆器。烏龜落漆桶，也有第一義。南堂興〔《禪林類聚》卷十七作南堂靜〕

漱石泠泠古澗陰，喬松千尺帶寒青。多應只看昂霄操，誰信根頭有茯苓？南叟茂〔《宗鑑法林》卷十七〕

道人相見問如何，舉手寒温事已多。老倒趙州呈漆器，岳陽船子洞庭波。石田薰〔《石田法薰禪師語錄》卷二。"老倒"，《石田法薰禪師語錄》作"潦倒"〕〔《禪宗頌古聯珠通集》卷十九〕

◎東白贈昇侍者

更從向上透玄關，曠劫重昏蕩然散。碧海澄澄照虛室，萬象莫能逃影質。堪笑當年老趙州，眼前渾是金州漆。（《了菴和尚語錄》卷七）

◎趙州因僧問："道人相見時如何？"州曰："呈漆器。"

古南門云："趙州已是無折合，雪竇更添鹽添醬。雖然，還有識得趙州者麼？三生六十劫。"〔《宗鑑法林》卷十七〕

靈巖儲云："趙州古佛，雖是當門只一齒，等閑吐露些兒，直令人五年分疏不下。"〔《宗門拈古彙集》卷十六〕

◎趙州因僧問："道人相見時如何？"師曰："呈漆器。"

多年神禹碑，篆古形猶奇。憑誰高著眼，撫掌共掀眉。雪磵瑞〔《宗鑑法林》卷十七〕

◎進云："記得僧問趙州：'道人相見時如何？'州云：'呈漆器。'道人相見則且置，如何是學人漆器，請師鑑。"答云："碗脫籠。"僧歸眾，師乃豎起拂子云："天上天下。"便下座。（《竺仙和尚語錄》卷上）

（二七七）

問："諦爲什麼觀不得？"師云："諦即不無，觀即不得。"云："畢竟如何？"師云："失諦。"〔《古尊宿語錄》卷十四〕

（二七八）

問："行又不到，問又不到時如何？"師云："到以不到，道人看如涕唾。"云："其中事如何？"師唾地。〔《古尊宿語錄》卷十四〕

（二七九）

問："如何是祖師西來意？"師云："如你不喚作祖師意，猶未在。"云："本來底如何？"師云："四目相觀，更無第二主宰。"〔《古尊宿語錄》卷十四〕

（二八〇）

問："不具形儀還會也無？"師云："即今還會麼？"〔《古尊宿語錄》卷十四〕

（二八一）

問："如何是大無慚愧的人？"師云："皆具不可思議。"〔《祖堂集》卷十八，《古尊宿語錄》卷十四〕

（二八二）

問："學人擬向南方學些子佛法去，如何？"師云："你去南方，見有佛處，急走過；無佛處，不得住。"云："與麼即學人無依也？"師云："柳絮，柳絮。"〔《景德傳燈錄》卷二十七《諸方拈代》，《聯燈會要》卷六，《五燈會元》卷四，《古尊宿語錄》卷十四〕

【集評】

◎僧辭趙州和尚，趙州謂曰："有佛處不得住，無佛處急走過。三千里外，逢人莫舉。"法眼代云："恁麼即不去也。"（《景德傳燈錄》卷二十七《諸方拈代》）

◎有佛處羅籠不住，無佛也荒草尋人。放行也得觸處光新，把住也乾坤陡變。且道向上人來時如何？他家自有通霄路。（《圓悟錄》卷二）

◎垂示云："有佛處不得住，住著頭角生；無佛處急走過，不走過，草深一丈。直饒淨裸裸赤灑灑，事外無機機外無事，未免守株待兔。且道總不恁麼，作麼生行履？試舉看。"（《碧巖錄》第九十四則）

◎上堂云："古者道：'有佛處不得住，無佛處急走過。'所以承天有時口似木突，有時言如劈竹，有時褒貶天下人，有時一任天下人褒貶。然雖如是，大眾，三千里外，逢人不得錯舉。"（《白雲守端禪師廣錄》卷一）

◎問："有佛處不得住，無佛處急走過。離此二途，請師直道。"師云："但得雪消去，自然春到來。"僧曰："恁麼則截斷兩頭，歸家穩坐。"（《建中

靖國續燈錄》卷十二《開元琦》)

◎上堂，舉僧問趙州："學人乍入叢林，乞師指示。"州云："爾喫粥了也未？"僧云："喫粥了。"州云："洗鉢盂去。"僧忽然大悟。師云："還端的也無？"雲門云："且道有指示無指示？若道有，向渠道甚麼？若道無，這僧爲甚悟去？"師復云："趙州與這僧，若不得雲門，一生受屈。而今諸方有一種瞎漢，往往盡作洗鉢盂話會了。"(《大慧錄》卷三)

◎上堂。僧問："有佛處不得住時如何？"師云："住則垜根。"進云："無佛處急走過時如何？"師云："起動闍梨。"進云："教學人向什麼處行履？"師云："脫却籠頭，卸却角馱。"進云："三千里外，逢人不得錯舉時如何？"師云："錯錯。"(《大慧錄》卷四)

◎有佛處不得住，無佛處急走過。三千里外，逢人不得錯舉。揭却腦蓋，換却眼睛，汝等諸人，不用鑽龜打瓦。(《大慧錄》卷八)

◎凡情脫落，聖意皆空。有佛處不得住，無佛處急走過。兩頭不著，千聖難窺。百鳥銜花，一場懡㦬。(《十牛圖頌·人牛俱忘第八》廓菴師遠《序》)

◎師乃云："開頂門正眼，照古照今。放腦後神光，無內無外。若是個中人，於照處不留情，光中常獨露。問處似箭鋒相拄，答處如膠漆相投。拈出向上鉗錘，拽出金剛寶劍。正當恁麼時，還有相見麼？不見趙州云：'有佛處不得住，無佛處急走過。三千里外，逢人不得錯舉。'既然如是，因什麼到者裏？三間茅屋，一請便行。"良久云："劍爲不平離寶匣，藥因投病出金瓶。"(《慈受深和尚廣錄》卷一)

◎行者下火

汝幼入空門，方年二十五。鬚髮尚未除，幻身今日去。脫下布直裰，休問溫州路。大衆且道，既不問溫州路，向什麼處去？有佛處不得住，無佛處急走過。(《慈受深和尚廣錄》卷四)

◎舉趙州云："有佛處不得住，無佛處急走過。"師云："沈空滯跡，犯手傷風，俱未是衲僧去就。直須莫入人行市，莫坐他床榻，正不立玄，偏不附物，方能把住放行，有自由分。"(《宏智廣錄》卷三)

◎寶劍揮空，乾坤失色。掀翻是非窠窟，截斷生死根株。有佛處不得住，地久天長。無佛處急走過，河清海晏。三千里外一句全提，更無絲毫滲漏。堪與佛祖爲師，作個人天榜樣。正恁麼時，轉凡成聖一句作麼生道？委悉麼？萬古碧潭空界月，再三撈摝始應知。(《應菴曇華禪師語錄》卷一,《列祖提

綱錄》卷二十一）

◎普説："有佛處不得住，拂跡成痕。無佛處急走過，揚聲止響。恁麼説話，大似把纜放船。何故？法不孤起，仗境方生。事非頓除，因次第盡。有作是無作之妙用，無作是有作之功能。宗本既明，語默皆妙。"（《瞎堂慧遠禪師廣錄》卷三）

◎進云："有佛處不得住時如何？"師云："頭上漫漫。"進云："無佛處急走過，又作麼生？"師云："三千里外，逢人不得錯舉。"進云："恁麼則不去也。"師云："剳。"進云："摘楊花，摘楊花，又作麼生？"師云："丁一卓二。"進云："金毛師子尾吒沙。"師乃笑。僧禮拜。師乃云："有佛處不得住，陝府鐵牛雙角露。無佛處急走過，南海波斯鼻孔大。三千里外摘楊花，種豆由來生稻麻。"拈拄杖云："趙州來也！"遂卓一卓，下座。（《密菴語錄》）

◎上堂，舉趙州因僧辭，州云："甚處去？"僧云："諸方學佛法去。"州云："有佛處不得住，無佛處急走過。三千里外，逢人不得錯舉。"僧云："與麼則不去也。"州云："摘楊花，摘楊花。"師云："神臂弓，由基箭，趙州用之，無不中的，爭奈者僧是赤眉隊裏來。"（《虛堂錄》卷一）

◎示衆云："第一句佛祖不存，第二句稱提佛祖，第三句與佛祖把手共行。此三句如摩醯首羅三目，非縱非橫，不並不別，照破本有靈機，著著元無虛棄。方知趙州道：'有佛處不得住，無佛處急走過，三千里外逢人不得錯舉。'透過差別語言，不落一切音響，橫拋竪擲，示大威光，發大機，施大用，使一切人脱籠頭，卸角馱，隨時應變，或殺或活，或收或放，總在當人全身出没。得到恁麼田地，方知從上佛祖，握閫外威權，提驗人巴鼻。敢問大衆：作麼生辨仙林驗人底句？大啓洪爐烹佛祖，狐狸煅作玉麒麟。"（《聯燈會要》卷十八《道場法全》）

◎示衆曰："禪非意想，立意乖宗。道絶功勳，建功失分。聲外句不向意中求，持照用機關，握佛祖鉗錘。有佛處互爲賓主，無佛處風颯颯地。心寧意泰，響順聲和。似恁麼人，且道向什麼處安著？"良久，曰："披蓑側立千峰外，引水澆蔬五老前。"（《叢林盛事》卷下《妙道道人》，《聯燈會要》卷十八）

◎問："有佛處不得住，無佛處急走過，意旨如何？"曰："穿靴衣錦。"云："此外還更有也無？"曰："緊峭草鞋。"（《嘉泰普燈錄》卷六《象田梵卿》）

◎有佛處不得住，上無攀仰；無佛處急走過，下絶己躬。從來無向背，本自絶羅籠。出門撞著須菩提，寸草不生千萬里。（《嘉泰普燈錄》卷十四《虎

丘紹隆》,《虎丘隆和尚語錄》,《列祖提綱錄》卷三十七)

◎起龕

生死俱不道,明明已說破。透脫兩重關,活計天來大。周大德,還知麽,有佛處不得住,無佛處急走過。(《月林師觀禪師語錄》卷一)

◎偈頌

觸目盡是清淨地,清淨地上無佛住。趙州教人急走過,狸奴倒上菩提樹。(《横川行珙禪師語錄下》)

◎上堂:"有佛處不得住,無佛處急走過。你等諸人,横擔拄杖,向甚麽處行脚?"良久曰:"東勝身洲持鉢,西瞿耶尼喫飯。"(《五燈會元》卷十二《雲峰文悅》,《古尊宿語錄》卷四十)

◎八月旦上堂:"衲僧家,無本據。暑退涼生,任情去住。折拄杖,挑撥紅塵堆裏人。破草鞋,踏斷枯木巖前路。無佛處急走過,有佛處不得住。捏聚大千無寸土,業風吹上十二峰來,徐徐向伊道:提鞋去。"(《希叟和尚廣錄》卷三)

◎有佛處不增,無佛處不減。人人一段光明,歷劫何曾欠少?咄!釋迦謾自化西乾,達磨無端來此土。(《續古尊宿語要》卷三《月菴果》)

◎"有佛處不得住,藕絲孔裏行官路。無佛處急走過,十字街頭相對坐。"喝一喝云:"功德天,黑暗女,有智主人,二俱不受。畢竟如何?大盡三十日,小盡二十九。"(《續古尊宿語錄》卷四《山堂洵》)

◎琛新戒秉炬

早歲爲僧早歲亡,曇花結果未經霜。秋風不是相催促,布袋頭開拄杖忙。有佛處不得住,無佛處急走過,生死牢關俱揬破。且道揬破後如何?我喚作火,你不得喚作火。(《虛舟普度禪師語錄》)

◎請正老住保福疏

不忍回頭,趙州住處本無佛。且煩出手,大唐國裏幸有禪。(《方舟集》卷十四)

◎舉趙州云:"有佛處不得住,帶累平人 無佛處急走過。恐無利益"

天童拈云:"沈空滯跡,墮坑落塹 犯手傷鋒,撞頭磕額 俱未是衲僧去就。一坑埋却 直須莫入人行市,怯戰不勝 坐他床榻,著甚來由 正不立玄,恐成贓濫 偏不附物,怕惹官防 方能把住放行,這邊那邊 有自由分。無可不可"

師云:《無盡燈錄》:僧辭趙州,州問:"什麽處去?"僧云:"學人擬向南方學佛法去。"天童不叙來原。這僧擬往南方學佛法去，責情棒，早合喫三十。所以趙州竪起拂子道："有佛處不得住。"又恐怕掉這僧在無事界裏，打淨潔毬子，所以又道："無佛處急走過。"天童拈到這恰好處，便休。《本錄》更有語在："三千里外，逢人莫得錯舉。"萬松道："未發足以前，早已蹉過。"僧云："恁麽則不去也。"萬松道："是何心行，何不早恁麽道？"趙州道去也由你，不去也由你，得恁麽自由性，所以趙州道："摘楊花，摘楊花。"諸方晚進，多以折柳送行人，古樂府意，彷彿趙州。忽若院主問趙州："曾到底喫茶去，不曾到底爲甚也喫茶去？"趙州呼院主，主應喏。州云："喫茶去。"又作麽彷彿趙州意？天童拈趙州意，先識病證，次設治方，然後但除其病，不除其法。所以道，沈空滯跡，犯手傷鋒，俱未是衲僧去就。這僧擬往南方學佛法，趙州先診出兩般病，然後對症設藥。直須不入人行市，不坐他床榻，正不立玄，偏不附物。所以趙州道："有佛處不得住，無佛處即走過。"雖治其沈空滯跡、立玄附物之病，而不除把定放行、隨流得妙、遊戲神通自在之法。還會麽？爲甚如此，病多諳藥性，經效敢傳方。"（《請益錄》卷上）

◎冬至上堂。（中略）師乃云："羣陰剥盡，罷三玄戈甲於百草頭邊。一氣潛回，列五位君臣於千聖那畔。有佛處不得住，無佛處急走過。一舉四十九。"（《古林清茂禪師語錄》卷一）

◎拓開無上妙門，顯示真實義諦。有佛處不得住，天高地厚。無佛處急走過，水闊山遥。三千威儀，八萬細行，三百法會，撒向諸人面前，便請一時證入。直得天垂甘露，地湧金蓮，人人頂門上輝大寶光，個個脚跟下徹證生佛未見已前奇特大事。（《古林清茂禪師語錄》卷二）

◎解制上堂："有佛處不得住，樓臺月色雲收去。無佛處急走過，池塘荷葉風吹破。三千里外，逢人不得錯舉，朗州山，澧州水，四海五湖皇化裏。腰包頂笠萬千千，問著盡言山與水。忽有不甘底出來道：山且言山，水且言水，有甚麽過？"良久云："未可全抛一片心，逢人且説三分話。"（《石屋清珙禪師語錄》卷上，《列祖提綱錄》卷三十七）

◎有佛處不得住，斗門硬閘。無佛處急走過，攔江鐵網。趙州立者兩重關，致使學者，欲去被去礙，欲住被住礙，無自由分。伶利衲僧，拶得透跳得出，方爲慶快。雖然，更須知五里單堠，十里雙堠始得。（《月澗文明禪師語錄》卷下）

◎問："有佛處不得住，無佛處急走過，且道衲僧家甚麼處安身立命？"

答："緊峭草鞋。"

頌："瘦筇挑月入紅塵，不必擇居卜立身。有佛處同無佛處，趙州何用苦勞神。"（《青州百問》）

◎當晚小參："凡夫色礙，二乘空礙，菩薩色空無礙。"拈拄杖云："拄杖子，列列挈挈，不入衆數。有時十字街頭，橫挑布袋。有時白雲影裏，打雨敲風。法隨法行，法幢隨處建立。有佛處不得住，無佛處急走過。二千里外一句全提，畢竟如何話會？"卓拄杖云："一六三四二，直言曲七一。桃李火中開，黃昏候日出。"（《笑隱大訢禪師語錄》卷一）

◎梅隱

七百年前老古錐，松花爲食荷爲衣。人皆欲見不可得，茅屋四面青山圍。採藤衲子忽然到，口縫纔開遭怪笑。從此惡名傳世間，誰知出語無玄妙。即心即佛錯承當，非心非佛也尋常。殘羹餿飯誰肯喫，好肉更來剜作瘡。有佛處，不得住，無佛處，急走過。勸君莫學守株人，七個蒲團空坐破。（《楚石梵琦禪師語錄》卷十七）

◎恩禪人參方

恩禪欲參方，袖卷索長偈。更不涉思惟，分明爲君舉。閩越山萬重，江淮水千里。縱橫拄杖頭，總是自家底。有佛處不得住，何妨小小盤桓。無佛處急走過，正好遲遲遊戲。遇飯即飯，遇茶即茶。可行即行，可止即止。草鞋踏破早歸來，莫待秋風撼庭樹。（《愚菴和尚語錄》卷八）

◎上堂："有佛處不得住，好與三十。無佛處急走過，好與三十。"便下座。（《曇芳和尚語錄》卷下）

◎元宵上堂："天上月圓，人間燈晃。曠劫來事，不隔纖塵。有佛處不得住，無佛處急走過。"（《恕中無慍和尚語錄》卷一）

◎僧辭趙州

者僧要往南方，特問趙州卜日。只消一道真言，到處變凶爲吉。（《恕中無慍和尚語錄》卷三）

◎博山和尚傳

閱船子藏身語，疑情頓發，至忘寢食。居歲餘，忽見趙州囑僧語，恍然有得。（《無異元來禪師廣錄》卷三十五）

◎一日因寶方印宗上座到，勉以參究。因舉船子藏身話。忽疑情頓發，

凡五十旬有半，於趙州有佛無佛處，如釋重負。(《永覺和尚廣錄》卷十八)

◎湖州福山仁壽院長生田記 董其昌

此田非情田非識田，乃威音王之所井授，佛祖之所燈傳。菩提爲種子，(中略)露地白牛爲作使，廣百由旬而不分疆畔，歷未來際而不易主人。仰山之刈苗，趙州之洗鉢，皆是物也。(《文章辨體彙選》卷六百零六)

◎解夏小參："解却布袋口，拔脱拄杖根，朝遊天臺，暮往南嶽，是你諸人分上事；有佛處不得住，無佛處急走過，亦是你諸人分上事。"(《列祖提綱錄》卷十二)

◎"諸佛未出世時，有即今巴鼻，一人人頂門上，輝大寶光；出世後消息全無，一個個脚跟下，縱橫十字。有佛處不得住，無佛處急走過。拶著不來，三千里外，穿却鼻孔。者裏直饒置無邊刹境於一毛頭上，只者一毛頭從什麼處得來？納百億須彌盧於一粒粟中，只者一粒粟又向什麼處安著？"(《列祖提綱錄》卷二十)

◎全室泐禪師解夏上堂："今朝七月十五，一句全賓全主。解却布袋頭開，一任東去西去。無佛處急走過，有佛處不得住。三千里外，逢人不得錯舉。"喝一喝。(《列祖提綱錄》卷三十七)

◎恕中愠禪師元宵上堂："天上月圓，人間燈晃。曠劫來事，不隔纖塵。有佛處不得住，無佛處急走過。"(《列祖提綱錄》卷三十九)

◎荆州玉泉能闍主，初參祖源海，後依投子。一日問："有佛處不得住時如何？"子豎起拂子。師曰："無佛處急走過，又作麼生？"子放下拂子云："會麼？"師曰："不會。"子曰："兩頭不著，千聖難窺。"(《徑石滴乳集》卷三)

◎僧問："如何是學人自己？"師曰："有佛處不得住，無佛處急走過。"曰："學人不會。"師曰："一個巴掌，五個指頭。"(《徑石滴乳集》卷三)

◎及菴曰："有佛處不得住，無佛處急走過，作麼生會？"珙擬對之，及菴驀起厲聲曰："者個亦是死狗！"便入寢室，珙罔措，乃堅依座下。久之，及菴復理前話詰珙，珙對曰："上馬見路。"及菴又訶曰："在此多年，猶作恁麼見解！"珙憤以爲及菴賣己，因背棄去。及菴笑曰："珙即回也。"珙於途中忽見風亭，乃急趨回，舉似及菴曰："有佛處不得住，亦是死句；無佛處急走過，亦是死句。清珙今日會得活句了也。"及菴曰："作麼生會？"珙曰："清明時節雨初晴，黃鸝枝上分明語。"及菴肯之。(《南宋元明僧寶傳》卷十《石屋珙》)

◎趙州云："有佛處不得住著。"

登仙妙術改塵俗，猶採松花獨自供。日照杏村沽酒美，不如撒手下孤峰。（《佛頂國師語錄》卷三）

◎乃橫拄杖云："有佛處不得住，無佛處急走過。"卓拄杖一下云："莫孤負趙州老漢，不然静處娑婆訶。"（《大燈國師語錄》卷上）

（二八三）

問："如何是急切處？"師云："一問一答。"〔《古尊宿語錄》卷十四，《御選語錄》卷十六〕

【箋註】

○急切處：禪禪悟道的緊要、關鍵之處。《景德傳燈錄》卷十二《資福如寶》："問：'如何是衲僧急切處？'師曰：'不過此問。'"又卷十七《白馬遁儒》："問：'如何是學人急切處？'師曰：'俊鳥猶嫌鈍，瞥然早已遲。'"

（二八四）

問："不藉三寸，還假今時也無？"師云："我隨你道，你作麼生會？"〔《古尊宿語錄》卷十四〕

【箋註】

○三寸：舌頭。　○今時：此處指相對的意識。《密菴語錄》："有祖已來，未嘗容易以禪道佛法，指示學者，謂之學道捷徑，只要當人去却今時，向父母未生已前，混沌未分之際，直截擔荷。"《曹山錄》："三者沙門異類。謂先知有本分事了，喪盡今時一切凡聖因果德行，始得就體一般，名爲獨立底人。"《虛堂錄》卷三:"恁麼告報,已落今時。不涉功勛,如何舉似?"《大慧錄》卷十七:"況祖師門下客,却道纔開口便落今時,且喜没交涉。"又卷二十一:"一向嘴盧都地打坐,謂之休去歇去,纔涉語言便喚作落今時。"又卷二十六:"近年以來有一種邪師,説默照禪,教人十二時中是事莫管,休去歇去,不得做聲,恐落今時。"《從容錄》第十一則:"洞上宗風,静沈死水,動落今時,名二種病。"《祖堂集》卷十《鏡清》:"好晴好雨奇行持,若隨語會落今時。"《林間錄》卷上:"使不犯正位,語忌十成,便不墮今時。"《建中靖國續燈錄》卷八《興化仁岳》:"若據衲僧分上,豈落今時?"《建中靖國續燈錄》卷二十六《大陽楷》:"若也盡却今時,佛也不奈他何,法也不奈他何,祖師也不奈他何,天下老和尚也不奈他何,山僧也不奈他何,閻羅老子也不奈他何。"《聯燈會要》卷二十六《同安志》:"凡有言句,落在今時。學人上來,請師直指。"《嘉泰普燈錄》卷九《大死翁景深》:"(寶峰曰)直須斷起滅念,向空劫已前掃除玄路,不涉正偏,盡却今時,全身放下,放盡還放,方有自由分。"《嘉泰普燈錄》卷二十五:"所以先聖教人,只要盡却今時。能盡今時,更有何事?"《青州百問》:"聲前薦得,落在今時。句後承當,迷頭認影。"《海印昭如禪師語錄》:"銷盡浮華到真實,不知開口落今時。"《無異禪師廣錄》卷二十六:"命根斷後,方得言詮。不然,盡落今時,永沈苦海。"《長慶宗寶禪師語錄》卷五:"湧泉云:'今時人,須要盡却今時,始得成立。'"

(二八五)

問:"如何是和尚家風?"師云:"茫茫宇宙人無數。"云:"請和尚不答話。"師云:"老僧合與麼。"〔《古尊宿語錄》卷十四〕

【箋註】

○茫茫宇宙人無數:《聯燈會要》卷十《靈雲志勤》載妙喜頌:"盡説見桃花悟道,此理不知還是無?茫茫宇宙人無數,幾個男兒是丈夫?"《古尊宿語錄》卷三十九《智門光祚》:"茫茫宇宙人無數,幾個男兒是丈夫。且道男兒與丈夫，是同是別？所以古人道，佛法無多子，其中難得人。且道難得什麼人？只是難得不會佛法底人。""茫茫"兩句爲禪林所習用。

（二八六）

問："二龍爭珠，誰是得者？"師云："失者無虧，得者無用。"〔《古尊宿語錄》卷十四〕

【箋註】

〇二龍爭珠，誰是得者：《景德傳燈錄》卷十三《首山省念》："問：'二龍爭珠，誰是得者？'師曰：'得者失。'僧曰：'不得者又如何？'師曰：'珠在什麼處？'"按二龍爭珠，"得者失"，不得者珠亦未失。意爲參禪者尋求見性，然向外尋求，縱有所得，亦是迷失；而沒有得到外在珍珠之人，珍珠仍然存在於其自性之中。

（二八七）

問："如何是大人相？"師云："是什麼？"〔《古尊宿語錄》卷十四〕

（二八八）

有俗士獻袈裟，問："披與麼衣服，莫辜負古人也無？"師拋下拂子，云："是古是今？"〔《古尊宿語錄》卷十四〕

(二八九)

問:"如何是沙門行?"師云:"展手不展腳。"〔《古尊宿語錄》卷十四〕

(二九〇)

問:"牛頭未見四祖時如何?"師云:"飽柴飽水。"云:"見後如何?"師云:"飽柴飽水。"〔《古尊宿語錄》卷十四〕

【箋註】

〇牛頭見四祖:詳(八十三)註。《景德傳燈錄》卷二十二《英州觀音》:"問:'牛頭未見四祖時如何?'師曰:'英州觀音。'曰:'見後如何?'師曰:'英州觀音。'"又卷二十三《華光範》:"問:'牛頭未見四祖時如何?'師曰:'自由自在。'曰:'見後如何?'師曰:'自由自在。'"又卷二十五《靈隱清聳》:"問:'牛頭未見四祖時如何?'師曰:'青山淥水。'曰:'見後如何?'師曰:'淥水青山。'"《天聖廣燈錄》卷十五《風穴延沼》:"問:'牛頭未見四祖時如何?'師云:'披席把碗。'進云:'見後如何?'師云:'披席把碗。'"又卷二十四《廣德智端》:"問:'牛頭未見四祖時如何?'師云:'著衣喫飯。'進云:'見後如何?'師云:'著衣喫飯。'"又卷二十五《林鷄徹》:"問:'牛頭未見四祖時如何?'師云:'也只是個漢。'進云:'見後如何?'師云:'也只是個漢。'"《建中靖國續燈錄》卷九《慧林圓照》:"問:'牛頭未見四祖時,爲什麼百鳥銜花獻?'師云:'六六三十六。'僧曰:'見後爲什麼百鳥不銜花?'師云:'六六三十六。'"《古尊宿語錄》卷三十九《智門光祚》:"問:'牛頭未見四祖時如何?'師云:'天寬地窄。'進云:'見後如何?'師云:'地窄天寬。'"

【集評】

◎又趙州因僧問："牛頭未見四祖時如何？"州曰："飽柴飽水。""見後如何？"曰："飽柴飽水。"頌曰：

古人抱志坐牛頭，信師説話示無休。飽柴飽水安心静，真正無私是趙州。汾陽昭［《汾陽録》卷中，《禪林類聚》卷二］

學者疑心尚未忏，飽柴飽水坐牛頭。子期不用黄金鑄，末世知音有趙州。横川珙（《禪宗頌古聯珠通集》卷八，《横川行珙禪師語録》卷下）

◎即如牛頭未見四祖，百鳥衘花。見四祖後，百鳥不衘花。知解二字，向何處安立？不見僧問趙州："牛頭未見四祖時如何？"曰："飽柴飽水。""見後如何？"曰："飽柴飽水。"豈容汝生知解耶？（《闢妄救略説》卷九）

（二九一）

問："如何是學人自己？"師云："喫粥了也未？"云："喫粥也。"師云："洗鉢盂去。"〔《景德傳燈録》卷十，《聯燈會要》卷六，《五燈會元》卷四，《古尊宿語録》卷十四，《指月録》卷十一〕

【校記】

《聯燈會要》卷六："僧問：'學人乍入叢林，乞師指示。'師云：'喫粥了也未？'云：'喫粥了。'師云：'洗鉢盂去。'其僧言下大悟。"雲門云："且道有指示？無指示？若言有，趙州向伊道甚麼？若言無，這僧因甚悟去？"雪竇云："我不似雲門，爲蛇畫足。直言向你道：問者如蟲御木，答者偶爾成文。然雖與麼，瞎却衲僧眼。作麼生免得此過？諸仁者，要會麼？還你趙州喫粥了也未，拈却這僧喫粥了，雪竇與你拄杖子。"歸堂。雲峰悦云："雲門恁麼道，大似爲蛇畫足，黄門栽鬚。雲峰則不然，這僧於此悟去，入地獄如箭射。"妙喜云："雲門、雲峰更數百生爲善知識，也未夢見洗鉢盂話在。"又云："諸方瞎長老，往往盡作洗鉢話會。"（雲門、雪竇著語見《明覺語録》卷二，《禪林類聚》卷十八，《指月録》卷十一，《宗門拈古彙集》卷十六，《宗鑑法林》卷十七，《大燈國師語録》卷下）

【集評】

◎上堂:"透脱玄關,更無凝滯。一翳落眼,空華亂墜。豈不見僧問趙州:'學人乍入叢林,乞師指示。'州云:'喫粥了也未?'僧云:'喫粥了也。'州云:'洗鉢盂去。'其僧言下有省。"師曰:"趙州可謂塑不就,畫不成,鋒芒不動,海晏河清。五湖衲子,抖擻精神。爲君通一線,教子快平生。要會麽?夜來春睡重,一覺到天明。"(《開福道寧禪師語錄》卷上)

◎小參:"大道皎然,本無迷悟。杳忘三際,超越上乘。透古透今,非玄非妙。通同法界,一種平懷。古路無私,何人措足。豈不見僧問趙州:'學人乍入叢林,乞師指示。'州云:'喫粥了也未?'僧云:'喫粥了也。'州云:'洗鉢盂去。'其僧有省。"師曰:"趙州老漢,大似因風吹火,順水揚帆。擊碎斯關,塵中物外,凡則全凡,聖則全聖。若能如是解,通達事理竟。其或涯際未分,路逢死蛇莫打殺,沒底籃子盛將歸。"(《開福道寧禪師語錄》卷下)

◎因見太平清和尚,舉趙州洗鉢盂話。師資方順,抽身便行。至白蓮峰前,再來菴畔,遇個蓬頭老人小參,舉忠國師古佛淨瓶,趙州狗子無佛性話,當下如去千斤重擔。(《開福道寧禪師語錄》卷下,《新安志》卷八)

◎問學者:"趙州洗鉢話,上人如何會?"僧擬對,喆以手托之曰:"歇去。"自其分座接納,至終未嘗換機。(《禪林僧寶傳》卷二十五《真如慕喆》,《佛祖歷代通載》卷十九)

◎舉僧問趙州:"學人乍入叢林,乞師指示。"州曰:"喫粥了也未?"僧曰:"喫粥了也。"州曰:"洗鉢盂去。"其僧忽然有悟。雲門曰:"有指示,無指示?若道有指示,向他道什麽?若道無指示,何得悟去?"翠巖曰:"雲門大師,不識好惡。恁麽說話,大似與蛇畫足,黃門栽鬚。翠巖即不然,者僧恁麽悟去,入地獄如箭射。"師曰:"雲門、翠巖,雖則能善,鋤強輔弱。"(《黃龍四家錄·晦堂祖心語錄》。翠巖語見《指月錄》卷十一)

◎上堂云:"花簇簇,錦簇簇,鹽醬年來是事足。留得南泉打破鍋,分付沙彌煮晨粥。晨粥一任諸人飽喫,洗鉢盂一句作麽會?多少人疑著。"(《建中靖國續燈錄》卷二十三《慶善守隆》)

◎上堂,舉僧問趙州:"學人乍入叢林,乞師指示。"(中略)師云:"諸方拈掇甚多,下註腳亦不少,未曾有一人分明說破,妙喜今日爲諸人分明說

破：喫粥了便洗鉢盂，且道還曾指示無。黑豆從來好合醬，比丘尼定是師姑。"（《大慧錄》卷六，《嘉泰普燈錄》卷十五）

◎然有學而知之者，有生而知之者。那個是學而知之者？如僧問趙州："學人乍入叢林，乞師指示。"州云："爾喫粥了也未？"僧云："喫粥了。"州云："洗鉢盂去。"僧於言下忽然大悟，當下休歇，便知生死去處。妙喜常說不易，這僧有力量，趙州將一百二十斤擔子，一送送在他肩上。這僧荷得，一氣走一百二十里，更不回頭，如將梵位直授凡庸，心裏便怗怗地。興得慈力，運得悲願，此是學而知之者。（《大慧錄》卷十六，《列祖提綱錄》卷十五）

◎初雲嚴虛席，郡牧命死心禪師舉所知。心曰："準山主住得。某未嘗識渠，見有洗鉢頌甚好。"牧請舉，心舉云："之乎者也，衲僧鼻孔，大頭向下。若也不會，問取東村王大姐。"牧奇之，因請主雲嚴。（《御選語錄》卷十八《湛堂文準》）

◎日出卯，齋粥無心覺飽。鉢盂洗了自閑閑，方信趙州機便巧。（《普菴印肅禪師語錄》卷中）

◎上堂，舉僧問趙州："學人乍入叢林，乞師指示。"州云："喫粥了未？"僧云："喫粥了也。"州云："洗鉢盂去。"其僧遂有省。師云："汝等諸人，早來人人喫粥，各各洗鉢盂。趙州恁麼道，這僧恁麼省，還會得也未？忽有個衲僧，出來道：'長因送客處，記得別家時。'天寧向伊道：'易開終始口，難保歲寒心。'"（《長靈守卓禪師語錄》）

◎師問僧："近離甚麼處？"僧云："雲居。"師良久云："見和尚麼？"僧云："見陞座舉洗鉢盂話了，呵呵大笑云：'此個公案甚是穩密。'又呵呵大笑云：'此個公案甚是穩密。'"師云："雲居為什麼腳跟不點地？"僧云："什麼處是雲居腳跟不點地？"師云："隨我舌頭走。"僧擬議，師打云："你夢見麼？"（《真歇清了禪師語錄》卷上《劫外錄》）

◎示衆，舉僧問趙州："學人乍入叢林，乞師指示。"州云："喫粥了未？"僧云："喫粥了。"州云："洗鉢盂去。"僧豁然大悟。師云："喫粥了，洗鉢去，法爾圓成正規矩。可憐葉氏怕真龍，却怪謝郎欺猛虎。本常路，真實語，這僧且問如何悟。從來鼻孔大頭垂，不用安排兮自著處所。"（《宏智廣錄》卷四）

◎示衆，舉僧問趙州："學人乍入叢林，乞師指示。"州云："喫粥了未？"僧云："喫粥了。"州云："洗鉢盂去。"師云："聞說英雄苦戰爭，四方

歧路自難行。而今踏著長安道，始信家邦久太平。"（《宏智廣錄》卷四）

◎趙州洗鉢、喫茶，不著安排，從來成現。若如是具眼，一一覷得徹，方是個衲僧做處。（《宏智廣錄》卷六）

◎師臨遷化日，舉二禪者立僧，上堂云："欲揚大法，須藉其人。借與便風，便好揚帆舉棹。昔日僧問趙州：'某甲乍入叢林，乞師指示。''你喫粥了也未？'僧云：'喫粥了。'州云：'洗鉢盂去。'其僧豁然大悟。只如今日鳴鐘之後，陞堂已前，人人喫粥，飽即便休。若也嚼得破，礙塞人；嚼不破，却許伊。羅漢今日倒騎鐵馬，逆上須彌，踏破虛空，不留朕跡，諸人還見麼？夜來風起滿庭香，吹落桃花三五樹。"下座，歸方丈，跏趺而逝。（《僧寶正續傳》卷一《羅漢南》，《建中靖國續燈錄》卷二十一）

◎徐龍圖禧，元豐五年自右正言出知渭州。既歸分寧，請黃龍晦堂和尚就雲巖爲衆說法，有疏曰："三十年前說法，不消一個莫字，如今荊棘塞路，皆據見向開門，只道'平地上休起骨堆'，不知那個是它平地；只道'喫粥了洗鉢盂去'，不知鉢盂落在那邊？"（《羅湖野錄》卷二，《說郛》卷二十一下）

◎上堂，舉趙州因僧問："學人乍入叢林，乞師指示。"州云："喫粥了也未？"僧云："喫粥了也。"州云："洗鉢盂去。"其僧有省。師云："趙州有運斤之手，者僧有就斫之資。雖然，也是就地彈雀。"（《虛堂錄》卷一）

◎僧云："長期已過半，猶如冷水浸冬瓜，和尚有何方便？"師云："精精靈靈。"僧云："趙州示僧洗鉢盂去，其僧便悟，此意如何？"師云："燒錢引鬼。"僧云："我等喫粥了也，洗鉢盂了也，爲甚不悟？"師云："甜瓜徹蒂甜。"僧禮拜，師云："果然。"（《虛堂錄》卷二）

◎趙州洗鉢

洗鉢家家事一同，新羅不在海門東。因行掉臂趙州老，身在煙蘿第幾重？（《運菴普巖禪師語錄》）

◎師自分座至終，室中唯問："學者洗鉢盂話，上人如何會？"僧擬對，師即以手托曰："歇去。"（《嘉泰普燈錄》卷四《真如慕喆》）

◎辭謁真如於大潙，聞舉洗鉢盂話，倏然啓悟，述偈曰："七顛八倒，業識忙忙。螺江回首處，笑殺謝三郎。趙璧與燕金，寶環並玉佩。拈起兔角槌，一時俱擊碎。"如詰之無爽，於是聲名四馳。（《嘉泰普燈錄》卷八《普融道平》）

◎師凡見僧來，必叱曰："榔栗未擔時，爲汝說了也。且道說個甚麼？

招手洗鉢，拈扇張弓，趙州柏樹子，靈雲見桃花，且擲放一邊，山僧無恁麼閑脣吻與汝打葛藤，何不休歇去？"拈拄杖逐之。(《嘉泰普燈錄》卷十《天童普交》，《五燈會元》卷十八)

◎自出關，遍遊叢社，後至五祖，告香日，祖舉趙州洗鉢盂話俾參。祖入室，舉此話問師："你道趙州向伊道甚麼，這僧便悟去？"師曰："洗鉢盂去響。"云："你只知路上事，不知路上滋味。"(《嘉泰普燈錄》卷十一《無爲宗泰》，《五燈會元》卷十九，《續傳燈錄》卷二十五，《蜀中廣記》卷八十九，《御選語錄》卷十八)

◎平江府寶花顯禪師，本郡人也。上堂曰："喫粥了也，頭上安頭；洗鉢盂去，爲蛇畫足。更問如何？自納敗闕。"良久，高聲召大衆，衆舉首，師曰："歸堂喫茶。"(《嘉泰普燈錄》卷十四《寶華顯》，《五燈會元》卷十九，《續傳燈錄》卷二十八，《列祖提綱錄》卷九)

◎不識煩惱是菩提，淨華生淤泥。人來問我若何爲，喫粥喫飯了洗鉢盂。(《嘉泰普燈錄》卷十五《范縣君》，《五燈會元》卷十九，《續傳燈錄》卷二十八)

◎上堂曰："人人領略釋迦，個個平欺達磨。及乎問著宗綱，束手盡云放過。放過即不無，只如女子出定，趙州洗鉢盂，又作麼生話會？鶴有九皋難翥翼，馬無千里謾追風。"(《嘉泰普燈錄》卷十七《佛燈如勝》，《五燈會元》卷十二，《續傳燈錄》卷三十)

◎後入室，慧問："喫粥了也，洗鉢盂了也，去却藥忌，道將一句來。"云："裂破。"慧震威喝曰："你又説禪也！"師大悟。(《嘉泰普燈錄》卷十八《晦菴彌光》，《聯燈會要》卷十七《龜山彌光》，《叢林盛事》卷上《龜山光》，《松源崇嶽禪師語錄》卷下，《人天寶鑑》，《五燈會元》卷十九，《續傳燈錄》卷三十二，《松源崇嶽禪師語錄》卷下，《南宋元明僧寶傳》卷三《大慧杲》)

◎喫粥了也未？趙州無忌諱。更令洗鉢盂，太煞沒巴鼻。悟去由來不丈夫，這僧那免受塗糊？(《嘉泰普燈錄》卷二十一《野菴璇》，《五燈會元》卷二十《石亭祖璇》，《續傳燈錄》卷三十三)

◎紹興庚申冬，公與汪内翰藻、李參政邴、曾侍郎開，詣徑山謁大慧禪師。慧聞至，令行者擊鼓，爲衆入室，公欣然袖香趣之。慧曰："趙州洗鉢盂話，居士作麼生會？"公曰："討甚麼碗！"拂袖便出。慧起搊住曰："古人向這裏悟去，你因甚麼却不悟？"(《嘉泰普燈錄》卷二十三《趙令衿》，《五燈會元》卷十九，《續傳燈錄》卷二十八，《居士分燈錄》卷下，《祖庭鉗錘錄》卷上)

◎舉趙州洗鉢盂話

师曰："趙州不唯瞎却這僧眼，直得南北叢林，盡向鉢盂上作活計，當時幸好個'喫茶去'，不解道得。"（《嘉泰普燈錄》卷二十六《拈古·上方益》）

◎舉趙州洗鉢盂，雲門拈之云云，師曰："雲門盡誠收拾，特地打翻育王見處，也要諸人共知，敢謂大小趙州，死在這僧手裏。"（《嘉泰普燈錄》卷二十六《拈古·月堂昌》）

◎舉洗鉢盂話，師曰："大衆！山僧今朝喫粥也洗鉢盂，只是不悟。既是爲善知識，爲甚麼却不悟？還會麼？豈可喚鐘作甕，終不指鹿爲馬。善人難犯，水銀無假。冷地忽然覷破，管取一時放下。"（《嘉泰普燈錄》卷二十六《拈古·佛眼遠》，《古尊宿語錄》卷二十八《佛眼清遠》，《宗門拈古彙集》卷十六，《宗鑑法林》卷十七）

◎舉僧問趙州："學人乍入叢林，乞師指示。"<small>叢林於爾亦不惡</small> 州云："喫粥了也未？"<small>渾金璞玉</small> 僧云："喫了。"<small>久慣衲僧不如上座</small> 州云："洗鉢盂去。"<small>不得左猜</small>

师云：直鈎釣龍，已是不快漆桶。離鈎三寸，已輪舡子夾山占斷。不道時人無分，大都貪餌吞鈎。看他趙州亦不拗折釣竿，亦不踏翻舡子，石橋上閑坐，略彴邊度時，自有上岸來入手底。本錄中，有其僧因此契悟，可謂竿頭絲線從君弄，不犯清波意自殊。趙州任公，得志於前，更看天童鳴榔於後。頌云：

粥罷令教洗鉢盂，快便難逢 豁然心地自相符。非但今日 而今參飽叢林客，依舊喫粥了洗鉢盂去 且道其間有悟無？一人傳虛萬人傳實

師舉靈雲見桃花悟道，呈頌於潙山，山云："從緣入者永無退失。"玄沙聞云："諦當甚諦當，敢保老兄未徹在。"雲聞云："和尚徹也未？"沙云："恁麼始得。"天童頌這僧契悟心地相符。這僧乍入叢林，稱大悟大徹，飽叢林禪客，且道有悟無悟？此謂之徵問。雪竇云："本無迷悟數如麻，獨許靈雲是作家。"玄沙道未徹，雪竇獨許作家。徐六擔板，各見一邊。且道洗鉢盂僧有悟也無？太平本是將軍致，不許將軍見太平。（《從容錄》第三十九則）

◎示衆云："洗鉢添瓶，盡是法門佛事。般柴運水，無非妙用神通。爲甚麼不解放光動地？"（《從容錄》第四十二則）

◎趙州洗鉢

趙州因僧問："某甲乍入叢林，乞師指示。"州云："喫粥了也未？"僧云："喫粥了也。"州云："洗鉢盂去。"其僧有省。

無門曰："趙州開口見膽，露出心肝。者僧聽事不真，喚鐘作甕。"頌曰：

只爲分明極，翻令所得遲。早知燈是火，飯熟已多時！（《無門關》第七則）

◎上堂，舉僧問趙州："學人乍入叢林，乞師指示。"州云："喫粥了也未？"僧云："喫粥了也。"州云："洗鉢盂去。"師拈云："趙州無柄斧子，拈起劈頭一揮。隨後一斷，方圓成矣，規矩中矣。學者不知，空聞有丁丁之聲也。"（《斷橋妙倫禪師語錄》卷下）

◎從無量劫來到今日如是，以諸人分上比論，各各無絲毫欠闕。喫粥了也，洗鉢盂去。有時或自道一句，或對人一句，總無虛實。（《橫川行珙禪師語錄》卷上）

◎上堂："百千法門，同歸方寸。河沙妙德，總在心源。大衆喫粥了也未？喫粥了也，洗鉢盂去。無悟底法，無迷底法，亦無不迷不悟底法。各自究取，珍重。"（《橫川行珙禪師語錄》卷上）

◎舉《楞嚴經》云："衆生顛倒，迷己逐物。若能轉物，即同如來。"師云："是你早晨喫粥了，洗鉢盂去。"乃拈拄杖云："趙州古佛。"（《橫川行珙禪師語錄》卷下）

◎舉僧問趙州："學人乍入叢林，乞師指示。"州云："喫粥了也未？"僧云："喫粥了。"州云："洗鉢盂去。"其僧有省。雲門云："且道趙州有指示，無指示？若有指示，向伊道什麼？若無指示，這僧爲甚悟去？"

師云："雲門見得趙州親切，無許多話。"（《橫川行珙禪師語錄》卷下）

◎第一須去省徑處作工夫，莫只管多知多解，蹉過截徑一路了。且如趙州洗鉢盂話，最是徑截，兄弟多作無事會了。（《石田法薰禪師語錄》卷二）

◎舉僧問趙州："學人乍入叢林，乞師指示。"州云："喫粥了也未？"僧云："喫粥了也。"州云："洗鉢盂去。"其僧有省。

拈云："趙州因風吹火，用力不多。這僧雖然悟去，也只做得個長行粥飯僧。何故？更須知有向上一關。"（《石田法薰禪師語錄》卷二）

◎上堂，舉僧問趙州："學人乍入叢林，乞師指示。"州云："喫粥了也未？"僧云："喫粥了也。"州云："洗鉢盂去。"僧大悟。師頌云："粥了教他洗鉢盂，趙州年老太心孤。錦鱗一躍龍門去，跛鱉盲龜空負圖。"（《淮海原肇禪師語錄》）

400

◎趙州洗鉢盂

千載巖前樹，曾無刀斧痕，羚羊纔觸著，滿地葉紛紛。

混成一氣，周行四時，惟天爲大，惟堯則之。（《佛鑑禪師語錄》卷五）

◎上堂："花簇簇，錦簇簇，鹽醬年來事事足。留得南泉打破鍋，分付沙彌煮晨粥。晨粥一任諸人喫，洗鉢盂一句作麼生會？多少人疑著。"（《五燈會元》卷十二《慶善守隆》）

◎舉趙州洗鉢

拈："趙州覿面無私，就地攝將黃葉去。這僧當機得路，入山推出白雲來。只如東山謂無爲泰云：'你只知路上事，且不知路上滋味。'諸人又作麼生會？莫守寒巖異草青，坐却白雲宗不妙。"（《希叟和尚廣錄》卷五）

◎洗鉢話

荒村無物當風流，不解梳妝不識羞。草裏有花隨手折，等閑插在野人頭。（《率菴梵琮禪師語錄》）

◎洗鉢羅漢

水落方能石露，有心別無用處。若問佛法如何，日洗鉢盂兩度。（《西巖了慧禪師語錄》卷下）

◎舉僧問趙州："某甲乍入叢林，乞師指示。"州云："喫粥了也未？"僧云："喫粥了也。"州云："洗鉢盂去。"師云："且道有指示，無指示？若道有指示，向他道什麼？若道無指示，者僧何得悟去？"（《古尊宿語錄》卷十六《雲門廣錄中》，《續古尊宿語要》卷二《雲門偃》，《禪林類聚》卷十八，《宗門拈古彙集》卷十六，《宗鑑法林》卷十七，《宗範》卷上）

◎上堂云："遍周沙界幾曾移步，深山白雲是何報土？若是真道人家，日洗鉢盂兩度。"（《古尊宿語錄》卷二十一《法演》）

◎上堂："趙州道個洗鉢去，其僧豁爾知歸。鳥窠吹起布毛，侍者當下得旨。爲復是就伊明破，爲復是吐露向伊？亦不是就伊明破，亦不是吐露向伊。大衆會麼？本有之性，爲什麼不會？"（《古尊宿語錄》卷二十八《佛眼清遠》）

◎上堂："趙州有喫粥因緣。好一則因緣，者僧當下悟去。會得麼？你拈動鉢盂匙箸時，便不會古人意了也。"（《古尊宿語錄》卷二十九《佛眼清遠》）

◎"大凡行脚學道參尋莫癡坐，就人決擇。此法難了，喚作隔宿不問道，若得了便別也。昨日也喫粥喫飯，今日也喫粥喫飯，豈昔人耶，別也，不同也。趙州向人道：'喫粥了也未？'曰：'喫粥了也。'州曰：'洗鉢盂去。'便是別也，吾豈常人也。你道何處是別處？久立。"（《古尊宿語錄》卷三十二《佛眼清遠》）

◎舉僧問趙州："學人乍入叢林，乞師指示。"（中略）後雲門拈云："且道有指示無指示？（中略）"師云："雲門不識好惡。恁麼說話，大似爲蛇畫足，與黃門栽鬚。翠巖則不然，這僧與麼悟去，入地獄如箭射。"（《古尊宿語錄》卷四十一《雲峰文悅》，《禪林類聚》卷十八，《宗門拈古彙集》卷十六，《宗鑑法林》卷十七）

◎施主設粥請，云："諸禪德，從前日月，依舊山川。瀉碧堆青，輝騰今古。曾無間斷，豈有虧盈。不見僧問趙州：'學人乍入叢林，乞師指示。'州云：'喫粥了也未？'僧云：'喫粥了也。'州云：'洗鉢盂去。'僧從此大悟。大衆，且道那裏是這僧悟處，還委悉麼？幾般雲色出峰頂，一樣泉聲落檻前。"下座。（《續古尊宿語錄》卷三《開福寧》，《開福道寧禪師語錄》卷上，《宗門拈古彙集》卷十六，《宗鑑法林》卷十七）

◎一夕坐檐間，聞三更轉，將入雲堂，曳履而蹶，如夢忽醒。翌朝造室，翁舉趙州洗鉢話，師將啓吻，翁扯止之，平生疑情，筦下冰釋，機鋒自是不可當。叢林曰："有兩浙翁矣。"（《偃溪廣聞禪師語錄》卷下，《竹溪鬳齋十一稿續集》卷二十一《徑山偃溪佛智禪師塔銘》，《武林梵志》卷九）

◎僧問趙州："學人乍入叢林，乞師指示。"州云："喫粥了也未？"僧云："喫粥了。"州云："洗鉢盂去。"其僧有省。

師云："將常住物當人情，趙州惠而不費。平地等閑歸闐苑，這僧事出偶然。雖然如是，二俱鈍置。"（《環溪惟一禪師語錄》卷下）

◎上堂："喫粥了也，洗鉢盂去，矢上加尖，一場敗露。西峰今日忍俊不禁，却要向鷺鷥腿上割股。"良久云："便恁麼去！"（《高峰原妙禪師語錄》卷上）

◎上堂："雲漫漫，水漫漫。往來一致，高下同觀。炊無米飯，飽不來人甚易；喫粥了也，洗鉢盂去，還難。難難，冬不寒，臘後看。"（《石溪心月禪師語錄》卷上）

◎舉僧問趙州："學人乍入叢林，乞師指示。"州云："喫粥了也未？"僧云："喫粥了也。"州云："洗鉢盂去。"師云："只與麼舉一遍，供養大衆。更深夜闌時，寂寞無依處，試翻覆看。忽然築著磕著，却請布施一轉語。"

(《石溪心月禪師語錄》卷中)

◎上堂，舉僧問趙州和尚："學人乍入叢林，乞師指示。"州云："喫粥了也未？"僧云："喫粥了。"州云："洗鉢盂去。"其僧有省。師頌云："畫影當軒夏日長，只知喫粥著衣裳。光陰倏忽催人老，嫩綠駸駸已過墙。"(《雪巖祖欽禪師語錄》卷一)

◎叔父惠鉢三首 其二

蒲團未有祖師意，洗鉢何曾識趙州。萬里空歸君解否，老胡端爲我能留。(《後山集》卷八)

◎趙州因學人問："乍入叢林，乞師指示。"師曰："喫粥了也未？"曰："喫粥了也。"師曰："洗鉢盂去。"其僧忽然省悟。頌曰：

床窄先卧，粥稀後坐。濟濟鏘鏘，瀟瀟灑灑。要會趙州洗鉢盂，了事沙彌消一個。泉大道［《禪林類聚》卷十八，《宗鑑法林》卷十七］

梅花落盡杏花披，未免春風著出裩。一氣不言含有象，萬靈何處謝無私。白雲端［《嘉泰普燈錄》卷二十七《頌古上·白雲端》，《白雲守端禪師語錄》卷下，《白雲守端禪師廣錄》卷四，《宗門拈古彙集》卷十六，《宗鑑法林》卷十七］

粥了令教洗鉢盂，粗心往往更心粗。直饒到此分明了，也是平生不丈夫。佛陀遜［《建中靖國續燈錄》卷二十八《頌古·德遜佛陀》，《禪林類聚》卷十八。"粗心"、"也是"，《建中靖國續燈錄》作"初心"、"已是"］

趙州喫粥話，尋常問禪客。心若不負人，面上無慚色。雲蓋智［《禪林類聚》卷十八］

喫粥了也洗鉢盂，家常逐日最相與。西來何處半零落，六祖癡頑不讀書。三祖宗 二

乍入叢林伸一問，鉢盂洗却更何疑。從前官路無迂曲，底事遊人不見歸？［《禪林類聚》卷十八］

乍入叢林乞指示，大施門開無擁滯。往往靈山受記人，未有如斯個次第。正覺逸［《宗鑑法林》卷十七］

粥了尋常洗鉢盂，奈何依樣畫葫蘆。靈光洞徹河沙界，是則名爲大丈夫。雲居祐［《禪林類聚》卷十八］

喫粥了，洗鉢盂，何曾指示曹溪路。謾言隨衆三十年，記得展單忘却箸。楊無爲［《宗鑑法林》卷十七］

之乎者也，衲僧鼻孔，大頭向下。禪人若也不會，問取東村王大姐。湛

堂準［《嘉泰普燈錄》卷二十七《頌古上・湛堂準》，《禪林類聚》卷十八，《指月錄》卷十一，《宗鑑法林》卷十七］

　　粥了令教洗鉢盂，趙州此語不相辜。茫茫宇宙人無數，幾個男兒是丈夫？慈受深

　　粥了令教洗鉢盂，豁然心地自相符。而今參飽叢林客，且道其間有悟無？天童覺

　　乍入叢林問作家，由來枯木別抽芽。鉢盂洗了相逢著，又得濃烹一碗茶。長靈卓

　　大隱居廛小隱山，世人無路得相干。五湖禪客朝朝用，誰解回頭子細看？草堂清

　　叢林乍入問來由，喫粥無過洗鉢休。有意氣時添意氣，不風流處也風流。門福寧［《開福道寧禪師語錄》卷下］

　　宗師垂手貴天真，肯事雕蟲篆刻新？只向平田淺草處，等閑推出玉麒麟。佛性泰

　　推窮物理成家計，會合時機便識心。多謝春風無厚薄，貧家桃李也成陰。護國元［《禪林類聚》卷十八，《宗鑑法林》卷十七］

　　開單展鉢每相親，十二時中處處真。直下要明端的旨，韶陽句外露全身。保寧勇

　　喫粥了也未，誰道趙州有指示。粥後還教洗鉢盂，敢問諸人悟也無。趙州老，孰爲儔，把斷要津水逆流。伶俐衲僧纔眨眼，釣魚船子下揚州。龍門遠

　　趙州指示洗鉢盂，衲子奔馳枉費工。日用不知何處覓，分明說向似盲聾。南堂興

　　喫粥了也洗鉢盂，已是分明說向渠。有時冷地思量著，點鐵成金舉世無。月林觀

　　十方通透，八面玲瓏。駿駒顧影，狐兔潛蹤。尼無著總

　　粥了令教洗鉢盂，鐵船無底要人扶。片帆高掛乘風便，截海須還大丈夫。密菴傑［《密菴語錄》，《續古尊宿語要》卷四《密菴傑》］

　　乍入叢林乞師指示，拈出鉢盂令去洗。行盡千山與萬山，回頭撞著自家底。不須指，不須洗，烜赫靈光照天地。而今高掛在虛空，長靈室內展腳睡。文殊道

相逢陪酒又陪歌，醉倒途中要我馱。馱到家中猶罵詈，不知醒後又如何？且菴仁［《宗鑑法林》卷十七］

只爲分明極，反令所得遲。早知燈是火，飯熟也多時。無門開

鶴立松梢月，魚行水底天。風光都佔斷，不費一文錢。息菴觀［《宗鑑法林》卷十七］

只將乍入來伸請，一到叢林志便高。喫粥了也洗鉢去，宗師不用更叨叨。橫川珙［《橫川行珙禪師語錄》卷下］（《禪宗頌古聯珠通集》卷十九）

◎趙州諗禪師，僧問："學人乍入叢林，乞師指示。"（中略）

保寧勇代云："恩大難酬。"（《禪林類聚》卷十八）

◎上堂："好日多同，一彩兩賽。雲門扇子𨁝跳上三十三天，築著帝釋鼻孔。趙州狗子無佛性話，拈却了也。喫粥了洗鉢盂去，諸人作麽生會？若也不會，孤負趙州。"（《古林清茂禪師語錄》卷一）

◎師一日云："舌是斬身之本，須菩提巖間宴坐，因甚麽天雨四花？"又云："明知四大五蘊，是生死根本，因甚麽入者皮袋裏？"又云："喫粥了也，洗鉢盂去，衲僧家因甚麽口掛壁上？"（《古林清茂禪師語錄》卷二）

◎機智無勢較淺深，青山有路可追尋。聽教兩鬢莖莖白，消盡平生種種心。今古桑田多變易，朝昏烏兔自昇沈。齋餘洗鉢歸來久，飽飯安眠不解襟。（《無見先睹禪師語錄》卷下）

◎上堂，舉趙州因僧問："學人乍入叢林，乞師指示。"趙州云："喫粥了也未？"僧云："喫粥了。"州云："洗鉢盂去。"其僧有省。師拈云："前輩謂趙州禪在口皮邊，及觀答者僧所問，費盡計較。者僧果然乍入叢林，一時錯會。有問薦福學人乍入叢林，乞師指示，拂子柄和聲便打，也教知道山僧不負初機。"（《月澗文明禪師語錄》卷上）

◎問："依經解義，數比河沙。續燄聯芳，稻麻竹葦。只如佛祖未生前，還有佛法也無？"

答："泪合恁麽去。"

頌："佛法有，釋迦老子徒開口。佛法無，達摩尊者漫勞軀。五湖雲水休狂解，粥罷應須洗鉢盂。逆耳忠言如不信，鐵圍山裏問文殊。"（《青州百問》）

◎一切諸苦皆可醫，惟有禪和子，心病最難醫。用不得砒霜石蜜，甘草陳皮，作麽生醫得？我有一只古方，無有醫不得者。僧問趙州："學人乍入

叢林，乞師方便。"州云："喫粥了也未？"僧云："喫粥了也。"州云："洗鉢盂去。"粥了洗鉢，不用狐疑。鯨吞海水盡，露出珊瑚枝。(《楚石梵琦禪師語錄》卷三，《列祖提綱錄》卷四十)

◎僧問趙州："學人乍入叢林，乞師指示。"州云："喫粥了也未？"僧云："喫粥了也。"州云："洗鉢盂去。"僧有省。代云："更不切切。"(《楚石梵琦禪師語錄》卷八)

◎送祥禪人

諸方舊話無人舉，舉者直須眉卓竪。木馬雙雙帶月行，泥牛對對臨風舞。從閩入浙參訪誰，直下便是休狐疑。喫粥了也洗鉢去，趙州古佛曾提撕。(《楚石梵琦禪師語錄》卷十五)

◎送慶禪人

要識無位真人，尋常少喜多嗔。遇夜熟眠一覺，起來沒處藏身。喫粥了，洗鉢去。太分明，休莽鹵。大地撮來無寸土，南泉不打鹽官鼓。(《楚石梵琦禪師語錄》卷十五)

◎上堂："趙州道個洗鉢去，其僧豁爾知歸。鳥窠吹起布毛，侍者當下得旨。阿呵呵，囉囉哩，達磨老臊胡，打落當門齒。"(《愚菴和尚語錄》卷二)

◎無文奎藏主

喫粥了洗鉢盂去，趙州死句是活句。向他開口處承當，者僧道悟何曾悟。個事本非悟得，又非直下現成。如蜜有砒綿有刺，動著絲毫即禍生。(《天如和尚語錄》卷四)

◎托鉢歌

趙州喫粥洗鉢去，禪者疑團頓開悟。德山托鉢下堂來，會得巖頭末後句。(《天如和尚語錄》卷四)

◎僧問趙州："學人乍入叢林，乞師指示。"自稱大悟，微細未決，借事呈解 州云："喫了粥也未？"悟了也未 僧云："喫粥了。"已悟了也 州云："洗鉢去。"令他除悟 ○主意：借事明宗旨，明句裏呈機。總結：入就藏鋒

粥罷令教洗鉢盂，豁然心地自相符。聞此清訓，忽了前悟 而今參飽叢林客，且道其間有悟無？天童審你諸方果有無悟無悟 (《天童頌古直註》卷上)

◎舉僧問趙州："學人乍入叢林，乞師指示。"州云："喫粥了也未？"僧云："喫粥了。"州云："洗鉢盂去。"僧大悟。

拈云："趙州審的中拔出，者僧拔出中審的，可謂快便難逢。若說個悟

字，則坑陷殺人。"（《無異元來禪師廣錄》卷九）

◎山僧記得幼時見個少林法師，拈僧問趙州："學人乍入叢林，乞師指示。"州云："你喫粥了也未？"僧云："喫粥了也。"州云："洗鉢盂去。"山僧彼時雖不曾徹底，聞之使毛骨悚然，如冷水澆背。又聞舉萬松評云："洗面觸著鼻孔，抽鞋摩著腳跟。"那時若錯過話頭，便是掘地討天。所以可憐不知底人，錯過了多少好時光。山僧恁麼說，汝諸人聽著，便又思量，怎麼得知，又是頭上安頭。（《長慶宗寶獨禪師語錄》卷三）

◎若透不得，更須參訪知識，決擇疑情，直至不疑之地，始與本地少分相應。其或未然，未免隨波逐浪。所以僧參趙州，乃云："學人乍入叢林，乞師指示。"州云："喫粥也未？"僧云："喫也。"州云："洗鉢盂去。"其僧有省。禪人若於趙州說處，者僧省處會得，便與維摩方丈中諸上善人，把臂共行去也。（《憨山老人夢遊集》卷三）

◎示碧霞老衲

他方行遍久歸來，梵刹家山坐地開。衲子入門無別事，喫茶洗鉢亦奇哉。（《憨山老人夢遊集》卷三十八）

◎（慶善守隆）上堂："花簇簇，錦簇簇，鹽醬年來事事足。留得南泉打破鍋，分付沙彌煮晨粥。晨粥一任諸人喫，洗鉢盂一句作麼生會？多少人疑著。"（《武林梵志》卷十一）

◎趙書勉學賦

偉矣哉，學有多轍，悟非一歧。（中略）至若聞畫角，洗鉢盂，細抹將來，從遮裏入，是以望影而脫聖凡之羈鎖，迎刃而具囓鏃之玄機。人徒見其悟之不難，而不知其學之必到。苟學力之不精，何悟由之深造。（《珊瑚網》卷八，《式古堂書畫彙考》卷十六）

◎佛日晳云："大慧道諸方拈掇甚多，下註腳亦不少，未嘗有一人，分明說破，妙喜今日為諸人分明說破：'喫粥了便洗鉢盂，且道還曾指示無？黑豆從來好合醬，比丘尼定是師姑。'這大慧老漢，牙如劍樹，口似血盆，原來只在這裏。洗鉢盂話何曾說得破？隆安今晚不惜脣齒，為汝諸人分明說破：'喫粥了便洗鉢盂，趙州東壁掛葫蘆。拈得鼻孔打失口，達磨不是老臊胡。'"（《宗門拈古彙集》卷十六，《宗鑑法林》卷十七）

◎趙州因僧問："學人乍入叢林，乞師指示。"州曰："喫粥了也未？"曰："喫粥了也。"州曰："洗鉢盂去。"僧大悟。

黃龍心云："雲門雪竇，雖善鋤強輔弱，捨富從貧，要且不能安家立國。"乃問僧："你朝來亦喫粥，亦洗鉢，而今是迷是悟？"僧禮拜起，龍喚近前云："我有一柄拂與汝。"歸堂。[《宗鑑法林》卷十七]

徑山杲云："雲門大似阿修羅王，托動三有大城，諸煩惱海。"隨後喝云："寐語作麼？"復云："雲峰雖善，背手抽金鎞，翻身控角弓，爭奈蹉過雲門何。"又云："趙州與這僧，若不得雲門，一生受屈。而今諸方有一種瞎漢，往往盡作洗鉢盂話會了。"[《指月錄》卷十一，《宗鑑法林》卷十七]

天寧琦云："諸仁者見雲門則易，見妙喜則難。誵訛在甚麼處？劍去久矣，爾方刻舟。"[《楚石梵琦禪師語錄》卷十一，《宗鑑法林》卷十七]

雲居莊云："趙州以楔出楔，雲門看樓打樓。這僧悟去，還有勘破處也無？"良久云："風不鳴條，雨不破塊。"[《呆菴莊禪師語錄》卷四，《宗鑑法林》卷十七]

古南門云："住住，雪竇但知雲門無蛇畫足，自亦未免雪龜曳尾。忽若總拈過時如何？瞎。"[《宗鑑法林》卷十七]

愚菴盂云："趙州向蠍甕裏蹲踞，雲門入蛇坑中坐臥，雲峰向虎牢裏遊戲。蠍不能螫，蛇不能毒，虎不能措其爪牙，果然妙手。據山僧判斷，趙州也無洗鉢盂話。雲門縱有畫蛇之筆，向甚處添足？還是雲峰入地獄，這僧入地獄。"拍案一下云："山僧今日將三大老頂相，光明神通妙用，拈向諸人面前。漆桶不快，若作佛法商量，入地獄如箭射。"喝一喝云："萬山紫翠煙嵐裏，濃淡浮沈畫不成。"

東明際云："子丑寅卯，辰巳午未。就裏知音，本無忌諱。阿呵呵，會也未，腳頭腳底任縱橫，長安風月何足貴。"

清化隱云："一個裙拖地，一個褲更長。雖然這僧悟去，也只會得個奴兒婢子邊事。"

本覺微云："大小趙州，鼓粥飯氣。這僧悟去，也是刺腦入膠盆。"（《宗門拈古彙集》卷十六）

◎試看平常不平常，於此一悟，便可徹盡無生平常之旨。惟有此平常之我，日用而已矣。（《心燈錄》）

◎僧辭，師問："甚處去？"曰："有住處即來向和尚道。"師曰："你是持戒人，爲什不守清規？"曰："和尚莫以罪罪人好。"師曰："我不以罪罪你。古人道'喫粥了洗鉢去'，意作麼生？"曰："昨夜夢裏，有人問此話。

恰值某愛睡，不曾答他。"師休去。(《徑石滴乳集》卷五)

◎趙州因僧問："學人乍入叢林，乞師指示。"師曰："喫粥了也未？"曰："喫粥了也。"師曰："洗鉢盂去。"其僧省悟。

錦衣公子坐花叢，鳳管鸞簫曲未終。却笑桃華貪結子，幾回錯恨五更風。天岸升

梵語般若波羅蜜，此云智慧到彼岸。雲棲寺裏李和尚，每日起來念一遍。壽聖聲

梧桐一葉落金井，颯颯西風徹骨冷。一陣吹來雙鬢寒，花容裊娜爲誰整？法林音(《宗鑑法林》卷十七)

◎舉僧問趙州："學人乍入叢林，乞師指示。"州云："喫粥了未？"僧云："喫粥了。"州云："洗鉢盂去。"師云："趙州只解順水推舟，致令後代兒孫，個個死在句下。"(《佛光國師語錄》卷一)

◎又僧出問："記得僧問趙州：'學人乍入叢林，乞師指示。'此意如何？"師云："抱贓叫屈。"進云："州云：'你喫粥了也未？'僧云：'喫粥了也。'又且如何？"師云："鑿竇引賊。"進云："僧云：'喫粥了也。'州云：'洗鉢盂去。'此意又作麼生？"師云："我却不會。"進云："早知燈是火，飯熟也多時。"師云："好好好。"僧禮拜退。(《佛光國師語錄》卷五)

◎復舉僧問趙州："學人乍入叢林，請師方便。"州曰："喫粥了也未？"僧云："喫粥了。"州曰："洗鉢盂去。"師曰："者僧問打初方便，趙州與以本分草料，雖然說法不應機，總是非時語。爭奈藜羹藿飯，決非尊貴所珍。鳳髓龍肝，不是樵夫之食。畢竟如何應時機去？"以拂擊禪床："今夜參了，寢堂點湯。"(《智覺普明國師語錄》卷一)

◎趙州洗鉢盂

國設干戈何所圖，推民塗炭覺非無。其將萬物爲芻狗，惟道則天唯聖乎。(《智覺普明國師語錄》卷五)

◎趙州洗鉢盂話

晨朝喫粥是家常，教洗鉢盂還斯當。村酒杯中藏鴆毒，才霑一滴壞人傷。(《常光國師語錄》卷下)

◎僧問趙州："學人乍入叢林，乞師指示。"州云："喫粥了也未？"云："喫粥了也。"州云："洗鉢盂去。"其僧因此大悟。又龍潭問天皇："某甲自到來，不蒙和尚指示心要。"皇曰："自汝到來，吾未嘗不指示汝心要。"曰：

409

"何處指示？"皇曰："汝擎茶來，吾爲汝接。汝行食來，吾爲汝受。何處不指示汝心要？"龍潭佇思間，皇曰："見則直下便見，擬思却差。"龍潭當下開悟。此乃是至近而了，至簡而得底樣子也。而今禪者只以無事見解，了知此等因緣，可謂醍醐作毒也。汝若確的悟去，無量劫來種種衆生病，和這佛病祖病，一時脫去，不亦快哉。（《佛頂國師語錄》卷二）

◎僧云："趙州古佛示僧曰：'洗鉢盂去。'其僧便悟，此意如何？"師云："掬水月在手，弄花香滿衣。"進云："學人未悟，請師慈悲。"師云："三十棒。"進云："不到荊山，爭得璞歸。"師云："侍者參得禪了也。"（《見桃錄》卷一）

（二九二）

問："如何是毘盧師？"師云："白駝來也未？"云："來也。"師云："牽去餵草。"〔《古尊宿語錄》卷十四〕

【箋註】
○毘盧師：詳（一五八）註。　○牽去餵草：本則公案中，趙州禪師係採取以凡答聖的不二法門破除學人對"毘盧師"的執著。

（二九三）

問："如何是無師智？"師云："老僧不曾教闍梨。"〔《古尊宿語錄》卷十四，《御選語錄》卷十六〕

【箋註】
○無師智：無師自通的智慧。《法華經·譬喻品》："一切智，佛智，自然智，無師智。"《宏智廣錄》卷五："直須無師智、自然智，見性不留佛，大悟不存師，方有些子衲僧氣息。"《建中靖國續燈錄》卷十三《隆慶閑》："靈龜未兆之際，萌芽未發已前，若有人道得，可謂無師智、自然智。"《黃龍慧南禪師語錄》："清淨無師智，豈思而得，學而能哉？然不有提唱，孰辨宗由。不有問答，孰明邪正。"《碧巖錄》第六十二則："以無師智，發無作妙用；以無緣慈，作不請勝友。"《癡絶道沖禪師語錄》卷下："無道可訪，無師可參，發無師智，縱自然智。"《憨山老人夢遊集》卷五十二《題實性禪人書華嚴經後》："若離妄想顛倒，則一切智、無師智，自然現前。"

（二九四）

問："如何是親切一句？"師云："話墮也。"〔《古尊宿語錄》卷十四，《御選語錄》卷十六〕

【箋註】

〇親切一句：《正法眼藏》卷六："問：'如何是親切一句？'（洞山初）曰：'達磨無當門齒。'"《古尊宿語錄》卷二十六《法華全舉》："問：'如何是親切一句？'師云：'六祖是新州人。'"《續古尊宿語要》卷五《空叟印》："'畢竟親切一句作麼生道？'良久云：'夜半明星當午現，癡人猶待曉鷄啼。'"《無異禪師廣錄》卷三十："若見聞者，作麼生是親切一句？" 〇話墮：禪家較量機鋒，不契合禪義者稱爲"話墮"。

（二九五）

問："不借口，還許商量也無？"師云："正是時。"云："便請師商量。"師云："老僧不曾出。"〔《古尊宿語錄》卷十四〕

(二九六)

問："二祖斷臂當爲何事？"師云："粉骨碎身。"云："供養什麼人？"師云："來者供養。"〔《古尊宿語錄》卷十四〕

【校記】

《古尊宿語錄》卷三十六《投子大同》："問：'二祖斷臂當爲何事？'師云：'粉骨碎身。'"

(二九七)

問："無邊身菩薩爲什麼不見如來頂相？"師云："你是闍梨。"〔《古尊宿語錄》卷十四〕

【箋註】

○無邊身菩薩爲什麼不見如來頂相：《景德傳燈錄》卷十七《龍牙居遁》："問：'無邊身菩薩爲什麼不見如來頂相？'師曰：'汝道如來還有頂相麼？'"《祖庭事苑》卷五《懷禪師前錄》："無邊身　釋迦譜云：'無邊身菩薩以丈六之杖量佛，佛常出杖餘，至梵天亦爾。'"《古尊宿語錄》卷二《百丈懷海》："問：'無邊身菩薩不見如來頂相，如何？'師云：'爲作有邊見無邊見，所以不見如來頂相。只如今都無一切有無等見，亦無無見，是名頂相現。'"又卷三《宛陵錄》："問：'無邊身菩薩爲什麼不見如來頂相？'師云：'實無可見。何以故？無邊身菩薩便是如來，不應更見。只教汝不作佛見不落佛邊，不作衆生見，不落衆生邊。不作有見，不落有邊。不作無見，不落無邊。不作凡見，不落凡邊。不作聖見，不落聖邊。但無諸見，即是無邊身。若有見處，即名外道。'"《橫川行珙禪師語錄》卷上："無邊身菩薩，不見如來頂相。纔說無邊，便有限量，爭見如來頂相。如來頂相，只在諸人面前，巍巍堂堂，離一切見。"《列祖提綱錄》卷四："笑隱訢禪師浴佛上堂：'今朝四月八日，天下叢林，悉皆浴佛。只如無邊身菩薩，以竹杖量世尊頂，丈六了又丈六，量梵至天，不見世尊頂相。正與麼時，且作麼生浴？'"

(二九八)

問："晝是日光，夜是火光，如何是神光？"師云："日光火光。"〔《古尊宿語錄》卷十四〕

【箋註】

○日光火光：本則公案，係揭示禪在生活的佛教三昧。《景德傳燈錄》卷十六《雪峰義存》："師問僧：'什麼處來？'對曰：'神光來。'師曰：'晝喚作日光，夜喚作火光，作麼生是神光？'僧無對。師自代曰：'日光火光。'"

(二九九)

問："如何是恰問處？"師云："錯。"云："如何是不問處？"師云："向前一句裏辨取。"〔《古尊宿語錄》卷十四〕

(三〇〇)

問："如何是大人相？"師以手摸面，叉手斂容。〔《古尊宿語錄》卷十四〕

（三〇一）

問："如何是無爲？"師云："者個是有爲。"〔《古尊宿語錄》卷十四〕

（三〇二）

問："如何是祖師西來意？"師云："欄中失却牛。"〔《古尊宿語錄》卷十四〕

【箋註】

○欄中失却牛：《景德傳燈錄》卷九《龍雲臺》："有僧問：'如何是祖師西來意？'師云：'老僧昨夜欄中失却牛。'"

【集評】

◎趙州因僧問："如何是祖師西來意？"師曰："欄中失却牛。"頌曰：

欄中失却牛，有問即有酬。更若求玄妙，獼孫築氣毬。慈雲照（《禪宗頌古聯珠通集》卷二十，《建中靖國續燈錄》卷二十八《頌古·慈雲圓照》，《禪林類聚》卷四，《宗鑑法林》卷十八）

（三〇三）

問："學人遠來，請和尚指示？"師云："纔入門，便好驀面唾。"〔《古尊宿語錄》卷十四〕

(三〇四)

問:"如何是直截一路?"師云:"淮南船子到也未?"云:"學人不會。"師云:"且喜到來。"〔《古尊宿語錄》卷十四〕

【箋註】

○直截一路:本則公案中,趙州禪師答以"淮南船子到也未"這種日用事,暗示學人離却日用別求禪旨的迷妄。《景德傳燈錄》卷十三《風穴延昭》:"問:'如何是直截一路?'師曰:'直截迂曲。'"《天聖廣燈錄》卷二十三《德山志先》:"問:'直截一路,請師速道。'師云:'擬心千里隔,玄玄任意看。'"《建中靖國續燈錄》卷二十六《金鵝虛白》:"問:'如何是直截一路?'師云:'鳥道羊腸。'"《古尊宿語錄》卷十五《雲門廣錄上》:"問:'如何是直截一路?'師云:'主山後。'進云:'謝師指示。'師曰:'合取皮袋。'"《兀菴普寧禪師語錄》卷中:"教中明得者,終是迂曲。教外明得者,不妨直截。唯直截一路,必能到家。必到大休大歇之場,盡未來際,得大自在。何故?離心意識參,出聖凡路學,方謂直截者也。"

(三〇五)

問:"柏樹子還有佛性也無?"師云:"有。"云:"幾時成佛?"師云:"待虛空落地。"云:"虛空幾時落地?"師云:"待柏樹子成佛。"〔《祖堂集》卷十八,《五燈會元》卷四,《古尊宿語錄》卷十四,《正法眼藏》卷三〕

【集評】

◎僧問趙州:"柏樹子還有佛性也無?"州云:"有。"僧云:"幾時成佛?"州云:"待虛空落地。"僧云:"虛空幾時落地?"州云:"待柏樹子成佛。"看此話，不得作柏樹子不成佛想，虛空不落地想。畢竟如何？虛空落地時，柏樹子成佛。柏樹子成佛時，虛空落地。定也思之。（《大慧錄》卷十九）

◎舉古德道："柏樹子成佛，虛空落地。"師云："磕碎你諸人髑髏。"（《橫川行珙禪師語錄》卷下）

◎悼岳林栲堂和和尚并序

岳林栲堂和尚訃至，臨終遺偈有云："八十三年，什麼巴鼻。柏樹成佛，虛空落地。"火葬牙齒數殊不壞，舍利瑩然，因說偈以悼云。

虛空落地日已久，柏樹子超彌勒前。長汀水邊崖石上，大火聚綻黃金蓮。平生不露風骨句，敲磕齒牙無覓處。忽然迸出設利羅，八斛四斗何其多。（《古林清茂禪師語錄》卷五）

◎贈興藏主

興也三年在吾側，日用現行渠自得。酬僧問字不尋常，電捲星馳惟一點。曉來瞬目江之東，夏雲舒捲多奇峰。庭前柏樹子成佛，撲碎虛空高突兀。（《古林清茂禪師語錄》卷五）

◎寄商隱西堂

先師口吃不解語，意氣孰謂吞諸方。虛空落地自成佛，柏樹子燒還有香。（《古林清茂禪師語錄》卷五）

◎可庭歌

今人未信吾言直，門戶萬差難可測。虛空落地已多時，柏樹子不肯成佛。却請盤龍詑可庭，為他露個真消息。（《天如和尚語錄》卷四）

◎問："古德云：'虛空落地'、'柏樹子成佛'。未審參話頭能否屆此？"先生曰："能。汝參話頭便是柏樹子成佛，不參話頭便是虛空落地。"（《維摩精舍叢書·靈巖語屑》）

（三〇六）

問："如何是西來意？"師云："因什麼向院裏罵老僧？"云："學人有何過？"師云："老僧不能就院裏罵得闍梨。"〔《古尊宿語錄》卷十四〕

(三〇七)

問:"如何是西來意?"師云:"板齒生毛。"〔《正法眼藏》卷三,《古尊宿語錄》卷十四,《御選語錄》卷十六〕

【箋註】

○板齒生毛:禪林盛傳達磨大師來華時,被菩提流支一派打落板齒。《瞎堂慧遠禪師廣錄》卷二:"(達磨大師)後至魏地少林,默坐九年,為菩提流支三藏,打落板齒。"《佛鑑禪師語錄》卷一:"達磨大師不安本分,被人打落當門板齒。"板齒上不可能生毛,喻不可能發生之事。《建中靖國續燈錄》卷二十五《普照法最》:"僧曰:'只如截斷眾流一句作麼生?'師云:'板齒生毛則向汝道。'"板齒生毛也被用來喻不可思議的禪境,如《石屋清珙禪師語錄》卷下《自贊》:"板齒生毛,面孔無肉。"《月江和尚語錄》卷下《贊師機》:"白拈手段少人知,板齒生毛老古錐。"本則公案中,所用者為前義,猶學人問什麼是西來意,師家答"待洞水逆流即向汝道"、"待公牛生兒即向汝道"之類。

【校記】

板,《正法眼藏》卷三作"版"。

【集評】

◎趙州因僧問:"如何是祖師西來意?"師曰:"板齒生毛。"頌曰:

九年面壁自虛淹,爭似當初一句傳?板齒生毛猶可事,石人踏破謝家船。投子青(《禪宗頌古聯珠通集》卷十九,《舒州投子青和尚語錄》卷下,《禪林類聚》卷四,《宗鑑法林》卷十九,"面壁",《禪林類聚》作"少室")

◎板齒生毛

舉僧問趙州:"如何是祖師西來意?"日日日頭東畔出 州云:"板齒生毛。"無中能唱出,未審幾人知

師云:趙州古佛,出現於世,雖無蓮臺光燄,却有妙用神通,具四辯

才,得八解脱。端的海口鼓浪,舡舌駕流。浩浩辭源,滾滾流出。優遊平易,殊無艱難險阻之態。方信真文不措,真武不粗。一日上堂云:"正人説邪法,邪法悉皆正。邪人説正法,正法悉皆邪。諸方難見易識,我這裏易見難識。"僧問:"如何是毘盧師?"師便起立。云:"如何是法身主?"師便坐。僧禮拜,師曰:"且道坐者是立者是?"林泉道:"有勞神用。"師問一婆子:"甚麽處去?"云:"偷趙州笋去。"曰:"忽遇趙州,又作麽生?"婆便與一掌。師休去。林泉道:"眼自爭先得,籌因打劫贏,雖是勾賊破家,其奈泥中隱刺。莫更別有鈍滯處麽?"頌曰:

九年少室自虚淹,功成業就 爭似當頭一句傳?水到渠成 板齒生毛猶可事,不爲希差 石人踏破謝家舡。焉知無漏

師云:九年面壁,垂一則語,直至而今,諸方賺舉。非是虚淹歲月,漫度春秋,意似責他不説而説,未若説而不説。其實當頭一句,把定則脣寒齒冷,放行則喜氣津津。若也脚跟線斷,舌上關開,横説竪説,無可不可。昔外道問佛:"昨日説何法?"佛曰:"定法。"云:"今日説何法?"曰:"不定法。"云:"昨日説定法,今日何説不定法?"曰:"昨日定,今日不定。"林泉道大人得自在。世尊板齒雖不生毛,其奈舌端還能具眼。似許石人脚跟點地,鼻孔遼天,踏破澄潭月,穿開碧落天,何止謝家舡舷而已哉。還知麽?若能截鐵斬釘,必不拖泥帶水。(《空谷集》第四十四則)

◎舉僧問趙州:"如何是祖師西來意?"州云:"板齒生毛。"

西來有甚意,板齒不生毛。喫粥洗盞了,茅檐日又高。(《了堂和尚語錄》卷二)

◎趙州因僧問:"如何是祖師西來意?"師曰:"板齒生毛。"

新開玉碗出仙桃,何事人間配濁醪。古徑源迷人去後,萬年谷口掛雲濤。伴我侣(《宗鑑法林》卷十九)

(三〇八)

問:"貧子來,將什麽過與?"師云:"不貧。"云:"爭奈覓和尚何?"師云:"只是守貧。"〔《古尊宿語錄》卷十四〕

【箋註】

○貧子：《法華經·授記品》："譬如有人至親友家，醉酒而卧。是時親友官事當行，以無價寶珠繫其衣裏，與之而去。其人醉卧，都不覺知。起已遊行，到於他國。爲衣食故，勤力求索，甚大艱難。若少有所得，便以爲足。於後親友會遇見之，而作是言：'咄哉丈夫，何爲衣食乃至如是！我昔欲令汝得安樂，五欲自恣，於某年日月，以無價寶珠繫汝衣裏。今故現在，而汝不知，勤苦憂惱，以求自活，甚爲癡也。汝今可以此寶，貿易所須。常可如意無所乏。'"參《祖庭事苑》卷五《懷禪師前錄》。"衣珠"象徵真如佛性、般若智慧，而富有的親戚則象徵佛。衆生佛性被妄念之垢所遮蔽，不自覺知，無從顯現，一如貧人不識衣珠。　○不貧：貧子自有無價珍寶。《聯燈會要》卷二十八《法昌倚遇》："祖師西來，只要時人知有。如貧子衣珠，不從人得。"又《天衣義懷》："迷時力士失額上之珠，悟則貧子獲衣中之寶，誰人不有。"《湛然圓湛禪師語錄》卷八："具足本來，若迷家之貧子。"　○守貧：貧子雖有衣珠，却不能發現，"衣珠歷歷分明，只管伶俜飄蕩"。（《通玄百問》）《祖堂集》卷十《鏡清》："問：'寶在衣中，爲什麼摩伶俜辛苦？'師云：'過在阿誰？'"《御選語錄》卷八《悟真篇外集》之《採珠歌》："貧子衣中珠，本自圓明好。不會自尋求，却數他人寶。數他寶，終無益，只是教君空費力。"

（三〇九）

問："無邊身菩薩，爲什麼不見如來頂相？"師云："如隔羅縠。"〔《古尊宿語錄》卷十四〕

【箋註】

○如隔羅縠：《景德傳燈錄》卷二十八《汾州無業》："他說法如雲如雨，猶被佛呵云：'見性如隔羅縠。只爲情存聖量，見在果因，未能逾越聖情，過諸影跡。'"《禪林僧寶傳》卷二《雲門文偃》："只如十地聖人，説法如雲如雨，猶被佛呵，謂見性如隔羅縠。以此故知，一切有心，天地懸殊。"《祖庭事苑》卷一《雲門錄上》："隔羅縠 《華嚴疏》云：'菩薩智與如來智，如明眼人隔輕縠，睹衆色像。'此言菩薩與佛，見性不同。"《法昌倚遇禪師語錄》："若論此事，唯佛與佛，乃能知之。十地聖人，猶隔羅縠。"《楚石梵琦禪師語錄》卷七："直須回心向大，到十地滿足，見性猶隔羅縠。"《竹窗隨筆》："禪宗（中略）以十地見性爲如隔羅縠，而必曰永斷無明，方爲妙覺。"

（三一〇）

問："諸天甘露什麼人得喫？"師云："謝你將來。"〔《古尊宿語錄》卷十四〕

（三一一）

問："超過乾坤底人如何？"師云："待有與麼人，即報來。"〔《古尊宿語錄》卷十四〕

（三一二）

問："如何是伽藍？"師云："三門、佛殿。"〔《古尊宿語錄》卷十四〕

【箋註】
〇三門：禪宗伽藍之正門。

(三一三)

問:"如何是不生不滅?"師云:"本自不生,今亦無滅。"〔《古尊宿語錄》卷十四〕

【箋註】

○不生不滅:《宗鏡錄》卷九十八:"牛頭山忠和尚,學人問:'夫入道者,如何用心?'答曰:'一切諸法,本自不生,今則無滅。汝但任心自在,不須制止。直見直聞,直來直去,須行即行,須住即住,此即是真道。'"《普菴印肅禪師語錄》卷上:"得見自性清淨,便覺一切眾生,本自不生不滅。"《楚石梵琦禪師語錄》卷二十《題十六羅漢畫卷》:"無生者,了自性涅槃。本自不生,今亦非滅。"按主張真如心體不生不滅,是禪者的共識。六祖還特別強調不生不滅的超時空性,指出它迥異於外道的將生止滅。《壇經·宣詔品》:"外道所說不生不滅者,將滅止生,以生顯滅,滅猶不滅,生說不生。我說不生不滅者,本自無生,今亦不滅,所以不同外道。"

(三一四)

問:"如何是趙州主?"師云:"大王是。"〔《古尊宿語錄》卷十四〕

【集評】

◎三玄論

彥明上座,堂中問天臺韶國師曰:"宗門舉唱話路,大意如何?"國師曰:"大意不出三玄。"問曰:"何名三玄?"國師云:"一名實玄,二曰體玄,三曰用玄。"問曰:"何名爲實玄?"國師云:"大凡問答,不越常人所談,皆合本分之事,乃名實玄。如僧問趙州云:'如何是趙州?'答曰:'東門、西門、南門、北門。'問云：'如何是趙州主？'答云：'大王是。'（中略）隨其學人所問，稱實而應，據斯體例，不露頭角，不越常談，不失機關，皆是本分之事，自古至今，爲本分實玄，便是宗門極則之法。"（《宗門玄鑑》）

（三一五）

問："急切處，請師道。"師云："尿是小事，須是老僧自去始得。"〔《古尊宿語錄》卷十四〕

【箋註】

○急切處：見（二八三）註。　○尿是小事，須是老僧自去始得：《聯燈會要》卷十七："元（宗元禪師）告之曰：'（中略）途中可替底事，我盡替你，只有五件事替你不得，你須自家知當。'師云：'五件者何事？願聞其要。'元云：'著衣、喫飯、屙屎、送尿、駝個死屍路上行。'師於言下領旨，不覺手舞足蹈。"

（三一六）

問："如何是丈六金身？"師云："腋下打領。"云："學人不會。"師云："不會，請人裁。"〔《正法眼藏》卷三，《古尊宿語錄》卷十四，《御選語錄》卷十六〕

【校記】

《正法眼藏》卷三作："問：'如何是丈六金身？'曰：'袖頭打領，腋下剜襟。'僧云：'學人不會。'曰：'不會，請人裁。'"《御選語錄》卷十六同《正法眼藏》。

【箋註】

○腋下打領：爲佛之衣相。《明覺語錄》卷二："袖頭打領，腋下剜襟，諸方一任剪裁。"《天聖廣燈錄》卷十二《鎮州萬壽》："僧問：'如何是丈六金身？'師云：'袖上打領，腋下剜襟。'"《慈受深和尚廣錄》："趙州布衫，更無樣度。袖頭打領，腋下剜襟，自然縫罅難尋，直是鍼鋒不露。"《石溪心月禪師語錄》卷上："袖頭打領，腋下剜襟，皆是尋常裁剪。"《禪宗頌古聯珠通集》卷三十鼓山珪頌："袖頭打領無添減，腋下剜襟有短長。大庾嶺頭一尊佛，疏山兩度放毫光。"

（三一七）

問："學人有疑時如何？"師云："大宜、小宜？"學云："大疑。"師云："大宜東北角，小宜僧堂後。"〔《五燈會元》卷四，《古尊宿語錄》卷十四〕

【集評】

◎舉僧問趙州："某甲有疑時如何？"州云："大疑小疑？"僧云："大疑。"州云："大疑東北角，小疑僧堂後。"師云："見之甚易，識之甚難，也是慣得其便。"（《石溪心月禪師語錄》卷中）

（三一八）

問："如何是佛向上人？"師下禪床，上下觀瞻相，云："者漢如許長大，截作三橛也得，問什麼向上向下。"〔《古尊宿語錄》卷十四〕

趙州錄校註集評 下卷

吳言生 撰

中國社會科學出版社

目　錄
（下卷）

（三一九）如何是密密意？師以手掐之 …………………………………（425）
（三二〇）南方火爐頭無賓主話 …………………………………………（426）
（三二一）和尚受大王如是供養，將什麼報答？念佛………………………（433）
（三二二）如何是和尚家風？屛風雖破，骨格猶存…………………………（433）
（三二三）如何是不遷之義？者野鴨子飛從東去西去………………………（433）
（三二四）如何是西來意？什麼處得者消息來 ………………………………（434）
（三二五）如何是塵中人？布施茶鹽錢來 ……………………………………（434）
（三二六）大耳三藏覓國師不見，國師在什麼處 ……………………………（434）
（三二七）盲龜值浮木孔時如何？不是偶然事 ………………………………（436）
（三二八）久居巖谷時如何？何不隱去 ………………………………………（436）
（三二九）如何是佛法大意？禮拜著 …………………………………………（437）
（三三〇）如何是自家本意？老僧不用牛刀 …………………………………（437）
（三三一）久響趙州石橋，到來只見掠彴子…………………………………（437）
（三三二）如何是石橋？度驢度馬 ……………………………………………（438）
（三三三）和尚姓什麼？常州有 ………………………………………………（444）
（三三四）纔有是非，紛然失心。還有答話分也無…………………………（447）
（三三五）如何是道？墙外底；大道通長安…………………………………（448）
（三三六）撥塵即不無，見佛即不得…………………………………………（453）
（三三七）如何是無疾之身？四大五陰 ………………………………………（455）
（三三八）如何是闡提？何不問菩提 …………………………………………（456）
（三三九）老僧喚作拳，你諸人喚作什麼……………………………………（456）
（三四〇）如何是趙州家風？你不解問 ………………………………………（456）

1

(三四一) 纔有是非，紛然失心。還有答話分也無……………………（457）
(三四二) 與麼來，從師接；不與麼來，師如何接……………………（457）
(三四三) 只有一個牙。雖然一個，下下咬著……………………（458）
(三四四) 如何是學人珠……………………（459）
(三四五) 二邊寂寂，師如何闡揚？今年無風波……………………（459）
(三四六) 大衆雲集，合談何事？今日拽木頭，竪僧堂……………………（459）
(三四七) 如何是真實人體？春夏秋冬……………………（460）
(三四八) 如何是佛法大意？含元殿裏，金谷園中……………………（460）
(三四九) 如何是七佛師？要眠即眠，要起即起……………………（461）
(三五〇) 道非物外，物外非道，如何是物外道……………………（462）
(三五一) 自小出家今已老，見人無力下禪床……………………（464）
(三五二) 如何是忠言？你娘醜陋……………………（467）
(三五三) 不可得繫心，常思念十方一切佛……………………（467）
(三五四) 如何是忠言？喫鐵棒……………………（467）
(三五五) 如何是佛向上事？師便撫掌大笑……………………（468）
(三五六) 一燈燃百千燈，一燈未審從什麼處發……………………（468）
(三五七) 歸根得旨，隨照失宗時如何……………………（469）
(三五八) 如何是不思處？快道快道……………………（469）
(三五九) 夜昇兜率，晝降閻浮，爲什麼摩尼不現……………………（470）
(三六〇) 非思量處如何？速道速道……………………（471）
(三六一) 如何是衣中寶？者一問嫌什麼……………………（471）
(三六二) 萬里無店時如何？禪院裏宿……………………（472）
(三六三) 狗子還有佛性也無？家家門前通長安……………………（472）
(三六四) 覿面相呈，還盡大意也無？低口……………………（472）
(三六五) 如何是目前一句？老僧不如你……………………（473）
(三六六) 出來的是什麼人？佛菩薩……………………（473）
(三六七) 靈草未生時如何？嗅著即腦裂……………………（474）
(三六八) 祖意與教意同別……………………（474）
(三六九) 不凡不聖時如何？好個禪僧……………………（474）
(三七〇) 兩鏡相向，那個最明？闍梨眼皮，蓋須彌山……………………（475）
(三七一) 學人近入叢林，乞師指示。蒼天蒼天……………………（475）

（三七二）前句已往，後句難明時如何？喚作即不可…………………（476）
（三七三）高峻難上時如何？老僧不向高峰頂 …………………………（476）
（三七四）不與萬法爲侶者是什麼人？非人 ……………………………（477）
（三七五）請師宗乘中道一句子？今日無錢與長官 ……………………（477）
（三七六）學人不別問，請師不別答 ……………………………………（478）
（三七七）有此世界來，日月不曾換 ……………………………………（479）
（三七八）三處不通，如何離識？識是分外 ……………………………（479）
（三七九）我眼本正，不說其中事 ………………………………………（480）
（三八〇）淨地不止是什麼人？你未是其中人在 …………………………（481）
（三八一）如何是萬法之源？棟梁椽柱 …………………………………（481）
（三八二）一物不將來時如何？放下著 …………………………………（482）
（三八三）人從陳州來，不得許州信 ……………………………………（491）
（三八四）開口是有爲，如何是無爲？師以手示之 ……………………（492）
（三八五）師示衆云：佛之一字，吾不喜聞 ……………………………（493）
（三八六）和尚還爲人也無？佛，佛 ……………………………………（493）
（三八七）盡却今時，如何是的的處 ……………………………………（493）
（三八八）離四句絕百非時如何？老僧不認得死 ………………………（494）
（三八九）如何是和尚家風？內無一物，外無所求 ……………………（494）
（三九〇）如何是歸根得旨？答你即乖 …………………………………（494）
（三九一）如何是疑心？答你即乖也 ……………………………………（495）
（三九二）出家底人，還作俗否？出家即是座主 ………………………（495）
（三九三）無師弟子時如何？無漏智性，本自具足 ……………………（495）
（三九四）不見邊表時如何？因什麼與麼 ………………………………（496）
（三九五）澄而不清，渾而不濁時如何？不清不濁 ……………………（496）
（三九六）如何是囊中寶？嫌什麼 ………………………………………（497）
（三九七）如何是祖師的的意？師涕唾 …………………………………（497）
（三九八）如何是沙門行？離行 …………………………………………（497）
（三九九）真休之處，請師指。指即不休 ………………………………（498）
（四〇〇）無問時如何？乖常語 …………………………………………（498）
（四〇一）四山相逼時如何？無出跡 ……………………………………（498）
（四〇二）到者裏道不得時如何？不得道 ………………………………（499）

3

（四〇三）但有言句，盡不出頂，如何是頂外事 …………………………（499）
（四〇四）如何是毘盧師？莫惡口 ………………………………………（499）
（四〇五）至道無難，惟嫌揀擇。天上天下，唯我獨尊 …………………（499）
（四〇六）如何是三界外人？爭奈老僧在三界內 …………………………（502）
（四〇七）知有不有底人如何 …………………………………………（503）
（四〇八）我者裏是柴林 ……………………………………………………（503）
（四〇九）如何是毘盧師？性是弟子 ………………………………………（503）
（四一〇）歸根得旨時如何？太慌忙生 ……………………………………（503）
（四一一）大善知識，爲什麼却掃塵？從外來 ……………………………（504）
（四一二）利劍出匣時如何？黑 ……………………………………………（505）
（四一三）如何是沙門得力處？你什麼處不得力 …………………………（505）
（四一四）如何是和尚示學人處？目前無學人 ……………………………（505）
（四一五）祖意與教意同別？師作拳安頭上 ………………………………（506）
（四一六）心不停不住時如何？是活物 ……………………………………（506）
（四一七）道從何生？者個即生也，道不屬生滅 …………………………（506）
（四一八）祖意與教意同別？會得祖意，便會教意 ………………………（506）
（四一九）如何是異類中行？唵部㘞、唵部㘞 ……………………………（507）
（四二〇）高峻難上時如何？老僧自住峰頂 ………………………………（507）
（四二一）如何是寶月當空？塞却老僧耳 …………………………………（507）
（四二二）毫厘有差時如何？粗 ……………………………………………（508）
（四二三）如何是沙門行？師展手拂衣 ……………………………………（508）
（四二四）祖佛命不斷處如何？無人知 ……………………………………（508）
（四二五）未審權機喚作什麼？喚作權機 …………………………………（508）
（四二六）學人近入叢林不會，乞師指示 …………………………………（509）
（四二七）從上古德，將何示人？老僧不知有古德 ………………………（509）
（四二八）佛花未發，如何辨得真實 ………………………………………（509）
（四二九）如何是佛？你是什麼人 …………………………………………（510）
（四三〇）驀直路時如何？驀直路 …………………………………………（510）
（四三一）如何是玄中不斷玄？你問我是不斷玄 …………………………（510）
（四三二）覺花未發時，如何辨得真實 ……………………………………（511）
（四三三）還有不報四恩三有者也無 ………………………………………（511）

(四三四) 貧子來，將什麼物與他？不欠少 …………………………………… (511)

(四三五) 如何是趙州正主？老僧是從諗 ……………………………………… (512)

(四三六) 願一切人昇天，願婆婆永沈苦海 …………………………………… (512)

(四三七) 朗月當空時如何？猶是階下漢 ………………………………………… (512)

(四三八) 老僧初到藥山得一句子 …………………………………………………… (514)

(四三九) 三等接人 …………………………………………………………………… (514)

(四四〇) 你還夢見臨濟也無 ………………………………………………………… (516)

(四四一) 纔有是非，紛然失心，還有答話分也無 ………………………………… (517)

(四四二) 師看《金剛經》。我自理經也不得 ……………………………………… (518)

(四四三) 老僧是一頭驢，你作麼生見 ……………………………………………… (518)

(四四四) 還知有趙州關麼？趙州關也難過 ………………………………………… (518)

(四四五) 老僧者裏只是避難所在，佛法盡在南方 ………………………………… (523)

(四四六) 此間難得師子兒 …………………………………………………………… (524)

(四四七) 闍梨若回，寄個鍬子去 …………………………………………………… (525)

(四四八) 師捨衣俵大衆 ……………………………………………………………… (527)

(四四九) 如何是此性？五蘊四大 …………………………………………………… (528)

(四五〇) 直饒你問得答得，總屬經論 ……………………………………………… (530)

(四五一) 那院何似者院 ……………………………………………………………… (531)

(四五二) 步步是道場，座主在什麼處 ……………………………………………… (531)

(四五三) 衲衣在空閑，假名阿練若，誑惑世間人 ………………………………… (532)

(四五四) 那個是維摩祖父？爲什麼却爲兒孫傳語 ………………………………… (533)

(四五五) 如何是禪？今日天陰，不答話 …………………………………………… (533)

(四五六) 從何方來？無方面來。大好無方面 ……………………………………… (534)

(四五七) 三千里外逢人莫喜！摘楊花，摘楊花 …………………………………… (534)

(四五八) 豐干五臺見文殊。文殊，文殊 …………………………………………… (543)

(四五九) 喫茶去 ……………………………………………………………………… (544)

(四六〇) 老老大大，何不覓個住處？和尚自住取 ………………………………… (576)

(四六一) 三十年弄馬騎，今日却被驢撲 …………………………………………… (577)

(四六二) 平地喫交作什麼？只爲心粗 ……………………………………………… (578)

(四六三) 師一日將拄杖，上茱萸法堂上。探水 …………………………………… (578)

(四六四) 趙州勘婆；驀直去 ………………………………………………………… (583)

5

（四六五）你不得喚作火，老僧道了也……………………………（603）

（四六六）他還指闍梨也無？若允即不違……………………………（604）

（四六七）臨濟小廝兒，只具一隻眼。但與本分草料…………………（605）

（四六八）只者一縫，尚不奈何；且釘者一縫……………………（606）

（四六九）和尚住在什麼處？趙州東院西…………………………（607）

（四七〇）和尚是大善知識，兔子見爲什麼走………………………（610）

（四七一）與麼掃，還得淨潔也無？轉掃轉多……………………（610）

（四七二）我作一頭驢，你作麼生見…………………………（611）

（四七三）今日喫生菜熟菜？知恩者少，負恩者多………………（611）

（四七四）有俗行者到院燒香，師問僧………………………（612）

（四七五）師與小師文遠論義，不得占勝……………………（612）

（四七六）師因入内回，路上見一幢子無一截……………………（616）

（四七七）師坐次，一僧纔出禮拜，珍重…………………………（616）

（四七八）者燕子喃喃地，招人言語…………………………（617）

（四七九）向什麼處迴避？恰好……………………………（617）

（四八〇）闍梨莫道老僧不祇對……………………………（617）

（四八一）好個師僧，因什麼與畜生爲伴………………………（618）

（四八二）堂中還有祖師也無？喚來與老僧洗脚…………………（618）

（四八三）堂中有二僧，相推不肯作第一座…………………………（619）

（四八四）你還從潼關過麼？今日捉得者販私鹽漢………………（620）

（四八五）許多死漢，送一個生漢…………………………（621）

（四八六）某甲喚作猫兒，未審和尚喚作什麼………………………（621）

（四八七）大王來。大王萬福………………………………（621）

（四八八）東司上不可與你說佛法也…………………………（624）

（四八九）好一殿功德………………………………………（625）

（四九〇）臨濟問如何是祖師西來意…………………………（626）

（四九一）久響寒山、拾得，到來只見兩頭水牯牛…………………（629）

（四九二）爲什麼作五百頭水牯牛去？蒼天蒼天…………………（629）

（四九三）師行脚時，見二菴主。一人作丫角童………………………（630）

（四九四）沙彌文遠入來，師乃將經側示之…………………………（631）

（四九五）沙彌童行得入門，侍者在門外…………………………（631）

（四九六）水淺船難泊。能縱能奪，能取能撮 ······(632)
（四九七）彼中還有者個也無？既有，爲什麼不似 ······(638)
（四九八）會麼？動止萬福，不會 ······(638)
（四九九）般若以何爲體？般若以何爲體 ······(639)
（五〇〇）未得之人亦須峭然去。大好峭然 ······(642)
（五〇一）師到投子處，對坐齋。投子將蒸餅與師喫 ······(644)
（五〇二）若似老僧，即打殺我；若不似，即燒却 ······(644)
（五〇三）把將公驗來。公驗分明過 ······(645)
（五〇四）不睹雲中鴈，焉知沙塞寒 ······(646)
（五〇五）孫臏門下，因什麼鑽龜 ······(647)
（五〇六）石橋是什麼人造？造時向什麼處下手 ······(648)
（五〇七）此是什麼院？新羅院。我與你隔海 ······(649)
（五〇八）羚羊掛角時如何？九九八十一 ······(649)
（五〇九）有一婆子來寄宿。者裏是什麼所在 ······(652)
（五一〇）婆子偷趙州笋 ······(652)
（五一一）鴉子見你爲什麼却飛去？爲某甲有殺心在 ······(656)
（五一二）什麼處來？江西來。趙州著在什麼處 ······(657)
（五一三）禮拜也是好事。好事不如無 ······(657)
（五一四）忽遇鑾駕來時如何 ······(658)
（五一五）師到寶壽，寶壽見師來，遂乃背面而坐 ······(659)
（五一六）師將一束草安首座面前，首座無對 ······(659)
（五一七）和尚是古佛；秀才是新如來 ······(660)
（五一八）如何是涅槃？我耳重 ······(660)
（五一九）有僧生死二路是同是別，師乃有頌 ······(660)
（五二〇）和尚有難，什麼處藏身 ······(661)
（五二一）本自圓成，何勞疊石。名邈雕鎪，與吾懸隔 ······(661)
（五二二）趙州南，石橋北，觀音院裏有彌勒 ······(662)
（五二三）因魚鼓有頌 ······(664)
（五二四）因蓮花有頌 ······(665)
（五二五）十二時歌 ······(665)

7

【補遺】

(五二六) 五百力士揭石義 …………………………………… (671)
(五二七) 離教請師決。與摩人則得 ……………………… (672)
(五二八) 如何是本分事？是你本分事 …………………… (673)
(五二九) 佛弟子念經不得摩 ………………………………… (673)
(五三〇) 賴得闍梨道念經，老僧洎忘却 ………………… (673)
(五三一) 如何是玄中一句？不是如是我聞 …………… (674)
(五三二) 孟春猶寒，伏惟和尚尊體起居萬福 ………… (674)
(五三三) 瑞和尚爲什摩却被打殺？爲伊惜命 ………… (674)
(五三四) 不辭煎茶，與什摩人喫？師便動口 ………… (675)
(五三五) 院主請上堂，師陞座唱如來梵 ……………… (675)
(五三六) 開口是一句，如何是半句？師便開口 ……… (676)
(五三七) 此是和尚住處 …………………………………… (676)
(五三八) 一二三四五 ……………………………………… (676)
(五三九) 汝道内淨外淨？師踢却 ………………………… (677)
(五四〇) 久響投子，莫只這個便是也無 ………………… (677)
(五四一) 死中得活時如何？不許夜行，投明須到 …… (678)
(五四二) 趙州以手作圓相，中心一點 …………………… (685)
(五四三) 和尚合喫多少棒 ………………………………… (686)
(五四四) 老僧這裏不是心，不是佛，不是物 ………… (689)
(五四五) 趙州勘南泉山下菴主 …………………………… (693)
(五四六) 直得不被毛，不戴角，又勿交涉 ……………… (696)
(五四七) 如人暗裏書字，字雖不成，文彩已彰 ……… (696)
(五四八) 王老師賣身。明年來與和尚縫個布衫 ……… (698)
(五四九) 趙州勘凌行婆 …………………………………… (700)
(五五〇) 有主沙彌 ………………………………………… (703)
(五五一) 救火，救火。賊過後張弓 …………………… (705)
(五五二) 看箭。過也。中也 …………………………… (707)
(五五三) 探水。一滴也無，探什麽 …………………… (707)
(五五四) 何處青山不道場，何須策杖禮清涼 ………… (707)
(五五五) 清淨伽藍爲什麼有塵？又一點也 …………… (708)

（五五六）自是大德拄杖短	(709)
（五五七）老僧喚作火，汝喚作恁麼	(709)
（五五八）三十年後若見老僧，留取供養	(710)
（五五九）老僧平生用不盡者	(710)
（五六〇）可憐兩個漢，不識轉身句	(711)
（五六一）一切但稍舊	(711)
（五六二）理隨事變，寬廓非外。事得理融，寂寥非內	(712)
（五六三）師訪道吾，吾見來，著豹皮裩	(713)
（五六四）幾程到？一蹔到。好個捷疾鬼	(715)
（五六五）師一日於雪中倒，叫云相救，相救	(715)
（五六六）老僧住持事繁，請上座爲我斫倒却	(717)
（五六七）言詮不到處，請師直道。老僧耳背多時	(717)
（五六八）如何是百千三昧門？師便打	(718)
（五六九）如何是佛法大意？貓兒是一百五十文買	(718)
（五七〇）我十八上便會破家散宅	(719)
（五七一）摘茶去。閑	(721)
（五七二）如何是不遷義？州以手作流水勢	(722)
（五七三）古澗寒泉時如何？苦。死	(724)
（五七四）這一堂師僧，總是婆生	(731)
（五七五）傳語婆，轉藏經已竟	(732)
（五七六）一日看多少經？老僧一日只看一字	(737)
（五七七）如何是古佛心？三個婆子排班拜	(737)
（五七八）如何是不遷義？一個野雀兒，從東飛過西	(738)
（五七九）如何是毘盧師？如何是法身主	(738)
（五八〇）俗塵愛網，無有了期。已辭出家，不願再見	(738)
（五八一）七歲童兒勝我者，我即問伊	(739)
（五八二）繩床一脚折，未嘗賫書告檀越	(739)
（五八三）若在人王，人王中尊。若在法王，法王中尊	(740)
（五八四）大王左右多，爭教老僧説法	(741)
（五八五）待都衙得似大王，老僧亦不起接	(741)
（五八六）他各是一方化主，若在階下，老僧亦起	(741)

9

（五八七）二尊不併化 …………………………………………（742）
（五八八）願大王與老僧齊年 …………………………………（742）
（五八九）若動著一莖草，老僧却歸趙州 ……………………（742）
（五九〇）老僧爲佛法故，所以不著此衣 ……………………（742）
（五九一）且身是幻，舍利何生 ………………………………（743）
（五九二）此是老僧一生用不盡底 ……………………………（743）
（五九三）密嚴意旨如何？何不與他本分草料 ………………（744）
（五九四）如何是妙峰頂？我若答落在平地 …………………（744）
（五九五）黑豆未生芽時如何？好合醬 ………………………（745）
（五九六）十二時中，許你一時外學 …………………………（746）
（五九七）若下得一轉語，即捨其錢。趙州戴笠子便行 ……（748）
（五九八）趙州與文遠遊園，以拄杖指一莖菜 ………………（748）
（五九九）趙州巡乞，凌行婆云：太無厭生 …………………（749）
（六〇〇）趙州訪茱萸，纔上法堂，茱萸云：看箭 …………（749）
（六〇一）把定乾坤眼，綿綿不漏絲毫 ………………………（751）
（六〇二）南泉與趙州玩月，幾時得似這個去 ………………（752）
（六〇三）如何是祖師西來意？年盡不燒錢 …………………（754）
（六〇四）近前來。去 …………………………………………（754）
（六〇五）趙州見僧入門，便云辜負老僧 ……………………（755）
（六〇六）趙州和尚一日見僧來，便面壁書梵字 ……………（755）
（六〇七）有賊，有賊。是即是，只不肯承當 ………………（756）
（六〇八）如何是祖師西來意？冬至一陽生 …………………（757）
（六〇九）趙州以草二束，放在首座前 ………………………（758）
（六一〇）千山萬水來，那個是你自己 ………………………（758）
（六一一）令行者過胡餅與趙州，州禮行者三拜 ……………（759）
（六一二）如何是學人自己？山河大地 ………………………（759）
（六一三）趙州八十行脚因緣 …………………………………（760）
（六一四）惟有普賢，法界無邊 ………………………………（762）
（六一五）東家作驢，西家作馬 ………………………………（762）

附錄一　趙州錄總評……………………………………………（764）

附錄二　趙州錄集評引用書目……………………………………（790）

後記……………………………………………………………,(807)

(三一九)

尼問："如何是密密意？"師以手掐之。云："和尚猶有者個在！"師云："是你有者個。"〔《五燈會元》卷四，《古尊宿語錄》卷十四，《指月錄》卷十一，《御選語錄》卷十六〕

【校記】

《五燈會元》卷四："尼問：'如何是密密意？'師以手掐之。尼曰：'和尚猶有這個在。'師曰：'却是你有這個在。'"

【箋註】

○密密意：亦作密意，秘密的旨意，指佛特殊之意趣。佛之真意與衆生所理解者不同，故稱爲密。此外密密意也指密意方便教，乃相對於顯了真實之教而言。密意所說之語，稱爲密語，即指佛陀真實、秘密之言語與教示。

【集評】

◎禪人寫師真請贊

按輪王劍，全生殺機。豁開正眼，當頭者誰。從來無忌諱，底事沒商量。趙州密意憑誰訴，鐵作心肝也斷腸。（《晦堂慧遠禪師廣錄》卷四）

◎上堂舉尼問趙州："如何是密密意？"州於尼腕上掐一掐。尼云："和尚猶有這個在？"州云："你猶有這個在。"師云："此尼若是個人，但向他道，也放和尚不得。"（《古尊宿語錄》卷二十一《法演》）

◎趙州因尼問："如何是密密意？"師以手掐之。尼曰："和尚猶有這個在？"師曰："却是你有這個在。"頌曰：

密密深深意最長，幾人冷地錯商量。師姑若會趙州掐，鐵打心肝也斷腸。慈受深〔《宗鑑法林》卷十六〕

兜羅綿樣硬贅頭，河北風流老趙州。鹹處著鹽淡添水，軒頭一笑更無休。正堂辨〔《宗鑑法林》卷十六〕

猛虎深藏淺草裹，幾回明月入煙蘿。頂門縱有金剛眼，未免當頭蹉過他。高峰妙〔《高峰原妙禪師語錄》卷下，《宗鑑法林》卷十六〕（《禪宗頌古聯珠通集》卷十八）

◎趙州見一尼來參，州以手掐之。尼曰："尚有這個在？"州曰："却是你有這個在！"此非釋門中儀律，禪者當機顯用，則不拘知此見。燒菴老嫗亦具少知識。（《少室山房筆叢·正集》卷三十二）

◎濟宗八大勢

第二、秘密大勢：如翠微駐步，趙州捏尼，暗裏機關，無須言說。（《五家宗旨纂要》卷上）

◎趙州因尼問："如何是密密意？"師以手掐之。尼曰："和尚猶有者個在？"師曰："却是你有者個在。"

法林音云："當時待他道和尚猶有者個在，何不便休去，且教他疑三十年。"（《宗鑑法林》卷十六）

◎他如尼問趙州"如何是密密意"，趙州以手掐之。俱胝因童子豎指，舉刀斫斷其指，如此等類，不可勝數。魔忍於此等處，將亦生謗議耶。若不敢生謗議，何得詐分皂白，誑惑閭閻？（《御製揀魔辨異錄》卷五）

（三二〇）

師示衆云："老僧三十年前在南方，火爐頭有個'無賓主'話，直至如今，無人舉著。"〔《祖堂集》卷十八，《聯燈會要》卷六，《五燈會元》卷四，《古尊宿語錄》卷十四〕

【校記】

《祖堂集》卷十八："師示衆云：'我三十年前在南方火爐頭，舉無賓主話，直至如今無人道著。'有人舉問雪峰：'趙州無賓主話作摩生道？'雪峰便踏倒。"

【集評】

◎問："趙州無賓主話，未審作麼生？"師便踏其僧。復喚僧近前來，僧

近前來，師云："去！"（《雪峰真覺禪師語錄》卷上）

◎開爐上堂云："乾茆近火理合先焦，滴水冰生事不相涉。倘或透生死明寒暑，融動靜一去來，直得意遣情忘，如癡似兀，然後乃可飢則喫飯，健則經行。熱則乘涼，寒則向火。雖然如是，趙州道：'我在南方三十年，有個無賓主句，直至如今無人舉得。'且無賓主話，火爐頭如何舉得？還委悉麼？衲被蒙頭萬事休，此時山僧都不會。"（《圓悟錄》卷四，《續古尊宿語錄》卷三《圓悟勤》，《列祖提綱錄》卷四一）

◎趙州無賓主　趙州垂語云："我三十年前在南方火爐頭，有一則無賓主話，舉似諸人。"雪峰聞舉云："當時便好與一踏。"（《祖庭事苑》卷一《雲門室中錄》）

◎開爐上堂，舉趙州道："我在南方行腳，火爐頭有個無賓主話，未曾有人舉著。"師云："趙州老老大大，有年無德，殊不知火爐頭無賓主話，觸目發輝，聞見歷然。土曠人稀，相逢者少。"（《破菴和尚語錄》）

◎開爐，奉諸祖歸新祖堂，兼謝監收上堂："南方火爐頭，有一則無賓主話，諸方舉者甚多，明者不少。道場亦有則語，舉似諸人，只要大家委悉，且道是什麼語？"良久云："諸莊有收，諸祖有堂。"（《龍源介清禪師語錄》）

◎開爐上堂，舉："趙州火爐頭無賓主話，多年無人提掇。徑山火爐頭無賓主話，又作麼生？每日只管理論，範粥鍋築浴室，鞁法鼓造江船，且與麼過，何暇舉火爐頭話？來春又要架僧堂移行堂，立行者名次，與麼時節，方可閉門作活。"（《虛堂錄》卷九）

◎僧云："此事且止。記得趙州示衆云：'我三十年前在火爐頭，說個無賓主話。'此意如何？"師云："投以五十轄，舉臂釣滄海。"僧云："如何是賓主話？"師云："鈍鳥籬邊懵不去。"僧云："可謂冷暖個中看火色，祖師心印爲親傳。"師云："果然跳不出。"僧云："趙州道：'無賓主話，至今無人舉著。'又作麼生？"師云："孫臏放癡。"僧云："今日徑山開爐，還許學人議論也無？"師云："斬釘截鐵，未是作家。"（《虛堂錄》卷九）

◎夏罷，以母老歸鄉，辭雪堂。堂以偈送之曰："（中略）西山積老期同住，又說重尋越山路。歸時應是歲華深，趙州更有爐頭句。"（《叢林盛事》卷上《且菴仁》）

◎十月朔一書記至，上堂："天地一指，萬物一馬。二由一有，一亦放下。"擊拂子一下云："然後向者裏拈起，謂之衲僧火柴頭。大海波心輕拶

427

動，須彌頂上汗通流。今朝以此開爐無賓主話，勘破趙州。雖然，擬歸暖處，箭過髑髏。"（《天童如淨禪師語錄》卷上）

◎開爐上堂："火爐頭話無賓主，撥不開兮捏不聚。眼眼相看，面面厮睹，發機須是千鈞弩。"（《淮海原肇禪師語錄》）

◎開爐上堂，僧問："初冬時節又相催，浩浩諸方爐鞴開，獨有徑山文武火，不知煨殺幾人來。如何是徑山文武火？"師云："切不得動者我香匙火筋。"進云："只如趙州道：'三十年前，南方火爐頭有個無賓主話，未曾有人舉者。'此意如何？"師云："舌頭拖地。"進云："畢竟如何是無賓主語？"師云："言滿天下。"進云："只如玄沙聞得，云：'這老漢脚跟未點地在。'又作麼生？"師云："一坑埋却。"進云："可謂焦磚打著連底凍，赤眼撞著火柴頭。"師云："一劃劃斷。"僧禮拜。師乃云："五峰門下，三個五個衲被蒙頭圍爐打坐，鼻笑瞿曇，平欺達摩，又誰管你張三李六。然雖如是，諸方爐鞴正炎炎，何似徑山文武火？"（《佛鑑禪師語錄》卷二）

◎上堂，舉趙州示眾："三十年前南方火爐頭，有個無賓主語，直至而今無人舉著。"師云："趙州年老心孤，向冷灰裏，東撥西撥。若也知得，一任更更做夢。若也未知，直須更更做夢。"（《大川普濟禪師語錄》）

◎開爐莊上歸，上堂："莊上喫油糍，鬼精魂罷休拈弄。鴈影沈寒水，窮伎倆何用施呈。雖云博飯栽田，何似歸堂向火。靜悄悄，暖烘烘，不勞共話無賓主，衲被蒙頭萬境空。"喝一喝："死水何曾有活龍！"（《希叟和尚語錄》、《希叟和尚廣錄》卷三）

◎開爐上堂：謝諸莊監狀歸。并客至"僧鉢一粒飯，農家一滴血。戰爭收拾歸，知費幾牙頰。明璣杵白，別甎炊香。伴客地爐燒榾柮，無賓主話商量。雖然，切忌增金以黃。"（《希叟和尚廣錄》卷三）

◎開爐上堂，舉趙州和尚道："火爐頭，有則無賓主話，我在南方卅年更無一人舉著。"師云："趙州老子，太無厭足。今日開爐，清真不免頭上安頭，舉無賓主話一遍，布施大眾。"便下座。（《西山亮禪師語錄》）

◎開爐上堂："法昌開爐，對泥像說法。淨慈只有火爐頭無賓主話，由你諸人，橫拖倒拽，用盡氣力，得不償勞。卑之毋甚高論，切須照顧眉毛。"（《北澗居簡禪師語錄》）

◎開爐上堂：拈拄杖召大眾云"此事如一堆猛火，無你近傍處，無你捫摸處。假饒不顧危亡，一往直前，如關雲長向百萬軍中，取顏良頭相似，猶不堪爲種草。而況三三五五，團欒打坐，舉燒木佛無賓主話，恣意扭捏，取次商量，也大屈哉。確實而言，也須是個人，擔荷始得。且道天童還擔荷得麼？肩拄杖下座云 依稀憨布袋，彷彿須菩提。"（《西巖了慧禪師語錄》卷上）

◎師一日與長慶舉趙州無賓主話："雪峰當時與一踏作麼生？"師云："某甲不與麼。"慶云："你作麼生？"師云："石橋在向北。"（《古尊宿語錄》卷十八《雲門廣錄·遊方遺錄》）

◎開爐謝耆舊踏田上堂："趙州無賓主話，田地穩密底，開口便道著，信腳便踏著。若是東西不辨，南北不分，未免被人侵疆越界。薦福門下，總是田地穩密底人，拈起香匙，放下火箸，一一天真。因甚如此？公驗分明。"（《無文道璨禪師語錄》，《列祖提綱錄》卷四十二）

◎（雲巢巖禪師）開爐日，示衆云："是句亦剗，非句亦剗，雪峰輥毬，睦州擔板。惟有趙州老漢，向火爐頭拈起香匙火箸，東撥西撥，忽撥得一塊，恰是饒州景德人家壁角頭多年破磁碗，三世如來只管看。"（《枯崖漫錄》卷下）

◎上堂，拈拄杖召大衆云："火爐頭有則無賓主話，自古自今，浩浩商量，商量不下。瑞巖有舌如結，有口如啞，且聽拄杖子爲諸人分明說破去也。"卓一下云："上下三指，彼此七馬。"（《環溪惟一禪師語錄》卷上）

◎諸山至上堂云："開爐節，何可說。無賓主話，口含霜雪。既遇知音，謾且拈掇。是汝諸人，切不可胡亂挑撥。默默守之，忽然冷灰豆爆，方知道，文武火種難磨滅。"（《兀菴普寧禪師語錄》卷中）

◎開爐上堂："不冷不熱爐鞴，半真半假金鎞。鑄作瓶盤釵釧，却成品字柴頭。且道與趙州無賓主話相去多少？疑則別參。"（《雪巖祖欽禪師語錄》卷一）

◎趙州謂衆曰："我向行脚到南方，火爐頭有個無賓主話，直至如今無人舉著。"頌曰：

蒙頭不覺鼾鼾睡，開眼從教㶿㶿紅。若謂平常便無事，須防豆爆冷灰中。心聞賁［《宗鑑法林》卷十九］

無賓主話意深深，流落叢林古到今。火冷灰寒口掛壁，衲僧凍死不知心。石田薰［《宗鑑法林》卷十九，《石田法薰禪師語錄》卷二］（《禪宗頌古聯珠通集》卷十九）

◎開爐上堂，兼謝雪窗書記："雙峰火爐頭，有一則無賓主話，只是易

429

見難識。"良久："夫子不識字，達摩不會禪。"(《平石如砥禪師語錄》)

◎開爐上堂："火爐頭，無賓主。非即言非，是即言是。丹霞燒木佛，院主眉鬚墮，正是者個道理。忽有個漢出來道是甚麼道理？只向道：舉一隅不以三隅反，則不復也。"(《古林清茂禪師語錄》卷二)

◎開爐上堂："古人道：'風頭稍硬，且歸暖處商量。'大衆且道商量個甚麼？纔到暖處，便見瞌睡。業識茫茫，無本可據。蒲團上火爐頭，突出無賓主話，直得額頭汗流。"(《古林清茂禪師語錄》卷二)

◎開爐上堂："南方火爐頭有則無賓主話，輕如太華，重若鴻毛。三世諸佛說不到，六代祖師提不起，天下老和尚摸索不著。山僧不惜眉毛，爲諸人說破。"良久云："一牛飲水，五馬不嘶。"(《月江正印禪師語錄》卷上)

◎開爐上堂："火爐頭話無賓主，中峰一一爲君舉。捏不成團擘不開，貴似黃金賤如土。放兩拋三是幾多，五五元來二十五。"(《笑隱大訢禪師語錄》卷一，《列祖提綱錄》卷四十二)

◎開爐上堂："古鏡闊狹，火爐淺深。柴炭全無，光錄萬丈。無賓主話不用商量，殺活靈機何須舉唱。語是誑，默是謗，語默向上有事在。懷州牛喫禾，益州馬腹脹。天下覓醫人，灸猪左膊上。"喝一喝，下座。(《了菴和尚語錄》卷二)

◎開爐上堂："火爐頭話無賓主，無主無賓話亦無。潦倒丹霞燒木佛，却教院主墮眉鬚。"(《愚菴和尚語錄》卷三)

◎開爐上堂："趙州和尚示衆云：'老僧三十年前在南方，火爐頭有個無賓主話。直至如今無人舉著。'且道如何是無賓主話？若向這裏會得，一大藏教，是甚拭瘡疣紙。雖然，若喚作無賓主話，玄沙道底。"下座。(《南石和尚語錄》卷一，《列祖提綱錄》卷四十二)

◎開爐上堂，舉趙州示衆云："老僧三十年前在南方火爐頭，有個無賓主話，直至如今無人舉著。"拈云："森羅萬象，明暗色空，日夜舉揚。趙州古佛不是不知，只爲貪程太速。"(《續傳燈錄》卷三十五《偃溪聞》，《武林梵志》卷九，《列祖提綱錄》卷四十一，《宗門拈古彙集》卷十六，《宗鑑法林》卷十九)

◎問："趙州行脚時到南方火爐頭，有個無賓主話，直至於今無人舉著，請和尚舉。"師咄曰："後生多明日，老人多往時。"頌曰：

眼光爍破四天下，再不令人暗處行。賓主無言吾舉了，不知陷殺幾多人。(《無明慧經禪師語錄》卷三)

◎開爐上堂："不冷不熱爐鞴，半真半假金錀。鑄作瓶盤釵釧，却成品字柴頭。且道與趙州無賓主話，相去多少？疑則別參。"（《列祖提綱錄》卷四十一）

◎趙州示衆曰："老僧三十年前，在南方火爐頭，有一則無賓主話，直至於今無人舉著。"

白巖符云："者裏也有一則無賓主話。山僧三十年前，未發意行脚時，早已舉示諸人了也，是汝諸人還記得麼？趙州三十年無人舉著，白巖未發意行脚時早已舉示，且道早已舉示底是，無人舉著底是？若言無人舉著底是，錯過白巖；若言早已舉示底是，錯過趙州。直饒你二俱坐斷，中亦不存，更要問你喚什麼作無賓主話？擬議不來，痛棒打出。"

瓶山謙云："趙州只知賣弄，殊不知未開口前，早落賓主行隊。"（《宗門拈古彙集》卷十六）

◎上堂："南方火爐頭，有個無賓主話，至今三十年無人舉著。趙州恁麼道，已作屎臭氣。諸人還撩起便行，劍刃上走麼？遍地橫屍，直下免得麼？八峰今日爲汝等揭示去也，汝等也須自救一半。"（《徑石滴乳集》卷一）

◎師云："昔日趙州云：'我在南方火爐邊，有個無賓主話，至今無人舉著。'噁，直饒道閉門打睡，接上上機，也未若如斯提持。今時人聞舉著向上一路，末後牢關，未嘗不商量浩浩地。如說藥人，真藥現前，都不能識。"（《御選語錄》卷十一《玉琳琇》）

◎開爐上堂："冷湫湫地有暖烘烘底消息，暖烘烘處有冷湫湫底道理。只這消息道理，諸人還曾體究也無？若體究得，笑殺老趙州，開口便見膽。如體究未得，凍雪嚴霜之時，各請東撥西撥。忽然撥著，照顧眉毛。"（《大覺禪師語錄》卷上）

◎開爐上堂："崇福門庭，從來滴水冰生。今朝開爐，寒灰發燄，一時暖熱。祖意教意，趙州無賓主話，突在面前。雖然如是，如何是無賓主話？"擊拂子一下，便下座。（《圓通大應國師語錄》卷上）

◎開爐上堂，舉趙州火爐頭無賓主話公案，拈云："趙州年老，返成小兒。只要挑灰弄火，爭免傍人笑怪。雖然，此曲只應天上有，人間能得幾回聞？"（《一山國師語錄》卷上）

◎進云："趙州示衆云：'三十年前，南方火爐頭有個無賓主話，直至而今無人舉著。'意在那裏？"師云："三個柴頭品字燒。"進云："未審有甚麼難舉著麼？"師云："近之燎却面門。"（《大燈國師語錄》卷上，《槐安國語》卷一）

431

◎乃云："法昌十六高人，怕寒懶剃蓬鬆髮。趙州無賓主話，愛暖頻添榾柮柴。大德門下，終不向鍼頭削鐵。何也？今日十月一，開爐免帽子。"（《大燈國師語錄》卷上）

◎開爐上堂，舉趙州示衆云："三十年前南方火爐頭，有個無賓主話，直至而今無人舉著。"師云："咄。你只要炙手助熱，誰家竈裏火無煙？"卓拄杖一下。（《大燈國師語錄》卷上）

◎開爐上堂，舉趙州示衆云："三十年前南方火爐頭，有個無賓主話，直至而今無人舉著。"師云："趙老面皮厚三寸，要須炙手助熱，其如爐下似春何。直饒而今有人舉著，方知三個枯柴品字燒。"（《大燈國師語錄》卷中）

◎復舉趙州火爐頭話云："古今不舉著處，趙州分明舉著。還會麼？其或未然，方知汝諸人道火燒却口。"（《徹翁和尚語錄》卷上）

◎復舉趙州火爐頭無賓主話曰："若論無賓主話，何止南方火爐頭。雖然如是，諸人還會趙州爲人處麼？覓火和煙得。"（《徹翁和尚語錄》卷上）

◎僧云："今朝十月初一，大家圍爐打坐，不要明招暖處商量，不舉趙州無賓主話。畢竟作個甚麼事？"師云："三個死柴品字燒。"（《徹翁和尚語錄》卷上）

◎開爐垂示曰："趙州門下火爐頭無賓主，臨濟門下爲甚一喝分賓主？"又曰："臨濟門下一喝分賓主，趙州門下爲甚火爐頭無賓主？"（《徹翁和尚語錄》卷上）

◎"米山今日開爐，如趙州道火爐頭無賓主，諸人如何支遣？"代云："毘盧愛飲彌勒酒，文殊醉倒普賢扶。"（《雪江和尚語錄》）

◎開爐示衆，舉趙州古佛云："我在南方三十年，有個火爐頭無賓主話，直至今無人舉著。""幸是無事好，雖然恁麼，這鐵橛子不可作陳年滯貨，諸人試商量看。"自代云："心不負人，面無慚色。"（《少林無孔笛》卷二）

◎乃云："法昌十六高人，癡兒牽伴 怕寒懶剃蓬鬆髮。尋常一樣窗前月，纔有梅花便不同 趙州無賓主話，又是千年茄子根 愛暖頻添榾柮柴。自是桃花貪結子，錯教人恨五更風 大德門下，終不向鍼頭削鐵。何也？今日十月一，開爐免帽子。"火待日熱，風待月涼。只恨觸著家風（《槐安國語》卷一）

◎開爐上堂，舉趙州示衆云："三十年前南方火爐頭，有個無賓主話，直至而今無人舉著。"錦心繡口向人傾。通身紅燄火裏看 師云："趙老面皮厚三寸。要須炙手助熱，其如爐下似春何。天荒地老無青眼，萬仞龍門鎖黑雲 直饒

而今有人舉著，方知三個枯柴品字燒。"昔人既乘白雲去，此地空餘黃鶴樓。黃鶴一去又不返，白雲千歲空悠悠（《槐安國語》卷四）

(三二一)

問："和尚受大王如是供養，將什麼報答？"師云："念佛。"云："貧子也解念佛。"師云："喚侍者將一錢與伊。"〔《祖堂集》卷十九《靈樹》，《古尊宿語錄》卷十四〕

【校記】

《祖堂集》卷十八《趙州》："問：'如何得報國王恩？'師云：'念佛。'僧云：'街頭貧兒也解念佛。'師拈一個錢與。"

《祖堂集》卷十九《靈樹》："鎮州大王請趙州，共師齋次。師問趙州：'大王請和尚齋，和尚將何報答？'趙州云：'念佛。'師云：'門前乞兒也解與摩道。'州云：'大王，將錢來與靈樹。'"

(三二二)

問："如何是和尚家風？"師云："屏風雖破，骨格猶存。"〔《古尊宿語錄》卷十四〕

(三二三)

問："如何是不遷之義？"師云："你道者野鴨子，飛從東去西去？"〔《古尊宿語錄》卷十四〕

(三二四)

問："如何是西來意？"師云："什麼處得者消息來？"〔《古尊宿語錄》卷十四〕

【集評】
◎什麼處得者消息來：趙州禪師之答，意將學人的問題擋回去，使其不要向外追尋"西來意"，而要體取自家的真實意旨。《景德傳燈錄》卷二十五《正勤希奉》："僧問：'如何是祖師西來意？'師曰：'什麼處得這個消息？'"《天聖廣燈錄》卷二十六《功臣覺軻》："問：'達磨未傳心下印，釋迦未解髻中珠。此時若問西來意，還有西來意也無？'師云：'甚處得者消息？'"

(三二五)

問："如何是塵中人？"師云："布施茶鹽錢來。"〔《古尊宿語錄》卷十四，《御選語錄》卷十六〕

【集評】
◎《祖堂集》卷十八："問：'如何是密室中人？'師展手云：'茶鹽錢布施。'"有人問雲居："趙州與摩道，意作摩生？"雲居云："八十老公出場屋。"

(三二六)

問："大耳三藏第三度覓國師不見，未審國師在什麼處？"師云："在三藏鼻孔裏。"〔《景德傳燈錄》卷五《光宅慧忠》，《古尊宿語錄》卷十四《趙州從諗》〕

【箋註】

○大耳三藏第三度覓國師不見：《景德傳燈錄》卷五《光宅慧忠》："時有西天大耳三藏到京，云得他心慧眼。帝敕令與國師試驗。（中略）三藏良久罔知去處，師叱曰：'這野狐精，他心通在什麼處？'三藏無對。"僧問仰山曰："長耳三藏第三度爲什麼不見國師？"仰山曰："前兩度是涉境心，後入自受用三昧，所以不見。"又有僧，舉前語問玄沙，玄沙曰："汝道前兩度還見麼？"玄覺云："前兩度若見，後來爲什麼不見？且道利害在什麼處？"趙州云："在三藏鼻孔裏。"僧問玄沙："既在鼻孔裏，爲什麼不見？"玄沙云："只爲太近。"

按趙州著語，《錦繡萬花谷・前集》卷二十八亦有著錄。有關大耳三藏得他心通，肅宗請師驗之的相關事跡與評唱，見《聯燈會要》卷三《光宅惠忠》，《五燈會元》卷二，《請益錄》卷上，《希叟和尚廣錄》卷三，《希叟和尚廣錄》卷五，《高峰原妙禪師語錄》卷下，《湛然圓澄禪師語錄》卷一，《宗門拈古彙集》卷六，《宗鑑法林》卷七，《御選語錄》卷十六等。

【集評】

◎復舉僧問趙州："大耳三藏第三度不見國師，未審國師在什麼處？"州云："在三藏鼻孔裏。"白雲和尚拈云："國師在三藏鼻孔裏，有甚難見。殊不知。國師在三藏眼睛裏。"師拈云："趙州、白雲二大老，一人構得鼻孔，失却眼睛。一人構得眼睛，失却鼻孔。莫道見國師，要見大耳三藏，亦未可在。"（《西巖了慧禪師語錄》卷上）

◎僧問趙州："大耳三藏第三度覓國師不見，未審在什麼處？"州云："在大耳三藏鼻孔裏。"師云："只如三藏還免得國師鼻孔麼？"（《古尊宿語錄》卷二十五《大愚守芝》）

◎趙州諗因僧問："大耳三藏第三度不見國師，未審國師在什麼處？"州云："在三藏鼻孔裏。"後有僧問玄沙："既在三藏鼻孔裏，因甚不見？"沙云："只爲太近。"翠巖芝云："只如三藏還見國師鼻孔麼？"

白雲端云："國師在三藏鼻孔裏，有甚難見？殊不知在三藏眼睛裏。"
［《續古尊宿語錄》卷三《白雲端》，《白雲守端禪師廣錄》卷一］

報恩秀云："若在眼睛裏，有甚難見？殊不知三藏通身是。國師雖然也只道得一半，若要全道，三藏未離西天時，早已與國師相見了也。"

天童悟云："如今若問在三藏眼睛裏，因甚不見？向道非汝境界。"

佛川宗云："人人道三藏不知國師落處，殊不知國師鼻孔却在三藏手裏。只是當時尚欠一籌，待道即今在甚麼處，且拍掌呵呵大笑，管教他一國之師分疏不下。"（《宗門拈古彙集》卷六）

（三二七）

問："盲龜值浮木孔時如何？"師云："不是偶然事。"〔《古尊宿語錄》卷十四〕

【箋註】

〇盲龜值浮木孔：《涅槃經》卷二："生世爲人難，值佛世亦難，猶如大海中，盲龜值浮孔。"又卷二十三："清淨法寶，難得見聞。我今已聞，猶如盲龜，值浮木孔。"《碧巖錄》第十九則："俱胝老垂慈接物，於生死海中，用一指頭接人，似下浮木接盲龜相似，令諸衆生得到彼岸。"《五燈會元》卷十八《高麗坦然》："生死海廣，劫殫罔通。得遇本分宗師，以三要印子，驗定其法，實謂盲龜值浮木孔耳。"　〇不是偶然事：《圓覺經》："浮木盲龜難值遇。"《稱揚諸佛功德經》卷中："一切世界設滿中水，水上有板，而板有孔。有一盲龜，於百歲中，乃一舉頭。欲值於孔，斯亦甚難。求索人身，甚難甚難。"《宗鏡錄》卷二十六："正法難聞，猶盲龜值於木孔。"《萬善同歸集》卷下："《菩薩處胎經》云：'盲龜浮木孔，時時猶可值。人一失命根，億劫復難是。'"參《祖庭事苑》卷一《雲門錄上》。

（三二八）

問："久居巖谷時如何？"師云："何不隱去？"〔《古尊宿語錄》卷十四〕

【箋註】

○久居巖谷：意謂久居巖谷、參禪調心，已臻於相當高的境界。《祖堂集》卷七《夾山》："久居巖谷，不掛森羅。"《景德傳燈錄》卷十四《三平義忠》："若曾見作者來，便合體取些子意度，向巖谷間木食草衣，恁麼去方有少分相應。"《禪林僧寶傳》卷十九《余杭政》："爲僧只合居巖谷，國士筵中甚不宜。"　○何不隱去：僧人帶著以"久居巖谷"爲得意的意念，趙州禪師予以拂却，暗示學人必須連"久居巖谷"的意念也須去除，纔能臻於真正的超然之境。《景德傳燈錄》卷二十三《廣德延》："初謁廣德義和尚，作禮而問曰：'如何是和尚深深處？'曰：'隱身不必須巖谷，闤闠堆堆睹者希。'"

（三二九）

問："如何是佛法大意？"師云："禮拜著。"僧擬進話次，師喚沙彌文遠，文遠到，師叱云："適來去什麼處來？"〔《古尊宿語錄》卷十四，《御選語錄》卷十六〕

（三三〇）

問："如何是自家本意？"師云："老僧不用牛刀。"〔《古尊宿語錄》卷十四〕

（三三一）

問："久響趙州石橋，到來只見掠彴子。"師云："闍梨只見掠彴子，不見趙州石橋。"云："如何是趙州石橋？"師云："過來過來。"〔相關典籍中常與（三三二）條合爲一則，參下則〕

【箋註】

○掠彴子：獨木橋。

（三三二）

又僧問："久響趙州石橋，到來只見掠彴子。"師云："你只見掠彴子，不見趙州石橋。"云："如何是石橋？"師云："度驢度馬。"〔《景德傳燈錄》卷十，《聯燈會要》卷六，《五燈會元》卷四，《五家正宗贊》卷一，《古尊宿語錄》卷十四，《錦繡萬花谷·後集》卷二十六，《指月錄》卷十一〕

【校記】

《景德傳燈錄》卷十在本則"度驢度馬"後尚有："僧云：'如何是掠彴？'師云：'個個度人。'"《五燈會元》卷四將（三三一）則、（三三二）則的位置顛倒。

《古尊宿語錄》卷十四：問："久響趙州石橋，到來只見掠彴子。"師云："闍黎只見掠彴子，不見趙州石橋。"云："如何是石橋？"師云："過來，過來。"又云："度驢度馬。"

【集評】

◎問："毘婆尸佛早留心，直至如今不得妙，意旨如何？"師云："醜拙不堪當。"僧曰："忽然當又作麼生？"師云："半錢也不直。"僧曰："如何即是？"師云："趙州南，石橋北。"僧禮拜，師擊禪床三下。（《建中靖國續燈錄》卷二十二《慧明雲》，《續傳燈錄》卷十八）

◎問："趙州石橋，度驢度馬。三峽石橋，當度何人？"師云："蝦蟆蚯蚓。"進云："恁麼則百草盡霑恩。"師云："踏不著。"（《天聖廣燈錄》卷二十七《寶覺澄諟》，《五燈會元》卷十，《續傳燈錄》卷四）

◎頌黃龍三關

我腳何以驢腳，趙州石橋略彴。忽若築起皮毯，崩倒三山五嶽。（《圓悟

錄》卷二十，《人天眼目》卷二，《禪宗頌古聯珠通集》卷三十八）

◎舉僧問趙州："久響趙州石橋，到來只見略彴。"也有人來捋虎鬚。也是衲僧本分事 州云："汝只見略彴，且不見石橋。"慣得其便。這老漢賣身去也 僧云："如何是石橋？"上鉤來也。果然 州云："度驢度馬。"一網打就。直得盡大地人無出氣處。一死更不再活

趙州有石橋，蓋李膺造也，至今天下有名。略彴者，即是獨木橋也。其僧故意減他威光，問他道："久響趙州石橋，到來只見略彴。"趙州便道："汝只見略彴，且不見石橋。"據他問處，也只是平常說話相似。趙州用去釣他，這僧果然上鉤，隨後便問："如何是石橋？"州云："度驢度馬。"不妨言中自有出身處。趙州不似臨濟德山，行棒行喝，他只以言句殺活。這公案好好看來，只是尋常鬥機鋒相似，雖然如是，也不妨難湊泊。一日與首座看石橋，州乃問首座："是什麼人造？"座云："李膺造。"州云："造時向什麼處下手？"座無對，州云："尋常說石橋，問著下手處也不知。"又一日州掃地次，僧問："和尚是善知識，爲什麼有塵？"州云："外來底。"又問："清淨伽藍，爲什麼有塵？"州云："又有一點也。"又僧問："如何是道？"州云："墻外底。"僧云："不問這個道，問大道。"州云："大道通長安。"趙州偏用此機，他到平實安穩處，爲人更不傷鋒犯手。自然孤峻，用得此機甚妙。雪竇頌云：

孤危不立道方高，須是到這田地始得。言猶在耳。還他本分草料 入海還須釣巨鰲。坐斷要津不通凡聖。蝦蜆螺蚌不足。大丈夫漢，不可兩兩三三 堪笑同時灌溪老，也有恁麼人曾恁麼來，也有恁麼用機關底手腳 解云劈箭亦徒勞。猶較半月程。似則似是則未是

"孤危不立道方高"，雪竇頌趙州尋常爲人處，不立玄妙，不立孤危，不似諸方道打破虛空、擊碎須彌、海底生塵、須彌鼓浪，方稱他祖師之道。所以雪竇道"孤危不立道方高"。壁立萬仞，顯佛法奇特靈驗，雖然孤危峭峻，不如不立孤危。但平常自然轉轆轆地，不立而自立，不高而自高，機出孤危，方見玄妙。所以雪竇云："入海還須釣巨鰲。"看他具眼宗師，等閑垂一語用一機，不釣蝦蜆螺蚌，直釣巨鰲，也不妨是作家，此一句用顯前面公案。"堪笑同時灌溪老"，不見僧問灌溪："久響灌溪，及乎到來，只見個漚麻池。"溪云："汝只見漚麻池，且不見灌溪。"僧云："如何是灌溪？"溪云："劈箭急。"又僧問黃龍："久響黃龍，及乎到來，只見個赤斑蛇。"龍云：

"子只見赤斑蛇，且不見黃龍。"僧云："忽遇金翅鳥來時如何？"龍云："性命難存。"僧云："恁麼則遭他食噉去也。"龍云："謝子供養。"此總是立孤危，是則也是，不免費力，終不如趙州尋常用底。所以雪竇道"解云劈箭亦徒勞"。只如灌溪黃龍即且致，趙州云度驢度馬，又作麼生會？試辨看。（《碧巖錄》第五十二則）

◎半途　雲門舉盤山語云："光境俱忘，復是何物？直饒與麼道，猶是半途，未是透脫一路。"僧問："如何是透脫一路？"門云："天臺華頂，趙州石橋。"（《祖庭事苑》卷四《雪竇祖英下》，《古尊宿語錄》卷十六《雲門廣錄中》，《禪林類聚》卷十四）

◎上堂云："隨機設教，應病與藥。百千妙門，不離方寸。有病無病，病瘥即除。州南州北月團圓，廣教一衆都無分。咄！趙州石橋，思量好笑。近來學得算子法，兩個九百是千八。"以拂子擊禪床一下。（《建中靖國續燈錄》卷十四《少林元訓》）

◎上堂云："插鍬為井，今古澄清。趙州石橋，往來皆度。山頭水牯，純熟不犯靈苗；嶽麓野人，剛被遷移法席。不犯靈苗即且致，遷移底事作麼生？"良久，云："猿抱子歸青嶂後，鳥銜花落碧巖前。"（《建中靖國續燈錄》卷二十二《大潙祖璙》）

◎問："三隻驢子弄蹄行時如何？"師云："踏斷趙州略彴子。"（《大慧錄》卷九）

◎不見龐居士問馬大師云："不與萬法為侶者是什麼人？"大師云："待汝一口吸盡西江水，即向汝道。"大衆，一口吸盡西江水，萬丈深潭窮到底。掠彴不是趙州橋，明月清風安可比？

師拈云："者般說話，有甚捉摸處。盡從無依無欲中，流出此三昧。或者道，棋逢敵手，琴遇知音。誰便不與麼道？待虛堂換却骨頭，却許爾者一轉語。"（《虛堂錄》卷九）

◎晚見五祖演和尚於海會，出問："未知關捩子，難過趙州橋。趙州橋即不問，如何是關捩子？"祖曰："汝且在門外立。"師進步，一踏而退。祖曰："許多時茶飯，元來也有人知滋味。"（《嘉泰普燈錄》卷十《正覺宗顯》，《五燈會元》卷十八，《續傳燈錄》卷二十六，《蜀中廣記》卷八十九）

◎上堂："呵佛罵祖，須是德山作家；度馬度驢，還他趙州手段。"（《嘉泰普燈錄》卷十四《華藏安民》）

◎（五祖法演云）"不見龐居士問馬大師云：'不與萬法爲侶者，是甚麼人？'大師云：'待汝一口吸盡西江水，即向汝道。'大衆，一口吸盡西江水，萬丈深潭窮到底。掠彴不是趙州橋，明月清風安可比？"（《五燈會元》卷十九《郭祥正》，《古尊宿語錄》卷二十二《法演》，《續傳燈錄》卷二十，《御選語錄》卷十五《法演》）

◎舉盤山語云："光境俱忘，復是何物？"師云："直饒與麼道，猶在半途，未是透脫一路。"僧便問："如何是透脫一路？"師云："天臺華頂，趙州石橋。"（《古尊宿語錄》卷十六《雲門廣錄中》）

◎一日云："古人道，一句合頭語，萬劫繫驢橛。作麼生明得免此過？"代云："趙州石橋，嘉州大像。"（《古尊宿語錄》卷十七《雲門廣錄下》）

◎師到大愚，衆請小參。師云："二三月來天氣和暖，萬物生長百鳥和鳴。桃花紅，李花白，到處園林翠連野色。誰家年少賞勝踏青，唯有古寺老僧坐對庭柏。"遂以拂子敲禪床云："趙州石橋，循途守轍。百丈野狐，爲君一決。狐疑淨盡，眼光電掣。南北東西，有誰辨別？"（《古尊宿語錄》卷四十四《真淨克文》）

◎言前生，句後殺，電光石火中區別。橫按鏌鋣行正令。外道天魔皆膽慴。阿喇喇，趙州石橋作兩截。（《續古尊宿語要》卷三《佛性泰》）

◎老人

孤迥迥，峭危危，不許老胡會，只許老胡知。明歷歷，活鱍鱍，趙州石橋成掠彴。（《因師集賢語錄》卷十三）

◎桑溪造橋疏

水潦過度，俄頃爲龍而爲蛇。橋梁成功，終日度驢而度馬。（中略）欲營趙州略彴，爲日久矣，未曾遇個沒量大人。每念臺山驀直，何時復然須至。（《拙齋文集》卷二十）

◎福昌長老正橋，頗具眼，禪林多宗之。一日陞堂，有問話者云："蘇州三百六十座橋，那座是正橋？"答云："度驢度馬。"（《中吳紀聞》卷三）

◎趙州因僧問："久響趙州石橋，到來只見略彴。"師曰："汝只見略彴，且不見石橋。"曰："如何是石橋？"師曰："度驢度馬。"頌曰：

趙州石橋本無星，急水游魚不易停。橋上只觀驢馬跡，誰人敢向御街行？北塔祚［《古尊宿語錄》卷三十九《智門光祚》，《禪林類聚》卷三］

孤危不立道方高，入海還須釣巨鰲。堪笑同時灌溪老，解云劈箭亦徒

勞。雪竇顯〔《宗鑑法林》卷十八，《禪林類聚》卷三〕

我愛趙州對揚瀟灑，僧問石橋度驢度馬。碧眼胡僧笑點頭，其餘誰是知音者？地藏恩

異類渠行李，心真出語親。隨流自得妙，到岸不迷津。京兆府天寧璉〔《宗鑑法林》卷十八〕

長鯨已壓浪頭飛，跛鱉橋邊尚碾泥。度馬度驢難解會，綠楊影裏路東西。地藏恩〔《宗鑑法林》卷十八〕

趙州石橋，只見略彴。度驢度馬，應病與藥。換步移身，在富全貧。當頭如認著，東魯問西秦。月堂昌（《禪宗頌古聯珠通集》卷十九）

◎趙州諗禪師，僧問："久響趙州石橋，到來只見略彴。"（中略）雲居錫云："趙州為當扶石橋，扶略彴？"（《禪林類聚》卷三）

◎上堂："靈雲桃花光輝閃爍，趙州柏樹築著磕著。大用現前兮，人人握靈蛇之珠。全機獨弄兮，個個抱荊山之璞。莫莫，抹過前三與後三，不是石橋是略彴。"（《笑隱大訢禪師語錄》卷一）

◎送仰山初侍者

最初機，末後著，趙州石橋非略彴。拄杖頭邊正眼開，奧域靈區無鎖鑰。（《了菴和尚語錄》卷六）

◎盧陵米價，不妨貴賤賣買。趙州石橋，一任度馬度驢。與麼說話，猶是時人公干邊事。只如不墮有為，不墮無為一句，又且如何話會？梧桐葉底秋聲早，促織吟邊夜較長。（《樵隱和尚語錄》卷上）

◎千墩寺造木橋疏

試看流水，即跨長虹。澱山湖水國人家，自是生成圖畫。趙州老石橋公案，別當拈起話頭。了是因緣，勝諸福德。（《龜巢稿》卷十）

◎僧問趙州："久響石橋，到來只見略彴。"借事驗主，渺視趙州 州云："汝只見略彴，不見石橋。"就見反追深識來風 僧云："如何是石橋？"就機驗機 州云："度驢度馬。"當央直指 ○主意：主賓互換，旨明無有意路。總結：心幸孤危不立道方高，諸方孤危，此老平實 入海還須釣巨鰲。大海不釣其蝦，大智不為小德 堪笑同時灌溪老，解云劈箭也徒勞。用處一般，爭奈尖新（《雪竇頌古直註》卷下）

◎潘次魯居士請，就大羅菴茶話："投子嶺頭雲，古今多變幻。跨過趙州橋，始得絕思算。絕思算，止一半。更有一半，向下文長，留待明旦。珍

重。"(《無異元來禪師廣錄》卷八)

◎示擴安禪人

千重百匝無遮互，赤肉團邊彰露布。趙州略彴古今同，截斷不容驢馬度。(《無異元來禪師廣錄》卷十六)

◎舉黃龍南禪師三關語。頌曰：

我脚何似驢脚，開口不妨道著。須信趙州石橋，不比尋常略彴。(《呆菴莊禪師語錄》卷五)

◎婺州橋是趙州橋，今日大家行一遭。不獨度驢並度馬，人人平步上青霄。(《列祖提綱錄》卷二十九)

◎趙州因僧問："久響石橋，到來只見略彴。"州曰："汝只見略彴，且不見石橋。"曰："如何是石橋？"州曰："度驢度馬。"

城山洽云："這僧借事驗主，渺視趙州。趙州不妨頑軟，用白拈手段，輕輕按過，果然上鉤。你道度驢度馬是賞他罰他？這裏看破，一生參學事畢。不然，喫水也須防噎。"(《宗門拈古彙集》卷十六,《宗鑑法林》卷十八)

◎如龐居士一口吸盡西江水，乃從來多傳爲極則者。却不知但只會得個光吞萬象而已，豈曾脚跟點地。所以五祖演云："一口吸盡西江水，萬丈深潭窮到底。略彴不似趙州橋，明月清風安可比。"此頌可謂補龐佐之欠缺也。(《御選語錄》卷十四《御製序》)

◎大渡橋

天外虹霓非濟事，趙州略彴豈相當。向上橫身機路活，洪波嶮處作津梁。(《南院國師語錄》卷下)

◎天津橋

度馬度牛兼度人，趙州掠彴豈同倫？往來多少迷途者，本地風光罷問津。(《大通禪師語錄》卷五)

◎進云："記得僧問趙州：'如何是趙州石橋？'州云：'度驢度馬。'僧云：'如何是掠彴？'州云：'個個度人。'如何領會？"師云："是須灘下接取。"進云："大衆此間出力新造橋了，未審與趙州石橋是同是別？"師云："野雲收半夜，明月在中峰。"進云："天津橋上，相逢者少。"師云："聽事不真。"進云："還有知音者麼？"師云："方外誰敢論量。"師又云："功成通途透長安，南北東西任往還。左邊依稀金鐙閃，右邊彷彿彩虹彎。中間且道若何相接？"以拂子作彎橋勢云："人從橋上過，月落在欄干。"(《通幻靈禪師

443

漫錄》卷下）

◎進云："記得僧問趙州：'久響趙州石橋，到來只見略彴。'如何理會？"師云："隨波逐浪。"進云："汝見略彴，且不見石橋。'如何商量？"師云："聽事不真，喚鐘作甕。"進云："僧云：'如何是石橋？'意旨如何？"師云："造時向什麼處下手？"進云："州云：'度驢度馬。'是何章句？"師云："擬向則背，蹉跎則觸。"進云："即今問和尚，畢竟亦作麼生？"師云："巨鼇不在江湖裏，堪笑時人把釣竿。"（《寶峰和尚語錄》）

◎官路橋　寺西

古渡長橋虹氣驤，趙州到此沒商量。誰人具得通方眼，不覺全身入帝鄉。（《普濟和尚語錄》卷下）

（三三三）

問："和尚姓什麼？"師云："常州有。"云："甲子多少？"師云："蘇州有。"〔《五燈會元》卷四，《古尊宿語錄》卷十四，《指月錄》卷十一〕

【集評】

◎上堂："摩竭掩室，非是通方。淨名杜詞，未為作略。總不恁麼，罕遇知音。方便門中，隨宜舉唱。豈不見僧問趙州云：'和尚年多少？'州云：'蘇州有。'僧云：'和尚何姓？'州云：'常州有。'"師曰："諸禪德，趙州貴買賤賣，千古罕聞，寥寥叢席之間，至今無人酬價。大眾要會麼？蘇州有，常州有，月白風清，天長地久。踏著舊鄉關，金毛善哮吼。父慈子孝少人知，回首面南看北斗。"（《開福道寧禪師語錄》卷上）

◎水鄉持鉢歸上堂："六月火邊坐，三冬水裏走。怒中呈笑面，鬧處伸毛手。滿載沒底船，歸來重抖擻。且道抖擻個甚麼？"卓拄杖云："蘇州有，常州有。"（《佛鑑禪師語錄》卷二）

◎送訥堂和尚住秀之天寧

蘇州有，常州有。真個有，未常有。賤時傾國不可換，貴則陪錢控一斗。伸一手，縮一手，日月奔忙，山河倒走。濟北瞎驢退三步，跛腳雲門大

張口。阿呵呵！只今此話大行，何待三十年後。(《佛鑑禪師語錄》卷五)

◎爲擇維那秉炬

蘇州有，常州有，兩兩未爲雙，三三不成九。分明抹過威音前，何須更問涅槃後。正恁麽時如何？通身無寄赤條條，破屋從教野火燒。(《佛鑑禪師語錄》卷五)

◎少保生日請，云："蘇州有，常州有，吸盡西江只一口。百八數珠數不盡，須知天長與地久。騰今煥古作嘉祥，一一面南看北斗。諸仁者，且道釋迦老子，見明星悟道時，與只今是同是別？"(《續古尊宿語要》卷三《月菴果》)

◎牧長老，以其師立菴像，請贊

不稟釋迦文，踏翻華藏界。由天臺南，覺城東，提蘇州有，常州有。立委羽重關，扎洪塘硬寨。如是三十年，起妙喜正派。若言老子見青山，行人更在青山外。(《偃溪廣聞禪師語錄》卷下)

◎進云："古人道：'據虎頭收虎尾，第一句下明宗旨。'如何是第一句？"師云："虎頭虎尾一時收。"僧禮拜。師乃云："佛未出世，祖不西來。一人人鼻孔遼天，壁立千仞。洎乎蘇州有，常州有，是第二句。江南無，江北無，是第八機。直饒截斷吳松，拓開海湧，正在虎丘門外。只如跨虎丘門，升虎丘堂，入虎丘室，見虎丘人，摩捋虎鬚，雍容談笑，却又是阿誰分上事？莫言深遠無人到，滿目青山皆故人。"(《石溪心月禪師語錄》卷上)

◎提綱："文彩未彰，蘇州有，常州有。絲毫纔露，主山高，案山低。一切處不留，一切處成就。"(《雲谷和尚語錄》卷上)

◎趙州因僧問："和尚姓甚麽？"師曰："常州有。"曰："甲子多少？"師曰："蘇州有。"頌曰：

蘇州有，常州有，須信親言出親口。趙州古佛豈徒然，世界壞時渠不朽。若能於此究根源，決定面南看北斗。雪竇顯 [《宗鑑法林》卷十八]

常州有，蘇州有，咭嘹舌頭師子吼。壽山高兮福海深，八十一兮九個九。若能直下便迴光，千古萬古名不朽。佛鑑懃 [《宗鑑法林》卷十八]

常州有，福州無，江風作惡浪花粗。不用刻舟徒記劍，片帆已過洞庭湖。此菴淨 [《續古尊宿語要》卷五《此菴淨》]

蘇州有，常州有，未到蘇常不知有，既到蘇常何處有？今人不識古人意，空向城中顛倒走。退菴奇 [《續古尊宿語要》卷六《退菴奇》]

蘇州有與常州有，三月江南啼鷓鴣。堪笑有年無德漢，被人拶著強分

疏。退耕寧［《宗鑑法林》卷十八］（《禪宗頌古聯珠通集》卷二十）

◎送湛禪人

蘇州有，常州有，江東西，湖南北。頂後神光萬里，眼前秋水連天。（《古林清茂禪師語錄》卷五）

◎送禪人之徑山

蘇州有與常州有，更有凌霄在上頭。嚙鏃一機猶是鈍，爲人三頓亦輕酬。（《古林清茂禪師語錄》卷五）

◎送順禪人並束乃師

蘇州有，常州有，兩兩不成雙，三三亦非九。有一句子到你，禿却我舌。無一句子到你，啞却我口。靈利衲僧知不知，汝師自是真宗師。如何棄却甜桃樹，只管沿山摘酸梨。（《楚石梵琦禪師語錄》卷十六）

◎送吳中滋禪人

蘇州有，常州有，歷歷面南看北斗。主伴參隨與麼來，象王回旋師子吼。（《楚石梵琦禪師語錄》卷十六）

◎有上人禮塔

蘇州有兮常州有，知有非親用要親。八十四人草窠裏，杖頭敲出玉麒麟。（《即休契了禪師拾遺集》）

◎杭州新到僧請益次，示衆：「佛法下衰，叢林秋晚。賢聖隱伏，邪法增熾。咄，是何言歟？四五百條花柳巷，二三千處管絃樓。你信誰道蘇州有，常州有？」（《天如和尚語錄》卷一）

◎吳門送牧幻藏主之江陵十首 其三

蘇州有與常州有，湘北湘南誰道無。酒好不論深巷裏，醋酸何必大葫蘆。（《天如和尚語錄》卷四）

◎次韻答虎丘滅宗和尚

維南有箕北有斗，趙州甲子蘇州有。何時來扣峰頂關，洗耳松風聽雷吼。（《南石和尚語錄》卷三）

◎雲棲大師贊

生在杭城蘇州有，老在杭城常州有。三十年前孔子之徒，三十年後釋氏之友。八德池中喜種蓮，彌陀塞破諸人口。覿面不知渠是誰，七七還渠四十九。（《無異元來禪師廣錄》卷十二）

◎上堂：「古釋迦不前，今彌勒非後。雪峰輥出木毬，普化打翻筋斗。

堪笑憍衲僧，東西競頭走。蘇州有，常州有。"（《了堂和尚語錄》卷一）

◎爲馬頭山了喻靜主舉火

恭惟竹菴了喻常禪師，澄神澹泊，毓德清真。堅閉石關，不許紅塵侵几席。深藏竹塢，惟饒翠色映袈裟。野菜可飡，何須問蘇州有常州有。把茅堪隱，那管渠驢頭北馬頭南。（《永覺和尚廣錄》卷八）

◎大士頌："有物先天地，無形本寂寥。能爲萬象主，不逐四時凋。"
蘇州有，常州有，西湖岸上乘楊柳。誰家屋裏沒些兒，慚愧對人開大口。寧遠地（《宗鑑法林》卷四）

（三三四）

師上堂云："纔有是非，紛然失心。還有答話分也無？"有僧出撫侍者一下，云："何不祇對和尚？"師便歸方丈。後侍者請益："適來僧是會不會？"師云："坐底見立底，立底見坐底。"〔《古尊宿語錄》卷十四，《指月錄》卷十一〕

【箋註】

○纔有是非，紛然失心：語出僧璨《信心銘》。

【集評】

◎趙州上堂："纔有是非，紛然失心，還有答話分也無？"（中略）頌曰：坐底見立底，立底見坐底。咄哉老趙州，白日眼見鬼。無相範（《禪宗頌古聯珠通集》卷二十，《指月錄》卷十一，《宗鑑法林》卷十八）

◎趙州和尚示衆云："纔有是非，紛然失心。還有答話分也無？"有僧出拊侍者一下曰："何不祇對和尚？"（中略）
不問程途行驀直，碧空隨順白雲飛。蓋知洞徹回天力，頑石點頭坐立歸。（《永平元和尚頌古》）

(三三五)

問："如何是道？"師云："墻外底。"云："不問者個。"師云："問什麼道？"云："大道。"師云："大道通長安。"〔《五燈會元》卷四，《古尊宿語錄》卷十四，《指月錄》卷十一〕

【集評】

◎又僧問："如何是道？"州云："墻外底。"僧云："不問這個道，問大道。"州云："大道通長安。"趙州偏用此機。他到平實安穩處，爲人更不傷鋒犯手，自然孤峻，用得此機甚妙。（《碧巖錄》第五十二則）

◎又僧問："如何是道？"州云："墻外底。"僧云："某甲不問這個道。"州云："爾問那個道？"僧云："某甲問大道。"州云："大道通長安。"爾不得作無事會，不得作玄妙會，不得作奇特會，不得作平常會。趙州不在無事上，不在玄妙上，不在奇特上，不在平常上。畢竟在什麼處？具眼者辨取。（《大慧錄》卷十六，《列祖提綱錄》卷十五）

◎大道體寬，無易無難

欲識大道真體麼？誌公云："不離聲色言語。"你如今個個能言解語，見色聞聲，大道真體在什麼處？豈不見僧問趙州："如何是道？"州云："墻外底。"僧云："不問這個道。"州云："你問什麼道？"僧云："大道。"州云："大道透長安。"趙州老人言語太直，三祖大師開口見膽，誌公和尚舌頭無骨。來說是非者，便是是非人。三個草賊，一時提敗。作麼生斷？遣本州牢城。（《真歇清了禪師語錄》卷下《拈古》）

◎復舉僧問趙州："如何是大道？"州云："大道透長安。"今則大家到者裏，大衆且道，理事相應，著得甚麼語？還委悉麼？四五千條花柳巷，二三萬座管絃樓。（《天童如淨禪師語錄》卷上）

◎上堂，舉僧問趙州："如何是道？"州云："墻外底。"僧云："某甲不問這個道。"州云："你問什麼道？"僧云："大道。"州云："大道透長安。"

師拈云："趙州禪，口皮邊。墻外底，透長安。築著磕著，言端語端。

不是釣鰲手，徒勞把釣竿。"（《石田法薰禪師語錄》卷二）

◎上堂，舉僧問趙州："如何是道？"州云："墻外底。"僧云："不問者個道。"州云："你問那個道？"僧云："大道。"州云："大道透長安。"

師拈云："問路底，茫茫走東走西。指路底，步步隨上隨下。淨慈與麼品題，還有爲人處麼？不見道，爲語助者，焉哉乎也。"（《斷橋妙倫禪師語錄》卷下）

◎記得僧問趙州："如何是道？"州云："墻外底。"僧云："我不問者個道。"州云："你問那個道？"僧云："我問大道。"州云："大道透長安。"且道是平實耶，凹凸耶。若道是平實，因甚自古自今，多少人向者裏跳不過？若道是凹凸，且畢竟那裏是凹凸處？古渝周居靜高士，真本色道流，善能參究。參來參去，忽地抓頭，摸著楮皮冠，則便見老趙州與東林，一時敗闕。（《西巖了慧禪師語錄》卷下）

◎趙州因僧問："如何是道？"師曰："墻外底。"曰："某甲不問這個道。"師曰："你問那個道？"曰："大道。"師曰："大道透長安。"頌曰：

知道還他老倒翁，親言相指事匆匆。關山路遠終須到，一徑長遙君任通。投子青［《禪林類聚》卷五］

趙老家風不熱謾，問他大道答長安。有誰平步歸家去，多是區區自作難。水菴一［《禪林類聚》卷五，《宗鑑法林》卷十六］

大道透長安，言端語亦端。臘盡雪消去，春來依舊寒。松源岳［《松源崇嶽禪師語錄》卷下，《禪林類聚》卷五，《宗鑑法林》卷十六］（《禪宗頌古聯珠通集》卷十九）

◎進云："此事且止。只如僧問趙州：'如何是道？'州云：'墻外底。'意旨如何？"師云："仰面見天，低頭見地。"進云："僧云：'我不問者個道。'州云：'你問甚麼道？'僧云：'大道。'州云：'大道透長安。'又作麼生？"師云："海裏使風山上船。"進云："只如學人今日問和尚如何是道，未審將何祇對？"師云："直下覷。"進云："昔日趙州，今日和尚。"師云："且莫詐明頭。"僧禮拜。（《古林清茂禪師語錄》卷一）

◎上堂，舉僧問趙州："如何是道？"州云："墻外底。"僧云："我不問者個道。"州云："你問什麼道？"僧云："問大道。"州云："大道透長安。"

頌云："大道透長安，古今行不到。鮎魚上竹竿，大蟲看水磨。推出江西馬簸箕，踢倒嵩山破竈墮。"（《月江正印禪師語錄》卷上）

◎問趙州道

舉僧問趙州："如何是道？"腳跟下薦取 州云："城外底。"指示分明 僧云："不問這個道。"錯會衲僧多 州云："問甚麼道？"伴打不知 僧云："大道。"可惜蹉過 州云："大道通長安。"老婆心切

師舉三祖《信心銘》云："至道無難，惟嫌揀擇。但不憎愛，洞然明白。"以此觀來，東西南北而縱橫得妙，行住坐臥而左右逢源。聊爾牌標五里，從教目斷千山。趙州雖指城外底是，何止城外？大抵舉一隅，不以三隅反。這僧果是尋言逐句，漫費草鞋錢，抵死謾生，要麼行腳債。州亦不免妝昏去，呼道："問甚麼道？"此爲慈悲之故，有落草之談。其僧依前不董那科，猶自道："我問大道。"大似終日數十，不知二五。趙州所以再三撈摝，盡力提攜云："大道通長安。"慎勿錯會。此豈非世法佛法打成一片，離憎愛，嫌揀擇，時節未委，投子至此作麼生裁斷？頌曰：

知道還他潦倒翁，不勞讚嘆 親言相指自匆匆。大道廣闊，忙作甚麼 關山路遠重須去，是必早回程 一逕長途君任通。往來無阻隔，觸處任縱橫

師云：南泉道："道不屬知，不屬不知。知是妄覺，不知是無記。"只如趙州古佛，端的是知是不知？若道他知，栽他頭角。道他不知，減伊聲價。向知不知處，當合許他。何故？親口不出疏言，只爲慈悲太甚。傾心吐膽，連忙指示，貴圖易曉易會，不知者翻成笑具。難見難聞不弱。關山路隔，鄉國程遙。衣錦還時，終須索去。倘爾正偏兼到，理事葉通，不滯長途，優遊鳥道，作個脫灑衲僧，豈不快哉。不是趙州親指示，臨歧險不費盤纏。（《空谷集》第五十則）

◎如何是道？墻外底。

大道透長安，嚴冬日日寒。少林深雪裏，北斗面南看。（《了菴和尚語錄》卷五）

◎上堂，舉僧問趙州："如何是道？"州云："墻外底。"僧云："我不問者個道。"州云："你問甚麼道？"僧云："大道。"州云："大道透長安。"

師頌云："堂堂大道透長安，一片皇恩似海寬。六月龍河翻白浪，江南江北普天寒。"（《曇芳和尚語錄》卷下）

◎參禪者須得禪源底要妙，方有語話分。此語無來由，沒格式，但應機便用，實無有鋪排著量之言。所以雲無味之談，塞斷人口。如僧問趙州："如何是道？"州曰："門外是。"曰："不問那個道。"州曰："甚麼道？"曰：

"大道。"州曰:"大道透長安。"此等語話,可商量乎?盡是禪源到底句。但具眼者,自然相契。學此道者,直須無有學處,始有學分。若有毫端許可學者,未是學也。(《無明慧經禪師語錄》卷一)

◎僧問趙州:"如何是道?"州云:"墻外底。"

從來大道透長安,墻外酬渠話轉難。會得若翁真實語,現前一日飯三餐。(《無異元來禪師廣錄》卷十一)

◎舉僧問趙州:"如何是道?"州曰:"墻外底。"曰:"不問這個道。"州曰:"問什麼道?"曰:"大道。"州曰:"大道透長安。"

日用門頭有也無?忽然指著莫分疏。明明大道如天闊,怎奈行人別一途。(《永覺和尚廣錄》卷七)

◎示大道嚴僧

從來大道透長安,透得長安法界寬。其奈時人都好徑,歷盡艱辛到却難。(《永覺和尚廣錄》卷二十二)

◎跋牟子言道章

莊子曰:"道惡乎在?道在稊稗。"《易》則曰:"形而上者謂之道,形而下者謂之器。"有人問趙州:"如何是大道?"州曰:"大道透長安。"今有人於此三者,並舉而問曰:"牟子之言道,莊邪,易邪?"余應之曰:"《莊》、《易》且置,敢問趙州大道透長安句,果言道耶,不言道耶?若謂言道,則其言不可以智識知,義路得;若謂不言道,問道答道,有何差別。有人於兩問中。知得好惡,雌黃不謬,則《莊》、《易》之道,譬如月在秋空,朗然廓澈。若檢點不出,不但於趙州句中,無有出身之計,即莊莊易易,總向癡人說夢耳。"(《紫柏老人集》卷十五)

◎左都督洪公秀宗居士,設齋請上堂:"教中道:'得人身難,值佛法難,生信心難。'"又云:"豪貴學道難。以豪貴之人,多迷聲色,不厭苦本,所以學道為難。且道學甚麼道?大道。豈不見僧問趙州和尚:'如何是道?'州云:'門外底。'僧云:'不問這個道。'州云:'問甚麼道?'僧云:'大道。'州云:'大道透長安。'大衆,若識得趙州舌頭落處,則知舉世茫茫,南來北往,步步踏著。處處是長安,時時覲天子。安邦輔國,坐致太平。如或不然,試看日用憑誰力,擎天拄地總由他。"擊拂子,下座。(《鼓山為霖和尚餐香錄》卷上)

◎趙州因僧問:"如何是道?"州曰:"墻外底。"曰:"不問這個道。"州曰："問甚麼道？"曰："大道。"州曰："大道透長安。"

烏石道云："趙州雖然指出分明，可惜這僧當面錯過。石溪則不然，忽有人問如何是道，但向他道：'昨日有人從西安來，今朝出廣德去。'且道與趙州是同是別？"良久云："看腳下。"［《宗鑑法林》卷十六］

天奇瑞云："這僧只解問路，不知當面蹉過。趙州貪度行人，那防失却船錢。"［《宗鑑法林》卷十六］

大慈璸云："這老漢真個八字打開，分明儞儂，其奈這僧當面蹉過。今日有人問如何是道，向他道：'富春到天目，一百二十里。'且道與古人是同是別？"乃噓一聲。［《宗鑑法林》卷十六］（《宗門拈古彙集》卷十七）

◎趙州因僧問："如何是道？"師曰："墻外底。"曰："不問者個道。"師曰："甚麼道？"曰："大道。"師曰："大道透長安。"

大道透長安，天晴莎草乾。秋涼更快便，去去有何難。可惜者僧腳步短，舉頭惟見黑漫漫。百癡元（《宗鑑法林》卷十六）

◎上堂舉僧問趙州："如何是道？"州云："墻外底。"僧云："不問這個道。"州云："你問那個道？"僧云："大道。"州云："大道透長安。"師頌曰："分明指示處，覿面不相謾。大道如絃直，行人自作難。"（《圓通大應國師語錄》卷上）

◎舉僧問古德："如何是道？"德云："墻外底。"僧云："不問者個道。"德云："問甚麼道？"僧云："大道。"德云："大道透長安。"師云："惺惺賣與靈利，懵懂賣與瞌睡。等是恁麼時節，諸人且作麼生？"（《佛光國師語錄》卷一）

◎舉僧問趙州："如何是道？"州云："墻外底。"僧云："不問這個道。"州云："問那個道？"僧云："大道。"州云："大道透長安。"山僧有個道處，試舉似大眾："從來大道無方所，底事趙州鼓口脣？紫陌紅塵飛不到，月明照見夜行人。"（《佛國禪師語錄》卷上）

◎上堂，舉僧問趙州云："如何是道？"州云："墻外底。"僧云："不問者個，如何是大道？"州云："大道透長安。"拈云："趙州直處成迂，若問山僧，即向他道：'你從何處來？'又云：'不問者個，如何是大道？'即向伊道：'甚麼礙著？'你且道與趙州相去多少？"良久云："行到水窮處，坐看雲起時。"（《竺仙和尚語錄》卷上）

◎道山

趙老答云墻外底，口頭突出五須彌。一回踏著長安路，嶮處分明是坦夷。(《義堂和尚語錄》卷四)

◎大道體寬，無易無難。大道無門，千人萬人未曾入，如何説體説寬。三祖大師喚何説大道，如何見體寬？若體寬者何無易，若大道者何無難？然而大道通長安，趙州言端直。(《信心銘拈提》)

◎舉僧問趙州："如何是道？"州云："墻外底。"僧云："不問這個道。"州云："問那個道？"僧云："大道。"州云："大道透長安。"今日有人問山僧："如何是大道？"只對他道："過橋村酒美，隔岸野華香。"下座。(《通幻靈禪師漫錄》卷下)

◎夫道也者通達之義，別無所在。眼見無障，耳聞不塞。一切處爾，無往不通，是則平常心難思議大道也。東西有道，南北不鎖，無貴無賤。往者還者，都盧大地，無有掛礙。家家有路，處處長安。所謂墻外底大道透長安是也。進步非近遠者，夫不論遠又不論近，汝進步處全無他土，步步蹈著綠水青山。若不爾，迷求別道，則更懸隔，山河險固。(《報恩編》卷上)

(三三六)

問："撥塵見佛時如何？"師云："撥塵即不無，見佛即不得。"〔《古尊宿語錄》卷十四〕

【箋註】

○撥塵見佛：《華嚴經》卷五十一："如有大經卷，量等三千界。在於一塵中，一切塵亦然。有一聰慧人，淨眼悉能見。破塵出經卷，廣饒益衆生。"《禪源諸詮集都序》卷二："無一衆生而不具有如來智慧，俱以妄想執著而不證得。若離妄想，一切智，自然智，無礙智，即得現前。譬如有大經卷〔喻佛智慧〕，量等三千大千世界〔智體無邊，廓周法界〕，書寫三千大千世界中事，一切皆盡〔喻體上本有恒沙功德，恒沙妙用也〕。此大經卷，雖復量等大千世界，而全住在一微塵中〔喻佛智全在衆生身中，圓滿具足也〕。如一微塵〔舉一衆生爲例〕，一切微塵皆亦如是。時有一人，智慧明達〔喻世尊也〕，具足成就清淨天眼，見此經卷在微塵内〔天眼力隔障見色，喻佛眼力隔煩惱見佛智也〕，於諸衆生無少利益〔喻迷時都不得其用，與無不別〕，即起方便，破彼微塵〔喻說法除障〕，出此大經卷，令諸衆生普得饒益。"佛性深隱在欲望之中，猶如經卷深埋在塵埃中。只有掃除塵埃，才能使經卷發揮出作用。　○撥塵即不無，見佛即不得：修行固然重要，但如果執著一個求悟的意念，則又成一重障礙。《祖堂集》卷十《大普》："問：'撥塵見佛時如何？'師曰：'脫却枷來商量。'"《天聖廣燈錄》卷十七《大乘惠果》："問：'撥塵見佛時如何？'師云：'撥塵即乖，見佛即錯。'進云：'總不如是時如何？'師云：'錯。'"又卷二十四《梁山善冀》："僧問：'撥塵見佛時如何？'師云：'莫眼華。'"《聯燈會要》卷十二《神鼎洪諲》："問：'撥塵見佛時如何？'師云：'佛亦是塵。'"又卷十六《佛心才》："撥塵見佛，眼翳花生。擲地金聲，賢者不貴。"又卷二十一《夾山善會》："僧問：'撥塵見佛時如何？'師云：'欲知此事，直須揮劍。若不揮劍，漁父棲巢。'"《石田法薰禪師語錄》卷一："撥塵見佛，佛亦是塵。諸人若向這裏歇得去，上無攀仰，下絕己躬。十二時中，復有何事。"《古尊宿語錄》卷四十八《佛照德光》："佛法至妙，無有窮已。如有窮已，則成住著。纔成住著，便有窠臼。如僧問石霜：'撥塵見佛時如何？'霜云：'直須揮劍。若不揮劍，漁父棲巢。'望陛下卓起脊梁，以金剛王寶劍，揮除見刺，自然一著高一著，一步闊一步，佛祖亦奈何不得也。"

【集評】

◎僧問趙州："撥塵見佛時如何？"州曰："撥塵非無，見佛不得。"僧問雲門："撥塵見佛時如何？"門曰："佛亦是塵。"趙州許撥塵，不許見佛。雲門非但撥塵，佛亦屬塵。各有宗旨。夾山答話，與此不同。撥塵也見佛也纖毫不動，但道："直須揮劍。若不揮劍，漁父棲巢。"此語太諵訛。樵夫宜棲巢，漁父宜宿舟。如今却道漁父棲巢，萬松何不子細咬嚼而措語？萬松續上語，舉天童頌曰："拂牛劍氣洗兵威，定亂歸功更是誰。一旦氛埃清四海，垂衣皇化自無爲。"且曰："臨濟宗風，金剛王寶劍，殺佛殺祖。夾山截斷老葛藤，打破狐窠窟。"今點檢天童頌看，有夾山截斷葛藤打破狐窟意，萬松爲什麼妄附會？臨濟且置，夾山若欲截斷葛藤，須別有手段。但道直須揮劍，若不揮劍，漁父棲巢，是綿綿葛藤。萬松爲什麼道"截斷老葛藤"？若以道揮劍作截斷葛藤會，則劍去而久。且撥塵見佛是衲僧參學師子窟，萬松爲什麼道"打破狐窠窟"？豈不鹵莽哉。又萬松舉拂牛洗兵事跡了曰："此頌若不揮劍，漁父棲巢。"是但取初二句以充夾山耳，非領答話玄旨。次舉垂衣無爲事跡曰："此頌無巢可棲，渠無國土。無劍可揮，何處逢渠也。"萬松爲什麼胡亂交加？夾山道："若不揮劍，漁父棲巢。"是猶謂若揮劍，漁父不棲巢也。石霜曰："渠無國土，何處逢渠。"是與趙州謂"見佛不得"，頗同途不同轍。二師答處自別，萬松渾侖吞棗，可謂方木透圓孔。萬松又曰："同安道：'妙體本來無處所，通身那更有蹤由。'自道許汝親見石霜，猶較夾山百步。"

山僧曰："萬松隨語生解。"萬松又曰："要見夾山麼？劍爲不平離寶匣，藥因投病出金瓶。"山僧曰："萬松丁寧損君德。大凡夾山答話樞要，唯在揮劍，撥塵見佛。若不揮劍，則佛却塵。若揮劍，則塵亦佛。直得佛塵塵佛，非佛非塵。且道爲什麼到者裏？或時呼佛爲塵，或時呼塵爲佛，自在縱橫，無可不可。以故天童初二句頌揮劍底有功也，石霜答話初不管見佛撥塵，國土猶無，豈有蹤跡可尋哉。此是"潛行密用，如愚如魯。但能相續，名主中主"底，天童後二句頌此無爲也。（《建康普說》）

（三三七）

問："如何是無疾之身。"師云："四大五陰。"〔《古尊宿語錄》卷十四〕

【箋註】

○無疾之身：指超越疾病之苦的真實身、本來身。　　○四大五陰：地大、水大、火大、風大。地以堅硬爲性，水以潮濕爲性，火以溫暖爲性，風以流動爲性。世間一切有形物質，皆由四大所造，如人體的毛髮爪牙，皮骨筋肉等，是堅硬性的地大；唾涕膿血，痰淚便利等，是潮濕性的水大；溫度暖氣，是溫暖性的火大；一呼一吸，是流動性的風大。五陰是五蘊的舊譯，陰是障蔽的意思，能陰覆真如法性，起諸煩惱。蘊是積集的意思，五蘊就是色蘊、受蘊、想蘊、行蘊、識蘊。色指一般所說的物質，是地、水、火、風四大種所造；受就是感受，包括苦、樂、舍三受；想就是想象，於善惡憎愛等境界中，取種種相，作種種想；行是行爲或造作，由意念而行動去造作種種的善惡業；識是了別的意思，由識去辨別所緣所對的境界。此五蘊前一種屬於物質，後四種屬於精神，是構成人身的五種要素。《禪宗永嘉集·淨修業第三》："是我身者，四大五陰，一一非我。"

（三三八）

問："如何是闡提？"師云："何不問菩提？"云："如何是菩提？"師云："只者便是闡提。"〔《古尊宿語錄》卷十四〕

（三三九）

師有時屈指，云："老僧喚作拳，你諸人喚作什麼？"僧云："和尚何得將境示人？"師云："我不將境示人。若將境示闍梨，即埋沒闍梨去也。"云："爭奈者個何？"師便珍重。〔《古尊宿語錄》卷十四〕

（三四〇）

問："一問一答，總落天魔外道；設使無言，又犯他匡網，如何是趙州家風？"師云："你不解問。"云："請和尚答話。"師云："若據你合喫二十棒。"〔《古尊宿語錄》卷十四〕

(三四一)

師示衆云："纔有是非，紛然失心。還有答話分也無？"有僧出將沙彌打一掌，便出去，師便歸方丈。至來日，問侍者："昨日者師僧在什麼處？"侍者云："當時便去也。"師云："三十年弄馬騎，却被驢子撲。"〔《古尊宿語錄》卷十四〕

【集評】

◎舉趙州示衆云："纔有是非，紛然失心，還有答話分也無？"時有僧出，將沙彌一掌便行，州便歸方丈。至晚州問侍者："適來問話僧在否？"侍者云："其時便去也。"州云："三十年弄馬騎，今日被驢撲。"師云："大丈夫漢，鬥則明鬥，輸則明輸。這僧雖有奪賊槍殺賊底手段，到極則之處，先討一條走路。趙州平生有陷人之計，因甚這僧去後，却道三十年弄馬騎，今日被驢撲？意在於何？暗施弓箭，不是好心。建長也有竿木隨身，未免東拋西擲：'纔有是非，紛然失心。還有答話分也無？'今夜忽有僧出問，我要與作頭抵去。有麼，有麼？欲縛菻菟，狐狼競走。"（《大覺禪師語錄》卷中）

(三四二)

問："與麼來底人，師還接也無？"師云："接。"云："不與麼來的人，師還接也無？"師云："接。"云："與麼來，從師接；不與麼來，師如何接？"師云："止止不須說，我法妙難思。"〔《祖堂集》卷十八，《景德傳燈錄》卷十，《五燈會元》卷四，《古尊宿語錄》卷十四，《指月錄》卷十一〕

(三四三)

鎮府大王問："師尊年，有幾個齒在？"師云："只有一個牙。"大王云："爭喫得物。"師云："雖然一個，下下咬著。"〔《五燈會元》卷四，《古尊宿語錄》卷十四〕

【集評】

◎遊龍山斷際院，潛菴常居之，有小僧乞贊，戲書其上。

趙州只有一個齒，潛菴一個恐不翅。雖然下下都咬著，鹹酸自分鹽醋味。（《石門文字禪》卷十九）

◎上堂舉鎮府大王問趙州和尚："年尊有幾個齒在？"州云："只有一個。"王云："爭喫得物？"州云："雖然一個，下下咬著。"師喝一喝云："少賣弄！"（《大慧錄》卷三）

◎復舉趙王問趙州云："和尚年尊，有幾個牙齒？"州云："只有一個。"王云："既只有一個，尋常將什麼喫飯？"州云："雖只一個，下下咬著。"師拈云："大衆，常聞老趙州，禪在口皮邊。以此看來，直是粘牙綴齒。"（《西巖了慧禪師語錄》卷上）

◎趙州因居士問："和尚年尊，有幾個牙？"師曰："只有一個。"士曰："只有一個，如何喫飯？"師曰："雖然一個，下下咬著。"

或菴體云："趙州開口，自然下下咬著。功魁佛祖，道蔭人天。山野重說偈言，光揚盛事：'大用全提古佛牙，輝天鑑地別無他。日邊乘興立功業，文彩風流出當家。'"（《宗鑑法林》卷十八）

◎戊寅年柏林禪寺冬季禪七開示　淨慧

趙州和尚年紀很大，到了晚年，牙齒掉得只剩一顆。他說，我天天喫飯，從來沒有咬到一顆米。不是說他沒有牙，所以沒有咬到一顆米，而是說他已經達到了無分別的境界，不被外在的六塵所轉，所以說，天天喫飯，沒有咬到一粒米。有人問他，老和尚，你只剩一顆牙，你喫飯的時候怎麼辦呢？老和尚却說："我下下咬著。"這不是矛盾嗎？實際這是功夫。他時時刻刻都不放過任何一個微細的煩惱，所以說"下下咬著"。老和尚說，你們向

衣鉢下坐二三十年（在禪堂，我們的衣鉢放在座位上面），如果還不明白的話，"截取老僧頭去"！（《禪》1999年第6期）

（三四四）

問："如何是學人珠？"師云："高聲問。"僧禮拜。師云："不解問，何不道：'高下即不問，如何是學人珠？'何不與麼問？"僧便再問，師云："洎合放過者漢。"〔《古尊宿語錄》卷十四〕

【箋註】
○珠：禪宗以珠喻自性。

（三四五）

問："二邊寂寂，師如何闡揚？"師云："今年無風波。"〔《古尊宿語錄》卷十四〕

【箋註】
○二邊寂寂：沒有相的意念、心行處滅的境界。　○無風波：心國寧靜無波，暗示既然二邊寂寂，就不必無風起浪。

（三四六）

問："大衆雲集，合談何事？"師云："今日拽木頭，豎僧堂。"云："莫只者個便是接學人也無？"師云："老僧不解雙陸，不解長行。"〔《古尊宿語錄》卷十四〕

【箋註】

○雙陸：古博戲。《事物紀原》卷九《博奕嬉戲》："《續事始》曰：'陳思王曹子建制雙陸，置投子二。'唐末有葉子戲，不知誰遂加至六。"其法今中國已失傳。　○長行：古博戲。《國史補》下："今之博戲，有長行最盛。其具有局有子，子有黃黑，有十五，擲採之骰有二。其法生於握槊，變於雙陸。"

（三四七）

問："如何是真實人體？"師云："春夏秋冬。"云："與麼即學人難會。"師云："你問我真實人體。"〔《古尊宿語錄》卷十四〕

【箋註】

○真實人體：《圓悟錄》卷六："生死去來，地水火風，聲香味觸，都盧是個真實人體。還有人向個裏承當得麼？識取摩尼無價珠，當來受用無窮極。"　○春夏秋冬：《圓悟錄》卷十三："盡乾坤大地，只是個真實人體。"《聯燈會要》卷二十六《香林澄遠》："盡十方法界，一塵一刹，頭頭並是一真實人體，皆是受用門庭。"

（三四八）

問："如何是佛法大意？"師云："你名什麼？"云："某甲。"師云："含元殿裏，金谷園中。"〔《古尊宿語錄》卷十四〕

【箋註】

○含元殿裏，金谷園中：含元殿爲唐代首都長安最重要的宮殿之一。金谷也稱金谷澗，在河南洛陽西北。晋太康中石崇築園於此，世稱金谷園。石崇富甲天下，金谷園遂成富貴侈華之象徵。含元殿即是長安，不必更於他處尋帝都。金谷園富甲天下，不必更於他處覓錢糧。暗示學人如不知本有佛性而起心外覓，則轉求轉遠。《大慧錄》卷二：“若離聲色言語求道真體，大似含元殿裏更覓長安。”《古尊宿語錄》卷四十三《真淨克文》：“若也薦，家家門裏含元殿。”《雪巖祖欽禪師語錄》卷二：“含元殿裏，何須更覓長安。自是你一念馳求不歇，擦了現成活計，却欲登天入地，別討生涯，別求佛法，所以做盡伎倆，受盡辛勤，轉加顛倒。”《古林和尚拾遺偈頌》卷下：“既到含元殿裏，何須更覓長安。”《無見先睹禪師語錄》卷下：“人亡金谷貪方息，路極烏江心未休。”《石屋清珙禪師語錄》卷下：“玉堂銀燭笙歌夜，金谷羅幃富貴家。”《了堂和尚語錄》卷三：“茫茫只解問長安，不知身在含元殿。”《呆菴莊禪師語錄》卷六：“沈淪枉經巨劫，契悟只在毫端。莫教坐却含元殿，逢人中途覓長安。”《憨山老人夢遊集》卷十五：“始知此事，不從外得，本自具足。回視昔日工夫，大似含元殿裏更覓長安。”《南宋元明僧寶傳》卷十三《呆菴莊》：“莫教坐却含元殿，逢人只管覓長安。”《宗鑑法林》卷三十七翠巖哲云：“渾身已在含元殿，何必嘮嘮問帝都。”

（三四九）

問：“如何是七佛師？”師云：“要眠即眠，要起即起。”〔《古尊宿語錄》卷十四〕

【箋註】

○七佛：指過去的七佛，即毘婆尸佛、尸棄佛、毘舍浮佛、拘留孫佛、拘那含牟尼佛、迦葉佛、釋迦牟尼佛。《景德傳燈錄》卷十二《南塔光湧》：“文殊是七佛師，文殊有師否？”《長靈守卓禪師語錄》：“七佛之師親識面，元來只是古文殊。”《佛鑑禪師語錄》卷四：“解説出格道理，還他七佛之師。”《百丈清規叢林證義記》卷三：“恭聞大士，本爲七佛之師，故稱大智。”又：“又文殊爲七佛師者，《心地觀經》等俱如是説。”《憨山老人夢遊集》卷四十:"大智文殊,乃七佛之師表。"　　〇要眠即眠,要起即起:揭示飢餐困眠、任運隨緣的禪悟境界。

(三五〇)

問:"道非物外,物外非道,如何是物外道?"師便打。云:"和尚莫打某甲,已後錯打人去在。"師云:"龍蛇易辨,衲子難瞞。"〔《祖堂集》卷十八《趙州》,《景德傳燈錄》卷八《南泉普願》,《聯燈會要》卷四《南泉普願》,《古尊宿語錄》卷十四〕

【校記】

《祖堂集》卷十八《趙州》:"師問南泉:'古人道道非物外,物外非道。如何是物外非道?'泉便棒。"師云:'莫錯打。'南泉云:'龍蛇易弁,衲子難謾。'"

《景德傳燈錄》卷八《南泉普願》:"趙州問:'道非物外,物外非道。如何是物外道?'師便打。趙州捉住棒云:'以後莫錯打人去。'師云:'龍蛇易辨,衲子難謾。'"《五燈會元》卷三,《御選語錄》卷十六同。本則係將趙州問南泉誤爲學僧問趙州。

【集評】

◎舉南泉示衆云:"道非物外,物外非道。"趙州出問:"如何是物外道?"泉便打。州云:"和尚莫打某甲,向後錯打人去在。"泉云:"龍蛇易辨,衲子難瞞。"師云:"趙州如龍無角,似蛇有足。當時不管盡法無民,直須喫棒了趁出。"(《明覺語錄》卷三,《禪林類聚》卷五,《宗門拈古彙集》卷九,《宗鑑法林》卷十六)

◎南泉示衆

舉南泉示衆云:"道非物外,物外非道。"刺孔籠裏出頭來 趙州出問:"如何是物外道?"將謂胡鬚赤,更有赤鬚胡 泉便打。不放過也是本分 州云:"和尚莫打某甲,向後錯打人去在。"今日打著一個 泉云:"龍蛇易辨,衲子難謾。"殺

人不用刀 雪竇拈云："趙州如龍無角，似蛇有足。也須恁麼始得 當時不管盡法無民，直須喫棒了趁出。未免行一半。若要盡令而行，諸公一時喫棒始得

南泉趙州，一出一入，互相唱和，緇素則有得失，著著無出身處。但去意不到處，正好急著眼看，是什麼道理。南泉示衆云："道非物外，物外非道。"趙州這老漢有撥轉路頭處，更具通方底眼，便出衆問："如何是物外道？"惹得這老漢僧打，却云："莫打某甲，已後錯打人去在。"南泉把不定，隨後却向伊道："龍蛇易辨，衲子難謾。"且道他意作麼生？須是通方衲子，方可見得二老漢落處。南泉一日上堂，趙州便問："明頭合，暗頭合？"泉便歸方丈，趙州便下堂。州云："這老漢被我一問，直得無言可對。"堂中首座云："莫道和尚無語，只是上座不會。"州便打首座云："這棒合是堂頭和尚喫。"看他父子一機一境，如兩鏡相照相似。而今人將妄想意識去測度，爭得知他落處。如雪竇拈道："趙州如龍無角，似蛇有足。當時不管盡法無民，直須喫棒了趁出。"當時即且置，只如今作麼生？良久云："放過一著。"
（《佛果擊節錄》第十九則）

◎舉南泉示衆云："道非物外，物外非道。"趙州出問："如何是物外道？"南泉便打。（中略）

軟纒藏鋒入陣來，畫時擒下眼睛開。死生一決英雄士，文武雙行將相才。（《建中靖國續燈錄》卷二十八《頌古·保寧仁勇》，《保寧仁勇禪師語錄》，《禪宗頌古聯珠通集》卷十一，《禪林類聚》卷五，《宗鑑法林》卷十六。"畫時"，《禪宗頌古聯珠通集》作"盡將"）

◎舉南泉示衆云："道非物外，物外非道。"時有趙州出來便問："如何是物外道？"（中略）

師拈云："不見道酒逢知己飲，詩向會人吟。"（《古尊宿語錄》卷四十六《琅琊慧覺》，《禪林類聚》卷五）

◎舉南泉示衆："道非物外，物外非道。"趙州出問："如何是物外道？"（中略）師云："避得迅雷，重遭霹靂。"（《續古尊宿語要》卷五《空叟印》）

◎南泉因趙州問："道非物外，物外非道。如何是物外道？"師便打。（中略）頌曰：

龍蛇能易辨，衲子最難謾。性淨秋空闊，心清巨海寬。天涯毫末見，世界掌中觀。萬法不爲侶，西江一吸乾。南堂興（《禪宗頌古聯珠通集》卷十一，《禪林類聚》卷五）

◎趙州諗禪師因南泉示衆云："道非物外，物外非道。"師乃問："如何是物外道？"（中略）

老衲證云："南泉垂鈎四海，只釣獰龍。格外玄談，爲尋知己。趙州慣行棧道，飽歷邊庭，不施寸刃，海晏河清。然雖如是，且道二老相見，還有優劣也無？"良久云："若不登樓望，焉知滄海深？"（《禪林類聚》卷五）

◎舉南泉示衆云："道非物外，物外非道。"趙州出問："如何是物外道？"泉便打。（中略）師云："趙州渾剛打就，豈憚鉗錘。南泉雖則據令而行，未具通方眼目。雪竇云：'當時不管盡法無民，直須喫棒了趁出。'家無小使，不成君子。"（《古林清茂禪師語錄》卷三）

◎舉南泉示衆云："道非物外，物外非道。"趙州出問："如何是物外道？"泉便打。（中略）雪竇云："趙州如龍無角，似蛇有足。（中略）"師云："南泉前頭怕殺人，後頭笑殺人。雪竇道：'不管盡法無民，直須喫棒了趁出。'救得一半。"（《月江正印禪師語錄》卷中）

◎南泉因趙州問："道非物外，物外非道。如何是物外道？"泉便打。（中略）

南堂興云："趙州物外相從，善能回互。南泉棒頭有準，放收自由。雪竇雖欲盡令而行，未具辨龍蛇眼。"〔《了菴和尚語錄》卷四〕

古南門云："南泉真個憐兒不覺醜。若是其人，何待人趁，自須掩鼻便出。"（《宗門拈古彙集》卷九，《宗鑑法林》卷十六）

◎趙州問南泉："道非物外，物外非道，如何是物外道？"泉便打。（中略）

要別真金火裏識，棒頭有眼明如日。賞罰明兮禮樂全，作家父子誠難得。梅谷悦（《宗鑑法林》卷十六）

（三五一）

師見大王入院，不起，以手自拍膝云："會麼？"大王云："不會。"師云："自小出家今已老，見人無力下禪床。"〔《景德傳燈錄》卷十，《聯燈會要》卷六，《五燈會元》卷四，《五家正宗贊》卷一，《古尊宿語錄》卷十四，《佛祖統紀》卷四十二，《佛祖歷代通載》卷十七〕

【校記】

《景德傳燈錄》卷十："一日，真定帥王公諸子入院。師坐而問曰：'大王會麼？'王云：'不會。'師云：'自小持齋今已老，見人無力下禪床。'王公尤加禮重。"

《南部新書》卷八："真定帥王公一日携諸子入趙州院，師坐而問曰：'大王會麼？'王曰：'不會。'師云：'自小持齋身已老，見人無力下禪床。'王公尤加禮重。翌日令客將傳語，師下禪床受之。侍者問：'和尚見大王來不下禪床，今日軍將來爲甚麼却下禪床？'師云：'非汝所知。第一等人來，禪床上接。中等人來，下禪床接。末等人來，三門外接。'"

"自小出家今已老"，《聯燈會要》卷六作"自小持齋今已老"。《五燈會元》卷四將本則與（四三九）則合爲一則公案，將本則看作公案的前部分。

【集評】

◎上堂云："萬劫輪迴妄想在，一心纔歇死生休。佛魔是甚閑家具，撒手懸崖得自由。且道自由一句作麼生道？自小持齋今已老，見人無力下禪床。"（《慈受深和尚廣錄》卷一）

◎師乃云："耳目之察，不足以分物理。情識之論，不足以定功勳。山僧進院以來，每日僕僕，尚爾收息不暇，又何暇分物理，定功勳耶？"擊拂子云："自小持齋今已老，見人無力下禪床。"（《虛堂錄》卷八）

◎趙王訪趙州，州不下禪床

堅不剛，柔不弱，七百甲子老翁，偏要用此一著。列土王來不下床，高風千古爲標格。（《虛堂錄》卷十）

◎示衆云："鑽金石者難爲功，摧枯朽者易爲力。其力易者報不堅，其功難者果必定。不堅、必定，還是生滅。且道不落生滅一句作麼生道？自小持齋今已老，見人無力下繩床。"（《聯燈會要》卷十五《黃龍悟新》）

◎上堂，舉："趙州和尚一日趙王來不下禪床曰：'會麼？'王曰：'不會。'州曰：'自小持齋身已老，見人無力下禪床。'騰騰和尚朝見則天，仰視則天曰：'會麼？'天曰：'不會。'騰騰曰：'山僧持不語戒。'忠國師見肅宗帝，以手指頭帽子曰：'會麼？'帝曰'不會。'國師曰：'天寒莫怪不下帽子。'大衆。明得三人意旨麼？譬如寶舟到岸，獲大富而濟有餘。玉戶抽關，陞於堂而入於室。猶在門外，無奈不入之何。因守孤貧，豈是珠寶之咎。還會麼？卞和刖足。"歸堂。(《古尊宿語錄》卷二十九《佛眼清遠》)

◎憶趙州

不下禪床後，曾無善巧言。平常安樂事，今古謾流傳。(《古尊宿語錄》卷三十《佛眼清遠》)

◎上堂，舉趙王見趙州，趙州據坐禪床。乃云："大王會麼？"王云："不會。"州云："自少持齋今已老，見人無力下禪床。"

師頌云："華山突兀聳蒼穹，坐斷坤維千萬峰。潘閬騎驢山下過，只聞啼鳥鬧春風。"(《斷橋妙倫禪師語錄》卷上)

◎趙州因真定帥王公，攜諸子入院。師坐而問曰："大王會麼？"王曰："不會。"師曰："自小持齋身已老，見人無力下禪床。"王尤加禮重。翌日令客將傳語，師下禪床受之。侍者曰："和尚見大王來，不下禪床。今日軍將來，爲甚麼却下禪床？"師曰："非汝所知。第一等人來，禪床上接。中等人來，下禪床接。末等人來，三門外接。"頌曰：

上等接人，了無回互，據坐堂堂，是何謂度。帥王用處若軒昂，爲渠拽倒破禪床。天目禮

跏趺迎上客，曲錄對旌幢。不是家風別，他居禮樂鄉。西巖惠 [《西巖了慧禪師語錄》卷下，《宗鑑法林》卷十八]

折脚禪床接斷薪，猶堪偃首挹高賓。明知列土熏天富，難鬥他家徹骨貧。石溪月 [《石溪心月禪師語錄》卷下，《宗鑑法林》卷十八]

人王爭似法王尊，不下禪床接上根。休說君臣猶有間，入山先要主賓分。月坡明 [《宗鑑法林》卷十八]

趙州三等見人，未舉已先話墮。都衙喚得便回頭，也是大蟲看水磨。枯禪鏡

禪床不下不抬身，自小持齋到老人。只有個牙堪喫飯，那知世有大王尊。閑極雲 (《禪宗頌古聯珠通集》卷二十)

◎記得昔日趙王訪趙州和尚，州不下禪床，乃問王曰："會麼？"王云："不會。"州曰："自小持齋今已老，見人無力下禪床。"道尊德備，須還趙州。不下禪床，師法有在。無端末後垂示，大似偷心未忘，不妨使人疑著。(《列祖提綱錄》卷二)

◎病翁

見人無力下禪床，已是肝腸不覆藏。若是不能知痛癢，跨門未免錯商量。偃溪聞（《禪宗雜毒海》卷七）

（三五二）

問："如何是忠言？"師云："你娘醜陋。"〔《古尊宿語錄》卷十四，《御選語錄》卷十六〕

【箋註】
○你娘醜陋：《壇經·疑問品》："苦口的是良藥，逆耳必是忠言。"《建中靖國續燈錄》卷二十九《偈頌·薦福承古》："忠言逆耳爲童蒙，作者聞之任貶剝。"

（三五三）

問："從上至今，不忘底人如何？"師云："不可得繫心，常思念十方一切佛。"〔《古尊宿語錄》卷十四〕

（三五四）

問："如何是忠言？"師云："喫鐵棒。"〔《古尊宿語錄》卷十四，《御選語錄》卷十六〕

（三五五）

問："如何是佛向上事？"師便撫掌大笑。〔《古尊宿語錄》卷十四〕

（三五六）

問："一燈燃百千燈，一燈未審從什麼處發？"師便趯出一隻履。又云："若是作家，即不與麼問。"〔《祖堂集》卷十八，《古尊宿語錄》卷十四〕

【箋註】

○一燈燃百千燈：以一燈明喻智慧破迷闇。《華嚴經》卷七十八："譬如一燈入於暗室，百千年暗悉能破盡。"《觀心論》："如是真如正覺燈明破一切無明癡暗，能以此法轉相開悟，即是一燈然百千燈。"《壇經·宣詔品》："譬如一燈然百千燈，冥者皆明，明明無盡。"《天聖廣燈錄》卷二十四《石門慧徹》："問：'一燈然百千燈，如何是一燈？'師云：'威音室裏元無燭，三更不藉夜明簾。'"

【集評】

◎元宵上堂，舉僧問趙州："一燈然百千燈，未審一燈從甚處發？"趙州躍出一隻履，又云："作家即不與麼問。"師云："前箭猶輕後箭深。雖然，要見一燈從甚麼處發，猶未可在。"擊拂子。（《了堂和尚語錄》卷一）

◎舉僧問趙州："一燈分作百千燈，未審一燈從甚處發？"趙州趯出一隻履，又云："若是作家便不同。"自代云："錦上添花別是春。"（《西源特芳和尚語錄》卷一）

◎舉趙州"僧問：'一燈分作百千燈，不審一燈從甚處發？'師便趯出一隻履，端的在那裏？"自代云："腳下太泥深。"（《西源特芳和尚語錄》卷一）

（三五七）

問："歸根得旨，隨照失宗時如何？"師云："老僧不答者話。"云："請和尚答話。"師云："合與麼。"〔《古尊宿語錄》卷十四〕

【箋註】

〇歸根得旨，隨照失宗：語出僧璨《信心銘》，意爲當窮溯到一切理、事的根源之時，便可徹見森羅萬象的真實面目，而把握到禪的宗旨。觀照外境，而不隨境轉。如果追逐假象，迷途而不知返，就喪失禪的無相、無住宗旨。《宗鏡錄》卷九十八："若識自家本心，喚作歸根得旨。"《建中靖國續燈錄》卷十一《黃檗志因》："歸根得旨，隨照失宗。東是廚庫，西是僧堂，皆是隨照。歸根得旨一句作麼生道？"《五燈會元》卷八《天龍重機》："問：'如何是歸根得旨？'師曰：'兔角生也。'曰：'如何是隨照失宗？'師曰：'龜毛落也。'"《慈受深和尚廣錄》卷一："只爲你色見聲求，不能歸根得旨。還會麼？迷時境上千般有，悟去心中一物無。"《真歇清了禪師語錄》卷下《拈古》："歸根得旨，隨照失宗。拈云。（中略）禪和子，你如今擬開口要話會，墮在言句，便是究妙失宗，機昧終始，喚作語滲漏，喚作隨照失宗，只被口頭聲色見聞知解流轉將去。只如古人道葉落歸根，來時無口又作麼生說？須彌頂上無根樹，不犯春風花自開。"

（三五八）

問："如何是不思處？"師云："快道，快道。"〔《古尊宿語錄》卷十四，《御選語錄》卷十六〕

（三五九）

問："夜昇兜率，晝降閻浮，其中爲什麽摩尼不現？"師云："道什麽？"僧再問，師云："毘婆尸佛早留心，直至如今不得妙。"〔《祖堂集》卷十八，《景德傳燈錄》卷十，《五燈會元》卷四，《古尊宿語錄》卷十四〕

【箋註】

○夜昇兜率，晝降閻浮：《大方便佛報恩經》卷一："或升兜率天，爲諸天師。或從兜率天下，現於閻浮提。現八十年壽，當知如來不可思議。"有關佛陀夜升兜率，晝降閻浮的記載，以《華嚴經》等爲詳。

【集評】

◎上堂，舉僧問趙州："夜昇兜率，晝降閻浮，爲甚摩尼珠不現？"州云："道什麽？"僧擬進語，州云："毘婆尸佛早留心，直至如今不得妙。"師云："這一則公案，諸方未曾有批判者，蔣山今日爲諸人著一轉語：洗脚上船。"（《應菴曇華禪師語錄》卷五，《宗鑑法林》卷十七）

◎復舉僧問趙州："晝昇兜率，夜降閻浮，爲什麽摩尼珠不現？"州云："道什麽？"僧擬進語，州云："毘婆尸佛早留心，直至而今不得妙。"師云："還見趙州立地處麽？王令已行天下遍，將軍塞外絶煙塵。久立尊官，伏惟珍重。"（《了菴和尚語錄》卷三）

◎僧問趙州："晝昇兜率，夜降閻浮，爲甚摩尼珠不現？"

圓陀陀，光爍爍，影跡不留，十虛昭廓。往古來今幾個知，一聲天外黃金鐸。（《了菴和尚語錄》卷五）

◎趙州因僧問："晝昇兜率，夜降閻浮，於中摩尼爲甚不現？"師曰："道什麽？"僧再問，師曰："毘婆尸佛早留心，直至如今不得妙。"

黃龍清云："趙州老漢若無後語，未免奔馳。太平則不然，才見他道爲甚不現，連聲便打，教他痛後反思，管取光明燦爛。"（《宗鑑法林》卷十七）

(三六〇)

問:"非思量處如何?"師云:"速道速道。"〔《古尊宿語錄》卷十四,《御選語錄》卷十六〕

(三六一)

問:"如何是衣中寶?"師云:"者一問嫌什麼?"云:"者個是問,如何是寶?"師云:"與麼即衣也失却。"〔《古尊宿語錄》卷十四〕

【箋註】

○衣中寶:衣中寶珠。詳(三〇八)註。《神會禪話錄·五言律詩》:"髻中珠未得,衣裏寶難尋。"《龐居士語錄》卷下:"寶珠內衣裏,繫來無量時。遇六惡知識,又常假慈悲。牽我飲欲酒,醉臥都不知。情盡酒復醒,自見本導師。"《建中靖國續燈錄》卷三十《偈頌·慈雲重諲》之《衣中寶》:"衣中寶,衣中寶,歷劫隨我是處到。今日輝光出衣中,炟煉分明當古道。真空藏,光杲杲,此寶居中絕世好。三賢十聖盡同途,拊掌齊聲相告報。窮子曉珠在醉衣,龍女成佛年不老。應受用,得自在,大千沙界常不昧。十字街頭婆子家,光明迸出破布袋。"《大慧錄》卷十二:"貧兒示與衣中寶,富者教伊赤體歸。"《緇門警訓》卷六:"莫教錯認定盤星,自家牢守衣中寶。"又卷七:"衣中之寶,只為衣纏。衣若壞亡,珠當自現。"《無異禪師廣錄》卷三十一:"信手揭開衣裏寶,抬頭識取屋中人。"

（三六二）

問："萬里無店時如何？"師云："禪院裏宿。"〔《古尊宿語錄》卷十四〕

（三六三）

問："狗子還有佛性也無？"師云："家家門前通長安。"〔《古尊宿語錄》卷十四〕

（三六四）

問："覿面相呈，還盡大意也無？"師云："低口。"云："收不得處如何？"師云："向你道低口。"〔《古尊宿語錄》卷十四〕

【箋註】

○覿面相呈：明明白白、直截了當地當面呈示佛法的根本意旨。《仰山錄》："覿面相呈，猶是鈍漢，豈況形於紙墨？"《祖堂集》卷十五《盤山》："璇璣不動，寂爾無根。覿面相呈，更無餘事。"《景德傳燈錄》卷二十一《廣嚴咸澤》："僧問：'如何是覿面相呈事？'師下禪床曰：'尊體起居萬福。'"《天聖廣燈錄》卷二十二《香林信》："問：'覿面相呈時如何？'師云：'築著鼻孔。'"《圓悟錄》卷一："當陽有路，祖佛共知。覿面相呈，見聞不隔。"又卷十："覿面相呈，截千差於格外。"《建中靖國續燈錄》卷二《香林澄遠》："問：'如何是祖師西來意？'師云：'覿面相呈，更無餘事。'"又卷二十五《長壽知月》："吾家寶藏不慳惜，覿面相呈人不識。"《大慧錄》卷十六:"蹉過覿面相呈一著了,即被語言網羅矣。"《嘉泰普燈錄》卷十三《慧力悟》:"一切色是佛色,覿面相呈諱不得。"

(三六五)

問:"如何是目前一句?"師云:"老僧不如你。"〔《古尊宿語錄》卷十四〕

(三六六)

問:"出來底是什麼人?"師云:"佛菩薩。"〔《古尊宿語錄》卷十四,《御選語錄》卷十六〕

【箋註】
○出來底人:指從現象界的煩惱中超脫而出的悟者。《臨濟錄》:"如諸方學道流,未有不依物出來底。(中略)未有一個獨脫出來底,皆是上他古人閑機境。"《應菴曇華禪師語錄》卷九:"德山、道吾三十年提持此事,未嘗見有一個獨脫出來底。圓鑑和尚道直饒獨脫出來,也是依草附木精靈。"《嘉泰普燈錄》卷十八《晦菴彌光》:"一物不將來,兩肩擔不起。直下便承當,坐在屎窖裏。還有獨脫出來底麼?"

【集評】
◎乃舉僧問趙州:"如何是出來底人?"州云:"諸佛菩薩。"師云:"大小趙州,元來膽小。或有人問徑山:'如何是出來底人?'向他道:'泥豬疥狗。'他若道:'徑山舌頭得恁麼自在。'我也知爾是個漆桶。"(《大慧錄》卷一)

(三六七)

問："靈草未生時如何？"師云："嗅著即腦裂。"云："不嗅時如何？"師云："如同立死漢。"云："還許學人和合否？"師云："人來，莫向伊道。"〔《古尊宿語錄》卷十四〕

【箋註】

○靈草未生時：《真歇清了禪師語錄·劫外錄》："機輪密處，靈草未生。"《聯燈會要》卷二十一《夾山善會》："眼不掛户，意不停玄。直得靈草不生，猶是五天之位。"《古尊宿語錄》卷十《承天智嵩》："問：'靈草未生芽時如何？'師云：'切忌動著。'云：'生芽後如何？'師云：'昨夜遭霜了。'"

(三六八)

問："祖意與教意同別？"師云："纔出家未受戒，到處問人。"〔《古尊宿語錄》卷十四〕

【箋註】

○祖意：禪門宗旨。教意：傳統佛教的宗旨。

(三六九)

問："如何是聖？"師云："不凡。"云："如何是凡？"師云："不聖。"云："不凡不聖時如何？"師云："好個禪僧。"〔《古尊宿語錄》卷十四，《御選語錄》卷十六〕

(三七〇)

問:"兩鏡相向,那個最明?"師云:"闍梨眼皮,蓋須彌山。"〔《古尊宿語錄》卷十四,《御選語錄》卷十六〕

【箋註】

〇兩鏡相向:《景德傳燈錄》卷十二《黃連義初》:"僧問:'人王與法王相見時如何?'師曰:'兩鏡相照,萬像歷然。'"《圓悟錄》卷二:"兩鏡相照,不隔纖塵。"《碧巖錄》第二十四則:"絲來絲去,一放一收,互相酬唱,如兩鏡相照,無影像可觀,機機相副,句句相投。"《聯燈會要》卷七《大潙靈佑》:"如兩鏡相照,於中無像。"《枯崖漫錄》卷中:"信知此事,得底人如兩鏡相似,自然彼此不相瞞。"《古尊宿語錄》卷四十八《佛照德光》:"悟了底人與悟了底人說話,如兩鏡相照,直是明白。"《山菴雜錄》卷下:"且僧與麼問,州與麼答,如兩鏡相照,光影俱泯,奚權變之有哉?"《長慶宗寶禪師語錄》卷三:"古人驗人,一言半句,便知渠知有不知有。所以人將語探,若是知有底,自然迥別。即如作家相見,如兩鏡相照,終不雜亂。若只你一句我一句,只圖口頭滑溜,有什麼用處?"《憨山老人夢遊集》卷十一:"古時悟心之士,稱爲明眼人。若作家相見,如兩鏡相照,不拘有語無語,自然目擊道存,不是要酬酢機鋒,相尚爲高也。"

(三七一)

問:"學人近入叢林,乞師指示。"師云:"蒼天蒼天。"〔《古尊宿語錄》卷十四〕

（三七二）

問："前句已往，後句難明時如何？"師云："喚作即不可。"云："請師分。"師云："問問。"〔《古尊宿語錄》卷十四〕

【箋註】

○前句、後句：《瞎堂慧遠禪師廣錄》卷二："如讀家書，前句解後，後句解前。語意互顯，如世間一首好詩相似，自然膾炙人口。"

（三七三）

問："高峻難上時如何？"師云："老僧不向高峰頂。"〔《古尊宿語錄》卷十四，《御選語錄》卷十六〕

【箋註】

○高峻難上：喻指禪機敏利，機鋒峻峭，難以應對。《祖堂集》卷五《大顛》："侍郎向三平云：'和尚格調高峻，弟子罔措。今於侍者邊却有入處。'"《天聖廣燈錄》卷二十七《雍熙永》："學云：'玄機高峻緣難會，再乞慈悲爲指南。'"《無見先睹禪師語錄》卷上："看他古人門風高峻，手段惡辣。與夫婆婆和和者，何啻天淵之隔。"《竹窗合筆·門庭高峻》："古所稱'門庭高峻'者，如淨名示疾，諸阿羅漢俱云'我不堪任詣彼問疾'，文殊亦曰'彼上人者，難爲酬對'是也。嗣後宗門諸大老，或棒，或喝，或豎指，或張弓，或垂一則語，如木札羹不可味，如太阿劍不可觸，如水中月不可執捉，非久參上士，莫敢登其門者。是之謂'門庭高峻'也，豈駕尊示威、厲聲作色之謂哉？"

（三七四）

問："不與萬法爲侶者是什麽人？"師云："非人。"〔《古尊宿語錄》卷十四〕

【箋註】

○不與萬法爲侶：《祖堂集》卷十五《龐居士》："因問馬大師：'不與萬法爲侶者，是什摩人？'馬師云：'待居士一口吸盡西江水，我則爲你説。'"《天聖廣燈錄》卷二十三《三角懷澄》："問：'不與萬法爲侶者是什麽人？'師云：'觀世音菩薩。'"《圓悟錄》卷十四："清淨無爲妙圓真心，不爲諸塵作對，不與萬法爲侶。長如十日併照，離見超情。"《圓悟心要》卷下："天地萬物有成壞，此個無變無移，古今謂之不與萬法爲侶底人，亦號如來正遍知覺。"《真心直説・真心自安》："所以古人云：'不與萬法爲侶，不與諸塵作對。'心若著境，心即是妄。今既無境，何妄之有。"《古尊宿語錄》卷三十一《佛眼清遠》："不與萬法爲侶者，豈不是出塵勞耶？"《續古尊宿語錄》卷六《退菴奇》："時節至，也容易。春光融，物華麗。不與萬法爲侶底人，豈礙柳綠花紅。一口吸盡西江水，何妨魚龍遊戲。"《古林和尚語錄》卷三："在塵勞中，不與萬法爲侶，真大丈夫也。"《無異禪師廣錄》卷七："不與萬法爲侶者，是甚麽人？紅塵堆裏露全身，了知萬象空無物，那見山河礙眼睛。"《潙山警策句釋記》卷下："萬法雖衆，不出心境。心空境寂，獨露堂堂，一絲不掛，是曰不與萬法爲侶。"《鼓山爲霖和尚餐香錄》卷上："僧問：'不與萬法爲侶者，是什麽人？'師云：'父母未生前會取。'"

（三七五）

問："請師宗乘中道一句子？"師云："今日無錢與長官。"〔《古尊宿語錄》卷十四〕

【箋註】

○宗乘：各宗所弘之宗義及教典云宗乘。禪門習慣上標稱自家爲宗乘。《景德傳燈錄》卷十八《玄沙宗一》："僧曰：'宗乘中事如何？'師曰：'待汝悟始得。'"又卷二十一《羅漢桂琛》："汝才道著宗乘，便是宗乘。道著教乘，便是教乘。"又同卷《白雲智祚》："還有人向宗乘中致得一問麼？待山僧向宗乘中答。"又卷二十二《安國從貴》："僧問：'請師舉唱宗乘。'師曰：'今日打禾，明日般柴。'"《圓悟錄》卷六："提金剛正眼，闡向上宗乘。"《碧巖錄》第五十則："權衡佛祖，龜鑑宗乘。"《建中靖國續燈錄》卷七《崇恩慧南》："敢問大衆：一問一答，還當宗乘也無？答言當去，一大藏教豈無問答？爲什麼教外別行，傳上根輩？"又卷八《瑞巖智才》："不可鬥如花似錦句以當宗乘。若如是，直饒學到拂石劫盡，也未有了日。"又卷十《法雲圓通》："苟能心契宗乘，何必要於言説。"又卷十七《惟白佛國》："遂使禪流舉唱宗乘，法師則闡揚教義。"《聯燈會要》卷二十八《承天傳宗》："且道從上宗乘合作麼生議論？若也鋒芒未兆之前，大樸未分之際薦得，猶落化門；若向意根下尋思，卒摸索不著。"《嘉泰普燈錄》卷十八《無著總》："宗乘一唱，三藏絶詮。"《禪宗決疑集》："若提向上宗乘，接上上根器則可，中下之機難以棲泊。"

（三七六）

問："學人不別問，請師不別答。"師云："奇怪。"〔《古尊宿語錄》卷十四〕

【箋註】

○別問、別答：《景德傳燈錄》卷十八《龍華靈照》："問：'是什麼即俊鷹俊鷂趁不及？'師曰：'闍梨別問，山僧別答。'曰：'請師別答。'師曰：'十里行人較一程。'"

(三七七)

問："三乘教外，如何接人？"師云："有此世界來，日月不曾換。"〔《古尊宿語錄》卷十四〕

【箋註】

○三乘教外：指教外別傳的禪宗。《景德傳燈錄》卷七《章敬懷暉》："祖師傳心地法門，爲是真如心，妄想心，非真非妄心，爲是三乘教外別立心？"《天聖廣燈錄》卷八《黃檗斷際》："你如今學者，未能出得三乘教外，爭喚作禪師？"《人天眼目》卷二："夫三乘教外，諸祖別傳。"《嘉泰普燈錄》卷二十八《頌古下·楊無爲》："三乘教外別流傳，瞎漢多知喚作禪。天下衲僧參不到，東村王老夜燒錢。"《續古尊宿語錄》卷三《白雲端》："三乘教外，直指人心，見性成佛。且道，今日如許多葛藤，阿那裏是直指處？"《愚菴和尚語錄》卷九："三乘教外元無法，七尺單前豈有禪？"　○日月不曾換：《天聖廣燈錄》卷三十《聖壽志升》："古今山河，古今日用，古今人倫，古今城郭，喚作平等法門，絕前後際。"《大慧錄》卷二："古今山河，古今日月，古今人倫。"《聯燈會要》卷十四《道吾悟真》："古今日月，依舊山河。若明得去，十方薄伽梵，一路涅槃門。"《石田法薰禪師語錄》卷三："古今天地，古今日月，古今山河，古今人倫，不曾移易一絲毫許。"《南石和尚語錄》卷一："古今日月，古今人倫，天左旋地右轉，增一絲毫不得，減一絲毫不得。釋迦掩室於摩竭，蚤已起浪生風。淨名杜口於毘耶，未免起模畫樣。"

(三七八)

問："三處不通，如何離識？"師云："識是分外。"〔《古尊宿語錄》卷十四〕

【箋註】

〇三處不通：《楞嚴經》卷一："阿難言，我常聞佛開示四衆，由心生故種種法生，由法生則種種心生。我今思惟，即思惟體，實我心性，隨所合處，心則隨有，亦非內外中間三處。"《無心論》："汝但子細推求看，心作何相貌，其心復可得，是心不是心？爲復在內，爲復在外，爲復在中間？如是三處推求，覓心了不可得，乃至於一切處求覓，亦不可得，當知即是無心。"《宗鏡錄》卷六十六："故知見是識，非是我也。是知於此根塵識三處推擇，唯有法而無我人。" 〇識：心機意識。

（三七九）

問："衆機來湊，未審其中事如何？"師云："我眼本正，不說其中事。"
〔《古尊宿語錄》卷十四〕

【箋註】

〇衆機來湊：《肇論》："萬機頓赴而不撓其神，千難殊對而不干其慮。"《禪宗永嘉集·毗婆舍那頌第五》："是以萬機叢湊，達之者則無非道場。色像無邊，悟之者則無非般若。"《圓悟錄》卷十一："雖四序遷移，其中有不移易一絲毫之體。雖萬機齊赴，其中有湛然不動之源。"《建中靖國續燈錄》卷六《寶積雄》："善應羣方，萬機叢湊。" 〇我眼本正：《禪林僧寶傳》卷十二《薦福承古》："學者本意，只欲悟道見性。爲其師不達道，只將知見教渠，故曰我眼本正，因師故邪。"《薦福承古禪師語錄》："今時學事兄弟，例皆被無知老禿奴引在荒草裏，所以道'我眼本正，因師故邪'。"《大慧錄》卷十三："若自無疑，始有方便，爲他人決疑。若自有疑，如何爲人除得疑？似欲除他疑，再與他添得一重疑，所謂我眼本正，因師故邪。"《古尊宿語錄》卷三十三《佛眼清遠》："豈不見二祖大師隨處說法，聞者皆得正念，不立文字，不論修證因果。時有禪師聞之，遣高弟潛聽，說法不回。禪師大怒，因大會次，親語云：'我費許多力挑撥你，你因何得恁麼辜負耶？'彼云：'我眼本正，因師故邪。'者個是參學樣子也。"《元叟行端禪師語錄》卷五："若乃依師差別，見人差別，被他曲木床上瞎老師，胡指亂註。有佛有法，有禪有道，有玄有妙，有機關境致，如何若何，膠住你舌頭，釘住你眼睛，隘住你胸襟，如油入麵，永取不出。日久月深，化爲精魅魍魎，放無量光明，現無量神通，以謂天下無敵。我眼本正，因師故邪，斯之謂也。"

(三八〇)

問："淨地不止是什麼人？"師云："你未是其中人在。"云："如何是其中人？"師云："止也。"〔《古尊宿語錄》卷十四〕

【箋註】

○淨地：清淨之地。《景德傳燈錄》卷八《江西椑樹》："淨地上不要點污人家男女。"《天聖廣燈錄》卷二十七《寶覺澄諟》："不可淨地上著糞掃。"《建中靖中續燈錄》卷九《慧林覺海》："淨地上切忌抛沙撒土。金屑雖貴，爭奈眼裏著不得。"《僧寶正續傳》卷三《黃龍逢》："切忌情中作解，須知淨地無塵。"《從容錄》第四十六則："萬里無寸草，淨地迷人。八方無片雲，晴空賺汝。"禪宗有"淨地迷人"之説，指雖到達出離生死煩惱之境界，然若住著其中，反爲所迷。淨地不止，謂不停留於出離生死煩惱之境界。本則公案中，學人以此相問，意識中猶隱隱爲淨地所迷，故趙州禪師指出學人尚止於淨地，未是真正的淨地中人。

(三八一)

問："如何是萬法之源？"師云："棟梁椽柱。"云："學人不會。"師云："拱斗叉手不會？"〔《古尊宿語錄》卷十四〕

【箋註】

○萬法之源：《禪源諸詮集都序》卷上之一："況此真性，非唯是禪門之源，亦是萬法之源，故名法性。"

(三八二)

問："一物不將來時如何？"師云："放下著。"〔《雲卧紀談》卷上《嚴陽尊者》，《五燈會元》卷四《嚴陽善信》，《五燈會元》卷十四《趙州從諗》，《五家正宗贊》卷一，《古尊宿語錄》卷十四《趙州從諗》，《御選語錄》卷十六《嚴陽尊者》〕

【集評】

◎問："一物不將來，爲什摩却言放下著？"師云："辛苦與摩來。"（《祖堂集》卷六《投子》）

◎問："一物不將來時如何？"師云："放下著。"（《天聖廣燈錄》卷十二《寶壽沼》）

◎安鴻漸員外問："一物不將來時如何？"師云："何得對衆謾語？"漸擬議，師便打。（《天聖廣燈錄》卷十六《寶應省念》，《古尊宿語錄》卷八）

◎"一物不將來時如何？"師云："衣襟兩邊垂。"（《天聖廣燈錄》卷十六《靈泉院》）

◎問："一物不將來時如何。"師云："塊木成林。"（《天聖廣燈錄》卷十八《南源楚圓》，《五燈會元》卷十二，《慈明四家錄·石霜楚圓語錄》，《續傳燈錄》卷三）

◎問："一物不將來時如何？"師云："放下著。"學云："一物不將來，放下個什麼？"師云："猶自擔板在。"（《天聖廣燈錄》卷二十四《石門慧徹》）

◎嚴陽尊者問趙州："一物不將來時如何？"州云："放下著。"若進云："某甲一物不將來，未審教放下個什麼？"州云："看汝放不下。"言下大悟。後來黃龍頌："一物不將來，兩肩擔不起。明眼人難謾 言下忽知非，退步墮深坑 心中無限喜。如貧得寶 毒惡既忘懷，沒交涉蛇虎爲知己。異類等解 寥寥千百年，清風猶未已。放下著"以常情論之，他道"一物不將來"，云何却向道

482

"放下著"？將知法眼照於細微，爲他拈出大病，令他知羞慚去。(《圓悟心要》卷上)

◎嚴陽尊者問趙州："一物不將來時如何？"州云："放下著。"(中略)但試自頻舉："一物不將來時如何？"州云："放下著。"蟇然便省也不難。(《圓悟心要》卷上)

◎嚴陽尊者問趙州："一物不將來時如何？"州云："放下著。"復徵："既一物不將來，教某放下個什麼？"州云："看你放不下。"渠即大悟，豈不是靈利。解言下返照，直截透徹，忘懷絕念，大解脫根源。踏著本地風光，契合本來面目。以此一句證却，則千句萬句根塵俱謝，默契心宗，便非他物。後來便伏毒蛇，降猛虎，顯不可思議靈驗，豈不爲殊特哉。(《圓悟心要》卷下)

◎公既清淨自居，存一片真實堅固向道之心，莫管工夫純一不純一，但莫於古人言句上，只管如疊塔子相似，一層了又一層，枉用工夫，無有了期。但只存心於一處，無有不得底。時節因緣到來，自然築著磕著，噴地省去耳。"不起一念還有過也無？"云："須彌山。""一物不將來時如何？"云："放下著。"這裏疑不破，只在這裏參，更不必自生枝葉也。若信得雲門及，但恁麼參，別無佛法指示人。若信不及，一任江北江南問王老，一狐疑了一狐疑。(《大慧錄》卷二十五)

◎此病非獨賢士大夫，久參衲子亦然。多不肯退步就省力處做工夫，只以聰明意識計較思量，向外馳求。乍聞知識向聰明意識思量計較外，示以本分草料，多是當面蹉過。將謂從上古德，有實法與人，如趙州放下著、雲門須彌山之類是也。(《大慧錄》卷二十五)

◎工夫不可急，急則躁動。又不可緩，緩則昏怛矣。忘懷著意俱蹉過，譬如擲劍揮空，莫論及之不及。昔嚴陽尊者問趙州："一物不將來時如何？"州云："放下著。"嚴陽云："一物既不將來，放下個甚麼？"州云："放不下，擔取去。"嚴陽於言下大悟。(《大慧錄》卷二十九)

◎師因到義菴主處問曰："如何是菴中主人公？"主揖曰："坐客位。"師曰："今日始逢衲子。"主曰："你作什麼來？"師曰："一物不將來。"主曰："這個聻。"師乃休，主曰："喫茶去。"(《自得慧暉禪師語錄》卷五)

◎問："一物不將來時如何？"師云："頂戴須彌。"(《石霜楚圓禪師語錄》)

◎小參，僧問："嚴陽尊者問趙州：'一物不將來時如何？'州云：'放下著。'此意如何？"師云："滿頭堆拶來，通身洗淨去。"僧云："拈却根塵一切空，廓然遍徹周沙界。"師云："也無遍底道理。"僧云："爭奈谷答響而常虛，珠發光而自照。"師云："猶是應底時節。"僧云："如何得恰好相應去？"師云："劍去久矣，子方刻舟。"（《宏智廣錄》卷五）

◎有時人境俱不奪，平平坦坦，法法見成。人平不語，水平不流，東方來者東方坐。所以嚴陽尊者問趙州："一物不將來時如何？"州云："放下著。"尊者云："一物既不將來，放下個甚麼？"州云："恁麼即擔取去。"豈不是恁麼時節。（《宏智廣錄》卷五）

◎如今一般漢，將禪册子上言語，作道作理，作佛作法，幾時得了去？爾但常自休歇，不將地水火風相隨行，便常出生死。古人道："第一莫將來，將來不相似。"若或將來，是須颺却。嚴陽尊者問趙州："一物不將來時如何？"州云："放下著。"陽云："一物既不將來，放下個什麼？"州云："恁麼則擔取去。"兄弟，尋常不要擔將來，便是一個無事道人，三界中現身相。本色漢當恁麼去。珍重。（《宏智廣錄》卷五）

◎其實本分參學者，初無許多棲泊處，渠自有超宗異目生涯。且如嚴陽尊者問趙州："一物不將來時如何？"趙州云："放下著。"趙州知佗病正在這裏，便與放出毒手，去貼肉汗衫。非此手段，不可救也。嚴陽尊者既不領略，又問："既是一物不將來，放下個什麼？"趙州又對佗道："放不下，擔取去。"者一句子更是辛辣，過如喫痛棒。從上古宿，履踐此事，直是透到無秋毫子過患處，方敢據位爲人師範，豈似今時炫聲利輩，亂瞎人眼也。（《應菴曇華禪師尚語錄》卷七）

◎問："一物不將來時如何？"師云："猢猻繫露柱。"（《聯燈會要》卷二十六《德山密》）

◎問："一物不將來時如何？"師云："却請將取去。"（《聯燈會要》卷二十七《百丈恒》）

◎上堂，舉趙州因僧問："一物不將來時如何？"州云："放下著。"僧云："一物不將來，放下個甚麼。"州云："放不下，擔將去。"師云："趙州向者僧痛處下一鍼，不妨奇特，只是病入膏肓，難以發藥。"（《虛堂錄》卷二）

◎上堂："一物不將來，兩肩擔不起，直下便承當，坐在屎窖裏。還有獨脫出來底麼？設有，也是黃龍精。"（《嘉泰普燈錄》卷十八《晦菴彌光》）

◎嚴陽一物

舉嚴陽尊者問趙州："一物不將來時如何？"猶是分外 州云："放下著。"貼體衣衫會須脫却 嚴云："一物不將來，放下個什麼？"人不知己過，牛不知力大 州云："恁麼則擔取去。"喚不回頭爭奈何

洪州武寧縣新興嚴陽尊者，初參趙州，問："一物不將來時如何？"此與僧問報慈："情生智隔，相變體殊。情未生時如何？"慈云："隔。"暮故底道："情也未生，隔個什麼？"此與"一物不將來，放下個什麼"孟八郎漢大同。州云"放不下，則擔取去"者，言下大悟。佛果法語，舉黃龍頌云："一物不將來，兩肩擔不起。果云：明眼人難謾 言下忽知非，退步墮深坑 心中無限喜。如貧得寶 毒惡既忘懷，無始宿業盡時清淨 蛇虎爲知己。異類等解 寥寥千百年，清風猶未已。誰不景仰

師所居常一蛇一虎，手中與食，故如得果人，尊者稱之。趙州古佛與尊者，不測聖凡底人，出一言發一問，千古之下，與人爲龜鏡。天童見近日師僧粗心轉盛，所以打草驚蛇。頌云：

不防細行輸先手，黑白未分前。猶是正中偏 自覺心粗愧撞頭。虎口裏下子 局破腰間斧柯爛，且道如今什麼時節 洗清凡骨共仙遊。頭輕眼明

師云：王介甫老，持棋隱語云："彼亦不敢先，此亦不敢先。唯其不敢先，是以無所爭。唯其無所爭，是故入於不死不生。"棋乃爭先法，贏則贏個先手，輸則輸個頭撞。趙州於爾未下子以前，早先見數著。嚴陽只管橫飛直逴，剩占幾路，不知斧柯已爛也。王氏《神仙傳》："晉隆安時，信安縣王質，採薪至眩室坂，見石室四童子弈棋。與質物，如棗子，含之不飢。棋終，斧柯爛於腰間，衣袂隨風。抵暮還家，已數十年矣。"趙州"放下著"、"擔取去"兩轉語，抽筋拔髓，換骨洗腸，便與趙州，把手共行，步虛輕舉也。有底道："清閑真道本，無事小神仙。"雖然，莫將無事爲無事，往往事從無事生。（《從容錄》第五十七則）

◎問："一物不將來時如何？"師云："放下著。"進云："恁麼即纖毫不隔也。"師云："且擔著。"（《古尊宿語錄》卷二十三《廣教歸省》）

◎問："承師有言：'一物不將來，放下個什麼？'意旨如何？"師云："你是了因，放下個什麼？"僧云："佛法無多子。"師云："欠我劈脊棒，你作麼生？"僧云："元來無許多般，如今却作模樣。"師以頌示云："汝錫高飛我即休，此生無喜亦無憂。雲開任待風吹散，留取碧潭月正秋。"（《古尊宿語

錄》卷二十六《法華全舉》

◎嚴陽尊者問趙州："一物不將來時如何？"州云："放下著。"陽云："既是一物不將來，放下個什麼？"州云："放不下，擔將去。"遂於言下大悟。

師云："人人只知嚴陽於趙州言下悟去，殊不知擔一擔惺惺，換得兩籮溫濁。且道輕重如何？"良久云："擔折方知。"（《劍關子益禪師語錄》）

◎嚴陽尊者問趙州："一物不將來時如何？"州云："放下著。"陽云："一物不將來，放下個甚麼？"州云："看你放不下。"陽當下大悟。

吞而復吐冷煙浮，月落寒山猶未休。重把絲綸輕一擎，豈知元只在鉤頭。（《高峰原妙禪師語錄》卷下）

◎僧問趙州："一物不將來時如何？"州云："放下著。"僧云："一物不將來，放下個什麼？"州云："放不下，擔取去。"僧大悟於言下。且道那裏是這僧悟處？試著意看去，切不必理會得與不得，宜以悟爲則。所謂不患不與前哲把手同行，當立地以待。（《石溪心月禪師語錄》卷下）

◎嚴陽

一物不將來，全肩擔荷去。者些毒害心，寧可是猛虎。（《雲谷和尚語錄》卷下）

◎紹興二年，大節與徐兢明叔俱在孟庚幕中。一日大節與徐論禪曰："罪福之事報應有無？"徐云："未了還須償宿債。"大節曰："如何可脫？"徐曰："法心覺了無一物。趙州和尚道放得下時都沒事。若放不下，冤債到來，何由辟免？"王面發赤，次日具飯邀徐密告壽春之事，曰："還可脫免否？"明叔曰："如趙州言放得下始得。"王曰："如何放得下？"明叔曰："惟覺能了。"（《雞肋編》卷下）

◎嚴陽尊者嘗問趙州："不將一物來時如何？"州云："放下著。"曰："既不將一物來，放下個什麼？"州云："放不下時，却取將去。"余嘗讀《莊子》，見南榮趎見老子贏糧，七日七夜所。老子曰："自楚之所來乎？"曰："唯。"老子曰："子何與人偕來之衆也？"南榮趎躍然顧後。老子曰："子不知吾所謂乎？"南榮趎俯而慚，仰而嘆，曰："今者吾忘吾答，因失吾問。"吾謂此言，與趙州正冥合。夫謂不將一物來，已將一物來矣。（《巖下放言》卷中）

◎嚴陽尊者問："本來無一物。"趙州云："放下著。"曰："本來無一物，放下個什麼？"曰："恁麼則擔取去。"或問："得個什麼即休歇去？"答曰：

486

"汝得個什麼即不休歇去?"是或可以推求妙處,然猶未免隔津也。(《寓簡》卷七)

◎洪州新興嚴陽尊者,諱善信嗣趙州 初參趙州,問:"一物不將來時如何?"曰:"放下著。"師曰:"既是一物不將來,放下個甚麼?"曰:"放不下,擔取去。"師於言下大悟。住山常有一蛇一虎隨從,手中與食。頌曰:

一物不將來,肩頭擔不起。言下忽知非,心中無限喜。惡毒既忘懷,蛇虎爲知己。清風幾百年,至今猶未已。黃龍南[《正法眼藏》卷一、《黃龍慧南禪師語錄》,《雲臥紀談》卷上《嚴陽尊者》,《續古尊宿語錄》卷一《黃龍南》,《禪林類聚》卷五,《宗鑑法林》卷二十四]

移高就下縱威權,解脫門開信可憐。不得空王真妙訣,動隨聲色被勾牽。真淨文[《古尊宿語錄》卷四十五《真淨克文》,《禪林類聚》卷五,《宗鑑法林》卷二十四]

不妨行細輸先手,自覺心粗愧撞頭。局破腰間斧柯爛,洗清凡骨共仙遊。天童覺[《禪林類聚》卷五,《宗鑑法林》卷二十四]

一物不將來,教渠放下著。廓爾悟無生,活計俱拋却。旻古佛[《禪林類聚》卷五]

盡力放不下,著力擔不起。將謂一物無,元是自家底。見得自家底,心中大歡喜。自茲家業興,一舉九萬里。龍門遠[《古尊宿語錄》卷二十九《佛眼清遠》,《禪林類聚》卷五]

一物不將來,兩手提不起。直下要承當,渾是自家底。佛燈珣

劈面呈機不等閑,纖毫盡處重如山。斷腸曲調如親聽,流水悲風不用彈。塗毒策[《宗鑑法林》卷二十四]

赤心片片少人知,滿口含霜特地疑。奉報五湖學道者,不須孤負一雙眉。月菴果

趙州放下著,碓嘴忽生花。雖然無一事,驗盡當行家。雪堂行

驀就膏肓打一鍼,當時無處著渾身。呵呵笑入嚴陽去,蛇虎爲鄰不可尋。密菴傑[《宗鑑法林》卷二十四]

嚴陽攜狗頭,臭穢於人怕。因何老趙州,與酬羊肉價。野牛平(《禪宗頌古聯珠通集》卷二十二)

◎謨上人參方
佛法遍天下,談玄口不開。萬機俱寢削,一物不將來。是處是慈氏,無

門無善財。龜毛並兔角，移向眼中栽。（《平石如砥禪師語錄》）

◎蕉示衆曰："你有拄杖子，我與你拄杖子。"萬松道："祖師不西來，少林傳妙訣。何須達磨直指人心。"又道："你無拄杖子，我奪你拄杖子。直饒一物不將來，更須放下始得。"（《請益錄》卷上）

◎送珍藏主遊西湖

天何高，地何厚，南北東西成隊走。塞破虛空一窖無，傾出神珠三百斗。取也不在進前，捨也不在落後。一物不將來，誰道空雙手。丹桂飄香十里湖，小艇輕舠賣菱藕。（《古林和尚拾遺偈頌》卷上）

◎上堂："百丈教人開田，通身泥水。佛眼俾僧修造，滿地木楂。楊岐逼慈明晚參，成人不自在。趙州教嚴陽放下，自在不成人。福源與麼道，也是爲他閑事長無明。"（《石屋清珙禪師語錄》卷上）

◎師云："無手能遮日，釣鰲不犯竿。神通并妙用，莫作等閑看。所以嚴陽尊者問趙州：'一物不將來時如何？'州曰：'放下著。'陽云：'一物不將來，放下個甚麼？'州曰：'擔取去。'"（《空谷集》第八十一則）

◎嚴陽尊者問趙州："一物不將來時如何？"誇功呈解 州云："放下著。"拈他執其無物之情 嚴云："一物不將來，放下個什麼？"疑無無放，故乃復追 州云："恁麼則擔取去。"汝若不放，只故擔著 ○主意拈情，旨明點罰。總結：權衡在手

不妨行細輸先手，僧之粗心，開口早失。趙老行細，未舉先知 自覺心粗愧撞頭。如乎下棋，早輸先著。再尋出路，展轉無門 局破腰間斧柯爛，倘去大功，猶存無功。如乎介甫，衣袂隨風，又迷其家 洗清凡骨共仙遊。洗清凡骨，可共仙遊。去却無功，方見趙州（《天童頌古直註》卷下）

◎舉嚴陽尊者問趙州："一物不將來如何？"州云："放下著。"嚴云："一物不將來，放下個甚麼？"州云："恁麼，則擔取去。"

拈云："一言安邦，一機破的，乃趙州之通變。提得起，放得下，尊者固是果位中人。一往看來，灼然靴裏動指頭。"（《無異元來禪師廣錄》卷十）

◎上堂："易擺脫，難放下，明月清風來大廈。易放下，難擺脫，東海南溟知幾闊。或有人問是何因，達磨直指真機括。豈不聞昔有僧問趙州：'一物不將來時如何？'州曰：'放下著。'僧曰：'一物不將來，放下個甚麼？'州曰：'放不下，擔取去。'古人於此有省，故云有水皆涵月，無山不帶雲。若非踏破須彌頂，爭識金剛水際深？"（《無明慧經禪師語錄》卷一）

◎復舉嚴陽尊者問趙州："一物不將來時如何？"州云："放下著。"師云："趙州放下著，日午打三更。樓至拳頭大，波斯鼻孔長。"(《了堂和尚語錄》卷二)

◎示左右同韻二首 其二

殃伽非鼻可聞香，璧月無風亦自涼。空手教人放下著，趙州特地啓嚴陽。(《了堂和尚語錄》卷四《後錄》)

◎淨明沙彌傳

臨危忽破顏微笑，口喃喃說偈曰："一物不將來，一物不將去。高山頂上一輪秋，此是本來真實意。"(《憨山老人夢遊集》卷三十)

◎靈霄峰梵懷慧山主贊

從空中來，求實處住。故向凌霄，別行一路。身已在空，足未離地。若欲超然，必須粉碎。雲山滿目，葛藤不少。雖無干絆，終是纏遶。一物不將，只須放下。(《憨山老人夢遊集》卷三十五)

◎居山偈

借問山中人，居山有何趣。日飽三頓粥，長伸兩腳睡。磐石作禪床，雲霞爲蓋被。微風與幽松，發明西來意。(中略)凡聖一齊拋，方脫娘生累。一物不將來，猶是第二義。透出無事關，始遂居山計。(《憨山老人夢遊集》卷三十七)

◎(曾開)又致書大慧曰："今幸私家塵緣都畢，望師委曲提警，日用當如何做工夫，庶幾不涉他途徑，與本地相契也？"大慧答書曰："時時不得忘了須彌山、放下著兩則語，但從腳下著實做將去。過者不必思量，久久自有悟處。"(《武林梵志》卷八)

◎洪州新興嚴陽尊者，趙州諗嗣 參趙州，問："一物不將來時如何？"州曰："放下著。"陽曰："既是一物不將來，放下個甚麼？"州曰："放不下，擔取去。"陽於言下大悟。

勝峯∴於嚴陽初問下著語云："抱贓叫屈。"於進語下著語云："苦哉，苦哉。"[《宗鑑法林》卷二十四]

□□香云："趙州就爐打鐵，費炭不多。嚴陽惹禍上身，抖擻不下。雖然悟去，也是庭前生瑞草，好事不如無。"[《宗鑑法林》卷二十四](《宗門拈古彙集》卷二十二)

◎黔中正法雪光禪師，族趙氏。歷諸方，至靈峰度夏。聞舉嚴陽尊者問

趙州公案有省，舉似寂照。照曰："無功用處，正好用功。莫認些子光影，有誤平生。"（《徑石滴乳集》卷二）

◎擎擔問："一物不將來時如何？"自擎擔所見而問也。（《五家宗旨纂要》卷上）

◎洪州新興嚴陽尊者，趙州諗嗣參趙州，問："一物不將來時如何？"州曰："放下著。"師曰："一物不將來，放下個甚麼？"州曰："放不下，擔取去。"師於言下大悟。

地沒朱砂翻赤土，廩無粒米倒礱糠。赤窮自是活不得，又被人來指賊贓。中峰本

香飄桂子十分月，雨滴芙蓉一半秋。門外任他時節換，穩將衲被自蒙頭。橫川珙［《石屋清珙禪師語錄》卷上］

餘光雖好日西流，底事區區作馬牛。向道心肝不帶得，來時高掛樹梢頭。梅翁杲（《宗鑑法林》卷二十四）

◎僧問："一物不將來，請師一接。"師曰："寄放何處去在？"云："何不領話？"師曰："又道不將一物來。"云："直下似個大蟲。"師曰："只恐汝不肯。"（《御選語錄》卷十九《超盛如川》）

◎冬至小參。僧問："一物不將來時如何？"師云："羅公照鏡。"僧云："莫便是和尚爲人處麼？"師云："狗銜敕書。"（《佛光國師語錄》卷一）

◎又僧問云："一物不將來時如何？"師云："將此問來者誰？"云："我也。"師曰："不論有物無物，纔有我者便是輪迴業。"僧云："謝師答話。"曰："不論謝不謝，纔有我者便是輪迴業。"僧珍重去。曰："不妨珍重去，纔有我者便是輪迴業。"（《夢窗國師語錄》卷下）

◎僧問："一物不將來時如何？"師云："萬物歷然。"僧問："脫體無依時作麼生？"師曰："藏去火餀裏。"（《鹽山拔隊和尚語錄》卷六）

◎嚴陽善信尊者，已於這事稍有所得，來見趙州。不舉禪道，不論佛法，但道："一物不將來時如何？"看他雙肩擔荷這般重擔，而不知重，將謂慶快。趙州和尚言中辨見病根，向道："放下著。"只個"放下著"，汝作麼生會？咄，放下著！（《佛頂國師語錄》卷二）

◎又嚴陽尊者見趙州時，借一問呈己見曰："一物不將來時如何？"州云："放下著。"進云："某甲一物不將來，未審教放下個什麼？"州云："看汝放不下。"忽於言下大悟。後來圓悟禪師重下註腳云："若以常情論之，他

道一物不將來，云何却向道放下著？將知法眼照於微細，爲他拈出大病，令他知羞慚去，他尚不覺，更復進問，再與點破。直得瓦解冰消，方始倒底一時脫去。"（《佛頂國師語錄》卷二）

◎記得嚴陽尊者問趙州："一物不將來時如何？"州云："放下著。"尊者曰："一物既不將來，放下個甚麼？"州云："恁麼即擔取去。"師曰："要委悉這個道理麼？佛子住此地，則是佛受用。經行若坐臥，常在於其中。"（《義雲和尚語錄》卷上）

（三八三）

問："路逢達道人，不將語默對。未審將什麼對？"師云："人從陳州來，不得許州信。"〔《古尊宿語錄》卷十四〕

【箋註】

○路逢達道人，不將語默對：《祖堂集》卷十九《香嚴》："路逢達道人，莫將語嘿對。"《林間錄》卷下："（仰山）予嘗問僧：'既不將語默對，何以對之？'僧未及答，忽板鳴，予曰：'謝子答話。'"《圓悟錄》卷七："若能未舉先知，未言先契，則路逢達道人，不將語默對。"又卷九："問云：'路逢達道人，不將語默對。既不將語默對，將何祇對？'師云：'吞聲削跡。'進云：'一言難啓口，千古意分明。'"又卷十三："須知向上一路，不立文字語言。既不立文字語言，如何明得？所以道：'路逢達道人，不將語默對。'"

【集評】

◎上堂。僧問："古人借問田中事，插鍬叉手意如何？"師云："人從陳州來，不得許州信。"（《明覺語錄》卷一）

◎師云："若論法體，本絕言詮。應用無虧，威光烜赫。英靈上士，相共證明。後學初機，徒勞佇思。雖然如是，事無一向。山僧今日不惜眉毛，與諸人說破。"良久，云："人從陳州來，不得許州信。"（《建中靖國續燈錄》卷十八《廣慧法岸》，《續傳燈錄》卷十二）

491

◎示衆云："摩竭正令，未免崎嶇。少室垂慈，早傷風骨。腰囊挈錫，辜負平生。煉行灰心，遞相鈍置。爭似春雨晴，春山青，白雲三片五片，黃鳥一聲兩聲，千眼大悲看不足，王維妙手畫難成。直饒便恁麼，猶是涉途程。諸禪德！不涉途程一句作麼生？"良久，云："人從陳州來，不得東京信。"（《聯燈會要》卷十六《開福道寧》）

◎上堂："即心即佛，鐵牛無骨。非心非佛，空山突兀。不是心，不是佛，不是物。人從陳州來，却得許州信。"（《密菴語録》）

◎"花開似錦，普現法身。鳥語如篁，深談實相。見聞不昧，聲色全真。大龍玄沙，出諸人眼，入諸人耳。入諸人耳，出諸人眼。且道於衲僧門下，是第幾機？"良久云："會麼？人從陳州來，不得許州信。參。"（《續古尊宿語要》卷四《慈航樸》）

◎直得内空外空内外空，俱不可得，只這不可得，亦未是諸人安身立命處。更說什麼"秋江清淺時，白鷺和煙島。良哉觀世音，全身入荒草"；更說什麼"鴈過長空，影沈寒水。鴈無遺蹤之意，水無沈影之心"；更說什麼"人從陳州來，不得許州信"，"鐘樓上念讚，床脚下種菜"，"盞子撲落地，碟子成七八片"。間不容髮，直下如王寶劍，誰敢當頭？擬犯鋒芒，橫屍萬里。（《續古尊宿語要》卷六《別峰雲》）

◎趙州因僧問："路逢達道人，不將語默對。未審將甚麼對？"師曰："人從陳州來，不得許州信。"頌曰：

滿滿彎弓射不著，長長揮劍斫無痕。堪笑日月不到處，個中別是一乾坤。大溈行［《嘉泰普燈録》卷二十一《大溈行》，《禪林類聚》卷十］

病餐毒藥訪良醫，醫使元餐藥治之。病去藥回滋味別，舌頭具眼者方知。佛性泰 二［《宗鑑法林》卷十九］

世有逃形畏影人，奔陳告訴謾勞神。若知形影元無二，坐對高堂秋月輪。［《宗鑑法林》卷十九］（《禪宗頌古聯珠通集》卷二十）

（三八四）

問："開口是有爲，如何是無爲？"師以手示之，云："者個是無爲。"

云："者個是有爲，如何是無爲？"師云："無爲。"云："者個是有爲。"師云："是有爲。"〔《古尊宿語錄》卷十四〕

(三八五)

師示衆云："佛之一字，吾不喜聞。"〔《祖堂集》卷十八，《古尊宿語錄》卷十四，《指月錄》卷十一〕

【箋註】
○佛之一字，吾不喜聞：詳（一二六）註。

(三八六)

問："和尚還爲人也無？"師云："佛，佛。"〔《祖堂集》卷十八，《古尊宿語錄》卷十四〕

(三八七)

問："盡却今時，如何是的的處？"師云："盡却今時，莫問那個。"云："如何是的？"師云："向你道莫問。"云："如何得見？"師云："大無外，小無内。"〔《古尊宿語錄》卷十四〕

【箋註】
○盡却今時：詳（二八四）註。的的處：佛法的明白緊要之處。　○大無外，小無内：《宗鏡錄》卷十一："釋曰：'大乘者，所言大者，即衆生心性,能包能遍。至小無內,無一塵而能入。至大無外,無一法而不含。'"《明覺語錄》卷二:"大無外,小無內。半合半開,成團成塊。老胡既隔絕,衲子多違背。"《宏智廣錄》卷九:"應衆緣而閑六根,入諸塵而住三昧。其小無內,其大無外。"《憨山老人夢遊集》卷十:"故此一心,廣大無外,本來清淨,圓滿光明。"

(三八八)

問:"離四句絕百非時如何?"師云:"老僧不認得死。"云:"者個是和尚分上事。"師云:"恰是。"云:"請和尚指示。"師云:"離四句絕百非,把什麼指示?"〔《古尊宿語錄》卷十四〕

【箋註】
○離四句,絕百非:詳(九)註。

(三八九)

問:"如何是和尚家風?"師云:"內無一物,外無所求。"〔《古尊宿語錄》卷十四〕

(三九〇)

問:"如何是歸根得旨?"師云:"答你即乖。"〔《古尊宿語錄》卷十四〕

【箋註】

○歸根得旨：詳（三五七）註。

（三九一）

問："如何是疑心？"師云："答你即乖也。"〔《古尊宿語錄》卷十四〕

【箋註】

○疑心：《景德傳燈錄》卷十九《雲門文偃》："汝欲得會麼？都緣是汝自家無量劫來妄想濃厚，一期聞人説著，便生疑心。問佛問祖，向上向下，求覓解會，轉没交涉。擬心即差，況復有言？"《五燈會元》卷十《天臺德韶》："如上座從前所學揀辨、問答、記持，説道理極多，爲甚麼疑心不息？"禪林有大疑大悟，小疑小悟之説。

（三九二）

問："出家底人，還作俗否？"師云："出家即是座主，出與不出，老僧不管。"云："爲什麼不管？"師云："與麼即出家也。"〔《古尊宿語錄》卷十四〕

（三九三）

問："無師、弟子時如何？"師云："無漏智性，本自具足。"又云："此是無師、弟子。"〔《古尊宿語錄》卷十四〕

【箋註】

○無師、弟子：詳（五十）註。　○無漏智性，本自具足：無漏智謂三乘之人，離煩惱無染之清淨智。斷惑證理，即此智之用。《法華經·方便品》："度脫諸衆生，入佛無漏智。"《神會禪話錄·南陽了性壇語》："《涅槃經》云：'（中略）一切衆生本來涅槃，無漏智性本自具足。'"《禪源諸詮集都序》卷上之一："若頓悟自心本來清淨，元無煩惱，無漏智性本自具足，此心即佛，畢竟無異，依此而修者，是最上乘禪，亦名如來清淨禪，亦名一行三昧。"《祖堂集》卷三《司空本淨》："中使曰：'京城大德皆令布施、持戒、忍辱、苦行尋求佛，今和尚曰無漏智性，本自具足。本來清淨，不假修行，故知前虛用功耳。'"《普照禪師脩心訣》："心外覓佛波波浪走，忽被善知識指爾入路，一念迴光，見自本性，而此性地，元無煩惱。無漏智性，本自具足，即與諸佛分毫不殊，故云頓悟也。"

（三九四）

問："不見邊表時如何？"師云："因什麼與麼！"〔《古尊宿語錄》卷十四〕

【箋註】

○不見邊表：詳（一六四）註。

（三九五）

問："澄而不清，渾而不濁時如何？"師云："不清不濁。"云："是什麼？"師云："也可憐生。"云："如何是通方？"師云："離却金剛禪。"〔《古尊宿語錄》卷十四〕

(三九六)

問："如何是囊中寶？"師云："嫌什麼。"云："用不窮時如何？"師云："自家底還重否？"又云："用者即重，不用即輕。"〔《景德傳燈錄》卷十，《五燈會元》卷四，《古尊宿語錄》卷十四〕

【校記】
《景德傳燈錄》卷十："僧問：'如何是囊中寶？'師云：'合取口。'"法燈別云："莫說似人。"

【箋註】
○囊中寶：臭皮囊中的自性珍寶，猶赤肉赤團上出入的無位真人，五蘊身田內的真如佛性。《建中靖國續燈錄》卷十一《佛日淨惠》："問：'知師久蘊囊中寶，今日當場略借看。'師云：'方圓無內外，醜拙任君嫌。'僧曰：'心月孤圓，光吞萬象。'師云：'莫將黃葉作真金。'"

(三九七)

問："如何是祖師的的意？"師涕唾。云："其中事如何？"師又唾地。〔《古尊宿語錄》卷十四〕

(三九八)

問："如何是沙門行？"師云："離行。"〔《古尊宿語錄》卷十四，《御選語錄》卷十六〕

(三九九)

問:"真休之處,請師指。"師云:"指即不休。"〔《古尊宿語錄》卷十四,《御選語錄》卷十六〕

【箋註】

○真休之處:真正的大休大歇、大徹大悟的境界。《圓悟心要》卷上:"直下坐斷,壁立千仞,凡亦不拘,聖亦不管,方是了事衲僧。身心如枯木朽株,寒灰死火,乃真休歇也。"《憨山老人夢遊集》卷三十七:"山林多寄興,寂寞幾能甘。不到真休處,終成落口談。"

(四〇〇)

問:"無問時如何?"師云:"乖常語。"〔《古尊宿語錄》卷十四〕

【箋註】

○無問時:《頓悟入道要門論》卷上:"若無問時,真身之名,亦不可立,何以故?譬如明鏡,若對物像時,即現像。若不對像時,終不見像。"

(四〇一)

問:"四山相逼時如何?"師云:"無出跡。"〔《古尊宿語錄》卷十四〕

【箋註】

○四山相逼時：詳（二二七）註。

（四〇二）

問："到者裏道不得時如何？"師云："不得道。"云："如何道？"師云："道不得處。"〔《古尊宿語錄》卷十四〕

（四〇三）

問："但有言句，盡不出頂，如何是頂外事？"師喚沙彌文遠。文遠應諾。師云："今日早晚也？"〔《古尊宿語錄》卷十四〕

（四〇四）

問："如何是毘盧師？"師云："莫惡口。"〔《古尊宿語錄》卷十四〕

（四〇五）

問："至道無難，惟嫌揀擇。如何得不揀擇？"師云："天上天下，唯我獨尊。"云："此猶是揀擇。"師云："田庫奴，什麼處是揀擇？"〔《聯燈會要》卷六，《五燈會元》卷四，《古尊宿語錄》卷十四，《指月錄》卷十一〕

【集評】

◎有人問趙州："古人道：'至道無難，惟嫌揀擇。'如何是不揀擇底法？"趙州云："天上天下，唯我獨尊。"僧云："此猶是揀擇底法。"州云："田舍奴。天上天下，唯我獨尊，什摩處是揀擇？"有人舉問長慶："如何是不揀擇底法？"慶云："還我有異底法來。"師聞舉云："此兩人總在揀擇中收。"僧便問："如何是不揀擇底法？"師云："今日是幾？"後長慶聞云："須道超證有親疏不？無他與摩道。"（《祖堂集》卷十一《永福》）

◎舉僧問趙州："至道無難，惟嫌揀擇。如何是不揀擇？"這鐵蒺藜，多少人吞不得。大有人疑著在。滿口含霜 州云："天上天下，唯我獨尊。"平地上起骨堆。衲僧鼻孔一時穿却。金剛鑄鐵券 僧云："此猶是揀擇。"果然隨他轉了也。拶著這老漢 州云："田庫奴，什麼處是揀擇？"山高石裂 僧無語。放爾三十棒。直得目瞪口呆

僧問趙州："至道無難，惟嫌揀擇。"三祖《信心銘》劈頭便道這兩句，有多少人錯會。何故，至道本無難，亦無不難，只是惟嫌揀擇。若恁麼會，一萬年也未夢見在。趙州常以此語問人，這僧將此語，倒去問他。若向語上覓，此僧却驚天動地。若不在語句上，又且如何？更參三十年。這個些子關捩子，須是轉得始解捋虎鬚，也須是本分手段始得。這僧也不顧危亡，敢捋虎鬚，便道："此猶是揀擇。"趙州劈口便塞道："田庫奴，什麼處是揀擇？"若問著別底，便見脚忙手亂。爭奈這者漢是作家，向動不得處動，向轉不得處轉。爾若透得一切惡毒言句，乃至千差萬狀，世間戲論，皆是醍醐上味。若到著實處，方見趙州赤心片片。田庫奴，乃福唐人鄉語罵人，似無意智相似。這僧道："此猶是揀擇"，趙州道："田庫奴，什麼處是揀擇？"宗師眼目，須至恁麼，如金翅鳥擘海直取龍吞。雪竇頌云：

似海之深，是什麼度量。淵源難測。也未得一半在 如山之固。什麼人撼得。猶在半途 蚊虻弄空裏猛風，也有恁麼底。果然不料力。可殺不自量 螻蟻撼於鐵柱。同坑無異土。且得沒交涉。闍梨與他同參 揀兮擇兮，擔水河頭賣。道什麼。趙州來也當軒布鼓。已在言前一坑埋却。如麻似粟。打云：塞却爾咽喉

雪竇註兩句云："似海之深，如山之固。"僧云："此猶是揀擇。"雪竇道這僧一似蚊虻弄空裏猛風，螻蟻撼於鐵柱。雪竇賞他膽大，何故，此是上頭人用底。他敢恁麼道，趙州作不放他，便云："田庫奴，什麼處是揀擇？"豈

不是猛風鐵柱。"揀兮擇兮,當軒布鼓。"雪寶末後提起教活,若識得明白十分,爾自將來了也。何故不見道,欲得親切,莫將問來問,是故當軒布鼓。(《碧巖錄》第五十七則)

◎問:"至道無難,惟嫌揀擇。如何是不揀擇?"師云:"昨日初三,今日初四。"僧曰:"此猶是揀擇。"師云:"龍蛇易辨,衲子難瞞。"(《建中靖國續燈錄》卷五《報恩譚》,《續傳燈錄》卷六)

◎舉僧問趙州:"至道無難,惟嫌揀擇時如何?"州云:"天上天下,唯我獨尊。"僧云:"此猶是揀擇。"州云:"田庫奴,什麼處是揀擇?"後來老宿拈云:"趙州一期粗心,將謂瞞得這僧,爭奈有人不肯。當時這僧若具些眼目,但云:'真善知識,出言有準。'教這老和尚,暗裏喫拳。"師拈云:"這老宿大似徐六擔板,只見一邊。殊不知正敕既行,諸侯避道。"(《續古尊宿語要》卷五《晦菴光》)

◎趙州因僧問:"至道無難,惟嫌揀擇。如何是不揀擇?"師曰:"天上天下,唯吾獨尊。曰:"此猶是揀擇。"師曰:"田庫奴,甚處是揀擇?"僧無語。頌曰:

似海之深,如山之固。蚊虻弄空裏猛風,螻蟻撼於鐵柱。揀兮擇兮,當軒布鼓。雪寶顯[《禪林類聚》卷五,《宗鑑法林》卷十七]

團團秋月印天心,是物前頭有一輪。入穴蝦蟆無出路,却冤天道不平勻。白雲端[《白雲守端禪師語錄》卷下,《白雲守端禪師廣錄》卷四,《禪林類聚》卷五,《宗鑑法林》卷十七]

金毛師子,大開口門。天旋地轉,雷擊電奔。修羅喪膽,外道亡魂。含靈蠢動,莫不霑恩。佛鑑懃

當門一脉透長安,遊子空嗟行路難。不是人前誇俏措,金錘擊碎萬重關。無菴全[《指月錄》卷十一,《宗鑑法林》卷十七](《禪宗頌古聯珠通集》卷十九)

◎後有僧問趙州:"至道無難,惟嫌揀擇。如何是不揀擇?"州云:"天上天下,唯吾獨尊。"一句合頭語,萬劫繫驢橛。僧云:"此猶是揀擇。"州云:"田舍奴,甚麼處是揀擇?"甜瓜徹蒂甜,苦瓠連根苦。雪寶和尚頌云:"似海之深,如山之固。蚊虻弄空裏猛風,螻蟻撼於鐵柱。揀兮擇兮,當軒布鼓。"一時裂破。雖然,也是個斬釘截鐵漢始得。(《古林清茂禪師語錄》卷四,《列祖提綱錄》卷十四)

◎僧問趙州:"至道無難,惟嫌揀擇。如何是不揀擇?"心辛辨主 州云:

"天上天下，唯我獨尊。"全身指註 僧云："此又是揀擇。"逐句反追 州云："田厙奴，當央一點 什麼處是揀擇？"急處一提 僧無語。情封於物。○主意：句裏呈機，旨明盡力提持 總結：權衡在手

似海之深，如山之固。幽深如海，堅固如山 蚊虻弄空裏猛風，螻蟻撼於鐵柱。州如猛風鐵柱，僧如蚊虻螻蟻 揀兮擇兮，當軒布鼓。末後急提，如鼓當央（《雪竇頌古直註》卷下）

◎問："至道無難，惟嫌揀擇，惟趙州答得好。答曰：'天上天下，惟我獨尊。'"湛愚曰："此可以揀擇否？盡三千大千世界只是這個，你揀擇那是那不是，得否？於此會得，當下便如如去。"（《心燈錄》卷三）

◎趙州因僧問："至道無難，惟嫌揀擇，如何是不揀擇？"師曰："天上天下，惟吾獨尊。"曰："此猶是揀擇。"師曰："田厙奴，甚處是揀擇？"僧無語。

人頑似鐵，官法如爐，禾熟登場不納租。米裏有蟲，麥裏有麩。田厙奴，至道無難會也無？千巖長（《宗鑑法林》卷十七）

◎舉趙州因僧問："至道無難，惟嫌揀擇。如何是不揀擇？"答曰："天上天下，唯我獨尊。"師別曰："寒時普天普地寒。"（《少林無孔笛》卷二）

（四○六）

問："如何是三界外人？"師云："爭奈老僧在三界內。"〔《古尊宿語錄》卷十四〕

【箋註】

○三界外：《龐居士語錄》卷下："癡心望出三界外，不知元在鐵圍中。"《汾陽錄》卷上："騰身三界外，不落有無中。"《禪林僧寶傳》卷十七《天寧道楷》："撒手橫身三界外，騰騰任運何拘束。"《建中靖國續燈錄》卷三《興陽遜》："問：'如何是三界外事？'師云：'洛陽千里餘，不得舊時書。'"又卷二十四《景德惠昌》："橫身三界外，誰是出頭人？"《聯燈會要》卷二十一《雪峰義存》："某甲是三界內人，你是三界外人。"《古尊宿語錄》卷八《首

山省念》:"一輪迴脫三界外,當軒照破萬家門。"《南宋元明僧寶傳》卷四《道塲辨》:"橫身三界外,獨脫萬機前。"

(四〇七)

問:"知有不有底人如何?"師云:"你若更問,即故問老僧。"〔《古尊宿語錄》卷十四〕

(四〇八)

師示衆云:"向南方趣叢林去,莫在者裏。"僧便問:"和尚者裏是甚處?"師云:"我者裏是柴林。"〔《古尊宿語錄》卷十四〕

(四〇九)

問:"如何是毘盧師?"師云:"性是弟子。"〔《古尊宿語錄》卷十四〕

(四一〇)

問:"歸根得旨時如何?"師云:"太慌忙生。"云:"不審。"師云:"不審從甚處起?"〔《古尊宿語錄》卷十四〕

（四一一）

劉相公入院，見師掃地，問："大善知識，爲什麼却掃塵？"師云："從外來。"〔《景德傳燈錄》卷十，《聯燈會要》卷六，《五燈會元》卷四，《古尊宿語錄》卷十四〕

【校記】

《景德傳燈錄》卷十："師掃地，有人問云：'和尚是善知識，爲什麼有塵？'師曰：'外來。'又僧問：'清淨伽藍，爲什麼有塵？'師曰：'又一點也。'"

《聯燈會要》卷六："師掃地次，僧問：'大善知識爲甚麼却有塵？'師云：'外來底。'云：'既是清淨伽藍，爲甚麼有塵？'師云：'又一點也。'"

【箋註】

○塵：喻指煩惱。　○外來底：禪佛教有客塵煩惱之說。意爲本心澄明，由於有外來的煩惱，遂使本心障蔽不顯。北宗主張磨鏡拂塵式的漸修，南宗則認爲本心縱爲外塵所蔽，其澄明的質性仍然恒在。

【集評】

◎復舉昔日劉侍郎，到趙州院，見趙州掃地次，侍郎云："大善知識，何得自掃地？"州云："外來底。"師云："趙州老人，尋常綿密無縫罅，機鋒不可觸。及乎被侍郎一拶，直得和身放倒。而今還有人扶得起麼？若有，試露個消息看。莫是趙州逢强即弱麼？莫是隨波逐浪麼？莫是相席打令麼？"
（《續古尊宿語要》卷三《月菴果》）

(四一二)

問："利劍出匣時如何？"師云："黑。"云："正問之時，如何辯白？"師云："無者閑工夫。"云："叉手向人前爭奈何？"師云："早晚見你叉手。"云："不叉手時如何？"師云："誰是不叉手者？"〔《古尊宿語錄》卷十四，《御選語錄》卷十六〕

【箋註】
〇叉手：禪林禮法之一，又稱拱手。爲我國古代俗禮，爲禪門採用。《敕脩百丈清規》卷下《大衆章·裝包》："途中雲水相逢，彼此叉手，朝揖而過。"

(四一三)

問："如何是沙門得力處？"師云："你什麼處不得力？"〔《古尊宿語錄》卷十四，《御選語錄》卷十六〕

(四一四)

問："如何是和尚示學人處？"師云："目前無學人。"云："與麼即不出世也。"師便珍重。〔《古尊宿語錄》卷十四〕

（四一五）

問："祖意與教意同別？"師作拳安頭上。云："和尚猶有者個在？"師卸下帽子，云："你道老僧有個什麼？"〔《古尊宿語錄》卷十四〕

（四一六）

問："心不停不住時如何？"師云："是活物。是者個正被心識使在。"云："如何得不被心識使？"師便低頭。〔《古尊宿語錄》卷十四〕

（四一七）

問："道從何生？"師云："者個即生也，道不屬生滅。"云："莫是天然也無？"師云："者個是天然，道即不與麼。"〔《古尊宿語錄》卷十四〕

（四一八）

問："祖意與教意同別？"師云："會得祖意，便會教意。"〔《古尊宿語錄》卷十四〕

【集評】

◎趙州因僧問："祖意教意，是同是別？"師曰："會得祖師意，便是教意。"頌曰：

　　波斯讀梵字，寞窑人作詩。烏頭彷彿，附子依稀。竹密不妨流水過，山高豈礙白雲飛。湛堂準（《禪宗頌古聯珠通集》卷十九，《宗鑑法林》卷十七）

(四一九)

　　問："如何是異類中行？"師云："唵部㗖、唵部㗖。"〔《古尊宿語録》卷十四〕

(四二〇)

　　問："高峻難上時如何？"師云："老僧自住峰頂。"云："爭奈曹溪路側何？"師云："曹溪是惡。"云："今時爲什麼不到？"師云："是渠高峻。"〔《古尊宿語録》卷十四，《御選語録》卷十六〕

(四二一)

　　問："如何是寶月當空？"師云："塞却老僧耳。"〔《古尊宿語録》卷十四〕

【箋註】

○寶月當空：喻心月皎潔、當空朗耀。《圓悟録》卷五："室内千燈相照耀，天邊寶月更清圓。"又卷十六："寶月凌虛，光吞羣象。"《景德傳燈録》卷二十《韶州龍光》："龍光山頂寶月輪，照耀乾坤爍暗雲。"《嘉泰普燈録》卷二十五《仁王欽》："所謂一切衆生圓覺妙心，本無生滅，圓同太虛，如淨琉璃，內含寶月。"

(四二二)

問："毫厘有差時如何？"師云："粗。"云："應機時如何？"師云："屈。"〔《古尊宿語錄》卷十四〕

(四二三)

問："如何是沙門行？"師展手拂衣。〔《古尊宿語錄》卷十四〕

(四二四)

問："祖佛命不斷處如何？"師云："無人知。"〔《古尊宿語錄》卷十四，《御選語錄》卷十六〕

(四二五)

問："未審權機喚作什麼？"師云："喚作權機。"〔《古尊宿語錄》卷十四〕

【箋註】
○權機：指權假之機根。爲"實機"之對稱。佛於說法時，能如實理解真理之"當機衆"未出現，故權假以"非當機衆"爲對象而說法。此對告衆爲權假之機根，故稱權機。《圓悟錄》卷十五："總萬有於此心，握權機於方外。"《雪峰慧空禪師語錄》:"即此真心是我心,我心猶是權機出。"《竺源證道歌註》:"到者田地,一切性相,百千法門,無量妙義,皆是權機,非究竟法。故云一切數句非數句,與吾靈覺何交涉。"《了菴和尚語錄》卷七:"權機可向聲前薦,實相那容紙上求?"

(四二六)

問:"學人近入叢林不會,乞師指示。"師云:"未入叢林,更是不會。"〔《古尊宿語錄》卷十四〕

(四二七)

問:"從上古德,將何示人?"師云:"不因你問,老僧也不知有古德。"云:"請師指示。"師云:"老僧不是古德。"〔《古尊宿語錄》卷十四〕

(四二八)

問:"佛花未發,如何辨得真實?"師云:"是真是實。"云:"是什麼人分上事?"師云:"老僧有分,闍梨有分。"〔《景德傳燈錄》卷十,《五燈會元》卷四,《古尊宿語錄》卷十四〕

【箋註】
○佛花:指覺悟之花。《緇門警訓》卷五:"劫空田地佛花開,香風觸破娘生鼻。"

（四二九）

問："如何是佛？"師云："你是什麼人？"〔《古尊宿語錄》卷十四〕

【箋註】

○你是什麼人：提示學人如果迴光返照，明心見性，則自己即佛。如果起心外求，貪著物欲，則當頭蹉過。《天聖廣燈錄》卷二十八《寶壽志超》："僧問：'如何是佛？'師云：'你是什麼人？'進云：'莫只者個便是也無？'師云：'是即勿交涉。'"《大慧錄》卷二："僧問歸宗：'如何是佛？'宗云：'我向汝道，汝還信否？'僧云：'和尚誠言，安敢不信？'宗云：'即汝便是。'僧云：'如何保任？'宗云：'一翳在眼，空花亂墜。'"

（四三〇）

問："驀直路時如何？"師云："驀直路。"〔《古尊宿語錄》卷十四〕

（四三一）

問："如何是玄中不斷玄？"師云："你問我是不斷玄。"〔《古尊宿語錄》卷十四〕

（四三二）

問："覺花未發時，如何辨得真實？"師云："已發也。"云："未審是真是實？"師云："真即實，實即真。"〔《景德傳燈錄》卷十，《古尊宿語錄》卷十四〕

【校記】

《景德傳燈錄》卷十："僧問：'覺花未發時，如何辨貞實？'師云：'開也。'僧云：'是貞是實？'師云：'貞是實，實是貞。'僧云：'什麼人分上事？'師云：'老僧有分，闍梨有分。'僧云：'某甲不招納是如何？'師佯不聞。僧無語。師云：'去。'"按"師：'去。'"《五燈會元》卷四作："師曰：'去！石幢子被風吹折。'"

"覺花"，《古尊宿語錄》作"佛花"。

（四三三）

問："還有不報四恩三有者也無？"師云："有。"云："如何是？"師云："者辜恩負德漢。"〔《古尊宿語錄》卷十四〕

【箋註】

○四恩三有：詳（五十九）註。

（四三四）

問："貧子來，將什麼物與他？"師云："不欠少。"〔《古尊宿語錄》卷十四，

《御選語錄》卷十六〕

【箋註】
○貧子、不欠少：詳（三〇八）註。

（四三五）

問："如何是趙州正主？"師云："老僧是從諗。"〔《古尊宿語錄》卷十四〕

（四三六）

有婆子問："婆是五障之身，如何免得？"師云："願一切人昇天，願婆婆永沈苦海。"〔《古尊宿語錄》卷十四〕

【箋註】
○五障：五種障礙，又作五礙。指女子無法成爲梵天王、帝釋、魔王、轉輪聖王、佛等五者。據《法華經》卷四載，舍利弗不知龍女是大乘根器，宿習圓因而得成佛，以爲例同報障女流，故説女有五障。然説此五障者，欲令女人知有此障，即當發菩提心，行大乘行，早求解脱。

（四三七）

問："朗月當空時如何？"師云："猶是階下漢。"云："請師接上階。"師云："月落了，來相見。"〔《曹山錄》卷上，《古尊宿語錄》卷十四《趙州從諗》〕

【校記】

《曹山錄》卷上："僧問：'朗月當空時如何？'師曰：'猶是階下漢。'僧云：'請師接上階。'師曰：'月落後來相見。'"《趙州語錄》同此，今併存之（《祖堂集》卷八，《五燈會元》卷十三，《續古尊宿語錄》卷二同）

【箋註】

○朗月當空：詳（一三四）註。　○階下漢：對禪悟尚在階下，遠未登堂入室。　○月落了：指超越了朗月當空的意念之後。

【集評】

◎曹山因僧問："朗月當空時如何？"師曰："猶是階下漢。"曰："請師接上階。"師曰："月落後來相見。"頌曰：

朗月當空未入關，落花流水不相干。明明一句超凡聖，光境俱亡誰解看。□□□［《宗鑑法林》卷六十二］

朗月光中立問端，上他階級轉顢頇。會須月落來相見，別有靈光照膽寒。在菴賢［《宗鑑法林》卷六十二］（《禪宗頌古聯珠通集》卷二十九）

◎昔僧問曹山："朗月當空時如何？"山云："猶是階下漢。"朗月當空，幾人到此田地。曹山猶道是階下漢。你道過在什麼處？不見道清光照眼似迷家，明白轉身猶墮位，豈不是此人過處？（《鼓山為霖和尚餐香錄》卷上）

◎曹山因僧問："皓月當空時如何？"山曰："猶是階下漢。"曰："請師接上階。"山曰："月落後相見。"

天童悟上堂舉畢，乃云："且道既是月落後又如何相見？"時萬峰藏便出法堂，悟便下座。［《宗鑑法林》卷六十二］

薦福如云："曹山老漢，審症開方。天童萬峰，依方合藥。固皆不愧為杏林中國手，然細撿將來，俱未免帶些醫生氣態。"（《宗門拈古彙集》卷三十）

（四三八）

師有時示衆云："老僧初到藥山時，得一句子，直至如今齁齁地飽。"
〔《古尊宿語錄》卷十四〕

【箋註】
○老僧初到藥山時，得一句子：《洞山錄》："藥山夜參不點燈，山垂語曰：'我有一句子，待特牛生兒即向汝道。'"按藥山此語，盛傳禪林，諸家語錄屢有記載、提倡。《景德傳燈錄》卷十四《道吾圓智》："藥山上堂云：'我有一句子，未曾説向人。'"

（四三九）

師因在室坐禪次，主事報云："大王來禮拜。"大王禮拜了，左右問："列土王來，爲什麼不起？"師云："你不會。老僧者裏，下等人來，出三門接；中等人來，下禪床接；上等人來，禪床上接。不可喚大王作中等、下等人也，恐屈大王。"大王歡喜，再三請入內供養。〔《祖堂集》卷十八，《景德傳燈錄》卷十，《聯燈會要》卷六，《五燈會元》卷四，《古尊宿語錄》卷十四，《御選語錄》卷十六〕

【校記】
《五燈會元》將本則作爲（三五一）的後續公案。

【集評】
◎問："昔時趙州三等接人，今日朝宰臨筵，師如何接？"師云："即今是。"進云："昔時趙州，今日和尚。"師云："且莫錯定當。"（《天聖廣燈錄》

卷二十八《章江昭達》)

◎問："是法平等，無有高下，爲什麼趙州三等接人？"師云："入水見長人。"僧曰："爭奈學人未會！"師云："喚不回頭爭奈何？"（《建中靖國續燈錄》卷十六《投子證悟》，《五燈會元》卷十六，《續傳燈錄》卷十四）

◎問："趙州三等接人，未審和尚幾等接人？"師云："隨家豐儉。"僧曰："向上之機雖已曉，中下之根又若何？"師云："領取鈎頭意，莫認定盤星。"（《建中靖國續燈錄》卷十七《心印智珣》，《續傳燈錄》卷十二）

◎蘇東坡謫黃州，廬山對岸。元居歸宗，酬酢妙句，與煙雲爭麗。及其在金山，則東坡得釋還吳中。次丹陽，以書抵元曰："不必出山，當學趙州上等接人。"元得書徑來。東坡迎笑問之。元以偈爲獻，或作戲曰："趙州當日少謙光，不出三門見趙王。爭似金山無量相，大千都是一禪床。"東坡撫掌稱善。（《禪林僧寶傳》卷二十九《佛印了元》，《佛祖歷代通載》卷十九，《詩話總龜》後集卷四十四，《苕溪漁隱叢話前集》卷五十七，《居士分燈錄》卷下《蘇軾》）

◎東坡到京口，佛印渡江謁見。坡云："趙州昔日不下禪床，金山因甚今日渡江？"佛印以頌答曰："趙州昔日欠謙光，不下禪床接二王。爭似金山無量相，大千沙界是禪床。"（《叢林盛事》卷下《東坡到京口》）

◎方丈："下等人來，三門外接。中等人來，法堂上接。上等人來，禪床上接。離此三等外來者，向什麼處接？"拍禪床："三生六十劫！"（《西巖了慧禪師語錄》卷上）

◎僧問："昔日趙州，三等接人，蓋爲燕趙二王。今日使車入山，未審和尚如何接？"師云："適來綠蘿亭相見了也。"（《續古尊宿語要》卷六《廣鑑瑛》)

◎謁璨老病未能起留二偈示之 其一
趙州不出三門，淨名堅臥一榻。我來堂下便回，此間有問有答。（《默堂集》卷十）

◎再過晉陽獨五臺開化二老不遠迎
高岡登陟馬玄黃，落日西風過晉陽。道士歡迎捧林果，儒冠遠迓挈壺漿。五臺強健頭如雪，開化輕安鬢未霜。誰會二師深密意，趙州元不下禪床。（《湛然居士集》卷二）

◎次韻汪翔甫讀予詩蘗見寄二首 其一
老矣三荒巡，悠哉一瓣香。漫垂船子釣，懶下趙州床。（《桐江續集》卷一）

◎坐禪偈

坐脫似懶猫蹲宿火，看看燒盡尾和鬚，喚不起來成個什麼？趙州三十年不下禪床，長慶蒲團破了七個。動一動有差有別，不動一動也是胡作亂做，青春不再來，白日莫閒過。（《梅花道人遺墨》卷下）

◎次韻東院和尚閑居

何事逢迎不下堂，主賓道合貴情忘。趙州千古高風在，不出山門見趙王。（《呆菴莊禪師語錄》卷七）

◎不見東坡居士訪佛印元禪師於金山，先日以書約曰："當學趙州故事。"次日往叩，元公出門迎之。居士曰："昨以約之，何以還作這個去就。"元公答以詩曰："趙州當日少謙光，不出三門見趙王。爭似金山無量相，大千都是一禪床。"當時諸方共美，今日徑山簡點將來，不無滲漏。何也？若雲沙界一禪床，則居士未出房門，已踏碎元長老。（《湛然圓澄禪師語錄》卷二）

◎舉趙王入院訪趙州，值州在室內坐禪次，主事報師云："大王來禮拜。"王禮拜了，左右問州："列土王來，爲甚麼不起？"州云："你不會。老僧這裏，下等人來，出山門接。中等人來，下禪床接。上等人來，禪床上接。不可喚大王作中下等人也，恐屈大王。"王歡喜，再三請入內供養。趙州老漢隨緣放曠，臨機快活，正好道人風致。雖然恁麼，山僧不消一捏。何故如然？此間不嘗分上等及中下等，人來一齊見屋底山，且道是甚麼差排？藏室豐盈，錦上鋪華非分外。廚庫淡薄，鍼頭削鐵合相當。（《月坡禪師語錄》卷一）

（四四〇）

師因問周員外："你還夢見臨濟也無？"員外豎起拳。師云："那邊見？"外云："者邊見。"師云："什麼處見臨濟？"員外無對。師問周員外："什麼處來？"云："非來非去。"師云："不是老鴉，飛來飛去。"〔《古尊宿語錄》卷十四，《御選語錄》卷十六〕

【箋註】

○非來非去：《達摩禪師觀門》："心神澄淨，不生不滅，不來不去，湛然不動，名之爲禪。"《楞伽師資記・道信》："從本以來，不出不入，不來不去，即是如來之義。"《壇經・宣詔品》："不斷不常，不來不去，不在中間及其内外，性相如如，常住不遷，名之曰道。"《萬法歸心録》卷上："豈知本性，體若太虚，無内無外，非來非去。"非來非去，猶不來不去。

【校記】

按：第二個"師問周員外"以下當分爲另外一則。

（四四一）

師示衆云："纔有是非，紛然失心，還有答話分也無？"後有僧舉似洛浦，洛浦扣齒；又舉似雲居，雲居云："何必？"僧舉似師，師云："南方大有人喪生失命。"僧云："請和尚舉。"師才舉前語，僧便指傍僧云："者個師僧，喫却飯了，作什麽語話。"師休去。〔《景德傳燈録》卷十，《聯燈會要》卷六，《五燈會元》卷四，《古尊宿語録》卷十四〕

【校記】

《景德傳燈録》卷十《趙州從諗》："師上堂云：'纔有是非，紛然失心。還有答話分也無？'樂普在衆扣齒。雲居云：'何必？'師云：'今日大有人喪身失命。'僧云：'請和尚舉。'師便舉前語，僧指傍僧云：'這僧作恁麽話語。'師乃休。"

《聯燈會要》卷六："示衆云：'纔有是非，紛然失心，還有答話分也無？'後僧舉似洛浦，浦扣齒。又舉似雲居，居云：'何必？'僧回，舉似師，師云：'南方大有人喪身失命。'僧云：'請和尚舉。'師纔舉，僧指傍僧云：'這僧作恁麽語話。'師便休去。"

《五燈會元》卷四："上堂：'纔有是非，紛然失心，還有答話分也無？'僧舉似洛浦，浦扣齒。又舉似雲居，居曰：'何必？'僧回，舉似師，師曰：'南方大有人喪身失命。'曰：'請和尚舉。'師纔舉前話，僧指傍僧曰：'這個師僧喫却飯了，作恁麽語話。'師休。"《指月録》卷十一同。

(四四二)

師因看《金剛經》次,僧便問:"一切諸佛及諸佛阿耨菩提,皆從此經出。如何是此經?"師云:"《金剛般若波羅蜜經》。如是我聞,一時佛在舍衛國。"僧云:"不是。"師云:"我自理經也不得?"〔《古尊宿語錄》卷十四〕

【集評】

○一切諸佛及諸佛阿耨菩提,皆從此經出:語出《金剛經》。 ○如是我聞,一時佛在舍衛國:《金剛經》開篇的句子。 ○理經:治經。

(四四三)

因僧辭去,師云:"闍梨出外,忽有人問:'還見趙州否?'你作麼生祇對?"云:"只可道見。"師云:"老僧是一頭驢,你作麼生見?"僧無語。〔《祖堂集》卷十八,《古尊宿語錄》卷十四〕

【校記】

"只可道見",《祖堂集》卷十八作"只道見和尚"。

(四四四)

師問新到:"從什麼處來?"云:"南方來。"師云:"還知有趙州關麼?"云:"須知有不涉關者。"師叱云:"者販私鹽漢。"又云:"兄弟!趙州關也難過。"云:"如何是趙州關?"師云:"石橋是。"〔《景德傳燈錄》卷十,《聯燈

會要》卷六,《五燈會元》卷四,《古尊宿語録》卷十四]

【集評】

◎送鐵佛專使

荷策來尋我,泛舟思舊山。不知何處月,相照在深灣。風助秋濤急,雲兼野樹閑。到時如請益,先憶趙州關。(《明覺語録》卷五,《祖英集》卷上)

◎潭州龍會道尋遍參三昧歌

天涯海角參知識,遍咨惠我全提力。師乃呵余退步追,省躬廓爾從兹息。睹諸方,垂帶直,善財得處難藏匿。棒頭喝下露幽奇,縱去奪來看殊特。趙州關,雪嶺陟,築廬峰前驗虛實。(《景德傳燈録》卷三十)

◎趙州關

孤峻南泉派,師機已得閑。三衣傳祖域,一句動人天。幽谷珠光異,藍田至彩班。未明根下蒂,難過趙州關。(《天聖廣燈録》卷十三《師頌三十八首》)

◎若是祖宗門下客,直須向火炎裏藏身,微塵裏走馬。東湧西没,同死同生。爍迦羅眼不能窺,千手大悲把不住。裂破毘盧印,掃盡衲僧蹤。然雖如是,劍閣路危終易度,趙州關險大難行。(《保寧仁勇禪師語録》)

◎趙州關　諗和上示衆云:"趙州關也難過。"僧云:"如何是趙州關?"師云:"石橋是。"又問僧云:"甚麼處來?""南來。"師云:"還知有趙州關否?"僧云:"須知有不涉關者。"師云:"者販私鹽漢。"衆中或以庭前柏、喫茶去爲趙州關,誤矣。(《祖庭事苑》卷三《雪竇祖英上》)

◎桃花紅,李花白,春山疊亂青,春水涵虛碧。相逢休問趙州關,水裏金烏天上日。(《建中靖國續燈録》卷十一《佛日淨惠》)

◎問:"如何是趙州關?"師云:"過。"(《建中靖國續燈録》卷十三《寶峰真淨》)

◎示弟子彭資深心齋居士

靈山話月,曹溪指月,禪可禪而成大過。一念頓超没量人,六月雪哥向猛火。參方侶,休打坐,學至無學得什麼?自從打破趙州關,收放縱横句不墮。(《普菴印肅禪師語録》卷中)

◎示衆法語

百草上參多寶佛,钁頭邊勘趙州關。莫教一擊連天地,震動坤維頃刻

間。(《普菴印肅禪師語錄》卷下)

◎上堂："誰人無心，誰心無佛。佛常在人，人常逐物。只如今見有色，聞有聲，是物不是物？若不是物，見色之時，不可不喚作色；聞聲之時，不可不喚作聲。若也是物，又作麼生說個逐底道理？未明心地印，難過趙州關。"(《黃龍四家語錄·晦堂祖心語錄》)

◎超然居士得得問道於寶峰祥禪師，且欲歸歌長篇，以謝予偕其行見挽，以和漬筆，說句繼之

門門通徹長安道，信手拈來還恰好。腳跟踏著趙州關，丈六金身一莖草。(《宏智廣錄》卷八)

◎樞密吳公居厚擁節歸鍾陵，見師曰："頃赴省試，過圓通趙州關，因問訥老：'透關底事如何？'訥云：'且去做官。'今五十餘年。"師曰："曾明得透關底事麼？"密云："八次經過常存念，然未脫灑在。"(《僧寶正續傳》卷一《圓通旻禪師》，《五燈會元》卷十八，《續傳燈錄》卷三十，《居士分燈錄》卷下《吳居厚》，《祖庭鉗錘錄》卷下，《宗範》卷上)

◎進云："錦上添花即不問，毛吞巨海事如何？"師云："闍黎在裏許。"進云："信手拈來總是禪，鐵牛踏破趙州關。"師云："且緩緩。"(《僧寶正續傳》卷三《黃龍逢》)

◎看洞山初和尚語

兩頭蚯蚓呈三要，五眼獼猴念八還。老蚌吞除龍樹月，瞎驢撞出趙州關。(《雪峰慧空禪師語錄》)

◎上堂："未舉先知，未言先領。趙州無關，玄沙有嶺。"卓拄杖云："萬別千差一印定。"(《介石智朋禪師語錄》)

◎上堂，僧問："放行特地隔千山，把住無端亦自瞞。千手大悲難摸索，鐵牛撞破趙州關。如何是趙州關？"師云："天上天下，人透不過。"(《密菴語錄》)

◎師在雲居，受請云："安樂樹邊藏醜拙，浮生穿鑿不相干。拄杖朝來剛字跳，無端撞破趙州關。"(《曹源道生禪師語錄》，《續古尊宿語要》卷四《曹源生》)

◎問："百城遊罷時如何？"曰："前頭更有趙州關。"(《嘉泰普燈錄》卷八《長蘆道和》，《五燈會元》卷十六，《續傳燈錄》卷十九)

◎趙州古佛嗣南泉。馬祖道："經入藏，禪歸海。唯有南泉，獨超物

外。"趙州以長沙爲友,以南泉爲師。故勘辨中,非得失勝負之可品格。天下謂之趙州關,也不妨難過。(《從容錄》第十則)

◎嚴陽、南泉、泉大道、船子

未透趙州關,看牛事轉繁。死蛇弄不活,只好踏船翻。(《希叟和尚廣錄》卷七)

◎入院指山門:"當門有路,衝開碧落。轉少移身,將錯就錯。一槌打碎趙州關,空裏磨盤生八角。"(《率菴梵琮禪師語錄》)

◎日用事無別,憑君爲甄別。若於言上會,知君打不徹。不於言上會,心頭似火熱。先過趙州關,剪斷白雲舌。不負先聖恩,歸堂且憩歇。(《古尊宿語錄》卷二十一《法演》)

◎送化士四首 其三

透出龍門未是難,幾人得過趙州關。白雲片片青山外,爲雨爲霖去復還。(《古尊宿語錄》卷二十二《法演》)

◎回互不讓前,當頭户底閑。罕逢臨濟喝,蹉過老德山。世事從他到,鳥道絕人攀。侗儻天然竅,坐斷趙州關。(《古尊宿語錄》卷二十六《法華全舉》)

◎僧問:"未明心地印,難過趙州關。如何是趙州關?"師云:"過。"進云:"莫便是和尚爲人處也無?"師云:"你作麼生會?"僧作一圓相,師云:"且喜沒交涉。"進云:"也不得壓良爲賤。"師便喝。(《古尊宿語錄》卷四十四《真淨克文》)

◎十方無壁落,四面亦無門,淨裸裸赤灑灑。灌溪老人出頭不得則且置,雪竇騎牛入你諸人鼻孔裏,爲什麼不覺不知?未明心地印,難過趙州關。(《續古尊宿語要》卷一《草堂清》)

◎你諸人皮下無血,眼裏無睛,是來這裏,討個什麼碗。各請歸堂去。大衆,還委悉麼?會則途中受用,拈得瓦礫,盡是真金。不會則世諦流傳,縱有真金,翻成瓦礫。且道利害在什麼處?未明心地印,難過趙州關。(《續古尊宿語要》卷三《佛性泰》)

◎結夏云:"少室九年,守株待兔。神光三拜,緣木求魚。馬祖即心是佛,劈頭便錯。盤山非心非佛,末後猶乖。臨濟入門便喝,可煞著忙。德山入門便棒,未遇作家。趙州關子,強生節目。潙山水牯,慚惶殺人。雲門顧鑑,也是尋常。雪峰輥毬,至今未了。皆是從上不得剿絕,致使後來爲之帶累。"(《續古尊宿語錄》卷六《東山空》,《雪峰慧空禪師語錄》)

◎道婆送鞋求頌

已知道婆能好手,雙履野人焉敢受?著却踏到趙州關,免教赤腳林下走。(《吳山淨端禪師語錄》卷下)

◎上堂:"諸佛機,祖師意。百草頭,雙眉底。不可得而一,不可得而二。趙州關即且置,雲門曲作麼生?一堂風冷淡,千古意分明。"(《石溪心月禪師語錄》卷上)

◎遊石磧寺寺僧以牌求詩

花石鎖風煙,軒楹半似山。門連虎溪路,橋接趙州關。屈曲深疑步,高低屢解顏。却應多事夢,不伴此身閑。(《姑溪居士後集》卷十,《御選宋金元明四朝詩·御選宋詩》)

◎趙州關

須知有不涉關者。(《海錄碎事》卷十三上)

◎懷烏山柏庭僧宗文

清風明月休論景,翠竹黃花不離禪。好個趙州關捩子,陶潛欲辯已忘言。(《澹軒集》卷三)

◎雲居還值旱懷舊遊寄楊文仲二首 其一

憶扶湘竹杖,共叩趙州關。山好不容住,水流今載還。却從天上下,似出鏡中間。笑問楊夫子,何時再得閑。(《義豐集》)

◎謝黃禪師華嚴會供食

流年急如梭,長歌愧仙藍。勇尋趙州關,何畏白髮鬖。(《疊山集》卷一,《宋元詩會》卷五十一)

◎送隆上人歸閩

閩山蒼蒼浙水寒,還閩歷浙本閑閑。機先早透石門句,句外何有趙州關。(《即休契了禪師拾遺集》)

◎請希菴主住晉祠奉聖寺開堂疏

晉祠山水冠人間,好請希公向此閑。飯了蒙頭三覺睡,逢人休說趙州關。(《湛然居士集》卷十三)

◎送閑長老歸寶勝

君不見夾山散席見船子,一篙打落滄波裏。死眼豁開忽點頭,始信道吾發笑良有以。又不見黃龍行腳見慈明,痛罵不禁魂膽驚。踏著趙州關捩子,方知雲峰出語非常情。(《呆菴莊禪師語錄》卷六)

◎趙州關頌

蜀道雖難尚可行，趙州關險不堪登。分明舉目真如院，多少英靈度未能。(《紫柏老人集》卷十八、卷二十七)

◎山居歌

無手人，解行拳，輕輕擊破趙州關。五家祖印落掌握，生殺縱橫豈等閑。(《紫柏老人集》卷二十八)

◎將古人一句無義味話，著實參去，使你愛憎之念頓消，心境之跡頓泯，自然雲開日現，水到渠成，趙州關雲門寨，可一笑而破矣。如未到這般田地，且須著急，勿生第二念可也。(《永覺和尚廣錄》卷九)

◎三宜盂禪師，祈雨上堂，拈拄杖曰："震法雷兮鳴法鼓，山門頭彌勒開眉。布慈雲兮灑甘露，塔尖上商羊起舞。四海龍王腦門裂，三十三天叫冤苦。雲鎖趙州關，雨打雲門普。拈起一毫端，塵刹無焦土。"(《列祖提綱錄》卷三)

(四四五)

有僧從雪峰來，師云："上座莫住此間，老僧者裏只是避難所在，佛法盡在南方。"云："佛法豈有南北？"師云："直饒你從雲居、雪峰來，也只是個擔板漢！"云："未審那邊事如何？"師云："你因什麼夜來尿床？"云："達後如何？"師云："又是屙屎。"〔《景德傳燈錄》卷十，《聯燈會要》卷六，《五燈會元》卷四，《古尊宿語錄》卷十四，《指月錄》卷十一，《御選語錄》卷十六〕

【箋註】

〇佛法豈有南北：《古尊宿語錄》卷三十一《佛眼清遠》："佛法亦無東西南北。"按此蓋源於慧能大師"人即有南北，佛性豈有南北"之思想背景。《平石如砥禪師語錄》："佛法自南北，江山無古今。"則謂佛法有南北，蓋源於南北宗修證方式不同之思想背景。　〇擔板漢：揹扛木板之人伕，以其僅能見前方，而不能見左右，故禪宗用以比喻見解偏執而不能融通全體之人。　〇那邊事：超生脫死、了斷煩惱的禪悟境界。　〇尿床：禪門罵人之詞,謂無知懵懂,幼稚可笑。

【校記】

按《景德傳燈錄》、《五燈會元》、《指月錄》於"只是個擔板漢"下引崇壽稠云:"和尚是據客置主人。"

(四四六)

示衆云:"我此間有出窟師子,亦有在窟師子,只是難得師子兒。"時有僧彈指對之。師云:"是什麼?"云:"師子兒。"師云:"我喚作師子,早是罪過,你更行趨踏。"〔《祖堂集》卷十八,《古尊宿語錄》卷十四〕

【箋註】

○出窟師子:《景德傳燈錄》卷十五《投子感温》:"問:'如何是出窟師子?'師曰:'虛空無影像,足下野雲生。'"又卷二十二《羅山義聰》:"僧問:'如何是出窟師子?'師曰:'什麼處不震裂?'"《宏智廣錄》卷四:"哮吼出窟師子兒。"　　○在窟師子:《天聖廣燈錄》卷九《百丈懷海》:"一者法身實相佛,(中略)亦名在窟師子。"《楚石梵琦禪師語錄》卷六:"僧問:'如何是在窟師子?'師云:'頭頂天。'進云:'如何是出窟師子?'師云:'脚踏地。'"○師子兒:《證道歌》:"師子兒,衆隨後,三歲便能大哮吼。"《頓悟入道要門論》卷上:"譬如師子兒,初生之時,即真師子,修頓悟者亦復如是。"《景德傳燈錄》卷十三《風穴延沼》:"個個作大師子兒,吒呀地哮吼一聲,壁立千仞,誰敢正眼覷著。若覷著即瞎却渠眼。"又卷二十四《湧泉究》:"若不是真師子兒,爭識得上來機。"《圓悟錄》卷八:"大道本來無向背,擬心湊泊已差池。吒呀卓朔能哮吼,即是金毛師子兒。"又卷十三:"幸是師子兒,各作師子吼。"《建中靖國續燈錄》卷十八《洪濟宗賾》:"真師子兒,善師子吼。"《聯燈會要》卷二十五《明招善謙》:"驚羣須是英靈漢,敵勝還他師子兒。"《彥琪證道歌註》:"所言師子兒者,喻菩薩初發心時,即便成等正覺也。"

【集評】

◎端長老住宜興保安，上堂，舉趙州示衆云："我者裏有出窟師子，□有在窟師子，只是難得師子兒。（中略）"師拈云："趙州老老大大，作者個語話。山僧者裏，也有出窟師子，也有在窟師子，也有師子兒。"卓拄杖："懸崖返擲真堪畏，直得清風動四維。"（《曇芳和尚語錄》卷上）

（四四七）

師問新到："離什麽處？"云："離雪峰。"師云："雪峰有什麽言句示人？"云："和尚尋常道：'盡十方世界，是沙門一隻眼，你等諸人向什麽處屙？'"師云："闍梨若回，寄個鍫子去。"〔《祖堂集》卷七《雪峰》，《聯燈會要》卷六，《嘉泰普燈錄》卷八《福嚴真》，《五燈會元》卷四，《古尊宿語錄》卷十四，《雪峰義存禪師語錄》卷上，《指月錄》卷十一〕

【校記】

《祖堂集》卷七《雪峰》："師云：'盡乾坤是一個眼，是你諸人向什麽處放不淨？'慶對云：'和尚何得重重相欺？'有人持此語舉似趙州，趙州云：'上座若入閩，寄上座一個鍫子去。'"

【集評】

◎雪峰禪師語錄序

古尊宿剩語如雪峰者，殊難多得。但其間趙州不肯處，至今疑賺殺人。若不是個裏轉身具一隻眼，未易望殘盡而津津也。（《雪峰禪師語錄序》）

◎舉趙州問僧："甚處來？"云："雪峰來。"（中略）師云："者僧既不從雪峰來，可惜趙州鍫子。"（《明覺語錄》卷二，《雪峰真覺禪師語錄》卷上，《聯燈會要》卷六《趙州從諗》，《禪林類聚》卷十，《宗鑑法林》卷十七）

◎上堂，舉趙州問僧："甚處來？"僧云："雪峰。"（中略）師云："趙州將一顆甜桃，換得個醋梨。若有人問淨慈有何言句示徒，只向他道：'爾好

采問。""(《虛堂錄》卷八)

◎上堂,舉:"趙州問僧:'近離甚麼處?'云:'雪峰。'(中略)"師曰:"如今諸方商量:'趙州寄鍬子與雪峰,便是鏟却那屙底。'我當時若問這僧:'汝回去麼?'云:'便行。'只向他道:'我寄你一副鉢盂去。'你又如何商量?"(《嘉泰普燈錄》卷八《福嚴實》)

◎趙州問僧甚處來

雪峰隻眼照天地,趙州鍬子重千鈞。算來總是閑家具,不受方爲有智人。(《南石和尚語錄》卷二)

◎趙州問僧:"發足甚處?"曰:"雪峰。"師曰:"雪峰有何言句示人?"曰:"尋常道,盡十方世界,是沙門一隻眼,你等諸人向甚處屙?"師曰:"闍黎若回,寄個鍬子去。"頌曰:

南望雪峰由萬里,北遊未踏趙州關。賺他一隻破鍬子,二百餘年去不還。正覺逸〔《禪林類聚》卷十,《宗鑑法林》卷十七。"一隻破"、"由",宗鑑法林作"一柄鈍"、"猶"〕

石橋一路滑如苔,閩嶺風高凍不開。相見盡言遊歷去,幾人曾到雪峰來?佛慧泉〔《禪林類聚》卷十,《宗鑑法林》卷十七〕

沙門隻眼不容物,萬象森羅從彼出。鍬子何人識趙州,放行底事須綿密。海印信

大地是眼何處屙,天下不奈雪老何。趙州寄個鍬子去,方得此語圓塠塠。鼓山珪〔《古尊宿語錄》卷四十七,《禪林類聚》卷十。按《古尊宿語錄》末句作"方得此話圓確確"。同卷尚載雲門(宗杲)頌:"途路波吒數十州,傳言送語當風流。不知腳下泥生刺,踏著錐人腳指頭。"宗杲頌亦見《禪林類聚》卷十〕

大地是眼沒處屙,衲僧到此便聱訛。須知別有安身訣,會得安身事更多。咄 鍬子安著在甚麼處?照堂一

雪峰何處屙,趙州寄鍬子。沙門一隻眼,狼藉乃如此。阿呵呵,大唐國裏鼓聲起,新羅國裏舞婆娑。別峰印〔《宗鑑法林》卷十七〕

大地一隻眼,誰敢屙其中。鍬子寄將去,那知到雪峰。橫川珙〔《宗鑑法林》卷十七〕(《禪宗頌古聯珠通集》卷十九)

◎趙州諗禪師問僧:"甚處來?"云:"雪峰來。"(中略)

保福展云:"南有雪峰,北有趙州。"〔《宗鑑法林》卷十七〕

琅琊覺云:"衆中有云寄鍬子去,埋却趙州。若道寄鉢盂去,便道盛粥

飯用。狂解益見，作麼商量？不是僧蹋手，謾說學丹青。"〔《聯燈會要》卷六《趙州從諗》，《宗門拈古彙集》卷十六，《宗鑑法林》卷十七，《禪林類聚》卷十〕

◎趙州問僧甚處來

雪峰打動氍拍板，趙州吹起無孔笛。夜深把手御街行，等閑合出鈞天曲。(《恕中無慍和尚語錄》卷三)

◎趙州問僧："發足何處？"曰："雪峰。"(中略)州曰："闍黎若回，寄個鍬子去。"

清化隱云："當時可惜不遇作家。若是山僧，見道'闍黎若回寄個鍬子去'，便云：'不將去。'他若問：'爲什麼不將去？''和尚這裏少他不得。'"(《宗門拈古彙集》卷十六)

◎復舉趙州問僧："什麼處來？"僧云："雪峰來。"(中略)雪竇云："者僧不從雪峰來，可惜趙州鍬子。"師曰："三大祖師，雖有出格商量，永平欲質之：雪峰是則是，眼裏生翳。趙州老婆，應病施藥。雪竇忘客貧處，妒他施物。永平分上，又且如何？遮莫雲和明月白，只看松竹雪中青。"(《義雲和尚語錄》卷下)

◎趙州問僧："發足甚處？"曰："雪峰。"(中略)

清化隱云："若是山僧，見道'闍黎若回，寄個鍬子去'，便云：'不將去。'若問'爲什麼不將去？'但云：'和尚者裏少他不得。'"

法林音云："者僧親從雪峰來，因甚翠峰道不從雪峰來？若道得，不負趙州鍬子。"

仰面揚塵，逆風把炬。無損於人，自招焚污。輸與竹軒高枕人，白雲看老霜燒樹。石雨方

五陵春色十分肥，惱亂東風不盡吹。醉喚不歸江上客，子規聲斷綠楊枝。天鐸恩(《宗鑑法林》卷十七)

(四四八)

師因捨衣俵大衆次，僧便問："和尚總捨却了，用個什麼去？"師召云："湖州子！"僧應諾。師云："用個什麼？"〔《古尊宿語錄》卷十四〕

（四四九）

師示衆云："未有世界，早有此性。世界壞時，此性不壞。"僧問："如何是此性？"師云："五蘊四大。"云："此猶是壞，如何是此性？"師云："四大五蘊。"〔《景德傳燈錄》卷二十八，《正法眼藏》卷四，《聯燈會要》卷六，《五燈會元》卷四，《古尊宿語錄》卷十四，《指月錄》卷十一〕

【箋註】
○四大五蘊：即四大五陰，詳第（三三七）條註。

【集評】
◎舉僧問趙州："承師有言，世界壞時，此性不壞。如何是此性？"趙州云："四大五陰。"僧云："此猶是壞底，如何是此性？"趙州云："四大五陰。"師云："是一個兩個，是壞不壞？且作麼生會？試斷看。"（《五家語錄·法眼語錄》，《指月錄》卷十一）

◎上堂，舉僧問趙州："未有世界，早有此性。世界壞時，此性不壞。如何是不壞底性？"州云："四大五蘊。"師拈云："一個無孔鐵鎚，兩回當面擲出。者僧若會，接得信手一揮，任是趙州眼光爍破四天下，也須倒行七步。"（《斷橋妙倫禪師語錄》卷下）

◎示性禪人

趙州和尚云："未有世界，早有此性。世界壞時，此性不壞。"且如何是此性？莫是言發非聲色前不拍麼。莫是了了常知言不及麼。若恁麼，鄭州出曹門，且喜無交涉。豈不見死心送方侍者云："念念向本家，本家即心也。念念行吾道，吾道即性也。吾心性無二，佛法更無也。"雖無棒喝之機，却是金石之語。（《石田法薰禪師語錄》卷三）

◎我此宗門，猶如大海。百川異流，莫不同歸一味。如太虛空，盡百億恒河沙世界，無不包容。所以道："未有世界，早有此性。世界壞時，此性不壞。"諸佛未出世，祖師未西來，人人常光現前，個個壁立千仞。在聖不增一絲毫，在凡不減一絲毫。惟是迷悟有殊，所以聖凡有異。遂致執泥文字之學滋多，本有之性，不能發現。背覺合塵，棄本逐末，蓋由是矣。儒教亦云："君子務本，本立而道生。"此本即是自己本命元辰，本來面目。得此本立，方可得道生。本若不立，何緣得道生。此是儒家膚淺之教，尚且說得如此親切，何況不傳之妙者耶？（《兀菴普寧禪師語錄》卷上）

◎"'日不待火而熱'，須彌山白浪滔天。'月不待風而涼'，畢鉢巖前清風滿座。'未有世界，早有此性'，擺手入長安。'世界壞時，此性不壞'，一舉四十九。如斯舉唱，足可流通。其或根思尚遲，便見和泥合水。"拍禪床云："人窮不到金剛際，未免區區役路途。"（《古林清茂禪師語錄》卷四）

◎舉僧問趙州云："未有世界，早有此性。世界壞時，此性不壞。如何是此性？"州云："四大五蘊。"僧云："此猶是壞底，如何是不壞底性？"州云："四大五蘊。"頌云："春有百花秋有月，夏有涼風冬有雪。若無閑事在心頭，便是人間好時節。"擊拂子下座。（《海印昭如禪師語錄》）

◎浴佛上堂："未有世界，早有此性。世界壞時，此性不壞。出世不出世，成佛不成佛，總是閑言語。淨法界身，本無出沒。大悲願力，示現受生。恁麼說話，正是俗氣不除。且道喚作釋迦老子，不喚作釋迦老子？一舉四十九。"（《楚石梵琦禪師語錄》卷五，《列祖提綱錄》卷四）

◎又僧問趙州："未生世界，早有此性。世界壞時，此性不壞。如何是不壞之性？"州云："四大五蘊。"甘草甜。僧云："這個是壞底，如何是不壞之性？"州云："四大五蘊。"黃連苦。還知趙州老漢舌頭落處麼？盡山河大地，是四大五蘊。盡山河大地，是不壞之性。若未知趙州老漢舌頭落處，則四大五蘊，自在一邊。不壞之性，自在一邊，驢年得休歇去。（《楚石梵琦禪師語錄》卷九）

◎何者是自己根源？趙州云："未有世界，早有此性。世界壞時，此性不壞。"時有僧便問："如何是此性？"州云："四大五陰。"僧云："這個是壞底，如何是此性？"州云："四大五陰。"這僧貪觀天上月，失却手中珠。趙州心不負人，面無慚色。還知趙州不負人處麼？更聽頌出："四大五陰，來去去來。如空忽雲，如旱忽雷。來無所從，去無所至。寂然湛然，不離當處。"（《鼓山為霖和尚餐香錄》卷上）

◎豈不見趙州祖師云："未有世界，早有此性。世界壞時，此性不壞。"時有僧問："如何是此性？"州云："四大五蘊。"僧云："這個是壞底，如何

529

是此性？"州云："四大五蘊。"大衆，趙州於貧女宅中，掘開寶藏。力士額上，剖出明珠。覿體施呈，更有何事？（《鼓山爲霖和尚餐香錄》卷上）

◎趙州因僧問："未有世界，早有此性。世界壞時，此性不壞。如何是不壞之性？"州曰："四大五蘊。"（中略）師云："千尺寒潭徹底清。"（《圓悟錄》卷十六，《宗門拈古彙集》卷十七，《宗鑑法林》卷十六）

◎故經曰："當知靈空生汝心內，猶如片雲點太清裏，況諸世界在虛空耶？"祖師家於此不可不與一剗，故趙州曰："未有世界，早有此性。世界壞時，此性不壞。"猶恐人不會，曰："自從一見老僧後，更不是別人，只是一個主人公。"趙州老婆心切如是，切忌動著，動著禍事。（《智覺普明國師語錄》卷二）

◎趙州古佛曰："未有世界，早有此性。世界壞時，此性不壞。自從一見面目後，更不是別人，只是一個主人翁。"諸人要諦當。會麼？不離當處常湛然，覓則知君不可見。（《智覺普明國師語錄》卷三）

（四五〇）

定州有一座主到，師問："習何業？"云："經律論不聽便講。"師舉手示之："還講得者個麼？"座主茫然不知。師云："只饒你不聽便講得，也只是個講經論漢，若是佛法，未在。"云："和尚即今語話，莫便是佛法否？"師云："直饒你問得答得，總屬經論，佛法未在。"主無語。〔《古尊宿語錄》卷十四〕

【箋註】

○直饒你問得答得，總屬經論：禪門宗師對講經座主的批評，較典型者爲《祖堂集》卷十四《馬祖》："座主未參大師，大師問：'見說座主講得六十本經論，是不？'對云：'不敢。'師云：'作摩生講？'對云：'以心講。'師云：'未解講得經論在。'座主云：'作摩生？'云：'心如工伎兒，意如和伎者，爭解講得經論在？'座主云：'心既講不得，將虛空還講得摩？'師云：'虛空却講得。'座主不在意，便出。纔下階，大悟，回來禮謝。（中略）座主歸寺，告衆云：'某甲一生功夫，將謂無人過得。今日之下，被馬大師呵責，直得情盡。'便散却學徒。一入西山，更無消息。"此外尚有《頓悟入道要門》卷下的勘驗座主機緣、《雪堂行拾遺錄》載淨因成禪師"一喝能入五教"等，《古尊宿語錄》卷六《睦州道蹤》還專設"勘講經座主大師"內容。《大慧錄》卷十三："既稱禪師，自有宗門本分事。只管勞攘，却如個座主相似。"代表了禪宗對禪師與座主之優劣的典型看法。

（四五一）

師問一行者："從什麼處來？"云："北院來。"師云："那院何似者院？"行者無對。有僧在邊立，師令代行者語，僧代云："從那院來。"師笑之。師又令文遠代之，文遠云："行者還是不取師語話。"〔《古尊宿語錄》卷十四〕

（四五二）

師問座主："所習何業？"云："講《維摩經》。"師云："《維摩經》道：'步步是道場。'座主在什麼處？"主無對。師令全益代座主語，全益云："只者一問，可識道場麼？"師云："你身在道場裏，心在什麼處？速道取！"云："和尚不是覓學人心。"師云："是。"云："只者一問一答，是什麼？"師云："老僧不在心所裏，法過眼、耳、鼻、舌、身、意而知解。"云："既不在心所裏，和尚爲什麼覓？"師云："爲你道不得。"云："法過眼、耳、鼻、舌、身、意而不解，作麼生道不得？"師云："喫我涕唾。"〔《古尊宿語錄》卷十四〕

【箋註】

○步步是道場：語意出《維摩經》。《維摩經·菩薩品》："直心是道場，無虛假故。發行是道場，能辦事故。深心是道場，增益功德故。菩提心是道場，無錯謬故。布施是道場，不望報故。持戒是道場，得願具故。忍辱是道場，於諸衆生心無礙故。精進是道場，不懈退故。禪定是道場，心調柔故。智慧是道場，現見諸法故。慈是道場，等衆生故。悲是道場，忍疲苦故。喜是道場，悦樂法故。捨是道場，憎愛斷故。神通是道場，成就六通故。解脱是道場，能背捨故。方便是道場，教化衆生故。（中略）緣起是道場，無明乃至老死皆無盡故。諸煩惱是道場，知如實故。衆生是道場，知無我故。一切法是道場，知諸法空故。（中略）如是善男子，菩薩若應諸波羅蜜教化衆生，諸有所作舉足下足，當知皆從道場來，住於佛法矣。"　○心所：心所有法的簡稱，也就是爲心所有的各種思想現象。

（四五三）

師問僧："你曾看《法華經》麽？"云："曾看。"師云："經中道：'衲衣在空閑，假名阿練若，誑惑世間人。'你作麽生會？"僧擬禮拜，師云："你披衲衣來否？"云："披來。"師云："莫惑我。"云："如何得不惑去？"師云："自作活計，莫取老僧語。"〔《聯燈會要》卷六，《古尊宿語錄》卷十四，《指月錄》卷十一〕

【箋註】
○衲衣在空閑，假名阿練若，誑惑世間人：《法華經·勸持品》："或有阿練若，納衣在空閑。自謂行真道，輕賤人間者。貪著利養故，與白衣説法。爲世所恭敬，如六通羅漢。是人懷惡心，常念世俗事。假名阿練若，好出我等過。而作如是言：'此諸比丘等，爲貪利養故，説外道論議。自作此經典，誑惑世間人。爲求名聞故，分別於是經。'"

【集評】
◎趙州問僧："曾看《法華經》麽？"曰："曾看。"州曰："衲衣在空閑，假名阿練若，誑惑世間人。汝作麽生會？"僧擬禮拜，州曰："汝披衲衣來麽？"曰："披來。"州曰："莫惑我。"曰："作麽生得不惑去？"州曰："莫取我語。"

雪竇顯云："大小趙州，龍頭蛇尾。諸人若能辨得，便乃識破趙州。如或不辨，個個高攤衲衣，莫惑翠峰好。"［《明覺語錄》卷一，《指月錄》卷十一，《宗鑑法林》卷十七。"如或不辨"，《明覺語錄》作"如或不明"］

古南門云："雪竇也是繩上生蛇，捏目自惑。且問諸人，只如趙州恁麼問，這僧恁麼答，還是這僧惑趙州，趙州惑這僧？當時要得不惑，待伊問'汝披衲衣來麼'，但云'和尚眼中不可著屑'。"［《宗鑑法林》卷十七］（《宗門拈古彙集》卷十六）

（四五四）

師問座主："所習何業？"云："講《維摩經》。"師云："那個是維摩祖父？"云："某甲是。"師云："為什麼却為兒孫傳語？"主無對。〔《祖堂集》卷十八，《古尊宿語錄》卷十四〕

（四五五）

師一日上堂。僧纔出禮拜，師乃合掌珍重。又一日僧禮拜。師云："好好問。"云："如何是禪？"師云："今日天陰，不答話。"〔《古尊宿語錄》卷十四〕

【箋註】

○天陰：《景德傳燈錄》卷二十四《石門紹遠》："天陰日不出，光輝何處去？"《古尊宿語錄》卷四十三《真淨克文》："日出心光耀，天陰性地昏。不知天地者，剛道有乾坤。"《楚石梵琦禪師語錄》卷十五："迷即天陰性地昏，悟來日出心光曜。"趙州禪師暗示學人尚在迷中，故不答話。

（四五六）

問新到："從何方來？"云："無方面來。"師乃轉背。僧將坐具，隨師轉。師云："大好無方面。"〔《祖堂集》卷十八，《古尊宿語錄》卷十四，《御選語錄》卷十六〕

【校記】
《祖堂集》卷十八："新到展座具次，師問：'近離何方？'僧云：'無方面。'師起向背後立，僧把座具起，師云：'大好無方面！'"

【箋註】
○無方面：超越了常識的東西南北上下前後的方位，是悟者的心境。
○大好無方面：好一個無方面。學人標榜無方面，實際上仍然落在了方位之中。

（四五七）

問新到："從什麼處來？"云："南方來。"師云："三千里外逢人莫喜！"云："不曾。"師云："摘楊花，摘楊花。"〔《祖堂集》卷十八，《祖庭事苑》卷二《雪竇瀑泉》，《聯燈會要》卷六，《五燈會元》卷四，《古尊宿語錄》卷十四，《指月錄》卷十一，《御選語錄》卷十六〕

【集評】
◎或云："有佛法處不得住，無佛法處急走過。趙州爲什麼摘楊華？"代云："更事多矣。"（《明覺語錄》卷四）
◎摘楊花　有僧辭趙州，州拈拂子云："有佛處不得住，無佛處急走過。三千里外，逢人不得錯舉。"僧云："恁麼則不去也。"州云："摘楊花，摘楊

花。"(《祖庭事苑》卷二《雪竇瀑泉》)

◎有時問:"一舉不再說,家富小兒嬌。向摘楊花處,通個消息來。"代曰:"不因一事,難長一智。"(《黃龍四家錄·晦堂祖心語錄》)

◎示衆云:"盡大地是沙門眼,盡大地是自己光,爲甚麼東弗於逮打鼓,西瞿耶尼不聞,南瞻部州點燈,北鬱單越黑暗?直饒向個裏道得十全,猶是光影活計。"以拂子撼云:"百雜碎。作麼生是出身一路?若果不見,隨路摘楊花。"(《聯燈會要》卷十七《育王端裕》)

◎上堂曰:"有佛處不得住,踏著秤錘硬似鐵。無佛處急走過,脚下草深三尺。三千里外,逢人不得錯舉,北斗掛須彌。恁麼則不去也,棒頭桃日月。摘楊花,摘楊花,眼裏瞳人著繡靴。"卓拄杖,下座。(《嘉泰普燈錄》卷十八《枯木祖元》,《五燈會元》卷二十,《續傳燈錄》卷三二)

◎"況復威音那畔,空劫已前,早成掩彩。今日既到者裏,合作麼生?咦。放過一著,三千里外,咬豬咬狗,荒草葛藤。還有借路底麼?"卓拄杖云:"摘楊花,摘楊花。"(《天童如淨禪師語錄》卷下)

◎林上人歸蜀

明明此事不由他,喫飯無端咬著沙。自己靈光皆喪盡,三千里外摘楊花。(《松源崇嶽禪師語錄》卷下)

◎上堂,舉趙州因僧告辭,州云:"甚處去?"僧云:"諸方學佛法去。"州豎起拂云:"有佛處不得住,無佛處急走過。三千里外,逢人不得錯舉。"僧云:"與麼則不去也。"州云:"摘楊花,摘楊花。"

師頌云:"千尋浪裏出頭,萬仞崖前展手。七百甲子老翁,剛然弄一場醜。摘楊花,摘楊花,翻身跳上樹,驚散暮林鴉。"(《斷橋妙倫禪師語錄》卷下)

◎舉僧辭趙州州云"有佛處不得住",爛泥中有刺。"無佛處急走過",回頭便招禍。"三千里外,逢人不得錯舉",出門猶更頻分付。僧云"恁麼則不去也",不知誰是知音者。州云"摘楊花,摘楊花",春風無定度,吹起過鄰家。(《淮海原肇禪師語錄》)

◎舉白雲演祖示衆云:"頻頻喚汝不歸家,貪向門前弄土沙。每到年年三月裏,滿城開遍牡丹花。"不會作客,勞煩主人。徑山亦有一頌:"不須呼喚自還家,何用重添眼裏沙。若是吾家真種草,三千里外摘楊花。"(《淮海原肇禪師語錄》)

◎上堂："春山青，春水綠，一覺南柯夢初足。携筇縱步出松門，是處桃英香馥鬱。因思昔日靈雲老，三十年來無處討。如今競愛摘楊花，紅香滿地無人掃。"（《五燈會元》卷十六《法昌倚遇》，《續古尊宿語錄》卷二，《石倉歷代詩選》卷一百一十一，《列祖提綱錄》卷十，《宗門拈古彙集》卷四十一，《宗鑑法林》卷五十二）

◎清涼禮先師遺像

白雲迷谷雪鋪階，老倒清涼眼著沙。若問普通年遠事，三千里外摘楊花。（《希叟和尚廣錄》卷七）

◎乃舉僧辭趙州，州云："有佛處不得住。"師云："喚却你心肝五臟。""無佛處急走過。"師云："鴈過留聲。""三千里外，逢人不得錯舉。"師云："出門便錯。"僧云："恁麼則不去也。"師云："種粟却生豆。"州云："摘楊花，摘楊花。"師云："不覺日又夜，爭教人少年？"（《古尊宿語錄》卷二十一《法演》，《嘉泰普燈錄》卷八，《五燈會元》卷十九，《列祖提綱錄》卷九）

◎舉僧辭趙州，州云："甚處去？"僧云："南方學佛法去。"州云："你到南方，有佛處不得住，無佛處急走過。三千里外，逢人不得錯舉。"僧云："恁麼則不去也。"州云："摘楊花，摘楊花。"

東林頌：有佛之處不得住，無佛之處急走過。三千里外摘楊花，他日歸來舉似我。（《古尊宿語錄》卷四十七）

◎敢問諸人，雲門爲什麼倒騎佛殿，趙州爲什麼摘楊花？虛明自照，不勞心力。（《續古尊宿語要》卷二《天衣懷》）

◎昔有僧辭趙州。州云："有佛處不得住。"師云："魚行水濁。""無佛處急走過。"師云："草偃風行。""三千里外，逢人不得錯舉。"師云："泗州人見大聖。""恁麼則不去也。"師喝一喝。"摘楊花，摘楊花。"師云："若不得流水，還應過別山。大衆承天今日，已是爲蛇畫足。汝等諸人，切忌近前唊啄。"（《續古尊宿語要》卷四《別峰珍》）

◎三乘十二分教，總是指空話空，撒土撒沙。必竟如何？摘楊花，摘楊花。（《兀菴普寧禪師語錄》卷中）

◎上堂："三月二十五，芳春餘幾許。一道平常心，顛言及倒語。謾道舉手摘楊花，那知漫空飛柳絮。趁流光，猛提取，喫粥了也，洗鉢盂去。"（《石溪心月禪師語錄》卷上）

◎解夏小參："直下便是，一塵翳天。撩起便行，千車合轍。有佛處不得住,人從天臺來。無佛處急走過,却往南嶽去。三千里外摘楊花,又作麼生?掛劍眉間。且道與洞山萬里無寸草、石霜出門便是草,相去幾何?總不得動著。"(《石溪心月禪師語錄》卷中)

◎送一默翁入浙

有佛處不得住,鐵鞭擊碎珊瑚樹。無佛處急走過,澄潭不許蒼龍卧。三千里外莫錯舉,剔起眉毛眼卓竪。與麼則不去也,百城煙水難圖畫。摘楊花摘楊花,未容眨眼早忘家。趙州舌本懸千日,石火電光追莫及。紙燈吹滅便知歸,落在吾家第二機。翻身倒握烏藤去,千聖羅籠不肯住。何時砥柱障頹波,大扇真風滿寰宇。(《石溪心月禪師語錄》卷下)

◎明定

萬境無侵一念空,盡塵沙界不留蹤。春風來摘楊花去,定起西山古寺鐘。(《雲外雲岫和尚語錄》)

◎趙州因僧辭,師曰:"甚處去?"曰:"諸方學佛法去。"師竪起拂子曰:"有佛處不得住,無佛處急走過。三千里外逢人,不得錯舉。"曰:"與麼則不去也。"師曰:"摘楊花,摘楊花。"頌曰:

截斷三關過者稀,臨鋒誰解振全威。楊花摘處何人見,風送漫天似雪飛。佛慧泉[《禪林類聚》卷十一,《宗鑑法林》卷十六]

堂堂好個丈夫兒,剛被胡麻取次欺。若解奮拳張意氣,世間何處可容伊。保寧勇[《禪林類聚》卷十一]

青山不異,白玉無瑕。茫茫流水,擾擾黃花。有佛處纖毫不立,無佛處萬別千差。長安路上未歸客,尋溪由自摘楊花。天童覺[《禪林類聚》卷十一,《宗鑑法林》卷十六。"由自",《禪林類聚》、《宗鑑法林》作"猶自"]

三千里外兩重關,衲子紛紛過者難。回首石橋南北路,楊花風散雪漫漫。普融平[《禪林類聚》卷十一]

有佛處不得住,生鐵秤錘被蠹蛀。無佛處急走過,撞著嵩山破竈墮。三千里外莫錯舉,兩個石人相耳語。恁麼則不去也,此話已行遍天下。摘楊花摘楊花,唵嘛呢嚏哩吽癹吒。徑山杲[《古尊宿語錄》卷四十七,《指月錄》卷十一,《宗門拈古彙集》卷十六,《宗鑑法林》卷十六]

摘楊花,摘楊花,打鼓弄琵琶。昨日栽茄子,今日種冬瓜。訥堂思

有佛處不得住,春風蕩蕩飛楊絮。無佛處急走過,一葉漁舟江面破。林裏烏鵲去又來,園中桃李開還謝。舜若多神相太空,無目仙人逢暗夜。白楊順

537

鐵山崩倒壓銀山，盤走珠兮珠走盤。密把鴛鴦閑繡出，金鍼終不與人看。松源岳［《松源崇嶽禪師語錄》卷上，《宗鑑法林》卷十六。按《松源崇嶽禪師語錄》卷上："師云：'大慧老人盡力，只道得到這裏，還知香山落處麼？'（後吟此頌。《楚石梵琦禪師語錄》卷十一亦徵引之）］

有佛無佛不得住，三千里外無憑據。趙州贏得口皮光，却是這僧知落處。虛堂愚［《虛堂錄》卷五］（《禪宗頌古聯珠通集》卷十八）

◎趙州諗禪師因僧告辭，師問："甚處去？"僧云："諸方學佛法去。"師堅拂云："有佛處不得住，無佛處急走過。三千里外，逢人不得錯舉。"云："與麼則不去也。"師云："摘楊花，摘楊花。"

天衣懷云："趙州非但走得這僧脚底皮穿，亦乃啞却這僧口。口若不啞，爲甚麼逢人便舉？"［《建中靖國續燈錄》卷十二《天衣義懷》，又卷二十七《天衣義懷》］

五祖演於"不得住"處云："換却你心肝五臟。""急走過"處云："鴈過留聲。""錯舉"處云："出門便錯。""不去也"處云："種粟却生豆。"末後云："不覺日又夜，爭教人少年。"

天童覺云："沈空滯跡，犯手傷風，俱未是衲僧去就。直須莫入人行市，莫坐他床榻，正不立玄，偏不附物，方能把住放行，有自由分。"［《宗門拈古彙集》卷十六，《宗鑑法林》卷十六。"傷風"，《宗門拈古彙集》、《宗鑑法林》作"傷鋒"］（《禪林類聚》卷十一）

◎上堂："有佛處不得住，無佛處急走過。三千里外摘楊花。衲僧鼻孔，大頭向下。"驀拈拄杖云："阿剌剌，阿剌剌。春無三日晴，陌上行人少。"（《古林清茂禪師語錄》卷一）

◎進云："臨行一句，還許學人道也無？"師云："何不領話？"進云："摘楊花，摘楊花。"師云："緊峭草鞋。"僧禮拜。師乃云："無心是道，道本無心。捨妄求真，真元是妄。以虛空爲正體，法法全彰。將大地作禪床，頭頭合轍。所以道法隨法行，法幢隨處建立。拄杖橫分世界，草鞋踏斷乾坤。明明百草頭邊，突出衲僧巴鼻。一不得有，二不得無。摘楊花，摘楊花。三千里外無人會，種豆何曾得稻麻。"（《古林清茂禪師語錄》卷二）

◎小師元浩首座請贊

萬仞峰前理釣車，三千里外摘楊花。祖翁一片閑田地，留與兒孫弄土

沙。(《古林清茂禪師語錄》卷五)

◎示與禪人

摘楊花,摘楊花。三千里外休輕舉,有願從來不撒沙。(《古林清茂禪師語錄》卷五)

◎上堂,舉趙州因僧告辭。州云:"甚處去?"僧云:"諸方學佛法去。"(中略)州云:"摘楊花,摘楊花。"師拈云:"趙州念出兩道奉送真言,直是奇特。薦福亦有一道,煩拄杖子為諸人念看。"卓三下云:"三千里外,逢人不得錯舉。"(《月澗文明禪師語錄》卷上)

◎送僧

摘楊花,摘楊花。唵摩呢吽嚩吒。便恁麼會已是錯,不恁麼會尤更差。一回撞著無面目老骨櫃,方知元不在天涯。(《月澗文明禪師語錄》卷下)

◎"有佛處不得住,無佛處急走過。三千里外,逢人不得錯舉。"趙州老人,大似抱橋柱澡洗,把纜放船。山僧一出,四十餘日,有佛處與佗錐破卦文,無佛處也曾勘過。歷了三州五縣,逢人也曾錯舉來。只是土曠人稀,知音者少。摘楊花,摘楊花,青山忽憶便歸去,塵世要看還下來。(《月江正印禪師語錄》卷上,《列祖提綱錄》卷二十八)

◎寄西林椿長老

道聲籍籍類玄沙,不出飛鳶見作家。據坐西林開虎穴,親從法海拔鯨牙。木毯暖氣猶堪輥,石鼓清聲足可撾。老我江湖無可贈,三千里外摘楊花。(《月江正印禪師語錄》卷下)

◎師云:常因送客處,憶得別家時。雖則紅塵汩沒,世路迂回,不可恣情,呤嘶飄蕩。古人臨歧,或贈之以言,或進之以酒,或奉之以金帛,或折之以亭柳,此隨家豐儉而施設也。一日僧辭趙州,州曰:"甚處去?"云:"諸方學佛法去。"師豎起佛子曰:"有佛處不得住,無佛處急走過。三千里外,逢人不得錯舉。"云:"與麼則不去也。"曰:"摘楊花,摘楊花。"此亦餞行之小樣也。(《空谷集》第三十九則)

◎"豈不見道:'執之失度,必入邪路。放之自然,體無去住。'任性聽其逍遙,隨緣縱其放曠。山僧等是入泥入水向你道:'自生至老,不是別人。陰極陽生,不離當處。有佛處不得住,無佛處急走過。三千里外摘楊花。'"擯拄杖:"耶耶。"(《海印昭如禪師語錄》)

◎入僧入蜀四首 其三

此行須到大隨家，照顧潭中鱉鼻蛇。十個五雙俱蹉過，一千七百謾周遮。悟來大地山河窄，迷去他鄉道路賖。纔有纖毫須鏟却，免教人道摘楊花。(《楚石梵琦禪師語錄》卷十八)

◎四公案拈示六雪座元

有佛處不得住，無佛處急走過。三千里外摘楊花，逢人莫論蒲團破。(《無異元來禪師廣錄》卷十九)

◎上堂："空萬法於一心，了衆味於一舌。不見有異相聚生，同成學般若眷屬。"拈拄杖："摘楊花，摘楊花，長慶有願不撒沙。"(《了堂和尚語錄》卷二)

◎莊藏主請

搣碎破沙盆，掃除黑豆法。全無巴鼻傳持，惟有空拳惡辣。摘楊花，摘楊花，阿剌剌，阿剌剌。(《了堂和尚語錄》卷二)

◎若也不實，不要掠虛。有佛處不得住，無佛處急走過。三千里外摘楊花，開口不在舌頭上。(《列祖提綱錄》卷十二)

◎從上諸祖師，天下老和尚，盡向馬頭上截角，龜背上拔毛。新報恩又作麼生？摘楊花，摘楊花。(《列祖提綱錄》卷二十二)

◎破山明禪師解制上堂："東風解凍，百草萌芽。行脚衲子，似粟如麻。拖泥帶水兮草鞋獰似虎，混俗和光兮拄杖活如蛇。向有佛處不可住，無佛處急走過，方稱英俊作家。切不可向萬里無寸草處去，虛度生涯。大衆，且如山僧者裏，九旬禁足，三月調心。今日解制，臨行一句作麼生道？摘楊花，摘楊花。"(《列祖提綱錄》卷三十七)

◎趙州因僧辭，州問："甚處去？"曰："諸方學佛法去。"州竪拂曰："有佛處不得住，無佛處急走過。三千里外，逢人不得錯舉。"曰："與麼則不去也。"州曰："摘楊花，摘楊花。"

薦福璨云："趙州說話，如巫師祭鬼相似。真實懇切，要令病人當下安樂。末後一道神咒，雖然靈驗，爭奈救這僧不得。"[《無文道燦禪師語錄》]

天寧琦云："妙喜老祖唱之於前，天寧遠孫和之於後。門前種蒿苣，蒿苣生火筯，火筯開蓮花，蓮花結木瓜。木瓜忽然顛落地，撒出無限芝麻。何也，且要入拍。"[《宗鑑法林》卷十六。"無限"，原文作"無限無限"，疑衍]

寶壽新云："斬新鐵蒺藜，直透兩重關。欲透兩重關，嶺頭依舊月彎彎。"[《宗鑑法林》卷十六](《宗門拈古彙集》卷十六)

◎趙州因僧辭，（中略）師豎拂曰："有佛處不得住，無佛處急走過。"（中略）"摘楊花，摘楊花。"

法林音舉徑山語畢云："徑山老人辜負他趙州不少。法林不懼諸方檢責，也隨摟搜：'有佛處不得住'，火星入褲。'無佛處急走過'，遭殃帶禍。'三千里外莫錯舉'，十字街頭惡叉聚。'恁麼則不去也'，笑倒東村王大姐。'摘楊花，摘楊花'，古墓毒蛇頭帶角，南山猛虎尾髦髟。恁麼道，只是辜負他妙喜。"喝一喝云："徒將未歸意，說與欲行人。"

無奈雪霜苦，怕見楊花落。打破趙州關，清風滿寥廓。愚菴及 [《愚菴和尚語錄》卷七]

不行鳥道不居塵，醉眼摩娑白晝眠。謾道逢人不錯舉，摘楊花是季春天。博山來 [《無異元來禪師廣錄》卷十一]

長亭短亭，切切莫已。不禁分手，詩吟連理。寄菴鹵（《宗鑑法林》卷十六）

◎有僧問曰："紫籜山庭如錦綠，是誰按拍畫圖中?"萬曰："深沙休努眼。"僧顧左右曰："道甚麼?"曰："碧水浪吞鈎。"僧曰："將謂歌謠風日暖，元來鼓角陣雲深。"曰："八千子弟歸何處? 消瘦秋空一笛霜。"僧曰："恁麼則山河無意屬英雄也。"曰："摘楊花。"（《南宋元明僧寶傳》卷八《一山萬眸》）

◎進云："趙州云：'有佛處不得住，無佛處急走過。三千里外，逢人莫錯舉。'此意如何?"師云："早是錯舉了也。"進云："僧云：'恁麼則不去也。'又如何?"師云："也是伶利漢。"進云："州云：'摘楊花，摘楊花。'如何委悉?"師云："蘇魯蘇魯。"進云："恁麼則昔日趙州，今日和尚。"師云："還知東壁掛胡蘆麼?"僧無語，便禮拜。（《圓通大應國師語錄》卷上）

◎復云："記得趙州因僧辭，云：'甚麼去?'僧云：'諸方學佛法去。'州豎起拂子云：'有佛處不得住，無佛處急走過。三千里外，逢人不得錯舉。'僧云：'與麼則不去也。'州云：'摘楊花，摘楊花。'此是一卷秘密心經，前面長行不須再舉，其陀羅尼曰：'摘楊花，摘楊花。'蓋趙州是東土人，用東土語。山僧是西天人，未免用西天語，重舉一遍：'揭諦揭諦，波羅揭諦，波羅僧揭諦，菩提娑婆訶。'然則逢人不得錯舉。"（《竺仙和尚語錄》卷中）

◎上堂："東家有佛，不解說法。西家無佛，動地放光。趙州和尚云：'有佛處不得住，無佛處急走過。'又作麼生? 摘楊花，摘楊花。"（《竺仙和尚

語録》卷下）

◎肯心謠

肯心毋勞贊底沙，種豆何曾得稻麻。動用之中收不得，三千里外摘楊花。摘楊花，也好笑，夜來依舊罷旋遶。衲被蒙頭眼還聾，始見心印甚奇妙。甚奇妙兮不可量，無縫塔前甚彰彰。（《大通禪師語録》卷四）

◎乃舉趙州因僧辭，州云："有佛處不得住，無佛處急走過。三千里外，逢人莫錯舉。"僧云："與麼則不去也。"州云："摘楊花，摘楊花。"師云："趙州若無後語，須是遭人點檢。何故？風從八月涼，月自七月明。"（《大燈國師語録》卷中）

◎進云："記得趙州因僧辭，州云：'有佛處不得住，無佛處急走過。三千里外，逢人莫錯舉。'此意如何？"師云："爲人有時。"進云："僧云：'與麼則不去也。'又作麼生？"師云："可惜。"進云："'摘楊花，摘楊花。'如何領略？"師云："謝重重相爲。"（《徹翁和尚語録》卷上）

◎舉趙州曰："有佛處不得住，無佛處急走過。"師云："諸人盡謂趙州蹈斷有無兩途，若恁麼，有甚趙州爲人處。且道如何是趙州爲人處？薰風自南來，殿閣生微涼。"（《徹翁和尚語録》卷下）

◎上堂，舉趙州云："有佛處不得住，無佛處急走過。三千里外，逢人不得錯舉。'有僧出云：'與麼則不去也。'州云：'摘楊花，摘楊花。'"師云："諸人還知此老漢爲人處麼？勸君更盡一杯酒，西出陽關無故人。"（《景川和尚語録》卷下）

◎上堂，舉趙州云："有佛處不得住，無佛處急走過。"師云："諸人還知趙州落處麼？花有清香月有陰。"（《景川和尚語録》卷下）

◎乃舉趙州因僧辭，朝秦暮楚。倚門傍户。似盲驢任足行。州云："有佛處不得住，碧梧棲老鳳凰枝 無佛處急走過。黃稻啄餘鸚鵡粒 三千里外，逢人莫錯舉。"射工含沙待影過 僧云："與麼則不去也。"恰如矮子見戲，隨後要藪也。州云："摘楊花，摘楊花。"天不爲人之惡寒而輟其冬，地不爲人之惡險而輟其廣 師云："趙州若無後語，須是遭人點檢。智人之明鑑，佛法之至論。明者見危於無形，智者視禍於未萌。何故？風從八月涼，月自七月明。"相送當門有修竹，爲君葉葉起清風。（《槐安國語》卷四）

(四五八)

豐干到五臺山下，見一老人。干云："莫是文殊也無？"老人云："不可有二文殊也！"干便禮拜，老人不見。有僧舉似師，師云："豐干只具一隻眼。"師乃令文遠作老人，我作豐干。師云："莫是文殊也無？"遠云："豈有二文殊也！"師云："文殊，文殊。"〔《古尊宿語錄》卷十四〕

【校記】

按：豐干入五臺"豈可有二文殊"公案及趙州代語"文殊文殊"，參《景德傳燈錄》卷二十七《天臺豐干》、《聯燈會要》卷二十九《無著和尚》、《五燈會元》卷二《天臺豐干》、《宋高僧傳》卷十九、《御選語錄》卷十六《天臺豐干》等。

【箋註】

○二文殊：《景德傳燈錄》卷十九《南嶽惟勁》："一日謂鑒上座曰：'聞汝註《楞嚴經》？'鑒曰：'不敢。'師曰：'二文殊汝作麼生註？'曰：'請師鑑。'師乃揚袂而去。"《禪林僧寶傳》卷九《永明延壽》："汝豈不聞《首楞嚴》曰：'我真文殊，無是文殊。若有是者，則二文殊。'然我今日，非無文殊，於中實無是非二相。"《環溪惟一禪師語錄》卷下《文殊》："或草爲衣，或師爲輿。千變萬化，無二文殊。雖然覓則不可得，五臺山色猶如如。"《月江正印禪師語錄》卷上："潮通百浦，月照萬家。鶴唳雲間，鶯吟古木。百城煙水，無二文殊。樓閣門開，誰名彌勒？"《月江正印禪師語錄》卷下："身心一如，身外無餘。百草頭邊，誰名彌勒。三家村裏，無二文殊。"《楚石梵琦禪師語錄》卷十七《贈五臺體法師》："惟一文殊，無二文殊。百千萬億，遍滿塵區。或作老人，或爲童子。或在山林，或居廛市。或乘師子跨空行，或現光明從地起。法師久矣駐五臺，一雙淨眼長舒開。黃金雖貴著不得，六凡四聖皆塵埃。"《長慶宗寶禪師語錄》卷一："若要透脫生死，把者一則公案，反復尋思，自然有個入處。不見文殊云：'我真文殊，無是文殊。

若有是者，即二文殊。然我今者，非無文殊，於中實無是非二相。'"

【集評】

◎上堂，舉無著和尚往五臺，路逢一老人。無著問云："莫是文殊麼？"老人云："豈有二文殊。"無著便禮拜。老人忽然不見。趙州代云："文殊，文殊。"薦福懷云："無著只有先鋒，且無殿後。老人若不隱去，有甚面目見無著？"

師拈云："二古德總是隨邪逐惡。無著認假不認真，待他道豈有二文殊，便與兜一喝。老人縱有神通，亦使隱身無路。諸人只今要見文殊麼？"擲下拄杖云："直下來也，急著眼看！"（《兀菴普寧禪師語錄》卷上）

（四五九）

師問二新到："上座曾到此間否？"云："不曾到。"師云："喫茶去！"又問那一人："曾到此間否？"云："曾到。"師云："喫茶去！"院主問："和尚，不曾到，教伊喫茶去，即且置；曾到，爲什麼教伊喫茶去？"師云："院主。"院主應諾。師云："喫茶去！"〔《祖堂集》卷十八，《聯燈會要》卷六，《五燈會元》卷四，《古尊宿語錄》卷十四，《指月錄》卷十一〕

【集評】

◎問："古人道'路逢達道人，莫將語默對。'未審將什摩對？"師云："喫茶去。"（《祖堂集》卷七《雪峰》，《雪峰語錄》卷上，《景德傳燈錄》卷十六，《五燈會元》卷七）

◎師問仰山："汝名什摩？"對曰："慧寂。"師曰："阿那個是慧？阿那個是寂？"對云："只在目前。"師曰："你猶有前後在？"對曰："前後則且置，和尚還曾見未？"師曰："喫茶去。"（《祖堂集》卷十一《處微》，《仰山語錄》，《景德傳燈錄》卷九，《五燈會元》卷四）

◎師曰："佛病最難治。"進曰："師還治也無？"師云："作摩不得？"僧曰："如何治得？師曰："喫茶喫飯。"（《祖堂集》卷十一《齊雲》）

◎有人舉問中招慶："古人有言：'直得金星現，歸家始到頭。'如何是'金星現'？"慶云："我道直得金星現，也未是到頭在。"僧云："作摩生？"慶云："遇茶喫茶，遇飯喫飯。"（《祖堂集》卷十一《惟勁》）

◎問："名言妙句，盡是教中之言，真實諦源，請師指示。"師云："喫茶去。"（《祖堂集》卷十三《福先招慶》）

◎師與歸宗同行二十年，行脚煎茶次，師問："從前記持商量語句，已知離此，後有人問畢竟事，作摩生？"歸宗云："這一片田地，好個卓菴。"師云："卓菴則且置，畢竟事作摩生？"歸宗把茶銚而去，師云："某甲未喫茶在。"歸宗云："作這個語話，滴水也消不得。"（《祖堂集》卷十六《南泉普願》，《景德傳燈錄》卷七《歸宗智常》，《五燈會元》卷三《歸宗智常》，《御選語錄》卷十四《歸宗智常》）

◎舉睦州問僧："近離甚處？"僧云："河北。"睦州云："河北有個趙州和尚，曾到麼？"僧云："某甲近離彼中。"睦州云："趙州有何言教示徒？"僧云："每見新到便問：'曾到此間來麼？'云：'曾到。'趙州云：'喫茶去。'忽云'不曾到'，趙州亦云：'喫茶去。'"睦州云："慚愧。"却問僧："趙州意作麼生？"僧云："只是一期方便。"睦云："苦哉趙州，被爾將一杓屎潑了也。"便打。睦州却問沙彌："爾作麼生？"沙彌便禮拜，睦州亦打。其僧往沙彌處問："適來和尚打爾作什麼？"沙彌云："若不是我，和尚不打某甲。"師云："者僧克由叵耐，將一杓屎，潑他二員古佛。諸上座若能辨得，非唯趙、睦二州雪屈，亦乃翠峰與天下老宿無過。若道不得，到處潑人，卒未了在。"（《明覺語錄》卷一，《宗門拈古彙集》卷十九，《宗鑑法林》卷二十三，《御選語錄》卷十六《睦州道明》，《大燈國師語錄》卷下。按"和尚不打某甲"前之公案，見《聯燈會要》卷八《睦州陳尊宿》，《古尊宿語錄》卷六，《指月錄》卷十一，《宗範》卷下，《御選語錄》卷十六。雪寶著語《指月錄》卷十一徵引）

◎舉鏡清問僧："趙州喫茶去，爾作麼生會？"僧便出去。清云："邯鄲學步。"師云："者僧不是邯鄲人，爲什麼學唐步？若辨得出，與爾茶喫。"（《明覺語錄》卷三，《禪林類聚》卷十八，《宗門拈古彙集》卷十六，《宗門拈古彙集》卷三十四，《宗鑑法林》卷四十六）

◎問："生死到來時如何？"師云："遇茶喫茶，遇飯喫飯。"僧云："誰受供養？"師云："合取鉢盂。"（《景德傳燈錄》卷十一《大隨法真》，《五燈會元》卷四，《古尊宿語錄》卷三十五）

◎問："古人道前三三，後三三意如何？"師曰："汝名什麼？"曰："某甲。"師曰："喫茶去。"（《景德傳燈錄》卷十三《資福貞邃》）

◎全坦問："平田淺草，麈鹿成羣，如何射得麈中主？"師喚全坦，坦應諾。師曰："喫茶去。"（《景德傳燈錄》卷十六《雪峰義存》，《五燈會元》卷七，《雪峰語錄》卷下）

◎伏龍山和尚來，師問："什麼處來？"曰："伏龍來。"師曰："還伏得龍麼？"曰："不曾伏這畜生。"師曰："喫茶去。"（《景德傳燈錄》卷十七《天童咸傑》，《正法眼藏》卷四，《聯燈會要》卷二十二，《五燈會元》卷十三）

◎定慧上座參，師問："什麼處來？"曰："遠離西蜀，近發開元。"又進前問："即今作麼生？"師曰："喫茶去。"（《景德傳燈錄》卷十七《羅山道閑》，又卷二十三《西川慧》，《五燈會元》卷八《西川定慧》）

◎僧問："如何是西來意？"師舉拂子。僧曰："學人不會。"師曰："喫茶去。"（《景德傳燈錄》卷十八《西興師鬱》，《五燈會元》卷七）

◎問："如何是教外別傳底事？"師曰："喫茶去。"（《景德傳燈錄》卷十八《鼓山神晏》，《五燈會元》卷七）

◎問："從上宗乘如何爲人？"師曰："我今日未喫茶。"（《景德傳燈錄》卷十九《金輪可觀》，《五燈會元》卷七）

◎問："如何是伽藍？"師曰："只這個。"曰："如何是伽藍中人？"師曰："作麼，作麼？"曰："忽遇客來，將何祇待？"師曰："喫茶去。"（《景德傳燈錄》卷二十《石藏慧炬》，《五燈會元》卷十三）

◎僧問："既到妙峰頂，誰爲人伴侶？"師曰："到。"僧曰："什麼人爲伴侶？"師曰："喫茶去。"（《景德傳燈錄》卷二十一《閩山令含》，《五燈會元》卷八）

◎問："從上宗乘如何舉揚？"師曰："今日未喫茶。"（《景德傳燈錄》卷二十二《白雲祥》）

◎問："如何是譚真逆俗？"師曰："客作漢，問什麼？"曰："如何是順俗違真？"師曰："喫茶去。"（《景德傳燈錄》卷二十四《福清行欽》，《正法眼藏》卷五，《五燈會元》卷八）

◎上堂謂衆曰："龍華這裏也只是拈柴擇菜，上來下去。晨朝一粥，齋時一飯，睡後喫茶。但恁麼參取，珍重。"（《景德傳燈錄》卷二十六《瑞鹿遇安》，《五燈會元》卷十《龍華慧居》）

◎佛法事在日用處，在你行住坐臥處，喫茶喫飯處，言語相問處。所作所爲，舉心動念，又却不是也。會麼？若會得，即今無礙自在眞人。若也未會，則是個擔枷帶鎖重罪之人。何故如此？佛法不遠，隔塵沙劫。你一念中見得，在你眉毛鼻孔上。你若不見得，如接竹點月。（《景德傳燈錄》卷三十《華嚴示衆》，《林間錄》卷上，《雲卧紀談》卷下）

◎打動鹽官鼓，唱起德山歌。點趙州茶，做雲門餅。羅列如幻器具，供養影響禪和。（《慈受深和尚廣錄》卷一）

◎南嶽高臺示禪者

撥草占風辨正邪，先須拈却眼中沙。舉頭若昧天皇餅，虛心難喫趙州茶。南泉無語歸方丈，靈雲有頌悟桃花。從頭爲我雌黄出，要見叢林正作家。（《黄龍慧南禪師語錄》）

◎若是得底人，終不言我知我會。遇飯喫飯，遇茶喫茶。終日只守閑閑地，蓋他胸中無許多波吒計較。（《圓悟錄》卷十三）

◎是故從上來，行棒行喝、輥毬擎叉、喫茶打鼓、插鍬牧牛、彰境智、據坐掩門、喚回叱咄、與掌、下踏，莫不皆本此。唯本色衲子，自既了悟透徹，又復遇大宗師惡手段淘汰煅煉，到師子咬人不隨藥忌，直截斬豁處，方可一舉便知落處。（《圓悟錄》卷十六）

◎示裕書記

臨濟金剛王寶劍，德山末後句，藥嶠一句子，秘魔杈，俱胝指，雪峰輥毬，禾山打鼓，趙州喫茶，楊岐栗棘蓬、金剛圈，皆一致耳。契證得，直下省力，一切佛祖言教，無不通達，唯在當人善自洪持耳。（《圓悟心要》卷上）

◎示普賢文長老

石鞏彎弓發箭，秘魔擎杈驗人。俱胝只竪一指，無業唯言莫妄想。禾山打鼓，雪峰輥毬，趙州喫茶，玄沙蹉過，佛法豈有如許耶？若一一作方便，下合頭語，便論劫千生也未夢見在。若眞實踏著曹溪正路，則坐觀成敗，覷見這一隊漏逗也。（《圓悟心要》卷上）

◎示成修造

雪峰道是什麼，雲門道須彌山，洞山道麻三斤，趙州道喫茶去，巖頭噓，投子惡，臨濟喝，德山棒，擎杈舉指，打鼓拽磨，一一顯向上宗風，頭頭示本分草料。大達之士。一覷便透，一舉知落處，堪紹宗風。愽底數沙，當面蹉却。（《圓悟心要》卷上）

◎示黄太尉鈐轄

向百草巔頭，快行劍刃上事。所以道撥開向上一竅，千聖齊立下風。鳥窠吹布毛，俱胝一指頭，趙州三喫茶，禾山四打鼓，雲門須彌山，洞山麻三斤，熔瓶盤釵釧爲一金，攪酥酪醍醐爲一味。不出至微至奧，無上道妙矣。（《圓悟心要》卷下）

◎示張子固

要用便用，要道便道。遇飯喫飯，遇茶喫茶。契平常心，不起佛見、法見。佛見、法見，尚乃不起，何況起造業心，發不善意。終不作此態度，撥無因果。（《圓悟心要》卷下）

◎示魯叟

無業只說個莫妄想，俱胝只竪一指，天皇胡餅，趙州喫茶，雪峰輥毬，禾山打鼓，渾無別事。參。（《圓悟心要》卷下）

◎有般底人道："本來無一星事，但只遇茶喫茶，遇飯喫飯。"此是大妄語，謂之未得謂得，未證謂證，原來不曾參得透。見人說心說性說玄說妙，便道只是狂言，本來無事。可謂一盲引衆盲。（《碧巖錄》第九則）

◎此語不涉理性，亦無議論處，直下便會，如桶底脫相似，方是衲僧安穩處，始契得祖師西來意。所以雲門道："雪峰輥毬，禾山打鼓，國師水碗，趙州喫茶，盡是向上拈提。"（《碧巖錄》第四十四則）

◎鏡清問僧

舉鏡清問僧："趙州喫茶去，你作麼生會？"明珠不合彈雀兒 僧便出去。似則似。是則不是 清云："邯鄲學唐步。"一手抬一手搦 雪竇拈云："這僧不是邯鄲人，爲什麼學唐步？扶強不扶弱 若辨得出，與你喫茶。且喜沒交涉

師云：邯鄲乃是趙國，其人善行。宋人往學之不成，唐捐其功。云云 故云："邯鄲學步，匍匐而歸。"云云 雪竇錯會莊子意，云云 不免將錯就錯。南禪師頌云："相逢相問知來歷。"云云 雪竇大意，只拈他二人相見處。（《佛果擊節錄》第二十六則）

◎趙州門下，不揀高低。一碗粗茶，普同供養。得其味者，方知冷灰裏九轉透瓶香。如或未辨端倪，不免重下註脚："南北東西萬萬千，趙州待客豈徒然。莫嫌冷淡無滋味，慣把脂麻一例煎。"（《開福道寧禪師語錄》卷下，《宗鑑法林》卷十八。"脂麻"，《宗鑑法林》作"芝麻"）

◎既無揀擇心，亦無生滅法。冰輪印於天上，寶刹現於毛端。明明卷席峻機，默默喫茶妙旨。了無間隔，自在縱橫。（《黃龍四家錄·死心悟新語錄》）

◎問曰："審如菴主語，客來將何祇待？"泉曰："雲門胡餅趙州茶。"遇曰："謝供養。"(《禪林僧寶傳》卷二十八《法昌倚遇》，《法昌倚遇禪師語錄》，《聯燈會要》卷十三《芭蕉谷泉》，《五燈會元》卷十二，《續傳燈錄》卷三，《續茶經》卷下之三)

◎竹院相逢無一事，大家同喫趙州茶。(《虎丘隆和尚語錄》，《禪林類聚》卷七)

◎問："如何是古佛家風？"師云："蒲團草座。"僧曰："若遇客來，將何祇對？"師云："喫茶去。"僧曰："昔日趙州，今日和尚。"師云："錯。"(《建中靖國續燈錄》卷二《大溈承》)

◎師云："三乘十二分教還曾道著麼？"良久，云："喫茶去。"(《建中靖國續燈錄》卷五《圓通祖印》)

◎上堂云："上士一決一切了，中下多聞多不信。大衆，上士一決，決個什麼？中下不信，不信個什麼？不須信，不須決，今朝又是季秋月，看看籬下菊花黃，待到重陽與君折。輾山茶，大家啜，何須更要趙州說？久立。"(《建中靖國續燈錄》卷十一《慈雲修惠》)

◎"且道尋常將什麼供養十方聖衆、四海禪流？直須自有現前三昧。"驀召大衆云："茶堂內喫茶去。"(《建中靖國續燈錄》卷十三《真如元佑》)

◎上堂云："會麼？已被熱謾了也。今早起來，無教可說，下床著鞋，後架洗面，堂內展鉢喫粥，粥後打睡，睡起喫茶，見客相喚，齋時喫飯，日日相似，有什麼過？"(《建中靖國續燈錄》卷十五《妙惠文義》)

◎上堂云："極目青天無片雲，萬象森羅全體露。若也擬議更商量，終是翻成個露布。久立，歸堂喫茶去。"(《建中靖國續燈錄》卷十七《心印智珣》)

◎上堂云："重陽何物助僧家？籬菊枝枝盡發花，不學故侯將伴飲，爲君泛出趙州茶。只此一杯醒大夜，盧仝七碗謾矜誇。"良久，云："便請。"卓拄杖一下。(《建中靖國續燈錄》卷二十三《延福倫》，《續傳燈錄》卷二十一，《列祖提綱錄》卷四十一)

◎上堂云："雲門糊餅，非麵所成。趙州喫茶，口行人事。諸人還相委悉麼？若也委悉，方信古人是截鐵之言。如或未入玄關，且在荊棘林裏。"(《建中靖國續燈錄》卷二十五《寶印楚明》)

◎上堂云："此道徑截，只遮無別。要休便休，要歇便歇。還歇得麼？喫茶去。"(《建中靖國續燈錄》卷二十五《長慶圓》)

◎示衆舉睦州問僧："近離甚處？"僧云："河北。"（中略）睦州云："苦哉趙州，被爾將一杓屎潑了也。"便打。後來雪竇云："這僧克由叵耐，將一杓屎潑他二員古佛。"師云："雪竇只知一杓屎潑他趙、睦二州，殊不知這僧末上，被趙州將一杓屎潑了。却到睦州，又遭一杓，只是不知氣息。若知氣息，什麼處有二員古佛！"（《大慧錄》卷七，《宗門拈古彙集》卷十九，《宗鑑法林》卷二十三）

◎示衆法語

東西露柱滿添湯，南北石頭快推磨。到與不到俱喫茶，萬里清風同唱和。（《普菴印肅禪師語錄》卷上）

◎臨濟問心黃檗，大愚薄處先穿。德山意氣洋洋，活浸龍潭死水。魯祖偏工面壁，空腹高心。趙州喚人喫茶，禮防君子。更說睦州擔版，到頭空過一生。至於雪老輥毬，千古爲人笑具。總是揚聲止響，掩鼻偷香。弔影揚鞭，投崖寄帽。（《破菴和尚語錄》）

◎復舉趙州問僧："曾到此間麼？"僧云："曾到。"州云："喫茶去。"又問僧："曾到此間麼？"僧云："不曾到。"州云："喫茶去。"師云："到與不到，喫茶一樣。不著機關，殊無伎倆。且非平展家風，豈是隨波逐浪。惟嫌揀擇沒分疏，識得趙州老和尚。"（《宏智廣錄》卷一）

◎上堂舉趙州問僧："曾到此間麼？"僧云："曾到。"州云："喫茶去。"又問僧，僧云："不曾到。"州云："喫茶去。"院主問云："曾到喫茶去，不曾到爲甚麼亦喫茶去？"州喚院主，主應諾，州云："喫茶去。"後鏡清問僧："趙州喫茶去作麼生？"僧便行。清云："邯鄲學唐步。"雪竇拈云："者僧不是邯鄲人，爲什麼學唐步？"師云："喫茶去，喫茶去，明明指人無異語。家風平展沒機關，誰道趙州謾院主。苦苦苦，往往邯鄲學唐步。恰恰長安道上行，分明有眼如天瞽。鏡清道邯鄲學唐步，雪竇道者僧不是邯鄲人，爲甚學唐步。還會麼？登機者失，欺敵者亡。"（《宏智廣錄》卷四）

◎津禪人出化盞橐乞頌

喫茶去語落諸方，聚首商量柄把長。相席是渠能打令，同塵輸爾解和光。舌頭狁獠明無骨，鼻孔累垂暗有香。盞橐成來圓此話，儂家受用恰平常。（《宏智廣錄》卷八）

◎雲門糊餅趙州茶，裏許明明著得些。公案見成知味底，一千二百衲僧家。（《宏智廣錄》卷八）

◎心光傳祖燈，手段破家產。到不到趙州喫茶，回不回睦州擔板。借問諸人識也無，青山骨秀閑雲散。(《宏智廣錄》卷九)

◎乃舉百丈先和尚示衆云："百丈有三訣，喫茶珍重歇。直下便承當，敢保君未徹。"覺和尚云："百丈恁麼道，美則美矣。雖然如是，只有順水之波，且無滔天之浪。山僧即不然：'琅琊有三訣，緑水青山月。三冬枯木花，九夏寒嚴雪。'"師云："大衆，一人頭高似鳳，一人腹大如甕。山僧看來，箕未風而巢覺，畢未雨而穴知。衲僧面前，討什麼碗！"(《瞎堂慧遠禪師廣錄》卷一)

◎上堂，舉趙州和尚，每見僧來便問："曾到此間麼？"僧云："曾到。"州云："喫茶去。"又問僧："曾到此間麼？""不曾到。""喫茶去。"院主問云："曾到也喫茶，不曾到爲甚麼也喫茶？"州呼院主，主應諾。州云："喫茶去。"師云："遮老漢，非但向長流水裏洗面，化人壇上炙背，更將官路作人情，無礙厨中請白客。要知遮老漢落處麼？曾到未到俱喫茶，不在霅脣眼便花。若是謝家船上客，肯來平地摝魚蝦？"(《瞎堂慧遠禪師廣錄》卷一)

◎上曰："作頌最難。"師奏云："昔時葉縣省禪師，有一法嗣，住漢州什邡方水禪院，曾作偈示衆云：'方水潭中鱉鼻蛇，擬心相向便揄揶。何人撥得蛇頭出。'"上曰："更有一句。"師奏云："只有三句。"上曰："如何只有三句？"師奏云："意有待焉。二百年無人下語，後大隋元靖長老，舉前三句了，乃著語云：'方水潭中鱉鼻蛇。'又佛果圜悟禪師，亦於第三句下著語云：'雲門胡餅趙州茶。'"(《瞎堂慧遠禪師廣錄》卷二，《續傳燈錄》卷二十八)

◎但能情忘理喪，計盡途窮，無施設處用心，正是作工夫處。山僧尋常只道喫茶去，今日也道喫茶去。會盡諸方五味禪，何似山僧喫茶去？(《聯燈會要》卷十六《龍門清遠》)

◎正恁麼時，萬機休罷，千聖不携。坐斷毘盧頂，不稟釋迦文。婢視聲聞，奴呼菩薩。德山、臨濟直得目瞪口呿，有棒有喝，一點也用不得。且道忽遇其中人來時，如何話會？傾蓋相逢元故舊，何妨來喫趙州茶。(《聯燈會要》卷十七《虎丘隆》，《續傳燈錄》卷二十七，《續古尊宿語要》卷四)

◎示衆，舉百丈恒和尚有時上堂，衆纔集，便云"喫茶去"。有時衆纔集，便云"珍重"。有時衆纔集，便云"歇"，便下座。往往多用此時節因緣，後自作一頌，頌此三轉因緣云："百丈有三訣，喫茶珍重歇。直下便承當，敢保君未徹。"大衆，只如恒和尚作此一頌，且道見處如何？還知得失

551

麼？據他三度上堂時，恰似個好人。後來作此一頌，恰似面上雕兩行字。若是通人達士，舉起便知。後學初機，難爲揀辨。老僧與你從頭註出："百丈有三訣"，賊身已露。"喫茶珍重歇"，臟物出來。"直下便承當，敢保君未徹"，大似抱臟判事。雖然如此，諸仁者，若具擇法眼，方能證明。如或邪正未分，可謂顢頇佛性。更須博問賢良，可惜虛生浪死。（《聯燈會要》卷二十六《薦福古》，《薦福承古禪師語錄》，《正法眼藏》卷一，《山堂肆考》卷一百四十七）

◎師或時上堂，衆纔集，師便云："喫茶去。"或時衆才集，便云："珍重！"或時衆纔集，便云："歇。"後有頌云："百丈有三訣，喫茶珍重歇。直下便承當，敢保君未徹。"（《聯燈會要》卷二十七《百丈恒》，《五燈會元》卷十，《錦繡萬花谷·前集》卷二十八）

◎布袋和尚

靠布袋作夢，有甚惺惺處。若遇當行家，喚醒喫茶去。（《介石智朋禪師語錄》）

◎重陽上堂："老僧軒前黃菊花，不可勝數如恒沙。誰在畫樓沽酒處，相邀來喫趙州茶。"（《介石智朋禪師語錄》）

◎上堂："德山棒、臨濟喝，拗曲作直。雲門餅、趙州茶，特地周遮。威音那畔，毫髮不差，山中是處有黃花。"（《介石智朋禪師語錄》）

◎上堂，舉趙州問僧："曾到此間麼？"僧云："曾到。"州云："喫茶去。"又問僧："曾到麼。"僧云："不曾到。"州云："喫茶去。"師云："趙州一處打著，一處打不著。萬松見僧，亦不招茶，亦不相問。何故？自從賢聖法來，未嘗殺生。"（《虛堂錄》卷一）

◎佛生日上堂："二月十五入寂，四月八日復生。虛空開笑口，大地絕人行。恁麼會得，何用九龍吐水，灌沐金軀。其或未然。"擊拂子云："人在畫樓沽酒處，相邀來喫趙州茶。"（《虛堂錄》卷八）

◎元正一，古佛家風從此出，不勞向上用工夫，歷劫何曾異今日。元正二，寂寥冷淡無滋味，趙州相喚喫茶來，剔起眉毛須瞥地。元正三，上來稽首各和南，若問香山山上事，靈源一派碧如藍。（《嘉泰普燈錄》卷七《萬壽念》，《五燈會元》卷十八，《續傳燈錄》卷二十一）

◎上堂曰："種田博飯，地藏家風。客來喫茶，趙州禮度。且道護聖門下，別有甚麼長處？"良久，曰："尋常不放山泉出，屋底清池冷照人。"（《嘉泰普燈錄》卷八《道場有規》，《五燈會元》卷十六，《續傳燈錄》卷十九）

◎上堂："一切法無差，雲門胡餅趙州茶。黃鶴樓中吹玉笛，江城五月落梅花。慚愧太原孚上座，五更聞鼓角，天曉弄琵琶。"喝一喝，下座。（《嘉泰普燈錄》卷八《妙湛思慧》，《五燈會元》卷十六，《續傳燈錄》卷十九）

◎趙州喫茶去、秘魔擎叉、雪峰輥毬、禾山打鼓、俱胝一指、歸宗拽石、玄沙未徹、德山棒、臨濟喝，並是透底，直截剪斷葛藤。大機大用，千差萬別，會歸一源，可以與人解黏去縛。若隨語作解，即須與本分草料。（《嘉泰普燈錄》卷二十五《佛果勤》，《圓悟心要》卷上）

◎上堂："暑退涼生，風高露冷。葉落歸根，藏頭露影。趙州喫茶，雲門胡餅。如何是道？明眼落井。參。"（《月林師觀禪師語錄》）

◎上堂："百丈有三訣，喫茶珍重歇。翠巖不學百丈畫蛇添足。"擊拂子。（《無門慧開禪師語錄》卷上）

◎問："百了千當底人，將甚麼賞他？"

答："趙州茶，曹山酒。"

頌："趙州茶，曹山酒，不須烹醞時時有。渴來何礙兩三杯，醒後無妨七八斗。未了區區陪奉伊，恐隨滋味徒開口。"（《通玄百問》）

◎除夜小參："年窮歲盡，夜靜更深。將個什麼，與大眾分歲？若烹北禪牛，酌曹山酒，擘雲門餅，點趙州茶，又是諸人尋常用了底科段。未免拈出多年死貓頭，剔骨刮髓，細切零花，聊伸管待。"卓拄杖云："果然幾個無思算，喫了通身冷汗流。"（《斷橋妙倫禪師語錄》卷上）

◎汝等諸人好心學道，須到恁般田地，方可休歇。若不到恁般田地，切忌中止化城。汝等做工夫，起疑情，不妨取信古人言句。所貴無別，只在提持話頭，不要看死句。如趙州見僧參，問曰："上座曾到此間否？"曰："曾到。"州曰："喫茶去。"又僧參，州問："曾到此間否？"曰："不曾到。"州曰："喫茶去。"院主曰："和尚，曾到此間也喫茶，不曾到此間也喫茶？"州喚院主，主應諾。州曰："喫茶去。"此皆活句也。（《方山文寶禪師語錄》）

◎（舉趙州三稱喫茶去）

師拈云："趙州老漢，心如蘗口如蜜。一碗粗茶，多虛少實。院主兩眼瞇𥄫，畢竟何曾得喫。莫有喫底麼？急須吐出。"（《石田法薰禪師語錄》卷二）

◎上堂："入室陞堂，門庭施設。無途轍中，翻成途轍。百丈老常得一橛，解道喫茶珍重歇。"（《石田法薰禪師語錄》卷二）

◎舉僧訪趙州，州云"喫茶去"公案。頌云：

曾到未到俱喫茶，爲君抉出眼中花。犀因玩月紋生角，象被雷驚花入牙。(《石田法薰禪師語錄》卷二)

◎示祥禪人法語

無位真人乾屎橛，大唐國裏無禪師。見成公案，不肯承當。萬里江山，徒勞經涉。靈利衲僧，一喚便回。擔板阿師，三千里外。雪峰但云是什麼，趙州一例喚喫茶。若是仙陀婆，透徹本參事。須汝自肯，非我所知。(《石田法薰禪師語錄》卷三)

◎上堂："曾到喫茶去，未到喫茶去。趙州肝膽齊傾，多少不知慚愧，戴角披毛行異類。"(《淮海原肇禪師語錄》)

◎再住上堂："應菴華和尚云：'趙州喫茶，我也怕他。不是債主，便是冤家。'者個是淮南省數鐵錢，掉在無事甲中久矣。誰能把眼覷著，舉口說著。百十年後，姑蘇城裏鹽貴米賤，信手拈來，正用得著。"遂高聲云："放下著。"(《淮海原肇禪師語錄》)

◎上堂："秘魔擎杈，趙州喫茶，禾山打鼓，歸宗斬蛇。"良久云："慣釣鯨鯢沈巨浸，却嗟蛙步驟泥沙。"(《癡絶道沖禪師語錄》卷上)

◎問："遠趨丈室，乞師一言。"師曰："孫臏門下，徒話鑽龜。"曰："名不浪得。"師曰："喫茶去。"僧便珍重。(《五燈會元》卷六《同安常察》)

◎問僧："趙州喫茶話，汝作麼生會？"僧便出去。師曰："邯鄲學唐步。"(《五燈會元》卷七《鏡清道怤》，《禪林類聚》卷十八，《宗門拈古彙集》卷十六，《宗門拈古彙集》卷三十四)

◎問："如何是和尚家風？"師曰："莫訝荒疏。"曰："忽遇客來作麼生？"師曰："喫茶去。"(《五燈會元》卷十《靈隱文勝》，《武林梵志》卷九)

◎上堂，大衆集，師曰："已是團圞，不勞雕琢。歸堂喫茶。"(《五燈會元》卷十八《龍牙宗密》)

◎任汝千般快樂，渠儂合自由。無常終是到來，歸堂喫茶去。(《五燈會元》卷二十《齊己》)

◎謝秉拂干齋上堂："古人有三訣，喫茶珍重歇。淚出痛腸。"(《大川普濟禪師語錄》)

◎睦州問僧："甚處來？"僧云："河北。"(中略)睦州云："苦哉，趙州被你將一勺屎潑了也。"便打。師云："者僧既不從趙州來，睦州推勘甚麼？當時若是寶陀，待他睦州道慚愧，只向他道：'低聲低聲。'睦州轉得頭來，

片帆已過河北!"(《大川普濟禪師語錄》)

◎上堂,謝慧知客:巴州人"巴南巴西,水流巴字。古篆分明,心畫顯著。游泳江湖四十年,與世同波無彼此。偈來千丈巖前路,截流機透險崖句,辨龍蛇眼明今古。雖然,何侶老趙州徛彴橋頭,滴水丈波喫茶去。"(《希叟和尚廣錄》卷二)

◎不負東林蓮社約,乘輧來訪竺仙家。虎溪分未得,款喫趙州茶。(《希叟和尚廣錄》卷三)

◎上堂:"一徑直,二周遮。眉毛眼睫,地角天涯。雲門胡餅趙州茶,惠崇蘆鴈趙昌花。會則星河秋一鴈,不會砧杵夜千家。"(《希叟和尚語錄》,《希叟和尚廣錄》卷一)

◎上堂:"諸方譚禪,地藏種田,只見一邊。趙州喫茶,禾山打鼓,不堪共語。我者裏,絕承當,家醜無端向外揚。"(《北礀居簡禪師語錄》)

◎上堂:"飄飄飃飃楊柳花,紅紅赤赤逵天霞。屈屈曲曲龍門路,僻僻靜靜野僧家。尚不心頭懷勝解,誰能劫外恒河沙?休糧方子齋兼粥,任運還鄉苦澀茶。好大哥,喫茶去。"(《古尊宿語錄》卷二十八《佛眼清遠》,《續古尊宿語要》卷三)

◎上堂:"空生不解巖中坐,春暖桃花樹樹紅。漏泄天機無覓處,都緣露柱掛燈籠。燈籠燈籠,却有古風。露柱露柱,善解提舉。一旦師姑是女兒,大悟堂中喫茶去。"(《古尊宿語錄》卷二十九《佛眼清遠》)

◎上堂:"今日淵上座,設道吾饡飯,點趙州茶,拈出如來一大經卷,爲諸人徹困。"驀拈拄杖擲下云:"道吾飯,趙州茶,如來一大經卷。此三種法門,盡在拄杖頭上撒開也。"(《古尊宿語錄》卷四十三《真淨克文》)

◎寄南康魏處士寄茶

音通不問識不識,逢人便寄趙州茶。助我日用作佛事,啜者唯嫌苦澀加。(《古尊宿語錄》卷四十五《真淨克文》)

◎舉先百丈禪師示衆云:"百丈有三訣,喫茶珍重歇。直下若承當,知君猶未徹。"師拈云:"百丈與麼道,美則美矣,善則善矣。雖然如是,即有順水之波,且無滔天之浪。山僧即不然:'琅琊有三訣,淥水青山月。三冬枯木花,九夏寒巖雪。'珍重。"(《續古尊宿語要》卷一《琅琊覺》)

◎"風雨颼颼聲未休,庭前瘦柏翠光流。煙含冷淡滴無盡,誰信當年有趙州。要見趙州麼?"良久云:"歸堂喫茶去。"(《續古尊宿語要》卷一《死心

新》）

◎胡蘆棚上掛冬瓜，麥浪堆中釣得蝦。誰在畫樓沽酒處，相邀來喫趙州茶。（《續古尊宿語錄》卷二《法昌遇》，《法昌倚遇禪師語錄》，《禪林僧寶傳》卷二十八，《續傳燈錄》卷五）

◎古佛有通津，當陽亘古今。懸崖能撒手，一語直千金。行棒行喝，拽石搬土。象骨輥毬，禾山打鼓。潙嶺牧牛，玄沙見虎。喫茶趙州，面壁魯祖。爭似老雲門，臘月二十五。（《續古尊宿語要》卷三《圓悟勤》）

◎八月秋，何處熱。風入松，聲瑟瑟。落霞孤鶩齊飛，秋水長天一色。不是對景對機，不是應時應節。畢竟如何？下座巡堂去，喫茶珍重歇。（《續古尊宿語要》卷四《鐵鞭韶》）

◎茶湯會求頌

春風吹落碧桃花，一片流經幾萬家。何似飛來峰下寺，相邀來喫趙州茶。（《續古尊宿語錄》卷四《松源岳》，《松源崇嶽禪師語錄》卷下）

◎投子下繩床，趙州喫茶去。得路便行，因行掉臂，不無古人，爭奈脚跟已深三尺。若是個漢，但向雲騰致雨處，道將一句來。（《續古尊宿語要》卷四《無示諶》）

◎上堂："鵲既鳴鵲鵲，鴉則鳴鴉鴉。禾山四打鼓，趙州三喫茶。春來花處處，雲散月家家。達摩當年無板齒，只應特地過流沙。"（《續古尊宿語要》卷五《石菴肩》）

◎若是衲僧家，吞栗棘蓬，咬鐵酸餡，餐金牛飯，喫趙州茶，且道是什麼供養？（《續古尊宿語要》卷五《退菴先》）

◎後來住百丈後，依樣畫猫兒一個，上堂衆集定。云："喫茶。"便下座。有時云："歇。"便下座。有時云："珍重。"便下座。平生多用此時節因緣，衆人不曉其意。這老漢，殺人不用刀，只緣他有實證處，放將出來，自然離泥離水。後來自頌此三轉因緣云："百丈有三訣，喫茶珍重歇。直下便承當，知君猶未徹。"他既垂示，要人承當。既直下承當，爲什麼未徹？知麼？百丈賴有此語，救得一半。後來古塔主云："只如恒和尚作此一頌，且道見處如何，還知得失否？是他三度上堂，却似個好人。後來作此一頌，恰似面上雕兩行字。若是通人達士，舉起便知。後學初機，難爲揀辨。"且道什麼處是雕兩行字處？古塔主又曰："老僧與汝從頭註出：'百丈有三訣'，賊身已露。'喫茶珍重歇'，贓物出來。'直下便承當，知君猶未徹'，大似抱臟判事。"師乃拊掌大笑云："直是好笑。且道笑個什麼？古塔主恁麼批判，不妨自要列爲好人。若比百丈面上雕兩行字，則古塔主除却眉毛眼睛，雕得黑墨律焌了也。諸人檢點得出麼？若檢點得出，則與百丈雪屈，古塔主雪屈，世尊雪屈，外道雪屈，法眼雪屈，印上座雪屈。其或未然，屈屈！"（《續古尊宿語要》卷六《別峰印》）

◎三月旦上堂："陌上桃花，庭前翠竹。竹無省人之意，花無悟人之心。靈雲香嚴，合著石調。玄沙寂子，逐惡隨邪。"良久云："誰在畫樓沽酒處，相邀來喫趙州茶。"（《偃溪廣聞禪師語錄》卷上）

◎上堂："趙州喫茶去，金牛喫飯來。龍門多上客，有人續得末後句，許你入阿字法門。"（《偃溪廣聞禪師語錄》卷下，《武林梵志》卷九）

◎送森知客

清遠溪邊紮寨時，春風簇簇露槍旗。誰知喚客喫茶處，萬別千差一道歸。（《虛舟普度禪師語錄》）

◎有口莫喫趙州茶，有眼莫觀靈雲華。毘盧心印廓寰宇，今來古來常無差。（《元叟行端禪師語錄》卷六）

◎結夏上堂："今朝結制，制如何結？內不放出，外不放入。壁立千仞，千仞壁立。這個猶是諸方普請邊事，且道松溪如何？喫茶珍重歇。"（《環溪惟一禪師語錄》卷上）

◎當晚小參："德山小參不答話，高高峰頂立。趙州小參却答話，深深海底行。二大老雖則力敵勢均，未免徐六擔板。一人於龍潭手內，接得少許紙燭，將作一條白棒，佛來也打，祖來也打。向常武界上，風高放火，月黑殺人。一人於南泉臥次，度得幾句譖語，裂轉舌頭，曾到也道喫茶去，不曾到也道喫茶去，向幽燕那畔，賣狗懸羊，指鹿爲馬。使二老當初知有衲僧門下佛祖奈何不得底一著子，必不作此去就，殃害平人。本欲盡情鞠勘，貶向他方，適以入院之初，人事倥偬，且與放過。雖然，且道仰山今夜小參，畢竟是答話不答話？"良久云："一朝權在手，看取令行時。"（《環溪惟一禪師語錄》卷上）

◎（趙州三稱喫茶去）

來去客情千樣別，高低主禮一般施。相逢不飲空歸去，明月清風也笑伊。（《環溪惟一禪師語錄》卷下）

◎（舉趙州三稱喫茶去）

师云:"赵州如饿虎当途,遇物即噬。院主横身,果遭一口,而性命犹在。"(《石溪心月禅师语录》卷上)

◎赵州喫茶,韶阳抽顾。石田彻底乡情,双手一齐分付。便把南山换北山,时将东土移西土。(《石溪心月禅师杂录》)

◎上堂:"纯清绝点,正是真常流注。打破镜来,未免一场狼藉。不若遇饭喫饭,遇茶喫茶。晓来独立空庭外,闲对寒梅几树花。"(《雪巖祖钦禅师语录》卷一)

◎与大知客
赵州道个喫茶去,一滴何曾湿口脣。到此果能相见得,不妨全主更全宾。(《云外云岫和尚语录》)

◎茶
赵老喫茶何直截,文殊拈盏忒分明。欲知此味冠鸦山,须是舌头亲具眼。(《因师集贤语录》卷三)

◎宿汤泉示真师 其二
粥后复就枕,梦中还在家。老身知自妄,病厌事如麻。渐觉同刍狗,终当悟宝车。何妨蓦直去,细啜赵州茶。(《姑溪居士后集》卷十)

◎游云居歌
灵云野桃初著花,鼻祖柏子僧前落,玉函贝叶渡流沙,法筵复雨曼殊花。充虚解戰天皇饼,破魔惊睡赵州茶。(《日涉园集》卷五)

◎默坐偶成
恒河见水老如新,此见云何别妄真。心本佛心须作佛,境皆尘境莫随尘。空中花果浮生眼,梦里悲欢现在身。万事卢胡喫茶去,不知谁主更谁宾。(《安晚堂集》卷六,《两宋名贤小集》卷二百三十)

◎承天文公真赞
不喫赵州茶,不打禾州鼓。击碎杨岐栗棘蓬,平地机关起佛祖。(《筠溪集》卷二十二)

◎谢香山禅师惠水巖新茗 其二
赵州古佛不同时。赖有斯人慰所思。搜搅枯肠无一物,梦回日影上花枝
(《颐菴居士集》卷下)

◎孙量臣约游乾明,借秦少方韵见赠,复次韵答之
睦州香火赵州茶,走遍丛林不著家。今日为公拈出也,两桥人语是高

沙。僧問睦州："如何是自己？"州云："看香火去。"僧問趙州，州喚喫茶去。(《東萊詩集》卷六)

◎適過寶奎壽居，仁師出示王判院偈，真隱老子走筆次韻

邇來邂逅文中虎，一幅水藤為下語。我今欲贊沒因由，只把茶甌對趙州。(《鄭峰真隱漫錄》卷四十)

◎又次銛翁韻四首 其三

婪酣貴宦鮫綃帳，最壓功名泊浪沙。誰似樸翁隨分過，曹溪水煮趙州茶。(《江湖長翁集》卷二十)

◎春日過僧舍

青春了無事，挈客上伽藍。遥指翠微樹，來尋尊者菴。不須談九九，何必論三三。且坐喫茶去，留禪明日參。(《九華集》卷三)

◎茶僧賦

秋崖人問茶僧曰："咨爾佛子，多生糾纏，今者得度，以何因緣？豈其能重譯陸羽之經，飽參趙州之禪也？"(《秋崖集》卷三十六，《御定歷代賦彙》卷一百)

◎接茶疏

薤歌淒咽，浮生如露之晞。茗事莊嚴，散聖乘雲而至。憑茲妙果，拔彼沈魂。共携曹溪鉢來，喫取趙州茶去。一旗試水，豈獨中濡之泉甘；六碗通靈，未覺五臺之路遠。(《後村集》卷三十)

◎入東林寺

晴向過溪亭下留，拂碑慨想晉時流。雲生古樹蔦蘿雨，風卷修廊松竹秋。登閣冷知山撲面，照池涼覺水澄眸。捻香禮遍遠公墓，僧舍乞茶談趙州。(《廬山集》卷四)

◎止菴 驛路施茶

時事艱難路險巇，得來名利亦何為。趙州茶罷速歸去，莫待鐘鳴漏盡時。(《江湖小集》卷三十八，《江湖後集》卷二十一，《兩宋名賢小集》卷二百九十三)

◎塲南寺 劉韞

山僧摘茗吹茶竈，留客殷勤學趙州。建寧府志(《宋詩紀事》卷四十六)

◎(趙州三稱喫茶去)頌曰：

趙州有語喫茶去，天下衲僧總到來。不是石橋元底滑，喚他多少衲僧回。汾陽昭(《汾陽錄》卷中，《禪林類聚》卷十八)

559

見僧被問曾到此，有言曾到不曾來。留坐喫茶珍重去，青煙時換綠紋苔。投子青［《舒州投子青和尚語錄》卷下，《禪林類聚》卷十八。"被問曾到此"，《禪林類聚》作"便問曾到不"］

趙州有語喫茶去，明眼衲僧皆賺舉。不賺舉，未相許，堪笑禾山解打鼓。雲峰悅［《古尊宿語錄》卷四十一《雲峰文悅》："現前贓物自家知，趙州有語喫茶去。明眼衲僧皆賺舉。不賺舉，未相許，堪笑禾山解打鼓。"］

曾到還將未到同，趙州依舊展家風。近來王令關防緊，從此人情總不容。佛印元［《宗鑑法林》卷十八］

趙州驗人端的處，等閑開口便知音。覿面若無青白眼，宗風爭得到如今。黃龍南［《建中靖國續燈錄》卷二十八《頌古·黃龍慧南》，《黃龍慧南禪師語錄》，《禪林類聚》卷十八。按黃龍南之頌共二首，《黃龍慧南禪師語錄》載《趙州喫茶二首》其二云："相逢相問知來歷，不揀親疏便與茶。翻憶憧憧往來者，忙忙誰辨滿甌花？"］

一甌茶自振家風，遠近高低一徑通。未薦清香往來者，誰諳居止院西東。照覺總

此間曾到不曾到，人義人情去喫茶。院主不知滋味好，却來爭看盞中花。佛國白［《禪林類聚》卷十八］

叢林宗匠實難加，臨事何曾有等差。任是新來將舊住，殷勤只是一甌茶。正覺逸

三等擎甌禮數全，一般平揖更無偏。石橋破院無珍味，且夾油麻一例煎。佛慧泉

寶匣龍泉發夜光，寥寥長掛在虛堂。四來高客如相訪，茶罷休勞話短長。大溈秀［《宗鑑法林》卷十八］

趙州喫茶話，自古至及今。云開終始口，難保歲寒心。雲蓋智［《禪林類聚》卷十八］

相逢盡道喫甌茶，大抵風流出當家。休問曾到未曾到，自有行人滿路誇。疏山常

驪珠絕纇玉無瑕，馬載驢馱帝子家。曾到不曾休擬議，與君同泛一甌茶。羅漢南［《宗鑑法林》卷十八］

個中滋味若爲論？大展家風說早春。三度口行人事了，這回莫道不露唇。佛鑑懃

趙州一甌茶，驗盡當行家。一期雖自好，爭免事如麻？龍門遠［《古尊宿

語錄》卷三十四《佛眼清遠》，《禪林類聚》卷十八。"甌"、"自"，《古尊宿語錄》作"碗"、"似"〕

趙州滋味最爲親，覿面承當有幾人。三度傳來親切處，馨香滿口又全真。楚安方

三等接人喧海宇，一茶驗客播叢林。高山流水深深意，不是子期誰賞音。雲嚴因

高下來相訪，只點一甌茶。人情厭疏淡，骨肉生冤家。爭似盧仝閉關，自煎喫發輕汗。平生不平事，盡向毛孔散。石翠明

趙州喫茶，宗門奇特。到與不到，正白拈賊。黃龍新

曾到不曾到，且喫一杯茶。待客只如此，冷淡是僧家。牧菴忠

曾到喫茶去，未到喫茶去。趙州老禪和，口甜心裏苦。心裏苦，直至如今無雪處。慈受深〔《慈受深和尚廣錄》卷四〕

趙州喫茶，我也怕他。若非債主，便是冤家。倚墻靠壁成羣隊，不知誰解辨龍蛇？應菴華〔《嘉泰普燈錄》卷十九《應菴曇華》，《五燈會元》卷二十，《應菴曇華禪師語錄》卷五〕

百尺竿頭甄布巾，上頭題作酒家春。相逢不飲空歸去，洞裏桃花笑殺人。自得暉

人來訪趙州，唯道喫茶去。無端院主不惺惺，更與一甌令醒悟。本覺一

趙州三度喫茶，禾山打鼓雖比。休於句下尋求，識取口中滋味。若識得，觀音院裏有彌勒。佛性泰

曲盡周遮禮數頻，苦茶何用勸三巡。鼻中若有通天竅，終不回頭問別人。文殊道

曾到未到，普請喫茶。口甜似蜜，心毒如蛇。淳菴淨

趙州喫茶，逆拔毒蛇。虛空落地，鐵樹開花。夜叉羅刹，彌勒釋迦。改頭換面無窮數，莫道風流出當家。普菴玉

趙州喫茶去，毒蛇橫古路。踏著乃知非，佛也不堪作。松源岳〔《松源崇嶽禪師語錄》卷下〕

趙州老漢熱心腸，一盞粗茶驗當行。回首路傍橋斷處，白萍紅蓼映斜陽。浙翁琰〔《宗鑑法林》卷十八〕

趙州逢人喫茶，誰知事出急家。反手作雲作雨，順風撒土撒沙。引得洞山無意智，問佛也道三斤麻。無禪才（《禪宗頌古聯珠通集》卷二十）

561

◎靈雲親説悟桃花，端的無疑眼裏沙。縱使玄沙言未徹，相逢且喫趙州茶。誰菴演（《禪宗頌古聯珠通集》卷二十三）

◎生緣有語人皆識，水母何曾離得蝦。且見日頭東畔上，誰能更喫趙州茶？（《禪宗頌古聯珠通集》卷三十八，《黃龍四家錄·黃龍慧南語錄續補》，《雲卧紀談》卷上，《人天眼目》卷二，《五燈會元》卷十七《黃龍慧南》，《禪林類聚》卷十，《宗鑑法林》卷三十一）

◎（趙州三稱喫茶去）

保福展云："趙州慣得其便。"[《宗門拈古彙集》卷十六，《宗鑑法林》卷十八]

達觀穎云："有條攀條，無條攀例。"乃高聲云："喫茶去！"（《禪林類聚》卷十八）

◎舉鏡清問僧："趙州喫茶去，你作麼生會？"僧便出去。清云："邯鄲學唐步。"雪竇云："者僧不是邯鄲人，爲什麼學唐步？若辨得出，與你茶喫。"師云："穿却鼻孔，換却眼睛。"（《古林清茂禪師語錄》卷三）

◎送堅知客之永嘉

保福有願不撒沙，趙州見僧惟喫茶。德山之棒臨濟喝，雲門俱字猶堪誇。塵塵自己光明藏，眼正便可分龍蛇。涼風西來入我牖，江月夜照禪人家。還鄉曲子調自別，問佛莫答三斤麻。（《古林清茂禪師語錄》卷五）

◎舉鏡清問僧："趙州喫茶去，爾作麼生會？"僧便出去。清云："邯鄲學唐步。"雪竇云："者僧不是邯鄲人，爲什麼學唐步？若辨得出，與爾茶喫。"師云："者僧出去，是會不會？雪竇道：'不是邯鄲人，爲什麼學唐步？'殊不知，者僧親從趙州來。"（《月江正印禪師語錄》卷中）

◎趙州喫茶

示衆云：雀舌初調，玉盞分時禪思健。龍團槌碎，金渠碾處睡魔降。雖然兩段不同，且喜一家無二。莫有不涉唇吻，知味者麼？

舉趙州纔見僧來，便問："曾到此間麼？"尋常語裏布槍旗 僧云："不曾到。"料掉沒交涉 州云："喫茶去。"承言者喪 又問僧："曾到此間麼？"慣得其便 僧云："曾到。"惜取草鞋好 州云："喫茶去。"滯句者迷

師云：趙州觀音院從諗禪師，未受具時，便抵池陽參南泉。（中略）林泉道："未眨眼時遭八百，擬開口處隔三千。趙州指示分明處，方信雲居有妙傳。"更看投子將何特爲，用甚煎點，頌曰：

見僧便問曾到否，仁義道中當合如是 有言曾到不曾來。義結是實 留坐喫茶

562

珍重去，好看千里客，萬里要傳名青煙暗換綠紋苔。惜得自己眉毛，穿過那僧鼻孔。

師云：趙州古佛，於人我山前，凡夫地上，平田淺草內，指條活路。徑直截要，似更強如長安大道。若言曾到，三千里外，且喜沒交涉，更買草鞋行脚始得。若言不曾到，顢頇佛性，儱侗真如，兀兀騰騰，虛淹歲月。折莫你左躲右閃，側覷傍觀，終是出他圈圚不得。謝他看客兩停，不論親疏，一般管待。雖破龍團鳳餅，恐逢跛鱉盲龜。他既口苦心甜，你莫外好裏弱。本無委曲，若疊嶂之青煙。不有蒙茸，似幽庭之綠蘚。只如暗彰文彩，互換偏圓一句，又作麼生？待喫茶了，即向汝道。（《空谷集》第二十一則）

◎上堂："如我按指，海印發光。"汝諸人十二時中，折旋俯仰，上床下地，開單展鉢，不是海印發光？晝明夜暗，暑往寒來，鵲噪鴉鳴，風動塵起，不是海印發光？雲門胡餅，趙州喫茶，雪峰輥毬，金牛作舞，不是海印發光？（《笑隱大訢禪師語錄》卷一）

◎趙州喫茶，睦州擔板。喝水成冰，蒸沙作飯。披萬象獨露全身，破微塵出大經卷。（《了菴和尚語錄》卷一）

◎翻思百丈有三訣，喫茶珍重歸堂歇。末法師僧幾個知，茫茫弄巧翻成拙。（《了菴和尚語錄》卷一）

◎舉鏡清問僧："趙州喫茶去，你作麼生會？"僧便出去。清云："邯鄲學唐步。"雪竇云："者僧不是邯鄲人，爲什麼學唐步？若辨得出，與你茶喫。"師云："鏡清親見者僧，是邯鄲人。雪竇因什麼道不是？"拈拄杖畫一畫云："有口不得茶喫者多。"（《了菴和尚語錄》卷四，《宗門拈古彙集》卷三十四，《宗鑑法林》卷四十六）

◎趙州茶，雲門餅，覿面當機須痛領。轉身拶倒石門關，不妨親到琴臺頂。（《了菴和尚語錄》卷六）

◎送永知客

庭前柏樹子，趙州無此語。築著老清涼，蹉過覺鐵嘴。傍觀一笑真可驚，太華劈裂黃河崩。彈指八萬四千歲，日下不用張孤燈。畢竟同途不同轍，客到喫茶珍重歇。合浦明珠射斗牛，南山毒蛇鼻如鱉。（《了菴和尚語錄》卷六）

◎出莊歸請知客，上堂："昨日過南莊，今朝又東郭。動靜與去來，何曾有間隔。然則動則涉塵勞之境，靜則沈昏醉之鄉。動靜雙泯，則落空亡。動靜雙行，則顢頇佛性。七十三八十四，途路之樂，不如在家。喝，誰在畫樓沽酒處，相邀來喫趙州茶。"（《愚菴和尚語錄》卷二，《列祖提綱錄》卷二十八）

◎東土西乾老淨名，經秋不見渴塵生。每懷取飯香積國，未暇問疾毘耶城。劇談直欲離言說，安眠豈有閑心情。趙州道個喫茶去，瞎却幾多人眼睛。（《愚菴和尚語錄》卷九）

◎送延壽梓知客

臨濟大師賓主句，趙州見僧喫茶去。旋風頂上屹然樓，走遍天涯不移步。九九從來八十一，尋常顯元尤綿密。撐天拄地丈夫兒，手眼通身赫如日。（《楚石梵琦禪師語錄》卷十六）

◎和知客

到與未到喫茶去，和盤托出見情真。在家既善迎賓客，遍歷何嫌少主人。（《即休契了禪師拾遺集》）

◎趙州茶，雲門普，明眼衲僧莫莽鹵。（《曇芳和尚語錄》卷上）

◎次韻謝遹翁吳山長孔昭三首 其二

乾淳一老去非賒，里社遊談亦孔嘉。仙馭不還緱氏鶴，禪機空說趙州茶。（《桐江續集》卷十五）

◎白水晁居士，名家駒也，脫俗嗜飲，所居有斷崖夕翠軒，留偈而化，賦此寄悼。

晁子摩尼珠，照徹白水源。不啜趙州茶，不面達磨禪。（《此山詩集》卷二）

◎丁繼道索茶於天寧方丈次韻

平生愛殺趙州茶，老禪茁甚如茁芽。紅蓮幕下斫輪手，僧窗醉臥忘公家。（《筠軒集》卷四）

◎邀月田上人

借得溪鷗半席沙，相期來喫趙州茶。渡江剩有蘆堪折，日落潮回即到家。（《龜巢稿》卷四）

◎惠山泉

此山一別二十年，此水流出山中船。人言近日絕可喜，不見流船但流水。老夫來訪舊煙霞，僧鐺試瀹趙州茶。惜哉泉味美如故，不比世味如蒸沙。（《龜巢稿》卷四，《元詩選·二集》卷二十三）

◎留別永懷寺長老暨袁子英俞茂本通政

清風方丈室，白日靜如水。門迎老詞客，問我來何自。忘形亦忘年，相見即相契。坐啜趙州茶，併隱維摩几。（《龜巢稿》卷十七）

◎弔薦福竺淵源公

滄海塵生罷遠遊，紅梅手植繼前修。雲開樓閣人彈指，風振檐鈴我掉頭。十萬里程天竺國，一乘車駕雪山牛。客來舊日喫茶處，煙冷薰爐憶趙州。(《龜巢稿》卷十七)

◎快翁上人還吳中將歷遊粵甌閩南

西施浣紗處，行行過日鑄。茶生如穀芽，細摘爲之住。山菴老布衲，解道喫茶去。(《檜亭集》卷二)

◎次陳輔賢遊鴈山韻　元　李孝光

竹杖棕鞋去去賒，一春紅到杜鵑花。山椒雨暗蛇如樹，石屋春深燕作家。老父行尋靈運宅，道人喚喫趙州茶。明朝塵土芙蓉路，猶憶山僧飯一麻。(《五峰集》卷十，《元詩選·二集》卷十二，《御選宋金元明四朝詩·御選元詩》卷五十二，《浙江通志》卷二百七十六)

◎慈溪東皋茶亭詩

試問東皋老萬回，道傍築室爲誰開。登程客已喫茶去，渡水人從彼岸來。(《羽庭集》卷四)

◎次韻遊寶華寺

失腳江湖鬢欲華，尋僧姑啜趙州茶。卓泉不復聞飛錫，説法空傳見雨花。(《九靈山房集》卷九，《御選宋金元明四朝詩·御選元詩》卷五十六，《元詩選·二集》卷二十)

◎元旦上堂："新年頭佛法，觸處皆現成。憧憧賀歲客，倒屣相歡迎。笑指好天氣，風日猶和明。必定田稻熟，鼓腹歌太平。大衆，忽遇上上人來，又作麼生祗待？青原酒，趙州茶，三杯兩盞醉卧煙霞，大底風流出當家。"(《恕中無慍和尚語録》卷一，《列祖提綱録》卷三十九)

◎(舉趙州三稱喫茶去)有謂趙州茶九轉透瓶香，殊不知却是平胃散，醫不得人病，斷不得人命。(《南石和尚語録》卷二)

◎訪佳仲行

鹿飲泉頭老作家，如何不肯上龍華？我來相見無言説，問訊燒香便喫茶。(《南石和尚語録》卷四)

◎化茶

入得吾門便喫茶，風流越格也堪誇。雖然用處無多子，領略須還是作家。(《南石和尚語録》卷四)

◎假饒德山施棒，猶如鐵橛。臨濟下喝，勝似耳聾。趙州茶他也不順，雲門餅彼亦不從。且道他具甚麼眼，得如是去？就只緣彼知有。大衆，彼既知有，畢竟知個甚麼？噫，摩醯撞著仙陀婆，見聞知覺使不著。（《無明慧經禪師語錄》卷一）

◎趙州喫茶

殺活縱橫驗作家，有無只是一杯茶。若然遇著仙陀客，畢竟從他不順他。（《無明慧經禪師語錄》卷二）

◎若是透得，則德山棒、臨濟喝，拈放一邊。趙州茶、雲門餅，不勞舉著。（《無明慧經禪師語錄》卷二）

◎三次喫茶話

南北東西四路通，謾將曾未話形容。醍醐滴入焦腸裏，靜水無波看活龍。（《無異元來禪師廣錄》卷十一）

◎金牛飯飽趙州茶，春到園林樹樹花。更問西來端的旨，白雲流水淡生涯。（《無異元來禪師廣錄》卷十六）

◎示張時華參軍

繡幢煙影碧油車，放出南山鱉鼻蛇。若道葛藤猶未斷，一杯清供趙州茶。（《無異元來禪師廣錄》卷十七）

◎話頭一句如絃直，寶網香雲眼裏花。透過冰山并雪洞，相逢且喫趙州茶。（《無異元來禪師廣錄》卷十八）

◎上堂："今朝八月初一，諸方旦過門開。我此萬仞峰頭，亦有衲僧來往。雖則雲寒水冷，誰云接納無方。雲門胡餅趙州茶，喫著從教綴齒牙。"（《了堂和尚語錄》卷一）

◎"德山棒如雨點，臨濟喝似雷奔。秘魔擎叉，禾山打鼓，俱胝竪指，雪峰輥毬，汾陽莫妄想，趙州喚喫茶。者一隊毛骨查，鬼面神頭，千差萬別，爭奈鼻孔總在新天童手裏。"拈拄杖："千年桃核裏，元是舊時仁。"（《了堂和尚語錄》卷二）

◎析雪寶悟相反偈

莫謂乾坤乖大信，古今毫髮不曾差。趙州猶自婆心切，凡見僧來喚喫茶。（《了堂和尚語錄》卷三）

◎上堂："子胡喝僧看狗，趙州喚僧喫茶。冷地看來，慚惶殺人。老僧不曾辜負諸人，諸人不得辜負老僧。"（《呆菴莊禪師語錄》卷二）

◎贈一光趙居士

驀路相逢喚喫茶，杖頭有眼辨龍蛇。誰知邂逅秋風後，南國疏梅又著花。（《紫柏老人集》卷二十七）

◎昔趙州見僧來，便問："曾到否？"僧云："曾到。"州云："喫茶去。"或云："不曾到。"州亦云："喫茶去。"今問諸人，若見趙州時，畢竟作麼生祇對他？莫是云和尚也不消得麼，莫是云謝和尚指示麼，莫是便下一喝麼，莫是掩耳出去麼。今時學人伎倆，不過如此，要見趙州也大難。諸人且道，諦當一句作麼生？咦，夜靜水寒魚不食，滿船空載月明歸。夜寒珍重。（《永覺和尚廣錄》卷六）

◎除夕茶話："老僧居苕溪，尋常未曾鼓兩片皮，與諸人葛藤。今當歲除之夕，俗例分歲，適逢荒歉，常住澹泊，也無雲門餅，也無趙州茶，也無金牛飯，也無北禪牛，但烹苕溪一滴水，普供養大衆。"（《永覺和尚廣錄》卷六）

◎鼓山募米疏

佛有遺規，止資命於一鉢。僧無恒產，但糊口於四方。若欲先轉食輪，必須遠遣乞士。雲門餅、趙州茶，固是咀嚼有分。廬陵米、金牛飯，便請布施將來。（《永覺和尚廣錄》卷十七）

◎翠雲菴

翠微深處便爲家，石澗潺湲洗落霞。門外有山皆種竹，菴前無隙可栽花。鐵牛踞地休加策，石鼓懸空勿用撾。且學寒蟬甘自閉，客來不點趙州茶。（《永覺和尚廣錄》卷二十五）

◎楊復自居士登山見贈，用韻奉答

禮塔遠懷興聖箭，烹茶不用趙州機。雲中握手深談久，轉憶維摩一嘿時。（《永覺和尚廣錄》卷二十五）

◎（頌趙州三稱喫茶去）

趙州一味澹生涯，但是相逢請喫茶。若問梅花探春色，一枝墻外過鄰家。

遠來經涉路迢遙，壘塊填胸氣正驕。不用靈丹並妙藥，只須一碗熱湯澆。（《憨山老人夢遊集》卷三十六）

◎示悅禪人清涼菴舍茶

楊枝甘露灑焦枯，一滴纔霑熱惱蘇。直指西來端的意，相逢但問喫茶

無。(《憨山老人夢遊集》卷三十八)

◎夜參:"曹山白酒紫湖狗,臨濟饅頭趙州茶。自來門風各各別,會而歸之總一家。大衆,既是各別,爲什麼又云一家?衆中還有具通方眼,分緇素辨得失底,出來商量看。"(《湛然圓澄禪師語錄》卷四)

◎俱胝指,秘魔叉,雲門胡餅趙州茶。肯來覿面親分付,不來又自隔天涯。(《鼓山爲霖和尚餐香錄》卷上)

◎僧問曹山:"朗月當空時如何?"山云:"猶是階下漢。"朗月當空,幾人到此田地,曹山猶道是階下漢,你道過在什麼處?不見道清光照眼似迷家,明白轉身猶墮位,豈不是此人過處。這僧却也伶俐,便進云:"請師接上階。"山云:"月落後來相見。"只如月落後如何相見?聽取一偈:"昨夜姮娥傳信息,金錢不許戲蝦蟆。大家推倒廣寒殿,相邀來喫趙州茶。"珍重。(《鼓山爲霖和尚餐香錄》卷上)

◎廉上人水竹居

水西分土一袈裟,拄杖敲門竹滿家。掃石安禪無落葉,過溪送客有浮槎。龍吟夜應潮生海,烏過寒驚月在沙。林下本來參玉板,不須更煮趙州茶。(《大全集》卷十五)

◎和體方遊相國寺

知我登堂來問法,呼童先點趙州茶。(《梁園寓稿》卷五)

◎訪僧不遇

三月青桐已著花,我來欲喫趙州茶。應門童子長三尺,說道闍黎不在家。(《斗南老人集》卷五)

◎口號十首 其五

香積鉢底分飯,趙州爐頭噇茶。喫了依然不會,問著只索瞞他。(《弇州四部稿·續稿》卷二十一)

◎題遇上人小影

清溪流水漾松花,獨倚孤松不結跏。安得添余丘壑相,林中同喫趙州茶。(《慢亭集》卷十四)

◎人莫不飲食,鮮能知味矣。詩云:"人生幾見月當頭,不在愁中即病中。"明月非無,佳茗時有。但少閑情,領此真味。公案云:"喫茶去,唯味道者,乃能味茗。"(《本草乘雅半偈》卷七)

◎終南僧亮公從天池來,餉余佳茗,授余烹點法甚細。余嘗受法於陽羨士人,大率先火候,次湯候,所謂蟹眼魚目參沸沫,浮沈法皆同,而僧所烹點絕味清乳,是具入清淨味中三昧者。要之此一味非眠雲跂石人,未易領略。余方避俗,雅意棲禪,安知不因是悟入趙州耶?《茶寮記》,陸樹聲字與吉著(《本草乘雅半偈》卷七)

◎請普老茶榜 劉忠遠

第一碗彌勒大像,第二碗普賢上人,第三碗尊者諾詎羅。只這一碗什麼人合喫?森羅萬象即不問,轉身通氣作麼生。鎮州蘿卜大於瓜,雲門胡餅甜似蜜。三千卷文字,料掉沒交涉,三十年鹽醋,竟說與道亘。有一句子,蓬菴今不惜眉毛,特爲拈出:"菩薩子,喫茶去!"(《五百家播芳大全文粹》卷七十九)

◎請廣孝長老茶榜 李彥和

可使枯腸無物,不教病眼生花。何須居士屢擎,一杯自足。不是趙州解飲,半滴難消。若逢無舌道人,試辨味從何出。(《五百家播芳大全文粹》卷七十九)

◎請珏老茶榜 邵公濟

更試曹溪一滴水,共盡盧仝七碗茶。是襄陽居士摘來,教趙州和尚喫去。一語雷音已罷,四衆雲集交歡。(《五百家播芳大全文粹》卷七十九)

◎劉士亨謝璘上人惠桂花茶詩

金粟金芽出焙篝,鶴邊小試兔絲甌。葉含雷信三春雨,花帶天香八月秋。味美絕勝陽羨產,神清疑在廣寒遊。玉川句好無才續,我欲逃禪問趙州。(《西湖遊覽志·西湖遊覽志餘》卷二十四,《續茶經》卷下之三)

◎上堂云:"法是常法,道是常道。捥破面門,點即不到。雪峰一千七百人善知識,朝夕只輥三個毬;趙州七百甲子老禪和,見人只道喫茶去;中峰居常見兄弟相訪,只是叙通寒温燒香叉手。若是金毛獅子子,三千里外定諳訛。"(《武林梵志》卷九《竹泉法林》)

◎師(慧覺禪師)初參羅山,纔禮拜起,山云:"甚處來?"師云:"遠離西蜀,近發開元。"却近前云:"即今事作麼生?"山揖云:"喫茶去。"師擬議間,山云:"秋氣稍暖,出去。"師到法堂上,自嘆云:"我在西川峨眉山腳下,拾得一枝蓬蒿箭,擬撥亂天下。今日到福建道陳老師寨裏,弓折箭盡去也。休休。"(《蜀中廣記》卷八十五)

◎遊西湖登寶束塔過湖山一覽禪房

層層金碧聳煙霞，俯瞰樓臺十萬家。落日僧餘化城飯，頻年客喚趙州茶。（《石倉歷代詩選》卷三百一十二）

◎竹茶爐爲僧題

僧館高閑事事幽，竹編茶具瀹清流。氣蒸陽羨三春雨，聲帶湘江兩岸秋。玉杵夜敲蒼雪冷，翠屏晴引碧雲稠。禪翁託此重開社，若個知心是趙州。（《石倉歷代詩選》卷三百九十，《御定佩文齋詠物詩選》卷二百一十五）

◎雨中訪白菴金公

一番相見一難得，莫怪趙州頻喚茶。（《石田詩選》卷四）

◎過覺生禪房

禪房花木香，小憩耽清景。上人息萬緣，跏坐觀平等。徘徊石徑紆，徙倚松軒永。且喫趙州茶，莫問雲門餅。（《御製樂善堂全集定本》卷二十一）

◎萬壽寺方丈小憩

庭有參天柏，階饒匝地花。鳥棲喧皓月，鶴立對晴霞。寥寂鐘魚靜，蕭閑山水嘉。闍黎公案熟，讓客趙州茶。（《御製樂善堂全集定本》卷三十，《皇清文類》卷首二十二）

◎薦福茶煙

晴霏冉冉上松枝，寞寞堂中茗事遲。欲訪趙州消午困，趁渠蟹眼未生時。（《鄱陽五家集》卷四）

◎鄧尉妙高峰

春時此天地，未屬鶯花管。相去叢林遙，所喜遊蹤罕。法侶罷逢迎，經過便疏懶。勿嫌坐箕踞，我佛亦偏袒。第損趙州茶，一喫至七碗。豈惟小住佳，直可適予館。（《明詩綜》卷七十九）

◎山房早起用陽明先生韻　王鏊

睡起乘朝氣，條然步遠沙。白雲千嶂靜，流水一溪斜。幽意隨林鳥，浮名付槿花。山廚作清供，一味趙州茶。（《御選宋金元明四朝詩·御選明詩》卷五十七）

◎上堂："德山托鉢，飢虛逼人。普化搖鈴，大似眼熱。雲門餅，趙州茶，從頭勘過，何異推門落臼，將錯就錯。"（《徑石滴乳集》卷一）

◎然只個事，不在動用中，亦非眉睫上。所以趙州，凡見僧參便問："曾到此間麼？"僧云："曾到。"州云："喫茶去。"或云："不曾到。"亦云："喫茶去。"院主問："和尚爲甚曾到不曾到俱教喫茶去？"州呼院主，主應諾。州云："喫茶去。"趙州主張個事,與衲僧平貼商量。院主不識好惡,至遭一杓臭水。普明者裏,不管他喫茶不喫茶,只要伊單刀直入。一僧便出,師喝一喝。(《徑石滴乳集》卷四)

◎敢將雲門餅、趙州茶、雪峰毬,拋向當陽構得底,大好受用。(《徑石滴乳集》卷五)

◎(趙州三稱喫茶去)

青龍斯云:"趙州老漢,通身爲人,不免被院主看破。"(《宗門拈古彙集》卷十六)

◎睦州問僧:"近離甚處?"曰:"趙州。"(中略)州曰:"苦哉,苦哉,趙州被你將一杓屎潑了也。"(中略)

天寧琦云:"者僧不會喫茶意旨,不知潑屎氣息,帶累好人墮屎窖中,合喫多少拄杖。雪竇、妙喜一時放過,也須替他入涅槃堂始得。"[《楚石梵琦禪師語錄》卷十,《宗鑑法林》卷二十三]

法海貌云:"雪竇、妙喜恁麼批判,雖則各資一路,殊不知自身亦被者僧塗污。即今還有不受塗污者麼?山僧傾湘江之水與古人去穢滌垢去也。"卓拄杖下座。(《宗門拈古彙集》卷十九)

◎問:"喫茶去意旨如何?"曰:"舌頭不出口。"進云:"便是向上事否?"曰:"掩鼻偷香。"(《南宋元明僧寶傳》卷十三《海門則》)

◎(趙州三稱喫茶去)

喫茶去,夜雨催紅上花蕊。隊隊狂蜂逐影飛,不知幾個知歸去。去喫茶,千年枯樹忽開花。子規夜半猶啼血,金勒東風路轉賒。抱璞璉

曾聞慣釣任公手,爭似西江月一鈎。幾度魚龍吞不得,一聲羌笛出雲樓。任優遊,收卷絲綸得自由。咄。大鼎新(《宗鑑法林》卷十八)

◎嬰兒曾不久少圓明寂照之體,但迷而不發耳。何止嬰兒,凡人自幼而壯,自壯而老,自老而死,無不在迷。此圓明寂照之體,有而不現,非無也。至於曹溪水,趙州茶,且不必以胸臆強解,只顧本參,以求正悟。(《御選語錄》卷十三《雲棲蓮池》)

◎禪課截句

《楞嚴》説罷又《楞伽》,法語從無一字差。畢竟何曾留一字,隨緣且喫趙州茶。(《御選語錄》卷十九《坦然居士》)

◎喻法偶拈拄杖,傳心試取袈裟。雲門胡餅趙州茶,妙味惜無知者。

窗外青青翠竹，籬邊鬱鬱黃花。無端花竹影交加，聊作道人禪話。(《御選語錄》卷十九《澄懷居士》)

◎平懷常實帶：喫飯喫茶無別事，見山見水總皆然。(《五家宗旨纂要》卷上)

◎青龍泉

龍卧泉泓澄，龍起泉淫湏。莫問青龍疏，你且喫茶去。(《茗齋集》)

◎與粒粟菴靜公同訪龍文鑒公

桂花落閑階，香乃在衣袂。吾無隱乎爾，你且喫茶去。(《茗齋集》)

◎煮茗

旗槍浥露拂煙斜，汲井頻將活火加。遥望福堂心供養，趙州一盞綠雲花。(《范忠貞集》卷五)

◎大雪陪益都夫子遊善果寺歸

揮灑既畢重就坐，寺僧復進龍乳茶。南泉既遠趙州去，不須齒舌相勾爬。(《西河集》卷一百六十五)

◎堯峰顥暹禪師聞雷示衆云："還聞雷聲麽，還知起處麽？若知起處，便知身命落處。若也不知，所以古人道：'不知天地者，剛道有乾坤。'不如喫茶去。此段公案，可與伊川答問雷起處語參觀。"(《居易錄》卷二十八)

◎揀公茶榜 大都大聖壽萬安寺諸路釋教都總統三學壇主佛覺普安慧湛弘教大宗師揀公茶榜，昭文館大學士中奉大夫特賜圓通玄悟大禪師雪菴頭陀溥光撰並書

焙之以三昧火，碾之以無礙輪，煮之以方便鐺，貯之以甘露缸。玉屑飛時，香遍閻浮國土。白雲生處，光搖紫極樓臺。非關陸羽之家風，壓倒趙州之手段。以致三朝共啜，百辟爭嘗。使業障惑障煩惱障即日消除，資戒心定心智慧心一時灑落。(《嵩陽石刻集記》卷下)

◎春日新堂簡西鄰給孤寺主

近日逃禪逢酒渴，扣門思喫趙州茶。(《午亭文編》卷十七)

◎白雲泉煮茶 韓奕

白雲在天不作雨，石罅出泉如五乳。追尋能自遠師來，題詠初因白公語。山中知味有高禪，採得新芽社雨前。欲試點茶三昧手，上山親汲雲間泉。物品由來貴同性，骨清肉膩味方永。客來如解喫茶去，何但令人塵夢醒。(《御定佩文齋詠物詩選》卷二百四十四)

◎葛長庚茶歌

東坡深得煎水法，酒闌往往覓一呷。趙州夢裏見南泉，愛結焚香瀹茗緣。（《御定佩文齋廣羣芳譜》卷二十，《宋元詩會》卷五十七）

◎集藻詩散句　鄭清之

一杯春露暫留客，兩腋清風幾欲仙。可但喚回槐國夢，不妨更舉趙州禪。（《御定佩文齋廣羣芳譜》卷二十一）

◎汲惠泉烹竹爐歌

武火已過文火繼，蟹眼初泛魚眼紛。盧仝七碗漫習習，趙州三甌休云云。（《御製詩集·二集》卷二十四）

◎烹雪疊舊作韻

挑燈即景試吟評，檐間冰柱摋階坏。我亦因之悟色空，趙州公案猶饒舌。（《御製詩集·初集》卷十一）

◎三塔寺賜名茶禪寺因題句

積土築招提，三塔寺基，舊爲潭，不利往來舟楫。唐僧行雲，積土起塔。吳越名保安院，宋改景德禪寺，又名三塔寺。蘇軾三過煮茶 千秋鎮秀溪。予思仍舊貫，僧吁賜新題。偶憶趙州舉，茶經玉局携。登舟語首座，付爾好幽棲。（《御製詩集·三集》卷二十一）

◎東甘澗

一嶺中分西與東，流泉瀉澗味甘同。喫茶雖不趙州學，樓上權披松下風。（《御製詩集·三集》卷八十）

◎試泉悅性山房

趙州一杯茶，試領香而淨。（《御製詩集·四集》卷十二）

◎送弘與上人採茶埭山

雪乳擎波泛，雲芽裹箬封。師還結湯社，參破趙州宗。（《檇李詩系》卷二十二）

◎董其昌贈煎茶僧詩

怪石與枯槎，相將度歲華。鳳團雖貯好，只喫趙州茶。（《續茶經》卷下之五）

◎馮唐故里　洪琮

荒郊野霧多榛杞，傳聞舊有馮唐里。秋風騷瑟動行人，落日瀟然迷故址。西山薇蕨東陵瓜，昨日繁華眼底花。白首爲郎何足嘆，歇鞍試飲趙州茶。（《畿輔通志》卷一〇八）

573

◎上堂："魯祖見僧面壁，金剛杵打鐵山摧。趙州逢人請喫茶，八角磨盤空裏走。二大老氣吞乾坤，總被建長點檢。休點檢，只可聞名，不欲見面。"（《大覺禪師語錄》卷上）

◎舉趙州嘗問僧："曾到此間否？"僧云："曾到。"州云："喫茶去。"又問僧："曾到此間否？"僧云："不曾到。"州云："喫茶去。"師云："曾到不曾到，一例喫茶去。雖是尋常言語，就中毒藥醍醐。且甚麼處與趙州相見？聽取一頌：句下千鈞重，胸中萬丈深。雖無上馬力，猶有殺人心。"（《大覺禪師語錄》卷中）

◎僧云："只如趙州，曾到曾不到，一等教他喫茶去，意在甚處？"師云："喫茶者方知。"僧云："學人即今到此間，和尚有何施設？"師云："齋時喫飯去。"（《圓通大應國師語錄》卷上）

◎謝都寺典座浴主上堂："趙州一甌茶，楊岐栗棘蓬。生薑元是辣，鑊湯無冷處。"喝一喝云："轉喉觸諱。"（《圓通大應國師語錄》卷上）

◎了如居士做僧 其二

此回不裹龐公帽，肩擔伽梨共我家。直饒頂門開活眼，要須更喫趙州茶。（《圓通大應國師語錄》卷下）

◎題金魚版

道是魚時還有角，雖然有角却非龍。一聲霹靂驚天地，躍出趙州茶盤中。（《佛光國師語錄》卷八）

◎進云："記得趙州凡見僧，便云：'曾到此間麼？'意在那裏？"師云："鉤頭有香餌。"進云："僧云'曾到'或云'不曾到'，州總云'喫茶去'，如何辨白去？"師云："鏡水圖山。"進云："院主云：'曾到云喫茶去則實是，不曾到為什麼云喫茶去？'莫是擔枷帶鎖麼？"師云："萬古碧潭空界月，再三撈摝始方知。"進云："州云：'院主！'主應諾，州云：'喫茶去。'又作麼生？"師云："龍門三級，風波轉嶮。"（《佛國禪師語錄》卷上）

◎和移茶韻 其二

趙州毒種生茅蘗，埋沒寒叢凍未春。破钁頭邊添活意，深耕淺種更何人？（《南院國師語錄》卷下）

◎上堂："睦州擔板漢，趙州喫茶去。口如崖蜜甜，心似黃連苦。所以圓覺尋常，於諸人不敢絲毫錯誤。射虎不真，徒勞沒羽。"（《一山國師語錄》卷上）

◎復舉："昔日馬祖陞堂，百丈卷席，今日大衆點茶，寮元化席。且道古人底即是，今人底即是？"豎拄杖云："忽有拄杖子出來，代山僧說一偈，供養大衆云：'百丈當初曾卷席，趙州一味只行茶。叢林禮樂從茲盛，遍界香飄薝蔔華。'"（《義堂和尚語錄》卷一）

◎趙州喫茶去

衆生過咎藉師邪，知識元來不撒沙。上味醍醐成毒藥，須知現有趙州茶。（《智覺普明國師語錄》卷五）

◎茶磨

兩輪推轉不相遷，自有中心樹子堅。漏泄建溪春萬斛，趙州禪在口皮邊。（《智覺普明國師語錄》卷七）

◎金魚板

火星迸散起風雷，不問禹門燒尾來。打發玄關重鼓腹，趙州茶碗舞三臺。（《智覺普明國師語錄》卷七）

◎山中更有一段奇事也，要諸人共知。何也？招得補陀嚴上主，大家共喫趙州茶。時大旱越舍公倉財建山門（《絶海和尚語錄》卷上）

◎送乾機知客歸信陽省親

趙州禪在口脣皮，對客只道喫茶去。叢林浩浩爭商量，子細看來没憑據。（《絶海和尚語錄》卷下）

◎除夜上堂

舊歲已去新年將來，不涉新舊一句作麽生道？"雲門胡餅趙州茶，慧崇蘆鴈趙昌花。"（《景川和尚語錄》卷上）

◎冬至上堂："羣陰剥盡一陽復生，不涉陰陽遷變一句作麽生道？雲門胡餅趙州茶，慧崇蘆鴈趙昌花。"（《景川和尚語錄》卷上）

◎歲旦上堂："新年頭佛法如何舉揚？雲門胡餅趙州茶，慧崇蘆鴈趙昌花。"（《景川和尚語錄》卷上）

◎臘八定坐次，垂語曰："雲門胡餅趙州茶，慧崇蘆鴈趙昌花。這四件事，還有優劣取捨麽，抑又一味平等乎？各下嘴看。"（《少林無孔笛》卷一）

◎舉趙州和尚問新到："曾到此間麽？"曰："曾到。"州曰："喫茶去。"又問僧，曰："不曾到。"州曰："喫茶去。"師曰："四來有疏親，因甚趙州一味安排？若能甄別，請各下一轉語。"代曰："一毛頭上定乾坤。"（《少林無孔笛》卷二）

◎檀君參議大居士，致使訪道山院，賜以建溪并胡餅。吾徒百許人，飽滿數回，賦此奉謝。

禪味倒供咬齒牙，雲門餅與趙州茶。靈山親囑誰瞞却，佛法正存檀越家。（《月坡禪師語錄》卷三）

◎師一日上堂，舉趙州三喫茶因緣。晚間衆上方丈請益，值師喫茶，乃舉起茶盞曰："喫茶去。"（《月舟和尚遺錄》卷上）

◎書實山居士點茶室中坐禪規約文後

茶中之禪要無滓，禪中之茶任有骨。無滓而有骨，陸羽驚吐舌。有骨而無滓，趙州笑點頭。（《東林後錄》卷下）

（四六〇）

師到雲居，雲居云："老老大大，何不覓個住處？"師云："什麼處住得？"雲居云："面前有古寺基。"師云："與麼即和尚自住取。"〔《景德傳燈錄》卷十《鄂州茱萸》，《正法眼藏》卷一，《聯燈會要》卷六，《五燈會元》卷四《鄂州茱萸》，《古尊宿語錄》卷十四《趙州從諗》，《指月錄》卷十一〕

【集評】

◎上堂。趙州到雲居，居云："老老大大，何不覓個住處？"州云："教某甲向甚麼處住？"居云："山前有古寺基。"州云："和尚何不自在？"居便休去。師云："爾也住我也住，十方三世，一時揑聚。月醉雲酣離水犀，轉身觸倒珊瑚樹。"（《宏智廣錄》卷四）

◎示衆，舉雲居問趙州："老老大大，何不覓個住處？"州云："教某甲向甚麼處住？"居云："山前有個古寺基。"州云："和尚何不自住？"師云："爾也恁麼住，我也恁麼住。作業相似貧相聚。十方無壁四面無門，遮醜無衣，禦寒無絮。直下不居功，個中看轉處。採華蜂集不萌枝，臥月鳥棲無影樹。"（《宏智廣錄》卷四）

◎僧問："記得趙州到雲居，居云：'老老大大，何不覓個住處？'州云：'教某甲向甚麼處住？'居云：'山前有個古寺基。'州云：'和尚何不自住？'

未審意旨如何？"師云："一切衆生俱到此，一切諸佛亦復然。"僧云："未審古寺基，路頭在什麽處？"師云："清涵鯨海寬，冷射蟾輪窄。"僧云："露濕千峰冷，雲籠萬樹寒。"師云："更須轉劫功，方與那人合。"（《宏智廣錄》卷五）

◎趙州又到雲居，居曰："老老大大，何不覓個住處？"州云："教某甲向甚麽處住？"居曰："山前有個古寺基。"州云："和尚何不自住？"居便休。兄弟，一切諸佛到此是住處，一切衆生到此是住處。若不到此，喚甚麽作休歇田地？須知當處滅盡，從此建立，便見當處出生。（《宏智廣錄》卷五）

（四六一）

師又到茱萸，茱萸云："老老大大，何不覓個住處去？"師云："什麽處住得？"茱萸云："老老大大，住處也不識！"師云："三十年弄馬騎，今日却被驢撲。"〔《祖堂集》卷十八，《正法眼藏》卷一，《景德傳燈錄》卷十《鄂州茱萸》，《聯燈會要》卷六，《五燈會元》卷四《鄂州茱萸》，《古尊宿語錄》卷十四《趙州從諗》，《指月錄》卷十一〕

【校記】
《聯燈會要》卷六《趙州從諗》："後到茱萸，萸云：'老老大大，何不覓個住處？'師云：'甚麽處是某甲住處？'萸云：'老老大大，住處也不知。'師云：'三十年弄馬騎，今日被驢撲。'"大潙哲云："雲居、茱萸爲人如爲己，爭奈趙州不入繾綣。然雖如是，不得雪霜力，焉知松柏操？"（按大潙著語，亦見《宗門拈古彙集》卷十六，《宗鑑法林》卷十八）

【集評】
◎福州閩且般若精舍，紹興甲寅歲，有西堂乃洞江大悲閑長老，時年八十有四。大慧老師居洋嶼，與般若一水之隔。閑雖老而尤篤參窮，日來隨衆入室。（中略）大慧以竹篦便打，閑忽契悟。大慧説偈印之曰："一棒打破生死窟，當時凡聖絶行蹤。返笑趙州心不歇，老來猶自走西東。"（《雲卧紀談》

577

卷下《大悲閑長老》)

◎趙州到雲居，居云："老老大大，何不覓個住處？"師曰："什麼處住得？"居云："前面有古寺基。"師曰："與麼即和尚自住取。"師又到茱萸。萸云："老老大大，何不覓個住處去？"師曰："什麼處住得？"萸云："老老大大，住處也不識。"師曰："三十年弄馬騎，今日却被驢撲。"頌曰：

展陣開旗各運謀，箭鋒相敵未輕休。等閑露出反身句，直得千江水逆流。掩室開［《宗鑑法林》卷十八。"反身"，《宗鑑法林》作"翻身"］

突出山前古寺基，趙州聞得便攢眉。寥寥今古無人共，一片斷雲天外飛。率菴琮［《率菴梵琮禪師語錄》，《宗鑑法林》卷十八］（《禪宗頌古聯珠通集》卷二十）

◎趙州到雲居，（中略）又到茱萸。（中略）州曰："三十年弄馬騎，今日却被驢子撲。"

雲居錫云："甚麼處是趙州被驢撲處？"［《宗鑑法林》卷十八］

大溈泰云："二老只解把住，不解放行。趙州只解放行，不解把住。檢點將來，未爲全美。且雙放雙收一句作麼生道？畢竟水須朝海去，到頭雲定覓山歸。"［《宗鑑法林》卷十八］（《宗門拈古彙集》卷十六）

◎借菴

吾師自有菴，何必從人借。聞道架虛空，大千同一舍。天地即吾廬，胡爲號借居。趙州無住著，不用更還渠。（《梅山續稿》卷一）

（四六二）

師又到茱萸方丈，上下觀瞻，茱萸云："平地喫交作什麼？"師云："只爲心粗。"〔《古尊宿語錄》卷十四〕

（四六三）

師一日將拄杖，上茱萸法堂上，東西來去，萸云："作什麼？"師云：

"探水!"茱云:"我者裏一滴也無,探個什麼?"師將杖子倚壁,便下去。
〔《正法眼藏》卷五,《聯燈會要》卷六,《五燈會元》卷四,《五家正宗贊》卷一,《古尊宿語錄》卷十四,《指月錄》卷十一〕

【集評】

◎上堂:"有一句子到汝諸人截却舌頭,無一句子到汝諸人一任橫三竪四。二途不涉,佛眼難窺。狹路相逢,握鞭回首即不問,諸人只如趙州到茱萸,輕輕靠却拄杖便出去,意作麼生?"喝一喝云:"禹力不到處,河聲流向西。"(《密菴語錄》)

◎上堂,舉趙州訪茱萸,上法堂,東覷西覷。萸云:"作甚麼?"州云:"探水。"(中略)師云:"盡道一滴也無,鼓起滔天之浪。殊不知趙州平白失却一條杖子。"(《虛堂錄》卷一)

◎趙州訪茱萸

世路風波只自知,見人多是不揚眉。呼燈隔夜書名紙,未審朱門復見誰?(《虛堂錄》卷五)

◎上堂,舉趙州訪茱萸,法堂上從東過西,從西過東。萸云:"作什麼?"州云:"探水。"(中略)師云:"由基弓矢,張顛草書,作者相逢,不容眨眼。且道趙州以拄杖靠壁而去,意在甚處?青山不鎖長飛勢,滄海合知來處高。"(《松源崇嶽禪師語錄》卷上)

◎上堂:"牛頭橫説竪説,不知有向上關捩子。趙州訪茱萸,輕輕靠拄杖便去。也堪笑,也堪悲,鵝王自能擇乳,鴨類從教插泥。"(《松源崇嶽禪師語錄》卷上)

◎上堂,舉趙州訪茱萸探水因緣,師曰:"趙老雲收山嶽露,茱萸雨過竹風清。誰家別館池塘裏,一對鴛鴦畫不成。"(《嘉泰普燈錄》卷十六《渤潭明》,《五燈會元》卷十九,《續傳燈錄》卷二十九,《禪林類聚》卷十四,《列祖提綱錄》卷二十五)

◎上堂,舉趙州訪茱萸公案,師云:"是則是,殺人可恕,無禮難容。子細看來,也是茱萸招得。當時若解咬定牙關,使趙州縱不斬頭截臂,亦須自領出去。古人且止,只如今日率菴訪來,雖則不言探水,然而未跨門時,屋裏三長兩短已被佗一時覷見了也。何故?明眼人難瞞。"(《佛鑑禪師語錄》卷一)

◎舉趙州訪茱萸,將拄杖於法堂上,從東過西,從西過東。萸云:"作什麽?"州云:"探水。"(中略)師云:"茱萸雖善關防,爭奈賊無空手。且道,趙州以拄杖靠壁而出,意作麽生?"(《物初大觀禪師語錄》)

◎不見一日去訪茱萸,策杖從東過西從西過東,茱萸:"作麽?"州云:"探水。"(中略)看他露些風規,甚能奇特。如今僧家,例以病爲法,莫教心病好。久立。(《古尊宿語錄》卷三十一《佛眼清遠》)

◎趙州訪茱萸

心手相忘,二俱得妙。箭箭中的,未脫窠臼。脫窠臼,好手手中呈好手。(《劍關子益禪師語錄》)

◎深源

大法之本根,如淵杳無極。趙州探茱萸,拄杖空靠壁。(《元叟行端禪師語錄》卷六)

◎舉趙州訪茱萸,上法堂,從東過西。萸乃問:"作什麽?"州云:"探水。"(中略)師頌云:"善法堂前探淺深,寒濤平地湧千尋。探竿靠壁出門去,也是貧兒拾得金。"(《石溪心月禪師語錄》卷中)

◎趙州一日到茱萸,執拄杖於法堂上,從東過西。萸曰:"作甚麽?"師曰:"探水。"(中略)頌曰:

逐步移笻探淺深,果然滄海碧沈沈。一雙足跡分明在,將謂歸家不可尋。保寧勇[《禪林類聚》卷十四,《宗鑑法林》卷十九]

古今難透趙州關,取次施爲不等閑。拄杖靠來斜倚壁,輕如毫髮重如山。佛鑑懃[《禪林類聚》卷十四]

茱萸這裏無一滴,趙州無言便走出。春去秋來三百年,拄杖至今猶倚壁。鼓山珪[《古尊宿語錄》卷四十七。"趙州"、"走出"、"倚壁",《古尊宿語錄》作"趙老"、"走去"、"靠壁"]

深淺聊將拄杖探,忽然平地起波瀾。傾湫倒嶽驚天地,到海方知徹底乾。徑山杲[《古尊宿語錄》卷四十七,《禪林類聚》卷十四,《宗鑑法林》卷十九]

趙州有語標庭柏,今古叢林光烜赫。若到茱萸堂上行,到底反成個老賊。地藏恩

趙州探水,誰能知委。一滴也無,洄澓衮沸。靠却拄杖,囉囉哩哩。文殊道

一滴也無,費盡工夫。靠倒拄杖,何處逢渠。香爐上一堆牛糞氣,東壁

上倒掛大葫蘆。典牛遊［《宗鑑法林》卷十九］

趙州曾探水，茱萸無一滴。東覷西覷了，拄杖便靠壁。滄海深處歸，何人辨端的。楚安方

平地鼓波濤，青天轟霹靂。脚下爛如泥，身上元不濕。古往今來幾百年，拄杖依然空靠壁。無際派［《宗鑑法林》卷十九］（《禪宗頌古聯珠通集》卷十八）

◎茱萸禪師因趙州將拄杖上法堂，東覷西覷，師乃問："作甚麼？"州云："探水。"（中略）

大潙哲云："趙州善能探水，不犯波瀾。茱萸一滴也無，爭奈關防不得。"［《宗門拈古彙集》卷十七，《宗鑑法林》卷十九］

琅琊覺云："世亂奴欺主，年衰鬼弄人。"［《聯燈會要》卷六，《古尊宿語錄》卷四十六，《指月錄》卷十一，《宗門拈古彙集》卷十七，《宗鑑法林》卷十九］

應菴華云："茱萸一滴也無，滔天白浪。趙州以杖靠壁，不犯波瀾。雖然二老同死同生，爭奈明果未肯放過在。"［《應菴曇華禪師語錄》卷一，《宗門拈古彙集》卷十七，《宗鑑法林》卷十九］（《禪林類聚》卷十四）

◎送敬上人

參方須具參方眼，法戰須諳法戰機。探水烏藤好牢把，莫同趙老到茱萸。（《古林和尚拾遺偈頌》卷下）

◎進一步，踢著須彌燈王鼻孔。退一步，踏著陳如尊者脊梁。直饒金牛舞飯而來，趙州靠杖即出，正是魯般門下弄斤斧。要見斬新日月，特地乾坤，須是我牧石老禪始得。（《月江正印禪師語錄》卷上）

◎趙州訪茱萸

曹溪正脉古猶今，拄杖如何探淺深？莫道茱萸無一滴，趙州直下被平沈。（《愚菴和尚語錄》卷七）

◎趙州訪茱萸

大法淵源浩莫窮，擬探深淺枉施功。一條拄杖且靠壁，雷電何時解化龍。（《恕中無慍和尚語錄》卷三）

◎古源說

威音以前，波瀾浩渺。釋迦以後，涓滴全無。縱爾向波瀾浩渺處，把定牢關，不通滲漏，正是迷源喪本。更若向涓滴全無處，撥開一脉，沃日滔天，又成墜露添流。去此二途，未有揭厲分在。豈不見趙州訪茱萸，携拄杖上法堂，東覷西覷。茱萸云："作什麼？"趙州云："探水。"（中略）趙州茱

萸將陰陽未判，天地未形那時，渾沸濫觴發蒙底，這些子眢來，遞相澆潑，可謂知其源委，得其淺深。較之蠡測蚋探，望洋向若之類者，何異雲泥遼遠也歟。雖然，若要窮威音以前，波瀾浩渺底則可，要窮釋迦以後，涓滴全無底，則未之許也。因甚如此？不見道，曹溪波浪如相似，無限平人被陸沈。臨川興上人號古源，求說於余，不覺切怛。（《恕中無慍和尚語錄》卷五）

◎舉趙州一日訪茱萸，將拄杖於法堂上，東行西行。萸云："作什麼？"州云："探水。"（中略）

趙州探水到茱萸，徹底爭知一滴無。拄杖當時將靠壁，分明直處却成紆。（《呆菴莊禪師語錄》卷五）

◎茱萸因趙州執杖上法堂，從東過西。萸曰："作甚麼？"州曰："探水。"（中略）

理安洸云："茱萸墻漸不牢，趙州探竿短小。檢點將來，二俱不了。"（《宗門拈古彙集》卷十七，《宗鑑法林》卷十九）

◎茱萸因趙州執杖上法堂，從東過西。師曰："作甚麼？"州曰："探水。"（中略）

介毅洪云："趙州探水，生拔蒼龍頭上角。茱萸無一滴，活剜猛虎眼中珠。雖然如是，茱萸猶欠一籌在。當時見他恁麼下去，只云：'三十年後難得與麼漢。'非圖光揚宗眼，益顯南泉門下有人。"

蓑翁老慣羨風騷，攫浪拏雲興轉豪。一棹蘆灣停泊穩，半鉤銀月釣金鰲。雪奇靜（《宗鑑法林》卷十九）

◎拄杖

多年寒谷古藤枝，行遍湖汀採得伊。探水敲空俱莫問，一般輕重少人知。虛堂愚（《禪宗雜毒海》卷六）

◎謝禪興無及和尚上堂，舉趙州訪茱萸攜拄杖，於法堂從東過西。萸云："做甚麼？"州云："探水。"（中略）師云："一人奮武攻城，一人開關延敵。雖則勝敗不分，未免刀槍遍地。今日無及和尚到來，福山只是尋常笑語，更無餘事。何故？元是屋裏人。"（《一山國師語錄》卷上）

◎臨濟蒿枝三頓，冷債難還。趙州探水，平地風波。（《一山國師語錄》卷上）

(四六四)

臺山路上有一婆子,要問僧。僧問:"臺山路,向什麼處去?"云:"驀直去!"僧纔行,婆云:"又與麼去也!"師聞後,便去問:"臺山路,向什麼處去?"云:"驀直去!"師纔行,婆云:"又與麼去也!"師便歸,舉似大衆云:"婆子今日被老僧勘破了也。"〔《祖堂集》卷十八,《景德傳燈錄》卷十八,《聯燈會要》卷六,《五燈會元》卷四,《五家正宗贊》卷一,《古尊宿語錄》卷十四,《指月錄》卷十一,《御選語錄》卷十六〕

【校記】

《景德傳燈錄》卷十八:"有人問老婆:'趙州路什摩處去?'婆云:'驀底去。'僧云:'莫是西邊去摩?'婆云:'不是。'僧云:'莫是東邊去摩?'婆云:'也不是。'有人舉似師,師云:'老僧自去勘破。'師自去,問:'趙州路什摩處去?'老婆云:'驀底去。'師歸院,向師僧云:'勘破了也。'"

《聯燈會要》卷六:"玄覺徵云:'前來也恁麼問答,後來也恁麼問答,且那裏是趙州勘破婆子處?'又云:'非唯被趙州勘破,亦被這僧勘破。'琅琊覺云:'大小趙州,去這婆子手中喪身失命。雖然如是,錯會者多。'大潙哲頌云:'叢林老作世無儔,凜凜威風四百州。一擊鐵關成粉碎,恩大難將雨露酬。'"(玄覺、琅琊覺語,亦見《禪林類聚》卷九,《宗門拈古彙集》卷十五,《宗鑑法林》卷十七。大潙哲頌,亦見《正法眼藏》卷四,《禪宗頌古聯珠通集》卷十八、《宗鑑法林》卷十七)

【集評】

◎(舉趙州勘破公案)

師曰:"蕩蕩無迂曲,明明透古今。問無別語,答豈異音。那裏是勘破處,還委悉麼?一人張帆,一人把柁。鐵笛橫吹,漁歌唱和。啐啄同時,知音幾個。順水逆流歸去來,到岸方諳不恁麼。不恁麼,爲君宣,甜如砂蜜,苦似黃連。若不同床臥,焉知被底穿?"(《開福道寧禪師語錄》卷上)

◎即投誠問道，三往三被罵而退，不勝忿業。已歸之，明日復往，慈明罵如故，因啓曰："某唯以不解故來問，善知識宜施方便。不蒙開示，專以罵爲，豈從上所以授法之式耶？"慈明驚曰："南書記，我謂汝是個人，乃作罵會耶？"黃龍聞其語，如桶底脫，拜起汗下，從容論趙州因緣，呈偈曰："傑出叢林是趙州，老婆勘破沒來由。如今四海清如鏡，行人莫與路爲讎。"慈明閱之，笑曰："偈甚佳。但易一字，曰：老婆勘破有來由。"其機智妙密又如此。（《林間錄》卷上）

◎布漫天綱，打斗浪魚。垂萬里鈎，駐千里烏雛，也須還他大達之士始得。所以趙州勘破處爲方便，玄沙蹉過處驗作家，雪峰輥毬，雲門顧鑑，睦州見成，俱胝一指，如生鐵鑄就，通上徹下，只要個本分人。（《圓悟錄》卷六）

◎（舉趙州勘婆公案）

善繫無繩約，善行無轍跡。不戰屈人兵，直面當機疾。老婆勘破五臺山，有誰參透趙州關？（《圓悟錄》卷十九）

◎趙州勘破婆子，叢林議論千萬，多作見解。殊不知他古人自在乾淨處立，看你向泥坑子裏頭出頭沒。（《圓悟心要》卷上）

◎（舉趙州勘婆公案）

傑出叢林是趙州，老婆勘破有來由。而今四海清如鏡，行人莫與路爲讎。（《建中靖國續燈錄》卷二十八《頌古·黃龍慧南》，《建中靖國續燈錄》卷七，《黃龍慧南禪師語錄》，《禪林僧寶傳》卷二十二，《聯燈會要》卷十三，《嘉泰普燈錄》卷三，《五燈會元》卷十七，《禪宗頌古聯珠通集》卷三十九，《禪林類聚》卷九，《釋氏稽古略》卷四，《續傳燈錄》卷七，《武林梵志》卷十一《黃龍慧南》，《宗鑑法林》卷十七、卷三十一，《禪宗雜毒海》卷三）

◎晚造慈明禪師法席，投誠入室，明拒之三四，方諾咨參，遂問："十二時中喫粥喫飯即不問汝，拈匙把箸一句作麼生道？"師即語對，不契其旨，明遂喝出，師擬跨門，豁然大悟。尋以趙州勘婆子因緣成頌呈明，明爲印證，益契玄旨。（《建中靖國續燈錄》卷七《崇恩慧南》）

◎趙州婆子勘破話

木人嶺上歌，石女溪邊舞。明月共同途，無私照今古。（《丹霞子淳禪師語錄》卷上）

◎師召大衆云："祖師門下穿人鼻孔底，盡從這一句子來。爾道這一句子，從什麼處來，從打牛打車處來？爾若會得這個，便會得臺山路上婆子。（中略）諸人還會麼，寰中天子敕，塞外將軍令，但恁麼看取。山僧昔年理會不得，曾請益一杜撰長老，爲山僧註解云：'這僧纔問臺山路向什麼處去，便被婆子勘破了也。婆云驀直去，僧便行，正是隨聲逐色，如何不被勘破？'又道：'纔開口便勘破了也。'今日思量，直是叵耐。山僧爲爾說破。若會得趙州道'臺山路上婆子被老僧勘破也'，便會婆子道'好個阿師却恁麼去'。山僧嘗頌云：'天下禪和說勘破，爭知趙州已話墮。引得兒孫不丈夫，人人點過冷地臥。'此頌甚分明，切不得錯會。"（《大慧錄》卷十四，《嘉泰普燈錄》卷二十八《頌古下·大慧杲》，《指月錄》卷十一，《列祖提綱錄》卷十四）

◎（舉趙州勘婆公案）拈云："無人知趙州不動步而到臺山，不開口而勘破婆子了也。諸人若信婆子道，便驀直去。若信不及，又與麼去也。"

古人遺意不留言，婆子臺山著一邊。識得臺山婆子了，趙州消息沒休年。（《普菴印肅禪師語錄》卷下）

◎（頌趙州勘婆公案）

驀直去，驀直去，草鞋跟斷人無數。唱歌須是帝鄉人，一個拍兮一個舞。舞得徹，勿多般，趙州婆子特用瞞。今古五臺山下路，長松短檜聳雲端。（《慈受深和尚廣錄》卷四）

◎趙州勘婆

纔拈折箭斷絃弓，隨手雙雕落碧空。打鼓看來君不見，萬年松在祝融峰。（《瞎堂慧遠禪師廣錄》卷四）

◎示衆云："汾陽莫妄想，俱胝竪指頭。古今佛法事，到此一時休。休休，却憶趙州勘婆子，不風流處也風流。"拈拄杖云："爲衆竭力。"（《聯燈會要》卷十四《真淨克文》，《古尊宿語錄》卷四十二，《續古尊宿語錄》卷二）

◎（舉趙州勘臺山婆公案）師云："者婆子向寸草不生處，打個陣子。趙州不施韜略，直欲破之。及乎交鋒之際，又却失利，道被我勘破了也，大似別人棺木扛歸屋裏哭。莫有爲趙州作主底麼？"卓拄杖："勘過了一道打。"（《虛堂錄》卷二）

◎谷山旦，初參佛性泰和尚，一日上堂，舉："趙州云：'臺山婆子已爲諸人勘破了也。'意作麼生？"良久，云："就樹撮將黃葉去，入山推出白雲來。"旦於言下釋然。（《叢林盛事》卷上《谷山旦》，《聯燈會要》卷十七，《嘉泰普燈錄》卷十九，《蜀中廣記》卷八十九《慧通清旦》）

◎其他德山棒、臨濟喝、雪峰輥毬、俱胝豎指、道吾作舞、秘魔擎叉、丹霞燒木佛、趙州勘婆子，種種多端較量，將來與釋迦老子一手指天，一手指地，如合符契，毫髮無差。（《嘉泰普燈錄》卷二十五《佛鑑懃》）

◎勘婆

趙州勘破老婆時，恰似青春三月裏。陌上遊人爭看花，鷓鴣啼處誰相委？（《嘉泰普燈錄》卷二十八《頌古下·靈光觀》）

◎勘婆

臺山一路絕纖埃，無限英靈被活埋。拊掌高歌天地闊，趙州親到勘婆來。（《嘉泰普燈錄》卷二十八《頌古下·分禪菴主》）

◎送雅禪者往石城作

鷄不鷃無功之食，水長船高。物歸乎有道之心，泥多佛大。德山呵佛罵祖，曾遭巖頭僧堂前領過。臺山路上老婆，有個趙州不出門勘破。（《嘉泰普燈錄》卷三十《雜著·真淨文》，《古尊宿語錄》卷四十五）

◎舉臺山路上有一婆子，傍城莊家夾道兔 凡有僧問："臺山路向什麼處去？"一生行腳，去處也不知 婆云："驀直去！"未嘗好心 僧纔行，著賊也不知 婆云："好個阿師，又恁麼去也。"爾早侯白 僧舉似趙州，人平不語 州云："待與勘過。"水平不流 州亦如前問，陷虎之機 至來日上堂云："我爲汝勘破婆子了也。"我更侯黑

師云：臺山路上婆子，慣隨無著，出寺入寺，飽參文殊，前三後三。凡見僧問："臺山路向什麼處去？"便當陽指出長安大道，云："驀直去。"其僧不作疑阻便行，婆云："好個阿師，又恁麼去也。"這婆子也鈎錐在手，從來觸誤多少賢良。這僧既不奈伊何，拈來舉似趙州，州云："待與勘過。"疑殺天下人。這老漢老不歇心，圖個甚麼？也要定個宗眼。州依前恁麼問，婆依前恁麼答，有底便話作兩橛。前段點這僧扶婆子，後段點婆子扶趙州。唯玄覺云："前僧也恁麼問答，後來趙州也恁麼問答，且道甚處是勘破處？"萬松道："勘破了也。"又云："非唯被趙州勘破，亦被這僧勘破。"萬松道："非但累及玄覺，亦乃累及萬松。"琅琊云："大小趙州，去這婆子手裏，喪身失命。雖然如是，錯會者多。"萬松道。"切忌以己方人。"潙山哲云："天下衲僧只知問路老婆，要且不知腳下泥深。若非趙州老人，爭顯汗馬功高。"雖然，須假天童歌揚始得。頌云：

年老成精不謬傳，切忌魔魅人家男女 趙州古佛嗣南泉。鎮州端的出大蘿蔔

枯龜喪命因圖象，靈鬼靈神，反遭羅網 良駟追風累纏牽。驟風驟雨，不免羈縻 勘破了，老婆禪，幾個男兒是丈夫 說向人前不直錢。知根不聖

師云：鬼魅以妖通成精，咒藥以依通成精，天龍以報通成精，賢聖以神通成精，佛祖以道通成精。南泉、趙州乃佛祖向上人，那堪年老，所以道"年老成精"也。

"趙州古佛嗣南泉"，馬祖道："經入藏，禪歸海，唯有南泉，獨超物外。"趙州以長沙爲友，以南泉爲師，故勘辨中，非得失勝負之可品格，天下謂之趙州關，也不妨難過。雖然，仲尼有言："神龜能現夢於元君，而不能免余且之網。智能七十二鑽而無遺筴，而不能避刳腸之患。如是則智有所困，神有所不及也。"《莊子》云："宋元君夢人被髮曰：'予自宰路之淵，予爲清江使河伯之所，漁者余且得予。'覺占之，神龜也。漁者果有余且，網得白龜，其圓五尺。君欲活之，卜之曰：'殺龜以卜吉。'乃刳龜。"七十二鑽而無遺筴，乃其事也。洛浦曰："欲知上流之士，不將佛祖言教貼在額頭，如龜負圖，自取喪身之兆。鳳縈金網，趨霄漢以何期。"

周穆王八駿，有乘雲而趨行越飛鳥者，故曰良駟追風也。此頌婆子能勘僧，而不免趙州勘破。趙州雖能勘婆，而不免琅琊點檢。參禪謂之金屎法，不會如金，勘破如屎，所以道："說向人前不直錢。"汝但離却得失勝負情量，自然平欺婆子，下視趙州。若到萬松門下，不得點胸擔板。（《從容錄》第十則）

◎趙州勘婆

無門曰："婆子只解坐籌帷幄，要且著賊。不知趙州老人善用偷營劫塞之機，又且無大人相。檢點將來，二俱有過。且道那裏是趙州勘破婆子處？"頌曰：

問既一般，答亦相似。飯裏有砂，泥中有刺。（《無門關》第三十一則）

◎（舉趙州勘婆公案）師頌云："庭前新吐一花紅，襲襲馨香醉蜜蜂。公子見來情興動，倒吹玉笛弄春風。"（《斷橋妙倫禪師語錄》卷上）

◎一源參，師舉趙州勘婆子話詰之，源曰："盡大地人不奈趙州何。"師曰："我則不然。"曰："和尚作麼生？"師曰："盡大地人不奈婆子何。"源於言下有省。（《方山文寶禪師語錄》）

◎上堂，舉趙州勘婆話頌曰："冰雪佳人貌最奇，常將玉笛向人吹。曲中無限花心動，獨許東君第一枝。"（《五燈會元》卷十八《龍鳴賢》）

◎隨（大隨）令且罷誦經，看趙州勘婆因緣。師念念不去心。久之，因鑿石，石稍堅，盡力一錘，瞥見火光，忽然省徹。走至方丈，禮拜呈頌曰："用盡工夫，渾無巴鼻。火光迸散，元在這裏！"隨忻然曰："子徹也。"復獻趙州勘婆頌曰："三軍不動旗閃爍，老婆正是魔王腳。趙州無柄鐵掃帚，掃蕩煙塵空索索。"隨可之。（《五燈會元》卷二十《石頭自回》，《續傳燈錄》卷三十，《大覺禪師語錄》卷中）

◎趙州勘婆

師云："一人鬧市裏颺碌磚，傷中者方知疼痛。一人慣施無病藥，解服者始覺輕安。註也註了，解也解了，諸人還知勘婆處麼？泪合停囚長智。"（《佛鑑禪師語錄》卷四）

◎勘婆子語

婆子孤窮要嫁人，趙州聞得便相親。歸來只說恩情話，堪笑無端惹客塵。（《率菴梵琮禪師語錄》）

◎上堂，舉趙州勘臺山婆子公案，師頌云："荊榛密密布前峰，塞斷行人路不通。昨夜連山遭野火，更無芽蘗惱春風。"（《西巖了慧禪師語錄》卷上）

◎冬節小參，舉趙州勘婆公案。頌云："沒艱難處立艱難，難透村婆者一關。忽地假雞啼午夜，馬蹄踏月過長安。"（《西巖了慧禪師語錄》卷上）

◎婆子云："好個阿師，又與麼去。"

臨歧有水復有火，遇賤即貴全可可。臺山一路去無差，幾個行人脫羈鎖。（《古尊宿語錄》卷四十五《真淨克文》）

◎趙州勘婆

趙州言勘破，笑殺老禪和。院主鬚眉落，南泉打粥鍋。

趙州勘破，却成罪過。大地眾生，千個萬個。（《古尊宿語錄》卷三十四《佛眼清遠》）

◎趙州勘婆

婆子因行掉臂，趙州因事長智。無端一句誦訛，惹得四海鼎沸。勘破了，有誰知？春風過後無消息，留得殘花一兩枝。（《續古尊宿語要》卷四《心聞賁》）

◎舉臺山婆子，僧問："臺山路向什麼處去？"刺腦入膠盆 婆云："驀直去。"荊棘參天 僧纔行，腳下泥深三尺 婆云："好個師僧，便恁麼去。"貪杯惜醉人 趙州聞云："須勘過這老婆始得。"只聞人作鬼，不見鶴成仙 及見，便問：

"臺山路向什麼處去?"劍甲未施,賊身已露 婆云:"驀直去!"鐵鑄巖崖 州云:"勘破了也。"兩手扶犁

拈云:"臺山一路,平如鏡面,險似懸崖。千人萬人,只解貪程,不知蹉過。要見婆子麼?去路一身輕似葉。要見趙州麼?佳名千古重如山。"

頌:"收拾成都賣卜家,君平術肆獨宏開。鬧中人獻支機石,掀倒卦盤歸去來。"(《希叟和尚廣錄》卷五)

◎示暉書記

繼而慈明領福嚴,南在座下,夜聞小參,貶剝諸方,多泐潭密討之旨,遂就入室。(中略)慈明(中略)又曰:"趙州勘婆話,試指其可勘處。"至竟爲人爲徹 南不知答,老鼠入牛角 慈明訛罵之,殺人見血 南云:"正以未解求決,豈慈悲然邪?"見機而變 慈明笑曰:"是罵邪?"放去較危,收來太速 於是南公失聲道:"泐潭果死語也。"眼花山影轉 遂出偈云:"傑出叢林是趙州,老婆勘破有來由。"並贓捉敗。個是本色道流,遇人者如此。師家若無向上巴鼻,何以驗其參學邪(《偃溪廣聞禪師語錄》卷下)

◎趙州勘婆

盡道趙州勘婆子,不知婆子勘趙州。有意氣時添意氣,不風流處也風流。(《劍關子益禪師語錄》)

◎西山亮禪師,頌趙州勘婆子云:"飢時定聞飢,飽時定聞飽。婆子在臺山,趙州勘破了。"遁菴可之。(《枯崖漫錄》卷中,《西山亮禪師語錄》)

◎僧云:"只如臺山有一婆子,(中略)未審婆子具甚麼眼目?"師云:"瞎。"僧云:"只如趙州道:'婆子被我勘破了也。'意旨如何?"師云:"賊是小人。"僧禮拜,師便喝。(《元叟行端禪師語錄》卷二)

◎(舉趙州勘臺山婆話)且道趙州勘婆子,與雲門話墮,相去多少?若也向遮裏識得,趙州心肝五臟,雲門三百六十骨節,被你一時穿透。(《雪巖祖欽禪師語錄》卷二)

◎訪昭覺老

久矣耆年罷送迎,喜聞革履下堂聲。遊山笑我驀直去,過憂憐君太瘦生。庭際楠陰凝晝寂,墻頭鵲語報秋晴。功名已付諸賢了,長作閑人樂太平。(《劍南詩稿》卷八)

◎黃檗歸途以碧潭清皎潔爲韻,分得碧字,真歇泛舟先歸。

師今一帆輕,我向百里役。船子罷持橈,趙州行驀直。(《筠溪集》卷十

二）

◎代追薦魏國迎羅漢疏

伏念臣外姑魏國，早全覺性，偶應俗緣。遍更晚歲之顯榮，不改半生之澹泊。盡空諸有，龐媼曾去參來。向上一機，趙州亦遭勘破。（《後村集》卷三十）

◎趙州因僧遊五臺，問一婆子曰："臺山路向甚麼處去？"婆曰："驀直去。"（中略）師歸院謂僧曰："臺山婆子，爲汝勘破了也。"頌曰：

臺山路上老婆禪，南北東西萬萬千。趙州勘破人難會，來往草鞋徹底穿。汾陽昭［《汾陽錄》卷中。"來往"，《汾陽錄》作"南北"］

趙州勘破婆子，葉落便合知秋。天下幾多禪客，五湖四海悠悠。慈明圓［《禪林僧寶傳》卷二十一《慈明楚圓》，《慈明四家錄·石霜楚圓語錄》，《續古尊宿語錄》卷一《慈明圓》，《禪林類聚》卷九］

靈龜未兆無凶吉，變動臨時在卜人。路頭問破誰人委，王老東村怒目嗔。投子青［《舒州投子青和尚語錄》卷下］

趙州作者勘婆婆，太平時代用干戈。趙州收得龍泉劍，掃盡煙塵總是他。佛印元

僧問遊臺路，婆直指不誤。雖然徑直言，奈緣多恁去。趙州勘破歸，會者憑何據。月色曉堂分，雲收山嶽露。浮山遠

傑出叢林是趙州，老婆勘破沒來由。而今四海清如鏡，行人莫與路爲雠。黃龍南

撥動干戈老趙州，坐觀勝敗有良謀。婆婆勘破人誰委，多少禪流錯路頭。海印信［《宗鑑法林》卷十七］

趙州勘破老婆禪，語默分明在目前。近日五湖參學者，剛於歧路走如煙。淨照臻［《建中靖國續燈錄》卷二十九偈頌《淨照臻》，《禪林類聚》卷九。"語默"，《建中靖國續燈錄》作"語脉"］

言中辨的老禪和，驀直臺山路不蹉。勘破却回人莫問，岳陽船子洞庭波。雲峰悅［《古尊宿語錄》卷四十一《雲峰文悅》，《宗鑑法林》卷十七］

昔日趙州爲主將，老婆戰罷許誰評。而今何事臺山路，却被時人取次行。大潙秀

臺山一路去悠悠，親到還他古趙州。勘破老婆回首日，長江依舊向東流。佛慧泉

干戈中立太平基，塊雨條風勝古時。婆子爲君勘破了，趙州腳跡少人知。白雲端［《嘉泰普燈錄》卷二十七《頌古上·白雲端》，《白雲守端禪師語錄》卷下，《白雲守端禪師廣錄》卷四，《續古尊宿語要》卷三］

何事趙州婆子話，雄雄今古振家聲。高空有月千門閉，大道無人獨自行。保寧勇

趙州一勘老婆也，千古英雄價轉新。南去北來猶未薦，臺山從此長荆榛。照覺總

似狂不狂趙州老，或凡或聖人誰曉。是非長短任君裁，婆子被伊勘破了。真淨文［《古尊宿語錄》卷四十五《真淨克文》］

趙州問路婆子，答云直與麼去。皆云勘破老婆，婆子無你雪處。同道者，相共舉。景福順［《林間錄》卷下，《嘉泰普燈錄》卷四《上藍順》，《蜀中廣記》卷八十三。"直與麼去"，《嘉泰普燈錄》作"恁麼去"］

勘破不勘破，婆子能招禍。直饒千眼補陀人，也是大蟲看水磨。雲居祐

趙州勘破事非真，走殺臺山路上人。要識婆婆親指處，一回舉首一回新。地藏恩

臺山路上婆，往往人問過。末後趙州知，一言便勘破。雲蓋智

是個遊臺發問端，婆婆指路盡顢頇。可憐眼裏無筋骨，却把時人一樣看。佛國白

撥動煙塵老古錐，坐觀勝負有誰知。從來古路平如掌，自是行人不見歸。圓覺演［《宗鑑法林》卷十七］

婆指臺山路不差，遊人恁麼去無涯。趙州勘破歸來後，四海五湖同一家。草堂清［《宗鑑法林》卷十七］

驀直臺山路不迂，趙州親去定賢愚。古今來往何妨礙，未透金塵終是粗。三祖宗

臺山山下路崎嶇，多少行人在半途。五里牌邊相借問，不知駑馬是龍駒。上方益

臺山路上白頭婆，無限行人幾度過。直道玄關人不曉，趙州特地斷訛訛。雲溪恭

驀直去，驀直去，不逐指頭，不行舊路。大丈夫漢，乾坤獨步。兜率悦

本欲平夷道路，反成土上加泥。而今五湖四海，剛被勘婆話迷。圓通仙

臺山有路是人過，兩兩三三借問多。要識趙州親勘破，舌頭無骨奈渠

何。枯木成

　　高握金鞭出禁城，霜風凛凛馬蹄輕。煙塵掃盡歸來後，四海行人賀太平。普融平［《宗鑑法林》卷十七］

　　五臺山路入嵯峨，驀直饒聲指似他。更有趙州多事漢，歸來道我勘婆婆。張無盡

　　勘破誰知老趙州，玉鞭鞭起卧金牛。臺山今古行人口，笑飲清風味轉幽。長靈卓［《長靈守卓禪師語錄》］

　　兩重問答絶誵訛，趙老於中却勘婆。若不全身探虎穴，安能徹底驗仙陀。禾山方［《超宗慧方禪師語錄》］

　　趙州親勘破，臺山勿兩歧。只這老婆子，蹤跡少人知。佛心才

　　燕趙當年有一僧，干戈叢裏等閑行。定亂不攜三尺劍，至今天下絶攙搶。寶峰祥

　　老婆心切勿交加，要路逢渠指不差。休問禹門求變化，風雷只在葛洪家。昊古佛［《宗鑑法林》卷十七］

　　趙州勘破路難過，無限平人走似梭。日暮臺山空寂寂，至今猶未絶誵訛。少林通［《禪林類聚》卷九］

　　臺山路上老婆禪，驀直教人好進前。須得真州親勘破，從兹四海路平然。雲蓋昌［《禪林類聚》卷九。"須得"，《禪林類聚》作"賴得"］

　　行路難，行路難，最難難過是臺山。唯有趙州公驗正，昂頭掉臂總閑閑。總閑閑，遂府出鉢盂。湛堂準［《嘉泰普燈錄》卷二十七《頌古上·湛堂準》］

　　臺山一路坦平，自是行人不慣。明鏡醜婦之冤，智者愚人之患。疏山常［《宗鑑法林》卷十七］

　　臺山古路是人遊，個個尋婆問路頭。堪笑趙州纔勘破，寥寥千古使人愁。疏山如

　　玉蕭吹作鳳鸞吟，惹動遊人離別心。一陣東風捲寥廓，四方八面少知音。佛智裕［《宗鑑法林》卷十七］

　　臺山路坦平，婆子苦商量。趙州勘破了，清風滿大唐。高菴悟

　　天下禪和説勘破，爭知趙州已話墮。引得兒孫不丈夫，人人點過冷地卧。徑山杲［《嘉泰普燈錄》卷二十八《頌古下·大慧杲》，《古尊宿語錄》卷四十七］

　　劈面三拳，連腮七掌。盡大地人，不知痛癢。鼓山珪［《嘉泰普燈錄》卷二十七《頌古上·竹菴珪》，《古尊宿語錄》卷四十七，《宗鑑法林》卷十七］

臺山路上人難進，獨有趙州親到來。勘破老婆回首處，從此行人眼不開。楚安方

指路婆婆在五臺，禪人到此盡癡呆。一拳打破扶桑國，杲日當空照九垓。西蜀廣道者［《羅湖野錄》卷二］

老婆元是魔王腳，三軍不動旗閃爍。趙州無柄鐵掃帚，掃蕩煙塵空索索。石頭回

婆子只知指路，鷄犬被人偷去。直得趙州勘了，這回緊閉門戶。戲魚靜二［《嘉泰普燈錄》卷二十七《頌古上·勝因靜》］

趙州老老大大，不解山中打坐。自言去勘婆子，倒被婆子勘破。［《嘉泰普燈錄》卷二十七《頌古上·勝因靜》］

善繫無繩約，善行無轍跡。不戰屈人兵，直面當機疾。老婆勘破五臺山，有誰參透趙州關。圓悟勤

年老成精不謬傳，趙州古佛嗣南泉。招魂喪命因圖像，良馬追風累索牽。勘破了，老婆禪，説向人前不直錢。天童覺［《宗鑑法林》卷十七］

賊是小人，智過君子。大妄語成，便白拈去。膽大心粗，無你會處。稽首趙州，大法王主。典牛遊

大用全提似海深，魔軍戰退鬼難禁。趙州勘破婆婆處，草偃風行無處尋。南堂興二

趙州老子，爛泥裏刺。勘破老婆，叢林受賜。

婆婆不在五臺山，平地行人作易難。驀直坦然今古路，區區却過趙州關。雪竇宗

臺山路，驀直去，趙老見婆無別語。勘破回來知不知，莫信閑人説是非。冶父川

三月春光上國遊，祥雲瑞氣鎖龍樓。親從宣德門前過，更問行人覓汴州。文殊道

婆子幾年尋劍客，趙州勘破有譎詐。解使不由來富貴，風流何在著衣多。訥堂思

一按牛喫草，一與賊過梯。早知燈是火，飯熟也多時。逼菴演

干戈中有太平基，不用干戈始得之。若無舉鼎拔山力，千里烏騅不易騎。明大禪

四海同一家，兩口同一舌。趙州勘破了，有理向誰説？卐菴顏［《嘉泰普

燈録》卷二十八《頌古下·卐菴顏》]

踞坐臺山古路頭，往來雲衲被戈矛，趙州提起那羅箭，穿過髑髏即便休。尼無著總

天高地厚人難見，海闊山遥只自知。勘破却回休借問，得便宜是落便宜。密菴傑

趙州舌頭連天，老婆眉毛覆地。分明勘破歸來，無限平人瞌睡。妙慧尼淨智［《嘉泰普燈録》卷九《妙慧尼慧光》，《五燈會元》卷十四］

趙州勘破，百發百中。趁得老鼠，打破油甕。佛照光［《宗鑑法林》卷十七］

村婆暴富，誑嚇閭閻。趙州賣俏，矢上加尖。或菴體

驀直驀直，青天白日。勘破了也，一文不值。月林觀［《月林師觀禪師語録》］

本是山中人，愛説山中話。五月賣松風，人間恐無價。蒙菴岳［《指月録》卷十一，《宗鑑法林》卷十七］

臺山路上個婆婆，平地無風起丈波。下却斗門通底閘，更無一滴到黄河。無準範［《佛鑑禪師語録》卷五，《宗鑑法林》卷十七。"斗門"，《宗鑑法林》作"陡門"］

勘破婆子，面青眼黑。趙州老漢，謾我不得。文殊業［《嘉泰普燈録》卷十九《文殊思業》，《五燈會元》卷二十，《續傳燈録》卷三十一］

趙州言破勘，心頭打額頭。如何無轉智，特地覓冤讎。野雲南（《禪宗頌古聯珠通集》卷十八）

◎趙州諗禪師，因五臺山下有一婆子接待，凡有僧問"臺山路向甚處去"，婆云："驀直去。"（中略）升堂爲衆云："臺山婆子，我爲勘破了也。"

大潙哲云："天下衲僧只知問路老婆，要且不知脚下泥深。若非趙州老人，爭顯汗馬功高。"［《宗門拈古彙集》卷十五，《宗鑑法林》卷十七］

禾山方云："一人從苗辨地，一人臨崖不懼。諸人要識趙州麽？"良久云："鬧市裏虎。"［《超宗慧方禪師語録》］（《禪林類聚》卷九）

◎趙州勘婆

舉趙州勘婆話。好手手中還好手，紅心心裏射紅心

師云：有僧遊五臺，問一婆子曰："臺山路向甚麽處去？"婆曰："驀直去！"（中略）州歸院謂僧曰："臺山婆子，我爲汝勘破了也。"玄覺徵云："前來僧也恁麽道，趙州去也恁麽道，甚麽處是勘破婆子處？"林泉道："好

個師僧，便恁麼去。"又云："非唯被趙州勘破，亦被這僧勘破。"林泉道："更有熟人在後頭。"此話諸方商量者多，皆不出勝負常情。其實權衡在手底人，低也在他，高也在他。汝諸人等，大抵總被妄情繫綴，得失相謾，寵辱牽纏，名位羈絆，此生死之根本，輪轉之媒孼。故古人興一言，立一法，令一切衆生向直截穩當處，超生死此岸，達涅槃彼岸，以尋常家長里短，你來我去，不濟要話，方便提携。假以得失，令離得失，假以勝負，令離勝負，此亦以楔出楔，以毒去毒之謂也。若也將虛作實，認影迷頭，恣意縱情，尋言逐句，非止於道遠矣，其實負我多焉。且休說婆子勘破這僧，趙州勘破婆子，你還知三世諸佛、六代祖師、天下老和尚總被林泉勘破處麼？一朝權在手，看取令行時。頌曰：

靈龜未兆無凶吉，寂然不動 變動臨時在卜人。感而遂通 路頭問破誰人委，趙州嚙 王老東村努目嗔。干你甚事

師云：古人以鑽龜打瓦以應吉凶，殊不知心未萌時，禍福何在。仲尼有言："神龜能現夢於元君，而不能免余且之網。智能七十二鑽而無遺筴，而不能免刳腸之患。如是則智有所困，神有所不及也。"《莊子》云："宋元君夢人披髮曰：'予在宰路之淵，予爲清江使河伯之所，漁者余且得予。'覺占之，神龜也。漁者果有余且，網得白龜，其圓五尺。君欲活之，卜之曰：'殺龜以卜吉凶。'"其實變動亦由於人，而況此問此答，勘破不勘破，如人飲水，冷暖自知。把住放行，無非己。雖則路頭問破，幾個能知。個裏機關，何人可曉。雖則東村王老努目微嗔，誰知西塢張翁點頭大許。莫有同聲相應、同氣相求者麼？復云："勘破了也！"（《空谷集》第九十三則）

◎送顯難那禮五臺

驀直臺山路，誰誇陷虎機。未言先勘破，携手即同歸。師子空中現，頻伽腳下飛。天華政多事，繚亂撲禪衣。（《了菴和尚語錄》卷七）

◎（舉趙州勘臺山婆公案）拈云："盡謂趙州眼光，爍破四天下。却被者婆子，倒用個瞖睛法謾了。今夜莫有爲趙州雪屈者麼？也知你只在古人語脉裏做窠臼。"（《海印昭如禪師語錄》）

◎趙州勘婆

衲僧腳下路通天，舉目臺山總是煙。婆子趙州俱勘破，不教空費草鞋錢。（《了菴和尚語錄》卷五）

◎（舉趙州勘臺山婆公案）

先行不到，末後太過。趙州屋裏坐，勘破臺山婆。師子咬人，韓獹逐塊。七百甲子老兒，今日和臟捉敗。(《楚石梵琦禪師語錄》卷十二)

◎趙州勘婆

善舞太阿劍，決無傷手患。慣編猛虎鬚，必有全身策。勘破臺山臭老婆，打失當頭個一著。(《愚菴和尚語錄》卷七)

◎寂上人遊五臺

只如僧問臺山路，婆子向道驀直去。趙州勘破沒來由，古今疑殺人無數。上人此去挽不留，要勘文殊并趙州。(《天如和尚語錄》卷四)

◎臺山路上有一婆子凡有僧問："臺山路向什麼處去？"問本尋常 婆云："驀直去！"當央直指 僧才行，知偏失正 婆云："好個阿師，又恁麼去！"點失當央 僧舉似趙州，有疑故舉 州云："待與勘過。"須聞其事，未見其的 州云："臺山路向什麼處去？"探竿在手 婆云："驀直去！"對面親指 州便行。就計陷計 婆云："好個阿師，又恁麼去！"只言點他，不知自失 州上堂："我與汝勘破婆子了也。"一呈一釣 ○主意：方便爲人，旨明以見陷見。總結：心倖

年老成精不謬傳，婆子善能爲人，賞他成精不謬 趙州古佛嗣南泉。南泉的子，天下明師 剗䵋喪命因圖像，點婆子被趙州換却眼睛，如龜之剗腸 良駟追風累蠟牽。點趙州被婆子之抽牽，如穆王追風之馬不免受經 勘破了，點州休誇 老婆禪，點婆休逞 說向人前不直錢。二人不必誇俊，總被天童看破(《天童頌古直註》卷上)

◎趙州勘婆

婆婆偏要逞風流，越格風流遇趙州。各向人前誇意氣，豈知白盡少年頭。(《恕中無慍和尚語錄》卷三)

◎予天歷間參一源靈禪師於湖之鳳山，因究趙州臺山婆子話不破。一日，侍次，舉以問師，師云："我早年在臺州瑞巖方山和尚會中充維那，亦曾扣以上公案。"山云："靈維那，你下一轉語看。"我當時隨口便道："盡大地人無奪者婆子何！"山云："我則不然，盡大地人無奈趙州何！"我當時如飢得食，如病得汗，自覺慶快。(《山菴雜錄》卷上)

◎臺山婆子

暗藏春色，明露秋光，有眼莫鑑，縱智難量。到家不上長安路，一任風花雪月揚。

鏟斷虛空真氣脉，掃除賢聖正經綸。須知教外單傳旨，提掇時人出見聞。(《無明慧經禪師語錄》卷二)

◎（舉趙州勘臺山婆公案）拈云："飛騰不度，趙州關也。呼喚不回，臺山路也。者婆子，荊棘滿地，塵埃亘天。不遇魔王，安能捉敗。且道勘破後是甚麼時節？依舊孟春猶寒。"（《無異元來禪師廣錄》卷九）

◎趙州勘婆子臺山路話

脚跟之下臺山路，今古無人辨是非。勘過依前驀直去，却來平地捉盲龜。（《無異元來禪師廣錄》卷十一）

◎示智邠禪者參一句話頭在甚處起公案

一句話頭甚處起，滄海只教乾到底。一句話頭甚處去，春風觸著珊瑚樹。不究去，只究起，石陷崖崩聾兩耳。十二時中步不移，如在刃鋒求住止。只須筋斗打將來，靜陸平原方步武。男兒立志若如斯，誰道搏龍并捋虎。有問臺山路若何，遙指前村驀直去。（《博山和尚參禪警語》卷下）

◎復舉趙州勘婆子話，頌云："臺山路上婆子，勘破須他趙州。我道全無巴鼻，人言亦有來由。"（《呆菴莊禪師語錄》卷三，《列祖提綱錄》卷十一）

◎（舉趙州勘臺山婆公案）拈云："衆中盡道趙州勘破婆子，殊不知婆子勘破趙州。"（《呆菴莊禪師語錄》卷四）

◎歸宗示衆："我宗門下，大是奇絶。當時黃龍南趙州勘婆頌云：'傑出叢林是趙州，老婆勘破有來由。而今四海清如鏡，行人莫與路爲讎。'只因者頌大了當，後來出許多人，黃龍心、湛堂準、真淨文，都是者一支。"（《長慶宗寶禪師語錄》卷一）

◎趙州勘婆子

臺山大路如絃直，來往師僧真飽參。婆子趙州頭角露，却令人見轉羞慚。

年老成精老趙州，助婆作惡起戈矛。臺山大路依然在，只要行人肯點頭。（《長慶宗寶禪師語錄》卷四）

◎次邸店偈

此邸喻三界，嘉賓若驟雨。忽散而忽聚，得示無生旨。其奈瞖眼人，當面不逴視。有問臺山路，出門驀直去。（《紫柏老人集》卷十九）

◎（頌趙州勘婆公案）

斜陽芳草正萋萋，漫把王孫去路迷。多少迷中留宿客，五更夢破一聲雞。（《憨山老人夢遊集》卷三十六）

◎（舉趙州勘婆公案）拈云："者個臭老婆，不特捉敗天下行脚衲僧，即諸方坐曲錄床底老漢，無不捉敗也。且道，趙州自謂勘破，還出得者婆子圈繢麼？逢人不得錯舉。"頌云：

百城煙水各深參，何似臺山一指南。趙老不辭重下槧，大家無地著羞慚。（《晦臺元鏡禪師語錄》）

◎是年庚戌，竟往壽昌，求質正於和尚，復呈偈曰："識破不值半文錢，可憐摸索許多年。宗流盡是欺心漢，說甚祖師別是禪。"昌以趙州何處勘破婆子話再驗之，師云："和尚莫作怪。"昌大笑曰："參禪要到者一著子，始不受人牢籠。"（《晦臺元鏡禪師語錄》）

◎師示衆云："天童和尚頌臺山婆子，可謂只解推倒，不會扶起。"乃作三頌：

趙州婆子，作用通天。用而不用，談而不談。聖莫能測，鬼莫能宣。便是諸佛，口掛壁間。且道何以如此？若知燈是火，拍手哭蒼天。

同道方知路坦夷，莫教腳下意遲疑。欲從舌底求消息，辜負先賢不借機。

是賊識賊，當行識行。傍觀者哂，知味者甜。臺山路直，何用商量。欲問如何？北斗南看。（《湛然圓澄禪師語錄》卷五）

◎柳居士呈偈曰："是什麼，是什麼，對著家尊莫問爺。金不換金隨處使，從來常御白牛車。"師覽畢，問曰："且道趙州勘破婆子，甚麼處是勘破處？"士曰："壁外蓋茅屋。"師曰："不是，更道。"士曰："雷聲甚大，雨點全無。"（《湛然圓澄禪師語錄》卷六）

◎（曾會）守四明以書幣迎顯補雪竇。既至，會曰："會近與清長老商量趙州勘婆子話，未審端的有勘破處也無？"顯曰："清長老道個甚麼？"會曰："又與麼去也。"顯曰："清長老且放過一著，學士還知天下衲僧出這婆子圈繢不得麼？"會曰："這裏別有個道處。趙州若不勘破婆子，一生受屈。"顯曰："勘破了也。"會大笑。

贊曰："趙州勘破婆子，宗元勘破趙州。雪竇勘破宗元，心空又勘破雪竇。且道那一個勘破是的？"彈指一下云："但恁麼薦取！"（《居士分燈錄》卷上《曾會》，《明覺語錄》卷二，《嘉泰普燈錄》卷二十二，《五燈會元》卷十六《曾會》，《續傳燈錄》卷六，《宗範》卷下。"還知天下衲僧出者婆子圈繢不得麼？"亦見《宗門拈古彙集》卷十五，《宗鑑法林》卷十七）

◎（趙州勘婆公案）

寶峰文云："大小趙州，若檢點來，也好喫婆子手中棒。且道趙州過在什麼處？若檢點得出，方解不受人瞞。歸宗門下，莫有不受人瞞底麼？"喝一喝，下座。［《嘉泰普燈錄》卷二十六《拈古·真淨文》，《古尊宿語錄》卷四十三，《指月錄》卷十一，《宗鑑法林》卷十七］

仰山欽云："錯，婆子心肝，趙州五臟，一捏捏碎，撒在諸人懷裏了也。且道是有勘破無勘破？"良久云："錯會者多。"［《雪巖祖欽禪師語錄》卷一，《宗鑑法林》卷十七］

高峰妙云："諸方判斷，盡道趙州勘破婆子。若據高峰見處，正是婆子勘破趙州。且道以何爲驗？"以手指云："驀直去！"［《高峰原妙禪師語錄》卷下，《宗鑑法林》卷十七］

瑞巖愠云："婆子如蟲御木，偶爾成文。趙州見義勇爲，翻成特地。諸人還會麼？雲收雨霽長空闊，一對鴛鴦畫不成。"［《恕中無愠和尚語錄》卷一，《宗鑑法林》卷十七。"如蟲御木，偶爾成文"，《恕中無愠和尚語錄》作"如蟲蝕木，偶爾成紋。"］

笑巖寶云："婆子率快平生，只得一橛。趙州慣能勘辨，放過當陽。當時纔見道'好個師僧又恁麼去'，但只鼓掌呵呵大笑而歸，不獨與天下行腳衲僧增銳，亦使者婆子向去別有生涯。"［《宗鑑法林》卷十七］

愚菴孟云："者婆子學得個紅綿套索底法兒，不知陷害了多少良民。不期撞著個魯智深花和尚，入在他圈襀裏，打個筋斗跳出來。者婆子直得無計可施。且那裏是趙州打筋斗處？"

弁山音云："且道那裏是趙州勘破處？只爲梅花寒未徹，故來霜上又加雪。凍開平地起鼃文，連累青山迸白血。"［《宗鑑法林》卷十七］

育王雪云："婆子勘破趙州，作家始終作家。趙州勘破婆子，鈍置遞相鈍置。且道其中人又作麼生？"良久云："負恩者多。"

崇慶古云："趙州拶險崖句，婆子施陷虎機。雖則二俱作家，未免傍觀者哂。"

義山訥云："臺山大路，今古平夷，無端被者婆子添土添沙，高下成跡。趙州雖能高處高平，低處低平，檢點將來，怎奈反成坑塹。"

西逿超云："先輩大老有謂趙州問臺山路時，婆子不應與那僧一例而答，此是婆子失機處，故被趙州勘破。如此判斷，恐趙州叫屈。愚菴老人問：'趙州勘破婆子意旨如何？'超云：'火燒牛尾，有雷無雨。'老人云：'未在，更道．'超云：'重陽服甘菊，到老眼不花．'"

東塔熹云："趙州者漢，大似假虞伐虢，惜山僧不預其會。當時若見伊說勘破了也，但對云：'和尚今日亦被大衆勘破。'管教趙州者漢無殺合在。"

本覺微云："有者道婆子被趙州勘破，有者道趙州被婆子勘破。殊不知趙州、婆子，總被者僧勘破。且道節文在什麼處？"以拄杖一畫云："路從平處險，人向靜中忙。"

四祖浪云："盡謂臺山婆子被趙州勘破，殊不知趙州却被婆子勘破。且道勘破在什麼處？"

□□潤云："大小趙州於婆子手裏納敗，却來者裏拔本。當時潤上座若在，待道'我爲汝勘破了也，但把火照看者老漢面皮厚多少。"（《宗門拈古彙集》卷十五）

◎建昌壽昌無明慧經禪師問僧："趙州道：'臺山婆我爲汝勘破了也。'畢竟勘破在什麼處？"僧曰："和尚今日敗闕了也。"昌曰："老僧一生也不奈何，好教你知。若實會，舉似來看。"僧擬進語，昌打一棒云："者掠虛漢。"

棲霞成云："臺山一案拈却多少人鼻孔，換却多少人眼睛。者僧也解詐明頭，及乎老漢拈出個柴頭，向他面前一吹，直得退身無路。且道者一棒他還知落處麼？"

白巖符云："可惜者僧有前無後。當時若是個善始善終底，待道老僧也不奈何，便好向道：'轉見不堪。'拂袖便出，管教者老漢刮目相待。"

崇先奇云："臺山路惟趙州與壽昌老人親履實踐，故不與路爲仇。可惜者僧當時捨近求遠，遂成周遮。若是皋亭，待他道老僧一生也不奈何，但云：'和尚更須買草鞋行脚。'不圖勘破壽昌，並得參見趙老。"（《宗門拈古彙集》卷四十五）

◎趙州勘婆子公案，當時諸公解此，皆是夢說。畢竟趙州許婆子不許婆子，惟趙州自知之。然婆子氣象言語，亦不是好惹的，什麼趙州，乃云勘破？我今也來說夢，即十方如來亦不能勘破婆子，百千萬億趙州也不能勘破婆子，我亦不能勘破婆子，即將來千佛出世亦不能勘破婆子。客問曰："何謂也？"曰："神交千里外，對面不相知。"（《心燈錄》卷三）

◎（明經李潛）參介和尚，一日侍次，介問："臺山婆子，趙州如何勘破？"士曰："趙老舌頭無骨。"介領之，即示偈曰："趙州銜□疾走，婆子減竈添兵。太平日，定輸贏，勛勞到處標青史，撒手長安莫問程。"（《徑石滴乳

集》卷五）

◎一日，參罷，銘復進曰："黃龍南傾心請益於慈明，慈明屢詬罵之。何也？"端曰："趙州道'臺山婆子被我勘破'，與慈明笑曰'是罵耶'，爲復肝膽相似？爲復鼻孔不同？"銘曰："一對無孔鐵鎚。"曰："南立悟去，又且如何？"銘曰："病眼見空花。"端曰："金沙混雜，政未得在。"銘又擬進語，端震聲喝之。（《南宋元明僧寶傳》卷十一《古鼎銘》）

◎公曰："趙州勘破婆子，未審甚處遭他勘破？"曰："却是婆子勘破趙州。"公釋然，再拜謝之。復獻頌曰："暗藏春色，明露秋光。有眼莫見，縱智難量。到家不上長安道，一任風花雪月揚。"峰深肯公語葉洞上宗旨，而公亦以紹續洞宗自任。（《南宋元明僧寶傳》卷十四《壽昌經》）

◎（趙州勘婆公案）
自小丹青畫不成，年來始覺藝方精。等閑擲筆爲龍去，換却時人眼裏睛。高峰妙［《高峰原妙禪師語錄》卷下］

生鐵蒺藜當面擲，琉璃坑塹遠身開。勸君莫問臺山路，多少平人被活埋。中峰本

孔文舉，楊德祖，不是冤家不聚頭，無端論及家禽果。鳥道玄，鹽梅苦，焉知來者不如今，清風匝地波騰火。具足有

幾人不戰自成功，獨許南陽老臥龍。自借東風麈赤壁，賺他血淚滿江紅。菩提珍

麝香李子枕頭瓜，一典池臺滿畹花。客馬醉行溪柳路，慈翁解點白雲茶。茆溪森

侵曉乘涼偶獨來，不因魚躍見萍開。捲荷忽被微風觸，瀉下清香露一杯。嘯峰然

昨日師僧經過，今日阿誰勘破。再過三五七朝，麻雀定如鵝大。漢關喻

古路迢迢直坦平，邊筋縴動烽煙生。欲知南北相凌處，天外出頭方解行。法林音（《宗鑑法林》卷十七）

◎僧問："昔日趙州勘破臺山婆子，畢竟在甚麼處？"師云："天開河。"進云："學人不知落處。"師云："齋堂東邊。"進云："乞師慈悲直說。"師云："趙州兩隻眼，婆子一條舌。五臺山上去，舊路嶺莫歇。"（《御選語錄》卷十一《茆溪森》）

◎趙州老枯禪，布衫七斤半。過橋度馬驢，銷落無一片。縱然無一片，

這半還相見。留得這半相見時，也只是弄泥團漢。(《御選語錄》卷十九《坦然居士》)

◎（頌趙州勘臺山公案）撥動煙塵個老婆，趙州一語定干戈。從茲四海清如鏡，贏得將軍奏凱歌。(《圓通大應國師語錄》卷上)

◎送友人還廣

相逢眼上各安眉，水遠山長彼此知。閑憶趙州曾落節，臺山路上勘婆歸。(《佛光國師語錄》卷二)

◎上堂："鍼頭削鐵，水裏尋波。應真不借，也不較多。黃葉飄飄兮青山漸瘦，簷頭滴滴兮還落舊窠。阿呵呵，趙州曾勘臺山婆。"(《佛光國師語錄》卷三)

◎趙州勘婆子

老婆當路種荊棘，多少師僧惹著衣。有個趙州親勘破，猫兒日下眼無光。(《智覺普明國師語錄》卷五)

◎萬宗

頭頭物物收歸一，歸處分明無不通。勘破趙州衫子話，衆星拱北水朝東。(《智覺普明國師語錄》卷七)

◎趙州勘婆

咄個老婆謀略奇，臺山路上閃紅旗。趙州鐵帚元無柄，掃盡煙塵曾不知。(《佛頂國師語錄》卷三)

◎（舉趙州勘臺山婆話）師云："盡謂日下挑孤燈，殊不知失錢遭罪。"(《大燈國師語錄》卷中)

◎天應妙佑大姊下火

天佑由來積德門，兒孫羅列冠鄉村。趙州休道勘婆子，昨夜虛空筋斗翻。(《少林無孔笛》卷四)

◎華仲

趙州甲子未為多，問路臺山勘破婆。鳥奏塤篪百花裏，木人笑唱太平歌。(《見桃錄》卷二)

◎舉臺山路上有一婆子接待，牙如劍樹，口似血盆。面上夾竹桃花，肚裏參天荊棘 凡有僧問："臺山路甚麼去？"多少破草鞋。渴鹿馳陽燄，癡猿捉水月 婆云："驀直去！"豁開店面無他事，放擲胡餅引客錢 僧才去，病猿終夜扣金鎖，窮鳥終日數竹籠。瞎驢任足涉長沙 婆云："好個師僧，又與麼去！"臭老千尋黑火坑，陷人

無數無人知 如是既久，遊僧傳到趙州。州聞得云："待我去勘破他。"遂去問臺山路，山東老將猶童顏，又臂紅旗出鳳城。暗裏施文彩，明中不見蹤 婆隨例云："驀直去！"失曉老婆逢古鏡，空裏暗箭任手發 州纔行，三郎郎當，郎當郎當 婆又云："好個師僧，又與麼去！"夫留思婦縣，婦上望夫樓 州回云："我勘破婆子了也。" 鵠林著語云："苦屈，苦屈。"

師云："盡謂日下挑孤燈，殊不知失錢遭罪。"（《槐安國語》卷七）

(四六五)

師見僧來，挾火示之，云："會麼？"僧云："不會。"師云："你不得喚作火，老僧道了也。"師挾起火云："會麼？"云："不會。"師却云："此去舒州，有投子山和尚，你去禮拜問取。因緣相契，不用更來；不相契，却來。"其僧便去，纔到投子和尚處，投子乃問："近離什麼處？"云："離趙州，特來禮拜和尚。"投子云："趙州老人有何言句？"僧乃具舉前話。投子乃下禪床，行三五步，却坐云："會麼？"僧云："不會。"投子云："你歸舉似趙州。"其僧却歸，舉似師，師云："還會麼？"云："未會。"師云："也不較多也。"〔《聯燈會要》卷六，《五燈會元》卷四，《古尊宿語錄》卷十四，《指月錄》卷十一〕

【集評】

◎開爐謝首座上堂，僧問："趙州道：'我喚作火，爾不得喚作火。'此意如何？"師云："撓鉤搭索。"僧云："今日得見趙州。"師云："爾會他東壁掛葫蘆麼？"僧云："也是家常茶飯。"師云："互鄉童子。"（《虛堂錄》卷二）

◎昔趙州見僧，忽挾火起，問云："不要喚作火，喚作甚麼？"這老漢擔枷過狀，而多少開口不得，被他換了眼睛也。（《嘉泰普燈錄》卷二十五《別峰印》）

◎山僧自川中來，只參一人，知道此人說話與古人一般。嘗問先師道："聞禪門中有悟道，果否？"先師云："是。若無悟，那裏得你？但緩緩地參。"山僧便寬心參究。有復首座見地明白，所以山僧常去詢問，只向山僧道："須是自家做活計，莫來問。"我一日舉趙州挾火示僧云："不得喚作火，是什麼？"山僧深疑著："分明是火，如何却不喚作火？"如是看三年，常自思惟。爭敢以凡夫情量，便問他聖人所證處。(《古尊宿語錄》卷三十三《佛眼清遠》)

◎舉趙州挾火示衆云。(中略)僧無語。師云："趙州老漢，著甚來由。從教遍界騰紅焰，□□渾身冷似冰。"(《續古尊宿語要》卷一《靈源清》)

◎開爐上堂，舉趙州因僧侍次，州挾火示之云："你不得喚作火，老僧道了也。"(中略)師云："二大老更相發明，兩個五百，要成一貫，不覺墮在者僧手中，畢竟那裏是不較多處？"(《偃溪廣聞禪師語錄》卷上)

◎開爐上堂："說法不應機，總是非時語。百丈、大溈，說無道有，是非時語。趙州道：'我喚作火，汝不得喚作火。'是非時語。忽有人問徑山：'如何是應機底語？'片帆已過洞庭湖。"(《偃溪廣聞禪師語錄》卷下)

◎趙州因僧侍次，遂指火問曰："這個是火，你不得喚作火，老僧道了也。"僧無對。(中略)頌曰：

我喚作火，汝即不可。已道了也，喚作甚麼！楊無爲〔《嘉泰普燈錄》卷二十八《頌古下·楊無為》，《宗鑑法林》卷十七〕

趙州喚作火，全身入荒草。我今不是渠，渠今正是我。月林觀〔《月林師觀禪師語錄》，《宗鑑法林》卷十七〕(《禪宗頌古聯珠通集》卷十八)

◎開爐上堂，舉趙州和尚指火示僧云："我喚作火，你不得喚作火。"師云："趙州老老大大，剛要挑弄火。雲居則不然：相共圍爐燒火向，主賓道合自忘言。"(《呆菴莊禪師語錄》卷一，《列祖提綱錄》卷四二)

(四六六)

洞山問僧："什麼處來？"云："掌鞋來。"山云："自解依他？"云："依他。"山云："他還指闍梨也無？"僧無對。師代云："若允即不違。"〔《洞山錄》，《古尊宿語錄》卷十四，《指月錄》卷十一〕

【校記】

《洞山錄》："師問僧，去什麼處來。僧云：'制鞋來。'師曰：'自解依他？'僧云：'依他。'師曰：'他還指教汝也無？'僧無對。趙州代僧曰：'若允即不違。'"

（四六七）

普化喫生菜，臨濟見云："普化大似一頭驢。"普化便作驢鳴。臨濟便休去。普化云："臨濟小廝兒，只具一隻眼。"師代云："但與本分草料。"〔《聯燈會要》卷七《鎮州普化》，《古尊宿語錄》卷十四〕

【校記】

《聯燈會要》卷七《鎮州普化》："師在臨濟堂前喫生菜，濟云：'這漢大似一頭驢！'師便作驢鳴。濟喚直歲云：'細抹草料著。'師云：'少室人不識，金陵又再來。臨濟一隻眼，到處爲人開。'"趙州云："何不與他本分草料著？"

【箋註】

○本分草料：本分，應有的一份。草料，牛馬等的食料。禪宗以"本分草料"象徵師家教化學人使用的劇烈手段。《無門關》第十五則："雲門當時便與本分草料，使洞山別有生機一路，家門不致寂寥。"《圓悟錄》卷十四："若隨語作解，即須與本分草料。"

【集評】

◎普化禪師因喫生菜次，（中略）趙州云："何不與他本分草料。"

上方益頌云："草裏相逢兩赤眉，交鋒一陣疾如飛。東西旗號渾相似，試問何人得勝歸。"［《宗鑑法林》卷二十］

徑山杲云："先師會裏呈真處，臨濟堂前喫菜時。連此三回露栓索，咄這沿臺盤乞兒。"（《禪林類聚》卷十八）

◎普化暮入臨濟院，喫生菜。（中略）趙州云："何不與他本分草料。"

剩噇生菜似頭驢，臨濟堂前捉敗渠。聳耳長鳴隨踢踏，不知業債倩誰除？天目禮（《宗鑑法林》卷二十）

(四六八)

保壽問胡釘鉸："莫便是胡釘鉸否？"云："不敢。"保云："還釘得虛空麼？"云："請打破虛空來！"保壽便打，却云："他後有多口阿師，與你點破在。"胡釘鉸後舉似師，師云："你因什麼被他打？"云："不知過在什麼處！"師云："只者一縫，尚不奈何，更教他打破！"釘鉸便會。師又云："且釘者一縫。"〔《祖堂集》卷二十《寶壽》，《景德傳燈錄》卷十二《寶壽沼》，《天聖廣燈錄》卷十二《寶壽沼》，《聯燈會要》卷十一《保壽沼》，《五燈會元》卷十一《寶壽沼》，《古尊宿語錄》卷十四，《指月錄》卷十一〕

【校記】

《天聖廣燈錄》卷十二《鎮州寶壽沼》："趙州云：'且釘者一縫。'鉸於言下省悟。遂舉寶壽行棒因緣。趙州云：'我恁麼道，與寶壽千里萬里。'"（《聯燈會要》卷十《保壽沼》、《正法眼藏》卷三同）

《聯燈會要》卷十《保壽沼》："胡後見趙州，州問：'莫是胡釘鉸麼？'胡云：'不敢。'州云：'還釘得虛空麼？'胡云：'請和尚打破將來。'"（中略）雪竇云："我要打這三個漢：一打趙州不合瞎却胡釘鉸眼；二打保壽不能塞斷趙州口；三打胡釘鉸不合放過保壽。"驀拈拄杖云："更有一個。"大衆一時走散，師擊繩床一下。大潙哲云："可惜趙州放過，待他道：'某甲過在甚麼處？'劈脊便棒。非但承他保壽威光，亦乃與叢林爲龜鑑。"（按雪竇語見《明覺語錄》卷二。雪竇、大潙哲語，《禪林類聚》卷一、《指月錄》卷十一、《宗門拈古彙集》卷二十六、《宗鑑法林》卷二十六均有著錄）

【集評】

◎舉保壽問胡釘鉸云："莫是胡釘鉸麼？"（中略）妙喜云："直饒釘得這一縫，檢點將來，亦非好手。可憐兩個老禪翁，却對俗人說家醜。"師云："胡釘鉸元不知這一縫。當時趙州，若不與賊過梯，便是踏破百二十緉草鞋，也未瞥地在。雖然釘鉸明得，也較保壽三千里。"（《楚石梵琦禪師語錄》卷

十一，《宗門拈古彙集》卷二十六，《宗鑑法林》卷二十六〕

◎寶壽因胡釘鉸參，（中略）州曰："且釘這一縫。"頌曰：

現出虛空眼便花，更教打破事如麻。直饒指出當堂縫，分明鷂子過新羅。治父川〔《宗鑑法林》卷二十六〕

直饒釘得這一縫，檢點將來非好手。可憐兩個老禪翁，却向俗人呈家醜。月菴果〔《古尊宿語錄》卷四十七，《禪林類聚》卷一，《宗鑑法林》卷二十六〕

一縫分明在，當頭下手難。饒君鉸釘得，終是不完全。鼓山珪〔《古尊宿語錄》卷四十七，《禪林類聚》卷一，《宗鑑法林》卷二十六〕（《禪宗頌古聯珠通集》卷二十六）

◎胡釘鉸

一縫釘不徹，猶說更打破。利動小人心，點過地上臥。（《恕中無慍和尚語錄》卷三）

◎寶壽因胡釘鉸參，（中略）州曰："只者一縫尚不奈何。"胡乃有省。

鼓山永云："寶壽雖具打破虛空底鉗鎚，未免傷鋒犯手。胡公末後悟去，誰知眼尚瞌瞌。"〔《宗鑑法林》卷二十六〕

資福廣云："千鈞之弩，不爲鼷鼠發機。寶壽不得無過。趙州雖善挽轉，也是就地彈雀。"〔《宗鑑法林》卷二十六〕

雲溪挺云："寶壽雖則孫承祖業，未免依樣畫葫蘆。胡釘鉸終是死漢。若解知恩報恩，打趙州拳頭有分在。"（《宗門拈古彙集》卷二十六）

◎寶壽因胡釘鉸來參，（中略）州曰："只者一縫尚無奈何。"胡有省。

溈山果云："寶壽大似無風起浪，平地生堆。胡釘鉸貪程太速，不覺墮坑落塹。若不遇趙州點破，爭得歸家穩坐。且道那裏是趙州點破處？"良久云："斬新日月，特地乾坤。"（《宗鑑法林》卷二十六）

（四六九）

師因行路次，見一婆子問："和尚住在什麼處？"師云："趙州東院西。"師舉向僧云："你道使那個西字？"一僧云："東西字。"一僧云："依棲字。"師云："你兩人總作得鹽鐵判官。"〔《景德傳燈錄》卷十，《聯燈會要》卷六，《五燈會元》卷四，《古尊宿語錄》卷十四〕

【校記】

《景德傳燈錄》卷十："師出院，路逢一婆子，問：'和尚住什麼處？'師云：'趙州東院西。'婆子無語。師歸院，問衆僧：'合使那個西字？'或言東西字，或言棲泊字。師曰：'汝等總作得鹽鐵判官。'僧曰：'和尚爲什麼恁麼道？'師曰：'爲汝總識字。'"法燈別衆僧云："已知去處。"《聯燈會要》卷六、《五燈會元》卷四略同。

【集評】

◎問："如何是趙州東院西？"師云："超然無間斷，密印付長空。"（《建中靖國續燈錄》卷四《法昭演教》）

◎上堂云："離四句，絕百非。便恁麼，息狂機。不恁麼，轉狐疑。離此憑何旨？趙州東院西。還委悉麼？頭戴天，脚踏地，動用之中論不二。一字妙門著眼看，鎮州蘿蔔知滋味。咄。"（《建中靖國續燈錄》卷二十二《方廣有達》，《續傳燈錄》卷二十一）

◎上堂："趙州東院西，密室爛如泥。寶八布衫穿，赤土畫簸箕。"喝一喝云："是什麼？簷頭雨滴滴，鷄向五更啼。"（《大慧錄》卷五）

◎公尋書偈付左右，令來早送達李都尉。偈曰："漚生與漚滅，二法本來齊。欲識真諦處，趙州東院西。"（《嘉泰普燈錄》卷二十三《楊億》，《天聖廣燈錄》卷十八，《圓悟心要》卷下，《五燈會元》卷十二，《續傳燈錄》卷四。《類說》卷四引後二句作："要識歸真處，趙州東院西。"《事實類苑》卷四十《禪理詩》："楊文公深達性理，精悟禪觀，捐館時作偈曰：'漚生復漚滅，二法本來齊。要識真機處，趙州東院西。'"《青箱雜記》卷十所載亦同，《全閩詩話》卷二轉引《青箱雜記》）

◎上堂："海上明公秀，趙州東院西。不移毫髮許，平步上雲梯。山僧恁麼道，已是一品二品。諸人恁麼會，未免七錯八錯。一等賊贓，不是無物。"（《石田法薰禪師語錄》卷二）

◎上堂："德山棒頭短，臨濟喝聲低。不傷物義句，趙州東院西。"（《石田法薰禪師語錄》卷二）

◎無際

儱侗復儱侗，平夷更平夷。伸手不見掌，趙州東院西。（《佛鑑禪師語錄》卷五）

◎若論此事，迷之則萬象俱生，心隨相轉。悟之則乃境唯心，寂然不動。雖然如是，猶是教乘極則，未是祖師門下事。要會麼？迷悟雙收處，趙州東院西。(《續古尊宿語要》卷三《月菴果》)

◎言無展事，語不投機。承言者喪，滯句者迷。和底掀翻了，趙州東院西。(《續古尊宿語錄》卷四《松源岳》，《松源崇嶽禪師語錄》卷下)

◎和鍾道士若谷投贈韻

爐薰浪擬叩玄微，何如趙州東院西。了知此理只麼是，亡羊何必惑多蹊。(《滄洲塵缶編》卷七)

◎上堂，僧問："祖師道：'心隨萬境轉，轉處實能幽'時如何？"師云："春風吹解玉壺冰。"進云："'隨流認得性，無喜亦無憂。'又作麼生？"師云："趙州東院西。"(《月江正印禪師語錄》卷上)

◎送遠藏主

背明投暗如稻麻，盡使迴光歸自己。咄咄咄，力圍希，抹過趙州東院西。呈橈舞棹笑螽老，何如留取雙雙眉。(《南石和尚語錄》卷三)

◎用韻示左右

大家相聚喫莖薤，莫話趙州東院西。黃檗樹頭無蜜果，懸崖險處有平蹊。(《了堂和尚語錄》卷三)

◎時光有今古，佛性無悟迷。表法名何別，還源理自齊。直教分水乳，未免隔雲泥。一舉四十九，趙州東院西。(《了堂和尚語錄》卷三)

◎示超覺上人

靈光迥出根塵外，用著根塵那得知。但能滅盡偷心去，始識趙州東院西。(《永覺和尚廣錄》卷二十二)

◎抉出眼中翳，還他舊面皮。本來無住著，幻寄寶蓮池。彌陀親授記，眾聖共提攜。上品上生處，趙州東院西。(《鼓山為霖和尚餐香錄》卷上)

◎僧云："如何是學人生緣處？"師云："趙州東院西。"(《圓通大應國師語錄》卷下)

◎復舉僧問柏谷："九旬禁足事如何？"谷曰："不墮蠟人機。"山僧有一頌："禁足九旬內，不墮蠟人機。端的是何處？趙州東院西。"(《常光國師語錄》卷上)

◎上堂："唯這趙州東院西，大家普請好提持。直穿鬧市門頭去，水到渠成十二時。"(《常光國師語錄》卷上)

◎芳澤源仁大姊下火

諸佛真源仁讓齊，菩提坊裏不曾迷。無門關捩忽撥轉，抹過趙州東院西。(《少林無孔笛》卷四)

(四七〇)

師與侍郎遊園，見兔走過，侍郎問："和尚是大善知識，兔子見爲什麽走？"師云："老僧好殺。"〔《景德傳燈錄》卷十，《五燈會元》卷四，《古尊宿語錄》卷十四，《指月錄》卷十一〕

【集評】

◎趙州與官人遊園次，兔見驚走。官問："和尚是大善知識，兔見爲甚麼走？"師曰："老僧好殺。"

夜叉羅刹毒兇心，華峰如峻海如深。已向人前呈劍刃，遲回又過黑雲岑。綠雨蕉(《宗鑑法林》卷十七)

◎趙州侍郎見兔子圖

佛祖一刀殺，毘尼曾不瑕。無端驚兔子，千里摘楊花。(《少林無孔笛》卷五)

(四七一)

師因見僧掃地次，遂問："與麼掃，還得淨潔也無？"云："轉掃轉多。"師云："豈無撥塵者也？"云："誰是撥塵者？"師云："會麼？"云："不會。"師云："問取雲居去。"其僧乃去，問雲居："如何是撥塵者？"雲居云："者瞎漢。"〔《聯燈會要》卷六，《古尊宿語錄》卷十四〕

【箋註】

〇撥塵：詳第(三三六)條註。

【集評】

◎趙州因見僧掃地，乃問：“與麼掃還潔淨也無？”（中略）

古塘□云：“二老當斷不斷，致使這僧轉掃轉多。山僧則不然，待云‘誰是撥塵者’，便接過掃帚，痛與一頓。爲甚如此？不見道爲人須爲徹。”（《宗門拈古彙集》卷十六，《禪林類聚》卷十九，《宗鑑法林》卷十七）

（四七二）

師問僧：“你在此間多少時也？”云：“七八年。”師云：“還見老僧麼？”云：“見。”師云：“我作一頭驢，你作麼生見？”云：“入法界見。”師云：“我將爲你有此一著，枉喫了如許多飯！”僧云：“請和尚道。”師云：“因什麼不道：‘向草料裏見！’”〔《祖堂集》卷十八，《古尊宿語錄》卷十四〕

【校記】

《祖堂集》卷十八：“師問僧：‘你在這裏得幾年？’對云：‘五六年。’師云：‘還見老僧也無？’對云：‘見。’‘見何似生？’對云：‘似一頭驢。’師云：‘什摩處見似一頭驢？’對云：‘入法界見。’師云：‘去！未見老僧在！’有人舉似洞山，洞山代云：‘喫水喫草。’”

（四七三）

師問菜頭：“今日喫生菜熟菜？”菜頭提起一莖菜，師云：“知恩者少，負恩者多。”〔《景德傳燈錄》卷十，《五燈會元》卷四，《古尊宿語錄》卷十四，《指月錄》卷十一〕

(四七四)

有俗行者到院燒香，師問僧："伊在那裏燒香禮拜，我又共你在者裏語話，正與麼時，生在那頭？"僧云："和尚是什麼？"師云："與麼即在那頭也。"云："與麼已是先也。"師笑之。〔《古尊宿語錄》卷十四〕

(四七五)

師與小師文遠論義，不得占勝，占勝者輸胡餅。師云："我是一頭驢！"遠云："我是驢胃。"師云："我是驢糞。"遠云："我是糞中蟲。"師云："你在彼中作麼？"遠云："我在彼中過夏。"師云："把將胡餅來。"〔《祖堂集》卷十八，《聯燈會要》卷六《趙州從諗》，《五燈會元》卷四，《古尊宿語錄》卷十四，《指月錄》卷十一〕

【校記】

"把將胡餅來"，《五燈會元》卷四作"把將果子來"。

《祖堂集》卷十八《趙州》："師有一日向七歲兒子云：'老僧盡日來心造，與你相共論義。你若輸，則買糊餅與老僧；老僧若輸，則老僧買糊餅與你。'兒子云：'請師立義。'師云：'以劣爲宗，不得静勝。老僧是一頭驢。'兒子云：'某甲是驢糞。'師云：'是你與我買糊餅。'兒子云：'不得和尚，和尚須與某甲買糊餅始得。'師與弟子相爭，斷不得。師云：'者個似軍國事一般，官家若判不得，須喚村公斷。這裏有三百來衆，於中不可無人。大衆與老僧斷：賓主二家，阿那個是有路？'大衆斷不得。師云：'須是具眼禪師始得。'三日以後，沙彌覺察，買糊餅供養和尚矣。"

【集評】

◎上堂舉趙州一日，與文遠侍者論義。（中略）師云："文遠在驢糞中過夏，面赤不如語直。趙州貪他小利，贏得個胡餅，檢點將來，也是普州人送賊。且道畢竟如何？"良久云："鵝王擇乳，素非鴨類。"（《大慧錄》卷六，《宗門拈古彙集》卷十六，《宗鑑法林》卷十九）

◎退步

萬事無如退步休，百年浮幻水中漚。趙州不爲爭餬餅，要得時人劣處求。（《慈受深和尚廣錄》卷二）

◎復舉趙州與文遠論義，鬥劣不鬥勝。（中略）師拈云："趙州布偃月一字，文遠排斗底八門。及乎兩陣交鋒，到了則成兒戲。是則也是，把將果子來，是劣義耶，勝義耶？"（《斷橋妙倫禪師語錄》卷上）

◎仰山種粟畬田，翻成窠窟，文遠於驢糞裏落節，洞山向萬里無寸草處韡跟。（《佛鑑禪師語錄》卷二）

◎示果侍者

視昔趙州、文遠，鬥劣不鬥勝，似金博金，國師耽源，三呼三應，如水與水。直饒恁麼，更須知有衲僧門下，佛祖奈何不得底一著。（《環溪惟一禪師語錄》卷下）

◎趙州與文遠論義。（中略）頌曰：

兩陣交鋒勢莫窮，信旗獵獵捲秋風。邊庭不用深深入，勒馬歸來却有功。慈受深［《宗鑑法林》卷十九］

趙州老古錐，家風繼金粟。文遠小廝兒，窟中師子屬。共撫無絃琴，同唱還鄉曲。花簇簇，錦簇簇，一片好良田，瞥爾生荊棘。赤腳漢趁兔，著靴人喫肉。南堂興（《禪宗頌古聯珠通集》卷十九）

◎趙州勝劣

舉趙州與遠侍者鬥劣不鬥勝。厮殺無過父子兵 州云："我似一頭驢。"這畜生 者云："我似驢胃。"休放屁 州云："我似驢糞。"爭奈外頭光 者云："我似糞中蟲。"九間僧堂裏不住 州云："在裏許作甚麼？"和尚莫要餅子喫麼 者云："過夏。"墮也，墮也 州云："把將餅子來。"慣得其便 天童拈云："高高標不出，不如鬥劣 低低望不及。在汝腳跟下 眼自爭先得，拈轉腳跟 籌因打劫贏。"扳回鼻孔

師云：衲僧行履，不異常途。唯臨死生禍福、得失是非之際，視死如生，受辱如榮，見其人矣。趙州一日見婆子，問曰："什麼處去？"婆云："偷趙州笋去。"州云："忽遇趙州時作麼生？"婆攔腮與趙州一掌，州休去。

竹林安和尚，與衆沙童拔草，童恚而密訟曰："老驢不放人閑。"謂師不

聞也，須臾草盈筐，童問安曰："草傾置何處？"安曰："置方丈中著。"童曰："要這作甚麼？"安曰："要餵老驢聻。"童吐舌。趙州與文遠侍者行次，州云："這裏好置個巡鋪子。"者便道邊立云："把將公驗來。"州與一掌。者云："公驗分明過。"州一日上觸，喚侍者，者應諾。州云："東司頭不可與汝說佛法也。"大慧杲，常以諸佛菩薩、畜生驢馬，教人看是甚麼道理。諸錄中皆云趙州侍者鬥劣者得餅子喫，或曰果子。天童少此句。萬松若是侍者，便道："我今日定不得餅子喫。"管教趙州兩手分付。趙州道："我似一頭驢。"萬松道："是則便是，似作什麼？"普化一日喫生菜，臨濟道："這漢却似一頭驢。"化便作驢鳴。侍者作糞中蟲，餅子看看到口，趙州輕用驅耕奪飢之機，便問："你在裏頭作什麼？"當時只道"待過餅子與和尚"，州縱喫下，却須吐出。却道"在裏頭結夏"，比來鬥劣，却成占勝。餅到口邊，被州奪却。天童拈處，以劣爲勝，以低爲高。潯陽千鈔主，未解奕棋，懸棋盤於空中，偃臥閱之云："老僧看讀則個。"須臾曰："我解也，元來只是個爭先法。"二人鬥劣如對棋，正到雙關二虎處，趙州輕輕拈過，眼蹉還奪手中。還識侍者麼？一著不到處，滿盤空用心。（《請益錄》第八十則）

◎送成侍者

有時縱，全殺全生誰得共。有時奪，十方剎海橫該抹。君不見文遠全師未舉時，曾與趙州爭勝劣。（《了菴和尚語錄》卷六）

◎送參侍者

參須實參，悟須實悟。好個師僧，便恁麼去。靈山會裏人，總是天麒麟。百千年滯貨，拈弄越精神。蹉過趙州禪，遭他文殊笑。鬥劣不鬥勝，驢糞中著到。因思老古錐，節外更生枝。一筆都勾下，方爲跨竈兒。（《楚石梵琦禪師語錄》卷十六）

◎請侍者上堂："趙州與文遠，鬥劣不鬥勝。老大不識羞，相席還打令。致使明眼人，無由辨邪正。邪正既不辨，轉轉成毛病。"（《恕中無慍和尚語錄》卷二，《列祖提綱錄》卷三十一）

◎次楚石和尚韻贈志侍者

子也文遠輩，師資兩成全。鬥劣不鬥勝，堪齊古人肩。（《恕中無慍和尚語錄》卷五）

◎示林侍者

香林逸軌尚堪追，好語潛將紙襖書。溫栗有常含石玉，光明不定走盤

珠。撥來錟錟波中火，驚出雙雙樹杪魚。鬥勝有時還鬥劣，趙州元是一頭驢。(《恕中無愠和尚語錄》卷六)

◎慈受禪師示衆箴規

克賓法戰不勝，曾罰饡飯一堂。文遠勝劣爭禪，輸却糊餅兩個。(《緇門警訓》卷六，《禪門諸祖師偈頌》卷下之下)

◎趙州鬥劣不鬥勝

義勝緣輸理一如，橫張赤幟道情殊。趙州不是閑相識，驢糞逢人換眼珠。(《無異元來禪師廣錄》卷十一)

◎送啓藏主

堪笑文遠與趙州，爭鋒脣舌無來繇。只圖鬥劣不鬥勝，豈知父子成冤仇。何如深入毘盧藏，是聖是凡難近傍。把住乾坤正令行，傑出古今真榜樣。(《呆菴莊禪師語錄》卷六)

◎趙州與侍者文遠論義。(中略)

五祖戒云："禍不單行。"[《宗鑑法林》卷十九]

琅琊覺云："趙州、文遠，也是蕭何置律。"[《古尊宿語錄》卷四十六《琅琊慧覺》，《宗鑑法林》卷十九]

天童覺云："高高標不出，低低望不及。眼自爭先得，籌因打結贏。"[《宏智廣錄》卷三，《宗鑑法林》卷十九]

天寧琦云："當時文遠待趙州道'我是一頭驢'，便好道'輸却胡餅了也'。老漢取餅，就手奪得便行。"[《楚石梵琦禪師語錄》卷十一，《宗鑑法林》卷十九]

寶華忍云："(中略)纔勝即輸輸即勝，算來胡餅都無分。而今拈出大家看，動著些兒成話柄。咄。"[《宗鑑法林》卷十九]

演教泐云："趙州只知貪程，不覺錯路。文遠雖輸果餅，未免暗得便宜。山僧與麼道，具眼者辨取。"(《宗門拈古彙集》卷十六)

◎趙州與文遠論義。(中略)

上馬金送去，下馬銀接還，存亡漢室在其間。思歸不解亭侯印，一劍如何破五關？不見道行路難，路難不在登高山。石雨方

得便宜者常帶羞，贏官司者常叫屈。爲甚如此？小雪見大雪，屯米底，折一橛。三宜盂

洗耳其如落一籌，飲牛何事占高流？堪憐兩字輕天下，也剩閑名在九

州。即念現（《宗鑑法林》卷十九）

◎味甘書屋

石泉汲以烹，略試文武火。既非竟陵癖，更殊趙州果。（《御製詩集四集》卷三十八，《欽定熱河志》卷七十八）

◎臘月旦上堂，舉趙州與文遠侍者論義，鬥劣不鬥勝。（中略）拈云："趙州父子，論義問答無滯礙，如船子下揚州，不勞篙棹。雖然只在驢胎裏，未有出身一路。（《佛照禪師語錄》卷上）

（四七六）

師因入內回，路上見一幢子無一截，僧問云："幢子一截，上天去也，入地去也？"師云："也不上天，也不入地。"云："向什麼處去？"師云："撲落也。"〔《景德傳燈錄》卷十，《五燈會元》卷四，《古尊宿語錄》卷十四〕

【校記】

《景德傳燈錄》卷十："師院有石幢子被風吹折。僧問：'陀羅尼幢子作凡去，作聖去也？'師云：'也不作凡，亦不作聖。'僧云：'畢竟作什麼？'師云：'落地去也。'"

（四七七）

師坐次，一僧纔出禮拜，師云："珍重。"僧申問次，師云："又是也。"〔《祖堂集》卷十八，《古尊宿語錄》卷十四〕

【校記】

《祖堂集》卷十八："有僧纔禮拜，師云：'珍重。'僧申問，師云：'又是也，又是也。'"

(四七八)

師因在檐前立，見燕子語，師云："者燕子喃喃地，招人言語。"僧問："未審他還甘也無？"師云："依稀似曲纔堪聽，又被風吹別調中。"〔《古尊宿語錄》卷十四〕

(四七九)

有僧辭去，師云："什麼處去？"云："閩中去。"師云："閩中大有兵馬，你須迴避。"云："向什麼處迴避？"師云："恰好。"〔《五燈會元》卷四，《古尊宿語錄》卷十四，《指月錄》卷十一〕

【集評】

◎趙州因僧辭，師問："甚處去？"曰："閩中去。"（中略）

僧去閩中路不遙，報言軍馬鬧嘈嘈。問師迴避歸何處，恰好安眠日正高。汾陽昭〔《汾陽錄》卷中，《禪林類聚》卷十二。"歸"，《禪林類聚》作"居"〕

聞說閩中兵馬多，叮嚀遊子避干戈。臨歧指個藏身處，無限雄師不奈何。正覺逸〔《禪林類聚》卷十二，《宗鑑法林》卷十七〕

七閩歸路日爭鋒，迴避須教不見蹤。恰好藏身何處是，青山雲外萬千重。佛慧泉〔《禪林類聚》卷十二，《宗鑑法林》卷十七〕（《禪宗頌古聯珠通集》卷十八）

(四八〇)

有僧上參次，見師衲衣蓋頭坐次，僧便退。師云："闍梨莫道老僧不祇

對。"〔《古尊宿語錄》卷十四〕

【集評】
◎上堂,舉僧參趙州,適值趙州以衲衣蓋頭而坐,僧便退。州云:"闍梨莫道老僧不祇對。"又僧問法眼:"請和尚廣開方便,與學人入路。"眼遂拍手一下。師云:"諸人要會二尊宿意麼?譬如淨掃灑一條路,送人到家,只是人不肯移脚。忽然移脚時如何?慈受叟與你提瓶挈鉢。"(《慈受深和尚廣錄》卷三)

(四八一)

師問僧:"從什麼處來?"云:"南方來。"師云:"共什麼人爲伴?"云:"水牯牛。"師云:"好個師僧,因什麼與畜生爲伴?"云:"不異故。"師云:"好個畜生。"云:"爭肯?"師云:"不肯且從,還我伴來!"〔《祖堂集》卷十八,《古尊宿語錄》卷十四〕

【箋註】
○水牯牛:詳第(八)條註。

(四八二)

師問僧:"堂中還有祖師也無?"云:"有。"師云:"喚來與老僧洗脚。"〔《祖堂集》卷十八,《古尊宿語錄》卷十四〕

【校記】
《祖堂集》卷十八:"問第一座:'堂中還有祖父摩?'對云:'有。'師云:'喚來與老僧洗脚。'"

(四八三)

堂中有二僧，相推不肯作第一座，主事白和尚，師云："總叫他作第二座。"云："教誰作第一座？"師云："裝香著。"云："裝香了也。"師云："戒香？定香？"〔《聯燈會要》卷六，《古尊宿語錄》卷十四，《指月錄》卷十一〕

【校記】

"戒香定香"，《聯燈會要》卷六作："戒香？定香？慧香？解脫香？"

【集評】

◎師乃舉趙州會下有二僧，相推不肯作第一座。（中略）師云："趙州下一槌，不妨驚羣動衆。子細檢點將來，也是泥裏洗土塊。"（《應菴曇華禪師語錄》卷二）

◎復舉趙州會下有僧參，相推不肯作第一座。（中略）師拈云："趙老應機，如風吹水。第一座香煙起，驢年夢見汗臭氣。"（《石田法薰禪師語錄》卷三）

◎謝後堂首座上堂，舉趙州會中有二僧，相推不肯作第一座。（中略）師云："趙州老漢是則是，觸著便動，捏著便轉，爭奈七手八脚一時露。乳峰這裏不用相推，要識第一座，便是第二座；要識第二座，便是第一座。"（《佛鑑禪師語錄》卷一）

◎謝首座書記藏主，舉趙州會下，有二僧相推不肯作第一座。（中略）師拈云："趙州下一錘，不妨驚羣動衆。子細檢點將來，也是泥裏洗土塊。若是薦福門下，不用相推。第一座也有人，第二座也有人，第三座也有人。雖然，不免從頭註過。第一座，鐵眼銅睛覻不破。第二座，陽春白雪無人和。第三座，真實身心同達磨。且道與趙州是同是別？若也會得，許你具一隻眼。若也不會，也許你具一隻眼。有個衲僧出來道，總不恁麼時如何？對他道：'切忌向鬼窟裏作活計。'"（《續古尊宿語錄》卷四《應菴華》，《應菴曇華禪師語錄》卷二，《了菴和尚語錄》卷二，《指月錄》卷十一，《列祖提綱錄》卷十八，《宗

門拈古彙集》卷十六,《宗鑑法林》卷十七)

◎上堂謝秉拂並夏齋,舉趙州會下,二僧相推。不肯作第一座。(中略)應菴叔祖云:"趙州下者一槌,不妨驚羣動衆。子細檢點將來,也是泥裏洗土塊。"(中略)師云:"玉本無瑕,雕文喪德,趙州、應菴之謂也。中峰咬定牙關,盡力蹦跳,出它綣繢不得。亦未免從頭註過:'第一座,露柱燈籠俱掞破。第二座,偏向淨瓶裏吐唾。第三座,璞玉渾金能幾個?'"(《元叟行端禪師語錄》卷二,《列祖提綱錄》卷十八)

◎謝後堂首座上堂,舉趙州會下二僧相推,不肯作第一座。(中略)師云:"趙州老人尋常道:'諸方難見易識,我者裏易見難識。'點檢將來,也是和麫耀麪。當時待他道'裝香著',只向他道:'正是第二座。'還有不甘底麼?"(《石溪心月禪師語錄》卷上)

◎趙州因二僧相推不肯作第一座,主事白州,州曰:"總教伊作第二座。"(中略)

愚菴盂云"趙州著個座元於佛祖位上,使天下叢林,無敢正座。規繩自此一跌,直至如今整理不上。還有人爲法社正紀綱者麼?不必相推,請來相見。如無,山僧擯却聖僧去也。"〔《宗鑑法林》卷十七〕(《宗門拈古彙集》卷十六)

◎師乃云:"記得趙州會下有二僧,相推不肯作第一座。(中略)後來應菴祖師住饒之薦福日,舉前話拈云。"(中略)師曰:"祖師要向無星秤子上,強分斤兩。萬年山中,兩堂同有人。第一座,嫌佛不肯做。第二座,有膽如天大。第三座,與趙州第一座無有優劣。諸人若也未瞥,且待面目現在。"(《常光國師語錄》卷上)

(四八四)

師問僧:"離什麼處?"云:"離京中。"師云:"你還從潼關過麼?"云:"不歷。"師云:"今日捉得者販私鹽漢。"〔《古尊宿語錄》卷十四,《御選語錄》卷十六〕

（四八五）

因送亡僧，師云："只是一個死人，得無量人送。"又云："許多死漢，送一個生漢。"時有僧問："是心生，是身生？"師云："身心俱不生。"云："者個作麼生？"師云："死漢。"〔《古尊宿語錄》卷十四〕

【集評】

◎趙州參加一個和尚的送葬行列，感慨地說："許多的死人送一個活漢。"真我是不需要軀殼的。有了軀殼，就是把一個真我偽裝起來，等於傀儡登場，戴上一副假面具。從真我的角度看來，失去了本來的面目，就是等於真我死了一樣。六道輪迴中的眾生，何曾認識本來面目。趙州之言，並無奇異之處，只是眾生沒有證得此境，猝聞其說，不覺有驚奇之感。（周中一：《禪話》，113 頁）

（四八六）

有僧見貓兒，問云："某甲喚作貓兒，未審和尚喚作什麼？"師云："是你喚作貓兒。"〔《古尊宿語錄》卷十四〕

（四八七）

因鎮州大王來訪師，侍者來報師，云："大王來。"師云："大王萬福。"侍者云："未在，方到三門下。"師云："又道大王來也。"〔《正法眼藏》卷五，《聯燈會要》卷六，《五燈會元》卷四，《古尊宿語錄》卷十四，《指月錄》卷十一〕

【集評】

◎上堂，舉僧報趙州和尚："大王來看和尚。"趙州云："大王萬福。"（中略）師云："其僧雖然罔措，爭奈王令已行。王令已行，即海晏河清。且道海晏河清一句作麼生道？"乃云："野老不知堯舜力，冬冬打鼓祭江神。"（《白雲守端禪師廣錄》卷二，《禪林類聚》卷九，《宗鑑法林》卷十八）

◎進云："昔日趙州端居丈室，侍者報云：'大王來也。'州云：'大王萬福。'此理如何？"師云："頂顙金剛眼放光。"進云："雖然入草求人，爭奈拖泥帶水。"師云："莫謗趙州好。"（《圓悟錄》卷五）

◎趙州一日坐次，侍者報云："大王來也。"（中略）參到這裏，見到這裏，不妨奇特。南禪師拈云："侍者只知報客，不知身在帝鄉。趙州入草求人，不覺渾身泥水。"這些子實處，諸人還知麼？（《碧巖錄》第九則。按黃龍慧南拈頌，見《聯燈會要》卷六《趙州從諗》，《黃龍四家錄·黃龍慧南語錄續補》，《禪林類聚》卷九，《宗門拈古彙集》卷十五，《宗鑑法林》卷十八）

◎往日，趙州和尚侍者報云："大王來也。"州起立，只揖云："大王萬福。"（中略）諸仁者，是個甚麼道理，且道趙州和尚彼時還識趙王也無？還見得麼？（《薦福承古禪師語錄》）

◎上堂，舉趙州坐次，侍者報云："大王來也。"州下繩床云："大王萬福。"（中略）師云："一等是蘿蔔頭禪，纔落趙州手裏，不妨好滋味。"（《慈受深和尚廣錄》卷一）

◎師復云："記得昔日趙州在方丈坐，侍者報：'大王來。'趙州下禪床叉手云：'大王萬福。'（中略）"師云："看他古人見地明白，受用處不妨省力。學者粗心，多是對面蹉過。諸人若向這裏會得，莘國大王不離府地，常見慧林。慧林不下禪床，常與大王相見。所以道，定光金地遙招手，智者江陵暗點頭。"（《慈受深和尚廣錄》卷三）

◎上堂，舉趙州侍者報云："大王來也。"州云："大王萬福。"（中略）師云："趙州年老聽事不真，侍者王令已行，猶在門外。"（《虛堂錄》卷一）

◎侍者報："大王來。"

應用從來不覆藏，當機何得昧真常？只知報道王來也，不覺渾身在帝鄉。（《嘉泰普燈錄》卷二十八《頌古下·佛性泰》，《禪林類聚》卷九）

◎侍者報趙州大王來

舊鞋線斷口頭開，床下埋藏滿面埃。信手拈來著得著，人前拖去又拖來。(《率菴梵琮禪師語錄》)

◎趙州因侍者報："大王來也。"師曰："萬福大王。"(中略)頌曰：

報客傳言信已通，叉手低頭便鞠躬。對面一雙清白眼，當頭蹉過住山翁。楚安方 [《宗鑑法林》卷十八]

侍者來言報大王，趙州曾揖下禪床。憐兒不覺傍觀醜，爭奈全身在帝鄉。天童覺

一句機鋒無價，萬福承當不下。看他拈尾作頭，又道大王來也。楮衲秀

驥子駑駘滿道途，皮毛孰敢辨精粗。若無伯樂當時鑑，失却追風千里駒。慈受深 [《嘉泰普燈錄》卷二十八《頌古下·南巖勝》，《宗鑑法林》卷十八]

許由臨岸洗耳，巢父不飲牛水。侍者親入帝鄉，趙州只在草裏。南巖勝 [《禪林類聚》卷九，《宗鑑法林》卷十八。"臨岸"，《宗鑑法林》作"臨溪"]

來也宮殿隨身，去也笙歌滿路。侍者白頭如新，趙州傾蓋如故。別峰印 [《續古尊宿語要》卷六《別峰印》，《宗鑑法林》卷十八] (《禪宗頌古聯珠通集》卷二十)

◎舉趙州諗禪師，因侍者報大王來也。州云："萬福大王。"(中略)師云："侍者報客，不知客是何人。趙州蝦爲子屈，不覺打失眼睛。且道徑山恁麼批判，又且如何？巡人犯夜。"(《南石和尚語錄》卷二，《宗門拈古彙集》卷十五，《宗鑑法林》卷十八)

◎趙州因侍者報："大王來也。"州曰："萬福大王。"(中略)

愚菴盂云："侍者虛報君情，趙州望敵輕進。直得雙鳳雲中扶輦下，六龍海上駕山來。"

佛日晢云："趙州古佛，猶作者般去就。山僧即不然，今日御駕親臨，設有侍者報和尚萬歲來，便與劈面掌云：'莫誑山僧好。'何故？天威不違顏咫尺，何曾少間至尊前。" [《宗鑑法林》卷十八]

白巖符云："趙州費盡鹽醬，勞而無功。侍者黃袍加身，承當未敢。二者俱不濟事則且置，只如道'萬福大王'，者裏合作麼生，始堪與趙州相見？"(《宗門拈古彙集》卷十五)

◎趙州因侍者報："大王來也。"師曰："萬福大王。"(中略)

春山倒影一江紅，鶯柳情多戀玉驄。莫恨不工仙子筆，只緣身在畫圖中。白巖符 (《宗鑑法林》卷十八)

◎熹侍者

623

大王不出九重城，忽然報道來相訪。趙州當日無分曉，此事如今向誰道。(《竺仙和尚語錄》卷下)

◎復舉趙州和尚一日坐次，侍者報云："大王來也。"州云："大王萬福。"（中略）後來黃龍拈云。（中略）師云："大小黃龍，恁麼拈掇，可謂土上加泥，錦上鋪花。新寶山更述一偈，爲諸人打破趙州關去也：'大王來也大王來，趙老機鋒太俊哉。萬福聲前君試看，麒麟現瑞鳳凰臺。'"（《景川和尚語錄》卷上）

(四八八)

因上東司召文遠，文遠應諾。師云："東司上，不可與你說佛法也。"
〔《正法眼藏》卷一，《聯燈會要》卷六，《五燈會元》卷四，《古尊宿語錄》卷十四，《指月錄》卷十一，《御選語錄》卷十六〕

【箋註】
○東司：指禪林東序之僧所用之廁所，後成爲廁所之通稱。又稱東淨、後架、起止處。廁所乃至穢之處，應保持清潔，故稱淨、圊（清之意）。

【集評】
◎趙州在東司上，見遠侍者過，驀召文遠。遠應諾，師曰："東司上不可與汝說佛法。"頌曰：

老僧正在東司上，不將佛法爲人說。一般屎臭旃檀香，父子之機俱漏泄。鼓山珪〔《古尊宿語錄》卷四十七，《禪林類聚》卷五，《宗鑑法林》卷十七〕

趙州有密語，文遠不覆藏。演出大藏教，功德實難量。徑山杲〔《古尊宿語錄》卷四十七，《禪林類聚》卷五，《宗鑑法林》卷十七〕

東司上不說佛法，喚來與伊劈面踏。不用重論報佛恩，將此深心奉塵刹。無菴全

明明道不說，此理憑誰識。春風一陣來，滿徑花狼藉。蒙菴聰〔《武林梵志》卷十《蒙菴元聰》，《宗鑑法林》卷十七〕（《禪宗頌古聯珠通集》卷二十）

◎浴室乃大衆宣明妙觸之方，洗塵滌垢，孰能免之。其缸壺桶杓，竈鑊柴薪，常加檢看。去水溝渠，勿令壅塞。開明香潔，以悅衆心。當有拋下篲子，拈起杓頭者穎悟。趙州東司頭不是說佛法處之神機脫略，古靈爲本師揩背之妙用，以報無功用行，豈小補哉。(《普應國師幻住菴清規》)

◎執持糞器，著弊垢衣。入淨入穢，入水入泥。日用常行三昧，發揮古德風規。趙州東司頭不說佛法，狼藉不少；湛堂指甲上放光動地，誠不自欺。(《月江正印禪師語錄》卷下)

◎東司上不可與汝說佛法

喚一聲兮應一聲，半滿偏圓一齊說。鷲池鷲嶺給孤園，不出而今個時節。(《恕中無慍和尚語錄》卷三)

◎上堂，舉趙州一日在東司頭，見文遠侍者過，乃喚文遠。(中略)師云："趙州謾文遠侍者即得。若是眼睛定動底，教他屙也不了。"(《了堂和尚語錄》卷一)

◎宗淨頭求

東司不可說佛法，趙州此話播叢林。屎腸抖擻不出底，休向威音那畔尋。(《了堂和尚語錄》卷四《後錄》)

◎覺源曇禪師謝侍者上堂："文遠當年侍趙州，東司說法未輕酬。迴光一念分明處，午夜霜清月滿樓。"(《列祖提綱錄》卷三十三)

◎上堂："趙州一日在東司上見遠侍者過，驀召文遠，遠應諾。(中略)興雲近日在東司上爲數僧說法，且道說底是，不說底是？這裏若道有纖毫優劣，即是謗如來正法輪。畢竟如何？虎斑易見，人斑難見。"(《景川和尚語錄》卷上)

(四八九)

因在殿上過，乃喚侍者，侍者應諾。師云："好一殿功德。"侍者無對。
〔《古尊宿語錄》卷十四〕

【集評】

◎趙州因在殿上過，乃喚侍者。者應諾。師曰："好一殿功德。"者無對。頌曰：

殿上從來好功德，如何侍者却疑惑。趙州露出赤心肝，問著依然墨漆黑。照堂一

殿上喚來先應諾，不知業識太茫茫。雖然功德已成就，爭奈當初不放光。鼓山珪［《古尊宿語錄》卷四十七，《宗鑑法林》卷十八］

好一殿功德，總是過去佛。百福相嚴身，不使㫋檀刻。日日香煙夜夜燈，看來當甚乾蘿蔔。徑山杲［《古尊宿語錄》卷四十七，《宗鑑法林》卷十八］（《禪宗頌古聯珠通集》卷二十）

◎趙州一日，從殿上過，乃喚侍者一聲。者應諾。（中略）代云："一回拈起一回新。"（《楚石梵琦禪師語錄》卷八）

◎趙州一日從殿上過

自屎如何不知臭，人前猶自挑來嗅。大都年老變成魔，千佛出世如難救。（《恕中無慍和尚語錄》卷三）

◎趙州從殿上過

殿上殷勤呼侍者，趙州老倒覺心孤。雖然好一殿功德，何事都將臭屎塗。（《南石和尚語錄》卷二）

（四九〇）

師因到臨濟，方始洗脚，臨濟便問："如何是祖師西來意？"師云："正值洗脚。"臨濟乃近前側聆，師云："若會便會，若不會更莫嗒啄，作麼？"臨濟拂袖去，師云："三十年行脚，今日爲人錯下註脚。"〔《臨濟錄》，《天聖廣燈錄》卷十《臨濟義玄》，《聯燈會要》卷九《臨濟義玄》，《五燈會元》卷十一《臨濟義玄》，《古尊宿語錄》卷四《臨濟義玄》，《古尊宿語錄》卷十四《趙州從諗》，《御選語錄》卷十六《趙州從諗》〕

【校記】

《天聖廣燈錄》卷十《臨濟義玄》："趙州行脚時參師，遇師洗脚次。州便問：'如何是祖師西來意？'師云：'恰值老僧洗脚。'州近前作聽勢。師

云：'更要第二杓惡水潑在？'州便下去。"

【集評】

◎臨濟因趙州到院，在後架洗脚次。（中略）東山曰："臨濟唱啄，趙州註脚。兩個老漢，放過一著。"（《雪峰慧空禪師語錄》）

◎上堂，舉趙州遊方到臨濟，在後架洗脚次。濟見便問："如何是祖師西來意？"州云："恰值老僧洗脚。"（中略）師云："甚處是趙州錯爲人下註脚處？"良久云："家貧猶自可，路貧愁殺人。"（《瞎堂慧遠禪師廣錄》卷一）

◎師入淨慈陞座，問答罷，忽天使踵門，傳奉聖旨："問趙州因甚八十行脚，虛堂因甚八十住山？"師乃就舉："趙州行脚，一日到臨濟，方濯足間，臨濟問：'如何是祖師西來意？'州云：'恰值老僧洗脚。'濟近前作聽勢，州云：'會則便會，啞啜作麽？'濟歸方丈，閉却門。州云：'老僧八十行脚，今日却被者驢子撲。'輒成一頌。"天使楊都知繳奏，龍顏大悅，特賜米五百碩，絹一百縑，開堂安衆，續以糧食闕典僧堂弊漏。敷奏，伏蒙聖恩，撥賜水田，歲收租三十餘石，并免官稅。仍頒降楮券一十萬貫，重蓋僧堂。頌云："趙州八十方行脚，虛堂八十再住山。別有一機恢佛祖，九重城裏動龍顏。"（《虛堂錄》卷十，《武林梵志》卷九）

◎趙州因到臨濟，方始洗脚，濟便問："如何是祖師西來意？"師曰："正值老僧洗脚。"（中略）頌曰：

洗脚處更不安排，側聆時非是唊啄。趙州臨濟二老人，相見何勞下註脚。鼓山珪〔《古尊宿語錄》卷四十七，《禪林類聚》卷十，《宗鑑法林》卷十八。"勞"，《古尊宿語錄》作"曾"〕

一人眼似鼓椎，一人頭如木杓。兩個老不識羞，至今無處安著。徑山果〔《古尊宿語錄》卷四十七，《禪林類聚》卷十，《宗鑑法林》卷十八。"椎"，《古尊宿語錄》作"槌"〕

臨濟趙州，禪林宗匠，特地相逢，恰似撲相。撞見今時行脚僧，呼爲兩個閑和尚。雪菴瑾〔《雲菴從瑾禪師頌古》。"撲相"，《雲菴從瑾禪師頌古》作"相撲"〕）（《禪宗頌古聯珠通集》卷二十）

◎臨濟玄禪師因趙州遊方到院，在後架洗脚次，師便問："如何是祖師西來意？"州云："恰遇山僧洗脚。"（中略）

玉泉璉云："二老相見，各有來由。明暗互換，強弱相持。檢點將來，大似賊偸賊物。要識他用處麼？一條拄杖兩人擎，好手手中呈好手。"

松源岳云："半雨半晴，桃紅李白。點著便行，不勞啗啄。那個是他錯下註腳處？試道看。"[《松源崇嶽禪師語錄》卷上]（《禪林類聚》卷十）

◎臨濟祖師贊

口似磉盤，頭如木杓。遭黃檗六十拄杖，傍若無人。問趙州祖意西來，恰值洗腳。踏翻大海，踢倒須彌。喫盡野狐涎唾，從教不動屑皮。（《古林清茂禪師語錄》卷五）

◎趙州訪臨濟

西來祖意，觸處分明。趙州洗腳，臨濟側聆。（《愚菴和尚語錄》卷七）

◎趙州訪臨濟

賓中主也主中賓，掣電機輪眼裏塵。射虎不真徒沒羽，至今愁殺李將軍。（《恕中無慍和尚語錄》卷三）

◎上堂："衲僧門庭，一味調直。不用漢語胡言，那管前三後七。如問拾得姓名，叉手當胸而立。又如百丈開田，展手分付大義。恰值老僧洗腳，趙州道底平實。大道本來如斯，有何委曲隱密。纔起擬議思量，良驥追風不及。好似適燕南轅，也是黑夜尋日。"（《永覺和尚廣錄》卷一）

◎趙州遊方時，到臨濟，纔入門洗腳次，濟便問："如何是祖師西來意？"州曰："恰值山僧洗腳。"（中略）

法雲秀云："衆中商量道，趙州不識臨濟作賊，却爲他下個註腳。臨濟當時作聽勢，何不劈耳便掌。若恁麼，何曾夢見趙州，識得臨濟。殊不知兩個盡是老賊，須知一個好手。敢問諸人，那個是好手？具眼者辨取。"[《宗鑑法林》卷十八]

教忠光云："臨濟有驗人眼，趙州又飽叢林。等閑略露風規，自然頭正尾正。還會麼？若不得流水，還應過別山。"[《宗鑑法林》卷十八]（《宗門拈古彙集》卷十五）

◎進云："記得趙州訪臨濟，州纔洗腳，濟便下來問：'如何是祖師西來意？'州云：'正值老僧洗腳。'此意如何？"師云："須是趙州始得。"進云："濟則近前側聽，州云：'會則便會，啗啄作麼？'又作麼生？"師曰："猶缺一著。"進云："濟拂袖便行，州云：'三十年行腳，今日爲人錯下註腳。'意在於何？"師云："瓜州買瓜漢。"（《佛光國師語錄》卷三）

（四九一）

师因到天臺國清寺，見寒山、拾得，師云："久響寒山、拾得，到來只見兩頭水牯牛。"寒山、拾得便作牛鬥，師云："叱叱。"寒山、拾得咬齒相看，師便歸堂。二人來堂內，問師："適來因緣作麼生？"師乃呵呵大笑。〔《古尊宿語錄》卷十四〕

【集評】

◎寒拾同軸

曾共豐干枕虎眠，又對趙州學牛鬥。喚作文殊與普賢，衲僧領下雙眉皺。（《天如和尚語錄》卷五）

（四九二）

一日，二人問師："什麼處去來？"師云："禮拜五百尊者來。"二人云："五百頭水牯牛，尊者。"師云："爲什麼作五百頭水牯牛去？"山云："蒼天蒼天！"師呵呵大笑。〔《聯燈會要》卷六，《五燈會元》卷二，《古尊宿語錄》卷十四，《寒山詩集·原序》，《御選語錄》卷十六《寒山大士》〕

【校記】

《御選語錄》卷十六《寒山大士》："趙州遊天臺，路次相逢。大士見牛跡，問州曰：'還識牛麼？'州曰：'不識。'士指牛跡曰：'此是五百羅漢遊山。'州曰：'既是羅漢，爲甚麼却作牛去？'士曰：'蒼天蒼天。'州呵呵大笑。士曰：'作甚麼？'州曰：'蒼天，蒼天。'士曰：'這廝兒，宛有大人之作。'"

【集評】

◎因趙州遊天臺，路次相逢，山（寒山）見牛跡，問州曰："上座還識牛麼？"（中略）林泉道：好手手中還好手，紅心心裏中紅心。況乃聲前一句，圓音落落而韻美，堪聞物外。三山片月輝輝，而光明可玩。（《虛堂集》第二十三則）

◎題國清寺三隱堂 豐干、寒山、拾得

莫與閑人說舊遊，這些風採盡風流。只因當日機曾露，直到而今笑未休。虎跡已無深院閉，藤花猶蓋兩巖幽。相逢總是知音者，莫叫蒼天惱趙州。（《可閑老人集》卷四）

◎口號十首 其六

趙州行腳亦得，寒山散聖也奇。五葉莫嫌零落，五位已自支離。（《弇州四部稿‧續稿》卷二十一）

◎天臺寒山子，因趙州遊天臺，路次相逢。見牛跡，山問曰："上座還識牛麼？"（中略）

靈巖儲云："寒山也是虛空裏剜窟窿。趙州眼光爍破四天下，盡力道只道得個不識。國清要問諸人：只如寒山、趙州一等道'蒼天，蒼天'，還有優劣也無？"一僧出云："蒼天，蒼天。"儲云："識得你也。"僧擬議，儲卻云："蒼天，蒼天！"（《宗門拈古彙集》卷四，《宗鑑法林》卷五）

◎寒山

寒山牛跡話，此意誰酬酢。趙州小廝兒，宛有大人作。（《精華錄》卷十）

（四九三）

師行腳時，見二菴主。一人作丫角童。師問訊，二人殊不顧。來日早晨，丫角童將一鐺飯來，放地上，分作三分。菴主將席子近前坐。丫角童亦將席近前，相對坐，亦不喚師。師乃亦將席子近前坐。丫童目顧於師，菴主云："莫言侵早起，更有夜行人。"師云："何不教誨這行者？"菴主云："他是人家男女。"師云："洎合放過。"丫童便起，顧視菴主，云：

"多口作麼?"丫童從此入山不見。〔《古尊宿語錄》卷十四,《指月錄》卷十一,《御選語錄》卷十六〕

(四九四)

師因看經次,沙彌文遠入來,師乃將經側示之。沙彌乃出去。師隨後把住,云:"速道!速道!"文遠云:"阿彌陀佛!阿彌陀佛!"師便歸方丈。〔《古尊宿語錄》卷十四〕

(四九五)

因沙彌童行參,師向侍者道:"教伊去。"侍者向行者道:"和尚教去。"行者便珍重。師云:"沙彌童行得入門,侍者在門外。"〔《景德傳燈錄》卷十,《正法眼藏》卷四,《聯燈會要》卷六,《五燈會元》卷四,《古尊宿語錄》卷十四,《指月錄》卷十一,《御選語錄》卷十六〕

【校記】
《景德傳燈錄》卷十《趙州從諗》著語:"雲居錫云:'什麼處是沙彌入門,侍者在門外?這裏若會得,便見趙州。'"《聯燈會要》、《五燈會元》同之。

【箋註】
○童行:行,行者,乃於寺院服雜役者。禪宗寺院對於尚未得度之年少行者,稱爲童行。又稱童侍、僧童、道者、行童。

【集評】
◎趙州一日在方丈內閒,沙彌唱參。向侍者云:"教伊去。"(中略)

"趙州門户，都無關鎖。侍者粗心，當頭蹉過。靈利沙彌，珍重便行。"師云："這裏下一轉語，有麼?"良久，無人應。師云："夜深歸堂向火。"（《慈受深和尚廣錄》卷四）

◎上堂，舉趙州聞沙彌喝參，州云："侍者教伊去。"（中略）僧云："沙彌得入門，侍者在門外。"師云："逼生蠶作繭則易，要特牛産兒較難。"（《虛堂錄》卷三）

◎趙州聞沙彌喝參，向侍者曰："教伊去。"（中略）頌曰：

得入門，在門外。説向人，人不會。更高聲，我耳背。鼓山珪〔《古尊宿語錄》卷四十七，《禪林類聚》卷三，《宗鑑法林》卷十六〕

瑟瑟風松，蕭蕭雨檜。師子咬人，韓獹逐塊。徑山杲〔《古尊宿語錄》卷四十七，《禪林類聚》卷三，《宗鑑法林》卷十六〕（《禪宗頌古聯珠通集》卷十九）

◎趙州在方丈内，聞沙彌喝參，乃向侍者在門外云："教伊去。"（中略）

雲居錫云："甚麼處是沙彌得入門，侍者在門外？這裏會得，便見趙州。"〔《宗門拈古彙集》卷十六，《宗鑑法林》卷十六〕（《禪林類聚》卷三）

◎趙州一日在方丈

沙彌伶俐，侍者瀸泄。鑑裁分明，不差毫忽。（《恕中無慍和尚語錄》卷三）

◎趙州聞沙彌喝參，向侍者曰："教伊去。"（中略）

法林音云："者裏會得，辜負趙州。"

天植維云："青天白日，霹靂驚羣。剖出五臟心肝，與人解黏去縛。就中可惜當門栽荆棘，致令多少人進退不得。還有出得底麼？"喝一喝。

斑鳩黄鳥共春風，花裏交啼怨落紅。鶴背仙人吹玉笛，雙雙驚起碧雲東。綠雨蕉（《宗鑑法林》卷十六）

（四九六）

師行脚時，到一尊宿院，纔入門相見，便云："有麼？有麼？"尊宿竪起拳頭，師云："水淺船難泊。"便出去。又到一院，見尊宿，便云："有麼？有麼？"尊宿竪起拳頭，師云："能縱能奪，能取能撮。"禮拜便出去。〔《正法眼藏》卷五，《聯燈會要》卷六，《五燈會元》卷四，《古尊宿語錄》卷十四，《指月錄》卷十一〕

【校記】

《聯燈會要》卷六於公案之後有著語："雲居舜云：'趙州當時甚生意氣。雖然如是，要且鼻孔在二菴主手裏。'教忠光云：'趙州氣宇如王，向二菴面前冰消瓦解。'"《正法眼藏》卷五略同。

【集評】

◎州勘一菴主，入門便問："有麼，有麼？"菴主竪起拳。（中略）且那裏是水淺不是泊船處？那裏是能縱能奪能殺能活處？有者道，趙州先知前菴主不會，所以道不是泊船處。先知後菴主會，所以道能殺能活。有底道，舌頭在趙州口裏，任渠與奪。如斯見解，總是邪徒情識卜度，不得真正宗眼，便是吞跳金剛圈栗棘蓬不得也。（《圓悟錄》卷十二）

◎問："趙州訪一菴主云：'有麼，有麼？'主竪起拳頭。州云：'水淺不是泊船處。'此意如何？"師云："拳頭。"進云："又訪一菴主，主亦竪起拳頭，趙州為什麼却道：'有縱有奪'？"師云："也只是個拳頭。"進云："既只是個拳頭，為什麼兩處勘辯？"師云："爾但兩處看。"（《大慧錄》卷五）

◎老宿舉拳是一，為什麼趙州見處有二？

一點水墨，兩處化龍。（《長靈守卓禪師語錄》）

◎趙州勘菴主，貴買賤賣，分文不直。（《密菴語錄》，《嘉泰普燈錄》卷二十一，《五燈會元》卷二十）

◎上堂，舉趙州訪二菴主，師曰："一重山盡一重山，坐斷孤峰子細看，霧卷雲收山嶽静，楚天空闊月輪寒。"（《嘉泰普燈錄》卷十七《仁默悟》，《蜀中廣記》卷八十六《能仁默堂紹悟》。"月輪寒"，《蜀中廣記》作"一輪寒"）

◎州勘菴主

趙州到一菴主處，問："有麼，有麼？"主竪起拳頭。（中略）

無門曰："一般竪起拳頭，為甚麼肯一個不肯一個？且道誵訛在甚處？若向者裏下得一轉語，便見趙州舌頭無骨，扶起放倒，得大自在。雖然如是，爭奈趙州却被二菴主勘破。若道二菴主有優劣，未具參學眼。若道無優劣，亦未具參學眼。"頌曰：

眼流星，機掣電。殺人刀，活人劍！（《無門關》第十一則）

◎上堂，舉趙州訪上菴主云："有麼，有麼？"菴主竪起拳頭。（中略）

師頌云："南北汀洲總是蓮，不知開處有何偏。遊人移艇北頭去，想是風光在那邊。"(《斷橋妙倫禪師語錄》卷上)

◎上堂："昔趙州和尚訪菴主，問曰：'有麼，有麼？'(中略)"師云："菴主一般豎起拳頭，趙州何故肯一個不肯一個，且道得失在什麼處？趙州自起自倒，勘破多少阿師。菴主坐斷要津，過了多少寒暑。要識趙州麼？"拍禪床右角云："識取趙州。要識二菴主麼？"拍禪床左角云："識取菴主。還有人點檢得失處出麼？"良久云："易開終始口，難保歲寒心。"下座。(《古尊宿語錄》卷二十八《佛眼清遠》，《嘉泰普燈錄》卷二十六《拈古·佛眼遠》，《宗門拈古彙集》卷十六，《宗鑑法林》卷十八)

◎頌趙州見二菴主云：

南枝向暖北枝寒，一種春風有兩般。寄語高樓莫吹笛，大家留取倚欄看。(《枯崖漫錄》卷中，《無明慧性禪師語錄》)

◎上堂，舉趙州訪上菴主云："有麼，有麼？"菴主豎起拳頭。(中略)師云："者個公案，諸方錯判者甚多。山僧論實不論虛：上菴主截鐵斬釘，下菴主和泥合水。大小趙州，識甚好惡？"(《元叟行端禪師語錄》卷三)

◎趙州訪二菴主公案

老倒趙州無本據，翻手爲雲覆手雨。覿面當機不覆藏，往往少人知落處。知落處，是甚閑家具。(《環溪惟一禪師語錄》卷下)

◎上堂，舉趙州訪一菴主，問云："有麼，有麼？"主豎起拳頭。(中略)師云："能縱能奪，能殺能活，也是慣得其便。"(《石溪心月禪師語錄》卷上)

◎趙州到一菴主處，問："有麼，有麼？"主豎起拳頭。(中略)頌曰：

問答元來總一般，當頭一著莫顢頇。將軍自有佳聲在，不得封侯也是閑。佛跡昱 [《禪林類聚》卷十一，《宗鑑法林》卷十八]

匹馬單槍戰祖關，死生只在刹那間。趙州最是難容漢，菴主當頭楔兩拳。文殊道 [《禪林類聚》卷十一]

無星秤子兩頭平，提起應須見得明。若向個中爭分兩，知渠錯認定盤星。佛性泰 [《禪林類聚》卷十一，《宗鑑法林》卷十八]

趙州老漢，少喜多嗔。不會爲客，勞煩主人。湛堂準 [《禪林類聚》卷十一]

虎步龍驤遍九垓，會從平地起風雷。等閑喚出菴中主，便見千江水逆回。佛心才 [《禪林類聚》卷十一，《宗鑑法林》卷十八]

老作叢林是趙州，兩拳提起不輕酬。無星秤在當人手，斤兩都盧在裏

頭。楚安方

　　五陵公子爭誇富，百衲高僧不厭貧。近來世俗多顛倒，只重衣衫不重人。三聖昌〔《嘉泰普燈錄》卷六《三聖繼昌》，《五燈會元》卷十七《三聖繼昌》，《續傳燈錄》卷二十二，《蜀中廣記》卷八十四〕

　　上菴豎起拳頭，趙州左眼半斤。下菴豎起拳頭，趙州右眼八兩。君看陝府鐵牛，何似嘉州大像。若謂總涉譊訛，露柱燈籠合掌。慈受深〔《慈受深和尚廣錄》卷四。"涉"，《慈受深和尚廣錄》作"没"〕

　　換手搥胸哭老爺，棺材未出死屍斜。不如掘地深埋却，管取來年喫嫩茄。瞎堂遠〔《指月錄》卷十一，《宗鑑法林》卷十八〕

　　菴主當年用得親，衲僧眼裏要生筋。趙州舌有龍泉劍，開口等閑疑殺人。自得暉

　　水淺不是泊船處，能縱能奪自有據。一槌擊碎兩重關，填溝塞壑無回互。尼無著總

　　菴主拳頭舉處親，趙州話魯指西秦。知音不在千杯酒，一盞空茶也醉人。湛堂深

　　順水張帆，逆風把舵。釣盡江波，不出者個。月林觀

　　菴主拳頭没兩般，趙州平易作艱難。叢林多少杜禪衲，誰解出頭天外看？鐵山仁

　　閃爍旌旗驟往來，幾人遥望起疑猜。此時若得樊公脚，一踏鴻門兩扇開。無準範〔《佛鑑禪師語錄》卷五，《宗鑑法林》卷十八〕（《禪宗頌古聯珠通集》卷二十）

　　◎趙州諗禪師因到一菴主處，問："有麼，有麼？"主豎起拳頭。（中略）姜山愛云："趙州只見錐頭利。"〔《指月錄》卷十一，《宗門拈古彙集》卷十六，《宗鑑法林》卷十八〕

　　雲居舜云："趙州當時甚生意氣。雖然如是，要且鼻孔在二菴主手裏。"〔《指月錄》卷十一，《宗門拈古彙集》卷十六，《宗鑑法林》卷十八〕

　　上方益云："避得風雷，重遭霹靂。"〔《嘉泰普燈錄》卷二十六《拈古·上方益》〕

　　月菴果云："泣露千般草，吟風一樣松。爲甚麼肯一不肯一？若向這裏見得，釋迦不先，彌勒不後。坐斷要津，天長地久。苟或未然，月菴老人爲諸人下個註脚。"良久云："若不如是，爭知如是？"〔《嘉泰普燈錄》卷二十六

《拈古《月菴果》,《宗門拈古彙集》卷十六,《宗鑑法林》卷十八](《禪林類聚》卷十一)

◎峻藏主之徑山

知識門庭俱歷過,澹湖水淺難泊船。凌霄峰頭看日出,下有萬丈蛟龍淵。(《古林和尚拾遺偈頌》卷下)

◎送僧之天目

澹湖水淺船難泊,天目山高不易登。轉得棹時移得步,佛何曾覺祖何能?(《古林和尚拾遺偈頌》卷下)

◎趙州訪二菴主

柳色拖藍重,桃花爛漫紅。遊人看不足,分付與東風。(《無見先睹禪師語錄》卷上)

◎趙州訪上下菴主

白髮漁翁坐釣舟,蘆花兩岸一般秋。錦鱗不食江風冷,收拾絲綸歸去休。(《恕中無慍和尚語錄》卷三)

◎菴主竪拳

趙州本分手段,優劣纔分者憨。殺活何嘗有意,不須甘與不甘。(《無明慧經禪師語錄》卷二)

◎問:"菴主竪拳無異答,趙州褒貶意如何?"師曰:"疆界令嚴,不許攙行奪市。"

頌曰:"指南一路覓天機,舉眼看時定不知。句後言前如會得,電光石火卒難追。"(《無明慧經禪師語錄》卷三)

◎趙州到一菴主處,問:"有麼,有麼?"主竪起拳頭。(中略)

昭覺勤云:"佛祖命脉,列聖鉗錘。換斗移星,驚天動地。有般漢未出窠窟,只管道:'舌頭在趙州口裏。'殊不知自己性命,已屬他人。若能握向上綱宗,與二菴主相見,便可以定龍蛇,別緇素,正好著力。還知趙州落處麼?切忌顢頇。"[《圓悟錄》卷十七,《指月錄》卷十一,《宗範》卷下,《宗鑑法林》卷十八。"經天動地",《圓悟錄》作"經天緯地"]

萬峰藏云:"可惜趙不遇三峰老漢。當時若見與麼捏怪,便與對衆三十拄杖趁出院,免得天下人論量。"

通玄奇云:"二菴主懷藏至寶,以待其人。趙州更是大海,經商酬價,罕有人識。"

明果淖云:"趙州慣做白拈賊,不消菴主一個拳頭,口款盡供了也。雖然，且道二菴主還識趙州麼？"

西遁超云："盡道二菴主本無優劣，趙州無風興浪，惑亂人一上，料掉沒交涉。又謂趙州權衡在手，抬搦任意，借菴主拳頭，顯自家作用，這便是趙州自讚殺活縱奪處，亦料掉沒交涉。還有知趙州落處者麼？咄，蓮花峰一條拄杖子，未放你在。"

雲菴悅云："水淺不是泊船處，言中有響，能縱能奪。便禮拜，句裏藏鋒。老趙州可謂用盡神通，二菴主善能坐觀成敗。如今有般無主孤魂，不具透關眼，乃只管較得較失，不惟蹉過古人，亦且埋沒自己。明眼見，那禁一笑。還委落處麼？大冶精金，應無變色。"〔《宗鑑法林》卷十八〕

東塔熹云："兩個擔板漢，坐觀成敗，帶累老趙州，淨地喫交。"

理安洸云："權衡佛祖，龜鑑宗乘，須是趙州。直捷擔荷，不負來機，還他菴主。既同竪一拳頭，因甚有恁麼有不恁麼？鴛鴦繡出從君看，不把金鍼度與人。"〔《宗鑑法林》卷十八〕

蓮村策云："趙州著兩草鞋到處行脚，不怕疑殺人，乃向二菴主手裏納敗闕處。"顧左右云："且道甚處是趙州納敗闕？兩行孤鴈撲地高飛，一對鴛鴦池邊獨立。"〔《宗鑑法林》卷十八〕（《宗門拈古彙集》卷十六）

◎趙州到一菴主處，問："有麼，有麼？"主竪起拳頭。（中略）

江北江南總帝畿，一輪化日照無私。邊笳却在東風外，石女聽來笑滿眉。無趣空

短棹輕帆狎怒濤，東行西止得逍遙。去留不出蘆花岸，陸地追尋人自勞。報恩琇

江南絲柳迎風舞，嶺上青松帶露寒。世事近來多剝復，人人偏愛紫羅冠。慧山海

一樣竪拳兩樣酬，驢脣馬嘴沒來由。巫峽博得絲千丈，四海五湖下釣鈎。法林音二

單槍匹馬立功勳，韜略雙全獨見君。薊北荊南齊定了，英名千古鎮河汾。（《宗鑑法林》卷十八）

◎僧云："趙州訪一菴主云：'有麼，有麼？'主竪起拳頭，州云：'水淺不是泊舟處。'意旨如何？"師云："鵝王擇乳，元非鴨類。"僧云："州又訪一菴主云：'有麼，有麼？'主竪起拳頭，州便禮拜讚嘆。如何委悉？"師云："一手抬，一手搦。"僧云："問答已一般，爲甚肯一人不肯一人？"師云：

"離却兩頭會取。"僧云:"若有人問'有麼,有麼',未審和尚如何祇對?"師云:"劈脊便打。"僧便禮拜。(《圓通大應國師語錄》卷上)

◎題虛谷菴居

門外波濤正渺茫,斷橋無路與人行。趙州曾到不曾到,一笛斜陽釣艇橫。(《佛光國師語錄》卷二)

◎進云:"趙州訪一菴主云:'有麼,有麼?'主豎起拳頭。州云:'水淺不是泊舟處。'意旨作麼生?"師云:"蠅見血。"進云:"州又訪一菴主云:'有麼,有麼?'主豎起拳頭,州便禮拜讚嘆。如何委悉?"師云:"鵲提鳩。"進云:"問答已一般,爲甚肯一人不肯一人?"師云:"看取不落兩頭。"進云:"若有問'有麼,有麼',未審和尚如何祇對?"師云:"且去喫茶。"(《大燈國師語錄》卷中,《槐安國語》卷四)

◎示衆,舉趙州和尚,到一菴主處,問"有麼,有麼"因緣,後來無明性禪師頌曰:"南枝向暖北枝寒,一種春風有兩般。寄語高樓莫吹笛,大家留取倚欄看。"師曰:"往往道趙州肯一不肯一,如無明頌,也似春色無高下。諸仁作麼生甄別?"自代曰:"湖光瀲艷晴偏好,山色空濛雨亦奇。若把西湖比西子,淡妝濃抹兩相宜。"(《少林無孔笛》卷二)

(四九七)

師一日拈數珠,問新羅長老:"彼中還有者個也無?"云:"有。"師云:"何似者個?"云:"不似者個。"師云:"既有,爲什麼不似?"長老無語。師自代云:"不見道新羅、大唐。"〔《古尊宿語錄》卷十四〕

(四九八)

問新到:"什麼處來?"云:"南方來!"師豎起指,云:"會麼?"云:"不會。"師云:"動止萬福,不會?"〔《古尊宿語錄》卷十四〕

（四九九）

師行脚時，問大慈：「般若以何爲體？」慈云：「般若以何爲體？」師便呵呵大笑而出。大慈來日見師掃地次，問：「般若以何爲體？」師放下掃帚，呵呵大笑而去。大慈便歸方丈。〔《景德傳燈錄》卷九《大慈寰中》，《聯燈會要》卷七《大慈寰中》，《五燈會元》卷四《大慈寰中》，《古尊宿語錄》卷十四《趙州從諗》，《佛祖歷代通載》卷十七〕

【校記】

《聯燈會要》卷七《大慈寰中》：「趙州問：『般若以何爲體？』師云：『般若以何爲體？』州呵呵大笑。師明日見趙州掃地，師却問：『般若以何爲體？』州置掃帚，拊掌呵呵大笑，師便歸方丈。」雪竇云：「前來也笑，後來也笑，笑中有刀。」大潙哲云：「纔見呵呵大笑，便與一掌。明日又問，待渠笑，又與一掌。大慈若下得這兩掌，趙州若不對他，可謂生鐵鑄就，風吹不入底漢。」

《祖堂集》卷五《樺樹》記載了一則與本則相似的公案：「師掃地次，趙州問：『般若以何爲體？』師曰：『只與摩去。』趙州第二日見師掃地，依前與摩問。師曰：『借這個闍梨還得也無？』趙州曰：『便請。』師便問，趙州拍掌而去。」

《佛祖歷代通載》卷十七：「趙州問：『般若以何爲體？』師云：『般若以何爲體。』趙州大笑而出。師明日見趙州掃地，問：『般若以何爲體？』趙州置帚拊掌大笑，師便歸方丈。」

【集評】

◎舉趙州問大慈：「般若以何爲體？」慈云：「般若以何爲體。」州呵呵大笑。（中略）師云：「前來也笑，後來也笑，笑中有刀。大慈還識麼？直饒識得，也未免喪身失命。」（《明覺語錄》卷三，《宗門拈古彙集》卷十五，《宗鑑法林》卷十五）

◎趙州般若

舉趙州問大慈："般若以何爲體？"道什麼 慈云："般若以何爲體。"蹉過也不知 州呵呵大笑。天下衲僧跳不出 至來日州掃地次，大慈却問："般若以何爲體？"穿過了也 州放下掃帚，呵呵大笑。天下衲僧跳不出 雪竇云："前來也笑，後來也笑，笑中有刀。"殺得人，活得人 大慈還識麼？莫管大慈，只諸人識麼 直饒識得，未免喪身失命。闍黎性命在什麼處

師云：杭州大慈和尚嗣馬祖，一日趙州問："般若以何爲體？"慈云："般若以何爲體。"趙州笑大慈，不是好心。至來日大慈要拔本，問趙州："般若以何爲體？"州放下掃帚笑。用攙旗奪鼓手脚，用得滑頭。（《佛果擊節錄》第九十二則）

◎上堂："若欲發明個事，須遇其人。既遇其人，自然眼眼相照，彼彼相諳。似金博金，如水與水。豈不見大慈一日掃地次，趙州問云：'般若以何爲體？'（中略）"師舉了，乃呵呵大笑云："這二老漢，冷眼看來也是好笑，笑須三十年始得。何故？將謂胡鬚天下赤，誰知更有赤鬚胡。"（《佛鑑禪師語錄》卷一）

◎大慈掃地次，趙州問："般若以何爲體？"後來黃龍新云："趙州金鍮不辨，玉石不分。直饒分去，也未夢見大慈在。"師云："這孟八郎漢，既少子細，未免偏枯。殊不知趙州金鍮不辨，大慈玉石不分，兩個無孔鐵槌，打就一合乾坤。"（《佛鑑禪師語錄》卷四）

◎不會無不會，不知無不知。只個不會知，殊特也大奇。憶得趙州問大慈："般若以何爲體？"慈云："般若以何爲體。"（中略）兄弟，大慈、趙州兩員古佛，一期相見。不妨奇絕。且作麼生商量？明中呈伎倆，是人猜搏。靴裏動指頭，阿誰知有。還相委悉麼？休道神鋒藏笑裏，須知鬼箭落風前。（《宏智廣錄》卷五）

◎進云："記得趙州訪大慈，值掃地次，趙州問云：'般若以何爲體？'大慈云：'般若以何爲體。'此意如何？"師云："一雙孤鴈撲地高飛。"進云："次日趙州掃地次，大慈問云：'般若以何爲體？'趙州放下笤帚，呵呵大笑。又作麼生？"師云："兩個鴛鴦池邊獨立。"進云："今日忽有人問和尚：'般若以何爲體？'畢竟如何答他？"師云："三十拄杖，趁下法堂。"進云："且道與古人相去多少？"師云："掬水月在手，弄花香滿衣。"僧禮拜。（《物初大觀禪師語錄》）

◎復舉大慈掃地次，趙州問云："般若以何爲體？"慈云："般若以何爲

體。"（中略）師云："大慈譎而不正，趙州正而不譎。若是般若體，未夢見在。"（《物初大觀禪師語錄》）

◎舉趙州問大慈："般若以何爲體？"慈云："般若以何爲體。"（中略）師云："要會麼？張公拾得個鋤頭，却被李公認將去。張公索手無可用，不免又問李公借。借則任你借，切不得道是我底。"（《續古尊宿語要》卷四《心聞賁》）

◎維摩詰畫贊

維摩無病自灼灸，不二門開休闔首。文殊讚嘆辜負人，不如趙州放笞箠。（《山谷集·別集》卷二）

◎鵝湖長老開堂疏

佛性在阿那邊，兩頭雙動。般若以何爲體，大笑一場。談此者多，達此者寡。又恁麼去也，當如何接之？（《雞肋集》卷七十）

◎次韻答張迪功坐上見貽張將赴南都任二首 其一

談天安用如鄒子，掃地還應學趙州。南北東西底非夢，心閑隨處有真遊。（《簡齋集》卷十，《宋詩抄》卷四十二）

◎大慈一日因趙州問："般若以何爲體？"師曰："般若以何爲體。"（中略）頌曰：

以何爲體呵呵笑，推倒當頭陷虎機。鳥帶香從花裏出，龍含雨向洞中歸。心聞賁（《禪宗頌古聯珠通集》卷十六，《宗鑑法林》卷十五）

◎舉趙州問大慈："般若以何爲體？"慈云："般若以何爲體。"（中略）雪竇云："前來也笑，後來也笑。"（中略）師云："前來笑與後來笑，較三千里。雪竇云：'大慈還識麼？'識得也較三千里。"（《古林清茂禪師語錄》卷三）

◎舉趙州問大慈："般若以何爲體？"慈云："般若以何爲體。"州呵呵大笑。（中略）雪竇云："前來也笑，後來也笑，笑中有刀。"（中略）師云："是精識精，是賊識賊。"又云："識得不爲冤。"（《了菴和尚語錄》卷四）

◎趙州問大慈"般若以何爲體"

相逢特地一重關，大笑呵呵豈等閒。置箠謾言今日事，清機歷掌逼人寒。（《無異元來禪師廣錄》卷十一）

◎（鐵關樞禪師）至節，舉趙州問寰中："般若以何爲體？"中云："般若以何爲體。"劍輪揮處，日月沈輝。（《列祖提綱錄》卷四十二）

◎大慈因趙州問："般若以何爲體？"慈曰："般若以何爲體。"（中略）

潙山哲云："纔見呵呵大笑，便與一掌。明日問，待伊大笑，又與一掌。大慈若下得者兩掌，可謂生鐵鑄就，風吹不入。宗師家一等是搖撼乾坤，直教如旱天霹靂，萬里無雲。轟一聲教他眼目定動，豈不俊哉。要識趙州、大慈麽？莫怪從前多意氣，他家曾謁聖明君。"〔《宗鑑法林》卷十五〕

黃龍新云："趙州金鍮不辨，玉石不分。直饒分去，也未夢見大慈在。"〔《黃龍四家錄·死心悟新語錄》，《宗鑑法林》卷十五〕

黃龍震云："般若非是無體，二老不能知。般若非是無用，二老不能用。若也能知能用，一言可以截斷衆紛，何必再三。"〔《宗鑑法林》卷十五〕

南華昺云："兩個漢，只解掩耳偸鈴，不解移風易俗。或有問南華：'般若以何爲體？'劈脊便打。待伊眼目定動，却問'般若以何爲體？'靈俐漢忽然踏著，必定自知落處。"〔《宗鑑法林》卷十五〕

古南門云："雪竇與賊過梯，古南則不然。前來也笑，後來也笑，明眼衲僧，分疏不下。忽有個漢出來道：'古南也是與賊過梯。'直向道：'還我刀來。'"〔《宗鑑法林》卷十五〕（《宗門拈古彙集》卷十五）

◎大慈因趙州問："般若以何爲體？"師曰："般若以何爲體。"（中略）玉勒金鞍出帝都，杏花冉冉柳扶蘇。一鞭一步春風裏，踢破狀元歸去圖。靈巖儲（《宗鑑法林》卷十五）

◎義水高原山二祖南宗印禪師，參三角，請益趙州置掃尋撫掌大笑因緣。角連打二掌，師曰："莫當得麽？"角又打。師曰："金鍮不辨，玉石不分。"（《徑石滴乳集》卷三）

（五〇〇）

師到百丈，百丈問："從什麽處來？"云："南泉來。"百丈云："南泉有何言句示人？"師云："有時道'未得之人亦須悄然去。'"百丈叱之。師容愕然。百丈云："大好悄然。"師便作舞而出。〔《正法眼藏》卷二，《建中靖國續燈錄》卷二十七，《聯燈會要》卷六，《古尊宿語錄》卷十四，《御選語錄》卷十六《百丈懷海》〕

【校記】

◎《建中靖國續燈錄》卷二十七拈古《琅琊惠覺》："舉：百丈見趙州來參，百丈云：'甚麼處來？'州云：'南泉來。'丈云：'南泉近日有何言句示徒？'州云：'今時人直教悄然去。'百丈云：'悄然且致，茫然一句作麼生道？'州近前三步，百丈咄之，州作縮頭勢。百丈云：'大好悄然。'趙州拂袖便出去。師拈云：'趙州老人向師子窟裏換得牙爪。'"《古尊宿語錄》卷四十六同。

【箋註】

○悄然：指超越妄想煩惱、寧靜祥和的心理狀態。《牧牛十頌·馴伏第五頌》："收來放去古溪邊，風月隨緣自悄然。水草不思無底事，相看撒手竟忘牽。"《鼓山爲霖和尚餐香錄》卷上："一悟無生理，諸緣盡悄然。浮雲散何處，明月正當天。"《百丈叢林清規證義記》卷五："古云：'趙州八十猶行脚，只爲心頭未悄然。'"但縱是已經"悄然"，如果執著，則亦容易成爲枯木死水，墮入斷滅空，故應予避免。香嚴悟道頌曾自許"動容揚古路，不墮悄然機"。（《潙山錄》）《禪宗雜毒海》卷三："行脚心頭已悄然，不禁放曠好林泉。"

【集評】

◎上堂，舉百丈問趙州："近離甚處？"州云："南泉。"（中略）師云："可惜放過。且道我放過誰，是放過趙州，放過百丈？古人著一轉語，是一隻眼。你諸人定是刺腦入膠盆。必然道趙州作舞而出，百丈無語，所以不合放過，且喜沒交涉。"良久云："門裏有，門外有，不作君平犯牛斗。師子嚬，野干鳴，摘出離婁眼裏睛。伸一手，縮一手，重陽決定九月九。掀翻海嶽訪知音，赤骨力窮露雙肘。"（《瞎堂慧遠禪師廣錄》卷一，《禪宗頌古聯珠通集》卷十八，《宗鑑法林》卷十六）

◎舉百丈見趙州來參。百丈云："甚麼處來？"州云："南泉來。"（中略）師拈云："趙州老人，向師子窟中換得牙爪。"（《古尊宿語錄》卷四十六《琅琊慧覺》，《宗門拈古彙集》卷十六，《宗鑑法林》卷十六）

◎舉趙州來參百丈，丈問："甚處來？"州云："南泉來。"（中略）

643

佛鑑拈云："作家相見，彼此難構。忙然悄然，進前縮後。捏不成，塑不就，大路不行草裏走。"〔《禪宗頌古聯珠通集》卷十八，《宗門拈古彙集》卷十六，《宗鑑法林》卷十六〕

正覺云："趙州老，尋常劈竹機鋒，到這裏自作自受。"

佛海云："觌面提，當機疾。悄然不問問忙然，進前縮後翻身出。者弄精魂漢，有什麼限！"（《拈八方珠玉集中》）

◎趙州到百丈，問："近離甚處？"州曰："南泉。"（中略）

天童忞云："賊是小人，智過君子。然二人賊漢之中，有一正賊，有一草賊。若定當得出，許你是個漢子。不然，總須著賊。"（《宗門拈古彙集》卷十六，《宗鑑法林》卷十六）

◎趙州來參百丈，丈問云："近日南泉有何言句？"曰："未得之人，直須悄然。"悄然兩字爲未得人甚妙，入於日用中，都是自家鬧自家，失却此事。若一悄然，此我便現前。若能識得此我，時時悄然去，便是保任工夫。智慧辯才，一切殊勝，自然有得。（《心燈錄》卷三）

（五〇一）

師到投子處，對坐齋。投子將蒸餅與師喫。師云："不喫。"不久下胡餅，投子教沙彌度與師。師接得餅，却禮沙彌三拜。投子默然。〔《古尊宿語錄》卷十四，《指月錄》卷十一〕

（五〇二）

因僧寫師真呈師，師云："若似老僧，即打殺我；若不似，即燒却。"〔《景德傳燈錄》卷十，《聯燈會要》卷六，《五燈會元》卷四，《古尊宿語錄》卷十四，《指月錄》卷十一〕

【校記】

《景德傳燈錄》卷十："有僧寫得師真呈師，師曰：'且道似我不似我？若似我，却打殺老僧；不似我，即燒却真。'僧無對。"玄沙代云："留取供養。"

【集評】

◎有人替趙州畫了一幅像，呈獻趙州。趙州云："假如這幅像真的像我，就請殺掉我，否則就請燒掉他"。趙州的形象，只是一個因緣所生的生滅體，並不是真正的趙州。趙州的畫像，只是像趙州的形象而已，和真正的趙州不一樣。因真正的趙州，是超越形象的，也是絕對待的。假如畫像真能代表趙州，那就變成兩個趙州了。有對待就不能超越，所以只能留一去一。（周中一：《禪話》，18頁）

（五〇三）

師因與文遠行次，乃以手指一片地，云："這裏好造一個巡鋪子。"文遠便去彼中立，云："把將公驗來。"師便打一摑。遠云："公驗分明過。"〔《聯燈會要》卷六，《五燈會元》卷四，《古尊宿語錄》卷十四，《指月錄》卷十一〕

【集評】

◎趙州因與文遠行，乃指一片地曰："這裏好造個巡鋪。"（中略）頌曰：雖然公驗各隨身，去住皆由守鋪人。踏破草鞋歸去後，落花啼鳥一般春。佛鑑懃〔《禪林類聚》卷十七，《宗鑑法林》卷十七〕

天子居鬧市裏，山僧在百草頭。擺手御街來往，不怕巡火所由。鼓山珪〔《古尊宿語錄》卷四十七，《禪林類聚》卷十七，《宗鑑法林》卷十七。"山僧"，《古尊宿語錄》作"老僧"〕

一正一邪，一倒一起。文遠趙州，靴裏動指。徑山杲〔《古尊宿語錄》卷四十七，《禪林類聚》卷十七〕

鑽頭鬧藍遠侍者，刺腦膠盆老趙州。兩個人前誇好手，面皮三寸不知

羞。蒙菴聰［《禪林類聚》卷十七］（《禪宗頌古聯珠通集》卷十九）

◎送參侍者參方

山未高兮海未深，趙州文遠没絃琴。當時公驗分明過，四海誰人識此心。（《楚石梵琦禪師語錄》卷十六）

◎趙州一日共文遠行

可惜面前一片地，被他一火都狼藉。年年野草碧連天，指向時人人不識。（《恕中無慍和尚語錄》卷三）

◎趙州因與文遠行，乃指一片地曰："者裏好造個巡鋪。"（中略）法林音云："無端無端，還知趙州敗闕處麽？也須勘過了打。"（《宗鑑法林》卷十七）

（五〇四）

師問新到："近離甚處？"云："臺山。"師云："還見文殊也無？"僧展手。師云："展手頗多，文殊誰睹？"云："只管氣急殺人。"師云："不睹雲中鴈，焉知沙塞寒？"〔《古尊宿語錄》卷十四《趙州從諗》，《聯燈會要》卷二十五《同安常察》，《五燈會元》卷六《同安常察》、《御選語錄》卷十七《同安常察》〕

【校記】

按：參照其他諸種典籍，本則當是同安察禪師語錄誤入。《聯燈會要》卷二十五《同安常察》："師問僧：'甚處來？'云：'五臺。'師云：'還見文殊麽？'僧展兩手。"師云：'展手頗多，文殊誰睹？'云：'氣急殺人。'師云：'不睹雲中鴈，焉知沙塞寒？'云：'遠趨方丈，乞師一言。'師云：'孫臏門下，徒話鑽龜。'云：'名不浪施。'"《五燈會元》卷六《同安常察》、《御選語錄》卷十七《同安常察》亦載。趙州問僧從五臺山來之公案，或爲另外一則。參補遺之《祖堂集》"師問僧：'從什摩處來？'"一則。

【集評】

◎上堂，舉同安察和尚問僧："什麽處來？"僧云："五臺來。"（中略）

師云："拳來拳應，踢來踢應。拳踢交參，孰負孰勝。搖頭擺尾過牢關，刖足之言誰肯信？雖然，有一處譎訛在，諸人試檢點看。"（《密菴語錄》）

◎舉察和尚問僧："甚處來？"僧云："五臺來。"（中略）

佛果拈云："一出一没，一往一來。諸人還透得麼？若透得，更不用周由者也。若透未得，山僧不惜眉毛，爲諸人判去也。前段同安逼這僧，直得盛水不漏。後段這僧逼同安，直得不留涓滴。若透得，許你會衲僧巴鼻。"

正覺云："這僧困急地，被人問著，膽喪魂飛。末後得一盞茶，未曾霑口。茶在什麼處，更刖一雙足。要會麼？在舍只言爲客易，臨筌方覺取魚難。"

佛海云："李八叔，王小君，三叉路口忽逢迎。一交來了一交去，見面勝聞名，不知那個是輸贏？"（《拈八方珠玉集》卷下）

◎同安問僧："甚處來？"視其所以 僧云："五臺。"詣寶供通 同安云："還見文殊麼？"觀其所由 僧展兩手。文殊文殊 同安云："展手頗多，文殊誰睹？"察其所安 僧云："氣急殺人。"不可更有二文殊 同安云："不睹雲中鴈，焉知沙塞寒？"人焉廋哉，人焉廋哉 僧云："遠趨丈室，乞師一言。"不可放過 同安云："孫臏門下，徒話鑽龜。"形於未兆見於未然。狼藉不少 僧云："名不浪施。"克由巨耐 同安云："喫茶去。"前倨後恭，是何心行 僧珍重便出。作家作家 同安云："雖得一場榮，刖却一雙足。"放過不可

師云：視其所以，觀其所由，察其所安，同安以之。造次必於是，顛沛必於是，這僧以之。雖然，同安末後道："雖得一場榮，刖却一雙足。"是肯這僧，不肯這僧？（《環溪惟一禪師語錄》卷下）

（五〇五）

問："遠遠投師，請師一接。"師云："孫臏門下，因什麼鑽龜？"僧拂袖出去。師云："將爲當榮，折他雙足。"〔《古尊宿語錄》卷十四〕

【校記】

按：此則與上則語錄本爲一條，係同安常察禪師語誤入。

【箋註】

○孫臏門下，因什麼鑽龜：《五燈會元》卷六《同安常察》："孫臏門下，徒話鑽龜。"《西巖了慧禪師語錄》卷上："孫臏門下，切忌鑽龜。"

【集評】

◎同安因僧問："遠趨丈室，乞師一言。"安曰："孫臏門下，徒話鑽龜。"曰："名不浪施。"安曰："喫茶去。"僧便珍重。安曰："雖得一場榮，刖却一雙足。"

天童傑云："拳來拳應，踢來踢應。拳踢交參，孰負孰勝？搖頭擺尾過牢關，刖足之言誰肯信。雖然有一處諸訛在，諸人試檢點看。"（《宗門拈古彙集》卷三十三，《宗鑑法林》卷六十七）

◎同安因僧問："遠趨丈室，乞師一言。"師曰："孫臏門下，徒話鑽龜。"（中略）

樵之玉云："彼既善爲賓，此亦善爲主。賓主互相得則固是，爲甚又道'雖得一場榮，刖却一雙足'？"（《宗鑑法林》卷六十七）

（五〇六）

師與首座看石橋，乃問首座："是什麼人造？"云："李膺造。"師云："造時向什麼處下手？"座無對。師云："尋常說石橋，問著下手處也不知。"
〔《古尊宿語錄》卷十四〕

【箋註】

○下手處：喻指參禪悟道的下手處。下手處也不知謂趙州禪易見難識。

(五〇七)

有新羅院主請師齋，師到門首，問："此是什麽院？"云："新羅院。"師云："我與你隔海。"〔《古尊宿語錄》卷十四，《御選語錄》卷十六〕

(五〇八)

問僧："什麽處來？"云："雲居來。"師云："雲居有什麽言句？"云："有僧問：'羚羊掛角時如何？'雲居云：'六六三十六。'"師云："雲居師兄猶在。"僧却問："未審和尚尊意如何？"師云："九九八十一。"〔《祖堂集》卷八《雲居》，《景德傳燈錄》卷十七《雲居道膺》，《聯燈會要》卷二十二《雲居道膺》，《古尊宿語錄》卷十四《趙州從諗》，《御選語錄》卷十六〕

【校記】

按：《祖堂集》卷八《雲居》："師示衆云：'如人將一百貫錢買得獵狗，只解尋得有蹤跡底。忽遇羚羊掛角，莫道蹤跡，氣也不識。'僧便問：'羚羊掛角時如何？'師云：'六六三十六。'又云：'會摩？'對云：'不會。'師云：'不見道無蹤跡？'僧舉似趙州，趙州云：'雲居和尚猶在。'僧便問趙州：'羚羊掛角時如何？'州云：'六六三十六。'"《景德傳燈錄》卷十七《雲居道膺》、《五燈會元》卷十三《雲居道膺》略同。

【箋註】

○羚羊掛角：大悟之人泯絕迷執之蹤跡，猶如羚羊眠時，角掛樹枝，脚不觸地，完全不留痕跡。喻禪心超越形跡、了無掛礙。《景德傳燈錄》卷十六《雪峰義存》："我若東道西道，汝則尋言逐句；我若羚羊掛角，汝向什麽處捫摸？"《聯燈會要》卷二十八《投子義青》："若論此事，如鸞鳳衝霄，不留其跡。羚羊掛角,那覓其蹤。" ○六六三十六、九九八十一:指原本如此、不假雕琢、絕去是非的禪悟之境。《汾陽錄》卷上:"問:'離四句,絕百非,請師別道。'師云:'六六三十六。'"《建中靖國續燈錄》卷八《法性紹明》:"僧曰:'向上宗乘事如何?'師云:'六六三十六。'"《宏智廣錄》卷五:"是我自家底,是你諸人底,是三世諸佛底,是六代祖師底。各各分上,六六三十六。這裏生心即乖,動念即錯。"《嘉泰普燈錄》卷三《景德惟政》:"問:'達磨未來時如何?'曰:'六六三十六。'云:'來後如何?'曰:'九九八十一。'"《古尊宿語錄》卷十五《雲門廣錄上》:"問:'如何是向上一路?'師云:'九九八十一。'"又卷四十《雲峰文悅》:"莫道'九九八十一',莫道'但得雪消去,自然春到來',莫道'日出東方夜落西'。"《續古尊宿語錄》卷三《白雲端》:"九九八十一,幾人能解。兩個五百文,元來是一貫。到者裏,添得一文麼?"《石溪心月禪師語錄》卷上:"然燈之前,六六三十六。然燈之後,九九八十一。"《禪宗頌古聯珠通集》卷五肯堂充頌:"七七四十九,六六三十六。是非縱入耳,渾家不和睦。"

【集評】

◎舉雲居道膺禪師,僧問:"羚羊掛角時如何?"師曰:"六六三十六。"(中略)趙州云:"六六三十六。"

拈云:"雲居答話無頭腦,所以道'六六三十六'。這僧問處沒人情,未免羚羊掛角。會與不會且置,設若這僧問普菴:'羚羊掛角時如何?''九九八十一。'衲僧眼似漆,扶籬摸壁不知臊,掛角羚羊也不識。"(《普菴印肅禪師語錄》卷下)

◎這僧以無星秤子,向二大老門下秤提。一人酬他半斤,一人答他八兩。檢點將來,未免二俱狼藉。忽有人問新雲居:"羚羊未掛角時如何?"答云:"不必何必不必,全無消息。若人會得,許汝解空。"(《率菴梵琮禪師語錄》)

◎舉雲居一日上堂云:"如人將三十貫錢,買一隻獵犬,只解尋得有蹤跡氣息底。忽遇羚羊掛角,莫道蹤跡,氣息也無。"(中略)其僧舉似趙州,州云:"雲居師兄猶在。"僧便問:"羚羊未掛角時如何?"州云:"九九八十一。"僧云:"直得恁麼難會?"州云:"有什麼難會。"僧云:"請師說。"州云:"新羅,新羅。"佛果著語云:"魚行水濁。"僧又問長慶:"羚羊未掛角時如何?"慶云:"草裏漢。"僧云:"掛角後如何?"慶云:"亂叫喚。"僧云:"畢竟如何?"慶云:"驢事未去,馬事到來。"

佛果復拈云:"若論此三尊宿,其中一人得其體,一人得其用,一人體用相兼。若也驗得出,斷得明,莫道羚羊掛角與未掛角,直得無逃避處。只如山僧恁麼道,也是魚行水濁。"

正覺云:"羚羊掛角,掩鼻偷香。魚行水濁,家賊難防。"

佛海云:"雲居、趙州,一狀領過,獨有長慶較些子。"(《拈八方珠玉集下》)

◎雲居上堂曰:"如人將三貫錢買個獵狗,只解尋得有蹤跡底。忽遇羚羊掛角,莫道蹤跡,氣息也無。"(中略)其僧舉似趙州,州曰:"雲居師兄猶在。"(中略)頌曰:

羚羊掛角向甌峰,獵犬茫然不見蹤。却是石橋橋畔老,三千里外解相逢。正覺逸 [《宗鑑法林》卷六十二]

羚羊掛角,六六三十六。貧兒得古錢,瘦馬餐枯粟。報你參玄人,聽取無生曲。昨夜火燒空,跳出水中浴。草堂清

獵狗迷蹤還觳觫,氣息全無何處逐?趙州城裏忽相逢,依然六六三十六。□□純(《禪宗頌古聯珠通集》卷二十九)

◎雲居上堂:"如人將三貫錢買個獵狗,只解尋得有蹤跡底。"(中略)趙州諗聞僧舉此語乃云:"雲居師兄猶在。"(中略)

洞山瑩云:"一人高高山頂立,要下下不得。一人深深海底行,要出出不得。好各與三十拄杖。何故?一對無孔鐵錘。"(《宗門拈古彙集》卷三十,《宗鑑法林》卷六十二)

◎雲居上堂:"如人將三貫錢,買個獵狗,只解尋得有蹤跡底。忽逢羚羊掛角,莫道蹤跡,氣息也無。"(中略)僧舉似趙州,州曰:"雲居師兄猶在。"(中略)

宇宙清,日月明,萬里風光絕四鄰。青鳥不傳雲外信,落花空憶夢中人。魔魎不入,佛智難尋。欲識從前消息盡,髑髏前驗始知親。天岸升

好酒不須深巷賣,風流豈在著衣多。年來潦倒疏慵甚,借得婆衫便拜婆。寧遠地(《宗鑑法林》卷六十二)

(五〇九)

有一婆子日晚入院來,師云:"作什麼?"婆云:"寄宿。"師云:"者裏是什麼所在?"婆呵呵大笑而去。〔《古尊宿語錄》卷十四,《御選語錄》卷十六〕

(五一〇)

師出外,逢見一個婆子提一個籃子,師便問:"什麼處去?"云:"偷趙州筍去。"師云:"忽見趙州,又作麼生?"婆子近前,打一掌。〔《聯燈會要》卷六,《五燈會元》卷四,《古尊宿語錄》卷十四,《指月錄》卷十一〕

【集評】

◎舉趙州問婆子:"什麼處去?"云:"偷趙州筍去。"(中略)師云:"好掌。更下兩掌,也無勘處。"(《明覺語錄》卷三,《禪林類聚》卷九,《宗鑑法林》卷十八)

◎趙州偷筍

舉趙州問婆子:"什麼處去?"撞著諸頭漢 婆云:"偷趙州筍去。"據虎頭也不為分外。又云也是本分捋虎鬚。州云:"忽遇趙州又作麼生?"險 婆便掌。好打州便休。莫道趙州休去,也有陷虎之機 雪竇拈云:"好掌。更與兩掌,也無勘處。"扶強不扶弱,黨理不黨親。

師云:這婆子本為尼,因會昌沙汰,更不復作尼,只是參得好。這個公案,諸人無事也好著眼參詳看。而今眾中有一般禪和家,須待長老入室小參,方可做些子工夫。不然終日業識茫茫,遊州獵縣,趁溫暖處去却,也趁口快說禪,殊不知當面蹉過多少好事了也。不見巖頭示眾道:"若是得底人,只守閑閑地,如水上按葫蘆相似,觸著便轉,按著便動。"趙州古佛便是恁麼人。這老漢幸自無事,却為他時時有生機處,便要垂手問這婆子。婆子既知是趙州，且道覿面爲什麼却道"偷趙州笋"去？州云："忽遇趙州時如何？"婆子便掌。也是這老漢惹得婆子與他手脚，他便休去。且道趙州是個什麼道理？五祖先師拈云："趙州休去，不知衆中作麼生商量，老僧也要露個消息，貴要衆人共知：婆子雖行正令，一生不了。趙州被打兩掌，咬斷牙關。可謂婆子去國一身輕似葉，趙州高名千古重如山。"但凡拈古，須似這般手段，見透古人意，方可拈掇他。若不如此，便泥裏洗土塊。雪竇爲他作得這般工夫，見得透前後，便云："好掌。更與兩掌，也無勘處。"且道雪竇意在什麼處？當時作得個甚麼道理，勘得這婆子去。諸人照顧，切忌著掌。（《佛果擊節錄》第十四則）

◎當夜小參："全機敵勝，今古稀逢。啐啄同時，非爲好手。鋒芒匪露，方稱丈夫。不是當家，徒誇作略。豈不見趙州路逢婆子，乃問云：'向什麼處去？'婆云：'偷趙州笋去。'"（中略）後雪竇拈云："好掌。更下兩掌，也無勘處。"師曰："諸禪德且道誵訛在什麼處？報慈今夜試與諸人評議看。一人慣行棧閣，飽歷邊庭，不施寸刃，海晏河清。一人先鋒有作，殿後無追，貪他一杯酒，失却滿船魚。且道報慈爲人，落在那裏，還委悉麼？劍爲不平離寶匣，藥因救病出金瓶。"（《開福道寧禪師語錄》卷上）

◎憶得趙州和尚，路逢凌行婆問："向什麼處去？"婆云："偷趙州笋去。"（中略）師復云："無勘婆子處，無勘趙州處。慧林今日因齋慶贊，爲諸人點破。婆子無心偷笋，惡名已播叢林。趙州有失關防，鬧裏遭他毒手。然雖如是，落便宜是得便宜。"（《慈受深和尚廣錄》卷三）

◎余頃在玉几，嘗見佛照舉此，必再三稱賞曰："此乃頌古樣子也！"後觀其語錄，又愛其頌婆子偷趙州笋話云："櫻桃初熟笋穿籬，林下相逢老古錐。忍俊不禁行正令，得便宜是落便宜。"（《叢林盛事》卷上《佛性泰》）

◎婆子偷趙州笋

師召大衆云："婆子下掌，快便難逢。趙州休去，莫道無事好。"（《佛鑑禪師語錄》卷四）

◎舉趙州路逢婆子，趙州問云："甚處去？"婆云："偷趙州笋去。"（中略）後東山拈云："婆子可謂去路一身輕似葉。"

拈："東山雖爲出氣，猶涉人情在。說甚麼一身輕似葉，殊不知這婆子被趙州草繩縛定，至今求生不得生，求死不得死。具眼者辨取。"（《希叟和尚廣錄》卷五）

◎上堂，舉趙州問婆子："什處去？"婆云："偷趙州笋去。"州云："或遇趙州又作麼生？"婆連打兩掌。州便休去。師云："趙州休去，不知衆中作麼生商量，白雲也要露個消息，貴要衆人共知。婆子雖行正令，一生不了；趙州被打兩掌，咬斷牙關。婆子可謂去路一身輕似葉，趙州高名千古重如山。"（《古尊宿語錄》卷二十《法演》，《禪林類聚》卷九，《宗門拈古彙集》卷十六，《宗鑑法林》卷十八）

◎趙州問一婆子："甚麼處去？"曰："偷趙州笋去。"（中略）頌曰：

彎弓直勢射難當，陷虎之機理最長。雖是貪他一粒米，誰知失却半年糧。海印信［《禪林類聚》卷九，《宗鑑法林》卷十八］

趙州笋，被婆偷，遭摑如何肯便休？合出手時須出手，得抽頭處且抽頭。野軒遵［《禪林類聚》卷九］

趙州老，捉個賊，當面勘渠返遭一摑。賊不成，罪歸己，天下衲僧知幾幾。地藏恩［《禪林類聚》卷九］

趙州挨拶老婆時，迦葉難陀盡皺眉。却被老婆揮一掌，從來多事落便宜。張無盡［《禪林類聚》卷九］

從來柔弱勝剛強，捉賊分明已見臟。當下被他揮一掌，猶如啞子喫生薑。佛鑑懃［《禪林類聚》卷九］

虎穴魔宮到者稀，老婆失脚人懷疑。趙州喫掌無人會，直至如今成是非。金陵俞道婆［《羅湖野錄》卷二，《宗鑑法林》卷十八。"人懷疑"，《羅湖野錄》作"又懷疑"］

去若丘山重，來如一羽輕。去來無別路，傾蓋白頭新。瞎堂遠［《瞎堂慧遠禪師廣錄》卷四，《指月錄》卷十一，《宗鑑法林》卷十八］

一路雄兵犯界河，煙塵塞路絕人過。安邦賴有張良在，畫角城頭唱楚歌。雪竇宗［《宗鑑法林》卷十八］

驟馬加鞭上酒樓，何如坐地看揚州。是非長短俱裁了，鼠竊終難似狗偷。無準範［《佛鑑禪師語錄》卷五，《宗鑑法林》卷十八］

相見又無相觸忤，攔腮便掌不相饒。思量個樣無滋味，莫是趙州身命招。閑極雲（《禪宗頌古聯珠通集》卷十九）

◎舉趙州問婆子："什麼處去？"婆云："偷趙州笋去。"（中略）雪竇云："好掌。更下兩掌，也無勘處。"師云："趙州忍氣吞聲，雪竇以強凌弱。山僧平展商量，敢謂婆子、趙州，二俱不了。"（《古林清茂禪師語錄》卷三）

◎舉趙州問婆子："什麼處去？"婆云："偷趙州笋去。"（中略）雪竇云："好掌。更下兩掌，也無勘處。"師云："趙州休去，婆子勞而無功。更下兩掌，也是老婆見解。"（《月江正印禪師語錄》卷中）

◎趙州外出，路逢一婆子，乃問："什麼處去？"婆曰："偷趙州笋去。"（中略）

南堂欲云："將謂胡鬚赤，更有赤鬚胡。"［《了菴和尚語錄》卷四，《宗鑑法林》卷十八］

龍池傳云："且道趙州休去，是肯伊是不肯伊？"［《宗鑑法林》卷十八］

古南門云："趙州今日小出大遇。"［《宗鑑法林》卷十八］

南山寶云："這兩個漢，都來病入膏肓，雖鍼藥有所不能救。若人檢點得出，許伊具一隻眼。"

圓照森云："還識趙州老漢麼？雲縷縷，風絮絮，寄言行路兒，莫上山頭去。"［《宗鑑法林》卷十八］

甌峰承云："賊是小人，智過君子。"［《宗鑑法林》卷十八］

白巖符云："這婆子不惟竊笋，亦且并竹而歸，可謂偷天手段，不讓礦跖。然趙州休去，又豈止偷天而已！"（《宗門拈古彙集》卷十六）

◎趙州出外，路逢一婆子，乃問："什麼處去？"婆曰："偷趙州笋去。"（中略）

何事臨場欠作家，只緣別有好生涯。饒人不是癡男女，最毒菸菟無齒牙。九遠達

鞭鐧交揮力抗奇，星流電卷類難齊。名圖麟閣家山舊，芳草籠煙鳥亂啼。御之龍［《宗鑑法林》卷十八］

◎婆子偷趙州笋

蒼龍頭上拗折角，猛虎口中拔得牙。不是渠儂張意氣，相逢正遇惡冤家。（《一山國師語錄》卷上）

◎復舉趙州婆子偷笋話，雪竇云："好掌。更行兩掌，也無勘處。"師拈云："好個婆子，覿面當機，當機覿面。雖然如此，更須知行到水窮處，坐看雲起時。"（《徹翁和尚語錄》卷上）

655

(五一一)

師因見院主送生飯，鴉子見便總飛去，師云："鴉子見你爲什麼却飛去？"院主云："怕某甲。"師云："是什麼語話？"師代云："爲某甲有殺心在。"〔《景德傳燈錄》卷十，《五燈會元》卷四，《古尊宿語錄》卷十四〕

【校記】

《五燈會元》卷四："問院主：'甚麼處來？'主曰：'送生來。'師曰：'鴉爲甚麼飛去？'主曰：'怕某甲。'師曰：'汝十年知事作恁麼語話？'主却問：'鴉爲甚麼飛去？'師曰：'院主無殺心。'"《指月錄》卷十一同。

【集評】

◎舉趙州見院主送生飯與鴉子，忽總飛去。（中略）師拈云："是甚語話？忽有人問山僧，只云渠却伶利。"（《建中靖國續燈錄》卷二十七拈古《夾山自齡》）

◎山堂曰："蛇虎非鷗鳶之仇，鷗鳶從而號之。何也？以其有異心故。牛豕非鴝鵲之馭，鴝鵲集而乘之。何也？以其無異心故。昔趙州訪一菴主，值出生飯。州云：'鴉子見人爲甚飛去？'主憮然，遂躡前語問州。州對曰：'爲我有殺心在。'是故疑於人者，人亦疑之。忘於物者，物亦忘之。古人與蛇虎爲伍者，善達此理也。老龐曰：'鐵牛不怕師子吼，恰似木人見花鳥。'斯言盡之矣。"與周居士書（《禪林寶訓》卷三）

◎趙州問院主何來，曰："送生來。"師曰："鴉爲甚飛去？"曰："怕某甲。"師曰："十年知事，作恁麼語話。"主却問："爲甚飛去？"師曰："院主無殺心。"

殺心殺心，月落寒潭秋水深。要掣金鰲吞釣起，可憐覿面少知音。綠雨蕉〔《宗鑑法林》卷十七〕

（五一二）

師問僧：「什麼處來？」云：「江西來。」師云：「趙州著在什麼處？」僧無對。〔《古尊宿語錄》卷十四，《指月錄》卷十一〕

（五一三）

師從殿上過，見一僧禮拜。師打一棒，云：「禮拜也是好事。」師云：「好事不如無。」〔《五燈會元》卷四，《古尊宿語錄》卷十四〕

【箋註】

○好事不如無：《明覺語錄》卷四：「代云：『好事不如無。』」《景德傳燈錄》卷十六《雪峰義存》：「問：『剃髮染衣受佛依蔭，爲什麼不許認佛？』師曰：『好事不如無。』」《天聖廣燈錄》卷二十二《鄧林善志》：「問：『入室投機時如何？』師云：『好事不如無。』」《建國靖國續燈錄》卷二十一《子陵自瑜》：「問：『如何是佛法大意？』師云：『好事不如無。』」《大慧錄》卷十六：「『問禪禪是妄，究理理非親。』師云：『好事不如無。』」《嘉泰普燈錄》卷十三《靈光文觀》：「過去諸如來，斯門已成就，好事不如無；現在諸菩薩，今各入圓明，好事不如無；未來修學人，當依如是法，好事不如無。」《南宋元明僧寶傳》卷六《靈隱善》：「諺云：『庭前生瑞草，好事不如無。』又豈謬哉？」

【集評】

◎秀巖瑞禪師，曰：「大慧和尚舉趙州一日在佛殿上見文遠禮佛，以拄杖打一下。（中略）頌曰：『文遠修行不著空，時時瞻禮紫金容。趙州拄杖雖然短，腦後圓光又一重。』大圓見曰：『妙喜作用不減巖頭、死心，肯來商權，可謂光前絕後。今爲改末句，必來，但恐不得相見矣。'改云：'劃破華山千萬重。'大慧聞之，果欲詣見，而大圓已遷化。"（《枯崖漫錄》卷上）

◎趙州一日在佛殿上，見文遠侍者禮佛，以拄杖打遠一下。（中略）

禮佛修行不較多，何須特地起干戈。直饒打得回頭後，兔子何曾離得窠？（《高峰原妙禪師語錄》卷下）

◎趙州因文遠侍者在佛殿禮拜次，師見，以拄杖打一下。（中略）頌曰：

文遠修行不落空，時時瞻禮紫金容。趙州拄杖雖然短，分破華山千萬重。徑山杲［《古尊宿語錄》卷四十七，《禪林類聚》卷十一，《宗鑑法林》卷十八。"分破華山千萬重"，《古尊宿語錄》卷四十七作"腦後圓光又一重"］

禮佛無端撞趙州，却將知見作冤讎。如今四海平如掌，雲自高飛水自流。照堂一

只知瞻禮紫金容，不覺腦門遭霹靂。平生心膽向人傾，相識還同不相識。蒙菴聰［《宗鑑法林》卷十八］（《禪宗頌古聯珠通集》卷二十）

◎趙州諗禪師一日在佛殿上，見文遠禮拜佛，師以拄杖打一下。（中略）

鼓山珪頌云："平生侍奉老師，全無些子氣息。佛法妙性天機，一字教他不得。"（《禪林類聚》卷十一，《古尊宿語錄》卷四十七）

◎文遠禮佛

禮佛尋常事，如何便打他？向來爲父子，今日是冤家。（《恕中無慍和尚語錄》卷三）

◎趙州見文遠侍者在佛殿禮佛，州以拄杖打一下。（中略）

中峰本云："文遠云：'禮佛也是好事。'不妨頑軟。趙州云：'好事不如無。'話墮了也。要知趙州老人話墮處麼？待伊磕破腦門，却向你道。"（《宗門拈古彙集》卷十六，《宗鑑法林》卷十八）

（五一四）

師因參潼關，潼關問師云："你還知有潼關麼？"師云："知有潼關。"云："有公驗者即得過，無公驗者不得過。"師云："忽遇鑾駕來時如何？"關云："也須檢點過。"云："你要造反？"〔《古尊宿語錄》卷十四〕

(五一五)

師到寶壽，寶壽見師來，遂乃背面而坐。師便展坐具。寶壽起立，師便出去。〔《景德傳燈錄》卷十，《聯燈會要》卷六，《五燈會元》卷四，《古尊宿語錄》卷十四，《聯燈會要》卷六〕

【校記】
《聯燈會要》卷六："師到保壽，壽見來，便背面而坐。師展坐具，壽便起，歸方丈，師收坐具便下去。"保福展云："保壽忘頭失尾，趙州平地喫交。"（保福展語，《宗門拈古彙集》卷十六、《宗鑑法林》卷二十六著錄）

【集評】
◎寶壽因趙州來，師在禪床背面而坐。州展坐具禮拜。（中略）頌曰：
動絃別曲，落葉知秋。人平不語，水平不流。只因脚底無羈絆，去住縱橫得自由。遁菴演（《禪宗頌古聯珠通集》卷二十六，《宗鑑法林》卷二十六）

◎寶壽因趙州來，師在床，背面而坐。州展坐具禮拜。（中略）
一自投桃便有心，瓊瑤相報尚嫌輕。人情來去如知的，方解一輪兩處明。童求昱（《宗鑑法林》卷二十六）

(五一六)

師在南泉時，泉牽一頭水牯牛，入僧堂内，巡堂而轉。首座乃向牛背上三拍，泉便休去。師後將一束草安首座面前，首座無對。〔《古尊宿語錄》卷十四，《指月錄》卷十一〕

659

（五一七）

有秀才見師，乃讚嘆師云："和尚是古佛。"師云："秀才是新如來。"
〔《正法眼藏》卷六，《古尊宿語錄》卷十四〕

【集評】

◎趙州因一秀才云："和尚是古佛。"師曰："秀才是新如來。"頌曰：廣寒宮殿淨無埃，已是逢君八字開。丹桂不須零碎折，等閑和樹拔將來。南叟茂（《禪宗頌古聯珠通集》卷二十，《宗鑑法林》卷十九）

（五一八）

有僧問："如何是涅槃？"師云："我耳重。"僧再問，師云："我不害耳聾。"乃有頌："騰騰大道者，對面涅槃門。但坐念無際，來年春又春。"
〔《古尊宿語錄》卷十四〕

（五一九）

有僧問："生死二路是同是別？"師乃有頌："道人問生死，生死若爲論？雙林一池水，朗月耀乾坤。喚他句上識，此是弄精魂。欲會個生死，顛人説夢春。"〔《古尊宿語錄》卷十四，《指月錄》卷十一〕

【箋註】

○弄精魂：《圓悟錄》卷十五："唯務要人各知歸休歇，不起見刺，向鬼窟裏弄精魂。"《碧巖録》第十九則："如今人纔問著，也竪指竪拳，只是弄精魂，也須是徹骨徹髓，見透始得。"《建中靖國續燈録》卷十七《安福子勝》："若也揚眉瞬目，又是鬼弄精魂。"

（五二〇）

有僧問："諸佛有難，火燄裏藏身；和尚有難，向什麼處藏身？"師乃有頌："渠説佛有難，我説渠有灾。但看我避難，何處有相隨。有無不是説，去來非去來。爲你説難法，對面識得未？"〔《古尊宿語録》卷十四〕

【校記】

識得未：原本及諸參校本作"識得來"，據文意徑改。

（五二一）

見起塔，乃有頌："本自圓成，何勞疊石。名邈雕鎸，與吾懸隔。若人借問，終不指畫。"〔《古尊宿語録》卷十四〕

【箋註】

〇圓成：圓滿成就。《景德傳燈録》卷九《古靈神贊》："心性無染，本自圓成。"《圓悟録》卷四："去住本自圓成，解脱更無異路。"又卷九："諸人既欲安居，還識得平等性智麼？若識得去，人人具足，個個圓成。"又卷十三："人人具足，各各圓成。但向己求，莫從他覓。"《宏智廣録》卷一："從來清淨，不受染污。本自圓成，不勞修證。"《密菴語録》："人人具足，物物圓成。"　〇名邈：稱説，描述。《景德傳燈録》卷十四《丹霞天然》："一靈之物，不是你造作名邈得。"《碧巖録》第十七則："天下衲僧徒名邈。誰不是名邈者？到這裏，雪竇自名邈不出，却更累他天下衲僧。"《祖庭事苑》卷六《法眼録》作"名貌"："名物之形容，故曰名貌。"

（五二二）

因見諸方見解異途，乃有頌云："趙州南，石橋北，觀音院裏有彌勒。祖師遺下一隻履，直至如今覓不得。"〔《祖堂集》卷十八，《古尊宿語録》卷十四，《全唐詩補編》〕

【校記】

《祖堂集》卷十八《趙州》："問：'如何是西來意？'師云：'仲冬嚴寒。'有人舉似雲居，便問：'只如趙州與摩道，意作摩生？'居云：'冬天則有，夏月則無。'僧舉似師：'只如雲居與摩道，意作摩生？'師因此便造偈曰：'石橋南，趙州北，中有觀音有彌勒。祖師留下一隻履，直到如今覓不得。'"

【箋註】

○祖師遺下一隻履：傳說東土禪宗初祖達摩大師歸印度時，將隻履留在中土。據《景德傳燈錄》卷三載，達磨於後魏孝文帝太和十九年（495）坐化，葬於熊耳山，起塔於定林寺。三年後，魏使宋雲奉使西域，歸途中遇師於葱嶺，手攜隻履，翩翩獨行，遂問師何往，師云："西天去。"又謂宋雲曰："汝主已厭世。"宋雲聞之茫然，別師東行。既回朝，果然明帝已崩，而孝莊帝繼位。宋雲具奏其事，帝令啓達磨之塔視之，棺空，唯存一履，舉朝驚嘆，帝乃詔少林寺請回供養。於唐開元十五年，此履移置五臺山華嚴寺，後復失竊，不知所終。

【集評】

◎舉丹霞裕長老爲人入室上堂。（中略）復云："趙州道：趙州南，石橋北，觀音院裏有彌勒。祖師留下一隻履，直至如今覓不得。諸人要知落處麼？問取丹霞和尚。"（《圓悟録》卷八，《列祖提綱録》卷三十二）

◎問僧："爾道禪還受教也無？"僧云："萬里一條鐵。"師云："爭奈觀

音院裏有彌勒。"僧擬議，師便打出。(《大慧錄》卷九)

◎普説："趙州南，石橋北，觀音院裏有彌勒。祖師遺下一隻履，直至於今覓不得。行脚道人眼似流星，機如掣電，聊聞舉著，徹骨徹髓，亦未爲性燥，何況尋言逐句，意根下卜度，有甚瞥脱處？"(《松源崇嶽禪師尚語錄》卷下)

◎上堂："十八十九，癡人夜走。十九二十，人信不及。信得及，觀音院裏有彌勒。"(《石田法薰禪師語錄》卷二)

◎結夏："鐘未鳴，鼓未響，好個古佛樣子。暨乎鐘鳴鼓響，諸人簇簇上來，問答抑揚，便見七花八裂。明眼漢，没棄臼，拈得鼻孔失却口。名不得，狀不得。觀音院裏有彌勒。"(《石田法薰禪師語錄》卷三)

◎趙州南，石橋北，觀音院裏有彌勒。祖師遺下一隻履，直至而今尋不得。西天梵語，此土唐言。經律論藏，還有這個消息麼？古人恁麼説話，意在於何？直饒聞得暗地點頭，未免死在句下。(《石田法薰禪師語錄》卷三)

◎上堂："方丈屋損，寢處不得。常住乏糧，著衆不得。舊逋積如海，無錢還不得。大道在目前，有口説不得。若人透此四重關，堪與諸方爲軌則。趙州親見老南泉，觀音院裏有彌勒。"(《痴絶道沖禪師語錄》卷上)

◎冬夜小參："趙州南，石橋北，松根有伏苓。去却一，拈得七，龍門無宿客。信手拈來，信手便擲，隨處破蕩，隨處成家。捲舒逆順，左之右之，南北東西，無可不可，此猶是尋常用底，只如一陽未生，如何通信？"以拂子擊禪床云："京師出大黄。"(《佛鑑禪師語錄》卷三)

◎上堂："趙州南，石橋北，觀音院裏有彌勒。祖師遺下一隻履，直至而今覓不得。趙州老子，信手栽荆棘，當門種蒺藜。四方人不到，徒自暗攢眉。大衆，要過趙州關麼？等閑回首處。"(《率菴梵琮禪師語錄》)

◎提綱："入真如門，見真如理，升真如座，説真如法。如何是真如法？趙州南，石橋北，觀音院裏有彌勒。祖師遺下一隻履，直至而今覓不得。如斯舉唱，便合散去，救得一半。其或未然，未免全身入草。"(《率菴梵琮禪師語錄》)

◎或云："佛法不用學，燈籠露柱欺你去，作麼生得不欺你去？"代云："趙州南，石橋北。"(《古尊宿語錄》卷十七《雲門廣錄下》)

◎趙州南，石橋北，觀音院裏有彌勒。祖師遺下一隻履，直至而今尋不得。汝等諸人，十二時中，受用個什麼？誰知冷灰裏，九轉透瓶香。(《續古

663

尊宿語要》卷五《佛照光》)

◎陝府鐵牛,昨夜失却尾巴。嘉州大像,不是白拈賊。趙州南,石橋北,黃河九曲吞昆侖,大悲院裏安彌勒。(《續古尊宿語要》卷六《竹菴邦》)

◎有時恁麼,有時不恁麼。恁麼也得,不恁麼也得。大唐國内無禪師,觀音院裏有彌勒。(《續古尊宿語要》卷六《別峰雲》)

◎上堂:"名不得,狀不得。取不得,捨不得。不可得,只麼得。趙州東壁掛葫蘆,觀音院裏有彌勒。"(《環溪惟一禪師語錄》卷上)

◎送雲居玉維那禮補陀

破家散宅作活計,透出威音王以前。天臺南,石橋北,觀音院裏有彌勒。發揮二十五圓通,屋角桃花露春色。(《楚石梵琦禪師語錄》卷十七)

◎東村王老夜燒錢,忙者自忙閑者閑。東方甲乙木,一則三,三則一。趙州東壁掛葫蘆,觀音院裏有彌勒。(《愚菴和尚語錄》卷六,《列祖提綱錄》卷十三)

(五二三)

因魚鼓有頌:"四大猶來造化功,有聲全貴裏頭空。莫怪不與凡夫説,只爲宮商調不同。"〔《五燈會元》卷四,《古尊宿語錄》卷十四〕

【校記】
"猶來",《五燈會元》卷四作"由來"。

【箋註】
○魚鼓:木魚之異名。木魚是魚形的板鼓,禪院報知諸事時敲打,因其空洞而稱作鼓。

（五二四）

因蓮花有頌："奇異根苗帶雪鮮，不知何代別西天。淤泥深淺人不識，出水方知是白蓮。"〔《古尊宿語錄》卷十四〕

（五二五）十二時歌

雞鳴丑，愁見起來還漏逗。裙子褊衫個也無，袈裟形相些些有。褌無腰，袴無口，頭上青灰三五斗。比望修行利濟人，誰知變作不唧溜。

平旦寅，荒村破院實難論。解齋粥米全無粒，空對閑窗與隙塵。唯雀噪，勿人親，獨坐時聞落葉頻。誰道出家憎愛斷，思量不覺淚霑巾。

日出卯，清淨爭却翻爲煩惱。有爲功德被塵埋，無限田地未曾掃。攢眉多，稱心少，叵耐東村黑黃老。供利不曾將得來，放驢喫我堂前草。

食時辰，煙火徒勞望四鄰。饅頭餡子前年別，今日思量空咽津。持念少，嗟嘆頻，一百家中無善人。來者只道覓茶噇，不得茶噇去又嗔。

禺中巳，削髮誰知到如此。無端被請作村僧，屈辱飢悽受欲死。胡張三，黑李四，恭敬不曾生些子。適來忽爾到門頭，唯道借茶兼借紙。

日南午，茶飯輪還無定度。行却南家到北家，果至北家不推註。苦沙鹽，大麥醋，蜀黍米飯薤蒿苣。唯稱供養不等閑，和尚道心須堅固。

日昳未，者回不踐光陰地。曾聞一飽忘百飢，今日老僧身便是。不習禪，不論義，鋪個破席日裏睡。想料上方兜率天，也無如此日炙背。

晡時申，也有燒香禮拜人。五個老婆三個瘦，一雙面子黑皴皴。油麻茶，實是珍，金剛不用苦張筋。願我來年蠶麥熟，羅睺羅兒與一文。

日入酉，除却荒涼更何守。雲水高流定委無，歷寺沙彌鎮長有。出格言，不到口，枉續牟尼子孫後。一條拄杖粗棘藜，不但登山兼打狗。

黃昏戌，獨坐一間空暗室。陽燄燈光永不逢，眼前純是金州漆。鐘不聞，虛度日，唯聞老鼠鬧啾唧。憑何更得有心情，思量念個波羅蜜。

人定亥，門前明月誰人愛。向裏唯愁臥去時，勿個衣裳著甚蓋。劉維那，趙五戒，口頭說善甚奇怪。任你山僧囊罄空，問著都緣總不會。

半夜子，心境何曾得暫止。思量天下出家人，似我住持能有幾。土榻床，破蘆席，老榆木枕全無被。尊像不燒安息香，灰裏唯聞牛糞氣。〔《聯燈會要》卷三十，《古尊宿語錄》卷十四，《禪門諸祖師偈頌》上之下〕

【箋註】

○不唧溜：不唧嚼，又作好不鯽溜、好不唧令，含有嘲弄、嘲笑之意。不唧溜，即不伶俐之意，指愚魯之鈍漢。　○有爲功德：世間一切因緣所生之功德善法。對此而言，涅槃第一義諦則稱無爲功德。　○兜率天：欲界第四層天之名，此天一晝夜，人間四百年，天壽四千歲，合人間五億七千六百萬年。有內外二院，外院爲天人所居，內院爲補處菩薩的住處，補處菩薩常由此天下生而成佛，今爲彌勒菩薩的淨土。　○羅睺羅兒：日本無著道忠等人先後考證，謂其指民間於七夕時供養的一種土偶。　○波羅蜜：梵語音譯，意爲到彼岸。　○趙五戒：指受持五戒的趙姓在家居士。

【集評】

◎趙州道："鷄鳴丑，愁見起來還漏逗。裙子褊衫個也無，袈裟形相些些有。褌無襠，褲無口，頭上青灰三五斗。本爲修行利濟人，誰知翻成不唧嚼。"若得真實到這境界，"何人眼不開"，一任七顛八倒，一切處都是這境界，都是這時節，十方無壁落，四面亦無門。(《碧巖錄》第三十六則)

◎召大衆云："還識雲門村叟麼？曾聞一飽忘百飢，今日山僧身便是。"喝一喝。(《大慧錄》卷七)

◎悟本禪人求贊

爲人巴鼻亦好笑，更不容人謾開口。盲枷瞎棒當慈悲，是與不是劈脊搜。如斯主法作宗師，枉續牟尼子孫後。本禪千萬莫學伊，學伊和爾不唧嚼。(《大慧錄》卷十二)

◎師乃云："趙州住院二十年，折腳禪床欠一邊。灰頭土面半飢餓，苦澀家風今古傳。翻笑今人做長老，恰似官人問職田。職田多，我便去，免見鉢盂無著處。職田少，我不去，生怕沒鹽兼沒醋。禪門難得好兒孫，正眼近

來如掃土。"(《慈受深和尚廣錄》卷一)

◎上堂云："百億毛頭花開，不犯春風。三冬雪裏爭芳，全彰浩意。雲凝谷曉，滴水冰生。活計現成，憑誰受用？"良久云："頭上青灰三五斗，明明不墮曉來機。"(《真歇清了禪師語錄》卷上《劫外錄》)

◎一如體玄，兀爾忘緣

拈云："合取皮袋。"良久云："直是襌無襟，褲無口，頭上青灰三五斗，也未夢見在。饒你東西不辨，南北不分，眼似眉毛，口如鼻孔，養得如嬰兒純純地，也未夢見在。"(《真歇清了禪師語錄》卷上《拈古》)

◎寶峰湛堂準禪師有十二時頌。(中略)妙喜老師為頌出，而書其後曰："湛堂老人作十二時頌，家風不減趙州。"(《羅湖野錄》卷三)

◎乃舉："鷄鳴丑，愁見起來還漏逗。裙子偏衫個也無，袈裟形相些些有。裩無腰，褲無口，頭上青灰三五斗。指望修行利濟人，誰知翻成不唧𡆇。"師云："趙州新歸面上添笑靨，又向繡幕裏行，只是少得人見。"(《虛堂錄》卷二)

◎次日上堂："晷運推移，日南長至。東海鯉魚，鼓腮振鬣。南山鱉鼻，伸眉吐氣。唯有趙州老兒沒意智，拖個破席日裏睡。淨慈路見不平，道個蘇盧悉利。何故？恐者老子，背地裏討人便宜。"(《虛堂錄》卷八)

◎上堂："裩無襟，褲無口，頭上青灰三五斗，趙州老漢少賣弄。然則國清才子貴，家富小兒驕。其奈禾黍不陽艷，競栽桃李春。翻令力耕者，半作賣花人。"(《嘉泰普燈錄》卷四《真淨克文》，《五燈會元》卷十七，《古尊宿語錄》卷四十二，《續古尊宿語錄》卷二，《御選語錄》卷十八)

◎《法華經》："譬如有人，至親友家醉酒而臥。是時親友官事當行，以無價寶珠繫衣裏，其人醉臥，都不覺知。"趙州云："會聞一飽忘百飢，今日山僧身便是。"趙州一飽忘百飢，合受人天妙供。這僧飯飽頹儂，滴水難消。明眼人辨取。"(《從容錄》第三十二則)

◎謝首座秉拂都寺冬齋上堂："無味乃真味，真味真無味。若知真味者，更不說真味。曾聞一飽忘百飢，今日山僧身便是。"(《佛鑑禪師語錄》卷一)

◎如是則見前一衆今夏實不空過。見前一衆既不空過，燈籠露柱亦不空過，山河大地、草木叢林、情與無情悉不空過，至於拄杖子亦不空過。拄杖子既不空過，且道成得個什麼？通身黑漆粗刺梨，非但登山兼打狗。(《佛鑑禪師語錄》卷三)

667

◎僻性拗木枕，天生没意智。自己獨冤家，佛祖閑奴婢。嘗聞一飽忘百飢，今日山僧身便是。（《佛鑑禪師語錄》卷五）

◎上堂："去年梅，今歲柳，天地有全功，物物還依舊。衲子生涯也如舊，頭上青灰三五斗。臘雪後春風前，莫教蹉過钁頭邊。"（《北礀居簡禪師語錄》）

◎上堂，僧問："如何是本分事？"師云："結舌無言。"乃云："每日起來，拄却臨濟棒，吹雲門曲，應趙州拍，擔仰山鍬，驅溈山牛，耕白雲田，七八年來漸成家活。更告諸公，每人出一隻手，共相扶助，唱歸田樂，粗羹淡飯，且恁麼過。何也？但願今年䉡麥熟，羅睺羅兒與一文。"（《古尊宿語錄》卷二十一《法演》，《正法眼藏》卷六，《五燈會元》卷十九，《續古尊宿語要》卷三，《續傳燈錄》卷二十，《御選語錄》卷十八）

◎佛法二字，掉去他方世界，未爲分外。一日兩度鉢盂濕，少一點不得。不見道"常聞一飽忘百飢，今日山僧身便是"。乃云："不審，不審。尋常向你道未在，也無別意，只是要諸人喫粥喫飯，須是自家拈匙把箸，便得飽。若取別人辨，只是虛飽。"（《續古尊宿語錄》卷三《白雲端》，《白雲守端禪師廣錄》卷二）

◎拄杖子字跳，驚起須彌山，走過他方世界，輥動四大海，向汝諸人眉毛罅裏，騰波促浪。直得東村王大伯，街頭李鬍子，夢中驚覺起來，拍手呵呵大笑云："慚愧今年䉡麥熟。羅睺羅兒與一文。"（《續古尊宿語要》卷五《誰菴演》）

◎山僧今日卜一卦，且要大衆相委：天地合其德，日月合其明，鬼神合其吉凶。咄，內卦已成，更求外象。咄，但願今年䉡麥熟，羅睺羅兒與一文。（《續古尊宿語要》卷五《蒙菴岳》）

◎上堂，舉趙州云："苦沙鹽，大麥醋。菽黍飯，薺蒿苴。"又云："裩無襠，袴無口，頭上青灰三五斗。"師云："趙州老人，賣弄不少。"（《石溪心月禪師語錄》卷上）

◎臘八上堂："我佛入深山，六載冷相守。中夜一舉頭，南辰對北斗。於此眼皮穿，一場成漏逗。普觀大地人，此事皆具有。至今二千年，公案宛如舊。不見趙州曾有言，修行變作不喞嚠。"（《石溪心月禪師語錄》卷上）

◎百年非久，三界無安。可惜寸陰，當求解脱。古先諸祖，舉有懿範。杖錫一乞士，丹霞只個布裘，趙州青灰滿頭，即師編草爲毯。（《禪門諸祖師偈

668

頌》卷下之下《雪寶方丈銘》，《緇門警訓》卷七）

◎答惇上人七首 其四

少矜平子四愁詩，晚學趙州十二時。千里故人不解事，書來猶寄竹枝辭。（《倚松詩集》卷二，《兩宋名賢小集》卷一百一十一）

◎閭老求席因以戲之

百丈曾於堂上捲，趙州只向日中鋪。贈師七尺高低具，尚打當年鼓笛無？（《倚松詩集》卷二）

◎金將石試，玉將火試。卓拄杖云："曾聞一飽忘百飢，今日山僧身便是。"下座。（《古林清茂禪師語錄》卷一）

◎送勉侍者

永嘉一宿留曹溪，勉禪三年在吾右。果然佛祖不同途，脫略從前舊窠臼。更將五綵畫牛頭，點額黃金誇好手。如斯標致出天然，堪續牟尼子孫後。（《古林和尚拾遺偈頌》卷上）

◎上堂："裰無襠，褲無口，頭上青灰三五斗，說甚三十二相八十種好。"便下座。（《曇芳和尚語錄》卷下）

◎久之衆請住趙州觀音院，一曰東院，道化甚盛。作《十二時歌》，偈頌機緣語錄，流行於世。（《釋氏稽古略》卷三）

◎懷古十首寄大宗西堂 其三

頭上青灰三五斗，趙州誰謂太疏慵。等閑剔起眉毛看，老虎斑斑是大蟲。（《了堂和尚語錄》卷三）

◎手書真際禪師十二時歌

右真際禪師從諗《十二時歌》，是百十二歲前於趙州觀音院作，多以其庸陋俚俗非師語，余獨謂爲不然。寒山、拾得猶不能揜大士面目，今掩之盡矣，居然一退院頭陀耳。明潭老師百十一歲，吾不知所詣於趙州若何，老境彷彿近之，因手寫一通寄師，却下一轉語："此《十二時歌》會否？會則菩薩於異類中行，不會則凡夫實際耳。"（《弇州四部稿·續稿》卷一百五十六）

◎天目禮禪師謝麥監收上堂："山前麥熟，翁媼歡呼。收拾歸來，其中有面。饅頭餶子前年別，今日思量笑殺人。"（《列祖提綱錄》卷三十三）

◎次韻趙州十二時歌

乙酉臘二日，與小師壽同見一所屏風，書趙州十二時歌。歸出紙，仍倖書，復請和之。然趙州以自在遊戲三昧，提持向上真機，古今作者，莫有出其右者，余又何敢擬

哉？然不違所請，第以現前境界，假其聲韻，賡之云爾

　　雞鳴丑，欲起下床還少逗。直裰袈裟在眼前，從頭檢點般般有。貧一身，富千口，羞向時人貸升斗。從來開口告人難，直饒開得不順溜。

　　平旦寅，日日朝朝不用論。米多作飯少煮粥，却笑古人甑生塵。無外客，總是親，葉落花開莫厭頻。憎愛生兼憎愛斷，何曾難得這衣巾。

　　日出卯，清淨本然休懊惱。山河大地没纖埃，未容閉門專却掃。閑時多，忙處少，誰似退居仙長老。祖翁田地不須耕，但教拔却無明草。

　　食時辰，有鹽無醋乞諸鄰。失處不言愁寂寂，得是呼喚喜津津。稱意少，逆志頻，世間多是一般人。昨日街頭張上座，相逢也使笑中嗔。

　　禺中巳，平生所料豈及此。布袋中間置老鴉，雖然得活猶如死。七十三，八十四，總稱如來法王子。道高可擬釋迦文，一片心情薄如紙。

　　日南午，自笑平生無調度。只求一飯塞飢坑，此外有何堪解註。乞得鹽，又無醋，明年不必栽苦苣。口腹無厭幾日休，隨分些些納無固。

　　日昳未，莫負檀那金布地。釋迦老子住祇園，子細看來誰不是。論高低，說理義，我方困到垂頭睡。晴檐日暖樂無窮，只缺麻姑為爬背。

　　晡時申，看却人間多少人。亦有深居面如玉，更多奔走脚皮皺。但有錢，席上珍，不須東海取龍筋。說向自家無盡藏，都盧不直半分文。

　　日入酉，獨向蒲團宜默守。千般造作總徒然，一毫功德何曾有。無益言，休出口，自看身前與身後。莫消卑微過此生，天地由來一芻狗。

　　黃昏戌，也有學人來入室。去粘解縛一無功，顛倒膠盆更添漆。悟真機，在何日，四壁但聞蟲唧唧。善柔便佞豈能為，口頭言語甜如蜜。

　　人定亥，靜定安詳絕憎愛。忽思明月落波心，一片晴湖本無蓋。少沙彌，大新戒，勞伊給侍休相怪。提瓶挈水點茶湯，與君共結龍華會。

　　半夜子，一切足時當自止。灼然求足足何時，知止之人世能幾。龍鬚席，蘆竹篾，紅錦繡衾黑紙被。眠熟來時無兩般，有鼻孔人俱出氣。（《竺仙和尚語錄》卷中）

趙州禪師語錄——正文之部終

（五二六）［補遺（一）］

師問座主："久蘊什摩業？"對云："《涅槃經》。"師："問座主一段義得不？"對云："得。"師以脚踢空中，口吹，却問："這個是《涅槃經》中義不？"云："是。"師云："會摩？""不會。"師云："這個是五百力士揭石之義。"〔《祖堂集》卷十八《趙州》，《景德傳燈錄》卷十，《聯燈會要》卷六〕

【校記】

《景德傳燈錄》卷十："師問一座主：'講什麼經？'對云：'講《涅槃經》。'師云：'問一段義得否？'云：'得。'師以脚踢空吹一吹云：'是什麼義？'座主云：'經中無此義。'師云：'五百力士揭石義，便道無？'"

《聯燈會要》卷六："師云：'脫空謾語漢！此是五百力士揭石義。'"有老宿代云："和尚謾某甲？謾大衆？"雪竇云："和尚慣得其便。"

按：《五燈會元》卷四《睦州陳尊宿》將此公案記載爲睦州之因緣，《明覺語錄》卷四、《佛鑑禪師語錄》卷四、《五家正宗贊·睦州陳尊宿》因之。

【箋註】

○五百力士揭石：《涅槃經》卷十六："復次善男子，我欲涅槃，始初發足向拘尸那城，有五百力士，於其中路平治掃灑。中有一石，衆欲舉棄，盡力不能。我時憐愍，即起慈心。彼諸力士，尋即見我以足拇指舉此大石，擲置虛空，還以手接，安置右掌。吹令碎末，復還聚合，令彼力士貢高心息。即爲略説種種法要，令其俱發阿耨多羅三藐三菩提心。善男子，如來爾時實不以指舉此大石在虛空中，還置右掌吹令碎末，復合如本。善男子，當知即是慈善根力。令諸力士見如是事。"

【集評】

◎舉趙州諗禪師問一座主："講什麼經？"主云："《涅槃經》。"（中略）拈云："趙州深知座主瞌睡，又更與佗寐語一尚。且道趙州以脚踢空吹一吹,是什麼義?若更不會,畢竟瞞殺人。"

踢一踢時吹一吹,金毛師子現全威。趙州用處形言絶,爭奈迷頭不肯歸。(《普菴印肅禪師語錄》卷下)

◎師云:"嗄,青天白日有恁麼事,當時若見佗道'此是五百力士揭石義',只小小地向佗道:'不說那知?'當時若進得此語,縱使睦州老漢鐵作面皮,也教兩眼覷地。"(《佛鑑禪師語錄》卷四)

◎趙州問一座主:"講什麼經?"曰:"講《涅槃經》。"(中略)頌曰:

一趯方令地軸反,一吹還又轉天關。講師不識圓陀義,空舍前山過後山。主堂居士〔《宗鑑法林》卷十八〕

揭石從來義不同,洪波深處逞神通。高標不在蘆花岸,隊隊雙雙趁曉風。獸堂定〔《宗鑑法林》卷十八〕(《禪宗頌古聯珠通集》卷二十)

◎趙州問座主:"講什麼經?"主曰:"《涅槃經》。"(中略)

老宿代講主云:"和尚謾某甲,謾大衆?"〔《宗鑑法林》卷十八〕

雪竇顯別云:"和尚慣得其便。"〔《宗鑑法林》卷十八〕(《宗門拈古彙集》卷十六)

(五二七) [補遺(二)]

問:"離教請師決。"師云:"與摩人則得。"僧纔禮拜,師云:"好問,好問。"僧云:"諾和尚。"師云:"今日不答話。"〔《祖堂集》卷十八《趙州》〕

【箋註】

○離教:離開教乘的義理、方法,意爲請師父開示教外別傳的禪門心要。　○與摩人:這樣的人。

(五二八) ［補遺（三）］

問："如何是本分事？"師指學人云："是你本分事。"僧云："如何是和尚本分事？"師云："是我本分事。"〔《祖堂集》卷十八《趙州》〕

【箋註】
○本分事：詳（十二）註。　○是你本分事、是我本分事：本則公案揭示各人生死各人了、自家田地自家耕，禪的體驗乃如人飲水冷暖自知的佛法要旨。

(五二九) ［補遺（四）］

鎮州大王請師上堂，師陞座便念經，有人問："請和尚上堂，因什摩念經？"師云："佛弟子念經不得摩？"〔《祖堂集》卷十八《趙州》〕

(五三〇) ［補遺（五）］

又別時上堂，師念《心經》，有人云："念經作什摩？"師云："賴得闍梨道念經，老僧泊忘却。"〔《祖堂集》卷十八《趙州》〕

（五三一）[補遺（六）]

問："如何是玄中一句？"師云："不是如是我聞。"〔《祖堂集》卷十八《趙州》〕

【校記】
本則當接於（三十八）之後。

【箋註】
○如是我聞：爲佛教經典之開頭語。釋尊於入滅之際，曾對多聞第一之阿難言其一生所說之經藏，須於卷首加上"如是我聞"一語，以與外道之經典區別。"如是"，指經中所叙述的釋尊之言行舉止。"不是如是我聞"，意爲起心求玄，即違背了佛法大意。

（五三二）[補遺（七）]

師問僧："從什摩處來？"對云："從五臺山來。"師云："還見文殊也無？"對云："文殊則不見，只見一頭水牯牛。"師云："水牯牛還有語也無？"對云："有。"師曰："道什摩？"對云："孟春猶寒，伏惟和尚尊體起居萬福。"〔《祖堂集》卷十八《趙州》〕

（五三三）[補遺（八）]

古時有官長教僧拜，馬祖下潦，瑞和尚不肯拜，官長便嗔，當時打殺。

有人問師："瑞和尚爲什摩却被打殺？"師云："爲伊惜命。"龍花拈問僧："惜個什摩命？"無對，龍花代云："嗔我不得。"問："正與摩時作摩生？"師云："生公忍死十年，老僧一時不可過。"〔《祖堂集》卷十八《趙州》〕

【箋註】

○惜命：堅持僧格，不惜殞軀，愛惜佛法慧命。　○生死忍死十年：生公，竺道生。道生因孤明先發，宣說一闡提人有佛性義，而受到排擠擯逐。後來北本《涅槃經》的後十卷譯出，印證了道生的主張，佛教界對他遂予以認可，譽爲"涅槃聖"。《大方廣佛華嚴經隨疏演義鈔》卷七九："生公忍死待得大經，以證大義。"《四明尊者教行錄》卷五："迦文念過去之說，罔趣泥洹；生公待未致之緣，久停枯聚。"

（五三四）[補遺（九）]

師喚沙彌，沙彌應喏，師云："煎茶來。"沙彌云："不辭煎茶，與什摩人喫？"師便動口，沙彌云："大難得喫茶。"有人拈問漳南："又須教伊煎茶，又須得喫茶，合作摩生道？"保福云："雖然如此，何不學觀音？"〔《祖堂集》卷十八《趙州》〕

（五三五）[補遺（十）]

院主請上堂，師陞座唱如來梵，院主云："比來請上堂，這個是如來梵。"師云："佛弟子唱如來梵不得摩？"〔《祖堂集》卷十八《趙州》〕

【箋註】

○如來梵：《重雕補註禪苑清規》卷六："次第舉佛至，行香罷，法事唱如來梵。"〔"如來妙色身"乃至"是故我歸依，信禮常住三寶"。〕

（五三六）［補遺（十一）］

問："開口是一句，如何是半句？"師便開口。〔《祖堂集》卷十八《趙州》〕

（五三七）［補遺（十二）］

三峰見師云："上座何不住去？"師云："什摩處住好？"三峰指面前山，師云："此是和尚住處。"〔《祖堂集》卷十八《趙州》〕

（五三八）［補遺（十三）］

師爲沙彌，扶南泉上胡梯，問："古人以三道寶階接人，未審和尚如何接？"南泉乃登梯云："一二三四五。"師舉似師伯，師伯云："汝還會摩？"師云："不會。"師伯云："七八九十。"〔《祖堂集》卷十八《趙州》〕

【校記】

本則可與（五）合參。

【箋註】

○寶階：以珍寶做成的階梯，即指釋尊從忉利天降世時所用者。據《大唐西域記》卷四《劫比他國》載，該國都城以西二十餘里處有大伽藍，伽藍大垣內有三寶階，南北列而東面下，是如來於三十三天（忉利天）說法後降還世間時所用。其時，天帝釋以神力化現黃金、水晶、白銀等三座寶階，釋尊即由中間之黃金寶階降世。玄奘遊至劫比他國時，原有之三寶階已不存，代之者爲後世諸國王所倣制之寶階，係以磚石制成，並飾有種種珍寶，高七十餘尺。

（五三九）［補遺（十四）］

南泉指銅瓶問僧："汝道内淨外淨？"僧云："内外俱淨。"却問師，師便剔却。〔《祖堂集》卷十八《趙州》〕

（五四〇）［補遺（十五）］

趙州到投子，山下有鋪。向人問："投子那裏？"俗人對曰："問作什摩？"趙州云："久響和尚，欲得禮謁。"俗曰："近則近，不用上山。明日早朝來乞錢，待他相見。"趙州云："若與摩，和尚來時，莫向他説祢僧在裏。"俗人唱喏。師果然是下來乞錢，趙州便出來把駐云："久響投子，莫只這個便是也無？"師纔聞此語，便側身退。師又拈起笊籬云："乞取鹽錢些子。"趙州走入裏頭，師便歸山。〔《祖堂集》卷十八《趙州》，《景德傳燈録》卷十五《投子大同》，《聯燈會要》卷二十一《投子大同》，《五燈會元》卷五，《正法眼藏》卷二，《古尊宿語録》卷三十六，《御選語録》卷十四〕

【校記】
《景德傳燈録》卷十五《投子大同》："一日趙州諗和尚至桐城縣。師亦出山，途中相遇未相識。趙州潛問俗士，知是投子，乃逆而問曰：'莫是投子山主麽？'師曰：'茶鹽錢乞一個。'趙州即先到菴中坐，師後携一瓶油歸菴。趙州曰：'久響投子，到來只見個賣油翁。'師曰：'汝只見賣油翁，且不識投子。'曰：'如何是投子？'師曰：'油，油！'"

【集評】
◎趙州曰："久響投子，到來只是個賣油翁。"

拈云："不合投子，容易放過趙州，致令趙州劈心坐却一切聖凡個。及乎投子回來，且無奈藏身插足處，更說什麽油？若教普菴當時途中邂逅，一場敗闕非細。只今敢問諸人，還見投子麼？"良久云："默。"顧左右曰："只這花十八難賽。"

古人投子續宗枝，相逢作者便呈機。含光知有菴中主，提起油瓶應不疑。（《普菴印肅禪師語錄》卷下）

◎因事上堂，舉趙州參投子。（中略）拈云："盡道投子老兒，尋常涓滴無滲漏，因甚被趙州點檢？直饒鋼鏴得成，未免粘手綴脚。"（《希叟和尚廣錄》卷一）

◎州云："久響投子，到來只見個賣油翁。"

佛鑑拈云："趙州探竿在手，投子影草隨身。鬧市相逢，彼此平出。雖然如是，且道菴中相見事如何？"良久云："雲月宛然同，溪山還有異。"

正覺云："傾蓋相逢，明月清風。何故？莫怪道相識滿天下。"

佛海云："趙州只管理會，抱猛虎乳邊子，抉蒼龍頷下珠，不管投子命若懸絲。"（《拈八方珠玉集》卷中）

◎趙州見投子買油而歸，州云："久聞投子，今見買油翁。"投子曰："油，油。"看禪宗此事，便見雲將曰"遊"，乃是莊子形容鼓舞處。（《莊子口義》卷四）

◎示宋大山孝廉

你既無心我也休，兩忘何必强追求。趙州可煞活鹽醋，傾出當年投子油。（《無異元來禪師廣錄》卷十六）

◎州曰："久響投子，到來只見賣油翁。"（中略）

偶然提得一瓶油，豈謂貪它滑口頭。豐儉隨家聊出客，不將平屋羨高樓。豁堂巖（《宗鑑法林》卷六十一）

（五四一）[補遺（十六）]

趙州落後到投子，便問："死中得活時如何？"師云："不許夜行，投明須到。"趙州便下來一直走，師教沙彌："你去問他我意作摩生。"沙彌便去喚趙州，趙州回頭，沙彌便問："和尚與摩道意作摩生？"趙州云："遇著個太伯。"沙彌歸，舉似，師便大笑。〔《祖堂集》卷六《投子》，《景德傳燈錄》卷十五，《祖庭事苑》卷四，《正法眼藏》卷二，《聯燈會要》卷二十一，《五燈會元》卷五，《御選語錄》卷十四〕

【箋註】
○落後：之後。

【集評】
◎舉趙州問投子："大死底人却活時如何？"有恁麼事。賊不打貧兒家。慣曾作客方憐客 投子云："不許夜行，投明須到。"看樓打樓。是賊識賊。若不同床臥，焉知被底穿

趙州問投子："大死底人却活時如何？"投子對他道："不許夜行，投明須到。"且道是什麼時節？無孔笛撞著甆拍版，此謂之驗主問，亦謂之心行問。投子趙州，諸方皆美之得逸羣之辯，二者雖承嗣不同，看他機鋒相投一般。

投子一日爲趙州置茶筵相待，自過蒸餅與趙州。州不管，投子令行者過糊餅與趙州，州禮行者三拜，且道他意是如何？看他盡是向根本上，提此本分事爲人。有僧問："如何是道？"答云："道。""如何是佛？"答云："佛。"又問："金鎖未開時如何？"答云："開。""金雞未鳴時如何？"答云："無這個音響。""鳴後如何？"答云："各自知時。"投子平生問答總如此。看趙州問："大死底人却活時如何？"他便道："不許夜行，投明須到。"直下如擊石火，似閃電光，還他向上人始得。

大死底人，都無佛法道理，玄妙得失是非長短，到這裏只恁麼休去，古人謂之平地上死人無數，過得荊棘林是好手，也須是透過那邊始得。雖然如是，如今人到這般田地，早是難得。或若有依倚有解會，則沒交涉。喆和尚謂之見不淨潔，五祖先師，謂之命根不斷。須是大死一番，却活始得。

浙中永和尚道："言鋒若差，鄉關萬里，直須懸崖撒手，自肯承當，絕後再蘇，欺君不得。非常之旨，人焉廋哉！"趙州問意如此。投子是作家，亦不辜負他所問。只絕情絕跡，不妨難會，只露面前些子。所以古人道，欲得親切，莫將問來問。問在答處，答在問處。若非投子，被趙州一問，也大

難酬對。只爲他是作家漢，舉著便知落處。頌云：

活中有眼還同死，兩不相知。翻來覆去。若不蘊藉，爭辨得這漢緇素 藥忌何須鑑作家。若不驗過，爭辨端的，遇著試與一鑑，又且何妨。也要問過 古佛尚言曾未到，賴是有伴。千聖也不傳。山僧亦不知 不知誰解撒塵沙。即今也不少。開眼也著，合眼也著。闍梨恁麼舉，落在什麼處

"活中有眼還同死"，雪竇是知有底人，所以敢頌。古人道，他參活句。雪竇道，活中有眼還同於死漢相似，何曾死，死中具眼，如同活人。古人道，殺盡死人方見活人，活盡死人方見活人。趙州是活底人，故作死問，驗取投子。如藥性所忌之物，故將去試驗相似。所以雪竇道"藥忌何須鑑作家"，此頌趙州問處，後面頌投子。

"古佛尚言曾未到"，只這"大死底人却活"處，古佛亦不曾到，天下老和尚亦不曾到，任是釋迦老子，碧眼胡僧也須再參始得。所以道，只許老胡知，不許老胡會。雪竇道："不知誰解撒塵沙。"不見僧問長慶："如何是善知識眼？"慶云："有願不撒沙。"保福云："不可更撒也。"天下老和尚據曲錄木床上，行棒行喝豎拂敲床，現神通作主宰，盡是撒沙，且道如何免得？（《碧巖錄》第四十一則）

◎法雲杲和尚，遍歷諸家門庭。到圓通璣道者會中，入室次，舉："趙州問投子：'大死底人却活時如何？'子云：'不許夜行，投明須到。'意作麼生？"杲曰："恩大難酬。"圓通大稱賞之。（《宗門武庫》，《續傳燈錄》卷二十二）

◎又不見趙州問投子："大死底人却活時如何？"投子云："不許夜行，投明須到。"若個時識得，便知道當明中有暗，勿以暗相遇。當暗中有明，勿以明相睹。一切法盡處，個時了了常存。一切法生時，個時空空常寂。須知道死中有活活中死。（《宏智廣錄》卷五）

◎趙州曾問賣油翁，不許夜行投曉到。諸禪德若向者裏會得，先天地生而不爲早，後天地生而不爲老。識取天臺把帚人，寒巖有雪無人掃。（《宏智廣錄》卷七）

◎趙州問死

舉趙州問投子："大死底人却活時如何？"探竿在手 子云："不許夜行，投明須到。"影草隨身

師云：舒州投子山大同禪師，初謁翠微無學禪師，適遇堂上經行次，而便前進接禮，問："西來密意，師如何示人？"微駐步顧視之。子曰："乞師

指示。"微曰："更要第二杓惡水子那？"子忽省契，拜謝而退。微曰："子無墮却。"子曰："時至根苗自生。"他日偶問："如何是佛理？"微曰："佛則不理。"子曰："莫落空否？"微曰："真空不空。"因示識頌曰："佛理何曾理，真空又不空。大同居寂住，敷演我師宗。"子還本鄉桐城投子山，趙州始於桐城相見，州曰："莫是投子菴主麼？"子曰："茶鹽錢施我一文。"州先上山，子携油瓶後至。州曰："久響投子，到來只見賣油翁。"子曰："爾只見賣油翁，且不識投子。"州曰："如何是投子？"子提起油瓶曰："油，油。"子置茶筵相待，自過胡餅與趙州，州不管，子令侍者過胡餅，州禮侍者三拜，且道他意如何？蘇州永光真禪師，上堂云："言鋒若差，鄉關萬里。直須懸崖撒手，自肯承當。絕後再蘇，欺君不得。"趙州將此意問，若非投子，卒難構副。是他便道："不許夜行，投明須到。"此與尋常不脫皮，要白柳棒底，言意似同，就理正與趙州問頭相應。州云："我早侯白，伊更侯黑。"子由是道聲集衆，奏請應識，名寂住院。白雲端頌："死去活來牙尚露，投明須到已先行。誰家別館池塘裏，一對鴛鴦畫不成。"試看天童一筆丹青，頌云：

芥城劫石妙窮初，及盡今時，始得成立 活眼環中照廓虛。絕後重蘇，欺君不得 不許夜行投曉到，已涉程途 家音未肯付鴻魚。已是妄傳消息

師云：《智度論》："有城四方百由旬，滿中芥子。百年取一粒，芥子盡，劫未盡。"劫石者，梵語劫波，此云時分。《樓炭經》："有一大石，方四十里。百歲諸天來，以羅縠衣拂，石盡，劫猶未盡。"窮盡此芥城劫石，此乃及盡今時，却到空劫以前時，然後眼活也。環中者，《莊子》："樞始得其環中，以應無窮。"此言循環而無窮，得其環中者也。環中虛處體也，循環無窮用也。《詩傳》云："大曰鴻，小曰鴈。"西漢使謂單於曰："天子於上林射得鴈，鴈足有蘇武繫書，由是單於不敢欺。"漢蔡伯喈女，名琰字文姬，與董嗣作妻，沿邊爲理，嗣巡綽被番人虜，琰與王爲妃，思鄉修書，蠟彈內繫鴈頸上，鴈至漢地，飲水彈落魚吞，漁人剖魚得書，知琰所在。此頌"不許夜行，投明須到"，不曾家醜外揚，妄通消息。雖然上覆天童，適來侍者謝傳法誨。（《從容錄》第六十三則）

◎上堂，舉趙州問投子："大死底人，却活時如何？"子云："不許夜行，投明須到。"

師拈云："拔老虎鬚，截蒼龍角，豈足較二作家。當時傍若有人，不消

道個古佛古佛。"(《斷橋妙倫禪師語錄》卷下)

◎"大死底人却活時如何?""不許夜行,投明須到。"

一回見面不相瞞,便把當臺古鏡看。暗裏照君還照我,清光一片逼人寒。(《率菴梵琮禪師語錄》)

◎舉趙州問投子:"大死底人却活時如何?"子云:"不許夜行,投明須到。"

兩聲不合共交肩,毒手才施報老拳。今日上天同碧落,明朝入地共黃泉。(《物初大觀禪師語錄》)

◎上堂,僧問:"昔日僧問投子:'大死底人却活時如何?'投子云:'不許夜行,投明須到。'意旨如何?"師云:"南天臺,北五臺。"進云:"學人不會。"師云:"晝打三千,暮打八百。"僧禮拜。(《海印昭如禪師語錄》)

◎舒州投子山大同禪師,嗣翠微 趙州問:"大死底人却活時如何?"師曰:"不許夜行,投明須到。"州曰:"我早猴白,伊更猴黑。"頌曰:

活中有眼還同死,藥忌何須鑑作家。古佛尚言曾未到,不知誰解撒塵沙?雪竇顯〔《禪林類聚》卷十,《宗鑑法林》卷六十一〕

大死底人同活人,三千豪俠又隨塵。李陵本是收番將,却作降番上將身。佛印元〔《禪林類聚》卷十〕

死去活來牙尚露,投明須到已先行。誰家別館池塘裏,一對鴛鴦畫不成。白雲端〔《白雲守端禪師語錄》卷下,《白雲守端禪師廣錄》卷四,《禪林類聚》卷十,《宗鑑法林》卷六十一〕

虛空產出鐵牛兒,頭角分明也大奇。踏破澄潭深處月,夜闌牽向雪中歸。長靈卓〔《長靈守卓禪師語錄》,《禪林類聚》卷十,《宗鑑法林》卷六十一〕

趙州解撚無絲線,投子能穿沒鼻鍼。好手手中呈好手,紅心心內中紅心。佛鑑懃

大死底人還却活,不許夜行投明到。陳州人出許州門,翁翁八十重年少。鼓山珪〔《古尊宿語錄》卷四十七〕

禾黍不陽艷,競栽桃李春。翻令力耕者,半作賣花人。徑山杲〔《古尊宿語錄》卷四十七,《嘉泰普燈錄》卷二十八《頌古下·大慧杲》,《禪林類聚》卷十〕

我疑千年蒼玉精,化爲一片秋水骨。海神欲護護不得,鰲頭一旦忽擎出。正堂辯〔《宗鑑法林》卷六十一〕

棚前夜半弄傀儡,行動威儀去就全。子細思量無道理,裏頭畢竟有人

682

牽。雪菴瑾［《雲菴從瑾禪師頌古》］（《禪宗頌古聯珠通集》卷二十五）

◎上堂，僧問："夜來小參，和尚舉趙州問投子：'大死底人却活時如何？'投子云：'不許夜行，投明須到。'意旨如何？"師云："冬至前後，沙飛石走。"進云："正堂和尚頌云：'我疑千年蒼玉精，化爲一片秋水骨。海神欲護護不得，一夜鰲頭忽擎出。'未審正堂和尚，具什麼眼目？"師云："急須著眼看仙人，莫看仙人手中扇。"進云："只如和尚頌云：'陽氣發時無硬地，秦時䤘轢鑽生花。淮西古佛舌無骨，爛嚼虛空吐出渣。'不妨與投子把手共行。"師云："山僧無此語，莫謗山僧好。"進云："學人罪過。"便禮拜。（《月江正印禪師語錄》卷上）

◎舉趙州問投子："大死底人，却活時如何？"投子云："不許夜行，投明須到。"頌曰：

大死却活，是精識精。投明須到，不許夜行。不是與人難共住，大都緇素要分明。（《月江正印禪師語錄》卷中）

◎復舉僧問投子："大死底人却活時如何？"子云："不許夜行，投明須到。"師云："鐵輪天子寰中敕，帝釋宮中放赦書。"（《楚石梵琦禪師語錄》卷二）

◎僧問投子："大死底人却活時如何？"投子云："不許夜行，投明須到。"這僧問得能切，投子答得又親。伯牙與子期，不是閑相識。第八識既斷，蛇無頭尾不行。正賊斬了，論什麼賊黨。無始至今，來爲先鋒，去爲殿後，風動塵起，縈絆殺人。但得一念不生，自然前後際斷。（《楚石梵琦禪師語錄》卷九）

◎趙州問投子："大死底人却活時如何？"呈機驗主 子云："不許夜行，投明須到。"已見來情，故乃拈之 ○主意：探竿，旨明拈情。總結：是精識精

活中有眼還同死，藥忌何須鑑作家。蘇後同絕，只可自知，何必驗人 古佛尚言曾未到，不知誰解撒塵沙？已到之人，又言未到，誰能過此，別說奇特（《雪竇頌古直註》卷上）

◎趙州問投子："大死底人却活時如何？"呈機驗主 子云："不許夜行，投明須到。"已見來情，故乃拈之 ○主意：探竿，旨明拈情。總結：是精識精

芥城劫石妙窮初，芥城劫石，皆四十里，芥石一盡，方名一劫。盡是大功，更明未有之先，方見空劫之妙 活眼寰中照廓虛。此言趙州出功，孤危平實，却來諸方辨驗孤危平實 不許夜行投曉到，孤危平實，總是夜行，出過二邊，始是大明 家音未

肯付鴻魚。投子家音，幸有分付，如文姬蘇武之書傳。趙州得見投子玄用，如得鴻魚，方知的細（《天童頌古直註》卷下）

◎不許夜行，投明須到

一拳還一拳，一踢還一踢。伯牙與子期，不是閑相識。（《恕中無慍和尚語錄》卷三）

◎舉趙州問投子："大死底人却活時如何？"子云："不許夜行，投明須到。"

死中得活亦非常，切忌逢人錯舉揚。昨夜面南看北斗，脚跟不動到家鄉。（《呆菴莊禪師語錄》卷五）

◎大衆，如何是本參話頭？趙州問投子："大死底人却活如何？"子云："不許夜行，投明須到。"且道是何道理？有會得底出來吐露看。若都不薦，各各自便。（《紫柏老人集》卷七）

◎不見趙州問投子："大死底人却活來時如何？"投子云："不許夜行，投明須到。"只者兩古佛，一個侯白，一個侯黑。直饒到病僧門下，且教酌水獻花，緩緩與他個節度符子去，乃知一枝別有家法在。何故？橫按鏌邪傳正令，太平寰宇斬癡頑。（《晦臺元鏡禪師語錄》）

◎州問："大死底人却活時如何？"子曰："不許夜行，投明須到。"州曰："我早侯白，伊更侯黑。"

南堂靜云："趙州作家爐鞲，要煅百煉精金。投子本分鉗槌，不免途中受用。諸人要見二老落處麼？十年辛苦無人問，一旦成名天下知。"［《宗鑑法林》卷六十一］

博山來云："跨逐日之蹄，截奔匯之水，非趙州即投子，非投子即趙州。如善知弈者，各見數著之先，應在臨機，自然調妥。要知二老落處麼？向鐵圍城穿下，過來十字街頭，與汝相見。"［《無異元來禪師廣錄》卷十，《宗鑑法林》卷六十一。《無異元來禪師廣錄》文字稍異："趙州、投子，果能跨逐日之蹄，截奔匯之水，但要與博山相見，尚須向鐵圍城裏，穿下過來。"］（《宗門拈古彙集》卷二十四）

◎投子因趙州問："大死底人却活時如何？"師曰："不許夜行，投明須到。"州曰："我早猴白，伊更猴黑。"

天童畫云："二尊宿只具一隻眼。"

出洞毒蛇頭戴角，踞崖猛虎體元斑。髑髏腦後敲金磬，未到天明送出關。龍池珍（《宗鑑法林》卷六十一）

◎復舉趙州問投子："大死底人却活時如何？"子云："不許夜行，投明須到。"州云："我早侯白，渠更侯黑。"師拈云："投子老人，外面足可觀光，其中猶欠一著。趙州老漢，所得不償所失。福山恁麼批判，還有救處也無？"良久云："波斯喫胡椒。"（《佛光國師語錄》卷三）

◎舉趙州問投子："大死底人却活時如何？"投子云："不許夜行，投明須到。"師云："趙州移步不移身，投子移身不移步。雖然承虛接響，爭奈他後舉得者少。"（《大燈國師語錄》卷中）

◎舉趙州問投子："大死底人却活時如何？" 一日之忌，暮無飽食。一月之忌，暮無大醉 投子云："不許夜行，投明須到。" 一歲之忌，暮無遠行。終身之忌，暮常護氣 師云："趙州移步不移身， 去却一，拈得七 投子移身不移步。 拈得一，去却七 雖然承虛接響，爭奈他後舉得者少。" 以寬處衆，以恕待人，君子之道也。國師胡爲，爲進一瓜而斬三妾，放二桃而殺三子。何故？夫子道：但忠恕而已矣（《槐安國語》卷七）

（五四二）［補遺（十七）］

師與南泉向火次，南泉問師："不用指東指西，本分事直下道將來。"師便把火箸放下。南泉云："饒你與麼，猶較王老師一線道。"南泉又問趙州，趙州以手作圓相，中心一點。泉云："饒你與麼，猶較王老師一線道。"〔《祖堂集》卷十四《杉山》，《聯燈會要》卷四《南泉普願》〕

【校記】

"師便把火箸放下"，《聯燈會要》卷四作"杉以火箸插向爐內"。

【集評】

◎開爐上堂，舉南泉與杉山向火次，乃云："不用指東畫西，本分事直下道將來。"杉山以火箸插向爐內。泉云："直饒如是，猶較王老師一線道。"如前問趙州，州遂打圓相，中心下一點。泉云："直饒如是，猶較王老師一線道。"

拈云："挑灰撥火，不無三大老兒。若論本分事，説什麽猶較一線道，直是未在！"(《絶岸可湘禪師語録》)

(五四三) [補遺(十八)]

師又時曰："若是文殊、普賢，昨夜三更各打二十棒，趁出院了也。"趙州對云："和尚合喫多少棒？"師云："王老師有什摩罪過？"趙州禮拜出去。
〔《祖堂集》卷十六《南泉》，《景德傳燈録》卷八《南泉普願》，《聯燈會要》卷四《南泉普願》，《五燈會元》卷三《南泉普願》〕

【校記】

《景德傳燈録》卷八《南泉普願》："師有時云：'文殊、普賢，昨夜三更每人與二十棒，趁出院也。'趙州云：'和尚棒教誰喫？'師云：'且道，王老師過在什麼處？'趙州禮拜而出。"玄覺云："且道，趙州休去，是肯南泉不肯南泉？"

《聯燈會要》卷四《南泉普願》："示衆云：'文殊、普賢昨夜三更相打，每人與三十棒，趁出院了也。'趙州出衆云：'和尚棒教誰喫？'師云：'王老師過在甚麼處？'州便作禮。"雲門代云："深領和尚慈悲，某甲歸衣鉢下得個安樂。"又代云："爲衆除害。"

【集評】

◎因舉南泉云："文殊普賢昨夜三更各打與二十捧，一時趁出院。"趙州云："和尚棒教什摩人喫？"師代云："不得不道。"(《祖堂集》卷十一《保福》)

◎舉南泉示衆云："文殊、普賢昨夜起佛見法見，各與二十棒，貶向二鐵圍山去也。"(中略)

師拈云："南泉動絃，趙州別曲。苦痛蒼天，寒山拾得。若是崇寧則不然：燈籠露柱昨夜起佛見法見，各與二十棒，令歸本位去也。或有個出云：'和尚棒教誰喫？'只對他道：'落賓落主。'"(《圓悟録》卷十七，《宗門拈古彙集》卷九，《宗鑑法林》卷十)

◎如南泉云："文殊普賢，昨夜三更，起佛見法見，各與二十棒，貶向二鐵圍山去也。"（中略）宗師家等閑不見他受用處，纔到當機拈弄處，自然活潑潑地。五祖先師常說："如馬前相撲相似。"（《碧巖錄》第二十六則）

◎上堂舉南泉示衆云："文殊普賢昨夜三更相打，每人與二十棒，趁出院也。"（中略）師云："南泉無過，口能招禍。趙州禮拜，草賊大敗。徑山不管，結案據款。文殊普賢，且過一邊。"（《大慧錄》卷四，《禪林類聚》卷六）

◎舉南泉一日上堂云："文殊普賢，昨夜三更，各起佛見法見，各與二十拄杖，貶向二鐵圍山去也。"（中略）

佛鑑拈云："大似無手人行拳，無口人叫喚。無手人掩著無口人口，無口人咬著無手人手。恁麼會得，方知道法性不動，動遍三界之中。至理無言，言滿四天之下。若也不會，紅塵飛碧海，白浪湧青岑。"［《嘉泰普燈錄》卷二十六《拈古・佛鑑懃》，《禪林類聚》卷六］

正覺云："王老師故是無過，文殊、普賢貶向二鐵圍山去也，直是有理難伸。雖然如是，且道趙州禮拜意在甚處？此山磨滅，英靈乃絶。"

佛海云："竹影掃階塵不動，月華穿水浪無痕。"（《拈八方珠玉集》卷中）

◎舉南泉一日上堂云："文殊、普賢昨夜三更，起佛見法見，各與二十拄杖，貶向二鐵圍山去也。"（中略）

師云："南泉爲衆竭力，打開大道與人行。趙州家國同憂，直要絲毫不立。承天不敢強生節目，直情與諸人道：淨地上不許狼藉。"（《介石智朋禪師語錄》）

◎復舉南泉示衆云："文殊、普賢昨夜三更起來相打，各與二十棒，趁出了也。"（中略）師云："生風起草，弄點成癡則不無，南泉趙州，即今莫有爲衆竭力底麼？"（《物初大觀禪師語錄》）

◎示衆。舉南泉示衆云："文殊、普賢，昨夜三更起佛見法見，各與二十棒，貶向二鐵圍山。"所供并實。趙州出云："棒教阿誰喫？"泉云："過在甚麼處？"一對無孔鐵槌。州便禮拜，泉歸方丈。蒼天中更添怨苦。南泉和尚，雖則頂門具眼，賞罰分明，點檢將來，也是虛空裏釘橛。若無趙州後語，未審如何折合。高峰不然，忽有人起佛見法見，但向他道："善哉善哉，時節若至，其理自彰。"（《高峰原妙禪師語錄》卷上，《宗門拈古彙集》卷九，《宗鑑法林》卷十）

◎舉南泉示衆云："文殊、普賢昨夜三更相打，每人與二十棒趁出院。"

（中略）師云："此是王教師十八上經驗底藥頭，和籠子分付了也。倘能濃進一服，管取換却頂骨。"（《石溪心月禪師語錄》卷中）

◎南泉有時曰："文殊普賢，昨夜三更，每人與二十棒趁出院也。"趙州曰："和尚棒教誰喫？"師曰："且道王老師過在什麼處？"趙州禮拜而出。玄覺云："且道趙州休去，是肯南泉，不肯南泉？"雲門曰："深領和尚慈悲，某甲歸衣鉢下得個安樂。"又代曰："爲衆除害。"頌曰：

普賢昨夜鬥文殊，趁出還同兩手祛。却道趙州行正令，從兹王老一時無。佛印元［《禪林類聚》卷六，《宗鑑法林》卷十］

彩雲影裏仙人現，手把紅羅扇遮面。無人著眼看仙人，却看隨後紅羅扇。佛鑑懃［《禪林類聚》卷六］

鴛鴦繡出世無雙，好手元來更有强。呈罷各歸香閣去，金鍼難把度蕭郎。佛燈珣［《禪林類聚》卷六，《宗鑑法林》卷十］

二俱不了，隨合多少。縱使夜行，投明未到。月堂昌［《宗鑑法林》卷十］

霧起龍吟，風生虎嘯。兩口一舌，異音同調。文殊普賢佛法見，南泉趙州日月面。據令而行指顧間，盡情貶向鐵圍山。圓悟勤［《宗鑑法林》卷十］

布鼓當軒爲擊來，卧龍驚起出巖隈。千峰秀色憑誰寫，一帶澄江古鏡開。無菴全［《宗鑑法林》卷十］

是賊識賊精識精，南泉無過强惺惺。趙州禮拜歸堂去，前箭猶輕後箭深。石菴玿

春風吹落碧桃花，一片流經十萬家。誰在畫樓沽酒處，相邀來喫趙州茶。石鼓夷［《武林梵志》卷九《石鼓希夷》，《宗鑑法林》卷十］（《禪宗頌古聯珠通集》卷十）

◎南泉願禪師示衆云："文殊、普賢，昨夜三更起佛見法見，每人與二十棒，趁出院也。"趙州出衆云："和尚棒教誰打？"師云："王老師過在甚處？"州乃作禮，師便歸方丈。

雲門代云："深領和尚慈悲，某甲歸衣鉢下，得個安樂。"又代云："與衆除害。"［《古尊宿語錄》卷十六《雲門廣錄中》，《宗鑑法林》卷十］

玄覺云："且道趙州休去，是肯南泉，不肯南泉？"［《宗門拈古彙集》卷九，《宗鑑法林》卷十。按兩書均作"報慈遂徵云"云云］

五祖演云："白雲則具大慈悲。"遂拍手云："曼殊室利，普賢大士，不審不審，今後更敢也無？"自云："一度被蛇傷，怕見斷井索。"

夾山齡云："南泉一期逞俊，爭奈平地生堆。趙州雖則覿面投機，不免腦門著地。"〔《建中靖國續燈錄》卷二十七《拈古·夾山自齡》，《宗門拈古彙集》卷九〕（《禪林類聚》卷六）

◎舉南泉示衆云："昨夜文殊、普賢起佛見法見，每人與二十棒，貶向二鐵圍山了也。"（中略）

二鐵圍山，佛見法見。南泉趙州，慣得其便。窮則變，變則通，風從虎兮雲從龍。（《楚石梵琦禪師語錄》卷十二）

◎地藏學云："南泉無風起浪，趙州綿裏有鍼。若作佛法商量，管教入地獄如箭。"

崇先奇云："南泉爲衆竭力，禍出私門。趙州固然是賊識賊，未免證父攘羊。雖然天下太平，莫道無事好。"（《宗門拈古彙集》卷九）

◎南泉示衆："昨夜文殊、普賢起佛見法見，各與二十拄杖，貶向二鐵圍山。"（中略）

南泉抱贓判牘，不能塞斷人口。趙州以訐爲直，爭奈也曾呷汁。如今還有蓋覆底麼？若教頻下淚，滄海也須枯。（《佛光國師語錄》卷二）

◎臘月望，舉南泉和尚示衆曰："昨夜文殊、普賢，起佛見法見，每人與三十棒，貶向二鐵圍山去也。"（中略）二大老作略，諸仁如何領會？試下一轉語。代曰："太平元是將軍致，不許將軍見太平。"（《少林無孔笛》卷二）

（五四四）〔補遺（十九）〕

師謂趙州云："江西馬大師道：'即心即佛。'老僧這裏則不與摩道。'不是心，不是佛，不是物。'與摩道還有過也無？"趙州禮拜出去。〔《祖堂集》卷十六《南泉》，《景德傳燈錄》卷八，《聯燈會要》卷四，《五燈會元》卷三，《御選語錄》卷十六〕

【校記】

《景德傳燈錄》卷八《南泉普願》："師有時云：'江西馬祖說"即心即佛"，王老師不恁麼道。"不是心，不是佛，不是物。"恁麼道還有過麼？'趙州禮拜而出。時有一僧隨問趙州云：'上座禮拜了便出，意作麼生？'趙州云：'汝却問取和尚。'僧上問曰：'適來諗上座意作麼生？'師云：'他却領得老僧意旨。'"

《聯燈會要》卷四《南泉普願》："示衆云：'江西馬大師說"即心即佛"，王老師不恁麼。"不是心，不是佛，不是物。"恁麼道，還有過也無？'時趙州出作禮，師便下座。妙喜頌云："倒腹傾腸說向君，不知何故尚沈吟。如今便好猛提取，付與世間無事人。"後有僧問趙州：'上座禮拜了去，意作麼生？'州云：'你去問取和尚'。僧問師，師云：'他却領得老僧意。'"

【集評】

◎上堂，舉南泉云："江西馬祖說'即心即佛'，王老師不恁麼道。'不是心，不是佛，不是物。'恁麼道還有過麼？"（中略）師云："兩個老漢雖善靴裏動指頭，殊不知傍觀者醜。"《《大慧錄》卷一。《楚石梵琦禪師語錄》卷十一引述，云："南泉趙州，總被這僧一狀領過。"大慧語，《禪林類聚》卷十一、《宗門拈古彙集》卷九，《宗鑑法林》卷十有著錄。梵琦語，《宗鑑法林》卷十著錄）

◎舉南泉示衆："江西馬祖說即心即佛，王老師不恁麼。不是心，不是佛，不是物。恁麼道還有過麼？"（中略）別："面壁而坐。"《《虛堂錄》卷六）

◎南泉曰："江西馬祖說'即心即佛'，王老師不恁麼道。'不是心，不是佛，不是物。'恁麼道還有過麼？"趙州禮拜而出。（中略）頌曰：

不是心兮不是物，那吒夜入蒼龍窟。鐵鞭擊碎明月珠，從教大地如翻墨。雪竇宗〔《宗鑑法林》卷十〕

深深深，汲古今，淺淺淺，渾成現。水瑩玉壺，江澄素練。跳出桃花三級浪，戴角擎頭乘快便。點額魚，馬師口下空躊躇。圓悟勤〔《宗鑑法林》卷十〕

古佛場中不展戈，後人剛地起譊訛。道泰不傳天子令，時清休唱太平歌。龍門遠〔《古尊宿語錄》卷三十四《佛眼清遠》，《禪林類聚》卷十一。"古佛"，《禪林類聚》卷十一作"祖佛"〕

剔起便行三萬里，只今休去八千年。分明更爲從頭舉，一任諸方取次傳。鼓山珪〔《宗鑑法林》卷十〕

倒腹傾腸說向君，不知何事尚沈吟。如今便好猛提取，付與世間無事人。徑山杲〔《禪林類聚》卷十一。"世間"，《禪林類聚》作"當場"〕

金剛南際老番王，反著襴衫入大唐。牛首旃檀都賣了，唯垂鼻孔不囊藏。正覺辯［《宗鑑法林》卷十］

心佛物兮俱不是，坐斷舌頭除藥忌。橫拈倒用總由他，活捉魔羣穿却鼻。南巖勝

不是心，不是佛，不是物，通身一串金鎖骨。趙州參見老南泉，解道鎮州出蘿蔔。吴元昭［《宗鑑法林》卷十］

不是心，不是佛，不是物，以拂子擊禪床 爲君擊碎精靈窟。天上人間知不知，鼻孔依前空突兀。誰菴演［《宗鑑法林》卷十］

不是心佛不是物，六六依前三十六。因思長慶陸大夫，解道合笑不合哭。尼無著總［《宗鑑法林》卷十］

華嶽三峰翠插天，上頭無路可躋攀。不知誰有神仙手，折取峰頭十丈蓮。閒善謙［《宗鑑法林》卷十］

餓鬼鞭死屍，仙人禮枯骨。野犬吠荒丘，鐵山空突兀。六合羣靈競出頭，不知何處爲窠窟？或菴體

倒腹傾腸幾個知，更無絲髮可相依。直饒徹底承當去，也落他家第二機。靈巖日

突出難辨辨得出，師子翻身師子窟。哮吼一聲天地空，驚起須彌高突兀。月林觀［《宗鑑法林》卷十］

剃頭頭光生，洗脚脚清爽。脱衣上床眠，抓著通身癢。雪菴瑾［《宗鑑法林》卷十。"頭光生"，《宗鑑法林》作"頭生光"］

不是心，不是佛，不是物，瀝盡野狐涎，趕反山鬼窟。平田淺草裏，露出焦尾大蟲。太虛寥廓中，放出遼天俊鶻。阿呵呵，露風骨。等閒拈出衆人前，畢竟分明是何物？咄咄。逸菴珠

鯨飲海水盡，露出珊瑚枝。海神知貴不知價，留與人間光照夜。樸翁銛

慣弄瑶琴與琵琶，清音歷歷遍天涯。堪嗟不入聾人耳，空使西山月又斜。息菴觀

夫子不識字，達磨不會禪。大唐天子國，依舊化三千。松源岳［《宗鑑法林》卷十］

破業亡家後，渾身没處安。倒拈無孔笛，吹過汨羅灣。如菴用［《宗鑑法林》卷十］

不是心佛物，開口已話墮。更擬問如何，好與劈面唾。毅六巖輝［《宗鑑

法林》卷十]

不是心兮不是物，白頭生得黑頭鶻。覷破門前下馬臺，通身冷汗黑如墨。蓮菴會（《禪宗頌古聯珠通集》卷十）

◎上堂。舉南泉示衆，舉趙州即心即佛云："王老師不恁麼，不是心，不是佛，不是物。"師拈云："千巖萬壑天臺路，處處春風啼杜鵑。"（《月澗文明禪師語錄》卷上）

◎南泉示衆曰："江西馬祖說'即心即佛'，王老師不恁麼。'不是心，不是佛，不是物。'恁麼道還有過麼？"（中略）

黃龍心云："古人恁麼道，譬如管中窺豹，但見一斑。設使入林不動草，入水不動波，猶是騎馬向冰棱上行。若是射雕底手，何不向蛇頭揩癢。透關者試辨看。"良久："鴛鴦繡出自金鍼。"（《宗門拈古彙集》卷九，《宗鑑法林》卷十）

◎南泉曰："江西馬祖說'即心即佛'，王老師不恁麼。'不是心，不是佛，不是物。'恁麼道還有過麼？"（中略）

百尺朱樓臨狎邪，新妝能唱美人車。皆言賤妾紅顏好，要自狂夫不憶家。弘覺忞

天外銀河直下飛，謫仙題就已遲遲。如何擲筆懸巖畔，亂撒冰珠總是詩。神仙瀛

秋風落鴈聲聲羽，暮雨青來點點山。惆悵不堪回首再，白雲盡處是鄉關。日休寁（《宗鑑法林》卷十）

◎"即心即佛，非心非佛。不是心，不是物。"恁麼會，不是了也。"即心即佛，非心非佛。不是心，不是物。"恁麼會，方始是。此事離言語相，離有無相，直是一番悟去，徹頭徹尾，胸中無半點佛法，無半點知解，方於佛祖宗眼，有少分相應。豈不見南泉舉似趙州，州問訊下去。有僧問州，州云："問取和尚。"僧詣方丈問泉，泉云："他却會老僧意。"此是古人提持即心即佛話頭底樣子，甚生見成，甚生精彩。（《佛光國師語錄》卷七）

◎觀兄吾乍見他眼目精彩，問他即心即佛，他沈吟久之，三五日下語，皆未契老拙意。此四個字，如倚天長劍，擬之則千里萬里。南泉、趙州提唱，極是妙絕。上人何不著他作用處，如何一向隨言逐句。自己光明，蓋天蓋地，反置在螻蟻穴中，別討外物，應酬山僧，甚可念也。（《佛光國師語錄》卷七）

◎南泉一日問趙州："即心即佛，你如何會？"趙州禮拜便歸堂去。州同伴僧問州："如何不對方丈此語？"州云："你去問和尚。"僧問南泉。泉云："他却會老僧意。"此古人解註公案底樣子，直是淨潔，直是明白，直是活脫。千古之下，一段風光，活潑潑地。覺能向這裏，如俊鷹見兔，一逴逴得，便搏空而去，豈不快哉。若未能如此，須當晝夜竪起脊梁，參教透去。此公案既透，一千五百公案，無有不透之理，生死岸頭，掉臂出入佛祖關中，一任來往，有何相礙耶。(《佛光國師語錄》卷七)

(五四五) [補遺 (二十)]

南泉山下有僧住菴，有人向他道："此間有南泉，近日出世，何不往彼中禮拜去？"菴僧云："任你千聖現，我終不疑得。"有僧舉似師，師令趙州看他。趙州到菴，便禮拜，起來，從東邊過，西邊立，從西邊過，東邊立。此僧總不動。趙州又拔破簾，其僧亦不動。趙州歸，舉似師，師云："我從來疑他。"〔《祖堂集》卷十六《南泉普願》，《建中靖國續燈錄》卷二，《聯燈會要》卷四，《五燈會元》卷三，《五家正宗贊·南泉普願》，《古尊宿語錄》卷十二，《御選語錄》卷十六〕

【校記】

《建中靖國續燈錄》卷二十七拈古《雪竇明覺》："舉南泉山下有一菴主，行僧經過，謂菴主云：'近日南泉和尚出世，何不去禮拜？'主云：'非但南泉，直饒千佛出興亦不能去。'泉聞，令趙州去看。州見便禮拜，主亦不管；州從西過東，主亦不管；州又從東過西，主亦不管。州云：'草賊大敗！'拽下簾子便行。歸，舉似南泉，泉云：'從來疑著遮漢。'師云：'大小南泉、趙州，被個擔板漢勘破了也。'"

【集評】

◎南泉出世

舉南泉山下有一菴主，行僧經過，謂菴主云："近日南泉和尚出世，何不去禮拜?"與別人說即得，與菴主說則禍生 主云："非但南泉，直饒千佛出世，亦不能去。"果然 泉聞，令趙州去看。也須是這老賊始得 州見，便禮拜，直得風行草偃 主不管。沒奈何 州從西過東，鳥飛毛落，魚行水濁 主亦不管。雪上加霜 州又從東過西，只得恁麼 主亦不管。三重公案 州云："草賊大敗。"拽下簾子便行。只得恁麼 歸舉似南泉。泉云："我從來疑著這漢。"兩個一狀領過 雪竇拈云："大小南泉、趙州，被個擔板漢勘破了也。"扶強不扶弱

師云：菴主雖然恁麼，且只會打淨潔毬子。不如南泉、趙州，有爲人底鉗錘。古人出一則語，須是頭尾相覆。他一向不管，且道得個什麼道理便恁麼？也須是脚踏實地，到那無事處，方始恁麼。趙州見，便禮拜，末後云："草賊大敗。"拽下簾子便行。且道勘得他麼？若勘不得，南泉、趙州皆古佛間生，他眼在什麼處？泉云："從來疑著這漢。"怎麼道是許他，是不許他？須是頂門具眼，肘後有符，方知落處。雪竇拈云："大小南泉、趙州，被個擔板漢勘破。"你且道他作麼生是擔板處？試著眼看。(《佛果擊節錄》卷下)

◎須知有向上一著，且待異日他時，別爲諸人點破。因記得昔日南泉、趙州二尊宿，皆是道超物外，名播寰中。時有一僧往山中，見一禪伯在盤陀石上卓菴而坐，僧遂問曰："南泉出世浩浩地，何不往彼問訊，空坐何爲？"(中略)大衆，者一則因緣，諸人作麼生委悉？莫是趙州、南泉不到菴主田地，返被菴主勘破，落他陷虎之機也無？莫是菴主，雖然並無受用，臨機不解互換，平地上死人也無？諸仁者，素非此理。大凡行脚人，須是道眼分明始得。若道眼不明，只被南泉、趙州、菴主三人換却眼睛了也，實無少許相應處。若也道眼分明，南泉、趙州、菴主便是上座，更無異見也。(《古尊宿語錄》卷三十一《佛眼清遠》)

◎示禪人法語
所以參學先貴眼正。我眼若正，任是三頭六臂，一切變現，終不被他撼動。豈不見南泉出世，菴主端坐安然。趙州用盡神通去勘他，納敗一場，慚懺而回。常禪師見馬祖，得即心即佛之旨，遂入深山。祖令人去試驗他，以非心非佛之語，終是欓憾不動，祖便知是梅子已熟。所謂東家點燈，西家暗坐。龍銜海寶，游魚不顧，豈無旨哉？(《石田和尚語錄》卷三)

◎舉南泉山下有一菴主，僧過云："近日南泉出世，何不上山禮拜？"(中略)

拈："南泉父子，平地喫交，至今無人扶得起。菴主雖則牢關把定，千

聖窺覷無門。點檢將來，未免燒錢惹鬼。"

頌："奴顏婢膝走人間，羞見羊裘七里灘。文叔雖爲天子貴，子陵只作故人看。"（《希叟和尚廣錄》卷五，頌古亦見《希叟和尚語錄》、《希叟和尚廣錄》卷一）

◎舉南泉山下有一菴主，行脚僧經過，謂菴主云："近日南泉何尚出世，何不去禮拜？"（中略）師云："趙州一期逞快，爭奈事出急家。大小雪竇，話頭也不識。"（《古林清茂禪師語錄》卷三）

◎舉南泉山下有一菴主，行脚僧經過，謂菴主云："近日南泉和尚出世，何不去禮拜？"（中略）師云："渾鋼打就，生鐵鑄成。雪竇云：'大小南泉趙州，被個擔板漢勘破。'只知開口易，不覺舌頭長。敢謂天下宗師，不消此老一覷。"（《了菴和尚語錄》卷四）

◎（趙州勘菴主公案）

雪竇顯云："大小南泉、趙州，被這擔板漢勘破了。"［《明覺語錄》卷三，《建中靖國續燈錄》卷二十七《拈古·雪竇》，《宗鑑法林》卷十］

潙山哲云："菴主坐觀成敗，大小南泉、趙州，向淨地上喫交。"［《宗鑑法林》卷十］

智海禾云："是即是，菴主只解把定封疆，不能同生同死。當時趙州禮拜，但云：'這賊，我識得你。'待伊從東過西，從西過東，便拽拄杖趁出，且看趙州別有個什麼伎倆。"［《宗鑑法林》卷十］

甌峰承云："且道那裏是擔板漢勘破南泉、趙州處？若是明眼衲僧，向這裏勘破雪竇也不難。"［《宗鑑法林》卷十］（《宗門拈古彙集》卷十）

◎南泉因山下有一菴主，人謂："近日南泉和尚出世，何不去禮拜？"（中略）

宮烏棲去玉樓深，微月生檐夜夜心。香輦不回花自發，春來空帶闕寒金。入就雪

好個擔板漢，橫身一條鐵。智勇李將軍，兩度拗不折。出師重決龍蛇陣，當鋒連下頂門楔。馬陵道下死龐涓，千古英雄常淚血。達變權

俊鶻翻霄趁不及，涵秋鑑出難逃匿。令人千古憶嫖姚，一戰清風生八極。遠菴儦

肌骨天生潔且貞，自來心事若冰清。錦衣公子空相憶，費盡重重擲玉聲。聞普信（《宗鑑法林》卷十）

◎謝如菴主派侍者上堂："趙州拽下簾子，爲蛇添足。國師三喚侍者，畫虎缺斑。南禪門下，總不恁麼。太平不用斬癡頑。"（《南院國師語錄》卷下）

（五四六）［補遺（二十一）］

上堂云："今時學士類尚辨不得，豈弁得類中異？類中異尚弁不得，作摩生辨得異中異？喚作如如，早是變也，直須向異類中行。"趙州和尚上堂，舉者個因緣云："這個是先師勘茱萸師兄因緣也。"有人便問："如何是異中異？"趙州云："直得不被毛，不戴角，又勿交涉。"〔《祖堂集》卷十六《南泉》〕

【箋註】

○喚作如如，早是變了也：《心燈錄》："南泉云：'喚作如如，早是變了也。'此我本無名，有名則變。蓋爲你以如如爲名而喚他，豈不是變？又云：'如今師僧須向異中行。'此正顯如如不變之妙。若離却衆相而如如不動，有何難事？今在異類中行，而猶然如如不變，纔是佛之如如，纔是我之如如。歸宗云：'雖行畜生行，不得畜生報。'蓋理本如是，非歸宗言此以寬學者之心。"（《心燈錄》卷三）

（五四七）［補遺（二十二）］

僧問趙州："國師喚侍者意作麼生？"趙州云："如人暗裏書字，字雖不成，文彩已彰。"〔《景德傳燈錄》卷五《光宅慧忠》，《聯燈會要》卷三《光宅惠忠》，《五燈會元》卷二《南陽慧忠》〕

【校記】

《聯燈會要》卷三《光宅惠忠》："師一日喚侍者，者應諾，如是三喚，侍者三應。"師云："將謂吾辜負汝，誰知汝辜負吾！"趙州云："如人暗中書字，字雖不成，文彩已彰。"雪竇便喝。投子云："抑逼人作麼？"雪竇云："垛根漢！"

【集評】

◎復舉僧問投子："國師三喚侍者意旨如何？"投子云："抑逼人作麼？"師云："垛根漢。"僧問興化，化云："一盲引衆盲。"師云："端的瞎。"僧問玄沙，沙云："侍者却會。"師云："停囚長智。"僧問趙州，州云："如人暗中書字，字雖不成，文彩已彰。"師便喝。僧問雪竇，雪竇便打，也要諸方點檢。乃成頌云："師資會遇意非輕，無事相將草裏行。負汝負吾人莫問，任從天下競頭爭。"（《明覺語錄》卷三。按對國師三喚侍者及趙州著語的評唱，可參看《空谷集》第八十六則《國師侍者》，《禪林類聚》卷九，《宗門拈古彙集》卷六，《宗鑑法林》卷七）

◎復云："唯有趙州多口阿師，下得個註腳，令人疑著。僧問：'國師三喚侍者，意旨如何？'州云：'如人暗中書字，字雖不成，文彩已彰。'雪竇便喝。"師云："且道遮一喝在國師、侍者分上，在趙州分上？"隨後喝一喝，復云："若不是命根五色索子斷，如何透得這裏過？"（《大慧錄》卷十五，《列祖提綱錄》卷十五）

◎時圓悟居昭覺，師往扣，悟令看國師三喚侍者之語："趙州云：'如人暗中書字，字雖不成，文彩已彰。'那裏是文彩已彰處？但恁麼參取。"（《嘉泰普燈錄》卷十四《華藏安民》，《五燈會元》卷十九，《續傳燈錄》卷二八，《蜀中廣記》卷八十六，《南宋元明僧寶傳》卷五）

◎示紹文侍者

記得國師三喚侍者，侍者三應，國師云："將謂吾負汝，却是汝負吾。"且道他三喚意在什麼處？須向根本上看始得。這個公案，諸方拈掇，不知其數。各據一時見處，也有五六分，或七八分相似。老趙州下註腳云："如人空中書字，字雖不成，文彩已彰。"趙州邈得構九分九厘，猶有一厘誵訛在。文來南山相聚，煩渠在侍者寮一年，老僧逐日見面說法，何止三喚。他亦隨分應答，何止三應。且道還有佛法道理也無？若也會去，便知趙州一厘子誵訛。若也不會，切忌妄生穿鑿。他日眼開，方知老僧亦不相辜負也。（《石田法薰禪師語錄》卷三）

◎有祖以來，東西繩繩，鍼砭相資，水乳投合，大非容易。又不見國師一日三喚侍者，侍者三度應諾。這裏又容得毫髮許道理麼？後來有不識好惡

697

底漢，於無道理中強出道理，云："譬如暗中書字，字雖不成，文彩已彰。"且莫說夢。(《佛鑑禪師語錄》卷三)

◎太尉舉南陽喚侍者事，趙州云："如空中書字，雖然不成，而文彩已彰。"師云："只如與麼道，是宗國師不宗國師？"太尉云："宗與不宗，俱是彰也。"師云："只如趙州意旨作麼生？"太尉云："不辜負趙州。"師云："此是句也，趙州意作麼生？"太尉云："作麼？"師云："彰也。趙州意作麼生？"太尉無對。(《古尊宿語錄》卷三十七《鼓山神晏》，《御選語錄》卷十七)

◎送圭侍者歸天臺

國師三喚露肝膽，侍者三應含冰霜。趙州古佛更饒舌，暗中書字文彩彰。以此送行須記取，若到諸方休錯舉。(《楚石梵琦禪師語錄》卷十五)

◎僧問趙州："國師喚侍者意作麼生？"趙州云："如人暗中書字，字雖不成，文彩已彰。"頌曰：

侍者解應不解會，諸方解會不解應。夜光宛轉金盤中，當面阿誰拏得定？(《紫柏老人集》卷十八)

(五四八) [補遺(二十三)]

師示衆云："王老師要賣身，阿誰要買？"一僧出云："某甲買。"師云："他不作貴價，不作賤價。汝作麼生買？"僧無對。臥龍代云："屬某去也。"禾山代云："是何道理？"趙州代云："明年來與和尚縫個布衫。"〔《景德傳燈錄》卷八《南泉普願》，《聯燈會要》卷四《南泉普願》，《五燈會元》卷三，《五家正宗贊》卷一《南泉願》，《錦繡萬花谷》卷二十八，《山堂肆考》卷一百四十七〕

【校記】
《聯燈會要》卷四《南泉普願》："示衆云：'王老師賣身去也，還有人買麼？'時有僧出衆云：'某甲買。'師云：'不作貴，不作賤，你作麼生買？'僧無對。"趙州云："來年與和尚作領布衫。"臥龍代云："和尚屬某甲。"雪竇云："雖然作家競買，要且不解輸機。且道南泉還肯麼？雪竇也擬酬個價，直教南泉進且無路，退亦無門。"良久，云："別處容和尚不得。"(雪竇頌古亦見《明覺語錄》卷三，

《建中靖國續燈録》卷二十七《拈古·雪竇明覺》》

【集評】

◎南泉賣身

舉南泉示衆云："王老師賣身去也，還有人買麽？"奇怪 一僧出衆云："某甲買。"釣得一個 泉云："不作貴，不作賤，作麽生買？"太煞譎詭 僧無語。可惜許 臥龍代云："和尚屬某甲。"收 禾山代云："是何道理？"不得翻款 趙州云："明年與和尚作一領布衫。"此語最毒 雪竇云："雖然作家競買，要且不解輪機。且道南泉還肯麽？直饒肯，也是階下漢 雪竇也擬酬個價，直令南泉，進且無門，退亦無地。少賣弄 不作貴，不作賤，作麽生買？看雪竇有什麽伎倆 別處容和尚不得。"將爲多少奇特

師云：著槽廠去，客作擔板漢。臥龍道："和尚屬某甲。"禾山云："世間無比。"趙州驟步闊脚，拳踢手搦，難爲摸索。機輪轉處，作者猶迷。所以古人道，向上提綱，非情塵所測。雪竇道："別處容和尚不得。"輪機，慶藏主猶自貶剝他。（《佛果擊節錄》第八十一則）

◎舉南泉普願禪師示衆云："王老師要賣身，阿誰肯買？"（中略）趙州代云："明年來與和尚，縫個布袋子。"

拈云："南泉許多時，爲身作主，豈知今日家寒，一場敗缺。猶幸其僧，商量不成。若也買得，教誰擔負？臥龍愛使燒，禾山依本分，趙州下手忒遲。普菴著語云：'太尊貴。'"

一個閑身用不盡，肯承當者奉相呈。黃金萬兩非堪比，東西南北至分明。（《普菴印肅禪師語錄》卷下）

◎上堂，舉南泉示衆云："王老師賣身去也，還有人買麽？"（中略）趙州云："來年與和尚，做一領布衫。"師云："南泉被者僧一拶，去死十分。趙州盡力，既無救處，只得助哀。"（《虛堂錄》卷八）

◎上堂，舉南泉示衆賣身公案，拈云："王老師，行畜生行，賣弄赤窮。趙州面諾布衫，又是明年方做。既已無人酬得價，只堪分付與園頭。"（《絶岸可湘禪師語錄》）

◎上堂，舉南泉和尚謂衆曰："王老師賣身去也，有人買麽？"時有一僧云："某甲買。"師曰："好一員禪客。"南泉云："不作貴，不作賤，你作麽生買？"其僧無對。師云："噁，笑殺人。"有數尊宿爲此僧著語。趙州道：

699

"明年與和尚作一領布衫。"一人道："成何道理？"一人道："和尚屬某甲。"後來雪竇道："別處容和尚不得。"大眾，許多尊宿，爭頭競買，也要運出自己家財。王老師交關未成，不敢胡亂分付。者般行貨，古今亦少見之。（《古尊宿語錄》卷二十八《佛眼清遠》）

◎舉南泉一日上堂云："王老師賣身去也，阿誰買？"（中略）趙州云："來年與和尚，作一領布衫。"

佛鑑拈云："遼天索價，著地相酬，也須是當行家始得。若非當行，價例不等，不成買賣。"

正覺云："趙州雖然拾死價交易，南泉更無翻悔。"

佛海云："爺賣身，子酬價，與諸方，作話把。雖然，爭奈現成買賣何？"（《拈八方珠玉集中》）

◎南泉示眾曰："王老師要賣身，阿誰要買？"（中略）趙州代云："明年來與和尚縫個布衫。"頌曰：

王老明明要賣身，一時分付與傍人。可憐天下爭酬價，請續此句 佛印元

貴賤非同價不常，個中交道沒商量。趙州布衫應時用，一任閑人說短長。泉太道

南泉鋪席大開張，差寶希珍壓市行。競買雖多酬價少，至今天下錯商量。野軒遵

賣身王老難爲價，貴賤俱非不易酬。若使當時無退悔，喚來分付與園頭。海印信

王老哀哉不惜身，臨危將賣與何人。若無令子輕酬價，往往一年空過春。保寧勇[《保寧仁勇禪師語錄》]

不作貴兮不作賤，翻覆高低隔一線。利害分明說向人，伶俐衲僧見不見？獸堂定（《禪宗頌古聯珠通集》卷十一）

（五四九）［補遺（二十四）］

浮杯和尚，有凌行婆來禮拜師。師與坐喫茶，行婆乃問云："盡力道不得底句還分付阿誰？"師云："浮杯無剩語。"婆云："某甲不恁麼道。"師遂

舉前語問婆。婆斂手哭云："蒼天中間更添冤苦。"師無語。婆云："語不知偏正，理不識倒邪，爲人即禍生也。"後有僧舉似南泉，南泉云："苦哉浮杯，被老婆摧折。"婆後聞南泉恁道，笑云："王老師猶少機關在。"

有幽州澄一禪客。逢見行婆，乃問云："怎生南泉恁道由少機關在？"婆乃哭云："倚死禪和，如麻似粟。"後澄一禪客舉似趙州，趙州云："我若見這臭老婆，問教口啞却。"澄一問趙州云："未審和尚怎生問他？"趙州以棒打云："似這個伎死漢，不打待幾時？"連打數棒。婆又聞趙州恁道云："趙州自合喫婆手裏棒。"後僧舉似趙州，趙州哭云："可悲可痛。"

婆聞趙州此語，合掌嘆云："趙州眼放光明，照破四天下也。"後趙州教僧去問婆云："怎生是趙州眼？"婆乃竪起拳頭。趙州聞，乃作一頌，送凌行婆云："當機直面提，直面當機疾。報你凌行婆，哭聲何得失？"婆以頌答趙州云："哭聲師已曉，已曉復誰知？當時摩竭國，幾喪目前機。"〔《景德傳燈錄》卷八《浮杯和尚》，《聯燈會要》卷五《浮杯和尚》，《五燈會元》卷三《浮杯和尚》，《綿繡萬花谷・前集》卷二十八，《古今合璧事類備要・前集》卷四十八，《佛祖歷代通載》卷十六，《御選語錄》卷十六〕

【箋註】

○行婆：信佛修行之老婦人。　　○剩語：多餘的話。　　○摩竭：摩竭提或摩竭陀之略。《肇論》："釋迦掩室於摩竭，淨名杜口於毘耶。"據《諸佛要集經》卷上，佛在摩竭陀國説法，其時衆生不肯聽聞奉行，佛遂於因沙舊室坐夏九旬，不使一切人天入室。

【集評】

◎次韻騫錦李朝奉

諦當之言不在多，文殊不二問維摩。趙州眼爍四天下，賴有同參凌行婆。（《古尊宿語錄》卷二十二《法演》）

◎趙州眼光礫破四天下

佛鑑拈云："浮杯、南泉、趙州，三人老將，一人埋兵掉鬥，一人坐籌帷幄，一人陷虎之機。埋兵掉鬥，堪作踏白先鋒。坐籌帷幄，堪作中軍招討。陷虎之機，堪作殿後將軍。澄一禪客，只解傳言送語，這邊那邊，漏泄兵機，教這三個老漢，布長蛇陣，圍却凌行婆。爭奈婆子，有出身一路，走到無生國裏。諸人即今，要見婆子也無？若見得，不搽紅粉也風流。其或未然，諸人明日，各添一歲。"

正覺云："老婆向丘墓裏，拾得個匕首，到處慣得其便，被趙州順風識破，直得瓦解冰消。"

佛海云："可悲可痛。古今盡道凌行婆具丈夫氣宇，有衲子機關，折跂浮杯，笑王老師，要打趙州。臨機應變，玉轉珠回，著著有出身之路。澄一禪客，到伊面前，只得以手加額。若與麼見解，蒼天中更加怨苦。殊不知，浮杯無剩語，頭正尾正。又得南泉、趙州，孫吳暗合左語，引掉做個倒城計子。者老婆渾不識瞥，只管踏步向前，被趙州中路奪伊慣用底匕首，便乃望風豎降，重重納款。諸人還曾點檢麼？豎起拳頭摩竭令，幾乎喪却目前機。"

（《拈八方珠玉集》卷上）

◎次韻答性天之長老

道人踞猊床，眼明如趙州。每言西來意，爰及東家邱。（《龜巢稿》卷五）

◎趙州眼光爍破四天下

掌內摩尼曾不顧，誰能護惜娘生褲。浮杯不會老婆禪，直至如今遭點污。徑山杲 三 [《宗鑑法林》卷十四]

電光石火尚猶遲，伎死禪和那得知？轉面回頭擬尋討，夕陽已過綠梢西。[《大慧錄》卷十，《宗鑑法林》卷十四。"綠梢"，《宗鑑法林》作"綠楊"]

眼光爍破四天下，婆子拳頭無縫罅。當機覿面事如何，猛虎脊梁誰解跨。[《大慧錄》卷十，《宗鑑法林》卷十四]

動絃別曲，葉落知秋。擬議不來，休休休休！中菴空 [《宗鑑法林》卷十四]

行婆能擊塗毒鼓，遠近聞之皆膽怖。唯有南泉與趙州，同死同生殊不顧。阿呵呵，伎死禪和不奈何。佛性泰

年少行藏獨倚樓，一家女子百家求。只因不入浮杯網，對鏡看看白盡頭。笑翁堪 [《宗鑑法林》卷十四]（《禪宗頌古聯珠通集》卷十三）

◎趙州眼光爍破四天下

高峰妙云："山僧始初一看，將謂總是白拈賊。及乎再辨端倪，却是浮杯較些子。何故？不因漁父引，爭得見波濤。"[《宗鑑法林》卷十四]

瀛山閔云："凌行婆具超方作略，雖趙州、南泉，亦讓一籌。倒不如浮杯老人，不動干戈，善能捉敗。且道何人爲證？"乃以手搥胸曰："蒼天。"[《宗鑑法林》卷十四]

東塔熹云："一隊普州人，撞著太行客，各逞好手，未見希奇。惟有澄一禪客較些子。何故？不因一事，不長一智。"（《宗門拈古彙集》卷七）

（五五〇）［補遺（二十五）］

趙州觀音院亦曰東院從諗禪師，曹州郝鄉人也。姓郝氏。童稚於本州扈通院從師披剃。未納戒，便抵池陽參南泉。偃息而問曰："近離什麼處？"師曰："近離瑞像。"曰："還見立瑞像麼？"師曰："不見立瑞像，只見臥如來。"曰："汝是有主沙彌，無主沙彌？"師曰："有主沙彌。"曰："主在什麼處？"師曰："仲冬嚴寒，伏惟和尚尊體萬福。"南泉器之而許入室。〔《景德傳燈錄》卷十《趙州從諗》，《聯燈會要》卷六，《五燈會元》卷四，《古尊宿語錄》卷十三〕

【集評】

◎然而虛玄大道，無著真宗，不可得而苟求。有生而知之者，學而知之者，各任其器。阿那個是生而知之者？趙州和尚是也。纔數歲，隨本師詣南泉請戒，本師先與南泉和尚人事，次引沙彌禮拜，適之南泉偃息，就臥處受他作禮。南泉道："爾是那裏受業？"趙州道："瑞像。"南泉云："爾還見瑞像麼？"趙州云："某早不見瑞像，即今見個臥如來。"南泉物見主眼卓竪，矍然起坐，乃問："爾是有主沙彌那？"趙州云："某甲不敢。"南泉云："作麼生是爾主？"趙州近前叉手道："孟春猶寒，伏惟和尚萬福。"者個自非無量劫來，熏煉成熟，安能及此？雖未極其淵奧，看他題目已自分曉，豈非生而知之者歟。（《虛堂錄》卷四）

◎趙州見南泉，值南泉偃息次，泉問他近離甚處，州云："瑞像。"泉云："還見瑞像麼？"州云："不見瑞像，只見臥如來。"雖則臨機專對，要且聽事不真。泉云："你是有主沙彌，無主沙彌？"州云："有主沙彌。"師云："早是不成器了也。"泉云："如何是你主？"州云："即日伏惟尊候萬福。"於是服勤左右。信知十八歲上便解破家，豈虛語哉。（《北澗居簡禪師語錄》）

◎趙州見南泉，臨濟扣黃檗，龍潭接德嶠，盡皆一踏到底。當此末法，

703

氣運澆灘，盡非一拶一挨，便透根器。自非攛得性命，向萬仞崖頭一撲，欲空萬法根源，以盡不傳之秘，未之聞也。（《雪巖祖欽禪師語錄》卷四）

◎趙州觀音院從諗禪師。嗣南泉 師初謁南泉，（中略）泉器之，許其入室。頌曰：

解把一莖野草，喚作丈六金身。會得頭頭皆是道，眼中童子面前人。顏如如［《宗鑑法林》卷十六］

試問如何是主人，進前叉手叙寒温。但知北極羣星拱，不見黃河徹底渾。寶葉源（《禪宗頌古聯珠通集》卷十八）

◎贈亨上人

趙州當日見南泉，膽大如天便發言。問子沙彌誰是主，禪幽老祖下兒孫。（《月江正印禪師語錄》卷下）

◎送思上人之西州

沙彌有主無主，趙州曾見南泉。信手拈來兮冰何發燄，當頭坐斷兮陸地生蓮。（《了堂和尚語錄》卷三）

◎贈莊上人

趙州十八見南泉，心印無傳是正傳。木馬驚嘶新脫鞅，鐵牛酣臥久忘鞭。雙眸掣電覷不破，滿口含霜道得全。萬古碧潭空界月，何妨歡碎水中天。（《了堂和尚語錄》卷三）

◎者個事，也有生而知之者，也有學而知之者，究竟都是一般。生而知之，實難其人，求之諸祖中，如丹霞、趙州，便是生知底。趙州見南泉，泉問："汝是有主沙彌，無主沙彌？"州云："有主沙彌。"泉云："主在什麼處？"州躬身云："孟春猶寒，伏惟和尚尊候萬福。"諸上座，向者裏便好打翻消息，一切時行住坐卧，折旋俯仰，迎賓接客，屙矢送尿，無不是神通妙用。（《長慶宗寶禪師語錄》卷三）

◎示道目上人

年少須當立志堅，莫隨流俗漫相牽。衣裏有珠宜急省，趙州十八見南泉。（《永覺和尚廣錄》卷二十三）

◎趙州見南泉

行人莫與路爲仇，遠問輸他解近酬。扶起尿床呈瑞象，黃金終不換真鍮。（《佛光國師語錄》卷八）

(五五一) [補遺（二十六）]

又到黃檗。黃檗見來，便閉方丈門。師乃把火於法堂内叫云："救火，救火！"黃檗開門捉住云："道，道！"師云："賊過後張弓。"〔《景德傳燈錄》卷十《趙州從諗》，《雪峰慧空禪師語錄》，《五燈會元》卷四《趙州從諗》，《五家正宗贊》卷一，《指月錄》卷十一，《御選語錄》卷十六〕

【校記】

《雪峰慧空禪師語錄》、《五燈會元》卷四《趙州從諗》、《御選語錄》卷十六《趙州從諗》亦記載或引述趙州至黃檗處"救火，救火"公案。趙州到黃檗處"救火"公案，在《明覺語錄》卷三亦有徵引，著語云："直是好笑，笑須三十年，忽有個衲僧問雪竇笑個什麼？笑賊過後張弓！"雪竇著語，《指月錄》卷十一、《宗門拈古彙集》卷十六、《宗鑑法林》卷十八徵引。

【箋註】

○救火：按禪林中亦有與此則公案機用相類者。如《聯燈會要》卷二十一《雪峰義存》："師一日於僧堂内，閉却門燒火，乃叫云：'救火，救火！'玄沙將一片柴從窗櫺内抛入，師便開門。"（亦見於《五燈會元》卷七《雪峰義存》、《雪峰真覺禪師語錄》卷上、《玄沙師備禪師語錄》卷中、《玄沙廣錄》卷下）

【集評】

◎舉趙州到黃檗，兩個老賊 檗見來，便閉却方丈門。孟當門下 州云："救火，救火！"果然不謬爲朱履客 檗便出，擒住云："道，道！"兩重公案 州云："賊過後張弓。"遭這漢手脚 雪竇拈云："直是好笑，旁人有眼 笑須三十年。爲什麼如此 忽有人問雪竇笑個什麼？更問作什麼 笑賊過後張弓。"打云：也未放過

師云：趙州到黃檗，檗便閉却方丈門，一似電光石火相似。若是懵懂禪和，見人纔閉却門，却必無奈何。看他趙州與黃檗，二俱作家，神通遊戲，

妙用自在。趙州却云："救火，救火！"這老賊，黃檗當時便打兩掌，他也不奈何。什麼處是賊過後張弓處？惹得雪竇道："直是好笑，笑須三十年。"雪竇笑不是好心，笑中有刀。(《佛果擊節錄》第四十則)

◎舉趙州到黃檗，檗見來，便關却方丈。(中略)

師云："黃檗有頭無尾，趙州得路便行。雪竇看樓打樓，未具衲僧眼在。"(《古林清茂禪師語錄》卷三)

◎進云："趙州和尚到黃檗，檗見來，閉却方丈門。意旨如何？"師云："大開東閣。"進云："趙州於法堂上叫云：'救火，救火！'意作麼生？"師云："即日共惟。"進云："檗開門扭住云：'道，道！'又且如何？"師云："莫怪坐來頻勸酒，自從別後見君稀。"僧云："趙州道：'賊過後張弓。'嘱？"師云："賓主交馳。"(《月江正印禪師語錄》卷上)

◎舉趙州到黃檗，檗見來，便關却方丈。州云："救火，救火！"黃檗便出，擒住云："道，道！"州云："賊過後張弓。"雪竇云："直是好笑，笑須三十年。忽有個衲僧問雪竇笑個什麼？笑賊過後張弓。"

師云："三個老賊，且道那個是正賊？具眼者辨取。"(《月江正印禪師語錄》卷中)

◎舉趙州到黃檗，檗見來便閉却方丈門。州於法堂上叫云："救火，救火！"(中略)師云："重門擊柝，黃檗過於提防；嚙鏃破關，趙州慣得其便。雖然兩不相傷，笑破雪竇鼻孔。"(《了菴和尚語錄》卷四，《宗門拈古彙集》卷十六，《宗鑑法林》卷十八)

◎趙州到黃檗，檗見來，便閉却方丈門。州乃把火，於法堂內叫曰："救火，救火！"檗開門捉住曰："道，道！"州曰："賊過後張弓。"

保福展云："黃檗有頭無尾，趙州有尾無頭。"[《宗鑑法林》卷十八]

五祖戒云："黃檗只會買賤，不會賣貴。趙州因禍致福。"[《宗鑑法林》卷十八]

古南門云："雪竇好一笑，只是不合隨趙州語脉走。畢竟如何？賊賊。"[《宗鑑法林》卷十八]

雲溪挺云："一個開門入盜，一個把髻投衙，惹得黃口小兒笑破嘴脣皮。"(《宗門拈古彙集》卷十六)

◎趙州到黃檗，檗見來，便閉却方丈門。師乃把火，於法堂內叫曰："救火，救火！"檗開門捉住曰："道，道！"師曰："賊過後張弓。"

一擒一縱二施能，戟去槍來兩陣陣。彼此機關誰委悉？至今疑殺李將軍。海舟慈

貼逢賊手，全無樞紐。百弩千弓一時發，白日青天何處走。乳峰慣得其便，陣後虛張笑口。咄，看狗！靈巖儲（《宗鑑法林》卷十八）

（五五二）[補遺（二十七）]

又到鹽官，云："看箭。"鹽官云："過也。"師云："中也。"〔《景德傳燈錄》卷十，《聯燈會要》卷六〕

（五五三）[補遺（二十八）]

又到夾山，將拄杖入法堂。夾山曰："作什麼？"曰："探水。"夾山曰："一滴也無，探什麼？"師倚杖而出。〔《景德傳燈錄》卷十〕

（五五四）[補遺（二十九）]

師將遊五臺山次，有大德作偈留云："何處青山不道場，何須策杖禮清涼。雲中縱有金毛現，正眼觀時非吉祥。"師云："作麼生是正眼？"大德無對。法眼代云："請上座領某甲卑情。"同安顯代云："是上座眼。"〔《景德傳燈錄》卷十《趙州從諗》，《聯燈會要》卷六，《五燈會元》卷四〕

【校記】

《石倉歷代詩選》卷一百一十一《趙州從諗禪師將遊五臺學人作偈留之》："無處青山不道場，何須策杖禮清涼。雲中縱有金毛現，正眼傍觀非吉祥。"

"何處",《五燈會元》卷四作"無處"。

【集評】

◎趙州到一鄉院，經旬，辭院主，遊五臺山，主有頌送之。師云："可惜院主開口了合不得。若是徑山，待佗問：'如何是正眼？'攔腮便摑，教這老漢知道草窠裏也有大蟲。"(《佛鑑禪師語錄》卷四)

◎趙州行脚，到一鄉院。經旬，臨去乃別院主。(中略)主云："某甲有頌相送：無處青山不道場，何須策杖禮清涼。雲中縱有金毛現，正眼觀來非吉祥。"州云："如何是正眼？"主無語。師云："平地喫交。忽有人問院主平地喫交耶，趙州平地喫交耶？只向他道：'古佛過去久矣。'"(《大川普濟禪師語錄》)

◎舉趙州行脚時，到一鄉院。經旬日，臨去乃辭院主。院主云："何往？"趙州云："臺山禮拜文殊去。"院主云："某甲有頌相送。"云："何處青山不道場，遙須策杖禮清涼。雲中縱有金毛現，正眼觀時非吉祥。"趙州乃問："作麼生是正眼？"院主無語。師拈云："啼得血流無用處。"(《古尊宿語錄》卷四十六《琅琊慧覺》)

◎唐趙州從諗禪師九遊五臺，到輒經夏而返。一日束裝，有僧作偈留之，曰："是處青山是道場，何須策杖禮清涼。雲中縱有金毛現，正眼觀時非吉祥。"師負囊便行。自此道化普被幽晋間。又有臺山路驀直去公案。五臺遺事殊夥，獨錄《大華嚴經》、《寶藏陀羅尼經》、《文殊般泥洹經》及《趙州語錄》二則，以其爲禪家深密諦也(《山西通志》卷二十六)

（五五五）[補遺（三十）]

又僧問："清淨伽藍爲什麽有塵？"師曰："又一點也。"〔《景德傳燈錄》卷十《趙州從諗》，《聯燈會要》卷六，《五燈會元》卷四，《指月錄》卷十一〕

【校記】

按當與（四一一）合參。

（五五六）［補遺（三十一）］

有新到僧謂師曰："某甲從長安來，橫擔一條拄杖，不曾撥著一人。"師曰："自是大德拄杖短。"同安顯別云："老僧這裏不曾見恁麽人。"僧無對。法眼代云："呵呵。"同安顯代云："也不短。"〔《景德傳燈錄》卷十，《五燈會元》卷四〕

【集評】

◎舉有新到謂趙州云："某甲從長安來，橫擔一條拄杖，不曾撥著一人。"趙州云："自是大德拄杖短。"僧無對。師代云："呵呵。"（《五家語錄·法眼語錄》）

◎趙州因一僧曰："某甲從長安來，橫一條拄杖，不曾撥著一人。"州曰："自是大德拄杖短。"僧無語。天童悟代僧云："某甲罪過，不意輕觸和尚。"（《宗門拈古彙集》卷十六，《宗鑑法林》卷十八）

（五五七）［補遺（三十二）］

師敲火問僧云："老僧喚作火，汝喚作恁麽？"僧無語。師云："不識玄旨，徒勞念靜。"法燈別云："我不如汝。"〔《景德傳燈錄》卷十《趙州從諗》〕

【集評】

◎趙州一日敲火問僧曰："老僧喚作火，汝喚作甚麽？"（中略）頌曰：趙州眼放光，爍破四天下。鉢盂上安柄，至今成話柄。老衲證〔《禪林類聚》卷十四，《宗鑑法林》卷十七〕

直下是非著不得，著不得處好承當。木人昨夜通消息，南海波斯過大唐。野菴璇〔《宗鑑法林》卷十七〕（《禪宗頌古聯珠通集》卷十八）

（五五八）［補遺（三十三）］

師托起鉢云："三十年後若見老僧，留取供養。若不見，即撲破。"一僧出云："三十年後敢道見和尚。"師乃撲破。〔《景德傳燈錄》卷十《趙州從諗》，《五燈會元》卷四，《指月錄》卷十一〕

（五五九）［補遺（三十四）］

師寄拂子與王公曰："若問何處得來，但道老僧平生用不盡者。"〔《景德傳燈錄》卷十《趙州從諗》，《宋高僧傳》卷十一，《聯燈會要》卷六，《五燈會元》卷四，《古尊宿語錄》卷十三〕

【集評】

◎上堂，舉趙州臨順世，令僧馳拂子，傳語趙王，云："此是老僧一生用不盡底。"乃云："趙州一生用不盡底，終不錯分付。雖然不錯分付，爭奈趙王提不起。"乃拈杖云："此是保寧一生用不盡底，不如未死已前，兩手平等分付與諸人。"擲下杖，拍手云："阿喇喇，三十年後，莫教失却。"（《保寧仁勇禪師語錄》）

◎趙州臨示寂，封一柄拂子，送與鎮府大王云："此是老僧一生用不盡底。"原其高識遠見，豈令人滯於相，執於言，縛於葛藤耶？唯直了證，則活潑潑有出群作略，乃能擔負，如水入水，似金博金也。（《圓悟心要》卷下）

◎以拄杖供仁山主二首 其一

錯節孤根勁有餘，坐床須按起須扶。一生用底今相贈，更問林間有此無？（《詩林廣記·後集》卷六）

◎趙州臨順世，令僧持拂子與趙王曰："若問何處得來，便說此是老僧平生用不盡底。"頌曰：

一生受用應無盡，這個都來有幾莖。分付趙王千古在，任他南北競頭爭。保寧勇（《禪宗頌古聯珠通集》卷二十，《宗鑑法林》卷十九）

◎龜毛拂

龜背刮毛宜作佛，談玄不較短和長。掛時魔佛俱藏六，豎起人天聽舉揚。擊碎玄關明悔吝，敲成吉兆絕承當。趙州受用應無盡，末後猶將寄趙王。（《月江正印禪師語錄》卷下）

◎趙州順世，令僧馳拂子與趙王云："此是老僧一生用不盡底。"代王拈起拂子云："靈山付囑，何似今日？"（《楚石梵琦禪師語錄》卷八）

（五六〇）[補遺（三十五）]

日子和尚。亞溪來參，師作起勢。亞溪曰："這老山鬼，猶見某甲在。"師曰："罪過，罪過，適來失祇對。"亞溪欲進語，師乃叱之。亞溪曰："大陣前不妨難禦。"師曰："是，是。"亞溪曰："不是，不是。"趙州云："可憐兩個漢，不識轉身句。"〔《景德傳燈錄》卷十《日子和尚》，《聯燈會要》卷六，《五燈會元》卷四〕

【集評】

◎趙州諗云："可憐兩個漢，不識轉身句。"

天寧慧云："趙州不識好惡，妄判古人。殊不知者兩個漢，得便宜處是失便宜，致使後來都成了龍頭蛇尾。諸禪德，且道那裏是他龍頭蛇尾，試檢點看。"（《宗門拈古彙集》卷十七）

（五六一）[補遺（三十六）]

趙州曰："一切但仍舊。從上諸聖，無不從仍舊中得。"〔《林間錄》卷上〕

【集評】

◎細入無間，大絶方所。毫忽之差，不應律吕。

如樂黄鐘之管九寸，差一忽則音不應宫，故三祖曰："毫厘有差，天地懸隔。"趙州曰："一切但仍舊，方合古轍。"蓮華峰亦曰："但能隨處安閑，自然合他古轍。"(《智證傳·寶鏡三昧附》)

◎石頭大師作《參同契》，其末曰："謹白參玄人，光陰莫虛度。"法眼禪師註曰："住住，恩大難酬。"法眼可謂見先德之心矣。衆生日用，以妄想顛倒自蔽光明，故多違時失候，謂之虛度光陰。有道者無他，能善用其心耳。故趙州曰："一切但仍舊。從上諸聖，無不從仍舊中得。"(《林間錄》卷上)

◎益謂門弟子曰："趙州曰：'莫費力也，大好言語，何不仍舊去？'"世間法尚有門，佛法豈無門？自是不仍舊。故諸佛諸祖，只於仍舊中得。(《禪林僧寶傳》卷四，《法眼語錄》)

◎示金燦宇居士

日用事無別，避喧轉覺難。飯餘歌晝永，燭盡笑更殘。一切但仍舊，萬般都是閑。才生分別想，知隔幾重山。(《無異元來禪師廣錄》卷十八)

(五六二) [補遺 (三十七)]

師寄書與茱萸云："理隨事變，寬廓非外。事得理融，寂寥非内。"僧問茱萸："如何是寬廓非外？"茱萸云："問一答百也無妨。"云："如何是寂寥非内？"萸云："睹對顔色不好手。"又問趙州，州作喫飯勢。僧進後語，州作拭口勢。又問長沙岑，岑瞪目視之。僧進後語，岑閉目示之。僧舉似師，師云："此三人不謬爲吾弟子。"〔《聯燈會要》卷四《南泉普願》，《建中靖國續燈錄》卷二十七《拈古·承天簡》，《五燈會元》卷三，《古尊宿語錄》卷十二〕

【箋註】

○理隨事變，寬廓非外。事得理融，寂寥非内：《宗鏡錄》卷四十五：

"不達事而理非圓，不了理而事奚立，故云一隨事現，一多緣起之無邊；事得理融，千差涉入而無礙。"《大慧錄》卷二十："正念獨脱則理隨事變，理隨事變，則事得理融。事得理融，則省力。纔覺省力是，便是學此道得力處也。"《聯燈會要》卷十七《芙蓉清旦》："至真絶相，非相無以顯真。至理忘言，非言無以明道。所以理隨事變，遇緣即宗；事得理融，隨機應物。"《偃溪廣聞禪師語錄》卷下："理隨事變，理事無礙。事得理融，事事無礙。此華嚴大人境界也。"《了菴和尚語錄》卷五："理隨事遍一即多，事得理融多即一。即多即一即事理，交攝融通了無礙。"又卷八："實際理地，不受一塵，理隨事變；萬行門中，不捨一法，事得理融。事得理融也，寬廓非外。理隨事變也，寂寥非内。"

【集評】

◎師拈云："此三人，一人得皮，一人得肉，一人秦不收，魏不管。"（《建中靖國續燈錄》卷二十七《拈古·承天簡》）

◎舉南泉有書，與茱萸云："理隨事變，寬廓非外。事得理融，寂寥非内。"（中略）

佛鑑拈云："南泉雖則養子之緣，其奈憐兒不覺醜。殊不知三人一人有足無目，一人有目無足，一人足目俱無。雖然如是，皆可與南泉爲師。爲甚如此？事理分明。"〔《禪林類聚》卷十二，《宗門拈古彙集》卷九，《宗鑑法林》卷十一〕

正覺云："奇怪好弟子，依樣畫猫兒。"

佛海云："智與師齊，減師半德。茱萸、長沙、趙州三人見處，總是齊眉共躅。當初接書見説理説事時，不消道個這裏是什麽所在，管取超宗異目。"（《拈八方珠玉集》卷中）

（五六三）［補遺（三十八）］

師訪道吾，吾見來，著豹皮裩，把桔撩棒於三門外等候。纔見師來，便高聲唱喏而立，師云："小心祗候著。"吾又唱喏一聲而去。〔《聯燈會要》卷六《趙州從諗》，《五燈會元》卷四《關南道吾》〕

【集評】

趙州訪道吾，吾著豹皮褌，三門外立。師云："諸人還會麼？奴見婢殷勤。"（《佛鑑禪師語錄》卷四）

◎道吾因趙州來，著豹皮褌，把吉撩棒，在三門前等候。（中略）頌曰：得人一牛，還人一馬。虎驟龍驤，誰敢定價？三千裏外見譊訛，生鐵一團無縫罅。尼無著總

一吹無孔笛，一撫沒絃琴。一曲兩曲無人會，雨過夜塘秋水深。潛菴光 [《宗鑑法林》卷二十四]

道吾作舞，一曲無譜。若將耳聞，未敢相許。野菴璇 [《宗鑑法林》卷二十四]（《禪宗頌古聯珠通集》卷十七）

◎趙州到道吾，吾預知，乃取豹皮褌著。（中略）

翠嚴芝云："有人見得此二人落處，不妨具眼。若不知落處，未具眼在。"乃擊禪床一下云："若也不會，打與三百。"[《古尊宿語錄》卷二十五《大愚守芝》]

木菴永云："奴見婢殷勤。"[《佛鑑禪師語錄》卷四]

鼓山珪頌云："稽首兩足尊，瞻仰不暫捨。眉間白毫光，照耀大千界。"[《古尊宿語錄》卷四十七]

徑山杲云："有禮有樂，有唱有酬。人平不語，水平不流。"[《古尊宿語錄》卷四十七]（《禪林類聚》卷十七）

◎趙州訪道吾

斑斑駁駁豹皮褌，著出人前駭見聞。不是趙州曾識慣，一場驚恐豈堪論。（《恕中無慍和尚語錄》卷三）

◎襄州關南道吾禪師，因趙州訪，南乃著豹皮褌，執吉獠棒，在三門下翹一足等候。（中略）

鳳山啓云："大小關南，無端向人納敗闕。雖然，還知趙州出不得他圈繢麼？梁山泊裏稱豪傑，看來都是不良人。"（《宗門拈古彙集》卷二十二，《宗鑑法林》卷二十四）

(五六四) ［補遺（三十九）］

有一老宿問師："近離甚處？"師云："滑州。"宿云："幾程到？"師云："一躂到。"宿云："好個捷疾鬼！"師云："萬福大王！"宿云："參堂去。"師云："諾，諾！"〔《聯燈會要》卷六《趙州從諗》，《正法眼藏》卷六，《五燈會元》卷四，《指月錄》卷十一〕

(五六五) ［補遺（四十）］

師一日於雪中倒，叫云："相救，相救！"時有一僧却去師邊卧，師便起去。翠巖芝云："這僧在趙州繾繢裏，還有人出得麽？"〔《聯燈會要》卷六《趙州從諗》，《五燈會元》卷四，《古尊宿語錄》卷二十五《大愚守芝》，《指月錄》卷十一，《御選語錄》卷十六〕

【集評】

◎復舉，趙州一日雪中倒，叫云："相救，相救！"有僧便去身邊卧，州便起去。師云："者僧如蟲御木，要見趙州，天地懸殊。有一般瞎漢便道，報恩扶强不扶弱。殊不知我王庫内，無如是刀。"喝一喝，下座。（《應菴曇華禪師語錄》卷二）

◎因雪上堂，舉趙州一日於雪中倒云："相救，相救！"一僧去身邊卧，趙州遂起去。翠巖芝云："這僧在趙州圈繢裏，有人出得麽？"師云："大小翠巖，只具一隻眼。總道趙州眼光爍破四天下，爲什麽勾賊破家？有人辨得，許你具一隻眼。"（《癡絕道沖禪師語錄》卷上。翠巖芝語，《指月錄》卷十一徵引）

◎趙州一日向雪中卧，乃叫云："相救，相救！"時有僧便來趙州身邊卧，州便起去。師云："這僧好心不得好報，當時一期雖救得趙州，爭奈自

己一個渾身至今卧在雪堆裏。衆中莫有救得這僧底麼，出來救看。若救不得，三冬嚴寒總是凍殺底數。"（《佛鑑禪師語錄》卷四）

◎趙州一日向雪中倒，叫云："相救，相救！"時有僧便去身邊卧，趙州便起去。師云："放憨賣俏，趙州慣得其便。所幸撞著這僧，若是今時師僧，冷眼相看，殊不採著，趙州要起去，且緩緩。"（《環溪惟一禪師語錄》卷下）

◎舉趙州一日向雪中卧叫云："相救，相救！"時有僧亦去州邊卧，州便起去。師拈云："趙州下䔲求鶬，直得四棱踏地。這僧蔗咬甜頭，不覺隨佗圈繢。薦福當時若見，只消深深掘雪，一坑埋却。"（《月澗文明禪師語錄》卷上）

◎趙州一日於雪中倒卧曰："相救，相救！"有僧便去身邊卧，州便起去。

翠巖芝云："此僧在趙州圈繢裏，還有人出得麼？"［《宗鑑法林》卷十九］

天童華云："這僧如蟲御木，要見趙州，天地懸隔。有般瞎漢便道，山僧扶強不扶弱，殊不知我王庫內，無如是刀。"喝一喝。［《宗鑑法林》卷十九］

勝法法云："這僧只顧救人，不解自救。"［《宗鑑法林》卷十九］（《宗門拈古彙集》卷十六）

◎趙州一日於雪中卧曰："相救，相救！"有僧便去身邊卧，師便起去。

湘江暮雪冷風狂，漁父逍遙戲小航。貧子灘邊爭共樂，寒沙獨陷可慚惶。報恩琇

仙姬蟬鬢自天成，傾國傾城絕比倫。世固有能彷彿者，只差脂粉得人瞋。越機敏（《宗鑑法林》卷十九）

◎上堂，舉趙州卧雪中云："相救，相救！"時有僧便來趙州身邊卧，州便起去。師云："這僧雖然救得趙州，爭奈得便宜處落便宜。且道那裏是他落便宜處？具眼者辨。"（《圓通大應國師語錄》卷上）

◎示衆，舉趙州一日，於雪中倒，叫："相救，相救！"有一僧便去身邊卧，州便起去。師曰："這僧救得趙州耶？抑又趙州救得這僧耶？試甄別看。"自代曰："龍象蹴踏，非驢所堪。"（《少林無孔笛》卷二）

（五六六）［補遺（四十一）］

師在僧堂後逢一僧，師問云："大衆向甚麼處去？"云："普請去。"師袖中取刀度與僧云："老僧住持事繁，請上座爲我斫倒却。"乃引頸向前，其僧便走。〔《聯燈會要》卷六《趙州從諗》，《指月錄》卷十一〕

【集評】

◎上堂，舉趙州僧堂後問一僧："大衆向什麼處去？"僧云："上山普請。"趙州袖出一柄刀云："老僧住持事繁，請上座爲我斷却命。"僧抛下刀子而走。師云："趙州過頭丈子，到處探水。當時者僧，若與本分草料，管取別甑炊香。"（《虛堂錄》卷八）

（五六七）［補遺（四十二）］

僧問趙州："言詮不到處，請師直道。"師云："老僧耳背多時。"僧遶繩床一匝，云："請師直道。"師亦遶繩床一匝，云："百千諸佛皆從此門而入。"〔《聯燈會要》卷六《趙州從諗》〕

【集評】

◎舉僧問趙州："言詮不到處，請師直道。"州云："老僧耳背多時。"僧遶禪床一匝云："請師直道。"州亦遶禪床一匝云："百千諸佛，皆從此門而入。"僧云："如何是百千諸佛三昧門？"州便打。

佛果拈云："持聾作啞，趙州慣用此機。逐色隨聲，這僧分明失利。更好與數十棒，也不爲分外。何故，若不同床臥，焉知被底穿？"

正覺云："又道耳背。"

佛海云："趙州相隨舉步，陣勢便圓。這僧舉步相隨，全軍俱陷。"(《拈八方珠玉集》卷中)

（五六八）［補遺（四十三）］

僧云："如何是百千三昧門？"師便打。〔《聯燈會要》卷六《趙州從諗》〕

（五六九）［補遺（四十四）］

僧問："如何是佛法大意？"師云："貓兒是一百五十文買。"云："我不問貓兒，如何是佛法大意？"師云："這橐子是大王送來。"云："謝師答話。"師云："作家師僧，天然有在。"〔《聯燈會要》卷六《趙州從諗》〕

【集評】

◎舉僧問趙州："如何是佛法大意？"州云："貓兒是一百五十文買。"（中略）

佛果拈云："趙州度量深明，神機隱密，有權有實，有捲有舒。這僧陷在重圍，洎嶮收身不轉。不見道，相罵饒你接嘴，相唾饒你潑水。"

正覺云："這僧曉機關，識陷阱，洎合向平田淺草裏喪却。"

佛海云："這僧如飛騎將軍，脫身於虜庭，虜追之而不及。"(《拈八方珠玉集中》)

◎趙州因僧問："如何是佛法大意？"師曰："貓兒是一百五十文買底。"（中略）

月舟載雲，水本無聲，受觸則響。木本無火，因鑽則炎。趙州要成己成人，豈惜隋珠下璧。然末梢頭可惜放過。雖則放過，也却有些諪訛，莫道不利害好。(《宗鑑法林》卷十八)

(五七〇) [補遺（四十五）]

示衆云："南泉道：'我十八上便解作活計。'趙州道：'我十八上便會破家散宅。'"師云："你道破家散宅好，解作活計好？初心底人，且取前語。久參先德，直須破家散宅。更有一言，萬里崖州。"〔《聯燈會要》卷十二《神鼎鴻諲》，《古尊宿語錄》卷二十四〕

【集評】

◎示範化士

南泉道王老師十八上便解做活計，趙州道我十八上便解破家散宅。叢林商量道，念兹在兹謂之做活計，無佛無祖謂之破家散宅。若如此持論，其利固無，其害甚重。欲明二大老之意，待應菴三十年後換却骨頭了，與你説破。（《應菴曇華禪師語錄》卷八）

◎示衆云："南泉道：'我十八上便解作活計。'囊無繫蟻之絲，廚乏聚蠅之糁。趙州道：'我十八上便解破家散宅。'南頭買賤，北頭賣貴。檢點將來，好與三十棒，且放過一著。何故？曾爲宕子偏憐客，自愛貪懷惜醉人。"（《聯燈會要》卷十六《普賢元素》，《嘉泰普燈錄》卷十三，《五燈會元》卷十八，《續傳燈錄》卷三十，《宗門拈古彙集》卷十，《宗鑑法林》卷十）

◎示衆舉："南泉道：'老僧十八上便解作活計。'趙州道：'我十八上便解破家散宅。'還會麼？作活計底，始解破家散宅；破家散宅底，始解作活計。假使黃金爲城，白銀爲壁，禪悦爲食，解義爲漿，本色衲子不肯回顧。何也？豈不見道：明眼漢，没窠臼，縱饒萬里空寥寥，正好一槌俱搣碎。"（《聯燈會要》卷十七《育王端裕》，《續傳燈錄》卷二十七）

◎示衆云："當頭坐斷，未解轉身。蹈步向前，脚跟蹉過。直下漆桶子脱去，馬簸箕三十年不少鹽醬，是甚熱碗鳴聲？老趙州十八上便解破家散宅，徒爲戲論。雖然如是，不因一事，不長一智。"（《聯燈會要》卷十八《薦福道本》）

◎上堂，舉："南泉和尚道：'我十八上便解作活計。'趙州和尚道：'我十八上便解破家散宅。'"師云："南泉、趙州也是徐六擔板，只見一邊。華藏也無活計可作，亦無家宅可破，逢人突出老拳，要伊直下便到。且道到後如何？三十六峰觀不足，却來平地倒騎驢。"(《五燈會元》卷二十《華藏宗演》，《續古尊宿語要》卷五，《續傳燈錄》卷三十二)

◎上堂："南泉十八上便解作活計，趙州十八上便解破家散宅。"山僧當時若見，各人脚跟下痛與三十。何故？他家自是黃金骨，不必旃檀入細雕。(《無文道燦禪師語錄》，《宗門拈古彙集》卷十)

◎復舉南泉道："我十八上便解作活計。"趙州道："我十八上便解破家散宅。"拈云："二古德雖各擅家風，未免笑破天下衲僧鼻孔。雙林盡力孛跳，也出他繾綣不得。纔入門來，乃見破之又破，損之又損。淨裸裸，赤灑灑，沒可把，亦未免笑破天下衲僧鼻孔。然雖如是，或遇東君借力，便有生意。如何見得？前村深雪裏，昨夜一枝開。"(《兀菴普寧禪師語錄》卷中)

◎上堂，舉南泉云："我十八上便解作活計。"趙州云："我十八上便解破家散宅。"師拈云："諸人要見二大老麼？八十婆婆不知老，人前拈弄嫁時衣。"(《月澗文明禪師語錄》卷上)

◎上堂："南泉道我十八上解作活計。"趙州道："我十八上解破家散宅。"諸人向什麼處見二大老？若向作活計處見南泉，又不見趙州。若向破家散宅處見趙州，又不見南泉。不如和會一家，免致遞相矛盾。却教作活計底，破家散宅。淨倮倮，赤灑灑，沒可把，好快活。破家散宅底，作活計。七珍八寶一齊拏，更無欠少，也好快活。然後報恩坐地看揚州，總爲戰爭收拾得，却因歌舞破除休。"(《楚石梵琦禪師語錄》卷六)

◎上堂，舉南泉和尚道："我十八便解作活計。"趙州和尚道："我十八上便解破家散宅。"師云："諸禪德，解作活計底，便解破家散宅。解破家散宅底，便解作活計。若到徑山門下，總與明窗下安排。三十年後，却不得道見徑山來。"(《曇芳和尚語錄》卷上)

◎南泉云："我十八上便解作活計。"趙州云："我十八上便解破家散宅。"師云："誰知南泉活計，政是破家散宅底。山僧敢保老趙州，不識南泉窮徹骨，錯疑活計是家私，却道'解破家散宅'。或者道趙州不錯疑，却是和尚錯疑。山僧遂撫掌呵呵向他道：'好好，山僧錯疑也好，趙州不錯疑更好。'"(《天如和尚語錄》卷一)

◎上堂，舉神鼎諲和尚舉南泉道："我十八上便解作活計。"趙州道：

"我十八上便解破家散宅。"神鼎云:"且道破家散宅底好,解作活計底好?初心底人,且依前語。若是久參宿德,直須破家散宅。"更云:"萬里崖州。"師云:"有者道神鼎和尚縱奪可觀,抑揚有準,殊不知錯下名言。天寧門下解作活計底,好與二十棒。破家散宅底,好與二十棒。不見道,齊之以禮。"(《了堂和尚語錄》卷二)

◎南泉曰:"我十八上便解作活計。"趙州道:"我十八上便解破家散宅。"

神鼎諲云:"你道破家宅底好,解做活計底好?初參之士,且取前語。久參先德,直須破家。更有一言,萬里崖州。"〔《宗鑑法林》卷十〕

地藏學云:"諸禪德,還是解做活計底是,破家宅底是?檢點得出,許你親見二大老立地處。不然自己腳跟下泥水不分,無自由分。且作麼生方得自由?"擊拂子云:"等閑拶出虛空骨,出沒縱橫總不拘。"(《宗門拈古彙集》卷十)

◎南泉云:"我十八上便解作活計。"乃識得此我,便縱橫自在去。趙州云:"我十八上便解破家散宅。"乃識得此我,將無始有生以來所霑染於身心者,盡教粉碎,還我覺明空昧以前清淨本源去。(《心燈錄》卷三)

◎南泉曰:"我十八上便解作活計。"趙州曰:"我十八上便解破家散宅。"

法林音云:"神鼎老人錯下名言。"喝一喝云:"一喝華山分兩路,萬年流水不知春。"(《宗鑑法林》卷十)

◎上堂:"父母非我親,諸佛非我道。要識個中意,父少而子老。記得南泉云:'王老師十八上解作活計。'趙州云:'老僧十八上解破家散宅。'"師曰:"父子二老解處,如何辨取?南泉臂長衫袖短,被鬼神覷見。趙州身貧心儉,無卓錐處。"(《義雲和尚語錄》卷上)

(五七一) [補遺(四十六)]

趙州問僧:"甚處去?"云:"摘茶去。"州云:"閑。"〔《聯燈會要》卷十四《雲蓋守智》,《五家語錄·雲門語錄》,《嘉泰普燈錄》卷四,《五燈會元》卷十七,《續傳燈錄》卷十五,《指月錄》卷十一〕

【集評】

◎上堂，舉："趙州問僧：'甚處去？'云：'摘茶去。'州云：'閑。'"師云："道著不著，何處摸索？背後龍鱗，面前驢腳。翻身筋斗，孤雲野鶴。阿呵呵！"（《聯燈會要》卷十四《雲蓋守智》，《正法眼藏》卷六，《嘉泰普燈錄》卷四，《五燈會元》卷十七，《禪宗頌古聯珠通集》卷十八，《續傳燈錄》卷十五，《蜀中廣記》卷八十九，《指月錄》卷十一，《列祖提綱錄》卷八，《宗鑑法林》卷十七）

◎舉趙州問僧："什麼處去？"僧云："摘茶去。"師云："閉口。"（《古尊宿語錄》卷十六《雲門廣錄中》）

（五七二）［補遺（四十七）］

僧問趙州："如何是不遷義？"州以手作流水勢，其僧有省。〔《聯燈會要》卷十六《蔣山慧勤》，《正法眼藏》卷六，《僧寶正續傳》卷二，《五燈會元》卷十九，《續傳燈錄》卷二十五〕

【集評】

◎舉僧問趙州："如何是不遷義？"州以兩手作流水勢，其僧有省。師云："趙州機鋒迅捷，用力太過。者僧啐啄同時，敢保未徹。或有人問演福如何是不遷義？只向他道：放下著。知麼？免得遞相負累。"（《絕岸可湘禪師語錄》）

◎舉僧問趙州："如何是不遷義？"州以兩手作流水勢，其僧有省。師拈云："趙州用力太過，這僧聽事不真。若問南山如何是不遷義，和聲便打。何故？南山不曾賺誤師僧。"（《石田法薰禪師語錄》卷三）

◎物不遷論跋

予少讀《肇論》，於不遷之旨，茫無歸宿。每以旋嵐等四句致疑，後有省處，則信知肇公深悟實相者。及閱《華嚴》大疏，至《問明品》："譬如河中水，湍流競奔逝。"清涼大師引肇公不遷偈證之，蓋推其所見，妙契佛義也。予嘗與友人言之，其友殊不許可，反以肇公為一見外道，廣引教義以駁之。即法門老宿,如雲棲達大師諸老,皆力爭之,竟未回其說。予閱《正法眼藏》:"佛鑑和尚示眾,舉僧問趙州:'如何是不遷義?'州以兩手作流水勢,其僧有省。又僧問法眼:'不取於相,如如不動。如何不取於相,見於不動去?'法眼云:'日出東方夜落西。'其僧亦有省。若也於此見得,方知道旋嵐偃嶽,本來常靜。江河競注,原自不流。其或未然,不免更為饒舌:天左旋,地右轉,古往今來經幾遍。金烏飛,玉兔走。纔方出海門,又落青山後。江河波渺渺,淮濟浪悠悠,直入滄溟晝夜流。'遂高聲云:'諸禪德,還見如如不動麼!'"然趙州、法眼,皆禪門老宿將,傳佛心印之大老。佛鑑推之,示眾發揚不遷之旨,如白日麗天,殊非守教義文字之師可望崖者,是可以肇公為外道見乎?書此以示學者,則於物不遷義,當自信於言外矣。(《憨山老人夢遊集》卷三十二)

◎復舉趙州有僧問:"如何是不遷義?"州以手作流水勢。其僧有省。師云:"趙州老子,雖則善應來機,捲舒自苦,爭奈累及這僧,墮在流水中,頭出頭沒。今夜或有問建寧如何是不遷義,只以口作吹風勢。他若不省,更為下個註腳:一毫頭上定綱宗,萬別千差路盡通。要識本來不遷義,趙州流水我吹風。"(《大覺禪師語錄》卷中)

◎復舉僧問趙州:"如何是不遷義?"州以手作流水勢,其僧有省。師拈云:"趙州雖是善應來機,爭奈費力不少。今夜忽有人問崇福如何是不遷義,向他道:大盡三十日,小盡二十九。"(《圓通大應國師語錄》卷上)

◎舉僧問趙州:"如何是不遷義?"州以手作流水勢,其僧有省。拈云:"老趙州通身是口,口皮禪無截流機。此僧雖然省悟,爭奈摩斯落水。"喝一喝。(《佛國禪師語錄》卷上)

◎復舉僧問趙州:"如何是不遷義?"州以手作流水勢,其僧有省。拈云:"趙州雖好手,這僧溺流水。今夜若有人問,只對他道:始看黃葉落,又見一陽生。其或未然,問取頭首。"(《南院國師語錄》卷下)

◎復舉僧問趙州:"如何是不遷義?"州以手作流水勢。拈云:"明中放開官路,暗裏把斷封疆。諸人向什麼處見趙州?"良久云:"陽氣發時無硬地。"(《夢窗國師語錄》卷上)

◎復舉僧問趙州和尚:"如何是不遷義?"州以手作流水勢。拈云:"大眾會麼?會則途中受用,其或未然,山僧更下註腳去也:九夏推移又告秋,不遷之義不曾庚。觀音菩薩買胡餅,放下元來是饅頭。"(《夢窗國師語錄》卷上)

(五七三) [補遺（四十八）]

僧問："古澗寒泉時如何？"師云："瞪目不見底。"云："飲者如何？"師云："不從口入。"僧後舉似趙州，州云："既不從口入，不可從鼻孔裏入。"僧却理前問，州云："苦。"僧進後語，州云："死。"師聞，遙望作禮云："趙州古佛。"從此不答話。雪竇云："衆中商量總云：'雪峰不出這僧問頭，所以趙州不肯。'如斯話會，深屈古人。雪竇即不然。斬釘截鐵，本分宗師，就下平高，難爲作者。"（按雪竇語見《明覺語錄》卷三，著錄於《建中靖國續燈錄》卷二十七《拈古》，《禪林類聚》卷十四，《宗門拈古彙集》卷二十九，《宗鑑法林》卷四十四）天衣懷云："諸仁者，作麼生會不答話底道理？讚嘆趙州即不無，還知趙州片玉瑕生麼？若人檢點得出，相如不誑於秦主。"〔《聯燈會要》卷二十一《雪峰義存》《雪峰真覺大師語錄》卷下，《正法眼藏》卷五，《建中靖國續燈錄》卷二十七，《五燈會元》卷七，《五家正宗贊》卷一，《古尊宿語錄》卷十三《趙州從諗》，《御選語錄》卷十五《雪峰義存》〕

【集評】

◎舉僧問雪峰："古澗寒泉時如何？"（中略）雪峰聞之云："趙州古佛。"從此不答話。

趙州象骨巖，舉世無倫擬。共撫沒絃琴，千載清人耳。古澗寒泉，瞪目凝然。不從口入，飲者忘筌。重出語，苦又死。不答話，同彼此。相逢兩會家，打鼓弄琵琶。個中誰是的？白鳥入蘆華。（《圓悟錄》卷十八）

◎舉僧問雪峰："古澗寒泉時如何？"戴得將來 峰云："瞪目不見底。"老婆心切 僧云："飲者如何？"正是降尊就卑 峰云："不從口入。"從什麼處入 僧舉似趙州，也須是這僧始得 州云："不可從鼻孔裏入。"也須是這老漢始得 僧却問趙州："古澗寒泉時如何？"放過即不可 州云："苦。"不妨難爲咬嚼 僧云："飲者如何？"更不再活 州云："死。"灼然 雪峰聞舉云："趙州古佛。"從此不答話。也是什麼心行 雪竇拈云："衆中總道雪峰不出這僧問頭，所以趙州不肯。多少人作者語話 如斯話會，深屈古人。灼然 雪竇即不然。看雪竇有甚麼長處 斬釘截鐵，本分宗師。分作兩邊 就下平高，難爲作者。"雪竇也出趙州綣繢不得师云：雪窦拈来也是好心，也是不好心。何故？一手抬，一手搦。僧问雪峰："古涧寒泉时如何？"峰云："瞪目不见底。"僧云："饮者如何？"峰云："不从口入。"后人只管用作不答话会，作怎麽去就，驢年梦见。汾阳谓之借事明己。"古涧寒泉时如何？""瞪目不见底。"此明他脚跟下事。雪峰是一千五百人善知识，依前用他问处答道："瞪目不见底。"为他问道脚跟下事，似古涧寒泉相似，这老汉不妨亲切。古人道，问在答处，答在问处。不见僧问云门："佛法如水中月是否？"门云："清波无透路。"且道是同是别？如今人只随语生解，殊不知赵州与雪峰相见。州云："不可从鼻孔裏入。"雪峰云："赵州古佛。"从此不答话，已是与他相见。且道这裏意是如何？须是打破面前漆桶，始可入作。后人不善来风，走向赵州语下作活计。到这裏若是通方汉，必知此二尊宿落处。雪峰云："赵州古佛。"从此不答话。此一句语，如金如玉难酬其价。雪峰虽答者僧话，终不去语句裏作繫驢橛。后人多少错会，妄去中间穿鑿，殊不知本宗猷，此事若只在言句上，便不深屈古人，谓玉女已归霄汉去，呆郎犹在火爐边。雪窦道："众中总道雪峰答他话，便成就下平高，难为作者。"又是错会，喫雪窦毒藥了也。此意与法眼话作两橛一般，只为他一手抬一手搦。只如赵州勘婆子，且道是勘破不勘破，且道雪峰是答他话不答他话？真如哲拈赵州勘婆子话道："天下衲僧只知问路老婆，要且不知脚下泥深。若非赵州老人，争显功高汗马。"只如雪窦道："如斯话会，深屈古人。"且道是屈不屈？怀和尚道："作麽生会不答话底道理？赞叹赵州即不无，还知赵州一片玉瑕生麽？若点检得出，相如不诳於秦王。"雪窦分明拈了也，而今人却不去见赵州、雪峰，却走去咬雪窦语句，去语脉上走。不知他雪窦一手抬一手搦。且道阿谁是斩钉截铁本分宗师？阿谁是就下平高难为作者？到这裏直饶辨得去，也只是语脉上走。（《佛果擊節录》第九则）

◎上堂，举僧问雪峰："古涧寒泉时如何？"（中略）师云："雪峰不答话，疑杀多少人。赵州道'苦'，面赤不如语直。若是妙喜即不然。'古涧寒泉时如何？''到江扶艪棹，出嶽济民田。''饮者如何？''清凉肺腑。'此语有两负门，若人辨得，许尔具參学眼。"（《大慧录》卷六，《宗门拈古彙集》卷二十九，《宗鑑法林》卷四十四）

◎上堂，举僧问雪峰云："古涧寒泉时如何？"（中略）师云："若有人问五祖：'古涧寒泉时如何？'即向伊道：'水。''饮者如何？'但云：'当下止渴。'或有個有出來問道：'與曹溪水是一是二？'我即向伊道：'分枝列派縱橫自在，低處澆田高處潑菜。'"（《古尊宿語錄》卷二十二《法演》）

◎西寺恭論師房寒泓序

灌溪漚麻池水，得臨際一杓，揚波鼓浪，彌滿江湖，劈箭機先，孰探深淺；雪峰古澗寒泉，非趙州一疏，壅脉塞源，停含穢惡，瞪目見底，難辨濁清。（《希叟紹曇禪師尚廣錄》卷四）

◎雪峰因僧問："古澗寒泉時如何？"（中略）乃曰："趙州古佛。"遙望作禮，自此不答話。頌曰：

古澗寒泉浩渺彌，分明枝派暗流時。不從口入無滋味，苦死令渠話不知。雲蓋昌［《禪林類聚》卷十四］

黯黯雲攢覆雪峰，青青趙老一雙瞳。從前汗馬無人識，只要重論蓋代功。寶峰照［《禪林類聚》卷十四，《宗鑑法林》卷四十四］

佛心才云："縱奪還他老作家，奔流度刃數如麻。深深澗底無人到，飲者重添眼裏沙。"［《禪林類聚》卷十四，《宗鑑法林》卷四十四。"澗裏"，《禪林類聚》、《宗鑑法林》作"澗底"］

鮑老當年笑郭郎，人前舞袖太郎當。及乎鮑老出來舞，依舊郎當勝郭郎。真淨文

趙州象骨嚴，舉世無倫擬。共撫没絃琴，千載清人耳。古澗寒泉，瞪目凝然。不從口入，飲者忘筌。重出語，苦又死，不答話，同彼此。相逢兩會家，打鼓弄琵琶。個中誰是的？白鳥入蘆花。圓悟勤

雪峰古澗泉深，趙州石橋水苦。若知異水同源，飲者不妨疑悟。不從鼻孔入，白浪高三級。從此不答話，豈免酬高價。金剛圈子栗棘蓬，解透橫行四天下。佛性泰［《宗鑑法林》卷四十四］（《禪宗頌古聯珠通集》卷二十八）

◎（古澗寒泉，苦，死）

天衣懷云："諸仁者，作麼生會不答話底道理？讚嘆趙州即不無，還知趙州片玉瑕生麼？若人檢點得出，相如不誑於秦王。"［《聯燈會要》卷二十一《雪峰義存》，《宗門拈古彙集》卷二十九，《宗鑑法林》卷四十四］

蒙菴岳云："雪峰不從口入，松柏千年青，不入時人意。趙州云'死'，牡丹一日紅，滿城公子醉。"［《嘉泰普燈錄》卷二十六《拈古·蒙菴岳》］

天童覺云："扶豎宗乘，須還大匠。雪峰辦一千五百人善知識身心，趙州用一百二十歲老作家手段，不妨奇怪。如今衆中隨言定旨，亂作貶剝，深

屈古人。然則相席打令，似有知音。鏤骨銘心，罕逢明鑑。"〔《宏智廣錄》卷三，《宗門拈古彙集》卷二十九。《宗鑑法林》卷四十四引長蘆夫語。"雪峰辨"，《宗鑑法林》作"雪峰有"，"貶剝"，《宗鑑法林》作"褒貶"〕（《禪林類聚》卷十四）

◎雪峰古澗

舉僧問雪峰："古澗寒泉時如何？"為甚無風浪起 峰云："瞪目不見底。"許你眼明 僧云："飲者如何？"甘露洋銅，有利有害 峰云："不從口入。"玉液華池納百川 僧舉似趙州，出一人口，入萬民耳 州云："不可從鼻孔裏入。"盡從這裏流出 僧却問州："古澗寒泉時如何？"閫山遠接太行山 州云："苦。"裂舌不堪嘗 僧云："飲者如何？"著甚來由 州云："死。"一坑埋却 雪峰聞云："趙州古佛。"善哉甘口鼠，食人不害疼 從此不答話。陰蛆內胃 天童拈云："扶竪宗乘，須還大匠。久響天童 雪峰辨一千五百人善知識身心，為人如為己 趙州用一百二十歲老作家手段，黨理不黨親 不妨奇怪。萬松慣見似尋常 如今衆中隨言定旨，癡人面前不得說夢 亂作貶剝，舌頭壓殺人 深屈古人。死無對證 然則相席打令，似有知音。易開終始口 鏤骨銘心，罕逢明鑑。難保歲寒心"

師云：南院禮雪峰為古佛，雪峰禮趙州為古佛。當時雪峰法道大行，睦州讓雲門以嗣之。玄沙為法眼之祖。兩派之源，出於門下。趙州當燕趙亂罹之際，口如吹火，流俗薄之。及乎道力攝二王講和，携手見師，禪床不下，時人方云："口似含珠。"隱山所謂"莫作是非來辨我，浮生穿鑿不相關"。雪峰以其南泉之子，長沙之兄，以白眉尊宿待之。一日趙州問僧："自何處來？"僧曰："雪峰來。"州曰："雪峰有何言句示人？"僧曰："和尚尋常道，盡十方世界是沙門一隻眼，你等諸人向什麼處屙？"州云："闍黎若回，寄個鍬子去。"僧問雪峰："古澗寒泉時如何？"動若雲行，靜如止水，正是湛不流處，死水裏活計。這僧工夫到此，拈來呈似雪峰。若是萬松門下，只道"乾曝曝地，一滴也無"。這僧問以蹄涔，雪峰答以巨海，道"瞪目不見底"，何曾辜負他。這僧忻然，披襟當之道："飲者如何？"你參透古澗寒泉，只汝便是浮幢刹海，通身是水，誰吐誰吞。雪峰答個"不從口入"，大煞手親眼辨。若論順水推船，雪峰門下即得。其或逆風把柂，趙州門下不然。這僧疑根不斷，再買草鞋，不遠數千里，復舉前話問趙州，至"不從口入"，州云："不可從鼻孔裏入也。"便用衲僧巴鼻。復問："古澗寒泉時如何？"州云："苦。"這僧便合禮謝而退。不顧危亡，踏步向前，更問："飲者如何？"州云："死。"沒人情漢，一向盡法，不管無民。僧問："如何是玄中玄？"州云："汝玄來多少時也？"僧云："玄之久矣。"州云："若不遇老僧，幾乎玄殺。"趙州與睦州出語，毒如德山、臨濟痛棒。雪峰後聞此語，遙禮云："趙州古佛。"峰從此不答話。此語疑殺天下人。你道以前還曾答話麼？後來何曾持不語戒？天童拈道："扶豎宗乘，須還大匠。"大慧杲《宗門武庫》首篇云："王荆公一日問張文定公曰：'孔子去世百年生孟子，亞聖後絕無人，何耶？'文定公曰：'豈無人？亦有過孔孟者。'公曰：'誰？'文定公曰：'江西馬大師、坦然禪師、汾陽無業禪師、雪峰、巖頭、丹霞、雲門。'荆公意不甚解，乃問曰：'何謂也？'文定曰：'儒門淡薄，收拾不住，皆歸釋氏焉。'公欣然嘆服。後舉似無盡，無盡撫几賞曰：'達人之論也。'遂援筆以紀之。"故王荆公嘗云："三代以前，聖賢多生吾儒中。三代以降，聖賢多生吾佛中。"（中略）是知顏孟之時，佛法未至，倘能事佛，必馬鳴、龍樹之儔也。故雪峰辨一千五百人善知識身心，趙州用一百二十歲老作家手段，不妨奇怪。棋逢敵手，琴遇知音。如今衆中，隨言定旨，亂作貶剝，深屈古人。矮子看戲，隨人上下，然則相席打令，似有知音。便道趙州逢賤即貴，雪峰遇剛即柔。若存得失勝負，成何宗旨？鏤骨銘心，罕逢明鑑。這僧一問，二老各出一隻手，提起示人，與萬世爲龜爲鑑，豈同參鐵騎禪者，爭鋒競銳。還會天童出身句麼？臨危知己少，閑話赤心多。（《請益錄》第三十一則）

◎舉僧問雪峰："古澗寒泉時如何？"（中略）雪竇云："衆中總道雪峰不出者僧問頭，所以趙州不肯。（中略）"師云："是則草偃風行，不是則畫蛇添足。山僧道，雪峰、趙州，總被者僧穿却了也。何以見得？雪峰從此不答話。"（《古林清茂禪師語錄》卷三）

◎舉僧問雪峰："古澗寒泉時如何？"（中略）雪竇云："衆中總道雪峰不出者僧問頭，所以趙州不肯。如斯話會，深屈古人。雪竇即不然，斬釘截鐵，本分宗師。就下平高，難爲作者。"師云："鑽龜打瓦，激濁揚清。坐斷天下人舌頭，不無雪竇。要且不知古人相見處。還知雪峰趙州麼？得人一牛，還人一馬。"（《月江正印禪師語錄》卷中）

◎舉僧問雪峰："古澗寒泉時如何？"（中略）雪竇云："衆中總道，雪峰不出者僧問頭。"（中略）師云："雪峰一期答話，不知爬著趙州癢處。趙州忍俊不禁，不覺劄著雪峰痛處。痛處癢，癢處痛，一時移在雪竇身上。且道，者僧還曾夢見也無？"（《了菴和尚語錄》卷四，《宗門拈古彙集》卷二十九，《宗鑑法林》卷四十四）

◎舉雪峰因僧問："古澗寒泉時如何？"（中略）妙喜云："雪峰不答話，疑殺天下人。趙州道'苦'，面赤不如語直。若是妙喜則不然。'古澗寒泉時如何？''到江扶櫓棹，出嶽濟民田。''飲者如何？''清涼肺腑。'此語有兩負門，若人辨得，許你有參學眼。"師云："妙喜老人，可謂人平不語，水平不流。"（《楚石梵琦禪師語錄》卷十一）

◎舉僧問雪峰："古澗寒泉時如何？"（中略）

來問不離窠，應機非逸格。雪峰與趙州，一窖俱埋却。要知古澗寒泉，初非湛湛涓涓。無限盲驢拽磨，大鵬背負青天。（《楚石梵琦禪師語錄》卷十二）

◎雪峰古澗寒泉話

萬丈深潭徹底清，隨緣飲啜不關情。趙州言句從來辣，雨後青山眼倍明。（《無異元來禪師廣錄》卷十一）

◎淨土偈

淨心即是西方土，古澗寒泉吞吐難。徹見趙州真面目，橫行直撞不相干。（《無異元來禪師廣錄》卷二十）

◎雪峰因僧問："古澗寒泉時如何？"（中略）乃曰："趙州古佛。"遂遙禮，從此不答話。

浮山□云："趙州不因者僧，爭得與雪峰相見。雪峰不得趙州，爭能圓得此話。大小雪竇，刺腦入膠盆。"［《恕中無愠和尚語錄》卷三］

育王權云："一人隨波逐浪，一人截斷衆流。檢點將來，總欠會在。今日有問育王：'古澗寒泉時如何？''須是親見雪峰。''飲者如何？''問取趙州。'"［《武林梵志》卷九《孤雲權》，《宗鑑法林》卷四十四］

瑞巖愠云："者僧當面錯過，累他雪峰、趙州輥入草窠裏。雪竇、浮山可謂入理深談，互相擎展，要且只能委曲，不能直截。今日有問：'古澗寒泉時如何？''蟻子擎天柱。''飲者如何？''藕絲掛須彌。'且道與古人是同是別？"［《恕中無愠和尚語錄》卷三，《宗鑑法林》卷四十四］

烏石道云："雪峰有活人劍無殺人刀，趙州有殺人刀無活人劍，帶累者僧活又活不得，死又死不得。石溪則不然。忽有問'古澗寒泉時如何'，但道'萬里碧雲收，一輪明月皎。''飲者如何？''鯨吞海水盡，露出珊瑚枝。'"

古南門云："雪峰不答話，欽哉不恃己長。趙州道個'苦'、'死'，盡美而未盡善。古南則不然。'古澗寒泉時如何？''闍黎從什麼處得者消息來？'

待擬更問,連棒打出。不惟使者僧不向古澗寒泉處躑跟,且令向去別有通天活計。"

通玄奇云:"者僧擔枷帶杻,罪犯彌天,只得泥首求救。二老雖與敲枷打鎖,雪罪釋刑,第恐情理難容。還有識他雪峰不答話底麼?堪笑堪悲。"

天童忞云:"山僧即不然。有問'古澗寒泉時如何','浸爛鼻孔。''飲者如何?''穿過髑髏。'設若有個知氣息底問道:'與龍池水是同是別?'向伊道:'溪澗豈能留得住,終歸大海作波濤。'"拍一拍。[《宗鑑法林》卷四十四]

寶壽新云:"雪峰具頂門眼,照破蹄涔。趙州出通天手,導歸江海。俾天下衲僧,盡棄浮漚,悉悟真源。非法門大匠,不可得而知也。只如雪峰從此不答話又作麼生?莫把是非來辨我,浮生穿鑿不相干。"

寶掌白云:"打動氈拍板,吹起無孔笛,雪峰、趙州不妨奇特。山僧又且不然。'古澗寒泉時如何?''好歸江海裏,長負濟川舟。''飲者如何?''清風生兩腋,爽氣透乾坤。'且道與古人同別?"(《宗門拈古彙集》卷二十九)

◎雪峰因僧問:"古澗寒泉時如何?"(中略)乃曰:"趙州古佛。"遂遙禮,從此不答話。

彼此抽先局勢平,傍人道死底還生。兩邊對坐無言語,盡日時聞下子聲。海舟慈

連城價貴,徒遭刖足。肘後懸符,當堂鼓腹。不答話,更奇哉,春風破雪老梅開。林皐豫

嶺頭明月清光皎,照見夜行路不平。特地東君行禁令,更教疑殺浪遊人。一菴月(《宗鑑法林》卷四十四)

◎示衆:"古德頌古澗寒泉話曰:'古澗寒泉浩渺彌,分明枝派暗流時。不從口入無滋味,苦死令渠話不知。'個中有能知無滋味、知'苦'、'死'語底麼?"衆無語。師曰:"一對無孔鐵槌,就中一個最重。且道雪峰道底重,趙州道底重?"良久曰:"先行不到,末後太過。"(《月舟和尚遺錄》卷上)

（五七四）［補遺（四十九）］

　　昔有一婆，入趙州僧堂云："這一堂師僧，總是婆生。只有大底孩兒，五逆不孝。"州纔顧視，婆便出去。〔《聯燈會要》卷二十九《亡名尊宿》〕

【箋註】
○五逆：五種極逆於理的罪惡，即殺父、殺母、殺阿羅漢、出佛身之血、破和合之僧。因此五種是極端罪惡的行爲，任犯一種，即墮無間地獄，故又名無間業。"五"，《宗鑑法林》引作"忤"。

【集評】
◎上堂，舉："趙州一日齋次，有一婆子入堂指云：'這一堂僧盡是婆婆生得。'復指趙州云：'唯有大底孩兒，五逆不孝。'州瞪目視之，婆便出去。"
師云："一人打氍拍板，一人吹無孔笛，梵音清雅，令人樂聞。且道是什麼曲調？洞庭山脚太湖心。"（《松源崇嶽禪師語錄》卷上）
◎趙州因一婆子臨齋入堂，曰："者一堂師僧，盡是婆婆生得底。只有大底孩兒，忤逆不孝。"師纔顧視，婆子便出。
石菴珆云："者婆子對大衆前納敗了也。若不走出，有何面目見他趙州。"
侶巖荷云："婆子步步登高，不覺全身負墮。趙老顧後瞻前，未免當斷不斷。山僧若見恁麼道，但言更須識取阿爺始得，管教者臭老婆慚惶無地。"
（《宗鑑法林》卷十九）

（五七五）［補遺（五十）］

有一婆子令人送錢，請轉藏經。師受施利了，却下禪床轉一匝。乃曰："傳語婆，轉藏經已竟。"其人回舉似婆。婆曰："比來請轉全藏，如何只爲轉半藏？"玄覺云："甚麼處是欠半藏處，且道那婆子具甚麼眼，便與麼道？"〔《五燈會元》卷四《趙州從諗》，《景德傳燈錄》卷二十七《諸方拈代》，《聯燈會要》卷十《大隋法真》，《指月錄》卷十一，《御選語錄》卷十六〕

【校記】

《景德傳燈錄》卷二十七《諸方拈代》："有婆子令人送錢去。請老宿開藏經。老宿受施利。便下禪床轉一匝乃云：'傳語婆子，轉藏經了也。'其人回舉似婆子。婆云：'此來請開全藏，只爲開半藏。'"

《聯燈會要》卷十《大隋法真》："有婆令人送錢，請師轉藏經。師下繩床轉一匝，云：'傳語婆婆，轉藏已竟。'其人歸，舉似婆，婆云：'比來請轉全藏，如何只轉半藏？'"玄覺微云："甚麼處是轉半藏處？且道婆具甚麼眼？"

【箋註】

○轉藏：轉讀大藏經。轉，謂轉讀，即略讀數行之義。完整誦讀一部經者，稱真讀。但如《大般若經》之類篇幅巨大的經卷，則僅讀誦其初、中、後之數行，或僅翻頁擬作讀經狀，均稱爲轉經，又稱轉讀。轉經之法會，稱轉經會。大藏經之轉讀，稱爲轉藏。

【集評】

◎請修造上堂："如來三轉於大千，趙州半藏亦如然。其輪本來常清淨，一念承當誰後先？"（《虎丘隆和尚語錄》，《列祖提綱錄》卷三十二）

◎復舉昔有一婆子，施財請趙州和尚轉大藏經。（中略）師云："衆中商量道，如何是那半藏？"或云："再遶一匝。"或彈指一下，或咳嗽一聲，或喝一喝，或拍拍。恁麼見解，只是不識羞。若是那半藏，莫道趙州更遶一匝,直饒百千萬億匝,於婆子分上只得半藏。設使更遶須彌山百千萬億匝,於婆子分上亦只得半藏。假饒天下老和尚亦如是遶百千萬億匝,於婆子分上也只得半藏。設使山河大地森羅萬象,若草若木,各具廣長舌相,異口同音,從今日轉到盡未來際,於婆子分上亦只得半藏。諸人要識婆子麼?鴛鴦繡出從君看,不把金鍼度與人。(《大慧錄》卷九,《指月錄》卷十一,《宗鑑法林》卷十七,《宗門拈古彙集》卷十七。"或拍拍",《宗門拈古彙集》、《宗鑑法林》作"或拍一拍"。《楚石梵琦禪師語錄》卷十一具引大慧此語,云:"這婆子,謂趙州只轉半藏,弄假像真。當時只消道:'何不向未遶禪床時會取。'"《宗門拈古彙集》卷十七、《宗鑑法林》卷十七同之)

◎檀越散藏經請小參云:"釋迦老子道:'始從鹿野苑,終至跋提河,於是二中間,未嘗説一字。'只如一大藏教從甚處得來?這裏若覷得徹去,便知釋迦老子落處。既知落處,便具看經眼目。豈不見昔有一婆子,請趙州看經,州遶禪床一匝。婆云:'此來請和尚看全藏,如何只轉半藏?'如此看經,忒煞省力,更不用錘鐘擊磬,歌贊佛乘。五千餘軸,只在彈指頃,一切了畢。須是恁麼看經始得。若肚裏著個元字腳,便被黑豆子換却眼睛了也。更隨人舌頭轉,一藏半藏,有甚了期。大丈夫漢,直須一刀兩段,方知一句一偈一文一義,無不從自己胸中流出,蓋天蓋地。"(《應菴曇華禪師語錄》卷六)

◎僧問:"投子遶繩床一匝,便為轉藏竟,此理如何?"師云:"畫龍看頭,畫蛇看尾。"云:"未審甚處是投子轉藏處?"師云:"箭穿紅日影,須是射雕人。"進云:"婆子云:'比來請轉全藏,為甚却轉半藏?'此意如何?"師云:"人無遠慮,必有近憂。"云:"未審甚處是轉半藏處?"師云:"不是知音者,徒勞話歲寒。"(《聯燈會要》卷十六《法石祖真》,《嘉泰普燈錄》卷十三,《五燈會元》卷十八,《續傳燈錄》卷三十)

◎僧問:"趙州遶禪床一匝,轉藏已竟,此理如何?"曰:"畫龍看頭,畫蛇看尾。"云:"婆子道:'比來請轉全藏,為甚麼只轉得半藏?'此意又且如何?"曰:"人無遠慮,必有近憂。"(《嘉泰普燈錄》卷十三《師子祖珍》。《景德傳燈錄》卷十六《法石祖真》將轉半藏記為投子事,本書及《五燈會元》卷十八之傳記中則指為趙州事)

◎散經上堂,舉昔有婆子,請趙州轉藏。州遶禪床一匝,傳語云:"轉藏已竟。"婆云:"比來請轉全藏,如何只轉半藏?"拈云:"趙州轉藏,動必

全真。婆子開緘，語驚時聽。從前汗馬無人識，只要重論蓋代功。"(《絶岸可湘禪師語録》)

◎送元上人還桂陽建轉輪藏

趙州飽叢林，懶墮亦慣便。起步作欠伸，藏經終一遍。投子猶可駭，手足未舒展。但於數字中，演出五千卷。兩翁古禪伯，措置令人羨。安知塵塵中，法輪常自轉。(《石門文字禪》卷一)

◎余壬子秋丁太夫人憂，因取藏經看閱，至甲寅春，以病眼且止，然將及一半矣。尚期晚歲畢此志願，但兩年來有煩主藏上人昕公，取送良勞，因以一偈謝之。

五千經卷乃吾心，眼力年來却不勝。且學趙州看半藏，從教舍利説三乘。循行數字難成佛，兀坐焚香也似僧。此法本來無所得，多生受記有燃燈。(《尊白堂集》卷三)

◎建開利寺經藏榜疏

庶續無窮之慧命，永作廣大之津梁，便能抽出趙州轉處機關，自然會得藥山遮眼時節。(《五百家播芳大全文粹》卷八十)

◎趙州因一婆子令人送錢，請轉藏經。師受施了，却下禪床轉一匝。(中略)頌曰：

走下禪床行一轉，看了如來五千卷。婆子年高眼尚明，夜深月下穿鍼線。慈受深[《慈受深和尚廣録》卷四，《宗鑑法林》卷十七]

左轉右轉，金剛寶劍。全藏半藏，由基發箭。紅心心裏中紅心，驚得須彌頭倒旋。正堂辯

趙州一匝天輪轉，婆子知音未足酬。普爲人天開正眼，大千沙界一毫收。足菴鑑[《宗鑑法林》卷十七]

不知兀坐常輪轉，空下禪床遶一遭。背面却言虧一半，老婆惡業自家招。天目禮[《宗鑑法林》卷十七]

趙州劍氣衝牛斗，婆子神符懸肘後。一條拄杖兩人扶，好手手中誇好手。毅六巖輝[《宗鑑法林》卷十七]《禪宗頌古聯珠通集》卷十八]

◎進云："趙州遶禪床，還當得轉藏也無？"師云："風吹不入，水灑不著。"師乃云："若也舉揚宗旨，須彌直教粉碎。若也説佛説祖，海水便須枯竭。趙州遶禪床，與汝轉藏竟。文殊纔白槌，世尊便下座。明月夜光，多逢按劍。焦桐古調，自有知音。"(《月江正印禪師語録》卷上)

◎大士揮玉尺，春滿鳳凰池。趙州遶禪床，一天新雨露。（《曇芳和尚語錄》卷上）

◎藏乘法疏後序

遂公之書，是亦大藏之指要，與余讀《傳燈》婆子請趙州轉經，遶禪床一匝云：「轉經已。」婆云：「只轉得半藏。」半藏、全藏姑置，勿問五千四十八卷，一周行頃何爲而轉之？此又西菴不傳之妙，因書之卷末，在學者所自得。（《青陽集》卷二）

◎問：「趙州云：『轉藏經竟。』婆云：『爲甚只轉半藏？』未審婆子具甚麽眼？」師曰：「錯何太多生。」頌曰：「具眼纔能收施錢，廣爲儉用不爲慳。一旋三藏餘多軸，何以猶言轉未全？」（《無明慧經禪師語錄》卷三）

◎婆子送錢，趙州轉藏經

不受人間不施錢，趙州多著一番顛。勞渠四大和風轉，惹得阿婆道未全。（《無異元來禪師廣錄》卷十一）

◎茶陵鬱和尚過橋喫攧，解道：「明珠絕纇類則且置，婆子請轉藏，趙州遶禪床一匝。德山才浴出，廓侍者度一碗茶。畢竟是何道理？」拈拄杖：「阿呵呵，囉囉哩。一抽三，二添四。臨濟大師無本據。」卓拄杖。（《了堂和尚語錄》卷一）

◎送澤藏主

眾生永息攀緣，諸佛本無言教。趙州爲婆子轉藏，太殺顢頇。善慧對梁皇講經，不妨賣峭。當知觸處逢源，切忌隨機失照。（《呆菴莊禪師語錄》卷六）

◎又有個婆子，遣人送錢，到趙州觀音院，請轉藏經。趙州下禪床，遶一匝云：「轉藏經竟。」傳與婆子。婆子云：「我請轉全藏，如何只轉半藏？」當時趙州聞語，無言可對，無理可伸，恁地休去。如今有人道：「趙州見他恁麽道，便好當頭便喝，或劈面便打，或下禪床再遶一匝。」這些見識，何曾夢見婆子境界？諸人若識得趙州轉身處，便識得那半藏。識得那半藏，便識得秦國夫人悟處。識得夫人悟處，便識得趙州無。（《永覺和尚廣錄》卷一）

◎「老僧記得，昔有一婆子送錢與趙州，請轉藏經。趙州下禪床。遶一匝云：『轉藏經竟。』婆子聞云：『本請轉全藏，如何只轉半藏？』者婆子具甚麽手眼，敢恁麽道？老僧看來，這婆子見滯有無，情存向背，只成個世間俗婦，被趙州活埋，八百餘年，至今未起在。老僧今日又作麽生轉？」拈拄杖卓一卓云：「大眾且道是半藏是全藏？是圓滿是不圓滿？」喝一喝，下座。

（《永覺和尚廣錄》卷三）

◎又有一婆子遣人送錢到趙州處，請轉藏經。趙州下禪床，遶一匝云："轉藏經竟。"婆聞云："本請轉全藏，因甚只轉半藏？"近日杜撰長老，却於趙州求過。趙州只合默然，良久云："轉藏經竟。"又有代趙州答後語者，謂："合將傳語人劈頭便打。"似此見識，何曾夢見趙州、婆子來？不知這公案，好似一片月餅，兩人共拾去也。（《永覺和尚廣錄》卷五）

◎趙州因婆子令人送錢，請轉藏經。州受財了，却下禪床轉一匝。（中略）

車溪沖云："諸上座，且道那裏是他轉半藏處，還會麼？五五二十五。欲識全藏麼？"良久云："善吉維摩談不到，目連鶖子視如盲。"［《宗鑑法林》卷十七］

寶壽方云："諸禪德，且道那半藏還曾有人轉得麼？山僧今日爲你轉去也。"良久云："如是。"又良久云："不是，不是。"［《宗鑑法林》卷十七］

靈隱禮云："二人驀拶相逢，抑揚一大藏教。直得龍吟霧起，虎嘯風生，若據正眼看來，合喫山僧棒在。"

愚菴盂云："趙州既受施利，許爲轉藏。以不全轉，大失所望。歷來諸方批判，總爲那半藏欲補趙州老之不足，細算大藏之數，却也爭不多了。其餘只待星宿劫千佛出世以補之。或不能，待山僧不惜腕頭氣力，代爲一二，却也懶下禪床，更不能遶經周匝，極是省便。分明計取數目，更不可謂老僧負汝也。"（《宗門拈古彙集》卷十七）

◎金鍼在我

有一婆子請趙州轉藏經，客問曰："趙州下禪床轉一匝，乃云轉藏經已竟，分明是轉却全藏，何以婆子說只轉得半藏？"曰："婆子乃肉眼，故只見得轉半藏。"又一客亦問此曰："婆子具慧眼，故說州只轉得半藏。"客笑曰："老人在一事中，因兩人問，說兩樣話，何也？"曰："大慧呆要人金鍼在手，任你將鴛鴦橫繡竪繡，都盡人看，只不知是何物繡出？前來問者，我以肉眼答，他因肉眼悟去。後來問者，我以慧眼答，他因慧眼悟去。我說法只要人悟，莫管我橫繡竪繡。大慧呆說許多不能全轉，乃偏向婆子邊，未夢見趙州在。"（《心燈錄》卷三）

◎趙州因一婆子送錢請轉藏經，師受施了，却下禪床轉一匝。（中略）

報慈遂云："什麼處是欠半藏處，且道那婆具什麼眼，便與麼道。"

雲飛石壁山增色，月落寒潭水畫眉。最喜上林清興好，黃鶯啼在緑楊枝。睦堂瑩（《宗鑑法林》卷十七）

◎送信藏主歸西府

一大藏教五千軸，撥轉玄關機轆轆。趙州當日遶禪床，煩他婆子來推轂。倒一説，對一説，韶陽老漢得一橛。何似西州信義堂，千里萬里一條鐵。別別，手披雲漢，杖挑日月。歸去都府樓前，不審誰能甄别。（《竺仙和尚語録》卷中）

◎上堂："瞿曇不説一字，諸人看閲個什麽。趙州只轉半藏，爲甚不得全功課。龍山試向者裏通消息去。"舉起拂子云："諦觀法王法，法王法如是。"（《夢窗國師語録》卷上）

◎七月旦御忌啓建上堂："一葉落天下秋，一塵起大地收。毘盧法寶轉全藏，特地教人疑趙州。"（《智覺普明國師語録》卷一）

（五七六）[補遺（五十一）]

問僧："一日看多少經？"曰："或七八，或十卷。"師曰："闍黎不會看經。"曰："和尚一日看多少？"師曰："老僧一日只看一字。"〔《五燈會元》卷四《趙州從諗》〕

（五七七）[補遺（五十二）]

僧問："如何是古佛心？"師曰："三個婆子排班拜。"〔《五燈會元》卷四《趙州從諗》〕

【校記】

《天聖廣燈録》卷十六《寶應省念》："如何是古佛心？"師云："三個婆婆排班拜。"《古尊宿語録》卷八同之。

(五七八) ［補遺（五十三）］

問："如何是不遷義？"師曰："一個野雀兒，從東飛過西。"〔《五燈會元》卷四《趙州從諗》〕

(五七九) ［補遺（五十四）］

問："如何是毘盧師？"師便起立。僧曰："如何是法身主？"師便坐。僧禮拜。師曰："且道坐者是，立者是？"〔《五燈會元》卷四《趙州從諗》，《空谷集》第三十四則〕

(五八〇) ［補遺（五十五）］

師即南泉門人也。俗姓郝氏，本曹州郝鄉人也，諱從諗。鎮府有塔記云："師得七百甲子歟。"（中略）師受戒後，聞受業師在曹州西，住護國院，乃歸院省覲。到後，本師令郝氏云："君家之子，遊方已回。"其家親屬忻懌不已，祇候來日，咸往觀焉。師聞之，乃云："俗塵愛網，無有了期。已辭出家，不願再見。"乃於是夜結束前邁。其後自携瓶錫，遍歷諸方。〔《古尊宿語錄》卷十三《趙州從諗》〕

【箋註】

〇七百甲子：《祖庭事苑》卷三《雪竇祖英上》："趙州從諗俗壽一百二十歲。嘗有人問師年多少，師云：'一穿數珠數不足。'鎮府《塔記》云：'師得七百甲子歟。'七百甲子乃泛舉一百二十之大數，實一百一十六歲餘八月，凡四萬二十日也。"

【集評】

◎常上人還鄉省視其師

道人行脚半天下，忽打輕包歌式微。莫作趙州中夜遁，古靈且度出家師。(《倚松詩集》卷二)

(五八一) [補遺（五十六）]

常自謂曰："七歲童兒勝我者，我即問伊；百歲老翁不及我者，我即教他。"〔《古尊宿語錄》卷十三《趙州從諗》，《指月錄》卷十一〕

【集評】

◎趙州和尚，俗名郝，從諗，曹州人。師事南泉，受戒後遍歷諸方，嘗謂："七歲兒童勝我者，我師之；百歲老翁不及我者，我教之。"住趙州東觀音院四十年，人皆稱趙州和尚。(《山東通志》卷三十)

(五八二) [補遺（五十七）]

年至八十，方住趙州城東觀音院，去石橋十里。已來住持，枯槁志效古人。僧堂無前後架，旋營齋食。繩床一脚折，以燒斷薪用繩繫之。每有別制新者，師不許也。住持四十年來，未嘗賫一封書告其檀越。〔《古尊宿語錄》卷十三《趙州從諗》，《指月錄》卷十一〕

【集評】

◎夫沙門法者，不住資生，行乞取足。日中受供，林下托宿。故趙州以斷薪續禪床，宴坐三十年。藥山以三篋遶腹，一日不作則不食。(《山谷集》

卷十八,《錦繡萬花谷・前集》卷二十九,《困學紀聞》卷二十,《山堂肆考》卷一百四十六,《欽定盤山志》卷六,《江西通志》卷一百二十四《南康軍開先禪院修造記》)

◎華嚴修造疏

遍照如來世界海,寶嚴宮殿,趙州古佛。三十年折腳床,道不虛行,理惟一味。集部別集類北宋建隆至靖康(《山谷集・別集》卷七)

◎廣慈青山建菴

齒搖髮白,蕭疏生計,囊乏鉢空。維摩丈室未建修,趙州繩床無處頓。(《姑溪居士前集》卷四十四)

◎閑心寺置椅桌文

趙州繩床,雖淳淡而自得。維摩丈室,亦高廣而必周。(《浮沚集》卷六)

◎爾不見隱山至死不肯見人,趙州至死不肯告人,區擔拾橡栗為食,大梅以荷葉為衣,紙衣道者只披紙,玄泰上座只著布,石霜置枯木堂與人坐臥,只要死了爾心。(《緇門警訓》卷七,《嘉泰普燈錄》卷二十五《芙蓉道楷》,《五燈會元》卷十四《芙蓉道楷》,《續古尊宿語錄》卷二《芙蓉楷》,《祇園正儀》,《聖箭堂述古》,《御選語錄》卷十八《天寧道楷》)

(五八三) [補遺(五十八)]

厥後因河北燕王領兵收鎮府,既到界上,有觀氣象者奏曰:"趙州有聖人所居,戰必不勝。"燕趙二王,因展筵會,俱息交鋒。乃問:"趙之金地,上士何人?"或曰:"有講《華嚴經》大師,節行孤邈。若歲大旱,咸命往臺山祈禱。大師未回,甘澤如瀉。"乃曰:"恐未盡善。"或云:"此去一百二十里,有趙州觀音院。有禪師,年臘高邈,道眼明白。"僉曰:"此可應兆乎?"二王稅駕觀焉。既屆院內,師乃端坐不起。燕王問曰:"人王尊耶,法王尊耶?"師云:"若在人王,人王中尊。若在法王,法王中尊。"燕王唯然矣。〔《古尊宿語錄》卷十三《趙州從諗》,《指月錄》卷十一〕

(五八四) [補遺（五十九）]

師良久中間，問："阿那個是鎮府大王？"趙王應諾："弟子。"師云："老僧濫在山河，不及趨面。"須臾左右請師爲大王說法，師云："大王左右多，爭教老僧說法？"乃約令左右退。師身畔時有沙彌文遠，高聲云："啓大王，不是者個左右！"大王乃問："是什麼左右？"對曰："大王尊諱多，和尚所以不敢說法。"燕王乃云："請禪師去諱說法。"師云："故知大王，曩劫眷屬，俱是冤家。我佛世尊，一稱名號，罪滅福生。大王先祖，纔有人觸著名字，便生嗔怒。"師慈悲非倦，說法多時。二王稽首讚嘆，珍敬無盡。〔《古尊宿語錄》卷十三《趙州從諗》〕

(五八五) [補遺（六十）]

來日將回，燕王下先鋒使聞師不起，凌晨入院，責師慠亢君侯。師聞之，乃出迎接。先鋒乃問曰："昨日見二王來不起，今日見某甲來，因何起接？"師云："待都衙得似大王，老僧亦不起接。"先鋒聆師此語，再三拜而去。〔《古尊宿語錄》卷十三《趙州從諗》〕

(五八六) [補遺（六十一）]

尋後，趙王發使，取師供養。既屆城門，闔城威儀，迎之入內。師纔下寶輦，王乃設拜，請師上殿，正位而坐。師良久以手斫額云："階下立者是何官長？"左右云："是諸院尊宿，並大師大德。"師云："他各是一方化主，若在階下，老僧亦起。"王乃命上殿。〔《古尊宿語錄》卷十三《趙州從諗》〕

（五八七）[補遺（六十二）]

是日齋筵將罷，僧官排定，從上至下，一人一問。一人問佛法，師既望見，乃問："作什麼？"云："問佛法。"師云："這裏已坐却老僧，那裏問什麼法？二尊不併化。"此乃語之詞也 王乃令止。〔《古尊宿語錄》卷十三《趙州從諗》〕

（五八八）[補遺（六十三）]

其時國后與王俱在左右侍立。國后云："請禪師爲大王摩頂受記。"師以手摩大王頂云："願大王與老僧齊年。"〔《古尊宿語錄》卷十三《趙州從諗》〕

（五八九）[補遺（六十四）]

是時迎師權在近院駐泊，獲時選地，建造禪宮。師聞之，令人謂王曰："若動著一莖草，老僧却歸趙州。"其時寶行軍願捨果園一所，直一萬五千貫，號爲真際禪院，亦云寶家園也。師入院後，海衆雲臻。〔《古尊宿語錄》卷十三《趙州從諗》〕

（五九〇）[補遺（六十五）]

是時趙王禮奉，燕王從幽州奏到命服，鎮府具威儀迎接。師堅讓不受。

左右舁箱至師面前云："大王爲禪師佛法故，堅請師著此衣。"師云："老僧爲佛法故，所以不著此衣。"左右云："且看大王面。"師云："又干俗官什麽事？"乃躬自取衣掛身上。禮賀再三，師惟知應諾而已。（《古尊宿語錄》卷十三《趙州從諗》）

（五九一）［補遺（六十六）］

師住趙州二年，將謝世時，謂弟子曰："吾去世之後，焚燒了，不用淨淘舍利。宗師弟子，不同浮俗。且身是幻，舍利何生？斯不可也。"（《古尊宿語錄》卷十三《趙州從諗》，《山東通志》卷三十）

（五九二）［補遺（六十七）］

令小師送拂子一枝與趙王，傳語云："此是老僧一生用不盡底。"師於戊子歲十一月十日端坐而終。於時寶家園，道俗車馬數萬餘人，哀聲振動，於時盡送終之禮。感嘆之泣，無異金棺匿彩於俱尸矣。莫不高營鴈塔，特竪豐碑，謐號曰真際禪師光祖之塔。後唐保大十一年孟夏月，旬有三日，有學者咨聞東都東院惠通禪師，趙州先人行化厥由。作禮而退，乃授筆錄之。（《古尊宿語錄》卷十三《趙州從諗》）

【箋註】
○金棺匿彩於俱尸：以佛陀入滅喻趙州禪師入滅。　　○鴈塔：此處用作泛稱，指紀念趙州大師所立之塔。

（五九三）［補遺（六十八）］

舉僧問投子："密嚴意旨如何？"子云："須是與麼人始得。"趙州云："何不與他本分草料？"〔《古尊宿語錄》卷十六《雲門廣錄中》〕

【箋註】

○密嚴：《祖庭事苑》卷一《雲門室中錄中》："密嚴，當作密嚴。"《禪源諸詮集都序》卷上之一："故《密嚴經》云：'佛説如來藏〔法身在纏之名〕，以爲阿賴耶。〔藏識〕惡慧不能知，藏即阿賴耶。〔有執真如與賴耶體別者，是惡慧〕"又卷上之二："如是開示靈知之心即是真性，與佛無異，故顯示真心即性教也。《華嚴》、《密嚴》、《圓覺》、《佛頂》、《勝鬘》、《如來藏》、《法華》、《涅槃》等四十餘部經，（中略）雖或頓或漸不同，據所顯法體，皆屬此教，全同禪門第三直顯心性之宗。"《北澗居簡禪師語錄》："至於百億法門，百億名義，涵攝密嚴，超趣玄秘。在我衲僧門下，須知別有一家風月。"宋延壽《宗鏡錄》、《註心賦》諸書，多引《密嚴經》語。

【集評】

◎舉僧問投子："密嚴意旨如何？"子云："須是與麼人始得。"趙州云："何不與他本分草料？"師問僧："作麼生是本分草料？"僧擬議，師便打。（《古尊宿語錄》卷十六《雲門廣錄中》）

（五九四）［補遺（六十九）］

僧問趙州："如何是妙峰頂？"州云："不答你者話。"僧云："爲什麼不答。"州云："我若答，落在平地。"〔《古尊宿語錄》卷十六《雲門廣錄中》，《五家語錄·雲門語錄》〕

【箋註】

〇妙峰：須彌山。《華嚴經·入法界品》中載有善財童子於妙峰山頂上向德雲比丘請示菩薩行之典故。在禪林中，用"妙峰"一詞形容超絶一切言語、思惟、情識分別之絶對境界，即指本分安住之處，稱爲妙峰孤頂、妙峰頂、孤峰頂上。《碧巖錄》第二十三則："福以手指云：'只這裏便是妙峰頂！'"《建中靖國續燈錄》卷三十《偈頌·智海佛印》："頭頭盡是妙峰頂，步步無非慈氏樓。堪笑善財多費力，區區南去更何求？"

【集評】

◎舉僧問趙州："如何是妙峰頂？"州云："不答你者話。"僧云："爲什麼不答？"州云："我若答，落在平地。"師代云："俱胝和尚。"（《古尊宿語錄》卷十六《雲門廣錄中》）

◎復舉，僧問趙州云："如何是妙峰頂？"州云："我不答你者話。"僧云："爲甚麼不答？"州云："我若答，落在平地。"拈云："淨妙當時若作老僧，見他恁麼，但向面前一躍便行。"（《竺仙和尚語錄》卷上）

◎僧問趙州："孤峰獨宿時如何？"州云："不答話。"僧問："爲什麼不答話？"州曰："恐落在平地上！"

"孤峰獨宿"係指禪家破參以後，證入絶對的真空境界，無人無我無世界，不容言說，無可擬議，孤立絶緣，否則落入平地的相對世界，在那裏，物我相對，分賓分主，有問有答，能所對立，所以禪家說："向上一機，千聖不傳，開口即錯，動念即乖。"范仲淹說："縱然講得千經論，也落禪家第二機。"（李杏邨：《禪境與詩情》，91頁）

（五九五）[補遺（七十）]

僧問趙州："黑豆未生芽時如何？"州云："好合醬。"〔《古尊宿語錄》卷二十四《神鼎洪諲》〕

【箋註】

〇黑豆未生芽：文字色黑，狀如豆點，禪宗以"黑豆"喻指文字。文字是思維的直接現實，文字沒產生，相對的意識也沒有產生，故"黑豆未生芽"時的內證境界"佛亦不知"。(《祖堂集》卷五《三平》)因此，要參禪必須向"黑豆未生芽"時領會。(《續古尊宿語要》卷一《翠嚴真》)《華嚴經》裏善財遍參，所悟也是"黑豆未生芽"的內證境界："打鼓弄琵琶，還他一會家。木童能撫掌，石女解煎茶。雲散天邊月，春來樹上華。善財參遍處，黑豆未生芽。"(《禪宗頌古聯珠通集》卷四延慶忠頌)　〇好合醬：禪宗隨說隨掃，指出縱是向"黑豆未生芽"時領會，仍是"劍去遠矣"(《五燈會元》卷十六《崇梵余》)。必須使一念不生的意念也不要生起，纔與禪悟契合："黑豆未生前，商量已成顛。更尋言語會，特地隔西天。"(《古尊宿語錄》卷十八德山緣密頌)趙州禪師以黑豆合醬的詼諧之語，破除學人對"黑豆未生芽"境界的執著，可謂脣上放光，令人想象古佛放光之風神。

【集評】

◎小參，舉僧問趙州："黑豆未生芽時如何？"州云："好合醬。"師云："神鼎即不然。若問黑豆未生芽時如何，向伊道：'堪作什麼？'"乃有頌曰："黑豆未生芽，誰道好合醬。本色衲僧聞，堪是甚模樣。華嶽頭倒卓，須彌腳直上。莫言無法用，看取者相狀。"乃云："古人與麼道，神鼎與麼頌，且道違古人順古人？還會麼，合醬也不中，是什麼道理？了取始得。珍重。"(《古尊宿語錄》卷二十四《神鼎洪諲》)

◎趙州因僧問："黑豆未生芽時如何？"師曰："好合醬。"

趙州活計得能忙，黑豆囫圇入醬缸。今日有來篩磨過，破砂盆裏響當當。**萬峰蔚**(《宗鑑法林》卷十七)

(五九六) [補遺 (七十一)]

趙州和尚云："十二時中，許你一時外學。"僧便問："許一時外學，未

審學什麼？"州云："學佛學法。"〔《古尊宿語錄》卷三十一《佛眼清遠》〕

【箋註】

○外學：佛學以外之教法、典籍等，或學習佛教以外之教法、典籍。此外，佛教以外之宗派，亦稱爲外學。《虛堂語錄》卷四："近年叢林凋敝，學者不本宗猷，浸淫外學，滋長無明。"《叢林盛事》卷上："兄弟家行脚，當辨衣單下本分事，不在攻外學，久久眼開，自然點出諸佛眼睛，況世間文字乎？"《竹窗隨筆》："隋梁州沙門慧全，徒衆五百。中一人頗粗異，全素所不錄，忽自云得那含果。全有疾閉門，其人徑至榻前問疾，而門閉如故，明日復然。因謂全曰：'師命過，當生婆羅門家。'全云：'我一生坐禪，何故生彼？'答云：'師信道不篤，外學未絕，雖有福業，不得超詣。今時僧有學老莊者，有學舉子業經書者，有學毛詩楚騷，及古詞賦者。彼以禪爲務，但外學未絕，尚緣此累道。今恣意外學，而禪置之罔聞，不知其可也。'"　○許你一時外學：佛教爲降伏外道及知曉衆生之根機樂欲等，以利教化，故准許比丘學習外教之典籍及世間法。佛陀嘗言，自知明慧、多聞、強識，能摧伏外道者，方可學習外典。此等比丘可將一日分爲三時，初、中兩時讀佛經，至晚時始習外典，以免受其不良影響。《禪門鍛煉説》："内學者何？滿龍宮，盈海藏，西天此土，梵語唐言，千七百則爛葛藤，出世間一切著述是也。外學者何？墳典丘索，詩書六藝屋甃津逮之藏，國門名山之業，春秋史學，諸子百家，世間一切典籍是也。非内則本業不諳，出世何以利生；非外則儒術無聞，入世不能應物。使人謂禪家者流，盡空疏而寡學，暗鈍而無知，何以抉佛祖心髓，服天下緇素之俊傑哉？"　○學佛學法：趙州禪師意在提示學人，即使是外學，也要將之統合於内學。只要具備了正法眼，則一切外學皆可爲内學所用。但佛眼清遠等人的理解（詳下集評），則是認爲趙州禪師以"佛法"尚爲外學，暗示唯有禪法纔是"内學"，係徹底提示禪的向上一路。

【集評】

◎不見趙州和尚云："十二時中，許你一時外學。"僧便問："許一時外學，未審學什麼？"州云："學佛學法。"只如佛法尚爲外學，其餘十二時中作個什麼始得？大難其人。（《古尊宿語錄》卷三十一《佛眼清遠》）

◎示宗愿

僧無十年學，不獲聖法才。且道學個什麼？莫是學經論，學文章，學世間種種伎藝麼？且得没交涉。豈不見趙州道："十二時許你一時外學。"時有僧問："未審外學個什麼？"趙州云："學佛學法。"且佛法尚是外學，這老漢十二時中在什麼處著意？宗愿從小師慧海落髮，今歸侍親，求一語以資參學，倘不落從上窠臼，直下覷透趙州十二時中著意處，則知趙州赤心片片。若果親得親證，資之以學佛學法，所謂聖法才，如大蟲插翅。若只恁麼，渾侖吞個棗，莫道不疑好。宗愿勉之。（《續古尊宿語要》卷六《别峰印》）

（五九七）［補遺（七十二）］

舉趙州聞俗行者勘僧云："我有十貫錢，若有人下得一轉語，即捨此錢。"前後有人下語，並不契，趙州遂往行者家。行者云："若下得一轉語，即捨其錢。"趙州戴笠子便行。〔《古尊宿語錄》卷四十六《琅琊慧覺》〕

【集評】
◎舉趙州聞俗行者勘僧云。（中略）師拈云："武帝求仙不得仙，王喬端坐却昇天。"（《古尊宿語錄》卷四十六《琅琊慧覺》）

（五九八）［補遺（七十三）］

舉趙州一日，與文遠遊園，以拄杖指一莖菜。文遠低頭便拔，趙州便打。〔《續古尊宿語錄》卷一《翠巖真》〕

【集評】
◎舉趙州一日，與文遠遊園，以拄杖指一莖菜。（中略）師云："知我者，謂我心憂。不知我者，謂我何求。悠悠蒼天，此何人哉。"（《續古尊宿語要》卷一《翠巖真》）

(五九九) ［補遺（七十四）］

趙州巡乞，凌行婆云："太無厭生。"州覆鉢而去。〔《續古尊宿語錄》卷六《別峰印》〕

【集評】

◎趙州巡乞，凌行婆云："太無厭生。"州覆鉢而去。

千尺絲綸直下垂，錦鱗撥刺上鉤時。斜風細雨歌歸去，醉倒蓬窗百不知。（《續古尊宿語要》卷六《別峰印》）

(六〇〇) ［補遺（七十五）］

舉趙州訪茱萸，纔上法堂，茱萸云："看箭。"州亦云："看箭。"茱萸云："過。"州云："中。"〔《明覺語錄》卷三〕

【校記】

一作趙州訪道吾，見（二〇八）則。現兩存之。

【集評】

◎舉趙州訪茱萸，纔上法堂，茱萸云："看箭。"州亦云："看箭。"茱萸云："過。"州云："中。"師云："二俱作家。蓋是茱萸、趙州二俱不作家，箭鋒不相拄。直饒齊發齊中，也只是個射垛漢。"（《明覺語錄》卷三）

◎舉趙州訪茱萸，兩個老賊 纔上法堂，萸云："看箭。"干戈相待 州云："看箭。"兩個無孔鐵錘 萸云："過。"可惜許 州云："中。"死 雪竇拈云："二俱作家。"蓋是茱萸、趙州，隨臻搜作什麼 二俱不作家，箭鋒不相拄，索性怎麼判斷 直饒齊發齊中，也只是個射垛漢。這個垛子不堪射。是中是過？僧云是

過，便打

師云：趙州老漢行腳，到處遶鬧。纔到雲居，居云："老老大大，何不討個住處？"云云 及到茱萸，如前問。云云 又舉探水話，雪竇拈云："只消個二俱作家。"末後太慈悲。若道知是慈悲，不知是毒藥。何故聞道看箭，是作家；一云過一云中，是不作家？直饒齊發齊中，也只是個射垛漢，云云 不妨難射。引三平見石鞏頌云："解擘當胸箭，因何只半人。為伊途路得，所以不全身。"法燈頌云："古有石鞏師，架弓箭而坐。"云云 引石鞏問西堂："你還捉得虛空麼？"堂以手撮虛空一下。鞏云："你不會捉。"堂云："師兄作麼生捉？"鞏云："你近前來。"堂近前，鞏遂扭堂鼻孔云："恁麼捉虛空始得。"（《佛果擊節錄》第六十四則）

◎舉趙州訪茱萸，纔上法堂，萸云："看箭。"（中略）拈云："二老一期爭射，總未是好手。若到別峰門下，管取弓折箭盡。"（《續古尊宿語要》卷六《別峰雲》）

◎薦福法堂上梁文

伏願上梁之後，國家閑暇，佛法興隆。有太原見雪峰底作略，乃登此堂；有趙州驗茱萸底眼目，乃陞此座。（《柳塘外集》卷三）

◎舉趙州訪茱萸，纔上法堂，萸云："看箭。"（中略）雪竇云："二俱作家，蓋是茱萸、趙州二俱不作家，箭鋒不相拄。直饒齊發齊中，也只是個射垛漢。"師云："二大老眼辨手親，箭不虛發。雪竇雖有殺人刀，且無活人劍。"（《古林清茂禪師語錄》卷三）

◎舉趙州訪茱萸，纔上法堂，萸云："看箭。"（中略）雪竇云："二俱作家。蓋是茱萸、趙州，二俱不作家，箭鋒不相拄。直饒齊發齊中，也只是個射垛漢。"師云："擊石火閃電光，構得構不得，未免喪身失命。雪竇只眨得眼。要識茱萸、趙州麼？慣從五鳳樓前過，手握金鞭賀太平。"（《月江正印禪師語錄》卷中）

◎舉趙州訪茱萸，纔上法堂，萸云："看箭。"州亦云："看箭。"（中略）雪竇："二俱作家。蓋是茱萸、趙州，二不作家，箭鋒不相拄。直饒齊發齊中，也是射垛漢。"師云："二老宿爾我同氣，情均天倫，自然手眼相似。雪竇云：'直饒齊發齊中，也只是射垛漢。'看則有分。"（《了菴和尚語錄》卷四）

◎舉趙州訪茱萸，萸云："看箭。"州云："看箭。"萸云："過。"州云：

750

"中。"師云:"一看箭,二看箭,茱萸與趙州,髑髏成兩片。山悠悠,水悠悠,閭閻聽小子,談笑覓封侯。"(《佛光國師語錄》卷一)

(六〇一) [補遺(七十六)]

趙州云:"把定乾坤眼,綿綿不漏絲毫。我要你會,你又作麼生會?"
〔《宏智廣錄》卷三〕

【集評】

◎舉趙州云:"把定乾坤眼,綿綿不漏絲毫。我要你會,你又作麼生會?"師云:"還端的也未?直饒你這裏會得,七穿八穴,我也知你出趙州卷繢不得。"(《宏智廣錄》卷三)

◎舉趙州云:"把定乾坤眼,眉毛有幾莖 綿綿不漏絲毫。老賊何消強出頭 我要你會,見我見你,眼裏眼外 你又作麼生會?"問取乾坤眼 天童拈云:"還端的也未?疑則別參 直饒你這裏會得,七穿八穴,空使童人下鍬下钁 我也知你出趙州卷繢不得。"爲什麼却在萬松眼窩裏

師云:僧問九峰虔禪師:"如何是乾坤眼?"峰曰:"乾坤在裏許。"僧曰:"乾坤眼何在?"峰曰:"正是乾坤眼。"僧曰:"還照燭也無?"峰曰:"不藉三光勢。"僧曰:"既不藉三光勢,憑何照燭,喚作乾坤眼?"峰曰:"若不如是,髑髏前見鬼人無數。"所以趙州把定乾坤眼,綿綿不漏絲毫。又道:"若有一絲毫,即是一絲毫。"所謂但有纖毫即是塵。又道:"一法若存,翳入眼睛。眼睛不明,世界崢嶸。"尚有人道,山河大地,豈不磕破眼睛?有底見道,盡大地是沙門一隻眼,那裏放鼻孔?萬松道:"盡大地是沙門鼻孔,何處著眼?"直饒你互奪互存,雙收雙放,我更問你耳朵向什麼處著?所以趙州道:"我要你會。"天童道:"還端的也無?"又道:"直饒你這裏會得,七穿八穴,我也知你出趙州卷繢不得。"天童恁麼道,是眼內語,眼外語?爭如戳瞎趙州眼,方見眉毛向上人。(《請益錄》第四十則)

◎趙州示眾:"把定乾坤眼,綿綿不漏絲毫。我要你會,你且作麼生會?"

751

天童覺云："還端的也未？直饒你這裏會得，七穿八穴，我也知你出趙州繾綣不得。"［《宗鑑法林》卷十七］

寶壽新云："漏與不漏，虛空著楔。會與不會，混沌增眉。饒你把得定，放得開，猶未是十成隱當。大衆還識乾坤眼麼？從來不藉三光力，照徹山河萬斛金。"［《宗鑑法林》卷十七］（《宗門拈古彙集》卷十七）

（六〇二）［補遺（七十七）］

南泉與趙州玩月次，州云："幾時得似這個去？"泉云："王老師二十年前，也曾恁麼來。"〔《宏智廣錄》卷三〕

【校記】

《景德傳燈錄》卷八《南泉普願》、《聯燈會要》卷四《南泉普願》、《五燈會元》卷三《南泉普願》、《御選語錄》卷十四《南泉普願》均載此事，然未點明問者之名。

【箋註】

○幾時得似這個去：通過修行，使禪心如朗月，皎潔明亮，是禪者努力的目標。　○二十年前，也曾恁麼來：未悟之前，也曾如此。既悟之後，則連悟的意念也予掃除，纔是真正的心如朗月，纖翳不著。

【集評】

◎招慶舉南泉玩月次，時有僧問："何時得似這個月？"泉云："王老僧二十年前亦曾與摩來。"招慶續起問："如今作摩生？"師代云："近日老邁，且摩過時。"招慶云："不因闍梨舉，洎成亡記。"師云："宿習難忘。"（《祖堂集》卷十一《保福》）

◎南泉與趙州玩月次，州云："幾時得似這個去？"泉云："王老師二十年前，也曾恁麼來。"師云："二十年前且置，二十年後又作麼生？還知王老師行履處麼？屋裏無靈床，渾家不著孝。"（《宏智廣錄》卷三，《宗鑑法林》卷十一）

◎舉南泉與趙州玩月次，未能免俗 州云："幾時得似這個去？"是尚不是，要似作麼 泉云："王老師二十年前也曾恁麼來。"見時做處老知羞 天童拈云："二十年前且置，猶是這個在 二十年後又作麼生？"月落來與你相見 還知王老師行履處麼？曾遭鬼覷見 屋裏無靈床，坐著即不堪 渾家不著孝。縱橫無忌諱

師云：似鏡常明，打破鏡來相見，正是月明時，月落來與你相見。南泉十八上解作活計，所以道"二十年前也曾恁麼來"，趙州十八上破家散宅，得似這個，堪作什麼。所以馬祖與西堂、百丈、南泉玩月，三人著語畢，祖云："經入藏，禪歸海，唯有普願，獨超物外。"所以天童道："二十年後，王老師行履處作麼生？屋裏無靈床，渾家不著孝。"且道王老師與牛頭見四祖後，興況如何？枯河岸上妝龍女，破炕頭邊畫竈君。（《請益錄》第七十五則）

◎中秋上堂。舉南泉趙州玩月處，泉云："幾時得似者個？"趙州拂袖便行。師頌云："兩兩宮娃醉管絃，含情多在九霄邊。桂香影裏輕移步，偏與嫦娥鬥少年。"（《樵隱和尚語錄》卷上）

◎南泉玩月次，趙州指月問曰："何時得恁麼？"師曰："王老師二十年前亦恁麼來。"曰："只今作麼生？"師便歸方丈。頌曰：

劍落寒潭謾刻舟，霜花浪急使人愁。若憑言語論高下，贏得南泉一默酬。虎頭上座

趙州捧出菱花鏡，王老親拈白玉槌。一擊當陽令瓦碎，此心能有幾人知。幾人知，兩個分明是赤眉。風前月下揚家醜，笑倒靈山老古錐。慈受深

皎月團團麗碧天，趙州王老玩階前。二人心眼俱相似，光彩從來共宛然。本覺一

劍落寒潭謾刻舟，霜花浪急使人愁。漁翁罷釣歸深塢，一隻鴛鴦落渡頭。上方岳［《宗鑑法林》卷十一］（《禪宗頌古聯珠通集》卷十一）

◎南泉玩月次，趙州指月問曰："何時得恁麼？"師曰："王老師二十年前亦恁麼來。"曰："只今作麼生？"師便歸方丈。

紫梅周云："樂平者裏也不管你二十年前，二十年後，正當八月十五夜，又作麼生？"良久云："寧可截舌，不可犯諱。"

碧天新月影沈淵，水底蛟龍驚不眠。頭角忽然相抵觸，飛煙走霧滿平川。古帆舟（《宗鑑法林》卷十一）

（六〇三）［補遺（七十八）］

僧問趙州："如何是祖師西來意？"州云："年盡不燒錢。"〔《宏智廣錄》卷四〕

【箋註】
〇燒錢：舊時風俗，除夕燒紙錢祭先祖。《虛堂語錄》一："除夜小參：'灰寒火冷，家家爆竹送窮。臘盡春回，處處燒錢引鬼。'"又卷二："舊歲未去，新歲未來。東村王老夜燒錢，野鬼閑神俱飽足。"《五燈會元》卷十四《石門慧徹》："問：'年窮歲盡時如何？'師曰：'東村王老夜燒錢。'"

【集評】
◎上堂，舉僧問趙州："如何是祖師西來意？"州云："年盡不燒錢。"師云："天童今日，不免為諸人劈折去也。老老大大宗師，出語元無碑記。却云年盡不燒錢，討甚祖師西來意？磨洗絕瑕疵，咀嚼勿滋味。冷地看來伎倆無，趙州古佛較些子。作麼生是趙州較些子處？豈不見道不習禪不論義，鋪個破席日裏睡。想料上方兜率天，也無如此日炙背。忽有個漢出來：'我也恁麼睡得麼？'但向他道：'只恐未曾夢見。'"（《宏智廣錄》卷四）

（六〇四）［補遺（七十九）］

趙州和尚見僧，喚云："近前來。"僧近前，州云："去！"〔《圓悟錄》卷十五〕

【箋註】
〇近前來、去：此種機緣，雪峰禪師亦用之。《雪峰真覺禪師語錄》卷上：“問：‘趙州無賓主話，未審作麼生？’師便踏其僧。復喚僧：‘近前來。’僧近前來，師云：‘去！’”

【集評】

◎示粲禪人

趙州和尚見僧，喚云：“近前來。”僧近前，州云：“去！”多少省力。若薦得，乃是十成完全。若作如之若何，則知見生也。(《圓悟錄》卷十五，《圓悟心要》卷上，《續古尊宿語要》卷三《圓悟勤》)

◎復舉一僧參趙州，州喚僧云：“近前來。”僧近前，趙州云：“去！”師拈云：“大衆，這僧幸自可憐生，無端被趙州一條無絲線子，纏倒了也。”(《斷橋妙倫禪師語錄》卷上)

(六〇五) ［補遺（八十）］

趙州見僧入門，便云：“辜負老僧。”〔《大慧錄》卷二四〕

【集評】

◎所以睦州纔見僧入門，便云：“現成公案，放爾三十棒。”趙州見僧入門，便云：“辜負老僧。”二老如金翅擘海，直取龍吞。懵懂之流，如何商量，如何湊泊？(《大慧錄》卷二十四)

(六〇六) ［補遺（八十一）］

上堂，舉趙州和尚一日見僧來，便面壁書梵字。僧展坐具禮三拜，州轉身，僧收坐具便行。州云：“苦，苦。”僧撫掌呵呵大笑。〔《應菴曇華禪師語錄》卷四〕

【集評】

◎趙州見僧來，便面壁書梵字。（中略）頌曰：

苦苦，向誰語？發機要是千鈞弩。三十三天撲帝鐘，大地山河俱作舞。典牛遊［《宗鑑法林》卷十八］

苦苦，苦中苦，樂中苦，誰道黃金如糞土？象骨老師曾輥毬，秘魔杈下捉老鼠。應菴華［《應菴曇華禪師語錄》卷四］

苦中樂，樂中苦，趙州這僧俱欠悟。直饒頓徹根源，也是泥中洗土。佛照光［《宗鑑法林》卷十八］

不昧當陽第一籌，臨機拳趯不輕酬。焦磚打著連底凍，赤眼撞著火柴頭。掩室開［《宗鑑法林》卷十八］（《禪宗頌古聯珠通集》卷二十）

（六〇七）［補遺（八十二）］

上堂，舉趙州入僧堂云："有賊，有賊。"見一僧便云："賊在者裏。"僧云："不是某甲。"趙州托開云："是即是，只不肯承當。"〔《北磵居簡禪師語錄》〕

【校記】

《五燈會元》卷四《子湖利蹤》："師一夜於僧堂前叫曰：'有賊。'衆皆驚動。有一僧在堂內出，師把住曰：'維那，捉得也，捉得也！'曰：'不是某甲。'師曰：'是即是，將是汝不肯承當。'"《祖庭事苑》卷七《八方珠玉集》之"子胡"條、《古尊宿語錄》卷十二《子湖神力》、《普菴印肅禪師語錄》卷下、《石溪心月禪師語錄》卷中等書同之。

【箋註】

○賊：隱喻無明。因爲六塵（色塵、聲塵、香塵、味塵、觸塵、法塵等六境）常趁無明黑暗劫掠衆生中的善法，又稱爲六賊。六塵依六根爲媒介，如眼根貪色，耳根貪聲等，六根猶如惡奴，引賊入室，自劫家寶（本性中的一切善法）。禪宗指出，修行者對六賊須加意防護，否則就會被六賊所驅遣，而喪失禪悟慧命："却被六賊驅，背却真如智。終日受艱辛，妄想圖名利。"（《龐居士語錄》卷中）"不須癡，癡被無明六賊欺。惡業自身心所造，愚迷披却畜生皮。"（《善慧錄》卷三）"燒六賊，爍眾魔，能摧我山竭愛河。"（《景德傳燈錄》卷三十《丹霞》）

【集評】

◎上堂，舉趙州入僧堂云："有賊，有賊。"（中略）師云："趙州收處太寬，放去太急。淨慈則不然：家賊難防，家財必喪。"卓拄杖云："只可昏捉，不可錯放。"（《北磵居簡禪師語錄》）

(六〇八) ［補遺（八十三）］

趙州因僧問："如何是祖師西來意？"師曰："冬至一陽生。"〔《禪宗頌古聯珠通集》卷二十〕

【箋註】

〇冬至一陽生：《石屋清珙禪師語錄》卷下《冬至》："昨宵冬至一陽生，萬物欣欣盡向榮。鐵樹華開紅朵朵，石田筍出綠莖莖。人間化日纔添線，竹外幽禽便轉聲。白髮老僧窗下坐，爐香多誦兩行經。"

【集評】

◎趙州因僧問："如何是祖師西來意？"師曰："冬至一陽生。"頌曰：

柳色黃金嫩，梨花白雪開。若解知時節，冬至一陽來。圓悟勤

鐵樹開花千萬朵，石頭抽笋兩三莖。泥塑金剛開口笑，明朝冬至一陽生。佛鑑懃［《宗鑑法林》卷十九］

柳色黃金嫩，梨花白雪香。若知春氣力，特地好風光。龍門遠［《宗鑑法林》卷十九］

冬至一陽生，乾坤通一線。可憐無限人，不識娘生面。徑山杲［《宗鑑法林》卷十九］（《禪宗頌古聯珠通集》卷二十）

（六〇九）［補遺（八十四）］

南泉巡堂次，牽一頭牛入堂。首座以手拊牛背一下，師便休去。趙州以草二束，放在首座前。〔《禪宗頌古聯珠通集》卷十一〕

【集評】

◎南泉巡堂次，牽一頭牛入堂。首座以手拊牛背一下，師便休去。趙州以草二束，放在首座前。頌曰：

等將草料好供看，何故皮毛要一般？惹起羣中相似者，翻令頭角不完全。寶葉源〔《宗鑑法林》卷十一〕（《禪宗頌古聯珠通集》卷十一）

◎南泉巡堂次，牽一頭牛入堂。（中略）

國清英云："趙州、南泉，大似屋裏販揚州。首座恁麼，可知禮也。"〔《宗鑑法林》卷十一〕（《宗門拈古彙集》卷九）

（六一〇）［補遺（八十五）］

趙州問僧："千山萬水來，那個是你自己？"僧云："某甲不會，敢問和尚如何是學人自己？"州云："萬水千山。"〔《空谷集》卷四〕

【箋註】

○千山萬水來：《長慶宗寶禪師語錄》卷二："不似上古純素真切，聞得便信得，信得便行得，個個出家，便以此為急，千山萬水，訪尋有道，只求決了個事，決不遊州獵縣，片衣口食，虛度光陰。"《憨山老人夢遊集》卷八："禪人今日參老僧，老僧此間無佛法禪道與人，說什麼乾矢橛。禪人又要走向少林，禮鼻祖，求佛法禪道，捨却自己腳跟下一尺土，更向千山萬水之外，向他家屋裏覓，豈智也哉。"

【集評】

◎又趙州問僧："千山萬水來，那個是你自己？"僧云："某甲不會，敢問和尚如何是學人自己？"州云："萬水千山。"林泉道："只是舊時行底路，逢人舉著便諕訛。若向這裏會得，方信道君子千里同風，元本一家無二。既有洞庭春色，不無曲爲今時，問甚冰消北岸，花發南枝，恰恰鶯啼。"（《空谷集》第六十二則）

（六一一）[補遺（八十六）]

投子一日，爲趙州置茶筵相待，自過蒸餅與趙州，州不管。投子令行者過胡餅與趙州，州禮行者三拜。〔《碧巖錄》第四十一則〕

【集評】

◎投子一日，爲趙州置茶筵相待，自過蒸餅與趙州，州不管。投子令行者過胡餅與趙州，州禮行者三拜。且道他意是如何？看他盡是向根本上，提此本分事爲人。（《碧巖錄》第四十一則）

◎上堂，舉投子一日，爲趙州置茶筵相待，自過蒸餅與趙州，州不管。投子令行者過胡餅與趙州，州禮行者三拜。師云："趙州恁麼作略，諸人如何辨別？嫫母衣錦，西施負薪。"（《景川和尚語錄》卷上）

（六一二）[補遺（八十七）]

僧問趙州："如何是學人自己？"州曰："山河大地。"〔《永覺和尚廣錄》卷十六〕

【箋註】

○山河大地：《古尊宿語錄》卷三十一《佛眼清遠》："又人問雲門學人

自己,雲門道:'山河大地。'多少好。是有是無?山河大地若有去,怎生見得自己?若無,現今山河大地,如何說無來?"《無門慧開禪師語錄》卷下:"豈不見道,盡大地是學人自己,盡大地是個解脫門,盡大地是沙門一隻眼,盡大地攝來如粟米粒。心包太虛,量周沙界。"

【集評】

◎僧問趙州:"如何是學人自己?"州曰:"山河大地。"此等所謂合頭語,直明體中玄。正是潑惡水,自無出身之路。(《禪林僧寶傳》卷十二,《永覺和尚廣錄》卷十六)

(六一三) [補遺(八十八)]

趙州八十方行脚。〔按此事諸家語錄多載之,詳集評各則〕

【集評】

◎上堂云:"諸上坐,還有疑情,出來對衆,大家共你商量,理長處就。所以趙州八十尚自行脚,只是要飽叢林,又且不擔板。若有作者,但請對衆施呈。"(《建中靖國續燈錄》卷二《智門光祚》,《古尊宿語錄》卷三十九)

◎問:"集雲峰下分明事,請師分付四藤條。"師云:"趙州八十方行脚。"云:"得恁麼不知時節?"師云:"行到南泉即便休。"(《建中靖國續燈錄》卷二十一《仰山清簡》,《嘉泰普燈錄》卷七)

◎趙州和尚

眼似鼓椎,頭如木杓。欲識趙州,八十行脚。(《虛堂錄》卷六)

◎法語

往古大達之士,只爲聖心未通,所以負鉢挑囊,遊川涉海,歷試諸難,求實證悟,頭目髓腦,不自愛惜,況小小效勤者哉。如雪山童子,捨全身求半偈;趙州古佛,八十歲猶自行脚,皆爲此段大緣,以作後昆榜樣,又豈與飽食終日,遊談無根者,同日而語耶?(《續古尊宿語要》卷五《晦菴光》)

◎答惠海首座五首海乃圓照禪師小師 其三

莫嘆宗師久屈沈，趙州八十尚叢林。腳根點地便無事，鼻孔撩天非有心。（《倚松詩集》卷二，《宋百家詩存》卷十）

◎癸未春被召，東山益老來賀曰："趙州八十猶行腳。"以詩答之云

八十心猶未悄然，橫擔拄杖布行纏。都城遊遍歸來日，却使誰還湯水錢。（《盧溪文集》卷二十四）

◎仙要積功，禪有頓教，譬之捲簾見道，滅教明心，是所謂一超直入者。固有八十行腳如趙州，白髮再來如五祖，而善財童子，臨濟少年，樓閣一見，虎鬚一捋，直與諸祖齊肩，是豈可以齒論哉？（《竹溪鬳齋十一稿續集》卷十三）

◎送性首座

趙州八十眼目正，豈意行腳登人門。本空胸中有天地，日用現行根本智。（《古林清茂禪師語錄》卷五）

◎竺元和尚山謳四首，壽藏主求和 其三

茫茫六合中，個個無非客。一人萬夫敵，六馬御朽索。魯陽不揮戈，白日即西落。咄哉老趙州，八十方行腳。（《了菴和尚語錄》卷七）

◎藤杖贈西原道人

吁嗟古人跡已遠，能無此物相扶持。趙州八十始行腳，芒鞋健步雙龐眉。登山涉水覽幽勝，意倦未必忘歸期。（《雲松巢集》卷三）

◎閑居雜言同韻六首 其六

一室空山白盡頭，祇園無處不凋秋。束腰豈易追藥嶠，行腳尤難學趙州。（《了堂和尚語錄》卷三）

◎大器晚成

梗梓在山，千歲而巨材成室。干將鑄冶，九載而神光燭天。若夫槿花早發，而萎不終朝。蜉蝣易生，而壽不逾夕。速其成者，小器而已矣。故長慶七破蒲團，而捲簾大悟。趙州八旬行腳，而傑出叢林。大器晚成，非此之謂乎？（《御選語錄》卷十三《雲棲蓮池》）

◎行腳住山

今人見玄沙不越嶺，保福不度關，即便端拱安居，眼空四海。及見雪峰三登投子，九上洞山，趙州八旬行腳，即便奔南走北，浪蕩一生。斯二者，皆非也。心地未明，正應千里萬里，親附知識，何得守愚空坐，我慢自高。既爲生死，參師訪道，又何得觀山觀水，徒誇履歷之廣而已哉。正因行腳之

士，自不如此。(《御選語録》卷十三《雲棲蓮池》)

◎證義曰："古云：'趙州八十猶行脚，只爲心頭未悄然。'據此半偈，信知掩關乃了悟後養道之事。"(《百丈叢林清規證義記》卷五)

◎勸相侍者行脚

趙州八十尚行脚，三拜欽師義不輕。況復春秋當鼎盛，蒼龍可怕碧潭清。(《智覺普明國師語録》卷六)

◎記得趙州和尚年八十尚自行脚，聞欽山有語曰："牽字脚邐遮，石上種油麻。"乃曰："南方有五味禪。"遂得得到欽山，問此話，山曰："須是還我師資禮始得。"趙州遂如法禮拜，起問："牽字脚邐遮，石上種油麻。意旨如何？"山曰："是你祖翁也不識？"其時巖頭聞得，謂欽山："你後生長老，受他古佛禮拜，將來教你短命絕嗣去。"大衆看他趙州者，南泉之子，曹溪五世孫。欽山者洞山之子，曹溪七世孫。雖道無優劣，而臘有高低。昔爲法受禮拜，尚不免巖頭授記。況今日晚進有些子宿福假名堂頭者，我見矜高，自逞尊大，叨貪他恭敬禮拜而自若耶？知法者懼，可不慎哉。(《建康普説》)

(六一四) [補遺（八十九）]

趙州禮峨眉，於放光臺，不登寶塔頂。僧問："和尚云何不到至極處？"州云："三界之高，禪定可入。西方之曠，一念而至。惟有普賢，法界無邊。"〔《蜀中廣記》卷八十五〕

(六一五) [補遺（九十）]

趙州因僧問："南泉遷化向什麼處去？"師曰："東家作驢，西家作馬。"〔《禪宗頌古聯珠通集》卷二十〕

【校記】

《祖堂集》卷十七《岑和尚》:"問:'南泉遷化,向什摩處去?'師云:'東家作驢,西家作馬。'僧云:'學人不會。'師云:'要騎則騎,要下則下。'"

《大慧錄》卷八:"當晚小參,舉僧問長沙:'南泉遷化向什麼處去?'沙云:'東家作驢,西家作馬。'僧云:'未審意旨如何?'沙云:'要騎便騎,要下便下。'"師云:"今日或有人問雲門:'圓悟老師遷化向什麼處去?'即向他道:'入阿鼻大地獄去也。''未審意旨如何?''飲洋銅汁,吞熱鐵圓。'或問:'還救得也無?'云:'救不得。''爲什麼救不得?''是這老漢,家常茶飯。'"

《景德傳燈錄》卷十《長沙景岑》、《聯燈會要》卷六《長沙景岑》、《五燈會元》卷四《長沙景岑》、《御選語錄》卷十六亦同。《古尊宿語錄》卷四十六《琅琊慧覺》、《楚石梵琦禪師語錄》卷十、《宗門拈古彙集》卷十七、《宗鑑法林》卷十九言及此本公案時,亦謂係僧與長沙和尚之機緣。關於禪林對"東家作驢,西家作馬"的各種參究,《景德傳燈錄》卷二十六《瑞鹿本先》、《五燈會元》卷十《瑞鹿本先》有比較詳盡的記載,可參考。

【集評】

◎趙州因僧問:"南泉遷化向什麼處去?"師曰:"東家作驢,西家作馬。"頌曰:

脫得驢頭載馬頭,東家西家卒未休。問君還有幾多愁,恰似一江春水向東流。懶菴樞(《禪宗頌古聯珠通集》卷二十)

趙州禪師語錄——補遺之部終

附錄一　趙州錄總評

（一）趙州禪師行狀

◎趙州和尚

趙州和尚嗣南泉，在北地。師諱從諗，青社緇丘人也。

少於本州龍興寺出家，嵩山琉璃壇受戒。不昧經律，遍參叢林，一造南泉，更無他往。既遭盛筵，寧無扣擊。

師問："如何是道？"南泉云："平常心是道。"師云："還可趣向否？"南泉云："擬則乖。"師云："不擬時如何知是道？"南泉云："道不屬知不知，知是妄覺，不知是無記。若也真達不擬之道，猶如太虛，廓然蕩豁，豈可是非？"師於是頓領玄機，心如朗月，自爾隨緣任性，笑傲浮生，擁毳携筇，周遊煙水矣。（下略）（《祖堂集》卷十八）

◎趙州真際禪師行狀

師即南泉門人也。俗姓郝氏，本曹州郝鄉人也，諱從諗。鎮府有塔記云："師得七百甲子歟。值武王微沐，避地岨崍，木食草衣，僧儀不易。"

師初隨本師行脚到南泉。本師先人事了，師方乃人事。南泉在方丈內臥次，見師來參，便問："近離什麼處？"師云："瑞像院。"南泉云："還見瑞像麼？"師云："瑞像即不見，即見臥如來。"南泉乃起問："你是有主沙彌，無主沙彌？"師對云："有主沙彌。"泉云："那個是你主？"師云："孟春猶寒，伏惟和尚尊體起居萬福。"泉乃喚維那云："此沙彌別處安排。"

師受戒後，聞受業師在曹州西，住護國院，乃歸院省覲。到後，本師令郝氏云："君家之子，遊方已回。"其家親屬忻懌不已，祇候來日，咸往觀焉。師聞之，乃云："俗塵愛網，無有了期。已辭出家，不願再見。"乃於是夜結束前邁。

其後自携瓶錫，遍歷諸方。常自謂曰："七歲童兒勝我者，我即問伊。百歲老翁不及我者，我即教他。"年至八十，方住趙州城東觀音院，去石橋十里。已來住持，枯槁志效古人。僧堂無前後架，旋營齋食。繩床一脚折，以燒斷薪用繩繫之。每有別制新者，師不許也。住持四十年來，未嘗齎一封書告其檀越。

因有南方僧來，舉問雪峰："古澗寒泉時如何？"雪峰云："瞪目不見底。"學云:"飲者如何?"峰云:"不從口入。"師聞之曰:"不從口入,從鼻孔裏入。"其僧却問師:"古澗寒泉時如何?"師云:"苦。"學云:"飲者如何?"師云:"死。"雪峰聞師此語,贊云:"古佛,古佛。"雪峰後因此不答話矣。

厥後因河北燕王領兵收鎮府,既到界上,有觀氣象者奏曰:"趙州有聖人所居,戰必不勝。"燕趙二王,因展筵會,俱息交鋒。乃問:"趙之金地,上士何人?"或曰:"有講《華嚴經》大師,節行孤邈。若歲大旱,咸命往臺山祈禱。大師未回,甘澤如瀉。"乃曰:"恐未盡善。"或云:"此去一百二十里,有趙州觀音院。有禪師,年臘高邈,道眼明白。"僉曰:"此可應兆乎?"

二王稅駕觀焉。既届院內,師乃端坐不起。燕王問曰:"人王尊耶,法王尊耶?"師云:"若在人王,人王中尊;若在法王,法王中尊。"燕王唯然矣。師良久中間,問:"阿那個是鎮府大王?"趙王應諾:"弟子。"緣趙州屬鎮府,以表知重之禮 師云:"老僧濫在山河,不及趨面。"須臾左右請師爲大王說法,師云:"大王左右多,爭教老僧說法?"乃約令左右退。師身畔時有沙彌文遠,高聲云:"啓大王,不是者個左右!"大王乃問:"是什麼左右?"對曰:"大王尊諱多,和尚所以不敢說法。"燕王乃云:"請禪師去諱說法。"師云:"故知大王,曩劫眷屬,俱是冤家。我佛世尊,一稱名號,罪滅福生。大王先祖,纔有人觸著名字,便生嗔怒。"師慈悲非倦,說法多時。二王稽首讚嘆,珍敬無盡。

來日將回,燕王下先鋒使聞師不起,凌晨入院,責師傲兀君侯。師聞之,乃出迎接。先鋒乃問曰:"昨日見二王來不起,今日見某甲來,因何起接?"師云:"待都衙得似大王,老僧亦不起接。"先鋒聆師此語,再三拜而去。

尋後,趙王發使,取師供養。既届城門,闔城威儀,迎之入內。師纔下寶輦,王乃設拜,請師上殿,正位而坐。師良久,以手斫額云:"階下立者是何官長?"左右云:"是諸院尊宿,並大師大德。"師云:"他各是一方化主,若在階下,老僧亦起。"王乃命上殿。

是日齋筵將罷,僧官排定,從上至下,一人一問,一人問佛法。師既望見,乃問:"作什麼?"云:"問佛法。"師云:"這裏已坐却老僧,那裏問什麼法?二尊不併化。"此乃語之詞也 王乃令止。

其時國后與王俱在左右侍立。國后云:"請禪師爲大王摩頂受記。"師以

765

手摩大王頂云："願大王與老僧齊年。"

是時迎師權在近院駐泊，獲時選地，建造禪宮。師聞之，令人謂王曰："若動著一莖草，老僧却歸趙州。"其時竇行軍願捨果園一所，直一萬五千貫，號爲真際禪院，亦云竇家園也。師入院後，海衆雲臻。

是時趙王禮奉，燕王從幽州奏到命服，鎮府具威儀迎接。師堅讓不受。左右昇箱至師面前云："大王爲禪師佛法故，堅請師著此衣。"師云："老僧爲佛法故，所以不著此衣。"左右云："且看大王面。"師云："又干俗官什麼事？"乃躬自取衣掛身上。禮賀再三，師惟知應諾而已。

師住趙州二年，將謝世時，謂弟子曰："吾去世之後，焚燒了，不用淨淘舍利。宗師弟子，不同浮俗。且身是幻，舍利何生？斯不可也。"令小師送拂子一枝與趙王，傳語云："此是老僧一生用不盡底。"

師於戊子歲十一月十日端坐而終。於時竇家園，道俗車馬數萬餘人，哀聲振動，於時盡送終之禮。感嘆之泣，無異金棺匿彩於俱尸矣。莫不高營鴈塔，特竪豐碑，謚號曰真際禪師光祖之塔。

後唐保大十一年孟夏月，旬有三日，有學者咨聞東都東院惠通禪師趙州先人行化厥由。作禮而退，乃授筆錄之。（《古尊宿語錄》卷十三）

◎唐趙州東院從諗傳

釋從諗，青州臨淄人也。童稚之歲，孤介弗羣，越二親之羈絆，超然離俗。乃投本州龍興伽藍，從師剪落。尋往嵩山琉璃壇納戒。師勉之，聽習於經律，但染指而已。

聞池陽願禪師道化翕如，諗執心定志，鑽仰忘疲。南泉密付授之。滅跡匿端，坦然安樂。後於趙郡開物化迷，大行禪道。

以真定帥王氏阻兵，封疆多梗，朝廷患之。王氏抗拒過制，而偏歸心於諗。諗嘗寄塵拂上王氏，曰："王若問'何處得此拂子'，答道'老僧平生用不盡者物'。"凡所舉揚，天下傳之，號趙州法道。語錄大行，爲世所貴也。（《宋高僧傳》卷十一）

◎趙州東院從諗禪師

趙州觀音院亦曰東院從諗禪師，曹州郝鄉人也，姓郝氏。童稚於本州扈通院從師披剃。未納戒，便抵池陽參南泉。偃息而問曰："近離什麼處？"師曰："近離瑞像。"曰："還見立瑞像麼？"師曰："不見立瑞像，只見臥如來。"曰："汝是有主沙彌，無主沙彌？"師曰："有主沙彌。"曰："主在什麼處?"師曰:"仲冬嚴寒,伏惟和尚尊體萬福。"南泉器之而許入室。異日問南泉:"如何是道?"南泉曰:"平常心是道。"(中略)師言下悟理。乃往嵩嶽琉璃壇納戒。却返南泉。(中略)

又到黄蘗。(中略)又到寶壽。(中略)又到鹽官。(中略)師將遊五臺山次,有大德作偈留云。(中略)師自此道化被於北地,衆請住趙州觀音。(中略)

一日,真定帥王公携諸子入院。師坐而問曰:"大王會麽?"王云:"不會。"師云:"自小持齋身已老,見人無力下禪床。"王公尤加禮重。翌日令客將傳語,師下禪床受之。少間侍者問:"和尚見大王來,不下禪床。今日軍將來,爲什麼却下禪床?"師云:"非汝所知。第一等人來,禪床上接。中等人來,下禪床接。末等人來,三門外接。"

師寄拂子與王公曰:"若問何處得來,但道老僧平生用不盡者。"師之玄言佈於天下,時謂趙州門風,皆悚然信伏矣。唐乾寧四年十一月二日,右脅而寂,壽一百二十。有人問:"師年多少?"師云:"一串念珠數不盡。"後謚真際大師。(《景德傳燈錄》卷十)

(二) 趙州禪師語錄序

◎ 趙州語錄序

竊惟破家蕩産,於十八上而善舞太阿。縱賓奪主,於聖賢前而逢場作戲。一物不將來,直教放下著。不起一念時,向道須彌山。鎮州蘿蔔頭,諸方謾云即是師承。青州布衫子,學者休向言中取實。拈一莖草而作丈六金身,惟一個齒而盡知滋味。時常老實頭,殺活臨機,頓超他用棒用喝。三寸綿軟舌,縱橫自在,未嘗用怪語奇辭。其猶水上按葫蘆,看他東捺西轉。室中懸寶鏡,任教凡來聖來。南泉之真子,馬祖之嫡孫,拈提向上宗乘,善解拖泥帶水,其惟趙州一人而已。惜其語不能盡傳,僅獲一帙,學者如逢至寶。真如嘗御鼎一臠而盡知衆味,飲大海一滴而備諳百川。但舊刻不佳,亦且板殘字滅,今發心重刻,利益將來。深恰老朽之心,聊題數語,以冠篇首云爾。(《湛然圓澄禪師語錄》卷八)

◎《趙州從諗禪師》御製序

夫達摩西來,九年面壁,無多言句,而能直指人心,見性成佛,首開震旦之宗風。後人演唱提持,照用權實,鳴塗毒鼓,揮太阿鋒。於象不該之表，形名未兆之先，機如電掣雷奔，譚似河流海注，青蓮花紛飄舌本，大師子吼斷十方，穿透百千諸佛耳根，字跳三十三天空外。究其所歸，不過鋪荊列棘，遍地生枝，甘草黃連，自心甘苦耳。然則自利利他，固不在於多言歟。趙州諗禪師，圓證無生法忍，以本分事接人。龍門之桐，高百尺而無枝。朕閱其言句，真所謂"皮膚剝落盡，獨見一真實"者，誠達摩之所護念。師乳一滴，足迸散千斛驢乳。但禪師垂示，如五色珠，若小知淺見，會於言表，則辜負古佛之慈悲，落草之婆心也。觀師信手拈來，信口說出，皆令十方智者，一時直入如來地，可謂壁立萬仞，月印千江。如趙州之接人，誠為直指人心見性成佛之古佛云。爰錄其精粹者著於篇，以示後學，俾知真宗軌範，如是如是爾。

雍正十一年癸丑五月望日（《御選語錄》卷五《趙州從諗》）

（三）歷代題詠

（錄自淨慧法師編校《趙州禪師語錄》）

◎趙州古佛堂記 元 王翊

趙州古佛，世推尊真際大師之殊號也。師諱從諗，俗出曹州郝鄉之郝氏。根性穎利，覺照圓瑩，幼披剃於州扈通院。浸長，聞南泉道價，隆冠當代，以所業未信，遂謁諸池陽，一話之頃，大見異器，而有付受之喜，從而玄關秘鑰，叩謁相尋，忽豁然於平常心是道，自是周旋泛應，優入法域，而了無滯礙得失。因慭去古日遠，踵襲舛訛胥溺，鮮克自拔。將具慈航，燃慧炬，遍歷諸方，以拯導之。乃曰："悼稚之童，勝我者師之，期頤之老，不及我者教之。"又曰："道在目前，人人具有。若辦肯心，佛祖不吾欺。"其諄諄提誨之意，類如此，茲難備述。適會昌有沙汰之制，略不自異，削跡岨峽之間，草衣木食，儀法愈峻。既馳，復申前志。故所至知識，翕然歆慕景仰，至聞其語而不復答話者有之矣。逮乎壽贏八秩，精力爽逸，殊無耄及之態。故行化自如，而或有老大不求定居之譏。夫大慈所運，固非眾能識也。後抵趙州之觀音院，方駐錫焉。亦名東院，即今之柏林也。蓋師嘗指柏樹子以曉學者。其後叢林日盛，及金源氏，以宋之永安觸諱，乃摭其遺意而命之。嘗謂緣法福地，自有默契而前定者，非師之英靈，余豈得而預知哉。不然周流海內，所履形勝卓越之境亦多矣，奈何遽止於斯乎？由是世有趙州古佛道場之語。

時唐德下衰，藩鎮專橫，而法雨所霑，燕趙之王，竭蹶蒲伏，奉承聽法之不暇，而未始離座以迎送之，二王愈加敬信，所以懾其驕悍暴戾之氣者如此。謦欬之間福及生靈者可見矣，惜乎未經簡記也，居趙殆四十年，王鎔屢欲延至鎮府，輒稱疾不從。乾寧丁巳，乞之愈懇，方一造焉。鎔不勝慶幸，趣營寺以館之。師不許，曰：「動一莖草，當迤去矣。」鎔懼而止。有寶行軍，希厠布金之風而獻其園，因寓之。鎔跡其事以聞，璽書頒紫，而加真際大師之號。遂表其園爲真際禪院，而寶氏之名亦不泯焉。輿情莫不榮悅，而師殊不爲意。一日，忽謂其徒曰：「予且返真矣。」果於其年之冬十一月十日，西向右脅而滅。得甲子七百，其季未詳，即答或問年臘之數矣。

　　自師之没，歷五季、宋、金四百有餘歲矣，賴有真在石刻，而無室以居之，住持者能不欷然歟？改元，嗣法圓明普照月溪大禪師朗公甫丕，構於法堂之右，既落成，携衆來言曰：「某真堂之願幸畢矣，將文諸石，以圖不朽。禪律中非無作者，特以術業有專攻，當以業文者爲之，是以敢此相諉。」牢讓重複，竟不獲已，乃略即其見諸《傳燈》、實錄等文者而書之，且謂之曰：「余非深於禪者也，何以恢揚師教？」然即其微言妙旨，佈諸人寰，流及後世者而稽之，其禀賦之異，授受之正，造履之深，牗導之溥，於西來之意，無不吻合者，故身去教存，學者心悅誠服愈久而彰也。迄今十方之來瞻禮者門無虛日，而歸依無所，此公之黽勉從事而必起斯堂者也。若來者果有慕師之誠，期當求夫門風之遍覆大千，俾聞之者莫不悚敬，不出乎吾心本來之間，履斯堂而頓省者亦不敢誣，則斯堂之建，豈小補哉。如或未然，則徒費香火之勤，而郎公之意亦虛矣。是以並及之，以示來者云。

　　◎趙州古佛頂相贊 元 南嶽祖瓊

　　舌劍脣鎗殺活機，雄雄鏖戰破重圍。如今四海青如鏡，贏得霜眉對落暉。

　　◎重修柏林寺大慈殿記 明 李時陽

　　趙州柏林寺，畿内名刹也。創於漢末，歷晉、隋、唐間，悉爲觀音院；南宋時爲永安院；金、元間爲柏林禪院；迨我朝遂更茲名，而州之僧正司設焉。歷代以來，中間雖恒有廢墜，大率以得人則興。在五季時有真際屆而寓之，化行燕趙，海内有古佛道場之稱。在宋有歸雲老人，嗣而恢之，洪拓基產而興水磑碾以資裕常儲。在元有圓明月溪又從而廣之，於是有大殿、側殿、法堂、廚庫，規制井井，宏具備矣。至成化末年，有道源長老善行，而

769

毘盧殿宇遂成，復增輝焉。正德丙子，僧海聰欲創閣於寺前；嘉靖辛卯，海寧欲增閣於寺後，俱隨起隨廢，因貽像暴於風日者，幾十五年餘。

丁未歲，魯峰本儒，慨然興志增建。詣文岡子議曰："師僧暴露良久，心殊不忍，我輩碌碌，弗能樹功業於石，心實愧之。歸雲、月溪果何如人，顧不可以企及耶？"文岡子曰："天下事成於有志而已；人之志遂於無私而已。魯峰素守百丈之規，而且恒永石霜之節，果執是以往，其遂志成事也必矣。"魯峰遂疏募振鐸於郡，余首捐金以助。境內素諒魯峰之清戒，其願施資財者累累皇皇，惟恐或後。因集木於滹沱，取石於臨城，延工師於鎮陽，設陶冶於東圃，築基量地，度木制材，架圍凡若千丈，高起凡若干尺，柱石堅壯，梁棟渾隆，榱題錦瓦，文質偕中，重檐陡峻崚嶒，勢懸霄漢，巍然為一郡大觀也。乃拔精巧繪塑，中設大慈之像。環山盡肖水陸諸神，塗飾丹青赭堊，金碧輝煌，威儀莊嚴，而千狀萬態，絢爛曲盡其妙矣。森然使瞻仰者油然生悟，勃然起敬，種種諸惡而潛歸於善，不能無益於世教，真如來法戒也。擬諸前作，工費或相倍徙，而魯峰心力運籌，暨弟子了真奔走勞瘁，有不能罄跡之者。

凡閱三載有奇，而魯峰礱石丐記於予，永垂不朽。余當始議時已預諾其請矣，且深羨魯峰一介釋子，建此偉績，而秋毫無犯，厥志允酬。是冬，適釋官南歸，以握教印，梵音釋律，比丘濟濟，而遠附近宗，有以得樽俎之師，而增藩籬之固，其於爾教增光也。竊嘆我輩目睹先師之宮，日就傾頹，未能奮然興志而新之，似猶有愧魯峰者。因記而并及之，庶因以自勵於將來云。

◎趙州柏林禪寺普光明殿功德碑記 吳立民

人據地而名，地藉人而靈。趙州茶、趙州柏、趙州橋、趙州門、趙州關，不一而足，皆因趙州從諗大師而名聞天下者也。師得法於南泉普願，弘法於柏林寺垂四十載，道化大行，為一方宗主，住世百二十年，諡號真際禪師，人稱趙州古佛。大師圓融二世，平等如常，接引眾生，即物發凡，隨機施教，無掛無礙。蓋深契平常心是道之真諦，了了本分大事而獨超物外者焉。故嘗示眾云：老僧此間即以本分事接人。其取譬也淺以近，其旨也深且遠。喫茶、洗鉢、救火，狗子無佛性、鎮州大蘿蔔，均教人在日常生活中悟道，有其入處、出處、用處、了處，還其各自有禪各自有道之平常心而已。所謂本分事，即眾生了生死之大事也。所謂平常心是道，即於生活中了生死，了生死於生活中，如實知自心也。本分之事就在脚下，平常之心即現當前，當相即道，即事而真。故大師常説：至道無難，惟嫌揀擇，道不遠人，只在目前。會昌法難，師避居徂徠山間，巖棲澗汲，草衣木食，九死一生，人不堪其憂，而師不礙其自在也。晚歲，燕趙二王，競相歸敬，而師終未離禪床迎送。將示寂，送拂子與趙王並傳語曰：此是老僧一生用不盡底。其一語一拂了人生死續佛慧命者不知凡幾。當其時也，天下參學聞風而至者行雲流水，柏林寺蔚然爲畿内名刹。其後，世出龍象，代有傳人。惜乎近世劫波屢興，變亂迭起，狂禪泛流，野狐遍野，大師法教，不絶如縷，一代祖庭，亦瀕湮沒。惟千年古柏，默依塔影，猶參天倚地而一如往常招示行人。嗚呼！人能弘道，非道弘人，其奈人不弘道何？賴有大心菩薩、河北省佛教協會會長淨慧法師，紹隆三寶，嗣法心宗，仰大師之高德，感祖庭之廢墮，發宏誓願，重建道場。幸值改革開放，法緣殊勝，得國務院宗教事務局及中國佛教協會之資助，復荷美國正覺寺住持佛性法師捐助巨款，臺灣耕雲禪學基金會、臺灣十方禪林及海内外四衆教喜捨淨財，首建普光明殿，以示法輪再轉，景行斯靷也。殿宇巍峙，佛像莊嚴，古柏老荼，青春焕發，芳草綠茵，青光琉璃，香綵寶鐸，妙音極樂。俾經綸世務者，望殿而息心；修學禪淨者，禮佛即發省。茶醇鉢淨，人境俱在，有緣無緣，均可依然受用趙州禪之三昧也。祖師有三轉語：金佛不渡爐，木佛不渡火，泥佛不渡水，真佛内裏坐。欲禮自性真佛，須識自身平常心、本分事，以平常心做本分事，則心淨佛國淨，法昌世運昌矣。慧師深悟斯諦，繼而創建趙州禪學研究所及《禪》刊，以振祖師之玄風而光心宗之大法也。誠如現世維摩、中國佛教協會會長趙樸初大居士所讚嘆者：拂子重竪起，人天作榜樣。爰申贊曰：本分平常，普光明藏。行住坐卧，何用不臧？古佛新風，山高水長。碑紀三施，功德無量。

佛歷二五三六年歲次壬申
中國佛教文化研究所所長 吴立民敬撰

（四）歷代詩讚

◎晚過趙州 元 陳孚

攬勝欒城又趙州，清霜點入鬢邊秋。何如東院老尊宿，不出山門到白頭。

◎柏林寺 汝南 太景子

燕趙尋奇士，空門識妙心。經翻孤石冷，水動畫廊深。殘雪留松砌，高風到柏林。況逢茶味好，香氣靄青岑。

◎柏林寺 蔡羽

古寺幽深幾度過，禪房花木近如何？爲愛泉甘茶味好，意思此地作行窩。忽憶禪房舊念生，由來茶味有餘清。雲開西嶺數峰碧，月在前溪一鑑瑩。古殿尚留真際像，斷碑微有李翺名。東林應待陶元亮，早晚蓮開造遠公。

◎柏林寺 王允禎

西來大士散天花，影落孤城貝葉遮。冷冷林空古壁水，如如禪語趙州茶。庭前柏子浮明月，石上雲光映素紗。半夜鐘聲驚我夢，香風冉冉燦煙霞。

◎柏林寺 王汝弼

蕭蕭古寺鎖煙霞，蘭若孤雲柏影遮。檐外離離深蔓草，壁間隱隱泛仙槎。空階此日苔流翠，石徑當年天雨花。開士不知何處去，更無人啜趙州茶。

◎柏林寺 王汝翼

蒼涼古寺入煙霞，幾轉香風幾落花。雲裏鐘聲敲碧玉，壁間流水起龍蛇。青山隱映僧房秀，柏影陰森石徑斜。坐久渾忘身外事，青蓮散處現菁華。

◎真際塔 張士俊

趙州和尚塔，衣鉢此中盛。風鈴時作響，仍是度迷聲。

◎柏林寺壁畫水 瞿汝乾

柏林水，何人寫向金堂裏？筆陣稜稜煙霧生，寒飆颯颯蛟龍起。正視看來心目驚，拂拭求之壁坦平。咫尺有無成變幻，如何擬議識神情！古稱繪事成真際，受綵之處先得意。應是神遊澒洞間，毫端一寫蒼茫勢。君不見，張僧繇畫龍成時不點睛。點睛一夜遄飛去，自是其中有神遇。

◎柏林寺壁畫水 象衞道人

趙州水，稱絕奇。有客臨摹來，張之古墻陣。我見毛髮豎，颯颯寒風吹。疑已逼大真，非此人力爲。乃今觀畫壁，變幻殊難覊。固知臨摹者，形在神已離。一筆斂鋒芒，蕩漾成漣漪。雲是水之文，如綸與如絲。乘筆以飛渡，蕭葦可障之。一筆如巨流，奔放扼險巇。龜赭兩山間，萬派俱鳴悲。慘烈颶風起，簸弄其如斯。是之謂武水，不可狎以嬉。我閱此圖頻抖擻，神工鬼跡古無有。兀誰寫向摩尼堂？清晨白晝蛟龍吼。寧非聖僧吸海濤，口吐津津盈户牖。静能法師收未還，白衣老父隨相守。又非月光童子夜，女嬋吞盡兩江灌腰肘。不投瓦礫不窺窗，春波滿堂人枯朽。不然而何鬼與神，巧匠旁觀齊縮手。

◎柏林寺壁畫水 明 蔡懋昭

聞說柏林懸畫水，無端繫我廿年心。今朝得到空明鏡，纔見人間苦海深。

◎柏林寺壁畫水 明 陳奎

蕭寺何緣得勝遊，諸君餞別此淹留。壁間畫水傳唐跡，石上螭文記宋秋。民瘼深愧無補報，交情何以慰綢繆。遥知別後還相憶，明月秋風各倚樓。

◎柏林寺壁畫水 李言恭

忽爾臨溟渤，西風起夜潮。聲疑瀑布落，影共雪山搖。宿霧晴尤裊，洪濤静轉遥。蛟龍棲自穩，何處著漁船。

◎柏林寺壁畫水 王僉

長夏公餘訪法臺，水分文武勢瀠洄。狂瀾疑有蛟龍起，幻跡驚看風雨來。共托恒河迷彼岸，似從苦海覓蓬萊。個中神物相呵護，名筆於今尚未灰。

◎柏林寺壁畫水清 清 沈雲尊

殿門呀開浩汹湧，怒流撼壁壁欲動。相傳妙手出吳生，丁甲千年遞呵擁。筆鋒騰躍九地坼，墨花浪舞百怪辣。我因訪古來祇園，瞳瞳曉日臨風幡。選佛場荒遍搜剔，斗見此畫清心魂。若言畫水定非水，目中何以波濤翻。若言畫水即是水，壁上那有涓滴存。是一是二不可說，趙州和尚嗔饒舌。

◎柏林寺壁畫水 清 胡以泓

由來古趙建藩奇，兵燹頻仍彼黍離。遠寺尚餘狂墨翰，危牆猶有浪花嘶。蕩漾不因風汩沒，波瀾豈爲雨參差。蛟龍乍遇成雷吼，應有涓埃洗甲思。

◎柏林寺壁畫水 清 李京

壁間波浪日千層，久視深疑若湃澎。自是胸中存活潑，因之筆下起淵澄。分明法海人難渡，但有慈航我欲登。道子悟禪禪是水，後賢空作畫圖稱。

◎柏林寺壁畫水 清 王登聯

寺古隱殘碣，停驂一徜徉。畫猶知姓字，筆不解滄桑。落落高山仰，滔滔流水長。興懷吾自異，觀止莫能忘。

◎柏林寺壁畫水 清 王鑾

蕭蕭古寺澹無塵，潑默平分浪捲銀。派發靈源難覓穴，心存佛地是慈濱。一航渡我三千界，萬頃濯人百慮身。欲識西來大士意，鐘聲響處月光輪。

◎柏林寺 清 鈍夢鋁

古佛何年下碧空，茶煙繚遶火初紅。入林笑我征塵客，柏子香携滿袖風。

◎真際像 前人

跏趺羅拜法王尊，說偈曾梡跋扈魂。試問凌煙二十八，何人立雪在沙門！ 真際在時，燕趙二王曾侍坐。

◎真際塔 前人

甲子輪迴七百周，禪關歲月疾如流。到頭剩有摩雲塔，白鶴歸來幾度秋。

◎吳道子畫水 前人

鯨濤雪練鬥精神，雙管平分總絕倫。識得中山遺墨在，應嗤道子是前生。 王弇州集載：水為明定州何生筆。

◎東寺鐘聲 明 陸建

疏翠千株柏，孤鐘萬戶聲。窗虛風並落，花冷月俱傾。綠雨愁邊濕，青禽夢底驚。向時江上棹，夜半不勝情。（原載《法音》1986年第4期）

◎趙州塔 趙樸初

寂寂趙州塔，空空絕依傍。不見臥如來，只見立瑞像。平生一拂子，何殊臨濟棒？會看重豎起，人天作榜樣。

（五）其他類總評

◎慈明禪師五會住持語錄 並序智度山定林禪寺沙門本延述

禪宗八代，至江西馬祖大師，分枝列派，大盛於天下。師門既廣，學者益衆，即非之論既失，權巧之機遂張。將絕異端，必從正見，所以南泉、趙州截斷於衆流，黃檗、臨濟迥超於三世。（《石霜楚圓禪師語錄》）

◎《大般若經》曰："一切智智清淨無二，無二分無別無斷。"故古之宗師如臨濟、德山、趙州、雲門之徒，皆洞達此意，故於一切時心同太虛，至於爲物作則，則要用便用。（《林間錄》卷上）

◎問："如何是和尚家風？"師云："遮天蓋地。"僧曰："忽遇客來，如何只待？"師云："趙州道底。"（《建中靖國續燈錄》卷三《雲蓋志顒》）

◎或者謂一切言語總不干他事，凡舉覺時，先大瞪却眼，如小兒患天吊，見神見鬼一般，只於瞪眉努眼處領略。更錯引古人言句證據曰："舉不顧，即差互。擬思量，何劫悟？"舉時須要以眼顧視，只是以古人言句提撕一遍，喚作不在言句上，如柏樹子、洗鉢盂、麻三斤之類。若過得一個時，餘者撥牌子過，更不費力。如此之類，比擊石火閃電光底，只添得個瞪眉努眼而已，亦各自謂得祖師巴鼻，莫謗他古人好。（《大慧錄》卷十四）

◎但只如此做工夫，看經教並古人語錄，種種差別言句。亦只如此做工夫，如須彌山，放下著，狗子無佛性話，竹篦子話，一口吸盡西江水話，庭前柏樹子話。亦只如此做工夫，更不得別生異解，別求道理，別作伎倆也。公能向急流中，時時自如此提掇，道業若不成就，則佛法無靈驗矣。記取記取。（《大慧錄》卷二十五）

◎種種殊勝一時蕩盡了，方始好看庭前柏樹子、麻三斤、乾屎橛、狗子無佛性、一口吸盡西江水、東山水上行之類。忽然一句下透得，方始謂之法界無量迴向。（《大慧錄》卷二十七）

◎你諸人本無許多事，只爲始行脚時，撞著一個沒見識長老，教你許較勞攘，打頭便參得個庭前柏樹子話，又參得斬猫兒話、洗鉢盂話、野狐話、勘婆話，參得一肚皮禪道，便棹腰擺胯，稱我是方外。高人面前說得恰似真個，背地裏千般亂做次第，一文也不直。纔有些子違順風起，便見手忙脚亂，爲什麼如此？只是學得來。奉勸莫學，須是自辦取始得。（《僧寶正續傳》卷一《泐潭照》）

◎悟心見性，當如雪峰、玄沙；履實踐真，當如南泉、趙州。今時學者，但以古人方便爲禪道，不知與古人同參也。（《僧寶正續傳》卷三《龍門遠》）

◎近世呂公居仁嘗謂："趙州說禪，如項羽用兵，直行徑前，無復轍跡。所當者破，所摧者服，非如他人銖稱寸度，較量輕重，然後以爲得也。"

(《僧寶正續傳》卷六《徑山杲》)

◎乃至柏樹子，麻三斤，一口吸盡西江水，鎮州出大蘿蔔頭，是甚麼語話。莫是明向上事麼，莫是向上人行履處麼，莫是大機大用麼，莫是盡力提持麼，莫是涉流轉物麼，莫是作家用處麼？你若大法未明，且莫亂統。(《瞎堂慧遠禪師廣錄》卷三)

◎無底鉢

庾嶺全提總謾傳，收羅萬法未渾侖。擎來應供非干手，飽去馳求不點脣。餿飯餞羹誰肯著，騰今耀古自超倫。趙州老漢何施設，分付叢林知幾春。(《人天眼目》卷六)

◎崇寧三年六月二十五日，上堂辭衆曰："趙州和尚有末後句，你作麼生會？試出來道看。若會得去，不妨自在快活。如或未然，這好事作麼說？"良久，曰："說即說了也，只是諸人不知，要會麼？富嫌千口少，貧恨一身多。珍重！"(《嘉泰普燈錄》卷八《五祖法演》)

◎弱冠祝髮，志慕遊歷。因閱趙州語，默契心源。及見覺印，言其所得，印特稱之。後八坐道場。(《嘉泰普燈錄》卷九《雪竇法寧》)

◎興紹乙丑九月十六，沐浴淨髮，書偈囑累已，復曰："叢林事例，今則爲昔，趙州道底，好屈！好屈！"(《嘉泰普燈錄》卷十《寂惺慧泉》)

◎上堂曰："久雨不晴，一箭兩垛。鼻孔一時浸爛，且道是誰之過？賴得老趙州出來爲你勘破。且道勘破個甚麼？日輪天子現扶桑，誰管西來閑達磨？"(《嘉泰普燈錄》卷二十《頑菴得升》)

◎題皎如晦行書後山五詩

皎如晦寫陳後山送寶講主云："暫息三枝論。"恐枝字不當，從木支姓也。天下博知莫如三支，謙、亮、識也。從木有據乎，抑筆誤耶？下云："重參二老禪。"指趙州、臨濟也。二老曹人，寶亦曹人。公在曹歸徐時也，皎作"二祖"，非。是蓋初祖至六祖自有名，三支對二老最切。半山老人每以方語對方語，梵語對梵語，後山用是道也。(《北澗集》卷七)

◎一日往見山堂，閱《楞伽經》，至"或戲笑，或怒罵，蚊虻螻蟻，無有言說，而能辦事"處，豁然有省，頓見趙州直截爲人處。平昔凝滯冰釋，自是機鋒敏捷。(《斷橋妙倫禪師語錄》卷下)

◎若無禪定工夫，而發解佛祖妙理，終難神契。古人聞有恁般事，把住繩頭，站定脚跟。或看個父母未生前，或看個青州布衫，或看萬法歸一，或看麻三斤話頭。如大將軍攝印登壇，操持發縱，生殺隨宜，死生在頃刻。掃蕩攙搶，坐享太平。汝等做工夫，果能如此，穿過銀山鐵壁，轉個身來，回眸一看，不獨父母未生已前消息，即庭前柏樹子，青州布衫，三斤麻，乾屎橛，及五宗旨趣，都是自家屋裏底。至於發一言，吐一辭，與古人不別，喜笑怒罵，無非般若至理。（《方山文寶禪師語錄》）

◎趙州和尚

有底道，趙州說禪，近在口皮邊，遠過河沙國，總描邈不著。鎮州出大蘿蔔頭，是他親見南泉。觀音院壁上，掛個葫蘆，風吹不落。（《橫川行珙禪師語錄》卷下）

◎趙州

禪在口皮邊，機攙石火先。破家纔十八，更不使爺錢。東南西北，門開兩邊。相見了也，十萬八千。（《北澗居簡禪師語錄》）

◎趙州真際禪師

禪在口皮邊，換盡衲僧眼。中南泉毒，太虛寥廓，豈強是非；死雪峰心，古澗寒泉，分明剖判。見大王不下床接，表吾宗尊法有人。勘菴主拽下簾歸，知王老疑著者漢。茱萸探水，靠杖立生根。黃檗救焚，開門驚落膽。狗子無佛性，露刃劍冷鋩含霜。臺山勘破婆，葛藤樁一刀截斷。覺鐵嘴謂先師無此語，費口分疏。嚴尊者問一物不將來，全肩荷擔。架略彴，非惟度馬度驢，亘百世，援沈迷，使平步摩訶衍岸。（《五家正宗贊》卷一）

◎趙州之真贊

碧潭之月，清鏡中頭。我師我化，天下趙州。（《古尊宿語錄》卷十四，《釋氏通鑑》卷十一）

◎哭趙州和尚二首

師離洨水動王侯，心印光潛塵尾收。碧落霧霾松嶺月，滄溟浪覆濟人舟。一燈乍滅波旬喜，雙眼重昏道侶愁。縱是瞭然雲外客，每瞻瓶几淚還流。

佛日西傾祖印隳，珠沈丹沼月沈輝。影敷丈室爐煙慘，風起禪床松韻微。隻履乍來留化跡，五天何處又逢歸。解空弟子絕悲喜，猶自潸然對雪幃。（《古尊宿語錄》卷十四，《全唐詩》卷七百三十四，《釋氏通鑑》卷十一）

◎而今若欲作個出格底衲僧，直須有跳出一著子，不見有出不出者，便能超過一切差別等法。如趙州鎮州蘿蔔，青州布衫，庭前柏樹子，更不著問

人矣。(《續古尊宿語要》卷二《古巖璧》)

◎潭州大潙泉山初禪師，字子愚，泉州陳氏子。始業儒，稱鄉先生。後因看趙州語有省，剃髮受具，遍參知識，爲永木菴高弟。(《枯崖漫錄》卷下)

◎至於教外別傳，行棒行喝，指空話空，開三要玄門，分四種料揀，五位君臣，一鏃破三關，兩口無一舌，即色明心，附物顯理，麻三斤，乾屎橛，庭前柏樹子，狗子無佛性，是皆一時方便，如將蜜果，換苦葫蘆。(《雪巖祖欽禪師語錄》卷二)

◎只如僧問趙州："狗子還有佛性也無？"州云："無。""如何是祖師西來意？""庭前柏樹子。"僧問雲門："如何是佛？""乾屎橛。"僧問洞山："如何是佛？""麻三斤。"且道相去多少，還緇素得出麼？須知道千句萬句，只是一句。百千萬億句，終無第二句。(《雪巖祖欽禪師語錄》卷三)

◎趙州真際禪師

號令如軍中信旗，說法如四時雲雨。有聞其法者，如地含諸種，蒙潤悉萌。百世之後，悟其所謂狗子話、庭前柏話、東院西話，猶大悲神咒，咒得崖裂水湧，非知者莫能知。(《雲外雲岫和尚語錄》)

◎菴僧善能求詩贈二絕句 其二

一瓶一鉢早周遊，參遍雲門與趙州。捲席歸家只趺坐，了無一法可推求。(《丹陽集》卷二十二)

◎別寶講主

暫息三支論，重參二祖禪。趙州、臨濟皆曹人也 (《後山集》卷四，《後山詩註》卷六，《瀛奎律髓》卷四十七，《石倉歷代詩選》卷一百六十一)

◎柏林院 即東院趙州禪師道場在城中

邊塵一起劫灰深，風鼓三災海印沈。急過當年無佛處，庭前空有柏森森。(《石湖詩集》卷十二)

◎仲行再示新句復次韻述懷

神仙懶學古浮丘，祖意慵參老趙州。四壁塵埃心似水，一生風露鬢先秋。(《石湖詩集》卷二十八)

◎侃老舍天寧寺往遊何道二山

綠竹靜無語，白雲長自閑。趙州應路滑，無復嘆間關。(《東塘集》卷三)

◎次韻范參政書懷

趙州行脚我安能，閑却床邊六尺藤。釣閣臥聽西澗雨，棋軒遥見北村

燈。(《劍南詩稿》卷二十四)

◎宋司馬端衡畫傳燈圖

某嘗以通家之舊,親聞其論畫,袞袞終日,如孫吳談兵,臨濟、趙州説禪,何其妙也。(《渭南文集》卷三十一,《御定佩文齋書畫譜》)

◎義上人歸自武林戲作四偈 其二

行腳從來笑趙州,草鞋踏破竟何求?百千三昧無窮義,不出頤菴拄杖頭。(《頤菴居士集》卷下)

◎以蠻菩提數珠送王嘉甫

俗垢元無染,心珠要自圓。他年如許壽,不負趙州禪。(《蠹齋鉛刀編》卷六,《宋百家詩存》卷二十一)

◎賢首座塔銘

有舉揚佛語、菩薩語、祖師話頭,論難撑拄,師笑不答,示人簡捷,若可一蹴而至。余嘗詣師,聞其微言,退而嘆曰:"丹霞、趙州之流,是參徹千經萬論,而付之一默;行遍五湖四海,而歸於一室者,簡捷云乎哉。"(《後村集》卷三十九)

◎化供榜

伏以衲衣雲集,共依彌勒之龕。魚木雷鳴,咸仰如來之粥。顧兹香積,賴我檀那。但學雪峰住山,莫訝趙州貪食。(《莊靖集》卷九)

◎石林云:"五代離亂,無一俊傑,而浮屠中乃有雲門、臨濟、德山、趙州數十輩前輩。謂自佛入中國,散逸人才,豈其然乎?"(《藏一話腴·內編》卷下)

◎《傳燈》又云趙州或謂"青青翠竹,盡是真如。鬱鬱黃花,無非般若"。(《百菊集譜》卷三)

◎或問趙州曰:"和尚百歲後向那裏去?"州云:"火燒過後成一株茅葦。"是不求其所終也。受,受其形也。得之於天,安得不喜。復歸也全,而歸之無所繫念。(《莊子口義》卷三。按此乃誤記洞山事)

◎盧齋云:"鼠肝、蟲臂,言物之至小者,便是趙州云'火燒過後成一株茅葦'之論。"(《南華真經義海纂微》卷十七)

◎跋洪上人所藏十八羅漢畫

十八阿羅漢,皆世之偉人也。伊川先生曰:"佛是西方之有賢智者,唐末五代,天下無人才,僧中乃有臨濟、德山、趙州諸老。故余謂十八羅漢,皆世之偉人，彼其英邁雄特，視人間世猶蠛蠓。（中略）夫能降解胸中之龍虎，必能馴擾世間之龍虎。方今龍鬥淵，虎滿道，最畏臨濟、德山、趙州輩隱山中不出，願賦招隱。有肯應供者，固請宜來。（《雪坡集》卷四十一）

◎崇福寺次枯崖韻

覺城向東際，寺在古松灣。流水意俱遠，白雲僧共閑。新吟呈繡佛，舊夢遶囊山。勘破趙州話，猶疑隔一關。（《葦航漫遊稿》卷三）

◎寄楊誠齋

參禪學詩無兩法，死蛇解弄活潑潑。氣正心空眼自高，吹毛不動全生殺。生機熟語却不排，近代獨有楊誠齋。才名萬古付公論，風月四時輸好懷。知公別具頂門竅，參得徹兮吟得到。趙州禪在口皮邊，淵明詩寫胸中妙。（《江湖小集》卷六十七，《兩宋名賢小集》卷二百八十五，《宋百家詩存》卷三十三）

◎七曲石塘寺

高僧參透趙州禪，拔寺移歸兜率天。天聖二年二月朔，一宵雷雨撼山川。（《御選宋金元明四朝詩・御選宋詩》卷七十四）

◎題臨江茶閣　翁元廣

門外黃塵沒馬驢，溪山對此獨條然。一杯春露暫留客，兩腋清風幾欲仙。可但喚回槐國夢，不妨更舉趙州禪。憑闌得句未易寫，盡日孤煙白鳥邊。詩林萬選（《宋詩紀事》卷七十四，《全芳備祖集後集》卷二十八，《御定佩文齋廣羣芳譜》卷二十一）

◎趙州和尚贊

禪在口皮邊，道在鼻尖上。只有眼與眉，渾不涉限量。無三十二應之色身，有八十種好之妙相。語其機也琢雪鏤冰，言其用也敲空取響。打破趙州關，十方無影像。糞掃堆頭輥出來，七百甲子老和尚。（《古林清茂禪師語錄》卷五）

◎趙州

口似含珠，頭如木勺。少年時道是有主沙彌，八十歲行甚馬腳驢腳。三五斗頭上青灰，一個牙下下咬著。直饒使得十二時辰，也是秦時䩭轢。咄！（《月江正印禪師語錄》卷下）

◎示慧侍者

祖師慧命續非難，角有麟兮羽有鸞。紙襖抄來香墨重，布毛吹起雪巢寒。耽源不會南陽意，文遠深明趙老關，莫道山翁無指示，妙峰孤頂月團

團。(《月江正印禪師語錄》卷下)

◎凡本參公案上,切心做工夫,如鷄抱卵,如貓捕鼠,如飢思食,如渴思水,如兒憶母,必有透徹之期。祖師公案有一千七百則,如狗子無佛性,庭前柏樹子,麻三斤,乾屎橛之流也。鷄之抱卵,暖氣相續也。貓之捕鼠,心眼不動也。至於飢思食,渴思水,兒憶母,皆出於真心,非做作底心,故云切也。參禪無此切心,能透徹者,無有是處。(《禪家龜鑑》)

◎趙州和尚贊

參見南泉早,會得平常道。行腳債已酬,住山年益老。隨機說法,不用思量。信口答禪,何勞尋討。古佛重來,羣魔盡掃。庭前柏樹子,敲風打雨,滿目森森。狗子佛性無,照雪吹毛,殺人草草。至今道播乾坤,非獨話行燕趙。(《楚石梵琦禪師語錄》卷十四)

◎趙州

南泉王老師,有此寧馨兒。勘破臺山話,回來人不知。(《楚石梵琦禪師語錄》卷十四)

◎送日本侍者

大唐日本東西國,一樣眼橫並鼻直。海底泥牛摘角牽,雲中石女拋梭織。日禪幸自可憐生,却道西來有消息。西來本也無消息,平地茫茫種荊棘。文遠何曾見趙州,善財亦不參彌勒。(《楚石梵琦禪師語錄》卷十七)

◎送端侍者

趙州文遠侍者,白雲清凝二師。相與作成法社,象王師子交馳。(《楚石梵琦禪師語錄》卷十七)

◎師與趙州門風,天下推仰,以爲絕唱。(《佛祖歷代通載》卷十六)

◎趙州禪師傳(《佛祖歷代通載》卷十七)

◎趙州和尚

天下趙州,法王中尊。超今邁古,吞爍乾坤。東門西門,南門北門。(《曇芳和尚語錄》卷下)

◎趙州禪師傳(《釋氏稽古略》卷三)

◎徐夢弼以詩求蘆菔輒次來韻

昔聞趙州老,老大猶泛愛。說法利人天,機緣不勝載。當年鎮府話,蓋以小喻大。具眼領略之,於兹豈無待。嗚呼後來者,見趣遠不逮。(《中州集》卷三,《御選宋金元明四朝詩·御選金詩》卷三,《御訂全金詩增補中州集》卷十七)

◎丁未夏六月，寓真覺菴數日，日賦小詩，以寫目前之景。適大雲師遺雙清圖，足成十首 其六

客來自汲煮茶泉，躄足浮屠亦可憐。借我石床箕踞坐，有時閑説趙州禪。（《龜巢稿》卷四）

◎過顯慶寺

六載重來釋氏家，一甌新啜趙州茶。杏花風後春何冷，柏子庭前日未斜。（《龜巢稿》卷十六，《元詩選》二集卷二十三，《御選宋金元明四朝詩・御選元詩》卷五十九）

◎借胡伴讀訪繼上人 其二

爲訪高僧浣俗緣，黃花香寂晚秋天。杜公詩句稱支遁，韓子書辭慕大顛。嗜酒許開彭澤戒，喫茶應悟趙州禪。《法華》讀罷心如水，方丈香浮一篆煙。（《梧岡集》卷三）

◎趙州城中東門内有柏林院，世呼爲趙州古佛道場，蓋唐末僧趙州和尚修行之所。舊在城外，後城既展而在東門内矣。院西丁字街有石浮圖，俗曰大石塔，高可四五丈，制作極工。上刻古薤葉，篆亦妙，宋景佑五年西廂人所建也。（《河朔訪古記》卷上）

◎自餘德山、臨濟、雲門、趙州，天下善知識，設大機施大用，盡是青天霹靂，旱地波濤。正眼觀來，不直一笑。（《南石和尚語錄》卷二）

◎張九成看個柏樹子，呂純甫提個趙州無，古今得此旨者，筆言難盡。一個個都是實行上做，一時打破漆桶，自然頭頭上合，物物上明。（《無明慧經禪師語錄》卷二）

◎壽智諝禪人

趙州八十尚勤勞，勘驗諸方氣象驕。要識古人真實處，莫隨溫飽便逍遙。（《無異元來禪師廣錄》卷三十三）

◎如看無字，便就無上起疑情。如看柏樹子，便就柏樹子起疑情。如看一歸何處，便就一歸何處起疑情。疑情發得起，盡十方世界是一個疑團，不知有父母底身心。通身是個疑團，不知有十方世界。（《博山和尚參禪警語》卷上）

◎雲門云："直得乾坤大地，無絲毫過患，猶是轉句。不見一色，始是半提。更須知有向上全提時節。麻三斤、乾矢橛、庭前柏樹子、狗子無佛性等話，正是者個消息，切莫草草。"（《長慶宗寶禪師語錄》卷二）

◎重許可

古人不輕許可,必研真核實而後措之乎辭。如贊《圓覺》,疏者曰:"其四依之一乎?或淨土之親聞乎?何盡其義味如此也?"乃至贊遠公者曰"東方護法菩薩",贊南泉、趙州者曰"古佛",贊仰山者曰"小釋迦",贊清涼者曰"文殊後身"。千載而下,無議之者,何也?真實語也,非今諂壽、誄墓、賀遷秩、壯行色之套子語也。夫著之簡編,勒之金石,將俾信當時,而傳後世,而虛譽浪褒,齊佛齊祖。噫!慧日雖自難瞞,蒙學未必無誤矣。(《竹窗合筆》)

◎趙州柏林寺壁間畫水

畫水何曾有水相,有相焉能畫水狀。靈臺無物湛然清,信手風生掃成浪。視之滾滾聽無聲,日日波濤千萬丈。此中未必無魚龍,頭角潛藏待雷響。若不明畫水之時念不生,念生畫之終不成。譬如陽春回大地,紅白枝枝豈有情。(《紫柏老人集》卷二十六)

◎今云參究念佛,意在妙悟者,乃是以一聲佛,作話頭參究,所謂念佛參禪公案也。如從上諸祖,教人參話頭,如庭前柏樹子、麻三斤、乾矢橛、狗子無佛性、放下著、須彌山等公案,隨提一則,蘊在胸中,默默參究。藉此塞斷意根,使妄想不行,久久話頭得力,忽然囝地一聲,如冷灰豆爆,將無明業識窠臼,一拶百碎,是爲妙悟。(《憨山老人夢遊集》卷十一)

◎其實趙州無、一歸何處、庭前柏樹子、麻三斤、乾屎橛、竹篦子、秘魔叉、睡中主,一通俱通,豈有差別。若於此等處作差別知見者,總是門外俗漢而已。(《永覺和尚廣錄》卷五)

◎趙州諗禪師

拾來鎮州蘿卜,掛作東壁葫蘆。拈出庭前柏樹,直教大地糊塗。趙州關,過也無?指東話西無道理,遇者須教骨髓枯。(《永覺和尚廣錄》卷二十)

◎趙州、臨濟諸人,皆具王侯將相之才,而息心歸佛,大機大用,殺活自繇,無俟外學相助也。(《居士分燈錄·後序》)

◎賦得石井贈虎丘蟾書記

錫影孤亭日,茶香小竈煙。師心如定水,應悟趙州禪。(《北郭集》卷四,《御選宋金元明四朝詩·御選明詩》卷九十二)

◎爲序復來求題

異種穹窿產,移栽自昔年。發生宜土壤,潤澤近山泉。品出武夷外,香

分穀雨前。誰能識滋味，爲問趙州禪。(《金文靖集》卷三)

◎遊柏林寺

曉從招提遊，同袍勝雲集。中有緇衣流，恐是逌遠匹。儒釋偶相忘，賓主情更密。飯我蒲香饌，坐我沈檀室。相携歷觀覽，繼目了無極。載登大雄殿，俯瞰衆僧窟。光輝互吞吐，金碧委狼藉。一區足衆巧，富麗難具述。撫此百感生，徘徊以終日。(《類博稿》卷一，《石倉歷代詩選》卷三百七十六)

◎柏林寺

趙州城東古柏林，趙州闍黎知我深。究竟現應居士法，不須瓜蔓老婆心。(《弇州四部稿》卷五十一)

◎麓亭和尚塔銘

然而微言雖妙，顯之則粗。至理固深，有解則淺。於是鑒、寂之善誘，漸窮而志亦晦，趙州、臨濟諸宿，始變而通之。以實語爲落草，寓生機於死地。揚眉竪指，棒喝交馳。稍涉思惟，即羅屏斥。(《弇州四部稿・續稿》卷一百一十四)

◎書佛祖統載後

自十七卷以後，唐時宗門伎倆幾窮，賴趙州、臨濟，別作提掇警策一番。五季而後，法席愈盛，作者林立。第覺諸大德往往自學問中融脫得來，雖辯才無礙，天藻秀發，而能踏江西頂，透曹溪髓上者，吾未之多見也。(《弇州四部稿・續稿》卷一百五十六，《讀書後》卷六)

◎趙子昂書中峰老人《行道歌》後

中峰老人《行道歌》，真得遊戲三昧，第謂不學趙州上門尋譴，似小過也。趙州竿木隨身，要勘破天下禪和子本相，出聖入凡，不可蹤跡。弇州續稿(《弇州四部稿・續稿》卷一百五十六，《六藝之一錄》卷三百五十五)

◎大概藥物攻治，太峻則益侵脾，過補則愈妨食啖，唯在去思去煩去憂去恚而已。黃檗、趙州，俱有對症藥，要在自得之。(《弇州四部稿・續稿》卷一百九十五)

◎答胡元瑞

《詩藪》少遲當爲草序。足下不朽大業已就，天下萬世知有胡元瑞矣。壽夭窮達，一付之度外，達磨、惠能、黃檗、趙州語，不可輕放過也。(《弇州四部稿・續稿》卷二百零六)

◎用前韻呈諸友

少壯輕拋歲月賒，老來那復戀空華。逢場已覺童心盡，攬轡其如急景斜。不向竿頭思進步，何時浪子得歸家。趙州底事勤行腳，我欲扳他喫碗茶。(《檀園集》卷四)

◎趙州從諗百二十歲(《玉芝堂談薈》卷四)

◎集諗師句

石幢子被風吹折，丈六金身煩惱招。若與空王爲弟子，莫教心病最難療。(《石倉歷代詩選》卷一百一十一)

◎趙州柏林寺 寺有真際老人石刻雙影

鬱然青數點，遂以柏林稱。來止初瞻影，迎門僅有僧。平懸千尺水，幻接幾枝燈。但不迷真際，隨宜閱廢興。(《凌忠介公集》卷二)

◎過趙州 范守己

故國城池壯，神京驛路遙。禪宗尋古寺，仙跡覓長橋。山近雲常暗，霜嚴木欲凋。齋頭聊駐節，風急馬嘶驕。(《御選宋金元明四朝詩‧御選明詩》卷六十一)

◎四大分散時，向何處安身立命，是有病無藥底句；鎮州蘿蔔、柏樹子、乾矢橛、麻三斤，是有藥無病底句；青州布衫，是藥病對治底句；不是心、不是佛、不是物、狗子佛性無，是藥病雙忘底句。爲治眾生心中五欲八風煩惱塵勞，妄想執著一切病，一大藏教總是濟世醫方，一千七百祖師公案盡是靈丹妙藥。(《南宋元明僧寶傳》卷十一《烏石愚》，《列祖提綱錄》卷十七)

◎乃使度南詢，曰：「善財是菩薩中行腳樣子也，趙州是祖師中行腳樣子也，龐蘊是居士中行腳樣子也。今人行腳不效此三老，則枉費芒鞋，徒自困耳。」(《南宋元明僧寶傳》卷十二《福林度》)

◎然亦有機器宜參答語者，如麻三斤、乾矢橛、青州布衫、庭前柏樹子，乃至狗子無佛性等；亦有機器宜參機用者，如入門便棒、進門便喝，睦州接雲門，汾陽接慈明等，往往發大悟門。亦視師家用處何如耳，無死法也。(《禪門鍛煉說》)

◎葉少蘊《避暑錄》云：「唐自懿僖後，人才日削，至於五代，謂之空國無人可也。然浮圖中乃有雲門、臨濟、德山、趙州數十輩人，卓然超世，是可與扶持天下，配古名臣。苟得一人，必能成一事，然後知其散而橫潰，又有在此者也。歐陽公云：『天地閉，賢人隱。』予謂五代非盡乏賢也，特不以爲將相守令耳。」(《居易錄》卷二十四)

◎趙州畫水

趙州畫水，世傳是吳道子筆，陸儼山《大駕北還錄》云宣德間定州何生作也。（《池北偶談》卷十一）

◎趙州柏林寺小憩

禪寺曾聞古趙州，便途探跡正清秋。虞碑字具龍鳳勢，<small>寺後殿前有石甚古，刻虞世南"攀龍鱗，附鳳翼"六字</small>吳水體兼文武流。<small>左右兩壁有吳道子跡，一畫文水，一畫武水</small>白鴿下無經可聽，<small>是寺乃禪院，不以持誦為重，且只數僧，頗廢其業云</small>金輪煥是聖重修。<small>雍正年間曾重修之</small>笑予柏子曾參熟，不識庭前樹是不。（《御製詩集·二集》卷二十一）

◎九月十有二日，途經趙州，小憩柏林寺，閱殿壁吳道子畫水舊跡，召扈蹕文臣梁詩正等刻晷聯吟，禁用水部字。

花宮來九月，稽寶登三秋。唐壁懸吳畫，<small>御製</small>香林駐御騮。塗堊粉痕古，縱橫墨暈稠。具體文兼武，<small>臣梁詩正</small>搖毫放更遒。嘗聞工變相，今見跋陽侯。禁體例癸亥，<small>癸亥年，登澄海樓，與張照、梁詩正聯句，亦禁用水部</small><small>御製</small>強韻追應劉。佛日光皎皎，仙風響颼颼。咫尺論萬里，<small>臣彭啟豐</small>筋力回千牛。或靜符地德，或動與天遊。翔陽常逸駿，<small>御製</small>罔象窮冥搜。十指捫欲縮，雙睛眩難收。能事開元垺，<small>臣劉綸</small>奇觀廣陵俦。兩孫彼固遜，一勺吾將投。茹納百川此，<small>御製</small>彷彿三島不。鏡象埽塵劫，坳堂參芥舟。乾維擅密運，<small>臣梁詩正</small>坤軸環遐陬。龍門啟崒嶺，鹿苑騰蛟虯。曠哉八功德，<small>御製</small>邈矣大琉毬。砰磕撼素障，縹緲凌丹丘。那得并州剪，<small>臣彭啟豐</small>何必中山求。謂定州雪浪石馮夷方擊鼓，乾闥將成樓。隱名名越顯，<small>御製</small>繪聲聲若酬。魚龍臥豈穩，雲夢吞應愁。萬斛掛天筆，<small>臣劉綸</small>一晌停吟眸。含虛體無物，攻堅性不柔。因喻致治理，持盈保天休。<small>御製</small>（《御製詩集·二集》卷二十一）

◎憩趙州柏林寺

橫川度石橋，古郡連平野。尋勝憩征鞍，得句向蘭若。蘭若已清幽，祖堂況趙州。單提及直指，要非庸者流。香臺已絕登，禪佛率弗舉。嗟哉風日下，何怪優婆侶。翠柏籠清蔭，南榮懸暖光。虞字復吳畫，與我相徜徉。徜徉旋命馭，回憶秋風曙。歷然成往還，底是無來去。（《御製詩集·二集》卷二十一）

◎題沈貞竹爐山房

階下回回淙惠泉，竹爐小叩趙州禪。個中我亦曾清憩，為緬流風三百

年。（《御製詩集·三集》卷七）

◎嘉興道中作

填潭積土有諸傳，茶禪寺吳越時爲保安院，宋改景德禪寺，又名三塔寺，壬午南巡時賜今名。相傳寺基爲潭，不利行舟。來往唐僧行雲填土，起塔鎮之，因以名寺。土人相沿之説如此三塔而今尚峙然。僧侣向曾乞題額，與名遂舉趙州禪。（《御製詩集·四集》卷七十二，《欽定南巡盛典》卷十七）

◎開善寺

藤胎俯仰八金剛，聞道形傳道子唐。不及趙州文武水，至今功德浴空王。（《御製詩集·二集》卷六十六）

◎濚文樹

我昔趙州寺，畫觀吳道子。誠爲入神手，楣間文武水。文固儒士同，武乃壯夫擬。魚雅與鷹揚，各具其妙理。（《御製詩集·五集》卷三十）

◎投子山在桐城縣北二里，相傳吳魯肅有子投此爲僧，因名。後爲唐大同禪師。道場有三鴉伺曉，二虎巡廊之異。上有趙州泉，趙州和尚飛錫得泉處。（《江南通志》卷十五）

◎趙州古佛寺

在州治東南，即柏林禪院，金大定中建，中有唐從諗禪師遺塔。（《畿輔通志》卷五十二）

◎趙州柏林寺殿壁觀唐吳道子畫水聯句，乾隆十五年梁詩正、彭啓豐、劉綸扈從。（《皇朝通志》卷一百一十六）

◎書賜三塔寺額曰"茶禪"，曰"標示三乘"。聯曰："湧塔同參法華品，試茶分證趙州禪。"（《欽定南巡盛典》卷八十八）

◎豈不見雲門、趙州、臨濟、德山之徒，如龍相似，但得一滴之水，便能向虛空裏興雲致雨，作無量變化。（《竺仙和尚語錄》卷上）

◎世言趙州禪，只在口皮邊，殊不知正是趙太祖所謂唯有劍耳。如僧問："狗子還有佛性也無？""無。"豈不是劍。"如何是祖師西來意？""庭前柏樹子。"豈不是劍。"如何是佛？""殿裏底。""如何是道？""墻外底。"豈不是劍。趙州長用者劍，斷人命根。五祖演和尚云："趙州露刃劍，寒霜光鋏鋏。更擬問如何？分身作兩段。"且如古人也説劍，只今山僧也説劍。個個知得劍，能斷人命根，而解有人肯將命就死者，又有誰能向劍刃下翻身？（中略）明極大禪師與山僧共明州，師乃昌國黃姓。師厭塵俗，超然物外。

先是昌國出一明德宗師，曰大圓智禪師，甚爲明眼。當時大慧道行當世，氣蓋天下，住杭州徑山，有千七百衆。大圓住湖南潭州大潙徑山，取潭州自有數千里之隔。一日大圓偶問僧："近離何處？"曰："徑山。"圓曰："徑山有何言句？"僧曰："近有頌趙州打文遠曰：'文遠修行不落空，二時瞻禮紫金容。趙州拄杖雖然短，腦後圓光又一重。'"圓曰："老漢脚跟下紅絲線子未斷在。"僧駭然曰："然則請爲别之。"圓曰："如我則曰：'趙州拄杖雖然短，分破華山千萬重。'"僧復徑山，舉似大惠，惠曰："元來湖南有古佛出現，老師偶拾得一圖書印子。"（《竺仙和尚語錄》卷上）

◎祖庭

王子真風來意重，趙州答話口皮邊。聯芳續葉曜今古，教外何妨有别傳。（《大通禪師語錄》卷四）

◎《雲門錄》、《趙州錄》等，其言没滋味，絶義路，其語脉之不可測也，如黄泉之底不可探，如九天之頂不可量，而其義則不外於各各諸人之脚跟下，不出於各各諸人之鼻孔裏。至近也，至卑也，然未證未悟者，則至近而不可以至，其遠何啻十萬里程。至卑而不可以登，其高難於上青天也。然則各各諸人之脚跟下，雖三賢十聖不能極其甚深也。各各諸人之鼻孔裏，雖青天不能儷其高遠也。各各諸人之脚跟下，各各諸人之鼻孔裏，至尊哉至貴哉至妙哉，實不可思議，而又不可思議者也。所以古人禮拜讚嘆云："我不敢輕於汝等，汝等皆當作佛故。"（《獨菴獨語》）

◎趙州在祖域，猶象王之處異獸羣，遊步優柔而有載流機，又猶師子無畏自在，而不欺物也。其道也優而邃，語也簡而滿，風也古而真。有《十二時歌》，當以見不渾時輩之高趣也。師凡有言，人感知之。西南之後，各有偏黨而議論之，乖實者多矣。特於師之言跡，則不能以摽剥，蓋道與言共深之所致也。世競作贊頌，判言語間有不若者。夫以世當師者遠矣，師之言皆無可擇，而尚以邇人達庸而爲至，曾道："汝學道之人，交脚床角，究理坐看二三十年，若不得者，取吾頭作溺器。"又曰："爾一生不離叢林，打坐不語也十年五歲，遂無人之言汝啞漢，已後諸佛，無奈何於爾。"夫此二語，實可以興此道，上祖所得，但不啞而已，此坐看吾輩之所歸也。請看坐時有口邪，有眉邪，好分納些些，作露地白牛。如知不啞，何違啞人。設有人啞，又何欠少。分明是其人，何不知自屎臭。有時渡水、渡火、渡爐，石橋堅固，驢馬徑通。四門鎮開，不欺汝不掩我。臺山路驀直去，言是勘破，彌

788

生人怪。而世所謂勘破，以州便行見婆之時，其惑深乎前箭，何不進步。僧問路，婆便答時，是尚逐物意移，須展我掌，見多少文理，勘破令汝喪車後懸藥袋。且世偏趨勘破之處，未看老婆不犯清波之下一鈎，彼言好師僧與麼去，能用錐鈎，殺活臨機者，宜哉州之言勘破也。又只與麼老婆，爲十不得二五，師元不在明白裏。若至羚羊掛角九九八十一，則分疏不下。嗟乎，師獨語於道樞，不混世塵濁。如住院日，事事空索而不發，化主以爐木補治床脚者，真情實踐，善持堅白，可謂是真佛子行真佛道也。天之廣，地之大，囊括萬象見蓋載。百華春至自在開，一輪秋滿煩暑潰。千斤弩，一浮漚，夜半有力擔負走。（《荒田隨筆》上卷之下）

◎黃龍深默嚴正，楊岐玄幽淡沖，併立如左右。唯岐甘屋壁疏漏，思古人樹下居，實不下趙州縛床脚，可謂暗世光明幢。漏屋居，道不疏。佛子實，名不虛。（《荒田隨筆》上卷之下）

附錄二　趙州錄集評引用書目

中國佛教典籍

【唐五代】

五家語錄・雲門語錄	明郭凝之編	卍續藏第 119 冊
五家語錄・法眼語錄	明郭凝之編	卍續藏第 119 冊
雪峰真覺禪師語錄	明林弘衍編	卍續藏第 119 冊
玄沙師備禪師語錄	智嚴編	卍續藏第 126 冊
仰山錄	明語風圓信等編	大正藏第 47 冊
祖堂集	静筠編	上海古籍影印本
宗鏡錄	永明延壽編	大正藏第 48 冊

【宋代】

保寧仁勇禪師語錄	道勝等編	卍續藏第 120 冊
碧巖錄	圓悟克勤編	大正藏第 48 冊
白雲守端禪師語錄	處凝等編	卍續藏第 120 冊
北磵集	居簡撰	四庫全書第 1183 冊
北磵居簡禪師語錄	物初大觀編	卍續藏第 121 冊
禪林僧寶傳	慧洪撰	卍續藏第 137 冊
禪林寶訓	淨善編	大正藏第 48 冊
慈受深和尚廣錄	慈受懷深撰，善清編	卍續藏第 126 冊
長靈守卓禪師語錄	無示介諶編	卍續藏第 120 冊
叢林公論	者菴惠彬撰	卍續藏第 113 冊
曹源道生禪師語錄	痴絶道沖編	卍續藏第 121 冊
叢林盛事	古月道融撰	卍續藏第 148 冊
從容錄	萬松行秀撰	大正藏第 48 冊
痴絶道沖禪師語錄	智沂等編	卍續藏第 121 冊
禪門諸祖師偈頌	子昇、如佑編	卍續藏第 116 冊
丹霞子淳禪師語錄	慶預校勘	卍續藏第 124 冊

大慧錄	雪峰蘊聞編	大正藏第 47 冊
斷橋妙倫禪師語錄	文寶等編	卍續藏第 122 冊
大川普濟禪師語錄	元愷編	卍續藏第 121 冊
佛果擊節錄	重顯拈古，克勤擊節	卍續藏第 117 冊
法昌倚遇禪師語錄	宗密錄	卍續藏第 126 冊
方山文寶禪師語錄	方山文寶撰	卍續藏第 122 冊
佛鑑禪師語錄	宗會等編	佛光禪藏本
古尊宿語錄	僧挺守賾集	徑山藏本
高峰原妙禪師語錄	高峰原妙撰	卍續藏第 122 冊
黃龍慧南禪師語錄	惠泉編	大正藏第 47 冊
黃龍四家錄・黃龍慧南語錄	惠泉編，仲介重編	卍續藏第 120 冊
黃龍四家錄・死心悟新語錄	惠泉編，仲介重編	卍續藏第 120 冊
黃龍四家錄・晦堂祖心語錄	惠泉編，仲介重編	卍續藏第 120 冊
虎丘紹隆禪師語錄	嗣端等編	卍續藏第 120 冊
宏智廣錄	宗法等編	大正藏第 48 冊
橫川行珙禪師語錄	本光等編	卍續藏第 123 冊
淮海原肇禪師語錄	實仁等編	卍續藏第 121 冊
環溪惟一禪師語錄	覺此編	卍續藏第 122 冊
景德傳燈錄	道原撰	大正藏第 51 冊
建中靖國續燈錄	佛國惟白編	卍續藏第 136 冊
薦福承古禪師語錄	文智編	卍續藏第 126 冊
介石智朋禪師語錄	正賢等編	卍續藏第 121 冊
嘉泰普燈錄	雷菴正受編	卍續藏第 137 冊
絕岸可湘禪師語錄	妙恩等編	卍續藏第 121 冊
劍關子益禪師語錄	善珙等編	卍續藏第 122 冊
開福道寧禪師語錄	月菴善果編	卍續藏第 120 冊
枯崖漫錄	枯崖圓悟編	卍續藏第 148 冊
林間錄	慧洪撰	卍續藏第 148 冊

羅湖野錄	仲温曉瑩著	卍續藏第 142 冊
龍源介清禪師語錄	士洄編	卍續藏第 121 冊
聯燈會要	悔翁悟明編	卍續藏第 136 冊
柳塘外集	無文道燦撰	四庫全書第 1186 冊
明覺語錄	雪竇重顯著	大正藏第 47 冊
密菴咸傑禪師語錄	松源崇嶽等編	大正藏第 121 冊
拈八方珠玉集	祖慶重編	卍續藏第 119 冊
普菴印肅禪師語錄	普菴印肅撰	卍續藏第 120 冊
破菴和尚語錄	破菴祖先撰	卍續藏第 121 冊
普照禪師修心訣	普照知訥撰	大正藏第 48 冊
人天眼目	晦巖智昭編	大正藏第 48 冊
人天寶鑑	曇秀編	卍續藏第 148 冊
宋高僧傳	贊寧著	大正藏第 47 冊
石霜楚圓禪師語錄	黃龍慧南重編	卍續藏第 120 冊
石門文字禪	慧洪著	四部叢刊初編 217—218 冊
四家語錄	佚名編	卍續藏第 119 冊
十牛圖頌	廓菴師遠撰繪	卍續藏第 113 冊
僧寶正續傳	石室祖琇著	卍續藏第 137 冊
松源崇嶽禪師語錄	善開等編	卍續藏第 121 冊
石田法薰禪師語錄	了覺等編	卍續藏第 122 冊
率菴梵琮禪師語錄	了見等編	卍續藏第 121 冊
石溪心月禪師語錄	住顯等編	卍續藏第 123 冊
石溪心月禪師雜錄	住顯等編	卍續藏第 123 冊
釋氏通鑑	本覺撰	卍續藏第 131 冊
天聖廣燈錄	李遵勖撰	卍續藏第 135 冊
投子義青禪師語錄	自覺重編	卍續藏第 124 冊
通玄百問	通玄問，萬松行秀答	卍續藏第 119 冊
天童如淨禪師語錄	文素等編	卍續藏第 124 冊

無明慧性禪師語錄	妙儼等編	卍續藏第 121 冊
無門關	無門慧開撰	大正藏第 48 冊
無門慧開禪師語錄	彌衍宗紹編	卍續藏第 120 冊
五燈會元	普濟編	卍續藏第 138 冊
五家正宗贊	希叟紹曇編	卍續藏第 135 冊
物初大觀禪師語錄	德溥等編校	卍續藏第 121 冊
無文道燦禪師語錄	惟康編	卍續藏第 150 冊
兀菴普寧禪師語錄	淨韶等編	卍續藏第 123 冊
吳山淨端禪師語錄	明表淨端撰，師皎編	卍續藏第 126 冊
雪堂行拾遺錄	雪堂道行編	卍續藏第 142 冊
瞎堂慧遠禪語廣錄	齊己等編	卍續藏第 120 冊
雪峰慧空禪師語錄	慧弼編	卍續藏第 120 冊
虛堂錄	門人刊行	大正藏第 47 冊
雪菴從瑾禪師頌古	雪菴從瑾撰	卍續藏第 120 冊
希叟和尚廣錄	法澄等編	卍續藏第 122 冊
希叟和尚語錄	自悟等編	卍續藏第 122 冊
西山亮禪師語錄	覺心等編	卍續藏第 121 冊
西巖了慧禪師語錄	修義等編	卍續藏第 122 冊
續古尊宿語錄	晦堂師明編	卍續藏第 118 冊
虛舟普度禪師語錄	諍伏等編	卍續藏第 123 冊
雪巖祖欽禪師語錄	昭如等編	卍續藏第 122 冊
圓悟錄	虎丘紹隆等編	大正藏第 47 冊
圓悟心要	子文編	卍續藏本第 120 冊
雲臥紀談	仲溫曉瑩著	卍續藏第 148 冊
應菴曇華禪師語錄	守詮等編	卍續藏第 120 冊
運菴普巖禪師語錄	元靖等編	卍續藏第 121 冊
月林師觀禪師語錄	法寶等編	卍續藏 120 冊
偃溪廣聞禪師語錄	如珠等編	卍續藏第 121 冊
元叟行端禪師語錄	法林等編	卍續藏第 124 冊
雲谷和尚語錄	宗敬等編	卍續藏本
雲外雲岫和尚語錄	士憯編	卍續藏第 124 冊

因師集賢語錄	高峰德因撰，如瑛編	卍續藏第 114 冊
智證傳	慧洪撰	卍續藏第 111 冊
祖庭事苑	睦菴善卿編	卍續藏第 113 冊
正法眼藏	大慧宗杲撰	卍續藏第 118 冊
宗門武庫	宗杲輯，道謙編	大正藏第 47 冊
真歇清了禪師語錄	德初等編	卍續藏第 124 冊
自得慧暉禪師語錄	了廣編	卍續藏第 124 冊
真心直說	普照知訥撰	大正藏第 48 冊

【元代】

禪宗頌古聯珠通集	法應集，普會續集	卍續藏第 115 冊
禪林類聚	道泰集	卍續藏第 117 冊
禪門寶藏錄	正頤撰	卍續藏第 113 冊
禪家龜鑑	清虛休靜撰	卍續藏第 112 冊
禪宗決疑集	斷雲智徹述	大正藏第 48 冊
楚石梵琦禪師語錄	祖光等編	卍續藏第 124 冊
佛祖歷代通載	念常撰	大正藏第 49 冊
古林清茂禪師語錄	元浩等編	卍續藏第 123 冊
海印昭如禪師語錄	行純等編	卍續藏第 122 冊
即休契了禪師拾遺集	愚中周及編	卍續藏第 123 冊
空谷集	義青頌古，從倫評唱	卍續藏第 117 冊
了菴和尚語錄	了菴清欲撰，一志編	卍續藏第 123 冊
穆菴文康禪師語錄	清逸等編	卍續藏第 123 冊
平石如砥禪師語錄	文棲等編	卍續藏第 122 冊
普應國師幻住菴清規	中峰明本撰	卍續藏第 111 冊

請益錄	正覺拈古，行秀評唱	卍續藏第 117 冊
青州百問	一辯問，林泉附頌	卍續藏第 119 冊
樵隱和尚語錄	樵隱悟逸撰，正定編	卍續藏第 150 冊
石屋清珙禪師語錄	至柔等編	卍續藏第 122 冊
釋氏稽古略	寶州覺岸著	大正藏第 49 冊
天目明本禪師雜錄	中峰明本撰	卍續藏第 122 冊
曇芳和尚語錄	曇芳守忠撰，繼祖編	卍續藏第 123 冊
天如和尚語錄	惟則天如述，善遇編	卍續藏第 108 冊
無見先睹禪師語錄	智度等編	卍續藏第 122 冊
笑隱大訢禪師語錄	延俊等編	卍續藏第 121 冊
月澗文明禪師語錄	妙寅等編	卍續藏第 150 冊
月江正印禪師語錄	居簡等編	卍續藏第 123 冊
愚菴和尚語錄	觀道等編	卍續藏第 124 冊
中峰普應國師法語	中峰明本撰	卍續藏第 122 冊

【明代】

博山和尚參禪警語	成正編	卍續藏第 112 冊
長慶宗寶禪師語錄	道獨說	卍續藏第 126 冊
禪關策進	雲棲袾宏著	卍續藏第 114 冊
呆菴莊禪師語錄	敬中普莊撰，慧啓編	卍續藏第 123 冊
憨山老人夢遊集	憨山德清撰，福善錄	卍續藏第 127 冊
晦臺元鏡禪師語錄	晦臺元鏡撰	卍續藏第 125 冊
見如元謐禪師語錄	道璞集	卍續藏第 125 冊
居士分燈錄	朱時恩輯	卍續藏第 147 冊

了堂和尚語錄	宗義編	卍續藏第 123 冊
南石和尚語錄	南石文琇撰，宗謐編	卍續藏第 124 冊
闢妄救略說	密雲圓悟著	卍續藏第 114 冊
恕中無慍和尚語錄	宗黼等編	卍續藏第 123 冊
山菴雜錄	恕中無慍編	卍續藏第 148 冊
天童頌古直註	天奇本瑞直註	卍續藏第 117 冊
無明慧經禪師語錄	元來編	卍續藏第 125 冊
無異原來禪師廣錄	弘干等編	卍續藏第 125 冊
爲霖道霈禪師還山錄	興燈等編	卍續藏第 125 冊
爲霖道霈禪師旅泊菴稿	鼓山爲霖撰	卍續藏第 126 冊
雪竇頌古直註	天奇本瑞直註	卍續藏第 117 冊
續傳燈錄	居頂撰	大正藏第 51 冊
永覺和尚廣錄	永覺元賢述，道霈編	卍續藏第 125 冊
緇門警訓	永中補，如卺續補	大正藏第 48 冊
宗門玄鑑	虛一編	卍續藏第 112 冊
宗門設難	麥浪明懷撰	卍續藏第 127 冊
竹窗合筆	雲棲袾宏著	禪林四書本
紫柏老人集	達觀真可語，德清校	卍續藏第 126 冊
祖庭鉗錘錄	費隱通容著	卍續藏第 114 冊
湛然圓澄禪師語錄	丁元公等編	卍續藏第 126 冊
宗門或問	湛然圓澄著	卍續藏第 126 冊

【清代】

禪宗雜毒海	迦陵性音編	卍續藏第 114 冊

禪林寶訓筆說	智祥筆說	卍續藏第 113 冊
禪門鍛煉說	晦山戒顯撰	卍續藏第 112 冊
徑石滴乳集	山鐸真在等編	卍續藏第 117 冊
列祖提綱錄	呆翁行悦編	卍續藏第 112 冊
牧牛圖序	袾宏撰	卍續藏第 113 冊
南宋元明僧寶傳	自融撰，性磊補輯	卍續藏第 137 冊
五家宗旨纂要	三山燈來撰，性統編	卍續藏第 114 冊
心燈錄	湛愚老人	宗教文化社 2001 年
御選語錄	雍正皇帝	卍續藏第 119 冊
御製揀魔辨異錄	雍正皇帝	卍續藏第 114 冊
宗門拈古彙集	白巖淨符	卍續藏第 115 冊
宗鑑法林	迦陵性音編	卍續藏第 116 冊
宗範	錢伊菴編	卍續藏第 114 冊

中國其他類古籍

【唐代】

全唐詩	清彭定求等編	中華書局點校本
雲溪友議	范攄	四庫全書 1035 冊

【宋代】

安晚堂集	鄭清之	四庫全書第 1176 冊

寶慶四明志	羅濬	四庫全書第 487 冊
百菊集譜	史鑄	四庫全書第 845 冊
成都文類		四庫全書第 1354 冊
滄洲塵缶編	程公許	四庫全書第 1176 冊
藏一話腴	陳鬱撰	四庫全書第 865 冊
郴江百詠	阮閱撰	四庫全書第 1136 冊
丹陽集	葛勝仲撰	四庫全書第 1127 冊
東萊詩集	呂本中	四庫全書第 1136 冊
東塘集	袁說友撰	四庫全書第 1154 冊
澹軒集	李呂	四庫全書第 1152 冊
蠹齋鉛刀編	周孚撰	四庫全書第 1154 冊
疊山集	謝枋得	四庫全書第 1184 冊
浮沚集	周行己撰	四庫全書第 1123 冊
方舟集	李石	四庫全書第 1149 冊
滏水集	趙秉文撰	四庫全書第 1190 冊
姑溪居士前後集	李之儀	四庫全書第 1120 冊
龜山集	楊時	四庫全書第 1125 冊
攻媿集	樓鑰	四庫全書第 1152－1153 冊
古今合璧事類備要	謝維新編	四庫全書第 939－941 冊
後山集	陳師道	四庫全書第 1114 冊
海錄碎事	葉廷珪	四庫全書第 921 冊
後村集	劉克莊撰	四庫全書第 1180 冊
漢濱集	王之望	四庫全書第 1139 冊
雞肋集	晁補之	四庫全書第 1118 冊
雞肋編	莊季裕	四庫全書第 1039 冊
簡齋集	陳與義	四庫全書第 1129 冊
江湖長翁集	陳造	四庫全書第 1166 冊
錦繡萬花谷	佚名	四庫全書第 924 冊

記纂淵海	潘自牧	四庫全書第 930－932 冊
九華集	員興宗	四庫全書第 1158 冊
脚氣集	車若水	四庫全書第 865 冊
江湖小集	陳起	四庫全書第 1357 冊
江湖後集	陳起	四庫全書第 1357 冊
困學紀聞	王應麟撰	四庫全書第 854 冊
梁溪集	李綱	四庫全書第 1126 冊
盧溪文集	王庭珪	四庫全書第 1134 冊
龍洲集	劉過	四庫全書第 1172 冊
廬山集	董嗣杲	四庫全書第 1189 冊
兩宋名賢小集	陳思編	四庫全書第 1362－1364 冊
默堂集	陳淵	四庫全書第 1139 冊
鄮峰甄隱漫錄	史浩	四庫全書第 1141 冊
南陽集	韓維	四庫全書第 1101 冊
南華真經義海纂微	褚伯秀撰	四庫全書第 1057 冊
鄱陽集	彭汝礪	四庫全書第 1101 冊
清獻集	趙抃	四庫全書第 1094 冊
清江三孔集	孔文仲等	四庫全書第 1345 冊
全芳備祖	陳景沂撰	四庫全書第 935 冊
秋崖集	方岳	四庫全書第 1182 冊
日涉園集	李彭	四庫全書第 1122 冊
山谷集	黃庭堅	四庫全書第 1113 冊
石湖詩集	范成大	四庫全書第 1159 冊
四六標準	李劉撰	四庫全書第 1177 冊
詩林廣記	蔡正孫	四庫全書第 1482 冊
宋詩紀事	厲鶚撰	四庫全書第 1484－1485 冊

宋百家詩存	曹庭棟編	四庫全書第 1477 冊
渭南文集	陸游	四庫全書第 1163 冊
葦航漫遊稿	胡仲弓	四庫全書第 1186 冊
五百家播芳大全文粹	魏齊賢等撰	四庫全書第 1352－1353 冊
相山集	王之道	四庫全書第 1132 冊
雪坡集	姚勉	四庫全書第 1184 冊
雪溪集	王銍	四庫全書第 1136 冊
絜齋集	袁燮	四庫全書第 1157 冊
潏水集	李復	四庫全書第 1121 冊
演山集	黃裳	四庫全書第 1120 冊
巖下放言	葉夢得	四庫全書第 863 冊
于湖集	張孝祥	四庫全書第 1440 冊
筠溪集	李彌遜	四庫全書第 1130 冊
寓簡	沈作喆	四庫全書第 864 冊
頤菴居士集	劉應時	四庫全書第 1164 冊
野谷詩稿	趙汝鐩	四庫全書第 1175 冊
義豐集	王阮	四庫全書第 1154 冊
緣督集	曾豐	四庫全書第 1156 冊
元城語錄解	馬永卿編	四庫全書第 863 冊
倚松詩集	饒節	四庫全書第 1117 冊
宗忠簡集	宗澤	四庫全書第 1125 冊
張氏拙軒集	張侃	四庫全書第 1181 冊
拙齋文集	林之奇	四庫全書第 1140 冊
中吳紀聞	龔明之	四庫全書第 589 冊
朱子語類	朱熹	四庫全書第 700－702 冊
尊白堂集	虞儔	四庫全書第 1154 冊
莊靖集	金李俊民撰	四庫全書第 1190 冊
竹溪鬳齋十一稿續集	林希逸撰	四庫全書第 1185 冊
莊子口義	林希逸	四庫全書第 1056 冊
在軒集	黃公紹	四庫全書第 1189 冊

【元代】

此山詩集	周權	四庫全書第 1204 冊
草堂雅集	顧瑛編	四庫全書第 1369 冊
龜巢稿	謝應芳	四庫全書第 1218 冊
檜亭集	丁復	四庫全書第 1208 冊
河朔訪古記	納新撰	四庫全書第 593 冊
金華黃先生文集	黃溍	四部叢刊初編第 304－305 冊
九靈山房集	戴良	四庫全書第 1219 冊
可閑老人集	張昱	四庫全書第 1222 冊
梅花道人遺墨	吳鎮	四庫全書第 1215 冊
墙東類稿	陸文圭	四庫全書第 1194 冊
清容居士集	袁桷	四部叢刊初編第 295－297 冊
青陽集	余闕	四庫全書第 1214 冊
齊乘	於欽	四庫全書第 491 冊
宋元詩會	清陳焯編	四庫全書第 1463－1464 冊
桐江續集	方回撰	四庫全書第 1193 冊
五峰集	李孝光	四庫全書第 1215 冊
梧岡集	唐文鳳撰	四庫全書第 1242 冊
小亨集	楊宏道撰	四庫全書第 1198 冊
御訂全金詩增補中州集	清聖祖製序	四庫全書第 1445 冊
瀛奎律髓	方回編	四庫全書第 1366 冊
筠軒集	唐元	四庫全書第 1213 冊

玉井樵唱	尹廷高	四庫全書第 1202 册
伊濱集	王沂	四庫全書第 1208 册
雲松巢集	朱希晦	四庫全書第 1220 册
羽庭集	劉仁本	四庫全書第 1216 册
元詩選	清顧嗣立編	四庫全書第 1468－1471 册
湛然居士集	耶律楚材	四庫全書第 1191 册
中州集	金元好問編	四庫全書第 1365 册

【明代】

北郭集	徐賁撰	四庫全書第 1230 册
本草乘雅半偈	盧之頤	四庫全書第 779 册
鄱陽五家集	史簡輯	四庫全書第 1476 册
斗南老人集	胡奎	四庫全書第 1233 册
大全集	高啓	四庫全書第 1230 册
洞麓堂集	尹臺	四庫全書第 1277 册
古儷府	王志慶	四庫全書第 979 册
畫禪室隨筆	董其昌	四庫全書第 867 册
金文靖集	金幼孜撰	四庫全書第 1240 册
困知記	羅欽順	四庫全書第 714 册
梁園寓稿	王翰	四庫全書第 1233 册
類博稿	岳正撰	四庫全書第 1246 册
念菴文集	羅洪先	四庫全書第 1275 册
凌忠介公集	凌義渠	四庫全書第 1297 册
幔亭集	徐熥	四庫全書第 1296 册
明詩綜	朱彝尊	四庫全書第 1459－1460 册

說郛	陶宗儀	四庫全書第876－882冊
宋景濂未刻集	宋濂	四庫全書第1224冊
山堂肆考	彭大翼撰	四庫全書第974－978冊
蜀中廣記	曹學佺	四庫全書第591－592冊
石倉歷代詩選	曹學佺	四庫全書第1387－1394冊
石田詩選	沈周	四庫全書第1249冊
珊瑚網	汪砢撰	四庫全書第818冊
檀園集	李流芳撰	四庫全書第1295冊
陶菴全集	黃淳耀撰	四庫全書第1297冊
武林梵志	吳之鯨	四庫全書第588冊
文章辨體彙選	賀復徵	四庫全書第1402－1410冊
西湖遊覽志餘	田汝成	四庫全書第585冊
徐氏筆精	徐𤊹	四庫全書第856冊
雲林集	危素	四庫全書第1226冊
易齋集	劉璟	四庫全書第1236冊
弇州四部稿	王世貞	四庫全書第1279－1281冊
玉芝堂談薈	徐應秋撰	四庫全書第883冊
御製樂善堂全集定本	清高宗撰	四庫全書第1300冊

【清代】

池北偶談	王士禎	四庫全書第870冊
范忠貞集	范承謨	四庫全書第1314冊
皇清文類	乾隆敕修	四庫全書第1449－1450
皇朝通志	乾隆朝修	四庫全書第644－645冊
居易錄	王士禎	四庫全書第869冊

精華録	王士禎	四庫全書第 1315 冊
江西通志	謝旻等修	四庫全書第 513－518 冊
江南通志	趙宏恩監修	四庫全書第 507－512 冊
畿輔通志	李衛	四庫全書第 504－506 冊
茗齋集	彭孫貽	四部叢刊續編第 73－77 冊
梅村集	吳偉業	四庫全書第 1312 冊
明儒學案	黃宗羲撰	四庫全書第 457 冊
南雷集	黃宗羲撰	四部叢刊初編第 340－341 冊
欽定續文獻通考	乾隆欽定	四庫全書第 626－631 冊
欽定日下舊聞考	乾隆欽定	四庫全書第 497－499 冊
欽定南巡盛典	高晉等撰	四庫全書第 658－659 冊
欽定盤山志	蔣溥等撰	四庫全書第 586 冊
四書講義困勉錄	陸隴其	四庫全書第 209 冊
嵩陽石刻集記	葉封	四庫全書第 684 冊
石渠寶笈	乾隆敕修	四庫全書第 824－825 冊
午亭文編	陳廷敬	四庫全書第 1316 冊
西河集	毛奇齡	四庫全書第 1320－1321 冊
續茶經	陸廷燦	四庫全書第 844 冊
御定歷代賦彙	康熙皇帝	四庫全書第 1419－1422 冊
御定佩文齋詠物詩選	康熙皇帝	四庫全書第 1432－1434 冊
御定佩文齋廣羣芳譜	汪灝等撰	四庫全書第 845－847 冊
御定子史精華	康熙皇帝	四庫全書第 1008－1010 冊
御選宋金元明四朝詩	張豫章等輯	四庫全書第 1437－1444 冊
御製詩集	乾隆皇帝	四庫全書第 1302－1311 冊
周易象辭	黃宗炎	四庫全書第 40 冊
浙江通志	嵇曾筠監修	四庫全書第 519－526 冊

檇李詩系	沈季友	四庫全書第 1475 冊

【日本】

報恩編	天桂傳尊語，侍者記	大正藏第 82 冊
藏山和尚語錄	藏山順空語，侍者編	大正藏第 80 冊
常光國師語錄	空谷明應語，侍者編	大正藏第 81 冊
徹翁和尚語錄	徹翁義享語，禪興編	大正藏第 81 冊
大覺禪師語錄	蘭溪道隆語，智光等編	大正藏第 80 冊
大通禪師語錄	愚中周及撰	大正藏第 81 冊
大燈國師語錄	宗峰妙超語，性智等編	大正藏第 81 冊
獨菴獨語	獨菴玄光撰	大正藏第 82 冊
東林語錄	卍山道白撰，湛堂等編	大正藏第 82 冊
佛照禪師語錄	白雲慧曉語，希白編	大正藏第 80 冊
佛光國師語錄	子元祖元語，一真等編	大正藏第 80 冊
佛國禪師語錄	高鋒顯日語，妙環等編	大正藏第 80 冊
佛頂國師語錄	一絲文守語，文光編	大正藏第 81 冊
槐安國語	白隱慧鶴撰	大正藏第 81 冊
荒田隨筆	指月慧印撰	大正藏第 82 冊
絕海和尚語錄	絕海中津語，俊承等編	大正藏第 80 冊
景川和尚語錄	景川宗隆撰	大正藏第 81 冊
見桃錄	大休宗林撰	大正藏第 81 冊
建康普說	面山瑞芳語，本猛等編	大正藏第 82 冊
夢窗國師語錄	夢窗疏石語，本元等編	大正藏第 80 冊
南院國師語錄	規菴祖圓語，慧真等編	大正藏第 80 冊
普濟和尚語錄	普濟善救語，禪雄等編	大正藏第 82 冊

普照國師法語	隱元隆琦撰	大正藏第 82 冊
少林無孔笛	東陽英朝撰	大正藏第 81 冊
十種敕問奉對集	瑩山紹瑾撰	大正藏第 82 冊
實峰和尚語錄	實峰良秀語，慈恩等編	大正藏第 82 冊
鐵舟和尚閻浮集	鐵舟德濟撰	大正藏第 80 冊
通幻靈禪師漫錄	通幻寂靈語，普濟編	大正藏第 82 冊
雪江和尚語錄	雪江宗深語，禪悅編	大正藏第 81 冊
西源德芳和尚語錄	特芳禪傑語，宗怡編	大正藏第 81 冊
學道用心集	道元撰	大正藏第 82 冊
信心銘拈提	瑩山紹瑾撰	大正藏第 82 冊
圓通大應國師語錄	南浦紹明語，祖照等編	大正藏第 80 冊
一山國師語錄	一山一寧語，了真等編	大正藏第 80 冊
義堂和尚語錄	義堂周信語，中圓等編	大正藏第 80 冊
鹽山拔隊和尚語錄	拔隊得勝語，明道編	大正藏第 80 冊
永源寂室和尚語	寂室玄光撰	大正藏第 81 冊
永平元和尚頌古	道元語，詮慧等編	大正藏第 82 冊
義雲和尚語錄	永平義雲撰，圓宗等編	大正藏第 82 冊
月坡禪師語錄	月坡道印語，元湛等編	大正藏第 82 冊
月舟和尚遺錄	月舟宗胡語，滴水等編	大正藏第 82 冊
竺仙和尚語錄	竺仙梵仙語，裔堯等編	大正藏第 80 冊
智覺普明國師語錄	春屋妙葩語・周佐等編	大正藏第 80 冊
宗門無盡燈論	東嶺圓慈撰	大正藏第 81 冊

後　記

　　二〇〇一年春，宗性法師邀我爲淨慧法師主持的河北禪學研究所撰寫一本關於趙州從諗大師語錄資料匯集方面的書。這年的五月上旬，我與宗性法師在中國佛教協會拜謁淨慧法師，如坐春風。法師開示說，二〇〇三年是萬佛樓落成佛像開光之年，柏林禪寺、河北禪學研究所將致力于禪文化建設，因此希望這本書能夠在二〇〇三年完成。在徵詢淨慧法師的意見後，將本書命名爲《趙州錄校註集評》。在此后的兩年間，我將此事作爲頭等要務。特別是二〇〇三年春天以來，披閱各種典籍，夜以繼日地搜集有關趙州大師的各種資料。二〇〇三年九月六日，趙州萬佛樓落成佛像開光，本書的初稿完成，圓滿完成了淨慧法師交付的任務。本書完成後，中國著名佛教學者方立天先生、楊曾文先生，均惠賜了序言；趙州大師駐錫的柏林禪寺（唐時名爲觀音院）現任方丈明海法師、慈輝佛教基金會會長楊洪先生、陝西師範大學學術著作評審委員會的諸位先生，對本書的出版均給予了極大的關注和支持，在此深表謝忱。由於本書資料繁富，在編輯出版的過程中有大量細緻的工作要做，因此遲至今日方出版，這是要向大家予以說明的。

　　趙州從諗禪師是禪宗史上最爲著名的禪學大師之一，他的說法風格是"口唇放光"，有"趙州古佛"之譽。趙州大師的一生留下了豐富的言辭、事跡、公案，盛傳於禪林詩苑，成爲禪宗史、詩歌史上流傳不衰的經典。能夠對趙州大師的《趙州錄》進行整理，筆者深感榮幸。本書致力於以下三個方面的工作：

　　一、校勘與輯佚。運用傳統的訓詁、考據等文獻整理手段，選擇善本，對《趙州錄》進行校勘，並從各種典籍中輯錄出 90 則佚文，是目前較爲完備的本子。

　　二、註釋。《趙州錄》涉及到了禪宗的大部分核心的思想，本書採取以禪證禪的方法，儘量從禪宗語境本身來對《趙州錄》中的相關術語進行疏證、闡釋。

　　三、集評。從四百五十餘種文史典籍中，搜集有關《趙州錄》的評論資料，按時代先後排列，以使讀者瞭解該公案的歷時性接受、詮釋、再發揮的過程，亦可使讀者瞭解趙州禪思想對中國文化史、詩學史的影響。

本書計八十萬字，在目前單本禪語錄的整理中，體制規模較大；本書集評引用了四百五十餘種圖書，在禪語錄整理的著作中引用資料較多。這與趙州大師在禪宗史上的崇高地位正相吻合。記得淨慧法師曾說過，趙州大師留下的公案最多，影響巨大，本書的完成，正好映證了淨慧法師的這一觀點。

在筆者出版的"禪學三書"（《禪宗思想淵源》、《禪宗哲學象徵》、《禪宗詩歌境界》，中華書局，2001年）中，我用自己的語言對禪宗思想、哲學、詩歌進行了解說。圖書出版之後，深受讀者歡迎，在很短的時間內印刷了三次，成爲近年反響較大的禪學學術著作之一。而這部《趙州錄校註集評》的出版，也必將受到更多的讀者的喜愛。因爲在這部書中，我採取的是乃以禪說禪的方法，匯集的資料，多爲禪宗史上的大師們對趙州大師語錄的體證，而自己則不再作評論。這是因爲我覺得自己的禪學觀點，在禪學三書中已經有了充分的表述，並且，以自己目前的參修水平，還不足以對趙州大師的語錄進行評論。我希望今后通過不斷的學習，在各方面有了較大的進步之後，可以真正地走近趙州大師，完成一本深度體證趙州大師思想的著作。

本書的出版，因緣殊騰，本書字數多，專業性強，編校任務重，且需要較強的專業知識背景和認真負責的工作態度。在本書的編輯出版過程中，得到了中國社會科學出版社的領導、黃燕生編審和相關人士的大力支持。責任編輯和校對精心細致查對異文，核校出處，用心尤勤，用功尤鉅，用心尤專，爲本書的出版付出了貢獻與努力。對此，筆者深表謝忱！

最后衷心地祝願本書的出版，將使禪的思想、使趙州禪的意義在當今時代得到進一步的發揚光大，對中國禪學的研究起到積極的推動作用。

吳言生　謹識

丁亥年臘月八日於長安